五常街道志

《五常街道志》编纂委员会　编

方志出版社
Publishing House of Local Records

图书在版编目（CIP）数据

五常街道志 / 《五常街道志》编纂委员会编. —北京：方志出版社，2023.1
ISBN 978-7-5144-5408-6

Ⅰ.①五… Ⅱ.①五… Ⅲ.①街道办事处—地方志—余杭区 Ⅳ.①K2955.5

中国版本图书馆 CIP 数据核字（2022）第 240654 号

责任编辑：刘方圆
责任校对：刘玉霞
责任印制：梅中英
出 版 者：方志出版社
地　　址：北京市朝阳区潘家园东里 9 号（国家方志馆4层）
邮　　编：100021
网　　址：http: //www. zgfzcb. cn
发　　行：方志出版社图书营销中心（010-67110500）
印　　刷：杭州余杭人民印刷有限公司
开　　本：889 毫米 × 1194 毫米　　1/16
印　　张：45 印张　**插页**：3.25 印张　**地图**：2 幅
字　　数：1228 千字
版　　次：2023 年 1 月第 1 版
印　　次：2023 年 1 月第 1 次印刷
定　　价：280.00元

《五常街道志》编纂委员会

顾　　问　刘永根

主　　任　斯建刚　沈　清

副 主 任　许正良　张建东　马　峰

委　　员　冯　刚　高金平　周黎明　周　骐　胡　平

沈　涌　徐连华　孔　彧　陆佳婧　石　磊

殷国忠　郎情樱　邢　斌　俞晓翔　周顺根

王洪坤　孙建华　郭连娣　高　建

办公室主任　王洪坤（兼）

副 主 任　钟建涛　尤李杨　宇文列锦

《五常街道志》编纂人员

主　审　王洪坤

主　编　王　庆

编　辑　陈　杰　费玉莲

编　务　王佳茜等

五常街景航拍（2021年）　　陈彦 摄

西溪湿地洪园版块（2021年） 陈彦 摄

五常新小区——西溪风情（2021年） 陈彦 摄

西溪北苑多高层农民公寓（2011年）　　王洪坤　摄

旧时西溪一带民房（20世纪70、80年代）　　沈根松 提供

顾家桥街景（21世纪初）　　沈根松 提供

拆迁前的农居（2017年）　　王洪坤 摄

衢州海创园（2015年）　　王洪坤　摄

城市新貌（2000年）　　杜红英　摄

绕城和杭徽高速公路（2021年）　　陈彦 摄

2012年春

2012年夏

2014年秋

2013年冬

西溪四季　　　　王洪坤 摄

洪园全景（2009年）　　　　朱联忠 摄

西溪荷塘（2015年）　　王洪坤 摄

1988年曹家桥（现西溪景苑）　　袁建明 提供

张家凉亭（2017年）　　王洪坤　摄

五常沙场码头（2006年）　　沈根松　提供

水乡河埠头农用船（2017）　　王洪坤　摄

源谊小学旧址（2004年）　　沈根松　提供

水乡家宴（2000年）　　沈根松　提供

宝宁桥（2017年）　　王洪坤 摄

五常三狮水泥公司（2011年）　　王洪坤 摄

五常乡卫生院白庙门诊部（20世纪80年代）

五常卫生院 提供

邱桥小学毕业生返校合影（20世纪80年代）　沈根松 提供

五常公社源谊小学1974届毕业生合影　　沈根松　提供

摇船接新娘去　　沈根松 提供

当又紅又专的好干部　不做脱离群众的官老爷

五常公社大队干部劳动成風

三十多名主要干部全年劳动二百天以上，十七个大队误工补贴不超过2%

原先有人有各种理由不想劳动，经过社会主义教育，提高了阶级觉悟，克服了思想障碍。参加劳动以后，看到了这一重要政策的巨大成效，自觉性又进一步提高。

补贴工分由社员作主

会不会影响工作？

工作只会更好不会更差

情况明　事好办

改进领导方法

使干部有时间参加劳动

一个一个队解决问题

全省旺采春茶

怎样做到的

1963年5月12日《浙江日报》报道五常公社大队干部参加劳动

洪大根、方李宏　提供

五常公社大队干部与社员一起为农田施肥（1963 年）

洪大根、方李宏　提供

五常公社大队干部动员社员出售茧子（1963年）

洪大根、方李宏　提供

五常公社大队干部在田头（1963年）

洪大根、方李宏　提供

五常公社大队干部与社员一起挑塘泥（摄于1963年）

洪大根　提供

五常公社大队干部参加桑地施肥劳动（1963年）

洪大根、方李宏　提供

五常公社大队干部与蚕农一起采茧子（1963年）

方李宏　提供

五常公社大队干部与社员一同车水灌溉农田（1963年）

洪大根、方李宏　提供

五常公社大队干部在田头试用农具厂革新制造的割稻机（1961年）

洪大根、方李宏　提供

五常公社大队干部与社员一起拔秧（1963年）　洪大根、方李宏　提供

杭州市委常委、余杭区委书记朱金坤（中）到五常街道调研，并与街道班子成员合影（2011年）

王洪坤　提供

杭州市委常委、余杭区委书记刘颖（左二）到五常街道调研疫情防控工作

陈书桓　摄

余杭区人大常委会主任阮文静（右三）到五常街道调研（2021年）

街道人大办　提供

余杭区区长王垒到五常小学慰问（2022年）

陆文韬　摄

余杭区政协主席沈昱（左三）到五常街道调研（2021年）

区政协办 提供

杭州西溪国家湿地公园三期工程开工典礼暨五常街道办事处授牌仪式举行（2008年）

徐楚浩　提供

西溪国家湿地公园（西区）开园（2008年）　　徐楚浩　提供

杭州市委常委、余杭区委书记张振丰（中）参加余杭区“五九批示纪念馆”开馆仪式（2019年）

王洪坤　摄

余杭区五常街道第二届居民议事会第一次会议（2022年）

陆文韬　摄

五常街道平安巡防志愿者重点领域专项大检查攻坚誓师仪式（2016年）

王洪坤　摄

“守根脉 护亚运 助共富”暨纪念“五九批示”59周年活动（2022年）

陆文韬　摄

华立集团获全国文明单位称号（2021年）
陆文韬 摄

2020年度五常街道最美人物颁奖仪式（2021年）
街道党群服务中心 提供

横板桥社区开展“光荣在党五十年 峥嵘岁月守初心”活动（2021年）
陆文韬 摄

阿里巴巴总部（2021年）　　陆文韬　提供

中电海康产业园（2019年）　　杜红英　摄

同花顺产业园（2017年）　　王洪坤　摄

中国移动产业园（2018年）　　王洪坤　摄

西溪金牛座产业园（2015年）　　王洪坤　摄

华立科技园（2008年）　　华立集团 提供

丽水数字大厦和贝达梦工厂（2021年）　　陈彦 摄

文一西路海创园（2017年）　陆文韬 提供

亲橙里（2021年）　陆文韬　提供

西溪印象城（2019 年） 王洪坤 摄

西嘉广场（2022年） 王洪坤 摄

博雅城（2019 年）　　王洪坤　摄

乐天城（2022年）　　王洪坤　摄

插秧（20世纪80年代）　　沈根松　提供

摘柿（2008年）　　王洪坤　摄

捕鱼（2014年）　　吴璜　摄

养蚕（20世纪80年代）　　沈根松　提供

售茧　　沈根松　提供

龙舟盛会（2009年）　　陆文韬 提供

齐心协力赛龙舟（2013年）　　黄兆钧 摄

拜龙神（2012年）　　王洪坤 摄

做龙头（2012年）　　王洪坤 摄

一艘龙船上的12把木桨（2014）　　王洪坤 摄

打龙船（2014年）　　王洪坤 摄

满天幛龙舟 （2014年）　　王洪坤 摄

十八般武艺表演（2017年）　　沈根松 摄

十八般武艺表演（2020年）　　陆文韬 摄

五常十八般武艺有传人（2011年）

沈根松 摄

老拳师（2004年）

陆文韬 提供

与外国友人切磋武艺（2018年）

沈根松 摄

非遗演出（2016 年）　　徐楚浩 提供

五常街道第二届创意文化节、人民运动会暨五常中学落成开幕式（2017年）　　徐楚浩 提供

龙腾盛世（2012年）

王洪坤 摄

“相约周末”进社区（2014年）

徐楚浩 提供

西溪女书画家网络书画展颁奖仪式（2021年）

陆文韬 摄

浙江省委党校（2015年）　　王洪坤 摄

杭州师范大学（2017年）　　王洪坤 摄

五常中学（2021年） 陆文韬 摄

五常中心小学（2019年） 王洪坤 摄

五常第二幼儿园西坝路园区（2021年） 街道公共服务办 提供

蔚蓝学校（2021年） 陆文韬 摄

五常街道首届人民运动会开幕式暨2012龙舟盛会（2012年）　沈根松 摄

五常中学体育运动会（2021年）　朱海 摄

太极拳表演（2020年）
沈根松 摄

篮球比赛
沈根松 摄

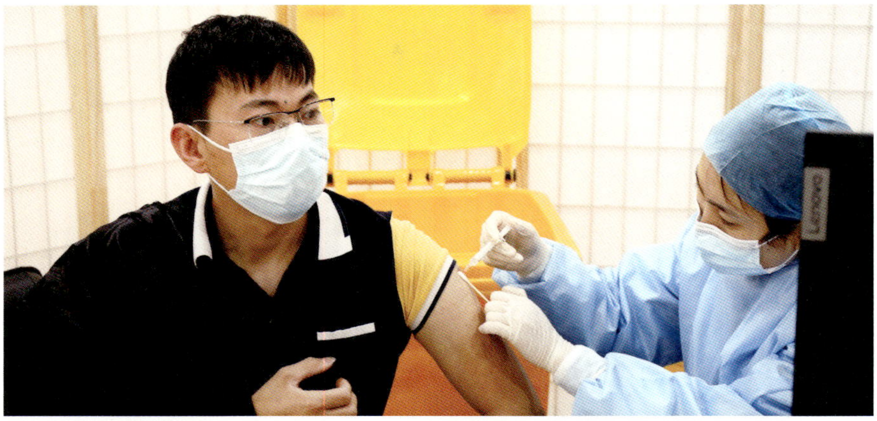

疫苗接种（2021年）
陆文韬 摄

疫情防控（2022年）
胡毓晨 摄

五常街道社区卫生服务中心（2013年）

王洪坤 摄

浙江康复医院（2021年）

陆文韬 提供

余杭区五常街道文福社区卫生服务站（2016年）

王洪坤 摄

水乡婚礼（2014年） 徐楚浩 提供

民俗——抱小孩（2009年） 沈炳海 摄

打年糕（2021年） 陆文韬 摄

西溪干塘节（2017年）　　王洪坤 摄

民俗—— 收赏（2015年）　　王洪坤 摄

拆迁户选新房（2014年）　　王洪坤 摄

友谊社区老年食堂（2022年）　　王洪坤 摄

广福寺（2012年）　王洪坤 摄

洪氏后人祭祖（2017年）　沈根松 提供

五常教堂（2019年）　王洪坤 摄

洪皓像

洪遵像

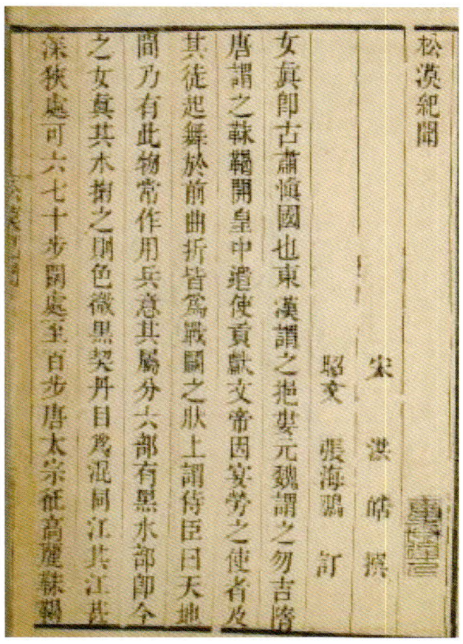

松漠紀聞

宋 洪 皓 撰

昭文 張海鵬 訂

女眞卽古肅愼國也東漢謂之挹婁元魏謂之勿吉隋
唐謂之靺鞨開皇中遣使貢獻文帝因宴勞之使者及
其徒起舞於前曲折皆爲戰鬬之狀上謂侍臣曰天地
間乃有此物常作用兵意其屬分六部有黑水部卽今
之女眞其水掬之則色微黑契丹目爲混同江其江甚
深狹處可六七十步闊處至百步唐太宗征高麗靺鞨

《松漠纪闻》

（宋）洪皓 著

洪迈像

洪适像

洪钟像

清平山堂話本

明嘉靖洪楩刻本

古今小品書籍印行會影印

民國十六年七月

《清平山堂话本》（明）洪楩 著

《长生殿》 （清）洪昇 著

《五常街道志》编纂动员会（2020年） 陆文韬 摄

《五常街道志》编纂人员到阿里巴巴调研（2021年） 编纂办 提供

概况

五常街道位于余杭区东南部，与西湖区接壤，北与仓前街道交界，西与闲林街道相邻。“五常”之名来源于境内的王常港。

区域内交通发达，杭州绕城高速和杭瑞高速（杭徽段）、235国道、五常大道、荆长路等道路纵横交错。街道内地铁5号线设杭师大仓前、永福和五常3个地铁站，并有在建的地铁3号线和机场轨道快线穿境而过。

五常街道位于杭州城西科创大走廊核心区域，是余杭区融杭发展的前沿阵地。五常东拥西溪国家湿地公园·洪园景区，北有未来科技城。街道内配套设施不断完善升级，杭州师范大学仓前校区已建成投用，亲橙里、西嘉广场、西溪乐天城、西溪印象城等商业综合体已依次开业。五常街道集产、学、研为一体，全面融入新余杭区和未来科技城区域的发展。

五常街道下辖18个社区（居委会），辖区总面积22.71平方千米，总人口5.35万人。

社区居委会	沿山河、横板桥、顾家桥、荆丰、文一、荆山、友谊、五常、永福、景盛、西溪风情、云创、洪园、海汇、海曙、邱桥、海创、宏湾

地图审核号：浙杭S（2022）020号

序　一

《五常街道志》编纂完成，行将出版。值此五常广大干部群众以高度的政治责任感和历史使命感，以习近平新时代中国特色社会主义思想为指引，全面贯彻落实省第十五次党代会精神，拉高标杆、提升标准、砥砺奋进，努力在“两个先行”新征程上交出高分答卷，在以优异成绩迎接党的二十大胜利召开之际，兴修志之业，载盛世之昌，可谓合时应运，这是五常街道的大事，值得庆贺！

作为余杭地方志的重要组成部分，《五常街道志》独立成志，尚属首次，可谓填补了余杭地方志文化空白。“治天下者以史为鉴，治郡国者以志为鉴。”《五常街道志》以马克思列宁主义、毛泽东思想、邓小平理论、“三个代表”重要思想、科学发展观、习近平新时代中国特色社会主义思想为指导，坚持辩证唯物主义和历史唯物主义的立场、观点和方法，遵循五常历史轨迹，记载了五常城乡的兴衰、变迁、发展和现状。其间，尤重视发展变化进程和改革开放成果，以及地方党委、政府切实加强领导，保证各项中心工作完成的担当和措施。志为信史，可以说，《五常街道志》是五常街道的变迁史、发展史，为五常街道乃至余杭奉献了一份熟悉自己家乡、从而建设美好家园的宝贵史料，为他人了解五常提供了一份难得的资料，也为后人留下可资借鉴的历史经验。该志在编纂上既继承地方志优良传统，又有所创新。是一部集史志、资料等多种功能于一体的著述，具有较高的“资治、教化、存史”的作用。

《五常街道志》的编纂出版，赓续了延绵千年的余杭修志传统，实现了新时代方志编修的创新突破，具有内容体系完备、地域特色鲜明、质量标准严格、致用功能显著等特点。既为我们提供了丰富宝贵的现实经验，也为我们提供了可资借鉴的历史启示。方志乃经世致用辅治之作，亦为惠及子孙传世之本，当兹《五常街道志》问世之际，加大地方志宣传推广，推动地方志文化进机关、进企业、进农村、进社区、进校园，让人民群众了解历史、学习历史，以史启智、以文化人，汲取智慧和力量。热切期望它能为读者所喜、所用，从中了解五常历史和现状，激发热爱家乡之情，为家乡改革开放和经济建设、社会发展再谱新篇章。

杭州市余杭区政协副主席、杭州市余杭区五常街道党工委原书记　斯建刚

2022 年 7 月 18 日

序　二

作为五常街道成立以来的首部志书及余杭地方志重要组成部分的《五常街道志》即将付梓出版，正值全面贯彻落实习近平总书记对余杭工作的重要指示批示精神，深入学习贯彻省党代会精神，牢记嘱托、勇担使命，奋力在“两个先行”新征程上交出高分答卷，以实际行动迎接党的二十大胜利召开之际。可喜可贺！

五常街道有着悠久的历史和深厚的文化底蕴，承载着丰富生动的历史记忆。中华人民共和国成立后，尤其是改革开放以来，五常街道经济日益繁荣，发展日新月异。进入21世纪，五常独特的区位优势、广阔的发展空间和良好的生态环境更为凸显，各项社会事业迅猛发展，街道面貌发生翻天覆地的变化，成为生态环境优美、经济产业发达、人文底蕴深厚、宜居宜业的现代化街道。然而，伴随着城市化建设步伐的加快，所承载的一些重要历史文化、乡土文化和民俗文化信息不断流失。在建设新时代五常街道的过程中，留住乡音、乡思、乡风，保留乡土文化记忆，继承传统文化精华，挖掘历史智慧，让百姓望得见山、看得见水、记得住乡愁，成为推进新型城市化建设的重要内容。启动五常街道志编纂文化工程，记录并保存五常历史，对传承文脉、重塑特色，满足居民文化需求；对展示街道发展脉络，总结发展经验，提炼发展思路，梳理发展模式和道路；对宣传街道悠久历史、人文环境、精神内涵；对培育爱乡、爱国情怀均具有重要意义。因而，我们街道党工委、办事处十分重视该项工作，并一以贯之。《五常街道志》以习近平新时代中国特色社会主义思想为指导，坚持辩证唯物主义和历史唯物主义的立场、观点和方法，客观、系统、全面地记录五常街道发展历程。全志由概述、大事记及各专卷组成，共120万余字，以记述为主，辅以图、表、照片等。横排门类，事以类从；围绕主线，纵叙发展。翔实地记述域内自然、政治、经济、文化、社会等方面的历史与现状，突出毛泽东主席“五九批示”和干部参加劳动的好材料，洪氏文化及国家级非物质文化遗产“五常龙舟胜会”“五常十八般武艺”，西溪国家湿地公园西区、阿里巴巴西溪园区，展现五常街道“名”与“特”的内涵。这是一部集史志、资料多种功能于一体的著述，体现了鉴古知今的历史意义、资政辅治的现实意义和培根铸魂的时代价值。

“修志问道，以启未来。”《五常街道志》的编纂出版，既为我们提供了丰富宝贵的现实经验，也为我们提供了可资借鉴的历史启示。在深入学习领会习近平总书记关于学习党史的重要论述，学史明理、学史增信、学史崇德、学史力行，教育引导党员干部学党史、悟思想、办实事、开新局之际，我们要充分重视用志工作，加大宣传力度，拓宽用志途径，采用各种形式，不断提升地方志的服务功能，既要让方志成为决策者的案头书，又要让志书成为广大群众喜闻乐见的精神产品，使地方志在“两个高水平”建设的新征程中发挥更大的作用。

《五常街道志》的付梓出版，有赖编纂人员勤谨于事、殚精积虑两年多的工作。《五常街道志》毕功于役，也是五常热心文化人士和区地方志办公室指正的结果。在此，特向他们表示衷心感谢。同时也希望这部志书能为广大读者所喜欢、所利用，更好地发挥志书的存世、育人、资政的作用。更希望各界人士在阅读《五常街道志》后，能更加深入地了解街道的历史与现状，进一步激发热爱家乡之情，为家乡的改革开放、经济建设、社会发展，为在新征程上打造“重要窗口”和高质量发展建设共同富裕示范区再谱新篇章，作出新的更大贡献。

杭州市余杭区五常街道党工委书记　沈　清

2022 年 7 月 16 日

凡　　例

宗旨

一、以马克思列宁主义、毛泽东思想、邓小平理论、“三个代表”重要思想、科学发展观、习近平新时代中国特色社会主义思想为指导，坚持辩证唯物主义和历史唯物主义的立场、观点和方法，客观、系统记述五常街道自然、经济、政治、文化、社会等方面的历史与现状，尤其重视发展变化进程和改革开放成果，传承乡土历史文化，激发爱国爱乡情怀，资政、育人、存史。

质量要求

二、执行中国地方志指导小组印发《地方志书质量规定》。在坚持志体的前提下，体裁运用、篇目设置、资料选择等作适当创新。内容以记载域内的微观资料为主，详县（区）志之所略。根据五常街道的特点，有选择性地记述域内自然、政治、经济、文化、社会的历史与现状，重在突出五常“名”与“特”的内涵，从而达到执简驭繁、文约事丰、易于阅读、利于普及的目的。

时限

三、上限因事而异，尽量追溯至事物发端，贯通古今又详今略古，重点记述改革开放以来经济建设和社会发展的历程和成就。下限到2020年，大事记至2021年。

地域

四、记述地域范围，尊重五常街道建置的历史事实，叙事以现境为主，个别内容因追溯源流、叙述因果或不可分割等原因，适当兼及旧境之内、现境之外事项，随文注释记述范围之今属。

五、志不越境，对重要历史事实注重交代背景，反映与街道行政区域外的横向对比、联系。

体例

六、继承传统志书体例，并有所创新。章节体与条目体相结合，采用述、记、志、传、图、表、录及注释等体裁。以志体为主，各体兼用。

七、横排门类，纵述史实，述而不论。志书主体大致按自然、经济、政治、文化、社会分类设卷，采用卷、章、节、目结构。志首冠概述、大事记，章下设小序，志末附后记。个别节、目为显特色而未严格横排门类。

八、采用现代语体文、记述体，力求准确、简明、生动。文字、数字、量和单位等按国家规定统一规范书写。记述农田土地面积类目事项时，仍沿用旧制“亩”为单位，同时括注换算后的法定计量单位和量，以照顾读者阅读习惯。

九、图体包括地图、示意图和照片，注重典型性，与志体相得益彰，力求图文并茂。表格设计力求科学、规范。

十、从录纂辑历代重要文献、诗文等，以明地域文化内涵。

纪年

十一、中华民国及以前，以传统中国历史纪年法纪年，用汉字书写（中华民国年号用阿拉伯数字），括注公元纪年；中华人民共和国以公元纪年，用阿拉伯数字书写。

十二、事件一般以年、月记时，重大事件至日，农历用汉字书写，公历用阿拉伯数字书写。

十三、世纪、年代表述均用阿拉伯数字书写，凡不注明世纪之年代，均指20世纪。

人物

十四、人物选录原则注重政绩、著述、创造发明和社会贡献。人物记述源自历史文献和征集采访。

十五、坚持“生不立传”原则，入志人物以本籍为主，亦载在五常活动并有较大影响的客籍人士。一般以事系人，人随事出。为在世著名人士作简介，主要记其业绩。

资料

十六、资料主要来源于正史、旧志、专著、档案及实际调查资料，凡直录史籍文献原文者，注明出处。其他入志资料一般不注出处。史籍文献记载不一的，取有参考价值者；实难考订取舍者，则并存诸说。

十七、历史数据采自文献资料。中华人民共和国成立后，以统计部门资料为准；统计部门缺载者，酌采工作部门统计数据。

指称

十八、“改革开放”系指1978年中共十一届三中全会后。“文化大革命”系指1966—1976年。

十九、政区名称以当时名称为准，地名采用现行标准地名，必要时用历史名称。古今地名不同者，书以当时地名，括注记述下限2020年时地名。

二十、机构、组织、单位等均用当时当地典章制度和约定俗成的称谓。使用频率较高的名称，首次出现用全称，括注简称，其后用简称。

个例

二十一、五常街道内有著名的西溪湿地，故专设“西溪”一卷。其余如阿里巴巴淘宝城、余杭创新基地生态科技岛和杭州大学城等综合体，洪氏家族文化及国家级非物质文化遗产“五常龙舟胜会”“五常十八般武艺”亦作重点记载。

二十二、历史上余杭县（市、区）及街道资料相糅并用，纵横结合，融为一体。

二十三、风俗、方言皆志不可缺者，然缺乏个性，今斟酌并稍加删润以著。增加非物质文化遗产内容，体现文化积淀。

二十四、某些内容难以按类编修、以类相从，除在大事记中记载内容外，作专记若干附大致相关编章节后。某些内容（同一事物）以不同方式（资料取舍、记述角度）在多个地方出现，以体现事物之间的相互渗透和彼此联系，亦方便读者阅读。

目　录

概述 ………………………………………………………………………… (1)
大事记 ……………………………………………………………………… (7)

卷一　舆　地

第一章　政　区 ……………………………………………………………… (53)
第一节　建　置 ……………………………………………………………… (53)
一、沿革 ……………………………………………………………………… (54)
二、境域　归属 ……………………………………………………………… (56)
第二节　区　划 ……………………………………………………………… (58)
一、五常乡 …………………………………………………………………… (58)
二、五常经济开发区管委会 ………………………………………………… (61)
三、五常管理委员会 ………………………………………………………… (62)
四、五常街道 ………………………………………………………………… (69)
第二章　自然环境 …………………………………………………………… (74)
第一节　地质　地貌 ………………………………………………………… (74)
一、地质 ……………………………………………………………………… (74)
二、地貌 ……………………………………………………………………… (75)
第二节　水　文 ……………………………………………………………… (75)
一、水系 ……………………………………………………………………… (75)
二、地下水 …………………………………………………………………… (79)
第三节　土地　植被 ………………………………………………………… (79)
一、土壤 ……………………………………………………………………… (79)
二、植被 ……………………………………………………………………… (80)
第四节　气　候 ……………………………………………………………… (80)
一、气候特征 ………………………………………………………………… (81)
二、气温 ……………………………………………………………………… (81)
三、降水 ……………………………………………………………………… (82)
四、台风 ……………………………………………………………………… (82)
五、气候与农业 ……………………………………………………………… (83)
第五节　动植物资源 ………………………………………………………… (88)
一、动物资源 ………………………………………………………………… (88)
二、植物资源 ………………………………………………………………… (88)
第六节　自然灾害 …………………………………………………………… (88)
一、水灾 ……………………………………………………………………… (89)

二、旱灾　虫灾 …… (91)
三、风灾　雪灾　雹灾 …… (93)

卷二　西　　溪

第一章　西溪湿地 …… (97)
第一节　西溪舆地 …… (97)
一、形成 …… (97)
二、演变 …… (98)
三、建置沿革 …… (99)
第二节　自然环境 …… (100)
一、水文 …… (101)
二、地质　地貌 …… (101)
三、生物 …… (103)
第二章　湿地公园（西区） …… (105)
第一节　治理与保护 …… (105)
一、西溪湿地保护区总体规划 …… (106)
二、杭州西溪国家湿地公园总体规划 …… (106)
三、综合保护三期工程 …… (108)
四、西湖·西溪一体化保护 …… (109)
第二节　景区　景点 …… (109)
一、景区 …… (109)
二、景点 …… (110)
第三章　洪氏文化 …… (115)
第一节　洪氏家族 …… (115)
一、钱塘洪氏家族 …… (116)
二、洪氏人物 …… (117)
第二节　文化遗存 …… (117)
一、遗迹 …… (118)
二、洪氏宗祠楹联选 …… (122)

卷三　城乡建设

第一章　基础设施建设 …… (131)
第一节　市政建设 …… (131)
一、规划实施 …… (131)
二、道路桥梁 …… (137)
第二节　公用事业 …… (142)
一、交通运输 …… (142)
二、供、排水 …… (143)
三、供电 …… (144)

四、邮电 …………………………………………………………………………………（144）
五、供气 …………………………………………………………………………………（145）
第三节　建　筑 …………………………………………………………………………（145）
一、公共建筑 ……………………………………………………………………………（145）
二、住宅建筑 ……………………………………………………………………………（147）
第二章　市镇管理 ……………………………………………………………………（154）
第一节　市容管理 ………………………………………………………………………（154）
一、环境卫生 ……………………………………………………………………………（154）
二、园林绿化 ……………………………………………………………………………（156）
第二节　环境整治 ………………………………………………………………………（159）
一、“三改一拆”工作 ……………………………………………………………………（159）
二、“五水共治”工作 ……………………………………………………………………（160）
第三节　环境保护 ………………………………………………………………………（164）
一、机构及管理 …………………………………………………………………………（164）
二、环境治理 ……………………………………………………………………………（165）

卷四　经　济

第一章　农　业 ………………………………………………………………………（171）
第一节　农村经济体制改革 ……………………………………………………………（172）
一、土地租佃关系 ………………………………………………………………………（172）
二、土地改革 ……………………………………………………………………………（173）
三、农业互助合作、农业生产合作社 …………………………………………………（174）
四、农村人民公社 ………………………………………………………………………（174）
五、家庭联产承包 ………………………………………………………………………（175）
第二节　粮食作物 ………………………………………………………………………（175）
一、水稻 …………………………………………………………………………………（177）
二、春花 …………………………………………………………………………………（183）
三、杂粮 …………………………………………………………………………………（185）
第三节　经济作物 ………………………………………………………………………（186）
一、油菜 …………………………………………………………………………………（186）
二、五常柿子 ……………………………………………………………………………（187）
三、蚕桑 …………………………………………………………………………………（188）
四、茶叶 …………………………………………………………………………………（192）
五、春笋 …………………………………………………………………………………（193）
第四节　养殖业 …………………………………………………………………………（194）
一、畜禽 …………………………………………………………………………………（194）
二、水产 …………………………………………………………………………………（197）
第五节　现代农业 ………………………………………………………………………（202）
一、概况 …………………………………………………………………………………（202）

二、现代农业企业 …………………………………………………………（202）
第二章 工 业 …………………………………………………………（204）
第一节 经济成分 …………………………………………………………（205）
一、个体私营工业 …………………………………………………………（205）
二、集体工业 …………………………………………………………（206）
第二节 工业门类 …………………………………………………………（213）
一、金属制品业 …………………………………………………………（220）
二、印刷、纸制品业 …………………………………………………………（222）
三、电气器材业 …………………………………………………………（223）
四、化工橡塑业 …………………………………………………………（225）
五、非金属矿物制品业 …………………………………………………………（226）
六、纺织服装业 …………………………………………………………（228）
七、设备与汽车制造业 …………………………………………………………（230）
八、食品加工业 …………………………………………………………（231）
九、计算机、通信等电子设备制造业 …………………………………………（232）
十、其他制造及加工业 …………………………………………………………（234）
十一、高新科技及新兴产业 …………………………………………………（235）
第三节 先进单位与品牌建设 …………………………………………………（237）
一、先进单位 …………………………………………………………（237）
二、品牌建设 …………………………………………………………（239）
第四节 著名企业 …………………………………………………………（240）
一、华立集团 …………………………………………………………（240）
二、浙江飞碟汽车制造有限公司 ………………………………………………（244）
第三章 商贸服务业 …………………………………………………………（245）
第一节 流通体制 …………………………………………………………（245）
一、个体私营商业 …………………………………………………………（245）
二、国营商业 …………………………………………………………（246）
第二节 粮油经营 …………………………………………………………（247）
第三节 供销合作商业 …………………………………………………………（250）
一、供销合作社 …………………………………………………………（251）
二、合作商店 …………………………………………………………（251）
三、股份制商业 …………………………………………………………（252）
第四节 对外贸易 …………………………………………………………（253）
第五节 电子商务 …………………………………………………………（254）
第六节 阿里巴巴集团 …………………………………………………………（257）
一、发展历程 …………………………………………………………（257）
二、业务平台 …………………………………………………………（259）
第七节 五常西溪软件园 …………………………………………………………（264）
一、五常西溪软件园—金牛座 …………………………………………………（266）

二、五常西溪软件园—巨蟹座 ……………………………………………………（267）
三、五常西溪软件园—狮子座 ……………………………………………………（269）
四、五常西溪软件园—处女座 ……………………………………………………（270）
五、五常西溪软件园—水瓶座 ……………………………………………………（270）
六、五常西溪软件园—天秤座 ……………………………………………………（270）
七、知名企业 ……………………………………………………………………（270）
第四章　财税　金融 ………………………………………………………………（276）
第一节　税　务 ……………………………………………………………………（276）
一、体制 …………………………………………………………………………（277）
二、四税 …………………………………………………………………………（278）
三、工商税 ………………………………………………………………………（282）
第二节　财政管理 …………………………………………………………………（285）
一、体制 …………………………………………………………………………（285）
二、收支情况 ……………………………………………………………………（290）
三、监管 …………………………………………………………………………（298）
第三节　金融　保险 ………………………………………………………………（301）
一、货币流通 ……………………………………………………………………（302）
二、金融机构 ……………………………………………………………………（303）
三、保险业 ………………………………………………………………………（306）

卷五　政　　治

第一章　中共地方组织 …………………………………………………………（309）
第一节　乡（公社）党组织 ………………………………………………………（309）
一、留下区委所属乡党组织 ……………………………………………………（310）
二、留下人民公社党委所属大队党组织 ………………………………………（310）
三、中共杭州市拱墅联社委员会所属公社管理区 ……………………………（310）
四、中共杭州市钱塘联社委员会所属公社 ……………………………………（311）
五、中共余杭县委所属公社（乡）党组织 ……………………………………（311）
第二节　管委会党组织 ……………………………………………………………（313）
一、五常经济开发区 ……………………………………………………………（313）
二、五常管理委员会 ……………………………………………………………（314）
第三节　街道党组织 ………………………………………………………………（314）
一、街道党工委主要职责 ………………………………………………………（314）
二、中共五常街道工作委员会、纪律检查工作委员会 ………………………（315）
第二章　地方政权组织 …………………………………………………………（317）
第一节　乡（公社）组织 …………………………………………………………（317）
一、杭县人民政府（人民委员会）所属 ………………………………………（318）
二、杭州市拱墅联社所属 ………………………………………………………（319）
三、杭州市钱塘联社所属 ………………………………………………………（319）

四、余杭县（市、区）所属 …………………………………………………………………… (320)
第二节 街道组织 ……………………………………………………………………………… (322)
一、街道人大工委主要职责 …………………………………………………………………… (322)
二、街道办事处主要职责 ……………………………………………………………………… (323)
三、内设机构 …………………………………………………………………………………… (323)
四、政权组织班子 ……………………………………………………………………………… (326)
第三章 施政成绩述略 ………………………………………………………………………… (328)
第一节 经济建设 ……………………………………………………………………………… (328)
一、产业发展 …………………………………………………………………………………… (328)
二、基础设施建设 ……………………………………………………………………………… (337)
第二节 社会发展 ……………………………………………………………………………… (343)
一、公共事业 …………………………………………………………………………………… (343)
二、环境整治 …………………………………………………………………………………… (351)
第三节 民主法治建设 ………………………………………………………………………… (352)
一、社会综合治理 ……………………………………………………………………………… (352)
二、社区建设 …………………………………………………………………………………… (355)
第四章 群众团体 ……………………………………………………………………………… (356)
第一节 工 会 …………………………………………………………………………………… (356)
一、组织 ………………………………………………………………………………………… (357)
二、活动 ………………………………………………………………………………………… (359)
第二节 共青团 ………………………………………………………………………………… (370)
一、组织 ………………………………………………………………………………………… (370)
二、主要活动 …………………………………………………………………………………… (371)
第三节 妇女联合会 …………………………………………………………………………… (377)
一、组织 ………………………………………………………………………………………… (378)
二、主要活动 …………………………………………………………………………………… (379)
第五章 政 法 ………………………………………………………………………………… (387)
第一节 公 安 …………………………………………………………………………………… (387)
一、机构 ………………………………………………………………………………………… (388)
二、历次运动 …………………………………………………………………………………… (388)
三、主要活动 …………………………………………………………………………………… (390)
第二节 司法行政 ……………………………………………………………………………… (401)
一、街道司法所 ………………………………………………………………………………… (402)
二、宣传教育 …………………………………………………………………………………… (403)
三、调解 ………………………………………………………………………………………… (406)
四、法律服务 …………………………………………………………………………………… (410)
五、社区矫正工作 ……………………………………………………………………………… (411)
六、司法案例选 ………………………………………………………………………………… (413)
第三节 社会治安综合治理 …………………………………………………………………… (415)

一、工作机制 …………………………………………………………………… (416)
二、社会治安综合治理 ……………………………………………………… (420)
第六章　军　事 …………………………………………………………………… (426)
第一节　机　构 ……………………………………………………………… (426)
一、兵役机构 …………………………………………………………………… (426)
二、五常街道人武部 ………………………………………………………… (427)
第二节　民兵　预备役军人 ………………………………………………… (427)
一、组织 ………………………………………………………………………… (428)
二、政治教育 …………………………………………………………………… (430)
三、军事训练 …………………………………………………………………… (431)
四、参与地方工作 …………………………………………………………… (433)

卷六　文教体卫

第一章　文　　化 …………………………………………………………………… (439)
第一节　文化艺术 …………………………………………………………… (440)
一、文学艺术 …………………………………………………………………… (440)
二、文化遗产保护 …………………………………………………………… (454)
第二节　群众文化 …………………………………………………………… (461)
一、文化场馆 …………………………………………………………………… (462)
二、文化节庆 …………………………………………………………………… (465)
三、文艺会演 …………………………………………………………………… (467)
四、文化市场管理 …………………………………………………………… (468)
五、广播影视 …………………………………………………………………… (469)
第三节　非物质文化遗产 …………………………………………………… (471)
一、五常龙舟胜会 …………………………………………………………… (471)
二、五常十八般武艺 ………………………………………………………… (480)
第二章　教　育 …………………………………………………………………… (495)
第一节　旧时教育 …………………………………………………………… (496)
一、私塾 ………………………………………………………………………… (496)
二、新式小学 …………………………………………………………………… (496)
三、国民小学 …………………………………………………………………… (497)
第二节　幼儿教育 …………………………………………………………… (500)
一、幼儿教育 …………………………………………………………………… (500)
二、部分幼儿园简介 ………………………………………………………… (503)
第三节　小学教育 …………………………………………………………… (506)
一、发展概况 …………………………………………………………………… (506)
二、办学特色 …………………………………………………………………… (510)
三、部分小学简介 …………………………………………………………… (511)
第四节　中学教育 …………………………………………………………… (513)

一、发展概况 ……………………………………………………………………………… (513)
二、办学特色 ……………………………………………………………………………… (516)
三、中学简介 ……………………………………………………………………………… (517)
第五节 成人教育 ………………………………………………………………………… (518)
一、扫盲和民校工作 ……………………………………………………………………… (518)
二、农民技术教育 ………………………………………………………………………… (519)
三、成校简介 ……………………………………………………………………………… (521)
第六节 高等教育 ………………………………………………………………………… (522)
一、建校概况 ……………………………………………………………………………… (522)
二、学校简介 ……………………………………………………………………………… (523)
第三章 体 育 ………………………………………………………………………… (528)
第一节 体育设施 ………………………………………………………………………… (529)
一、街道文体中心 ………………………………………………………………………… (529)
二、五常人民广场 ………………………………………………………………………… (529)
三、村、社区、学校体育设施 …………………………………………………………… (529)
第二节 体育活动 ………………………………………………………………………… (530)
一、街道人民运动会 ……………………………………………………………………… (530)
二、群众体育活动 ………………………………………………………………………… (531)
三、其他赛事 ……………………………………………………………………………… (534)
四、外出参赛 ……………………………………………………………………………… (535)
第四章 卫 生 ………………………………………………………………………… (537)
第一节 医疗机构 ………………………………………………………………………… (538)
一、五常乡（街道）卫生院 ……………………………………………………………… (538)
二、社区卫生服务站 ……………………………………………………………………… (540)
三、其他医疗机构 ………………………………………………………………………… (541)
第二节 公共卫生 ………………………………………………………………………… (542)
一、爱国卫生 ……………………………………………………………………………… (542)
二、疾病防控 ……………………………………………………………………………… (549)
三、妇幼保健 ……………………………………………………………………………… (553)
四、红十字会工作 ………………………………………………………………………… (555)

卷七 社 会

第一章 民 政 ………………………………………………………………………… (559)
第一节 基层自治组织 …………………………………………………………………… (559)
一、居（村）民委员会 …………………………………………………………………… (559)
二、村（居）自治 ………………………………………………………………………… (560)
第二节 社会保障 ………………………………………………………………………… (561)
一、养老保险 ……………………………………………………………………………… (561)
二、医疗保险 ……………………………………………………………………………… (563)

三、生活保障 …………………………………………………………………… (566)
四、社会救济 …………………………………………………………………… (568)
五、城乡居民最低生活保障 …………………………………………………… (571)
第三节　社区建设 ………………………………………………………………… (573)
一、城市街区建设 ……………………………………………………………… (573)
二、创新管理体制 ……………………………………………………………… (574)
第四节　老龄工作 ………………………………………………………………… (575)
一、设施建设 …………………………………………………………………… (575)
二、养老服务 …………………………………………………………………… (577)
三、老年文体活动 ……………………………………………………………… (578)
第五节　殡葬改革 ………………………………………………………………… (579)
第二章　社会生活 ……………………………………………………………… (580)
第一节　劳动就业 ………………………………………………………………… (580)
一、征地“农转非”人员生活及安置 ………………………………………… (580)
二、外来劳动力就业管理 ……………………………………………………… (582)
第二节　人口与计划生育 ………………………………………………………… (583)
一、人口 ………………………………………………………………………… (583)
二、计划生育 …………………………………………………………………… (589)
第三节　居民收入和消费 ………………………………………………………… (594)
一、居民收入 …………………………………………………………………… (594)
二、居民消费 …………………………………………………………………… (595)
三、居住条件 …………………………………………………………………… (597)
第三章　风俗　方言 …………………………………………………………… (600)
第一节　习　俗 …………………………………………………………………… (600)
一、生产习俗 …………………………………………………………………… (600)
二、生活习俗 …………………………………………………………………… (609)
三、礼仪习俗 …………………………………………………………………… (613)
四、岁时习俗 …………………………………………………………………… (621)
第二节　谚　语 …………………………………………………………………… (627)
一、气候类 ……………………………………………………………………… (627)
二、生产类 ……………………………………………………………………… (629)
三、生活类 ……………………………………………………………………… (632)
四、卫生类 ……………………………………………………………………… (635)
五、教化类 ……………………………………………………………………… (635)
第三节　俚　语 …………………………………………………………………… (637)
第四章　宗　教 ………………………………………………………………… (640)
第一节　佛　教 …………………………………………………………………… (640)
一、概况 ………………………………………………………………………… (640)
二、寺院简介 …………………………………………………………………… (641)

第二节 其他宗教 ……………………………………………… (643)
一、道教 ……………………………………………… (643)
二、基督教 ……………………………………………… (644)

卷八 人 物

第一章 人物传 ……………………………………………… (647)
第二章 人物简介 ……………………………………………… (653)

丛 录

一、诗文 ……………………………………………… (657)
二、五常民间传说 ……………………………………………… (690)
三、文件选 ……………………………………………… (695)

后记 ……………………………………………… (703)

概　述

五常街道境内有港，长五里，俗称五常港，街道之名源于此。一说是起源于该地在明代曾出过洪钟等五位尚书，故名“五尚”。“尚”与“常”又可通假。一说取中国儒家伦理文化三纲五常中的五常（仁、义、礼、智、信）作为地名。

“唐有西溪市”，作为西溪一部分的五常虽历史悠久，但在中华人民共和国成立前发展缓慢。中华人民共和国成立以后，尤其是改革开放以来，五常地方经济日益繁荣，发展日新月异，经济、社会得到长足发展。进入21世纪，五常经济建设和社会发展快速融入杭州大都市，使其独特的区位优势、广阔的发展空间和良好的生态环境更为凸显，对外开放形象亦随之整体提升。有着“城西开发建设前沿”之称，更是余杭创新基地的核心区块。

一

五常街道位于区境之东南，东与蒋村街道相接，西与闲林街道相连，南与留下街道接壤，北与仓前街道隔河相望，三面与主城区接壤。南北最长距9公里，东西最宽距3.2公里，总面积24.88平方公里。

五常的极大部分为水乡平原的水网地带，属古苕溪及运河水系，河、塘较多。主要河道有余杭塘河、五常港、沿山港、天竺桥港、骆家桥港和顾家桥港，共长16.95公里。内塘有5900余亩（393.33公顷），外荡有港、河、滩、漾5000余亩（333.33公顷）。五常南部边缘有小部分山地，自荆山始即为连绵山峰，古称“荆山七十二贤峰”，组成五常的南部屏障。属亚热带南缘季风气候区，冬夏长、春秋短，季风交替明显，四季分明，无严寒酷暑，温和湿润。年平均气温16℃。无霜期242天，年降水量1320毫米。进入21世纪后，境内除杭州西溪国家湿地公园基本保留原自然环境外，其余已实现城市化。

杭州西溪国家湿地公园（西区）位于余杭区五常街道境内，其范围西以绕城辅道（与绕城高速并行）为界，北至文二西路延伸段，南抵五常大道，东至五常港，与西溪一、二期东区相连，面积为3.15平方公里。该区水网交织，水源丰富，水面占陆地面积的一半。多碟状洼地，以水荡、沼泽为主，植被丰茂。西溪独有的“三基”（桑基、柿基、竹基）、鱼塘、虾网、芦苇、水草交织成典型的湿地水网景观，具有浓郁的村庄田园风情。直至民国初期，西溪仍享有美誉，为达官重视，受名流关爱。西溪湿地历经了东汉形成、唐宋发展、明清全盛、民国衰落的演变过程。由于人为干预，由原生态自然湿地逐渐演变为次生湿地。2003年开始，实施西溪湿地综合保护工程。经过综合保护工程的实施，保护、修复西溪湿地的生态系统，保护、培育西溪特有的网格状河网、水乡河泽资源，保护和培育柿、柳、竹、梅、芦苇等构成的水生、陆生植物资源和鸟类、鱼类等野生动物资源，改善了湿地环境。同时恢复了与之配套的人文景观和非物质文化遗产项目。在构建和谐社会、生活品质之城中，一个国家级的湿地公园脱颖而出。

西溪有悠久的历史。东汉时，余杭县令陈浑在上游开辟南湖蓄水，下游水势减弱。出现许多滩涂，形成港汊纵横、洲渚相接的湿地时，西溪先民就在此生息。至今已有1800余年。《神州古史考》载："唐有西溪市。""市"即今贸易之所。南宋绍兴八年（1138），西溪改称留下镇，西溪已日趋繁华，属钱塘县钦履乡，蒋村、五常则属崇化乡。明清时期，西溪先后属钱塘县钦贤乡、钦履乡。民国时，今境有五常乡、蒋邱乡。中华人民共和国成立初为五常乡、邱桥乡。1951年6月，从五常乡分出部分另建荆山乡。1956年，由五常乡、荆山乡、邱桥乡合并称五常乡。1958年，属留下人民公社五常管理区。1961年，五常管理区从留下人民公社分出建立五常人民公社。1984年1月，建立五常乡。辖顾家桥、南河头、木桥头、范家、金家塘、横家桥、邱桥、断桥、源谊、天竺桥、白庙、油车圩、西坝、友谊、横板桥、荆山16个村。计74个村民小组，分布于117个自然村，3324户、1.4454万人（非农业人口350人）。2001年8月，五常乡行政区域并入闲林镇，同时单独设立五常经济开发区，辖16个建制村，财政、税收管理相对独立。2004年1月，挂牌成立五常管理委员会。2007年12月，为加快推进五常城市化步伐、实现与杭州主城无缝衔接，从而推动余杭组团的整体发展撤委建街。经区十三届人大常委会第六次会议审议通过，成立五常街道。由闲林镇的沿山河、横板桥、顾家桥、荆丰、荆山、文一6个社区，以及友谊、五常2个建制村，以及仓前镇所辖建制村永福村，合并组成五常街道，常住人口21359人，区域面积达22.71平方公里。2020年，五常街道下辖荆山、横板桥、荆丰、洪园、顾家桥、友谊、五常、文一、沿山河、永福、西溪风情、景盛、云创、海曙、邱桥、海创、海汇、宏湾社区。年末总户数14509户，户籍人口52680人，出生人口940人，人口出生率17.8‰。区域面积24.88平方公里。

二

五常自然条件优越，物产丰富。长期以来，五常凭借得天独厚的自然条件，又依托杭州发展了自身。五常港两岸，西溪南北，向为杭州粮仓，还盛产蚕丝、茶叶、蔬菜等。河网密布、鱼塘毗连，淡水鱼、竹笋、柿子等土特产闻名遐迩。

五常鱼塘星罗棋布，河道纵横交错，曾是杭州市最大的淡水鱼供应基地。1958年8月，五常、丁河、蒋村等12个乡83个高级农业生产合作社，在丁河乡设立了鱼种场，开始孵化鲫鱼、鲢鱼苗。1961年，设立五常人民公社鱼种场，繁育鱼苗供应各生产队。1968年，五常人民公社鱼种场从浙江淡水研究所引进团头鲂亲鱼50尾，次年5月人工孵化育苗50万尾，后成为全县重要养殖鱼类基地之一。1974年引进银鲳鱼，1980年引进尼罗非鱼并越冬成功，1984年越冬鱼苗138万尾及亲鱼9024尾。友谊村不断改进养鱼方法，采取轮捕轮放的科学养鱼方式，在全县得到推广。水果种植有柿子园60多公顷。养蚕、种竹是传统的农副业，有桑、竹地133.3公顷。粮食作物以水稻为主，兼营麦豆、油菜、淡水鱼、蚕桑等。

五常在明代中期就有手工作坊，随着经济的发展，各种与人们生活、劳动密切相关的手工业随之兴起，大致可分为农产品初加工和器具修理两大类。前者主要有手工制丝绵、棉花纺织、织麻布和酒作坊、豆制品作坊等，后者以大木匠、小木匠、船木匠为主，其他也有铁作、篾作、石作、箍桶作。在当时自给自足的小农经济时代，农民自己手工制作的蚕丝棉、麻布、米酒等除自己食用外，也用于出售和交换。木制船则是当时最主要的交通工具，其制造和维修业的崛起，也促进了交通运输业的发展。在以农家自然肥为主的年代，捻河泥是最主要的积肥手段，五常一带也生产“捻竿”。中华人民共和国成立后恢复了生机，但仍保持传统的格局，至20世纪60年代，才出现工业的雏形。以石料、水泥和水泥预制品为主的建材业曾经是五常工业的第一主导产业。1963年，五常出现第一家采石单位——五常荆山石矿。1976年，创办五常水泥厂和五常水泥二厂，所生产的水泥大量销往杭州及周边地区。

改革开放以来，五常乡经济建设和社会发展取得重大成就。据1985年统计：粮食总产672.41万公斤，产油菜籽28.795万公斤、蚕茧5.31万公斤、柿子45.885万公斤、竹笋54.74万公斤，鲜鱼起水量15378万公斤，养猪1.07万头、羊4179只。1984年，全乡精养塘达128.8公顷，亩产320.35公斤。1998年，引进龙门红鲤，并注册了商标。丰富的淡水资源，良好的环境，为养殖业带来了发展机遇。1992年，南河头村滕善林开始庭院养鳖，并取得了成功。到2001年五常养殖户发展到60余家，年产商品鳖102吨。乡村企业有水泥厂、电子元件厂、五金仪表备件厂、建筑队等53家，职工3806人。1985年，全乡总产值2446万元，其中乡村企业总产值1875万元，人均收入706元。至80年代末，五常已有各类电子仪表企业4家，尤其是五常友谊电表厂发展较快，1987年产值超350万元，成为当时余杭村办电子仪表行业企业中的佼佼者。进入90年代，杭州家豪五金工具有限公司、杭州成洲锯业有限公司等私营企业已初具规模，企业产品主要为各种规格的锯片，市场覆盖全国各地，部分远销国外。规模较大的企业有杭州三狮水泥有限公司、杭州西子混凝土公司、浙江飞碟客车制造有限公司。至2000年，全乡工农业总产值4.75亿元，财政总收入550万元，农村经济总收入4.99亿元，农民人均收入5095元。全乡有股份制企业18家，个体私人企业160家，拥有固定资产4.8亿元，当年工业产值4.3亿元，销售收入2.67亿元，利润551万元，完成税收1216万元，出口交货值1378万元。年末有个体工商户256户，第三产业逐年发展，已形成汽车制造、锯片五金、印刷工业群体。

2001年8月，针对五常特定的地理位置，为加快五常经济发展，区委决定成立五常经济开发区，设立五常经济开发区党工委、五常经济开发区管委会。是年，五常经济开发区工农业总产值6.52亿元，比上年增长37.2%；财政总收入771万元，比上年增长40.2%。农业总产值4905万元，比上年增长10.2%。农村经济总收入5.53亿元，比上年增长10.8%。

2004年1月，中共余杭五常管理委员会工作委员会和五常管理委员会，紧紧围绕“实现两大转变、完善三大规划、做好八篇文章，完成十件实事”的发展思路和工业经济“两年翻番”的目标，克服缺电、缺地、缺资金等不利因素，创新工作，取得了可喜的成绩。全年辖区实现农村经济总收入15.6亿元，实现工农业总产值16.5亿元，财政总收入6920万元，农民人均收入9753元。是年，管委会对辖区企业加以有效引导、积极扶持，着力培育规模、龙头企业，使工业经济保持稳步增长，实现“两年翻番”的目标。

2007年12月，余杭区政府决定设立五常街道办事处。全年实现工农业总产值31.7亿元，第三产业增加值突破3.5亿元，一般预算财政总收入2.17亿元；全社会消费品零售总额0.73亿元，农民人均收入16155元。2015年，街道财政总收入12.85亿元，经常性财政收入实现6.06亿元，规模以上工业增加值7.25亿元；固定资产投资实现67.99亿元。

2020年，街道完成财政总收入33.14亿元，完成经常性收入10.98亿元，规模工业销售产值累计26.68亿元，固定投资累计119.02亿元，规模工业增加值累计4.65亿元；服务业增加值累计1255.83亿元。

三

在经济发展的同时，五常各项社会事业也在不断发展。

五常的教育是从私塾开始的。民国元年（1912），士绅张新吾因感五常教育落后，民智困闭，捐助部分私宅创办邬家湾（今属五常社区源谊）小学。1946年8月归杭县县政府教育科办，正名为杭县五常乡中心国民学校。1950年5月五常建乡，改名为杭县五常中心小学。“文化大革命”时期，有了中学教育。1979年8月，五常中学在校学生达到630人，教职工31人。改革开放以来，五常将教育放在了优先发展的地位，幼儿教育、基础教育、成人教育协调发展。1982年，被评为杭州市普及小学教育先进单位。1983年，被评为杭州市基础教育先进乡镇。1989年，五常实施义务教育，全乡所有的小学毕业生全部升入初中。1990年9月，全乡有小学7所，班级31个，学生1452名，学龄儿童入学率达98.8%。1995年，通过浙江省人民政府对五常乡的“两基”验收，各项指标均达到和超过“两基”的标准。1999年，被确认为杭州市教育强镇。

民国初期，白庙吴衢山自学成才，办起吴衢山诊所，其后顾家桥源大礼在家悬壶，主要从事中医内科、外科和小儿科，中医内科当时在余杭有一定的知名度。1956年，五常和留下镇儿名中医药人员组成留下联合诊所五常分诊所，隶属于杭州市西湖区留下镇，院址在断桥村，仅有平房2间，从医人员4名。1958年，更名为留下卫生院五常卫生所，卫生所迁址到白庙，有平房5间，医务人员6人。经过40余年的发展，形成了以防治农村常见病、多发病为主，预防保健为核心，以中医内科、骨伤科、西医肠科和中西医结合疗法为特色的医疗防保新格局。同时努力培养全科医疗人才，拓展社区卫生服务领域。

2000年，教育投入128万元，有线电视全乡普及。文化站增添了摄影、摄像设备。2002年，投入10万元为学校整修教学楼，更新学校课桌椅250套。新型农民合作医疗参保率92%。2004年，全年投入教育资金100余万元。以创建区级卫生地区为载体，开展新型农民合作医疗保险工作，参保率91.7%。全面完成五常卫生院的转制工作及4个社区卫生服务站建设。2005年，投入100余万元，用于完善教育设施。成功创建顾家桥村、荆丰村等2个市级卫生村和横板桥村、友谊村等2个区级卫生村；新型农民合作医疗参保14873人，参保率100%。2006年，完成健康体检8398人，体检建档率100%。创省级卫生村1个、市级卫生村1个、区级卫生村3个。全年投入资金100余万元，用于完善各项教学设施；投入4500余万元，建设五常中心小学。2007年，投入公共卫生事业经费583万元。有15822人参加新型合作医疗，参保率99.91%，累计报销1680人次，报销金额85.27万元。中小学健康教育开课率100%。2008年，新建五常中心幼儿园，同时完成原中心幼儿园、邱桥幼儿园和永福村幼儿园的改造。8月，“三中心一园一广场”正式挂牌启用。该项目包括业余党校、成人文化技术学校、老年活动中心、文体中心、中心幼儿园和五常人民广场，位于五常辖区的中心位置。2011年，杭州市考核组在对五常市容、环卫、公共卫生、食品安全等进行实地检查和民意调查后，一致同意五常街道通过创建“杭州市卫生街道”考核验收。2013年7月16日，余杭区人民政府、杭州师范大学深化教育合作签约仪式暨杭州师范大学附属学校揭牌授牌仪式在五常街道举行，五常小学和五常中学正式挂牌杭州师范大学附属学校。2014

年，投入5000万元、按省一类小学标准新建的五常中心小学投入使用。9月24日，规划开设54个班级、容纳2500名学生的五常中学迁建项目开工建设，计划总投资2.76亿元，建筑面积68303.78平方米。2016年1月18日，全省民政系统投入最大的单个民生工程项目浙江民政康复中心（浙江康复医院）异地扩建工程在五常街道开工建设。项目总用地面积64004平方米，投资5.95亿元，以三级康复医院标准进行建设，设置床位1100张。2020年，辖区内4所小区配套幼儿园（人和家园幼儿园、国泰盛世嘉园幼儿园、启蒙铭苑幼儿园、大华西溪风情幼儿园）加快转变为普惠性幼儿园。开展各校园设施设备采购、维修改造等项目18个，投资约2000万元。主要包括五常中学图书馆装修、五常小学教学楼改造提升、五常小学绿化工程、庭院幼儿园、福鼎幼儿园、西溪北苑幼儿园扩班工程、水岸幼儿园室外场地提升工程等。是年，街道共有学校20所。

五常颇具特色的水乡风情民俗，最有代表性的当数五常龙舟胜会、五常十八般武艺。五常龙舟胜会，源于明朝，已有500年历史。五常龙舟胜会，相传是由祖居五常的明朝尚书"洪钟"及其子孙创立并流传的。当年，为了强身健体、卫国安邦，又鉴于西溪独特的众多河流，以及当地村民常以舟楫劳作的习惯，洪钟借村民水乡劳作时用的小木舟，配以龙头，组织起了民众端午龙舟竞渡活动。当时参赛船只众多，场面热闹，十分成功。以后演变为民间自发的活动，每年端午节五常附近的蒋村、闲林等龙舟相会五常，必有五常龙舟胜会，流传至今。五常十八般武艺将刀法、棍法、拳法、阵法等糅合在一起，融入了杭州西溪（五常）特色的拳、械操练法，带有明显的西溪水乡特色。其阵法多样，套路丰富，有群刀会、日月阵、五连阵、威武阵、金刚伞阵、大劈锁阵、玉手笔艺爪阵、大武耙阵、大操练等。五常十八般武艺的特点是：所有兵器并不是真刀真枪，均为硬木制作。这些木制兵器多是由五常乡村的生产、生活工具改制而来，有龙凤刀、方天戟、玉手笔艺爪、阴阳镗、金瓜锤、枣逆槌、文武耙、龙鱼斧、大劈锁、金刚伞等。因此，其操练的目的并非为了实战，而是在于传承武艺文化。五常十八般武艺富有浓郁的水乡特色，它的保护和传承，对我国民间体育发展史研究，以及传播传统的武艺文化具有重要价值。

四

五常有西溪灵秀之气，人杰地灵，代有传人。

以南宋洪皓在杭州始传的洪氏家族，于宋、明、清三代出过许多著名人物。余杭区五常洪家埭旧有洪氏宗祠，内有一楹联，其云"宋朝父子公侯三宰相，明纪祖孙太保五尚书"。上联即指南宋名臣洪皓父子。宋建炎三年（1129），洪皓假礼部尚书出使金国，被扣15年，艰苦备尝，持节不屈，终得以放还。朝廷有感于他的气节，赐官徽猷阁直学士、右朝散大夫，封鄱阳郡开国侯食邑一千二百户，并西湖葛岭赐建国公府。死后谥号"忠宣"。这位忠宣公就是杭州洪氏始祖。他的三个儿子先后都成了进士。长子洪适官至尚书右仆射、同中书门下平章事兼枢密使，封魏国公；次子洪遵为翰林学士承旨、同枢密院事、端明殿学士、提举太平兴国宫，封信国公；季子洪迈为翰林学士加端明殿学士，封和国公。洪迈所著《容斋随笔》一问世就受到最高统治者称誉，成为历代皇家珍籍，又为学界乐道。

明代是杭州洪氏自南宋以来又一个黄金时代，其代表人物为洪钟。洪钟，明成化十一年（1475）进士，历任刑部主事、安抚使、按察使、左都御史、刑部尚书、工部尚书，进太子太保衔。相传洪钟退居故乡后，为祈社安发起五常龙舟胜会，至今仍为当地端午一大盛事。洪钟还将兵器与生产工具结合，创制成多种独特器械，教民演练，以改良民风、强民体魄，即今大放异彩的五常十八般武艺。其曾祖父洪荣甫、祖父洪有恒、父洪薪皆因洪钟名望而获赠尚书衔；曾孙洪瞻祖，明万历二十六（1598）进士，选翰林院庶吉士，历任兵科给事中、南京都察院右都御史，后赠太子少保、兵部尚书。这便是洪氏宗祠内下联“明纪祖孙太保五尚书”所谓。洪钟之孙洪楩，是明代重要的出版家，最大贡献是刊刻宋元话本，并以精良著称于世，代表了当时最高的印刷水平。清初之洪昇，其诗文在当时颇负盛名，所作传奇《长生殿》与孔尚任《桃花扇》齐名，并称“南洪北孔”。

洪氏自元末明初迁入五常洪家埭，遂为“钱塘望族”，至今尚有洪氏后人百余户 500 余人。杭州洪氏家族在 800 余年中涌现出众多高官名士，在中国极为少见。洪氏家族的声望主要来自其较高的社会地位，而其社会地位则在很大程度上取决于望族成员所从事的职业及其文化建树。构成其家族强大的政治实力，同时成为诗礼簪缨之文化望族。洪氏家族的勃兴在相当程度上得益于其优越的外部环境，而其爱国和民本主义、强烈的忧患意识，开拓和奋发进取精神，以及高尚的道德，不仅使家族成员得以历尽艰辛，博取功名，更使其登第厚能以立德、立功、立言为家族赢得声望。研究杭州洪氏家族长盛不衰的历史有着历史和现实的重要意义。

至于当代，余杭县五常人民公社友谊大队党支部书记王淦清，曾任中共杭州市第四届市委委员，中共余杭县第四、第五届县委委员，余杭县第七、第八届人大常委会委员，是毛泽东主席批示的《浙江省七个关于干部参加劳动的好材料》中提到的劳动能手。数十年间，王淦清谦虚谨慎，勤勤恳恳，始终保持着普通劳动者的本色。中共十一届三中全会以后，他更是兢兢业业，团结一班人，严格按照党中央的指示办事，带领群众为建设社会主义物质文明和精神文明做出贡献。1982 年，王淦清被评为浙江省劳动模范。

大事记

战国至秦

秦王政二十五年（前222），置余杭、钱唐（塘）两县，属会稽郡。今五常地域属钱唐县。

始皇三十七年（前210），始皇南巡会稽，自丹阳经临平到钱唐。

汉

新莽始建国元年（9），钱唐改名泉亭。东汉建武元年（25）恢复原名。

熹平二年（173），余杭县令陈浑发民十万，修筑上、下南湖，调节苕溪洪水。上游治水奏效，今西溪一带受水益少，出现滩涂，形成洲渚相接的湿地，百姓得以居住。

隋

开皇九年（589），废钱唐郡，置杭州，治所在余杭。十年，移治钱唐。今五常地属杭州钱唐。

大业六年（610）冬，开通江南河（大运河），自京口（镇江）至余杭。

大业九年（613）七月，余杭刘元进起义，数月间拥兵十万，据吴郡，称天子。同年，西攻延陵（今武进），战败，为隋将王世充所杀。

唐

天授三年（692），朝廷敕钱塘、於潜、余杭、临安四县租税纲运径取道于苕溪，公私便之。

开元四年（716），钱塘一带缫丝、织绸、造纸等家庭手工业兴起。

天宝元年（742），杭州余杭郡土贡：白编绫、绯绫、藤纸、木瓜、橘、蜜姜、干姜、芑、牛膝。其中，白编绫、橘、干姜，境内都有产出。

五代十国

龙德二年（922），割钱塘、盐官各半及富春之长寿、安吉二乡置钱江县。今境仍属钱塘县。

宋

太平兴国三年（978），吴越国王钱镠之孙钱弘仪所建法昌院（五常范村庙西侧、法昌港北）印制《佛说观世音经》等经卷，其刻版印刷的时间要略早于原杭州雷峰塔所藏佛经刻印时间。

元祐六年（1091），杭州通判杨蟠所作《西溪》，系最早吟咏西溪的诗。

建炎元年（1127），蒙古羊大量移来，经长期驯化选育，形成今日的湖羊。

建炎三年（1129），洪皓假礼部尚书出使金国，金国留不遣返。绍兴十三年（1143），洪皓被扣15年，艰苦备尝，持节不屈，终得以放还。朝廷有感于他的气节，赐官徽猷阁直学士、右朝散大夫，封鄱阳郡开国侯食邑一千二百户，并西湖葛岭赐建国公府。死后谥号“忠宣”。忠宣公就是钱塘洪氏始祖。

绍兴二年（1132），高宗迁都杭州。张岱《西溪记》载：“相传宋南渡时，高宗初至武林，以其地灵厚，欲都之。后得凤凰山，乃云‘西溪且留下’，后人遂以名。”

绍兴十八年（1148），钱塘、仁和蝗灾。隆兴二年（1164），再次发生蝗灾。

绍兴年间（1131—1162），宋高宗为了方便去洞霄宫祭祀，下旨修建了一条专用的石板辇道，后称西溪辇道。其间，南宋名将杨存中（1102—1166），代州崞县（今山西原平）人。退归林下，与弟各置一圩之产，在西溪北。称杨圩（在今五常），又称杨府，有东杨圩和西杨圩两处。

淳熙年间（1174—1189）始，西溪大量种植柿树、桑树，形成“柿基鱼塘”“桑基鱼”的景观特色。至2020年，尚存1.5万余株柿树。

绍熙四年（1193）八月，大水成灾，漂没田庐，死者无算。

淳祐七年（1247），大旱，西塘河干涸，乡民分段浚治，自北新桥至勾庄，拓宽3丈，加深4尺；自勾庄至奉口，拓宽1丈，遂成大河。

南宋时，钱塘人戴隆，字灵慈，隐于西溪昭德里（今五常洪家埭）。

元

至元十七年（1280）四月，设立杭州路金玉总管府。杭州路辖钱塘、仁和、余杭等县。今五常地属钱塘县。

元末，洪有恒游学钱塘，见西溪山川秀美、土地肥沃，遂携家居住五常洪家埭。洪有恒传洪薪，洪薪传洪钟，终成钱塘望族。

明

洪武四年（1371），五常乡里创办社学2所，并设置学田，收入作办学经费。

洪武五年（1372）八月，暴雨引起洪灾，农田被淹，百姓溺死者众多。

成化十八年（1505）七月，暴雨引起洪灾，大水漂没房屋，冲毁禾稼。

正德五年（1510），洪钟因负责川、陕、湖、河四省军务有功，朝廷七降救奖励，服白金麟服，进太子太保。稍后又任工部尚书、刑部尚书兼都察院左都御史。

正德八年（1513），洪钟致仕回乡。

正德十五年（1520），洪钟出资在昔日母亲摆渡接送处建造一座桥梁，取名“思母”，又在桥南50米荣道旁盖一座亭子，亦名“思母”。所撰《思母亭记》一文镌刻于亭内石碑之上。（2007年12月考古发掘，其处有4个长0.48米、宽0.45米的亭柱基石，亭柱之间南北宽1.64米，东西长1.54米，估计亭高2米有余。）

嘉靖三十四年（1555）五月，倭寇犯余杭、钱塘等地。境内亦受扰乱。

嘉靖四十年（1561），洪氏后裔呈文申报府县，浙江总督胡宗宪重新恢复忠宣公祠。清康熙年间（1662—1722），祠堂又被僧人侵占，洪氏后裔又控至府县，浙江总督李卫又一次将祠堂恢复

万历年间（1573—1620），万历《钱塘县志·纪疆》载“五丈圩在钦贤六图，五丈西圩、五丈西中圩、五丈西南圩、五丈东坦圩、五丈西小圩在钦贤九图，荆山西坦圩、荆山东坦圩在钦贤九图”，又有“断桥、新桥在崇化乡”“荆山桥在钦贤乡”等记载。“五丈”即为“五常”。

清

康熙三年（1664），洪昇与黄蕙成婚，陆繁有《同生曲》贺之，诗序中有“三洪学士之世胄，累叶清华”之句。三十四年（1695），洪昇《长生殿》付诸刻版印刷。四十三年（1704）六月初一，洪昇在乌镇不幸溺水而死。

道光三年（1823），皂荚塘塌，钱塘有25庄遭水淹。十一年，大水，仁和、钱塘、乌程、安吉、德清、武康六县同时兴工修圩。

咸丰十年（1860）二月，太平天国忠王李秀成率部奔袭杭州，从梯子岭进入角头至瓶窑，与清按察使段光清部激战于瓶窑，清兵大败。翌日破杭州。十一年（1861）九月十七日，李秀成占余杭。十二月攻破杭城。直至同治三年（1864）二月杭城失守，历时两年三月。境内受战火影响严重。

光绪元年（1875），自夏至秋，水旱相继，钱塘灾情尤重。

光绪七年（1881）五月，苕溪水势骤涨，冲坍塘堤，田庐被淹。仁和、钱塘二县，境内农田亦被浸灌。

光绪十四年（1888），《杭州府志》（初修于清光绪十四年，成书刊印民国五年）载：“福建候补道胡光墉墓在荆山。”荆山，即今五常街道荆山岭。

光绪二十二（1897），因秋雨连绵，田稻收成歉薄，所收租米，高田每亩仅三斗有零，低田不过二斗左右。

中华民国

民国元年（1912）1月22日，仁和、钱塘两县合并，称杭县，五常乡属之。年来迭遭水患，饥民遍野，致强悍者勾结外匪，肆行焚劫。是年，士绅张新吾因感五常教育落后，民智困闭，捐助部分私宅创办邬家湾（今属五常社区源谊）小学。

民国8年（1919）6月1日，为响应北京五四爱国运动，闲林、五常等地学生罢课，商

店罢市，延续3日。

民国11年（1922）9月，自8月31日起至9月2日止，飓风急雨，昼夜不息，山洪四发，苕溪南湖并溢，塘堤尽溃，加上6月、7月两月迭遭大水三次，发生数十年来未有之浩劫。

民国13年（1924），顾子才、谢纯叔、骆树立等所发起修筑杭瓶路，以余杭双溪黄湖为起点，杭县湖墅为终点。计黄湖至瓶窑36里，瓶窑至良渚18里，良渚至山墩18里，山墩至湖墅16里。

民国16年（1927）2月，杭县乡村建立农民协会，领导“二五减租”。瓶窑区有良渚、五常等18个农民协会。次年，包括顾家桥、南河头、西坝等在内的94个村有农民协会。5月，杭县划出城区、西湖、会堡、湖墅、皋塘、江干6个区建立杭州市，市、县自此分设。五常乡仍属杭县。

民国19年（1930）6月，浙省公路局筹筑杭州小河至瓶窑镇汽车路，业已竣工，于6月16日起通车。自瓶窑镇起，经过长桥、良渚、勾庄、祥符桥以达小河，均设站售票，每日来回8次。

民国19年（1930）7月，杭县各乡缺米，县长潘忠甲与瓶窑4个乡，调露、西镇等9个乡士商会商，筹款请领平米，分配各乡区办粜。

民国23年（1934）夏，大旱60余天，境内河道干涸，田土龟裂，灾象惨重，为百余年间所未见。

民国24年（1935），杭县螟虫严重为害。

民国26年（1937）12月23日，日军侵陷余杭县。次日，杭州、杭县沦陷。

民国36年（1947）夏，大旱，杭县受灾11.7万亩。

1949年5月2日下午，中国人民解放军二十一军六十一师、六十二师解放余杭县城。5月3日，解放军从孝丰经黄湖过闲林、五常直抵杭州。杭州市解放，杭县同时解放。是月，杭县区乡人民政权先后建立。杭县设5个区、49个乡。8月，开始以村为单位建立农民协会。6月底起，淫雨半月余，苕溪水位暴涨，水灾严重。人民政府拨出粮、款，组织民工抢修塘堤。9月，全县中、小学为建设新民主主义的、民族的、大众的、科学的文化教育，实行改革，废除公民、童子军等课程和训导体制，采用新编课本，增设政治课，实行民主管理。

中华人民共和国

1949年

10月1日，境内各乡集会欢庆中华人民共和国成立。

10月9日至14日，杭县在拱宸桥召开首次农民代表会议，五常乡、蒋邱乡派代表出席，会议主要议题均为落实省委剿匪反霸、废除保甲制度、实行减租减息及发展生产等任务。

10月，杭县组织斗争蒋邱乡恶霸地主蒋公望等，影响和带动了附近各乡的反霸斗争。是年，引进晚粳稻良种10509，50年代成为境内晚稻主要栽培品种。

1950 年

2月9日至11日，杭县召开第二次农民代表会议，成立县农民协会。嗣后，境内五常、邱桥乡农会陆续建立。

5月，从蒋邱乡、五常乡分出建立邱桥乡。各乡着手组建民兵和自卫队。是月，稻螟虫危害严重，组织干部、教师下乡下田帮助群众治虫。

6月，杭县政权建设完成，杭县改建为9个区，留下区为其一，五常、邱桥乡人民政府属之。从五常乡分出建立荆山乡，也由留下区公所管辖。

10月，贯彻党的“宽大与镇压相结合”政策，发动群众，开展大规模的镇压反革命运动。五常召开控诉大会4次，被斗争对象10余人，参加控诉的群众上千人次。

12月，“抗美援朝，保家卫国”① 宣传教育运动中，广大青年纷纷报名参军，农民争卖“爱国粮”。

12月，土地改革运动全面展开，次年5月基本完成，6月起复查，8月底结束。

冬，掀起群众性学文化高潮，冬学、民校遍及城乡，农村剧团、秧歌队、黑板报等群众文化活动普遍开展。

1951 年

1月，继续开展取缔反动会道门工作。

春，麻疹、脑膜炎流行，医务工作者开展义诊。

4月，五常、邱桥乡召开人民代表会议，选举乡长和乡人民政府委员，至9月完成。

7月，开展抗美援朝，增产节约，捐献飞机大炮的群众运动。

9月16日，五常、邱桥、荆山乡分别成立拥军优属委员会。

1952 年

1月，乡供销社开展反贪污、反浪费、反官僚主义的“三反”运动。开展水上民主改革运动，5月运动结束。

春，推广陈永康小株密植等水稻栽培技术经验。普及改良蚕种，产茧比上年增1倍。

3月，工商界开展反行贿、反偷税漏税、反盗骗国家财产、反偷工减料、反盗窃国家经济情报的“五反”运动。曾一度出现过火现象。6月结束。

4月，留下蚕种场设在源谊村，源谊、断桥、友谊、金家塘、白庙等村是原种生产基地。

8月，境内各乡试办初级农业生产合作社。

---

① 1950年，朝鲜内战爆发。美国随即进行武装干涉，并派遣海军第七舰队侵入中国台湾海峡。同时，美国飞机多次侵入中国领空，轰炸丹东地区，战火即将烧到鸭绿江边。威胁新中国的国家安全。中国政府发表声明，对美国侵略行径进行严厉谴责和抗议。在此危急关头，中共中央应朝鲜党和政府的两次请求，作出“抗美援朝、保家卫国”的战略决策。

是年，开始推广“滴滴涕”“六六六”等有机氯农药治虫。

1953 年

1 月，杭县公安机关调查发现反动会道门活动情况仍很严重，在包括五常在内的各乡开展取缔补课工作。

2 月，各乡广泛开展宣传《中华人民共和国婚姻法》，保护妇女、儿童合法权益活动。

3 月至 11 月，境内建有五常乡党支部、邱桥乡党支部、荆山乡党支部，书记分别为沈阿年、钱松根、姚雪荣。

5 月，举行普选，选举第一届县、乡镇人民代表大会代表，次年 3 月完成。村、社开始建立爱国日制度。

6 月至 7 月，私营商业接受社会主义改造。境内 2 家杂货店改为经（代）销店。

11 月，农村粮食统购统销工作开始。

12 月 8 日，杭县决定以临平镇为县城。县级机关从杭州拱宸桥迁到临平办公。

12 月 10 日，发放城镇购粮证（次年 2 月，实行按人定量供应）。

是年，实行普遍民兵制，乡建分队，村建中队。县农业技术指导站建立，开展推广新农具、化学治虫、普及良种和改变耕作制度等工作。

1954 年

5 月 5 日始，连续降雨 46 天，境内降雨量 900. 80 毫米，60% 的农田受淹。

6 月，建立合作制农村金融机构——五常信用社，社址在五常顾家桥。当时员工 2 名，入股社员 3428 户，入股金额 7065 元。

8 月 15 日，境内实行棉布凭票供应。

是年，初级农业生产合作社发展迅速。开展农村农业生产合作、供销合作和信用合作化，至 1955 年 5 月，境内实现信用合作化，80. 5% 的农户参加。

1955 年

1 月，由于严寒，致春花普遍受冻害。

6 月，开始实行粮食“三定”（定产、定购、定销）政策。

1956 年

4 月，五常、荆山、邱桥 3 个乡合并为五常乡，乡长沈凤仙。同时建立乡党总支部，第一书记郑志德。

4 月，推广双季稻。早稻面积占粮田总面积的 65% 。引入“甘蓝型”胜利油菜、番茄。

5 月，县内建成第一批电力排灌机埠，其中有留下（今属五常街道）的荆山桥等机埠，共装机 22 套 437 马力，架设 13200 伏高压线 21 公里。

7 月，举行第二次普选。

8月1日，台风袭击境内，风力10级以上。

10月，五常乡召开乡二届一次人民代表大会，选举产生乡人民委员会委员。

11月，杭县基本完成农业社会主义改造，境内建立3个高级农业合作社，入社农户占总农户数的98%。

1957年

春夏之间，农业生产合作社群众性闹退社事件频发，至7月基本平息。

8月，五常乡开展农村基层整风和社会主义教育运动，对基层干部和农民进行方向前途教育。

1958年

2月1日，境内实行凭油票购买食用油。

4月29日，撤销杭县建制，为杭州市郊区，五常随之。

5月，建立杭州市三墩区，下辖三墩、良渚、安溪、肇和、双桥、七贤、五常、闲林、留下、祥符、东岳等11个乡镇。

6月6日，三墩区五常乡发生前进农业社会计蒋某荣制造抢劫假案。8日，案件被公安机关侦破，藏于路旁茅坑下的4000元公款被搜获。

6月至8月，干旱少雨，3个月中仅降雨198.3毫米，五常乡组织抗旱。

8月，五常、丁河、蒋村等12个乡83个高级农业生产合作社，在丁河乡设立了鱼种场，开始孵化鳙鱼、鲢鱼鱼苗。

9月，开始“大办钢铁”，组织上千人建造小高炉群。

10月，建立留下人民公社，下辖闲林、新桥、五常、邱桥、蒋村、留下、古荡、东岳等8个大队。五常、邱桥大队在今境内。

10月，杭州市郊区实现人民公社化，所属12个人民公社广播站先后建立，并可单独播音。

11月，公社以生产队为单位普遍兴办公共食堂。1961年，食堂停办。

是年，五常人民公社先后创办农机厂、建材厂等社办企业。

1959年

3月30日，原杭县辖境建立半山、拱墅两联社。留下人民公社五常、邱桥大队属拱墅联社管辖。稍后，各公社政权组织改称公社管理委员会，下辖的大队改称管理区管委会，行政领导由社长、副社长改称主任、副主任。

4月，推广早稻直播、蒸气育秧和晚稻稀播壮秧以及深耕改土、增施有机质肥料等技术，大搞年产畈。引进早籼新品种“陆财号”，到1963年种植面积占全县早稻田面积的20.2%。

5月，社队干部分头深入生产队，向社员宣读毛泽东《党内通信》，纠正讲假话、高指标等错误做法。

9月，“反右倾、鼓干劲”运动在各公社展开，提出“亩产千斤麦、五百斤油菜籽”等高指标，再次刮起浮夸风。运动中采取“插红旗，拔白旗”的方法，错误批判和处分了一批干部。

10月，五常、邱桥管理区管委会组织开展收购农副产品突击周，搞“六畜投售”和“千鸡千羊、百斤蛋”的收购运动。

11月，开始大办集体牧场。两个月内办起公社、大队、小队牧场数十个。1961年后陆续停办。

是年，各公社建立机电管理站，负责水利机电规划建设和管理。

1960年

1月4日，经中共浙江省委批准，杭州市半山联社和拱墅联社合并，建立杭州市钱塘联社管理委员会，下辖临平、九堡、亭趾、塘栖、四维、东塘、三墩、良渚、留下、上泗10个人民公社和66个管理区管委会、4个镇人民委员会。留下人民公社管理委员会下辖闲林镇人民委员会和闲林、五常、留下、古荡、东岳等5个管理区委员会。五常管理区在今境内。

1月，洪水根任五常管理区党总支书记，唐阿毛任五常管理区管委会主任。

3月10日，寒潮严重威胁早稻秧苗，五常管理区管委会组织突击防冻。

8月5日，开始发放“购货证”，部分针织品实行凭证供应。

9月，对各种粮食制品实行凭粮票供应，茶食糕点凭热食券供应。

10月，五常集镇恢复1958年一度关闭的农贸市场。

11月，贯彻中共中央《关于农村人民公社当前若干政策问题的紧急指示信》，进一步纠正“一平二调”的“共产风”，落实“队为基础，三级所有”政策。生产队重新给社员划分自留地。

是年，由于“大跃进”、人民公社化和“反右倾”的错误，余杭县发生严重的经济困难，出现财政赤字和物资供应紧张局面。农业总产值比1958年下降10.88%；居民生活严重困难，与1957年相比，猪肉、菜油人均消耗量分别减少70%、23%；农民人均粮食占有量、消费量均低于1953年以来历年水平；浮肿病在部分地区流行。

1961年

2月，钱塘联社在临平镇召开千人大会，兑现平调的现金和物资，动员春耕生产。五常人民公社派人与会。

4月9日，撤销联社，恢复县建置，以余杭为县名。县级机关驻临平镇。

4月，沈阿年任中共五常人民公社委员会书记，洪水根任五常人民公社管理委员会主任。

5月，设立五常人民公社鱼种场，繁育鱼苗，供应各生产队。

6月，境内小商小贩体制调整，恢复合作商店、合作小组。

9月，推行农副产品购销合同，用换购办法收购农副产品；同时发放商品优待券，市场紧张商品凭券供应。

10月1日起，28种主要商品实行凭券供应（1962年9月停用）。

10月10日，试行集市贸易市场议价管理，因把议价拉到接近牌价，市场冷清，不久便停止执行。

12月，贯彻“调整、巩固、充实、提高”的方针。至年底，大多数社队企业下马，手工业社（组）下放归队。

1962年

2月，五常人民公社根据县委部署，贯彻中共中央《关于改变农村人民公社基本核算单位问题的指示》，落实以生产队为基本核算单位。次月，境内生产队90%以上实行以生产队为基本核算单位。

8月21日，恢复粮油市场。

夏，设交通检疫站，以防霍乱流行。

秋，疟疾流行。

10月，开展社会主义、爱国主义、国际主义教育运动，包括社队企业在内进行分期分批整顿。

1963年

3月，水稻始行连作化，普遍推广绿肥—连作稻二熟制外，又种春花—连作稻三熟制，占粮田总面积的70%左右。

3月始，以共青团组织和学校为重点开展学雷锋活动。

4月，举行第五次普选。

5月9日，毛泽东主席为《浙江省七个关于干部参加劳动的好材料》作了批语，《五常公社大队干部劳动好》系其中之一。

9月12日，境内遭受12号台风袭击，连下大雨3天。

10月，各地小商贩开展社会主义教育运动。

是年，再次开展计划生育宣传，发动制定计划生育公约。

1964年

12月10日，关闭粮食市场，取消粮食集市贸易。

12月19日，五常人民公社红星大队（油车兜）第三生产队陆金连、陈掌根、陆长根3家突发火灾，解放军某排立即前去救火，次日又捐款80元作为救灾慰问金。

1965年

2月，县委分批分片召开干部和贫下中农代表会议，传达中共中央《农村社会主义教育运动中目前提出的一些问题》，纠正运动中的错误做法。

8 月，推广“矮脚南特号”，占早稻面积的 70.07%，亩产 345 公斤。

10 月，省委社教工作团第四分团进驻五常人民公社，开展以“四清”（即清理账目、清理仓库、清理财物、清理工分）为主要内容的社会主义教育运动。

1966 年

3 月，推广塑料薄膜育秧，后成为 70 年代育秧的主要方式。

6 月 25 日至 7 月 1 日，县委和省委社教四分团组织公社书记以上干部学习“文化大革命”文件，提出以“文化大革命”为中心，推动各项工作。

6 月，王学海任五常人民公社书记。

7 月起，境内各中学建立“红卫兵”组织。

8 月，全面推广种植晚粳良种“农垦 58”，推广种植面积占晚稻的 45%。

1967 年

3 月 3 日，县人民武装部奉命建立生产办公室，区、公社、大队相应建立各级生产领导小组，负责处理党政机关的日常工作，组织工农业生产。

5 月 16 日，停发国营、合营、集体企业中私人股金的股息。

夏，大旱 100 余天，境内成灾面积上千亩。7 月 6 日至 10 月 31 日的 118 天中，只降雨 94 毫米；8 月 31 日，塘栖水位降到 2.07 米。受旱农田数万亩。

1968 年

1 月，对私人出租房屋进行社会主义改造。

1 月，公社建立革委会领导下的“贫下中农管理学校委员会”（以下简称“贫管会”）队建立“贫管组”。各公社中心小学革委会（革领小组）自行消失。公办农村小学教师按“回队任教、适当调整”的原则调整后，强行下放大队。

2 月 8 日，余杭县召开有区、社、队干部和“造反派”负责人参加的“农业学大寨”会议，部署开展“农业学大寨”运动。

3 月，公社建立学大寨办公室。5 月，组织干部 3 人到山西省昔阳县大寨大队参观。

4 月，王学海任五常人民公社管理委员会主任。

5 月，五常人民公社鱼种场从浙江省淡水水产研究所引进团头鲂亲鱼 50 尾，从杭州市水产试验场引进莫桑比克罗非鱼亲鱼 120 尾，试养越冬。

6 月 3 日，成立公社革命委员会，进行所谓的“清理阶级队伍”。

9 月，“贫下中农毛泽东思想宣传队”进驻学校，领导所谓的“教育革命”。

12 月，五常人民公社开始建立党的核心小组。次年 4 月，公社党的核心小组改建为党委。

冬，各社、队在“学大寨”运动中，开展大规模农田基本建设，拆埂并圩，挑墩平地，开沟筑路，进行园田化建设。改变“箱子田”“乌龟田”面貌，以适应机械耕作。

是年，1966 年、1967 年、1968 年三届城镇初、高中毕业生被动员“上山下乡”，到农村接受贫下中农再教育。

1969 年

4 月，全县开展整党建党工作。

11 月 15 日，余杭县战备现场会后，城乡挖“防空洞”、防空壕。

1970 年

2 月中旬，开展“一打三反”（打击现行反革命破坏活动，反对贪污盗窃、反对投机倒把、反对铺张浪费）运动，至 8 月底结束。

3 月，引入早籼稻良种“广陆矮 4 号”，此后，一直是早稻的当家品种。

4 月，黄玉高任五常人民公社党委书记。

5 月，群众在村旁、宅旁、路旁、河旁普遍种植速生楝树。

10 月，县工农毛泽东思想宣传队，进驻大队和部分企事业单位。

12 月，开始调整大队、生产队规模。

1971 年

7 月至 8 月间，五常境内流行哮喘性肺炎和传染性红眼病。卫生部门组织力量防治。

是年，公社、大队普遍建立农机厂，为修理农机具服务，实行“大修不出社，小修不出队”。

1972 年

3 月 28 日至 4 月 4 日，县委召开“工业学大庆”会议后，贯彻“以钢为纲”，掀起兴办“五小”（小钢铁、小化肥、小水泥、小煤窑、小农机）工业高潮。

3 月，沈阿年任五常人民公社党委书记。

8 月 14 日至 17 日，受 9 号台风影响，水稻白叶枯病流行。

1973 年

夏，全县有 18 个乡发生钩端螺旋体病，发病率为 68.22/10 万，卫生部门组织四个医疗队，分赴五常、云会、彭公、双溪等乡开展灭鼠、防病、保粮活动。9 月中旬末，连续低温，致大批晚稻翘稻头，其中京引 15、广陆矮 4 号（早翻早）等受害甚重。水稻穗颈瘟连续在 1973 年、1974 年严重发病。

是年，通过对荆长公路拓宽、浇灌水泥路面 8.4 公里，在荆山岭设站，开设客货运输。

1974 年

2 月，卷烟凭票供应；4 月，火柴、肥皂凭购货证，限量供应。

3月，推广早籼稻良种“原丰早”，晚粳良种“嘉湖4号”“矮粳23”，此外引进试种墨西哥小麦品种。试用硼酸防治油菜花而不实，获得成功，此后在生产上推广应用。

4月29日，召开县委、县革委会、人武部党委全体委员会议。人员逐步扩大到公社“三代会”（贫下中农代表会、红卫兵代表会、职工代表会）常委，延至7月5日结束。

8月19日，遭13号台风和特大潮汛袭击，受淹农田上千亩。

1975年

是年，在杭州仪表厂帮助下，投资15万元创办五常水泥厂。

1976年

1月1日，大雪，公路、通信中断，林木压断，损失严重。

是年，创办五常水泥厂和五常水泥二厂，所生产的水泥大量销往杭州及周边地区。

1977年

10月，思母桥被改建成水闸，今尚存部分基石。

12月，农电站成立，定员3人。其中，站长1人，出纳、会计各1人。乡镇农电站是基层一级农村管电组织。

1978年

秋，持续干旱，运河水位下降至2.02米，为29年来降雨最少、水位最低的一年。

1979年

1月，贯彻中共中央《关于地主、富农分子摘帽问题和地、富子女成分问题的决定》。

4月1日，提高猪、羊、禽、蛋等8种商品的购销价格，同时发给职工干部每人每月副食品补贴5元。

4月，山锡森任五常人民公社党委书记。

8月，开始更改地名工作，恢复以自然村命名。1985年结束后，县政府公布标准地名。

9月，放宽城镇行业青年个体经营申请。同时改革劳动就业制度。

11月10日，余杭县城乡物资交流会在临平召开，历时4天，境内10余家商户参加。

12月，开始为“文化大革命”中蒙受冤屈和迫害的干部群众平反，落实政策，并清退被查抄的物资和房屋。

1980年

8月，由于扩大早稻迟熟品种，晚稻插种迟，加上低温来临早，致晚稻大面积翘稻头，其中晚3-2品种最严重，减产44%。

10月，举行第六次普选，选民直接选举县、公社二级人民代表。

11月1日，开始实行县、乡人民代表大会代表由选民直接选举办法，选出第六届县人大代表。是月，部分生产队试行包产到户责任制。

12月，根据《全国农村人民公社卫生院暂行条例（草案）》要求，分期分批整顿公社（乡）卫生院。是月，金文校任五常人民公社管委会主任。

1981年

秋，五常人民公社友谊大队自筹资金4.5万元，建造尼罗罗非鱼越冬室1座，面积152平方米。

1982年

3月，县委决定推行“三包到户”联产承包责任制。

7月1日，进行第三次全国人口普查。五常乡3324户，14454人。

8月20日，县政府要求各公社、镇组建治安联防队。9月，五常人民公社建立公社治安联防队，有队员10余名。

10月，五常人民公社友谊大队调解委员会王杏云被评为省人民调解工作先进工作者。

10月，各种联产承包责任制逐步推行，部分生产队实行粮田包产到户。次年，生产队均实行包产到户，鱼塘全部实行联产承包。

1983年

2月，洪水根任五常人民公社党委书记。次年1月，改任五常乡党委书记。

4月，雹灾、梅季连阴雨、盛夏又高温干旱，春粮、油菜、早稻、桑等农作物均不同程度受害减产。

6月23日至7月1日，境内暴雨成灾，各乡镇不同程度受灾。

8月下旬，开始从重从快惩处严重危害社会治安的犯罪活动，依法逮捕和惩办一批严重犯罪分子。

10月，五常人民公社友谊大队党支部书记王淦清被评为省劳动模范，出席浙江省劳动模范会议。

12月13日，公社实行政社分设，恢复乡建制。

1984年

1月，开始对城镇从事服务业的农村人员实行“自理口粮，城镇落户”的政策。是月，杨炳荣任五常乡人民政府乡长。

春，各乡村按照“大稳定、小调整”原则，进一步完善联产到户生产责任制。粮田承包期延长到15年左右，多年生经济作物承包期延长到20年左右。

5月，举行第七次普选，乡召开人民代表大会。

6月13日至14日，暴雨，运河均超过历史最高水位。稻田受淹，水利设施严重受损。

7月，五常乡召开第八届人民代表大会，杨炳荣当选乡长。

10月，全面开展对原大队、生产队两级财务整顿。

12月，全乡精养塘达128.8公顷，亩产320.35公斤。

是年，乡农业办公室引进新技术，投资24万元，建造446平方米的罗非鱼越冬池，当年罗非鱼越冬成功。此后进一步扩大规模，1991年，又投入资金3万元，扩大越冬面积80平方米。

1985年

1月3日至7日，临平镇举办余杭县城乡物资交流会，境内各乡商家参加。

2月24日，余杭电视台建立，7月1日正式播出电视新闻，境内居民可收看县内新闻。

9月，乡设立乡民警。

10月，杨炳荣任五常乡党委书记，周金柏任五常乡人民政府乡长。

是年起，取消粮食统购，实行合同定购。其他农副产品取消派购，全部放开。

1986年

2月，建立乡镇一级财政，核定收支，独立核算。

4月25日，遭暴风雨及冰雹袭击，春粮、油菜倒伏。

7月3日，开始发放居民身份证。

9月9日至14日，遭冷空气袭击，过程性降温达11℃，13日、14日又降大雨至暴雨。致使部分晚稻出现抽穗迟缓、包茎等现象，影响产量。

是年，对义务兵家属实行优待金制度。

1987年

1月1日，小型零售商店、饮食服务店实行租赁经营。

4月，五常乡第九届人民代表大会，姚建华当选乡长。

7月下旬，受7号台风影响，22—24日、27—29日连降阵雨，到29日8时，运河五杭、博陆段最高水位达4.26米；受内涝早稻面积近万亩。

夏，蔬菜基地普遍推广应用钢管塑料大棚培育夏菜秧苗，使夏菜秧苗素质明显提高。

9月9日至11日，受12号台风和冷空气影响，全县普降大暴雨，境内176毫米。

1988年

6月30日至7月25日，持续高温26天，大于或等于35℃的高温日计有23天，7月16日最高气温达39.1℃，严重影响早稻生长。

8月8日，凌晨3时，第七号台风入侵境内，最大风力12级以上，并降大到暴雨。民房倒塌，工业生产、农作物损失严重。

9月2日，晚，连续降暴雨3个多小时，降雨量达121毫米。

10月，信用社总部搬迁至荆山岭，辖总部、顾家桥、邱桥和荆山分社4个营业网点。

1989年

1月5日，长达3个多月的旱情有所缓解（从1988年9月底起，10—12月总降雨量仅22.3毫米，连续干旱直到1989年1月），但已使早播的大小麦出苗迟、出苗率低、基本苗少、苗质差，造成春粮减产。

4月11日至13日，出现日平均气温低于11℃的“倒春寒”，对早稻秧苗略有影响。

5月，长期低温阴雨，并引起赤霉病等湿害和病害。影响早稻、棉麻等作物的播种和苗期生长。

8月，王桂根任五常乡人民政府乡长。

9月上、中旬，阴雨不断，秋季低温早来，影响杂交晚稻、“早翻早”及部分早熟晚粳稻抽穗扬花；给秋季蔬菜生产造成严重危害。

1990年

3月6日，据县政府决定，从1990年起，五常乡财政体制由原来的“划分收支，核定基数，收支挂钩，增收分成”，改为“划分收支，核定基数、总额递增，收支挂钩，增收分成”。

3月8日，召开五常乡第九届人民代表大会，选举产生乡人民代表大会主席团常务主席，乡人民政府乡长、副乡长。杨炳荣当选乡人民代表大会主席团常务主席，王桂根当选乡长。

4月16日，建立县水产技术推广站鱼病门诊所。五常、瓶窑等地建立鱼病门诊室。

5月14日，余杭县启动吨粮田工程建设，随即，五常乡开始实施。

8月8日至25日，发生历史上罕见的早秋蚕农药中毒事件，蚕茧损失严重。

8月21日，三墩、余杭地区连降大雨，其中暴雨3小时。五朝山、留下东坞山及小和山的山洪下泄，闲林、五常、蒋村3个乡镇遭到严重灾害。

10月23日，据县纪委决定，在今冬结合党的基本路线教育工作，对全乡共产党员普遍进行一次党的纪律再教育，并将中纪委、省纪委有关共产党员在经济方面、犯赌博错误等违法违纪处分的八个规定，发至每名共产党员。

是年，余杭县总产成鱼超500吨的乡镇达8个，五常乡2109.5吨。

1991年

3月至6月，在春花作物生长期间和早稻生长前期，遇到了历史罕见的长期低温连阴雨。4个月中雨日多达69天。

5月10日，首次对早稻实施“三高一稳”栽培技术。

5月30日，傍晚，遭受龙卷风、暴雨的袭击，持续时间约半小时，最大风力9级以上，降雨量20~25毫米。

8月5日至7日，遭大暴雨袭击，3天内降雨量100毫米左右，农田普遍受涝。

1992年

4月，南河头村村民滕善林从苏州引种甲鱼70苗，开始自己搞孵化。年末，产幼鳖1000余只，在滕善林的影响下，全乡养鳖户已达6户。

9月，全乡有500多名农民常年从事活鱼、柿子、竹笋及四季时鲜贩运。10月，五常乡有15个村可以通行载重3吨以内汽车，其中友谊村投入9万元，浇注4米宽，连接杭徽公路的1030米村级道路。

10月，友谊村为解决千余亩农田鱼塘遭受洪涝灾害，投资10万元，改造2座关闭式闸门为起闭式闸门，700余亩农田的渠道，通过清沟理渠，浇筑三面光渠道2300米。

12月20日，五常乡政府在杭州花港饭店举办五常经济协作恳谈会。会上，放映介绍五常工农业生产的电视专题片，与台商签订联营协议。

12月，西子水泥厂更名为西子水泥总厂，年生产水泥3.75万吨，产值784万元，列全乡第一名，缴税53.87万元。是年，该厂余卫明、赵洪士获省级先进工作者称号。

1993年

3月10日至11日，召开五常乡第十届人民代表大会第一次会议。会议进行换届选举。金德根当选乡人民代表大会主席团常务主席，王桂根当选乡长。

3月，投资750万元的西子混凝土公司和投资260万元的杭州乘风电扇厂五常分厂动工兴建，翌年6月投产。

5月，投资28万元，新建3350平方米的五常农贸市场。

10月，在原工业区的基础上，建立工贸新区，面积1.2平方公里，区内设立商业一条街、工业区、外商工业区、文教卫生区、私营工业区等区块。首期工业区块已开始启动，当年有数家联营企业投入资金1290万元。其中，投资160万元的振华仪表配件厂投产。

是年，五常水产良种场引进胡子鲶、异育银鲫、彭泽鲫等生长快、销路好、效益高的鱼种。当年，全乡中、高档鱼的放养覆盖率已达到95%。

1994年

4月，杭州市外环线绕城快速公路是省重点工程，穿越全乡6.8公里，涉及8个村，土地征用涉及农户1000余户。乡党委、政府成立专门工作小组以配合重点工程的顺利实施。至11月，共征用土地966亩，并在当年交付使用。

9月，投资580万元的2000门程控电话开通，改善了通信条件。

是年，西子水泥总厂生产水泥8.16万吨，其中散装水泥6.8万吨，散装率84%，名列全省第一。当年总厂和杭州市构件公司共同投资820万元，新建杭州西子水泥混凝土责任有限公司，并于9月投产，年产商品混凝土15万立方米。总厂又与荆山村合资105万元，创办西子墙体材料有限公司，年产小型砌块砖100万块。该厂已形成袋装水泥、散装水泥、商品混凝土、墙体砖一条龙生产规模。

1995年

10月，新建的五常乡中心小学交付使用，该校占地1.2698万平方米，教学楼2000平方米，设施完善，可容纳530名学生。

是年，全年出售商品鳖12吨，特种水产的养殖收入达到380万元。全乡水产业收入占农业总收入的50%以上。

1996年

1月，友谊村针对河多、塘多造成堤塘危险地段多的特点，对重点地段均采取砌石建设高标准永久性堤塘，加固堤塘300多米，新建1座排涝机埠，共投入15万元。

2月，新建的五常中心小学交付使用。

3月4日至5日，召开五常乡第十一届人民代表大会第一次会议。会议选举产生乡人民代表大会主席1人、副主席1人，乡人民政府乡长1人、副乡长3人。杨炳荣当选乡人民代表大会主席团常务主席，王桂根当选乡长。

5月8日，浙江省公布杭州行政区划调整，邻近的三墩镇、蒋村办事处划归杭州市。12日，少数不法分子煽动一些不明真相的群众起哄闹事，砸坏了乡政府机关宿舍。5月13日，事态进一步扩大，市委、市政府的领导到五常，进行解释疏导工作。到了晚上，在少数“二劳”人员的煽动下，再次冲击乡政府，打砸乡政府机关办公楼，围攻公安人员。事态扩大后，杭州市委、市政府，浙江省委、省政府十分重视，副省长张启楣、公安厅厅长斯大孝及杭州市有关部门负责人到现场进行解释疏导工作，使事态得到平息。

5月，天目山路延伸接轨五常，全乡交通更加便捷。

10月，全乡7个行政村已成为电话村，全乡装机容量已达800门。投资30万元的有线电视工程上马，当年发展有线电视用户600余户。

12月，新建的五常卫生院投入使用。乡政府投入10万元，16个村投入6万元，对全乡10条乡至村的杆线全部进行重新架设，新立电杆205根，新架铝包钢线18公里。到年底，11个村的广播通响。

是年，投资兴建自来水工程，第一期工程三墩镇境内2.2公里的管道埋设完成，整个工程投入1200万元。次年部分村的农户饮上自来水。

1997年

2月，孙志文任五常乡乡长。

8月底，全乡拥有电话装机1441部，其中个人住宅电话1360部，达到了每百户36.6部，每百人有电话9.15部，成为全市首家电话乡。

12月，投资12万元，采取群众参与与专业相结合的方式，加深开挖沿山河道3000米，有效地起到了排洪蓄水的作用。

1998 年

2 月，沿山河二期水利工程全长 1500 米，经过 2000 多名军民的劳动，开挖河床淤泥 4000 立方米，沿山河整修加固堤塘 1700 米。

4 月 23 日，白庙村村民叶国法、沈建芳为阻止王阿毛家被入室偷窃案，与歹徒展开搏斗，在顾家桥村村民合力围捕下，两名凶犯被擒归案。当天，党委政府作出向英雄学习的决定。

4 月，孙志文任五常乡党委书记，熊小民任五常乡人民政府乡长。

5 月，对乡机关中层干部实行竞争上岗，经过自荐、推荐，共有 13 人参加竞职演讲。经乡党委、政府评审，有 9 人任职到岗。一般干部也在中层干部到岗后进行了双向选择，有 11 人调岗，1 人解聘。

12 月，总投资 720 万元，经过近三年施工全乡饮水工程顺利完成。至年底，全乡 16 个建制村已全部通上自来水，农户安装率 90% 以上。

1999 年

1 月 13 日至 14 日，召开五常乡第十二届人民代表大会第一次会议。孙志文当选乡人民代表大会主席，熊小民当选乡人民政府乡长。

3 月，根据五常水塘多的特点，大力推广生态甲鱼的养殖。当年养殖户 51 家，年产商品生态甲鱼 50 吨，比上年增加 15 吨，产值达 350 万元。组织从丽水引进瓯江彩鲤苗养殖。经过一年试养，培育新品种龙门鲤鱼，市场价格比一般鲤鱼高 3～4 倍。

5 月，杭州西子水泥总厂与浙江三狮水泥集团合作，更名为杭州三狮水泥有限公司，经过产权重组。12 月 31 日，杭州三狮 25 万吨高标号水泥生产线点火成功。

6 月，在原 1.2 平方公里开发区的基础上，对开发区进行重新规划与论证，扩大面积 3.8 平方公里，并加快开发步伐，完成全长 1.2 公里、宽 38 米，双向四车道的区内大道。

8 月，新建五常中学教育楼，3 所完全小学的教学设施不断更新。投入教育经费 126.91 万元。

10 月，乡党委加强社会综合治理，争创安全村达到 100%，其中有 11 个村达到甲级安全村，横板桥村被余杭市评为社会治安先进集体，4 人被评为余杭市治安先进个人。

11 月，荆长公路拓宽工程五常大街道路基础工程结束，东与杭州天目山路连接。当年用于开发区的资金达 300 余万元。

12 月，全乡有股份合作制、个体私营企业 103 家，其中有 4 家从外地引进，总资产 4500 万元。全乡有锯片生产厂 13 家，年产锯片 400 万张，其中家豪五金有限公司年产达 100 万张，成为浙江省锯片加工生产基地。

是年，五常乡被杭州市政府命名为杭州市新农村乡镇。五常派出所被杭州市公安局评为“人民满意派出所”。

2000 年

2 月，市级农业重点项目——五常三高渔业示范园区开始启动。

3 月，开展妇女“双学双比”活动，“徐明仙水产实验场”“周雪珍养鱼场”被杭州市和余杭市命名为妇字号示范基地。

4 月，为迎接杭州西湖博览会的召开，在规定的时间内完成了拆迁交地的任务，共涉及企业 6 家，拆迁房屋 12814 平方米，商业户 4 家，营业面积 200 平方米，个体工商户 60 余家，摊位 60 多个，拆迁居民住宅 5 户，为杭城西大门环境整治交付土地 4. 01 公顷。

5 月，首次成立五常无偿献血名库，当年献血 123 人，献血量 24600 毫升。

8 月 8 日，五常乡首次向全乡农户发布种养信息。发布的信息中提供了农作物种子名称、技术要素、市场预测等。

12 月，五常东圩为五常乡水利重点整治圩。全年投入资金 50 余万元，内外砌石 1000 余米，对 4 座排涝机埠进行了一次全面的保养。年底，通过市有关部门的水利建设标准验收，工程受益面积 207. 6 公顷。

是年，全乡新增养鳖户 14 家，新增生态养鳖面积 6. 67 公顷，新建养鳖池 6000 平方米，全年商品鳖产量达到了 65 吨，断桥村陈奎引进的日本中华鳖，注册“创新”牌商标。用于公共事业的资金 300 万元，其中教育投入 128 万元，新建横家桥村的前进桥、源谊村的荆源大桥，完成荆长公路扩建工程。年末有个体工商户 256 户，第三产业逐年发展，形成汽车制造、锯片五金、印刷工业群体。

2001 年

1 月，五常开发区管委会决定建立“三高”（高产、高效、高档水产品）渔业示范园区，对顾家桥村、西坝村部分鱼塘进行改造。首期改造于 1 月 18 日动工，改造标准鱼塘 11. 4 公顷，总投资 100. 7 万元，并通过区有关部门的验收。

3 月 24 日与 11 月 24 日，分别现行抓获张某荣、王某虎等人非法销售烟花爆竹，没收烟花爆竹 523 箱，

5 月，西坝村开辟西坝生态村建设。一期工程计划 13. 34 公顷，主要为杭城居民提供休闲场所，其中 6. 67 公顷鱼塘为垂钓区，6. 67 公顷为休闲区。总投资为 100 万元，2002 年春节对游人开放。

6 月，五常开发区在杭州世贸中心举行第三届招商会，参加招商会的企业有 20 余家，其中 8 家开发商与开发区签订合作、合资、独资开发意向，签约资金 8 亿元，当年有 5 家企业进驻开发区，引进资金 1. 29 亿元。

7 月，五常开发区有 10 个村开展合作医疗保险，覆盖率 62. 5%；参加人员 7811 人，参保率 52. 79%。

8 月 3 日，省政府同意杭州市余杭区行政区划作如下调整，其中撤销五常乡建制，将其行政区域并入闲林镇。调整后，闲林镇辖 31 个行政村、11 个居民区，镇政府驻地不变（闲林村）。

8月20日，五常经济开发区成立并举行挂牌仪式。余杭区乡镇行政区划调整后，五常乡建制并入闲林镇，针对五常特定的地理位置，为加快五常经济发展，区委决定成立五常经济开发区，设立五常经济开发区党工委、五常经济开发区管委会。

9月22日，荆山村俞某琴被杀案件，在4天内得以侦破。

9月30日，五常社区卫生服务中心开工建设，建筑面积7984平方米，总投资3030万元，次年竣工。

9月，三峡移民4户16人被妥善安置在木桥村四组。

10月，五常大街一期工程全长1.2公里、宽38米，东与杭州天目山路连接，西与荆大公路相通，总投资500万元。经过施工单位的努力，全部浇注完成。二期工程于10月4日正式动工，全长1公里，总投资770万元，东起荆大公路，西至联胜路。

12月，投入资金200万元，硬化村级道路10.2公里，其中油车𡋀村投入95万元浇注3公里的水泥道路，使全村村级道路全部得到硬化。

是年，开发区矿山、小水泥企业全部关闭。新兴产业兴起，汽车制造、锯片五金、服饰等企业成为开发区的重点产业，农业以生态效益型农业为龙头，以西坝村为主的休闲生态农业一期垂钓休闲区完成。

2002年

2月，投入1300余万元，全长0.93公里的五常大道二期工程基本完工。

4月，完成河道砌石1862米，完成方家河险堤抢险310米，五常港疏浚3600米，改造加固建设标准堤塘2600米。

5月，为防止松材线虫病的蔓延，投入30万元，对荆山、横板桥132.13公顷山林中的马尾松进行砍伐。

7月，西坝村根据该村地理优势，从年初开始创建生态村，一期完成了总面积10公顷的垂钓区、休闲区。当年接待游客3000余人次，实现产值30万元。

10月，白庙村个私经济服务区4.03万平方米标准厂房建成，引进项目7个、资金2500万元。先期进入的浙江省赞成发展有限公司余杭房地产分公司的“荆山翠谷”300余套商品房建成并销售一空。

11月，华隆房产的“江南水乡”、大华房产的“西溪风情”进入基础工程。

12月，工业区引进企业8家，其中中外合资企业4家，协议引进9584万元、650万美元。

12月，杭州绿野珍禽养殖公司引进绿头鸭种鸭1000羽，出栏3万羽，年产值84万元。该项目已通过区农业产业化项目验收，公司被评为区级“十佳养殖”企业。

是年，投入12万元新建了邱桥警务室，组建了17人的联防队伍，加强对7000多名外来务工人员的管理。全年新创“安全示范村”4个，新创“治安安全单位”7家，创安覆盖率达到100%。被评为区级“社会治安综合治理优秀达标”乡镇。

2003年

3月，友谊村筹建“杭州友谊农业观光园”（投资500万元，占地33.33公顷），该项目已作为“农业园区”获区农业局批准。

4月15日，华立仪表仪器制造基地落户五常。该基地位于五常工业园区西南侧，主要分布于横板桥、西坝、白庙、源谊和油车㘰等村（村规模调整前），占地40.73公顷，总投资7.7亿元。

4月，荆丰村与浙江大学、浙江新世纪教育科技发展中心达成开发合作意向。

5月10日，位于西坝村的杭州绿野珍禽养殖公司发生死鸭事件。20日晚，经省、市专家鉴定确诊为“Q”病。扑杀活鸭6.7万羽，销毁种蛋1.7万枚，并对鸭场进行全面隔离消毒，确保病菌不扩散。

5月，杭州市副市长孙景淼等领导与中国科学院、中国工程院6名院士带领18名博士到五常西坝村考察西坝生态园，中国科学院院士黄荣辉题词赞美：“村在水上浮，河在村中流。问君去何处，芦荡看白鹭。”

7月30日，文一路西延（文一路至仓前）工程开工建设。按城市主干道一级公路标准，全长10.27千米，投资4.50亿元。2006年5月建成通车。该工程获浙江省建设工程“钱江杯”优质工程奖。

9月20日，投资900万元的五常大道（长900米、宽46米）二期工程建成并投入使用。

9月，根据区委、区政府的统一安排，将原16个建制村调整为7个，即荆山村、横板桥村、顾家桥村不作调整，原油车㘰村、天竺桥村、西坝村合并，新建荆丰村；原友谊村、白庙村合并，新建友谊村；原源谊村、断桥村、金家塘村、范家桥村合并，新建五常村；原邱桥村、横家桥村、南河头村、木桥村合并，新建文一村。

10月17日，全区村村通等级公路工程启动。至2005年底，五常村村通等级公路通村率、硬化率均达到100%。

10月，完成02省道和文一路延伸工程土地征用，文一路延伸过境2.3公里，需征用土地12.68公顷，房屋拆迁63户，1.86万平方米。

12月，有8家房产商在五常开发，其中由浙江赞成发展有限公司余杭房地产分公司开发的“荆山翠谷”373套约9万平方米住房，于12月25日交付使用；杭州大华房产的“西溪风情”一期、华隆房产的“江南水乡”一期均已销售一空，正抓紧实施二期建设，人和、华夏、南方置业等房产项目已进入土建工程。

是年，五常工业园区内共引进基建项目35个，总投资11亿元，其中外资项目4个，已建成投产项目9个，在建项目7个，供地项目13个，用地报批项目6个。

是年，投入200余万元，完成堤塘加高加固3600米，其中余杭塘河加高加固2500米、天竺港1100米；完成河道砌石2500米，其中区级河道1000米、管委会属河道1500米；改建斗门1座。

2004年

2月26日，余杭区十二届人大二次会议作出关于《加快河道综合整治，促进生态城区创建》决议案。是年起，五常开展河道综合整治。

5月至6月，顺利完成建制村的村委会和经联社的换届选举工作。

7月至8月，连续干旱40天，受干旱面积上千亩，成灾200余亩。

8月至11月，闲林镇全面开展农村土地二轮承包完善工作，该项工作涉及五常顾家桥、文一、五常、荆丰、友谊、横板桥、荆山7个村，125个村民小组，3975户。

2005年

1月5日，区红十字会设立赈灾热线电话、专用账户，呼吁向印度洋海啸受难国提供人道主义援助，五常管委会组织社会各界捐款。

1月25日，区保持共产党员先进性教育活动动员大会召开。决定用一年半左右的时间，分区级机关和部分企事业单位，乡镇（街道）机关和城市基层新建党组织、新增党员，农村和部分党政机关三批开展，五常管委会教育活动从26日全面启动。

是月起，提高农村、城镇最低生活保障标准，其中，农村由120元提高到150元，城镇由250元提高到260元。

4月6日，“文明从脚下起步”大型宣传教育活动全面启动。活动包括志愿者上街劝导不文明交通行为、“珍爱生命”主题教育、交通违法集中整治等10项内容。

4月8日，五常管委会村级组织换届选举以及村级群团组织换届选举工作全面展开。村委会选举全部采用“自荐海选”。

4月20日，浙江飞碟汽车制造有限公司（五常管委会）研发生产的“飞碟·UFO”运动型多功能车，成功下线100辆，并参加第11届上海国际汽车展。这是余杭企业自主研发生产的汽车首次参加国际性车展。

4月25日，华立集团工会被中华全国总工会授予全国模范“职工之家”称号，在庆祝中华全国总工会成立80周年大会上受到表彰。

4月29日，区纪委、区委组织部、区委宣传部联合确立首批党风廉政教育基地，华立集团名列其间。

4月，华立仪表集团生产的电能表获得出口免验证书，成为国内仪器仪表行业中第一家出口免验企业。

5月18日，华立仪表集团股份有限公司被科技部认定为国家火炬计划重点高新技术企业，成为区内首次被认定的国家级高新技术企业。

5月25日至6月13日，五常举办第二届龙舟节，主要活动内容有“华立杯”摄影大赛、招商项目推介会、龙舟竞渡和“西溪风情”文艺晚会。有94条龙舟参加比赛，2万余人到现场观看。

6月，美国新闻界记者到西坝生态园观光垂钓。

7月1日，开始实施村干部养老保险的新政策，五常保险范围扩大到村党组织、村委会、经联社班子全体成员，并统一实行城镇职工基本养老保险。

7月2日，五常管委会召开防旱抗灾紧急会议，部署抗旱救灾工作。入梅以来，余杭遭遇30年来最严重的干旱，降雨量仅8毫米。

7月8日，第二批先进性教育活动从7月开始，到12月结束。参加对象为五常管委会机关党组织和党员。

8月1日，余杭区五常洪氏文化研究办公室成立。

8月6日，台风“麦莎”在浙江玉环登陆。全区普降暴雨，平均降雨量91.5毫米。

8月21日，中国企业联合会、中国企业家协会发布2005中国企业500强，华立控股股份有限公司列中国制造企业500强第128位。

9月3日，经过修整的洪家祠堂遗址挂牌。周膺主编的《洪氏家族与西溪湿地》一书正式出版。

9月15日，余杭区在乡镇（街道）和五常管委会、良渚遗址管理区管委会、高新农业示范中心设立22个质量技术监督工作站。

10月10日，华立控股股份有限公司的医药电子商务系统项目被列入2005年国家电子商务专项，获得国家补助资金750万元、省配套资金187.5万元。

10月，投入14万元，建立2个警务室；投入9万元，用于完善交通安全标志标识；投入5万元，建立基层综治工作室、工作站。

10月17日，2005西博会投资合作周的投资合作签约仪式上，区长刘庆龙和香港莱蒙国际有限公司董事长黄俊康在“余杭沃尔玛山姆会员购物中心”项目的协议上签字。该项目位于五常管委会下辖的友谊村、五常村境内，总投资1亿美元，合同外资5000万美元，第一期3.34公顷土地的征地指标报批工作已基本完成。

12月6日，执行区政府《2006年度新型农村合作医疗实施意见》，对参保对象增加可报销范围和定点医疗机构，提高门诊报销比例、住院报销比例、报销封顶额和大病特困二次补偿额。将按参加新型农村合作医疗农民每人每年10元的标准设立农民健康体检专项资金，为农民进行两年一次的免费健康体检。

12月8日，据区委第三批保持共产党员先进性教育活动意见，动员部署区第三批先进性教育活动，时间从11月底开始，到2006年6月前基本结束。参加对象为建制村和农村社区，党的组织关系隶属于村的非公有制企业。

12月13日，杭州宏丰家居城举行开工典礼。杭州宏丰家居城由杭州宏丰家居材料城有限公司开发建设，用地17.47公顷，总投资11亿元，总建筑面积46万平方米，其中包括26层高的大厦、18万平方米的家居商场和300米长的商业街。

12月17日，五常敬老院一期工程竣工并通过验收。敬老院位于五常友谊村双莫漾敬老院旧址，占地0.24公顷。该项目于7月正式动工兴建，12月17日竣工并通过验收，建筑面积1110平方米，投入155万余元，有50个标准床位的生活设施已全部到位。

12月28日，荆长公路拓宽工程（九胜桥—荆源路口）、辅道改建工程和联胜路一期工程已竣工通车。

12月29日，天畅科技大厦奠基，北部产业功能区建设启动。该项目征地拆迁涉及土地近46公顷、200多户农居、8家农场小企业和1个生态园的安置。已引进科技型、总部型较大项目9个，包括华立集团总部、杭州天畅网络科技有限公司、浙江省茶叶进出口有限公司、浙江八方安迪电信设备有限公司和杭州华盛达科技有限公司等5家企业，其中杭州天畅网络科技有限公司项目用地1.67公顷，总投资3亿元。

12月30日，闲林镇（含五常）被命名为浙江省首批体育强镇。

是年，创建顾家桥村、荆丰村2个市级卫生村及横板桥村、友谊村2个区级卫生村。

是年，区内五保集中供养率100%，被区民政局评为先进集体。荆丰村被评为市级文明村，顾家桥村被评为区级文明村，另有13家企业被评为区级文明企业。

是年，投资400余万元，完成区重点水利工程——沿山河一期（全长950米）河道综合整治，修建护岸砌石1900米。投入3500万元，完成110千伏变电所主楼建设。

2006年

3月，余杭区区委书记何关新在西坝生态园考察，题写“湿地明珠”。

4月10日至18日，投入292万工，查灭钉螺27930平方米。

4月15日至5月31日，举办第三届龙舟节，并承办余杭区“首个非物质文化遗产保护月”启动仪式，文化部副部长周和平等各级领导参加。龙舟竞渡活动在五常村浜口举行，有百余条龙舟参加，观众2万余人。

4月，西溪湿地三期项目启动。该项目占地面积3.34平方公里，投资16.86亿元，总建筑面积12.45万平方米。

5月25日，清洁五常专项整治活动启动，共出动2500人次，清理垃圾560余吨。

5月28日，区首次举办五常洪氏文化论坛，12名子学者从各个层面探讨洪氏文化。

5月30日，文一路延伸工程全线通车。

5月，建立街道综治工作中心和五常平安巡防大队，村（社区）建立专职巡逻队，企业组建综治工作室。各类刑事案件发案率比上年下降14.84%。10月，在5‰人口抽样调查中，五常群众对社会治安的安全感和满意率均达到100%。

6月，据统计，五常60岁以上老人2528人，其中60~69岁1254人、70~79岁913人、80~89岁336人、90岁以上25人。

7月11日，《西溪国家湿地公园三期工程控制性详规》接受专家评审，杭州市委书记王国平与会。

7月27日，全国工商联在北京公布2005年度全国上规模民营企业调研排序，华立集团、华鼎集团、诺贝尔集团和西湖汽车零部件集团4家企业进入500强。

9月28日，五常在全区率先完成农村股份制改革。7个村有5个对经营性资产进行量化，其中2个村（友谊村和文一村）对包括经营性资产、公益性资产和资源性资产在内的全部资产进行量化。量化资产1.056亿元，分99.8139万股，有股民16053人。

10月28日，荆长公路（邱桥段）路面大修工程竣工通车，该工程全长482米，路宽6.5米。

11月1日，余杭区为建立国家级、省级博士后科研工作站的华立控股股份有限公司和八方电信有限公司举行授牌仪式。

12月20日，在第二届全国非公有制经济人士优秀中国特色社会主义事业建设者表彰大会上，华立集团股份有限公司董事局主席汪力成被授予“优秀中国特色社会主义事业建设者”称号，并受到中共中央政治局常委、全国政协主席贾庆林等领导的接见。

12月，杭徽高速公路工程以及杭徽高速公路五常连接线，共征地18.73公顷，搬迁53户农户、企业和商铺。文一路西延工程五常段，长3.6公里，征地13.33公顷。

12月，“五常十八般武艺”“龙舟竞渡（五常）”被列入杭州市首批非物质文化遗产名录。“龙舟竞渡（五常）”被列入民俗类。

2007 年

1 月，五常管委会（五常龙舟胜会）、鸬鸟镇（鳌鱼灯）入选杭州市第一批民族民间艺术之乡。

4 月 26 日，西溪国家湿地公园三期工程召开进场动员大会。该项目面积 3.35 平方公里，其中保护区面积 3.15 平方公里。涉及五常、友谊 2 个村及 23 个自然组，农户 1701 户、7000 人。

4 月，中共余杭区委和区政府成立湿地指挥部，并派遣 50 多名干部帮助开展工作。管委会安排 5 名班子成员和 30 多名工作人员参加指挥部工作。至 12 月 30 日，评估、签约、腾房等动迁工作已基本结束，工程进入建设阶段。

4 月，五常成立多（高）层公寓建设管理领导小组，建立多（高）层公寓建设管理中心，明确 5 月 1 日后征地拆迁农户全部安置进多层公寓。计划建设 6 处安置点，已规划西溪人家、西溪水岸、西溪雅苑、西溪花城和西溪庭院等 5 处，占地 113.87 公顷，建筑面积 179 万平方米，建成后可安置 19571 人。

5 月 25 日，顾家桥村完成股份制改革，8 月 8 日成立顾家桥社区。

5 月，湿地指挥部设洪氏文化组，开始搜集资料为洪园建设服务。

6 月 5 日，浙江省政府公布第二批浙江省非物质文化遗产名录。五常十八般武艺、五常龙舟胜会等 8 个项目被列入其中。

9 月 28 日，荆丰村完成股份制改革，成立荆丰社区。

11 月 6 日，多（高）层公寓——西溪人家动工建设。

12 月 18 日，荆山村于上年 12 月完成股份制改革，成立荆山社区。文一村于上年 9 月完成股份制改革，成立文一社区。

12 月 20 日，经省政府同意，余杭区第十三届人大常委会第六次会议审议通过区政府《关于闲林镇、仓前镇行政区划调整和设立五常街道方案的报告》，新成立五常街道。由闲林镇的沿山河、横板桥、顾家桥、荆丰、荆山、文一 6 个社区，友谊、五常 2 个村和仓前镇永福村，合并组成五常街道，人口 21359 人，区域面积 22.71 平方公里。

12 月 29 日，五常街道横板桥村获评“魅力新农村”十佳村庄。

2008 年

1 月 8 日，西溪国家湿地公园三期（西区）工程开工暨五常街道办事处授牌仪式举行。

1 月 21 日，位于五常街道的华立科技园启用，外迁杭州市主城区 13 年的华立集团股份有限公司总部回归余杭区。4 月 21 日，02 省道五常段环境整治工程竣工验收。

1 月 25 日，浙江省文化厅公布首批省民族传统节日保护基地，余杭区成为端午节五常龙舟胜会保护基地。

1 月 27 日，常务副区长杨洪香主持召开原仓前镇永福村划归五常街道有关交接事项专题协调会。

2 月 1 日，余杭区普降大雪。至 2 日上午，平均降雪超过 30 厘米。因积雪冰冻现象严重，区内多条道路封道，多处民房、工棚、厂房倒塌。至3日，全区生产生活秩序恢复正常。其间，五常党员干部和群众上万人次参与抗雪救灾行动。

2月5日，阿里巴巴（中国）有限公司与余杭区政府签约，在余杭区高新高教园区创新基地设立浙江淘宝城实业有限公司。公司首期注册资本9980万美元，项目投资总额在13亿元以上。

3月24日，杭州市市长蔡奇率领市有关部门负责人到余杭区调研经济社会发展情况。先后到西溪国家湿地公园三期（西区）工程洪园工地、文一西路阿里巴巴淘宝城项目区块、南湖滞洪区综合整治与保护工程沙滩公园工地，了解相关项目推进建设情况，并与余杭区及相关部门负责人座谈。

4月27日，华立集团股份有限公司博士后科研工作站启动暨开题审查会在公司总部举行。区人事局给予该工作站5万元的科研经费资助。

5月，全街道为四川汶川特大地震捐款196万余元，交纳“特殊党费”20.1万元，驻五常企业和房产公司通过各种渠道向四川汶川特大地震灾区捐赠价值1602万元的物资。

6月7日，五常龙舟胜会作为民俗类端午节组成部分，被列入第一批国家级非物质文化遗产扩展项目名录。

6月17日，省委常委、杭州市委书记王国平一行到余杭区，实地考察洪园工区、文一区块多层公寓建设工地等，召开西溪国家湿地公园三期（西区）工程建设工作汇报会，与余杭区和西湖区的人员研究讨论西溪湿地一体化管理方案。

6月24日，区民政局批复同意，五常街更名为五常大道。五常大道东起天目山路，西至高教路，全长3500米，宽45米。

6月28日，友谊社区、五常社区挂牌成立。友谊、五常两个村位于五常街道辖区东部，地处西溪国家湿地公园三期（西区）工程的核心区块。随着西溪国家湿地公园三期（西区）工程的开发建设，友谊、五常的大量土地被征用，农房被拆迁。

6月29日，全国政协副主席、全国工商业联合会主席黄孟复到余杭区，视察华立集团股份有限公司。

7月5日，新华社、中央电视台、中国新闻社及《光明日报》《文汇报》《中国日报》《经济日报》《中国青年报》《工人日报》《农民日报》《科技日报》《中国妇女报》等媒体的浙江记者站站长、记者联合对余杭创新基地、西溪国家湿地公园三期（西区）、新农村建设等进行采访。

7月18日，省委常委、杭州市委书记王国平到余杭创新基地，实地考察阿里巴巴淘宝城项目。

7月23日，宏丰家居城综合体一期主体工程完工，并通过验收。该工程位于杭州主城西大门，紧邻02省道和杭徽高速公路高架，占地20公顷，建筑面积50万平方米，总投资11亿元。项目为创新型专业卖场、特色商业街、生活超市、商务办公、配套公寓等多元复合的现代物流综合体。

8月14日至23日，受国际民间艺术节组织理事会巴西委员会和帕素芬多市政府的邀请，西溪（五常）民间武术队一行21人，代表中国参加巴西第十届帕素芬多国际民间艺术节。

8月26日，省委常委、杭州市委书记王国平到余杭区调研美丽洲项目和西溪国家湿地公园三期（西区）工程建设情况。

8月30日，“三中心一园一广场”正式挂牌启用。该项目包括业余党校、成人文化技术学校、老年活动中心、文体中心、中心幼儿园和五常人民广场，位于五常辖区的中心位置。街道投资400余万元，同时让出办事处原办公楼，为项目提供场地。主体建筑包括3幢大楼，广场面积1公顷。

9月1日，五常中心小学建成投入使用。该校区位于五常辖区中部，西溪国家湿地公园旁。占地4公顷，可容纳48个班级，总投资4500万元。

9月16日，在五常街道文一村郑家门7号一至四层民房拆除工程发生2死4伤的重大安全事故。经区安监局和区建设局核查，由于杭州三毛房屋拆迁有限公司将房屋拆除工程擅自转包给无房屋拆除资质的个人，工程转包后该公司未对施工现场进行有效的安全监管，未及时采取有效措施消除事故隐患，导致发生这起安全事故。区建设局作出吊销杭州三毛房屋拆迁有限公司的城市房屋拆除施工单位资格等级证书资格的决定。

9月29日，西溪国家湿地公园三期（西区）举行有限开园仪式。西溪国家湿地公园三期（西区）东与西湖区接壤，西以绕城高速公路为界，北至文二西路（文新路），南至五常大道，面积3.35平方公里（其中保护区面积3.15平方公里），工程涉及五常、友谊2个建制村及23个自然村（组），常住人口近7000人。

10月16日，五常街道人力资源信息服务中心成立。该中心隶属五常街道劳动保障与民政科，主要负责五常地区城镇失业居民的再就业服务工作以及向企业推荐合格技能人才。当日召开的劳动力招聘会有32家企业参加，提供岗位460余个，签订劳动就业意向书182人。

12月28日，西溪购物公园（印象城店）举行开工奠基仪式。该项目位于五常大道和访溪路交叉口南侧，占地面积88126平方米，建筑面积约17万平方米。

是年，完成健康体检18789人，计划生育率99.2%。垃圾无害化处理2.45万吨，创建卫生村省级1个、市级2个、区级1个。新增卫生厕所105座、三格式厕所500座、公厕22座。五常中学、五常小学均被评为杭州市人民满意学校，五常幼儿园被评为杭州市示范幼儿园。

2009年

1月22日，五常港节制闸等相关设施由五常街道管理。

3月20日，余杭区“一绕三线”（绕城、沪杭甬、杭浦、杭宁高速公路）环境综合整治工程启动。“一绕三线”高速公路余杭段境内沿线综合整治范围包括红线外两侧500米及可视范围，总里程55.32公里，2010年全面完成。

3月31日，三墩派出所辅警、五常街道人金晓军，在执勤追捕嫌犯过程中被歹徒刺伤牺牲。

4月15日，经浙江省发展和改革委员会发文认定，余杭创新基地核心区被确认为信息产业杭州国家高技术产业基地西溪（余杭）拓展区，成为区内第一个国家级产业基地。

5月10日，杭州宏丰家居城一期建成试营业。杭州宏丰家居城位于杭州城西天目山路延伸段，杭徽高速公路起点与绕城高速留下出口处。项目总占地20公顷，总建筑面积50万平方米，总投资15亿元。

5月22日，由区政府主办，区风景旅游局、杭州西溪国家湿地公园（余杭）管委会办公室、五常街道共同承办的首届中国杭州五常龙舟胜会系列活动，在西溪国家湿地公园（西区）开幕，来自中央、省、市30余家媒体以及30家旅行社代表出席开幕式。西溪国家湿地公园（西区）管委会办公室、五常街道、杭州台湾同胞投资企业协会和余杭组团（创新基地）代表到会分别介绍整体活动、主体活动和“两岸携手，奉献爱心，祝福四川”活动以及余杭创新基地的情况。整个活动历时2周，至6月2日结束。

8月24日，杭州市市长蔡奇实地考察西溪国家湿地公园（西区）工程，检查在建项目推进情况，了解景区运营管理等相关工作。

8月，永福村完成撤村建居工作，成立永福社区。至此，五常街道撤村建居工作全面完成，成为全区纯社区的街道之一。

10月16日，以“让西溪亮起来”为主题的2009年杭州文化创意产业博览会西溪（西区）分会场开幕式在西溪国家湿地公园（西区）举行。其间，举办“乐活西溪”系列活动，至19日结束。

10月22日，全国政协副主席、中央统一战线工作部部长杜青林到华立集团股份有限公司视察。

12月29日，余杭区政府与阿里巴巴集团合作建设的“阿里余杭”电子商务专区开通上线。

12月，农居多（高）层公寓文一社区的“西溪人家”、五常社区“西溪水岸”、友谊社区“西溪雅苑”和“西溪佳苑”、荆山社区“西溪庭院”、荆丰社区“西溪花城”、永福社区“福鼎家园”开工建设，开工面积82.22万平方米，累计完成投资8.18亿元。总用地面积120.8公顷，总建筑面积243.5万平方米，总投资38.4亿元，总安置16118套。

是年，天畅网络科技大厦项目7月完成交地，12月动工；杭州西溪深国投商业中心项目，涉及土地0.75公顷，8月上旬完成净地交地；美国新能基五星级酒店项目，完成交地和土方平整；阿里巴巴淘宝城项目，完成净地交地；宏丰家居城项目一期开张营业。同时完成杭州师范大学新校区、高教路二期、海曙路及南部区块的省海洋渔业局育种中心、西溪花城区块等项目的征地拆迁交地工作。全年完成征地333.33公顷。

是年，五常街道制订生态建设规划和实施方案。各社区工作站成立创建“绿色社区”领导小组，开展绿色社区创建工作，辖区内已创建沿山河、顾家桥、横板桥3个绿色社区。新铺设污水管3条、改造2条，建有污水处理池5处，其中3处已投入使用。全面完成废弃矿山综合整治，横板桥石矿、水利石矿、凤凰山石矿、五常联办石矿实施全面覆绿。完成河道清淤26.7公里，新建闸站3座，新开河道700米。新增绿化10余万平方米，通过创建考核组的验收。

2010年

1月1日起，境内优抚对象抚恤补助和优待经费、退役安置经费等8类民政资金实行区级社会化发放。没有养老保障或者不能享受退职退休待遇的老人，每月可以领取90元的城乡居民基础养老金。

4月15日，西溪国际信息科技产业园项目入驻余杭创新基地签约仪式在杭州举行。项目占地约10公顷，以上海龙软信息技术有限公司领衔的20家上海IT企业首批入驻园区。

4月，儿童计划免疫的“五苗”（乙肝疫苗、卡介苗、麻疹、百白破、糖丸）接种，接种率98%以上，卡症符合率100%，新生儿乙肝疫苗接种率95%。

5月，加强食品安全管理，开展食品安全整治活动。

8月26日，“西溪莉舍·生态示范”项目落户西溪国家湿地公园（西区）传媒见面会召开，香港凤凰卫视资讯台副台长、主持人吴小莉与会。

8月，五常街道被确立为余杭区服务外包先导区。是年，引进杭州九诺科技有限公司、浙江千里马人力资源开发有限公司、杭州卓锐信息技术有限公司等服务外包企业7家。设立创意产业园，引入西泠印社数字传媒有限公司（网上艺术品交易鉴赏平台）、杭州锦秀工坊工艺品有限公司等文化创意企业6家。

9月18日，五常十八般武艺被列入全国非物质文化遗产名录。

9月，总投入3000多万元、总用地面积10617平方米、总建筑面积7784平方米的五常街道中心卫生院（社区卫生服务中心）开工建设。

10月，南北三纵（荆长路、高教路、联胜路）城市主干道建设和农居多（高）层公寓配套道路文昌路竣工通车；在建的有创新基地配套道路常二路、海曙路、良睦路以及农居多（高）层公寓配套道路访溪南路。

12月29日，位于高教路北的溪上玫瑰园1期房地产工地发生塌方事故，3名被埋工人经抢救无效死亡。

是年，五常街道共有各类项目74个，其中区以上考核及重点以上项目有29个（责任项目21个，2010年计划总投入13.35亿元；配合项目8个），区级考核的非建设类项目1个，所有21个区级考核责任主体项目实际投资达到16.7亿元，完成全年计划任务的128%。

实施的7个农居多层公寓项目，总用地面积120.8公顷，总建筑面积243.5万平方米，已开工面积达210万平方米，竣工面积43万平方米，当年完成投资10.53亿元，完成全年计划的125%。开工以来累计完成投资20.258亿元，占总投资的41.7%。

2011年

2月15日，村、社区开始换届选举。

3月，启动“杭州市卫生街道”创建工作，经过9个多月的努力，12月9日，杭州市考核组一行对五常街道创建市级卫生街道进行最终审定，同意五常街道通过创建“杭州市卫生街道”考核验收。

5月28日，首届五常创意文化节开幕。活动围绕“传承文脉，创意五常”主题，结合传统节日端午闹龙舟，开展“玉郎动漫”设计创作大赛、“创意妙语”征集、西溪印象展、黄玉郎作品展、五常文创产业发展咨询会等活动。6月25日闭幕。

5月，五常文化创意产业园被区文创办公室认定为区级文创产业园区，至12月，五常文化创意产业园区内共有文创企业近20家。五常街道被评为杭州市级发展文化创意产业先进街道。

6月6日，2011年杭州首届中国名校龙舟竞渡暨杭州西溪龙舟文化节·首届五常创意文化节在杭州西溪国家湿地公园洪园景区开幕，25日闭幕。

6月，西溪北苑小高层公寓回迁安置涉及文一社区630户农户，2958人开始选房回迁。至12月31日，已有601户农户选房回迁，回迁率95.4%。

10月，新招巡防队员63名，投入资金60余万元，用于新型社区的围墙封闭式改造；加大治安监控，新增全球眼治安监控点8个。

11月19日，五常街道回迁安置小区——五常西溪北苑公开选房，主要涉及五常西溪湿地三期一期工程、二期工程、北部工业园区、文二西路延伸工程等拆迁项目的630户回迁户、约3000人。

11月，位于五常杭州西溪国家湿地公园洪园内的影视创作基地落成，投资2.5亿元的大型古装电视连续剧《隋唐英雄传》与2011年度国内影坛投资最大的时尚动作大片电影《富春山居图》同时在影视基地开拍。

12月5日，华立集团与都市快报共同投资成立的华都艺术品有限公司在五常开幕，这个由艺术名家云集的精品艺术品开发成为五常文创产业的新兴力量。

12月，被列入全区项目建设任务书的项目共计42个（被列入区“六大战略”项目的有27个）。完成实际投入26.72亿元，完成年度投资计划24.07亿元的111%。重点做好创新基地区块（海创园）动迁和湿地三期平衡区动迁扫尾工作，未来科技城二期、杭州师范大学二期、荆长大道北段等相关征地拆迁工作基本完成。共征收集体土地约160.43公顷，拆迁房屋231户，拆迁户已签协议213户，已腾房屋204户，签约率92.2%，腾房率95.8%。

是年，西溪北苑、西溪雅苑、西溪景苑、西溪水岸、西溪花城、西溪庭院、福鼎家园7个农居点开工建设，开工面积218万平方米；已竣工或基本竣工面积94万平方米、6097套。全年完成投入13.22亿元。

2012年

1月9日，国家旅游局在北京举行国家AAAAA级景区颁牌仪式，杭州西溪国家湿地公园成为全国首个迈入AAAAA级旅游景区的湿地旅游区。

1月12日，在五常街道的浙江科信科普发展有限公司总经理喻小华，在浙江省文化厅、新华社浙江分社联合主办的“最美浙江人·文化新浙商”评选活动中获得新锐奖。

2月，举办2012年龙腾盛世五常大型元宵灯会。

4月7日，《西溪长卷图》启动仪式在西溪国家湿地公园清平山堂举行。

6月9日，2012年余杭区非物质文化遗产保护月启动。保护月期间，围绕“文化遗产与文化繁荣”主题，举办2012年中国杭州五常龙舟胜会等系列活动，至6月底结束。

6月20日，据区委、区政府《关于进一步加强余杭区村级集体经济组织留用地管理的实施意见》精神，实施打破村界编制村级留用地规划等多项新政。

6月23日，五常街道首届人民运动会暨五常龙舟胜会开幕式在五常街道中心小学举行。来自五常街道机关、社区、企事业单位的29支运动队770余名运动员参加比赛，活动持续至8月2日结束。

7月1日，投资10万元的街道图书馆“一证通”开通，向五常街道居民免费开放，已办理借书卡200余张。

8月7日，受台风“海葵”影响，境内普降暴雨到大暴雨。上午8点30分，区防汛抗旱指挥部将防台应急响应提升至最高等级Ⅰ级。

8月，五常街道编制的《五常都市产业园区规划方案》通过区政府批准。至12月，华立科创园一期桩基已入场，开工面积2公顷，建筑5.8万平方米，投资估算1.7亿元；达峰科技科研孵化楼（暂名）占地2公顷，计划投资8000万元。

9月，投资100多万元建成街道社会服务管理中心和社区社会服务管理分中心，将整个街道划分成9个网格、32个片格、108个组格，配备基础网格力量、专职管理力量、社会服务力量7支专职服务团队共1152人，覆盖5957户居民户，基本实现对五常人口、单位的全覆盖。

10月，完成31家单位雨污分流改造工作，纳管水量已超300吨/天。

11月，南部区块配套道路一期完成；老02省道改造工程完成南半幅道路雨水管线埋设以及路基回填工作。开通785公交区间车。

12月28日，五常街道新社区卫生服务中心（同德医院五常分院）投入使用。

12月，7个农居多（高）层公寓项目开工面积225万平方米，已竣工或基本竣工面积191.24万平方米、13394套。完成沿山河社区省级体育先进社区创建，文一社区杭州市文化社区、文明社区创建。

是年，被列入街道重点项目共52个，其中续建34个、新建14个，含责任项目42个，总投资137.05亿元。湿地平衡区块共交地4宗，计21.2公顷；省民康中心78户农户完成征地签约77户，签约率98.7%，杭州未来科技城共交地133.33公顷，完成杭州未来科技城核心区块66户中47户的签约工作。

2013年

2月3日，五常街道荆山社区西溪庭院多（高）层安置小区351套安置房分房抽号活动举行，87户拆迁户集中进行选房。

4月12日，央视《走遍中国——美丽中国湿地行》节目组到杭州西溪国家湿地公园洪园进行拍摄。摄制组先后在洪氏宗祠、寿堤、戏曲长廊等处取景。

5月10日，杭州西溪印象城购物V中心正式开业，杭州市人大常委会副主任朱金坤、余杭区委书记徐立毅、深国投董事长丁力业与汉威基金总经理蒋伟等出席。

6月12日，由浙江省文明办、杭州市政府主办，杭州市旅委、杭州市文明办、余杭区政府承办的2013年杭州西溪龙舟文化节·五常龙舟胜会在杭州西溪国家湿地公园洪园举行。

7月7日，杭州西溪国家湿地公园洪园举办汉服文化传统节目展演。

7月，正式启动征迁，实施"一口价"和"先签约、先腾房、先选房"政策，完成涉及未来科技城、海创园（二期）征迁的永福、文一区块共381户的签约工作，签约率100%，实际征地233.33公顷。同时，从12月起集中开展未来科技城20户拆迁扫尾工作，年底完成19户农户拆迁工作，并完成文一西路南永福社区混水斗区块和蔡婆墩区块约51.93公顷交地工作。至12月底，拆违工作共拆除违法建筑242宗、面积133035.6平方米，完成新任务的206.33%；旧厂区改造共启动土地面积5.47公顷，已实现改造面积10.37万平方米，完成调整后任务的177.9%；城中村改造涉及的西溪北苑、西溪雅苑、西溪景苑等7个农居点项目，均已进入市政景观工程阶段，竣工面积23.6285万平方米，占全年任务的90.99%。

8月，阿里巴巴淘宝城一期入驻，其余项目均在建设中。

10月7日，凌晨“菲特”登陆福建后，给浙江带来猛烈强风雨。五常境内河网密布、地势低洼，骤降的雨水使辖区道路河道水位迅速上涨，一天半短时降雨最集中雨量237.8毫米，印象城涵洞积水最深达4.5米，最高水位为4.2米，是五常历史最高纪录。至10月8日5时，暴雨已造成堤防破损20余处，长度为3.82千米，其中缺口5处，共70米。同时损坏水闸2处，损坏水利电动机7只、水泵1座。

11月1日，浙江省人大常委会副主任茅临生调研阿里巴巴淘宝城二期项目。

11月6日，新落成的五常街道卫生服务中心与浙江省立同德医院正式完成合作签约，新卫生服务中心将作为立同德医院五常分院正式开始为五常百姓提供家门口的省级“三甲”医院服务。

12月11日，诺贝尔文学奖得主莫言到杭州西溪国家湿地公园洪园参观。

12月16日，五常街道社区组织换届工作完成。社区组织换届涉及9个社区，其中党委5个，党总支4个，共有党员1205名，居民小组119个，居户6061户，居民25867人。“两委”班子的换届选举，选举产生社区“两委”班子成员61人，其中党组织班子成员43人，居委会班子成员37人，“两委”班子交叉兼职9人。

12月，区政府下达安置任务614户，其中荆山社区64户、友谊社区550户。街道专门成立回迁安置网格化小组，实行“包干到户”。荆山社区完成西溪庭院96户安置户的安置，选房率100%；完成365套房源的交付，交房率94.56%。友谊社区完成西溪雅苑、西溪景苑553户的选房工作，签约率99.1%；2477套房源，实际选房2463套，选房率99.43%。

是年，完成9个社区的组织换届选举工作，涉及9个社区，有党委5个、党总支4个，共有党员1205名；有居民小组119个，居民25867人。

2014年

1月23日，街道动员打好治污水、排涝水、防洪水、保饮水、抓节水“五水共治”攻坚战。

2月，沿山港拓宽、砌石、绿化等工程开工，投资2800万元。同时，将进行整治的路段名为嘉园路，南起荆山路，北至天目山西路，总长500米、宽24米。

3月3日，党的群众路线教育实践活动启动，到10月基本结束，街道86个基层党组织，1798名党员参加。

5月15日，由余杭、五常、仓前以及中泰4个街道联合举办的“春暖花开相约西溪”活动在洪园举办。

6月14日，五常街道获“2013年度杭州十大美丽家园”称号，成为余杭区首个获此称号的镇（街道）。

7月5日，长娄港的治理工作通过区“五水共治”工作指挥部验收，7月10日又通过杭州市治水办验收。

7月16日，余杭区人民政府、杭州师范大学深化教育合作签约仪式暨杭州师范大学附属学校揭牌授牌仪式在五常街道举行，五常小学和五常中学正式挂牌杭州师范大学附属学校。2014年投入5000万元，按省一类小学标准新建的五常中心小学投入使用。

8月，景盛社区成立，社区管辖范围东到嘉园路，西至高教路，北到02省道，面积约49万平方米，辖区内有盛世嘉园、怡景花城、润和西溪郡3个房产小区，居住居民2400余户，人口近万人。

9月20日，老年人免费素食餐厅雨花斋在五常街道开张。雨花斋在为老年人提供免费素食的同时，也提供上门送餐服务，还借助餐厅场地协助社区开展科普和文化活动。截至年底，累计接待社区老年人5000余人次。

9月24日，规划开设54个班级、容纳2500名学生的五常中学迁建项目开工建设，计划总投资2.76亿元，建筑面积68303.78平方米。

10月15日，五常新开河区块的雨水分流项目完成招标，投资28万元，年底完工。

11月8日，第五届杭州西溪国家湿地公园洪园干塘节在热闹的民俗表演中火热开场。

12月4日，在余杭区“中国梦·群文美”第六届群众文艺刊物评比中，五常街道《五尚书》杂志获“最佳群众文艺刊物”称号，与其他获奖刊物一同在区图书馆展出。

是年，完成杭州三禾粉体涂料有限公司等两家落后产能企业的搬迁，引进二手车交易服务提供商——北京搜车网科技有限公司。成功招引110家科技型中小微企业；完成西溪软件园·西溪汇和金牛座两个区级科创园认定；西溪软件园·金牛座完成除3000平方米孵化器外的全部招商，43家科技型企业入驻。

2015年

1月8日，五常街道人大工委组织辖区内人大代表视察余杭区重点民生类基建项目——五常中学迁建项目。

1月15日，为期五天的五常街道五常社区回迁安置选房活动在省委党校仓前校区顺利结束，共有1013户安置户到场选房，选房率达到99.41%。

1月，街道在辖区内盛世嘉园小区推广移动社区应用，该款应用为社区居委会设立管理后台和专有版面，实现社区工作者与居民之间的信息实时送达。居民可以通过该应用预约社区服务，社区居民之间可以“朋友圈”的形式开展线上互动。

2月2日至9日，由区委政法委、五常街道、华立集团股份有限公司、天册律师事务所、银行等多部门组成的“西溪MOHO”项目租售合同债权收购工作小组经过8天的集中签约，华立集团股份有限公司共收购签约业主合同233套，涉及收购总金额1.4亿元。

2月6日，由五常街道主办、五常街道文体服务中心和总工会承办的“迎新春·送吉祥”五常街道2015年送春联活动在五常西溪花城小区进行。

3月10日，五常街道开展“春季无偿献血和造血干细胞志愿者招募”活动，共有300多名志愿者报名，其中121人献血30900毫升，造血干细胞志愿者登记入库12人。

4月2日，西溪北苑198户安置户领取住房钥匙。

4月24日，余杭区政协副主席陈云水一行视察“五常十八般武艺”的保护传承工作。五常街道党工委书记徐荣德陪同视察。

5月，杭州厚达自动化系统有限公司的“机器人自动检测生产线”入选杭州首批工业舡或智能应用重点推广项目，成为杭州市第一批重点推广的“工业智慧”。

6月12日，位于五常街道文创园区的“From余杭”设计图书馆开馆。该图书馆建筑面积800余平方米，向读者展出世界各国大师级设计师的新作品和设计大师推荐的各类书籍。

7月10日，街道启动应急预案，全面进入防汛抗台临战状态。

7月29日，区委书记徐文光带队慰问五常街道烈属金根权，街道党工委书记徐荣德及党工委副书记、办事处主任谢德庆等陪同。

9月1日，五常街道中心幼儿园西溪雅苑园区正式投入使用，该园设9个班级，有230名幼儿，37名教职工。

9月2日，五常街道举办的“铭记历史，圆梦中华”纪念抗日战争胜利七十周年书画展在西溪湿地洪府举行开幕仪式，来自五常西溪民俗文艺家协会以及周边镇街77名本土书画家的121幅书画作品参展。

9月3日，在第十一届全国法制动漫微电影作品大赛中，五常街道选送的作品《三改一拆在行动》获漫画类三等奖。

9月4日、5日，五常街道文一社区回迁安置选房活动在省委党校教学楼报告厅顺利完成。306户安置户怀着喜悦的心情前来挑选新房，选房率达到96%。

9月10日，余杭区政协主席阮文静一行在五常街道主任谢德庆的陪同下到杭州师范大学附属学校和五常幼儿园，代表区政府向全校教育工作者表示节日的祝贺和深情的祝福。

9月22日，余杭区在五常街道召开防违控违暨“无违建”创建工作现场会，重点布置防违控违下阶段工作。区长朱华出席会议并讲话。

9月28日，全国首个第五代孵化器O2O众创空间——润湾创客中心启动大会在五常街道华立创客社区举行。挂牌仪式后，该创客中心同杭州锣卜科技有限公司、杭州厚达自动化系统有限公司、杭州云骐科技有限公司、智能家居、华方护理机器人等首批入孵项目代表进行签约仪式。

9月，五常街道共拆除违建185处、15.257万平方米。

10月24日至30日，五常街道在西溪北苑北区进行安置房分批次交房领钥匙，519户回迁居民顺利拿到新家钥匙，完成842套安置房交付手续。

10月31日至11月1日，首届全球创客大会——2015星耀南湖精英峰会·光荣浙商2015年会举行，五常街道浙江润湾投资咨询有限公司入选“十大创客平台”。

10月，浙江森井防爆电气股份有限公司挂牌上市。

10月，杭州大搜车汽车服务有限公司正式入驻五常街道，年底增资1200万美元。

11月2日下午，市委常委、区委书记徐文光带队走访华立集团。区委常委、副区长祝振伟等参加调研。

11月19日，由国家海关总署核准、杭州海关监管及中国出国人员服务总公司授权，浙江省内唯一可在市内销售免税外汇商品的大型免税商场浙江免税店，正式签约落户五常街道北大资源海港城。

11月25日，区人大常委会副主任、区总工会主席杜坚强一行，走访调研浙江达峰科技有限公司、浙江中博光电科技有限公司和顾家桥社区联合工会。

11月，完成顾家桥、横板桥、荆山社区与未来科技城、邦帮实业投资（杭州）有限公司的4个村级留用地合作开发项目，面积5.67公顷。

12月4日，爱五常·海创园人才公寓轰趴在海创园举行，参加活动的大部分人是在五常工作的高层次人才。

12 月 15 日，五常街道某小区卢某家出租房内发生了一起电瓶车充电起火事故，造成安徽籍外来务工人员刘某、朱某（系刘某亲戚）因窒息抢救无效后死亡。事故发生后，司法所主动介入，牵头联系派出所、消防部门及五常社区开展了相关善后工作。

12 月 30 日，五常辖区内 2 处工地接连发生 2 起意外死亡事故，1 名河南籍务工人员和 1 名湖北籍务工人员相继死亡。司法所与有关部门紧密配合、相互协作，运用多种手段开展工作，防止矛盾纠纷激化。

12 月，华立西溪汇科创园（水瓶座）获评杭州市级科技企业孵化器。

是年，排摸出排污口 140 个，全部完成整改；完成企业雨污分流改造工作 14 家；完成 2015 年嘉肆路、文福路随道路污水管网敷设任务。完成“三改一拆”面积 29.1449 万平方米，其中旧厂区改造 4.3857 万平方米，拆除违建 20.4492 万平方米，城中村改造 4.31 万平方米，拆除违法建筑 103 处、面积 52022 平方米。

2016 年

1 月 1 日，五常街道社区卫生服务中心五常社区卫生服务站正式启用，新服务站位于西溪水岸小区内，卫生服务站用房面积 185 平方米。

1 月 3 日，杭州西溪国家湿地公园洪园年宵花卉展开办。

1 月 5 日，五常召开专题会议，研究五常街道五常大道两侧园区提升改造项目建设和招商引资相关问题，街道党工委书记徐荣德、人大工委主任余洪兴及相关企业主参加了会议。

1 月 18 日，浙江民政康复中心（浙江康复医院）异地扩建工程开工仪式举行。省、市、区相关民政领导出席开工仪式。该康复中心位于浙江省杭州市余杭区五常街道荆山社区。是省委、省政府支持民政事业发展的重大民生工程。工程总用地面积 64004 平方米，总建筑面积 91952 平方米，总投资 5.95 亿元。

1 月 30 日，五常街道永福社区 266 户安置户选房工作在省委党校举行。该次回迁安置工作针对五常街道永福社区回迁安置户，涉及高教路二期、杭师大一期、创新基地等项目的 266 户拆迁居民。

2 月 18 日，省委常委、宣传部部长葛慧君到余杭区五常街道等地调研“十百千”典型培育等基层宣传思想文化工作开展情况。市委常委、区委书记徐文光，区委常委、宣传部部长王姝以及省市有关部门负责人参与调研。五常街道党工委书记徐荣德、办事处副主任傅蓉等陪同。

2 月 24 日，朱华一行实地走访了五常街道南部工业园区的大搜车，详细了解了企业的发展现状和前景。

3 月 1 日下午，武汉市武昌区党政代表团一行在武昌区委书记、区长张幸平的带领下到五常街道华立集团考察创业载体等方面的做法。

3 月 1 日，市委常委、区委书记徐文光，副区长於卫国，未来科技城党工委副书记、管委会主任陈夏林，以及区委、区政府及未来科技城相关部门负责人，对五常街道大搜车进行调研。徐荣德、洪建良陪同调研。

3 月初，五常街道召开“党建 + 治理”工作暨 G20 峰会誓师大会。

3 月 8 日，朱华带队至五常街道专题督查绕城高速东侧入城口整治工作，副区长於卫国等一行人员陪同参加检查。

3 月 27 日，“五常街道医路公益一路有你”大型专家义诊活动在五常街道卫生服务中心举行，同时开启“护航 G20 五常我先行”主题志愿服务活动。

3 月，中华慈善总会“一张纸献爱心行动”启动仪式在五常街道华立创客社区举行。该行动是中华慈善总会发起的大型社会公益慈善活动，旨在全国范围内动员社会各界力量通过变卖废旧纸张筹集善款，用以援助中国贫困地区的先天性心脏病患儿及白血病患儿等。

4 月 5 日，副市长项永丹一行在五常街道检查绕城高速留下入城口整治工作，并听取街道负责人对入城口整治工作的情况汇报。

4 月 20 日，在杭州西溪国家湿地公园洪园内，隶属于浙江省国石保护研究会的清平山堂国石馆落成开馆。

4 月 30 日至 5 月 10 日，为期 11 天的迪士尼主题展览杭州站在西溪印象城华丽开启，展览通过主题陈列、多媒体演示、舞台表演及与迪士尼明星互动等多种形式，全方位呈现上海迪士尼度假区的创意细节。

4 月，位于五常街道的浙江图讯科技股份有限公司与浙江工业大学合著的论文《生产安全事故预警方法的研究》，获得全国安全生产应急管理理论创新研究论文评选一等奖。

5 月，两年一度的国际照明盛典——法兰克福灯光照明及建筑物技术与设备展（Light + Building2016）在德国法兰克福展览中心开幕，位于五常街道的杭州鸿雁电器有限公司作为中国智慧照明领军企业亮相。

7 月 4 日，宁波市鄞州区科技考察团一行 60 余人到五常街道金牛座科技园参观。

7 月 6 日，杭州市环保局牵头，杭州市城管委、西湖区治水办、未来科技城治水办等一行来街道调研五常港“河长制”工作。

7 月 11 日，在“世界人口日”活动期间，五常街道人口计生科、文体服务中心和五常社区携手为幸福家庭开启家风之旅，旨在通过传承和发扬洪氏家风家训，教育引导广大家庭树立良好家风。

7 月 15 日，五常街道组织辖区平安巡防志愿者骨干力量千余人开展“护航峰会平安志愿者服务”专题培训，提升内在素养，强化专业技能。

7 月，街道在试点开展健康“驿 + e”社区卫生服务站项目的基础上，针对高新技术创业者引入“云诊疗”概念，与华方医院合作开发“华方 e 护”App，并投入使用，该 App 主要涵盖远程医疗诊室、智慧药房、智能检测等内容，并以医护上门为特色，为高新技术创业者家庭提供一站式服务。

8 月 9 日，五常街道召开峰会实战阶段安全生产暨消防安全保障大会，街道党工委书记沈建立、办事处主任洪建良参加此次会议。

8 月 11 日，杭州市市长张鸿铭一行在文化创意“From 余杭”图书馆视察。

9 月 8 日，五常街道中心幼儿园西溪花城和西溪庭院小区配套幼儿园正式启用。

9 月 19 日，杭州市余杭区科创园区联盟在五常街道华立科创园区正式成立。

10 月，《中国人口报》刊文对五常街道疏通“网格”提升计生工作水平的有关经验进行报道。

11 月 15 日，五常街道党工委组织开展面向全体党员干部的“书记讲党课活动”，沈建立以十八届六中全会精神为主题为党员干部上党课。

11 月 15 日，位于五常街道的杭州大搜车汽车服务有限公司宣布完成与蚂蚁金融服务集团和神舟租车有限公司共同发起的 1 亿美元 C 轮融资。大搜车自主研发的软件即服务（Software－as－a－Service，SaaS）系统可帮助二手车商进行运营和管理。每月通过 SaaS 系统完成的交易突破 100 亿元。

11 月 18 日，浙江省政协副主席王建满一行到五常街道调研小城镇环境综合整治项目进展情况。余杭区副区长於卫国、沈建立、洪建良等负责人陪同调研。

11 月，杭州视氪科技有限公司盲人视觉辅助眼镜项目获得 2016 浙商创新创业大赛暨 i 创中国年度总决赛冠军。该项目利用计算机视觉、AR（增强现实技术）、人工智能等技术，完善盲人视觉辅助眼镜的功能和体验，让盲人用声音感知世界。

12 月 14 日，位于五常街道的西溪跨境书院启动仪式举行。该书院以“传播理念，助推产业”为宗旨，推出集理念、政府政策、海外知识、企业管理等模块的“跨境课程 100”项目，向制造型、工贸结合、出口贸易等企业提供跨境电商相关的课程，并为之提供一个互动交流、资源嫁接的平台，帮助跨境电商企业提升业务水平。

12 月 19 日，省委常委、杭州市委书记赵一德一行到五常街道顾家桥社区、友谊社区白庙区块调研小城镇环境综合整治项目进展情况。区委书记戴建平、副书记代区长陈如根与沈建立、洪建良等负责人陪同调研。

12 月 23 日，浙江省卫计委副主任徐润龙一行到五常街道调研卫生计生工作。

2017 年

1 月 17 日，由五常街道办事处主办，五常街道文体服务中心、五常街道总工会、五常街道招商服务中心、杭州华立创客社区管理有限公司协办的“创智五常 星动未来”——五常街道十二星座园区群英会在华立创客社区举行。晚会内容包括舞蹈、独唱、器乐表演等。

2 月 6 日，位于五常街道的华立科技股份有限公司作为唯一的中国企业参加德国国际能源及水资源展览会。华立科技股份有限公司展示了符合德国标准的智能电表、基于 Lo－Ra 和 NB－IoT 技术的电表、水表、气表，智能井盖、智能垃圾箱等其他 IoT 设备。

2 月 10 日，省科技厅联合省发改委、经信委、财政厅发文《关于公布 2016 年度第三批新建省级重点企业研究院名单的通知》，位于五常街道的浙江省厚达基于管控云平台的智慧工厂重点企业研究院、浙江省达峰规模型电子制造业智慧工厂重点企业研究院入选。

5 月，“中国名校龙舟竞渡”作为西溪龙舟文化节的重要组成部分，来自 C9 联盟（九校联盟，C9 被国际上称为中国常春藤盟校，成员包括北京大学、清华大学、浙江大学、复旦大学、上海交通大学、南京大学、中国科学技术大学、哈尔滨工业大学、西安交通大学 9 所高校）的大学生组成的龙舟队，齐聚五常西溪，划桨比拼，龙舟争霸。是年，新增了厦门大学和华中科技大学两所名校的龙舟队。

7 月 15 日，在国家卫生计生委开展的流动人口社会融合示范社区创建活动中，五常街道文一社区凭借“为外来高新技术创业家庭提供按需服务，以其反哺社区提升居民整体健康素养”的健康“驿＋e”项目，成为全区唯一入选 2017 年全国流动人口社会融合示范社区的项目。

9月1日，在以“汇智·重构·跨越”为主题的第34届全国医药工业信息年会上，华立医药集团（含昆明制药集团股份有限公司和武汉健民药业集团股份有限公司）入选2016年度中国医药工业百强企业榜单，位居第53位。

9月23日起，洪园举办火柿节，游客柿子采摘活动。同时，引进时下正风靡全球的时尚泡泡跑（BubbleRun）。

9月，五常街道城管服务中心对辖区内市政道路的雨水检查井安装安全防坠网，预防因井盖意外缺失给车辆、行人带来的安全隐患。是月，投资2.76亿元，建筑面积近7万平方米的五常中学新校区建成并投入使用；五常中心小学扩建项目开工。

10月，基本完成福鼎家园农民高层公寓安置房G区块室外市政景观绿化工程施工。完成永福社区农户回迁安置296户；交房295户、574套。提前安置新征迁区块荆丰、友谊、顾家桥3个社区农户301户。

11月23日，五常街道“湿地明珠·创智五常”第二届创意文化节、人民运动会开幕式暨五常中学落成仪式在五常中学新校区举行，来自五常街道下辖社区、企事业单位共1300余人参加。

12月15日，五常街道“传洪氏家风、品书香五常”洪氏家风朗诵比赛在五常中学报告厅内举行。由余杭区文广新局、西溪湿地办、五常街道办事处主办的“匠心非常”五常街道非遗展示月暨醉美余杭摄影大赛获奖作品展启动仪式在杭州西溪国家湿地公园洪园举行。

12月，完成荆丰社区、西溪风情社区的2家居家养老照料中心建设，分别与浙江元墅养老服务有限公司、杭州福星养老服务有限公司签订社会化运营协议；完成云创社区、洪园社区的办公场所选址工作；荆山村部分城中村搬迁完成。

2018年

2月3日，五常社区举办首届“我们的村晚”。

4月11日，云创社区举行揭牌仪式。该社区位于杭州未来科技城核心区块，东起常二路（规划名），西至闲林港，南起文二西路，北至新桥港，面积3.6平方公里。住户7211户，在册户籍4625人。

5月9日，在西溪湿地五九桥畔，举办一场围绕“传承‘五九’精神，打造五常铁军”的历史对话活动，原五常人民公社党委委员、副主任洪大根参加对话。

5月16日，文化和旅游部确定并公布第五批国家级非物质文化遗产代表性项目代表性传承人名单。其中，浙江华立集团旗下昆药集团股份有限公司子公司昆明中药厂有限公司老药工张元昆，被命名为国家级非物质文化遗产传承人。

5月，来自11个社区的23名巾帼志愿者认领五常辖区内的12条河道，并签订河道认领书。

6月13日，五常十八般武艺获“非遗薪传”浙江传统体育“优秀展演奖”。

6月18日，2018杭州西溪龙舟文化节开幕式暨第九届“五常龙舟胜会”在杭州西溪湿地国家公园洪园举行。当天有160余艘龙舟同场竞技，园区游客达3万多人次。

7月11日，举办“身边的美丽五常人”演讲活动。公布2017年度五常街道“最美”系列评选的结果。表彰李士法等16户最美幸福家庭，俞宝洪等16户最美五好文明家庭，张文英等16户最美志愿者家庭，以及林玉凤、许玲凤等16对最美婆媳。

9月8日，华立集团创办的华方医院开业，该院以社区诊所为切入点（已有14家华方诊所遍布杭城），打造上门就近医疗特色服务，构建未来社区健康生活新业态。设14个临床科室和6个辅检科室及消毒供应室。

9月，街道新建城市公厕3座，改建公厕5座，其中高标准型公厕2座，投入使用6座。对外开放附设公厕累计25座。

9月，五常街道西溪智慧健康谷项目完成主体验收，该项目总用地3.40万平方米，总建筑面积12.17万平方米。

10月9日，浙江省经济和信息化委员会公布2018年浙江省“隐形冠军”企业名单，位于五常街道西溪软件园处女座的浙江图讯科技股份有限公司入选。

11月16日，杭州晟元数据安全技术股份有限公司承担的“智能安全一体化身份识别SOC芯片的研发及应用”项目入选浙江省科技厅的2019年度省重点研发计划项目。

12月10日，五常街道社区卫生服务中心创新聘请13位社区卫生联络员为家庭医生签约服务监督员。

12月28日，位于五常街道的西溪印象城二期开业，二期总体量8万平方米，总建筑面积6.1万平方米。西溪印象城二期项目毗邻杭州西溪国家湿地公园，以“年轻+时尚型”为定位，拥有24小时艺术剧场，集合美食小吃及夜宵圣地主题街区，81米艺术长廊等店铺。

是年，浙江华立集团入选2018年浙江本土民营企业跨国经营30强。浙江华立集团旗下昆药集团参与的“中药大品种三七综合开发的关键技术创建与产业化应用”项目获国家科学技术进步奖二等奖。浙江图讯科技股份有限公司的“面向安全生产的事故自动监测与预警关键技术研究与应用”获省优秀新产品一等奖。浙江达峰科技有限公司的“面向电子制造全生命周期管理与服务优化的行业级工业互联网平台”入选省级工业互联网平台创建名单。杭州知识产权运营公共服务平台揭牌暨杭州市知识产权创新产业园启用。

是年，投入1000余万元，完成沿山河闸站引配水工程，完成雨污合流整治项目121个。完成河道整治17条，共22千米。开通“垃圾不落地音乐线”3条，通过虎哥回收餐厨垃圾统收统运等方式实现处置生活垃圾2.9万吨；清理暴露垃圾1035吨，整治清理乱堆乱放、乱贴乱挂3700余处。辖区内垃圾分类小区覆盖率100%。

2019年

1月17日，余杭区15个小城镇通过2018年度全省小城镇环境综合整治工作考核验收，其中五常街道等被评为2018年度小城镇环境综合整治省级样板。

4月16日，五常街道党工委副书记周旻翔主持召开“全域治理”工作推进例会，并对下一步工作提出具体量化要求。

4月22日，党工委书记金根火主持召开“五九”精神主题月专题会议，统一思想，部署工作。

4月，华立创客社区携手五常街道，签署未来科技城西溪智慧健康谷二期合作框架协议。

4月，五常街道在与浙江虎哥环境有限公司合作、开通厨余垃圾收运专线等基础上，在西溪风情社区试点推行“垃圾袋编码制”。

5月8日，街道办事处主任陈小平、人大工委主任马峰召开垃圾分类推进会。

5月9日，街道在五常中学报告厅举办庆祝“五九批示”56周年活动启动仪式，区领导朱红丹、陈云水、赵喜凯出席活动，街道全体机关干部、社区党员干部代表、企事业单位代表等共计700余人参加。

5月13日，街道响应“雷霆行动”指挥部要求，落实“雷霆10号行动”，在辖区积极开展平安巡查及检查活动。

5月23日，街道与余杭农商银行五常支行举行了全面战略合作协议签约仪式。

5月27日，街道召开“双创周”和“6·5”环境日活动工作动员会，街道全体领导班子、各办中心负责人、各社区党组织书记等参加会议。

5月，五常“五九”主题公园动工建设。该公园范围北至西溪水岸入口，南至文二西路路口，占地面积18000平方米，年底完工。

5月，五常街道开展“五九”精神传承主题月活动，围绕精神传承、凝心聚力、基层服务、创新创业、惠民便民5个焦点，开展包含主题宣讲、集中攻坚、集中走访、企业人才服务、公益文化活动5个方面的16项工作。

6月10日，“传承·转化——‘同道’雕塑作品展”在洪园西南角的西溪艺术集合村莲美术馆举办。

6月15日，作为全国“双创”活动周的核心活动之一——2019阿里巴巴全球诸神之战创客大赛启动仪式在未来科技城举行。11月20日，总决赛举行。

6月25日，全国首个地方政府“互联网产权交易中心”余杭区互联网产权交易中心启用并试运行。启用仪式上，余杭区人民政府同阿里巴巴集团签署“公共资产处置余杭模式”战略合作备忘录。7月9日，完成首场拍卖。

7月3日，区人大常委会副主任杜坚强带领区总工会、区环保局、区水务公司、五常街道、闲林街道相关负责人现场踏勘沿山港，召开座谈会具体研究整治措施。

7月17日，街道开展“周三夜学”活动，邀请杭州师范大学马克思主义学院中国近现代史纲要教研室主任张坤作《〈习近平关于“不忘初心、牢记使命”重要论述选篇〉导读》专题讲座。

7月20日，由街道主办、商会承办的五常政银企茶话会在西溪湿地举办，辖区内50余家企业、16家银行携20余种为中小企业量身定做的金融产品出席活动。

7月25日，五常街道举办“不忘初心·正家风”家书吟诵比赛。

7月，街道对辖区内重点优抚对象进行节日慰问，共计慰问63人，发放慰问金3.78万元。

8月7日，街道党工委书记斯建刚主持召开第一次信访联席会议。

8月14日，全省各级人大常委会主任参观人工智能小镇、阿里巴巴集团总部等地，重点考察余杭区文化传承保护、特色小镇、创新创业等方面的经验做法。

8月19日，街道党工委书记斯建刚一行到五常街道社区卫生服务中心慰问医务人员，并送上节日的祝福。

8月21日，街道党工委书记斯建刚对中国移动杭州研发中心项目、八方电信项目及同花顺进行走访，了解企业发展情况，关心企业经营方面实际遇到的困难。

8月26日，五常街道社会治理综合服务中心正式启用，服务中心设法律咨询、信访代办、信访综合接待、人民调解四个窗口及领导接访室、值班领导接待室、视频接访室等。

8月29日，未来科技城党工委书记梅建胜、管委会主任赵喜凯率队至五常街道调研工作，街道党工委书记斯建刚就近期在产业发展、征迁安置、村级留用地开发等方面需要对接协调的事项作专题汇报，管委相关部门负责人作线上详细工作指导。

9月12日，五常街道召开“不忘初心、牢记使命”主题教育工作会议，街道机关在编干部、各社区党组织书记、居委会主任、分管组织副书记（委员）、“两新”党组织书记等150余人参会，区委第五巡回指导组到会指导。

9月23日至27日，五常街道组团联社干部至联系社区开展平安巡防工作，对辖区出租房、店铺、企业等进行流动人口、消防安全排查。

10月13日，省委统战部副部长张润生，市委统战部部委胡德斌，区委常委、统战部部长袁水良，区政协副主席、未来科技城管委会主任赵喜凯一行莅临华立集团，为“华立同心荟”授牌。

10月24日，安全生产综合执法五常中队正式成立，区应急管理局负责人及五常街道安全生产分管领导等参加授牌仪式。

10月29日，陈小平、马峰带领各社区班子成员、组团联社干部、相关科办负责人赴良渚文化村社区就社区治理和建设特别是垃圾分类工作取经。

11月4日，街道党工委书记斯建刚带领五常社区的班子成员、居民组组长和妇联组织人员共30余人，赴西溪风情澄品小区和文一社区西溪北苑东区考察学习垃圾分类工作。

11月5日，由五常街道主办的“全域创新66条”政策宣讲暨科技创新和知识产权专题辅导活动在杭州师范大学举办。

11月20日，区委常委、宣传部部长王姝赴五常调研，先后走访八方城公共图书馆、“五九批示”纪念馆，街道党工委书记斯建刚等陪同调研。

11月20日下午，区委常委、组织部部长朱红丹率队调研五九批示纪念馆，街道党工委书记斯建刚、陈小平陪同。

11月22日，街道党工委书记斯建刚率街道全体班子成员与部分中层干部，赴阿里巴巴西溪园区走访考察三服务相关事宜。

11月29日下午，区委常委，开发区党工委书记、管委会主任祝振伟率队走访调研五常基督教堂，街道党工委书记斯建刚等陪同调研。

12月18日，五九批示纪念馆开馆。该馆位于五常街道西溪湿地邬家湾荆源访古，占地面积0.13公顷，有主体馆1座、东西厢房各1间以及前院。再现“五九批示”产生的过程以及展示新时代“五九”精神在五常的传承。

是年，在建产业项目15个，完成投资20.86亿元，其中上海泰腾、宝嘉乐项目竣工。开展亩产效益综合评价，淘汰落后产能，开展“低散乱”企业（作坊）淘汰整治，取缔企业5家，整改提升7家，淘汰落后产能企业（生产线）3家，查处“企改租”21家，注销“僵尸企业”93家，推进威仑（杭州）实业有限公司厂区改造项目，全年完成旧厂房改造

1.5万余平方米，新增可利用产业空间10万平方米。全年新增国家高新技术企业112家，省科技型中小企业申报104家，省级研发中心申报26家；完成专利申请1541件，上市培育企业1家，上市公司股权分置改革1家。

2020年

1月24日，确诊新冠肺炎病例9例，街道随即沉着应对，内防扩散、外防输入。

1月，建立五常街道疫情防控领导小组，出台防控工作预案机制。组织91名机关干部到13个社区91个居民小区担任“岗长”，组建26个临时党支部，发动党员志愿者2000余名，全面落实“联防联控、群防群控”要求。

4月，确诊病例隔离就诊后，全部治愈出院；实现密接管控334人，重点人员管控6556人；入境返浙集中隔离361人；发热人员管理600余人；三个集中隔离点共集中观察700余人，核酸检测900余人；卫生中心开展居家隔离随访共3000余人，指导1000余家企业复工复产。

4月13日起，中学有序复学；小学于4月18日起、幼儿园于5月18日起有序复学，辖区内17家公民办校（园）教育教学秩序和日常工作安全稳定。

5月19日，街道人大工委组织人大代表开展安置小区物业管理执法检查，并就安置小区物业管理改革召开座谈会。

5月22日，五常街道召开2020年小区共同治理工作推进会暨疫情防控优秀物业、业委会表彰会议。

5月26日，区人大常委会主任阮文静，区委常委、宣传部部长王殊走访慰问五常街道中心幼儿园耦园园区幼儿，送上“六一”儿童节祝福。街道组织班子领导前往各学校、幼儿园，开展“六一”儿童节慰问，共计发放慰问金23万余元。

5月28日，街道人大工委组织人大代表和居民议事会成员，到洪园社区视察社区治理工作暨“一法两条例”执法活动，区人大代表、街道居民议事会成员，社区物业经理等20人参加。

5月，在社区层面成立小区共治社区分中心，对辖区内的小区共治工作进行领导、指导和监督。

6月4日、11日，街道人大工委组织人大代表和居民议事会成员分两批次集中开展培训学习，传达全国“两会”精神，学习《浙江省街道人大工作条例》。

6月17日，余杭区人民政府同意五常街道新建社区和社区规模调整的批复。

7月，五常“五水共治”工作综合考评位列全区第3名。3条市区级河道断面水质考核也连续7个月被确定为优秀等次。

8月26日，街道人大工委组织人大代表和居民议事会成员，到西溪风情社区视察社区治理工作暨“一法两条例”执法活动，区人大代表、街道居民议事会成员、相关科办负责人等20人参加。

9月9日，街道班子领导走访慰问辖区内公办学校，送上教师节祝福，对疫情期间表现优异、工作优秀的老师进行表彰，颁发了奖杯及荣誉证书。

中秋国庆期间，开展安全生产大检查等专项整治行动。共检查单位逾5000家次，发现安全隐患逾7000条，整改逾6500条，整改率约93%，发放整改指令书370余份。

10月30日，对荆山社区小城镇综合整治项目安置户进行提前安置，共计提前安置79户、83套。

11月5日，在荆山公墓区块建设一座规模处置能力不小于50吨/日的易腐垃圾处置站，同时预留30吨/日的规模空间。该项目建筑面积1226平方米，总投资3479万元。

11月20日，华立集团获“全国文明单位”称号，充分体现了华立集团“两个文明”建设的先进性和示范性。

11月，五常街道社区服务中心实现诊疗221484人次。开展60周岁以上老年人健康体检工作，完成4823人，体检率75%；实施妇女健康促进工程，完成妇女“两癌”筛查3794人，完成率42.88%；推进家庭医生签约工作，完成签约17866人，重点人群签约覆盖率83.24%。

12月19日，《法治日报》发表《党建引领 数字赋能 多元共治 杭州五常街道破解基层社会治理新难题》文章，点赞五常基层社会治理。

12月30日，浙江省康养联合体建设试点启动暨浙江康复医院（浙江省中医院西溪院区）新院区启用仪式在位于五常街道高教路1号的花园式新院区举行。省人大常委会副主任姒健敏，省政府副省长王文序，省政协副主席、党组副书记孙景淼及医康养领域专家、新闻媒体、参建单位等各级领导莅临西溪院区参加启用大会。

12月，完成18个社区党组织换届，共选出社区党组织班子84人，一次选举率和组织意图当选率双100%。居委会、股份经济合作社换届选举相关工作有序进行中。

是年，“智慧五常”项目初步完成数据中台、智慧园区、平安租房五色图、智慧安防小区、平安校园、矛调欠薪数据归集等功能开发，数字驾驶舱、小区共治等功能加紧开发中。

卷　一

舆　　地

第一章　政　　区
第二章　自然环境

五常风光

第一章　政　　区

五常街道位于区境之东南，东与蒋村街道相接，西与闲林街道相连，南与留下街道接壤，北与仓前街道隔河相望。

民国时属五常乡、蒋邱乡。中华人民共和国成立初期称五常乡、邱桥乡。1951年6月，从五常乡分出部分另建荆山乡。1956年，由五常乡、荆山乡、邱桥乡合并称五常乡。1958年，为留下人民公社五常管理区；1961年，五常管理区从留下人民公社分出建立五常人民公社。1984年1月，建立五常乡，下辖16个村、3324户、1.454万人。2001年8月，五常乡行政区域并入闲林镇，同时单独设立五常经济开发区，辖16个建制村，行政管理相对独立。2003年11月，挂牌成立五常管理委员会，同年完成村规模调整工作，村的数量减少为7个。2007年底，为加快推进五常城市化步伐、实现与杭州主城无缝衔接，从而推动余杭组团的整体发展撤委建街。经区十三届人大常委会第六次会议审议通过，成立五常街道。由闲林镇的沿山河、横板桥、顾家桥、荆丰、荆山、文一6个社区，友谊、五常2个建制村，以及仓前镇所辖建制村永福村，合并组成五常街道，常住人口21359人，区域面积达22.71平方公里。2020年，五常街道下辖荆山、横板桥、荆丰、洪园、顾家桥、友谊、五常、文一、沿山河、永福、西溪风情、景盛、云创、海曙、邱桥、海创、海江、宏湾18个社区，年末总户数1.08万户、4.25万人，区域面积24.88平方公里。

第一节　建　　置

秦时，境内地域为钱唐县①辖，属会稽郡，三国时属吴郡。隋唐或属杭州，或属余杭郡。五代至清，均隶属钱塘县。北宋为杭州治，南宋属临安府。元、明、清时，为杭州路（府）治。民国隶属杭县，分属钱塘道、省直属县等。中华人民共和国成立后，仍为杭县。1958年，杭县一度被撤销，属杭州市郊区。1961年4月，与原余杭县合为一县，称余杭县。1994年4月，撤销余杭县设立余杭市；2001年3月，撤销余杭市，改置杭州市余杭区。今五常街道随之而变更。五常街道位于区境之南，杭徽公路北侧。东与西湖区蒋村相接，西与闲林街道和睦相连，南与西湖区留下街道接壤，北与仓前街道隔河相望。

---

① 钱唐，后通作钱塘，其改名原因及改名时代始见《水经注·浙江水》引刘道真《钱唐记》："防海大塘在县东一里许，郡议曹华信家议立此塘，以防海水，始开募有能致一斛土者，即与钱一千，旬月之间，来者云集，塘未成而不复取，于是载土石者，皆弃而去，塘以之成，故改名钱塘焉。"清代学者何焯说："钱唐自秦有此名，以唐为塘，乃俗字耳。"理或然也。

一、沿革

清代《南漳子》载："河渚（西溪之古称）在西溪之北，古之南漳湖。当天目山下流之冲，潴为巨泽，蛟蜃之所出没。逮东汉灵帝熹平元年，余杭县令陈公浑，开南上、下两湖以蓄淫潦，捍之以横塘，泄之以陡门，水之来也，势缓而力分，南漳湖之受水益少。水渐杀，土渐出，伏而为滩，突而为洲，于是人得而居焉。"《神州古史考》有"唐有西溪市"之说。"市"乃集市贸易之所，可见西溪一带自唐宋起已较为繁荣。唐代西溪湿地一带的具体乡镇建置无考，应与宋代接近。据北宋王存《元丰九域志》载：北宋时，钱塘县设南阳、北关、安溪、西溪4镇、11乡，乡名不明。南宋时，杭州城为一朝京都，城内设厢坊，郭外设乡里。据淳祐《临安志》、咸淳《临安志》载，钱塘县郭外分13乡，辖62里，其中崇化乡辖方山、葆山、百步、长秋、蒋村、上泾6里；钦贤乡辖泾山、西溪、韩家、葆弄、东木、上步6里。南宋吴自牧《梦粱录·两赤县市镇》载，临安府所辖市镇计有15个，西溪市为其一。据傅宗文《宋代草市研究》考证，钱塘县西溪等四镇均设于北宋端拱元年（988）。南宋绍兴八年（1138）高宗定都临安后，西溪镇改为留下镇，属钱塘县饮贤乡。南宋时蒋村乡在钱塘县崇化乡蒋村里。其时，今五常地域应在钦贤乡、崇化乡间范围内。统制杨存中（1102—1166）兄弟，各置圩田一处，并大兴水利，遂使荒滩成良田。其地即为杨圩。释大善《西溪百咏》卷下《杨圩》载："杨统制，宋之功臣，世居钱塘。兄弟和睦，退归林下，各置一圩之产，在西溪北。"杨圩又称杨府圩，有东杨圩和西杨圩两处。东杨圩在今天的五常街道东北的南河头、邱桥、杨家墩的位置，面积约133.33公顷。西杨圩在五常西南的西坝村，圩内有坝河、西河，包括白浪滩、仲家埭、姚家埭、里横头、车桥头等村，面积约133.33公顷。

明代万历时，钱塘县郊外设履泰、调露、灵芝、孝女、崇化、钦贤、顶山、长寿、安吉9乡，辖115里。万历《钱塘县志·纪疆》载："五丈圩在钦贤六图，五丈西圩、五丈西中圩、五丈西南圩、五丈东坦圩、五丈西小圩在钦贤九图，荆山西坦圩、荆山东坦圩在钦贤九图。"又有"断桥、新桥在崇化乡""荆山桥在钦贤乡"等记载。"五丈"应为今"五常"。仍在钦贤乡、崇化乡间。"断桥，在崇化乡境内。相传，此桥为宋朝一尚书所建。有人想破其风水，断其龙脉，将桥拆毁，故名断桥。"

清宣统二年（1910），县以下划分自治区域：钱塘县分县城和江干、湖墅、西湖、上泗、调露、钦履、瓶窑7个乡。五常属钦履乡。

民国元年（1912）1月22日，并钱塘、仁和县为杭县。民国16年（1927），城区及西湖等地从杭县划出，另设杭州市。据民国20年（1931）的《杭市县都图乡镇一览图》，今境为钦履区钦四乡、钦五乡、钦六乡、钦九乡、钦十乡。据民国31年（1942）《浙江省杭县行政区域图》所示，今境为调钦区邱桥乡、五常乡。

民国35年（1946），杭县设临乔、五西、瓶调、上泗4个区，临平、塘栖、乔司、瓶窑、良渚、三墩、留下7个镇，亭趾、东安、五杭、博陆、乾元、小林、翁梅、和睦、永熟、星亭、丁兰、泉塘、定河、超山、宏磻、崇贤、龙旋、四维、义桥、平泾、肇元、仁和、云会、永泰、东平、纤石、崇化、大陆、山桥、双桥、塘河、蒋邱、五常、履泰、严庄、龙坞、定山、树塘、云泉、周安、寿民、东清、新宁、回龙44个乡。今境为瓶调区蒋

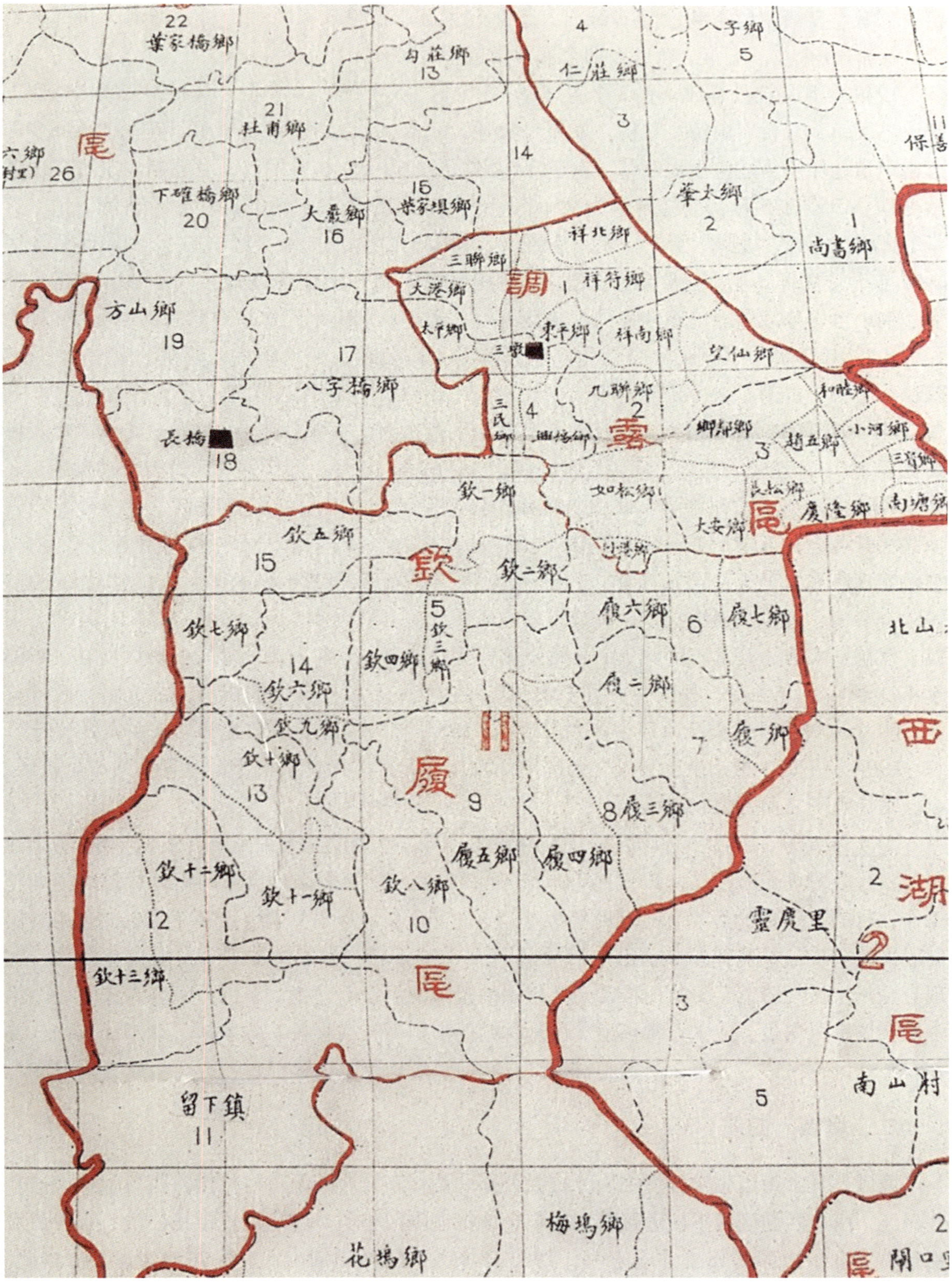

民国37年（1948）五常境域图 （区档案馆提供）

邱乡、五常乡。民国37年（1948），杭县辖4个区、7个镇、42个乡。其中，瓶调区辖瓶窑、三墩、良渚、留下4个镇，纤石、崇化、大陆、严庄、双桥、山桥、塘河、蒋邱、履泰、五常10个乡。五常、蒋邱乡即今五常街道地域。

1949年5月杭县解放，置2个直属镇，5个区、5个镇、44个乡。其中，三墩区辖留下镇、三墩镇，双桥、山桥、义桥、肇和、塘河、蒋邱、五常、履泰8个乡。五常、蒋邱乡即五常街道地域。为适应土地改革、农业合作化发展的需要，杭县的区、乡建制均进行多次调整变动。1950年5月，全县调整为9个区、6个镇、75个乡。其中，留下区辖留下镇，五常、邱桥、蒋村、龙坞、天平、东岳、履泰、荆山、白龙、屏风、龙章11个乡。邱桥乡系1950年5月从蒋邱乡、五常乡分出建立，荆山乡系1951年6月从五常乡中析出，五常、邱桥、荆山乡即今境内。1956年4月，撤区并乡，邱桥、荆山、五常并为五常乡。

1958年10月，实现人民公社化，建立留下人民公社，下辖闲林、新桥、五常、邱桥、蒋村、留下、古荡、东岳8个大队。

1959年3月，杭州市拱墅联社管理委员会下辖东塘、三墩、良渚、留下、上泗5个人民公社和39个管理区。五常、邱桥管理区属之。1959年10月，邱桥管理区管委会被撤销。

1960年1月，杭州市半山联社与杭州市拱墅联社合并建立杭州市钱塘联社，并建立钱塘联社管委会，下辖临平、留下等10个人民公社管委会、5个镇人委、66个管理区管委会。五常管理区属留下人民公社所辖。1961年4月，从留下人民公社分出建立五常人民公社。1961年9月，建立三墩区公所，先后下辖三墩镇人民委员会和西行、勾庄、肇和、良渚、安溪、双桥、大陆、五常、蒋村9个人民公社管理委员会。五常人民公社属三墩区所辖。1983年4月至1984年1月，根据中央关于农村人民公社实行政社分设的指示，余杭实行政社分设，50个人民公社管委会改建为乡人民政府。1984年1月18日，改建为五常乡人民政府。

1994年4月，撤销余杭县设立余杭市；2001年3月，撤销余杭市，改置杭州市余杭区。今五常街道随之而变更。

2001年8月，五常乡行政区域并入闲林镇，同时单独设立五常经济开发区，辖16个建制村，行政管理相对独立。2003年11月，挂牌成立五常管理委员会，同年完成村规模调整工作，村的数量减少为7个。2006年9月，全面完成村级股份制经济改革工作，实现由村民向股民的转变，并挂牌成立了沿山河社区。2007年年底，为加快推进五常城市化步伐、实现与杭州主城无缝衔接，从而推动余杭组团的整体发展撤委建街。经区十三届人大常委会第六次会议审议通过，成立五常街道。由闲林镇的沿山河、横板桥、顾家桥、荆丰、荆山、文一6个社区，友谊、五常2个建制村，以及仓前镇所辖建制村永福村，合并组成五常街道。

二、境域 归属

境域 五常街道位于区境之南，杭徽公路北侧。东与西湖区蒋村相接，西与闲林街道和睦相连，南与西湖区留下街道接壤，北与仓前街道隔河相望。南北最长距9公里，东西最宽距3.2公里，总面积18.2平方公里。1956年4月，邱桥、荆山、五常并为五常乡。自此，五常地域范围基本未变。2007年，仓前街道所辖建制村永福村划入。2020年，五常街道下辖荆山、横板桥、荆丰、洪园、顾家桥、友谊、五常、文一、沿山河、永福、西溪风情、景盛、云创18个社区，年末总户数1.08万户，4.25万人，区域面积24.88平方公里。

1998年12月至2001年5月，余杭与周边县、市、区边界线勘定。涉西湖区、余杭市行政区域界线2.1号界桩。1号界桩为单立双面大型花岩界桩，编号为33010684001，位于西湖区留下镇留下村和五常乡荆山村接壤处的山头上，图解坐标X—3346857.1米，Y—40503897.5米，H—36.5米。在磁方位角87度21分、距离15米处为水池；在磁方位角201度18分、距离200米处为山头；在磁方位角344度54分、距离105米处为路拐角。从1号界桩向东偏东北折西前行至2号界桩，界线长为16.351公里。

归属 秦王政二十五年（前222），以故吴越地置会稽郡，郡治吴（今苏州）。置钱唐、余杭两县，是为境内建县之始（钱唐几经变更，至民国为杭县，今杭州市余杭区系由原余杭县和杭县大部地域合并而成）。至清，今五常一直隶属钱塘县（平帝元始四年，改钱唐县为泉亭县；灵帝光和二年，钱唐县复置）。

钱唐县“秦县，属会稽郡。汉为会稽西部都尉治，后汉县省，光和二年封朱峻为侯邑。三国吴复置县，属吴郡，晋以后因之。陈置钱塘郡于此。隋废郡，改为杭州”（清顾祖禹《读史方舆纪要》卷九十《浙江二》）。

汉高祖五年（前202）正月至六年春，钱唐县境属于韩信楚王国。六年春，立刘贾为荆王，属荆王国。十二年立刘濞为吴王，属吴王国。景帝前元四年（前153），诛吴王濞，钱唐县复属会稽郡，隶江都国。武帝元狩二年（前121），江都国除。会稽郡西部都尉治（郡级治安军事机构）从山阴县（今绍兴）迁治钱唐县。元封五年（前106），会稽郡隶扬州刺史部。平帝元始四年（4），改钱唐县为泉亭县，王莽建立新朝（9—23）因之。东汉初，复钱唐县旧名。光武帝建武六年（30），钱唐县并入余杭县。顺帝永建四年（129），分会稽郡浙江以西为吴郡，以东为会稽郡，余杭县属吴郡。灵帝光和二年（179），封朱儁为钱唐侯，钱唐县复置。

三国时，钱唐县属吴国，并为吴郡都尉治，隶扬州。隋文帝开皇九年（589），灭陈，废钱唐郡，并桐庐、新城人钱唐县，割吴郡盐官（今海宁）、吴兴郡余杭，及富阳、於潜共五县置杭州。州治始设余杭县，次年迁至钱塘县。五代后梁龙德二年（922），析钱塘、盐官二县各半及富春县之长寿、安吉二乡置钱江县，与钱塘县同城设治，今境域仍属钱塘县。

南宋吴自牧《梦粱录·两赤县市镇》载，临安府所辖市镇计有15个，西溪市为其一。临安府与钱塘县同城设治。今境域属钱塘县由临安府辖。

元至元十五年（1278），改临安府为杭州路，钱塘属杭州路。明代，杭州府与钱塘县同城设治。今境域属钱塘县由杭州府辖。清代，宣统二年（1910），今境域属钱塘县由浙江行省杭嘉湖道辖。

民国元年（1912）1月22日，仁和县与钱塘县合并为杭县。民国16年（1927），又将杭县划分为杭州市和杭县。其中，杭县划分为6个区，今境域属杭县瓶调区。

1949年5月至1950年5月，五常（五常乡、蒋邱乡）属三墩区人民政府管辖。1950年5月，五常（五常乡、邱桥乡、荆山乡）为留下区辖。1958年10月，为留下人民公社之下五常大队、邱桥大队（后为管理区）。1959年3月，属杭州市拱墅联社。1960年，半山、拱墅两联社合并为钱塘联社，又属钱塘联社。

1961年4月，钱塘联社改建为余杭县，从留下人民公社分出建立五常人民公社。9月建立三墩区公所，五常人民公社属之。1965年3月区公所被撤销后，公社政权组织隶属县人民委员会。1994 年 4 月，撤销余杭县，设立余杭市。由省直辖，其行政管理委托杭州市人民政府代管。2001 年 3 月，撤销余杭市，设立杭州市余杭区。五常街道（乡、开发区管委会）皆随之。

第二节 区 划

1956 年 4 月，今境内邱桥、荆山、五常 3 个乡并为五常乡。1985 年，五常乡辖顾家桥、南河头、西坝、友谊、荆山等 16 个村。2001 年 8 月，撤销五常乡建制，其行政区域并入闲林镇（同时设立五常经济管委会），顾家桥、文一、五常、荆丰、友谊、横板桥、荆山 7 个村仍由五常经济管委会管理。2007 年底，成立五常街道。由闲林镇的沿山河、横板桥、顾家桥、荆丰、荆山、文一 6 个社区，友谊、五常 2 个建制村，以及仓前镇所辖建制村永福村，合并组成五常街道。2019 年，五常街道下辖荆山、横板桥、荆丰、洪园、顾家桥、友谊、五常、文一、沿山河、永福、西溪风情、景盛、云创 13 个社区。2020 年，又增海曙、邱桥、海创、海汇、宏湾社区。

一、五常乡

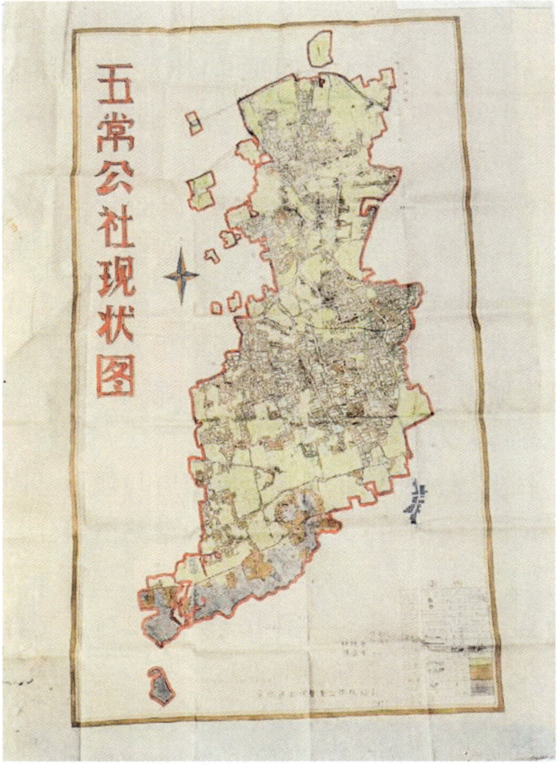

五常人民公社地图（1962 年）

（区档案馆提供）

位于县境之南，杭徽公路北侧。东与蒋村乡相接，西与和睦乡相连，南与市郊留下镇接壤，北与双桥乡、仓前镇隔河相望。南北最长距 9 公里，东西最宽距 3.2 公里，总面积 18.2 平方公里。驻地顾家桥，位于县治临平镇西南 25 公里。境内有港，长五里，原可通航，俗称五常港，乡之名源于此。中华人民共和国成立前属五常乡、蒋邱乡。中华人民共和国成立初称五常乡、邱桥乡。1951 年 6 月，从五常乡分出部分另建荆山乡。1956 年，由五常乡、荆山乡、邱桥乡合并称五常乡。1958 年，属留下人民公社五常管理区。1961 年，五常管理区从留下人民公社分出建立五常人民公社。1984 年 1 月建立五常乡。下辖 16 个建制村，计 74 个村民小组，分布于 117 个自然村、3324 户、1.4454 万人（非农业人口 350 人），除回族 10 人外，均系汉族。

境南部边缘有小部分山地，大部分为平原水网地带，属古运河水系，河、塘较多，易涝不易旱。主要河道有六，即余杭塘河、五常港、沿山港、天竺桥港、骆家桥港和顾家桥港，共长 16.95 公里。耕地占总面积的 48.37%，山林占 2.14%，水面占 4.69%。粮食作物以水稻为主，兼营麦豆、油菜、淡水鱼、蚕桑等。据1985年统计：粮食总产672.41万公斤，产油菜籽28.795万公斤、蚕茧5.31万公斤、柿子45.885万公斤、竹笋54.74万公斤，鲜鱼起水量15378万公斤，养猪1.07万头、羊4179只。乡村企业有水泥厂、电子元件厂、五金仪表配件厂、建筑队等53家、职工3806人。1985年，全乡总产值2446万元，其中乡村企业总产值1875万元，人均收入706元。中学1所，学生517人；小学10所，学生1064人。乡设卫生院、电影放映队文化站、广播站各1个，各村均有医疗卫生室。

1985年，五常乡辖顾家桥、南河头、木桥头、范家、金家塘、横家桥、邱桥、断桥、源谊、天竺桥、白庙、油车圩①、西坝、友谊、横板桥、荆山16个村。其时，乡建置如下。

顾家桥村　以驻地顾家桥得名。中华人民共和国成立初属荆山乡，1956年由白荡滩、天竺桥、西坝里、阮家桥、顾家桥等农业合作社合并建荆丰高级社，1958年命名顾家桥大队，1968年更名东方红大队，1981年10月复称顾家桥大队，1984年1月定名顾家桥村。耕地514亩，种植水稻为主，兼营蚕桑、淡水鱼、春笋、柿子等。1985年，辖顾家桥（村中原有石桥1座，相传系顾氏所筹建，故名顾家桥。现此桥已拆除，在原桥址之北建造新桥，名五九桥）、蔡家里、冯家里、张家埭、蒋家埭、王家埭6个自然村，180户、1071人。

南河头村　以驻地南河头得名。中华人民共和国成立初属邱桥乡，1954年包括滕家村、下水埠、杨家墩，小墩浪等初级社，1958年命名南河头大队，1968年更名跃进大队，1981年10月复称南河头大队，1984年1月定名南河头村。耕地750亩（50公顷），以种植水稻为主，兼营淡水鱼、蚕桑、竹笋等。1985年，辖南河头、滕家村、下水埠、乌记洋、杨家墩、倪家头、杨家头、滕家阁、小墩浪、平家湾、郑家圩11个自然村，222户、938人。

木桥头村　以境内木桥头村得名。中华人民共和国成立初属邱桥乡，1954年包括钱家池上、徐家湾、光明桥、木桥头等农业合作社，1958年命名木桥头大队，1968年更名先锋大队，1982年2月复称木桥头大队，1984年1月定名木桥头村。耕地505亩，以种植水稻为主，兼营淡水鱼、竹笋等。昔以祖传做戽泥农具闻名。1985年，辖木桥头（分木桥头南、木桥头北）、马家头、姚家埭、钱家池、徐家湾5个自然村，160户、678人。

范家村　村民原系个体捕鱼的内河渔民，1963年组成捕捞队，1966年更名五常水产大队，1984年3月定名范家村。拥有水面1300亩，以养殖淡水鱼为主，年产鲜鱼2000担左右。1985年，辖范村庙1个自然村，27户、104人。

金家塘村　原以驻地金家埭得名，因重名，改称金家塘大队。中华人民共和国成立初属邱桥乡，1954年包括吴家坝、金家埭、蔡家埭等农业合作社，1958年命名金家埭大队，1968年更名胜利大队，1982年2月更名金家塘大队，1984年1月定名金家塘村。耕地509亩，以种植水稻为主，兼营淡水鱼、竹笋等。1985年，辖金家埭、计家湾、蔡家埭、孙家门、何家坝、范家桥（又名钱家墙门）、北金家埭、钱村庙、光明桥（传该村原有一光明寺，寺院边有一座桥，故名）9个自然村，151户、729人。

横家桥村　以驻地横家桥得名。中华人民共和国成立初属邱桥乡，1954年包括杨家门、横港头等农业合作社，1958年命名杨家门大队，1968年更名前进大队，1981年10月更名横家桥大队，1984年1月定名横家桥村。耕地748亩，以种植水稻为主，兼营淡水鱼、竹笋

---

① 按《汉语大字典》释义：①古国名。后沿用为地名。②涵洞。

等。1985 年，辖横家桥、双港廊（该村为 2 条河港所夹，应名“双港上”，以方言发音，“上”转为“廊”）、横港头、张家头、蒋家洋、杨家门、姚家村、方家门、沈家湾 9 个自然村，209 户、872 人。

邱桥村 以境内邱桥得名。中华人民共和国成立初属邱桥乡，1954 年包括夹荡、邱桥等农业合作社，1958 年命名邱桥大队，1968 年更名红旗大队，1981 年 10 月复称邱桥大队。1984 年 1 月定名邱桥村。耕地 823 亩，种植水稻为主，兼营淡水鱼、竹笋、蚕茧等。1985 年，辖姚家圩、邵家圩、郑家门、邱家桥、夹荡湾、朝南埭、蒋家门、沈家村、唐家后 9 个自然村，231 户、983 人。

断桥村 以驻地断桥头得名。中华人民共和国成立初属邱桥乡，1956 年为红胜高级社，1958 年命名断桥大队，1968 年更名红卫大队，1981 年 10 月复称断桥大队。1984 年 1 月定名断桥村。耕地 682 亩，以种植水稻为主，兼营淡水鱼、蚕桑等。1985 年，辖断桥头（明万历《钱唐县志·纪疆篇》有载，断桥，在崇化乡境内）、吴家埭、沈家埭、洪家埭、蒋家埭、仲家埭、陈家埭、范家埭、桃树圩（旧时，该村曾有一大片桃园，故名）、陈家渡船头 10 个自然村，221 户、1035 人。

源谊村 中华人民共和国成立初属五常乡，1956 年为建谊、联谊、新建 3 个高级社，1958 年命名源谊大队，1984 年 1 月定名源谊村。耕地 1176 亩，种植水稻为主，兼营淡水鱼、蚕桑、竹笋等。1985 年，辖浜口（因坐落于河浜之口，故名）、田肚里、唐家圩门、余田里、邬家湾、蒋家埭、沈家村、仲家村、何家桥、新桥头、小桥头 11 个自然村，430 户、1843 人。

天竺桥村 以境内一座石桥俗称天竺桥得名。中华人民共和国成立初属荆山乡第五村，1956 年属荆丰高级社，1958 年命名天竺桥大队，1968 年改名东风大队，1981 年 10 月恢复天竺桥大队之名，1984 年 1 月定名天竺桥村。耕地 463 亩，以种植水稻为主，兼营淡水鱼、竹笋等。村民祖传以做瓦片为生，远近较有名，素有“万瓦”之称。1985 年，辖冯家坝、阮家桥（该村曾是钱塘、余杭两县交界处，故河名界河。现该村仍分南北两处，中间有石桥相连，名阮家桥，又名永济桥，村以桥名）、陈家角、朱家埭、周家昆（昔时该村多周姓，又有馄角之地形，故名）、万家埭、张家埭、东陈角 8 个自然村，146 户、680 人。

白庙村 以旧时此地曾有一庙俗称白庙得名。现已拆除，改为卫生院。中华人民共和国成立初属五常乡，1954 年包括白庙后、万家埭、旗官埭等农业合作社，1958 年分为白庙、费家桥 2 个大队，1965 年合并命名民丰大队，1981 年 10 月更名白庙大队，1984 年 1 月定名白庙村。耕地 808 亩，以种植水稻为主，兼营淡水鱼、春笋、蚕桑等。旧时以生产瓦片闻名，有“瓦筒埭上”之称。1985 年，辖范家埭、费家桥、竹园篷、旗竿埭、水车头、胡家昆、唐家里、白庙后头 8 个自然村，296 户、1225 人。

油车圩村 以驻地油车圩得名。中华人民共和国成立初属荆山乡第二村，1956 年称油车圩合作社。1958 年命名红星大队，1981 年 10 月更名油车圩大队，1984 年 1 月定名油车圩村。耕地 614 亩，以种植水稻为主，兼营蚕桑、淡水鱼等。1985 年，辖油车圩（旧时此地开过油车坊，故名。该村分南北两埭：南埭多姓金，名南金家埭，北埭多姓陆，名北陆家埭）、兆和桥（该村原有一桥，后拆移重造，俗称“造河桥”）、西海（旧时此村位钱塘县最西边，故名。“海”方音，意为“边”）、陆家背、山家湾 5 个自然村，199 户、865 人。

西坝村 西坝村因境内有一条河堤，以俗称西坝而得名，村前有一片大田畈，名西杨圩，圩内有坝河、西河，面积约2000亩。这两处地方，以前是河港、圩田交错，芦苇丛生，地势低洼，常遭水患。因当时的居民无力兴修水利，此两处遂成广阔荒芜的滩涂。传南宋时，统制杨存中兄弟或出资购买或朝廷赐予，各置圩田一处，并大兴水利，遂使荒滩成良田。于是百姓便把这两处庄圩称为杨圩或杨府圩。

中华人民共和国成立初属荆山乡，1954年包括白浪滩、钟家圩、姚家埭、里横头、东桥头等农业合作社，1958年命名荆丰大队，1968年更名西坝大队，1984年1月定名西坝村。耕地546亩，以种植水稻为主，兼营淡水鱼、蚕桑等。1985年，辖白荡滩、田家埭、姚家埭、钟家圩、东桥头（东桥，又名永福桥）、沈家埭、陈家圩、胡家埭、里横头9个自然村，186户、790人。

友谊村 1956年组织高级社时，解放军留下部队营房于此，军民情深鱼水，并共同举办过友谊俱乐部，此后大队以“友谊”命名。中华人民共和国成立初属五常乡，1956年为龙舌嘴、沈家村、姚家港、万家埭4个初级社，1958年命名友谊大队，1984年1月定名友谊村。耕地801亩，以种植水稻为主，兼营淡水鱼、竹笋等。1985年，辖姚家港、龙舌嘴（以地形得名。村分南北两处，居住户多者叫大龙舌嘴，少者叫小龙舌嘴）、朱家圩、万家埭、沈家村、赵家埭、密竹金（该地原是竹子丛生之地，故名）8个自然村，312户、1292人。

横板桥村 以境内一石桥横板桥得名。中华人民共和国成立初属荆山乡第一村。1954年包括横板桥、郭家斗，南草荡、小圩里等农业合作社，1958年命名南草荡大队。1968年更名联胜大队。1982年2月更名横板桥大队，1984年1月定名横板桥村。耕地405亩，以种植水稻为主，兼营淡水鱼、蚕桑等。1985年，辖南小圩、南草荡、郭家圩、横板桥4个自然村，149户、583人。

荆山村 以村驻地位于荆山岭西麓，故名。中华人民共和国成立初属荆山乡，1954年包括荆山湾、唐家斗等农业合作社，1958年称荆山大队，1968年更名红武大队，1978年恢复荆山大队之名，1984年2月定名荆山村。耕地469亩，以种植水稻为主，兼营淡水鱼、茶叶等。天井坞位于金岭山脚，以山脚一口自然井得名。1985年，辖黄泥坞、荆山湾、唐家圩3个自然村，205户、766人。

二、五常经济开发区管委会

2001年8月，撤销五常乡建制，其行政区域并入闲林镇（同时设立五常经济开发区管委会，受区政府委托，对原五常乡范围内行政事务实施管理，财政税收独立，受区政府考核），下辖闲林、联荣、孙家坞、项家畈、里山桥、寺前、桦树、灵溪、安乐桥、方家桥、沈家圩、和睦、梧桐、民丰、和睦水产、顾家桥、南河头、木桥头、范家、金家塘、横家桥、邱桥、断桥、源谊、天竺桥、白庙、油车圩、西坝、友谊、横板桥、荆山31个村和庙山、方家山、南市街、中市街、西市街、东市街、缸窑桥、茅草山、钱江路、北山路、北山畈11个居民区。

2003年9月，村规模调整为闲林、联荣、孙家坞、里项、云栖、桦树、华丰、何母桥、万景、民丰、顾家桥、文一、五常、荆丰、友谊、横板桥、荆山17个村（其中顾家桥、文

一、五常、荆丰、友谊、横板桥、荆山7个村由五常经济管委会管理)。

三、五常管理委员会

2004年1月，原五常开发区更名为五常管理委员会，原有职能不变，所管辖7个村如下。

顾家桥村 东连友谊村，西接荆丰村，南临荆丰村，北界荆丰村。村委会（属五常管委会）驻地顾家桥村河东自然村38号。1984年1月，顾家桥大队改建顾家桥村。顾家桥村之名，以境内原顾家桥自然村而得。2006年，有耕地102亩，以种植水稻为主，兼营淡水鱼。企业有杭州飞碟汽车制造有限公司、华丰通信设备有限公司等23家，以汽车制造、五金加工、通信配件行业为主。

1999年农村门（幢）牌编制时，废止顾家桥、蔡家里（更名河西南）、张家埭、蒋家埭、王家埭（合并更名河西北）、冯家里（更名河东）6个自然村。新增大寨桥、永兴村、陡门桥3个自然村。

2005年，全村辖河东、河西南、河西北、大寨桥、永兴村、陡门桥6个自然村，共214户，834人。

河东 该自然村有横跨南北的顾家桥，村位于河东，故名。自然村有121人。

河西南 该自然村有横跨南北的顾家桥，村位于河西南，故名。自然村有80人。

河西北 该自然村有横跨南北的顾家桥，村位于河西北，故名。自然村有197人。

大寨桥 “农业学大寨”运动时期，为连接五常主干道——荆长路而建造的桥，村以桥名。自然村有96人。

永兴村 1999年，村民在大寨桥以南建造新住宅，形成新的村民居住区，寓意“永远兴旺”。自然村有96人。

陡门桥 20世纪60年代兴修水利时，建造一座陡门（水闸），俗称陡门桥，村以此得名。自然村有112人。

文一村 东连五常港（西湖区蒋村乡杨家塘村），西接仓前镇永福村，南临五常村，北濒余杭塘河（西湖区三墩镇塘河村）。村委会驻地文一村横家桥自然村。1984年1月南河头大队、木桥头大队、横家桥大队、邱桥大队分别改建南河头村、木桥头村、横家桥村、邱桥村。2003年9月村规模调整时，南河头、木桥头、横家桥、邱桥4个村合并命名文一村。“文一”村之名，由位于杭州市城区文一路向西延伸至余杭镇的路段处而得。有耕地2584亩，以种植水稻为主，兼营淡水鱼、甲鱼等。企业有杭州市文一印刷有限公司等24家，以印刷、制造、加工等行业为主。

1999年农村门（幢）编制时废止木桥头（分为木桥南、木桥北）、沈家湾（并入方家门）、郑家门（更名郑家圩）、邱家桥（分为邱桥南、邱桥北、邱桥河西）、朝南埭、沈家村6个自然村；新增河西、七田村、运河桥3个自然村。

2005年，全村辖横家桥、南河头、滕家村、下水埠、乌记洋、杨家墩、倪家头、运河桥、杨家头、滕家阁、小墩浪、平家湾、郑家兜、木桥南、木桥北、马家头、姚家埭、钱家池、徐家湾、双港廊、横港头、张家头、蒋家洋、杨家门、姚家村、方家门、七田村、邱桥北、邱桥南、邱桥河西、姚家兜①、邵家兜、郑家圩、周家兜、苏家圩、夹荡湾、蒋家门、唐家后38个自然村，共946户，3731人。

横家桥 该自然村中有桥，俗称横家桥，村以桥名。自然村有103人。

南河头 村以村南有河而得名南河头。自然村有201人。

滕家村 旧时村民皆为滕姓，故名。自然村有193人。

下水埠 村以地势低洼得名。自然村有36人。

乌记洋 原有姓乌人家居住漾旁，故名。“洋”“漾”方音相同。自然村有25人。

杨家墩 自然村四周环河，村以杨姓者居多得名。自然村有156人。

倪家头 旧时此村倪姓者居多故名。自然村有16人。

运河桥 此地原无人家，荆长公路通车后建了运河桥，才有人来住发展成村，村以桥名。自然村有37人。

杨家头 该自然村旧时以杨姓者居多得名。自然村有12人。

滕家阁 该村旧时有户姓滕人家出资建了凉亭，俗称滕家阁，故名。自然村有45人。

小墩浪 该自然村四周环河，形如小墩，故名。“浪”“上”方音相同，讹为小墩浪。自然村有66人。

平家湾 原先该自然村村民多数姓平，故名。自然村仅有8人。

郑家兜 原先该自然村农户皆姓郑，村中有郑家兜，故名。自然村有127人。

木桥南 该自然村原名木桥头。村庄扩大后分木桥南、木桥北二村。自然村有210人。

木桥北 该自然村原名木桥头。村庄扩大后分木桥南、木桥北二村。自然村有53人。

马家头 旧时该自然村村民马姓居多，故名。自然村有82人。

姚家埭 旧时该自然村村民姚姓居多，故名。自然村有95人。

钱家池 旧时该自然村村民钱姓较多，故名。自然村有152人。

徐家湾 旧时该自然村村民徐姓居多，且居住河湾处，故名。自然村有64人。

双港廊 旧时该自然村被两河港所夹，实名“双港上”，因“上”“廊”方言发音相同而混用。自然村有78人。

横港头 该自然村有东西向小港（东端河水不通），故名。自然村有292人。

张家头 该自然村村民张姓居多，故名。自然村有120人。

蒋家洋 该自然村村民多数姓蒋，居住漾附近，故名。自然村有124人。

杨家门 该自然村村民多杨姓，故名。自然村有110人。

姚家村 旧时该自然村村民多姚姓，故名。自然村有41人。

方家门 旧时该自然村村民多方姓，故名。自然村有123人。

七田村 该自然村原有七亩荒地开垦为水田，称七田圩，村沿旧名。自然村有54人。

邱桥北 该自然村原名邱家桥，村庄逐渐扩大后分邱桥南、邱桥北、邱桥河西三村。自然村有103人。

邱桥南 该自然村原名邱家桥，村庄逐渐扩大后分邱桥南、邱桥北、邱桥河西三村。自

---

① 因“㘭”非常用词，打印不易，杭州市余杭区地名委员会办公室《杭州市余杭区地名志》凡例明确：地名中的“㘭”字，自2005年1月起改为“兜”字。

然村有 115 人。

邱桥河西 该自然村原名邱家桥，村庄逐渐扩大后分邱桥南、邱桥北、邱桥河西三村。自然村有 119 人。

姚家兜 该自然村村民多数姓姚，村中有姚家兜，村以兜名。自然村有 74 人。

邵家兜 该自然村村民多数邵姓，村中有邵家兜，村以兜名。自然村有 107 人。

郑家圩 该自然村原名田圩。村民郑姓居多，新建房后改为郑家圩。自然村有 74 人。

周家兜 旧时该自然村内多数姓周，村中有周家兜，村以兜名。自然村有 57 人。

苏家圩 旧时，该自然村有户苏姓人家居住在此，苏家搬迁后改成农田，村仍以旧名。自然村有 116 人。

夹荡湾 该自然村坐落河弯内角处，故名。自然村有 140 人。

蒋家门 旧时该自然村村民多数姓蒋，故名。自然村有 90 人。

唐家后 旧时该自然村村民多数姓唐，是文一村较北的所在，故名。自然村有 113 人。

五常村 东连五常港（西湖区蒋村乡杨家塘村、龙章村、杭州西溪国家湿地公园），西接荆丰村，南临友谊村，北界文一村。村委会驻地五常村断桥头自然村 48 号。1984 年 3 月，五常水产大队更名范家村，断桥大队改建断桥村，金家塘大队改建金家塘村，源谊大队改建源谊村。2003 年 9 月村规模调整时范家、断桥、金家塘、源谊 4 个村合并命名五常村。“五常”村之名，是以境内五常港而得。五常港，长五里，原可通航。又名五尚，此地有过五位尚书。有耕地 1699 亩，以种植水稻为主，兼营淡水鱼。企业有杭州华鸿通信设备有限公司、杭州五常邮电器材厂等 16 家，以五金、印刷、通信设备行业为主。

1999 年农村门（楼）牌编制时，取消蒋家埭（并入洪家球）、小桥头（并入田肚里）自然村。

2005 年，全村辖断桥头、范村庙、金家埭、北金家埭、蔡家埭、计家湾、孙家门、何家坝、范家桥、钱村庙、光明桥、吴家埭、沈家埭、洪家埭、仲家埭、陈家埭、范家埭、桃树兜、陈家渡船头、浜口、田肚里、唐家陡门、余田里、邬家湾、蒋家埭、沈家村、仲家村、何家桥、新桥头 29 个自然村，共 1029 户，4258 人。

断桥头 该自然村村以桥名。见明万历《钱唐县志·纪疆篇》，当时在崇化乡境内。相传，此桥为宋朝某尚书（洪钟）所建，有人想破其风水，断其龙脉而称此桥为断桥。传洪钟家在五常港与严家港交汇处断桥边（又传南宋建炎年间一位金四将军在抗金战争中殉难，他的妻子回到故里西溪，在家门前的河上建了一座桥以纪念亡夫，人们称为“金四母桥”，后此桥年久失修断裂，乡人便称此地为“断桥头”）。自然村有 160 人。

范村庙 该自然村原有范姓者先来此居住，建有一庙，俗称范村庙，村以庙名。自然村有 132 人。

金家埭 该自然村村民多数姓金，为南、北二村。自然村有 175 人。

北金家埭 该自然村村民多数姓金，为南、北二村。自然村有 25 人。

蔡家埭 旧时该自然村此地有蔡姓大户人家，村以蔡姓得名。自然村有 145 人。

计家湾 旧时该自然村有计姓人家居住河的转弯处，故名。自然村有 28 人。

孙家门 此地曾多为孙姓人家聚集地，故名。自然村有 33 人。

何家坝 该自然村有水坝，所住居民均姓何，故名。自然村有 120 人。

范家桥 该自然村有桥为范姓人家所建造，故名。自然村仅有 20 人。

钱村庙 该自然村曾有庙，香火旺盛，钱姓人氏居住庙附近，故名。自然村有 41 人。

光明桥 旧时此地有光明寺，桥正好在寺庙前，故名。自然村有 207 人。

吴家埭 旧时此地为吴姓人氏所居住，故名。自然村有 120 人。

沈家埭 旧时此地为沈姓人氏所居住，故名。自然村有 135 人。

洪家埭 该自然村明时出了位洪姓尚书，故名。自然村有 350 人。

仲家埭 传此地有位仲姓阁老，故名。自然村有 113 人。

陈家埭 旧时此地为陈姓人氏所居住，故名。自然村有 110 人。

范家埭 该自然村村民姓范为多，故名。自然村有 90 人。

桃树兜 该自然村曾有一片桃树，桃园旁有河兜，故名。自然村有 90 人。

陈家渡船头 此地曾有渡口，陈姓者为村民摆渡，故名。自然村有 80 人。

浜口 旧时，该自然村有位沈氏人居住地旁有河浜，为集市码头，称沈氏浜口，后简称浜口。自然村有 212 人。

田肚里 该自然村村民房屋建在田中央，俗称田肚里。自然村有 216 人。

唐家陡门 旧时该自然村村民多数姓唐，建有陡门，故名。自然村有 215 人。

余田里 此地曾有户余姓人家，精通医术，且为人厚道，村民信之，以其姓氏名村。自然村有 240 人。

邬家湾 该自然村曾有砖瓦窑，传所产砖瓦乌黑。因“乌”“邬”方言发音相同而混用。自然村有 400 人。

蒋家埭 此地多为蒋姓人氏居住，故名。自然村有 140 人。

沈家村 该自然村曾有位沈氏聪明能干，又肯吃苦，村遂以其姓氏而名。自然村有 180 人。

仲家村 此地有位仲姓阁老，故名。自然村有 178 人。

何家桥 此地有何姓人家建造的桥，称何家桥，村以桥名。自然村有 136 人。

新桥头 此地有桥，称之新桥，村居桥边，故名。自然村有 160 人。

荆丰村 东连荆长路，西接何母桥，南临 02 省道，北界何母桥村、五常村。村委会驻地荆丰村白荡滩自然村 61 号。1981 年 10 月，东风大队恢复天竺桥大队，红星大队更名油车大队。1984 年 1 月，天竺桥、西坝、油车圩 3 个大队分别改建天竺桥村、西坝村、油车村。2003 年 9 月村规模调整时，天竺桥、西坝、油车圩 3 个村合并命名为荆丰村。“荆丰”村之名，系沿用“荆丰”高级社之名。寓意荆山岭一带人民丰衣足食。有耕地 1178 亩，以种植水稻为主，兼营蚕、淡水鱼等。企业有国立包装、西坝印务等 46 家，以五金加工、通信配件、印刷包装行业为主。

1999 年农村门（楼）牌编制时，新增天竺、宋家湾 2 个自然村。

2005 年，全村辖白荡滩、油车兜、陆家背、西海、山家湾、兆和桥、田家埭、姚家埭、钟家兜、东桥头、沈家埭、胡家埭、里横头、宋家湾、冯家坝、阮家桥、陈家角、朱家埭、周家昆、万家埭、张家埭、东陈角、天竺畈、陈家兜 24 个自然村，共 644 户，2515 人。

白荡滩 旧时该自然村村旁有个白荡海，后讹海成滩，村以漾名。自然村有 274 人。

油车兜 相传此地河兜边开过油车坊，故名。自然村有 322 人。

陆家背 该自然村村民多数姓陆，故名。自然村有 133 人。

西海 该自然村原隶属钱塘县，位于荆丰村最西，故名。“西海”方言为西面。自然村有 116 人。

山家湾 该自然村旁有个弯弯的漾，原有姓山人家居住，故名。自然村有 215 人。

兆和桥 该自然村内有桥，俗称“造河桥”，讹为兆和桥。自然村有 112 人。

田家埭 该自然村村民多数姓田，故名。自然村有 30 人。

姚家埭 该自然村村民多数姓姚，故名。自然村有 71 人。

钟家兜 该自然村村民多数姓钟，村中有钟家兜，村以兜名。自然村有 52 人。

东桥头 东桥又名永福桥，位于村东，故名。自然村有 68 人。

沈家埭 该自然村村民多数姓沈，故名。自然村有 44 人。

胡家埭 该自然村村民多数姓胡，故名。自然村仅 16 人。

里横头 该自然村位于坝河最里面，与西河交界，故称里横头。自然村有 201 人。

宋家湾 旧时此地村民多数姓宋，且居住河湾处，故名。自然村有 64 人。

冯家坝 原冯姓人家先来此居住，村中建有冯家坝，故名。自然村有 68 人。

阮家桥 相传旧时是钱塘、余杭两县交界处有条河称界河，一座石桥横跨两岸，名阮家桥，又名永济桥，村以桥名。自然村有 203 人。

陈家角 旧时陈姓人家居住该自然村较偏僻处，故名。自然村有 52 人。

朱家埭 原先该村村民多数姓朱，故名。自然村有 96 人。

周家昆 原先该村村民多数姓周，村地形如鱼角，故名。自然村有 76 人。

万家埭 原先该村村民多数姓万，故名。自然村有 60 人。

张家埭 原先该村村民多数姓张，故名。自然村有 64 人。

东陈角 该自然村位于陈家角东面，故名。自然村有 63 人。

天竺畈 该村位于天竺桥旁的田中，故名。自然村有 35 人。

陈家兜 村民陈姓人家居住兜边，故名。自然村有 80 人。

友谊村 东连五常港（杭州西溪国家湿地公园、西湖区留下镇天目山路），西接荆丰村，南临 02 省道，北界五常村。村委会驻地友谊村塘湾兜自然村 12 号。1984 年 1 月，友谊大队、白庙大队分别改建友谊村、白庙村。2003 年 9 月村规模调整时，友谊、白庙 2 个村合并命名友谊村。“友谊村”之名，是以 1956 年组建高级社时，与留下部队建有友谊而名。有耕地 1029 亩，以种植水稻为主，兼营淡水鱼、竹笋、蚕桑等。企业有杭州后曾有限公司、杭州海外五金电器有限公司等 60 家，以装饰、五金、休闲行业为主。

1999 年农村门（楼）牌编制时，废止费家桥（并入旗竿埭）、竹园蓬（并入唐家里）、胡家昆（并入后河西）、白庙后头（分后河东、后河西二村）4 个自然村。新增塘湾兜、小桥头、回龙桥、西溪河、兴隆村 5 个自然村。

2005 年，全村辖塘湾兜、龙舌嘴、小龙舌嘴、姚家港、朱家兜、沈家村、赵家埭、密竹金、万家埭、小桥头、回龙桥、西溪河、范家埭、旗竿埭、水车头、唐家里、后河东、后河西、兴隆村 19 个自然村，共 728 户，3081 人。

塘湾兜 该自然村位于一水塘湾处，故名。自然村有 100 人。

龙舌嘴 此地有条河港似龙嘴模样，村中人数较多位于河南的称龙舌嘴。该自然村有

140人。

小龙舌嘴 该自然村位于龙嘴河北，村中人数较少，称小龙舌嘴。自然村有120人。

姚家港 该自然村中姚氏家族居多，且有姚家港，故名。自然村有230人。

朱家兜 该自然村民均为朱姓，村中有朱家兜、故名。自然村有75人。

沈家村 该自然村以沈姓人家居多得名。自然村有110人。

赵家埭 传说该自然村原居住者为赵姓，家族兴旺，后迁移外地，村名仍沿用。自然村有120人。

密竹金 此地原是竹子丛生之地，故名。自然村有300人。

万家埭 该自然村以万姓人家居多得名。自然村有180人。

小桥头 该自然村以坐落小桥边得名。自然村有50人。

回龙桥 以桥名村。传说桥下河水急流有漩涡，百姓称之“回龙”。自然村有188人。

西溪河 该自然村毗邻西溪河而得名。西溪河为留下流经五常、蒋村的一条河流。自然村仅12人。

范家埭 曾有范氏家族居此而得名。自然村有324人。

旗竿埭 此地曾有位官家，门前竖有一对旗杆，故名。自然村有260人。

水车头 传说有位“费八千”的富翁为显耀自己有钱，把银子抛向空中，银子坠落到此村河中，百姓用水车抽水以找银子而显名。自然村有124人。

唐家里 此处曾居住唐氏家族，故名。自然村有228人。

后河东 该自然村位于河东岸，故名。自然村有208人。

后河西 该自然村位于河西岸，故名。自然村有232人。

兴隆村 为杭州绕城高速公路拆迁户住宅地，寓意“兴隆发达”。自然村有80人。

横板桥村 东连荆长路，西接华丰村，南临荆山村、02省道，北与荆丰村接壤。村委会驻地联胜路2－1号。1984年1月，横板桥大队改建横板桥村。“横板桥”村之名，以境内一座石桥（横板桥）得名。该村位于五常西部，地处平原，河网密布，居民依沿山河分居于河南、河北两地。为方便村民劳动与生活，就用木板横架于河两岸，时间久了就称之“桥”。成立留下大公社时，被命名横板桥大队。1984年1月，改称横板桥村。有耕地130亩，以种植水稻为主，兼营淡水鱼。企业有华立房地产公司、华宏压铸有限公司、华剑五金工具厂等12家，以五金加工、工具制造、仪表制造、房地产开发行业为主。

1999年农村门（楼）牌编制时，新增牛经圩、联胜2个自然村。2003年3月废止胜联自然村改建碧水铭苑住宅地。

2005年，全村辖横板桥、郭家兜、南草荡、南小圩、牛经圩5个自然村，共171户，671人。

横板桥 该自然村有河穿越，早先用木板横架于河南北两岸，故名（后又以石板桥改建水泥桥）。自然村有230人。

郭家兜 该自然村以郭姓家族先居住兜边而得名。自然村有115人。

南草荡 该自然村有养鱼的草荡，以其方位分南草荡、北草荡二村。自然村有195人。

南小圩 草荡南边有块田畈，村形成后称南小圩。自然村有76人。

牛经圩 往昔农民耕田休息时，总是把牛拴在木桩上，故名。自然村有55人。

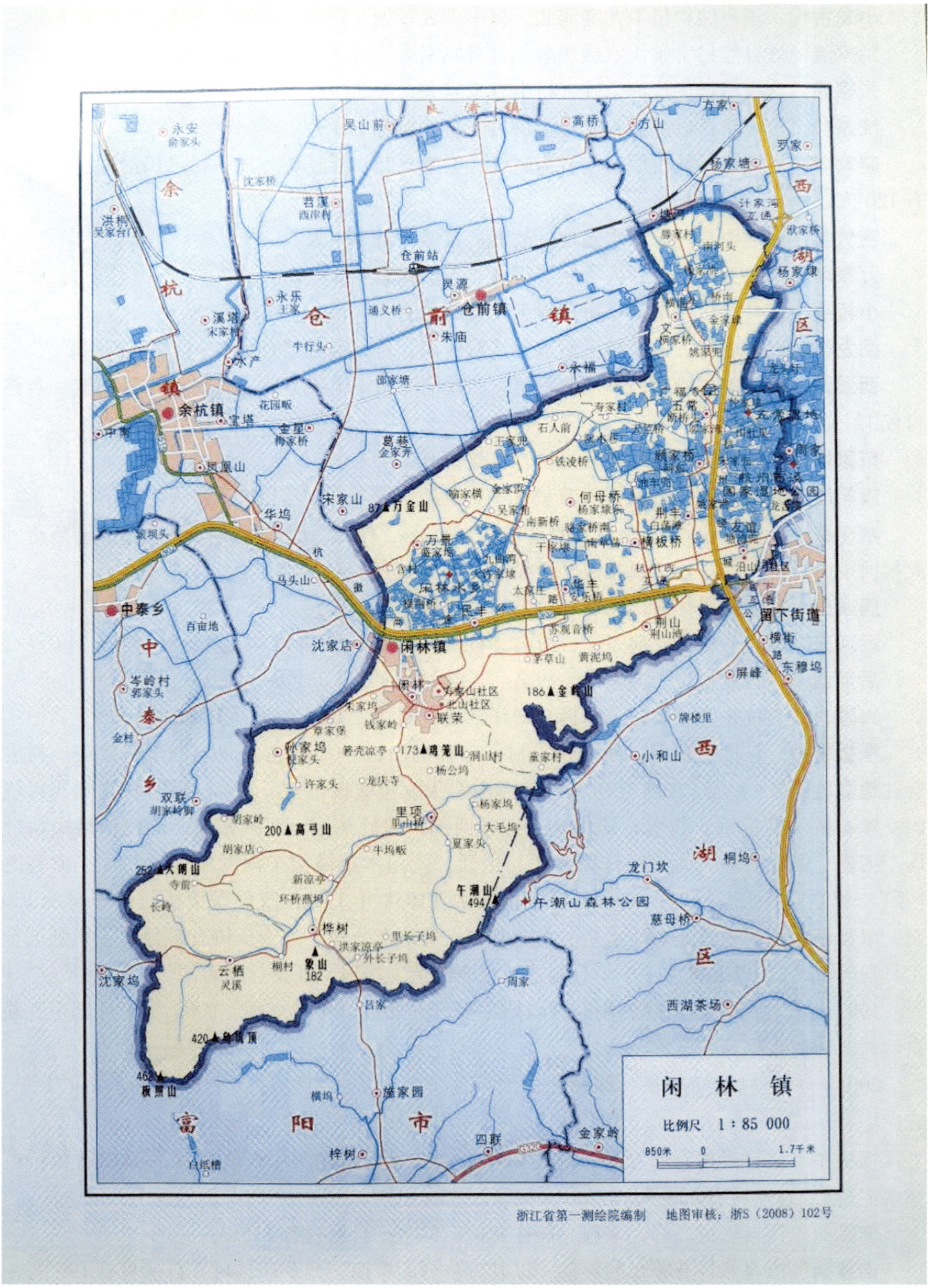

2008 年闲林镇政区图　　（引自《余杭县地名志》）

荆山村　东连西湖区留下镇（荆山岭），西接闲林集镇、省精神病医院，南临西湖区留下镇（荆山岭），北与02省道、横板桥村接壤。村委会驻地荆山路5号。1984年2月，荆山大队改建荆山村。“荆山”村之名，是以位于荆山岭东麓而得。企业有鸿运电器厂、亿阳工具厂、广源房产、赞成房产等，以五金加工等行业为主。

2005年，全村辖荆山湾、唐家兜、天井坞、黄泥坞4个自然村，共225户，841人。

荆山湾　该自然村以位于荆山下的小山弯里得名。自然村有220人。

唐家兜　相传有唐姓者居住河兜旁，善种柿子果实大而甜，远近有名。自然村有230人。

天井坞　该自然村以金岭山脚的一口自然井得名。自然村有243人。

黄泥坞　该自然村以位于荆山脚下的黄泥坞得名。自然村有148人。

四、五常街道

2007年12月，为加快推进五常城市化步伐、实现与杭州主城无缝衔接，从而推动余杭组团的整体发展撤委建街。经区十三届人大常委会第六次会议审议通过，成立五常街道。由闲林镇的沿山河、横板桥、顾家桥、荆丰、荆山、文一6个社区，以及友谊、五常2个建制村，以及仓前镇所辖建制村永福村，合并组成五常街道。

五常街道位于区境之南，东与蒋村街道相接，西与闲林街道相连，南与留下街道接壤，北与仓前街道隔河相望（东拥西溪国家湿地公园，南望小和山高教园区，西临和睦水乡，北靠三墩和浙大紫金港校区）。2012年底，五常街道下辖社区居民委员会9个，即荆山社区、横板桥社区、荆丰社区、顾家桥社区、友谊社区、五常社区、文一社区、沿山河社区、永福社区，总人口27291人。2019年，五常街道下辖荆山、横板桥、荆丰、洪园、顾家桥、友谊、五常、文一、沿山河、永福、西溪风情、景盛、云创13个社区。2020年6月，又增海曙、邱桥、海创、海汇、宏湾社区。年末总户数14509户，户籍人口52680人，出生人口940人，人口出生率17.8‰。

五常社区　隶属五常街道。杭州西溪国家湿地公园西侧，南至天目山延伸路，北至余杭塘河。2003年由源谊村、断桥村、金家塘村、水产队合并而成五常村，2008年6月，五常村完成撤村建居改建为五常社区。面积4.7平方公里。2020年，五常社区下辖17个居民小组，常住人口5375人，外来人口2万余人。是年6月17日，五常社区调整后四至范围为：东至五常街道行政边界，南至五常大道，西至绕城高速，北至五常街道行政边界。

荆丰社区（2013）　（王洪坤　摄）

荆丰社区　隶属五常街道。即原荆丰村，有12个村民小组、646户、2643人，人均耕地面积0.03公顷，2003年9月由西坝村、油车圩村、天竺桥村合并而成荆丰村，2005年9月完成股份制改革。2007年9月28日，撤村建居成立荆丰社区。荆丰社区地处杭州城西，紧靠02省道，穿越杭州绕城西线两旁，位于五常街道工业园区北面，东面紧邻荆长公路。2020年，荆丰社区下辖14个居民小组。是年6月17日，荆丰社区调整后四至范围为：东至荆长路，南至宋家湾路以及现状河流，西至五常街道行政边界，北至天竺桥港。区域内小区有西溪花城、爱丁郡、浙地人家小区，还有在建西溪水乡及待建西溪豪园回迁安置小区。

友谊社区 隶属五常街道。2008年6月28日，原友谊村改建为友谊社区。友谊社区东至西溪湿地，南至02省道，西与荆丰社区交界，北与五常社区交界，属典型的江南水乡。其名源于1956年组织高级社时，解放军留下部队营房于此，军民情深鱼水，并共同举办过友谊俱乐部，此后大队以“友谊”命名。中华人民共和国成立初属五常乡，1956年为龙舌嘴、沈家村、姚家港、万家埭4个初级社，1958年命名友谊大队，1984年1月定名友谊村。面积3.3平方公里。2020年，友谊社区下辖17个居民小组，共7个住宅小区，常住人口4806人，外来流动人口18530余人。是年6月17日，友谊社区调整后四至范围为：东至五常街道行政边界，南至天目山路，西至荆长路，北至五常大道。

荆山社区 隶属五常街道。原为荆山村，荆山村1955年前属于留下大公社，1956年组织高级社时与留下划分为五常人民公社。荆山靠山，为造福整个三墩区尤其是五常人民公社的鱼塘农田兴修水利建设开矿取石材料而命名为荆山大队，面积约2平方公里。2005年12月完成股份制改革，2007年12月改建为荆山社区。四至范围为：东至荆山岭，南至西湖区屏峰村，小和山村石马村山岗为界，西至杭州城西中学交界，北至02省道交界。下辖4个自然小组，3个商住小区（分别为润和西溪郡、地质一大队、荆山翠谷），常住人口807余户，2455人，外来人口5000余人。

横板桥社区 隶属五常街道。2007年12月，原横板桥村改为横板桥社区。横板桥社区东与沿山河社区交界，南至天目山西路，西接闲林街道翡翠社区，北依荆丰社区。横板桥社区地处杭州城的西郊，毗邻西溪湿地。横板桥地属荆山乡一村，1953年成立互助组，1955年为荆山、南草塘、横板桥3个初级社；1956年成立高级社，三社合并，名为南草塘高级社；1958年高级社转变为人民公社，成立联胜大队（联合胜利之意）；1983年后恢复乡村建制，联胜大队改为横板桥村。横板桥社区面积达1.16平方公里。2020年，横板桥社区下辖6个居民小组，常住人口2035人，外来人口6000余人。

文一社区 隶属五常街道。即原文一村，有21个村民小组、967户、3865人，人均耕地面积0.05公顷，2006年9月完成股份制改革。2007年12月18日，改建为文一社区。文一西路东西贯穿，文一社区因此得名。2011年8月，社区启动回迁安置工作。2020年，文一社区面积1平方公里，有21个居民小组，居民1052户，常住人口5032人，流动人口32320人，其中西溪北苑东区网格流动人口5432人，西溪北苑西区网格流动人口7369人，西溪北苑北区网格流动人口10337人，西溪北苑新区流动人口1924人，工业园网格流动人口7258人。辖区企业2292家。是年6月17日，文一社区调整后四至范围为：东至荆长路，南至文一西路，西至永福路（规划名），北至余杭塘路。

沿山河社区 隶属五常街道。2006年7月28日设立沿山河社区，因境内沿山港而名。辖区面积1.1平方公里，东邻杭州西溪国家级湿地公园，南至天目山路和02省道，西至荆长公路，北至五常大道。主要包括浙江油田公司留下小区、钱潮花园小区等8个小区以及五常街道各企业人才引进集体户，常住人口数2964人，流动人口数1085人，集体户约1000人。2020年6月17日，沿山河社区调整后四至范围为：东至荆长路，南至天目山路，西至联胜路，北至宋家湾路。区域内有1个安置房小区西溪景苑、1个商品房小区融创溪涧堂、10余家单身公寓、600余家企业，近200家商铺，还有商业综合体、酒店、宾馆、楼宇等。户籍人口少，流动人口多，是构成较为复杂的城市社区。

永福社区 隶属五常街道。2008年1月，从仓前镇区域调整至五常街道。2009年9月，撤村建居为永福社区。永福社区位于五常街道北部，为未来科技城核心区块，东邻文一社区，西至西溪悦城（云创社区），南靠阿里巴巴，北接海曙社区。2020年6月17日，永福社区调整后四至范围为：东至永福路（规划名），南至文一西路，西至聚橙路，北至新桥港。总面积0.31平方公里，含福鼎家园回迁安置小区，2个农居点，29个居民小组，有居民960余户、原住居民4880余人，外来流动人口近2万人。

顾家桥社区（2017） （王洪坤 摄）

顾家桥社区 隶属五常街道。顾家桥村历史上范围：东与友谊（村）、白庙（村）交界，南至友谊（村）、留下（镇）、后山头，西与横板桥（村）、西坝（村）、油车圩（村）、天竺桥（村）交界，北与白庙（村）、天竺桥（村）交界。区域面积约1.2平方公里，土地以农田、鱼塘为主，旱地、河港其次，主要农作物有水稻、淡水鱼、柿子、竹笋等，是典型的湿地和水乡。老荆长路和顾家桥港交叉穿过整个村庄，顾家桥（梁）曾更名为“五九桥”（来源于“五九批示”）。顾家桥历来是五常政府和集镇所在地（五常街道办事处于2008年搬至五常大道办公），2006年4月21日实行股份制改革；2007年8月8日完成撤村建居，顾家桥村更名为顾家桥社区；2011年8月15日撤党支部成立党总支（下设三个二级支部）。2017年实施小城镇环境综合整治工程，实行全征全迁，是年社区下辖3个居民小组，原住民255户，共1164人。2020年6月五常街道对各社区规模进行调整，现顾家桥社区管理范围：东至绕城高速，南至五常大道，西至荆长路，北至白庙支路（水乡北路）。区域面积0.93平方公里。

洪园社区 隶属五常街道。2017年12月，五常街道设立洪园社区，次年4月11日，洪园社区举行成立揭牌仪式。洪园社区的管辖范围是文一西路以南、顾家桥以北荆长大道两侧，包含西园百家乐、西溪之星、耦园、西溪君庐、西园、西溪望庄、香洲里、西溪融庄、美林公馆、昆仑嘉府、远洋西溪公馆等11个居民小区，沿荆长大道（白庙路以北至文一路以南）两侧分布，东面紧临杭州西溪国家湿地公园洪园，因此命名为“洪园社区”。面积2平方公里，是年6月，洪园社区调整后四至范围为：东至绕城高速，南至水乡北路（规划名），西至五常街道行政界线以及西溪风情社区界线，北至文二西路（规划名）。洪园社区入住2472户，常住人口约7000人。

云创社区 隶属五常街道。2017年5月，经杭州市余杭区人民政府同意批复建立，次年4月11日，举行揭牌仪式。云创社区位于未来科技城核心区块，东起聚橙路，西至高教路，南起文二西路，北至新桥港，面积约2.89平方公里，管辖逸境公寓、香悦四季轩、风昀铭苑、汀溪院、乐淘城、观璟庭、溪岸悦府、西溪悦城8个小区，另有阿里巴巴、文澜小学、未来科技城双语幼儿园、轻工院、省测绘院、亲橙里等。2020年底，社区共有住户1592户，在册户籍人口8223人。

景盛社区 隶属五常街道。2014年2月建立，社区东到嘉园路，西至高教路，北到02省道，南至荆山湾路，北至02省道。面积约0.44平方公里，主要管辖盛世嘉园、怡景花城2个房产小区，也因此得名“景盛”。2020年，景盛社区下辖5个居民小组，住户3268户，居住人口近万人，其中在册居民1007户，户籍人口2246人。

西溪风情社区 隶属五常街道。2014年9月建立，紧邻西溪湿地国家公园。区域范围东至荆长路，南至文二西路，西至聚橙路，北至文一西路，占地面积约1.25平方公里。社区主要管辖大华西溪风情、澄品、观止、中交悦西溪府及新划入的杭州院子、臻悦轩等11个房产小区及博雅城商业中心和西溪绿境园区。辖区共4929户，常住人口2719户，8200余人，下设9个居民小组。

海汇社区 隶属五常街道。2020年6月28日建立，社区范围为：东至聚橙路，西至闲林港及海创路，南至新桥港及文一西路，北至余杭塘路。社区包含一个纯住宅小区万科星空和18个园区。户籍人口553人，占地面积约1.16平方公里。

海曙社区 隶属五常街道。2020年6月，海曙社区正式成立。海曙社区管辖范围东至荆长路以及永福路（规划名），南至联创街，西至聚橙路，北至余杭塘路，辖区面积1平方公里。2020年，海曙社区辖区共有常住户746户，常住人口2586人，户籍人口1064人。海曙社区下辖浙大网新、富力新线、环秀府3个房产小区，辖区内有海曙幼儿园、海曙小学及中国移动浙江总部等3个共建单位。

邱桥社区 隶属五常街道。2020年6月17日建立，东至绕城高速，南至文一西路，西至荆长大道，北至余杭塘路。面积1.14平方公里。下辖14个物业小区（园区），包含1个住宅小区、7个商住一体小区、6个企业园区，分别为北大资源未尚名府（房产小区）、八方城、飞鸟客、西溪金座、西美岸、盛奥铭座、未来悦、西溪润景、顺帆科技园、茶叶大厦、知识产权创新产业园、同花顺、中国电信、鸿金工贸。辖区拥有住宅977套，酒店式公寓8957套。

海创社区 隶属五常街道。2020年6月17日建立，东至高教路，西至闲林港，南至永寿街及文二西路，北至文一西路，面积1.05平方公里。共有合景映月台、海创人才公寓二期、富力盛悦居、富力朗悦居四个住宅小区及中电海康、衢海大厦、中新社、赛银国际、莱茵体育馆产业园区组成，现划分为4个网格，居民4827户。辖区重点企事业单位有中电海康、中新社、容大制造、万科物业、康健苗苗、海创小学、海创幼儿园等。

宏湾社区 隶属五常街道。2020年6月17日建立，社区范围为：东至绕城高速，南至五常街道行政界线，西至宏丰河，北至天目山路。面积0.86平方公里。在五常街道社区行政区域规划调整后，前身由原来沿山河和荆山社区划分而来，辖区内包含居民住宅人和家园、西溪璞园小区、宏丰公寓，辖区内现有常住人口 2600 户、约 8000 人；辖区内配套有宏丰家具城、宏丰生活广场、农村商业银行、小拇指等；还有工业园区企业、浙江油田公司等企业。

第二章 自然环境

五常的极大部分为水乡平原的水网地带，属古苕溪及运河水系，河、塘较多。主要河道有六，即余杭塘河、五常港、沿山港、天竺桥港、骆家桥港、顾家桥港，共长16.95公里。内塘有5900余亩，外荡有港、河、滩、漾5000余亩。五常南部边缘有小部分山地，自荆山始即为连绵山峰，古称“荆山七十二贤峰”，组成五常的南部屏障。街道属亚热带南缘季风气候区，冬夏长、春秋短，季风交替明显，四季分明，无严寒酷暑，温和湿润。年平均温度16℃。无霜期242天，年降水量1320毫米。耕地占总面积的48.37%，山林占2.14%，水面占44.69%。境内除杭州西溪国家湿地公园基本保留原自然环境外，其余已城市化。

第一节 地质 地貌

五常街道地域的大地构造，自震旦纪以来，各时代地层发育基本齐全，形成自元古界至新生界的沉积层。距今约6000年，海侵结束，境内平原相继成陆。在地质历史时期，岩浆活动频繁，形成以各种岩性组成的自然地貌。构造位置位于萧山—球川北东向断裂的北西侧，属扬子准地台一级构造单元的二级钱塘江台坳的北东端，基底系前震旦系地层构成，地质构造稳定。五常街道跨越浙北杭嘉湖平原地层分区，宏观构造特征大体为东部水网平原。主要分布在京杭大运河流域，是闻名的杭嘉湖水乡平原。地貌为平原类型，有水网平原单元。

一、地质

地层 五常街道地层跨越浙北杭嘉湖平原地层分区，属扬子江南过渡区地层特征。发育地层有震旦系、寒武系、奥陶系、泥盆系、石炭系、侏罗系、白垩系、第四系等地层单元，以第四系分布面积为最广。东部平原表层为全新统冲积—海积、湖积和河积—冲积层，三者无截然界线，岩性渐变过渡。由于第四系松散沉积物的掩盖，断裂和岩浆的破坏，多数地层单位出露不全，分布零星。其最厚处于平原地区可达50米。

地质构造 区域内地质构造位于新华夏系第二隆起带的钱塘台拗区东北端，其基底构造总体呈东北向展布。印支期造成以古生界地层褶皱为主，同时伴随一系列的北东、北西向断层，奠定区内构造基础。燕山期以断块构造活动占主导地位，且伴有火山运动。区域构造线仍呈东北向走向。宏观构造特征大体可分为西部丘陵区—天目山相对隆起区和东部平原区—中、新、新生代平湖凹陷区，两者构造面貌迥然有异。印支期褶皱奠定区域构造的基本轮廓，由一系列东北40°~55°方向的线线褶皱及断裂组成杭州—开化复向斜，向北东延伸至境内，没入平原中，被第四系掩盖。在地质单元上属于三墩回陷，下伏白垩系杂色砂岩，上覆厚40～50米的第四系亚砂土和亚黏土。第四系上部25米厚的亚黏土属全新统，是浙北地区二次海侵海退交复作用形成的。全新统上层为5～6米厚的亚黏土夹黏土层，含腐泥和不连续泥炭层，由全新世中晚期钱塘江河口堆积平原已经形成、东苕溪等水系在地质回陷区排泄不畅而冲积—湖积—沼积形成。在第四纪地质作用下，五常一带逐渐演化为河流纵横、具有生物活性的沼泽平原。五常街道地层发露为荆山层，属奥陶纪地层，分上下两层，下层为印渚层，以其在浙江分水印渚埠最为发达，故名。上层首见于荆山岭，以绿色灰质页岩及含灰质结核页岩为主，间夹有不纯石灰岩，是较为古老的地层。在漫长的地质年代中，大地经历海的消亡，陆的沉陷，山崩地裂，火山爆发，出露地层存着的各地质时期古生物遗体、地质构造痕迹、良渚文化遗址，都是沧海桑田的见证。距今6500万～180万年的第三纪以后，境内东部地域经历多次上升和下降，海陆交互沉积。与此有关的地震活动，频数不高，强度不大。据查实资料，自唐大中十三年（859）至民国7年（1918），境内发生有感地震47次。近百年内，由于新构造运动趋缓，地震活动微弱，震级一般都小于3级。

二、地貌

境内平原属杭嘉湖平原，约6000年前成陆。根据成因为水网平原1类。水网平原由全新世晚期河流湖泊堆积而成，主要分布在京杭大运河流域。地形平坦，微地形起伏，地势东西两翼略高，海拔2～3米。水资源丰富，地下水位高。土体排水不良，易渍水成涝。成土母质为河、湖、古海相沉积物，土层深厚，土壤以青紫泥田为主的水稻土和堆叠土为主的旱地土，质地松黏程度与耕性好坏相差悬殊。闲林中部有一条东西向平原区，从荆山岭至孙家坞，长约5公里，形成于二三亿年前的侏罗纪至白垩纪时期的“新华夏系”构造地层断裂所形成。荆山等都是孤立于田畈中的小丘。其东和睦乡区域，基本属平原水乡地貌，地势低洼，积水难以排泄，形成湿地景观，向东与五常西溪湿地连成一片。西溪是国内集城市湿地、农耕湿地和文化湿地于一体的罕见湿地。

第二节　水　　文

经历代劳动人民苦心经营，水系渐顺。境内河流受亚热带季风气候影响，河流普遍水位季节变化大的特点。年平均降水量1391.8毫米。境内河港交错，湖泊棋布，地下水补给条件较好，境南一带丘陵亦可为地下水系统的补给区。经水文观测分析，水文特征主要表现为降水受季风和地形影响，年间不均，因降水量不均而造成的河流水位变幅大，流量和径流量差距大等特征。

一、水系

五常街道主要河道有余杭塘河、五常港、沿山港及天竺桥港、顾家桥港、骆家桥港6条，共长16.95公里。

余杭塘河　市级河道。余杭塘河古称“运粮河”，又叫“官塘河”，隋大业年间（605—618）为漕运而疏浚，是古代余杭县的重要航道之一。元至正十九年（1359），张士诚自武林港至江涨桥新开运河后，余杭塘河与京杭运河直线沟通，航运作用明显提高。余杭塘河以余杭街道得名。上接南渠河。自余杭街道东门桥起，流经余杭街道金星村，仓前街道永乐、朱庙、葛巷、永福、高桥、灵源等地，至杭州大关止，全长 19.66 公里，水面宽度 40 米，正常水深 2.9 米，水面面积 0.704 平方公里，正常蓄水量 181.98 万立方米。

余杭塘河（2021） （王宏坤 摄）

余杭塘河是汛期分泄滞于南湖中洪水的重要通道，平时是灌溉农田的主要水源。南湖成为蓄洪区后，蓄积的洪水不论走南经五亩塍滚坝泄入五福渠，还是向北经木竹河、燕子窝涵洞入南渠河，最终都经过余杭塘河，汇入大运河。余杭塘河支流密布于中泰、余杭、闲林、仓前、三墩、五常、蒋村等方圆 115.5 平方公里的地域。

五常港 区级河道。五常港以原五常乡得名。自杭州西湖区留下镇起，流经五常街道之友谊、五常等社区，西湖区蒋村街道，至余杭塘河止。全长 5.95 公里，水面宽 25 米，正常水深 2.5 米，水面面积 0.149 平方公里，正常蓄水量 31.59 万立方米。

沿山港 区级河道。沿山港以沿山脚走向而得名。自闲林镇之太家庄起，经该镇闲林村以及五常乡、西湖区蒋村乡至古荡止。全长 11.47 公里，水面宽 11 米，正常水深 1.56 米，水面面积 0.126 平方公里，正常蓄水量 15.48 万立方米。

顾家桥港 以桥得名。自五常荆丰村的白浪滩自然村起，流经该街道荆丰、顾家桥、友谊等社区，至天竺桥止。全长 3 公里，水面宽 15 米，正常水深 2.5 米，水面面积 0.027 平方公里，正常蓄水量 5.06 万立方米。

天竺桥港 以桥得名。自五常天竺桥起，流经该街道文一、五常等社区，至五常港止。全长 2.3 公里，水面宽度 20 米，正常水深 2 米，水面面积 0.046 平方公里，正常蓄水量 7.82 万立方米。

2005 年五常街道乡镇级河道情况表

表 1－2－1

名称	起点	止点	长度（公里）	宽度（米）	河底高程（米）	功能
南河头漾	乌鸡漾	余杭塘河	3.20	25	1.0～1.0	排灌
吴家港	天桥港	沈家港	0.60	20	1.0～1.0	排灌
沈家港	顾家桥港	五常港	1.5	25	1.0～1.0	排灌
乌家湾港	沈家港	五常港	0.82	18	1.0～1.0	排灌

续表 1－2－1

名称	起点	止点	长度（公里）	宽度（米）	河底高程（米）	功能
顾家桥港	天竺桥港	仓家港	3	23	1.0～1.0	排灌
白庙港	顾家桥港	方家滩港	1.8	17	1.0～1.0	排灌
方家滩港	顾家桥港	五常港	1.2	25	1.0～1.0	排灌
唐家港	田肚里	五常港	0.65	10	1.0～1.0	排灌
木桥港	沿山港	白浪滩	2.4	20	1.0～1.0	排灌
青石滩港	闲林	邬家㙍	1.85	22	1.0～1.0	排灌
兆和桥港	青石滩港	天竺桥港	3	18	1.0～1.0	排灌
阮家桥港	顾家桥港	天竺桥港	2.2	17	1.0～1.0	排灌
门前港	顾家桥港	油车㙍	2.1	20	1.0～1.0	排灌
金狮母桥港	白庙港	五常港	1.4	23	1.0～1.0	排灌
三龙港	天竺桥港	五常港	1.2	18	1.0～1.0	排灌
徐家湾港	前进桥	蒋村	1.55	10	1.0～1.0	排灌
通讯港	钱家池	余杭塘河	1.25	10	1.0～1.0	排灌
前进港	前进桥	施家桥	0.9	10	1.0～1.0	灌溉
邱桥港	前进桥	香樟港	3	27	1.0～1.0	排灌
天竺桥港	闲林	五常港	2.3	35	1.0～1.0	排灌
金家塘港	前进桥	天竺桥港	1.2	20	1.0～1.0	排灌
密竹金港	沿山港	方家滩港	2.2	17	1.0～1.0	排灌
香樟港	余杭塘河	金家塘港	3	27	1.0～1.0	灌溉、航运

说明：资料源自余杭区林业水利局《杭州市余杭区河道整治资料汇编》

2020 年五常街道区级以上级河道情况表

表 1－2－2

序号	河道名称	所在社区	基本情况	
			长度（米）	起讫点
1	余杭塘河	文一社区	全长：11170	余杭东门头至绕城高速桥
			五常段：3000	杭师大东至绕城
2	五常港	五常社区	全长：4510	留下河至余杭塘河
			五常段：1000	文一西路至文二西路口
3	沿山港	友谊社区	全长：5600	五常港至闲林港
		横板桥社区	五常段：3680	留下河至盛世嘉园河口

2020 年五常街道镇街级河道情况表

表 1 -2 -3

序号	河道名称	所在社区	长度（米）	起讫点
1	青石滩港	横板桥社区	890	南草塘农居点至木桥港
2	白庙港	友谊社区	900	顾家桥港至白庙洋水车头
3	门前港	顾家桥社区、荆丰社区	1800	油车圩闸站至顾家桥港
4	顾家桥港	顾家桥社区、荆丰社区	2160	天竺桥港至木桥港
5	兆和桥港	荆丰社区	2610	江南水乡青石滩港至天竺港源头
6	天竺桥港	荆丰社区、五常社区	2200	兆和桥港至五常港
7	木桥港	横板桥社区、荆丰社区	2180	沿山港至顾家桥港
8	马通港	横板桥社区	1070	沿山港至青石滩港

2020 年五常街道村级河道情况表

表 1 -2 -4

序号	河道名称	河长单位	基本情况	
			长度（米）	起讫点
1	盛世嘉园河	景盛社区	550	老 02 省道至沿山港
2	前进港河	五常社区	680	绕城以东至五常港
3	长娄港	荆丰社区	570	木桥港至门前港
4	宏丰河	荆山社区	430	老 02 省道至沿山港
5	冯家坝港	荆丰社区	880	山家湾闸至小姚港闸
6	江南水乡港	荆丰社区	400	兆和桥港至江南水乡北门
7	坝河	荆丰社区	475	宋家湾桥至门前港
8	阮家桥港	荆丰社区	860	顾家桥港口至荆丰社区格河里
9	新开河	友谊社区	985	天目山路至五常港西溪名园桥
10	上埠河	友谊社区	450	荆山桥至沿山港

水质　境内水质的自然属性较好。地表水水体均以低矿化度和低总硬度为主，属软水和极软水。地表水总硬度：苕溪水系的大部分地区的地表水总硬度为 30 ~ 55 毫克/升。运河水系的地表水总硬度为 55 ~ 85 毫克/升。地表水矿化度：东苕溪区除百丈镇、良渚镇安溪以外的所有区域及京杭运河区安溪、五常顾家桥以西区域地表水矿化度小于 100 毫克/升。地表水水体均以低矿化度和低总硬度为主，属软水和极软水。

20 世纪 60 年代之前少有污染。但随着国民经济的发展，工矿企业逐年增多，废水排放量大增，治污能力低，造成河道水质不断被污染。自 20 世纪 70 年代起，杭州城区大量污水排入大运河，皆流入境内水域，造成水体污染。1996 年后，采取多项措施，加强水资源保护，经多方综合治理后，河流水质有所好转。运河流域河流水质仍属 V 至劣 V 类。主要污染指标为溶解氧、五日生化需氧量、高锰酸指数、氨氮、总磷、石油类。

苕溪（余杭段）水环境容量较大，补给水源多，径流量充沛，丰水期自净能力较强。20 世纪 80 年代，因上游临安县化工、造纸等行业未经处理的污水排入苕溪，境内余杭、瓶窑镇年排入苕溪污水约 452.6 万吨，苕溪水质受到污染。1996—2000 年，余杭区对苕溪沿岸工业污染进行整治，加上上游临安青山地区较多污染企业进行治理或搬迁，苕溪水质虽有好转，然总磷仍偏高，未达到水功能区水质Ⅲ类标准，为Ⅳ类。2001—2005 年，苕溪流域开展水环境综合整治及禁止养鸭，苕溪水质开始好转，综合污染指数为4.75～7.75，污染平均指数为0.79～1.29。2010 年后，苕溪水质总体良好，各项指标年均值达到Ⅲ类或优于Ⅲ类水质，且达到功能区要求。嗣后，五常境内通过“五水共治”①，水质加快好转。

二、地下水

地下水是指地下水资源中参与水循环且可以逐年更新的动态水量。区内开凿浅井取用地下水的历史可追溯到1000 多年前的五代时期，而深井开凿始于 20 世纪 50 年代。2005 年，地下水开采量在城市供水总量中占 1.7%。20 世纪 80 年代后，地下水质污染严重，而地下水开采过量，容易引起地面沉降。2002 年起，平原地区不再审批新的地下水开采项目，已批准开采的，分阶段实施限采。

第三节 土地 植被

境内土壤类型多，分布复杂，性质特征各异。多数土壤土层深厚，土质肥沃，多宜利用。水网平原水稻土，属第四纪全新世泥沙沉积物，成土年代为公元前 16 世纪至公元前 5 世纪不等。五常处于中亚热带常绿阔叶植被带，属中亚热带常绿阔叶林地带北部亚热带 1 号植被区。植物种类丰富，尤其在西溪湿地保护区范围内。而此外随着城市化进展，植物种类日渐减少。

一、土壤

类型 五常一带的土壤主要是水稻土、红壤、红黄壤、潮土、岩性土等，水稻土、红壤占 90% 以上。这些土壤在分布上具有一定的规律，其中东南丘陵河谷以红壤和红黄壤为主，西部水网平原以水稻土为主。

红壤亚类的主要土属有黄筋泥和红泥土，黄红泥土主要分布在东南部闲林等丘陵地。黄红壤亚类是区内分布面积最大的山地土壤，土层较薄，50～60 厘米，岩石碎屑多，常呈浅棕橙色，抗水蚀性能比黄筋泥等红壤弱。植被多为薪炭林和用材林，低丘多数为茶叶。黄红壤亚类分为亚黄筋泥、黄泥土、黄红泥土和沙黏质红土 4 个土属。潮土类土壤多数用于种植桑、果、蔬菜、稻麦等农作物，在五常等水网平原广为分布。其亚类主要有潮土和钙质潮

---

① 指治污水、防洪水、排涝水、保供水、抓节水这五项。浙江是著名水乡，水是生命之源、生产之要、生态之基。“五水共治”是一举多得的举措，既扩投资又促转型，既优环境更惠民生。

土。潮土分布在水网平原，包括五常等地。潮土亚类分为洪积泥沙土、清水沙土、培泥沙土、泥沙土、湖泥土、堆叠土等6个土属。五常等地有堆叠土分布。堆叠土土壤多数是人工挖土平地、开河提泥堆叠而成，在水网平原的河流两岸和田畈中呈条状分布。境内水稻土类面积占1/3以上，水稻土土类分为渗育型水稻土、潴育型水稻土、脱潜潴育型水稻土和潜育型水稻土4个亚类。成土母质以河、湖、海相冲沉积物为主，也有红、黄壤堆积物。

土壤的组合 受气候、地形、母质、时间和人为等因素影响，其中母质是土壤的物质基础，成土的母质除岩石直接就地风化的残积物外，通常是经过搬运。境内土壤母质成因复杂，来源多样，形成繁多的土壤种类，其母质可分残积物、坡积物、冲积物等。

二、植被

五常街道处于中亚热带常绿阔叶植被带，属中亚热带常绿阔叶林地带北部亚热带1号植被区之钱塘江下游太湖平原植被，境内植物种类丰富。除原生、次生自然植物外，包括农田、果园、人造林、城市绿地在内的人工植被。据1963年、1973年、1985年、2001年余杭植物资源调查，共有各类植物1338种，隶属于183科638属。其中，蕨类植物28科45属79种；裸子植物8科19属52种；被子植物147科575属1195种；双子叶植物115科469属907种；单子叶植物21科106属180种；栽培植物220种。

五常街道境内系水网平原，除山区特有品种外，各种植物繁多，栽培植物100余种。以芦苇、柿林、梅花著名，杨柳、翠竹、香樟出彩的植物资源，构成了西溪湿地多姿多彩的植物群落。西溪湿地的水网植被群落68.78%为水生植被型。草本植物主要有1~2年生、多年生、草质藤本组、沼泽植被型组、草甸植被型组、草原植被型组、灌丛植物，以中生植物为主，且以1~2年生比例最高，特别植被型组6种型组，以及农田杂草群落、栽培植被（木本植物主要有常绿或落叶乔木、灌作物、林地、行道树）等。水生植被型组含挺水植被亚木和藤本植物，有69种。

灌丛植被型组 分灌丛和灌木经济林两类。组类树种主要有小丛竹等。灌木经济林主要有茶、桑等。

第四节 气 候

五常街道地处北亚热带南缘，晚第三纪是东亚季风盛行区。第四纪早期，由温和稍湿润转为凉干。全新世初渐暖，距今约7000年前，年均气温比现在高4℃以上，相当于南亚热带气候。春秋晚期，出现短暂寒冷时期。隋、唐至北宋时气候再暖。南宋初，经过一个世纪寒冷期，然后出现短暂回暖，旋又转入寒冷期，至17世纪为甚。直至20世纪中叶，气温才逐渐转暖。区域气候温暖湿润，四季分明、雨量充沛、日照充足、无霜期长。气温适中，适宜发展双、三熟制；雨热同季，有利于叶茎类作物和瓜果生产；地处中亚热带向北亚热带过渡区，南北多种作物能栽培种植，具有发展粮食生产和经济作物的区位优势。受温带西风带天气系统与热带天气系统交替控制，不同性质气团频繁交替作用，一年中，冷、热、干、湿的季节变化很大，而季风的不稳定性会使某一时段的气象要素发生异常，造成多种灾害性天气，尤以春季倒春寒、初夏梅雨为烈。

一、气候特征

一年四季以候（5 天为 1 候）平均气温而定，大于 22℃为夏季，小于 10℃为冬季，10℃～22℃为春秋季。气候特征为四季分明，冬夏两季较长，春秋两季较短。春季温凉多雨，夏季炎热湿润，秋季先湿后干，冬季多晴冷燥。全年日照较足，雨量充沛，温暖湿润。光、温、水配合良好，春夏季雨热同步，秋冬季光温相补。光、温、水地域差异明显。水量时空分布不均及地形不同，小气候差异明显，常缺水。

灾害性天气较多，以洪涝、干旱为最。春季常年始于 3 月 31 日，终于 6 月 10 日，历时 72 天，平均温度 14.2℃。太阳辐射量逐渐增加，地温转暖，气温呈波浪式回升，变幅较大。间有倒春寒（连续 3 天以上日平均气温≤11℃的阴雨少日照天气）天气出现，南北方的冷暖气流交汇频繁，风向多变，降水较多，占常年降水量的 20%。夏季常年始于 6 月 11 日，终于 9 月 12 日，历时 99 天，平均温度 26.70℃。夏季可分为梅雨期和干热期，6 月中旬至 7 月中旬为梅雨期，冷暖气流再次频繁交替，连阴雨、大雨或暴雨增多，时有洪涝发生。温湿同步增长，气候变化剧烈，常有冰雹与大风出现。7 月中旬至 8 月上旬为干热期，常受亚热带高压控制，盛行下沉气流，以晴热天为主，午后到傍晚有雷雨，造成洪涝灾害。秋季常年始于 9 月 13 日，终于 11 月 18 日，历时 62 天。8 月下旬至 9 月下旬为秋雨期。副热带高压减弱，北方小股冷空气南侵，冷暖空气再次交替，连阴雨、暴雨时有发生。10 月受长江中下游小高压的影响，天气比较稳定，常呈现天高云淡、爽气宜人的天气，也常受台风影响。日夜温差较大。冬季常年始于 11 月 19 日，终于次年 3 月 30 日，历时 130 天左右，平均温度 4.6℃。太阳辐射量减少，受极地干冷气团的影响，天气以多晴、寒冷、干燥、西北风为主。如北方冷空气势力强，就出现寒潮，带来严重的霜冻、冰冻和风雪。

二、气温

日照　五常街道地处中纬度地区，太阳总辐射量全年约为 101.76 千卡/平方厘米。各月辐射值与温度的年变化基本一致。3 月起逐渐加强，7—8 月太阳辐射最强，9 月后逐渐减弱。境内太阳辐射量在浙江省内及杭嘉湖地区属于偏少的区域。偏少的原因为阴雨天气较多，日照百分率在省内处于中下水平，又受雾霾影响等。太阳总辐射以夏季最强，冬季最弱，与温度的年变化基本一致。年日照时数为 1800～2000 小时，日照百分率 41%～44%。境内日照时数约 2000 小时，日照百分率 45%。冬春作物和夏秋作物的光照条件优越。年内日照时数以 8 月最多，平均为 252 小时。2 月最少，平均不到 120 小时；最少月与最多月相差一倍以上。日照时数在年际间存在明显的差异，最多年 2124 小时，最少年 1507 小时，极差为 617 小时。

年平均气温　20 世纪 20—40 年代，气候逐渐变暖，气温升高。年平均气温 1.8℃～16.2℃。其中 1951—1990 年，年平均气温为 16℃～16.5℃，1991—2000 年为 16.8℃，2001—2010 年为 17.68℃。1950—2000 年，年平均高温（35℃以上）天气 22.5 天，2001—2010 年，年平均高温天气 43.5 天。

年极端气温　极端最高温度 41℃左右，年平均值为 38℃～38.7℃；极端最低温度

-10℃,年平均值为-7.4℃～-8.9℃，一般出现在12月至翌年2月。高温以37℃、38℃为多数，39℃以上较少。38℃以上高温，境内约2年一遇。

三、降水

降水量 境内平均年降水量在1391.8毫米，年降水130～145天，基本能满足农业生产的需要。降水空间分布与地形地貌相吻合，为低值区。根据降水相对集中的特点，全年可分为3个雨期和2个旱期。春雨期，3—4月是环流调整的季节，常常春雨连绵，雨日平均有31天，大雨或暴雨开始出现，降水量约230毫米，约占全年降水量的20%，对早稻育秧和正处拔节抽穗的大、小麦影响较大。

梅雨期 5—6月是春、夏过渡时期，冷暖空气常交汇于江淮流域一带，大雨、暴雨频繁，大气变化剧烈，冰雹、大风多出现在此时期。常年6月15日左右入梅（2019年为6月17日，2020年为5月29日），7月7日左右出梅（2019年为7月10日，2020年为7月9日），历时23天左右，雨量特别集中，高温高湿，是江南著名的梅雨期，平均梅雨量2390毫米，但年际变化很大。入梅最早5月18日，最晚6月28日；出梅最早6月15日，最晚7月20日。1954年出现二段“梅”，俗称“重梅”，历时77天，降水量1136.5毫米；1978年仅5天，降水量29.7毫米；2005年梅雨季短，降水量8毫米，俗称“空梅”。秋雨期，处暑至秋分（8月下旬至9月下旬），副热带高压减弱，台风活动增多，冷空气开始南侵，出现连阴雨，形成秋雨期。连阴雨率7～8天为40.6%，9～10天为31.3%，11天以上为18.8%。降水强度也较大。历史上的大雨、暴雨主要出现在这个时期。干旱期，7月至8月盛夏和10月至翌年2月为两个相对干旱期。盛夏高温，少雨，蒸发量大，降水量常年平均111～212毫米，易有伏旱；10月秋旱次之，冬旱较少，降水量常年44～96毫米。

雪、霜、雾 20世纪中叶，气温逐渐转暖。据1985—2004年气象记录分析，境内初雪期在12月下旬，终雪期在3月中旬，年平均降雪日为2～3天。积雪期在1—2月，2月为最多，积雪日平均3.1天。

五常街道为平原地区，无霜期为243天左右。常年11月15日初霜，3月17日终霜。但随着年际冷空气出现早迟，初霜期迟早相差39天，无霜期长短相差52天。雾在一年四季均有出现，以秋冬季节较为多见，约35天。年有雾日在15～30天，日变化规律显见，一般生成于下半夜至清晨日出之前，日出升温2～3小时后消散。

四、台风

盛行风向明显反映季风气候的特色，随冬夏季风的交替而变化。台风是夏秋季影响五常街道的重要灾害性气候，影响较小时带来的降水和4～6级阵风，能缓解盛夏干旱和酷暑。对余杭有影响的台风集中在7月下旬至9月中旬。其时，发生在太平洋热带洋面上的台风，沿西太平洋副热带高压南侧东风气流西行，影响沿海地区。凡台风中心进入北纬25°～30°，东经115°～125°区间的台风，对余杭地区均有不同程度影响。影响余杭的台风最早出现在5月下旬（1964年第6402号台风），最迟出现在10月上旬（1994年9430号台风）。台风从形成到消失一般在10天左右，对五常街道影响期一般为3～5天。

五、气候与农业

境内粮食生产历史悠久，经济作物品类较多，其中蚕茧、油菜籽、淡水鱼养殖、蔬菜曾是区内的重点产区，畜禽饲养也很普遍。境内光、热和水，均适宜农作物栽培，然某一时段的气象要素发生异常造成灾害性天气，对作物生长和养殖产生不利。在长期的生产实践中，百姓注重气候与农业关系，并逐渐掌握自然利弊之处。

气候与粮食作物 境内粮食作物主要是麦类和水稻。

麦类。原产高纬度地区，是长日照作物。大麦、小麦全生育期对光照都有要求，全生育期日照时数在960小时以上，能满足大麦、小麦生长所需。在时间分布上，冬季光照充足，11月至翌年2月日照百分率平均为42%，生长后期的春季（3—5月），日照百分率仅36%，对大麦、小麦产量形成影响较大。

大麦、小麦是耐低温作物，全生育期大麦需正积温为1700℃，小麦为1900℃左右，气温在30℃以下时大麦、小麦基本停止生长。境内最冷月1月平均气温为3.5℃，年极端最低气温 -9.6℃ ~ -14.9℃。整个生育期间积温有余，冷害少见。因此，在适宜播种的前提下，绝大部分年份大麦、小麦在越冬期间仍能缓慢生长以及分蘖。大麦、小麦是不耐湿的旱地作物，全生育期需水量一般在450~500毫米。降水量在600毫米以下。全生育期平均降水量在550~990毫米，80%保证率降水量也在450~620毫米，全生育期（包括各生育阶段）雨量均明显偏多。因此，大麦、小麦一直处于过湿状态下生长，尤其是抽穗、灌浆、成熟期多雨寡照，湿害严重，导致大麦、小麦根叶功能衰退，影响粒重并易导致病害的发生蔓延。湿害是导致大麦、小麦产量不高不稳的主要原因。

大麦、小麦产量是由穗数、每穗粒数及粒重三个因素构成。穗数的多少主要取决于基本苗和分蘖数。实践证明，增加播种密度将抑制分蘖和次生根的生长，植株生长细弱，达不到高产的穗粒结构。因此，必须适时播种，控制播量促早发。大麦二叶一心，小麦三叶以后开始地上分蘖，地下分根，该期日照充足、雨量偏少有利形成强大根群及粗壮茎蘖，一般能发育成有效穗。决定有效穗的气候关键期在12月上旬至翌年1月中旬，该时期内余杭为相对多照区，平均日照237小时。决定大麦、小麦产质量的另一气候关键期是孕穗至成熟期，一般为4月上旬至5月中旬。粒数、粒重与该期的日照有明显的正相关，与雨量为负相关，农谚“大麦晒须，小麦晒蒲”也正说明这一点。因为大麦、小麦抽穗期的群体遮蔽度达到最大值，如遇多雨寡照、根群水渍，加上生理上的逐渐衰老，根系活力减弱，叶片早衰，造成籽粒饱满度下降而达不到高产的要求。该期内，平均日照236小时。

大麦、小麦的适宜播种期既要求年前有一定的分蘖数，又不发生拔节冻害现象。在适宜土壤湿度条件下播种，其出苗、出叶、出蘖速度主要取决于当时的气温水平，气温高则生长快。从大麦、小麦高产栽培要求看，年前（12月31日前）每亩苗数应有50万~60万茎，单株分蘖1~2个，主茎叶龄4~5片，分蘖茎叶龄1~2片。达到上述要求，播种至年前，大麦需350℃ ~450℃正积温，小麦需500℃ ~650℃正积温。从12月31日前推上述积温指标到达之日，即小麦适宜播种期。五常街道平原地区大麦、小麦适播期为11月5日至11月15日。大麦、小麦不耐湿，生育期内雨水过多就会造成不同程度的湿害。在播种出苗期、分蘖越冬期和抽穗灌浆期大麦、小麦对湿害反应明显。大麦、小麦全生育期各阶段降水量均大于需水量，水分过多，造成湿害。播种出苗期土壤湿度以田间持水量的65%～75%为适宜，水分过多易造成烂根烂种，影响播种质量。以11月雨量大于75毫米、雨日大于11天为烂种指标，3～7年一遇。分蘖越冬期水分过多易造成根浅无活力、茎细叶黄，对大麦、小麦越冬及后期生长发育和产量有很大影响。以12月至翌年2月雨量在250～300毫米、雨日大于等于40天或雨量大于300毫米（不考虑雨日）作为重度湿害指标，五常街道出现概率在5%～15%。抽穗灌浆期正值春雨期和前汛期，为全年降水量多的时期之一，往往造成田间积水，大麦、小麦根系活力减弱甚至发黄发黑，对产量影响很大。4月中旬至5月中旬降水量大于240毫米的过湿年份占26%～65%，降水量在80～120毫米的适宜年份仅占5%～10%，抽穗灌浆期湿害严重。阴雨天气，光照不足、湿度大（相对湿度在90%以上），尤其是雾的持续时间较长同时平均气温在15℃以上时，就可能发生赤霉病；如平均气温在25℃时，赤霉病的发生发展就很快。大麦、小麦抽穗至灌浆前期共20天时间内的温湿度是决定赤霉病病情轻重的关键。而大麦、小麦抽穗到灌浆初期（4月中旬至5月上旬）正是气温逐渐回升、春雨较多时期，从4月中旬开始，55%以上的年份平均气温超过15℃，从4月下旬开始，90%的年份平均气温超过15℃，加之此期正值春雨期和前汛期，阴雨连绵，雨水多。这种暖湿天气极易导致赤霉病发生蔓延。赤霉病重发年概率4～5年一遇，轻发年概率为2～3年一遇。五常街道由于地势多属平坦低洼，地下水位较高，应做好开沟排水工作。在晚稻品种搭配以粳（糯）稻为主的区域，因收获期较迟，小麦播种偏迟，宜种植大麦为好。

水稻。是喜温喜湿短日照作物，要求较高气温下的短日照和充沛的雨量。早、晚稻全生育期间总的来说，光热水条件较好，基本上能满足生育所需，但一些生育阶段光热水配合不当以及气候的年际变化等因素仍对早、晚稻的高产稳产造成一定影响。早稻全生育期太阳总辐射在1800兆焦耳/平方米，日照时数在750小时，五常为高值区。光照基本上能满足全生育期需要，生长前期（播种育秧期）由于连绵阴雨造成光照偏少不利壮秧。早稻生育期要求10℃以上积温在2700℃～2790℃，日平均气温稳定在10℃以上的天数为122天左右。空间分布上，低丘谷地及平原热量条件相对较差。时间分布上，气温与生育进程同步增长，抽穗灌浆期与一年中气温高峰期相遇。前期气温低而不稳及后期高温时有发生，给早稻高产稳产带来一定影响。早稻全生育期降水量580～760毫米，80%保证率的降水量470～580毫米。全生育期降水较充裕，需水高峰期的扬花至乳熟期降水量也能满足需要。晚稻生育期的光资源优于早稻。全生育期太阳总辐射在1923兆焦耳/平方米以上。日照时数平均850小时，分布规律与太阳辐射相一致。晚稻全生育期对光资源的需求能满足需要。气温最高月平均气温27℃～29℃，生育期10℃以上积温2900℃～3090℃，生长期100天以上。全生育期气温处于由高到低的变化过程中，后期由于受秋季低温的影响，易使晚稻在抽穗开花期和灌浆期遭受低温危害。晚稻全生育期降水量在410～540毫米，80%保证率降水量在285～390毫米。晚稻生育期间的雨量能满足晚稻的需水要求，由于雨量的时空分布不均匀，7—8月各地均有不同程度的旱象出现，对晚稻生产带来一定影响。

早、晚稻全生育过程中，灾害性天气影响频繁，农业气象问题比较突出。影响早、晚稻生育的主要农业气象问题有二熟制早稻播种育秧期的低温连阴雨、移栽分蘖期的低温、抽穗至成熟期的高温以及晚稻抽穗开花期和灌浆期的低温危害。4月上旬初，平均气温回升到12℃以上的概率在70%左右，4月上旬后期，日最低气温小于5℃的概率在25%以下，多数年份基本能满足早稻秧期对气温条件的要求。但在4月上中旬仍有1/3的年份不能满足气温要求，而此时又是余杭连阴雨最常出现的时段，因此，这种低温连阴雨天气对绿肥田早稻的播种育秧危害较大。早稻抽穗至灌浆成熟期由于梅雨结束，后期受西太平洋副热带高压控制，出现少雨、高温、强日照天气。抽穗扬花期需水较多，同期降水尚能满足。灌浆成熟期因副热带高压引起的少雨往往会出现水分亏缺以及高温伤害，影响早稻结实率和籽粒饱满度。若遇连续5天或以上日最高气温≥36℃，就会造成籽粒灌浆不足，粒重降低，导致减产。

晚稻在抽穗扬花期遭受秋季低温危害会造成晚稻大面积“翘稻头”，使空秕粒增加，粒重下降，从而影响高产稳产。秋季低温是影响晚稻生产的主要气象，如遭强冷空气影响，易造成秧苗冻害甚至烂秧。安全播种期均在4月1日至10日。以稳定通过15℃初日的80%保证率作为早稻安全移栽期的气温指标，平原安全移栽期在4月26日至30日。秋季由于北方冷空气活动加强，气温由高逐渐降低。晚稻抽穗期若遇低温冷害，会影响抽穗开花，使空秕粒增加。为避免低温危害，根据晚稻抽穗扬花期对气温的要求，以日平均气温稳定通过20℃终日的80%保证率日期作为晚粳稻的安全齐穗期指标，稳定通过22℃终日由于晚稻抽穗开花期，在出现稳定通过20℃或22℃终日的数天低温时段后，往往又会出现回温现象，可减轻低温危害程度，使安全齐穗期推迟，有利于正常抽穗开花。粳稻安全齐穗期的分布在9月23日以前（8月31日至9月23日）。籼稻安全齐穗期的分布基本类似粳稻。平原地区安全齐穗期最迟，在9月13日至18日。籼型晚稻的安全齐穗期一般比粳型早10天左右。

气候与经济作物 蚕桑历来为五常主要经济作物。当地的气候条件适宜蚕桑生产，昔日水塘旁多栽有桑树或柿树。但由于经济结构和环境质量的变化，蚕桑生产在20世纪80年代已止步。

桑是多年生木本植物，适生性强，但桑叶的产量和质量受气候条件影响明显。桑树受四季气温条件制约分为生长期和休眠期。当春天气温稳定高过10℃时，冬芽开始萌动膨大进入生长期；秋季气温低于10℃时转入休眠期，枝叶停止生长。桑叶生长期平均230天，但年际之间相差较大，最早的年份在3月中旬就开始生长，而最迟要在3月下旬，春蚕催青工作要因年因地而异，以求桑叶与蚕平行生长。每年在桑树夏伐后雨量是否适宜，与桑树新枝的生长关系密切，6—9月总雨量在500～700毫米时，有利于次年桑叶高产。据统计，余杭6—9月平均降水量在560～670毫米，一般年份对次年桑树枝叶生长是适宜的，个别年份雨量偏多或偏少较多时，次年桑叶产量就会受到影响。4月和5月是桑芽从脱苞到叶片形成及生长期，这是影响当年春蚕期桑叶产量的关键时期，与全年的蚕茧产量有很大关系。此时期若雨量和雨日偏多，日照偏少，气温偏低则对桑叶生长不利，生产中应根据气候因子时空变化规律合理安排桑、蚕的比例。

蚕的生长发育受环境条件影响很大。在影响蚕的气候条件中主要是气温条件，当气温太高或太低时对蚕体生长发育都不利，通常认为气温≥15℃的时期为养蚕期。余杭各地的平均养蚕期为180～190天。余杭每年可养蚕4～5次，其中产量质量最高且所占比重最大的是春蚕。春蚕期的主要气象障碍是低温。小蚕适温25℃～27℃，大蚕适温22℃～25℃，当遇30℃以上高温时不利于蚕生长发育。整个春蚕期气温都偏低，尤其是小蚕期保持适当气温是十分重要的。气温高于30℃时，对蚕生长就有不利影响。各旬最高气温达到30℃以上的天数在春蚕期不太多，5月中旬气温≥30℃天数较少，余杭春蚕期热量资源虽较优，然少数高温天气可能产生危害。夏蚕和早、中秋蚕遭受高温危害的机会比德清、桐乡重点蚕区多，历年日最高气温≥35℃的天数在20～75天，平均为40天。极端最高气温多出现在7月中旬至8月中旬，这对发展夏、秋蚕生产不利，应注意采取必要的措施，防止夏、秋蚕受高温危害。晚秋蚕受低温危害机会多于高温。稳定高于20℃终日先后出现在9月下旬中期至末期，15℃终日先后出现在10月下旬中期至末期。从20℃降到15℃历时约一个月，是晚秋蚕的饲养期，其间气温偏低，日最高气温在30℃以上的天数已经很少，约20℃以下。10月中旬降至18℃左右，下旬降到15℃～16℃，但10月平均最高气温仍在22℃～24℃，可满足晚秋蚕的基本需要。

气候与蔬菜 境内的蔬菜生产历史悠久，种类繁多。按照农业生物学分类，有根菜类、叶菜类、瓜茄豆类、葱蒜类、多年生蔬菜类、水生蔬菜及食用菌等12类、220多个品种。

露地蔬菜生产与气候条件关系密切。不同种类的蔬菜品种，对气候条件的要求不同。在影响蔬菜生长发育的环境因子中，以气温最为敏感。耐寒性蔬菜生长最适气温为15℃～20℃，能长期忍耐－1℃～－2℃的低温；半耐寒性的蔬菜生长适宜气温为17℃～20℃，能短期忍耐－1℃～－2℃的低温，气温高于20℃时生长受影响；喜温类蔬菜生长适温为20℃～30℃，气温达40℃以上时生长几乎停止，低于10℃～15℃时，则不开花结果；耐热性蔬菜生长要求高温，气温在30℃左右时生长最旺盛，有些在40℃以上仍能生长。蔬菜不仅对气温有敏感反应，而且不同品种对光周期的要求也不同。在环境气候条件和蔬菜的生物学特性共同作用下，形成一定的蔬菜栽培制度。冬季严寒期较短，无霜期长，平均无霜期在230～260天，最冷月平均气温及年极端最低气温分别在3℃～5℃及－7℃～－10℃，最热月平均气温在28℃左右。不同类别的蔬菜对光温条件的要求不同，从而形成蔬菜春播、秋播和冬播三大季蔬菜栽培制度。由于季风气候所带来的冬季寒冷低温和夏季炎热高温影响多数蔬菜生长发育，所以造成蔬菜供应上的“三淡三旺”现象：一般每年12月至次年2月，月极端最低气温都在－2℃以下，最冷可达－9.8℃，只有部分两年生耐寒品种可以生长，且因气温低，生长速度缓慢，产量较低，但11月及12月正值秋播蔬菜集中上市季节，弥补了此期低温造成的蔬菜供应不足现象，至1月、2月便形成“冬淡”期；春播的夏菜主要是一些喜温及耐热性品类，生长适温为20℃～30℃，气温在15℃以上时即可种植。夏菜春播期一般在4—5月。此时大宗春播夏菜播下不久，不能供应市场，而越冬的耐寒蔬菜又基本收获完毕，因而出现供不应求现象，造成“春淡”；7月、8月极端最高气温在39℃左右，月平均气温为28℃～29℃，这种炎热高温天气不利于夏菜的继续生长，此期即为春播夏菜的收获期。秋菜以耐寒、半耐寒品种为主，生长适温为15℃～20℃，高于20℃生长受影响，播种期一般在10月上旬、中旬，而8月底至9月底夏菜旺收期已过，秋菜又不能上市，因而形成“秋淡”。为解决蔬菜供应淡季的问题，20世纪90年代初起，在制订生产计划时调整播期，多种植耐热菜及耐贮菜，并采用塑料大棚、温室栽培等措施，延长各季蔬菜的供应时间，解决蔬菜淡季问题。

气候与淡水鱼 五常街道水域面积广阔，内塘有5900余亩，外荡有港、河、滩、漾5000余亩。淡水鱼品种较多，主要有鲢、鳙、鳊、青、草、鲤、鲫鱼及鳖、黑鱼等。

鱼类是变温动物，水温的变化对鱼类的繁殖、生长、发育有着直接的影响。一般传统家鱼均属温水性鱼类，最适水温 20℃ ~32℃，其中繁殖最适水温 22℃ ~26℃，摄食和生长最适水温 25℃ ~32℃。若水温超过 32℃或低于 20℃，鱼的食欲下降，生长缓慢，5℃以下则停止摄食，水温低于 0.5℃或高于 40℃时易死亡；非洲鲫鱼为热带性鱼，水温要求较高，一般生命活动的适温 20℃ ~35℃，最适水温为 25℃ ~32℃，水温降到 20℃以下时，摄食停止，游动缓慢，长期（10 天以上）经受的致死低温一般为 12℃ ~13℃；虹鳟鱼是冷水性鱼类，要求水质清澈，沙砾底质，氧分充足等条件，生长水温为 3℃ ~25℃，适宜水温 7℃ ~20℃，最适水温 10℃ ~18℃。若长期处于 25℃以上会导致体弱而死。在流量大、氧气足的水中，可以短期忍受 30℃的水温。浑水和水温偏低会引起食欲不振，生长缓慢。

鱼种放养是成鱼养殖的一个关键环节，与气候条件关系密切。一般在水温 5℃ ~1℃（相当于气温 3℃ ~8℃）放养。余杭的河网平原池塘养殖区，1 月中旬至 3 月上旬平均气温在 3.5℃ ~7.8℃，且在 2 月中旬至 3 月中旬 80% 的年份旬平均气温 3.4℃ ~7.5℃，放养期可安排在 2 月中旬到 3 月上旬。鱼种放养时遇下雪天气会引起鱼体局部冻伤出血发生死亡，每年的放养期应考虑避开降雪天气，择晴放养。水库养殖区一般在晚秋（10 月底至 11 月初）即可放养，既能使放养的鱼种延长生长期，充分利用水库的饵料资源，又可使鱼种较早地适应水库中的生活环境，从而提高成活率和生长率。鱼是热带鱼，不耐低温，应在水温 20℃左右（相当于气温 18℃左右）放养。余杭 80% 的年份 4 月下旬至 5 月上旬已达到这个气温条件，放养期可安排在 4 月下旬至 5 月上旬。

低温连阴雨不利鱼苗生长。5 月中旬到 6 月底是鱼苗发塘期。鱼苗生长的快慢直接影响成品鱼规格的大小。如果气温低于 20℃或出现长期连阴雨，会造成浮游生物大量死亡，影响鱼塘水质。病菌容易滋生、繁殖，鱼苗易感染、得病。5— 6 月正值梅汛期。阴雨天气多，降水强度大。从 5 月平均气温情况看，20 年中有 4 年是低于 20℃的。因此，在每年 5— 6 月应十分注意防治鱼病的发生。每年 7 月、8 月是高温少雨季节，又值农田灌溉高峰，山塘水库水位急剧下降，缩小鱼类活动觅食范围，加上水温上升，水体混浊，溶氧量减少，影响鱼类生长。若遇半个月以上连续晴热干旱天气，影响就很明显。由于梅汛期及台涝期降水集中且强度大，如果管理措施不力，往往造成溢池满塘，甚至冲毁拦鱼设施与堤岸塘坝，造成鱼类逃逸损伤，严重影响渔业生产的效益。鱼“嚎水”即鱼类浮头，主要由于水中溶氧量降低，致使鱼浮到含氧较多的水面吸氧。这种现象经常发生在 5 月初到 10 月初。造成缺氧的原因很多，但高温、高湿、低气压是主要原因。连续数天气压低、无风、湿度大、天气闷热，长期阴雨或重雾不散就易引起水中溶氧含量减少，从而出现“嚎水”现象。5— 9 月是一年中气压较低的时期，特别是 7 月，气压低，雷雨多，气温高，雷暴前天气闷热，气压骤降，雷暴后气压骤升，天气变化急剧，往往会造成水中溶氧量降低，致使鱼类浮头，食量骤减，鱼塘有机物大量分解，浮游生物死亡腐烂，鱼类健康受损，严重时造成泛塘死亡。历年 5— 10 月雷暴总日数占全年的 85% 左右，为全年雷暴主要出现时段，其中 7 月、8 月达最高，而气压 7 月、8 月最低。因此，该时期尤其应注意采取措施避免或减轻鱼“嚎水”现象发生。

第五节 动植物资源

根据动物地理分区，西溪一带属东洋界华中区东部丘陵平原亚区。动物资源丰富，种类甚多。随自然环境剧烈变迁，人类活动面扩展，动物种类变动甚巨，哺乳类野生动物种类数量剧减。随着城市建设加快，除西溪湿地外，大部分野生动物消失殆尽。长期处于相对稳定的亚热带气候控制，因此孕育繁衍多种多样植物种类，尤在西溪湿地。进入21世纪，随着新农村建设，绿化增多，引进大量花木。

一、动物资源（参见卷二 西溪湿地第一章第二节生物）

二、植物资源（参见卷二 西溪湿地第一章第二节生物）

蔬菜

蔬菜种类众多，历代均有记载。《吕氏春秋·本味》载，“和之美者，越骆之箘”，箘即今之竹笋。见之于志者，有菱、莲、笋、芹、荇等20余种，多属畦町所艺。

境内蔬菜大致可分园蔬、泽蔬、野蔬三大类约50个品种。根菜类有萝卜、胡萝卜（俗称洋花萝卜、药性萝卜）、大头菜、芜菁甘蓝（洋大头菜）、芜菁5种，白菜类有大白菜、小白菜、菜心、青菜（油菜）、黄芽菜等，甘蓝类有结球甘蓝（包心菜）、花椰花（花菜、菜花）、球茎甘蓝（苤蓝）3种，绿叶菜类有菠菜、芹菜、莴苣（莴笋）、茼蒿（蒿菜）、苋菜、荠菜、蕹菜（空心菜）、芫荽（香菜）等，豆类有豇豆、毛豆、蚕豆、豌豆、菜豆（刀豆、四季豆）、扁豆6种，葱蒜类有圆葱（洋葱）、大蒜、葱、韭菜4种，茄果类有茄子、辣椒、番茄（西红柿）3种，瓜类有冬瓜、黄瓜、南瓜、瓠瓜（葫芦）、丝瓜、菜瓜、苦瓜等7种，薯芋类有芋艿、生姜、马铃薯、菊芋（洋姜）4种，芥菜类有榨菜（茎用芥菜）、瘤芥菜、叶用芥菜3种，水生蔬菜类有茭白、慈姑、荸荠、藕、菱、水芹菜6种，多年生蔬菜类有早竹笋、鞭笋、毛竹笋（冬笋、春毛笋）、芦笋、黄花菜5种，食（药）用菌类有蘑菇、平菇（凤尾菇）、香菇、金针菇、灵芝、猴头、黑木耳、草菇等10余种。

20世纪90年代以后，引进不少蔬菜新品种，采用大棚种植蔬菜的新技术得到广泛推广。蔬菜生产突破原先的季节限制。

第六节 自然灾害

五常街道地处杭嘉湖平原，常遭台风侵袭，易洪涝成灾。部分地区地势高、水源缺，常发生干旱。自然灾害中，台风暴雨、洪涝灾害造成损失最大，治水防洪历来为之要务。根据民国《浙江通志》、清乾隆《杭州府志》、民国《杭县志稿》及1949年后的有关档案记载，境内主要的水、旱、风雪等灾害分门别类予以辑录。

一、水灾

境内梅汛期暴雨和台汛期暴雨引起的自然灾害，一般1.4年遇上一次，多在5—9月。春、夏、秋三季均易出现连阴雨天气，造成涝害。一年中常有日降水量50毫米以上暴雨发生，暴雨往往由台风侵袭而成，5—9月的暴雨次数占年暴雨总数的80%～90%。暴雨强度，日降水量在50～90毫米的，占暴雨总数的78.9%～97.3%；日降水量100～149毫米的，占暴雨总数的2.4%～14.9%；日降水量150毫米以上的不到5%；日降水量300毫米以上的特大暴雨较为少见。大暴雨和长期阴雨常造成洪涝灾害。据史料不完全记载，从西晋咸宁四年（278）至2005年的1728年中，发生洪涝灾害的有198年，其中1987—2005年中有水灾11年，约2年一遇。从明成化六年（1470）至1969年记载较完整的500年中，涝年有41年，概率为8.5%，约12年一遇；偏涝年64年，概率为13.3%，约8年一遇；合计105年，概率为21.7%，4～5年一遇。以汛期总降水量大于或等于900毫米，总雨日大于或等于75天，月降水量大于或等于300毫米为洪涝指标，3项都出现的为大涝；一段时间内集中降水，或有较长时间阴雨但强度不大的为小涝；介于二者之间为中涝。据相关档案资料统计测算，1951—2005年的55年中，大涝10年一遇，中涝8年一遇，小涝6年一遇。南、北湖滞洪区分洪27次。

南北朝宋元嘉七年（430），钱唐县大水。

宋元嘉十二年（435），钱唐大水。

宋元嘉十六年（439），钱唐大水，斗米300钱。

唐永徽四年（653），钱塘大水。

宋淳熙三年（1176）五月，积雨伤禾麦。八月癸未，行都大雨，坏德胜、江涨、业新三桥及钱塘、仁和县田。

宋嘉定三年（1210）春，阴雨60余日。夏五月淫雨至于六月，首种多败，蚕麦不登。

宋嘉定十六年（1223）五月，霖雨，余杭、钱塘、仁和大水坏田稼。秋雨雹，八月大风雨害稼。

元至元二十七年（1290），二月三日春分，早雪作，至未时，电光继以大雷，雪下如倾，而雷不止。

明洪武九年（1376）夏六月壬辰，钱塘、仁和、余杭三县大水，下田被浸者95顷。

明万历十六年（1588）春，大雨水，自三月至五月中旬雨不止，蚕麦禾俱无，斗米二百钱，死者枕藉，鬻妻女者十家而八，骸骨满山谷间。

明万历三十六年（1608）四月至五月，大雨，数十日连夜不止，水骤涨。三十七年（1609）秋八月，大雨水，初七至初十日骤雨昼夜不止。

明崇祯十三年（1640）正月初六日，震雷大雨，至闰正月始晴。六月大疫，十室而九，八月大饥。

清康熙四十七年（1708）夏大水，五月初四日淫雨及旬，四野汪洋，舟行于市。六月又大水。七月初八日，狂风暴雨，屋庐倾圮，田禾悉被灾，三种三沉，岁大饥。康熙以来，凶荒此为最惨。

清乾隆二十六年（1761）夏多雨，七月十九日大风雨。二十七年（1762）七月，大风雨，山水骤至，仁和、钱塘、余杭及杭州卫民屯田地被淹，有甚于康熙四十七年（1708）七月初八日之灾。三十四年（1769）夏梅雨，淹没仁和、钱塘、杭州卫下田。

清嘉庆六年（1801）七月，风雨大至钱塘、仁和等县，田地场灶多被淹没。

清道光二十九年（1849）四月至五月，梅雨不休。三十年（1850）八月十五日，发生水灾，禾苗先被水淹，继又久旱成灾。

清同治四年（1865）五月二十四日起大雨，七昼夜不绝，杭府属低田被淹。

清光绪八年（1882），五月二十三日大风雨，田庐淹没。

清宣统元年（1909），水灾。

民国35年（1946）6月底起，梅雨连绵达十余日之久，淹没田庐2万余公顷。此涝为30年来所未有，秋绝收。

民国38年（1949年9月30日止）7月，余杭、杭县水灾，杭县被淹农田4501公顷。

中华人民共和国成立后，1951年7月16日始大雨3天，受涝农田百余公顷。

1953年6月，两次大水，淹田无数。

1954年5月5日起，连续降雨46天，降水量900.8毫米，被淹春花、早稻、秧苗十余公顷。

1956年8月1日凌晨，台风暴雨袭击全县，风力10级以上，洪水泛滥。

1963年9月12日，12号台风袭击余杭县，3天连续降雨量达354.3毫米。

1977年6月中旬，连降大雨，河水猛涨，超过警戒水位。9月下旬连续阴雨，24日晚上，突然大雨滂沱，24小时内降水超100毫米，农田受涝。

1983年6月20日至7月2日连续降雨，早稻受涝严重。10月4日至7日连降大暴雨，晚稻受淹成灾。

1984年6月13日6时至14日8时，全县普降暴雨，县内三大水系水位迅猛上涨，接近或超过历史最高水位，造成严重洪涝灾害。

1987年9月9日至11日，台风夹暴雨。

1988年8月8日，第7号强台风袭余杭，最大风力12级以上，降大到暴雨。

1990年8月21日上午11时，一场暴雨，市郊留下镇和龙坞乡山洪大暴发，洪水夹着泥沙碎石滚滚而下，不到1小时，五常乡荆山岭一带变成一片汪洋，杭徽公路最深水位达1.5米，村民房屋、乡村农业厂房被淹，700多亩晚稻田和50多亩鱼塘浸没水中。友谊村天龙冰箱厂价值42万元的原材料、700多台电冰箱半成品和100多台成品及一套流水线设备被淹没；荆山水泥厂175吨水泥、30吨煤及10吨矿渣被冲洗，直接损失15万多元。

1992年9月22日至24日，第19号台风袭余杭，普降暴雨，降雨量最大达160毫米。

1993年6月29日起连降暴雨，降雨量达200～260毫米，8月16日至19日又降暴雨。

1995年6月21日至7月6日，连降大雨，造成严重内涝。

1996年6月29日至7月2日，发生“6·30”洪水。境内暴雨成灾，平均降雨量289毫米，最高达343毫米。农田受灾严重。

1977年7月7日至11日，境内连降大到暴雨，农田受灾百余公顷，损坏各类水利设施多处，经济损失共10余万元。8月18日，受第11号台风影响，大雨如注。

1999年6月23日至7月1日，发生“6·30”洪水。连降暴雨，农田受灾严重。

2001年6月22日至26日，受第2号台风“飞燕”和梅雨带影响，持续大到暴雨。

2013年10月7日，凌晨“菲特”登陆福建后，给浙江带来猛烈强风雨。五常境内河网密布、地势低洼，骤降的雨水使辖区道路的河道水位迅速上涨，一天半短时降雨最集中雨量237.8毫米，印象城涵洞积水最深达4.5米，最高水位超过1999年6月30日水位，为4.2米，是五常历史最高纪录。至10月8日5时，暴雨已造成堤防破损20余处，长度为3.82公里，其中缺口5处，共70米。同时损坏水闸2处，损坏水利电动机7只、水泵1座。

洪水中的浜口（2004）　（沈根松提供）

2020年5月29日至7月17日，梅雨期长，暴雨过程频繁，至7月17日15时，全区累计降雨量722.8毫米，是常年梅汛期总雨量的2.6倍。

二、旱灾　虫灾

境内所受旱灾以伏旱频率最高，秋旱次之，冬旱较低，发生干旱频率较高。连晴半月，常有干旱现象。历史上的干旱，据不完全记载，从晋咸安二年（372）至2005年的1634年中，发生旱灾有151年，约11年一遇。明成化六年（1470）至1969年的500年中，旱年31年，约16年一遇；偏旱年40年，12～13年一遇。1987—2005年，发生旱灾有11年，约2年一遇。历史上记载的虫灾，主要为蝗灾，常与旱灾一起，故将虫灾附旱灾之后。除蝗灾外，造成灾害的虫类还有螟虫、螽、松毛虫等。

旱灾

宋建隆二年（961）五月至七月，钱塘、钱江久旱不雨。

宋至道三年（997），钱塘、仁和大旱。

宋熙宁六年（1073）春，钱塘、仁和大旱，井水干涸。次年又旱。

宋绍兴七年（1137）六月起，钱塘、仁和干旱70余日。次年冬旱。九年（1139）六月起又干旱60余日。

宋绍兴十二年（1142）三月起，钱塘、仁和干旱60余日。

宋绍兴二十九年（1159），钱塘、仁和春旱70余日。

宋乾道三年（1167），钱塘、仁和九月不雨，麦种不入。

宋开禧三年（1207），钱塘、仁和夏秋大旱，干枯绝种。

宋嘉定二年（1209），钱塘、仁和四月旱至七月始雨。七年又夏旱。

宋嘉定十一年（1218）秋，钱塘、仁和无雨至冬。

宋嘉熙三年（1239）四月干旱。次年，钱塘、仁和、余杭饥荒。

明正统三年（1438），钱塘等县自五月以后弥旬不雨，田禾槁死。

明嘉靖十八年（1539），自春二月不雨至夏六月，井皆竭。

明万历十七年（1589）旱疫，五月至六月大旱，瘟疫盛行，饿死者满道，白骨遍野，妇女掠贩过江几尽。

清顺治十二年（1655）秋旱，钱塘、仁和、余杭等县免征赋税差役。

清康熙五十二年（1713）七月，钱塘、余杭等县旱。次年六七月又旱。

清康熙五十八年（1719），钱塘、余杭等县旱，拨米赈济，免征赋税。

清乾隆五十年（1785），江浙秋旱成灾。钱塘等县五月至七月不雨，禾苗枯死。

清嘉庆十九年（1814），钱塘、余杭等县旱。

清咸丰六年（1856）六月，余杭、钱塘等县旱，河水尽涸。

清同治六年（1867），余杭等县旱。

民国23年（1934），伏旱两月，各区河道干涸见底，田土龟裂，禾苗枯萎，灾象惨重，为60年所未有。

民国33年（1944），杭县入夏以来，天久未雨，致田土龟裂，禾穗不秀。

民国34年（1945）6—8月，大旱60多天，田土龟裂，因旱未能下种。

1955年8月下旬，久旱无雨，进行抗旱。

1958年6月至8月，前后66天无雨，全年降雨量仅1060.9毫米。

1961年6月26日至8月3日干旱，水稻受灾。

1967年7月6日至10月31日，118天中，降水量94毫米，全年降水量923.5毫米。

1971年1月至4月少雨，7月、9月又旱。

1978年5月至10月，降水量577毫米。

1978年大旱，全年降雨量939.9毫米。

1979年5月至10月，降水量551.8毫米。

1990年7月4日至8月4日，高温少雨，山区溪河断流，山塘干涸，河道水位降至最低。

1992年7月1日至8月14日，连续干旱少雨，降雨量仅41毫米，农田受旱严重。

1994年6月24日至8月18日，受副热带高压控制，干旱56天，高温（大于35℃）46天。

2003年7月下旬至8月，雨量偏少，农作物受旱严重。

2004年7月至8月，连续干旱40天，农田受旱。

2005年6月，梅季短，雨量平均8毫米。

2013年7月以来，持续高温干旱天气给农业生产带来严重影响。

2020年，5月29日入梅后，至7月6日，雨日26天，其中大雨、暴雨8天。降雨量达612毫米，是历史同期2.3倍。

虫灾

后唐天成三年（928）六月，钱塘、仁和等地大旱，有蝗蔽天而飞，昼为之黑，庭户衣帐悉充塞之。

宋绍兴三十二年（1162）六月，淮蝗飞入湖州境，自癸巳至七月丙申遍于几县，声如风雨，余杭、仁和、钱塘皆蝗。

宋淳熙十四年（1187），夏六月旱，秋七月蝗。

明嘉靖四年（1525），秋九月蟊害稼。

明崇祯十四年（1641），大旱，飞蝗蔽天，六月大疫。

明崇祯十五年（1642），冬旱，飞蝗集地数寸，草木呼吸皆尽，岁饥，民强半饿死。

清康熙四十八年（1709），秋飞蝗蔽野，岁祲，五月海啸。

1985 年，余杭晚稻褐稻虱爆发，全区危害面积 45560 公顷，境内百余公顷。

三、风灾 雪灾 雹灾

据 1951—2005 年的台风资料，影响境内的台风有 134 次，其中成灾 32 次。台风影响时间较早在 5 月上旬出现，最迟为 10 月上旬，而 7 月下旬至 9 月下旬最为集中，占 86.7%。台风常伴有大雨或暴雨。在成灾的 32 次台风中，过程降水量在 100～200 毫米的有 12 次，占 37.5%；200～300 毫米的有 5 次，占 15.6%；300 毫米以上的有 13 次，占 40.6%。最为严重的是 1963 年的 12 号台风和 1988 年的 7 号台风，最大风力分别在 12 级和 10 级以上，并普降暴雨。台风入境降雨量大小与台风路径、强度、季节及天文因素等密切相关。台风若在浙江象山港以北登陆北上，境内必受严重影响；若遇冷空气南下，可能产生大暴雨。在舟山群岛海面北上的台风，则影响平原地区，在广东或闽南登陆西行的台风，对境内影响不大。台风往往伴随暴雨，引起洪涝灾害。

风灾

明嘉靖二年（1523），春三月大饥，秋七月大风潮。

清同治十年（1871）二月二十九日戌刻，杭域雷电雨雹，大者如拳，暴风拔大木。

清宣统三年（1911），杭州三月、五月大风灾，拔树毁屋。

1962 年 9 月 5 日，14 号台风侵袭余杭县，境内 400 余公顷水稻受淹。

1967 年 3 月 26 日晚，狂风袭击，4 月 30 日和 7 月 27 日，境内两度遭狂风袭击，农作物损失严重。

1983 年 4 月 11 日晚至 13 日晚，大风暴雨。

雪灾

清道光二十七年（1847），八月二十八日雪，十月大雪，深积八九尺，翌年二月始消。

清咸丰十一年（1861）冬十二月，大雪兼旬，平地高五六尺，居民饿死无数，大疫。

1969 年，清明下雪，春花、蔬菜等冻害严重。

1977 年 1 月，连降大雪，农作物普遭冻害，果树损失严重。

1984 年，大雪，压断电杆无数。

2011 年 1 月 18 日开始，连续两次强降雪，蔬菜大棚、水产棚舍等农业设施受损严重。

2016 年 1 月 20 日至 26 日，出现一次明显的雨雪天气和严重低温冰冻过程，受损严重。

雹灾

境内冰雹大风（龙卷风）常有发生，尤以 4—7 月出现概率较多，几乎每年都有。

明嘉靖二十四年（1545）秋七月丁卯，杭州大雨雹。

清康熙二十六年（1687）六月十二日，雨雹大如斗，伤禾。

清光绪三十年（1904），雹灾。

1983年4月28日凌晨2时，遭风暴冰雹，大如鸡蛋，多数如山核桃大小。雹灾所及地区，麦子断秆，油菜折枝，桑叶铺地，蚕豆破荚，水果落地，秧田千疮百孔。

1960—2015年，冰雹出现22次。降雹来势猛，时间短，一般仅10～20分钟，降雹常常伴有大风。

卷　二

西　　溪

第一章　西溪湿地

第二章　湿地公园（西区）

第三章　洪氏文化

西溪风光

第一章　西溪湿地

西溪作为水名约始于唐朝，是钱塘县重要的溪流之一。汉唐时期西溪湿地形成，北宋时期，西溪作为镇、市、乡村的名字使用。南宋时，宋高宗赵构在西溪南岸开辟了西溪“辇道”从古荡沿山直至余杭洞霄宫，留下过“西溪且留下”的历史典故，并在西溪辇道两边种植梅花和竹，当时的西溪的山水景色和水乡湿地风光已经是吸引文人雅士的旅游地。2005年，西溪湿地被国家林业局批准为首个国家湿地公园，西溪国家湿地公园正式得名。

西溪湿地国家公园位于杭州市西部，面积为11.7平方公里，其中3.353平方公里在五常街道境内。古时曾被称为河渚，以“一曲溪流一曲烟”闻名，与西湖、西泠并称为“杭州三西”。西溪之胜，首在于水。水是西溪的灵魂，园区约70%的面积为河港、池塘、湖漾、沼泽，正所谓“一曲溪流一曲烟”，整个园区六条河流纵横交汇，水道如巷、河汊如网、鱼塘栉比如鳞、诸岛棋布，形成了西溪独特的湿地景致。

西溪国家湿地公园为低洼的水网平原，地形以沼泽平原为主。植物资源丰富，桑、竹、柳种植历史悠久，动物资源以鱼类和鸟类为主。西溪国家湿地公园是中国首个集城市湿地、农耕湿地、文化湿地于一体的国家湿地公园。2012年，浙江省杭州西溪湿地旅游区被评为中国国家AAAAA级旅游景区。2017年，浙江省西溪湿地旅游区被国家湿地旅游示范基地。

第一节　西溪舆地

西溪有悠久的历史，唐代即有西溪市。“市”即今贸易之所。南宋绍兴八年（1138），西溪改称留下镇，西溪已日趋繁华。

而今“西溪”概念指以西溪水网体系为基础的一个地域名，系指余杭区五常直至西湖区北山街道，沿途接闲林港、五常港、蒋村港、紫金港、莲花港等注水，北与余杭塘河相连，构成以沿山河和余杭塘河为主干的水网体系及其形成风情多姿、野趣横生的农耕湿地。

一、形成

西溪湿地是第四纪全新世时期地质作用的产物，经历从海侵到海退、湖泊、沼泽化的漫长演化后成为原始湿地。有学者认为其人类活动历史可追溯到四五千年前的良渚文化时期。该湿地在千余年人类渔耕经济作用下逐渐演变成次生湿地。全新世中晚期，钱塘江河口平原已存在，而苕溪古河道两侧尚属洼地，导致现在被称为五常、蒋村、古荡的一带水流排泄不畅，逐渐成为一片湖泊沼泽。

西溪的形成主要与苕溪有关。西溪原有两个源头，一个为上埠河，源自闲林街道境板照山一的灵项溪。灵项溪与其他溪流在金竹岭、淡竹岭汇为上埠河。上埠河自云栖、桦树、里项、石马等地，与午潮山溪水汇合，又经小和山流入西溪。另一个源头为苕溪，其水量远超上埠河，应是西溪主流。

苕溪为浙江八个水系之一，有东、西两源，分别称东苕溪、西苕溪。境内为东苕溪。据吴维棠《杭州的几个地理变迁问题》等专著，东苕溪流出山地后，其最早的古河道是从余杭镇附近东下流经平原经杭州市主城区北郊，在杭州市东郊附近注入杭州湾，与现在往北流入太湖的流向完全不同。其理由为：首先，从地形大势看，在杭州的余杭街道与良渚街道安溪之间，三面环山，只有东南部是平原，河流直达杭州湾。在钱塘江涌潮出现以前和出现的初期，平原上原先的地面高程也是向东降低，则古苕溪流出天目山之后，必然顺势向东汇入杭州湾。结合《水经注》等古籍的记载，东苕溪现在的河道，是苕溪经过两次改道后形成的。第一次改道是由钱塘江潮汐作用和苕溪自身冲积作用所致。余杭街道以东，发育于海积平原之上的东苕溪，随着海积平原的不断淤长，河道逐渐延伸。在喇叭形的杭州湾形成过程中，潮波变形日趋加剧，潮差增大，潮流变急，含沙浓度增高。随潮而来的海域沙土在高潮位时所发育的新潮坪，以及由此而演变成的海积平原地面，日积月累，逐渐高于北侧原来的海积平原。在古苕溪入海口（杭州附近）处，当上游洪峰下泄，而又适遇钱塘江高潮顶托，东苕溪的径流宣泄困难，甚至可能倒灌，而北侧平原的地势又较低，导致河水向北分流。上述河流演变过程反复进行，分流的河床断面日益扩大，分流比越来越大，最终导致分流河道对古苕溪的劫夺，苕溪上游来水经分流河床转折北上而注入太湖。分流改道后的东苕溪河床位置在半山与大观山之间的低洼地带。

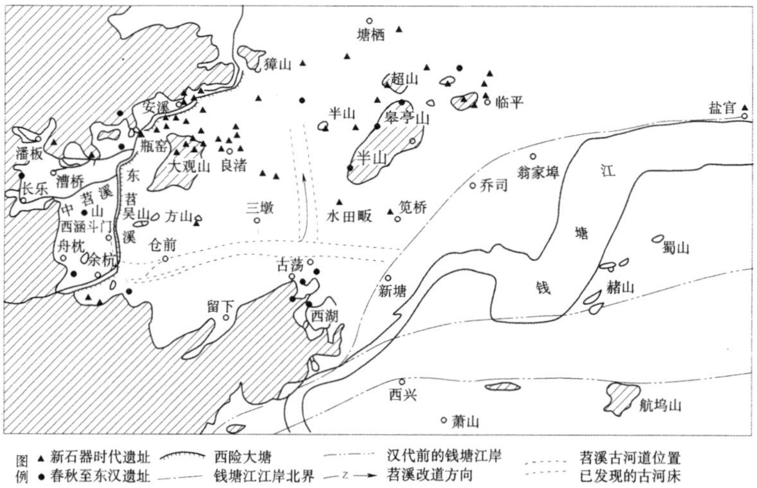

东苕溪河道变迁图

东苕溪的第二次改道，是由于人工修建西险大塘而造成的。从实地考察可以明显地看出，东苕溪在余杭镇附近突然北折，经瓶窑、安溪至獐山流向太湖，显然是由于修建了西险大塘的结果。因此，东苕溪第二次改道的时间应在东汉熹平二年（173 年）陈浑筑大塘后。陈浑筑西险大塘后，又在其南开凿上、下南湖以蓄苕溪洪水，苕溪因此改道东北流向太湖。南漳湖之受水亦益少，逐渐成为滩涂，稍高处成为洲渚。百姓民乃得依之以居。其是苕溪之水注南湖，若水大不能容，泛滥至西溪，其水束有舒缓。舒则水清，缓则水浊，有如北方上党之漳水，故又名南漳河。

至上埠河逐渐取代苕溪而成为西溪主流，西溪也由此渐成相对独立水系。

二、演变

西溪湿地主要因自然因素的作用而形成，但其兴衰却伴随着人为的过程。据文献记载，西溪的利用与开发至少在东汉，东汉嘉平二年（173），余杭县令陈浑在东苕溪筑堤蓄水，建成南湖，为西溪的形成和发展奠定基础。由于人类活动频繁介入，尤吴越钱氏称藩两浙，建都杭州后，在西溪间建造有大量的寺庙庵堂，如唐贞观年间（627 — 649），高僧悟明在安乐山建永兴寺，宋铁牛禅师重修；北宋建隆二年（961），吴越王建报先寺；南宋绍兴年间（131 — 1162），侍卫马军司驻屯建庵，以奉诸军香火；南宋乾道三年（1167），在法华山下坞口建东岳行宫（老东岳庙）；南末淳熙初，建大圣庵，淳熙七年（1180）改大圣庵为资寿岩禅院；南宋嘉定年间（1208 — 1224），重新拓展庙宇。在西溪南岸丘陵坡谷间的寺庙梵宇相当规模之时，庙庵禅院建筑向西溪北岸南漳湖（蒹葭里）一带拓展。明清时期为西溪湿地的昌盛时期。明代的西溪除了修复宋代的景观外，还开发建设有名园名庵，如梅竹山庄、西溪草堂、淇园、交芦庵、曲水庵、秋雪庵等，并广植梅花，不少文人在西溪留下了有关于“西溪探梅”的咏梅古诗词，当时的河渚芦花和福胜梅花被誉为西溪的两绝。清代康熙年间西溪又新增了一大批建筑，如镜水楼、西溪山庄、张陌别业、捻花书屋等。清康熙三十八年（1699），康熙南巡到西溪御笔留下“竹窗”两字、咏梅诗两首。乾隆十六年（1751），乾隆游巡到西溪又留下两首咏西溪之梅景的诗。清末民初，西溪许多名园古刹年久失修倒塌，蒹葭里的芦苇滩也逐年缩小，不少梅林已经被变为了桑田，辇道也因 1924 年建设杭徽公路而渐渐弃用、埋没。而后抗日战争和内战的爆发，使得西溪风貌遭受重创。解放战争和文化大革命前后时期，西溪湿地旧时的建筑寺庵遭受进一步破坏，秋雪庵被夷为平地，法华寺、永兴寺、交芦庵、曲水庵、慈觉庵等或年久失修倾倒、或改为厂房民宅等建设用地。各种污染随着时代的发展也逐渐加重，西溪的面积进一步缩小。西溪渐之由天然的原生湿地变为次生湿地，面积也大为缩小。

从吴越建都至民国初，西溪湿地的开发利用，总体说是有限度的。大体经历五个阶段：晋以前的少量居民入住，晋至北宋佛教文化的传入，南宋居民较多生活、生产的介入，明清至民国初园林别墅修建，民国后期的废弛毁坏。直至二十世纪二三十年代，西溪湿地还较完整地保存着湿地景观和自我循环维持功能。此后，由于战乱和其他人为破坏，尤其是 80 年代后城市的扩张，工业化的加剧，其范围缩减至原先十分之一二，只有核心区块，即今西溪国家湿地公园，人类介入活动较少。周边区域除残存河港池塘及少量湿地外，基本特征和功能均丧失殆尽。

三、建置沿革

广义的西溪湿地位于历史上在杭州西北部先后有建置的钱塘县、余杭县、钱江县、仁和县、杭县的行政区域内。钱唐县、余杭县建于秦王政二十五年（前 222），属会稽郡。新莽时（9 — 23）钱唐县改名泉亭县，余杭县改名进睦县。东汉建武元年（25）恢复原名。建武六年（30）钱唐县并入余杭县。光和二年（129）恢复钱唐县。东汉后期至南北朝，两县建置略有变动，大部分时期属吴郡。陈祯明元年（587）于钱唐县置钱唐郡，隋开皇九年（589）改置杭州，大业三年（607）又改为余杭郡，钱唐县为郡治，余杭县为属县。唐武德四年（621），复改余杭郡为杭州，余杭县仍为属县。五代后梁龙德二年（922），析钱塘县部分与盐官县、富春县置钱江县，与钱塘县同为州治，亦为吴越国治。北宋太平兴国四年（979），钱江县更名仁和县。南宋建炎三年（1129）升杭州为临安府，钱塘、仁和两县升赤县，余杭升畿。元至元十五年（1278），改临安府为杭州路，钱塘、仁和两县为杭州路治，余杭县属杭州路。至正二十六年（1366），改杭州路为杭州府，直至明清两代。钱塘、仁和两县为杭州府治，余杭县属杭州府。民国元年（1912），废杭州府置钱塘道，并钱塘、仁和两县置杭县，为钱塘道尹驻地，余杭县属钱塘道。民国 16 年（1927），析杭县城区、西湖、会堡、湖墅、皋塘、江干 6 区置杭州市，杭州市与杭县分设。

1949 年以后，杭县属省市的建置屡有改动，1957 年属杭州市。余杭县初属临安专区，后属嘉兴专区、建德专区。1958 年，撤销杭县，为杭州市郊区，余杭县并入临安县。时杭州市设塘栖、临平、三墩、上泗 4 个市属区。1959 年杭州市郊区分设东半部的半山联社、西半部的拱墅联社。1960 年两联社合并为钱塘联社。1961 年，原余杭县由临安县析出并入钱塘联社。同年钱塘联社析出大部分加原属杭州市区的九堡公社，改设余杭县。1994 年，撤销余杭县，改设余杭市。2001 年，撤销余杭市，设杭州市余杭区。

西溪湿地的位置在杭州市西北部，广义约包含 300 平方公里的范围，在各个历史阶段对上述行政区有不同的归属。

唐宋时，由于余杭门以内皆水，称湖州墅、湖州市或湖市。这一区域主要属钱塘县。

唐代西溪湿地一带的具体乡镇建置无考，应与宋代接近。钱塘县设履泰南、履泰北、惠民、调露、灵芝、孝女南、孝女北、崇化、钦贤、定山南、定山北、长寿、安吉 13 乡，隶 62 里，余杭县设安乐、钦德、招德、同化、孝行、常熟、长安、止戈 8 乡，隶 19 里，仁和县设芳林、肇元、大云、丰平、长乐、安仁东、安仁西、太平、廉德、永和、临江 11 乡，隶 44 里。钱塘县约全境在广义的西溪湿地范围内，余杭县半数在其内，仁和县部分在其内。其时，西溪镇、北关镇、安溪镇、南阳镇为钱塘县四镇，其中前三镇在西溪湿地范围内，均设于北宋端拱元年（988）。绍兴八年（1138）高宗定都临安后，西溪镇改为留下镇，属钱塘县钦履乡，蒋村、五常则属崇化乡。明清时期，西溪先后属钱塘县钦贤乡、钦履乡。民国元年（1912）则改为杭县履泰区所属。中华人民共和国成立后，西溪先后属杭县、余杭县（市、区）、西湖区等。

狭义西溪仅指今西溪湿地公园，属余杭县区五常、西湖区蒋村等。

第二节　自然环境

西溪有河道 100 多公里，并有众多的湖、荡、渚、漾，水面面积占 50% 以上。溪流水面狭窄而多深曲，澹治更富幽娴，颇具江南水乡风情。夏承焘在《天风阁学词日记》中这样描述：“西溪比西湖清幽，弯环秋绿，净不可唾，霜溆人家，历历在画，扁舟摇曳，穿十五座桥，诗意曲折不穷。”土壤类型多，分布复杂，性质特征各异，多数土层深厚，土质良好，多宜利用。

西溪地处亚热带北缘季风气候区，年平均气温 15℃～17℃，平均相对湿度 78%，平均年降水量 1399 毫米，无霜期 250 天左右。雨热同季，有利于叶茎类作物和瓜果生产。地处中亚热带向北亚热带过渡区，南北多种作物栽培种植适宜，加之亚热带季风性气候调节，为各种植物生长和动植物滋生繁衍，提供了良好的自然环境。

一、水文

西溪境内河流纵横，芦荡密布，受山脉走向制约和亚热带季风气候影响，河流普遍具有流量丰富、水位季节变化大的特点。地表水总量约500万立方米，地下浅层水也十分充足。水资源丰富，对航运、灌溉、淡水养殖、生产生活用水乃至旅游等都十分有利。境内主要河流有下述8条：沿山河又名西溪，源出金竹、澹竹二岭。东北流至留下镇，向北折而东行，过老岳庙、古荡至八字桥，折北入余杭塘河，全长25公里，水面宽20米，正常水深2.5米。五常港自留下镇起，流经五常之友谊、范家，蒋村之民益、南高桥、杨家埭，至余杭塘河止，全长5.95公里，水面宽25米，水面面积14.9平方公里，正常水深2.5米，正常蓄水量31.59万立方米。顾家桥港自五常之白浪滩起，流经西坝、顾家桥、白庙村，至天竺桥止，全长1.8公里，水面宽15米，水面面积2.7平方公里，正常水深2.5米，正常蓄水量5.06万立方米。天竺桥港以桥得名，流经邱桥、断桥，至五常港止，全长2.3公里，水面宽20米，水面面积4.6平方公里，正常水深2米，正常蓄水量7.82万立方米。蒋村港自何家河头起，流经王家桥、三深、蒋村、合建，至余杭塘河，全长3.75公里，水面宽20米，水面面积7.5平方公里，正常水深2.3米，正常蓄水量11.29万立方米。紫金港自沿山港起，经蒋村合建、骆家庄，至余杭塘河止，全长3.4公里，水面宽20米，水面面积6.8平方公里，正常水深2米，正常蓄水量11.56万立方米。严家港自五常港起，流经蒋村之南高桥、蒋村、三深，至千金池，全长2.2公里，水面宽15米，水面面积3.3平方公里，正常水深2米，正常蓄水量5.28万立方米。闲林港自白新桥起，经许家埭，安乐桥，沈家、方家桥、和睦，入余杭塘河，全长5.85公里，水面宽30米，正常水深2.7米，水面面积17.6平方公里，正常蓄水量42.3万立方米。所谓西溪湿地，实系以南漳湖为中心，五常港、余杭塘河、紫金港、沿山河为其四边。东西向的严家港与南北向的蒋村港十字交叉，而深潭口、千金池则为水路三岔口，60亩水域的朝天漾称雄其间。加上1.1万口大小水塘，一派泽国世界，“千顷蒹葭十里洲”，“万顷寒芦一溪水”。

“西溪之胜，独在于水”，西溪的水造就了“荡、漾、堤、塘、岛”的丰富景观，构筑“水在村中、村在水中”，人水交映、变幻无穷的水乡风情。纵横交错的河流围合汇聚其间，水道如巷，河汊如网，鱼塘栉比，渚岛棋布，形成“河渚芦花”“柿林夕阳”“蒹葭泛月”“秋雪听芦”“西溪探梅”等一批独特的湿地景观，营造了“十里梅花、百顷芦荡、千点白鹭、万年翠竹”的优美意境。境内众多的天然牛轭湖、泥沼地、洲渚等已经人工改造，和同样众多的人工挖掘池塘一样，成为渔业、农业资源和生活资源。

二、地质　地貌

地质　西溪湿地在地质单元上属于三墩回陷，下伏白垩系（距今1.35亿~0.65亿年）杂色砂岩，上覆厚40~50米的第四系（距今160万年）亚砂土和亚黏土。第四系上部25米厚的亚黏土属全新统（距今1万年），是浙北地区二次海侵海退交复作用形成的。全新统上层为5~6米厚的亚黏土夹黏土层，含腐泥和不连续泥炭层，由全新世中晚期（距今3500年前）钱塘江河口堆积平原已经形成，东苕溪等水系在地质回陷区排泄不畅而形成冲积—湖积—沼积地貌。在第四纪地质作用下，西溪湿地逐渐演化为河流纵横、具有生物活性的沼泽平原。

地貌 西溪地处杭嘉湖平原和浙西丘陵山地的过渡地带，地势由东南向西北倾斜。东南为山地丘陵区，属天目山余脉；西部为堆积平原，地势低平、塘漾棋布，是著名的杭嘉湖水网平原。西溪湿地主要因苕溪两次改道自然因素的作用而形成，但其兴废却伴随着人工化的过程。原生的西溪湿地由东苕溪（西溪）及其支流和众多的牛轭湖、泥沼地、沼泽林构成，东汉陈浑于东苕溪筑堤塘后水源主要以上埠河水系为主。又由于人类活动的频繁介入，西溪湿地自唐宋开始渐渐由天然的原生湿地转化为次生湿地，面积也大大缩小。

西溪地貌 （陈彦 摄）

湿地因位于浙西南河谷丘陵与浙东北水网平原的交接地带，所以由西向东逐步开放空间，层层次第展开。西溪以西部分地势稍高，如处于“锅沿”，植物和农作物分布相对单一；五常—蒋村乡一带水域丰盈，农田、园地，土坡交叠，植物和农作物分布也多变，十分丰富；其东部向城市建成区过渡。西溪湿地南、西、北三面与天目山余脉相回护和映衬，丘陵坡地和湿地有机构成。

土壤类型多，分布复杂，性质特征各异，多数土层深厚，土质良好，多宜利用。西溪的土壤主要是水稻土、红壤、红黄壤、潮土、岩性土等，水稻土、红壤占90%以上。这些土壤在分布上具有一定的规律，其中东南丘陵河谷以红壤和红黄壤为主，西部水网平原以水稻土为主。丰富的土壤资源，为农业经济的全面发展和多种名优特产生产，提供了极有利的条件。湿地原来富含分布面积很广的不连续泥炭层，这是一种表征沼泽性征的土壤层，是沼泽地表有机质在过湿条件下微生物活动受到强烈抑制而不能彻底分解所形成的粗有机质泥层。泥炭是一种宝贵的自然资源，有机质组分很丰富，有良好的物理学、化学或生物学特性，既是优良的天然有机肥料，利用现代科学技术还可加工生产各种有机肥料、土壤改良剂，生长激素等，并在能源、化工、医疗、环保等诸多领域有重要的应用价值。但由于人工改造，其结果是大面积向水稻土等转化。水稻土是在长期的季节性淹灌水耕、水旱耕和大量施用有机肥，土壤经常处于淹水还原、排水氧化、水耕黏闭等条件下形成。一般有淹育层、犁底层、渗育层、潴育层4个基本层次，有时还可见脱潜层与潜育层。可分为潴育水稻土、淹育水稻土、渗育水稻土、潜育水稻土、脱潜水稻土、漂洗水稻土6个亚类。潮土是河流沉积物受地下水影响和经长期旱作而成的土壤，可分为灰潮土、潮土、盐化潮土3个亚类，适宜种植蔬菜、水果、棉花、络麻等。水网平原部分的水稻土主要是脱潜水稻土中的青紫泥土，系大量湖沼沉积物改造而成的。潮土主要在河流两岸和田畈中间条状分布，由挖河泥堆堤筑坝或平整土地形成。红壤是中度脱硅富铝化的红色酸性土壤，在较好的林被下自然肥力高，适宜种植柑橘、桃、梨等果木和竹、茶等经济林木。

西溪湿地外围的丘陵呈月弧形长阵，其间无高山，最高的午潮山海拔497米。然绵延几十公里，峰转路回，别有一番气势，分布有大成山、荆山、狮子山、高弓山、金岭山、象山、板照山、万丈山、午潮山、黄坡岭、黄泥弄、鸡溪弄、亦子坞、马槽坞、小沈家坞、塘栖坞等17座山岭。山体多呈枝杈状及等轴状分布，山坡以齐斜坡居多，坡面有20～30厘米岩屑坡积物覆盖，土壤属黄壤类型，地带性植被常见的是竹林和针叶林。低丘多数山脊线不明显，山顶圆滑，沟谷常呈枝杈状分布。谷底浅宽，有较厚的冲积坡堆积，坡麓有较厚碎屑物覆盖，土壤属黄壤类型，农林皆宜。

三、生物

植物　自然植被有常绿阔叶林、常绿落叶阔叶混交林、针阔叶混交林、针叶林、竹林、灌草等6个类型。野生植物主要为竹类，有毛竹、早竹、苦竹、浙江刚竹、浙江淡竹等竹种。树种有495种，分属77科。其中，受国家一级保护的有水杉，二级保护的有银杏、华东黄杉、水松、鹅掌楸、杜仲、夏腊梅、金钱松、福建柏，三级保护的有翠柏、凹叶厚朴、天竺桂、油杉、红豆杉、天目木姜子。野生中草药80余种，人工栽培22种。人工栽培的作物中，粮油、经济作物品种分别超过100种，蔬菜有30类120种左右。

周膺的《西溪湿地及其保护》载：西溪湿地约分布有维管束植物85科182属221种。其中被子植物73科168属207种，分别占85.88%、92.31%、93.67%；蕨类植物8科9属9种，分别占9.41%、4.95%、4.07%；裸子植物4科5属5种，分别占4.71%、2.75%、2.26%。在生活型组成上，草本植物多于木本植物，约152种，占68.78%。植物主要有1～2年生，多年生，草质藤本植物，以中生植物为主，且以1～2年生比例最高，特别是田间杂草居多。木本植物主要有常绿或落叶乔木、灌木和藤本植物，约69种。

西溪湿地的丘陵自然植被较丰富，有常绿阔叶林、常绿落叶阔叶混交林、针阔叶混交林、针叶林、竹林、灌丛6种类型。据初步调查，树种495种。其中有国家二级保护树种水杉、银杏、华东黄杉、水松、鹅掌楸、杜仲、夏蜡梅，金钱松、福建柏，三级保护树种翠柏、凹叶厚朴、天竺桂、油杉、红豆杉、天目木姜子等。另有野生中草药80余种、人工栽培的中药材22种，粮油和经济作物100余种，蔬菜30类120余种。

西溪湿地的水网植被群落主要分为水生植被型组、沼泽植被型组、草甸植被型组、草原植被型组、灌丛植被型组5种型组，以及农田杂草群落、栽培植被（农作物、林地、行道树）等。水生植被型组含挺水植被亚型、浮水植被亚型、沉水植被亚型等部分。沼泽植被型组含草本沼泽植被亚型（禾草沼泽群系组、杂草类沼泽群系组、莎草类沼泽群系组）。草甸植被型组主要是典型草甸植被亚型（根茎禾草草甸群系组）。现存乔木群落主要有早园竹群落、早园竹+盐肤木群落、柿群落、河柳群落、垂柳群落、栾树群落、枫杨群落等，草本及灌木群落主要有芦苇群落、荻草丛、白茅群落、桑树+构树灌草丛、荻+蓼+喜旱莲子草草丛等。据浙江大学生命科学学院《杭州西溪湿地生物资源与生态研究》，水网区域约分布有维管束植物85科182属221种。维管束是高等植物体的组成部分之一，主要由细而长的细胞构成，聚集成束状。在维管束植物中，有被子植物73科168属207种，分别占85.88%、92.31%、93.67%；蕨类植物8科9属9种，分别占9.41%、4.95%、4.07%；裸子植物4

科5属5种，分别占4.71%、2.75%、2.26%。在生活型组成上，草本植物多于木本植物，152种，占68.78%。草本植物主要有1~2年生、多年生、草质藤本植物，以中生植物为主，且以1~2年生比例最高，特别是田间杂草居多。木本植物主要有常绿或落叶乔木、灌木和藤本植物，69种。河岸上多枫杨、垂柳、柿、早竹，并有少量龙爪槐、乌桕、苦楝、紫花泡桐、香樟、白榆、榔榆、木槿、木芙蓉、梅、野薇、桃、栀子等。河滩上多芦苇、芦竹、荻等。水域则多凤眼莲、喜旱莲子、草莲、四角菱、浮萍、菖蒲等。

自南宋淳熙年间（1174—1189）始，西溪便大量种植柿树、桑树，形成“柿基鱼塘”“桑基鱼塘”的景观特色。至今尚存1.5万余株柿树。西溪柿树数量多，种类也不少，全国6个品种柿中，西溪出产的就有3个：扁柿、火柿、方柿。

西溪湿地的水体中约分布有硅藻门、蓝藻门、裸藻门、金藻门、甲藻门和隐藻门6门浮游植物，其中河道内5门39种，池塘内5门30多种。硅藻门占优势，以梅尼小环藻、月形短缝藻、针状针杆藻等所占比例最高。绿藻也有一定比例，鼓藻类新月藻常见，但蓝藻极少。浮游动物有原生动物9种（属）、轮虫13种（属）、枝角类6种（属）、桡足类3种（属），以及一些十足类、端足类（属）。

动物 境内动物资源丰富，饲养动物有家畜、家禽、家鱼、家蜂4类，约170个品种。野生动物种类较多，主要有杜鹃、黄鹂、画眉等32种鸟类，华南兔、豹猫、野猪等23种哺乳类，蝮蛇、大鲵、龟、石蛙、蟾蜍等两栖、爬行类27种，泥鳅、黄鳝等鱼虾类23种，另有昆虫855种。其中，属国家二级保护的有灵猫、大鲵、穿山甲和鹗等，属省级保护的有蕲蛇、大杜鹃等。

西溪湿地约分布有湿地鸟类、平原鸟类、山地鸟类、农田鸟类和城郊鸟类12目26科89种，食虫目、翼手目、啮齿目等兽类3目6科，蛙形目等两栖类1目3科，龟鳖目、蜥蜴目、蛇目等爬行类3目6科。鸟类主要有苍鹭、绿鹭、白鹭、绿翅鸭、斑嘴鸭、白额雁、普通翠鸟、大斑啄木鸟、家燕、金腰燕、黄鹡鸰、白头鹎、小太平鸟、虎纹伯劳、黑枕黄鹂、八哥、红胁蓝尾鸲、斑鸫、画眉、黄眉柳莺、大山雀、燕雀等。兽类主要有臭鼩、普通伏翼、草兔、黄鼬等。两栖类主要有大蟾蜍、泽蛙、黑斑蛙、金线蛙、饰纹姬蛙、虎纹蛙等。

爬行类有穿山甲、鳖、多疣壁虎、石龙子、北蜥蜴、赤链蛇、蝮蛇等。另有鲤鱼、鲫鱼、鳊鱼、鲢鱼、鳙鱼、青鱼、草鱼、鲇鱼、螺蛳、日本沼虾、龙虾、溪蟹等水产。原来较多的鳜鱼几近灭绝。

第二章　湿地公园（西区）

杭州西溪国家湿地公园（西区）位于余杭区五常街道境内，是西溪湿地综合保护工程的“收官之作”。其范围以绕城辅道（与绕城高速并行）为界，北至文二西路延伸段，西抵五常大道，东至五常港，与西溪一、二期东区相连，面积3.353平方公里。该区水网交织，水源丰富，水面占陆地面积的一半。多碟状洼地，以水荡、沼泽为主，植被丰茂。有独特迷人的江南水乡自然风光。西溪独有的“三基”——桑基、柿基、竹基。鱼塘、虾网、芦苇、水草交织成典型的湿地水网景观。

西区的建设立足于综合保护、改善深化区域生态环境为根本，以五常水乡民俗文化、洪氏家族文化为内涵，其中最大亮点是突出洪氏文化。“钱塘望族”洪氏家族自古聚居西溪五常，历史上名人辈出，有“宋世父子公侯三宰相，明纪祖孙太保五尚书”之誉。与文化沉积相配套而建的洪氏宗祠，钱塘望族陈列馆、洪园、洪府、洪昇纪念馆、戏曲长廊、萝荫书屋、藏书楼、清平山堂、蕉园琴韵等一系列仿古建筑，气势宏丽，古朴典雅，错落有致，集中展示了洪氏家族在各个时期在政治、经济、外交、文化、出版方面的杰出贡献，将名人文化、书院文化、水乡文化、民俗文化有机地结合展现，体现了西区的独特景观建筑。按特征和功能分为西溪民俗文化村、西溪农耕体验村、西溪艺术集合村和西溪大众休憩村四大区块，既体现了与西溪一期、二期工程的统一性，又较好地体现了二者的差异性，具有三期自身鲜明的特色。

西溪第三期工程建设，由余杭区政府投资，按国家AAAAA级旅游景区标准建设，集湿地生态和人文于一体的旅游景区，于2007年春季投入施工建设，2008年国庆有限开园，2009年春节开始对外试运营。

第一节　治理与保护

西溪湿地在长期的自然演化和人为干预中，环境受到很大影响。特别是近代，由于人类活动加剧，战争、动乱、人为过度干预和缺乏严格的保护以及20世纪80年代后城市化、工业化的推进，西溪湿地范围不断缩小，逐步走向衰落。21世纪初，杭州市委、市政府根据西溪湿地现状和社会各界呼吁，在调研、论证、实践、总结的基础上，作出对西溪湿地实施综合保护的决策。市委、市政府坚持积极保护方针，力争生态效益、社会效益、经济效益三统一，坚持“生态优先、最小干预、修旧如旧、注重文化、以人为本、可持续发展”六项原则，着手制定《杭州西溪国家湿地公园总体规划》，斥巨资实施拯救被誉为“杭州城市之肾”的西溪湿地，开展西溪国家湿地公园试点建设，形成湿地保护和利用的“杭州模式”。2005年5月1日，西溪国家湿地公园（西溪湿地综合保护一期工程）完成并对外开放。二期工程于 2007 年 10 月 1 日有限开园，三期工程于 2008 年 10 月 1 日有限开园。四期工程于 2009 年 9 月 29 日推出新西溪天堂（一期）。

一、西溪湿地保护区总体规划

2003 年，《西溪湿地保护区总体规划》由杭州市园林设计院编制完成，并经杭州市规划局论证审查，2004 年经市政府正式批复。根据规划，东起紫金港路绿带西侧，西至杭州绕城高速公路绿带东侧，南起沿山河，北至文二西路延伸段的区域为保护区范围，土地总面积 11.5 平方公里；在保护区界线以外为外围保护地带，东至紫金港，南至老和山麓，西至杭州绕城高速公路西侧绿带，北至余杭塘河，用地面积 15.7 平方公里；外围保护地带以外的周边景区控制区，主要涉及余杭区五常、闲林一带的湿地水网区域，用地面积约为 50 平方公里。规划具体内容包括：功能定位，即以清雅秀丽的湿地自然景观、底蕴深厚的历史人文景观保护、利用、研究、游览为特色的近郊湿地保护区。强化湿地保护的职能，突出自然、野趣的景观风貌，坚持“保护第一、利用第二与生态环境第一、经济效益第二”的基本原则。湿地保护区划分为五大特色保护区，即生态保护培育区、民俗文化浏览区、秋雪庵文化游览区、曲水庵湿地景观游览区、湿地自然景观保护区。规划要求，保护区内严禁污水任意排放，禁止在区域拦截溪泉，打井取水；严禁在风景区内开山取土、攀折砍伐花木、毁坏草坪、植被，保护风景区内水域的鱼虾、飞禽、芦荻等水生动植物，禁止擅自捕钓和采摘；禁止在风景区范围进行放牧、狩猎、打鸟等活动。在风景区内不得新建扩建与风景名胜无关的建筑点，体量宜小不宜大，除风景园林中塔、阁等外，高度不超过二层，檐口高度不超过 7 米。规划还包括史迹保护，即对有价值的史迹遗址，如交芦庵、烟水庵、秋雪庵等做出具体的保护范围和要求。该规划强调水系保护，即从城西整个区域水网出发，结合防洪排涝专项规划及“南水北调”工程，解决西溪地区引水、出水、水体沟通等问题。同时，在道路交通规划中，加强保护区与周边道路的衔接，明确保护区内不得通行机动车，在保护区外落实停车场用地，满足停车需求。

二、杭州西溪国家湿地公园总体规划

规划制订　2002 年开始，市委、市政府坚持科学保护、规划先行的原则，着手制订规划。同年 7 月，开始邀请中国城市规划设计院、北京林业大学、澳大利亚 HRP 集团和杭州市园林设计院等设计单位参加规划设计。2003 年 8 月，杭州市西湖区西溪湿地综合保护工程指挥部成立，并着手西溪综合保护工程的前期准备工作。规划经过反复多次的论证、研究、修改、完善和专家的会审后，2004 年 1 月，市政府正式做出批复，同意并确立“生态优先、最小干预、修旧如旧、注重文化、以人为本、可持续发展”六大综合保护原则，正式启动西溪湿地综合保护工程。同时把西溪湿地综合保护工作作为实施杭州城市西部地区保护和发展及“旅游西进”的重大措施；作为加快杭州生态城市建设，提升杭州城市品位，打造国际著名风景旅游城市的重要措施；作为保护环境的生态工程，传承历史的文脉工程，造福子孙后代的民心工程，提升城市品位的竞争力工程规划。确定总体规划与分步实施的原则。西湖区西溪湿地综合保护工程指挥部具体负责工程的保护与建设。2004 年 11 月，浙江省林业厅正式向国家林业局提交《关于要求申报杭州西溪国家湿地公园的请示》，12 月，国家林业局组织国内的生态学、林业学、水利水文学、林业经济学、鸟类学、植物学、环境资源法学等专家一行9人，对西溪湿地进行实地考察，最终认定西溪湿地作为国家级湿地公园申请地的资格，并于2005年2月2日批复。

规划内容范围　根据规划，西溪国家湿地公园范围包括：东起紫金港路绿化带西侧，西至杭州绕城高速公路绿化带东侧，南起沿山河，北至文新路（文二西路）延伸段，总规划面积10.08平方公里。其中，一期核心区块范围为3.46平方公里是湿地的核心区块，主要进行河道清淤、绿化，农居拆迁安置、历史遗迹恢复等。此区域是西溪湿地的精华，是水生、陆生植物和野生动物栖息繁殖的理想场所。规划确定国家湿地公园界线以外，东至紫金港，南至老和山麓，西至杭州绕城高速公路绿化带，北至余杭塘河等区域为外围保护带范围。五常、闲林两湿地水网区域，为周边景观控制区范围，与历史记载的西溪位置及范围基本吻合。

性质　以保护区域的生态环境，改善湿地公园的水质状况，保护生物多样性为根本立足点，以清雅秀丽的湿地自然景观、底蕴深厚的历史人文景观为特色，融保护和适度利用于一体的国家级保护区。规划指出，建成的杭州西溪国家湿地公园将承担保护自然与文化遗产、进行科学研究、湿地公园科普教育、发展旅游四大任务。保护区共划分为5个区块：生态保护培育区、民俗文化游览区、秋雪庵湿地文化游览区、曲水庵湿地景观游览区、湿地自然景观保护区。其中，在生态保护培育区里对现有的池塘、湖泊、林地、植被等进行保护，以创建良好的湿地生态环境，形成鱼、禽、鸟、兽的栖息地；民俗文化游览区以拓展西溪民俗文化为主题，使龙舟竞渡、古街集市等灯火依旧；秋雪庵湿地文化游览区和曲水庵湿地景观游览区内复建秋雪庵和曲水庵，恢复秋雪八景、曲水八景，复种西溪传统植被，体现西溪的历史文化底蕴和传统景观风貌；自然景观保护区湿地生态群落调整配置植物，从生态系统生物多样性、稳定性配置物种群落，使其成为植物群落的展示图。

经过专家的反复论证，西溪湿地综合保护工程将对西溪湿地进行四个层次的保护。首先，是对水和生物物种的保护。综合保护工程将全力保护，整理湿地稠密水网河道、水塘，共同构建江南水乡特色景观。将经历数百年仍苍翠挺拔的古樟树、倒映水中的大叶柳等予以重点保护；这里还被龚自珍称为全国三大梅区之一，综合保护工程也将恢复梅区的本来面貌。西溪湿地工程竣工后，各种鸟类将会由原先的80余种增加到100多种，不少已在西溪绝迹的鸟将会因为生态环境的改变而重返西溪。其次，是对湿地地貌的保护。根据规划，以沿山河为南界，北部恢复其特有的洲岛。大面积的水体围合着星星点点的洲岛，微微起伏的地形种植着竹、荻、柿、芦等树木花草，形成具有良好的生态环境的岸陆景观。西溪湿地将展现其河道纵横，芦花飘舞，白鹭翱翔，冷、野、淡自然质朴的美。再次是对民俗风情的保护。综合保护工程将在保护好生态的前提下，通过创造性的构思，使湿地更多具有乡土田野气息。如河渠行舟、古街集市、社戏龙舟等，使民俗风情的生活形态得以代代延续。最后，是对历史文化遗存的保护。西溪湿地历史悠久，湿地内的建筑景观种类繁多，包括庵堂、祠庙、民居、村舍、草堂、别墅、桥、亭及街道牌楼等建筑景观。同时，西溪人文掌故很多，历代文人墨客多在此留有诗词、字画、碑文等胜迹。综合保护工程将有选择地对部分文化遗存进行保护和修复，展现西溪湿地的文化底蕴。

《杭州西溪国家湿地公园总体规划》要求，西溪国家湿地公园综合保护与建设分三期组织实施，规划面积为10.08平方公里，第一期综合保护工程面积为3.46平方公里，总投资20.6亿元，主要对核心区块实施保护和利用，范围为秋雪庵文化游览区及曲水庵湿地景观游览区，2005年5月1日前完成。第二期综合保护工程面积4.89平方公里，预算投资36.6亿元，2007年底基本完成。该期工程主要对外围保护地带实施整治，重点对西溪湿地内及花蒋路两侧农居的拆迁和环境整治，营造良好的湿地农（渔）耕生态环境，恢复西溪湿地的历史及民俗文化景点，建立与生态旅游相适应的配套服务设施。第三期综合保护工程，主要在生态保护培育区及自然景观游览区区块，西以绕城辅道为界，北至文二西路，南达五常大道，东侧与西溪一、二期工程衔接，总面积3.35平方公里，由五常民俗文化体验村、西溪农耕文化村、西溪国家湿地艺术村、西溪大众休憩村等四大村落组成。其中，第一、第二期工程由西湖区政府组织实施，第三期工程由余杭区政府组织实施。

三、综合保护第三期工程

西溪湿地综合保护三期工程，即杭州西溪国家湿地公园（西区）建设工程，主要区域在余杭区五常街道境内。东与西溪国家湿地公园东区接壤，西以杭州绕城高速公路为界，北至文二西路，南到五常大道，占地总面积3.15平方公里。三期工程于2007年4月开工，2008年10月1日有限开园。整个三期工程规划目标概括为“一带、两片、多点”。“一带”，指以五常港为中心，渗透至规划地块内部的自然景观带；“两片”，指以五常港为轴，分为西片与东片。西片为体现水乡风情、五常文化的水乡溯源，东片为重点体现农耕、鱼耕文化的河渚觅渡；“多点”，指在西片范围内建设展示五常风情的五常民俗文化村、龙舟竞渡、观音庵等景点及旅游服务点。杭州西溪国家湿地公园（西区）景观格局主要分4个村落。西溪五常民俗文化体验村，占地面积2.5万平方米，位于荆源路与绕城公路辅道交会处。系主旅游区块，设民俗馆、戏台、擂台、五常兵器陈列、武术表演等，反映五常文化的特色内容和洪氏家族文化。内有洪氏宗祠、戏曲长廊、五常人家、萝荫书屋、清平山堂、蕉园琴韵、龙舟胜会等景点。西溪农耕文化村，占地面积1.5万平方米，位于西区北侧，文二西路以南地块。主要以湿地农耕文化体验为特色的休闲度假村落。景点主要有优美的田园风光和有序的树木，以鱼塘为景观基调，满足游人观光旅游、劳作实践为主要内容。西溪国家湿地艺术村，是西溪公园（西区）的重头戏。区域规划建设12座大型建筑，作为艺术家酒店、艺术创意俱乐部、艺术创作实践基地。西溪大众休憩时，以生态展示和休闲旅游为主，主要功能是为游客服务。寿堤为湿地公园最长堤径，长为5400米，将龙舌环绿、慈航送子、龙舟胜会、洪园隐

杭州西溪国家湿地公园洪园　（陆文韬提供）

秀、幔港寻幽、桥亭思母、柿林秋色等景点串珠成链。

西溪三堤十景评选。2008 年 7 月，为了深入挖掘和推广西溪湿地的普世价值，完善湿地保护与利用的“西溪模式”，打造“人文西溪”，更好地保护西溪的自然遗产和文化遗产，打响“天堂湿地、湿地天堂”品牌，推动西溪湿地尽快入选国际重要湿地名录，市委、市政府启动西溪“三堤十景”评选工作。

四、西湖·西溪一体化保护

2020 年，杭州的西湖申遗成功 9 周年。6 月 24 日，杭州西湖·西溪一体化保护管理机构正式在杭州揭牌。西湖·西溪一体化保护管理之后，杭州西湖风景名胜区管委会（杭州西溪国家湿地公园管委会）将高质量规划“两西”一体化发展战略，联动实施西湖全域综合提升和西溪原生态保护提升，进一步升级市场化管理，全面打造杭州“两西”三生融合的美丽样板，为加快建设杭州“湿地水城”和建设独特韵味、别样精彩世界名城作出新的贡献。要把“浓妆淡抹总相宜”与“一曲溪流一曲烟”融为一体，把吴越文化、南宋文化、明清文化保护传承利用好，讲好水浒故事、爱情故事、创新故事，呈现处处有历史、步步有文化的深厚底蕴，彰显历史与现实交汇、自然与人文交融的独特韵味。为此，杭州西湖·西溪一体化保护管理将充分发挥“1 +1 >2”的效益，统筹好“两西”保护、管理、经营、研究四篇文章，让西湖、西溪“明珠”姊妹，齐心共进，交相辉映。

第二节　景区　景点

西溪湿地自然景观优美，百亩芦荡，千点白鹭，万竿风竹，绿梅红柿，韶丽明靓；而以寺观、庵堂、名园、别业、亭台等为载体的建筑，又增添了西溪的文化内涵。

杭州西溪国家湿地公园西区恢复了不少昔日美景，其中五常民俗文化村景点包括洪氏宗祠、钱塘望族、戏曲长廊、昆曲视听室、洪昇纪念馆、蕉园琴韵、藏书楼、清平山堂、慈航送子、观音庵等景点，西溪农耕文化村系以湿地农耕渔耕文化体验为特色的休闲度假村落，西溪艺术集合村主要有西溪创意中心、艺术创作实践基地等功能，西溪大众休憩村景点内容以生态展示和休闲旅游为主，包括入口服务区、生态展示区和生态村落区。该区西区的建设立足于综合保护、改善深化区域生态环境为根本，以五常水乡民俗文化、洪氏家族文化为内涵，其中最大亮点是突出洪氏文化。

一、景区

西溪国家湿地公园在空间布局上可归纳为“三区、一廊、三带”。“三区”是指东部东起紫金港路绿带西侧，南起沿山河，北至文新路延伸段，西部的界线为千斤漾至包家塘港（蒋村港），总面积约 2. 70 平方公里，基本是鱼塘湿地，有少量河港，区内旅游资源极少，实行完全封闭；西部东起长家滩港，南起五常大道，西至绕城公路绿地东侧，北至新开河，总面积约 2. 80 平方公里。该区也属鱼塘湿地，河港较少，历史人文旅游资源也不多，实现一定年限的全封闭保护，营造原始湿生沼泽地；中部东起千斤漾至包家塘港，南起沿山河，北至文新路延伸段，西部的界线北段起自绕城公路绿化带东侧、向南折至年家港（新开河）、朝天幕港，再往南至长家滩，总面积约5.90平方公里，除鱼塘湿地外，河网稠密，湿地自然景观最为明显，且历史人文遗址较多，为湿地生态旅游休闲区。“一廊”是一条50米宽的多层式绿色景观长廊将环绕保护区，由常绿高乔木、低乔木、灌木、草本植物、水边植物五个层次组成。“三带”指的是紫金港路“都市林荫风情带”、沿山河“滨水湿地景观带”、五常港“运河田园风光带”。

杭州西溪国家湿地公园（西区）属于余杭区五常街道境内，是西溪湿地其范围西以绕城辅道（与绕城高速并行）为界，北至文二西路延伸段，西抵五常大道，东至五常港，与西溪一、二期东区相连，面积为3.353平方公里。

杭州西溪国家湿地公园（西区） （郭钊水 摄）

二、景点

杭州西溪国家湿地公园有“三堤十景”，“三堤”分别是福堤、绿堤、寿堤，“十景”分别是秋芦飞雪、火柿映波、龙舟胜会、莲滩鹭影、洪园余韵、蒹葭泛月、渔村烟雨、曲水寻梅、高庄晨迹、河渚听曲。

其中寿堤及龙舟胜会、洪园余韵等景点在五常所属的杭州西溪国家湿地公园西区。

洪园遗韵 “洪园余韵”是西溪“三堤十景”之一，是一个以园林为背景，包括了洪氏宗祠、钱塘望族、洪园、清平山堂、洪昇纪念馆以及在洪氏家族影响下形成的民俗文化展示等人文景观为主要内容的景点。

公园复建的洪园，以五常水乡文化及洪氏文化为内涵、作蓝本在故地重建，是杭州西溪国家湿地公园中具有湿地水乡特征的重要功能区块，有着独特而迷人的自然风光和深厚的历史文化。有洪府、藏书楼、萝荫书屋、槿篱茅舍等景点，小桥流水，花木扶疏，是江南园林与湿地结合的典范，亦体现西溪洪氏宁静致远，淡泊明志的归隐文化。

洪氏宗祠 洪氏先祖自宋忠宣公洪皓以来至明清，八百年“钱塘望族”，以诗礼传家，教子有方，久盛不衰。洪氏宗祠原址在洪家埭，曾是洪氏家族特别是明代刑部尚书洪钟等聚族世居之地。自宋至明清名人辈出，尤其是宋明两代，曾出过三位宰相、五位尚书。洪氏宗祠有联语可证：“宋朝父子公侯三宰相，明纪祖孙太保五尚书。”洪氏宗祠由门屋、享堂和寝殿等组成。建筑体为中轴歇山式，平面呈长方形，宽约16米，纵深约40米，占地约660平方米。大门略呈八字形，门阙分左、中、右三道，中门前置门当户对，左右边门相对设木栅。门厅内悬挂“洪氏宗祠”匾，两旁有门神像。门厅后为庭院，青石铺砌，两侧各植桂花。正厅五开间，俗称三间两弄。梁柱用材粗硕，横坊、雀替等木构雕琢精致，且饰以图案。寝殿间梁架彩绘，置历祖牌位，前上方悬“天运灵台”匾。洪氏宗祠初建当在洪钟逝世后朝廷下达“赐建廊庙和建祠堂文帖”后。清末民国初时重建。至中华人民共和国成立初，仅正厅保存尚为完整。20世纪50年代初，洪氏宗祠改为小学，1975年改建为生产队自备粮仓，稍后又成为社办工厂车间。2005年在西溪开发建设中，将正厅遗存北向辟为洪氏纪念室。堂前两侧厢房置石像、石碑等遗存。

洪氏宗祠 （去疾 摄）

2007年，湿地公园内重建的洪氏宗祠。宗祠建筑坐北朝南，门前有一广场，大门外两侧东西八字形分别立有五对高大的桅杆，由旗杆石（又叫功名石）固定，桅杆顶端装“魁星斗”，斗下旌幡飘拂。宗祠门楼，飞檐翘角，三开间向外门楣上悬挂“洪氏宗祠”匾额，系著名书法家张海题写。两旁立柱上书楹联一副“宋朝父子公侯三宰相；明纪祖孙太保五尚书”，系著名作家余秋雨书写。门廊设置木栅，大门内有一天井，两侧长廊连接门楼与正堂。正堂中楹阔大，两侧各二间略小，七架七柱落地。正中樘板上悬挂钱塘望族始祖宋忠宣公洪皓巨幅画像，下题“钱塘始祖”，其东为西溪始祖洪有恒画像，西为明代重臣洪钟画像。画像均高丈余，宽五尺余。享堂上方大梁正旺悬“忠贯日月”匾，系当高宗赐洪皓“忠贯日月，节比苏武”诏诰用语为匾。东西各一横匾，题曰“瓜瓞绵延”“奕世流芳”。第二级梁上挂“钱塘望族”匾，堂殿正中悬“三瑞堂”三大字，“三瑞堂”为洪氏家族堂名，洪皓初为浙江宁海县主簿，主簿厅后有荷花、桃实、竹子三瑞连理，因以“三瑞”作为堂名，其三子适、遵、迈均生于此，适符三瑞连理之兆。正堂两侧廊壁上均镶嵌历代诏诰敕命封赠数十道石刻。从两侧回廊转向后为第二进掌堂（寝殿）。享堂前又有一天井，分成前庙后寝五楹七架格式。大门上悬“棣华竞秀”匾额，面对“共工源脉”匾。享堂靠壁分列数级，逐阶增高，陈列洪氏历代四十二世先祖木主牌位，正中悬挂“天运灵台”匾额，东西两壁刻祖训、家规。整座宗祠占地面积约1200平方米，传统的五间七架三进两院式格局，包括大门门堂、正堂（拜殿）、享堂（寝殿）、厢廊、天井等组成部分，仿古木构建筑，典型的明清家庙建筑风格。新建的洪氏宗祠参考了迄今遗存的江西、安徽明清家庙的格局，以安徽三阳乡叶村洪氏宗祠“叙伦堂”为蓝本。

洪氏家族的冬至在此祭祖活动，已渐渐形成一种文化现象和旅游品牌。

洪府 过封相桥便是一处面积极大的明清古民居建筑群，正屋大门上悬挂“洪府”两大字，门廊横眉书“御爵府”。门廊前梓上楹联一对曰：“难为兄难为弟俱擅词章之誉；有是父有是子相传忠义之风。”进入大门是天井一方，前厅上方悬“国公府第”匾，有楹联两对。正堂板壁上挂山水长轴四幅，下置长案、方几、八仙桌、太师椅等，陈设简朴高雅，充分显示了国公府第的书香佳息。两侧长廊周回相通，转入后进，又有一天井，迎面悬挂“鸾栖轩”“尚书府第”匾额。后进天井东西两侧各有厢房三楹，硅题“瞻仪堂”，西题“思陶轩”。“鸾栖轩”寓意鸾凤栖止之所；“瞻仪堂”，瞻仰风姿仪容；“思陶轩”，思慕陶渊明的隐逸高洁，都是赞誉洪氏先祖的褒奖词。后堂的东侧又有书房，与书房相对为戏台、茶楼。两边又有厢房数间，是生活用房。所有的建筑设计符合明清士大夫第宅格局：三进、五间、七架、一天井、双厢房，前厅用以会客，后堂接待宾友，两厢可读书写作，书房中藏书籍字画，戏台可供家庭演出，茶楼品茗。出东边门为花园，有长廊相通，坐北朝南建平房五间，上题“昆山片玉”，前面一方平地，青灰香糕砖铺地，周围杂植花木翠竹，东侧建一轩亭，鹤吻翘角，雕琢精巧，上悬“学海”匾，环境幽静。洪府采用前府后园格局，有相当宽阔的空间，外面粉墙围绕，高雅古朴。

西溪洪氏别业　　（陈彦　摄）

洪氏家族文化陈列馆　陈列馆分上、下两层建筑，集中展示了洪氏家族起源、发展的历史以及在政治、文化方面的成就。进入大门，转入西厅，首先是洪氏家族发家的源脉共工氏。洪氏相传始于远古时代的共工氏。《敦煌郡共洪通宗谱》记载：东汉时，共工氏后裔避仇居敦煌，因上世有水德，改姓洪。宋高宗建炎三年（1129），洪皓被受命以徽献阁待制假礼部尚书为大金通向使。金人将洪皓拘留北地达十五年之久。直到绍兴十三年（1143）宋金和约签订以后，才得以放还，高宗称赞其“忠贯日月，节比苏武”，授徽献阁直学士，赐西湖葛岭宅第一所，并赐西溪良田三百亩，此即“钱塘望族”洪氏崛起之由。宋末，洪皓次子洪遵的后裔洪庄官浙东安抚使，其子捷中迁居上虞后山。明初，捷中曾孙洪有恒游学至钱塘，见西溪土田肥沃，遂回迁钱塘西溪（今余杭区五常街道洪家埭）是为钱塘西溪始迁祖。在陈列馆第一层的西厅，用图版、画像、硅胶写真展示了洪有恒携家迁居五常的场景。二楼是洪氏家族文化集合陈列部，展现了洪皓父子、洪钟子孙一系列重大政治文化活动的场景。陈列馆南厅辟有启蒙教育的书塾，儿童学习读书的场景和五常十八般武艺操练写真像，内容丰富，还有互动项目。

清平山堂　清平山堂是刊刻古籍善本的书坊，洪楩创建于明嘉靖时期（1522—1566），在二十余年的刻书生涯中，刊刻了许多宋元古本，既精且多，所刻书皆有“清平山堂”印记。清平山堂原在杭州城南仁孝坊清平山下。仁孝坊旧称高士坊，宋高士徐复隐居于此而名。现在的清平山堂异地重建，是对那段历史的追忆，是洪氏文化链条上不可缺少的一环。

萝荫书屋　是按照洪钟晚年退居回乡后，在西溪构筑洪园别业西溪山庄的原型新建的。清人吴任臣《游洪氏花园》诗有“秋宪当年赋遂初，槿篱茅屋树扶疏。一溪香雪长携屐，满院萝荫正读书”之句，按照诗意，萝荫书屋是洪钟晚年读书休闲之所。新建的萝荫书屋为平房三楹，四面轩窗，宽敞明亮。简朴整洁而环境幽静。

蕉园琴韵　清时，顾之琼、林以宁、钱凤仪、柴静仪、徐灿、黄蕙等共同发起组织蕉园诗社，其社址和绝大部分成员主要活动范围都在西溪湿地，活动时间较长，流传至今的诗词非常多，无论在当时还是对后世都具有重大影响。蕉园琴韵是前后二进三间平屋，木格轩窗宽敞明亮。大门上分别悬挂“蕉园琴韵”“关雎第一家”匾额。屋前广场上竖有一架象征性的古琴。

洪昇纪念馆　洪昇（1645—1704），字昉思，号稗畦，又号稗村、南屏樵者。家本望族，“三洪学士之世胄”，即南宋洪适、洪遵、洪迈之后。清康熙二十七年（1688），洪昇在《舞霓裳》基础上，复删去李泌，“专写钗合情缘”。写成传奇戏曲《长生殿》。创作过程10多年，前后易稿3次。此剧一出，传唱甚盛。所谓“朱门绮席，酒社歌楼，非此曲不奏，缠头为之增价”。以至于儿童妇女无不知有洪先生。《长生殿》和当时孔尚任写的《桃花扇》，成为中国古典戏曲发展史上的两座并峙的高峰。

洪昇纪念馆大门第一进面北向是《长生殿》剧本音像展示厅，用巨幅画像展示唐明皇与杨贵妃的爱情故事，上有“西泠词客”匾一方。第二进天井前是一座两层楼阁式建筑，上书“啸月”二字。楼下中堂有洪昇立像一座，背景造型以新月、半月、满月衬托，反映洪昇跌宕坎坷的一生。圆形幕墙上题“曲家第一”四个大字。二楼是洪昇生平事迹陈列室。

洪昇纪念馆西面建有“戏曲长廊”。展示有关《长生殿》的故事梗概、创作历程和艺术成就及洪昇离奇的一生。

寿堤　寿堤与五常港并行，南北全长约5470米，宽4.5米，是西溪湿地中最长的一条堤。寿堤的取意也与杭州市打造健康城市的目标相吻合。寿堤两岸水网纵横，古树森森，朴野幽趣，景观天成。沿线有龙舌环绿、慈航送子、龙舟胜会、洪园余韵、幔港寻幽、桥亭思母、火柿映波、村埭田园等西溪美景。

蒹葭泛月　蒹葭，也即芦花。五常白荡滩一带，即蒹葭深处。溪水深曲，水波荡漾，芦荡漠漠，风回绿卷，不时白鹭飞过。正如中国科学院院士黄荣辉对五常街道西坝村的赞美：“河在村中流，村在水中浮。问君何处去？芦荡看白鹭。”而在五常港东御田里，秋深蒹葭吐絮，遇风吹则漫天飞雪。若月夜泛舟芦港，星光摇曳，皎洁炫目，月明溪动，光荡边际，如明人施万于月夜泛舟西溪作诗云：“白露带蒹葭，月光翻在水。恍若御天风，高歌云汉里。”便成蒹葭泛月一雅景。

火柿映波　在西溪星罗棋布的池塘塘基上遍布着大小不一的柿树，五常产柿已有上千年的栽培历史。自南宋淳熙年间（1174—1189）始，便大量种植，多在河岸塘边，房前屋后零星栽植。现有柿子树的树龄多在50年以上，百年老树有4000多株。一近中秋，柿子便由青转黄变红，秋红乍起，绿叶渐黄，迎风飒爽，硕果累累，夺目枝头。岸上红柿与水中倒影相映成趣，又与芦荻互为映照，“千树明霞笼柿果，一溪素月隐芦花”。

东关荷塘　洪园约百亩的区域内，有数个大小不一的荷塘，栽种了红莲、白莲等不同品种的优质荷花。“接天莲叶无穷碧，映日荷花别样红。”成为夏日游人探奇览胜的绝妙去处。

荆源访古　荆源是乡土地名，系五常荆山村和源谊村的合称，访古即追踪原生态的西溪。2019 年，完成西溪湿地西区系列提升工程——荆源访古。“荆源访古”是西溪湿地洪氏宗祠后面的一个景区。这个景区内由近 50 座从浙江、江苏、安徽、江西等地移建的江南古建筑和当地五常乡原有的历史建筑组成。这些建筑拥有浓厚的乡土气息和原汁原味的江南文化风貌，充满着原生文化的魅力。“荆源访古”也重现洪园邬家湾老街的重要景点。游客在这明清古建筑中可观赏旧时建筑，品尝特色美食。

荆源访古（2016）　（徐楚浩提供）

静水流声　2020 年 6 月，由浙江工业大学设计与建筑学院设计学一级学科负责人张新宇团队设计的空间设计作品——《静水流声》在杭州西溪国家湿地公园洪园景区揭幕。《静水流声》位于龙舌嘴主入口处，主景雕塑高 9.5 米，景墙高约 4 米、长约 35 米。作品运用公共艺术创新手法，根据静水、流声、西溪十景画卷等元素，融合西溪之境、人文之盛、艺术之韵、设计之意，描绘了一幅西溪湿地人与自然共生共融的和谐画卷。

第三章 洪氏文化

杭州在南宋高宗建炎三年（1129）改称临安府，绍兴八年（1138）定为首都，时称“行在所”。一跃而成为全国政治、经济、文化中心。建炎三年（1129），洪皓假礼部尚书出使金国，被扣15年，艰苦备尝，持节不屈，朝廷有感他的气节，赐官徽猷阁直学士，右朝散大夫，西湖赐建国公府，并赐田西溪“卸田里”（洪朝祥：《敦煌郡洪氏通宗谱》，清嘉庆二十三年轮溪书屋刊本）。洪皓即为钱塘洪氏始祖，有名的还有蒋氏家族。其时，杭州人口激增，“四方之民云集两浙，百倍于常”，“西北士夫，多在钱塘”，城区人口日益增多，荒空之地遂为繁华街巷。城部人口也随之大增，西溪也人烟生聚。加之宋高宗一句“西溪且留下”，文人雅士、达官显贵开始将西溪作为隐逸佳处，西溪亦改称留下镇。由朝廷直接指挥的禁军驻扎于此，皇室专用辇道穿境而过，促进了西溪发展。

自南宋端平元年（1234）蒙古与南宋联合灭金以后，双方就开始40余年战争。元至元十三年（1276）二月，元军攻占临安，马可·波罗以南宋亡国后来游杭州，仍以“天城”相称，元初，万民蚁聚，众族杂居，不少人避居他乡，如洪氏避居浙东上虞，而大批外地人迁入甚多，如骆家庄之骆氏、陆氏，即彼时迁入西溪的两大姓氏。

明清时期，杭州又成“东南财赋地，江浙人文薮”之地。西溪经济继续发展，亦有更多人文介入。河渚周围的20余里出现了许多自然村落，这些村落大多是同姓或同宗聚居而成，或称村，或称埭，或称庄，如包家埭、洪家埭、徐家埭、段家埭、魏家埭、张家村、周家村、骆家庄等。皆力于稼穑，养鱼育蚕，或种蔬果，或栽茶竹。其中，亦有大家望族。如洪家埭之洪氏，其代表人物为洪钟、洪瞻祖、洪昇。洪氏自元末明初迁入五常洪家埭，遂为“钱塘望族”，至今尚有洪氏后人百余户500余人。杭州洪氏家族在800余年中涌现出众多高官名士，在国内极为少见。

第一节 洪氏家族

以南宋洪皓在杭州始传的洪氏家族，于宋、明、清三代出过许多著名人物。余杭区五常洪家埭旧有洪氏宗祠，内有一楹联，其云“宋朝父子公侯三宰相，明纪祖孙太保五尚书”。上联系指南宋名臣洪皓父子。建炎三年（1129），洪皓假礼部尚书出使金国，持节不屈。死后谥号“忠宣”。这位忠宣公就是杭州洪氏始祖。他的三个儿子先后都成了进士。长子洪适官至尚书右仆射、同中书门下平章事兼枢密使，封魏国公；次子洪遵为翰林学士承旨、同枢密院事、端明殿学士、提举太平兴国宫，封信国公；季子洪迈为翰林学士加端明殿学士，封和国公。洪迈所著《容斋随笔》一问世就受到最高统治者称誉，成为历代皇家珍籍，又为学界乐道。于是，杭州洪氏就誉满天下。元代，官浙东安抚使者徙居上虞，至明成化间

(1465—1487)，因喜欢西溪山水之胜、土地肥沃，又迁回五常洪家埭。

明代是杭州洪氏自南宋以来又一个黄金时代，其代表人物为洪钟。曾孙洪瞻祖，万历二十六年（1598）进士，选翰林院庶吉士，历任兵科给事中、南京都察院右都御史，后赠太子少保、兵部尚书。洪钟之孙洪楩，是明代重要的出版家，最大贡献是刊刻宋元话本，并以精良著称于世，代表了当时最高的印刷水平。清初之洪昇，其诗文在当时颇负盛名，所作传奇《长生殿》与孔尚任《桃花扇》齐名，并称"南洪北孔"。

一、钱塘洪氏家族

洪氏家族发源早、分布广，支系蕃衍，多籍东南。杭州洪氏祖先于五代时被封为敦煌郡公，唐贞元年间（785—804）洪昺从泗州之盱眙（江苏盱眙）迁徽州歙县之黄村（又作篁墩、黄墩），后二十七世祖洪延寿迁至婺源黄荆墩（今江西婺源大鄣乡车田村）。唐末避乱，三十世祖洪玉迁至饶州乐平之岩前洪源（今江西乐平洪源乡）。三十七世祖洪士良再迁至鄱阳滃港（今鄱阳三庙前乡）。

洪氏家族自洪士良曾孙南宋洪皓时迁两浙，这位时人称"宋之苏武"的洪皓，就是杭州洪氏的始祖。其后裔遂以钱塘（杭州）为主要聚居地。洪适（1117—1184），名某，初名造，字温伯，亦字景伯，饶州人。"幼敏悟，日诵三千言。"其父洪皓出使金国时，洪适年仅13岁，就担当起家务事。后以父荫补修职郎。宋绍兴十二年（1142），与弟遵同中博学宏词科，宋高宗说："父在远方，子能自立，此忠义极也，宜升擢。"任命洪适为删定官。后累官至尚书右仆射、同中书门下平章事兼枢密使，官至右丞相。封太师、魏国公，食邑五千户，实封二千六百户，卒谥文惠。祀乡贤。他在金石学方面造诣颇深，与欧阳修、赵明诚并称为宋代金石三大家。洪遵与兄洪适同中博学宏词科，擢秘书省正字，累官至翰林学士承旨、同知枢密院事、端明殿学士、提举太平兴国宫，右丞相，封鄱阳郡开国侯，卒晋少保、信国公。赠太师、右丞相，食邑一千三百户，实封四百户。卒谥文安。洪迈官至翰林院学士、资政大夫、端明殿学士，宰执、封魏郡开国公、光禄大夫。谥文敏。著有《容斋随笔》《夷坚志》等。《容斋随笔》是关于历史、文学、哲学、艺术等方面的笔记，以考证、议论、记事为中心内容。既有宋代的典章制度，更有三代以来的一些历史事实、政治风云和文坛趣话，以资料丰富、格调高雅、议论精彩、考证确切等特点，卓然超越众多的同类著作之上，被《四库全书总目提要》推为南宋笔记小说之冠。

洪皓居钱塘葛岭时，在西溪湿地招德里有朝廷所赐田产3顷，至今仍称"御田里"。洪皓之子洪适、洪遵、洪迈兄弟生于两浙，长于两浙。成名后，或在朝廷为官，或宦游在外，但大部分时间在东南各府、州。洪皓曾孙洪庄仕宋官浙东安抚使。元代避居上虞后山。明代，洪钟祖父洪有恒自上虞返钱塘，仍择居招德里，即今杭州市余杭区五常街道五常村洪家埭。

西溪洪氏代表人物为洪钟。洪钟，明成化十一年（1475）进士，历任刑部主事、安抚使、按察使、左都御史、刑部尚书、工部尚书，进太子太保衔。洪钟驾鹤而去，嘉靖皇帝派大臣谕祭，其墓志铭由理学大师、兵部尚书王守仁撰文，工部尚书经筵官同郡俞琳书写，通议大夫吏部右侍郎同郡胡世宁篆额。可见这位明代重臣的威望。相传洪钟退居故乡后，为祈社安发起五常龙舟胜会，至今仍为当地端午一大盛事。洪钟还将兵器与生产工具结合，创制成多种独特器械，教民演练，以改良民风、强民体魄，即今大放异彩的五常十八般武艺。其曾祖父洪荣甫、祖父洪有恒、父洪薪皆因洪钟名望而获赠尚书衔；曾孙洪瞻祖，明万历二十六年（1598）进士，选翰林院庶吉士，历任兵科给事中、南京都察院右都御史，后赠太子少保、兵部尚书。这便是洪氏宗祠内下联“明纪祖孙太保五尚书”所谓。

洪钟之孙洪楩，是明代重要的出版家，最大贡献是刊刻宋元话本，并以精良著称于世，代表了当时最高的印刷水平。洪楩是藏书家，又是明代重要的出版家，清末藏书、刻书家丁申称其刻书“既精且多”。他的刻书活动主要在嘉靖年间（1522—1566），其家住杭州仁孝坊（俗称清平巷），所刊刻之书署清平山堂。洪楩所刻书，首称《路史》（宋罗泌撰）。《天禄琳琅》称其“校印颇佳，深于嗜古”。所刻《六臣注文选》，“校雠精致，逾于他刻”。其刻书最大的贡献是刊刻了宋元话本。洪瞻祖家居40年，游踪遍及西溪山水间，以诗文著述为娱。所著《西溪志》（聂心汤纂《万历钱塘县志》之《纪文》有载），是最早的西溪乡土志。《西溪志》对西溪的自然和人文景观作了具体叙述，是介绍西溪富有创建性、表达层次较高的古代文献。其文优美而简明，其意开阔而深邃。该志具有较高的史识。清初之洪昇，其诗文在当时颇负盛名。清康熙二十七年（1688），洪昇在《舞霓裳》基础上，复删去李泌，“专写钗合情缘”。写成传奇戏曲《长生殿》。创作过程10多年，前后易稿3次。全剧共50出，规模宏大，内容丰富。洪昇在剧中以唐玄宗和杨贵妃的故事作为情节线索，把他们的爱情悲剧与安史之乱组织在一起，广泛地展开了对当时社会、政治的描绘。全剧写得有声有色，许多场面强烈动人，人物性格鲜明生动，布局和结构的安排独具匠心，辞采绚丽照人，把历史剧的写作推进到一个新的水平。此剧一出，传唱甚盛。所谓“朱门绮席，酒社歌楼，非此曲不奏，缠头为之增价”。以至于妇女儿童无不知有洪先生。《长生殿》和当时孔尚任写的历史剧《桃花扇》，成为中国古典戏曲发展史上的两座并峙的高峰，“南洪北孔”的名声传遍天下。

洪氏自元末明初迁入五常洪家埭，遂为“钱塘望族”，至今尚有洪氏后人百余户500余人。

二、洪氏人物（参见卷八人物传）

第二节 文化遗存

杭州西溪既得天目诸山灵秀之气，又获东南沿海浩荡之风。千百年来，人与自然和谐相处，人文活动持续不断，西溪便有了浓厚的历史积淀和独特的文化形态。杭州洪氏文化在造就西溪中起了极为重要的作用，成为其精华。洪氏家族于南宋时在杭州留下的遗迹基本没有留存，唯文献记载有葛岭国公府。元、明时期在上虞、杭州留下的遗迹有较多可以查证。杭州市余杭区留有洪氏宗祠两处，一为五常街道五常村“三瑞堂”，二为中泰乡南湖村“承承堂”。另尚有洪钟墓等较为完整的遗存。现今歙县、婺源、乐平、鄱阳、上虞等地均有洪氏后裔居住，且留有大量遗存，包括宗祠、牌坊、宅第、墓葬及家谱。其中宗祠散布较多，各洪氏家族聚居地均有设立。但完整保存下来的也不多。歙县、婺源、乐平、鄱阳及黄山市徽州区的洪氏宗祠不过10处。歙县三阳乡叶村之叙伦堂、鄱阳县古县渡洪氏宗祠及徽州区岩寺镇洪坑之洪氏家庙保存较好。1996年乐平市政府出资重建洪公祠。历代所修洪氏宗谱极多，仅上海图书馆就藏有《丹阳洪氏宗谱》《风山洪氏宗谱》《浦阳海塘洪氏宗谱》《敦煌郡洪氏通宗谱》等85部。民间所存更多，其中不少为近年重修。另外，洪氏人物撰著了大量诗文，历代结集出版的不少。

洪氏家族在洪家埭建有洪府、洪氏宗祠，至今尚存少部分旧屋，祠堂附近有洪氏祖茔，曾出土洪薪石像、石碑和石马等遗物。洪钟退居河渚后建造洪园也确有其事。此处尚有思母桥、思母亭、导社庙等与洪钟有关的历史遗迹。此外，诸多洪氏家谱中如家训家规及祠堂中楹联这些遗存和文字都是洪氏文化的重要组成部分。

一、遗迹

三瑞堂 明代是洪氏望族自南宋以来又一个黄金时代，其代表人物为洪钟。其曾祖父洪荣甫、祖父洪有恒、父洪薪皆因洪钟名望而获赠尚书衔。曾孙洪瞻祖，明万历十六年（1588）进士，选翰林院庶吉士，历任兵科给事中、南京都察院右都御史，后赠太子少保、兵部尚书，著有《西溪旧志》，系西溪最早乡土志。洪瞻祖《西溪旧志》云：“我洪氏之先宋太师宣公鄱阳洪皓，始赐第于钱塘西湖之葛岭，子孙名德相承，遂为钱塘望族，其分支迁于西溪洪家埭。”据洪氏后人回忆，洪氏宗祠规模较大，建筑体为中轴歇山式，平面呈长方形，宽约16米，纵深约40米，占地1亩有余。砖木结构，由门厅、庭院、正厅组成。大门略呈八字形，门阙分左、中、右三道，中门前置门当户对，左右边门相对设木栅。门厅内悬挂“洪氏宗祠”匾，两旁有门神像。门厅后为庭院，青石铺砌，两侧各植桂花。正厅五开间，俗称三间两弄。正厅门檐上方悬挂“三瑞堂”匾额，乃接洪皓宁海“三瑞堂”（洪皓任宁海主簿兼摄县令时，轻赋税，恤孤寡，衙中荷花、桃实、竹枝皆成连理，人称“三瑞堂”）遗续。正厅中有“圣授御铭”直牌，蓝底金框，十分耀眼。梁柱用材粗硕，横坊、雀替等木构雕琢精致，且饰以图案。寝殿间梁架彩绘，置历祖牌位，前上方悬“天运灵台”匾。洪氏宗祠初建当在洪钟逝世后朝廷下达“赐建廊庙和建祠堂文帖”后。清末民国初时重建。20世纪50年代初，洪氏宗祠改为小学。50年代中期正厅保存尚完整，悬“御爵府”“洪氏宗祠”“三瑞堂”匾，两侧为“宋祖传世郡敦煌，圣授御铭三瑞堂”楹联。廊柱上有“宋朝父子公侯三宰相，明纪祖孙太保五尚书”和“大宋陛下是一品，为民治国掌朝纲；明纪祖孙同朝臣，五书伴驾护君皇”两联。庭院中两株高达数丈的桂花枝繁叶茂，杭州园林专家称为杭城之最。1975年改建为生产队自备粮仓，嗣后又改成社办工厂车间，现仅留存少量旧屋，辟为纪念室。

洪氏祖茔 在洪氏宗祠南边新桥头，即俗称“天葬坟”处。明天顺七年（1463），洪钟父洪薪去世，葬于祖茔。明成化十九年（1483），洪钟母逝世，同葬其处。屠勋《太和堂集》有《赠承德郎刑部主事洪公封太安人姚氏行状》一文，记录洪钟父母事迹。20世纪70年代因修荆长公路，洪氏祖茔毁，曾发掘出凤冠、铜镜、瓷器等物。当时棺材尚完好，被用于修理农船。2003年10月，又在原墓址附近发掘出洪薪石像、石碑及石马、石羊等遗物。洪薪石像高1.2米，眉目清朗。石碑通高2.36米，碑身高1.23米、宽0.64米、厚0.27米。碑额刻有“奉天诰命”，碑身镌有朝廷3次追封洪钟父母的敕命书。据《鄱阳洪氏统宗谱》载，洪钟祖父有恒夫妇亦葬其处：“有恒居钱塘西溪，妻何氏合葬住前溪南。”

思母桥 洪钟之父洪薪，字汝林，别号淡庵。赠承德郎、刑部江西清吏司主事，授徽州府街口批验所大使。母姚氏端庄淑惠，颇有学识，通《女戒》诸书。洪薪逝世后，姚氏曾这样教诲洪钟：“汝父存时，见汝聪明过人，每喜语人曰：‘人以积金以遗子孙，吾惟教子以一经耳。’每得当代名公文稿，必亲手录以为汝式。又曾私语汝曰：‘吾家自安抚公以来，累世称德，然未有显发者。’虽吾祖与父大负才美而不获见用，吾亦偃蹇若是。所以显发而昌大门户者，尚有望于尔曹也，此能记之乎？”母亲的教诲，洪钟终身受到影响。

思母桥（2008） （洪大根 摄）

其时，洪钟到蒙塾学馆读书有一段路，且须渡五常港。母亲顾及儿子安全，无论风雨，不顾寒暑，用竹子编成渡船每天接送。洪钟每有懈怠，想到母亲辛劳，便更加勤奋好学。由于良好的家庭教育，洪钟学有所成。成化四年（1468），洪钟年26岁，以《易经》领受乡荐试。成化十一年（1475）乙未科谢迁榜进士及第，授刑部主事。虽然洪钟名望鹊起，仍不忘母恩，每有闲暇，便伴随母亲。当洪钟官居刑部尚书兼左都御使要职时，仍在京师赡养母亲。“钟每暮归，必问所治事当否为忧喜，识者谓有平反之意。钟之成名，亦本于母教然也。”

成化十八年（1482），洪钟母亲日有桑梓之念，归乡心切。是年八月，洪钟就与其弟洪糍一起陪伴母亲归钱塘。“逾四月竟以病卒，是为腊月二十九日。”享年67岁。明正德七年（1512），洪钟因与廖复战未胜遭弹劾而告老还乡。归乡后念及母亲教诲，为报恩德，于正德十五年（1520）出资在昔日母亲摆渡接送处建造一座桥梁，取名“思母”，又在桥南50米辇道旁盖一座亭子，亦名“思母”。洪钟所撰《思母亭记》一文镌刻于亭内石碑之上。思母亭早已圮，据2007年12月考古发掘，其处有4块0.48米×0.45米的亭柱基石，亭柱之间南北宽1.64米，东西长1.54米，亭高2米有余。思母亭石碑尚存。惜碑文漫漶不清，“桥坍塌，编竹而渡”“大明正德十五年口月吉旦立”字样尚可辨。有碑额、底座，太湖石质，高约2米，宽0.7米，厚0.25米。思母桥位于洪家埭东，横跨于洪家河，南北向，东为五常港。为三板三孔石梁桥，桥面条石铺砌，中间平整，正中处有一图案似花，周以祥云环之。桥梁两侧镌有“思母桥”字样。整座桥略呈拱形。南桥墩外侧有一七宝柱形图案，其旁一方石板上刻有佛经，传为洪钟母姚氏常念之经文。北桥墩外亦有图案文字，文字似记年代。桥堍各有台阶2步。思母桥于1977年被改建为水闸，尚存部分基石。朝廷对洪钟父母事迹有所闻知，并予以赞赏。明宪宗、明孝宗分别于成化十五年（1479）、成化二十三年（1487）、弘治十三年（1500）3次敕封洪钟父洪薪、母姚氏，诰命书碑而今尚存。碑高2.36米，宽0.64米，厚0.27米，分底座、碑额及碑身。

东穆坞洪钟墓残存翁仲(左)、碑额(右)(2007)　　(葛树法　摄)

洪钟墓　明万历《钱塘县志》载:“尚书洪襄惠钟墓在定北东穆坞莲花山。嘉靖四年遣官营墓,有祠。”万历《杭州府志》亦载:“刑部尚书兼左都御史谥襄惠洪钟墓,在钱塘县定北东穆坞莲花山。嘉靖四年谕葬,遣官营墓。新建伯王文成守仁撰铭。”又《西溪百咏》载:“东穆坞最深秀处有洪中丞墓,游人乍至,不忍言返。”惜墓在“文化大革命”中被毁仅剩20余平方米的一处土堆。墓碑数十块及翁仲、石龟、石羊、石马散落四周茶树中,墓道基石、台阶多被村民用于建房。2007年8月,在墓地发现墓表(立在墓前,刻载死者生平表扬其功德的石碑),太湖石质,惜已被毁成若干块。墓表残留之字为楷体,每字约2厘米见方。其字遒劲秀气,转折流畅,清气照人。另存墓表碑额,高约60厘米,宽近1米,左右上方镌云龙盘护图案,形神俱佳。文为“明故赠进光禄大夫柱国太子太保刑部尚书兼都察院左都御史谥襄惠洪公墓表”,篆体,每字约一寸见方。雄浑奇肆,朴茂雄健,苍劲之中如有飞动之势。另有一块石碑,空无一字,长约2米,宽近1米,厚25厘米,下有凸榫,惜已断成4截。墓前尚存灵龟(赑屃)2尊,系为墓表等物之底座。据明嘉靖二十七年(1548)《鄱阳洪氏统宗谱》载,墓表之文字系都察院右副都御史、河南巡抚陈珂所撰,礼部尚书、文渊阁大学士顾鼎成书写,篆额为吏部尚书兼翰林学士董玘。距洪钟墓左侧10余米处,是其曾孙洪瞻祖墓葬,也早被盗毁。

洪园　洪钟官至右副御史时曾在西溪扩建宅第,归隐回故乡后又择地建书院、别业(别墅)。书院筑于西湖涌金门南,门对南北两高峰,因命名为“两峰书院”,自号“两峰居士”。洪钟别业即俗称“洪园”。清梁诗正《西湖志纂》载:“洪园,在河渚东。明刑部尚书洪钟别业。”

据洪氏后裔洪大根介绍,洪园约在洪家埭的五常港与严家港交界处,洪氏宗祠东北不远处。旧有洪氏府第庭屋10余幢,屋为五间九架,屋脊用瓦兽,梁栋斗拱檐,颇有气势。后园有两个小丘,大者300平方米,小者百余平方米,高约10米,树木茂盛,有石砌假山。民国时,小丘边住家已为陈、蒋二姓。1956年,为建篮球场而将小丘除去。1970年,洪生福拆建房屋时,出土一块碑石,长约1.8米,刻有“赠右副都御史洪”等字样,为旧时官员回乡建宅,朝廷或官署所赠牌坊条石。

河渚乃西溪最胜处,一派沙汀水濑,芦花如雪,溪影连云,林光罨画。文人雅士竞相建筑宅第私园。素以道德文章受人称颂的冯梦祯在《快雪堂集·日记》明万历二十六年(1598)八月二十日条有这样的文字:“万历戊戌八月廿,晴,平旦到西溪永兴,门径赖瑞庭一新,竹树生色良可嘉尚,少睡一时许起,同瑞庭周行钱、万二业,竹树花息颇繁,此佃户得人之验。饭后视新成洪氏花园，曲池十余亩，周以修竹，大佳。”明正德八年（1513）洪钟辞官还乡，嘉靖二年（1523）洪钟逝世，洪园当在此10年间所建。

明嘉靖三十一年（1552），洪钟子洪澄因女婿平虏大将军仇鸾遭贬而死，女儿悲愤而亡，留下七个弱冠儿女，离开洪园，于西湖孤山另筑别业。其子洪楩此时正在城内仁孝坊清平山堂忙于校刊话本。待洪鞭于清平山堂完成校刻善本，为在西溪消遣晚年，又在河渚东重新修葺洪园，增筑藏书楼。这在丁立中《西溪怀洪美荫》诗注中有记载：“美荫，名鞭，襄惠公孙。官詹事府主簿。于西溪山庄增构藏书楼，尝校刊《路史》《古文》，世称善本。家有三瑞堂。”其时，冯梦祯也建好西溪草堂，距洪园不过数里，便有了“饭后视新成洪氏花园”的日记。据考证，洪园之位置约在紫金港畔的陆庄与登云圩之间。距深潭口不远，当地人称桑园蒋，东西临水，南即蒋氏的祠堂，四面环水，通千家漾和何家河头。登云圩之墩即为洪园小丘。明末清初，洪园渐次荒落，改随他姓。而其时，陆庄、白风书斋、西溪山庄等方兴未艾。洪园部分归属陆阶之陆庄，陆庄的半月池即洪园洗妆池。洪园另外部分则成为高士奇西溪山庄一部分。丁立中《西溪山庄怀洪襄惠公》一诗，以西溪山庄怀念洪钟，亦可印证洪园日渐荒废，后归属他姓。

西溪洪氏宗祠图 （张长工绘）

2007年，洪家埭又发现“洪府界”墙界石一块，高85厘米、宽14.5厘米、厚8厘米。然与文献所载“洪园，在河渚东”相背。据此，洪家埭乃洪钟府第，为前府后院，其规制符合《明史·舆服制》之等级标准。河渚东者则为洪园，景色宜人，建筑简陋，却也山石曲池、栽树修竹，宜闲时小憩。

道社庙与广福禅寺 洪钟回乡后，携家人在家庙进香祭祖。家庙在洪家埭，原名道仁土地堂。洪钟见进香百姓众多，而庙又逼仄窄小，便萌生扩建庙堂的想法。洪钟首出俸资，组织民众乡邻在原址扩建道仁土地堂，改名为道社庙，并在庙前河上建桥一座。清初，道社庙已达相当规模，占地20余亩。庙内建有戏台，每逢年过节，便有演出。届时，四方村民或徒步而往，或荡舟前去，热闹非凡。至民国

道社庙（2015） （去疾 摄）

后期，道社庙仍香火延续。20世纪50年代被改作他用，“文化大革命”中被毁。90年代中期，重建道社庙的活动在洪家埭、邱桥一带民间展开，并异地重建，更名广福禅寺。寺院占地近20亩，建有三圣殿、观音殿、五常老爷殿、大雄宝殿等。大雄宝殿高甍飞宇、金碧辉煌。另建天皇殿、地藏殿、伽蓝殿、藏经楼、钟鼓楼等。

广福禅寺之名来源于原位于西溪湿地内的蒋村乡的广福庙。明万历《杭州府志》卷四七《祠庙》载：“广福庙在盐桥上，祀宋蒋崇仁。崇仁，世居杭之兴德坊，喜施赈。卒之日，里人祠其像以报之。咸淳初，赐额。六年朝命锡封，及二弟皆列侯。庙屡毁于火，而里人屡新之。两浙转运司长山盐司丞胡长孺有传。”

二、洪氏宗祠楹联选

五常洪家埭洪氏宗祠：

宋祖传世郡敦煌，圣授御铭三瑞堂。

宋朝父子公侯三宰相，明纪祖孙太保五尚书。

大宋陛下是一品，为民治国掌朝纲；明纪祖孙同朝臣，五书伴驾护君皇。

新昌县洪氏宗祠：

三陪凤阁，四达銮坡。

才称四子，书列三奇。

宁海县洪氏宗祠：

瑞成连理，图写慈恩。

泉州东门草埔尾洪氏大宗祠：

洪皓我祖，节著冷山。

忠贞贯日，感动天颜。

缵承绞绫，荐任赤泉。

甘棠遗爱，聚族瓜绵。

驷马高车地，忠臣理学家。

派别衍敦煌，宗支百世；地灵钟衮绣，庙貌千秋。

节著冷山十五年，衔命抱符，忠贞志远似苏武；派分晋水廿余疏，劾奸弭患，铁石心迈迹琼崖。

遂安康塘洪氏三瑞堂：

三瑞呈祥龙变化，百琴协韵凤来仪。

台湾南投县草屯镇洪氏宗祠：

宗山拱秀隆基业，星斗长明映画堂。

敦盛宗支，源来一支；煌明衍派，义属同家。

广州花都官禄镇土布村洪氏宗祠：

兄弟俱才，争比谢家之四；父子皆宜，竟夸宁海之三。

由嘉应，徒杨梅，祖德宗功，经之营之，力图官禄之基础；借花峰，贯花邑，光前裕后，耕也学也，恢宏敦煌之遗风。

由嘉应，居石坑，尊祖敬宗，长念馨香俎豆；迁花峰，住官禄，光前裕后，宏开礼乐冠裳。

附：

诗礼簪缨五百载

以南宋洪皓在杭州始传的洪氏家族，于宋、明、清三代出过许多著名人物。余杭区五常洪家埭旧有洪氏宗祠，内有一楹联，其云“宋朝父子公侯三宰相，明纪祖孙太保五尚书”。上联系指南宋名臣洪皓父子。建炎三年（1129），洪皓假礼部尚书出使金国，被扣15年，艰苦备尝，持节不屈，终得以放还。朝廷有感于他的气节，赐官徽猷阁直学士、右朝散大夫，封鄱阳郡开国侯食邑一千二百户，并西湖葛岭赐建国公府。死后谥号“忠宣”。这位忠宣公就是杭州洪氏始祖。他的三个儿子先后都成了进士。长子洪适官至尚书右仆射、同中书门下平章事兼枢密使，封魏国公；次子洪遵为翰林学士承旨、同枢密院事、端明殿学士、提举太平兴国宫，封信国公；季子洪迈为翰林学士加端明殿学士，封和国公。洪迈所著《容斋随笔》一问世就受到最高统治者称誉，成为历代皇家珍籍，又为学界乐道。于是，杭州洪氏就誉满天下。元代，官浙东安抚使者徙居上虞，至明成化间（1465—1487），“慕钱塘山水之胜，而西溪土田肥沃，因徙家于溪之招德里（五常洪家埭）。”

明代是杭州洪氏自南宋以来又一个黄金时代，其代表人物为洪钟。洪钟，成化十一年（1475）进士，历任刑部主事、安抚使、按察使、左都御史、刑部尚书、工部尚书，进太子太保衔。相传洪钟退居故乡后，为祈社会安定发起五常龙舟胜会，至今仍为当地端午一大盛事。洪钟还将兵器与生产工具结合，创制成多种独特器械，教民演练，以改良民风、强民体魄，即今大放异彩的五常十八般武艺。其曾祖父洪荣甫、祖父洪有恒、父洪薪皆因洪钟名望而获赠尚书衔；曾孙洪瞻祖，万历二十六（1598）进士，选翰林院庶吉士，历任兵科给事中、南京都察院右都御史，后赠太子少保、兵部尚书。这便是洪氏宗祠内下联“明纪祖孙太保五尚书”所谓。洪钟之孙洪楩，是明代重要的出版家，最大贡献是刊刻宋元话本，并以精良著称于世，代表了当时最高的印刷水平。清初之洪昇，其诗文在当时颇负盛名，所作传奇《长生殿》与孔尚任《桃花扇》齐名，并称“南洪北孔”。

洪氏自元末明初迁入五常洪家埭，遂为“钱塘望族”，至今尚有洪氏后人百余户500余人，赫赫扬扬数百年矣！杭州洪氏家族在800余年中涌现众多高官名士，在中国极为少见。望族指在社会上享有一定声望的家族。洪氏家族的声望主要来自其较高的社会地位，而其社会地位则在很大程度上取决于望族成员所从事并赖以获得权力的职业及其文化建树。构成其家族强大的政治实力，同时成为诗礼簪缨之文化望族。洪氏家族的勃兴在相当程度上得益于其优越的外部环境，而其爱国和民本主义、强烈的忧患意识，开拓和奋发进取精神，以及高尚的道德，不仅使家族成员得以历尽艰辛，博取功名，更使其登第厚能以立德、立功、立言为家族赢得声望。值得我们去认识、研究，并在西溪湿地的保护和适度利用中，在构建和谐社会中予以彰显。

明代重臣洪钟

《西溪梵隐志》载：“东穆坞有明太保洪钟墓道，松楸列植五里，嘉靖二年九月谕祭，赐钱塘穆坞之阡，王文成公守仁撰墓志铭。”王守仁《谥襄惠两峰洪公墓志铭》开头便称“桓桓襄惠，嶷然人杰”。洪钟驾鹤而去，嘉靖皇帝派大臣谕祭，其墓志铭由理学大师、兵部尚书王守仁撰文，工部尚书经筵官同郡俞琳书写，通议大夫吏部右侍郎同郡胡世宁篆额。可见这位明代重臣的威望。

太子太保刑部尚书洪钟公遗像

洪钟（1443—1523），字宣之，自号两峰居士，钱塘县崇化（今余杭区五常街道）人。洪钟出身于书香门第，自幼刻苦学习，知书达礼，歧嶷不凡。明成化四年（1468），以《易经》领受乡荐试。成化十一年，洪钟考上进士，先担任刑部主事，“谙习宪典，时相继为大司寇者，皆耆德宿望，咸器重礼信之。委总诸司章奏，疑议大狱，取材于公，声闻骤起”。后升为郎中，成化二十一年，奉命前往江西、福建、两广，任上安辑流民，增设乡社、教化百姓，办了不少好事。弘治元年（1488），任四川按察使，在任时严惩安鳌，促成一方平安。稍后，任江西、福建左右布政使。弘治十一年（1498），升任右副都御史，巡抚顺天，整饬蓟州（今北京附近）边备，增筑塞垣，自山海关西北至密云古北口黄花镇，直抵居庸关，延亘千余里，缮复城堡270余座。此举使沿线各县减少驻防兵士6000人，节省军费数以万计。离京200里处有潮河川，因势水涨成巨浸，水退则坦然平陆，来犯之敌凭此可长驱直入。洪钟计划在其东三里山间凿雨渠分杀水势，于口外筑石堰以束水。若此，关堰内只需数百人驻防，就能免去敌患。不久，工成。惜遭给事中屈伸等人弹劾，遭停俸禄三月的处罚。正德元年（1506），洪钟召督漕运兼巡抚江北。次年，升右都御史，正德三年掌管南京都察院，又升南京刑部尚书。正德四年，改任北京工部尚书，又改刑部尚书兼都察院左都御史，被加授太子少保。正德五年春，洪钟受命总制军务，陕西、河南、四川亦隶焉。因平定农民起义有功，朝廷七降敕奖励，赐白金麒麟服，升为太子太保。其曾祖父洪荣甫、祖父洪有恒、父洪薪亦被追赠太子太保、刑部尚书。正德七年，因与寥复战未胜而遭弹劾，告老还乡。

洪钟为官数十年，一生清白，还乡后也未置田地。他对子女的教育也很有水平。这可从他一首《谕子作》中看出：“汝父慕清白，遗无金满籯。望汝成大贤，惟教以一经。经书宜博学，无惮历艰辛。才以博而坚，业由勤而精。”至今也不失为一份好“教材”，具有现实意义。洪钟不仅教育子女“经书宜博学”，自己也以读万卷书为喜好。当年戎马倏忽，手不释卷。辞官归乡，仍藏书万卷，并在涌金门旁创建两峰书院，教授子弟读书习经。洪钟熟读经史，工古文，精书法。《万历钱塘县志》中有《宝奎寺记》一文，文字简练，叙事流畅，便是洪钟为凤凰山宝奎寺所作。桃源岭方井的亭子上，原有宋代书法大家米芾题写的“方井桃源岭”匾额，后因年久风雨侵蚀，字迹模糊不清。洪钟辞官归乡，在当地乡绅恳请下，补写了“方井桃源岭”五字，酣墨淋漓，苍劲之中如有飞动之势。

嘉靖二年（1523），洪钟逝世。嘉靖皇帝三次派使者谕祭，谥号“襄惠”，并赐葬于西溪之东穆坞莲花山。清代学者丁立中《西溪山庄怀洪襄惠公》一诗这样纪念他：“白金麟及沐恩多，秋宪归营安乐窝。边备万屯擐甲胄，功成四省息干戈。小丘临水披苍竹，奇石含烟枭绿萝。五里松楸东穆坞，阳明墓表不刊磨。”

清平山堂洪楩主

上海古籍出版社印有《清平山堂话本》，内有话本小说27篇（含5个残篇），是近代关于话本小说两次重要发现的合集。第一次是在民国18年（1929），日本著名汉学家盐谷温在内阁文库的藏书中发现《简贴和尚》等15篇小说。第二次是在民国22年（1933），北京大学教授马廉在宁波买的残书中，整理出《花灯轿莲女成佛记》等12篇小说。日本内阁文库所藏部分因其版心有“清平山堂”字样，在影印时即定名为《清平山堂》，马廉又因其均为话本，在影印时定名为《清平山堂话本》，遂成惯称。查田汝成《西湖游览志》所载，实则为散佚多年的《六十家小说》，该书分为《雨窗集》《长灯集》《随航集》《欹枕集》《解问集》及《醒梦集》6集，各集均折为上下册，每册收作品5篇。

清平山堂为明朝嘉靖时钱塘人洪楩的斋名。《西湖游览志》载：“清平山在仁孝坊，旧有烟霞阁，四壁画古贤像，多名人题咏，今废。”“仁孝坊，俗称清平巷，西通清平山，开元寺者其对，宋有登平坊。”在西溪诸多藏书楼中，清平山堂最为著名。洪钟的祖父和父亲皆以耕读起家，洪钟继承父志，更喜藏书，“素称学海，书籍拥专城”。洪钟之子洪澄，字子静，号西溪，亦喜藏书。洪钟之孙洪楩更是承先世遗业，购书藏书，构筑书室，积书数万卷之多。

洪楩，字子美，以其祖父洪钟曾官荫詹事府主簿。清藏书家丁申称他“承先世之遗，缥缃积卷”，藏书颇丰。洪楩藏书主要得之于其祖父洪钟，他在洪钟‘两峰书院’的基础上，收购书籍，扩大规模。

洪楩是藏书家，又是明代重要的出版家。清末藏书、刻书家丁申称其刻书“既精且多”。他的刻书活动主要在嘉靖年间（1522—1566），其家住杭州仁孝坊（俗称清平巷），所刊刻之书署清平山堂。

洪楩所刻书，首称《路史》（宋罗泌撰）。《天禄琳琅》称其“校印颇佳，深于嗜古”。所刻《六臣注文选》，“校雠精致，逾于他刻”。其刻书最大的贡献是刊刻了宋元话本。宋元话本作为一种新的文学体裁，在中国小说史上有重要地位，对明清小说乃至后来的小说、戏曲的发展起了重要作用，代表一个重要发展阶段。今存宋元话本主要保留在《京本通俗小说》《清平山堂话本》和冯梦龙的“三言”之中，所刻的《清平山堂话本》是其中最重要的一种。因而可以说，洪楩对宋元话本的保存和传播起着重要的作用。

洪楩所辑刊的宋元话本，如前述原名《六十家小说》，完整的原书已不可见，现存残本有两种：一为日本内阁文库所藏残本，共3册15篇，其篇目为《柳耆卿诗酒玩江楼记》《简贴和尚》《西湖三塔记》《合同文字记》《风月瑞仙亭》《蓝桥记》《快嘴李翠莲记》《洛阳三怪记》《风月相思》《张子房慕道记》《阴骘积善》《陈巡检梅岭失妻记》《五戒禅师私红莲记》《刎颈鸳鸯会》《杨温拦路虎传》。另一残本原藏宁波天一阁，后散出为收藏家马廉在宁波冷摊发现，即《雨窗集》和《欹枕集》共12篇，其篇目为《花灯轿莲女成佛记》《曹伯明错勘赃记》《错认尸》《董永遇仙传》《戒指儿记》《羊角哀死战荆轲》《死生交范张鸡黍》《老冯唐直谏汉武帝》《汉李广世号飞将军》《夔关姚卞吊诸葛》《霄用萧琛贬霸王》

《李元吴江救朱蛇》等。它们是研究中国小说史不可多得的第一手材料。例如，所收的话本《西湖三塔记》，记载了宋代杭州的民间传说，与后世流传的“白娘子永镇雷峰塔”互有影响和补充。在《陈巡检梅岭失妻记》中，首先出现了齐天大圣的猴精形象，对明代吴承恩创作《西游记》有极大影响。至于《董永遇仙记》，后世的戏曲、传奇都以它为蓝本。

清平山堂刊书重视书籍刊刻的质量，精于校刊，注重内容与形式的完美统一。洪楩所刊的《路史》《文选》，由当时的文学家田汝成作序，田称其“得宋本重刊，校雠精致，逾于他刻，且文雅有足称者”，是世所公认的精刻本。

洪楩清平山堂刊刻之书主要有：

《唐诗纪事》81卷，宋计有功撰，嘉靖二十四年（1545）刊本。《新编分类夷坚志》51卷。宋洪迈筹撰。嘉靖二十五年（1546）刊本。《医药摄生类八种》（内含《医药权舆》《寿亲养老新书》《食治养老方》《太上玉轴气》《陈虚白规中指南》《霞外杂俎》《逸游事宜》《神光经》等8种）《洪楩辑》。嘉靖二十五年（1546）刊本。《六臣注文选》60卷，梁萧统撰，唐李善等注，嘉靖二十八年（1549）刊本。《蓉塘诗话》20卷，明姜南撰，嘉靖三十六年（1557）刊本。《路史》40卷，宋罗泌撰，嘉靖间刊本。

后人丁立中有《西溪怀洪美荫》一诗，这样纪念他：“美荫生来玉宇清，级绳祖武振家声。古文选录英华萃，路史雕刊校勘精。架搜千编罗卷轴，堂开三端集簪缨。园林曾筑西溪胜，闲与山农课雨晴。”

洪瞻祖与《西溪志》

洪瞻祖，字诒孙，号清远山人，生卒年不详。明万历二十六年（1598）进士，选翰林院庶吉士。后官兵科给事中。其时，乌江系贵播之界，南岸则为乌江关。若沿江而下，北面属于播州（今遵义市一带），南面属于贵州，水西安氏略占有贵州界土。总督王象乾责令水西安氏退出所占之地，欲借此邀功。洪瞻祖以为：“安氏二百年来与流官无异，其兵则勇冠诸苗，其人则憨而恋主，其地则滇南门户。督臣何故争之？且沙溪撮土，所争几何？全播之间，得不偿失。智者不为也。”此议得到万历皇帝首肯。但后遭奸臣所劾而外贬。后补嘉庆县丞。历官至南京都察院右都御史，巡抚南赣。当时闽广有反兵藏于深山中，官军多征剿失利。洪瞻祖以诸郡兵分路合剿之，不顾身历蛮瘴，越赣度汀，冒矢石执桴鼓，带领军士杀敌1170余人，30余巢，缴获牛马、器械无数。众人为其请功，而洪瞻祖已无心于功名，请求还乡。后赠太子少保、兵部尚书。

洪瞻祖家居40年，游踪遍及西溪山水间，以诗文著述为娱。所著《西溪志》（聂心汤纂《万历钱塘县志》之《纪文》有载），是最早的西溪乡土志。《西溪志》对西溪的自然和人文景观作了具体叙述，是介绍西溪富有创建性、表达层次较高的古代文献。其文优美而简明，其意开阔而深邃。该志具有较高的史识。正如他在文末所总结道：洪瞻祖曰：“余读《春秋》《越绝》《方舆》诸书，历姑苏、会稽，登灵岩，眺句乘矣，其间各有二坝，缔构之迹、长老指次，遗文炳然。钱塘由钱氏肇基，阅五季，惟宋因余，犹有天下之半。西溪与湖表里，远不辟一舍，又占揆之副极，其山川风物，岂无一二名胜，蕴真表灵而不容湮灭终古者？顾图史搜其丽，瞩碑牒永托经奇，兴会标于玄对。近而漏则田叔禾氏之志疏，余欲明其故实，而无孙思邈之徒可导迷者。独得周谟《西溪百咏》，词鄙，厕所事颇核，则稍因之。”洪瞻祖另著有《清远山人稿》《西溪集》等。他还多次倡导和资助西溪湿地的文化建设，如重修法华寺、浩然院（永乐庵）等。《西溪怀古诗》之《西溪怀洪诒孙》诗云：“继绳祖泽嗣徽音，清远山人学古深。南赣立功宣政略，西溪纂志重文林。沙溪撮土乌江策，穷巷瞻云绿野吟。四十年来林下乐，家居还抱济时心。”洪瞻祖之子吉臣、吉晖、吉符，均以诗文闻名，时有“城西有三洪，英英文字雄”之誉。

洪昇作剧《长生殿》

洪昇（1645—1704），字昉思，号稗畦，又号稗村、南屏樵者。钱塘（今属杭州市）人。家本望族，“三洪学士之世胄”，即南宋洪适、洪遵、洪迈之后。洪昇父亲为洪起鲛，母亲黄氏为清初文华殿大学士黄机之女。

洪昇降生前一年，李自成起义军攻占北京。不久，吴三桂勾结清兵入关，占领北京。次年，清兵大举南下，五月入南京，六月下苏杭。与此同时，江浙抗清斗争也掀起高潮。洪昇降生在兵荒马乱的逃难途中，他后来在《燕京客舍生日怀母》一诗中，用“母氏怀妊值乱离，夙昔为余道其苦”的句子描写当时的情形。稍后，又目睹清王朝镇压反清武装斗争和强化思想文化统治残酷现实，使这位生逢明清之交的他，对清朝统治集团的封建专制有自生而来的抵触情绪。洪昇生在书香门第，加之刻苦读书，他才华横溢，聪慧过人。20 岁时已创作了许多诗文词曲，受到人们交口称赞。康熙七年（1668），洪昇 24 岁时离杭赴京，为国子监生受业于王士祯，得诗法于施闰章。尤喜赵执信的诗，两人结为挚友。后因没有谋到官职，失望而归，为了衣食而到处奔波。27 岁左右，因发生家庭纠纷，为父亲和后母所不容，被迫离家，过着寄人篱下的贫困生活，“流寓困穷，备极坎坷”。29 岁，再次前往北京谋生。他的诗得到当时名流李天馥、王士祯的赏识和赞扬，一时诗名大盛。康熙十二年，与友人严曾榘在杭州皋园，谈及开元天宝年间事，感李白之遇，作《沉香亭》传奇。旋客北京，友人毛玉斯谓其排场过熟，因去掉李白，加入李泌辅肃宗中兴，更名《舞霓裳》。康熙十七年，洪昇“未膺荐举”，在心灵上受打击甚深，开始由对清廷希求而一转萌生愤激的情绪，使潜在的民族意识逐渐抬头。他在京以卖文为生，生活更加困苦，情绪亦更加傲岸不羁。次年冬，父亲因前事发作，被判抄家、流放边地，母亲也被牵连。他为营救父亲，奔走呼号，向王公大人求情。接着昼夜兼行，赶回杭州，陪伴父母北赴戍所，所幸途中遇赦得免。这一次家庭变故，使他正视社会现实，注意到民间疾苦和统治阶级内部的倾轧、朝政的翻覆。

康熙二十七年（1688），洪昇在《舞霓裳》基础上，删去李泌一段情节，“专写钗合情缘”。完成传奇戏曲《长生殿》。创作过程 10 多年，前后易稿 3 次。全剧共 50 出，规模宏大，内容丰富。洪昇在剧中以唐玄宗和杨贵妃的故事作为情节线索，把他们的爱情悲剧与安史之乱组织在一起，广泛地展开了对当时社会、政治的描绘。全剧写得有声有色，许多场面强烈动人，人物性格鲜明生动，布局和结构的安排独具匠心，辞采绚丽照人，把历史剧的写作推进到一个新的水平。此剧一出，传唱甚盛。所谓“朱门绮席，酒社歌楼，非此曲不奏，缠头为之增价”。以至于儿童妇女无不知有洪先生。《长生殿》和当时孔尚任写的历史剧《桃花扇》，成为中国古典戏曲发展史上的两座并峙的高峰，“南洪北孔”的名声传遍天下。

康熙二十八年（1689）秋，洪昇召集伶人演《长生殿》，许多名流都前往观剧。当时正逢康熙帝的皇后佟佳氏病死不久，触犯禁忌。洪昇遭弹劾，被国子监除名，遣出京城。当时有人写道：“可怜一夜《长生殿》，断送功名到白头。”幸而朝廷没有深入追究《长生殿》剧本。但洪昇已无法再留在北京，于次年携家返回杭州，移居旧治南5里沙河塘，并在西湖孤山筑稗畦草堂，作为吟啸之地。

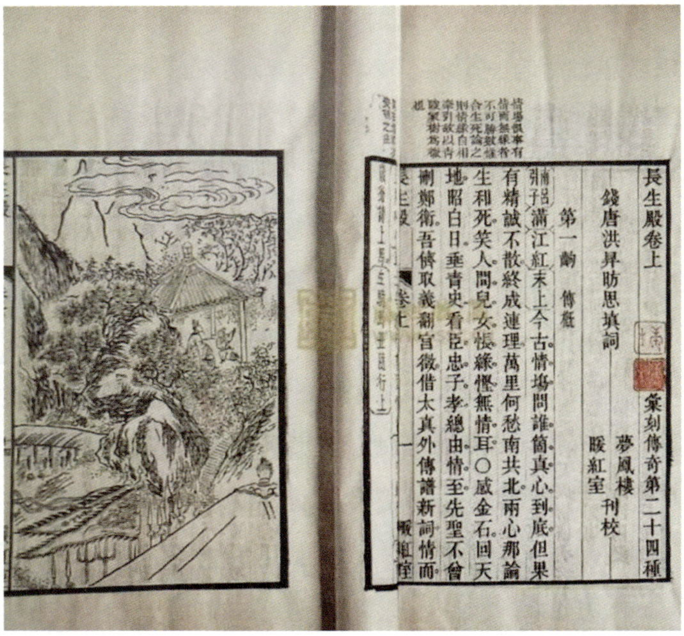

《长生殿》刊本

洪昇回乡以后，疏狂如初，写诗填词作曲，放浪西湖之上。康熙三十五年（1697），江苏巡抚曾命人安排演出《长生殿》，观众蜂拥。观剧时洪昇在宴席上纵饮如旧，旁若无人。此后，吴山、松江等地相继演出该剧。康熙四十二年，江宁（今江苏省南京市）织造曹寅（《红楼梦》作者曹雪芹的祖父）召集南北名流举行盛会，让洪昇独居上座，观看全本《长生殿》的演出，历时三昼夜才演毕。次年，应江南提督张云翼的聘请去松江，回归途中，在乌镇登舟失足坠水而死。

洪昇的诗词在当时颇有盛名，著有诗文《稗畦集》《稗畦续集》《啸月楼集》等。他所作传奇除《长生殿》外，还有《回文锦》《回龙院》《闹高唐》《孝节坊》等剧，惜已不存。

（原载王庆《西溪丛语》）

卷 三

城乡建设

第一章 基础设施建设
第二章 市镇管理

五常风光

第一章　基础设施建设

五常地理位置优越，经济开发较早，随着各业发展，境内逐步形成一批集市。宋代，西溪市即为农副产品有名集散地。

中华人民共和国成立后，随着社会、经济的发展而不断扩大，特别是改革开放以后，五常按自己特色编制总体发展规划以及相配套的工业、商贸、居住等专项规划，逐年加大资金投入，改造老城区、建设新城区、扩大建成区，一改昔日街小路窄、房屋低矮、设施简陋形象，相继建成为布局比较合理、基础设施比较配套、且交通便捷、市场繁荣的新型城镇。

进入21世纪后，为融入杭州大都市，实施小城镇大战略的目标，在中心城镇（街道）建设快速发展的同时，也不断推进农村农民的住宅改造，一大批新农居点多（高）层公寓建筑如雨后春笋般在广阔田野上崛起，使越来越多的农民变成居民，村庄建成社区。伴随撤村建居，促进了城乡建设的迅速发展，城乡面貌的巨大变化，从而逐步实现生产生活生态的高度融合。

第一节　市政建设

一、规划实施

1999年前，五常尚无较规范的规划。随着城市化快速发展和对政府治理能力的要求，1999年，五常乡开始制定集镇规划。次年，根据上级政府批复意见，开始按规划实施并加强领导。

集镇规划区　五常乡位于杭州市区西侧，具有发展城郊型经济的独特地理位置。1999年，五常乡开始制定集镇规划。2000年1月，市政府《关于余杭市五常乡集镇规划区实施开发建设请示的答复意见》，规划范围西至东西大道、北至宣杭铁路、东至绕城高速公路、南至和睦路，规划总面积为35平方公里。规划区总体定位为“活力之城、创新之城、智慧之城、绿色之域”。力争把规划区打造成为：滨水个性彰显都市魅力的活力型城区；集聚科技资源创造经济奇迹的创新型城区；未来科学技术产品应用的智慧型城区；用生态理念传递城市价值的绿色城区。功能定位是以科技研发、商务办公、公共服务为核心，集旅游休闲、高尚居住等多功能于一体的综合服务片区，是未来科技城的核心启动片区、体制创新和政策落实示范片区、创新创业和智慧宜居重点地区。人口规模：约26.82万人、8.9万户。用地规模：总用地面积3503.89公顷，其中非建设用地面积441.93公顷，占总用地面积的12.61%；建设用地面积3061.96公顷，占总用地面积的87.39%。

2001年4月，决定发展用地不跨越公路两侧布局，近期开发在绕城线组织实施。绕城线两侧80米建筑物予以控制，面积27.56亩，其中西侧50米实施绿化建设，该地块为公建用地的建设需要。规划区西北部，有五顺实业、华立科技园、朴源时装公司、五常横板桥工业园等。现状建筑风貌尚好，以大型工业园区为主，但部分企业产业导向存在偏差，与地区发展总方向不同。

规划区东北部，有鸿雁电器、西子混凝土、飞碟汽车制造、五常西溪软件园等。此片区北部环境较差，部分企业厂房以集装箱建筑形式存在，与五常街道整体城市风貌不符。且企业存在产业技术含量低、产出低效的问题。规划区西南部，有华立科技园、井森科技、海峡工具、鸿雁塑胶制造公司等。整体风貌环境一般，与周边环境不协调，部分企业产业导向与整体产业发展不符，需要进行产业提升，其中华立科技园正在产业提升中。规划区东南部，后山路沿路企业环境较差，多为零散小企业。环境亟待改善，大部分企业产业导向也存在与整体发展导向偏差的问题。另外，东南部山体存在墓地，对后期整体景观规划造成了一定影响。

规划区现状用地以一类和二类工业用地为主，约占现状总用地面积的43%，其次为非建设用地和交通设施用地，分别约占现状总用地面积的10%和11%。现状工业用地总量大，分布较散，与城市生活性建设用地互相混杂、互相干扰。重点发展片区将形成“两心、两轴、三带、四区、四节点”（“两心”即城市商业商务中心、城市公共服务中心。“两轴”即以文一西路为东西向城市发展轴，以良睦路为南北向新城发展轴。“三带”即北部城市产业发展带、南部城市生活休闲带、中部城市公共服务带。“四区”即以文一西路和良睦路两条城市发展轴为界形成四大功能片区，包括西北部城市综合功能区、西南部城市综合功能区、东北部城市科技研发功能区、东南部城市生活功能区）的空间架构。规划形成“一高两快”+“五横四纵”［“一高”即绕城高速；“两快”即东西大道、石祥西路（范圈外）；“五横四纵”即文一西路、良睦路、荆长大道、绿汀路、高教路015省道、海曙路、文二西路、和睦路］主干路系统。

嗣后，政府部门在以下几个方面加强规划实施监督：进一步做好与《杭州市城市总体规划（2001—2020）》修改工作的对接，协调处理好与各类专项规划的关系，建筑高度控制应与《西溪湿地景观控制规划评估报告》做好衔接。进一步研究各类建设用地构成，合理确定用地比例。加强与未来科技城管委会及所在街道的对接，明确已批、已建项目；充分考虑区域内常住人口与非常住人口的变化特征，科学预测人口容量，合理安排教育、文体、卫生等公共设施用地：加强与区交通集团的对接，结合地铁5号线线位及站点布置，合理安排公交场站的位置和相应规划。加强对交通出行方式、道路截面密度、职住平衡等内容的分析，优化道路断面设计，理顺区块内的交通线网关系；分析文一西路快速路西延的可能性，加强文一西路两侧快速辅道设置的研究，同时处理好与南北向城市主要道路的立体交通组织；协调处理好不同等级道路之间的关系，预留立体交通组织空间；积极引导对外快速、对内高效的交通设计原则，提倡公交为主的交通策略：补充完善慢行交通内容，并做好与绿道规划的衔接。加强对现状市政管道的复核，并结合区块开发规模合理预测相关市政管线容量：合理测算通信宽带规模，并与未来科技城产业研发需求相匹配。

在水系与防洪方面，加强对现状河道的梳理和分析，进一步明确规划区内河道线位、水系标高、防洪排涝方式等相关内容，处理好余杭塘河、闲林港跨河桥梁与周边道路的竖向关系。并据历史文化保护，完善文物古迹保护要求，设置历史建筑保护协调区范围，要求古桥保护应同步考虑水系保留。

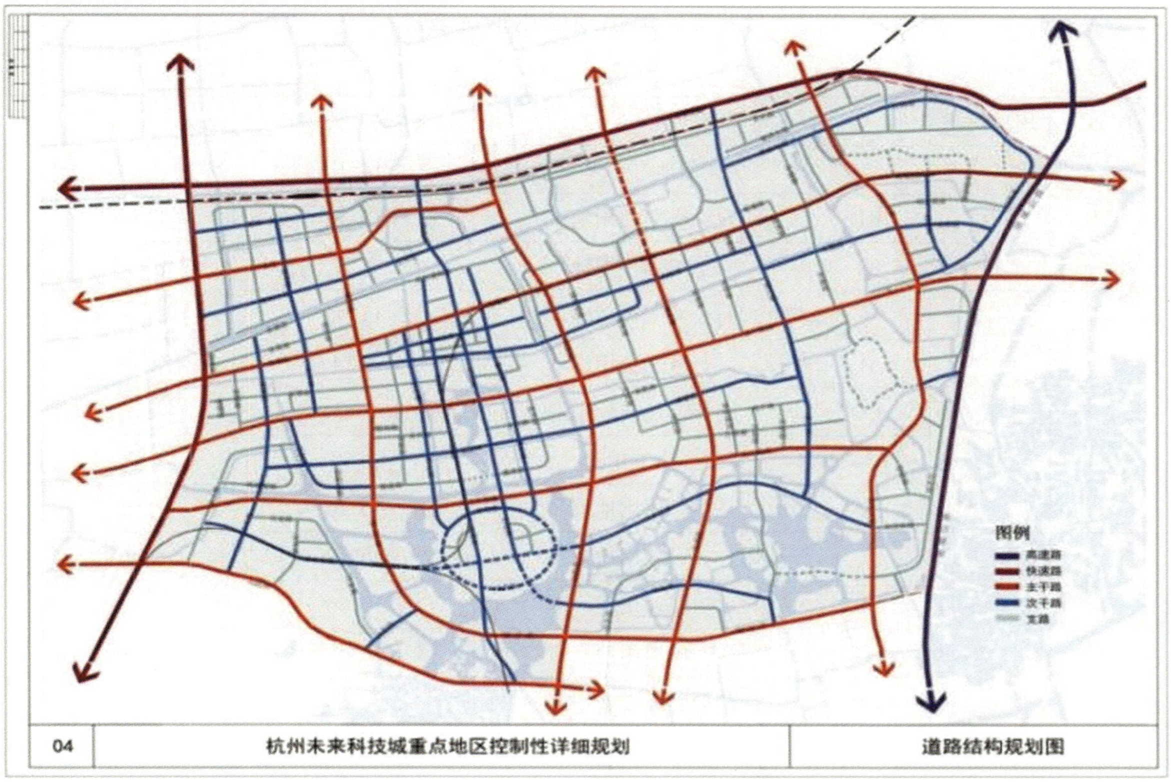

杭州未来科技城重点地区详细道路规划结构图

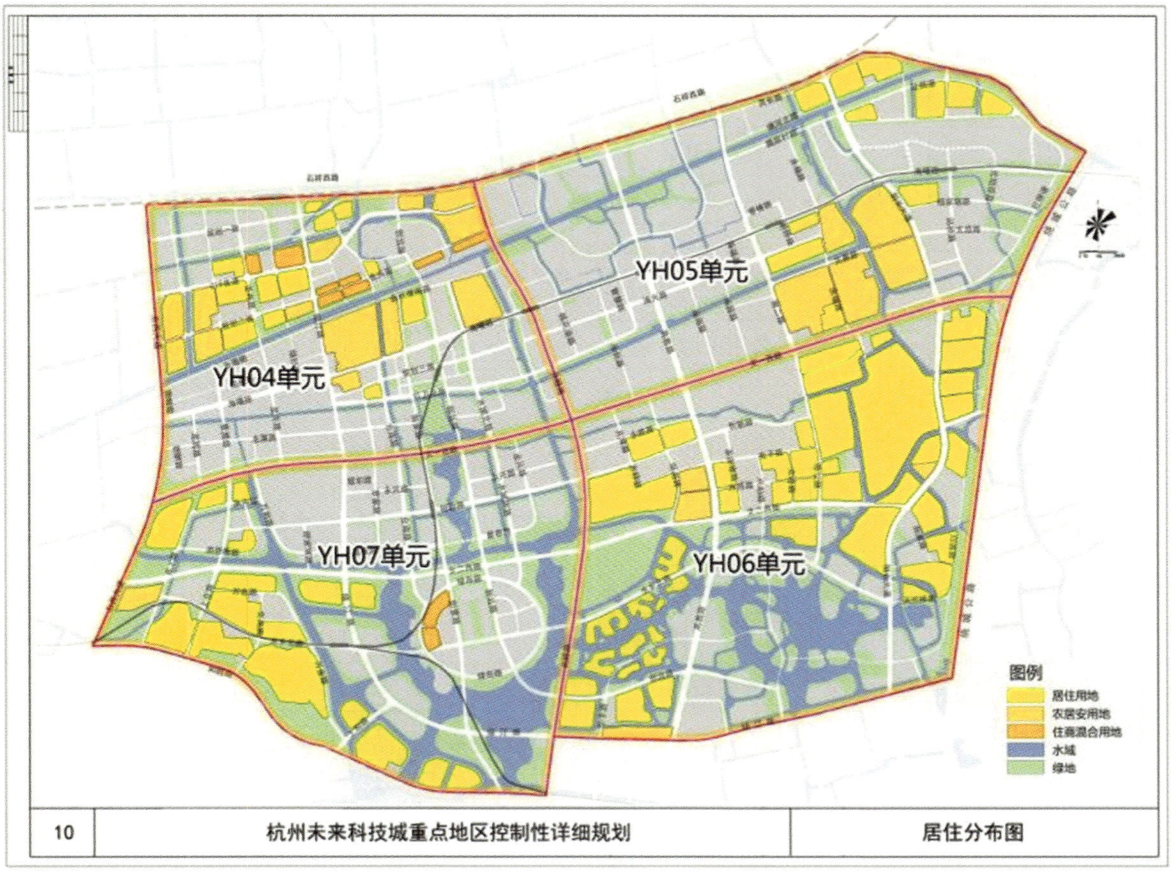

杭州未来科技城重点地区居住分布图

五常街道土地使用情况表

表 3－1－1

序号	用地代码	类别名称		面积（公顷）	占总用地比重（%）
1	R	居住用地		14. 10	—
		R1	一类居住用地	10. 39	—
		R2	二类居住用地	3. 71	
2	A	公共管理与公共服务用地		15. 05	5. 75
		A1	行政办公用地	1. 74	—
		A32	中等专业学校用地	0. 55	—
		A33	中小学用地	2. 60	—
		A35	科研用地	10. 16	
3	B	商业服务业设施用地		26. 47	10. 11
		B1	商业用地	19. 86	—
		B14	旅馆用地	5. 49	—
		B29	其他商务设施用地	0. 22	—
		B49	其他公共设施营业网点用地	0. 37	—
		B9	其他服务设施用地	0. 53	
4	S	交通设施用地		28. 69	10. 96
		S1	城市道路用地	28. 35	—
		S42	社会停车场用地	0. 34	
5	H	工业用地		113. 42	43. 32
		H1	一类工业用地	60. 03	—
		H2	二类工业用地	49. 59	—
		H3	三类工业用地	3. 80	
6	U	公用设施用地		0. 61	0. 23
		U12	供电用地	0. 61	
7	V	物流仓储用地		0. 60	0. 23
		V2	二类物流仓储用地	0. 60	
8	G	绿地		24. 80	9. 47
		G1	公园绿地	2. 67	—
		G2	防护绿地	22. 13	
9	E	非建设用地		26. 90	10. 28
		E1	水域	13. 71	—
		E2	农林用地	13. 19	
10	待建空地			11. 15	4. 26
总计	总用地			261. 79	100. 00

五常街道部分地块控制指标情况表

表3-1-2

用地性质代码	用地性质	用地面积（平方米）	容积率	建筑面积（平方米）	绿地率（%）	建筑密度（%）	建筑限高（米）	居住人口（人）	配套设施项目名称	备注
05-A-01	B1	商业用地	56194.9	4.5	252876.9	25	45	75	2529	社会停车场(库)、银行营业所、社区居委会
05-A-02	A31	高等院校用地	32642.8	1.2	39171.4	25	45	65	100	高等院校
05-A-03	A31	高等院校用地	59743.2	1.4	83640.4	35	30	50	110	高等院校
05-A-04	B1	商业用地	20086.72	0.5	10043.4	35	30	15	100—	—
05-A-05	A31	高等院校用地	7999.12	0.0	0.0	—	—	15	175	高等院校
05-A-06	A31	高等院校用地	55986.62	0.2	11197.3	35	20	65	500	高等院校
05-A-07	B1	商业用地	40007.18	4.5	180032.3	25	45	65	1800	社会停车场(库)、公共厕所
05-A-08	A31	高等院校用地	79784.57	1.5	119676.9	35	30	50	240	高等院校
05-A-09	A31	高等院校用地	21833.42	1.0	21833.4	35	30	45	100	高等院校
05-A-10	A31	高等院校用地	25554.25	2.3	58774.8	30	40	50	464	高等院校
05-A-11	A31	高等院校用地	16392.40	2.0	32784.8	30	40	50	256	高等院校
05-A-12	U12	供电用地	3647.62	0.6	2188.6	—	—	10	—	变电站
05-A-13	A31	高等院校用地	56170.71	1.0	56170.7	35	30	50	220	高等院校
05-A-14	A31	高等院校用地	67428.34	1.2	80914.0	35	30	30	320	高等院校
05-A-15	S41	公共交通场站用地	3499.96	0.0	0.0	—	—	10	—	公交首末站
05-A-16	A31	高等院校用地	6193.31	1.5	9290.0	25	30	50	36	高等院校
05-A-17	A31	高等院校用地	10517.59	1.5	15776.4	35	30	24	120	高等院校
05-A-18	G3	广场用地	2693.50	0.0	0.0	—	—	—	—	水上巴士停靠站
05-A-19	A31	高等院校用地	79365.14	1.2	95238.2	35	30	50	340	高等院校
05-A-20	A31	高等院校用地	28224.33	2.6	73383.3	30	40	60	600	高等院校

各单元用地平衡情况表

表3-1-3

<table>
<tr><th>序号</th><th>用地代码</th><th colspan="2">用地名称</th><th>用地面积（公顷）</th><th>占城乡用地比例（%）</th><th>04单元（公顷）</th><th>05单元（公顷）</th><th>06单元（公顷）</th><th>11单元（公顷）</th></tr>
<tr><td rowspan="2">1</td><td rowspan="2">H</td><td colspan="2">建设用地</td><td>3067.24</td><td>87.54</td><td>639.7633</td><td>872.1803</td><td>851.3819</td><td>702.7281</td></tr>
<tr><td>H1</td><td>城乡居民点建设用地</td><td>3067.24</td><td>87.54</td><td>639.7633</td><td>872.1803</td><td>851.3819</td><td>702.7281</td></tr>
<tr><td rowspan="2">2</td><td rowspan="2">E</td><td colspan="2">非建设用地</td><td>436.65</td><td>12.46</td><td>48.5086</td><td>66.4697</td><td>163.8223</td><td>159.0304</td></tr>
<tr><td>E1</td><td>水域</td><td>436.65</td><td>12.46</td><td>48.5086</td><td>66.4697</td><td>163.8223</td><td>159.0304</td></tr>
<tr><td colspan="4">城乡用地</td><td>3503.89</td><td>100.00</td><td>688.2719</td><td>938.65</td><td>1015.2042</td><td>861.7585</td></tr>
</table>

五常产业区产业提升专项规划 2013 年，五常街道制定《五常都市产业园提升改造规划》，规划结构为：双核引擎，三轴三片。双核引擎：生产性服务中心核、生产性服务中心核。三轴立架：五常大道综合性产业提升改造轴，荆长大道数字文创产业提升轴，联胜路信息、技术产业、生活配套产业提升改造轴构架起整个区块的空间、产业框架。三片联动：数字文创产业功能片、信息技术产业集聚功能片、沿山河南创意文娱产业功能片。

2019 年 3 月，五常街道制定《杭州五常产业区产业提升专项规划》。其背景是在：浙江省推进传统制造业改造提升，由"浙江制造"向"浙江智造"转型。杭州市智能制造，推动传统制造业质量变革《杭州市全面改造提升传统制造业实施方案（2017—2020）》：以供给侧结构性改革为主线，以改革创新为动力，以提质增效为中心，以智能制造为主攻方向，持续推动传统制造业质量变革、效率变革、动力变革，提高全要素生产率。提升专项规划的定位是以科技创新为导向，重构城市新经济空间，成为杭州城西的创新城区；以智慧制造、研发为龙头，办公、创意、商业、服务等多功能复合，成为余杭区新兴产业集聚区；以适应创新人群需求的工作生活环境和社区服务体系为载体，形成共享开放的智慧创新创业园区。

《杭州五常产业区产业提升专项规划》对于鼓励类（A 类）工业企业项目，优先保障其新增用地指标供给；对于提升类（B 类）工业企业项目，由各地根据实际情况安排供地；对于淘汰类（C 类）工业企业项目，相关部门原则上不予安排供地。对符合杭州市产业导向的战略性新兴产业、先进制造业、信息经济产业等属优先发展且用地集约的工业用地项目，可按不低于所在地土地等别对应工业用地出让最低限价标准的 70% 确定土地出让起价。通过 3 年（2018—2020）努力，构建全域创新发展、人才创新发展、科技创新发展、产业创新发展以及创新发展保障"五大机制"，推动 8 个方面 31 项授权试点事项全面落地，创建全域创新之城、人才之城、科技之城。

《杭州五常产业区产业提升专项规划》核心特点：优化系统性、突出前瞻性、强调精准性、体现独特性、实现突破性。坚持"创新、协调、绿色、开放、共享"的发展理念，顺应"互联网 +"发展趋势，坚持走新型工业化道路，加快提升制造业创新能力，以产业"智能化、服务化、高端化、绿色化、国际化"为导向，加快企业梯队升级，优化发展空间格局。

《杭州五常产业区产业提升专项规划》基本原则：创新发展、融合发展、重点发展、开放发展、绿色发展。

产业区土地利用规划 由于园区内地块多为现状企业改造，为确保规划的可实施性，在符合上位规划以及整体产业、空间提升要求的前提下，规划用地性质尽可能考虑与企业及街道的改造意愿结合。基于企业主在地块提升改造中具有业态多元化、效益最大化的目标取向，同时为体现规划的弹性，园区内用地规划以兼容用地为主。商业服务业设施用地兼容一类工业用地（B/M1）作为园区内的主要用地类别。

五常街道土地规划使用情况表

表3-1-4

序号	用地代码	类别名称		面积（公顷）	占总用地比重（%）
1	R	居住用地		4.60	
		R21	住宅用地	10.90	
		R22	服务设施用地	1.13	
2	A	公共管理与公共服务用地		4.88	1.86
		A1	行政办公用地	1.17	—
		A33	中小学用地	3.71	
3	B	商业服务业设施用地		153.31	58.56
		B1	商业用地	5.26	—
		B41	加油加气站用地	0.60	—
		B49	其他公共设施营业网点用地	0.37	—
		B1/B2	商业/商务用地	29.97	—
		B2/M1	商务/工业	31.04	—
		B/M1	商业/商务/工业	86.07	
4	S	交通设施用地		34.30	13.10
		S1	城市道路用地	33.82	—
		S41	公共交通场站用地	0.48	
5	U	公用设施用地		0.57	0.22
		U12	供电用地	0.57	
6	G	绿地		42.99	16.42
		G1	公园绿地	23.35	—
		G2	防护绿地	19.64	
7	E	非建设用地		13.71	5.24
		E1	水域	13.71	
总计		总用地		261.79	100.00

功能结构为“一园两心三轴三片区”。“一园”指五常公园；“两心”指综合服务中心与商业配套服务中心；“三轴”是指产城融合发展轴、产业配套服务轴1、产业配套服务轴2；“三片区”是指大健康智慧功能区、科技创业功能区、文创产业功能区。

二、道路桥梁

道路　20世纪50年代，顾家桥、五常、荆山等小集镇均有一条短而窄的小街。这一带道路的两条石板路，一条石板路从油车斗、陆家背、山家湾到顾家桥，长约2公里。另一条石板路由天竺桥经阮家桥到顾家桥，长约1.8公里。除了这两条石板路外，还有4条村际道路，即从东桥头、顾家桥、九胜桥、白荡滩通往留下，约3公里；从陆家畈沿杨府圩围堤，经山家湾、冯家坝、阮家桥到顾家桥；从油车圩经兆和桥、梁家圩至闲林的和睦桥；从天竺桥至和睦桥寿家圩。

1966年开始推进农业机械化，五常人民公社修建机耕主道，从荆山岭经过西坝、天竺桥村东部，通至余杭塘河长桥对岸，全长约6公里，历时近10年才全线贯通。荆长大道大体上就是以当年的五常机耕主道为基础。与此同时，各村也开始修建机耕路。

20世纪80年代，顾家桥成为五常乡驻地后，小街进行改造拓宽并作延伸。1994年，用于道路建设投资85万元，浇筑荆大公路。1998年，投入道路建设资金40万元，拆迁厂、民房1681平方米，其中对荆大公路进行拓宽，拓宽后全长1500米，宽12米。2001年，五常建立经济开发区后，集镇建设快速发展，先后新建道路11条，其中有1999年建成的五常大街，东起天目山路，西至荆长路，总长2400米，宽46米；2001年建成的西坝路，东起西坝村，西至油车圩村，长1000米，宽35米；2003年建成的联胜路，南起杭徽公路，北至荆丰村，长1650米，宽24米；横章路，东起横家桥村，西至仓前章家桥，长500米，宽4米；荆长路，南起02省道，北至长桥，长8000米，宽28～40米；天竺路，南起荆长路，北至原天竺桥村，长1500米，宽5米；荆源路，东起原源谊村，西至荆长路，长1260米，宽5米；友谊东路，南起天目山路，北至友谊村，长500米，宽5米；友谊西路，南起天目山路、北至沈家自然村，长2000米，宽5米；后山路，东起荆长路，西至五常纸制品厂，长250米，宽5米；等等。

2001年，在五常经济开发区白庙村改造村道，投资50万元，浇筑的水泥路全长2000米，宽6米，按县乡级标准施工。整个工程要完成河道砌石500余米，拆除村民住房近1000平方米。此项工程在2002年春节前完工。

2001年，为迎接西博会，加快整治步伐，长2.4公里，宽46米，投资2000万元的五常大道施工，五常大道为双向四车道，公路中间是一条5米宽的绿化带，两边是各2米宽的绿树花卉区，与02省道平行，东连杭州绕城公路，西接五常高新技术开发区。与此同时，地处五常腹地的计家湾公路也在紧张施工。该公路连接五常南北2公里，成为进入杭城市区的又一条快捷、顺畅的通道。

2003年，五常大道二期工程顺利完工，这条长1000米、宽46米的大道与一期相连，直通华立（五常）工业园。在五常大道二期工程完工后，该开发区管委会下半年投资3000万元，再修筑道路7条，以夯实基础设施建设，提升园区品位。

2005年，余杭城乡规划全力关注可持续发展和生态城市建设的需要，花大力气保护城市各类资源，关注历史文化资源和风景名胜资源的保护和合理利用，重点是加强对五常湿地等的保护和利用。杭（州）徽（安徽）高速公路余杭段起自杭州绕城高速公路留下互通，经五常街道、闲林镇、余杭镇、中泰乡，终点与杭徽高速公路临安汪家埠至昌化段高速公路相接。全长18.3公里，其中留下至中泰段为高架桥，长12.5公里，是浙江省高速公路最长陆上高架桥，其中心线与02省道中心线基本重合，中泰至汪家埠段为新线。双向4车道，实行全封闭、全立交。在起点杭州市西湖区留下镇设置Y形枢纽互通立交，有单喇叭互通式立图715杭徽高速留下互通立交（2005）出入境内。该公路是浙江省公路水运交通建设"两纵、两横、十八连、三绕、三通道"公路主骨架重要组成部分和杭州市"交通西进"重点项目之一，也是连接杭州、黄山两大风景旅游胜地重要干线公路和安徽省通往华东沿海港口主要通道。于2004年8月动工，次年年底建成通车，投资16.25亿元。

省道余杭段（杭徽公路）又名杭昱线。由五常荆山岭入境，经缸窑桥、闲林、上文山、余杭镇岔路口、石鸽、跳头，于汪家埠出境入临安。境内长22.26公里。1988年，余杭段符合平原三级公路技术标准。1994年改建一级公路专用道，9月开工，1995年10月竣工通车。改建后，一期工程长10.5公里，路面宽26米，双向4车道，设中央隔离带和快慢车道防撞栏杆，总投资1亿元。同时开工建设余杭至汪家埠段，1996年12月全线通车。02省道是连接浙江省与安徽省黄山地区重要干线公路，是浙江省公路、水运交通建设规划“二纵、二横、十八连、三绕、三通道”中的一连，也是杭州市“交通西进”公路建设规划“一绕、三线、三连、四大接口”中的一线。2003年2月，余杭段改建工程（留下至中泰）开工，至2004年9月过渡路面竣工。起点为杭州绕城高速公路西线留下互通出口，向西经五常管委会、闲林镇、余杭镇至中泰乡，长12.22公里，全部采用一级公路标准设计。主线路基宽43米，双向6车道，沥青混凝土路面。设计行车速度100公里/小时、车辆荷载为汽—20、挂—100、洪水频率1/100、地震基本烈度6度。后因杭徽高速公路高架桥设计变更为路基宽46米，分两期实施：一期主要为杭徽高速公路建设服务，在两侧10米新建道路上铺设过渡沥青混凝土路面，中间预留25米，为杭徽高速公路高架桥建设提供施工空间；二期待杭徽高速公路建设完成后，留出9米中央隔离带，统一调整路面标高，对剩余路面实施6车道路面铺设施工。总投资2.34亿元。

2020年底，五常街道有高速路2条（绕城、杭徽），横向主干道5条，自南向北为天目山西路、五常大道、文二西路、文一西路、余杭塘路；纵向主干道2条，自东向西为荆长大道、高教路。

五常街道主要道路呈三纵四横格局，均为宽敞的水泥路面，相互沟通成网。南北走向的主要道路，自东而西有：

荆长大道　南起02省道，北接文一西路。南起五常大道，北至文二西路（原称天竺路），全长约1700米，宽约50米。该路也是五常街道纵向主要道路。沿路设有785路、326路等公交车站。

西坝路　南起郭家兜路，北接常余路，全长约1700米，宽约20米。

丰岭路　南起02省道，北至常余路，全长约2500米，宽约25米。

东西走向的主要道路，自南而北有：

五常大道　东起天目山西路，西接高教路。社区内路段东起荆长路口，西至丰岭路口，长约1500米，宽约60米，是五常最主要的街路。沿路设有公交785路、356路、353路以及留下南至荆山岭西的社区微公交1408路公交车站。

郭家兜路　东起西坝路，西接丰岭路，长约1000米，宽约20米。

常睦路　东起西坝路，西至联胜路，全长约1000米，宽约30米。两侧为景苑小区，东、西段有小区之间台地，机动车尚未能全路通行。

宋家湾路　东起荆长大道，西接联胜路，全长约1500米，宽约28米。沿路设有785路、297路公交车站。

常余路　东起荆长大道，西至西溪花城小区，正在向余杭方向延伸，将成为调整后的绿汀路一部分。社区内路段西接良睦路，社区内与西坝路丰岭路交叉。长约700米，宽约

30 米。

郭家兜支路 在常余路南，从荆长大道西侧西沿至西坝路，全长约 400 米，宽约 25 米。

桥梁 古代桥梁以石桥为主，有拱石桥、梁石桥、平石桥及桥墩桥，还可分为踏步式石桥和无踏步式石桥。其中较为闻名的是顾家桥，始建年代不详，相传为该村顾氏筹建，石桥于 20 世纪 70 年代被拆除。1986 年 4 月，在桥址之北建造新桥。为纪念毛泽东“五九批示”，取名为“五九桥”。保宁桥，位于友谊村，跨白庙河，清宣统二年（1910）建成，后几经修建，保存良好，为 5 孔石梁平桥，属区级文保单位。荫孙桥，位于西溪湿地西区，清乾隆七年（1742）建成，3 孔石梁平桥，保存较好。原西坝通往顾家桥集镇约 0.8 公里路段，有永福桥、永安桥两座石板桥。原天竺桥村通往顾家桥约 1.5 公里路段，有阮家桥、四安桥、天竺桥 3 座石板桥。原油车圩村有兆和桥。

五九桥（2021） （陈杰 摄）

现代桥梁则以钢筋水泥为主，有水泥平桥、水泥拱桥，拱桥又以半圆拱为主。20 世纪 90 年代末，随着荆丰一带现代化道路的修建，四安桥、阮家桥附近新建水泥桥梁，1999 年底，主要道路增设以下新型桥梁。

景苑桥 位于郭家圩路北，西溪景苑南，丰岭路经过桥面。

景盛桥 位于常睦路北，宋家湾路南，丰岭路经过桥面。

长娄港桥 位于荆长大道西，西坝路东，宋家湾路经过桥面。

西坝桥 位于宋家湾路南侧约 120 米处，西坝路经过桥面。

常景桥 位于西坝路与丰岭路之间，常睦路中段。

2020 年，五常境内共有各式桥梁 114 座，其中公路桥梁 48 座，2 条主航道桥梁 13 座，斗门桥梁 18 座。

2003 年五常街道桥梁普查情况表

表 3－1－5

桥梁名称	建造时间 重建时间	桥梁 性质	跨越河流 （公路、铁路）	所在道路	桥梁结构 长（米）×宽（米）×高（米）	备注
后山桥	1983 年 5 月	公路桥	沿山河	荆长公路	桥梁 11×16×3	横板桥村
九胜桥	1983 年 7 月	公路桥	木桥河	荆长公路	桥梁 16.4×6.5×2.4	荆丰村
大寨桥	1987 年 6 月	公路桥	坝河	荆长公路	双曲拱 22.4×5.7×2.6	顾家桥村

续表 3-1-5

桥梁名称	建造时间 重建时间	桥梁 性质	跨越河流 （公路、铁路）	所在道路	桥梁结构 长（米）×宽（米）×高（米）	备注
顾家桥	1986 年 4 月	公路桥	前家港	荆长公路	双曲拱 22×10.1×2.2	顾家桥村
民丰桥	1977 年 5 月	公路桥	白庙河	荆长公路	双曲拱 10.5×10.3×2.5	友谊村
十胜桥	1973 年 8 月	公路桥	深水漾	荆长公路	双曲拱 25×7.6×3	文一村
红旗桥	1978 年 2 月	公路桥	西家漾	荆长公路	双曲拱 22×5.1×2.6	文一村
五常大桥	1987 年 5 月	公路桥	泗罗漾	荆长公路	双曲拱 35×8×3.6	文一村
前进大桥	1976 年 5 月	公路桥	阮家头河	前良公路	双曲拱 28×5.1×2.6	文一村

2009 年五常街道部分道路、桥梁地名命名更名情况表

表 3-1-6

标准名称	起止点	长（米）×宽（米）	备注
春信路	南起寿堤，北至绕城辅道	330×4.5	
听溪路	杭州西溪国家湿地公园内（西区）	854×2.5	
问溪路	杭州西溪国家湿地公园内（西区）	633×6	
寿堤	南起五常大道，北至文二西路	5750×3	
访溪路	南起五常大道，北至文一西路	3100×10	更名（原国辅路）
思母亭桥	杭州西溪国家湿地公园内（西区）	10.15×3.5	
啸月桥	杭州西溪国家湿地公园内（西区）	11.48×6	
偃月桥	杭州西溪国家湿地公园内（西区姚家湾闸处）	10.15×10	
环龙桥	杭州西溪国家湿地公园内（西区方家滩水闸处）	15.7×13.3	
兆和桥	杭州西溪国家湿地公园内（西区）	29.8×2.4	
花儿桥	杭州西溪国家湿地公园内（西区）	29.7×4.8	
借竹桥	杭州西溪国家湿地公园内（西区）	30×2.4	
问云桥	访溪路上	64×17.4	
天竺桥	杭州西溪国家湿地公园内（西区）	20×15.4	
日栅桥	访溪路上	13×15.2	
泛月桥	杭州西溪国家湿地公园内（西区）	22×2.5	
天隐桥	杭州西溪国家湿地公园内（西区）	42.7×9.8	
临风桥	杭州西溪国家湿地公园内（西区）	39×16.8	
三瑞桥	杭州西溪国家湿地公园内（西区）	4.25×2.7	
五九桥	杭州西溪国家湿地公园内（西区）	24×4.5	
浜口桥	杭州西溪国家湿地公园内（西区）	36.6×5.5	
观胜桥	杭州西溪国家湿地公园内（西区）	17.3×2.4	
御田桥	杭州西溪国家湿地公园内（西区）	16×2.4	
龙隐桥	杭州西溪国家湿地公园内（西区）	61×5	

续表 3－1－6

标准名称	起止点	长(米)×宽（米）	备注
鹤浦桥	杭州西溪国家湿地公园内（西区）	35×3.6	
息心桥	杭州西溪国家湿地公园内（西区）	9.6×4.5	
集福桥	杭州西溪国家湿地公园内（西区）	9.6×3.9	
溪影桥	杭州西溪国家湿地公园内（西区）	13.3×5.8	
呈庙桥	访溪路上	25×13	
昉思桥	杭州西溪国家湿地公园内（西区）	23.8×2.4	
流香桥	杭州西溪国家湿地公园内（西区）	12×3	
招隐桥	杭州西溪国家湿地公园内（西区）	16.5×3.6	
封相桥	杭州西溪国家湿地公园内（西区）	45.7×2.7	
得仙桥	杭州西溪国家湿地公园内（西区）	9.6×4.5	
焚香桥	杭州西溪国家湿地公园内（西区）	64×5.3	
芦雪桥	访溪路上	13×15.4	
祥矣桥	杭州西溪国家湿地公园内（西区）	21.6×5	
宜月桥	杭州西溪国家湿地公园内（西区）	23.5×2.3	
志学桥	杭州西溪国家湿地公园内（西区）	24.8×4.7	
而立桥	杭州西溪国家湿地公园内（西区）	28×4.5	
不惑桥	杭州西溪国家湿地公园内（西区）	27.8×4.7	
知天命桥	杭州西溪国家湿地公园内（西区）	27.6×4.7	
耳顺桥	杭州西溪国家湿地公园内（西区）	23.6×4.6	
从心桥	杭州西溪国家湿地公园内（西区）	9.2×3.6	

第二节　公用事业

伴随改革开放的深入和城市化建设步伐的加快，城市道路、公交、给水、供热、供气、排水、排污等公建项目得到快速发展。

五常街道加强规划与建设的监管，加强市场准入与退出的监管，按照城市发展功能定位和总体规划，用发展的眼光和超前意识，通盘考虑城市道路、公交、给水、供热、供气、排水、排污等公建项目。

一、交通运输

民国时期，陆路交通以五常港塘路和顾家桥河塘路为主，随地形曲折蜿蜒，村民肩挑背担徒步进集镇。中华人民共和国成立后，境内有了多条机耕路，大多是碎石泥沙路。1973 年沙石荆长公路建成，在荆山岭设站，开设客货运输。20 世纪 80 年代后，境内公路开始改造延伸拓宽，往三墩、良渚、杭州主城区道路开通，还与各自然村相连，已建成纵横交错交通网络，并与02省道、杭州绕城公路主干线相接，和闲林、塘栖、瓶窑等公交线路相连。至2001年底，五常拥有公路（包括村道公路）47.7公里。02省道、市绕城公路贯穿五常15公里，乡镇公路3条16.2公里、村级公路9条21.5公里。其中，柏油、水泥路面43公里，占90.57%。16个建制村已村村通公路。尤其是1999年五常大街建成后，四车道的水泥路面，中有隔离带，两旁有绿化带，东连杭州天目山延伸路，西接闲林、中与荆山公路交叉形成十字形，横贯五常整个工业开发区，更成为发展经济生命线。2009年实现公交一体化后，新增五常至古荡K83路线；2012年又开通五常至杭城785公交区间车。

五常水路交通十分便捷，境内有大小河道26条，与余杭塘河连通，形成水路航运体系。唐宋以来为历代漕运重要航道。许多货物依靠船运。五常港起点从留下镇流经五常友谊村、范家村，在北行与余杭运河相接，境内全长7.4公里。五常港与各条支流相互贯通，形成水上运输网络。70年代后，由于陆路交通快速发展，水上航运基本消失。

二、供、排水

五常历来依赖河水饮用、洗涤。中华人民共和国建立后，随着人们生活水平的逐步提高，以及环境污染日益严重，河水已不堪饮用，居民逐渐以井水、水塔过滤水代替。

横板桥排涝机埠隶属五常西域范围内，该域于1976年开始规划兴建，1978年初步完工，总集雨面积为280公顷。包括五常乡西域、油车圩、横板桥、天竺桥、顾家村等村的部分土地，内有水闸8座，排涝装机容量3台30千瓦。该域通过1983年7月、1984年6月二次洪水实际检验，没有收到应有效益。乡政府召集有关村，多次开会协商，在该域南段（横板桥）新建一座排涝机埠，装机容量为55千瓦1台或30千瓦2台，县政府解决资金、材料及技术设计等，1985年8月竣工。

1993年，余杭县运河水网地区，在20世纪50年代末开始建闸站，筑坝堤形成大小不同的坝区。为农业丰收丰产奠定了坚实的基础，经过几十年的运行水闸设施老化，摇臂式一字门，开关不变且闸轴易断，闸门漏水，根据广大群众的强烈要求，逐步改建成上提式闸门。五常境内改建水闸3座，概算造价3万元（包括设计费、管理费、质监费），不足部分由乡镇自筹解决。

五常乡农村改水，水源是承接三墩经济开发区水厂的自来水，市政府批定日供水量为1万吨。免缴水厂增容费1200万元。本着结合供水范围大、跨度长、地形复杂的实际，经勘测设计，全乡总管及支管道19公里，其中钢管桥14座，跨57米钢管拱桥1座，三墩水厂至运河大桥段采用400水泥管2200米，运河大桥至五常大街采用300水泥应力管5880米，加之村供水点及农户的分管道。全乡改水工程投资总额为838万元。资金来源：企事业单位集资80万元；各村农户集资每户1400元，计508万元；乡政府集资100万元；缺口部分要求上级拨款补助150万元。由杭州三墩经济开发区自来水厂和余杭市自来水公司施工队铺设供水干管至沿线各村供水点、各企事业单位。主管道19.1公里（其中D400管4.69公里、D300管3.64公里、D200管1.95公里、D150管7.5公里、D100管0.5公里、D50管0.82公里）。本工程需挖运大量土石方，建设与其配套的一系列设施。

1996年11月，五常乡投资838万元开始改水工程，从三墩水厂埋管总长9公里接通自来水，月供水量1万吨。到1998年5月，优质供水范围遍及全乡16个建制村3924户和数十家企事业单位，受益2万余人。1999年，经全村人民努力，投入五常港水利工程建设的资金近10万元，义务投工2500个劳动日，新砌标准石堪200米，修补堤塘3000米。

2005年，调整自来水管网，接通向西溪住户供水。2007年开展截污纳管工程，完成02省道五常段约1200米的污水管网铺设，配合做好余杭组团5号污水提升泵站借地工作。2009年，新铺设污水管3条、改造2条，建污水处理池5个。至2011年，五常街道完成境内截污纳管工程，31家企事业单位内部完成雨污分流改造工程，纳管水量每天300吨。

三、供电

五常供电始于20世纪60年代末，80年代前电力事业发展缓慢，且存在安全隐患，竹木电杆到处可见，拆股线、拦腰线占很大比例，由于设备陈旧，供电质量差。全乡总用电量不足500千瓦时，村民有家电不能正常使用，严重制约五常工农业发展。1990年以来，投入大量人力、物力，加强线路建设。全面安装漏电保安器，安全用电水平有很大提高。随着广大村民生活水平不断提高，原有用电设备不能满足需求，从1999年起，五常16个建制村全面实施农村电网改造，总投资235万元，新增配变40台；新增电杆1292支，三相四线33.861公里、单相线48.457公里、三相电表35个、调换单相表4326个，全五常用电量158万余千瓦时；电价从原来每千瓦时0.75元降至0.53元。整个五常用电线路焕然一新，用电量基本能满足工农业发展及居民生活需要。

110千伏变电站 域内共有110千伏公用变电站22座，主变46台，变电总容量219万千伏安。其中西湖区7座，余杭区9座，临安区6座。

2010年以来，随着未来科技城建设的加速，区内现状供电设施已不能满足社会经济发展的需求。在供电方面面临高压变电设施不足、部分电力设施建设滞后、110千伏电网接线不够合理等问题。2017年，以年度运行方式内统计数据为依据，通过对区内的110千伏变电站进行N－1校验，有12座变电站不满足校验要求：110千伏公用线路36回，其中33回110千伏线路满足N－1校验要求，3回线路不能通过N－1校验，占比8.3%。反映了区内变电设施供电可靠性不高的问题，直接影响电力设备的转供能力。

四、邮电

清光绪九年（1883），杭州设电报局，“钱塘县江干电报局有干线二，用水线过江接至浦城”，“仁和县拱宸桥电报局由杭州干线分支”，“杭属外县均未设局，电信由杭局转递”（民国《杭州府志》卷一百七十五《交通》）。此后至1949年前，杭县境内的临平、塘栖、瓶窑、三墩、留下、上泗6个乡村电话分所均代办电报业务。

五常邮政电信事业起步较迟，20世纪70年代，主要代办邮政、订报等业务。从1986年开始办理电报业务。进入90年代，邮电事业快速发展，到1998年，电话由原来的人工插传设施改建为以程控交换和数字传输为主体的现代通信设施，五常集镇电话装机3100户，每0.73户就有一部电话，成为余杭市首个电话乡。2002年，以程控交换和数字传输为主体的现代化通信网络形成，网络覆盖五常16个建制村及各企事业单位。2010年后，新技术、新业务不断增多，五常邮政电信除电信外，移动、联通等公司先后进入境内电信市场，使用户拥有多种通信工具和网络。

五、供气

2004 年，五常区块以气化站瓶组站方式向附近人和家园等 4 个小区供应管道液化气，2006 年 3 月杭州港华成立后，五常区块纳入余杭组团，进行天然气置换工作，至此，五常全域新小区用上了安全、清洁的天然气。2018 年，五常区域已发展工商客户 173 家，配套居民用户 49638 户，其中开通客户 34972 户。

第三节　建　　筑

一、公共建筑

学校、医院　五常街道公共教育有 12 所幼儿园、3 所小学、1 所初中、2 所九年制学校组成。除此之外，五常街道还有一所成人教育学校。另有医院 4 家。

2019 年五常街道办事处公共教育资源分布情况表

表 3 –1 –7

			分园园区	地址	面积（平方米）
幼儿园	公立幼儿园	五常中心幼儿园	庭院园区	五常街道荆山湾路西溪庭院 17 幢	2413
			花城园区	五常街道西坝路 36 号西溪花城 17 幢	2305. 59
			雅苑园区	五常街道天目山路 516 号西溪雅苑 15 –1	3122
			西溪分园	五常街道荆长路 38 号	2150
			藕园园区	五常街道藕园校区 11 –1 幢	4051. 58
			西坝路园区	五常街道郭家兜路 8 号	9120
			溪水园园区	五常街道远洋西溪公馆内	6013. 3
		五常文福幼儿园	北苑园区	五常街道文一社区西溪北苑西区 64 幢	4500
			福鼎园区	五常街道福鼎家园晓风苑 21 幢	3920
			水岸园区	五常街道西溪水岸 20 幢	5420. 32
		未来科技城海创幼儿园	—	未来科技城贺翠路 3 号	12387
		未来科技城海曙幼儿园	—	五常街道海曙路南 150 米	8150
	私立幼儿园	人和幼儿园	—	五常街道荆长路 1 号人和家园小区内	1700
		国泰盛世嘉园幼儿园	—	五常街道天目山西路 99 号盛世嘉园小区内	2600
		启蒙铭苑幼儿园	—	五常街道联胜路华立江南水乡小区内	1920
		大华西溪风情幼儿园	—	五常街道文二西路到底大华西溪风情小区内	3774
		未来维翰幼儿园	—	五常街道高教路 968 –8 号（地信路）	7300

续表 3－1－7

			分园园区	地址	面积（平方米）
幼儿园	私立幼儿园	杭州明路蔚蓝幼儿园	—	五常街道三维智汇中心 6 幢 1 单 701 室、7 幢 1 单元 101 室	2907.42
		杭州科德未来幼儿园	—	联创街 188 号	7120.57
小学	公立小学	五常中心小学	五常校区	荆长路荆源路口	39960
			西溪校区	五常街道荆长路 38 号	25680
		未来科技城海曙小学	—	五常街道海曙路南 150 米	21750
		五常街道第三小学	规划	嘉园路与荆山湾路交叉口	46647.6
初中	公立初中	五常中学	—	五常街道荆长路 520 号	64931.8
九年制	私立九年制	维翰学校	小学部	五常街道文二西路与荆长大道交叉口西北口	15600
			初中部		
		蔚澜学校	小学部	五常街道高教路 968－6 号（地信路）	51000
			初中部		

五常中心幼儿园　中心幼儿园设有西溪雅苑园区、西溪花城园区、西溪庭院园区、西溪分园。总园地址设在西溪雅园 15－1。4 个园区总占地面积 16723 平方米，运动场地面积 7766 平方米；总建筑面积 10002 平方米。

五常文福幼儿园　幼儿园设西溪北苑、西溪水岸、福鼎家园、文一分园 4 个园区。总占地面积 14931 平方米，运动场地面积 6306 平方米；总建筑面积 12414 平方米。

大华西溪风情幼儿园　位于五常街道文二西路大华西溪风情小区。园区占地面积 4004 平方米，运动场地面积 1426 平方米；总建筑面积 3774 平方米。

五常中心小学　址在五常大街 38 号，校区占地面积 59571 平方米，运动场地面积 17575 平方米；总建筑面积 32175 平方米。

五常中学　五常街道荆长路 520 号。校区占地面积 68449 平方米，运动场馆面积 13796 平方米；总建筑面积 68304 平方米。

五常成人文化技术学校　校址为五常街道顾家桥社区河西南 127 号，占地面积 4925 平方米，建筑面积 1229 平方米。

五常街道社区卫生服务中心　2011 年，五常街道卫生服务中心建成，占地 10617 平方米，建筑面积 7784 平方米；2012 年社区便民服务中心建成，办事大厅面积 300 平方米。地址为余杭区五常街道荆长路 198 号。

杭州怡宁医院外部图

杭州怡宁医院　院址为余杭区五常街道辅助南路38号，系一家综合性医院。

华方医院　医院位于杭州市余杭区联胜路10号，建筑面积6000平方米，设置病床位100张，是一所集医、养、康、护于一体的二级综合医院。

除教育、文化、卫生设施外，主要尚有大型商业综合体。

宏丰家居城　2009年5月开业，占地20万平方米，建筑面积50万平方米，投资15亿元。该城是创新型专业卖场，为特色商业街、生活超市、休闲娱乐等多元复合的现代物流综合体。

印象城（西溪店）　位于余杭区五常街道西溪湿地（洪园）五常大道入口正对面，是一家时尚、潮流的中高端家庭型区域购物中心。西溪印象城A座于2013年5月开业，建筑面积19万平方米，可租赁面积8.2万平方米。B座于2018年12月底开业，建筑面积7万平方米，可租赁面积1.7万平方米。该商城由美国凯里森设计，荣获2009—2010年中国购物中心设计创新奖。

印象城外部图

西溪乐天城　位于五常大道与荆长大道十字路口，建筑面积10万平方米，商业面积为5万平方米，开发商为邦帮实业投资有限公司。该商城集酒店、公寓、影院、超市、休闲娱乐、健身、美食、生活配套于一体，是综合性商业体。

博雅城　位于余杭区文一西路和荆长路交叉口，博雅城以“漫游生活”为主题打造超强业态矩阵，集主题商业街、精品公寓、假日酒店，集生态、人文、科技、艺术和城市湿地景观于一体，博雅城总体量约25万平方米，总商业体量约10万平方米。

亲橙里　亲橙里于2018年4月28日开业，是阿里巴巴建设的一家完全属于阿里巴巴的购物中心，其地点位于阿里巴巴总部附近，占地近4万平方米，以零售和餐饮为主，服务和娱乐为辅。亲橙里地下2层，地上5层，主要业态功能都是以餐饮、游玩为主，其中餐饮占近4成。

沃尔玛山姆会员店　2010年，沃尔玛山姆会员店落成，占地88126平方米，建筑面积17万平方米。

二、住宅建筑

旧时，顾家桥集镇居民房屋大多低矮，结构简陋。20世纪70年代前，集镇建设缓慢。改革开放后，荆山岭成为集镇中心，农户掀起建房热潮。1992年，五常全乡新建住房面积60072平方米；1994年，新建住宅137户，建筑面积11573平方米。进入21世纪，随着房地产业崛起，至2002年，境内已有华立江南水乡、大华聚鱼滩休闲度假区房产、通策高新科技园房产、荆山翠谷房产、钱潮花园房产等7家落户五常开发，其中荆山翠谷花苑，372套住房已建成，面积8.4万平方米；西溪风情花园建成，占地58万平方米，建筑面积50万平方米；2003年，天利人和家园建成，占地7.04万平方米，建筑面积10.77万平方米；怡景花城，占地13.54万平方米，建筑面积9.46万平方米，盛世嘉园，占地20万平方米，建筑面积30万平方米；2004年，有7个房产项目全面启动，建成面积55万平方米，其中栖溪名园，占地5.38万平方米，建筑面积3.5万平方米。2005年，五常、文一村和友谊村天目山路农居点动工建设，至2007年农居点多（高）层公寓全面铺开。规划建设面积200多万平方米，至年底开工建设的有西溪人家、西溪雅苑、西溪水岸3个区块一期面积10万多平方米；2008年，又有西溪花城、西溪庭院等4个多（高）层公寓动工。2012年，农居点多（高）层公寓开工面积增至225万平方米，已竣工面积191万平方米，共13394套。2013年，农居点多（高）层公寓建设如期推进。7个农居点项目总投资48亿元，建筑面积248万平方米，至年底，已竣工面积192.64万平方米，除福鼎家园二期和西溪北苑西区三期、四期外，其余各农居点在2014年6月底前竣工并交付使用。是年，五常街道荣获“2013年度杭州十大美丽家园”称号。

五常街道社区（小区）分布情况表

表3-1-8

所属社区	小区名称	小区类别	交付时间	总建筑面积（平方米）
海汇社区	星空公寓	商品房小区	2018年3月	66692
洪园社区	西园	商品房小区	2011年6月	168078
洪园社区	昆仑嘉府	商品房小区	2014年1月	89281.73
洪园社区	西溪望庄	商品房小区	2010年6月	75908.63
洪园社区	美林公寓	商品房小区	2013年11月	113634.79
洪园社区	西溪君庐	商品房小区	2016年11月	80417.12
洪园社区	香洲里	商品房小区	2013年6月	52412
洪园社区	西溪融庄	商品房小区	2015年4月	123953.68
洪园社区	耦园小区	商品房小区	2019年4月	101003.84
洪园社区	西溪之星	商品房小区	2017年6月	201900
荆丰社区	爱丁郡	商品房小区	2013年5月	13674.2
荆丰社区	浙地人家	商品房小区	2010年7月	142123
海创社区	合景映月台	商品房小区	2018年9月	348400.25
海创社区	海创人才公寓二期	—	2004年8月	103338.86
海创社区	西溪盛悦居	商品房小区	2016年9月	125152.69
云创社区	风昀铭苑	商品房小区	2017年12月	110793
云创社区	乐淘城	商品房小区	2018年1月	156000
云创社区	西溪悦城	商品房小区	2015年9月	280000

续表3-1-8

所属社区	小区名称	小区类别	交付时间	总建筑面积（平方米）
云创社区	观璟庭	商品房小区	2017年6月	74000
云创社区	汀溪院小区	商品房小区	2018年7月	62779.35
云创社区	逸境公寓	商品房小区	2020年5月	74614.3
云创社区	溪岸悦府	商品房小区	2017年8月	74661.3
云创社区	香悦四季轩	商品房小区	2016年7月	88566
文一社区	人才公寓	—	2009年7月	39176
邱桥社区	未尚名府	商品房小区	2018年11月	196000
大华西溪风情社区	臻悦轩	商品房小区	2020年7月	36896.25
西溪风情社区	悦西溪府	商品房小区	2015年6月	56939.99
西溪风情社区	西溪风情	商品房小区	2004年3月	591600
西溪风情社区	澄品苑	商品房小区	2015年12月	169000
荆山社区	西溪郡	商品房小区	2014年12月	82718
荆山社区	地质大队	老旧小区	1982年12月	9666
荆山社区	荆山翠谷花苑	商品房小区	2004年1月	150757.28
友谊社区	浙江油田留下小区	—	1990年10月	19676.8
友谊社区	水乡·西溪小筑	商品房小区	2010年7月	20809.06
友谊社区	栖溪名园	商品房小区	2006年6月	35627.72
友谊社区	乡政府宿舍	—	2007年	2750
友谊社区	钱潮花园	老旧小区	2003年5月	—
友谊社区	教工宿舍（惠润家园）	—	2007年7月	8771.04
宏湾社区	人和家园	—	2003年3月	114306.27
宏湾社区	璞玉雅园	商品房小区	2017年6月	207475.6
海创园社区	富力十号朗悦居	商品房小区	2017年9月	123500
景盛社区	盛世嘉园	商品房小区	2006年12月	292520
景盛社区	怡景花城	商品房小区	2006年6月	117089.53
顾家桥社区	西溪玫瑰上庄	商品房小区	2013年6月	122749
横板桥社区	碧水铭苑	商品房小区	2005年5月	124000
横板桥社区	翡翠湾	商品房小区	2014年12月	83711.96
横板桥社区	溪悦宸府	商品房小区	2016年3月	68997.79
永福社区	海兴雅苑	商品房小区	2019年7月	192379.04
沿山河社区	溪涧堂	商品房小区	2018年12月	54095.98
海曙社区	明日之城	商品房小区	2018年12月	115390

怡景花城（景盛社区） 由杭州华鸿房地产开发有限公司开发。位于余杭区高教路云睦街交叉口，属五常板块，占地面积13万平方米，总建筑面积10万平方米，有74幢（排屋、多层公寓住宅楼），共611户。2004年建成。

富力盛悦居（海创社区） 由杭州品富房地产开发有限公司开发。位于高教路与爱橙街交叉口西北侧，占地面积44017平方米，建筑面积125152平方米，共13幢小高层。小区共800户，常住人口1500人。2013年建成。

富力朗悦居（海创社区） 由杭州品富房地产开发有限公司开发。位于高教路与文一西路交叉口西南侧，占地面积37463平方米，建筑面积123477平方米，共7幢小高层。小区共1024户，常住人口2000人。2014年建成。

海创人才公寓二期（海创社区） 由杭州余杭创新投资有限公司开发。位于文福路与文一西路交叉口，占地面积44107.15平方米，建筑面积103338.86平方米，共7幢高层。小区共1076户，常住人口1000人。2011年建成。

万科星空（海汇社区） 万科星空公寓由杭州万耀置业有限公司开发，位于杭州市余杭区五常街道海曙路与常二路交叉口，占地面积21760平方米，总建筑面积65718.51平方米，7幢住宅楼，共434户，2017年建成。

逸境公寓（云创社区） 由杭州新城创盛房地产开发有限公司开发，位于高教路与文茂街交叉口，占地面积3.22公顷，建筑面积7.46万平方米，由2幢高层与12幢洋房组成，2016年建成。

溪岸悦府（云创社区） 由杭州联富房地产开发有限公司开发，位于高教路与文二西路交叉口，占地面积3.0214公顷，建筑面积7.46613万平方米，由10幢小高层组成，2016年建成。

汀溪院（云创社区） 由杭州瑞富房地产开发有限公司开发，位于聚橙路与文一西路交叉口，占地面积28066平方米，建筑面积62799平方米，由16幢四层别墅组成，2017年建成。

香悦四季轩（云创社区） 由广州市宁骏物业管理有限公司杭州分公司开发，位于阿里巴巴南面永寿街，占地面积38796.44平方米，建筑面积88566.45平方米，由12幢洋房、1幢叠排和6幢排屋组成，2016年建成。

乐淘城（云创社区） 由传富（杭州）置业有限公司开发，位于文一西路与聚橙路交叉口，占地面积39663平方米，建筑面积15.6万平方米，由5幢住宅、2幢商业、1幢酒店组成，2016年建成。

西溪悦城（云创社区） 由杭州富力房地产开发有限公司开发，位于聚橙路与文一西路交叉口，占地面积95972平方米，建筑面积281050.25平方米，由21幢洋房、3幢公寓与4幢写字楼组成，2014年建成。

绿城翡翠湾 由杭州佳林房地产开发投资有限公司开发。位于余杭区五常大道，占地面积2.3万平方米，建筑面积8.7万平方米，由7幢高层和3幢多层住宅楼组成，共527户。于2014年建成。

溪悦宸府（横板桥社区） 由温州大都市建设开发有限公司余杭分公司建设，位于五常街道高教路常教街交叉口，占地面积68997.79平方米，建筑面积48119.23平方米，由6

幢高层住宅组成，共435户。2015年建成。

江南水乡·碧水铭苑（横板桥社区）　由杭州余杭华隆房地产开发有限公司开发，坐落于杭州西溪国家湿地公园西区旁，整个园区以传统江南园林风格为主，三面环水，东临联胜路。占地面积28公顷，总建筑面积12.4万平方米，由多联排屋，双联排屋，独立别墅，庭院别墅组成，其中多联排屋428户，双联排屋20户，独立别墅66户，庭院别墅5户，共计519户。

海兴雅苑（永福社区）　由浙大房产开发。位于余杭区联创街1号，占地6万平方米，建筑面积19.45万平方米，由14幢小高层组成，共930户。曾获杭州市“优秀园林绿化工程”金奖，2019年7月起分期交付使用。

明日之城（海曙社区）　由杭州启富房地产开发有限公司开发。位于余杭塘路和聚橙路交叉口。总建筑面积11.5万平方米，由5幢住宅和2幢商业综合体组成，其中住宅423户。2018年底交付并投入使用。

环秀府（海曙社区）　由浙江康誉置业有限公司开发。位于五常街道余杭塘路和荆长路交叉口，占地面积80568万平方米，建筑面积283884平方米，由10幢高层住宅楼和19幢花园洋房组成，共1452户。

润和西溪郡（荆山社区）　由杭州汤臣置业有限公司开发。位于天目山西路，02省道南侧，高教路与荆余公路交叉口往西500米。建筑面积7万平方米，共480户。2011年交付。

荆山翠谷（荆山社区）　由杭州赞成房产开发有限公司开发。位于绕城公路以南，建筑面积83000平方米，共320户，2004年10月30日交付。

地质一大队（荆山社区）　为浙江省第一地质大队职工宿舍，1989年建成，共6幢，92户。

西溪融庄（洪园社区）　由杭州融创绿城房地产开发有限公司开发，位于荆长大道518号，占地面积59360平方米，由10幢多层洋房、18幢排屋组成，共434户。2015年5月1日交付使用。2017年被评为杭州市优秀示范小区。2020年被评为杭州市“美好家园”。

耦园（洪园社区）　由香港兴业国际集团投资开发建设，位于荆长大道天竺桥路交叉口，占地约5万平方米，建筑总面积10.1万平方米，由12幢多层洋房、1幢叠排、10幢排屋组成，共396户。2019年交付使用。

昆仑嘉府（洪园社区）　由杭州昆仑西润房地产开发有限公司开发。项目位于五常街道文二西路与荆长路交叉口东北角，占地面积4.9万平方米，建筑面积9万平方米，建筑以花园洋房和意式独幢合院组成，共计288户。2014年交付使用。

美林公寓（洪园社区）　由杭州美林房地产开发有限公司开发。项目位于五常街道荆长路与纬八路交叉口东北角，占地面积4.9万平方米，建筑面积11.3万平方米，由公寓、叠排屋和联排屋组成，共计419户。2014年交付使用。

西园（洪园社区）　由百家乐房地产开发，位于浙江省杭州市余杭区五常街道荆长大道377号，占地面积92398平方米，总建筑面积168078.97平方米，由电梯公寓、花园洋房、叠排屋、连排屋组成，共560户。2011年7月交付使用。

西溪君庐（洪园社区）　由浙江百家乐房地产开发有限公司开发，位于余杭区荆长路

355号，占地面积31650平方米，总建筑面积80417.12平方米，由公寓、排屋组成，共306户。2016年10月31日交付使用。

西溪之星公寓（洪园社区） 由杭州滨江普特产有限公司地产开发，位于杭州市余杭区荆长大道与纬三路交叉口，占地面积95407平方米，总建筑面积201932平方米，由多层、排屋组成，共1114户。分三批交付2017年6月、2017年12月、2018年6月年交付使用。

香洲里（洪园社区） 由杭州宏厦房地产开发有限公司开发，位于荆长大道360号，占地面积33333平方米，总建筑面积52412平方米，由公寓、排屋组成，共170户，2013年交付使用。

西溪望庄（洪园社区） 由杭州五常房地产开发，位于文二西路与荆常大道交界处，占地面积4.8万平方米，总建筑面积7万平方米，楼层数都是4层，共295户，2010年12月交付使用。

溪水园（荆丰社区） 由国恒西溪置业地产开发，位于文一西路822号，占地面积163395平方米，总建筑面积433144.84平方米，由43幢多层、高层、排屋组成，共2217户。南区2021年3月交付使用，北区2021年6月交付使用。

晓月澄庐 由绿城中国、交投地产联合开发，位于杭州未来科技城，悠享西溪自然之胜，占地面积约6.7万平方米，总建筑面积约7.3万平方米，有8个户型，共339户，预计2023年6月30日交付使用。

石油小区 由石油公司开发，位于荆长大道东，访溪南路，天目山西路北，占地面积12537.99平方米，总建筑面积19676.8平方米，6幢288户，1990年建成。

栖溪名园（友谊社区） 由南方置业发展有限公司开发。位于杭州天目山路延伸段，占地面积80亩，总建筑面积约35627.72万平方米，19幢住宅楼，共161户。2006年建成。

西溪小筑（友谊社区） 由浙江富城房地产开发有限公司开发，位于天目山路，近五常大道，占地面积约12600平方米，总建筑面积20809.06平方米，6幢199户，2009年建成。

五常新小区 （陈彦 摄）

钱潮花园 由钱潮公司集资建房，位于天目山路515号，占地面积2万平方米，总建筑面积24149.52平方米，18幢201户，2003年建成。

此外，境内城市化进程快速，古建筑已无几。尚存如保宁桥，为城西地区仅存的五孔石梁桥。位于五常街道友谊村7～8组，五常杭州绕城公路以西，东西向跨白庙河。相传始建于南宋，由当地人费八千及一位李姓村民为首建造。后年久失修，由出生于白庙村竹园蓬，后任千总的沈福生为首重建，当时还建有白庙龙图殿、武戏台、大型走廊，现仅存保宁桥。

五孔石梁桥，长 23 米，宽 2. 2 米。桥名旁阴刻“宣统二年（1910）众姓重建”。曾是五常白庙村村民东西过往的交通要道，也是当地村民往老白庙进香的主要通道。2015 年被列为杭州市级文物保护点。另有位于西溪五常洪家埭洪氏宗祠等。

第二章　市镇管理

旧时，经济以农业耕作为主，生产力低下，人类生活和生产活动所排放的污染物足以被自然环境所净化，环境质量良好。

20 世纪 80 年代初，开始向工业化转化的进程中，城市规模扩大，人口密度加大，经济增长靠高投入、高消耗的传统方式，资源消耗、能源消耗不断上升，对自然资源开发的强度不断加大，污染物排放量不断增加，环境污染不断加重，环境负荷日益加大，环境自然净化能力也逐渐减弱。

面对生态与环境保护问题，干部群众认识不断深化、关注面不断扩大，通过努力，经济社会、人与自然协调发展的机制已初步形成。五常街道把生态建设工作摆上重要工作日程，成立主要领导任组长的领导小组，研究贯彻措施，抓工作落实。以改善环境质量为目标导向，加快构建与五常实际情况相适应的生态环境保护体系、全面高效的污染防治体系、全民参与的社会行动体系。2006 年，创省级卫生村 1 个、市级卫生村 1 个、区级卫生村 3 个。2011 年，五常街道成功创建为“杭州市卫生街道”。

第一节　市容管理

一、环境卫生

概况　20 世纪 80 年代，乡政府设立环卫管理部门，对集镇街路进行清扫，粪便集中处理。1995 年后，开展创建卫生城镇活动，以整治脏乱差为突破口，对环境卫生进行督查，推行垃圾袋装化，增设垃圾箱，与单位签订“门前三包”责任书等。

2004 年，五常管委会以创建区级卫生地区为载体，开展“双整治”工作，有 5 个村达标。环卫部门添置新型洒水车 1 辆、新建垃圾中转站 1 座，增设垃圾箱 20 只，实行垃圾无公害处理。12 月，五常顺利通过区环境卫生考核小组验收。2006 年，创省级卫生村 1 个、市级卫生村 1 个、区级卫生村 3 个。2008 年，开展“清洁余杭”活动，清除存量垃圾 500 余吨，全年新增卫生厕所 105 座、三格式厕所 500 余座、公厕 22 座。2008 年 10 月，根据《区市容环卫工作先进集体和“十佳城市美容师”的通知》精神，杭州市余杭区总工会、杭州市余杭区人民政府城市管理办公室联合发布《关于表彰余杭区市容环境卫生先进集体“十佳”城市美容师、优秀城市美容师的决定》，余杭区五常环卫保洁有限公司获评市容环境卫生先进集体。2009 年，开展创建市级卫生街道申报，通过市级生态街道验收。2009 年，杭州市余杭区五常街道办事处为巩固“清洁余杭”行动成果，加强长效保洁管理，提高环境卫生保洁服务质量，结合五常实际，特制定《五常街道 2009 年“清洁绿化健康文明余杭”长效管理的实施意见》。主要工作目标：在做好“清洁绿化余杭”行动集中整治的基础上，完善提升整治成果，健全长效管理制度，全面落实卫生保洁、村容秩序、绿化养护、设施维护、环境保护等方面的养护管理工作。围绕“洁化、绿化、序化、亮化、美化”目标，做到环境保洁规范运作，无暴露垃圾、无卫生死角、无露天粪坑、无睡眠漂浮物；村容村貌整洁有序，无乱堆乱建、无乱涂乱挂、无视觉污染；设施完备正常运行，道路、路灯、休闲健身场地等各类公共设施和绿化养护完好，无残缺破损、无安全隐患；农村公共服务不断完善，生态环境显著改善，健康水平有效提升，文明素质普遍增强。垃圾集中收集率、垃圾无害化处理、8小时清扫保洁率、实行有偿保洁服务率、公共产品养护管理市场化运作率达到并维持在100%。

2011年，全面启动和开展垃圾分类直运工作，每天有80吨左右垃圾实现直运。通过群众健康教育、环境卫生整治、改水改厕、除四害、传染病防治等10个方面工作，12月，五常街道成功创建成为“杭州市卫生街道”。是年，为有效预防和应对可能发生的各类环卫突发公共事件，使环卫突发公共事件应急处置工作做到领导有效化、指挥有序化、决策科学化、保障统筹化，进一步增强城市管理服务中心环卫应急处置综合管理能力和抵御风险能力，确保环卫工作正常运行，五常街道办事处发布《五常街道环境卫生管理中心环境卫生突发事件应急预案》，成立环境卫生保障突发事件应急工作指挥部。

2019年3月，余杭区举行垃圾分类推进会，五常街道以提升生活垃圾“减量化、资源化、无害化”水平为目标，不断促进源头分类，提高分类正确率。

2020年，制定《2020年度五常街道垃圾分类工作实施方案》《2020年度五常街道生活垃圾分类工作考核办法》，排定好具体行动计划和实施步骤，明确各线各部门职责分工，组织落实各项任务，确保完成年终考核任务，深化推进辖区垃圾分类治理工作。参照区大督查办方式，建立“巡察—督办—整改—回头看”的工作闭环机制。每周巡察全覆盖，对所有生活小区和社区办公楼垃圾分类情况进行全覆盖检查；以督办单一周两次的频次将检查情况下发至相关社区要求限期整改反馈，对不重视，推进缓慢、工作成效不明显的社区或单位，启动必要的通报、约谈，以及立案查办等方式，倒逼社区做好垃圾分类工作。每周对所有小区、社区居委会办公室全覆盖检查垃圾分类情况。每天确保不少于6个小区，每个小区检查点位不少于5个，每天汇总形成巡查日报。对小区、社区居委会办公室以及产业园区垃圾分类宣传，分类设施进行检查。将日常的检查考核纳入年度对社区的考核成绩。为破解易腐垃圾末端处置能力薄弱的局面，通过技术手段进一步助推垃圾减量工作，在荆山公墓区块建设一座规模处置能力不小于50吨/日的易腐垃圾处置站，同时预留30吨/日的规模空间。该项目建筑面积1226平方米，总投资3479万元。2020年12月投入使用。

2020年，街道范围内完成30个市级示范创建申报，完成38个区级示范创建和4个区级示范村社创建。是年9月，五常街道举行“文明同行·全民同心”启动仪式，仪式中提出“垃圾不落地，环境更美丽”的倡议书，呼吁大家共同携手创造洁净的城市环境。自垃圾分类工作开展以来，各社区相继开展垃圾分类主题活动。洪园社区举办文艺晚会的同时将垃圾分类知识竞赛穿插其中，让居民了解垃圾分类的相关知识。

特色工作　2020年，社区建立“一周一晾晒、一月一评分、一季一兑换”的“三个一”制度，实现垃圾分类“智能操作+积分兑换”新模式，提高居民养成垃圾分类的好习惯和参与垃圾分类的积极性。此外，通过大数据信息的采集和分析，快速筛选出一批低积分的居民户，可以有针对性地开展再次入户宣传，促使垃圾分类迈向新台阶。西溪风情社区引入智能易腐垃圾处理设备，该机器主要通过微生物发酵形式将易腐垃圾在机器内分解成有机肥，科学循环利用于种植业，避免二次污染，日处理量为2吨，转化率80%。永福社区结合垃圾分类工作中实际，在垃圾投放点位安装智能监控，通过远程监控和语音互动方式提醒居民按时投放垃圾。监控体系不仅让投放者在探头下更加自觉，还能为投放、收集等分类行为固定证据，便于监管和执法。

抓标准化建设。紧盯省级生活垃圾分类示范镇街建设目标，着力标准体系建设。一是规范设施设置。按照《分类设施设置导则》，各社区、各部门要抓紧落实到位，全面完成各类场所的分类收集运输设施、宣传公示信息更新完善，推进新省标落地。二是规范收集运输。在分类收运基础上，抓紧开展餐厨废弃物统收统运专线、生鲜垃圾清运专线和城市道路“垃圾不落地音乐线”三大专项工作扩面提质，进一步健全收集运输体系。三是规范处置收费。全面实行生活垃圾处理服务收费，按照“谁产生谁付费、多产生多付费”原则，对非居民户垃圾处理阶梯收费实现100%覆盖。

抓精细化管理。一是抓好前端分类日常管理。优化完善生活垃圾分类评价系统平台，巩固定时定点投放小区成果，有序开展居住小区溯源巡检基础工作。二是提升清运规范化建设。继续推进车载称重和GPS定位，在实现分类运输的基础上着力提升运输的精确度。三是挖掘末端处置潜力。重点加强荆山岭易腐垃圾就地处置点的规范管理，鼓励各社区引进易腐垃圾处置设备，配套数字监管系统，实现全流程精准性监管。

抓体系化推进。健全源头减量、回收利用、处置能力建设等工作，实现全链条闭环治理。深化源头减量。重点关注流通环节和消费环节的垃圾减量工作。在流通环节，对农贸市场、商业综合体等重点场所、电商物流等重点领域开展定期检查和不定期抽查，减少塑料制品消费，推广绿色物流模式；在消费环节，加强宣传引导，推行光盘行动，减少一次性用品使用，鼓励居民使用菜篮子、布袋子、饭盒子，营造绿色低碳新风尚。开展节约型机关及企事业单位创建，党政机关杜绝一次性杯具使用，倡导无纸化办公，减少垃圾产生。继续扩大虎哥回收覆盖率，同时引进其他回收企业，持续优化回收模式，降低运营成本，实现应收尽收。加大装修垃圾、大件垃圾处置力度，探索建立收运、分拣、处置体系。

二、园林绿化

五常为“鱼米之乡、花果之地”，区内河道纵横、果树桑树遍地，绿地覆盖率较高。20世纪90年代以来，五常每年“植树节”期间，发动群众植树造林，将绿化造林作为改善生态环境、提升生活品质的重要举措。

2001年1月，五常乡人民政府为加快沿绕城线和天目山路绿化造林步伐，提高城市品位，改善生态环境，按照上级政府要求，结合五常实际，成立五常乡境内绕城线和天目山路两侧绿化领导小组，由熊小民担任组长，徐荣德、李广华担任副组长。2月，为进一步加快绿化造林步伐，积极完成余杭市政府下达的杭州绕城公路、天目山路延段两侧绿化工作任务。在市有关部门的协助下，成立杭州绕城公路、天目山路延段两侧绿化工作招标领导小组。杭州绕城线五常段绿化，南自天目山延伸路，北至余杭塘河，总长度6.8公里，路两侧各绿化 50 米，总绿化面积 701.594 亩，土地租用涉及 13 个村（单位）。整个工程实施在区政府绿化办、区林水局的指导下，是自 2001 年 1 月中旬开始，至 2001 年 4 月底绿化全部完成，是 5—11 月主要实施绿化带的管护工作，包括清理沟渠，修复机耕路，缺株补植及总排水沟建设。

2002 年 1 月，完成余杭区下达关于 2002 年绿化造林计划要求。2003 年 11 月，五常开发区在绕城公路两侧绿化，面积共计 7080.5 平方米，其中绕城公路文一路延伸东侧为 2800 平方米；西侧为 2240 平方米。绕城公路辅助路转弯处（仲家塘）绿化面积 1800 平方米。绕城公路五常大街出口处绿化面积 240.5 平方米。2005 年 3 月，余杭区五常管委会与杭州祥符市政园林绿化建设有限公司签订关于五常垃圾中转站的园林绿化工程，要求养护一年后，保证绿化成活率达到 100%。2006 年，杭州西溪国家湿地公园三期项目启动，其中涉及五常村土地面积 246.67 万平方米，友谊村面积 133.33 万平方米。建设规划为“一带、两片、多点”，“一带”即湿地自然景观带，“两片”体现水乡风情、五常洪氏文化溯源的西片，体现农耕、渔猎文化河渚觅渡的东片，“多点”指五常民俗村、洪园、龙舟竞渡、观音庵等多个景点，总投资 16.86 亿元。

2007 年，投资 200 万元建设市民广场，占地 1 万平方米；新增绿化面积 2 万平方米，其中五常大道、02 省道五常段绿化面积 1.7 万平方米。对主要道路、村道均安装上路灯，并与专业水电安装公司签订维护合同，负责路灯日常维修。2007 年 12 月，为认真贯彻区委、区政府关于打造“绿色余杭”“生态余杭”“品质余杭”的精神，加快五常生态建设步伐，全面建设小康社会，全力打造和谐品质新五常，制定“绿化五常”行动实施意见。“绿化五常”的总体思路是坚持科学发展、以人为本的理念和政府主导、社会参与、市场运作的原则，以“清洁余杭”行动为基础，以“绿色家园”创建为途径，以建城区、村庄、公路、河道、矿山绿化为重点，以工程建设为突破，以多元投入和长效管理为保障，采取城乡统筹、工程带动、部门联动、全民行动等方式，大力开展规划建绿、见缝插绿、拆违建绿和义务植树活动，努力打造清洁、绿色、生态的现代化和谐街区。要求经过五年建设，有序增加五常绿地面积，进一步改造提升绿化品质；完成所有村庄（社区）、主干公路、主要河道宜林地段绿化；完成矿山生态修复；组织开展绿色家园系列创建活动，使爱绿护绿成为全民的自觉行动。至 2011 年，新增绿化面积 277450 平方米，村庄绿化率达到 25%，公共区域绿化率达到 30%；公路、河道宜林地段绿化率 95% 以上；人均公共绿地 20 平方米。

“绿化五常”以村庄绿化工程为重点，增加农村绿化面积总量。按照“清洁余杭”行动部署，在完成垃圾清洁、庭院整治、拆除违章、河道“四清”基础上，宜林则林、宜果则果、宜苗则苗、宜花则花，全面开展村庄、庭院、社区、农区、厂区、园区、矿区、内塘绿化，新增绿化面积 109450 平方米；着力开展“绿化示范村”“绿化示范户”创建活动，典型示范、以点促面，全面推进农村绿化建设，提高农村绿化水平，使老百姓能“开门见绿”，逐步营造四季常绿、四季有花、绿树成荫、五彩缤纷的生产活动环境。以通道绿化工程为重点，增强路河绿化景观功能。实施大项目大工程带动战略，结合路网建设和河道整治，加大公路“绿色通道”和河道“岸绿”工程建设。完善提高交通主干道绿化景观，实施乡镇公路、通村公路绿化，提升入城口、互通立交、城镇节点部位绿化档次，新增道路绿化 3.9 万平方米；按照“水清、岸绿、流畅”的要求，河道绿化与河道整治工程同步设计、同步建设、同步验收，着力建成1条区级生态河道，全面做好乡镇与村庄内河道绿化，新增绿化面积6.9万平方米；把公路与河道建设成为链接城乡、纵横交错、线条流畅的绿色网络，营造绿色多彩的视觉环境。

“绿化五常”以城镇绿荫工程为重点，提升城镇绿化整体水平。按照“洁化、绿化、美化、亮化、序化、文化”要求，结合村镇建设整体规划，开展规划建绿、拆房建绿、见缝插绿和旧绿地改造，新增建成区绿地面积1万平方米。要因地建绿、沿路建绿、因项目建绿，合理规划与建设公园绿地、道路绿地、街头绿地、工厂绿地和建设项目、居住小区附属绿地，营造环境优美、充满活力的人居环境。以矿山复绿工程为重点，营造无视觉污染生活环境。加大矿山关停与综合整治力度，促进矿山开发利用和生态保护相结合。严格控制新增矿山和临时采矿点；对废弃矿山宕口、岩体立面进行安全性削坡治理和宕面复绿相结合治理，逐步消除视觉污染。对废弃矿区采取平整、复垦和绿化治理，达到宜建则建、宜耕则耕、宜林则林，促使矿区土地可循环利用。完成5家废弃矿山生态修复，新增迷你绿化1.5万平方米，恢复生态功能。以绿色家园创建为重点，营造爱绿护绿良好氛围。进一步深化全民义务植树运动，开展认建认养绿地、企业家捐资助绿、投资建绿等方式，鼓励和吸引社会资金参与绿化建设与养护管理，增强绿化的生命力、助推力；开展绿色家园创建和优秀工程评比表彰活动，动员机关、学校、企业和城乡居民等参与绿化及社会，促进企业附属绿地、单位附属绿地、居住区绿地、庭院绿地建设，积极开展“花园式单位”、绿化优秀工程、绿化先进单位的创建活动，新增单位部门绿化和重点工程配套绿化3.5万平方米。

2008年五常管委会境内主要道路绿化面积情况表

表3-2-1

道路名称	总长（米）	宽（米）	面积（平方米）
荆长公路（02省道至五常大道）	615	4	2460
荆长公路（五常大道至九胜桥）	633	1.5	949.5
五常大道（天目山路至荆长路）	1440	9	12960
五常大道（荆长路至联胜路）	960	9	8640
五常大道（联胜路至华立集团）	540	9	4860
联胜路	1600	2	3200
合计			33069.5

2011年，完成荆长公路顾家桥段绿化工程，新增绿地面积3500平方米。由于城市化的快速推进，杭州市余杭区人民政府五常街道办事处与杭州东茂市政园林工程有限公司签订五常街道绿化养护补充协议。绿化养护范围：荆长公路（五常大道至九胜桥）绿化带总面积949.5平方米、丰岭路口面积456平方米两处共1405.5平方米养护面积已取消。为使街道辖区内绿化养护面积更换至五常大道（联胜路至马桶港）绿化带，更换范围面积：五常大道（联胜路至马桶港）绿化带1400平方米左右，仁和家园菜地复绿所增加的工程量面积同时纳入养护范围，养护经费不再增加。保洁期限：绿化养护期为两年，自2011年4月1日起至

2012 年 3 月 31 日。合同价款及支付方式：此区块的绿化养护款不变，按年度支付。绿化养护标准按照新《五常街道绿化补种及养护合同》同等要求执行。

2013 年 7 月，五常街道开展对“清洁绿化余杭”整改工作。根据五常街道“清洁绿化五常”集中整治和长效管理工作被《城乡导报》通报结果，街道办事处制定措施，进行整改，确保“清洁绿化余杭”取得长期效果。由街道主要领导和分管领导组织召开社区书记、分管负责人会议，通报媒体曝光情况，查找曝光地段，全面进行卫生死角排查，落实工作责任，确实做好“清洁绿化余杭”和“清洁河道”两项工作。河道保洁统一纳入街道管理。除市级、区级和街道级 25.2 公里河道保洁由街道负责外，将 14.75 公里征用区块内，已开发建设的社区河道，从 7 月起统一纳入街道保洁管理，解决这些河道保洁工作社区不肯管、不愿管、无人管矛盾。加大检查督查工作力度。进一步强化“清洁绿化余杭”街道老龄协会督查组作用，定期或不定期开展检查督查工作，同时街道农业科对其进行抽查核查，督促抓好社区整改工作到位。

第二节　环境整治

一、“三改一拆”工作

2012 年，发现各类违法建设 176 起，拆除面积 15415 平方米。完成余杭区违法建设三年行动计划中涉及的 111 处老违建的整改工作，拆除面积 31119 平方米。2013 年，共拆除违法建筑 242 宗、面积 133035.6 平方米，完成新任务的 206.33%；旧厂区改造共启动土地面积 5.47 公顷，已实现改造面积 10.37 万平方米，完成调整后任务的 177.9%；城中村改造涉及的西溪北苑、西溪雅苑、西溪景苑等 7 个农居点项目，均已进入市政景观工程阶段，竣工面积 23.6285 万平方米，占全年任务的 90.99%。2014 年，全年拆除违法建筑 315 宗、201870 平方米，完成全年任务的 509.98%。参与“无违建”创建的 6 个社区除荆山社区结果未公布外，其余全部达标；推进非法宗教场所和小庙小庵的整治工作，拆除小庙小庵 13 处、面积 8778.04 平方米。与辖区内自 2003 年以来遗留的 28 户钉子户和 10 家企业、家庭作坊完成征地签约工作；基本完成蔡婆墩区块、西溪北苑四期、海创园二期（永福区块）清表工作，交地 66.67 公顷；完成海创园二期（文一区块）173.33 公顷的清表工作；做好上埠河拓宽工程房屋的签约和拆除工作，征地 1.43 公顷；基本完成沿山河整治工程的动迁签约工作；做好嘉园路项目 7 户主房、45 户辅房的拆迁签约工作，主房签约率 100%，辅房签约率 98%；完成规划文二西路涉及五常、友谊、荆丰等 3 个社区，以及永福王家塘区块 15.9986 公顷征地及清表工作。多（高）层公寓全年新开工建设 263.78 万平方米，竣工 216.88 万平方米、14761 套；截至 9 月底，完成荆丰、横板桥、顾家桥社区共 308 户的安置工作。2014 年，五常街道获得“2013 年度杭州十大美丽家园”称号，成为余杭区首个获此称号的镇（街道）。

2015 年，完成“三改一拆”面积 29.1449 万平方米，其中旧厂区改造 4.3857 万平方米，完成年度任务的 146.19%；拆除违建 20.4492 万平方米，完成年度任务的 125.23%；城中村改造 4.31 万平方米，完成年度任务的 100%。拆除违法建筑 103 处、面积 52022 平方米；11 个社区全部通过区级初步验收。“征迁清零”方面，完成余杭组团 33 号、余杭海创园 8 号 AB、未来科技城 125 号等 23 宗地块交地任务，涉及交地出让面积 95.298 公顷，正式出让 10 宗；完成永安电缆一家企业的收购工作，做地 0.87 公顷。在第十一届全国法制动漫微电影作品大赛中，五常街道选送的作品《三改一拆在行动》获漫画类三等奖。该作品以法治动漫的形式，向群众普及“三改一拆”的法律知识、传播法治理念。2016 年，共完成“三改一拆”面积 33.24 万平方米，超额完成区下达任务，其中旧厂区改造 2.48 万平方米，完成年度任务的 118.33%；拆除违建 24.01 万平方米，完成年度任务的 240.09%；城中村改造 6.75 万平方米。加快“两美浙江”建设，完成 02 省道绿化整治提升工程，涉及面积 31149 平方米；拆除楼顶大型户外广告牌 68 块，其他各种小型广告牌 600 余块，刀旗广告 260 面，高炮广告 10 个，户外墙体广告 5 块；组织专业部门对辖区内的市政桥梁和市政路网进行检测，排除安全隐患，并建立一桥一档，一路一档。“征迁清零”方面，完成绕城高速、杭徽高速两侧不雅建筑整治以及景观绿化地带的征迁清零工作，共拆除面积 8.6 万平方米，其中留下入城口整治共拆除 17 家企业建筑、面积 59703.06 平方米。2018 年，区级 11 个征迁项目中，杭州地铁 3 号线一期、文二路连接隧道等 8 个项目完成点位清零；荆丰社区 2 户联体农居点区块 17 户农户完成签约，五常社区断桥新型农村居民点区块 20 户农户完成评估。拆除存量违法建筑 294 宗，57038 平方米；累计拆除不雅建筑 175 宗，6527 平方米；完成 4 个批次 20 宗 1.25 万平方米的区领导重点包案拆除任务。2019 年，无违建创建成果显著，街道已拆除、处置存量违建 556 宗，拆除建筑面积约 101082 平方米，完成年度任务占比 101%。对原友谊电表厂内占用消防通道企业进行集中整治，共排查涉及消防安全点位 23 处。以盛世嘉园小区为试点，按照“全面排查—张贴公示—销号清零—拆除整改”的步骤，针对排查出的 270 处不同类型的违建，完成度达 96%。为强化源头管理，在物业化（准物业）管理的住宅小区内，建立和实施违法建筑防控信息发现报告登记制度，将物业公司的源头把控纳入日常考核，制止新增违法建设 35 起。城市管理更加精细。围绕整治“道乱占、车乱停、摊乱摆、房乱建、线乱拉”顽疾，多部门联动协作，通过严管道路交通、治理共享单车等措施，有效提升城市序化管理水平。清理卫生死角，对沿线果壳箱、垃圾桶、候车亭全面冲洗。提升景观绿化，对全域道路绿地、河道绿地、广场公园、道侧绿化等绿地苗木进行补植、更换，已补植苗木 2300 余平方米，苗木 1.6 万余株，草坪 2100 余平方米。

新城一瞥（2020）

二、“五水共治”工作

2014 年 2 月，五常街道办事处根据全区“五水共治”工作目标要求，贯彻落实省委、省政府，市委、市政府治水的决策部署，打好治污水、排涝水、防洪水、保饮水、抓节水“五水共治”攻坚战，以治水为突破口倒逼经济转型升级，推进“美丽余杭”建设。结合五常实际情况，制订五常街道截污纳管工作方案。以邓小平理论和“三个代表”重要思想为指导，全面贯彻落实科学发展观和中共十八大生态文明建设要求，紧紧围绕“品质之城、美丽之洲”建设，以改善环境质量为立足点，全力促进社会经济发展，深入开展截污纳管工作，大力推进社会民生事业发展。实现促使相关产业转型升级，从而推动“美丽余杭”建设。

2014 年 3 月，五常街道以“建设幸福新余杭，人大代表在行动（五水共治）”为重点开展议政督政活动，以保障和改善民生为出发点，按照治理污水、安全饮水，科学调水、有效节水以及天蓝水清的要求，组织开展走访调研、建言献策、监督整治工作等活动。

2014 年 3 月 4 日，《城乡导报》未来城事版“五水共治”乡镇组稿中刊登《五常：“五水共治”清洁家园》。是月，横板桥社区全面启动“美丽乡村”计划。横板桥成立环境卫生整治领导小组，大力清理辖区卫生整治脏、乱、差等现象。全体班子成员对社区区域内卫生进行了督查，同时对横板桥、南草塘两个农居点、工业园的卫生状况提出整改，并落实人员突出整改辖区内不达标的地段。

2015 年，基本完成沿山港施工；完成沿山港闸站、木桥港招投标工作；木桥港闸和马通港闸进场施工，均完成工程量的 50%；与滨江房产签订白庙港闸站和整治工程合同，委托其结合房产项目推进建设；完成顾家桥港河道整治工程勘测设计。排摸出排污口 140 个，全部完成整改；完成企业雨污分流改造工作 14 家；完成 2015 年嘉宜路、文福路道路污水管网敷设任务；协助做好余杭塘河、五常港及其支流治理工作。

2016 年，完成沿山港拓宽整治工程；木桥港拓宽整治工程完成总量的 60%；完成木桥港闸和马通港闸建设；完成沿山港、荆长路南段、顾家桥社区生活污水改造项目等工程 9 个，建设改造管道 10 公里，完成农户生活污水纳管 432 户。2018 年，在各入河排污口设置标识牌。投入 1000 余万元，完成沿山河闸站引配水工程，完成雨污合流整治项目 121 个。完成河道整治 17 条，共 22 公里。2019 年，结合老旧小区提升改造、雨污合流整治、两户一联农居点环境整治等，对教工宿舍、永福一号、二号农居点启动雨污水改造。同时也对辖区内所有的安置小区、商品房小区开展设计和预算编制工作。实行“截污纳管”，涉河污染源排污问题基本有效治理。对总计 23138.43 米长河道实施长效保洁，采取“科室 + 河长”每周不定期巡查。根据河道水质监测情况，对涉及河道水质“三色预警”问题进行整改。2020 年，有少数居民在重要行洪通道木桥港两岸种植蔬菜，造成水源污染。其间，民

“五水共治”结硕果（2015）　（王洪坤　摄）

间河长、居民代表们等社会力量积极加入整治行动。最终，在多方合力作用下，木桥港两岸占用河道沿线公共绿地的行为被取缔。2020 年，五常有 20 条河道纳入“三色预警”河道考核，其中市级河道 1 条（五常港）、区级河道 2 条（余杭塘河、沿山港）、镇级河道 17 条（顾家桥港、木桥港等）。五常街道把“蓝天、碧水、净地”的环境污染整治作为一项政治任务，要求从“黑臭在水里，根源在岸上，核心在管网，关键在排口”入手，以连通“毛细血管”和“主干系统”为基点，多措并举全面落实工作责任及措施，有序推进五常流域水质提升工作。1—7 月，五常“五水共治”工作综合考评位列全区第 3 名（9 月“五水共治”工作综合考评并列 12 名）。3 条市区级河道断面水质考核也连续 7 个月（2—8 月）被确定为优秀等次。

2018 年五常街道入河排污口标识牌情况表

表 3－2－2

序号	河道名称	标识牌编号	类别	位置	经度	纬度
1	顾家桥港	K110010001	雨水口	老顾家桥西北角落	120°03′60″	30°26′22″
2	天竺港	K110020001	雨水口	文二西路桥东南角香洲里河岸	120°03′16″	30°27′30″
3	天竺港	K110020002	雨水口	文二西路桥西南角	120°03′10″	30°27′32″
4	盛世嘉园河	K110030001	雨水口	盛世嘉园河沿山港口东侧	120°01′85″	30°23′94″
5	白庙港	K110050001	雨水口	白庙后河东 9 号门口	120°03′85″	30°26′35″
6	白庙港	K110050002	雨水口	白庙后河东 21 号门口	120°03′81″	30°26′43″
7	白庙港	K110050003	雨水口	白庙后河东 30 号门口	120°03′82″	30°26′43″
8	白庙港	K110050004	雨水口	白庙后河东 42 号门口	120°03′78″	30°26′58″
9	长娄港	K110060001	雨水口	西溪花城 35 幢对面	120°03′17″	30°25′63″
10	长娄港	K110060002	雨水口	西溪花城 41 幢对面	120°03′20″	30°25′54″
11	长娄港	K110060003	雨水口	西溪花城 45 幢对面	120°03′19″	30°25′54″
12	马通港	K110070001	雨水口	紫春庭 2 幢西侧	120°02′47″	30°23′94″
13	马通港	K110070002	雨水口	翡翠城 6 幢西侧	120°01′99″	30°24′24″
14	马通港	K110070003	雨水口	翡翠城 9 幢西侧	120°01′99″	30°24′24″
15	马通港	K110070004	雨水口	五常大道桥西北角	120°01′94″	30°24′58″
16	马通港	K110070005	雨水口	常和二桥旁边	120°01′99″	30°24′73″
17	上埠河	K110080001	雨水口	荆岭桥旁边	120°03′72″	30°24′53″
18	上埠河	K110080002	雨水口	荆岭桥旁边	120°03′70″	30°24′55″
19	宏丰河	K110090001	雨水口	宏丰家具城南端口子处	120°02′63″	30°23′93″
20	宏丰河	K110090002	雨水口	天目山路杭州方向东南侧 100 米处	120°02′59″	30°24′03″
21	宏丰河	K110090003	雨水口	天目山路杭州方向东南侧	120°02′57″	30°24′09″
22	宏丰河	K110090004	雨水口	天目山路杭州方向西南侧	120°02′54″	30°24′07″
23	坝河	K110110001	雨水口	浙地人家 31 幢西侧	120°02′56″	30°25′66″

续表 3－2－2

序号	河道名称	标识牌编号	类别	位置	经度	纬度
24	木桥港	K110120001	雨水口	西溪软件园东侧河岸	120°02′73″	30°24′77″
25	木桥港	K110120002	雨水口	西溪软件园东侧河岸	120°02′73″	30°24′77″
26	新开河	K110160001	雨水口	西溪雅苑农居点东南角河岸	120°04′69″	30°24′57″
27	新开河	K110160002	雨水口	西溪小筑 2 幢东侧	120°04′80″	30°24′87″
28	新开河	K110160003	雨水口	西溪小筑 4 幢东侧	120°04′81″	30°24′88″
29	沿山港	K110170001	雨水口	西溪印象城东广场南侧河岸	120°04′72″	30°24′92″
30	沿山港	K110170002	雨水口	印象城南侧停车场河岸	120°03′17″	30°24′90″
31	沿山港	K110170003	雨水口	西溪雅苑 3 幢 4 幢中间河南岸	120°04′57″	30°24′91″
32	沿山港	K110170004	雨水口	雅苑 2 幢，河南岸	120°04′49″	30°24′88″
33	沿山港	K110170005	雨水口	雅苑 1 幢，河南岸	120°04′36″	30°24′86″
34	沿山港	K110170006	雨水口	雅苑桥西南角	120°04′37″	30°24′85″
35	沿山港	K110170007	雨水口	雅苑桥西南侧约 100 米处	120°04′18″	30°24′94″
36	沿山港	K110170008	雨水口	绕城桥西北角	120°04′02″	30°24′79″
37	沿山港	K110170009	雨水口	绕城角西南角	120°03′98″	30°24′76″
38	沿山港	K110170010	雨水口	教师公寓南侧河岸	120°03′87″	30°24′77″
39	五常港	K110180001	雨水口	文一西路五常港桥西南角	120°05′05″	30°28′87″
40	五常港	K110180002	雨水口	西溪水岸 33 幢东侧	120°04′72″	30°28′40″
41	五常港	K110180003	雨水口	西溪水岸 53 幢东侧	120°04′92″	30°28′76″

2018 年五常街道办事处地表水委托检测情况表

表 3－2－3

序号	采样地点	采样时间	样品性状	水温	pH 值	溶解氧	透明度	高锰酸盐指数	氨氮	总磷	水质分类
1	五常港	2017. 1. 12　12：30	无色透明	9. 9	6. 78	8. 10	52	1. 52	0. 293	0. 029	Ⅱ类
2	沈家港	2017. 1. 12　10：23	无色透明	9. 7	6. 86	7. 76	55	5. 16	4. 17	0. 196	劣Ⅴ类
3	白庙港	2017. 1. 12　10：40	无色透明	9. 6	6. 99	6. 86	39	4. 58	0. 759	0. 070	Ⅲ类
4	顾家桥港	2017. 1. 12　10：36	无色微浊	9. 5	6. 65	6. 77	59	3. 58	4. 26	0. 263	劣Ⅴ类
5	阮家桥港	2017. 1. 12　10：56	无色透明	9. 6	6. 70	6. 76	45	3. 65	4. 29	0. 273	劣Ⅴ类
6	冯家坝河	2017. 1. 12　11：11	无色透明	10. 0	6. 68	6. 38	55	3. 39	2. 26	0. 144	劣Ⅴ类
7	门前港	2017. 1. 12　11：19	无色透明	9. 9	6. 62	6. 75	49	6. 37	3. 46	0. 284	劣Ⅴ类
8	江南水乡港	2017. 1. 12　11：27	无色透明	10. 1	6. 54	6. 49	55	2. 36	1. 54	0. 186	Ⅴ类
9	坝河	2017. 1. 12　11：35	无色微浊	10. 0	6. 77	9. 41	49	8. 59	6. 09	0. 577	劣Ⅴ类
10	长娄港	2017. 1. 12　11：48	无色微浊	9. 5	6. 70	6. 55	46	6. 19	1. 68	0. 135	Ⅴ类
11	上埠河	2017. 1. 12　11：59	无色透明	9. 6	6. 82	8. 78	65	1. 34	0. 435	0. 080	Ⅱ类

续表3-2-3

序号	采样地点	采样时间	样品性状	水温	pH值	溶解氧	透明度	高锰酸盐指数	氨氮	总磷	水质分类
12	新开河	2017.1.12 12：18	无色微浊	9.8	6.73	8.35	82	1.28	0.258	0.028	Ⅱ类
13	宏丰河	2017.1.12 12：42	微黄微浊	10.0	6.77	6.75	46	6.45	8.41	0.867	劣Ⅴ类
14	马通港	2017.1.12 12：58	无色微浊	10.0	6.81	6.35	43	1.84	1.08	0.137	Ⅳ类
15	盛世家园河	2017.1.12 13：13	微黄微浊	9.7	6.72	7.03	39	4.51	6.03	0.621	劣Ⅴ类
16	沿山港	2017.1.12 13：28	微黄微浊	9.6	6.75	7.17	42	4.67	5.99	0.623	劣Ⅴ类
17	余杭塘河	2017.1.12 10：10	无色微浊	9.7	6.85	6.86	35	3.16	2.17	0.150	劣Ⅴ类

第三节 环境保护

20世纪80年代初，开始向工业化转化的进程中，城市规模扩大，人口密度加大，经济增长靠高投入、高消耗的传统方式，资源消耗、能源消耗不断上升，对自然资源开发的强度不断加大，污染物排放量不断增加，环境污染不断加重，环境负荷日益加大，环境自然净化能力也逐渐减弱。

面对生态与环境保护问题，干部群众认识不断深化、关注面不断扩大，通过努力，经济社会、人与自然协调发展的机制已初步形成。五常街道把生态建设工作摆上重要工作日程，成立主要领导任组长的领导小组，研究贯彻措施，抓工作落实。以改善环境质量为目标导向，加快构建与五常实际情况相适应的生态环境保护体系、全面高效的污染防治体系、全民参与的社会行动体系。

一、机构及管理

机构 余杭区（县、市）环境保护局是区（县、市）人民政府环境保护行政主管部门，对余杭区内的环境保护工作实施统一监督管理。2008年4月，建立余杭区余杭环境保护所，为余杭区环保局下属事业单位。2009年12月，更名为余杭环境保护监察所。环境保护监察所受委托，负责包括五常在内辖区内环境保护的综合监察；受理辖区内环境保护违法行为的举报、投诉并进行核实、查处；依法实施环境保护违法行为的行政处罚；负责辖区内排污许可证的发放及排污费的稽征等工作；完成局交办的其他任务。同时，参与环境保护、生态建设，通力协作，形成合力，推进环境保护、生态区建设工作。

五常加强环境保护、生态建设目标责任和政绩考核制度建设，把生态建设工作摆上重要工作日程，成立主要领导任组长的领导小组，研究贯彻措施，抓工作落实。

管理 为防止建设项目产生新的污染、破坏生态环境，五常在建设项目管理上，严格“三同时”制度，即“一切新建、扩建和改建的企业防治污染的项目必须和主体工程同时设计、同时施工、同时投产。否则不准建设”。实行建设项目环境影响评价制度。同时结合实际，创新建设项目管理，提高环评质量和服务效益，使环保软环境持续优化。

20 世纪 70 年代后期，五常逐步把建设项目防治污染的管理纳入工作议程，对新建项目实行“三同时”，主要对基本建设项目选址及对周围环境的影响，对建设项目产生的污染物及其浓度、数量、治理措施、回收利用方案或其他处置措施进行审查。同时在施工、试运行过程中，对环保措施实施情况进行检查，并参加项目竣工验收工作。

1981 年始，境内县属、乡镇企业建设项目逐步实行环保“三同时”管理，执行率为 50% 左右。1991—1995 年，建设项目应执行“三同时”项目执行率 48%。1996—2000 年，应执行“三同时”建设项目执行率 80%。2001—2005 年，开展“三同时”建设项目跟踪检查。

此外，1982 年 7 月，根据规定，从 7 月 1 日起向超标排污收费企业、事业单位征收排污费，并将原排污费缴入余杭县环保局办公室改为直接缴入余杭县财税局金库。境内一切企事业和其他单位排放污染物（废气、废水、废渣）超过国家、省规定标准，均要征收排污费；缴纳排污费后仍未达到排放标准单位，从开征第 3 年起，提高征收标准 5%。征收标准根据各种污染物危害大小，超过排放标准的倍数或数量分类分级确定。排污费数额确定、调整、停缴、免缴等事项由县环保部门执行。1986 年 1 月，征收的排污费，由环保部门按季汇入建设银行“环保专户”，集中管理，其中 80% 为“三废”治理补助资金。1992 年，对排污费收费标准作全面调整，县境内所有向水体排放污水企事业单位和个体工商户，均开征污水排放费。

二、环境治理

环境综合整治　2017 年 5 月 9 日，余杭区小城镇环境综合整治行动领导小组办公室召开五常街道小城镇境综合整治规划专家审查会议。

此后，五常街道开展小城镇境综合整治工作，结合专项工作实施方案和省、市工作的要求，分类完善规划编制工作。将五常大道、荆长大道和联胜路围合空间作为一个整体考虑，研究此区块的城市空间风貌，把沿山河两岸景观作为整治内容纳入。公共设施如停车场、农贸市场等公共设施的投资方采用市场化操作模式。交通安全则根据《杭州市小城镇道路交通安全实施指导意见》《交通组织优化工作指导意见》和《限制性交通措施制定实施工作流程指导意见》规范道路工程设计、交通标志及标线设置，加强智能交通设施设置，优化道路交通组织，增强停车规划设计等。一般整治范围：东至西溪雅苑，南至荆山岭，西至高教路，北至滨江西溪之星，面积约为 5.44 平方公里；整治内容分别是道路整治（含雨水），包括郭家埠支路改造，道路及管网改造。绿化整治（提升）：五常大道东段、荆长大道南段、联胜路等市政道路改造、景观提升。交通智能设施整治：荆长大道、五常大道新增智能控制设备。公共厕所整治：荆长大道老中学、西溪雅苑南侧公厕改造。“一加强三整治”项目：规划设计引领类为五常大道（绕城—天目山路）道路改造。整治环境卫生类（含卫生乡镇创建工作）为市政道路保洁。整治城镇秩序类（含道乱占、车乱开专项工作）为五常大道（绕城—天目山路）、荆长大道南段、联胜路交通序化设计。2019 年 12 月底完成，总投资 1685 万元。

2019 年，五常街道为贯彻落实“城市大脑”工作精神和相关要求，进一步加强五常街道空气站异常预警联动管理工作，完善三级预警联动机制，规范预警联动现场处置，根据《关于印发〈杭州市乡镇街道空气站异常预警联动处置实施方案（试行）〉的通知》文件精神，五常街道空气站异常预警联动纳入市政法委牵头开展的城市大脑基层社会治理应用项目，并将五常街道空气站异常预警联动工作结合到基层治理体系“四个平台”建设中去。建立完善的空气站预警响应机制，严格按照区大气办空气站日常管理和预警响应工作要求组织实施，不断完善五常街道空气站三级预警联动机制，开展五常街道空气质量发布和问题监管等工作。

重点排查区域：五常大道以北、天目山路以南、荆长大道以东，按照“2个工作日内及时反馈空气站预警信息，启动二级预警响应”规定的基础上，一周内3天（含）以上重复预警的需要启动二级预警联动；对经常性预警响应反馈为“经排查，未发现异常”（或类似反馈）的部门启动二级预警联动；重要活动期间，根据全市统一安排，有针对性地启动二级预警联动；以五常街道空气站为中心，结合五常实际划定联动排查重点区域，排定五常街道辖区内的生活区、工地、道路和工业企业等固定污染源巡查清单，对露天有机溶剂、临时装卸作业等临时污染源一并作为预警联动的重点巡查部位。在接到空气站异常预警信息后，工作日2小时内组织开展现场排查；夜间或非工作日接收预警信息后，次日组织开展现场排查。排查力量不足时，由分管领导协调相关部门进行联合排查；五常街道空气站预警排查由城建管理办牵头，会同综合信息指挥室、区域发展办、城管中队、交通警组等相关部门具体负责排查。五常街道城建管理办负责对五常街道空气站点1公里范围内的污染源排查；城管服务中心负责对五常街道辖区内道路排查，实行专人负责，确保道路保持清洁；五常街道区域发展办负责对五常街道辖区内烟尘、粉尘的企业进行排查，确保煤堆、灰堆、料堆防尘措施到位，禁止企业燃用超标煤炭；五常街道城管执法中队负责五常街道辖区内建筑施工工地污染源的排查；五常街道交通警组负责对道路无标车、黄标车等进行排查。

五常街道空气站异常预警联动管理巡查情况表

表3-2-4

污染源种类	单位名称	单位地址
生活源	五常街道城管服务中心	五常街道五常大道166号
工地（道路、堆场）	五常街道城管执法中队	五常街道五常大道166号
工业源	五常街道区域发展办	五常街道五常大道166号
其他	五常街道城建管理办	五常街道五常大道166号

生态环境治理 2006年，五常管委会按照区委、区政府“生态立区”和全推进生态建设的总体目标要求，坚持以人为本，全面协调可续的科学发展观，坚持以统筹人与自然和谐发展为主线，以辖区环境质量和改善人民群众的生活质量为重点，以环境促发展，加强领导，精心布置，明确各项目标责任，推进生态共建。根据区政府目标责任书的内容，党工委、管委召开了生态建设创建工作会议，把辖区的生态建设列入重要议事日程，对照生态建设的要求，制订了生态建设工作计划，到各条线，分别由四位分管的副主任分头落实，明确责任。设立财政专项资金，确定2006年用于生态建设的资金超过800万元，其中用于支管

网建设420余万元。

五常党工委、管委会在管委会中心广场设立大型生态建设、环保公益广告牌，加大环保宣传力度。根据区《突发环境事件应急预案》结合五常实际，及时制定《五常管委会环境污染突发事故急预案》，并以文件形式下发到辖区各村、企事业单位，要求相关单位制定相应的《污染事故应急预案》。在创建“绿色”学校的工作中，开展多种形式的宣传教育活动，如“环保知识讲座”、走进西溪国家湿地公园、亲近大自然等活动，坚持从娃娃抓起，开展形式多样的宣传活动，坚持在学科教育的同时开展环境教育。

生态村的创建工作。按照区级生态村创建的要求，2006年，共开展两个生态村的创建，分别为五常村和顾家桥村。顾家桥村于2005年开始创建，经过两年的创建，该村顺利通过区生态建设领导小组的验收。

“绿色学校”的创建工作。确定五常中心幼儿园为“绿色学校”创建单位，按照创建要求，积极开展绿色学校的创建工作。2006年，共投入资金3万元多对锅炉进行改装更新，控制污染源，增加绿地面积、垃圾箱。该校按照“绿色学校”的创建要求，完成各项创建工作，于11月顺利通过了区考核验收组的验收。

提高环境卫生管理水平，实施环卫体制改革。2004年，建立五常垃圾中转站。2006年，垃圾中转站共配有垃圾清扫车、运输车各1辆，洒水车两辆，环卫站中转站配备职工28人，环卫、保洁工作实行市场化运作，各村也分别配备小型垃圾运输车辆和保洁员，对生活垃圾进行收集后到垃圾中转站集中处理，五常垃圾中转站日处理生活垃圾30吨。

在工业污染企业治理上，将杜绝污染企业的引进作为招商引资工作中的重点，在项目引进上，严把环保关，凡是新引进的企业，一律执行建设项目环评制度和“三同时”制度，对于可能污染严重的企业都拒之门外。按照有关关停小水泥、小石矿的要求，五常的7个石矿已全部关停，五常联办石矿治理方案编制完成，荆山石矿和横板桥石矿分别由荆山翠谷房产公司和人和家园房产公司负责采取修复还绿工程。2006年，辖区共有10家企业启动ISO 14001的认证，其中1家通过了认证，其余企业在积极创建之中。

在农业方面，主要加强了面源污染的治理，通过调整产业结构，使辖区的生态环境得到改善。2004年，辖区全面实行生猪禁养。2005年，对外塘珍珠禁养的基础上，不断巩固禁养成果，对个别回潮的苗头及时进行清理。同时，全面启动西溪湿地三期的前期原生态保护工作，管委会为此专门成立由主要领导亲自挂帅的西溪湿地原生态保护领导小组，对湿地三期实行最严格的保护措施，严格防控违法占地、违章建筑，及时制止各类破坏生态的建设行为，对湿地内鱼塘、柿树、古桥、古建筑实行登记，采取有效措施加以保护；通过对原生态文化（洪氏文化和龙舟文化）挖掘，使这一原生态文化得以延续和弘扬。

2017年7月，五常街道办事处经研究，决定建立五常街道年度生态环境质量报告制度。要求街道办事处必须向同级人大工委做生态建设和环境保护专题报告，同时向本区域“两代表一委员”、各级村组织和其他各界社会代表通报本区域环境质量和生态改善情况。报告次数每年一次。各职能部门、社区、有关单位要广泛听取辖区改善环境质量和做好生态环保工作的意见建议，并积极落实整改措施。年度生态环境质量报告情况和收集的社会各界的意见建议必须及时反馈至区环保局。

污染处理案例 2005年2月，余杭区环境保护局发布《关于五常管委会工业区块亚硝酸盐污染处理情况的报告》，报告中指出，2005 年 2 月 17 日收文当天即由分管局长带队，主要职能科室负责人参加，到五常工业区块事发现场进行了踏勘和监测采样，与五常管委会领导和相关污染企业负责人一起分析了事态的严重性和需采取的应急措施。

1. 污染产生的原因和现状

中毒事件涉及的污染企业是杭州海峡工具有限公司、杭州强达五金工具有限公司和杭州家豪五金工具有限公司 3 家单位，均采用亚硝酸钠淬火冷却工艺。其中杭州海峡工具有限公司、杭州强达五金工具有限公司擅自改变生产工艺，用亚硝酸钠淬火冷却工艺替代原经环保审批同意的硅钠淬火冷却工艺，且无任何污染防治设施，含亚硝酸钠的清洗废水直接排入外环境。经采样分析，杭州海峡工具有限公司外池塘中亚硝酸盐浓度达到 313 毫克/升。

杭州家豪五金工具有限公司更是未经环保审批擅自投入生产，虽有简单的废水回用设施，但生产清洗废水跑、冒、漏现象严重，废水总排放口亚硝酸盐浓度达到 135 毫克/升。杭州强达五金工具有限公司当天停产，无废水排放。沿山河中亚硝酸盐浓度 0.80 毫克/升。

杭州家豪五金工具有限公司排放的废水和杭州海峡工具有限公司外池塘中亚硝酸盐浓度大大超过世界卫生组织饮水水质亚硝酸盐的标准。经过近半个月的下雨稀释，沿山河中亚硝酸盐浓度已达到四类水标准（现行的排放标准和地表水标准均没有亚硝酸盐指标，参照《地表水环境质量标准》，亚硝酸盐浓度为 1 毫克/升）。

2. 采取的措施

为保障群众的身体健康，区环保局和五常管委会达成一致意见，要求上述 3 家违法企业立即停止锯片火加工，防止污染的进一步扩大，同时要求杭州海峡工具有限公司对外池塘中含高浓度亚硝酸盐废水进行妥善处理，并对这 3 家企业的环境违法行为进行了立案查处。该 3 家企业均已实施停产。

因五常工业区块锯片生产企业有 20 余家，均为外贸加工企业，年产值达 4 亿元，这 20 余家企业的锯片均由上述 3 家单位进行热处理。如这 3 家企业实施了关闭，将会严重影响五常工业区块锯片生产，给五常经济发展带来较大影响。为了正确处理好发展经济与保护环境、保障人民群众身体健康的关系，研究决定：如果淬火生产工序确需采用亚硝酸钠火冷却工艺，企业必须重新经过环保审批，这 3 家企业必须严格执行“三同时”制度，污染防治措施到位，经环保验收合格后才能恢复生产。

卷　四

经　　济

第一章　农　　业
第二章　工　　业
第三章　商贸服务业
第四章　财税　金融

华立科技园

第一章 农　业

五常极大部分为水乡平原的水网地带，属古苕溪及运河水系，河、塘较多。内塘有5900余亩，外荡有港、河、滩、漾5000余亩。五常自古以来就被称为花果之地、鱼米之乡。五常地域内鱼塘星罗棋布，河道纵横交错，有池塘306.4公顷，外塘100公顷，是杭州市最大的淡水鱼供应基地。水果有柿子园60多公顷。养蚕、种竹是传统的农副业，有桑、竹地133.3公顷。五常南部边缘有小部分山地，自荆山始即为连绵山峰，古称“荆山七十二贤峰”，组成五常的南部屏障。长期以来，五常凭借得天独厚自然条件，又依托杭州发展了自身。五常港两岸，西溪南北，向为杭州粮仓，还盛产蚕丝、茶叶、蔬菜等。河网密布、鱼塘毗连，淡水鱼、竹笋、柿子等土特产闻名遐迩。进入21世纪后，境内除杭州西溪国家湿地公园基本保留原自然环境外，其余已实现城市化。该区水网交织，水源丰富，水面占陆地面积的一半。多碟状洼地，以水荡、沼泽为主，植被丰茂。西溪独有的“三基”——桑基、柿基、竹基。鱼塘、虾网、芦苇、水草交织成典型的湿地水网景观，具有浓郁的村庄田园风情。

五常属亚热带南缘季风气候区，境内粮食生产历史悠久，经济作物品类较多，其中蚕茧、油菜籽、淡水鱼养殖、蔬菜曾是区内的重点产区，畜禽饲养也很普遍。

五常地区的先民栽种水稻历史悠久。先民在农作物播植耕耘中，积累了丰富的种植经验，形成相应的农艺技术。境内作物品种繁多，除水稻外，尚有杂粮、油菜籽、桑、蔬菜、水果等，林业、畜牧业、渔业、农副产品加工等众多产业。五常的农业生产，经原始农业发展到传统农业，走过几千年的漫长时期，而传统农业发展到现代农业，只花了短短的几十年时间，就实现了历史性跨越。其得益于收、插、管、耕等机械化运用，劳动手段改变，生产效率提高，当代种植业技术体系内容在境内的应用和推广，为种植业生产提供可靠保障。农业生产的社会化分工和专业化逐步得到实现，农民的知识化程度提高，掌握应用现代化农业生产技术知识。

改革开放以来，五常乡经济建设和社会发展取得重大成就。据1985年统计：粮食总产672.41万公斤，产油菜籽28.795万公斤，蚕茧5.31万公斤，柿子45.885万公斤，竹笋54.74万公斤，鲜鱼起水量15378万公斤，养猪1.07万头，羊4179只。1998年，引进龙门红鲤，并注册了商标。养殖业丰富的淡水资源，良好的环境，为养殖业带来了发展机遇。1992年南河头村滕善林开始庭院养鳖，并取得了成功。2000年，全乡工农业总产值4.75亿元，财政总收入550万元，农村经济总收入4.99亿元，农民人均收入5095元。2001年8月，针对五常特定的地理位置，为加快五常经济发展，区委决定成立五常经济开发区，设立五常经济开发区党工委、五常经济开发区管委会。2001年，五常经济开发区工农业总产值6.52亿元，比上年增长37.2%；财政总收入771万元，比上年增长40.2%。农业总产值4905万元，比上年增长10.2%。农村经济总收入5.53亿元，比上年增长10.8%。2004年1

月，全年辖区实现农村经济总收入15.6亿元，实现工农业总产值16.5亿元，财政总收入6920万元，农民人均收入9753元。

2011年，五常街道农业总产值1.88亿元，比上年增长219%，农业增加值占全街道地区生产总值的2.0%。生产粮食284吨，其中水稻10吨，小麦14吨，蚕豆30吨，玉米77吨，大豆35吨，薯类118吨。桑园面积30亩，产茧1吨；蔬菜种植面积3755亩，产量3755吨。渔业以甲鱼、草鱼养殖为主。鱼塘养殖面积25.3公顷，水产品产量2289吨；渔业总产值1.07亿元，占农业总产值的56.9%。2015年，实现农业总产值0.09亿元，农村居民人均收入38560元。2020年，实现农业总产值（现价）0.0558亿元，农村居民人均收入61398元。

第一节　农村经济体制改革

封建社会的土地制度以私人占有为特征，大多为地主阶级占有。民国时期，多为官僚、地主、资本家所有。中华人民共和国成立后，实行土地改革，消灭封建土地制度，实现“耕者有其田”。至1957年，生产资料归集体所有，土地私有制彻底废除，变为土地劳动群众集体所有制或国家（全民）所有制。20世纪80年代，余杭土地实行所有权和使用权分离，农村实行家庭联产承包责任制。90年代，改革土地使用制度，城镇国有土地使用由无偿、无限期、无流动转变为有偿、有限期、有流动；农村集体所有土地由集体统一经营转为农户家庭或个人承包经营。国有土地使用权市场运作，促进土地资产优化配置和保值增值。

境内农村经济组织形成、发展和演变，与全县各地一样，大体分为三个阶段：第一阶段是对个体农业的社会主义改造，从1951年春到1958年秋，历时8年，主要从发展农业生产互助组到初级农业生产合作社和高级农业生产合作社；第二阶段是建立政、社合一的人民公社，从1958年秋到1983年下半年撤销人民公社体制，历时25年；第三阶段是政、社分设，人民公社解体，村一级建立经济联合社。随着农村商品生产发展，出现专业合作经济组织，并产生股份合作制经济组织。1991年，恢复或重建村经济联合社组织，村民小组恢复生产队职能，村经济联合社作为村级集体资产主体地位得以确立。次年，实施《浙江省村经济合作社组织条例》，村经济联合社成为村级集体资产法定主体。

一、土地租佃关系

旧时，境内土地、山林多为地主所有，并由农民花高额地租佃耕。隋唐时期，颁布均田令，规定农民可拥有自己土地，死后其永业田可传子孙，露田则要归还官府。以后境内私有土地不断增加，至明成化八年（1472），据统计余杭县私有土地已占土地总面积的91.27%，官田仅占8.73%。清代和民国时期，私有土地逐步集中到中小地主手中。

地主占有大量土地，靠出租土地不劳而获。农民占地很少，有的甚至“上无片瓦，下无寸土”，或向地（业）主租种，或出卖劳力，然缴租后所得不多，不能温饱。这种封建生产关系，严重地阻碍农村生产力发展。土地私有制社会里，地主阶级剥削农民主要靠地租、雇工、放高利贷。地租形态有实物地租和货币地租两种。大部分为实物地租，即佃农按契约规定，每年向地（业）主缴纳一定数量稻谷。

地主利用所得土地对农民的剥削，主要有以下几种形式：田租、高利贷、雇工。长租又称死租也称定租、铁板租，地主租给佃农后，一般不收回土地。每亩田租，一般是收成的60%～70%，不论年成好坏，租不能少。遇到歉收年份佃农辛苦一年还不够交租。活租又称借田，地主随时可以收回土地，转租给愿缴纳更多租额的佃农。活租土地，往往以小租大，俗称“空头租”。分租每年按田亩实收分成，地主得六成至七成，农民得三至四成，工本全由农民负担。转租又称小租，二地主将其永佃权土地转租给佃农，佃农需向地主和二地主双重纳租，自己仅能得二成，且无田权生空头租地主租地给农民，一亩土地实际只有7～8分的面积，却按一亩交租。且无永佃权。押租又称预租，先交相当于一年租额，佃农始得租种，多见山林出租。如不纳押金，为地主代管山林，称“管租”。田租主要交稻谷，也有交米和现金的。此外，佃农还有一些契约以外的实物负担，如年节送猪肉、鸡鸭、鱼鳖、年糕等。

雇工形式有长工、短工、童工、包工等。雇工多为无地少地农民，被逼出卖劳力，到外地谋生，或不离家为人打短工，工资菲薄。长工又称长年，其雇用时间以年计算，由主、雇双方面议，协定劳动内容、时间和报酬。余杭县长年年工资一般为大米600公斤。短工包括月工，又称忙工、零工，一般是农忙季节雇用，按天计酬。杭县短工每天工资米2～2.5公斤，或现金0.5～0.8元。童工多指牧童，为雇主牧牛，头一年只供膳食不给钱，第二年起逐年加工资，年工资米225公斤。包工又称估工，根据某一农活，估算几工完成来支付报酬，如开荒、手插秧、除草、掘地等农活。抵债工，农民借了地主的债还不起，给地主做工抵债，男的种田，砍柴、舂米，女工烧饭、洗衣、看孩子，只管饭，白做工。

高利剥削，亦称印子钱、折（摺）子钱，放债人以高利放出贷款，限借债人分期偿还，都在预立的折子上加盖一个印。1937年抗日战争前，借印子钱10元，放债人先扣鞋袜费1元，实借9元。分60天还清。卖青苗农民在收获前不得已告贷者，一般限时一个月，借米1石，还米1.1石，又称为“卖白吊米”。青黄不接时借米糊口。一般借米1石，当年还不出，即连本加息，故又称“利滚利”。保钱农民向放债人借钱，请人做中间人作保，月息1～4成。地主多趁农民急需钱用时，以高利率借钱给农民，并以土地抵押，不能按时归还债务时，则利上滚利，有的农户无力偿还债务，最终以土地抵债，沦为赤贫户，农民无奈地说：“这叫口干喝盐卤。”春天青黄不接时，农民向地主借粮，春借米1石，秋还1.8石。农村流传一首民谣：“农民头上三把刀，租重、利高、税似毛；农民面前三条路：逃荒、上吊、坐监牢。”

二、土地改革

1950年6月，中央人民政府颁布《中华人民共和国土地改革法》，境内土地改革（以下简称土改）由点到面、逐步展开。1950年8月，临安地委在余杭县文闲乡，余杭县委在杨桥乡分别进行土改试点。试点工作大致经过放手发动群众、划分阶级成分、没收征收与合理分配土地、复查总结发放土地证4个阶段。在总结试点经验的基础上，举办土地改革训练班，组织干部学习土改文件，统一认识，端正态度，明确任务。1950年10月，县委派出土改工作队进驻五常乡。土改工作队采用各种形式宣传《中华人民共和国土地改革法》和政务院《关于划分农村阶级成分的决定》。组织和整顿农民协会、妇女会、青年会、民兵队和儿童团等。同时，访贫问苦、扎根串联、参加劳动，开展“谁养活谁”的教育，提高群众觉悟，揭发控诉地主的剥削和罪恶，使土改工作迅速开展。结合秋季征粮，查清农村各阶层农户、人口、土地占用和土地使用情况，随之划分阶级成分。根据《中华人民共和国土地改革法》没收地主的土地、农具、耕牛和多余的房屋，令其交出土地契约，登记造册，废除高利贷债务。对富农按政策征收其多余的土地，进行公平分配。以村为单位，召开群众大会，办理人口登记和土地登记，以中央《关于划分农村阶级成分的决定》为准则，结合本村实际情况由农会组织群众分组评议阶级成分。土地分配时，先选出分配委员，造好分配方案。村与村之间的土地适当调整，抽多补少。再按全乡人口平均数编造方案，交农民协会反复讨论，然后张榜公布。完成土地改革的任务。5—6 月，县委又组织力量对土改进行复查，对漏划地主和错评成分及混入乡村政权的坏分子进行纠正清洗。土地改革后，由人民政府颁发土地房产所有权凭证。凡土地改革已经完成的地区，不论对农民新分得的和还是原有的土地，都发给土地房产所有证，对土地改革后分给地主的土地房屋，也发给所有证。证上开列各段土地的坐落、四周、亩数、房屋间数及持有者全家人的姓名等。

土改贯彻执行依靠贫农、雇农，团结中农，孤立富农，保护中小工商业者，打击地主的阶级路线。没收地主的土地、耕畜、农具、粮食和多余房屋，给地主留下同等数量土地，富农多余的土地、财产不予征收。

三、农业互助合作、农业生产合作社

互助组旧时，农民素有农忙换工习俗，换工形式有两种：一为伴工，相互换工；二为工帮，帮内换工，帮外卖工。

1952 年夏，杭县试办土地入股的初级农业生产合作社（以下简称初级社），实行“自愿入社、土地入股，收益按土地、劳力比例分红，评工记分、按劳取酬”的政策。上级政府要求从有办社骨干、农民有积极性的互助组中选择，组建初级社。具体政策是：土地入社，分等定级，统一使用；净收入的 50% 为土地分红，其余 50% 为劳力分红。实行评分记工，按劳取酬。农具、耕牛按质论价，折价入社，分期付款；小农具自带，房前屋后的果树、竹园自留，每户再留适当的自留地，以种植蔬菜等。

初级社的成立，很快显示出它的优越性，因为劳动力、农具统一使用，大大增加了土地平整、水利灌溉的建设，增加了土肥、绿肥使用，重视土地改良，加上精耕细作，推广先进技术、引种高产良种，粮食产量和经济作物都得到丰收，粮食平均亩产比以前提高 15% ~ 20%，年终分配结果，不仅社员普遍增加了收入，集体还增加了积累。1955 年，发展中也出现有些社员退社，少数社自动散伙。县委根据毛泽东《关于农业合作化问题》的报告精神，重新部署，扩老社，建新社，并小社。至年底，境内入社农户占总户数的 70% 以上。

1956 年 11 月，高级社入社农户占总农户数的 90%，基本实现农业社会主义改造。但因发展过快，规模过大，加之管理不善，引起农户不满。

四、农村人民公社

1958 年 8 月，中共中央作出《关于在农村建立人民公社问题的决议》。五常乡为留下人民公社五常管理区。

人民公社既是社员集体经济组织，又是工、农、商、学、兵五位一体、政社合一的政权组织，权力高度集中。原高级社集体所有的全部财产一律归公社所有，社员自留地、开荒地、零星鱼塘、果林、竹园、较大副业加工用具均归公有，当地手工业社（组）也全部入社，供销社成为公社供销部。伴随公社化出现“五风”（平调风、浮夸风、命令风、干部特殊化风、生产瞎指挥风），随意调用大队、生产队和社员的劳力、资金、土地、财产，取消社员自留地，取消集市贸易，实行以“吃饭不要钱”为内容的基本生活供给制，劳力实行军事化编制，造成干群关系紧张，社员生产积极性受到严重挫伤。1959 年，实施平调生产队社员土地、房屋、农机具、劳动力、耕牛、粮食。

1983 年 3 月后实行政社分设，恢复乡镇政权建制，取消人民公社，大队和生产队相应改为村民委员会和村民小组，设乡镇经济委员会和村经济联合社管理集体经济。

五、家庭联产承包

1981 年改革农村经济体制，始行小段包工，定额管理；继则专业承包，联产到组或联产计酬，后发展为家庭联产承包责任制、经济联合体，将土地承包给农户经营，实行土地所有权与使用权相分离的制度，土地公有制的权属性质不变。1991 年后，实施国有土地使用权有偿出让（批租）。集体所有制土地由国家征用为国有土地后才可出让。出让年限不一，最长 50 年，期满仍收归国有。

第二节 粮食作物

五常地处余杭西南部，整体地形呈现南高北低之势，自古以来就被称为花果之地、鱼米之乡。境内鱼塘星罗棋布、河道交错、柿树林立，盛产水稻、油菜、茶叶、柿子、水产和多种蔬菜。先民在农作物播植耕耘中，积累了丰富的种植经验，形成相应的农艺技术。当代种植业技术体系内容在境内的应用和推广，为种植业生产提供可靠保障。

五常种植的粮食主要是水稻，其次为大、小麦，并有少量番薯、玉米、豆类等杂粮。旧时，粮食产量历来较低，平均亩产一般 100 公斤，丰年也不过 200 公斤。中华人民共和国成立后，粮食生产发展较快。1977 年，五常人民公社粮食作物播种面积 21538 亩［总产 111742 担，平均亩产 524 斤（2 斤 =1 公斤）］，春粮作物面积 2054 亩（总产 3055 担，平均亩产 103 斤），其中小麦面积 1564 亩（总产 1774 担，平均亩产 114 斤），大麦面积 884 亩（总产 864 担，平均亩产 98 斤），蚕（豌）豆播种面积 506 亩（总产 412 担，平均亩产 82 斤）；水稻面积 18488 亩（总产 108245 担，平均亩产 586 斤），其中早稻面积 8762 亩（总产 36785 担，平均亩产 648 斤），单季晚稻及迟中稻面积 9726 亩（总产 51510 担，平均亩产 524 斤）。1978 年，五常人民公社粮食作物面积 22548 亩，总产 146922 担，亩产 652 斤。春粮作物面积 3993 亩（总产 13523 担，平均亩产 339 斤），其中小麦面积 2022 亩（总产 7100 担，平均亩产 351 斤），大麦面积 1451 亩（总产 5258 担，平均亩产 362 斤），蚕（豌）豆播种面积 520 亩（总产 1165 担，平均亩产 224 斤）；水稻面积 18512 亩（总产 133150 担，平均亩产 719 斤），其中早稻面积 8728 亩（总产 62625 担，平均亩产 718 斤），单季晚稻及迟中稻面积 9784 亩（总产 70525 担，平均亩产 721 斤）。1979 年，五常人民公社粮食作物播种面积 23611 亩，总产 162915 担，亩产 690 斤。是年，早稻 8866 亩，总产 74941 担，亩产 845 斤；晚稻 9083 亩，总产 67127 担，亩产 686 斤；番薯 27 亩，总产 164 担，亩产 607 斤；夏秋黄豆播种面积 38 亩，总产 103 担，亩产 27 斤。1980 年，五常人民公社粮食作物面积 23359 亩（其中种在非耕地 38 亩），总产量 121370 担，亩产 519 斤；春粮面积 4778 亩，总产量 17478 担，亩产 366 斤；小麦面积 1398 亩，总产量 5563 担，亩产 397 斤；大麦面积 3197 亩，总产量 9798 担，亩产 306 斤。90 年代，粮食生产仍以种植水稻为主。如 1995 年，五常乡农作物播种总面积 22955 亩，粮食作物播种面积 17066 亩，当年粮食总产量 6065 担，比上年下降。是年水稻产量占粮食总产量的 90% 以上。1998 年，农作物播种总面积 21121 亩，粮食作物播种面积 16277 亩，总产量 5562 担，亩产 342 斤；春粮面积 2000 亩，总产量 240 担，亩产 120 斤；小麦面积 52 亩，总产量 10 担，亩产 192 斤；大麦面积 948 亩，总产量 110 担，亩产 116 斤；油菜籽播种面积 3810 亩，总产量 341 担。

五常人民公社 1970—1976 年粮食产量情况表

表 4 -1 -1　　　　单位：担

时间 单位	1970 年	1971 年	1972 年	1973 年	1974 年	1975 年	1976 年
荆山	4501	4577	4939	4774	4500	4230	4626
联胜	4299	4436	4954	4719	4595	4185	6038
红星	6004	6546	7023	7506	7164	6253	7691
西坝	6546	7003	7418	7693	7125	6379	7486
东方红	4415	5487	5480	5899	5170	4767	5854
东风	4743	4833	5956	5764	5465	5109	5785
友谊	8224	10095	10717	11092	10235	9425	10973
民丰	7900	8326	9200	9576	9116	8686	9454
源谊	11363	12783	14797	14859	15108	14013	16070
红卫	7530	3397	8570	9327	9264	8757	9991
胜利	5159	4950	5827	5699	5699	5292	6243
红旗	8325	8132	9326	9073	8902	8299	9996
前进	7506	7749	9156	9473	8981	8593	9731
先锋	4938	5535	6230	6199	5929	5299	6497
跃进	7973	8040	9061	9568	9345	8353	10190
牧场	—	—	120	120	100	80	
水产队	—	—	—	140	—	82	

五常粮食作物播种面积及产量情况表

表 4－1－2

年份	播种面积（亩）		平均亩产（公斤）	总产量（公斤）	
	总计	其中，非耕地		总计	其中，非耕地
1977	21538	96	524	111742	442
1978	22548	43	652	146922	249
1979	23611	27	690	162915	164
1980	23359	38	519	121370	210
1981	22909	28	570	130681	586
1982	22503	19	695	56390	77
1983	23228	—	590	137182	—
1984	23509	—	702	164952	—
1985	22396	15	600	134472	30
1986	21532	18	687	147901	58
1989	22399	802	334	74913	586
1995	17066	—	—	6065	—
1996	17253	—	334	5759.1	—
1997	16069	—	373	6000	—
1998	16277	—	342	5562	—
1999	14088	—	320	4780	

一、水稻

水稻为境内主产粮食作物。1968 年以后，各地在“农业学大寨”运动中大规模挑土填塘、平地造田，扩大了水稻种植面积。1993 年后，实行农业产业结构调整，“一优两高”农业和多种经营得到快速发展，早稻面积逐年减少。

耕作制度　境内水稻种植有单季、双季、三熟制。

单季稻制。民国至中华人民共和国成立初期，境内水田耕作大多为春花——单季稻制。水稻以中籼稻为主（中稻），约占 90%，或有少量糯稻，约占 10%。春花作物为蚕豆、大麦、小麦、油菜。水乡地区部分水田种植茭白、芋艿。1949 年，全乡有水田 2500 公顷，总产约 5288 吨，亩产 140.5 公斤。1954 年开始实行“三改”，即改晚籼为粳稻，改单季为双季，改间作为连作。至 1965 年“三改”完成，全镇种植早稻 2200 公顷，连作晚稻 2500 公顷，油菜、蚕豆等春花作物 366.7 公顷，复种指数达到 203%，全镇总产量 16687.5 吨，亩产 445 公斤。随着国家粮食体制的转变，取消了国家定购任务后，农民进城务工，粮食种植也从每年三季变成单季。

双季制。1952 年，崇化乡 3 个长年互助组率先试种双季稻获得成功。1956 年，全面推广种植双季稻，双季稻分间作稻和连作稻两种。间作稻是在早稻田里提前复种的晚稻，俗称嵌稻。1951—1958 年较多。连作稻即同丘田内先种早稻，收割后再种晚稻，一年两季，互不共生，比间作稻更具优越性，1963 年后，全部改种连作稻，同时改良品种，改进栽培技术，复种指数进一步提高。

三熟制。从 1966 年开始，扩大春粮种植，缩小绿肥面积，形成“春粮（大麦、小麦或油菜）/早稻/连作晚稻”的三熟制模式。20 世纪 60 年代后期，大面积推行三熟制，扩大种植春粮，绿肥面积逐年减少。春粮（大、小麦）、油菜收获前一个多月进行播谷种育秧，立夏、小满春粮收割，及时插秧，到 7 月中旬早稻收割的同时，及时将已一月秧龄的晚稻秧插上，往往是上午收割，立即翻耕平整水田，下午插秧，时间衔接十分紧凑，称之为“双抢”（抢收、抢种）。一般晚稻插秧时间不能超过立秋日（每年 8 月 8 日前后）。一般情况下，单季稻亩产约 200 公斤，双季稻（两季）亩产 400 公斤。进入 80 年代后，五常乡春粮亩产达到 366 公斤，早稻亩产 705 公斤，晚稻亩产 430 公斤，全年亩产 1501 公斤。1999 年 5 月 4 日五常乡因干旱缺水造成迟播的 1300 余亩单季晚稻秧田全部播下了稻种。五常乡全年粮食总量 5000 吨，主要依靠单季晚稻来完成。由于之前连续干旱，五常乡境内河道多处断流，大部分农田都不同程度出现了旱情，当时，虽有降雨但仍未解除旱情。5 月 21 日起，该乡各村广泛发动，采取开挖河道、河道筑坝二级、三级翻水等措施，保证农田用水，同时农户间互相调剂秧田。

种植品类 境内水稻种植中稻、早稻、连作稻、晚粳稻和嵌稻等。

中稻。主要品种有青梗尖、红毛稻、紫卜头、广籼等。由农家自繁自留，有的隔年轮换种植。

早稻。主要品种有团头、尖头、半团头、半尖头，习惯上统称“天花落”，生长期短，一般插种两个月后即可收获，故又称“六十日尖”，产量很低，一般亩产不足 150 公斤。1950 年，境内早稻品种有红毛稻、罗尖、青粳稻白壳糯等。秆高、不抗风，产量低，籼稻每亩产干谷 190 公斤左右，粳糯稻 175 公斤左右。1956 年，4 月，推广种双季稻后，早稻面积占粮田总面积的 65%，早稻品种有所改进。1956—1961 年，主要品种有矮脚团头、莲塘早、陆财号，还有青小金早、圭陆矮 6 号、二九矮、广马占、矮南早 1 号等，每亩产量提高到 200～250 公斤。20 世纪 60 年代初推广矮秆南特，自此始，早稻以矮秆良种为主。70 年代初引进广陆矮 4 号，同时种植的有二九青、原丰早等早熟品种。1973 年后，引进种植广陆矮 4 号，平均亩产达 427.5 公斤左右。使早稻一季产量超纲要，故替代了矮脚南特，一时成为境内早稻当家品种。1981 年始推广浙江农业大学和余杭县农科所协作选育的早籼浙辐 802。1987 年推广种植早籼二九丰。1990 年，早稻重点推广浙辐九号、浙辐 762、中 1560。2000 年后，优质米品种以舟优 903、杭 931、嘉 948 为主。

嵌稻。称间作晚稻，1949 年引进晚粳稻良种 10509，50 年代成为境内晚稻主要栽培品种，1951—1958 年较多。品种有纯系稻、晚籼 9 号、嵌花秋等。秧苗须提前培养，种谷一般比早稻秧苗迟播 20 天左右，使长成大壮苗。在早稻孕穗前嵌插。收割早稻时割去早稻，留下嵌稻。然后对嵌稻进行扶苗、除草、施追肥等田间管理。嵌稻生长期为 120 天左右，10 月底收获，一般亩产约 130 公斤。1963 年后，随着连作稻普遍推行，嵌稻逐渐淘汰。

连作稻。品种有“早翻早”、杂交稻、晚粳稻和糯稻。“早翻早”，即用早籼品种作晚季栽培。主要品种有矮脚南、广陆矮 4 号。1972—1977 年，境内“早翻早”面积约占连作晚稻的20%～30%，平均亩产200～250公斤。后因杂交稻面积扩大，“早翻早”逐年减少。

杂交稻。主要品种为籼优6号和威优系列等。1977—1978年，余杭境内各乡镇派员赴海南岛学习杂交水稻制种繁育经验，回来后成为杭州市推广杂交水稻试点乡镇。1975年引进杂交稻多个组合，经试种，选定汕优6号。杂交稻还有汕优64、协优64。1978年以后，杂交水稻种植面积逐年减少。杂交水稻用种量少，每亩大田0.75公斤，秧田与大田比例为1∶8。5月20日前后播种，落谷较稀，秧龄期40～45天，7月20日至25日移栽。1979年，境内杂交稻面积占连作稻总面积的40%左右，平均亩产400公斤。2000年，种植的杂交稻品种有汕优63、汕优10号、八优161等。此后，新增品种有籼杂Ⅱ优培九、协优9308、协优7954、Ⅱ优2070，粳杂申优1号、甬优1号等。杂交稻的收获期比“早翻早”略迟，比晚粳品种早，适宜播种大麦。曾一度替代“早翻早”成为连作晚稻主要品种之一。后因制种困难，逐年减少。据2006年统计，平均亩产超过500公斤，创下其6年来最高纪录。

晚粳稻。品种较多，有“10509”和杭农一号。两品种亩产均在250公斤上下。1957年后，引进新品种金谷黄、太湖青、老来青、猪毛簇及松萝卜头等，逐渐代替“10509”和杭农一号。“农垦58”稻秆较矮，梢叶较长，稻穗裹在叶间，称为“叶里藏金”。成熟时，米粒胀破谷壳，出米率高，煮成饭柔糯可口，人称“世界稻”“三八稻”（800斤产量、800斤稻草、8折出米率）。此外，先后引进新品种还有台北8号、桂花黄、农虎6号。1972年后，又逐步引进晚3－2、桐青晚、加农14、嘉湖4号、矮粳23、嘉四辐、南粳32。1981年后，又引进秀水48、浙粳66、秀水04、农桂早等。境内连作晚稻中，晚粳优良品种更迭频繁，故没有树立长期当家品种。

糯稻。民国时期至中华人民共和国成立初期，境内糯稻品种有鸡脚糯、红壳糯、白壳糯、桂花糯。20世纪50年代，种植的品种有鸡爪糯、白壳糯、桂花糯等。60年代以红壳糯为主，1960年，引进种植台中糯。1966年，引进中糯京引15。70年代以京引15为主。1972年，引进矮秆糯。1979年，引进双糯4号。80年代初以双糯4号为主，以后以紫金糯为主。1982年，引进紫金糯。1983年，引进祥湖47等。其中中糯京引15生育期短，群众欢迎。后为双糯4号所代替。同于双糯4号糯性不够，不久普遍改种紫金糯。1983年后，紫金糯与祥湖47两个品种，因成熟期适中，抗病力较强，产量较高，糯性又好，深受农户喜欢。90年代，品种有祥湖84、春江03、丙8893、绍糯119、春03、丙93－25、丙94－02、丙94－08等。2000年之后，推广丙97－48、丙99－14等。

单季晚稻。以中熟晚粳为主，约占90%，品种有浙粳22、浙粳40、秀水123、秀水128、秀水09、嘉991、加花1号；以杂交晚稻为辅，品种有嘉乐优2号、浙优12、春优172、中优1号、钱优1号等。还有少数糯稻，品种有绍糯9714等。

水稻栽培　传统的水稻生产过程有育秧、移栽、管理等几个重要环节。

育秧。早稻育秧须在清明前10天做好秧板田。清明前三天至后四天下种。种谷播种前用盐水选种，净谷用清水加掺401农药浸36小时，沥起后放入催芽床（用砖块砌成）或箩筐内，用50℃～60℃的热水淋三次，出芽后取出摊凉，拌入预防虫害的农药后下田。出苗后，逐渐养水保苗，秧龄30天（5月4日前后）移栽。后又采用地膜育秧，种谷播下压入泥后，盖上一层稀薄干燥麦草，将地膜覆盖其上，地膜比塑料膜更轻，秧苗会顶起。待秧苗长出变青，提起地膜将麦草除去，覆盖地上膜。秧苗长到二叶一芯后，除去地膜，让其自然生长，秧龄期25天左右。50年代后普遍推广晒种、选种、药剂浸种、催芽等措施。1959年起推广稀播老健秧，并随三熟制面积扩大，推广半旱秧田育秧。1963年始推广尼龙薄膜育秧，并一度推广小苗带土移栽和试行套插秧、直播稻。1972年推广小苗、寄秧两段育种植品种秧。1977年推广温棚无土育秧。90年代初期推广旱育秧技术。五常当地种植单季稻，育秧方式为培育壮秧，步骤是将选好的谷种在太阳下晒一天，再用稀黄泥淘洗，去除秕谷，然后放入清水盆中浸种二天，取出沥干水分播种秧。1956年推广双季稻，由于山区气温低，种谷需加温催芽才能播种。播种前，将秧田事前翻耕、灌水平整，切忌高低不平。然后将已发芽的谷子均匀地撒播在秧田上，再撒上焦泥灰。秧田须事先施足底肥。底肥用稀薄人粪尿，推广化肥后都用尿素，以保证秧苗茁壮成长。用铁铲将谷子塌入土中，以利于生长根。如早稻秧田，一般在插秧前一个多月就应出种，为提高秧田温度，多采用尼龙薄膜覆盖法，提高土温，促进秧苗生长。此时秧田应保持湿润，不干燥，待秧苗长至1.5~2寸（1寸≈3.33厘米，下同）（一芽一叶或一芽二叶）时，可灌水，以浸没秧畈为度，切忌不使淹没秧心，否则秧苗会发生腐烂，死秧，此后及时保证水位，不能使秧畈干燥。整个育秧期间，须施淡肥数次，肥料不能过浓。早稻秧田每亩播种量100~125公斤。70年代曾小苗带土移植播种量高达每亩150公斤以上。秧田与本田比例为1∶7；三熟制亩播量60~70公斤，秧本比1∶6；晚稻杂交汕优6号亩播7.5~10公斤，秧本比1∶10；粳稻、迟熟型亩播40~50公斤，秧本比1∶8~1∶10，连作晚稻专用秧田面积越来越大，秧本比越来越小，使秧田更老健，播种后成活率，发孽力强，成为晚稻育秧的基本方式。1978年开始推广无土育秧。在室内建一坑道，上摊芦帘，铺一层塑料薄膜，将芽谷摊在上面。墙外建坑道灶门，用柴焚烧，使热量流入坑道，喷几次水，促使快速长苗，一星期后移栽。1980年，开始推广小苗带土，即在旱地上做一地床，上铺淤泥，将芽谷密撒其上，并用塑料薄膜保湿，15天后秧苗长到5~6厘米，用铁锹将小苗连土铲起，连泥分棵移种大田。以上育秧优点，秧龄期短，可岔开时间提前播种，避免冲突，亦能提前收割，有利于晚季栽培。晚梗和精稻育秧选种浸种过程基本与早稻相同，下种时间为6月23日至25日。秧龄期40~45天。“早翻早”育秧种谷用现收早稻谷。因天气热、出苗快，秧龄期20天。

移栽。秧苗育成后，须及时移栽到大田，俗称插秧。20世纪50年代初期，插秧都为大株稀植，一般株行相距8~9寸（1寸≈3.33厘米），有的更稀，每亩大田不到万丛。1952年以前，单季中籼稻株行距都在1市尺（1市尺≈33.33厘米，下同）左右。1952年，试行“小株密植”，株行相距6寸×6寸，每亩大田秧苗达到1.67万丛，亩产比大株稀植增加30%，1953年，小株密植在境内得到普遍推广。1958年“大跃进”年代，有些干部盲目学习外地种万斤田，搞移苗并丘密集移栽，把秧苗插成2寸×2寸，有的更密。1959年一度推广浓株密植，致使田内空气不畅，病虫害猛发、产生倒伏和病害严重，结果颗粒无收。60年代提倡合理密植，走“穗粒兼顾”型增产路子，后来播种早稻株行相距一般4寸×4寸，每丛苗4~6根，播种连作晚稻的“早翻早”和粳稻品种密度与早稻基本相同，杂交晚稻因发棵力强，采用单本插种，株行相距6寸×6寸。常用的行株距为6市寸×3市寸、5市寸×3市寸、5市寸×4市寸（每亩3万丛~4万丛），小株密植。早插田每丛4~5株，迟插田6~7株，秧苗不足时，减株数不减丛数。1988年，水稻抛秧栽培技术由县农科所首获成功。该技术用塑盘育秧，选择适宜品种，播量一般每盘播干谷75克左右，种子经过精选、催芽等处理再精细培育秧苗。1995 年全面推广水稻直播技术。直播栽培技术，既省工、省本，又早熟、高产，方法简单易行。栽培技术中的施肥、田间管理和防治病虫害与各地大致类同。2005 年后，由于农业结构发生变化，种植技术和方法也有改变，五常当地部分农田也不再种绿肥，也不进行冬耕春翻，而是直接将谷种撒入已除草灌水的农田中，叫做“撒播”。简化了育秧、插秧的过程，又除去了耕田、耙田等工序，节省劳力和成本虽然很多，但会致使土壤板结，土壤肥力下降。“实行家庭联产承包责任制”后，除育种和平整水田与以前一样外，废弃了插秧这道工序，只将催芽以后的谷子均匀稀疏地撒入大田中，杂交稻亩用谷种 0.5 ~ 1 公斤，粳、糯稻 1 ~ 1.5 公斤，增加了化肥和农药施用。变双季为单季，6 月上旬撒谷子，10 月下旬收割，不分杂交品种和粳、糯品种。

管理。包括田水灌溉，清除杂草，合理施肥，防病治虫等，是水稻生产的重要环节；民间有“落株三分熟，管理得七分”之说。田水灌溉，应在稻苗生长的不同阶段，分为浅水播种、深水护苗、薄水发棵、放水搁田、放水回田，燥田待收等，并按照天气和农活需要，因时因地制宜。清除杂草，旧时田间除草，都靠人工。因为大株稀植、杂草丛生，在秧苗移栽后 15 天左右，便开始除草。第一次把田水放浅，用锄头在稻苗株行间将杂草连根削断，称“斩头草”。过 10 天后，把水灌满，用锄头在稻苗行间边削边掏，把草连根掏起，称“掏二草”。再过 10 天左右，在满水田里用钉齿耥耙把稻苗行间剩余的杂草连根耥起浮在水面，称“耥三草”。最后一次名耘田，先把田水放干，人在田中颈上套一个“苗推”，双膝下跪，用双手把稻苗根部的杂草全部拔起揿入泥底，将田搪平，然后搁田。那时，由于在稻苗行间多次锄草，损伤了稻苗根须，使稻苗成长受到影响，产量不高。推行“小株密植”之后，传统锄草方法不能再用。随着拖拉机耕作的普及和除草剂的使用，清除杂草达到了既省力又高效的目的。合理施肥，大田施肥，首先是施足底肥，农民习惯于用河泥、猪羊栏肥或绿肥作底肥，在田土耖平之前施下。随着农田复种指数的提高和化肥供应量的增加，缺少农家肥的农户采用氨水或碳氨作底肥，在秧苗插种前施下。秧苗插种成活之后，适当增施追肥。1970 年前，追肥大多用人粪、油饼、草木灰或猪羊粪浸水发酵后浇施。1971 年后，大多用尿素、氯化铵或用氨水掺水施用。每次用量适度，应根据稻苗生长情况，看苗施肥，合理施肥，防止过肥倒伏和畸形生长。防病治虫。境内害虫，原以蝗虫和螟虫为主。随着小株密植和“双熟制”“三熟制”的推行，新的病虫害不断发生。特别是纹枯病、稻瘟病、褐稻虱、稻飞虱的出现，发展迅猛，危害性大，稍不留神就会使水稻生产前功尽弃，各村组建立相应的植保组织，配有专职人员从事植保工作。

1995 年 5 月 8 日，实施抛秧作业。一名劳动力一天抛秧能抛三四亩，比传统插种提高工效五六倍。不但省工省力省种子，每亩还能提高单产 15 ~ 20 公斤。五常等 10 多个乡镇都建立了抛秧示范畈。水稻免耕直播。产业结构调整后，早稻和连作晚稻渐被淘汰，普遍改种单季晚稻。1995 年开始推行直播栽培技术，2003 年已被广泛应用。“免耕直播法”大田不用翻耕，秧苗不需培养，不用移栽，将种谷直接撒播大田即可。冬天，依照大小将田划分若干板块，整理平整，任其干冻。春节后，清理水沟，施上家肥，灌水保养。4 月下旬，把水放干，用除草剂除草，以草甘膦、百草枯、甲磺隆等农药按适当剂量加水喷施。5 月 10 日左右，依前法再次喷施。然后灌水，用泥沙拌农药苄丁均匀撒在水田内。播种时间为 6 月 10 日至 15 日，播种前 3 天须把水放干。晚粳稻和糯稻种谷每亩用 4 公斤，杂交稻 1.25 公斤。

播种前，先将种谷略晒，后用清水加浸种灵浸种，以传统方法催芽。见芽后取出摊凉播入田里。播后3~4天，秧苗长到一叶一芯，喷施农药“直播净”一次。7~10天后，秧苗长到二叶一芯，施追肥每亩尿素5~6公斤。再过10天，施第二次追肥，每亩尿素12.5公斤加钾肥7.5公斤，再过15天，施第三次追肥，每亩尿素10公斤左右。免耕直播法，具有省工、省肥、不败苗、生长快、抽穗整齐、产量高等优点。境内农民评价免耕直播法：药水打打、化肥飘飘、种谷抛抛，人么惬意煞，产量还蛮高。

若干年份五常水稻播种面积情况表

表4-1-3 单位：亩

年份	水稻播种总面积	早稻播种面积	晚稻及迟中稻播种面积（含杂交水稻）	杂交水稻播种面积
1977	18488	8762	9726	—
1978	18512	8728	9784	609
1979	18649	8866	9083	3060
1980	18543	8690	9853	2743
1981	18432	8652	9780	2432
1982	18386	8602	9784	1295
1983	18463	8640	5773	680
1984	18503	8612	9891	190
1985	18084	8476	9608	596
1986	17967	8500	9467	277
1989	18015	8153	9502	373
1995	—	7319	8617	—
1996	15673	6943	8730	—
1997	14526	5778	8748	—
1998	14277	5500	8771	

若干年份五常水稻产量情况表

表4-1-4 单位：公斤

年份	水稻合计		早稻		晚稻及迟中稻		杂交水稻	
	总产量	平均亩产	产量小计	平均亩产	产量小计	平均亩产	产量小计	平均亩产
1977	108245	586	36785	648	51510	524	—	—
1978	133150	719	62625	718	70525	721	4896	803
1979	142068	760	74941	845	67127	686	21171	642
1980	103682	559	61296	705	42386	430	12250	446
1981	117112	635	71729	829	45383	464	1074	442
1982	144397	785	72693	845	71704	733	9397	726

续表 4－1－4

年份	水稻合计		早稻		晚稻及迟中稻		杂交水稻	
	总产量	平均亩产	产量小计	平均亩产	产量小计	平均亩产	产量小计	平均亩产
1983	121698	659	55462	638	66236	678	4699	641
1984	150248	812	71981	836	78267	791	1695	892
1985	121353	671	64311	759	57042	594	4011	673
1986	137284	764	70438	829	66846	706	2070	747
1989	68102	378	31709	372	36393	36393	1549	415
1995	—	—	2504	342	3326	386	—	—
1996	5513.1	351.8	2025.9	291.8	3485.7	399.3	—	—
1997	5759	396	2164	375	3587	410	—	—
1998	5227	370	1694	308	3628	414	—	—

二、春花

春花作物包括春粮（小麦、大麦、蚕豆）和油菜籽。

小麦　民国时，种植小麦以旱地为主，数量有限，品种均系农家自繁自育。常以麦穗形状、色泽、成熟迟早等特点命名，如白蒲麦、蜈蚣麦、光头麦、红须麦等。随后又引进浙农9号、浙农17号等小麦。1950年后，小麦从旱地逐步发展到田里种植，面积亦有所增加，品种先后有浙农939、南大2419、中农28、矮秆红等。1974年后，小麦主要品种先后为杨麦1号，杨麦2号、浙麦1号、武麦1号、苏麦2号等。

大麦　1958年后开始少量种植。1975年后种植面积逐渐增加。主要品种先后有扁箕大麦、红茎二棱大麦、四棱大麦、六棱大麦、无芒六棱大麦、光芒二棱大麦、矮白洋、早熟3号、浙农12、沪麦4号、浙皮1号、沪麦6号、浙农大2号等。

若干年份五常春粮播种面积情况表

表 4－1－5　　单位：亩

年份	播种面积合计	小麦播种面积	大麦播种面积	蚕（豌）豆播种面积
1977	2954	1564	884	506
1978	3993	2022	1451	520
1979	4935	2072	2309	554
1980	4778	1398	2912	468
1981	4451	990	3197	264
1982	4098	717	3038	343
1983	4765	618	3844	305
1984	5006	724	3943	334

续表4－1－5

年份	播种面积合计	小麦播种面积	大麦播种面积	蚕（豌）豆播种面积
1985	4297	575	3133	589
1986	3547	859	1993	695
1989	3582	425	2917	240
1995	925	314	279	332
1996	1580	610	350	620
1997	1543	—	—	583
1998	2000	52	948	500

若干年份五常历年春粮作物产量情况表

表4－1－6 单位：公斤

年份	春粮合计		小麦		大麦		蚕（豌）豆	
	总产量	平均亩产	产量小计	平均亩产	产量小计	平均亩产	产量小计	平均亩产
1977	3055	103	1774	114	864	98	412	82
1978	13523	339	7100	351	5258	362	1165	224
1979	20683	419	8866	428	10268	444	1544	280
1980	17478	366	5563	397	10968	377	947	202
1981	12983	292	2814	284	9798	306	371	141
1982	11916	291	2071	289	9148	301	697	203
1983	15484	325	1934	312	12466	337	584	141
1984	14704	294	2149	298	11933	301	622	186
1985	13089	305	1679	292	1011	323	1299	220
1986	10559	298	2529	295	6710	336	1320	191
1989	6225	174	626	147	5388	184	211	88
1995	143	155	56	178	50	176	37	112
1996	247.5	156.6	115.8	190	67.4	193	64.3	1037
1997	249	161	—	—	—	—	63	108
1998	240	120	10	192	110	116	120	240

20世纪60年代前，种植大麦、小麦，先在田内掘成3～4尺宽的麦埨。平整后，在上面实行横形条播，盖上松泥或有机肥。沟内不能积水，清水沟时把沟泥掘起铺在无埨上。春节后，用锄头带削带敲将麦根捂实。1970年后，学习江苏龙桥经验，实行宽畦深沟，四沟（直沟、腰沟、边沟、总沟）配套。先开沟，把沟泥挖起，后掘田，做到薄片深翻，精细平整。然后把麦种撒播在埨上，播后斩泥，并用人畜粪或汤河泥、堆肥等有机肥盖籽。力求避免深籽、从籽、露籽，达到早苗、全苗、齐苗、匀苗、壮苗。亦有采用稻板麦。晚稻收割

后，田不翻耕，将种子直接播下，然后施足有机肥，并按四沟配套要求开挖深沟，将沟泥均匀地盖在麦板上。

蚕豆　种植历史悠久。每年初冬，农户在零散杂地及屋边有少量种植，亦有在农田播种。品种有青皮小粒、白扁大粒、踏扁青等。立夏时节可食青豆作蔬菜，夏至时节收获老豆抵粮食，老豆一般亩产 150 公斤左右。

三、杂粮

五常的旱地种植制度原为一年一熟或两熟制，每年种一熟玉米、甘薯为主的夏秋旱杂粮，逐步形成麦/甘薯、麦/玉米两熟制，春粮/大豆/秋粮等三熟制。

番薯　别称甘薯、地瓜等，是一种高产而适应性强的粮食作物，地下部分具圆形、椭圆形或纺锤形的块根，质脆味甘，煮熟烂软，亦可生食。1958 年后，推广胜利百号等品种，藤粗叶茂，块根有红皮白芯、红皮黄芯、白皮红芯多种，产量较高、煮熟糯甜可口。山地品种个头圆形光洁、质量尤佳，三年自然灾害期间，境内农民以此充当主粮，度过饥荒难关。改革开放以来，又引进红皮紫心番薯，营养丰富，售价较高。种植番薯用芽藤扦插方法。头苗每株 6～7 寸，茎苗第档二叶二芽，无须有根，直接插种即可。20 世纪 60—70 年代，不少农户专门育苗在市场出售，成为一宗事业收入。

若干年份五常杂粮面积产量情况表

表 4－1－7

年份	杂粮			番薯			黄豆		
	播种面积（亩）	平均亩产（公斤）	总产量（公斤）	播种面积（亩）	平均亩产（公斤）	总产量（公斤）	播种面积（亩）	平均亩产（公斤）	总产量（公斤）
1977	96	460	442	96	460	442	314	164	515
1978	43	579	249	43	579	249	301	210	633
1979	27	607	164	27	607	164	38	27	103
1980	38	553	210	38	553	210	158	46	73
1981	28	2092	586	28	2092	586	153	92	141
1982	19	405	77	19	405	77	30	360	108
1983	—	—	—	—	—	—	34	50	17
1985	15	200	30	15	200	30	20	50	10
1986	18	322	58	18	322	58	8	100	8
1989	802	365	586	802	365	586	—	—	—
1995	—	—	—	—	—	—	—	—	—
1996	8730	399.3	3485.7	—	—	—	—	—	—
1997	8748	410	3587	—	—	—	—	—	—
1998	8771	414	3628	—	—	—	—	—	—

第三节　经济作物

五常境内经济作物主要是油菜、五常方柿、桑蚕、茶叶、春笋等。全乡有桑地60多公顷，1952年留下蚕种场就设在源谊村。源谊、断桥、友谊、金家塘、白庙等村是原种生产基地。早竹收入是当地农户的重要经济来源之一。五常的竹扇销往杭州、上海、苏州等地。五常柿子品种丰富，有火柿、盆柿、油柿还有野柿等。主要分布在池边及田头地角，柿子栽培已有2000余年历史，现存的柿子树也有百年以上的。

1977年，五常人民公社油菜籽播种面积135亩，总产量189担；柿子总产量13559担，茶园面积192亩，当年采摘面积192亩，全年春茶、夏茶、秋茶茶叶总产量190吨，桑园总面积2257亩，当年采摘面积2244亩，饲养桑蚕2995张，蚕茧总产量1708吨，其中春茧839担，夏茧159担。1979年，五常人民公社油菜籽播种面积105亩，总产量150担；茶园面积232亩，当年采摘面积197亩，全年春茶、夏茶、秋茶茶叶总产量164吨，其中春茶82担、夏茶35担、秋茶47担；桑园总面积2053亩，当年采摘面积1902亩，饲养桑蚕2847张，蚕茧总产量1687吨，其中春茧814担，夏茧172担。1981年，五常人民公社油菜籽播种面积49亩，总产量73担；柿子总产量10826担；茶园面积222亩，当年采摘面积222亩，全年春茶、夏茶、秋茶茶叶总产量152吨，其中春茶76担、夏茶51.5担、秋茶24.5担；桑园总面积2096亩，是年采摘面积2072亩，饲养桑蚕3234张，蚕茧总产量1835吨，其中春茧791担，夏茧159担。

一、油菜

油菜　油菜生产一直以白菜型品种为主。白菜型农家种有罗汉种、观音种、八月白等。1956年，引进甘蓝型油菜（胜利油菜）并逐步推广。此后，陆续引进多个甘蓝型油菜品种，主要有川油2号。20世纪70年代引进油菜良种有“370”、“480”、宁油7号、沪油23、浙油7号、东胜14等。80年代引进的92－13系列成为90年代主要生产品种。五常当地10月播种育秧，立冬前后移栽至旱地或水田，次年春返青后除草施肥，立夏前后收获。白菜型品种，俗称土油菜，植株细，叶肥大，不耐寒，易倒伏，亩产菜籽25公斤左右。1978年，五常地区油菜种植139亩，油菜籽总产210担（1担约50公斤）；1979年，油菜种植面积105亩，油菜籽总产150担；1980年，油菜种植总产量为151担。1984年，五常油菜种植面积2533亩，油菜籽总产量4638担；1985年，油菜籽面积3146亩，油菜籽总产量5759担。

油菜栽培技术　稀播育壮秧：要求油菜秧苗达到株高6寸、叶片6张、根茎粗6毫米以上标准，秧龄一般以30～40天为宜，切忌育成高脚苗或徒长的弱苗。1956年学习上海南汇县胜利油菜密植高产经验，逐步改为5～6尺畦（3尺为1米），每畦种4行，大小行，大行行距1.2尺，小行行距0.8尺，株距0.5～0.6尺，沟宽0.8尺，深1.2尺，每亩种植0.8万～1.0万株，土地利用率显著提高。同时，推广合理施肥，要求“施足基肥，早施苗肥，壅施腊肥，巧施花肥”。并增施磷肥、钾肥。此外，油菜和麦田一样应用龙桥撬开深沟，即排除积水，降低地下水位，结合清沟，进行培土壅根保肥防冻。1974年起对油菜田喷施0.5%

的硼酸或硼砂液。1997年开始推广油菜秋发栽培技术，即充分利用秋季光热条件，延长油菜的营养生长时间，增加冬前的生长量，以确保油菜单株分枝数和结荚数，从而提高单位面积产量。主要栽培技术为以9月15日至20日播种为宜，秧龄控制在35天之内，早施苗肥、早施腊肥、早施苔肥，兼施磷、钾、硼肥，并用多效唑。油菜免耕直播技术的关键是抓住播种期，一般为10月20日至11月5日，品种宜选择偏春性的，施好随籽肥，施足长苗肥，重施蕾苔肥，同时抓好大田除草。

二、五常柿子

五常柿子

余杭自古盛产柿子，余杭柿树栽培据传已有近千年历史。北宋苏颂等撰柼图经本草枠载："干柿，火干者，谓之'乌柿'，出越州。"多为河边、塘边、房前屋后栽植，分布较广。以蒋村、五常等为多，旧时统称"古荡方柿"，杭沪宁驰名。五常柿子作为果中名品，也小有名气，旧称五常火柿。这种柿透红、光滑、甜润，是上朝的贡品。最先上市的是火柿，接着是盆柿，然后是方柿。火柿一般在8月底就可上市，盆柿在9月中旬，方柿最迟在10月1日左右。以前由于交通不便，五常柿子主要靠船运，农户把柿采摘后装船运往上海、无锡、苏州等地。柿树承包到户以后，柿子数量仍有近万株，产量在1000吨左右。柿子树不治虫、不用药，是绿色的上等水果，还具有较大的药用价值（性寒，可治喉痛、咳嗽等症），在市场上有一定销路。

若干年份五常水果种植产量情况表

表4－1－8

年份	果园面积（亩）				水果生产总产量（担）		
	合计	其中零星株树折实	桃子	柿子	合计	桃子	柿子
1977	145	145	—	145	13559	—	13559
1978	301	—	—	301	5920	—	5920
1979	—	—	—	—	—	—	—
1980	331	321	—	331	7261	—	7261
1981	300	300	—	300	10826	—	10826
1982	301	301	—	301	6387	—	6387

续表4-1-8

年份	果园面积（亩）				水果生产总产量（担）		
	合计	其中零星株树折实	桃子	柿子	合计	桃子	柿子
1983	313	313	—	313	7861	—	7861
1984	281	281	—	281	7310	—	7310
1985	281	281	—	281	9177	—	9177
1986	281	281	—	281	9239	—	9239
1989	—	—	—	208	3705	—	3705
1995	207	—	—	—	263	—	263
1996	207	—	—	—	226	—	226
1997	201	—	—	—	183	—	183
1998	125	68	1	124	196	1	195
1999	108.5	—	—	—	188	—	188

三、蚕桑

中华人民共和国成立后，蚕桑生产开始逐年恢复，种桑养蚕慢慢地多起来，当初养蚕只养春蚕，极少养二蚕、秋蚕。1952年，普及改良蚕种，产茧比上年增1倍。1952年4月，留下蚕种场设在源谊村，源谊、断桥、友谊、金家塘、白庙等村是原种生产基地。1962年，国家对蚕桑生产有奖励办法，80年代后期分田到户后，农药、化肥使用，工业、大气污染，桑时受到严重污染，大量桑树被追毁掉，茧站收不到茧而关门。

蚕桑 养蚕与种桑。是古代农业的重要支柱。相传是嫘祖（黄帝正妻）发明。蚕桑文化是汉文化的主体文化，与稻田文化一起标志着东亚农耕文明的成熟。

植桑 早期境内多数旱地均种植桑树，有的还在田畈地埂种植桑树，培育桑树的传统方法有育苗、种植、嫁接、修剪，管理上有掘冬地、捻河塘泥、除草施冬肥、防病治虫等。

育苗 域内桑苗培育，大多桑农均从外地购买已嫁接好的桑苗种植。桑苗育好后称为野桑，必须通过嫁接后便成为家桑。家桑与野桑区别在于采摘桑叶的质量与产量区别，野桑叶薄、产量低，家桑叶厚实，叶质营养丰富、产量高，养蚕必须用嫁接过的家桑来饲养。

养蚕 境内养蚕同样经历了各户散养过渡到生产队集体饲养的过程，养蚕必备一整套的养蚕工具，工具是专用的：有切叶墩、切叶刀、鹅毛、桑剪、叶箭、大匾、蚕具、三脚架、蚕网、蚊帐、蚕凳、淌线、芦帘、棚荐、享火缸等，并且配备养蚕用品：防干纸、石灰、白炭、乌芸糠、柴头、漂白粉、干湿温度计、喷雾机。

养蚕自始至终有“掸蚁、采桑、饲养、出孵、眠蛋、敦叶、除沙、落网、分匾、上山、采茧”等一系列蚕饲养措施与规律，按照季节分为春蚕、二蚕（夏蚕）、中秋、晚秋。以春蚕为主，其余的规模小，数量少，质量也较次些，春蚕饲养过程为35~36天，一般在4月30日至5月1日蚕种到，先将蚕子摊放于小蚕匾中的白色油光纸上，周围用煨过的乌芸糠撒一个圈，并用电炉式大支光电灯加温，保持20°C的温度，一昼时后“乌娘头”从蛾子壳里蜕出，用鹅毛掸下后在上覆一张小蚕网，始喂细嫩桑叶丝，稚蚕第1～3龄养在小匾里，蚕匾、蚕宝里放火缸加温，当喂至十八铺约三昼时，蚕开始“头眠”，蚕宝宝每眠一次，蜕一层皮，蜕皮完毕才可以放叶饲养，三眠以后移到大蚕匾里，置于蚕架上，一般以自然湿度养蚕，只在气温较低时才加烘缸升温。每昼夜给桑次数小蚕较多，大蚕有时为“硬三餐”，方法简便。蚕三眠后已长大，再吃五昼时的桑叶进入大眠。蚕大眠后，需分匾稀养，再吃上八天至九天桑叶后，蚕已经成熟，成熟的蚕通身透亮，人们称为“节娘”。第一批“节娘”出来后，一昼内蚕就可完全“上山”，小蚕头眠至上山期间要做到勤除蚕沙，每天消毒一次。特别是大眠放叶后，要及时分匾稀养，大眠后人们就要及时做好蚕上山做茧准备工作，首先是搭好“山子”，即用组毛竹挡横径搁好，称为“龙插竹”，再在横径上搁上用早竹做成的直径，称为“淌线竹”，搭成一个离地平台，摊上芦苇秆编成的帘子（山箩帘），“山箩帘”上插用糯稻草做成的蜈蚣蚕蔟为上山的蚕作茧子用。蚕上山后，山子头要用棚荐拦好，底下做烘缸加温，夜晚值班看完，直到蚕“入龙”（开始吐丝做成薄茧）为止，待蚕上山后6～7天，就可把雪白的茧子从簇上摘下来售卖。

养蚕技术改进：改良蚕种，境内蚕种不断进行改良，新蚕品种不断引进、更新和推广，尤其是余杭办起了蚕种场，如向阳蚕种场、南湖蚕种场、老虎墩蚕种场，大力推广新蚕品种，极大地提升养蚕出茧率，推动蚕农养蚕积极性，提高蚕农的经济效益。尤其是养蚕技术的改进，科学调节蚕宝温度和温度，采用地火龙加热，既可防止厢炭加温会产生的二氧化碳或一氧化碳中毒，同时又可改进大蚕条桑育，省力化养蚕，还采用大棚育蚕，称为“尾外育”，多层活动森台饲养，科学合理喂养蚕，实现了“千斤桑叶百斤范”的高产纪录。

科学地进行蚕病防治：境内养蚕主要还是蚕病防治，主要蚕病有僵蚕、白肚（脓病）、亮头（也称空头病）等，常交替发生，前三种病为主，养蚕也要破除迷信，对养蚕人员严格地科学消毒，把好消毒关，能有效地预防或控制蚕病的蔓延或发生。两个环节：一是蚕室、蚕具消毒、湿度控制，严防外来人员未经过消毒进共育室，严防狗猫进入育室；二是蚕体、蚕座消毒。

1952年由浙江省农业厅筹建的原蚕区蚕种场，位于杭县五常乡源谊村原蚕饲育区。其时，省农业厅投资1.8万元新建制种低温室、消毒灶，改造修理农户养蚕室等，1953年春正式投产。1954年，省农业厅将原蚕饲育区正式定名为浙江省地方国营留下蚕种场，并继续投资4.82万元，完善蚕种生产设施。年平均生产能力在8万张蚕种以上。

1964年五常人民公社的农业生产以水稻为主，但蚕桑生产所占比重亦很大。当时社员经常说：“养蚕好，种田兴，蚕好半年粮。”充分说明了当时蚕桑生产在公社所占的经济地位。源谊、断桥、友谊、金家塘、白庙等村是原种生产基地，养蚕也是农民的一项重要收入来源。1964年，全公社15468亩耕地中，桑地面积达2558亩，1964年五常人民公社的蚕桑生产又获得了桑、茧、苗的全面丰收。1964年共计生产春叶6738担，比1963年6034担，多产11.7%。缺株补植好桑苗27多万株，同时也培育了商品性桑苗19亩，生产了实生桑苗219620株，亩产11558株。公社全年饲养蚕种2524.5张，比1963年2345张，多加7.6%，共计生产蚕茧1345担43公斤，比1966年1092担41.5公斤，多长23.2%。单产26.65公斤比1963年单产23.3公斤又提高了14%，其中春蚕种804.5张，单产31.225公斤，夏蚕种454.5张，单产23.25公斤。秋蚕种791.5张，单产20.25公斤，晚秋蚕种454.5张，单产

33.415公斤。同时，在各期中涌现出很多高产，邱桥大队第三生产队七张春种，单产高达41.5公斤，友谊大队第二生产队三张夏种，单产35.375公斤，七张秋种，单产26.5公斤，断桥大队第三队三张晚秋种，单产高达45.5公斤。五常公社除饲养普通种以外，公社下辖六个大队为地方国营留下蚕种场饲养优良蚕种55300张，超过国家计划5万张的10.5%。1964年全社取得了桑、茧、苗、种的全面丰收的好收成，全公社全员共报售了鲜蚕1161担37.75公斤，超额完成国家交售任务的21%。平均每张蚕报售23公斤。

若干年份五常桑园面积情况表

表4－1－9　　单位：亩

年份	桑园					桑苗	
	总面积	成片	当年采摘面积	零星桑树折实	无杆密植桑	总面积	其中，当年新育
1977	2257	—	2244	1336	432	7	—
1978	2356	—	2235	1319	575	7	7
1979	2053	—	1902	303	540	6	3
1980	2114	—	2040	398	518	2	2
1981	2096	—	2072	412	471	12	8
1982	2066	—	1869	277	484	148	6
1983	1894	—	1836	37	504	2	2
1984	1876	—	1590	350	503	5	5
1985	1722	—	1035	329	367	—	—
1986	1770	—	1614	984	367	—	—
1989	1770	—	1634	895	331	—	—
1995	1316	—	1084	1104	—	—	—
1996	1297	—	—	—	—	—	—
1997	750	141	449	609	—	—	—
1998	867	220	155	590	—	—	—
1999	1096	—	—	—	—	—	

若干年份五常境内蚕桑生产饲养张数情况表

表4－1－10　　单位：张

年份	饲养数				
	总张数	其中，倒蚕	春蚕	夏蚕	早中晚秋蚕
1977	2995	18	1342	268	1385
1978	2596	7	1293	285	1018
1979	2847	6	1222	216	1404
1980	3159	6	1333	279	1547

续表 4－1－10

年份	饲养数				
	总张数	其中，倒蚕	春蚕	夏蚕	早中晚秋蚕
1981	3234	13	1332	256	1646
1982	2964	—	1372	283	1309
1983	2178	—	1305	201	672
1984	2114	—	1154	169	791
1985	1722	—	755	139	828
1986	1701	—	797	56	848
1989	1074	—	492	56	848
1995	169	—	80	59	523
1996	119. 3	—	80	8	81
1997	87. 5	—	58. 5	8	31. 3
1998	99	3	60	6	23

若干年五常蚕桑蚕茧总产量情况表

表 4－1－11　　单位：担

年份	蚕茧总产量			
	总计	春蚕	夏蚕	早中晚秋蚕
1977	1708	839	159	710
1978	1350	802	160	388
1979	1687	814	172	701
1980	1973	884	231	858
1981	1835	791	159	885
1982	1813	850	211	752
1983	1385	835	150	356
1984	1255	688	87	480
1985	1062	458	75	529
1986	983	422	42	519
1989	383	196	23	164
1995	6. 5	3. 7	0. 3	2. 5
1996	484	3. 28	0. 3	1. 26
1997	3. 51	3. 14	0. 27	1. 09
1998	9	5	1	3

四、茶叶

境内产茶历史悠久，历宋、元、明、清至民国，茶叶盛产不衰。1982 年，根据余杭气候、土壤等地域差异，并兼顾区划完整性，茶区分成西南部丘陵茶区、西北部丘陵低山茶区和中部平原残丘零星茶区。西南部丘陵茶区范围包括闲林、余杭、中泰及仓前、五常等地，茶园主要分布在泰山、五朝山、娘娘山等高丘及外围的低丘坡地，约占区内茶园面积的35%。五常属西南部丘陵茶区，地理环境条件适宜茶树生长，气温相对较低，茶树在漫射光下生育，可产生较多的叶绿素 B，形成多种氨基酸，使茶叶香气四溢。茶区常年降水量大于1400 毫米，适应茶树喜湿润的特点。茶区的土壤，分布最广的是红壤中的黄红壤亚类，疏松深厚，矿物质和微量元素丰富，pH 值在 5.6～5.7，为茶树栽培的最佳土壤条件。

晚清及民国时期，境内尚无规模茶园，村民只是在门前、田边、地塘、山地种上数株几行茶树墩，家式采摘，手工简单炒制。1950—1961 年，山区茶叶发展较快，平原地区亦有种植。茶叶种植方法均采用条栽法，行距 4.5 尺，从距 1 尺左右，每亩 1000 丛以上，同时引进优良品种“鸠坑种”、福鼎大白茶、乌牛早等。茶苗培育分两类。用茶籽育苗称有性繁殖，用枝芽抒插育苗谓之无性繁殖。无性繁殖的茶树很少开花结果，茶叶产量比有性繁殖更高。

茶园管理分耕作、锄草、施肥、除虫、修剪五项，有“根基牢、肥吃饱、不长草、虫不咬、树不老”之说。

耕作 习惯掘冬地，后来推行春耕、浅耕的技术，深度在 10 厘米左右，以不损害茶树根须为宜。

锚草 原先茶地易长杂草，一年中春、夏、秋锄草 3 次。改条栽法后，茶蓬紧密，杂草稀少，施用除草剂，效果较好。

施肥 20 世纪 50 年代，一般农户茶地不施肥，有的在春天割嫩柴（俗称草叶）铺在茶地，既当肥料又防长草。1960 年后，开始在茶地施化肥。北湖西安寺、彭公西坞、长命城皇山茶场在春茶、夏茶、秋茶采摘前以沟施方法各施一次追肥，秋茶后施一次基肥。

除虫 茶叶病害虫主要有茶尺嬢、茶毛虫、褒蛾类、刺蛾类、蚜虫类、小绿叶蝉、长白蚧、黑刺粉虱、焦毒嫩、蜻虫类、甲壳虫、茶丽纹象甲等。1960 年前无农药可治。1960 年后，逐步推行有机磷农药，以敌敌畏、散百虫、马拉硫磷、亚胺硫磷、乐果等为主。1980 年后，改用菊酯类农药为主。

修剪 分定型修剪、轻修剪、深修剪、重修剪、台刈五种，前一种是幼龄茶树扩大树冠的措施，后四种是更新复壮的重要手段。

采摘 1960 年前，习惯于重采春茶、小采夏茶、细采秋茶。春茶在谷雨前后始采。谷雨前所采茶叶色泽嫩绿，滋味清香，列为精品，待客专用，采得很少。多数在谷雨后等叶芽齐大才采摘，至立夏前后采完。夏茶汁浓味涩，一般人不爱喝，故只采嫩茶。秋茶汁清味甘，以细茶为佳，亦适当采摘。1983 年后，原生产队的集体茶地落实到户经营，普遍偏早采细茶，夏秋茶亦多采细茶，少采大茶。

1977 年，五常人民公社种茶面积 192 亩，采摘面积 192 亩，茶叶总产量 190 担（其中春茶 102 担、夏茶 61 担、秋茶 27 担）；1978 年，五常人民公社种茶面积 202 亩，采摘面积 202

亩，茶叶总产量175担（其中春茶98担、夏茶38担、秋茶39担）；1979年，五常人民公社种茶面积232亩，采摘面积197亩，茶叶总产量164担（其中春茶82担、夏茶35担、秋茶47担）；1980年，五常人民公社种茶面积222亩，当年采摘面积222亩，茶叶总产量129担（其中春茶67担、夏茶46担、秋茶16担）。1996年五常乡种茶面积30亩，茶叶总产量258担（其中春茶138担、夏茶0.2担、秋茶1担）；1997年五常乡种茶面积30亩，茶叶总产量2.4担（其中春茶1.2担、夏茶0.2担、秋茶1担）；1998年，五常乡种茶面积30亩，本茶叶总产量3担（其中春茶2担、夏茶0.2担、秋茶0.8担）。此后，推广优质高产技术，实行换种改植，重新种植无性繁殖系良种，建立专业新茶园。90年代，新茶园全部推广无性繁殖系良种。

若干年份五常茶园面积及茶叶产量情况表

表4－1－12

年份	茶园（亩）		茶叶总产量（担）			
	总面积	采摘面积	合计	春茶	夏茶	秋茶
1977	192	192	190	102	61	27
1978	202	202	175	98	38	39
1979	232	197	164	82	35	47
1980	222	222	129	67	46	16
1981	222	222	152	76	51.5	24.5
1982	228	288	213	116	53	44
1983	211	211	207	101	61	45
1984	211	211	201	98	55	48
1985	175	175	130	55	35	40
1986	175	175	56	20	20	16
1989	53	53	23	9	8	6
1995	30	30	2.4	1.4	0.3	0.7
1996	30	—	258	138	0.2	1
1997	30	—	2.4	1.2	0.2	1
1998	30	—	3	2	0.2	0.8

五、春笋

春笋又称大陆春笋，为早竹笋，民国时就闻名，产地包括今三墩、五常一带。以早、嫩、鲜的特点在杭、沪、宁地区享有盛誉。这里地处低丘与平原，多东南坡向。西北有较高山脉，风速小，日出早，冬天温度常在10℃以上，特别适宜春笋早发。每年立春一过，竹笋就上市，部分早笋用飞机直接运往香港。

中华人民共和国成立后，早春笋作为农民的一项主要经济作物，家居周边、河港浩岸、山塘坡地都种上早竹。联产承包后，早竹发展迅猛。

若干年份五常春笋产量情况表

表 4 –1 –13

年份	竹地面积（亩）	竹笋总产量（担）
1977	1594	9844
1978	1573	5540
1979	1525	5533
1980	1525	6973
1981	1399	9130
1982	1403	6562
1983	1210	7831
1984	1055	17063
1985	1050	10948
1986	1013	7328
1989	1020	3898

第四节　养殖业

养殖业历来为五常农家主要副业，“丰年留客足鸡豚”。民国时期，战争时断时续，养殖业时兴时衰。中华人民共和国成立后，养殖业获得发展，但也历经挫折或徘徊不前。随着改革开放和社会主义市场经济的逐步完善，良种繁育与推广、饲料生产与加工、畜禽防疫灭病及配套服务网络等体系的建立和完善，使五常地区畜牧业得到较快发展。

一、畜禽

境内养殖主要种类有猪、羊、兔、牛、鸡、鸭、鹅等。

猪　旧时，农村中只有少数富裕农民家中养猪，绝大多数农民养不起猪。随着农民生活的改善，家庭养猪逐年增多，养猪的品种大多数为“金华两头乌”和“太湖黑猪”。

生猪“本县猪市，向有客猪、乡猪之分。客猪大都来自江淮，乡猪则乡之人购于小猪行，豢养之以壮长者也。自抗战起，道途梗塞，肉价腾涌，乡间乃破例以猪牝牡自相配偶。其饲料向以酱园之豆酱渣及酒糟为大宗，精者以豆饼，今则以麸皮为主，其他蔬菜果皮及残羹冷炙均堪饲供”（姚竹轩等《倚云丛载》）。土改后，粮食产量提高，农民养猪增多。农业合作化中，饲养量持续上升。1977 年，五常生猪全年饲养 8321 头，次年增至 10196 头。1979 年，五常生猪饲养 13832 头，养猪场个数人民公社办 1 家，生产大队办为 8 家，生产队办为 67 家。此后，受粮食丰歉和政策变化的影响屡有升降。1985 年起，县政府取消生猪派购政策，开放价格，年终存栏总数回升。1987年后，生猪饲养主要受市场供需变化而有所波动，由1986年顶峰的61664头逐年缩减至1998年的1366头。境内历来以饲养本地黑猪为主。60年代初先后引进金华两头乌，每头肉猪产肉35～60公斤，采用野草、糠麸饲喂，脂肪少，瘦肉多。60年代引进白毛杂交改良品种，体形大，产肉多。但皮厚，脂肪多，肉质不如土猪。后又引进丹麦“长白”种和美国“大约克”，体型大，生长快，瘦肉多，颇受农户欢迎。1982年，从广州引进原产于美国的杜洛克，身躯大，粗壮结实，经济价值高，土猪已很少饲养。1983年，引进英、瑞系和丹麦系长白种公猪，更新脂肪型和偏脂肪型的中约克、苏白种公猪，并适当引进杜洛克、法系大约克。1983—1987年，采用更新良种公猪和实行母猪级进杂交相结合的方式提高瘦肉率，主要通过长白公猪与金华、嘉兴猪和本地土种猪二元杂交，通过杜洛克、长白公猪与浙白、嘉兴、金华猪的三元杂交组合，平均瘦肉率为55.1%。1987年，推广快速养猪技术，推行“六改”技术措施，即改单一饲料为配合饲料和混合饲料喂养，改熟料为生料，改少餐为多餐，改分段饲养为一条龙饲养，改汤料为干湿饲料，改软棚为硬棚。推行“六改”饲养法后，缩短饲养期约40天，提高瘦肉率5%，提高出栏率3%。养殖场采用妊娠母猪笼养、哺乳母猪床养、育成猪保育舍保温饲养等先进养殖技术，饲养在水泥地面栏舍内，并采用自由采食干料或人工定时喂饲半湿料相结合的方式喂饲全价饲料。2002年，区人民政府印发《关于余杭区畜禽养殖禁养区、限养区规划与治理的若干规定的通知》，重点对生猪、奶牛实行禁、限养。由于养猪效益一直较好，促使养猪户从禁、限养区转移到五常的非禁、限养区继续从事生猪生产，2004年管委会按照市、区政府有关生猪禁养和限养的文件精神和要求，结合五常实际，启动辖区生猪禁养工作。至12月底，辖区168户养猪户的1.32万余头生猪全部迁移或屠宰，实现全面禁养。

羊 羊是余杭主要传统家畜。据民国《中国农业志》载：民国22年（1933），余杭县养羊6700只。一般饲养在“屋隅廊下，限于木栏，谓之羊棚。自春及秋，刈青草，削蔬茎为饲料。冬则藏桑叶或豆壳及番薯根皮以待用。山村则豢山羊，放牧于山坡，任自觅食”。五常境内山羊为多数，均系土种，体较狭，头长，颈短，角三棱形呈镰刀状弯曲，颌下有须，尾短上翘。毛直而疏，皮毛多白色，亦有黑、青、褐或杂色，体重为公羊25～35公斤、母羊15～25公斤。性活泼，喜登高，采食短草、灌木、树叶等。寿命约15年。母羊繁殖率强，一般双羔或三羔。公羊去势肥育后，屠宰率50%左右，且肉质鲜嫩，境内饲养湖羊或少数山羊，湖羊以其羔皮著称于世，商人收购湖羊羔皮出口换外汇，并已被国际市场誉为“软宝石”，为世界四大名羔皮之一，故老百姓很喜欢饲养湖羊。除了羊羔皮外，湖羊毛也很畅销，国家收购羊毛并有奖励，极大地鼓舞农户饲养湖羊，也作为家庭经济收入来源之一。山羊主要用来食用，肉质鲜美、味道可口，深受人们喜爱，婚嫁家宴少不了一道羊肉佳肴。1977年，五常人民公社养羊3910只；1978年，养羊3707只。1980年，五常人民公社养羊4857只，后由于养羊效益偏低，80年代养羊生产逐年减少。1988年后，对山羊肉需求迫切，山区农民重视发展山羊养殖。1989年“肉用山羊优良品种引进及饲养技术推广”被列入县科技发展计划项目。嗣后，养羊农户减少。1998年五常全年羊饲养量仅为670头。

牛 五常传统养牛以役用为主，兼以肉用。牛种有黄牛、水牛诸种，以地方品种为主。20世纪50年代后，政府鼓励农民养牛，饲养量增多，有条件的农户都饲养一两头水牛，用于水田耕作。一人一牛通常可耕头畈田2～3亩、二番田3～4亩。60年代后，普遍使用拖拉机耕田，耕牛逐渐淘汰。黄牛有少数养殖，但体型比水牛小，役力也不及水牛。另有一种肉用型黄牛，体型小，重50～100公斤，专供肉用，又称菜牛。1977年，五常人民公社年终存栏15头，至1986年五常牛年终存栏总数达到最大值216头。此后，随着农业机械化的发展，耕牛逐年减少。饲养的水牛、黄牛以肉用为主，鲜有役用者。

家禽　饲养家禽历来是农户主要家庭副业之一，以养鸡较为普遍。中华人民共和国成立初，家禽发展很快。农村几乎每家都饲养几只鸡鸭，多者十多只，少者也有三五只，而且每家都留有一只红毛大公鸡做种，自家母鸡生蛋自己孵小鸡，一年之中孵三次，春季一次，秋季一次，秋季孵出的小鸡称八月桂花鸡，待桂花鸡养到年边有0.5～0.75公斤，可作为补品，俗称“斤鸡四两鳖”，桂花鸡最好。饲养的鸭有蛋鸭和肉鸭两种。蛋鸭以绍兴麻鸭为主，肉鸭以黄婆鸭、北京鸭、杂交鸭及卵肉兼用的番鸭为主。历来农家中有俗称“赶大伙鸭”者，即将鸭群在稻田、溪坑等处放牧，以鱼虾蛙虫等为食。50年代后期，禁止鸭群进入水田、鱼塘等处，养鸭户被迫停养。80年代，养鸭业再度兴起。随着农民增收渠道的增多，规模养蛋鸭户逐年减少，但养殖户的生产规模却不断增大，单产也有所提高。从上海引进樱桃谷鸭及狄高鸭。樱桃谷鸭系英国著名良种肉用鸭，具有适应性强、生长快、体型大、饲料报酬高、肉质好的优点。1990年，推广北京1系、TD系瘦肉鸭，并改进狄高鸭、樱桃谷鸭饲养方法，提高肉鸭瘦肉率。之后，区内养鸭户根据市场需求变化，不时引进半番鸭（骡鸭）、樱麻杂交肉鸭、北京鸭、白番鸭等肉鸭品种。仍以绍兴麻鸭和杂交鸭为主，其中雌性绍兴麻鸭，农户一般饲养70～80天后，作为青年鸭售给蛋鸭养殖户用于产蛋；雄性绍兴麻鸭，一般农户饲养70天左右后用于食用；其他肉鸭一般饲养60天后即可上市销售。2005年7月，区政府全面实施苕溪干流两侧1000米、南中北苕溪两侧各200米范围内的鸭群禁养。1984年，五常共有家禽25450羽。1996年后，农民发展家禽的积极性提高，加上农业部门扶持，初步形成专业生产与家庭副业经营相结合的新型体制，家禽生产呈现逐年上升的发展势头，1996年，五常共有家禽1.4万羽。1998年，五常家禽饲养7万羽，规模以上养殖场逐渐增多。2002年，杭州绿野珍禽养殖公司引进绿头鸭种鸭1000羽，出栏3万羽，年产值84万元，公司被评为区级“十佳养殖”企业。2003年位于西坝村的杭州绿野珍禽养殖公司发生死鸭事件，省、市专家鉴定确诊为“Q”病，扑杀活鸭6.7万羽，销毁种蛋1.7万枚，并对鸭场进行全面隔离消毒，确保病菌不扩散。

若干年五常境内禽畜业饲养数量情况表

表4－1－14

年份	生猪	羊	牛	年终兔实有数	家禽
	全年饲养量合计（头）	全年饲养量（头）	年终存栏数（头）	总数（只）	全年饲养总数（羽）
1977	8321	3910	11	15	—
1978	10196	3707	11	15	—
1979	13832	4563	10	—	—
1980	15271	4857	10	70	—

续表 4－1－14

年份	生猪	羊	牛	年终兔实有数	家禽
	全年饲养量合计（头）	全年饲养量（头）	年终存栏数（头）	总数（只）	全年饲养总数（羽）
1981	14394	4957	10	—	—
1982	12937	4807	5	60	—
1983	12040	4559	3	70	—
1984	9977	4433	—	275	25450
1985	10776	4179	2	1344	17219
1986	61664	2796	1	1853	18376
1989	9708	21673	—	810	28883
1995	8352	1003	1	200	2.65
1996	5957	692	—	30	1.4
1997	1685	689	1	—	5
1998	1366	670	—	—	7

若干年五常境内养猪场数量情况表

表 4－1－15　　单位：个

年份	人民公社办	生产大队办	生产队办
1977	1	11	70
1978	1	8	70
1979	1	8	67
1980	1	10	48
1981	1	6	16

二、水产

五常素有“活鱼库”之称，境内养鱼面积6000余亩。60年代后期，五常等地首创双季塘养鱼，继而发展为一年多次轮捕轮放。1958年，五常推广稻田养鱼。1975年余杭县投资500元，从九堡采购鳗苗10公斤、3万多尾，由五常乡鱼种场养殖2年，尾重200～250克，出口日本。

1981年，五常人民公社成立池塘养鱼高产试验协作组，由公社朱金荣担任副主任，落实高产试验塘，设立相应的考核指标。1984年，五常、蒋村（今属西湖区）、和睦（今属闲林街道）、东塘（今属仁和街道）、塘栖等7个乡镇1958口塘6673.64亩（445公顷），获平均亩产成鱼330.64公斤大面积高产。

1994年五常乡按市场需求，调整水产养殖结构，全乡放养583.99万尾鱼苗，中高档鱼占60%以上，增加异育银鲫、彭泽鲫、黑鱼、罗非鱼等名特优品种，发展了人工养鳖，开发名特优水产品。1994年五常乡鲜鱼起水量2300多吨。

1995年全乡有鱼塘4243亩，全年鲜鱼起水量2525.5吨。其中，特种水产养殖发展迅速，有4家集体企业、24家个体养殖户开始工厂化养鳖，做到培育饲养一条龙。全年出售商品鳖12吨，特种水产的养殖收入达到380万元。全乡水产业收入占农业总收入的50%以上。

捕鱼场景（20世纪70年代）　　（沈根松提供）

1999年5月5日，五常水产业引进了高档水产新品种——巴西鲷。针对市场的变化，乡农办在做好常规服务的前提下，积极指导农户开拓新的养殖途径，以发挥近郊的渔业优势，提高养殖效益。又开展青虾养殖、黑鱼养殖。在引进巴西鲷养殖的同时，乡农办组织有关养殖户到湖州取经，学习黄鳝养殖技术，开展黄鳝养殖。

2001年1月，随着科学养鱼的普及，养鱼户春放鱼种改为了冬放鱼种，以提高鱼苗的成活率。到2月初，五常乡的养鱼户可完成鱼苗放养，比以往提前一个月左右。五常乡“三高”渔业示范园区规划500亩，分两期建成。放养龙门红鲤、细鳞白鲳、生态鳖、青虾等高档鱼种，每亩利润在5000元以上。起水量在2900吨左右，产值7000余万元。2001年3月，五常乡对全乡八大圩区的水利设施进行全面“体检”，防患于未然，给养鱼人系上了“保险绳”。截至2002年7月，五常有鱼塘4000余亩，除了一部分养高档鱼外，大多鱼塘以养草、鳊、鲢、鲫“四大家鱼”为主。草鱼是一种以食草为主的鱼种，一尾成鱼一天要吃掉1.5～2.5公斤青草。2004年3月五常滕兴养殖场会员滕善林不仅给予技术上的支持，还予以种鳖上的帮助。据该会14名会员、12个种养业的统计，2003年合计产值319.9万元，获利84.27万元；户均收入6万余元。依靠科技致富，而且还带动了周围农民362户，实现农业总产值2876万元。

五常经济开发区西坝村有鱼塘600多亩，2001年西坝村投入资金100万元，对100亩连片鱼塘边进行修路、浇筑垂钓平台、搭建八角亭子、建造饭店和茶室，建造观光休闲鱼场，放养银鲫、红鲤、甲鱼等高档鱼，划分四大块，即生态水产养殖区、农业种植区、自然观光区、村庄规划完善基础设施区，把养鱼和观鱼、钓鱼、吃鱼融为一体，以吸引杭州城区人到西坝村来休闲度假。2002年，五常获余杭区2001年度农业丰收奖——水产养殖奖。2003年，五常获余杭区2002年度农业丰收专业先进奖——水产产业奖。2004年，五常经济开发区西坝生态园与浙江爱利康生态农业发展有限公司合作开发了“柿叶茶”，并开始上柜试销。2006年，余杭区五常管委会的“开发加工西坝淡水鱼系列产品项目”向余杭农业局申报第二批区级农业产业化项目。

1977—1985 年五常渔业发展情况表

表 4－1－16

年份	全年实际起水量（吨）	鱼种塘		渔业劳动力（人）		
		面积（市亩）	鱼种生产量（万尾）	总劳动力	专业	养殖
1977	12165	166	56	569	206	83
1978	12546	413	249	608	249	80
1979	14046	488	762	546	244	247
1980	15792	584	595	613	351	51
1981	18141	468	826	638	379	259
1982	21458	553	195	681	468	213
1983	19782	332	174	503	302	60
1984	24386	356	414	814	312	138
1985	30756	251	234	774	232	157

1977—1985 年五常渔业放养面积情况表

表 4－1－17　　单位：亩

年份	放养面积		
	合计	内塘	外荡
1977	6138	4978	1220
1978	6005	4798	1207
1979	5809	4582	1227
1980	5809	4589	1220
1981	5934	4707	1227
1982	5784	4564	1220
1983	5810	4590	1220
1984	5046	4546	500
1985	5046	4546	500

淡水鱼　五常养鱼历史悠久，水资源丰富，是杭州市最大的淡水鱼基地。1958 年 8 月，五常、丁河、蒋村等 12 个乡 83 个高级农业生产合作社，在丁河乡设立了鱼种场，开始孵化鲫鱼、鲢鱼苗。1961 年设立五常人民公社鱼种场，繁育鱼苗供应各生产队。1968 年，五常人民公社鱼种场从浙江淡水研究所引进团头鲂亲鱼 50 尾，次年 5 月人工孵化育苗 50 万尾，成为全县重要养殖鱼类之一。1974 年，全社合计放养各类鱼秧 64 万尾。

1974 年五常人民公社放养鱼秧情况表

表 4－1－18

大队	花连（尾）	白连（尾）	草鱼（公斤）	鳊鱼（尾）	其他（尾）
合计	157550	322730	1555.5	104830	63420
荆山	2160	5040	525	1000	550
联胜	12560	6780	240	2910	2910
红星	9730	20770	250	3710	2090
西坝	10640	21400	525	11950	3220
东方红	10490	14380	400	2960	4800
东风	6300	16800	255	4800	5700
友谊	16780	35760	570	13000	7700
民丰	16600	34200	685	8600	7700
源谊	22000	49100	900	22300	10800
红卫	10490	21600	1000	5600	4200
胜利	6200	13800	500	3300	3300
红旗	10800	24500	1005	7300	4800
前进	8900	20000	—	6400	—
跃进	8600	21400	1500	5100	2050
先锋	5300	17200	1700	5900	3600

1984 年，五常乡农业办公室引进新技术，投资 24 万元，建造了一只 446 平方米的罗非鱼越冬池，当年罗非鱼越冬成功，进一步扩大规模，1991 年，又投入资金 3 万元，扩大越冬面积 80 平方米，1984 年越冬鱼苗 138 万尾及亲鱼 9024 尾，友谊村不断改进养鱼方法，采取轮捕轮放的科学养鱼方式，在全县得到推广。1984 年全乡精养塘达 128.8 公顷，亩产 320.35 公斤。1995 年五常乡有内塘 4600 余亩，外塘 1500 余亩年产鲜鱼 2522 吨，是杭州市的活鱼库。

1998 年引进龙门红鲤，并注册了商标。2001 年五常乡的鲤鱼返销户们架网箱、搭竹棚，开秤收购鲤鱼，境内年产鲤鱼 20 余万公斤，专门销往山东、福建等地，如顾家桥村蒋忠坤经过推销，已形成了市场网络，每年推销鲤鱼在 15 万公斤左右。白庙村王阿毛等返销户年销售量也有 10 万公斤。由于返销户架起流通渠道，使五常的养鱼户也得到实惠，2001 年的鲤鱼收购价每公斤超过了 5 元，周边乡镇的鲤鱼养殖户也赶到五常收购点销售，2001 年左右每年从五常“游”出的鲤鱼有 40 万公斤，鱼种需求量都在 500 万尾左右。随着科学养鱼的普及，养鱼户春放鱼种改为了冬放鱼种，以提高鱼苗的成活率，五常乡每天有三四百户养鱼户到鱼苗市场选购鱼种，草鱼、鲫鱼等中档鱼苗。五常乡西坝、顾家桥村建成 500 亩渔业示范园区成功改善鱼塘基础设施，帮助农民增产增收。

若干年五常乡休闲渔业生产情况表

表 4－1－19

年份			1978	1979	1980	1981	1982	1983	1984	1985	1986	1989
休闲渔业生产情况	全年实际起水量（万尾）		12546	14046	15792	18141	21458	19782	24386	30756	33299	18727
	鱼种塘	面积（市亩）	413	488	584	468	553	332	356	251	399	19477
		鱼种产量（万尾）	249	762	595	826	195	174	414	234	4143	—
	珍珠产量（公斤）		—	7	9	7.75	—	12	22.5	8.5	56.5	12.5

牛蛙　五常滕兴养殖场会员郑炳乾，靠 15 元钱、卖 10 对牛蛙起家，现在已发展成家庭牛蛙养殖场，牛蛙种苗远销外地。2002 年，江苏、金华等地客户要求提供400 万蛙苗，但由于养殖规模小，他只能提供其中 5% 的数量。他怕长期下去会失去市场，于是要求研究会给予会诊。几名会员来到他家后，分析出 3 条原因，并提出 3 个解决办法，终于缓解了供需矛盾。据该会 14 名会员、12 个种养业的统计，2003 年合计产值 319.9 万元，获利 84.27 万元；户均收入 6 万余元。他们不仅依靠科技致富，而且还带动了周围农民 362 户，实现农业总产值 2876 万元。

甲鱼　90 年代，五常乡引进了甲鱼人工养殖后，到今年已发展集体、个人养殖户 21 家，用于甲鱼养殖的投资已超过百万元，其中水产良种场商品鳖逾万只。

五常乡水产良种场是杭州地区十大鱼种繁殖场之一，1994 年该场拥有池塘 100 多亩，固定资产 1300 万元。并投资 80 多万元，开发中华鳖的养殖、繁殖获得成功，年初已产生经济效益。到 1995 年底，可自繁幼鳖 4 万只。

1991 年南河头村村民滕善林，在乡农办、杭州市水产研究所技术人员的帮助指导下，1991 年投入资金 3.7 万元，在家门口挖建了 280 平方米的养鳖池，饲养幼鳖 1000 余只，1992 年滕善林从苏州引种甲鱼 70 只，开始自己搞孵化，产幼鳖 1000 余只，在滕善林的影响下，当年养鳖户已达 6 户，同时还有 7 户从事河蟹养殖。

1993 年，金家塘村的陈玉连建起了甲鱼池，养甲鱼 297 只，1994 年养甲鱼 400 只，同时还养了种鳖 20 只，扩大规模，增加效益。

1996 年，余杭市农村科技示范户积极发展城郊型农业，并取得成果。五常乡南河头村庭院养鳖示范户滕善林，自建一座 285 平方米温室，亲鳖池 153 平方米，商品鳖池 150 平方米，1995 年产值达 40 万元。至 2002 年年末，五常养鳖户 200 余家。在养鳖生产过程中，农办提倡养殖生态鳖，也就是养 2～3 年期的生态鳖。由于包装别致，生态鳖每只重在 500～600 克，适应市场的需要。

2002 年，五常经济开发区管委会制订农业发展计划，鼓励健全五常养鳖协会优化组织网络，健全协会注册和登记，注册甲鱼品牌商标，扩大五常甲鱼的品牌知名度，提升已成体系的五常甲鱼的产品销路和产品附加值。

2007 年，五常街道文一村养殖户滕善林用 20 多亩养殖面积，养殖 2 万多只甲鱼，当年销售量达 7500 公斤，平均售价 20 元/公斤，创收 10 多万元。

第五节　现代农业

一、概况

五常街道现代农业起步早，1989 年，余杭团县委、县科学技术委员会、县乡镇企业管理局联合组织开展“青年星火带头人”活动，培养一批适应现代化农业所需的科技和发展农村规模经济的带头人。

2001 年五常开发区农业以生态效益型农业为龙头，以西坝村为主的休闲生态农业一期垂钓休闲区完成。同年开发区管委会决定建立“三高”（高产、高效、高档水产品）渔业示范园区，对顾家桥村、西坝村部分鱼塘进行改造。首期改造于 1 月 18 日动工，改造标准鱼塘 11. 4 公顷，总投资 100. 7 万元，并通过区有关部门的验收。在鱼塘“三高”建设的同时，西坝村充分发挥和利用本村的地理优势，开辟西坝生态村建设。一期工程计划 13. 33 公顷，主要为杭城居民提供休闲场所，6. 67 公顷鱼塘为垂钓区，6. 67 公顷为休闲区。在休闲区内设立以水为主的休闲活动。总投资为 100 万元，当年接待游客 3000 余人次，实现产值 30 万元，使生态、观光、休闲农业崭露头角。

2004 年，五常开发区在荆丰村建设湿地休闲观光农业园，并列入区级休闲观光农业园区建设项目。建设业主为浙江爱利康生态农业发展有限公司。项目首期开发 400 亩，总投资 1000 万元，建设时间为 1 年。

2007 年 1 月，五常管委会下辖 7 个村，已全部完成股份合作制改革。股份合作制改革给转移农民、提高农民、富裕农民提供了平台。五常有本地人 1. 68 万人，其中 5500 余人不再“种田养鱼”，而“转移”到工业或现代农业旅游业上。据统计，2006 年，五常农民人均纯收入达 13874 元，比上年增长 25. 8%，又创历史新高。

2018 年，随着荆山社区最后一块农业耕地被成功拍卖，五常街道的农作物也随之消失。

二、现代农业企业

杭州森邦农业观光有限公司　该公司成立于 2007 年 7 月，位于五常街道文一社区十八组滕家阁，地处杭州西溪湿地边，集餐饮、水产养殖、葡萄生产示范、繁育推广于一体的农业观光园。占地面积 150 余亩（10 公顷），企业总资产 500 余万元。园内有集养殖（甲鱼生态养殖）、餐饮（农家特色餐）、垂钓、棋牌于一体的娱乐服务。2008 年被浙江省农业厅命名为葡萄新品种示范推广繁育基地，2009 年被浙江省农业厅命名为早熟梨新品种示范推广繁育基地。

杭州五常西溪生态农业开发有限公司　该公司成立于 2003 年 4 月 24 日，位于余杭区五常横家桥村。经营范围包括初级食用农产品（除食品、药品）销售，树木种植，绿化工程施工，水产养殖，农业休闲观光。

杭州太美生态农业有限公司　该公司成立于 2010 年 6 月 3 日，位于杭州市余杭区五常街道丰岭路 25 号。经营范围包括农业技术开发，农业休闲观光，成年人非证书高尔夫技能培训；蔬菜、水果种植及销售。

浙江升韵生态农业开发有限公司　该公司成立于2017年12月6日，位于浙江省杭州市余杭区五常街道溪望路1号208室。经营范围包括生态农业开发，生态农业观光服务，园林绿化工程规划、设计、施工；房地产开发；养老服务。

杭州达峰生态农业科技有限公司　该公司成立于2018年9月4日，位于浙江省杭州市余杭区五常街道五常大道158号1幢818室。经营范围包括林业技术、农业技术的技术研发，成果转让。

浙江绿香源生态农业开发有限公司　该公司成立于2019年8月14日，位于为浙江省杭州市余杭区五常街道瑞谷中心2幢508室。经营范围包括农业技术开发，农业休闲观光，成年人非证书高尔夫技能培训；蔬菜、水果种植及销售。

杭州市余杭区五常街道洪阮农业园　该公司成立于2020年3月23日，位于五常街道西溪泊岸中心3幢803室-5，经营范围包括农业园艺服务；农村民间工艺及制品、休闲农业和乡村旅游资源的开发经营；休闲观光活动；牲畜销售；畜牧渔业饲料销售；水果种植；花卉种植；蔬菜种植；园艺产品种植；组织文化艺术交流活动。

杭州元野农业科技有限公司　该公司成立于2016年8月22日，位于杭州市余杭区五常街道盛奥铭座11幢611室。经营范围包括农业技术和园林技术的技术开发、技术服务，技术咨询、技术转让；瓜果蔬菜、农作物的种植及销售；销售预包装食品（不含冷藏冷冻食品）、鲜活水产品、水果、初级食用农产品（除食品药品）。

小院有田（浙江）智慧农业有限公司余杭分公司　该公司成立于2019年12月30日，位于浙江省杭州市余杭区五常街道荆长大道516号2幢102室。经营范围包括食品经营；零售（含网上销售），初级食用农产品（除药品）、日用百货；农业技术、网络技术、信息技术的技术开发、技术服务、技术咨询、技术转让；农业观光服务。

杭州耘农农业科技有限公司　该公司于2019年6月18日，位于浙江省杭州市余杭区五常街道向往街368号1号楼709。主要经营农作物种植；农业技术、农作物种苗培育技术、农业技术、种子苗木培育技术、种植技术；农业休闲观光，农业开发，垂钓，绿化工程施工、养护；养殖、销售家禽、淡水产；销售饲料、化肥（除危险化学品及易制毒化学品）、树木、水果、蔬菜、初级食用农产品（除食品、药品）。

第二章 工　　业

五常在明代中期就有手工作坊，随着经济的发展，各种与人们生活、劳动密切相关的手工业随之兴起，大致可分为农产品初加工和器具修理两大类。前者主要有手工制丝绵、棉花纺织、织麻布和酒作坊、豆制品作坊等，后者以大木匠、小木匠、船木匠为主体，其他也有铁作、篾作、石作、箍桶作。在当时自给自足的小农经济时代，农民自己手工制作的蚕丝绵、麻布、米酒等除自己食用外，也用于出售和交换。木制船则是当时最主要的交通工具，其制造和维修业的崛起，也促进了交通运输业的发展。在以农家自然肥为主的年代，捻河泥是最主要的积肥手段，五常一带也生产“捻竿”。

中华人民共和国成立后，五常也恢复了生机，但仍保持传统的格局，至20世纪60年代，才出现工业的雏形。以石料、水泥和水泥预制品为主的建材业曾经是五常工业的第一主导产业。1963年，五常出现第一家采石单位——五常荆山石矿。1976年，创办五常水泥厂和五常水泥二厂，所生产的水泥大量销往杭州及周边地区，乡村企业有水泥厂、电子元件厂、五金仪表备件厂、建筑队等53家、职工3806人。

1979年起，随着改革开放的深入，乡镇工业异军突起，个体和私营工业迅速发展。逐步构成、乡镇集体工业、个体私营工业、外商投资工业并存的多元化经济结构。1985年全乡总产值2446万元，其中乡村企业总产值1875万元。2000年，五常调整优化工业产业结构，呈现出小五金、印刷、建材、汽车制造及仪器仪表配件加工等五大产业齐头并进的产业格局。

五常先后坚持“城郊型工业”“工业三步跃出低谷”“建设经济开发区”“科技五常”“创客模式”等战略发展目标。2010年，工业总产值突破100亿元大关，完成100.67亿元，同比增长9.2%。其中，规模以上工业企业88.71亿元，占全部工业企业的88.12%；规模以上工业企业利润1.14亿元，同比增长62.85%。2016年工业总产值完成81.25亿元，同比增长5.2%，其中规模以上工业企业43.95亿元，占全部工业企业的54.09%。2019年，规模工业增加值13.26亿元。是年，在建产业项目15个，完成投资20.86亿元，其中上海泰腾、宝嘉乐项目竣工。开展亩产效益综合评价，淘汰落后产能，开展“低散乱”企业（作坊）淘汰整治，取缔企业5家，整改提升7家，淘汰落后产能企业（生产线）3家，查处“企改租”21家，注销“僵尸企业”93家，推进威仑（杭州）实业有限公司厂区改造项目，全年完成旧厂房改造1.5万余平方米，新增可利用产业空间10万平方米。全年新增国家高新技术企业112家，省科技型中小企业申报104家，省级研发中心申报26家；完成专利申请1541件，上市培育企业1家，上市公司股权分置改革1家。

第一节　经济成分

一、个体私营工业

2000年，五常乡家豪五金工具有限公司、华丰通信器材有限公司等一批私营企业，利用多年来的自身积累，纷纷投入再发展，在2000年17个工业投入项目中，私营企业投入项目占六成，成为全乡经济发展新的增长点。

荆山村内共有8个盈利企业，营业收入达到557万元，营业税金及附加实现13.15万元，应交增值税10.65万元，利润总额达到3.58万元，资产总计458万元。

顾家桥村内私营企业共有16家，包含其中塑料制品业1家、金属制品业1家、其他工业14家。塑料制品业营业收入实现120万元，利润总额5万元，劳动者报酬8万元，资产总计达到230万元。金属制品业营业收入实现130万元，利润总额5万元，劳动者报酬10万元，资产总计达到250万元。其余14家其他工业企业营业收入达到1246万元，利润总额实现51万元，劳动者报酬123.2万元，资产总计2776万元。

横板桥村内私有盈利企业共有17家，其中包含建材工业3家、食品工业1家、医药化学工业2家、塑料制品业1家、机械工业6家、电气电子工业1家、其他工业3家。建材工业，营业收入290万元，利润总额20.5万元，劳动者报酬32万元，资产总计888万元。食品工业营业收入85万元，利润总额4.5万元，劳动者报酬8万元，资产总计200万元。医药化学工业营业收入117.7万元，劳动者报酬4万元，资产总计110万元。塑料制品业营业收入75万元，利润总额9万元，劳动者报酬12万元，资产总计100万元。机械工业营业收入412万元，利润总额30万元，劳动者报酬57万元，资产总计1150万元。电气电子工业营业收入40万元，利润总额2万元，劳动者报酬4万元，资产总计500万元。其他工业营业收入149万元，利润总额11.5万元，劳动者报酬27万元，资产总计630万元。在横板桥村工业品类中，机械工业、建材工业所获取利润最高，资产总额也最高。

2005年荆山村、顾家桥村、横板桥村私有企业主要经济指标一览表

表4-2-1

项目	盈利企业（个）	营业收入（万元）	营业税金及附加（万元）	应缴增值税（万元）	利润总额（万元）	盈利企业利润（万元）	应缴所得税（万元）	实缴税金（万元）	资产总计（万元）	增加值（万元）	劳动者报酬（万元）
其他工业	8	557	13.15	10.65	3.58	—	—	23.8	458	91.5	—
合计	16	1496	30	44.8	61	61	15	89.8	3256	277	141.2
其中，工业	16	1496	30	44.8	61	61	15	89.8	3256	277	141.2
塑料制品业	1	120	2.4	3.6	5	5	1.2	7.2	230	19	8
金属制品业	1	130	2.6	3.6	5	5	1.3	7.5	250	21.2	10

续表 4－2－1

项目	盈利企业（个）	营业收入（万元）	营业税金及附加（万元）	应缴增值税（万元）	利润总额（万元）	盈利企业利润（万元）	应缴所得税（万元）	实缴税金（万元）	资产总计（万元）	增加值（万元）	劳动者报酬（万元）
其他工业	14	1246	25	37.6	51	51	12.5	75.1	2776	236.8	123.2
合计	17	1168	18	35	76	—	—	53	3578	189	144
建材工业	3	290	6	5	20.5	—	—	11	888	40	32
食品工业	1	85	—	3	4.5	—	—	4	200	15	8
医药、化学工业	2	117.7	—	0.7	－1	—	—	0.7	110	12	4
塑料制品业	1	75	2	4	9	—	—	6	100	11	12
机械工业	6	412	5	16	30	—	—	21	1150	77	57
电气、电子工业	1	40	1	1	2	—	—	2	500	7	4
其他工业	3	149	3	5	11.5	—	—	8	630	27	27

二、集体工业

乡镇集体工业企业 乡镇集体工业企业（1984年前称社队工业企业）始于20世纪50年代。1958年，在人民公社大办工业运动。70年代初期，根据生产发展和群众生活需要，社队又筹集资金，开办黄石料小型简单加工企业，安排富余劳力，增加社队收入。1970年，五常乡办起了第一家乡办企业——五常石料厂，解决了兴修水利、修桥铺路、农户建房的石料。随着乡镇企业的蓬勃发展，和本地靠近杭州市区的地理优势，五常乡把发展建材业列入重点发展项目。

1976年，五常乡办起了五常水泥厂，新办企业缺乏技术、管理经验，生产的产品质量低、成本高、效益差，根据这一情况，五常乡积极起用能人，使五常水泥厂得到稳步发展。在1978年以后，国家和地方政府制定了一系列政策措施，鼓励和扶持乡镇工业发展。1978年，五常乡乡镇集体工业企业工业生产总值为143.58万元，包含了社办、建筑队、油脂综合化和石矿。1979年，五常乡乡镇集体工业企业工业生产总值为158.16万元，增加了水泥厂和农机厂。

乡镇工业企业 20世纪80年代，在改革开放方针指引下，乡镇企业解放思想，异军突起。1980年，五常乡乡镇工业企业工业生产总值为250.38万元，比上年同期增长了58.3%，增加了知青绸厂与酒厂。1981年，五常乡增加了手制坊和电子元件厂，工业生产总值超过300万元，为331.37万元。1982年，乡镇工业企业工业生产总值为386.98万元。1983年，农村实行家庭联产承包责任制后，改变原来企业人员“劳动在厂、分配回队、厂队结算、适当补贴”的分配方式，工厂成为独立核算单位，工人每月直接领取工资，极大地调动职工积极性。加上不少农村干部派往企业加强领导，大批剩余劳动力充实到工厂。1983年，五常乡建设水泥二厂，新建印刷厂，五常乡乡镇工业企业工业生产总值跃升进入500万元，总计为538.89万元，乡镇工业总产值比上年增长了39.26%。1984年更是高达732.54

万元，1985 年五常乡乡镇工业企业工业生产总值为 738.1 万元，呈现稳步上升态势。到 1988 年，村以上乡镇企业达到 60 家，乡镇工业企业工业生产总产值为 6968.55 万元。

1989 年，市场疲软，资金紧缺，直接影响乡镇工业产值占比较高的水泥生产、仪表配件、铝材建材等行业。各乡镇工业企业努力建设管理、财会、技术、供销 4 支队伍，发扬想尽千方百计、走尽千山万水、说尽千言万语、吃尽千辛万苦的“四千”精神，在国家优惠政策扶持下，渡过难关，发展壮大。1991 年，共计保留 18 个村办企业，其工业生产总值为 662.18 万元，生产和经济效益逐步回升，但工业利润有所下降。

1996 年后，随着产权制度改革的不断推进，个体、私营工业发展加快，集体工业的比重逐年下降。至 2000 年底，五常近 99% 的村办集体工业企业完成转制工作，成为股份制企业和私营企业。

五常乡工业总产值一览表

表 4-2-2　　单位：万元

时间	单位名称	工业总产值	
		按不变价格计算	按现行不变价格计算
1978 年度	社办	—	109.65
	建筑队	—	20.47
	油脂综合化	—	7.48
	石矿	—	5.98
	总计	—	143.58
1979 年度	水泥厂	—	80.93
	建筑队	—	27
	综合社	—	16.23
	农机厂	—	34
	总计	—	158.16
1980 年度	水泥厂	—	134
	农机厂	—	51
	建筑队	—	40
	知青绸厂	—	9.98
	酒厂	—	15.4
	总计	—	250.38
1981 年度	水泥厂、手制坊	154.66	150.49
	农机厂	80.9	—
	建筑队	28.25	—
	知青绸厂	23.66	—
	酒厂	8.4	—
	电子元件厂	24	—

续表 4-2-2

时间	单位名称	工业总产值	
		按不变价格计算	按现行不变价格计算
1981 年度	经理部	11.5	—
	总计	331.37	150.49
1982 年度	水泥厂	105.87	—
	农机厂	116.84	—
	建筑队	58.77	—
	绸厂	29.01	—
	酒厂	11.08	—
	元件厂	12.16	—
	经理部	28.44	—
	水泥一分厂	24.81	—
	总计	386.98	—
1983 年度	水泥厂	162.47	—
	水泥二厂	70.8	—
	农机厂	154.4	—
	知青绸厂	29.9	—
	预制厂	29.1	—
	建筑队	30.1	—
	印刷厂	8.99	—
	元件厂	17	—
	联开石械厂	37.4	—
	总计	538.89	—
1984 年	水泥厂	176.36	235.24
	水泥二厂	101.88	97.98
	农机厂	232.6	232.6
	建筑队	61.8	61.8
	预制坊	29.42	29.42
	绸厂	28.86	26.7
	元件厂	16.16	16.16
	印刷厂	331.37	150.49
	经理部	37.6	37.6
	电四厂	12.7	12.7
	联办矿	10.65	10.65
	总计	732.54	785.36

续表 4－2－2

时间	单位名称	工业总产值	
		按不变价格计算	按现行不变价格计算
1985 年	水泥厂	164. 56	309. 4
	水泥二厂	74. 74	134. 94
	农机厂	219	219
	建筑队	74	74
	预制坊	45. 26	36. 04
	绸厂	18. 78	22. 81
	元件厂	30	30
	印刷厂	46. 89	46. 89
	经理部	6. 9	6. 9
	电四厂	27. 5	30
	联办矿	13	11. 41
	配电屏厂	17. 47	17. 47
	总计	738. 1	938. 86
1987 年度	水泥厂	296. 07	—
	水泥二厂	120. 44	—
	仪表配件五金厂	220. 14	—
	水泥预制厂	31. 96	—
	绸厂	18. 76	—
	电子元件厂	7. 2	—
	印刷厂	48. 52	—
	五金电器厂	12	—
	联办石料厂	18. 18	—
	蜡线厂	0. 9	—
	编织厂	553. 72	—
	铝材厂	752. 55	—
	纸品厂	57. 55	—
	纺织厂	19. 03	—
	化妆品厂	4. 85	—
	家用电器厂	135. 2	—
	合计	2297. 07	—
1988 年度	水泥厂	298. 98	—
	水泥二厂	71. 83	—
	仪表配件厂	187. 00	—

续表 4－2－2

时间	单位名称	工业总产值	
		按不变价格计算	按现行不变价格计算
1988 年度	水泥预制厂	35.13	—
	绸厂	—	—
	电子元件厂	7.90	—
	印刷厂	46.05	—
	金屡压铸厂	34.50	—
	编织厂	251.25	—
	铝材厂	620.97	—
	纸品厂	68.72	—
	纺织厂	3.01	—
	家用电器厂	270.00	—
	冲压件厂	129.50	—
	铝制品厂	75.00	—
	铰链厂	22.04	—
	喷泉设备厂	14.56	—
	制冷设备配件厂	151.18	—
	羊毛衫厂	4.57	—
	合计	2292.19	—
	共 60 个村办企业	—	—
	总计	6968.55	6950.53
1990 年	水泥厂	226.19	—
	西子水泥厂	131.11	—
	仪表配件厂	261.00	—
	水泥预制厂	42.71	—
	电子元件厂	13.79	—
	印刷厂	33.67	—
	铝材厂	881.94	—
	纸品厂	57.50	—
	冲压件厂	200.00	—
	钣金厂	25.00	—
	塑胶厂	72.19	—
	喷泉设备厂	6.92	—
	预制厂	10.78	—
	合计	1962.8	—

续表 4－2－2

时间	单位名称	工业总产值	
		按不变价格计算	按现行不变价格计算
1991 年	共 15 个企业	—	—
	总计	3524.02	3707.31
	18 个村办企业	—	—
	总计	662.18	628.11
1992 年	建筑队	—	—
	铝材厂	—	—
	水泥厂	—	—
	五常纸品厂	—	—
	印刷厂	—	—
	塑料橡胶厂	—	—
	荆山水泥厂	—	—
	西子水泥厂	—	—
	水泥预制厂	—	—
	仪表配件五金厂	—	—
	电子元件厂	—	—
	铝材厂	—	—
	冲压件厂	—	—
	总计	4245.64	4568.54
1994 年	共 53 个企业	—	—
	合计	9087	9671
1996 年度	浙江省荆山水泥厂	—	—
	杭州余杭市西子水泥总厂	—	—
	杭州余杭市西子水泥二厂	—	—
	余杭市三墩黄泥乌水泥预制厂	—	—
	余杭市五常水泥预制厂	—	—
	余杭市西子混凝土有限公司	—	—
	杭州荆岭仪表配件厂	—	—
	余杭市荆岭通信配件厂	—	—
	杭州余杭市振华仪表配件厂	—	—
	余杭市五常纸品厂	—	—
	浙江省荆山水泥厂建筑外加剂厂	—	—
	余杭市铝材厂	—	—
	合计	—	—

续表4－2－2

时间	单位名称	工业总产值	
		按不变价格计算	按现行不变价格计算
1997年度	荆山水泥厂	1805.87	—
	西子水泥总厂	937.53	—
	西子水泥二厂	155.68	—
	黄泥坞预制坊	10.5	—
	水泥预制厂	9.63	—
	混凝土公司	923.72	—
	建筑外加剂厂	304.6	—
	仪表配件五金厂	150	—
	铝制品厂	42	—
	铝材厂	785	—
	冲压件厂	335	—
	通纹配件厂	1557	—
	振华仪表厂	119.87	—
	兰地制灯厂	329	—
	纸品厂	556.21	—
	中意控制设备厂	167.6	—
	合计	8189.21	

1987—1998年集体工业主要财务指标情况表

表4－2－3 单位：万元

年份	单位名称	销售收入	销售成本	销售利润	利润总额	年底固定资产原值	年底固定资产净值	年末流动资金总额
1987	五常乡办企业20厂	1733.75	85.96	1577.42	97.37	1382.51	1073.01	973.44
1988	五常乡办企业59厂	6890.59	249.62	6066.97	582.06	791.96	598.19	1743.79
	五常乡办企业22厂	2324.65	238.08	2174.35	45.66	1526	1101.41	—
1996	五常乡乡办企业	8209	104	7239	-62	6757	4646	4821
	五常乡村办企业	5588	55	4859	-5	2164	1314	3073
1998	五常乡村集体企业	—	—	—	—	7598	4673	7392

2000年，五常乡各村工业产值计划20500万元，合计完成21424万元，超额完成五常乡的工业产值计划。

通过对五常乡2000年度各村经济上台阶活动进行评分，将16个村分为三个组别，顾家桥村、横板桥村、邱桥村分别以243分、197分、105分列三个组别第一名。

2000年度五常乡各村经济上台阶活动评分表一览

表4－2－4　　单位：万元

组别	村名	产值	得分	销售	得分	利润	得分	可用资金	得分	安全生产	工业投入	总分	名次
A	顾家桥	5336	55	5692	75	58	18	47	29	6	60	243	1
A	白庙	3860	62	2352	45	78	45	48.35	13	6	—	171	3
A	友谊	3791	28	1706	33	33	39	118.53	60	6	52	218	2
A	西坝	1633	35	1416	39	31	24	28.12	23	6	2	129	4
A	源谊	1427	25	905	22	6.5	20	29	20	6	—	93	5
B	横板桥	5510	64	1304	33	9	59	36	15	6	20	197	1
B	油车斗	1600	34	1000	33	12	17	15	14	6	17	122	3
B	天竺桥	1264	29	1113	33	104	58	5.14	10	6	—	136	2
B	横家桥	828	25	645	27	10	20	21.86	29	6	20	107	5
B	断桥	542	24	551	25	12	10	28	27	6	—	112	4
C	邱桥	1452	36	600	27	15	9	12.8	27	6	—	105	1
C	金家塘	781	27	566	28	3	14	8.03	20	6	—	95	3
C	木桥	432	24	350	27	2	19	3.39	14	6	—	90	5
C	南河头	2400	26	1700	14	20	29	8.92	21	6	—	96	2
C	荆山	599	27	598	30	14	21	39	0	4	4	86	6
C	范家村	100	26	90	28	2	10	0.4	13	6	—	93	4

第二节　工业门类

旧时，五常仅有为数不多农产品初加工和器具修理手工业。20世纪90年代起，工业门类逐渐增加。2000年，五常乡下辖顾家桥、南河头、西坝、友谊、荆山等16个村，五常乡平均工业产值指标共20500万元，完成产值达到21424万元，超额完成4.5%。销售计划为12200万元，最终实现15401.6万元，超额完成26.24%。利润指标为190万元，最终实现351万元，获取利润多出85%。

超出五常乡平均工业产值指标有邱桥村、南河头村、源谊村、天竺桥村、西坝村、顾家桥村、金家塘村、友谊村、油车斗村。未能达到五常乡平均工业产值指标的有7个村，包括荆山村、断桥村、木桥村、范家村、白庙村、横板桥村、横家桥村。

2000 年五常乡各村工业指标完成情况表

表 4-2-5

序号	村名	产值			销售			利润			可用资金（万元）
		计划数（万元）	完成（万元）	比例（%）	计划数（万元）	完成（万元）	比例（%）	计划数（万元）	完成（万元）	比例（%）	
1	荆山	1100	598.5	54.4	600	598	99.9	10	14	140	39
2	横板桥	1600	1602	100	1100	1102	100	10	13	130	36
3	油车斗	1500	1580	105.3	800	1000	125	10	12	120	15
4	西坝	1500	1633	108.9	900	1416	157.3	25	31	124	28.12
5	天竺桥	1100	1264	114.9	700	1112.66	158.9	10	103.98	1039.8	5.14
6	顾家桥	2200	2350	106.8	1500	2150	143.3	35	24	68.6	47
7	友谊	500	530	106	450	450	100	5	5	100	118.53
8	白庙	3800	3860	102	1300	2352	180.9	20	78	390	48.35
9	源谊	1200	1427	118.9	900	905	100	5	6.5	130	29
10	断桥	1200	542	45.2	800	551	68.9	5	12	240	28
11	邱桥	900	1452	161.3	600	600	100	5	15	300	12.8
12	金家塘	600	641	106.8	350	380	108.6	5	3	60	8.03
13	横家桥	800	828	103.5	500	645	129	10	10	100	21.86
14	木桥	500	432	86.4	400	350	87.5	5	2	40	3.39
15	南河头	1800	2400	133.3	1200	1700	141.7	20	20	100	8.92
16	范家	200	100	50	100	90	90	10	2	20	0.4

2004 年，五常镇新口径工业总产值为 101357 万元，规模以上工业总产值 67143 万元，规模以下工业总产值 34214 万元。2004 年，五常工业区 21 家、白庙工业区 9 家、其他 4 家。

2004 年五常工业规模企业一览表

表 4-2-6

序号	企业名称	负责人
1	杭州三狮水泥有限公司	厉警
2	杭州西子混凝土有限公司	余慧敏
3	浙江飞碟客车制造有限公司	赵斌通
4	杭州荆岭设通信设备有限公司	诸金水
5	杭州华升电子有限公司	郎炳林
6	杭州中意控制设备厂	滕志明
7	杭州华宏压铸有限公司	陈洪
8	杭州家豪五金工具有限公司	钟标

续表 4-2-6

序号	企业名称	负责人
9	杭州成洲锯业工具有限公司	朱国炎
10	杭州天源钢结构制造有限公司	孙意年
11	浙江天一农化有限公司	吴应多
12	杭州华丰通信器材有限公司	张建方
13	杭州春风机械有限公司	曹建萍
14	杭州大恩食品有限公司	董扣志
15	浙江美浓涂料有限公司	—
16	富春制衣（杭州）有限公司	王小宾
17	杭州中信玻璃有限公司	余慧芳
18	杭州胜狮链条有限公司	沈胜祥
19	金玛瑙香水（杭州）有限公司	钟一鸣
20	杭州建益实业有限公司	张慧萍
21	杭州国立包装有限公司	吴国强
22	杭州天源电器成套有限公司	孙意年
23	杭州三禾粉体涂料有限公司	程雄
24	杭州锦利包装印刷有限公司	朱金洪
25	杭州西溪纺织有限公司	邹培灿
26	杭州鸿鸣电器有限公司	顾燕萍
27	杭州钱江汽配电器厂	史德荣
28	杭州海峡工具有限公司	张正富
29	杭州鸿雁中久塑料线管有限公司	潘水苗
30	杭州赛明照明电器有限公司	沈航
31	浙江白象电器成套设备有限公司	宋国良
32	杭州海诚塑料机械有限公司	付林土
33	杭州国大食品有限公司	韩宏韬
34	杭州时运电器有限公司	王时杰

2006 年 12 月，五常经济管委会平均工业产值指标为 87700 万元，最终完成产值 90383 万元，超额完成 3.1%。销售指标为 73950 万元，完成 76232 万元，仅完成原有计划金额的 88.5%。最终工业利润完成 3647 万元，实现 27% 的增长。2006 年底，五常累计完成增加值 5.8 亿元；累计完成出口交货值 27233 万元；累计完成工业投入 24423 万元。

2006 年 12 月工业主要指标完成情况表

表 4 -2 -7

村名	产值				销售				利润	
	指标（万元）	完成（万元）	比例（%）	增长（%）	指标（万元）	完成（万元）	比例（%）	增长（%）	完成（万元）	增长（%）
荆山村	2700	3715	137.6	42	2200	3715	168.9	42	69	60
横板桥	8500	9852	115.9	58	7500	7916	105.5	47	329	43
荆丰村	30000	31118	103.7	20	25500	24895	97.6	38	1497	87
顾家桥	6000	6053	100.9	36	5000	5120	102.4	8	277	1
友谊村	16000	18177	113.6	-1	13000	17016	130.9	29	851	6
五常村	8500	9961	117.2	31	72000	7570	105.1	16	340	42
文一村	9000	9400	104.4	17	7650	7900	103.3	16	160	-45
五常工业园	7000	2107	30.1	-84	5900	2100	35.6	-85	124	-34

2007 年上半年，五常工业产值实现 10.51 亿元，规模以上工业产值 7.63 亿元。其中上规模企业（年产值 0.2 亿元以上）共 51 家分 10 类。分别为金属制品业 13 家，印刷纸制品业 2 家，电气器材业 7 家，化工橡塑业 6 家，非金属矿物制品业 2 家，纺织服装业 5 家，通用专用设备、汽车制造业 4 家，食品加工业 2 家，计算机、通信和其他电子设备制造业 6 家，其他制造业及加工业 4 家。

2007 年五常管委会规模以上工业企业一览表

表 4 -2 -8

序号	企业详细名称	单位负责人
1	杭州三狮水泥有限公司	厉警
2	杭州西子混凝土有限公司	余慧敏
3	浙江飞碟客车制造有限公司	赵斌通
4	杭州荆岭设通信设备有限公司	诸金水
5	杭州中意控制设备厂	滕志明
6	杭州华宏压铸有限公司	陈洪
7	杭州家豪五金工具有限公司	钟标
8	杭州成洲锯业工具有限公司	朱国炎
9	杭州天源钢结构制造有限公司	孙意年
10	浙江天一农化有限公司	吴应多
11	杭州华丰通信器材有限公司	张建方
12	杭州春风机械有限公司	曹建萍
13	杭州鸿雁工贸有限公司	王米成

续表4－2－8

序号	企业名称	负责人
14	杭州大恩食品有限公司	董扣志
15	浙江美浓涂料有限公司	钱杭
16	富春制衣（杭州）有限公司	王小宾
17	杭州中信玻璃有限公司	余慧芳
18	杭州胜狮链条有限公司	沈胜祥
19	金玛瑙香水（杭州）有限公司	钟一鸣
20	杭州建益实业有限公司	张慧萍
21	杭州国立包装有限公司	吴国强
22	杭州天源电器成套有限公司	孙意年
23	杭州三禾粉体涂料有限公司	程雄
24	杭州锦利印刷有限公司	朱金洪
25	杭州鸿鸣电器有限公司	顾燕萍
26	杭州钱江汽配电器厂	史德荣
27	杭州海峡工具有限公司	张正富
28	杭州海诚塑料机械有限公司	付林土
29	杭州鸿雁中久塑料线管有限公司	潘水苗
30	杭州赛明照明电器有限公司	沈航
31	浙江白象电器成套设备有限公司	宋国良
32	杭州国大食品有限公司	韩宏韬
33	浙江八方安迪信通信设备有限公司	宋国梁
34	杭州泛帛服饰有限公司	项艳红
35	杭州狮锋硬质合金有限公司	周胜华
36	杭州声科电器有限公司	王平
37	杭州海外海五金山器有限公司	冯胜良
38	杭州余杭金叶锁业有限公司	鲍宝华
39	杭州余杭自动化仪表有限公司	武红
40	杭州家成服饰有限公司	唐志祥
41	杭州新丝璐服饰有限公司	叶镇
42	杭州达声电器有限公司	卢晓东
43	浙江达峰科技有限公司	徐昌国
44	杭州和山科技有限公司	樊文项
45	杭州丽煌针织内衣有限公间	杨安仁
46	杭州声博电子科技有限公司	鲁明祥
47	杭州沃尔特数码钢琴有限公司	赵为民

续表4－2－8

序号	企业名称	负责人
48	杭州博士杰机械科技有限公司	陆桂仁
49	杭州健康印务有限公司	崔承健
50	杭州华剑五金工具有限公司	张月洪
51	杭州华立科技有限公司	赵忠华

2008年，五常街道规模企业（年产值0.2亿元以上）共56家分10类。分别为金属制品业16家，印刷纸制品业2家，电气器材业8家，化工橡塑业6家，非金属矿物制品业2家，纺织服装业7家，通用专用设备、汽车制造业4家，食品加工业1家，计算机、通信和其他电子设备制造业6家，其他制造业及加工业4家。

2008年五常街道规模以上工业企业一览表

表4－2－9

序号	企业详细名称	单位负责人
1	杭州三狮水泥有限公司	厉警
2	杭州西子混凝土有限公司	余慧敏
3	浙江飞碳客车制造有限公司	赵斌通
4	杭州荆岭设通信设备有限公司	诸金水
5	杭州中意控制设备厂	滕志明
6	杭州华宏压铸有限公司	陈洪
7	杭州家豪五金工具有限公司	钟标
8	杭州成洲锯业工具有限公司	朱国炎
9	杭州天源钢结构制造有限公司	孙意年
10	浙江天一农化有限公司	吴应多
11	杭州华丰通信器材有限公司	张建方
12	杭州春风机械有限公司	曹建萍
13	杭州鸿雁工贸有限公司	王米成
14	富春制衣（杭州）有限公司	王小宾
15	杭州中信玻璃有限公司	余慧芳
16	杭州胜狮链条有限公司	沈胜祥
17	杭州建益实业有限公司	张慧萍
18	杭州国立包装有限公司	吴国强
19	杭州天源电器成套有限公司	孙意年
20	杭州三禾粉体涂料有限公司	程雄
21	杭州鸿鸣电器有限公司	顾燕萍

续表 4－2－9

序号	企业名称	负责人
22	杭州钱江汽配厂	史德荣
23	杭州海峡工具有限公司	张正富
24	杭州海诚塑料机械有限公司	付林土
25	杭州鸿雁线缆有限公司	王米高
26	杭州赛明照明电器有限公司	沈航
27	浙江白象电器成套设备有限公司	宋国良
28	杭州国大食品有限公司	韩宏韬
29	浙江八方安迪信通信设备有限公司	宋国梁
30	杭州泛帛服饰有限公司	项艳红
31	杭州狮锋硬质合金有限公司	周胜华
32	杭州声科电器有限公司	王平
33	杭州海外海五金山器有限公司	冯胜良
34	杭州余杭金叶锁业有限公司	鲍宝华
35	杭州余杭自动化仪表有限公司	武红
36	杭州家成服饰有限公司	唐志祥
37	杭州新丝璐服饰有限公司	叶镇
38	杭州达声电器有限公司	卢晓东
39	浙江达峰科技有限公司	徐昌国
40	杭州和山科技有限公司	樊文项
41	杭州丽煌针织内衣有限公间	杨安仁
42	杭州声博电子科技有限公司	鲁明祥
43	杭州沃尔特数码钢琴有限公司	赵为民
44	杭州博士杰机械科技有限公司	陆桂仁
45	杭州华剑五金工具有限公司	张月洪
46	杭州华立科技有限公司	赵忠华
47	杭州杭科光电有限公司	严钱军
48	杭州旭宇商标印织有限公司	陈松明
49	杭州奥通新型配重块有限公司	杨建列
50	杭州玛太可斯工贸有限公司	黄冬平
51	杭州精良机械制造有限公司	章春永
52	杭州硕亚油脂化工厂	于大勇
53	杭州旺城塑业有限公司	杨雪连
54	杭州韩民工贸有限公司	权昌郁
55	杭州余杭福达仪表配件厂	钱雪满
56	杭州豪波印务有限公司	姜波

一、金属制品业

五常一直以来以建材业为工业的支柱产业。20 世纪 90 年代起，该乡调整优化工业产业结构，对能耗大、污染重、效益低的石矿、水泥厂及小型水泥预制板厂加以控制，使原先建材业的产值占全乡工业总产值的 60% 下降至 10% 左右，呈现出小五金、印刷、建材、汽车制造及仪器仪表配件加工等五大产业齐头并进的产业格局。

自 2000 年以来，以锯片生产为主的小五金行业已发展成为五常乡的一大特色经济。2000 年，五常拥有锯片生产企业共 18 家，年生产量达 500 万片，已创造销售收入近 1 亿元，其中有 1/3 的产品出口欧美国家。

2001 年，五金行业以出口锯片为主导，先后有 24 家企业从事小五金，并形成了进材、冲压、淬火、销售的分工协作的企业群。

2004 年，为了实现持续高速发展，五常提出培育规模企业 10 ~ 12 家，确保开工项目 18 个，以信息化提升建材、小五金等传统产业，培育新的经济增长点。已经投产的“浙江科达”“华剑五金”“神驰工贸”“三丰钢构”等企业也为五常工业经济的持续高速增长作出了贡献。

若干年份金属制品工业总产值一览表

表 4 -2 -10 单位：万元

年份	元件厂		五金电器厂	铝材厂	铝制品厂	仪表配件五金厂	金屡压铸厂	冲压件厂	振华仪表厂
	不变价格	现行不变价格							
1981	24	—	—	—	—	—	—	—	
1982	12. 16	—	—	—	—	—	—	—	—
1983	17	—	—	—	—	—	—	—	—
1984	16. 16	16. 16	—	—	—	—	—	—	—
1985	30	30	—	—	—	—	—	—	—
1987	7. 2	—	12	752. 55	—	220. 14	—	—	—
1988	7. 9	—	—	620. 97	75	187. 00	34. 5	129. 5	—
1990	13. 79	—	—	881. 94	—	261. 00	—	200	—
1997	—	—	—	785	42	150	—	335	119. 87

2007 年，金属制品业规模以上工业企业共 13 家，有 5 家企业成立于 2000 年前，8 家企业于 2000 年成立。2007 年，拥有高级专业技术人员的仅有两家工业企业，分别为杭州家豪五金工具有限公司 1 名、杭州鸿雁工贸有限公司 3 名，其余工业企业大多是拥有中级和初级专业技术人员。

杭州华剑五金工具有限公司拥有专利 1 项、注册商标 1 个，通过 ISO 9000 质量管理体系认证，该企业拥有 AA 级信用级别。杭州家豪五金工具有限公司被授予专利 2 项，注册商标 3 个且通过 ISO 9001：2000 质量体系认证。杭州成洲锯业工具有限公司已注册商标 2 个，杭州胜狮链条有限公司 AA 级信用级别。

2007 年金属制品业规模企业概况汇总表

表 4－2－11

企业名称	法人代表	创办时间	地点	职工人数（人）	年产值（万元）	主要产品	企业技术结构	管理水平	其他
杭州家豪五金工具有限公司	钟标	1994 年 11 月	五常大街 18 号	161	2550	五金工具	高级 1 人 中级 3 人 初级 8 人	高层 4 人 中层 12 人	授予专利 2 项 注册商标 3 个 ISO 9001:2000 认证
杭州海外海五金电器有限公司	冯胜良	1995 年 3 月	五常友谊村	50	1190	装饰灯具、冲压件加工	中级 1 人 初级 2 人	中层 6 人	—
杭州胜狮链条有限公司	沈胜祥	1997 年	五常工业园区	100	1076	链条、链轮	中级 1 人 初级 3 人	高层 8 人 中层 16 人	信用级别：AA
杭州海峡工具有限公司	张正富	1998 年 9 月	横板桥连胜路西	38	479	金属锯片热处理	初级 2 人	高层 2 人 中层 3 人	—
杭州天源钢结构制造有限公司	孙意年	1999 年 9 月	五常工业开发区	80	1050	物料提升机	中级 1 人 初级 7 人	高层 7 人 中层 6 人	—
杭州余杭金叶锁业有限公司	鲍宝华	2000 年 7 月	五常荆长路 31 号	42	1325	锁具、金属冲压件	—	高层 2 人 中层 5 人	—
杭州成洲锯业工具有限公司	朱国炎	2000 年 11 月	五常街 9 号	110	2134	锯片生产	初级 3 人	高层 6 人 中层 6 人	注册商标 2 个
杭州华剑五金工具有限公司	张月洪	2001 年 11 月	五常工业园	47	720	五金工具、冲压件	中级 4 人 初级 6 人	高层 2 人 中层 6 人	授予专利 1 项 注册商标 1 个 ISO 9000 认证 信用级别：AA
杭州鸿雁工贸有限公司	王米成	2004 年 5 月	天目山路 248 号	89	—	鸿雁电工、鸿雁电器搅拌件	高级 2 人 中级 8 人 初级 6 人	高层 5 人 中层 4 人	—
杭州余杭自动化仪表有限公司	武红	2004 年 8 月	五常荆长路 29 号	19	609	自动化仪表	—	—	—
杭州博士杰机械科技有限公司	陆桂仁	2005 年 11 月	荆长路北	116	540.1	玻璃双直（圆）边磨边机	—	—	—
杭州狮锋硬质合金有限公司	周胜华	2007 年 6 月	五常后山路 29 号	20	850	硬质合金生产	—		
杭州华立科技有限公司	赵忠华	2016 年 4 月	联胜路	—	—	仪器仪表、仪表元器件	—	—	—

杭州成洲锯业工具有限公司 杭州成洲锯业工具有限公司是一家专业生产硬质合金圆锯片和木工铣刀系列产品的企业。公司占地面积2万平方米，拥有各类资产2000万元、员工250人，其中专业技术人员25人，是国内专业的大型制锯厂之一。成洲产品出口东南亚和欧美市场，经过多年的改进和创新，使成洲产品在设计和质量上逐步完善和提高。

杭州海峡工具有限公司 杭州海峡工具有限公司位于杭州市西郊余杭区闲林镇五常经济开发区。公司占地面积6000平方米，建筑面积4000平方米，主要生产各种合金锯片，金刚石砂轮割草锯片，产品远销日本、美国及东南亚各国。

杭州博士杰机械科技有限公司 杭州博士杰机械科技有限公司是设计与制造玻璃深加工机械的专业厂家。该公司占地面积12000多平方米，厂房建筑面积8000平方米，拥有教授级工程师数名及各类高素质的专业技术人员和优秀的生产团队，公司技术力量雄厚，生产设备先进，并设立研发中心。

二、印刷、纸制品业

2001年，五常印刷行业经整治，向高档次发展，以设备更新为突破口，优胜劣汰，从近40家企业调整为26家。2007年，五常工业经济总量不大，且以五金、印刷加工业为主，企业规模偏小。

若干年份印刷、纸制品工业总产值一览表

表4-2-12 单位：万元

年份	印刷厂		纸品厂
	不变价格	现行不变价格	不变价格
1983	8.99	—	
1984	331.37	150.49	—
1985	46.89	46.89	—
1987	48.52	—	57.55
1988	46.05	—	3.01
1990	33.67	—	57.50
1997	—	—	556.21

2007年，印刷、纸制品业规模以上企业仅有两家，分别为杭州锦利印刷有限公司和杭州健康印务有限公司。杭州锦利印刷有限公司成立于1995年，职工仅有40人，实现年产值1411.1万元。杭州健康印务有限公司成立于2002年，职工39人，实现年产值740万元。2008年，五常境内规模以上印刷、纸制品公司为杭州旭宇商标印织有限公司、杭州豪波印务有限公司。

2007年印刷、纸制品业规模企业概况汇总一览表

表4－2－13

企业名称	法人代表	创办时间	地点	职工人数(人)	年产值(万元)	主要产品
杭州健康印务有限公司	崔承健	1995年2月	五常街道荆长路40号	40	1411.1	包装装潢、销售纸张
杭州锦利印刷有限公司	朱金洪	2002年8月	荆丰村11组	39	740	包装装潢印刷

三、电气器材业

2002年，五常乡与杭州鸿雁电器有限公司等11家企业在杭州国际世贸中心，分别签订总投资达8亿元的项目协议。这批项目的签订实施，标志着五常高新科技园区正式启动。

若干年份电气器材工业总产值一览表

表4－2－14　　单位：万元

时间	印刷厂		纸品厂	
	不变价格	现行不变价格	不变价格	现行不变价格
1983	8.99	—	—	—
1984	331.37	150.49	—	—
1985	46.89	46.89	—	—
1987	48.52	—	57.55	—
1988	46.05	—	3.01	—
1990	33.67	—	57.50	—
1997	—	—	556.21	

2007年，五常境内电气器材业规模企业共有9家，包括杭州天源电器成套有限公司、杭州鸿鸣电器有限公司、杭州赛明照明电器有限公司、浙江白象电器成套设备有限公司、杭州达声电器有限公司、浙江达峰科技有限公司、杭州和山科技有限公司、杭州声科电器有限公司、杭州声博电子科技有限公司。相较于五常境内其他行业的规模以上工业企业，电气器材业年产值较高，企业规模和工业经济规模也相应较高，是推动五常工业经济发展的重要力量。

以上9家规模以上电气器材业中具有完整的专业技术人员结构（含高级、中级、初级技术人员）的有4家，分别为杭州鸿鸣电器有限公司、杭州赛明照明电器有限公司、浙江白象电器成套设备有限公司、浙江达峰科技有限公司。为促进本企业的工业发展，杭州声科电器有限公司引进2台国外装备，投资48万元；浙江达峰科技有限公司引进8台国外技术设备，投资290万元。杭州和山科技有限公司、浙江白象电器成套设备有限公司通过ISO 9001：2000质量体系认证、CCC产品强制性产品认证。浙江达峰科技有限公司也通过ISO 9000、ISO 14000认证。

2007 年电气器材业规模企业概况汇总情况表

表 4 -2 -15

企业名称	法人代表	创办时间	地点	职工人数（人）	年产值（万元）	主要产品	企业技术结构	管理水平	其他
浙江白象电器成套设备有限公司	宋国梁	1987 年	白庙村荆山岭 108 号	41	3729	低压配电箱、柜	高级 1 人 中级 2 人 初级 17 人	高层 5 人 中层 5 人	信用级别 A、注册商标 1 个 ISO 9001：2000、CCC 产品强制性认证
杭州声科电器有限公司	王平	1998 年 4 月	五常后山路 23 号	80	947	音箱配件	中级 1 人 初级 1 人	高层 3 人 中层 22 人	年耗能：折标煤 16.5 吨
杭州天源电器成套有限公司	孙德年	1999 年 9 月	五常工业开发区	72	1155.4	物料提升机	初级 1 人	高层 1 人 中层 10 人	—
杭州声博电子科技有限公司	鲁明祥	2001 年 1 月	联胜路	—	—	音响设备	—	—	—
杭州赛明照明电器有限公司	沈航	2001 年 9 月	五常荆丰工业园	140	1704	电子荧光灯具、节能灯	高级 1 人 中级 3 人 初级 2 人	高层 3 人 中层 18 人	授予专利 1 项、注册商标 1 个 ISO 9001 认证
杭州和山科技有限公司	樊文项	2003 年 3 月	荆长路 30 号	20	568	电梯专用空调	中级 3 人 初级 10 人	高层 3 人 中层 6 人	信用级别：A、授予专利 4 项、注册商标 1 个 ISO 9001：2000、CCC 产品强制性认证
浙江达峰科技有限公司	徐昌国	2003 年 8 月	五常街 3 号	5100	9650	空调控制器	高级 6 人 中级 9 人 初级 48 人	高层 10 人 中层 9 人	信用级别 AA、授予专利 2 项 ISO 9000、ISO 14000 认证
杭州达声电器有限公司	卢晓东	2003 年 9 月	五常街道联胜路 1 号	—	—	汽车音响生产	—	—	—
杭州鸿鸣电器有限公司	顾燕萍	2004 年 5 月	五常街 12 号	216	3687	节能灯	高级 1 人 中级 1 人 初级 10 人	高层 1 人 中层 4 人	年耗能：折标煤 19.01 吨

杭州天源电器成套有限公司 杭州天源电器成套有限公司成立于 1992 年，是一家专业从事钣金制作的加工型企业。主要从事机箱、机柜、桥架、监控台等各种钣金加工，提供喷塑一条龙服务，是一家具有现代科技水平的电器成套生产企业。占地面积 2 万多平方米，职工达 200 多人，其中各类中高级技术人员占了很高的比例，不但技术指导、理论基础来源于世界先进国家，而且拥有世界先进的数控折弯机、数控压力机等专业生产设备。主营产品包括生产机箱、机柜、光缆交接箱、电话分线箱等。

浙江达峰科技有限公司 浙江达峰科技有限公司坐落在五常工业区内，是国内较早从事发光二极管（LED）照明应用产品开发和生产的规模企业，同时提供系统化照明解决方案。公司拥有研发，实验和生产设备。共拥有员工1000余人，其中研发人员81人、博士2人、硕士20人。公司企业管理通过ISO 9001，ISO 14000体系认证，产品通过3C认证和CE认证。

公司引进科学的检测工艺和严格的品质控制，实现了从原材料投入到产品的现代化生产流程。公司产品覆盖LED球泡灯、LED日光灯、LED天花灯、LED壁灯、LED射灯、LED投光灯等多个系列，数百个品种。广泛用于工厂、商场、办公空间、酒店、博物馆、公共设施、广场、绿化地带、公园、旅游景点、家居及建筑装饰照明等领域。

杭州赛明照明电器有限公司 杭州赛明照明电器有限公司位于五常街道友谊社区，成立于2001年9月。是国内主要的荧光灯具、电子节能灯及电子变压器生产厂商。公司拥有2个大型的生产基地和各种先进的生产及测试设备，已通过了ISO 9001质量管理体系认证。主要产品均已通过TUV/CE及ITS/CE认证，部分产品通过UL认证；公司已成为国内最专业的橱柜灯及电子壁灯制造厂商之一，并与欧洲和美国数家知名公司有着合作关系。主要产品有LED、冷阴极荧光灯管（CCFL）及T2、T4、T5、T8系列荧光灯具和电子节能灯、电子镇流器、变压器等。产品主要外销欧洲和美国。

浙江白象电器成套设备有限公司 浙江白象电器成套设备有限公司位于五常街道辅助路1号，成立于1993年7月。公司创建于1987年，是机电部、能源部二次整顿合格企业，定点生产配电箱、插座箱、计量箱多种型号的动力配电箱产品。公司系法国施耐德电气公司和ABB公司授权合作厂家，独家组装、经销原装进口施耐德公司和ABB公司生产的配电箱、柜。

四、化工橡塑业

五常化工橡塑业始于五常油脂综合厂，该厂设立于1978年，经济规模较小，现行不变价格达到7.48万元。1987年，开设蜡线厂，仅有0.9万元。开设化妆品轻工业制造厂，产值达到4.85万元。1990年，五常塑胶厂产值实现72.19万元。2000年，由于五常调整工业结构，污染过重、耗能过大工业类别发展面临困境，但这为化工橡塑等轻工业发展提供了机遇。

若干年份化工橡塑业工业总产值一览表

表4-2-16 单位：万元

时间	油脂综合厂	塑胶厂	蜡线厂	化妆品厂
1978年	7.48	—	—	—
1987年	—	—	0.9	4.85
1990年	—	72.19	—	—

2007年，五常境内化工橡塑业规模以上企业有4家，包括浙江天一农化有限公司、杭州三禾粉体涂料有限公司、杭州海诚塑料机械有限公司、杭州鸿雁中久塑料线管有限公司。浙江天一农化有限公司、杭州海诚塑料机械有限公司两家企业技术结构较为完整，各自拥有高级、中级、初级的专业技术人员职称结构。同时，以上两家公司也拥有较为合理完整的企

业管理层。浙江天一农化有限公司已通过ISO 9000认证，信用级别达到AAA级别，同时也注册商标13个，被授予专利4项。杭州海诚塑料机械有限公司通过ISO 9000质量认证、CCC产品强制性认证。

2007年化工橡塑业规模企业概况汇总情况表

表4-2-17

企业名称	法人代表	创办时间	地点	职工人数(人)	年产值(万元)	主要产品	企业技术结构	管理水平	其他
浙江天一生物科技有限公司	吴应多	2001年7月	横板桥村后山路22号	107	3302	直插净	高级1人 中级2人 初级8人	高层1人 中层8人	ISO 9000认证 信用级别AAA 授予专利4项 注册商标13个
杭州三禾粉体涂料有限公司	程雄	2001年12月	横板桥村大街南	—	4854.87	热周性粉末涂料	—	—	—
杭州海诚塑料机械有限公司	付林土	2003年4月	横板桥大街南	25	936.3	注塑机	高级2人 中级3人 初级4人	高层3人 中层6人	年耗能：折标煤32.8吨
杭州鸿雁中久塑料线管有限公司	王米高	2003年5月	五常工业园区	23	—	电线、电缆	高级1人 初级1人	高层2人	ISO 9000、CCC产品强制性认证

浙江天一生物科技有限公司 浙江天一生物科技有限公司（前身浙江天一农化有限公司）成立于2001年，是国家工信部批准的农药生产定点企业。

公司注册资金1438万元，固定资产超过1亿元。占地面积3.28万平方米，建筑面积2.5万多平方米。公司具有国内一流标准的13种剂型产品的生产基地。有微乳剂、水乳剂、水剂、悬浮剂、可分散油悬浮剂、微囊悬浮—悬浮剂、乳油、可溶液剂、可湿性粉剂、可溶粉剂、种子处理干粉剂、水分散粒剂、颗粒剂。配置国内制剂生产先进设备，生产全过程达到环保、自动化标准；产品采用全自动智能化包装生产线，年生产能力8938吨。拥有进口气、液相色谱等先进的分析、试验仪器，检测设施齐全，质检中心通过石油和化工企业质量检验机构A级认证，具有完善的质量管理体系，通过ISO 9001：2015质量体系认证，多年来被评为浙江省诚信农资企业。

杭州三禾粉体涂料有限公司 杭州三禾粉体涂料有限公司是一家专业从事热固性粉末涂料研制、生产的股份制民营企业。年产量在3000吨以上。企业研制各类粉末涂料数百种。三禾粉体在国内外享有较高的知名度，广为国内大中型企业、“三资”企业、出口企业的产品配套使用。公司已通过ISO 9001国际质量体系认证。

五、非金属矿物制品业

五常非金属矿物制品业，始于1979年。1986年，五常水泥厂与省物资协作开发公司联营，成立了浙江荆山水泥厂，加大投入，逐年增产，产量从原来年产水泥千吨，上升到7万吨。1991年底，西子水泥厂利用自身的先进技术，管理措施，兼并了三墩建材厂，成为西子水泥二厂，后更名西子水泥厂。1992年5月，两家厂合并成西子水泥总厂。五常乡又积极开发水泥制品加工业，从事石料水泥制品加工的企业已有14家，生产工人500余人，每年可向城乡市场提供预制构件9363万立方米。

浙江“三狮”总部从长兴迁入杭州。1999年3月6日，“西子”与“三狮”9000多万元存量资产活。先后引进资金1200万元，嫁接转产，逐一盘活了6000多平方米厂房、30多亩（2公顷）土地，年增加生产能力2000多万元。

若干年份非金属矿物制品工业总产值一览表

表4－2－18　　单位：万元

年份	水泥厂		水泥二厂		荆山水泥厂	水泥预制厂
	不变价格	现行不变价格	不变价格	现行不变价格		
1979	—	80.93	—	—	—	—
1980	—	134	—	—	—	—
1981	154.66	150.49	—	—	—	—
1982	105.87	—	—	—	—	—
1983	162.47	—	70.8	—	—	—
1984	176.36	235.24	101.88	97.98	—	—
1985	164.56	309.4	74.74	134.94	—	—
1987	296.07	—	120.44	—	—	31.96
1988	298.98	—	71.83	—	—	35.13
1997	937.53	—	155.68	—	1805.87	9.63
1998	298.98	—	71.83	—	—	35.13

2007年，五常境内非金属矿物制品业规模企业有2家，分别是杭州三狮水泥有限公司、杭州西子混凝土有限公司。两家企业技术结构较为完整，各自拥有高级、中级、初级的专业技术人员职称结构。同时，以上两家企业也拥有较为合理完整的企业管理层。

2007年非金属矿物制品业规模企业概况汇总一览表

表4－2－19

企业名称	法人代表	创办时间	地点	职工人数(人)	年产值(万元)	主要产品	企业技术结构	管理水平	其他
杭州三狮水泥有限公司	厉警	1999年6月	五常街道辅助路1号	163	12341	32.5级复合硅酸盐水泥	高级2人 中级6人 初级15人	高层7人 中层20人	ISO 9001：2000认证 信用级别AAA 年耗能：折标煤2665.27万元

续表4－2－19

企业名称	法人代表	创办时间	地点	职工人数(人)	年产值(万元)	主要产品	企业技术结构	管理水平	其他
杭州西子混凝土有限公司	余慧敏	1994年6月	五常荆长路41号	180	14143	商品混凝土	高级1人 中级2人 初级25人	高层6人 中层7人	ISO 9001认证 信用级别AA

杭州三狮水泥有限公司 杭州三狮水泥有限公司位于五常街道辅助路1号，经营范围包含水泥制造（污染物排放许可证有效期限至2013年3月5日）、水泥、水泥混凝土、水泥预制构件、建筑材料的销售。2008年，中国建筑材料集团公司与浙江省国资委就整体转让浙江三狮集团有限公司国有股权签订了框架协议，三狮集团成为中国建筑材料集团公司的旗下成员。

杭州西子混凝土有限公司 杭州西子混凝土有限公司成立于1994年6月，由杭州市建筑构件公司和杭州西子水泥厂合资创办。1995年，该企业已形成了袋装水泥、散装水泥、商品混凝土、墙体材料“一条龙”生产规模，1993年实现产值3000万元，比1992年增长114%。

六、纺织服装业

五常纺织服装业起源于1980年的知青绸厂，由一批知识青年下乡带领五常乡乡民置办。最初，纺织服装业规模较小，仅达到现行不变价格9.98万元。1985年，达到22.81万元。后经过发展，五常乡又开设编织厂、纺织厂。1987年，编织厂总产值达到553.72万元，纺织厂总产值达到19.03万元。1988年，五常乡新办羊毛衫厂，产值达4.57万元。

步入21世纪，五常开设新的纺织服装饰品公司，规模以上企业有3家，分别是杭州新丝璐服饰有限公司、杭州丽煌针织内衣有限公司、富春制衣（杭州）有限公司。

若干年份纺织服装业总产值一览表

表4－2－20　　单位：万元

年份	绸厂		编织厂	纺织厂	羊毛衫厂
	不变价格	现行不变价格			
1980	—	9.98	—	—	—
1981	23.66	—	—	—	—
1982	29.01	—	—	—	—
1983	29.9	—	—	—	—
1984	28.86	26.7	—	—	—
1985	18.78	22.81	—	—	—
1987	18.76	—	553.72	19.03	—
1988	—	—	251.25	3.01	4.57

2007年纺织服装业规模以上工业企业共有5家，包括杭州泛帛服饰有限公司、杭州家成服饰有限公司、杭州新丝璐服饰有限公司、杭州丽煌针织内衣有限公司、富春制衣（杭州）有限公司。杭州泛帛服饰有限公司、杭州新丝璐服饰有限公司、杭州丽煌针织内衣有限公司、富春制衣（杭州）有限公司4家企业职工人数较多，企业规模较大，高层和中层管理人员的数量和占比相对合理。杭州家成服饰有限公司职工仅有18人，高层、中层管理人员各仅有1人。

杭州新丝璐服饰有限公司专业技术人员结构较为完整，拥有高级职称3人、中级职称5人、初级职称12人。杭州丽煌针织内衣有限公司拥有中级职称3人、初级职称5人。

2007年纺织服装业规模企业概况汇总情况表

表4－2－21

企业名称	法人代表	创办时间	地点	职工人数(人)	年产值(万元)	主要产品	企业技术结构	管理水平
杭州丽煌针织内衣有限公司	杨安仁	1997年5月	五常街1号	180	—	出口内衣	中级3人 初级5人	高层5人 中层20人
杭州家成服饰有限公司	唐志祥	2001年10月	五常白庙村	18	631	胶袋、服装辅料加工	—	高层1人 中层1人
富春制衣（杭州）有限公司	毛小兵	2003年8月	五常白庙工业园6号楼	186	2084	服装	—	高层4人 中层12人
杭州泛帛服饰有限公司	项艳红	2004年3月	五常后山路1号	90	1580	家用纺织制成品制造	—	高层2人 中层10人
杭州新丝璐服饰有限公司	叶镇	2004年3月	荆丰工业园	115	1457	服装	高级3人 中级5人 初级12人	高层6人 中层15人

杭州丽煌针织内衣有限公司　杭州丽煌针织内衣有限公司系生产系列内衣的出口企业，拥有220余台30多个车种的缝纫设备，并拥有有经验的技术人员及熟练车工250余名。公司主要生产各种针织经编面料的内衣时装、内衣休闲装及内外穿系列服装。如时装吊带、比基尼、睡衣、沐装、泳装、晚礼服、运动套装。本公司主要为美国、日本、德国、法国、挪威、瑞典、澳洲、美洲等国家和地区的客户生产订单，年出口交货值为6000万元以上。

富春制衣（杭州）有限公司　富春制衣（杭州）有限公司是由在香港发展20余年的香港富春丝绸有限公司投资成立的，主要从事纺织品、丝绸、成衣的开发、生产、加工和进出口业务，主要产品有丝绸坯布、印染布、各种成衣等。产品主要销往欧洲、美国、日本及中国香港等国家和地区。公司在中国设有独资、合资、合作的梭织厂、针织布厂、印染厂和制衣厂等多个生产厂，年开发生产各种梭织、针织品500余种，生产各类面料600万码，各类成衣200万件。

七、设备与汽车制造业

五常通用、专用设备工业在1979年农机厂的基础上逐步发展起来，1979—1985年，农机厂每年的总产值分别为34万元、51万元、80.9万元、116.84万元、154.4万元、232.6万元及219万元。在创办7年内，工业经济规模有所增加。1988年，五常乡新创办了喷泉设备厂、制冷设备配件厂。1997年，开设通纹配件厂以及中意控制厂，以上两个工厂起步工业经济规模较大，分别为155.7万元、167.6万元。

若干年份通用、专用设备、汽车制造业总产值一览表

表4－2－22 单位：万元

年份	农机厂		电四厂	配电屏厂	喷泉设备厂	制冷设备配件厂	通纹配件厂	中意控制设备厂
	不变价格	现行不变价格						
1979	—	34	—	—	—	—	—	—
1980	—	51	—	—	—	—	—	—
1981	80.9	—	—	—	—	—	—	—
1982	116.84	—	—	—	—	—	—	—
1983	154.4	—	—	—	—	—	—	—
1984	232.6	232.6	12.7	—	—	—	—	—
1985	219	219	27.5	17.47	—	—	—	—
1988	—	—	—	—	22.04	151.18	—	—
1990	—	—	—	—	6.92	—	—	—
1997	—	—	—	—	—	—	1557	167.6

杭州春风机械有限公司 具有较为完整的专业技术人员结构，高级职称3人、中级职称4人、初级职称8人。该公司信用级别达到AA级、授予专利2项、注册商标1个，年耗能达到折标煤39.6吨。浙江飞碟汽车制造有限公司拥有中级技术人员1人、初级技术人员1人，管理层面拥有高层5人、中层18人。该公司信用级别达到最高AAA级，授予专利1项，注册商标1个，获取ISO 9000质量体系认证以及CCC强制性认证。杭州华宏压铸有限公司也获取ISO 9001：2000质量管理体系认证。

2007 年五常通用、专用设备、汽车制造业规模企业概况汇总情况表

表 4 -2 -23

企业名称	法人代表	创办时间	地点	职工人数(人)	年产值(万元)	主要产品	企业技术结构	管理水平	其他
浙江飞碟汽车制造有限公司	周勇	1995 年 6 月	荆长路 33 号	150	7928	中轻型客车、皮卡	中级 1 人 初级 1 人	高层 5 人 中层 18 人	信用级别 AAA 授予专利 1 项 注册商标 1 个 ISO 9000 认证、CCC 强制性认证
杭州华宏压铸有限公司	陈洪	2000 年 7 月	五常街道 168 号	51	4000	压铸件	—	—	ISO 9001：2000 认证
杭州春风机械有限公司	沈文荣	2001 年 12 月	文村运河桥 7 号	65	2242	纺织印染机械	高级 3 人 中级 4 人 初级 8 人	高层 3 人 中层 7 人	信用级别 AA 授予专利 2 项 注册商标 1 个 年耗能：折标煤 39.6 吨
杭州钱江汽配厂	史德荣	1992 年 9 月	白庙工业区 9 号	40	540	—	—		

浙江飞碟汽车制造有限公司 浙江飞碟汽车制造有限公司位于五常街道荆长路 33 号，成立于 1995 年 6 月。公司前身为浙江公路机械厂，2000 年进行资本重组更名为“浙江飞碟客车制造有限公司”。是年，投入 1200 多万元进行技术改造，提升产品档次，由生产农用车转向制造中型客车。2000 年客车销售额预计在 5000 万元以上。2004 年，“飞碟客车”加快研发轿车生产，进一步拓展汽车业务。2005 年，更名为“浙江飞碟汽车制造有限公司”，是国家整车制造生产定点企业。公司主要生产商用车、专用车和新能源汽车产品。有 SUV（运动型多用途汽车）乘用车、中轻型卡车、中轻型客车、环卫设备、专用车等五大系列近 100 个品种产品群。公司构建了完整的研发体系，拥有汽车设计研究中心。中心拥有汽车研发人才 200 余名，采用先进的三维造型与设计，设计水平达到国际先进水平。公司独立的汽车检测中心，拥有国内先进的检测线、检测台及大型试车场，检测水平先进，手段完善。

杭州华宏压铸有限公司 杭州华宏压铸有限公司位于五常街道五常大道 168 号，成立于 2000 年 7 月。是外商独资企业。依靠华立集团的经营研发力量，年生产电能表主要零部件铝压铸基架 44 万套、铝压铸永磁制动元件 257 万套。

八、食品加工业

五常食品加工业起源于 1980 年创办的五常酒厂，创办伊始总产值达到 15.4 万元。1981 年、1982 年总产值实现 8.4 万元、11.08 万元，该行业工业产值规模较小。

2004 年，“国大食品”开发生产松脆型奶油味米果食品。2005 年，友谊村曾利用征用土地后的留用地建造了 7 万平方米标准厂房，经过招商引资，“大恩食品”企业入驻五常，已成为当地的骨干企业。

若干年份食品加工业总产值一览表

表 4－2－24　　单位：万元

年份	酒厂	
	不变价格	现行不变价格
1980	—	15.4
1981	8.4	—
1982	11.08	—

2007 年，五常境内食品加工业规模以上工业企业涵盖以下 2 家：杭州大恩食品有限公司、杭州国大食品有限公司。杭州大恩食品有限公司拥有高级技术人员 2 人、中级技术人员 3 人、初级技术人员 1 人，专业技术人员职称结构较为完整；拥有 3 名高层管理人员以及 10 名中层管理人员。该公司从国外引进技术设备，投资达到 297.05 万元，并拥有 8 个注册商标。

2007 年五常食品加工业规模企业概况汇总情况表

表 4－2－25

企业名称	法人代表	创办时间	地点	职工人数（人）	年产值（万元）	主要产品	企业技术结构	管理水平	其他
杭州大恩食品有限公司	董扣志	1993 年 3 月	友谊村白庙工业区	121	—	食品经营	高级 2 人 中级 3 人 初级 1 人	高层 3 人 中层 10 人	技术设备引进 297.05 万元 注册商标 8 个
杭州国大食品有限公司	韩宏韬	1995 年 5 月	五常工业园区	13	766	中西糕点生产	中级 2 人 初级 6 人	高层 1 人 中层 6 人	

杭州大恩食品有限公司　杭州大恩食品有限公司成立于 1993 年 3 月，公司总部设在中国杭州，在南京、上海等设有分公司，建立遍布江、浙的健全销售网络，产品也远销欧洲及东南亚等海外市场。公司主要产品有长鼻王夹心卷系列、巧克力夹心卷系列、吸的冻系列及水果冰系列，公司在完善产销体系的同时，系列产品在不断扩大，在 2003 年又成功开发了长鼻王“麦烧”新品。该公司在浙江省同行业中率先引入和通过了国际 ISO 9001 质量管理体系认证和 QS 质量安全认证，成功建立一套完整的质量管理系统。

九、计算机、通信等电子设备制造业

20 世纪 80 年代，五常境内是以发展水泥、建筑行业起家，对通信设施发展较晚。2007 年，五常境内计算机、通信和其他电子设备制造业规模以上工业企业涵盖以下 4 家企业：杭州荆岭通信设备有限公司、杭州中意控制设备厂、杭州华丰通信器材有限公司、浙江八方安迪通信设备有限公司。

杭州荆岭通信设备有限公司拥有高级职称专业人员 2 人、中级职称专业技术人员 3 人、初级专业技术人员 1 人。杭州华丰通信器材有限公司拥有高级职称专业人员 6 人、中级职称专业人员 11 人、初级职称专业人员 20 人。以上两家公司都拥有较为完善的专业技术人员职称结构。

杭州荆岭通信设备有限公司、杭州中意控制设备厂、浙江八方安迪通信设备有限公司经营管理人员结构。杭州中意控制设备厂通过 ISO 14001、ISO 9001、GB/T 28001 认证，年耗能实现折标煤 29. 54 吨。

2007 年五常计算机、通信和其他电子设备制造业规模企业概况一览表

表 4 -2 -26

企业名称	法人代表	创办时间	地点	职工人数（人）	年产值（万元）	主要产品	企业技术结构	管理水平	其他
杭州荆岭通信设备有限公司	诸金水	1992 年 12 月	荆长路 28 号	54	1131	通信设备配件	高级 2 人 中级 3 人 初级 1 人	高层 5 人 中层 10 人	ISO 9001 认证
杭州中意自动化设备有限公司	滕志明	1996 年 10 月	荆山岭后山路 19 号	52	749	控制室电视墙、操作台	—	高层 3 人 中层 3 人	ISO 14001、ISO 9001、GB/T 28001 认证
杭州华丰通信器材有限公司	张建芳	1997 年 11 月	五常开发区	67	1408. 6	通信器材、五金加工	高级 6 人 中级 11 人 初级 20 人	—	引进设备 3 台投资达 200 万元
浙江八方安迪通信设备有限公司	陈向京	2005 年 2 月	五常街 2 号	135	7180	邮电通信器材	中级 10 人 初级 21 人	高层 5 人 中层 10 人	信用级别 AAA ISO 9001 认证

杭州中意自动化设备有限公司　杭州中意自动化设备有限公司是一家专门从事一次性医疗器械产品生产设备的研究开发和生产制造的高新技术企业。研制开发成功的成套产品有：XB40A 型吸塑包装机；ZZB50 型半自动注射针组装机；硬片，软塑包装机配套在线印刷机；输液器调节器组装机；全自动注射针针尖磨床（包括自动排管，自动磨大小面，自动喷砂，各工位由机戒手联机）；针尖检查机；便携式一次性注射器销毁器等。这些产品已在浙江、上海、广东、江苏、江西、黑龙江、河南等省市主要企业使用。

杭州华丰通信器材有限公司　杭州华丰通信器材有限公司位于五常开发区内，公司是从事计算机及网络、数据通信等钣金配套产品的开发、设计、生产、销售，主要针对综合布线、楼宇自控、广播电视、工业控制、程控交换、影视音控等应用。公司在 2002 年 6 月通过 ISO 9001 质量认证体系，并被浙江省产品质量管理中心授予“浙江省产品质量创优企业”的称号。

主要产品：钣金类有 19 英寸标准机柜、机箱、控制台、监视幕墙、电力柜类产品；通信类有通信机柜，小灵通天线等；外贸类有五金冲压件，室外机箱等。公司拥有钣金生产场地3000平方米、仓库2000平方米、办公场地2000平方米，拥有全套日本AMD数控机床，用于钣金生产。

十、其他制造及加工业

2007年，五常境内其他制造加工业及加工业规模企业包括：杭州中信玻璃有限公司、杭州建益实业有限公司、杭州沃尔特数码钢琴有限公司、杭州国立包装有限公司。

杭州建益实业有限公司拥有高级职称专业人员1人、中级职称专业人员4人、初级职称专业人员9人，高层管理人员2人、中层管理人员5人，年耗能实现折标煤80吨，具备较为完整的专业技术人员职称机构和经营管理人员结构。杭州中信玻璃有限公司拥有高层管理人员2名、中层管理人员5名，并通过ISO 90001：2000认证。杭州沃尔特数码钢琴有限公司2005年研发投资50万元、2006年研发投入实现100万元。杭州国立包装有限公司拥有高层管理人员13人、中层管理人员6人，并注册商标1个。

2007年其他制造业及加工业规模企业概况一览表

表4－2－27

企业名称	法人代表	创办时间	地点	职工人数（人）	年产值（万元）	主要产品	企业技术结构	管理水平	其他
杭州中信玻璃有限公司	俞慧芳	2003年11月	五常后山路27号	65	2411	玻璃深加工制品	—	高层2人 中层5人	ISO 90001：2000认证
杭州建益实业有限公司	张慧萍	1996年11月	五常乡白庙村	129	12949	房间用品、童车、制冷配件	高级1人 中级4人 初级9人	高层2人 中层5人	授予专利9项 注册商标1个
杭州沃尔特数码钢琴有限公司	赵为民	2003年1月	顾家桥村后山路5号	50	798	数码钢琴、电子琴	—	高层5人 中层10人	—
杭州国立包装有限公司	吴国强	2002年7月	丰岭路18号	90	2290	木制品正装箱	—	高层13人 中层6人	注册商标1个

杭州中信玻璃有限公司　杭州中信玻璃有限公司是一家专门从事家具、工艺品等钢化玻璃的专业生产厂家。位于杭州绕城高速公路留下口五常后山路27号。工厂的主要设备有钢化炉、清洗机、磨圆机、异形机、玻璃印刷机等。实行电脑联网管理实时监控，工厂生产现场作业。工厂已具备相当规模的生产力（年产量60万平方米）。生产的品种齐全，能开发各种圆形、方形、异形、椭圆、磨边及抛光处理，另外如钻孔、丝印、磨砂、喷砂等各种基本加工手段齐备。工厂产品由国家玻璃介绍中心认可，具有优良的品质及完善的售后服务。主营产品或服务：灯具钢化玻璃、家具钢化玻璃、工艺品玻璃、异形钢化玻璃、家居玻璃用品。

杭州沃尔特数码钢琴有限公司　杭州沃尔特数码钢琴有限公司（杭州发时达电子有限

公司）是西班牙外商投资于中国杭州的股份制企业，主要生产数码钢琴、电子琴和金属探测器等电子产品。

杭州国立工贸集团有限公司　前身是杭州国立包装有限公司。位于五常街道丰岭路18号，成立于2002年7月。公司专业从事研发、制造、销售木制包装产品，是国内行业领先的包装产品和包装解决方案的专业提供商。国立集团拥有18家子公司，员工近1000人，集制造业、物流运输、物业租赁等多产业于一体。公司主要生产经营木质包装箱、围板箱、生物质燃料及新型模压托盘等产品。公司与浙江林学院等国内知名院校建立合作关系。公司组建了高端木质包装产品研发中心，拥有20多项自主知识产权（其中含国内外发明专利数项）。公司注册商标"国立"获得杭州市著名商标称号。

十一、高新科技及新兴产业

2000年，五常乡在工业区内专门规划13.33公顷高新技术企业区块和6.6公顷小企业功能区块。

2001年，五常高新科技园区占地200公顷，总投资17亿元，建成后的园区将成为以科研、文教功能为核心的高新技术孵化与创业基地。

2011年，在五常街道"科技五常"战略目标的引领下，不少高新技术企业完成了从传统劳动密集型到科技研发推动型的产业结构升级。实现规模以上工业企业总产值88.71亿元，第三产业增加值15.15亿元，完成税收总收入8.25亿元，人均GDP13.02万元（折合1.97万美元），人均收入达到21794元，连续五年位居余杭区第一名。

2013年，新增规上企业6家，总数达到了26家，其中新增国家重点支持领域高新技术企业4家；国家火炬计划重点高新技术企业1家；新增省级研发中心2家，省级企业研究院1家，省级科技型企业10家；市级院士专家工作站1家；新增市级企业技术中心1家，完成2家规模企业专利申报。至2021年，五常街道规上服务业及限上贸易单位涉数字经济核心产业企业共75家，新增8家区级上市培育企业；新增"国高"78家，累计达293家；新增省级企业研究院2家，累计达13家；新增省级研发中心7家，累计达33家；新增专精特新企业9家，累计达11家。是年，街道专利授权量2342件，其中发明专利授权量585件。

高新科技及新兴产业企业概况一览表

表4-2-28

企业名称	法人代表	创办时间	地　点	职工人数（人）	注册资本（万元）	主要产品
杭州华安医疗保健用品有限公司	张宏	1997年4月	五常街道辅助南路1号2幢	151	2200	笔式电子体温计
杭州中艺实业股份有限公司	李韧	1999年12月	五常街道五常大道169号	263	6000	户外休闲家具
杭州迅得电子有限公司	沈溢	2010年11月	五常街道五常大道163号	80	500	印制电路板（PCB）定制、样板组装、SMT（片状元器件）贴片

续表4-2-28

企业名称	法人代表	创办时间	地　　点	职工人数(人)	注册资本(万元)	主要产品
浙江正元智慧科技股份有限公司	陈坚	2000年3月	五常街道文一西路1500号	480	12731.4	增值电信业务
浙江图讯科技股份有限公司	王斌	2000年12月	五常街道五常大道168号	206	6525	无线通信系统、专用多媒体播放器、消防设备
杭州晟元数据安全技术股份有限公司	张飞飞	2005年11月	五常街道文一西路998号9幢东楼	99	5400	芯片设计和算法研究
浙江捷尚视觉科技股份有限公司	尚凌辉	2007年7月	五常街道文一西路998号7幢东楼	9	9110	计算机视觉技术、数字图像处理技术
浙江图维科技股份有限公司	贾晓刚	2005年12月	五常街道文一西路998号4幢	189	3861.1	城市电缆信息化、智能化建设

杭州华安医疗保健用品有限公司　位于五常街道辅助南路1号2幢，成立于1997年4月。是一家专业研发和生产电子体温计、红外耳温枪、电子血压计系列产品的企业，主要产品有笔式电子体温计、婴儿奶嘴式电子体温计、红外线耳温枪和电子血压计。年产电子体温计500万支（只），红外耳温计30万个，电子血压计10万台。公司是国内首家获欧盟产品认证的专业生产电子体温计、红外线耳温枪、电子血压计产品的厂家。

杭州中艺实业股份有限公司　位于五常街道五常大道169号，成立于1999年12月。是户外家居设计、研发、制造、销售一体化公司。公司主要产品是户外休闲家具类产品，包括阳台桌椅、庭院桌椅、遮阳伞/篷类产品、沙滩野营类产品、太阳能灯产品。2003—2004年荣获杭州市外贸出口“金龙奖”，成为中国民营企业出口百强。2005—2006年获评杭州市重点培育和发展的出口名牌、杭州市著名商标。2007—2008年被评为“杭州市外贸进出口百强企业”。2013年8月“浙江省工业设计中心”通过认定。

杭州迅得电子有限公司　位于五常街道五常大道163号，成立于2010年11月。公司是高品质、一站式电子解决方案供应商，从事电子组装服务，所涉服务包括PCB定制、样板组装、SMT贴片等。产品和服务广泛应用于通信、工控、医疗、汽车、航空、消费、物联网等各个领域。公司配置1200平方米防静电无尘车间，配备高度自动化的电子组装生产线，进口贴片设备，以及专业的检测仪器。

浙江正元智慧科技股份有限公司　位于五常街道文一西路1500号，成立于2000年3月。公司长期致力于智能卡技术的应用拓展，通过智能识别、数据融合、移动计算、云计算等大数据技术的研究应用，以及可穿戴设备、移动智能终端设备的产品开发。公司集软件研发、硬件制造及运维服务于一体，是国家火炬计划重点高新技术企业、国家规划布局内重点软件企业。产品通过公安部、人民银行认证，先后获“科技进步一等奖”“国家金卡工程金蚂蚁奖”“中国国际软件博览会金奖”。公司通过CMMI 5级评估，具有智能化设计、工程施工、系统集成、人防、安防等多项国家一、二级资质，先后承接了西北师范大学、兰州大学、杭州电子科技大学及杭州市民卡、上海环球金融中心、浙江省政府一卡通、解放军士兵卡、三级网等项目建设，获“浙江省知名商号”等多项荣誉。

浙江图讯科技股份有限公司　位于五常街道五常大道168号，成立于2000年12月。是一家专业从事电子政务建设及安全生产信息化产品研发的高科技企业。先后承担国家、省、市各级科研项目9项，拥有软件产品证书、产品著作权及专利20余项。

杭州晟元数据安全技术股份有限公司　位于五常街道文一西路998号9幢东楼，成立于2005年11月。是一家以芯片设计和算法研究为基础、面向视觉识别和数据安全方向的人工智能高新技术企业。公司坚持自主研发，获得了200多项自主知识产权专利及软件著作权，15项集成电路设计版权。

浙江捷尚视觉科技股份有限公司　位于五常街道文一西路998号7幢东楼，成立于2007年7月。是致力于视频智能分析技术研究及其产品开发的创新型企业（高新技术企业）。公司获得计算机软件著作权36项、软件产品登记17项，并获得专利34项、受理专利申请20余项；公司还曾获得2013年公安部科技进步二等奖，慧聪网2014年度全国十大卓越品牌。2015年4月17日，公司在新三板挂牌上市。

浙江图维科技股份有限公司　位于五常街道文一西路998号4幢，成立于2005年12月。公司专注于城市电缆信息化、智能化建设，是一家集研发、生产、信息化平台建设及技术服务于一体的高新技术企业。公司拥有国内专利27项，国际专利3项，多项技术及产品填补了行业的空白。是国内的城市电力管线信息化、智能化完整解决方案和技术服务供应商。

第三节　先进单位与品牌建设

一、先进单位

1979年，中共浙江省余杭县五常人民公社革命委员会评选先进集体。评选先进集体条件：一、领导班子团结，执行党的方针政策好；二、科学种田好；三、经营管理好；四、增产增收好；五、提倡晚婚、计划生育好。1979年获红旗奖项单位9家，其中企业1家；先进集体奖项单位63家，其中企业12家。

1979年五常人民公社群英大会获奖单位一览表

表4－2－29

序号	名　　称	代表系统	奖项
1	五常供销社生产资料门市部	企业	先进集体
2	五常公社鱼种场	企业	先进集体
3	五常农机厂变压器车间	企业	先进集体
4	友谊大队电表厂	企业	先进集体

续表4－2－29

序号	名　　称	代表系统	奖项
5	联胜大队水泥厂	企业	先进集体
6	东方红大队拉丝厂	大队企业	先进集体
7	源谊大队棉织厂	大队企业	先进集体
8	红旗大队印刷厂	大队企业	先进集体
9	东风大队五金厂	大队企业	先进集体
10	民丰大队预制品厂	大队企业	先进集体
11	荆山大队石材厂	大队企业	先进集体
12	五常建筑队第四组	大队企业	先进集体
13	五常水泥厂	社办企业	全面红旗

2001年，杭州市余杭区人民政府发布《关于公布余杭区2000年度特级、一级、二级工业企业的通知》，余杭区2000年度特级工业企业入选22家，五常乡片区内“华立集团有限公司”入选。“杭州西子混凝土有限公司”入选余杭区2000年度一级工业企业。

2002年，杭州市余杭区人民政府发布《关于公布余杭区2001年度特级、一级、二级工业企业的通知》，宣布“华立集团有限公司”“浙江飞碟客车制造有限公司”入围余杭区2001年度特级工业企业。中共杭州市余杭五常经济工作委员会发布《关于对工业战线先进村及企业进行表彰的决定》，文件中对2002年上半年实现工业现行产值、销售收入、利润等三项全年计划指标过半的荆山村、横板桥村、油车斗村、天竺桥村、顾家桥村、白庙村、断桥村、邱桥村、金家塘村、横家桥村、木桥村、源谊村、南河头村、杭州西子混凝土有限公司、杭州成洲锯业有限公司、余杭五常仪表配件五金厂等16个村或单位进行表彰。

2005年，中共杭州市余杭区委发布《关于对全区工业经济再造工程先进集体、2005年度工业战线先进单位予以表彰奖励的决定》。决定指出，五常管委会被选中“余杭区实现‘三年翻番’目标乡镇、街道、管委会”“余杭区2005年度招商引资先进单位”；华立产业集团有限公司被评为“余杭区实现‘三年翻番’目标突出贡献金奖企业”“余杭区实现‘三年翻番’目标规模奖企业”“余杭区2005年度自营出口十强工业企业”“技术进步示范企业”“质量管理示范企业”；杭州三狮水泥有限公司被评为“质量管理示范企业”。

2013年，五常街道表彰2012年度经济发展先进单位与项目建设先进单位，共对30个单位及7个项目予以表彰。华立集团、淘宝（中国）软件有限公司、杭州碟星实业有限公司、杭州西溪国家湿地公园西区经营管理有限公司、杭州品物流形设计有限公司5家单位获特殊贡献奖；华立集团、浙江钱潮控股集团股份有限公司、杭州中艺实业有限公司、杭州西子混凝土有限公司、浙江融信网络技术有限公司、浙江鸿雁塑胶制造有限公司6家单位获纳税先进企业称号；杭州鸿雁工贸有限公司、杭州西子混凝土有限公司、浙江白象电器成套设备有限公司、杭州金洋金属材料有限公司、浙江图讯科技有限公司、浙江科信科普发展有限公司、浙江小布叮动漫文化股份有限公司、杭州中艺实业有限公司、杭州大恩食品有限公司、杭州香溪铭家酒店管理有限公司10家单位获经济发展先进企业称号；杭州中艺实业有限公司、杭州卡斯汀进出口有限公司、浙江达峰科技有限公司3家单位获自营出口先进企业称号；杭州杭正电子科技有限公司、杭州赛明照明电器有限公司、杭州速泽电子科技有限公司、浙江达峰科技有限公司、浙江图讯科技有限公司5家单位获科技创新先进企业称号；文一社区获集体经济发展优胜奖；五常社区获集体经济发展提高奖；浙江中博光电科技有限公司、杭州杭正电子科技有限公司、杭州和山科技有限公司、杭州华剑五金工具有限公司4家单位获新进规模工业企业称号；杭州元麦汽车有限公司、浙江小布叮动漫文化股份有限公司、浙江图讯科技有限公司、浙江科信科普有限公司、杭州正蓝网络技术有限公司5家单位获新进线上服务业企业称号；阿里巴巴淘宝城项目（浙江淘宝科技有限公司）、杭州西溪深国投商业中心项目（杭州润衡置业有限公司）、西溪派商务办公中心（杭州豪立实业有限公司）、豪波置业创新商务中心项目（杭州豪波置业有限公司）、纽蓝顿（蓝信）商务中心项目（浙江蓝德置业发展有限公司）、森禾高新生物研发科技园及总部经济楼项目（杭州森禾农业开发有限公司）、西溪花城与西溪庭院安置房项目（浙江省赞成集团有限公司余杭房地产分公司）7个项目获项目建设先进单位称号。

2020年，五常街道对2019年度产业经济战线上的先进单位进行表彰。华立科技股份有限公司、浙江达峰科技有限公司、浙江时空能源技术有限公司3家单位获制造业高质量发展奖；华立集团股份有限公司、杭州中艺实业股份有限公司、杭州卡斯汀进出口有限公司3家单位获开放型经济贡献奖；杭州润衡置业有限公司、浙江心怡供应链管理有限公司、杭州中联筑境建筑设计有限公司、杭州元麦汽车有限公司、杭州新七天网络科技有限公司、杭州鸿雁工贸有限公司、浙江乐之网络科技有限公司、康健苗苗（杭州）医药有限公司、杭州康晟健康管理咨询有限公司9家单位获服务业高质量发展奖；浙江核新同花顺网络信息股份有限公司、杭州西子混凝土有限公司、浙江三维通信移动互联有限公司、杭州博盾习言科技有限公司、浙江钱潮控股集团股份有限公司5家单位获财政贡献奖；中移（杭州）信息技术有限公司、浙江图讯科技股份有限公司、浙江图维科技股份有限公司、杭州晟元数据安全技术股份有限公司、浙江厚达智能科技股份有限公司、杭州魔点科技有限公司、杭州瑞普基因科技有限公司、杭州叙简科技股份有限公司8家单位获科技创新贡献奖；浙江兆晟科技股份有限公司、杭州华安医疗保健用品有限公司获疫情防控特别贡献奖。

二、品牌建设

2005年，五常街道片内“杭州家豪五金工具有限公司”“杭州华丰通信器材有限公司”获“区知名企业”称号。

2020年，五常街道入选“浙江省商标品牌战略示范乡镇（街道）”。

2021年，余杭区政府通过统计区内工业企业2020年1—11月营业收入，整理得出“余杭区百强企业榜”。其中，五常街道区域内上榜企业包括“华立科技股份有限公司”“杭州西子混凝土有限公司”“浙江达峰科技有限公司”。

第四节 著名企业

一、华立集团

华立创立于1970年，最初由3家制造雨伞、扫帚和竹器的小作坊合并而成，开展小规模电能表生产。20世纪90年代发展成为中国电工仪表行业规模最大的企业，而后开始跳出工厂化发展模式而进行多元化投资，已投资、培育涉足医疗健康服务、中医国药、处方药产业及精准医疗服务、清洁能源及物联网产业、新材料产业、创新创业服务等。到2021年底已发展成为以华立集团股份有限公司为母体，多个产业集团公司组成的多元化投资发展的民营企业集团，专注于实业经营、产业投资与整合。控股昆药集团、健民集团、华正新材三家A股上市公司，形成了以医药为核心主业，以智能电网、新材料为战略产业的“一主两翼”产业布局及以“境外工业园”为载体的海外产业集聚平台。自2000年起持续蝉联中国民营企业500强，为“一带一路”建设示范企业。

发展历程 1970年9月，余杭镇生产竹器、雨伞、笔管扫帚的手工业合作社合并成为“余杭镇竹器雨具厂”，该厂是华立集团的前身；1971年7月，首批10只DD16型单相电度表问世，实现从手工业制品到工业产品的转变；1975年，参与开发试制的DD28型电能表样品通过哈尔滨电工仪表研究所的鉴定，被列为DD28型电度表四家批试厂之一；1982年通过全国电能表生产许可证考核检查，获得DD28型单相电能表生产许可证，进入工厂化时代，同年企业产品以立志创建民族品牌之意定名“华立”商标，并经中华人民共和国工商行政管理局〔82〕字第981号文件核准；1987年，经职工代表大会推荐，余杭县二轻工业总公司任命汪力成为厂长，并实行厂长全面负责制，提出“多品种发展、专业化生产，大集团模式、小核算体系，全方位开发、多角化经营，混合型经济、跨地区战略”四十字经营战略方针；1989年，华立电能表实行产销分离，成立销售服务公司，实施区域化战略。1993年集团升为首批企业集团，集团综合经济指标位列全国电工仪表行业第一，成为行业龙头企业；1994年华立作为浙江省百家现代企业制度试点单位之一，开启产权制度改革；1996年，兼并西南地区最大电度表厂——重庆电度表厂，迈出了跨区域发展及并购发展的第一步；1999年，通过人员、债务、资产全剥离，收购重庆上市公司ST川仪的净壳，在半年时间摘掉了ST的帽子并更

20世纪70年代，位于余杭镇直街181号的华立仪表厂生产车间

名为重庆华立控股，迈开了资本经营的第一步；2000 年 9 月首次提出“技术领先、资本经营、国际化”三大战略；同年以青蒿素产业化涉足医药产业，在泰国设立电能表工厂，实施国际化战略迈出第一步；2002 年分别收购控股了昆明制药（现昆药集团）、武汉健民（现健民集团），并进一步通过收购整合，完成了医药产业从资源到品种再到营销网络的战略布局；2004 年，华立在泰电能表制造工厂占据泰国主要市场；2005 年，华立开启境外模式创新，在泰国东部的罗勇工业园区投资开发规划占地 12 平方公里的“泰中罗勇工业园”，并成为中国首批在海外设立的八个工业园之一。2006 年初，华立宣布医药为集团的核心主业；2007 年 7 月经营理念从“做大、做强”向“做精、做强、做长”转变；2014 年 7 月华立召开首届创新发展大会，深入提出“互联网时代下的创新发展”，推倒“隔热墙”，组织架构扁平化；2015 年 9 月首次全面提出“华立大健康产业发展战略”设想框架；2016 年 1 月正式发布“华立大健康产业发展战略 V1.0”，同步提出“守护绿色家园·分享健康生活”的商业理念；2016 年 9 月华立率先提出“传统企业转型升级路径 =（互联网思维 + 工匠精神）×创新驱动”，同月与西门子（中国）达成智能制造全面战略深度合作；2017 年 1 月迭代发布“华立大健康产业发展战略 V2.0”，聚焦主航道，明确“以社区诊所为切入点，打造上门/就近医疗特色服务，构建未来社区健康生活新业态”的战略目标，同年 9 月聚焦基层医疗健康服务的“1 + 30 + 3 + N”医联体首发上市，华方医院正式开业，12 月华立开放式“双创”孵化平台荣膺 2017 年制造业“双创”示范企业；2018 年 6 月健民叶开泰中医药文化街区开业，华立大健康产业生态从做药卖药向“产品 + 延伸服务”升级。

核心产业 华立通过资本经营、产业融合等手段，实施多元化战略布局和跨地域发展，形成了以电力自动化、制药、电子信息等产业为主的高科技产业群；通过资本市场的并购与整合，完成了医药产业从资源到品种到营销网络的战略布局，同步实现了核心业务的成功转型，形成以医药产业为“一主”、新材料产业和智慧物联网产业为“两翼”的“一主两翼”的产业格局。

医药产业 昆药集团股份有限公司：1951 年 3 月，昆药集团成立；2000 年 12 月在上海证券交易所上市；2002 年，华立集团入驻昆药集团。昆药集团是国家重点高新技术企业、中国医药工业百强企业。集药物研发、生产、销售、商业批发和国际营销于一体，形成了以自主天然植物药为主，涵盖中药、化学药和医药流通领域的业务格局，合力打造聚焦心脑血管疾病，专注慢病治疗领域的创新型、国际化药品提供商。

健民药业集团股份有限公司：1937 年健民集团创立，原名“叶开泰”；1953 年 6 月，叶开泰改造为武汉健民药厂；2004 年在上海证券交易所上市；2005 年华立集团入主健民集团。健民药业以发展中医药为核心，拥有“健民”和“龙牡”两大现代品牌和“叶开泰”老字号品牌，综合实力跻身全国医药企业百强之列。

浙江华方医护有限公司：华方医护（又称华方 e 护）成立于 2015 年 12 月，以创新“1 + 30 + 3 + N”模式，是一家聚焦基层医疗健康服务，打造新型综合基层诊疗、慢病管理、健康管理、诊前诊后服务的全方位医疗健康服务管家。

新材料产业 华正新材：2003 年成立。2017 年 1 月，在上海证券交易所上市；2020 年底，公司有员工约 1800 人，拥有有效国家专利 181 项，其中发明专利 71 项，实用新型专利 102 项，主导或参与制定国家及行业标准 10 项。企业到 2021 年底已获得了“国家企业技术中心”“浙江省企业技术中心”“浙江省企业研发中心”“浙江省企业研究院”“浙江省级博士后工作站”等称号。华正新材主导生产的新材料产品均已通过中国 CQC、美国 UL、日本 JET 和 SGS 认证，并广泛应用于 5G 通信信号交换系统、云计算储存系统、自动驾驶信号采集系统、物联网射频系统、医疗设备、轨道交通、新能源、绿色物流等各大领域。

智慧物联网产业 华立科技（原华立仪表）成立于 1970 年，是华立集团旗下致力于电力计量、智能仪器仪表、配网自动化、社区微网（含光伏、储能）、智慧能源管理、智能制造产业的核心业务公司。从 1971 年开发出第一代 DD16 型机械式电能表以来，专注于公共计量仪表及系统集成领域，公司电能表产品的各项主要经济指标从 1993 年开始，持续保持名列全国同行之首，是中国最具综合竞争力的公共计量仪表及系统供应商之一。

工业园产业 泰中罗勇工业园：成立于 2005 年，是由中国华立集团与泰国安美德集团在泰国合作开发的面向中国制造业的现代化工业区。园区位于泰国东部海岸、靠近泰国首都曼谷和廉差邦深水港，总体规划面积 12 平方公里，包括一般工业区、保税区、物流仓储区和商业生活区，主要吸引汽配、机械、家电等中国企业入园设厂。

泰中罗勇工业园已被中国政府认定为首批“境外经济贸易合作区”。截至 2019 年 1 月，园区已吸引了 118 家制造业企业集聚，带动泰国当地超 3.2 万人就业，中国对泰国投资超 35 亿美金。园区累计实现工业总值超 120 亿美金，已成为中国优势产能在泰国乃至东盟的产业集群中心和出口基地。

北美华富山工业园：成立于 2015 年，是由中国华立集团、富通集团和墨西哥桑托斯家族联合开发建设的面向全球制造业的现代化工业区，已被认定为浙江省境外经贸合作区。园区位于墨西哥新莱昂州蒙特雷市北部约 20 公里，距美国德州拉雷多市约 200 公里，总体规划面积 8.5 平方公里，是以工业开发为主，综合配套各项公共服务功能和部分居住功能的综合性工业新城。

181 社区：位于杭州余杭五常大道 181 号，占地 40.2 万平方米，规划和建设 80 万平方米，计划总投资超 40 亿元。截至 2018 年底，累计引进和孵化培育企业 500 余家，其中国家级高新技术企业 15 家，培育新三板上市企业 3 家，预备主板上市企业 3 家，园区总营收超 80 亿元。园区精准聚焦“大健康、智能制造、跨境电商”三大领域，积极推动三大产业在 181 社区的集聚、孵化、成长，继而有效协同华立大健康产业发展，形成一个开放的，集创新、创业、生活、休闲、娱乐、学习、社交于一体的聚焦大健康产业的经济商圈。

其他产业 华盈小额贷款：华盈小额贷款股份有限公司，成立于 2010 年，位于杭州市余杭区五常街道联胜路 10 号 2－3，西溪汇 2 号楼 1 楼，注册资金 2 亿元。华盈小额贷款是经浙江省人民政府金融办批准的地方金融机构，连续多年被浙江省人民政府金融工作办公室评为浙江省 A 级优秀小额贷款公司。

厚达智能：浙江厚达智能科技股份有限公司是由华立集团和中国轻工业自动化研究所等单位发起并组建的，是一家专注于智能工厂整体解决方案的国家级高新技术企业。厚达智能致力于“打造智慧工厂、助力企业持续领先”的公司愿景，提供的主要产品包括中药智能化煎制系统、移动机器人、智能仓储及物流系统、电力产品及售后运维服务，并为客户提供智能工厂的整体解决方案的总设计、总集成、总承包和总服务。

厚达智能以机器人＋智能系统和产品的研发、生产、销售为基础产业，重点为中医药行业提供智慧中药房装备与服务整体解决方案。设有智慧中药事业部、伊尹健康技术公司、智能装备技术公司，为医疗机构、区域医联体及医共体、中药饮片医药公司、第三方煎药中心输出规划、设计、建设、运营及运维的一站式整体解决方案。

国际化战略 华立集团产品销售遍及五大洲，涉及120多个国家和地区；全球有十大生产制造基地；“三大三小”境外工业园。

华立集团八厂装配车间

华立在非洲：2003年，华立国际公司成立并进入光伏产品及系统、电网设备及工程领域；中小型离网太阳能系统业务深入非洲地区，在尼日利亚、埃塞俄比亚、卢旺达、委内瑞拉等地设立境外子公司和办事处；2006年，华立成为商务部对外援助实施企业，共实施中国政府抗疟药援助项目300余个，向疟区国家提供了价值超过3.5亿元、1800万人份的抗疟药品，承担21期商务部援外培训班，来自61个国家的550余名学员参加华立组织的疟疾防治、热带病防治和医疗器械类培训。

华立在泰国：2000年，华立在泰国曼谷投资建设电能表组装工厂，实施“销地产”战略；2005年，华立与泰国安美德集团合作开发建设泰中罗勇工业园；2010年，泰中罗勇工业园完成一期1.5平方公里开发建设，启动二期2.5平方公里建设；2017年，泰中罗勇工业园入园企业突破100家，总开发面积超6平方公里。

华立在柬埔寨：2010年，华立生态产业（柬埔寨）有限公司成立投资建立农业生态园区；2014年，取得由柬埔寨政府农业部与土地部批准的正式经济特许土地权证。园区已开发土地约2000公顷，包含水稻、木薯、橡胶、剑麻等多种粮食与经济作物。公司农场园区已配备现代化农业所需机械设备、海外农业专家团队，并已建立农场办公区域。华立公司致力于在柬埔寨打造精品的中资海外现代化农业园区。

华立在北美：2014年，华立集团与富通集团联合成立合资公司“浙江华立富通投资有限公司”；2015年，华立富通与墨西哥桑托斯家族联合开发北美华富山工业园；2017年，北美华富山工业园首期标准厂房建设竣工；2018年，北美华富山工业园启动二期标准厂房建设；2019年1月入驻企业突破5家，意向签约企业6家；3月，首家入驻企业顺利投产。

二、浙江飞碟汽车制造有限公司

浙江飞碟汽车制造有限公司成立于1995年，总部位于浙江省杭州余杭区五常荆长路33号，集汽车研发、生产、销售于一体，产品覆盖城配、城乡、城际及新能源汽车平台，为城市物流运输提供综合解决方案，致力于成为一流的绿色智慧物流产品与服务提供商。飞碟汽车致力于打造开放、创新和具有国际竞争力的汽车工业集团。飞碟汽车经过十几年的发展，已经形成传统燃料和新能源为主要动力能源的产品系列，涵盖了微卡、小卡、轻卡、中卡多种产品线。

发展历程　1995年，浙江飞碟汽车制造有限公司成立；2005年，五征集团收购飞碟汽车；2008年，飞碟奥驰产品发布，飞碟汽车进入商用车生产领域；2010年，10万辆汽车生产线竣工投产；2016年，飞碟缔途上市发布实现双产品平台发展；2020年，飞碟W上市发布，飞碟汽车进入高端物流车生产领域；2020年，新能源飞碟Q2上市发布，飞碟汽车进入绿色智能时代；2020年，飞碟汽车·五十铃动力版下线。

企业荣誉　1999年公司获评“浙江市场质量计量信得过单位”，并连续几年获评银行信用等级AAA级和重合同、守信用单位。

2003年5月，通过中国国家强制性产品认证（3C认证），获得认证证书。

2004年，被杭州市人民政府授权评定为AAA级信用等级单位。

2009年，飞碟汽车技术中心升级为国家认定企业技术中心。

2010年，飞碟汽车技术中心被评为山东省工业设计中心。

2015年，第八届中国国际卡车节油大赛上，飞碟汽车奥驰系列获平板车轻卡组节油冠军和厢车轻卡组节油冠军2项大奖。

2016年，第九届中国国际卡车节油大赛上，缔途GX1.5L轻卡、缔途DX1.9L轻型厢式货车以及奥驰3.8L轻卡获得节油大赛冠军。

品牌产品　飞碟汽车实施单一品牌战略，下设四大产品系列，分别为飞碟奥驰、飞碟缔途、飞碟Q、飞碟W。飞碟W系列是全新一代安全效能卡车，整车采用流体之力的设计理念，融合全球供应链；飞碟Q系列覆盖微面、微卡产品线，包括专注城市快递最后一公里的新能源飞碟Q2及专注短途运输的传统能源飞碟Q3；飞碟缔途系列定位专业物流卡车；飞碟奥驰系列覆盖轻卡、中卡产品线，为城乡中端用户提供综合性物流运输解决方案。

研发能力　飞碟汽车持续加大研发投入，打造一流汽车研发能力，每年研发投入占比高达13%（行业平均研发投入8%），2017—2019年先后承担了40项国家科技支撑计划等重大项目。飞碟汽车已打造了一支500余人的技术研发团队，构成了飞碟汽车的核心竞争力，取得发明专利186项，新能源产业发明专利38项。

试验检测　飞碟汽车拥有国内领先的试验检测中心，占地6372平方米，配备国内外先进的试验设备共50余台，具备整车及关键零部件的测试验证能力，其中整车侧翻、驱动桥总成、传动轴、板簧等12项试验获CNAS认可。该中心先后被评为“国家认定企业技术中心”“中国合格评定国家认可委员会认可实验室”“山东省企业重点实验室”“山东省工程实验室”“山东省工业设计中心”“山东省院士工作站”。

第三章　商贸服务业

境内商业随农业、工业发展而日渐兴起，主要集中于集镇，均为私人或合伙经营。1956年，完成对私营商业的社会主义改造，个体商业走上合作化道路，商品贸易被纳入计划经济轨道。1958—1976年，商品流通领域强调计划和集中统一，政策上多管少放，造成物资匮乏，凭票限量供应商品和按计划统购派购产品不断扩大。经营体制以国营、供销合作商业占主导地位，个体私营商店被取消，集市贸易萎缩。至1978年改革开放前夕，境内的社会商品零售总额为数十万元。1978年中共十一届三中全会以后，改革商业体制，传统商业经营模式发生变化，计划经济逐步向市场经济转变，商品流通由计划分配转为多渠道自由经营。此后，个体私营商业发展，商业结构既有综合性大型商场，又有大量小型综合商店、专业商店、专卖商店。

2011年，五常大道沿线引导30家企业“退二进三”，转型实现第三产业全面升级，倾力打造五常南部核心区商业中心。阿里巴巴电子商务淘宝城总投资13亿元，占地40公顷；宏丰家具城集创新型专业卖场、特色商业街、生活超市、商务办公、现代物流于一体。2015年，全年完成社会消费品零售额21.22亿元。2019年，社会消费品零售额达51.73亿元。

第一节　流通体制

中华人民共和国成立后，国有商业和供销合作商业逐步形成。1953年开始利用、限制、改造私营商业，1956年完成对私营商业的社会主义改造，国有和供销合作商业渐占主导地位，至1958年境内已无个体私营商业。1961年起调整政策，出现国营为主、集体为辅、个体少量的商业格局。20世纪70年代中期建立国营商业为主体的商业体制，形成与社会主义计划经济相适应的商品流通体制。1979年以后，个体、集体商业发展较快。1992年，商业经济体制改革步伐加快，商业、供销、粮食、物资等部门开始由行政管理机构向经济实体转交。1994年开始，国有、供销合作商业企业在明晰产权、建立现代企业制度上迈出新步伐，推行经营承包制、合资制、合作制、股份制，呈现国有、集体、股份、个体多种体制并存，批发、零售、专卖、超市多种经营方式齐上的繁荣局面。1995年以后，随着股份制商业和个私商业的快速增长，国有商业、集体商业份额逐渐减少，不再承担商品流通领域主要角色。

一、个体私营商业

五常农业发达，商贸不兴。经商形式主要为行商，以收购农副产品为主，商品少量供应本地，多数贩运外地销售；另有肩挑设摊的货郎与小贩。20世纪50年代，主要靠供销社经营。1980年以后，市场放开搞活，工商行政管理部门陆续批准个体商户开业，从事零售业、饮食服务业。2020年年末，五常街道登记在册个体商业280户，个私商业完成社会消费品零售额650万元。

二、国营商业

1950年5月，中国百货公司余杭县支公司与中国百货公司杭县支公司相继成立，负责县内日用商品供应。嗣后，又相继建立粮食公司、专卖公司、土产公司、盐业公司。国营商业建立后，掌握关系国计民生的重要生产、生活资料，打击投机倒把，平抑物价。同时，积极扶持供销合作社，五常建有五常供销社与经理部，委托开展粮、麻、茧等代购代销业务，采取多种形式组织城乡物资交流，疏通流通渠道，活跃城乡经济，发挥商品流通主渠道作用。1953年以后先后实行粮食、油料、棉花、棉布统购统销和烟酒专卖及生猪、黄红麻、蚕茧、茶叶、毛竹等农副产品派购政策。1956年后，国营商业批发、零售机构进一步扩大，统一组织分配货源，金属材料、机电设备、化工原料等生产资料及建筑材料，由国家统一分配，不进入商品流通领域。1979年以后，国有商业体制改革，内部机制搞活，业务得以发展。1991年，组建县国营商业总公司，五常建有分公司。1996年底，余杭市商业局成建制转为经济实体，余杭市物资局也转变为物资总公司。2001年9月，撤销商业总公司和物资总公司，组建余杭市商业资产经营有限公司。2003年5月，商业资产经营有限公司整合于区投资控股有限公司，粮油总公司也转制为有限责任公司。由于原由国有商业计划供应的物资逐渐敞开供应，个体私营商业的快速发展和国有商业企业的先后转制，国有商业在全社会商品零售总额中所占份额锐减。2020年，五常街道有国有企业23家。

五常街道现存国有企业一览表

表4-3-1

序号	企业名称	企业地址	企业经营业务
1	中国电信股份有限公司杭州余杭五常营业厅	杭州市余杭区五常街道联胜路10号2幢106室	通信行业
2	中国建设银行股份有限公司杭州西溪支行	杭州余杭区五常街道五常大道163号	金融机构
3	中国邮政集团有限公司杭州市五常营业所	浙江省杭州市余杭区五常街道西溪北苑74-7一层101室	邮政行业
4	中国邮政储蓄银行股份有限公司杭州市五常营业所	浙江省杭州市余杭区五常街道西溪北苑74-7/8一至二层	金融机构
5	浙江浙能科服能源技术有限公司	浙江省杭州市余杭区五常街道余杭塘路2159-1号1幢B203室	投资机构
6	中国电信股份有限公司浙江网络科技分公司	浙江省杭州市余杭区五常街道溪沁街8号	通信行业

续表4－3－1

序号	企业名称	企业地址	企业经营业务
7	中国电子科技集团公司第五十二研究所	浙江省杭州市余杭区五常街道爱橙街198号中电海康集团有限公司海创园区A号楼	批发行业
8	杭州未来科技城商务秘书有限公司	浙江省杭州市余杭区五常街道文一西路998号18幢111室	投资机构
9	杭州信安智创网络科技有限公司	浙江省杭州市余杭区五常街道衢海大厦4幢603－1室	信息服务业
10	杭州兴氚贸易有限公司	浙江省杭州市余杭区五常街道盛奥铭座6幢402－10室	批发零售业
11	杭州钒茗服装有限公司	浙江省杭州市余杭区五常街道西溪八方城7幢1116室	纺织服装业
12	杭州洱陇贸易有限公司	浙江省杭州市余杭区五常街道盛奥铭座7幢602－5室	批发行业
13	中国建设银行股份有限公司杭州城西科创支行	浙江省杭州市余杭区五常街道文一西路998号5幢103室	金融机构
14	中国农业银行股份有限公司杭州联创支行	浙江省杭州市余杭区五常街道联创街133号1幢一楼	金融机构
15	浙江衢丽铁路有限公司杭州分公司	浙江省杭州市余杭区五常街道联创街153号杭州丽水数字大厦A座705室	交通运输业
16	浙江省环境科技有限公司杭州分公司	浙江省杭州市余杭区五常街道创智天地中心11幢801、802、803室	商务服务业
17	中国银行股份有限公司杭州城西科创支行	浙江省杭州市余杭区五常街道文一西路998号4幢101－1室	金融行业
18	中国电信股份有限公司杭州余杭区分公司	浙江省杭州市余杭区五常街道溪沁街8号中国电信浙江创新园A区2号楼3单元5～6层	通信行业
19	中国电信股份有限公司浙江号码百事通信息服务分公司	浙江省杭州市余杭区五常街道溪沁街8号中国电信浙江创新园A2－2单元五层	通信行业
20	中国邮政储蓄银行股份有限公司杭州市海创园支行	浙江省杭州市余杭区五常街道文一西路1199号1幢1单元101室（中新大厦1楼）	金融行业

第二节　粮油经营

民国时，粮食自由买卖，市场为粮商、粮贩把持。1950年建立国营粮食公司并委托供销社代购代销粮食，限制和打击私商违法活动。1953年11月，实行粮食统购统销，农民生产的粮食除留足口粮、种子、饲料粮外，全部由国家统一收购。油料实行比例收购，25%自留，75%交售给国家。由粮油加工厂加工成大米、面粉、菜油，按计划供应。1955年，对农村粮油购销实行定产、定购、定销；城乡居民实行“以人定量”，凭票供应；工商行业用粮用油实行计划供应。1979年，开放粮食市场，议价粮油购销活跃，成为计划购销外的重要补充。1985年4月改粮食统购为合同定购，定购以外粮食可自由上市。1993年放开粮食购销和价格，取消粮油任票快应。1996年起，为加速农村产业结构调整，保护农民种粮积极性，逐步调减粮食定购任务同时按保护价敞开收购农民余粮。2001年，浙江在全国率先实施粮油购销市场化、取消粮油定购任务；放开粮油购销价格，实行随行就市；放开粮食购销市场，实行经营主体多元化：建立和完善储备粮油增加政府调控能力。

境内食用油脂历来以油菜籽榨油为主，至20世纪60年代初，各农户均自种油菜籽后用船运至油厂榨油，留下储存之外的卖给商家。1949年5月至1953年11月，油料收购以供销合作社和私营商为主，粮油自由市场为主要买卖场所。农户将多余的油料（多为菜籽油）送至粮油市场出售，收购价格由供销社定价。

1953年11月起，境内食用油料实行国家统购。油料作物除留种子、食用外，其余均由国家统购，委托基层供销社代办。1956年起，油菜籽收购、销售、调运、储存统一由国家粮食部门经营。食油统购方面，国家贯彻“生产油料较多的农户，应得油较多；不产油的农户，应得油较少”的方针。1961年，境内食用油料统购方面，国家贯彻“多产多吃，少产少吃”的原则，实行先留后购允许农民的余油进入自由市场。农民个人在自留地上种植的油料，国家不计征，不统计，并规定对农村食用油做到只购不销。1984年，境内各生产队油料取消统购，除留口油外，油菜籽40%按收购价收购，60%按加价收购，1991年起按指导价收购。2001年起，放开市场自由运作。

油料实行统购前，油菜籽均由农户各自储存，粮油商和榨油厂坊都有自备仓库。油料实行统购后，由粮食管理所执行储存、调运油料油脂的任务。民国及中华人民共和国成立初期，食油供应多为酒酱店兼营，也有零星挑卖的小贩。1950年境内各供销社开始食用油供应。1954年6月起，城镇居民食油供应由国营油脂公司统一管理，委托基层供销社代销。1984年10月取消食油统销。1996年1月1日，浙江省宣布取消粮票、油票，境内粮油均开放市场。1993—2008年的15年间，境内居民均从市场购油，农民将自种油菜籽拉到小作坊加工成油后，自家食用。随后，境内居民和农民从超市购灌装油，油的品种为菜油、豆油、花生油、茶油、葵花籽油、橄榄油等。

自古以来，境内商业大都由私人或合伙经营，经营活动皆由市场调节。1953年起进入计划经济年代，实行计划分配、统一经营，农产品大多统购统销，重要商品凭证供应。1984年，中央作出《关于经济体制改革的决定》，改革流通体制，打破封闭型、分配型体制，形成开放式、交易型新体制，全民、集体、个体同时发展，出现多种经济形式、多种经营方式并存新格局。经营业态开始发生变化，沿袭千余年柜台式购物方式向开放式自选购物和无店铺预订购物转变，超市、连锁商店涌现。烟草、食盐、烟花爆竹等特殊商品实行专卖。物流业从肩挑背驮发展到汽车运输，最终将运输、储存、装卸、包装、配送等基本功能有机结合，成为商业经营服务业重要部分。

1949年5月，余杭、杭县解放，两县人民政府恢复生产、整顿市场、平抑物价，商品供应逐步平稳。1953年第一个五年计划开始，商品供应采取计划经济模式，粮食、食油、棉布开始实行凭票供应，1957年凭票商品扩大到食糖、猪肉、煤油。1960年国家困难时期，商品全面紧缺，凭票凭证供应商品范围进一步扩大，熟食品、豆制品、香烟、火柴、肥皂、煤球等基本生活资料严格以人定量，凭票供应，凭票证供应商品最多时达21种。1961年，发放购货券，凭券选购指定商品，如手表、自行车、缝纫机、名牌收音机、绸缎等。1962年，凭购货证供应的商品有热水瓶、雨伞、元钉等。病人有特需供应凭证明供应红糖、奶粉等营养品。1964年春节起对元旦、春节、国庆等节日，除增发肉票、豆制品票、糖票外，还增加凭票证供应年糕、糯米、粉丝等食品。对钢材、水泥、木材、人造丝等生产资料实行国家分配，层层调拨批发，环节众多，一般按“工厂—省批发站—县批发站—国营公司或供销社—基层商店”环节运转。供应划定区域、固定对象、规定价格。1960年，各供销社推行购销结合合同，实行农副产品交换工业品，供应商品采取以人定量、临时发票、奖售、特供、凭券选购、敞开、划区定点等8种办法组织供应。12月21日起，供销社发放商品供应使用优待券和商品票，优待券券额分一厘、二厘、五厘、一分、二分、五分、十分、二十分、五十分、一百分10种，优待券和商品票均为无价证券，仅作购物凭证，不准买卖。20世纪70年代，商品供求关系时紧时松，凭券凭证商品逐步减少。1978年改革开放后，生产得到发展，商品逐年增加，供应实行“双轨制”政策，即生产、生活必需品仍按计划限量凭票平价供应，限量凭票外的实行按议价供应。一种商品执行两种价格，如早籼大米凭粮票每市斤（1市斤=0.5公斤）0.138元，议价每市斤0.28元左右。

20世纪80年代，随着生产发展、商品供应量增加，市场调节部分逐步扩大，计划供应部分日益缩小。1983年5月棉布和针织品退出凭票供应范围，1984年，猪肉、水产品敞开供应，1985年卷烟供应取消票证。1988年，食糖、食盐、火柴、肥皂、香烟供应全部放开。1993年，取消粮票、油票、豆制品票，标志着计划供应时代结束。1996年，钢材、水泥取消计划供应。此后，商品供应完全进入市场化，彻底打破行业界限、地区界限、所有制界限。不管国有、集体、私营、个体商店均可自由采购、销售。工厂可直销，商业可自办加工厂，价格全部放开，随行就市。

中华人民共和国成立后的50年代初，境内商业以专业公司下辖零售店、门市部和供销社销售农资、土产、日杂供销为主。粮食局下设粮站。1978年改革开放以后，私营个体商店兴起。但大都单门独户，商品品种单一，都为柜台式封闭型商店。20世纪90年代，逐步形成商业街，超市、连锁商店异军突起，美容美发、棋牌茶等新兴行业涌现，商业格局逐步形成。

2021年，五常街道首个五星级农贸市场横板桥农贸市场正式开工建设。市场位于联胜路东侧、宋家湾路南侧，用地面积8830平方米，总建筑面积24722平方米，规划为五

横板桥农贸市场效果图

层，集娱乐、文体、购物于一体。项目建成后，将进一步提升居民生活圈品质，改变以往农贸市场脏乱差的形象，让百姓购物消费更放心、更便捷。五常社区农贸市场2021年底开工。该市场是一座五层社区配套综合楼，建成后将惠及周边西溪花园、华元美林公馆等多个小区。项目用地面积2414平方米，总建筑面积5896.51平方米。其中，一、二层规划为三星级农贸市场，三层为市场配套办公，四层为社区配套用房，地下一层为停车库。

第三节　供销合作商业

1956年，完成对私营商业的社会主义改造，个体商业走上合作化道路，商品贸易纳入计划经济轨道。1958—1976年，商品流通领域强调计划和集中统一，政策上多管少放，造成物资匮乏，凭票限量供应商品和按计划统购派购产品不断扩大。经营体制以国营、供销合作商业占主导地位，个体私营商店被取消，集市贸易萎缩。至1978年改革开放前夕，境内的社会商品零售总额为数十万元。1978年中共十一届三中全会以后，改革商业体制，传统商业经营模式发生变化，计划经济逐步向市场经济转变，商品流通由计划分配转为多渠道自由经营。此后，个体私营商业发展，市场交易活跃，集市贸易由单一农副产品交易市场向工业品市场和生产资料市场扩展。商业结构，既有综合性大型商场，又有大量小型综合商店、专业商店、专卖商店。20世纪50年代，主要靠供销社经营。1953年开始利用、限制、改造私营商业，1956年完成对私营商业的社会主义改造，国有和供销合作商业渐占主导地位，至1958年境内已无个体私营商业。1961年起调整政策，出现国营为主、集体为辅、个体少量的商业格局。70年代中期建立国营企业为主体的体制，形成与社会主义计划经济相适应的商品流通体制，五常供销社工作突出，1979年被中共浙江省余杭县五常人民公社革命委员会评为先进集体。

2011年，余杭区供销系统全年销售总额12.6亿元，比上年增长11%。增加所有者权益948万元，实现综合经济效益3024万元，比上年增长60%，实现利润1858万元，比上年增长37.6%。社会贡献总额达到5300万元。连续9年被评为省和市供销社系统先进单位。6月，完成经营管理体制、用人制度和分配制度3项改革。组建注册资本1.05亿元的余杭供销控股集团有限公司，与区供销合作社联合社实行“两块牌子、一套班子”运作；公开招聘领导班子副职和中层干部；推行薪酬分配制度改革，实行工作目标和绩效考核办法。改革后的余杭供销控股集团有限公司全面推行企业化管理，市场化运作的现代企业管理模式；集团公司制定人力资源管理、财务管理、日常工作管理、下属企业管理和绩效考核等。供销系统全年销售化肥30631吨、农药894吨、农膜150吨，下属农资连锁企业农资公司完成储备化肥8000吨、农药150吨，确保全区农业生产的农资需求。开展农资服务，举办培训班5期，培训800余人，免费发放信息材料1.2万余份。开展病虫害前期防控和防治辅导工作，为各乡镇的农民专业合作社和种植大户开展“送农资下乡”“送科技到农户”等服务活动。9月，启动实施农药废弃包装物的回收工程，农资公司到年底回收农药废弃包装物76万只（瓶），及时发放补贴资金。全区日用消费品连锁网点新增29家，总数达到320家，11家直营店实行信息化联网。增强服务效率和服务能力，全年日用消费品连锁实现销售2.5亿元，全系统农村消费零售额5.5亿元，比上年同期增长10%。农民专业合作社建设供销社全年投入为农服务资金1566.7万元，争取到各级政府扶持资金856万元。先后组织青虾培育技术、财会统计等培训6期，培训1200余人。新参半专业合作社5家（杭州余杭好莱喜植物保护专业合作社、杭州余杭区聚农粮油专业合作社、彭公粮油专业合作社、杭州余杭区上湖明山竹笋专业合作社、杭州天鸟本鸡专业合作社），供销社系统参办、领办专业合作社总数43家。新增省级示范1家、市级示范1家、区级示范3家，申报项目5个。至此，全区供销社的专业合作社省级6家、市级9家、区级16家。

一、供销合作社

供销合作社是以农民社员为主体的集体所有制的合作经济组织。这是《中华全国供销合作总社章程》（2005年1月30日中华全国供销合作社第四次代表大会第二次修订）第一章第二条对供销合作社性质的界定。

五常街道供销合作社的规章制度为：研究制定并组织实施供销合作社发展战略和规划，抓好供销合作社系统的改革、服务和发展；参与组织发展农产品行业协会、农民专业合作社和农村综合服务社，构建面向专业合作社组织的服务平台；指导和组织实施农业生产资料经营、农副产品购销、日用消费品经营和再生资源回收利用等现代服务网络建设；受政府和有关部门委托，承担重要农业生产资料和防汛救灾物资等商品储备；受区政府委托管理、监督本级社有资产，行使社有资产所有者代表的职能，确保资产保值增值；指导供销合作社的组织制度建设，协调成员社之间的关系，促进合作社的联合与合作，维护合作社及其成员社的合法权益；代表本区域供销合作社参加上级社的活动，组织开展对外合作组织间的交流活动；承担区委、区政府交办的其他工作。

五常街道供销合作社的主要职能：行使政府授权的某些职能，按照政府授权对重要农业生产资料、农副产品经营进行组织、协调、管理；承担政府委托的任务，积极承担和保质保量完成国家委托的经营业务和社会服务任务；作为党和政府与农民密切联系的桥梁和纽带，积极为农业、农村、农民提供综合性、系列化的经济技术服务，为农产品流通和农民生产、生活资料供应提供服务；引导农民有组织地进入市场，促进城乡物资交流。

若干年份五常经理部工业总产值一览表

表4-3-2

年份	1981	1982	1983
经理部工业总产值（万元）	11.5	28.44	37.4

二、合作商店

合作商店是社会主义革命和建设时期，对个体商业进行社会主义改造的一种形式。1955年下半年在社会主义改造高潮中，个体商业劳动者除一部分随着资本主义商业实行公私合营外，一般走上合作化的道路，组成合作商店或者合作小组。这种合作商店或合作小组，可以为国营商业和供销合作社代购代销，采取便利消费者的分散流动的经营方式，保存他们原有的符合社会需要的经营特点。合作商店中的各成员在自己的收入中交出一定数量的合作基金。社员的收入不低于参加合作以前的劳动收入。如果收入减少，允许成员退出，其股份予以退还。合作商店的发展经过两步：第一步，实行资金入股，统一经营、独立核算、共负盈亏，并按资金股份进行利润分红，是半社会主义性质的；第二步，退还店员股金，取消按股分红，并把他们的业务经营逐渐纳入国家的商业计划轨道，变为完全社会主义性质的集体所有制商业企业。合作商店是我国社会主义商业的一个组成部分，是国营商业的助手和补充。1994 年开始，国有、供销合作商业企业在明晰产权、建立现代企业制度上迈出新步伐，推行经营承包制、合资制、合作制、股份制，呈现国有、集体、股份、个体多种体制并存，批发、零售、专卖、超市多种经营方式齐上的繁荣局面。

三、股份制商业

1992 年，商业经济体制改革步伐加快，商业、供销、粮食、物资等部门开始从行政管理机构向经济实体转变。2006 年 9 月，五常全面完成村级股份制经济改革工作，实现由村民向股民的转变。沿山河社区成为挂牌成立的第一个社区。农村股份制改革，即以原村级集体经济为母体，借鉴股份制的产权组织形式、经营方式和分配方式，在坚持集体资产明晰且不可分割的前提下，将村集体资产的所有权和分配权分离，让全体社员股东享有决策权、监督权和分配权，并承担相应的义务。截至 2021 年底，五常街道大型的股份制商业企业有 5 家。

五常街道印象城 作为国内首家生态型购物中心，杭州跟西溪印象城毗邻具有“杭州之肾”的西溪湿地，全方位打造贴近自然的“休闲、娱乐、悠游”的全感官体验，辐射杭州大城西余杭商圈，融合多元化商业业态组合，经过八年运营，年客流量已超 1800 万人次，年销售额超 22 亿元。

五常街道印象城商场体量为 26 万平方米的购物中心。2013 年 5 月 10 日正式开业汇集沃尔玛等 200 余个品牌。

西溪印象城 A 座于 2013 年 5 月开业，其建筑面积 19 万平方米，可租赁面积 8. 2 万平方米。B 座于 2018 年 12 月底开业，建筑面积 7 万平方米，可租赁面积 1. 7 万平方米。2022 年，即将接驳地铁 3 号线“洪园站”，成为 TOD（以公共交通为导向的城市发展模式）项目，辐射范围将进一步扩大。

杭州宏丰家居城 公司位于杭州市余杭区杭州市天目山西路 15 号，主营家具、建材、家具。杭州宏丰家居城经营管理有限公司本着“客户，诚信至上”的原则，与多家企业建立了长期的合作关系。

亲橙里 亲橙里于 2018 年 4 月 28 日开业，是阿里巴巴建设的一家完全属于阿里巴巴的购物中心，其地点位于阿里巴巴总部附近，占地近 4 万平方米，以零售和餐饮为主，服务和娱乐为辅。亲橙里地下 2 层，地上 5 层，其中餐饮占近 4 成。亲橙里汇集了来自全球的黑科技产品，同时也植入了一系列阿里推出的新零售技术，如刷脸消费、增强现象（AR）导购、千人千面魔幻试衣等。

西溪乐天城 2018 年 4 月，西溪乐天城开业，旨在将打造成杭州以酷玩为主题的商业中心，项目位置处于五常大道与荆长大道十字路口。整体项目体量 10 万平方米，是集酒店、公寓、影院、超市、休闲娱乐、健身、美食于一体的综合性商业体。周边是高品质楼盘，包括绿城西溪玫瑰排屋群，华元爱丁郡欧式风格住宅。东北角相邻的就是闻名的西溪湿地，北近阿里巴巴西溪园区。购物中心周边有阿里巴巴西溪园区、天堂软件园、未来科技城、西溪湿地、小和山高教园区。

西溪乐天城外部效果图

北大博雅城 2019 年 12 月 12 日，杭州打造的首个体验式文化主题商办综合体正式开业。博雅城以“漫游生活”为主题打造超强业态矩阵，集主题商业街、精品公寓、假日酒店，集生态、人文、科技、艺术和城市湿地景观于一体，不仅为杭州未来科技城和西溪板块创造出美好生活新标准，同时也标志着北大“博雅”璀璨商办系列产品正式落地杭城。北大资源博雅城坐落的未来科技城板块，进驻企业近2000家，被誉为“杭州硅谷”，并享有西溪湿地的稀缺生态，集古时之“雅”与国际之“新”于一体。

第四节　对外贸易

中华人民共和国成立以来，五常经历了土地承包、企业转制、财税改革、农村税费改革等诸多体制机制改革，改变了过去国有集体一统天下的局面，实现了由计划经济向市场经济过渡，形成了多种经济成分并存、共同发展的局面。对外贸易发展迅速。

杭州华丰通信器材有限公司出口五金冲压件，室外机箱等；杭州中艺实业股份有限公司出口户外休闲家具类产品，包括阳台桌椅、庭院桌椅、遮阳伞/蓬类产品、沙滩野营类产品等，2003—2004 年荣获杭州市外贸出口“金龙奖”，成为中国民营企业出口百强；2005—2006 年获评杭州市重点培育和发展的出口名牌、杭州市著名商标；2007—2008 年被评为“杭州市外贸进出口百强企业”。2013 年外贸自营出口规模以上企业有 3 家，分别是杭州中艺事业有限公司、华立集团、杭州卡斯汀进出口有限公司。2015 年外贸自营出口规模以上企业有 4 家，分别是杭州中艺事业有限公司、浙江华立国际发展有限公司、华立仪表集团股份有限公司、浙江中博光电科技有限公司。

2012 年，五常街道对外贸易全年完成自营出口 2.98 亿美元，同比上升 12.9%；2013 年，五常街道对外贸易全年完成自营出口 2.81 亿美元，同比下降 5.7%；2014 年，五常街道对外贸易全年完成自营出口 3.44 亿美元，同比下降 22.5%；2015 年，五常街道对外贸易全年完成自营出口 3.48 亿美元，同比上升 1.4%；2016 年，五常街道对外贸易全年完成自营出口3.25亿美元，同比下降6.5%。

第五节　电子商务

五常街道地处未来科技城板块，辖内有中国最大的电子商务公司——阿里集团，电子商务发展迅速。2016年五常街道的“华立创客社区·云立方电子商务产业园”（现名181社区）被列为余杭区第二批电子商务产业园区。

181社区　位于五常大道181号，占地40.2万平方米，规划建设达80万平方米，计划总投资超40亿元，截至2018年累计引入和孵化培育企业400余家，国家级高新技术企业15家，培育新三板上市企业3家，预备主板上市企业2家，社区总营收超80亿元，上缴税金1.63亿元。

作为华立大健康产业发展战略中重要的生态落地载体，181社区肩负打造创新创业孵化生态环境自循环的重任，聚焦构建“1+30+3+N”的社区医养护“医联体”新模式，打造“华立大健康产业生态圈”。推动各产业在社区的集聚、孵化、培育与成长，继而有效协同华立大健康产业发展，最终形成一个以大健康产业生态为主导的产业融合、多业态混合的开放社区。

社区已集聚国家级众创空间润湾Runway创客中心、未来科技城健康谷181园区（医疗器械加速器）、赛群FOBCENTURY孵化、长城国际健康产业加速器等产业孵化平台，助力双创发展。社区被认定为国家制造业“双创”平台试点示范基地、中国（杭州）跨境电商综合试验区、浙江省科技企业孵化器、浙江省级“双创”示范基地等多项国家级、省部级荣誉。C+商业综合体作为181社区的重点配套项目，坐落于杭州未来科技城核心区南部，联胜路与五常大道交叉口，与地铁3号线（联胜路站）无缝对接，是一个拥有12万平方米体量的购物中心。

181社区部分注册企业一览表

表4-3-3

序号	园区企业名	注册资金（万元）	注册时间	经营范围
1	杭州娱未教育科技有限公司	100	2016-08-19	技术开发、技术转让、技术咨询、技术服务、技术推广、计算机软硬件
2	杭州蜂融股权投资合伙企业（有限合伙）	500	2017-07-21	股权投资、投资管理、投资咨询、融资担保
3	杭州淘萨科技有限公司	200	2015-10-12	技术开发、技术服务、技术咨询、网络技术、电子商务技术、企业管理咨询
4	杭州蓝匠装饰有限公司	500	2016-03-24	承接室内外装饰工程、市政工程、景观工程、园林绿化工程、防水工程

续表 4－3－3

序号	园区企业名	注册资金（万元）	注册时间	经营范围
5	浙江南电环保科技股份有限公司	6000	2014－12－04	节能环保设备、光伏发电设备，节能环保设备、光伏发电设备的安装
6	杭州浩哲环境工程有限公司	1000	2016－08－25	流体设备、供水设备、暖通设备、机电设备、工业自动化仪器仪表的技术开发
7	浙江数字赋能科技发展有限公司	1030.9278	2021－01－05	大数据服务、软件开发、人工智能应用软件开发、互联网销售
8	杭州麦力依贸易有限公司	50	2016－11－03	批发、零售（含网上销售）、水产品、日用百货、服装饰品
9	常有文化创意（杭州）有限公司	300	2018－01－10	文化创意策划、组织文化艺术交流活动（除演出及演出中介）、文化用品设计
10	杭州索隆电子商务有限公司	108	2019－03－26	批发、零售（含网上销售）、文化体育用品及器材、服装鞋帽
11	杭州力迦文旅有限公司	1000	2019－12－04	旅游开发、酒店管理、农业开发、房地产项目管理
12	杭州淘呀淘信息技术有限公司	100	2013－03－08	信息技术咨询服务、网络技术服务、技术服务、技术开发
13	浙江幻觉文化创意有限公司	1000	2015－10－13	文化艺术活动策划（除演出及演出中介）、制作、代理、发布国内广告
14	杭州睿行对标企业管理咨询有限公司	100	2019－06－28	企业管理咨询、技术推广、技术开发、技术转让、技术咨询
15	杭州新修宇科技有限公司	100	2021－02－25	通信设备销售、软件销售、软件开发、软件外包服务
16	杭州北白科技有限公司	100	2020－12－29	建筑材料销售、家具销售、家用电器销售
17	杭州达所生物科技有限公司	100	2021－03－15	技术服务、技术开发、技术咨询、技术推广、第二类医疗器械销售
18	浙江乐星博域电气有限公司	6000	2021－04－29	进出口代理、货物进出口（依法须经批准的项目）
19	杭州鑫召贸易有限公司	50	2016－08－18	日用百货、文化用品、办公用品、电子产品、玩具
20	浙江中峰生物科技有限公司	5000	2016－10－27	技术开发、技术服务，技术咨询、生物技术、计算机软硬件
21	杭州和辰电力科技有限公司	1450	2011－10－18	电力设施承装类五级、承修类五级、承试类五级
22	浙江华策医院管理有限公司	1000	2019－04－11	医院企业管理、销售第三类医疗器械、非医疗性健康管理咨询
23	杭州凝结文化传媒有限公司	50	2021－03－16	个人互联网直播服务、职业技能培训
24	杭州厚展实业有限公司	25006	2015－08－12	实业投资、投资管理、投资咨询

续表 4－3－3

序号	园区企业名	注册资金（万元）	注册时间	经营范围
25	杭州点陌网络科技有限公司	100	2019－10－12	信息系统集成服务，网络科技领域内的技术开发
26	杭州弇兹生物科技有限公司	500	2019－12－05	技术开发、技术咨询、技术交流、技术转让、技术推广
27	杭州辉联文化创意有限公司	585	2007－03－28	承办展览展示、会展服务、文化艺术活动策划、室内外装饰工程
28	杭州金哲科技有限公司	135	2014－12－23	技术开发、技术服务、技术咨询、计算机软硬件
29	杭州壹悟企业信息咨询有限公司	1000	2019－12－20	企业管理咨询、技术开发、技术服务、技术咨询
30	杭州木绣宅配家居有限公司	50	2017－12－14	家具用品、家居用品的设计、网上销售

衢州海创园 衢州海创园位于杭州未来科技城核心区块（省委党校对面），北临文一西路，东临文常路，南临永胜港，西临良睦路。规划总建筑面积6.7万平方米、地上建筑面积4.5万平方米，总投资4亿元，共有4幢综合大楼。衢州海创园突出科技研发和集聚人才的功能，集科技研发、科技孵化、总部经济于一体，是衢州探索人才“工作生活在杭州、创业贡献为衢州”新模式的“人才驿站”和“引才枢纽”。

2016年4月，银江集团入驻衢州海创园，成为1～3号楼的运营主体，将通过打造“众创空间—孵化器—加速器—产业园”全科技孵化产业平台和“产业＋资本＋基地”的创新孵化模式，孵化出更多优质项目。在衢州绿色产业集聚区，专门承接杭州海创园的人才和项目。切实形成“海外—杭州—衢州”的直通型“引才链”，致力打造“浙西创业港”，助推产业转型升级。

五常西溪软件园·巨蟹座（电子商务） 位于浙江省杭州市余杭区，杭州市余杭区五常街道五常大道156号西溪软件园，面积约14393.3平方米。软件园区内有电子商务、大健康产业、科研、跨境电商等业务。园区交通便利，紧靠56国道，102省道、杭徽高速、绕城高速，无缝连接天目山西路、五常大道，紧邻未来地铁5号线良睦路、科技岛站等交通设施。

五常西溪软件园·巨蟹座大楼外部图（2020） （王宏坤 摄）

浙江华星正淘跨境电商产业园 园区坚持按照“规划先导、基础先行、内外资并举、可持续发展”的要求，本着“外向型、高起点”和“持续、快速、安全、健康”的发展理念，充分发挥园区临海区位、原料丰富、设施齐备、物流便捷和贴近市场等方面的独特优势，通过完善基础设施配套、稳步推进产业链招商全面提升管理服务水平。

杭州淘萨科技有限公司 主营进口母婴用品、进口奶粉、纸尿裤等。杭州淘萨科技有限公司办公室地址位于五常街道五常大道181号10幢604室，于2015年10月12日在杭州市余杭区市场监督管理局注册成立，注册资本为200万元。公司主要经营技术开发、技术服务、技术咨询、网络技术、电子商务技术、企业管理咨询、商务信息咨询（除证券、期货、商品中介）、市场营销策划、批发、零售、母婴用品、日用百货、化妆品、服装服饰、鞋帽、棉纺制品、皮革制品、电子产品（除专控）、通信设备、预包装食品、乳制品。

杭州胜美网络科技有限公司 位于浙江省杭州市余杭区五常街道五常大道148号2号楼3层A3009室，经营范围：网络科技，计算机科技，信息科技，电子商务技术的技术开发、技术转让、技术咨询和技术服务，市场营销策划，企业形象策划，计算机系统服务，商务信息咨询（除证券、期货），网上销售日用百货。

浙江五牛健康管理有限公司 成立于2017年3月29日，位于杭州市余杭区五常街道五常大道150号1幢2楼2001室。经营范围：非医疗性健康咨询、健康管理，电子商务技术的研发。有3处分支机构。

第六节 阿里巴巴集团

阿里巴巴集团业务包括商业、云计算、数字媒体及娱乐以及创新业务。除此之外，阿里为平台上的消费者、商家及其他企业提供数字支付服务和数字金融服务。围绕着阿里的平台与业务，一个涵盖了消费者、商家、品牌、零售商、第三方服务提供商、战略合作伙伴及其他企业的生态体系已经形成。

2021年，阿里巴巴生态体系的商品交易额（GMV）为8.119万亿元，主要包括中国零售市场GMV，以及跨境及全球零售市场和本地生活服务GMV。截至2021年6月30日，阿里巴巴生态体系的全球年度活跃消费者达到11.8亿元，包括9.12亿元来自中国市场的消费者，以及Lazada、速卖通、Trendyol及Daraz服务的2.65亿元来自海外消费者。

一、发展历程

1999年，阿里巴巴集团在杭州市的公寓内创立，成立首个网站——英文全球批发贸易市场阿里巴巴国际站，推出阿里巴巴中国交易市场（现称“1688.com”），专注于国内批发贸易；1999年10月，阿里巴巴集团从数家投资机构融资500万美元，2000年1月，从软银等数家投资机构融资2000万美元；2000年9月，举办首届“西湖论剑”，会聚互联网界的商业和意见领袖讨论业界重要议题。2001年2月，阿里巴巴集团确定其使命，并形成价值观体系；同年12月，阿里巴巴注册用户超过100万户。2003年5月，非典型性肺炎暴发，网上购物平台淘宝网创立。2004年2月，从一线投资机构融资8200万美元，成为当时中国互联网领域最大规模私募融资；同年6月举办首次网商大会，其间举行首届十大网商颁奖典礼；同年7月，淘宝网发布让买家与卖家即时以文字、语音及视频沟通的PC版通信软件阿里旺旺；同年12月，推出支付宝的数字支付与担保服务。2007年11月，推出阿里巴巴的变现平台阿里妈妈。2008 年 4 月，淘宝商城（现称“天猫”）上线，该第三方商业平台面向品牌与零售商，与淘宝相辅相成。2009 年 9 月，阿里巴巴集团成立阿里云；同年 11 月，举办第一届“双 11”全球狂欢节。2010 年 3 月，淘宝网推出“聚划算”平台，专注于限时促销的销售和营销；同年 4 月，推出全球零售交易市场之一“速卖通”；同年 8 月，推出手机淘宝客户端。2011 年 6 月，淘宝商城（现称“天猫”）从淘宝网分拆，成为独立平台；同年 10 月，“聚划算”从淘宝网分拆，成为独立平台；同年 12 月，集团成立阿里巴巴公益基金会，致力支持社会公益事业。2013 年 5 月，阿里巴巴集团与其商业伙伴共同创立菜鸟网络；同年 8 月，阿里巴巴集团园区迁往杭州市余杭区五常街道；同年 9 月，阿里巴巴启动“all－in 无线”战略。2014 年 2 月，作为天猫平台延伸方案的天猫国际正式推出，让国际品牌直接向中国消费者销售产品；同年 7 月，阿里巴巴集团与银泰成立合资企业，在中国发展 O2O 业务，完成对数字地图公司高德的投资；同年 9 月，阿里巴巴集团于纽约证券交易所上市；同年 10 月，支付宝母公司蚂蚁集团正式成立，淘宝旅行成为独立业务阿里旅行（现称“飞猪”）。2015 年 2 月，推出钉钉，为现代企业和组织提供了工作、分享和协同的新方式；同年 6 月，阿里巴巴集团及蚂蚁集团合资成立本地生活服务平台公司口碑；同年 9 月，数字化采购平台零售通推出，服务国内城市社区小店。2016 年 1 月，盒马第一家门店开业，标志着阿里巴巴新零售业务生鲜食品及日用品零售连锁品牌首次亮相；同年 3 月，阿里巴巴中国零售市场的 2016 财年 GMV 超 3 万亿元，就 GMV 而言，按已公开及可比较的交易数字计，成为全球最大零售商业公司；同年 4 月，阿里巴巴取得中国领先线上视频平台优酷及东南亚领先电商平台 Lazada 的控股股权；同年 11 月，阿里云宣布在中东（迪拜）、欧洲（法兰克福）、澳大利亚（悉尼）和日本（东京）开设四个全新的数据中心。2017 年 1 月，国际奥委会与阿里巴巴集团达成期限直至 2028 年的长期合作；同年 6 月，正式成立“天猫淘宝海外”，服务 1 亿人口的海外华人市场；同年 10 月，成立全球尖端科技研发项目“阿里巴巴达摩院”，推动科技创新，阿里云在马来西亚设立数据中心。2018 年 3 月，阿里云于印尼的首个数据中心投入运作，并宣布向 Lazada 集团增资 20 亿美元；同年 4 月，收购中国领先的即时配送及本地生活服务平台“饿了么”；同年 5 月，领先巴基斯坦、孟加拉国、斯里兰卡、缅甸和尼泊尔市场的电商公司 Daraz 宣布获阿里巴巴集团全资收购；同年 6 月，倡议成立罗汉堂，由多位诺贝尔奖得奖者和国际顶尖社会学家共同发起的研究机构；同年 10 月，“饿了么”和“口碑”整合成为阿里巴巴集团旗下的本地生活服务业务，阿里云于英国开设两个可用区，加强欧洲业务，与卢旺达政府签署谅解备忘录，双方将在卢旺达共同建设世界电子贸易平台（eWTP）枢纽；同年 12 月，阿里巴巴与比利时政府签署谅解备忘录，双方将共同通过 eWTP 项目推动普惠贸易。2019 年 1 月，阿里巴巴推出“阿里巴巴商业操作系统”，提供全方位的一站式解决方案，助企业伙伴加快数码转型步伐；同年 9 月，收购中国进口电商平台考拉，并取得蚂蚁集团新发行的 33% 股份；同年 11 月，增持菜鸟网络，持股比例提升至约 63%，埃塞俄比亚政府与阿里巴巴集团签署协议共建 eWTP 据点，阿里巴巴集团于香港联合交易所主板正式挂牌上市。2020 年 9 月，阿里巴巴集团旗下迅犀数字工厂揭幕；同年 10 月，盒马“X 会员店”开业，专注提供精选货品及高性价比商品。2021 年 2 月，阿里巴巴获评“全国脱贫攻坚先进集体”。

二、业务平台

阿里巴巴集团经营多项业务，阿里巴巴生态体系的主要业务相关平台包括天猫、淘宝、菜鸟、阿里云等。

天猫　创立于2008年，是全新打造的商业零售（Business－to－Consumer，B2C）。其整合数千家品牌商、生产商，为商家和消费者之间提供一站式解决方案。提供100%品质保证的商品，7天无理由退货的售后服务，以及购物积分返现等优质服务。

天猫致力服务日益追求更高品质的产品与极致购物体验的消费者。大量的国际与中国品牌和零售商都已入驻天猫，向中国及海外消费者供应海内外品牌产品以及传统零售店无法提供的产品。

淘宝　创立于2003年，在大数据分析和技术的优化下，为来自大城市和欠发达地区的消费者提供高度互动的个性化购物体验。在淘宝上，消费者能够获取高度相关的内容，引人入胜的互动形式以及商家实时提供的最新信息，从而获悉产品信息并感知新潮流。他们还能够通过包括直播、短视频在内的丰富的互动功能与彼此以及他们喜爱的商家和关键意见领袖（KOL）们互动。平台上的商家主要是个人和小企业。

阿里巴巴西溪园区夜景图

淘宝网是中国深受欢迎的网购零售平台，拥有近5亿户的注册用户数，每天有超过6000万人的固定访客，同时每天的在线商品数已经超过了8亿件，平均每分钟售出4.8万件商品。淘宝从单一的C2C网络集市变成了包括C2C、团购、分销、拍卖等多种电子商务模式在内的综合性零售商圈。已经成为世界范围的电子商务交易平台之一。

盒马　盒马创立于2016年，为阿里巴巴集团的自营零售连锁商超，整合线上和线下零售能力，利用店面作为仓库以履约线上订单。盒马的自有配送系统支持在30分钟内为门店半径3公里范围内的客户送货上门。

截至2021年3月31日，阿里巴巴集团在中国自营盒马门店257家，主要分布在中国内地一、二线城市。盒马鲜生多开在居民聚集区，线上下单购物需要下载盒马App。与传统零售最大区别是，盒马运用大数据、移动互联、智能物联网、自动化等技术及先进设备，实现人、货、场三者之间的最优化匹配，从供应链、仓储到配送，盒马都有自己的完整物流体系。

阿里健康　阿里健康是阿里巴巴集团“Double H”战略（Health and Happiness健康与快乐）在大健康领域的旗舰平台，是阿里巴巴集团投资控股的公司之一。凭借阿里巴巴集团在电子商务、互联网金融、物流、大数据和云计算等领域的优势，阿里健康以用户为核心，全渠道推进医药电商及新零售业务，并为大健康行业提供线上线下一体化的全面解决方案。

阿里健康开展的业务主要集中在医药电商（包含阿里健康大药房、天猫医药馆、O2O

先锋联盟）、互联网医疗（包含预约挂号、复诊开方、医知鹿健康百科）、消费医疗（包含医疗及健康服务、海外服务、美丽日记）、智慧医疗（智能识别能力、人工智能开放平台）、产品追溯（包含药品追溯）五大领域。

1688. COM 1688. COM 创立于 1999 年，即阿里巴巴的前身，现为阿里集团的旗舰业务，是中国领先的小企业国内贸易电子商务平台。作为阿里集团旗下子公司，1688. COM 在 CBBS 电子商务体系中代表企业的利益，为全球数千万的买家和供应商提供商机信息和便捷安全的在线交易。

1688. COM 以批发和采购业务为核心，通过专业化运营，完善客户体验，全面优化企业电子商务的业务模式。1688. COM 已覆盖原材料、工业品、服装服饰、家居百货、小商品等 16 个行业大类，提供从原料采购—生产加工—现货批发等一系列的供应服务。

零售通 零售通是阿里巴巴 B2B 事业群针对线下零售小店推出的一个为城市社区零售店提供订货、物流、营销、增值服务等的互联网一站式进货平台，实现互联网对线下零售业的升级，同时也为有志于线上线下零售业的创业群体提供创业平台。

通过搭建以城市区域分发中心（hub 仓）为核心的零售物流体系，利用互联网技术改造甚至重塑传统线下零售分销渠道，与源头供应商合作，将全球的品质好货高效分销至城市社区甚至城乡接合部的线下零售业态，造福亿万名消费者。同时，通过城市拍档及各类服务商，帮助平台开拓、维护、服务线下零售店，共建阿里零售通大生态。

全球速卖通 速卖通（www. aliexpress. com）创立于 2010 年，全球速卖通（英文名：AliExpress）是阿里巴巴旗下的面向国际市场打造的跨境电商平台，被广大卖家称为“国际版淘宝”。全球速卖通面向海外买家客户，通过支付宝国际账户进行担保交易，并使用国际物流渠道运输发货，是全球第三大英文在线购物网站。

全球速卖通覆盖 3C、服装、家居、饰品等共 30 个一级行业类目。其中，优势行业主要有服装服饰、手机通信、鞋包、美容健康、珠宝手表、消费电子、电脑网络、家居、汽车摩托车配件、灯具，等等。在全球速卖通上有三类物流服务，分别是邮政大小包、速卖通合作物流以及商业快递。其中，90% 的交易使用的是邮政大小包。

LAZADA Lazada 创立于 2012 年，是东南亚领先且快速增长的电子商务平台，为当地消费者连接到东南亚中小企业、当地及国际品牌。Lazada 的目标主要是印尼、马来西亚、菲律宾以及泰国用户。2014 年这家公司营收 1. 543 亿美元，但净运营亏损达到 1. 525 亿美元。自 2016 年起，Lazada 集团成为阿里巴巴集团东南亚旗舰电商平台。iPrice2018 年度报告显示，Lazada 以 27% 的访问额占东南亚电商在线流量排名榜单第一。

考拉海购 考拉海购于 2015 年 1 月 9 日公测。2019 年 9 月 6 日，阿里巴巴集团宣布 20 亿美元全资收购考拉海购，2020 年 8 月 21 日正式宣布战略升级，全面聚焦“会员电商”。销售品类涵盖母婴、美容彩妆、家居生活、营养保健、环球美食、服饰箱包、数码家电等。考拉海购以 100% 正品、天天低价、30 天无忧退货、快捷配送，希望帮助用户“用更少的钱过更好的生活”，助推消费和生活的双重升级。

作为“杭州跨境电商综试区首批试点企业”，考拉海购在经营模式、营销方式、诚信自律等方面取得了不少建树，获得由中国质量认证中心认证的“B2C 商品类电子商务交易服务认证证书”，认证级别四颗星，国内获得最高级别认证的跨境电商平台之一。

阿里巴巴国际站　阿里巴巴国际站（www. alibaba. com）是阿里巴巴集团最先创立的业务，帮助中小企业拓展国际贸易的出口营销推广服务，基于全球领先的企业间电子商务网站阿里巴巴国际站贸易平台，通过向海外买家展示、推广供应商的企业和产品，进而获得贸易商机和订单。

阿里巴巴国际站物流已覆盖全球200多个国家与地区，将与生态合作伙伴融合共振，通过数字化重新定义全球货运标准。“门到门”服务能力是重点方向之一：货物从工厂拉到境内港口、报关，通过海陆空进入境外港口，清关、完税，最后完成末端配送。

饿了么　“饿了么”是2008年创立的本地生活平台，主营在线外卖、新零售、即时配送和餐饮供应链等业务。创业12年，饿了么以“Everything 30min”为使命，致力于用科技打造本地生活服务平台，推动了中国餐饮行业的数字化进程，将外卖培养成中国人继做饭、堂食后的第三种常规就餐方式。

饿了么在线外卖平台覆盖全国670个城市和逾千个县，在线餐厅340万家，旗下“蜂鸟”即时配送平台的注册配送员达300万人，配给新零售业务提供“最后一公里”的配送服务，包括为盒马、高鑫零售和阿里健康配送食品、日用品、快消品和药品。业绩持续高速增长的同时，公司员工也超过15000人。

口碑　“生态模式”向线下扩张，平台开放支付、会员、营销、信用、社交关系链等九大接口，引入更多的系统商、服务商共同为线下商家提供价值。服务覆盖餐饮、超市、便利店、外卖、商圈、机场、美容美发、电影院等八大线下场景，遍及全国200多个城市和港澳台地区及澳大利亚、亚洲等12个国家与地区。

除了支付即会员、内容即流量外，背靠阿里巴巴和蚂蚁金服的口碑平台，还将为商家开放其生态系统内的诸多能力，包括商家中心、在线零售、消费金融、信用风控等。在口碑的平台上，商家未来可以获取他们所想要的各类服务和产品，进而更好地做生意。

飞猪　“飞猪”，指为淘宝会员提供机票、酒店、旅游线路等商品的综合性旅游出行网络交易服务平台，包括网站及客户端。原为阿里旅行，后改名为“飞猪旅行”，是面向年轻消费者的休闲度假品牌，与面向企业差旅服务的阿里商旅一起构成阿里巴巴旗下的旅行业务单元，让消费者获得更自由、更具想象力的旅程。

飞猪将目标客群锁定为互联网下成长起来的一代，结合阿里大生态优势，通过互联网手段，让消费者获得更自由、更具想象力的旅程，成为年轻人度假尤其是境外旅行服务的行业标杆。

优酷　阿里巴巴集团于2016年取得优酷的控股股权。优酷现为阿里巴巴集团数字媒体及娱乐业务的核心业务之一，也是阿里巴巴集团“健康与快乐（Double H）”策略的组成部分。优酷现支持PC、电视、移动三大终端，兼具版权、合制、自制、用户生成内容（UGC）、专业生成内容（PGC）及直播等多种内容形态。优酷的日均付费用户规模正持续健康增长，截至2020年3月31日财政年度同比增长超过50%。

作为中国最大的数字娱乐平台，优酷的内容体系由剧集、综艺、电影、动漫四大头部内容矩阵和资讯、纪实、文化财经、时尚生活、音乐、体育、游戏、自频道八大垂直内容群构成，拥有国内最大内容库。

阿里影业　阿里旗下全产业链娱乐平台——阿里巴巴影业集团，是以互联网为核心驱动的影视实业公司，拥有内容生产制作、互联网宣传发行、衍生品授权及综合开发、院线票务管理及数据服务的全产业链娱乐平台，是阿里巴巴文化娱乐集团重要的垂直业务纵队。

基于自身大数据支持和阿里巴巴集团生态资源的协同效应，阿里影业正在打造三大板块的核心业务，包含国际和国内两大范畴的内容制作业务、互联网与传统线下发行相结合的互联网宣发业务、依托阿里巴巴生态体系所延伸出的综合开发业务。

大麦　大麦成立于2004年，业务覆盖演唱会、话剧、音乐剧、体育赛事等领域。2017年3月21日，阿里巴巴集团宣布，对中国最大演出票务平台大麦网完成全资收购。这意味着大麦网正式加入阿里大文娱战略板块，通过线下内容落地与渠道触达服务，助力大文娱各大板块协同发展。

2017年9月19日，大麦升级为阿里文化娱乐集团现场娱乐事业群，启用新的品牌形象及定位，提出“去现场，为所爱”的全新slogan。

高德地图　高德是中国领先的数字地图内容、导航和位置服务解决方案提供商。拥有导航电子地图甲级测绘资质、测绘航空摄影甲级资质和互联网地图服务甲级测绘资质，其优质的电子地图数据库成为公司的核心竞争力。

特色功能包括动态导航、实时公交查询、离线下载、地图搜索、全新引擎、叫车服务、多方向实时路况、DIY地图等。

钉钉　钉钉（DingTalk）是阿里巴巴集团专为中国企业打造的免费沟通和协同的多端平台，提供PC版、Web版、Mac版和手机版，支持手机和电脑间文件互传。钉钉是一个数字化协作办公及应用开发平台，为现代企业和包括学校和教育机构在内的组织提供全新的工作、分享和协作方式，全方位提升中国企业沟通和协同效率。钉钉核心功能包括企业沟通功能（视频电话会议、商务电话、DING功能、消息已读未读、团队组件功能、澡堂模式、企业通信录、企业群）和企业办公协同功能（C－SmartWork、C－OA、C－Mail、C－Space、开放平台）。

斑马智行　斑马智行充分协同阿里巴巴集团在语音、视觉、芯片、IoT、云计算、地图、支付、电商等领域技术和生态优势，与车企一起重新定义汽车，为用户打造智慧出行空间，提供智慧驾乘服务和丰富车生活。

斑马智行推出数字交通解决方案，基于阿里巴巴集团人、车、场、云、图五大数字基建设施能力，以人机共驾、车路协同助力出行场景，助力交通数字化。基于自研AliOS打造的斑马智行智能汽车解决方案，与上汽、一汽、南北大众等10余个汽车品牌合作并应用在40多款车型、100多万辆智能汽车上。

菜鸟网络　2013年5月28日，阿里、顺丰、三通一达（申通、圆通、中通、韵达）等共同组建“菜鸟网络科技有限公司”，经营范围包括互联网软件、物联网络技术开发、技术咨询和技术服务；企业管理咨询、投资咨询、经纪信息咨询（以上均不含限制项目）。

菜鸟致力于实现集团在物流方面的愿景：全国24小时必达、全球72小时必达。为了实现这一愿景，菜鸟网络与物流合作伙伴深度合作，持续建立并运营全球化的物流履约网络，提供国内及国际一站式物流服务及供应链管理解决方案，以规模化的方式满足广大商家和消费者的多种物流需求。截至2021年3月31日，菜鸟网络与270多个物流伙伴合作，在全球范围内提供履约服务。

阿里妈妈 阿里妈妈（www. alimama. com）创立于2007年，是阿里巴巴集团的变现平台。阿里妈妈通过自有技术，匹配阿里巴巴生态体系内所有平台上的商家、品牌和零售商的推广需求与阿里巴巴旗下以及第三方媒体资源，使阿里巴巴的商业、数字媒体及娱乐以及生态体系内其他业务所提供的价值得以变现。

阿里妈妈拥有阿里巴巴集团的核心商业数据。每天有超过50亿推广流量完成超过3亿件商品推广展现，覆盖高达98%的网民，实现数字媒体（PC端+无线端+互联网电视端）。

蚂蚁集团 蚂蚁集团是移动支付平台支付宝的母公司，2020年7月蚂蚁金服正式更名为蚂蚁集团。蚂蚁集团以“让信用等于财富”为愿景，以科技推动包括金融服务业在内的全球现代服务业的数字化升级。

通过“互联网推进器计划”，助力金融机构和合作伙伴加速迈向“互联网+”，为小微企业和个人消费者提供普惠、绿色、可持续的服务，打造开放的生态系统。旗下有支付宝、余额宝、招财宝、蚂蚁聚宝、网商银行、蚂蚁花呗、芝麻信用等子业务板块。

阿里云 阿里云（www. alibabacloud. com）创立于2009年，为阿里巴巴集团的数字技术与智能骨干业务，向全球客户提供全方位云服务，包括弹性计算、数据库、存储、网络虚拟化、大规模计算、安全、管理和应用、大数据分析和机器学习平台等。

阿里云致力于以在线公共服务的方式，提供安全、可靠的计算和数据处理能力，让计算和人工智能成为普惠科技。阿里云是服务着制造、金融、政务、交通、医疗、电信、能源等众多领域的领军企业，包括中国联通、“12306”、中石化、中石油、飞利浦、华大基因等大型企业客户，以及微博、知乎、锤子科技等明星互联网公司。

阿里体育 阿里体育成立于2015年9月，2019年1月，阿里体育与阿里大文娱全面融合打通，形成了以“体育服务”为核心展开的体育业务线，围绕校园、路跑、全民健身等人群打造赛事、场馆、培训等线上线下多领域服务体系。

阿里体育成立之初，阿里巴巴成为国际足联俱乐部世界杯2015—2022年的独家冠名赞助商，谈判由阿里体育执行。2020年8月，阿里体育集团以70亿元市值列“苏州高新区·2020胡润全球独角兽榜”第351位。

阿里巴巴创业者基金 阿里巴巴创业者基金是阿里巴巴集团于2015年发起的一项非营利计划。使命是帮助港台企业家和年轻人实现他们对企业和社区的梦想和愿景。基金会在香港设立了一个10亿港元的基金，在台湾设立了一个100亿新台币的基金，以支持两个市场的企业家。

基金投资于具有创新业务和技术的有前途的年轻公司。通过投资计划，帮助企业家在阿里巴巴的电子商务市场和其他平台（如云计算和物流）上发展业务。支持年轻的公司添加互补的产品、技术和互联网技术（IT）应用程序，以增强阿里巴巴生态系统或促进生态系统参与者的成长。

阿里巴巴全球创新部 该平台提供培训和教育计划，以鼓励公共部门组织支持和培育当地市场充满活力的电子商务生态系统的发展，并激励和赋予企业家、青年和妇女权利。激励新经济创业者成为催化剂，激励他人构建集电商、支付、物流、大数据于一体的繁荣生态。同时，该平台为当地大学和机构提供最新的电子商务实践知识，培养当地培训师，为新经济培养未来的电子商务人才。

针对政府官员、企业家、培训师等不同人群开设不同的项目课程，包括：新经济工作坊、电子创始人奖学金、阿里巴巴网商培训、全球数字人才计划（GDT）等。

第七节　五常西溪软件园

在区委、区政府战略部署下，五常街道采用打造“科技、创智、人文、休闲”四位一体“新五常”模式，以发展总部经济、税源经济为主导战略，以培育科技型企业、培育现代服务业为转型升级主攻方向，划定五常大道和联胜路周边1.26平方公里为产业园区建设的重点区域，远期规划空间108万平方米，建设五常西溪软件园，打造以“创客星系”十二星座命名的产业园区。五常西溪软件园通过园区提升改造，已完成28万平方米楼宇建设目标，以科创、文创为主，电商、大健康为辅，形成了电子商务、高新技术、信息服务、动漫游戏制作、应用软件开发等领域的中小微科技型企业特色产业集群，成为总部经济、税源经济的重点发展区域。

五常西溪软件园于2010年底正式通过杭州市信息办审批和挂牌成立，已建成处女座、金牛座、天秤座、巨蟹座、水瓶座、狮子座、双子座和双鱼座8个星座园。2010年，西溪软件园启动区块——处女座开园；2014年，占地24666.7平方米的金牛座软件园正式启动，吸引40多家企业入驻，开园一年即实缴税收1771万元；同年，以云产业、科技产业、文创产业为核心的水瓶座启动；2015年8月，天秤座科创园主体顺利竣工。在8个建成星座中，金牛座、天秤座、水瓶座、狮子座均被认定为区级科创园，其中金牛座被评为产业余杭十佳科创园，建筑面积4.2万平方米，是一个集创新科技、新能源研发、电子商务于一体的专业化科技产业园。处女座为区文创园，双子座被打造为科创产业园，双鱼座和巨蟹座被打造为电商产业园。

五常西溪软件园共培育科技中小微企业400余家，其中包括省重点企业研究院企业浙江图讯科技股份有限公司（该公司不久前获得“省优秀新产品一等奖”），省重点企业研究院、市院士专家工作站、市企业技术中心企业浙江达峰科技有限公司（该公司“面向电子制造全生命周期管理与服务优化的行业级工业互联网平台”成功入围省级工业互联网平台创建名单），市企业高新技术研发中心企业浙江时空能源技术有限公司、杭州非奇科技有限公司，国家重点支持领域高新技术企业浙江学海教育科技有限公司、浙江图讯科技股份有限公司等。园区内的汽车新零售平台“大搜车”，在2018年3月入选科技部联合长城企业战略研究所发布的《中国独角兽企业榜单及趋势研究报告》榜单。“大搜车”已经对全国90%以上的大中型二手车商实现数字化，涵盖9000多家4S店和6万多家新车网，拥有物流仓37个，组建起了为车商提供软件即服务（SaaS）、金融、营销、交易及物流一站式服务生态平台，已先后获得超过12亿美元融资。

软件园距离杭州市中心地理位置优越，靠近杭州氧吧西溪湿地，有着“城西开发前沿”之称，是杭州的西大门，也是杭州未来科技城的城市副中心区块。东拥西溪湿地国家一级保护区，向南则是小和山高教园区，西接和睦水乡，北靠杭州三墩和浙大紫金港校区，整体地形呈现南高北低之势，三面与主城区接壤，区域位置尤为优越。

杭州五常西溪软件园部分注册企业一览表

表4－3－4

园区企业名	注册资金（万元）	注册时间	经营范围
杭州禧福琅文化传媒有限公司	200	2019－03－15	服务：文化创意策划，市场营销策划，品牌管理、品牌策划，摄影服务（除冲扩），文化艺术交流活动策划
杭州铭记房地产经纪有限公司	100	2019－06－14	销售：房屋，物业管理；服务：房产中介、房地产信息咨询，家政，公寓管理，酒店管理，餐饮管理
杭州云米商业运营管理有限公司	100	2019－11－21	商业运营管理；服务：企业品牌策划，企业营销策划，企业项目策划，市场营销策划，广告策划，形象策划
杭州聚体电子商务有限公司	500	2019－12－18	服务：电子商务技术，网络信息技术、计算机软硬件的技术开发、技术咨询、技术服务、技术转让，批发
杭州奕天货运代理有限公司	500	2020－03－25	一般项目：国际货物运输代理（除依法须经批准的项目外，凭营业执照依法自主开展经营活动）
杭州雅欣网络科技有限公司	100	2020－03－09	许可项目：饮料生产，肥料生产，食品经营，食品经营（销售散装食品），食品互联网销售，餐饮服务
浙江鹏霄餐饮管理有限公司	1000	2021－01－28	一般项目：餐饮管理；技术服务、技术开发、技术咨询、技术交流、技术转让、技术推广，品牌管理
杭州向往培训学校有限公司	100	2019－10－12	许可项目：面向中小学生实施语言类培训的营利性民办培训机构；一般项目：教育咨询服务
杭州趣卖网络科技有限公司	217.65	2017－05－24	一般项目：技术服务、技术开发、技术咨询；许可项目：技术进出口
似曾相识餐饮（杭州）有限公司	200	2017－07－31	餐饮服务（依法须经批准的项目，经相关部门批准后方可开展经营活动）
杭州留华钣金加工厂	10	2005－10－24	钣金制造加工，其他无须报经审批的一切合法项目
杭州宣美科技有限公司	100	2018－08－02	网络信息技术的技术开发、技术服务、技术咨询、成果转让；组织文化艺术交流活动；文化创意策划
杭州普思亭企业管理合伙企业	167	2020－01－06	一般项目：企业管理，社会经济咨询服务，信息咨询服务
杭州潘肖家具有限公司	100	2021－02－03	一般项目：家具销售，日用家电零售，母婴用品销售，针纺织品销售，五金产品零售，照相器材及望远镜零售

一、五常西溪软件园—金牛座

五常西溪软件园·金牛座

五常西溪软件园·金牛座位于浙江省杭州市余杭区，杭州市余杭区高顺路8号，面积约17126.7平方米。项目地处杭州西大门，有着得天独厚的地理优势和方便快捷的交通条件，02省道、绕城公路、文一、文二路延伸工程穿境而过。东拥西溪湿地国家公园，南望小和山高教园区，西临和睦水乡，北靠三墩和浙大紫金港校区，整体地形呈现南高北低之势，三面与主城区接壤，区位优势显著。房屋类型为甲级写字楼，于2014年竣工，由华立集团开发，位于杭州市余杭区高顺路8号。总建筑面积42507平方米，楼高8层，总体实用率70%，绿化率30%。

五常西溪软件园—金牛座部分企业一览表

表4-3-5

园区企业名称	注册资金（万元）	注册时间	经营范围
杭州润力建筑装饰工程有限公司	500	2011-01-11	服务：建筑装饰、室内外装潢施工，发布国内广告；地热设备销售；地热工程，地基基础工程，桥梁及公路工程施工
杭州昂满网络科技有限公司	100	2014-11-04	计算机软硬件，电子商务技术开发，技术服务；销售：服装，服饰，鞋帽，电器，户外用品，网络设备
杭州天的堂科技有限公司	10	2016-05-03	一般项目：技术服务，技术开发，技术咨询，技术交流；许可项目：食品互联网销售，食品经营
杭州金骊生物科技有限公司	1000	2016-12-27	服务：生物制品，保健品，化妆品的技术开发，技术服务；批发：化妆品
杭州辰通生化科技有限公司	1000	2018-04-04	许可项目：危险化学品经营，第三类医疗器械经营；一般项目：文具零售，第一类医疗器械销售，专用化学产品销售
杭州余杭卖货人贸易商行	100	2021-01-08	一般项目：广告设计、代理，其他文化艺术经纪代理，电子产品销售，服装服饰批发，物联网技术服务

续表 4－3－5

园区企业名称	注册资金（万元）	注册时间	经营范围
杭州美和林装饰工程有限公司	50	2021－04－07	许可项目：工程建设活动，建筑智能化系统设计，城市生活垃圾经营性服务；一般项目：住宅维护服务，电子产品销售
杭州大黄鸭智能科技有限公司	2000	2018－11－22	服务：互联网技术、通信技术、手机软件技术、通信工程的技术开发，企业管理咨询，网页设计
杭州福留服饰有限公司	100	2017－12－06	网上销售：服装，服饰，鞋帽，箱包，日用百货；服务：企业管理咨询，工业产品设计，文化创意服务
杭州宇维电气有限公司	50	2018－10－24	开关电源，光伏逆变器，不间断电源，无功补偿器，智慧用电，机电一体化设备的技术开发，生产，销售
杭州左罗贸易有限公司	50	2015－01－21	批发、零售：服装，服饰，鞋帽，箱包，化妆品，日用百货，汽车装饰用品，电子产品，家居饰品，家用电器，玩具
浙江曼本生物科技有限公司	1000	2017－03－17	许可项目：食品经营，动物饲养，牲畜饲养；一般项目：生物农药技术研发，生物饲料研发，日用百货销售
浙江麦圈名流网络技术有限责任公司	1000	2021－04－01	一般项目：技术服务、技术开发、技术咨询、技术交流、技术转让、技术推广，国内贸易代理，日用品销售
杭州瀚瑜科技有限公司	100	2021－04－12	一般项目：信息系统集成服务，计算机系统服务，物业管理，工程管理服务，信息咨询服务

二、五常西溪软件园—巨蟹座

五常西溪软件园—巨蟹座位于浙江省杭州市余杭区五常街道五常大道156号西溪软件园，占地面积约21.59亩。房屋类型为标准写字楼、研发楼宇，由杭州五顺实业有限公司运营，总体建筑面积35000平方米，待开发面积2000平方米，总体实用率75%。可分割面积有170/250/300/500/800/1000～2000平方米。符合电子商务、大健康产业、科研、跨境电商等电子信息、软件类、文化创意、高新科技、淘宝天猫等业态。交通便捷，紧靠56国道、102省道、杭徽高速、绕城高速，无缝连接天目山西路、五常大道，紧邻未来地铁5号线良睦路，科技岛站等。

五常西溪软件园—巨蟹座部分企业一览表

表4-3-6

园区企业名称	注册资金（万元）	注册时间	经营范围
杭州纬欣软件有限公司	50	2010-07-12	服务：计算机软件，道路桥梁工程的技术开发，技术咨询；零售：计算机软硬件，建筑材料，五金交电
杭州根特科技有限公司	200	2011-12-26	技术开发、技术咨询、技术服务及技术成果转让：建筑教学，建筑实训教学产品；销售：电子产品，计算机硬件及配件
杭州翠森市政工程有限公司	100	2014-09-24	市政工程，土石方工程，地基基础工程；工程机械设备、建筑设备，建筑工程运输设备租赁；家政服务
浙江德重新材料技术有限公司	1000	2016-12-19	生产：建筑装饰材料；上门安装：自动化控制设备，机电一体化设备；销售：工艺美术品及LED照明产品
深圳回收宝科技有限公司杭州分公司	0	2018-09-05	从事公司范围内的联络、咨询业务
杭州余杭区五常街道澄列便利店	10	2020-01-15	一般项目：新鲜水果零售，日用品零售；许可项目：食品经营，烟草制品零售
浙江龙犇电子商务有限公司	1000	2020-03-13	许可项目：食品互联网销售，食品经营具；一般项目：互联网销售，信息技术咨询服务
杭州玖贤网络信息科技有限公司	1200	2016-06-03	网络信息技术，网络系统工程设计与上门安装，网络设备上门安装及维护，计算机系统集成，安全设备的上门安装
杭州世纪瑞城大酒店有限公司	300	2009-10-21	餐饮服务业：含凉菜，不含裱花蛋糕，不含生食海产品；住宿，棋牌，卡拉OK；洗车服务
杭州松唐科技有限公司	100	2016-12-23	销售：电子产品，机电设备，通信器材，照相器材，船舶配件，网络设备，蓄电池及配件；货物及技术进出口
杭州胜美网络科技有限公司	50	2017-07-17	网络科技、计算机科技、技术咨询和技术服务，市场营销策划，企业形象策划，计算机系统服务，商务信息咨询
杭州璞真科技有限公司	300	2016-09-18	服务：网络技术、计算机软硬件的技术开发，包装设计；食品经营；销售：家具、工艺美术品，化妆品；货物进出口
杭州博义装饰工程有限公司	100	2016-06-03	室内外装饰工程、建筑工程、园林绿化工程的设计，景观设计，建筑材料、装饰材料、机电设备及配件的网上销售
杭州根特科技有限公司	200	2011-12-26	技术开发、技术咨询、技术服务及技术成果转让：建筑教学模型，实体比例建筑教学模型工程；销售：电子产品

三、五常西溪软件园—狮子座

五常西溪软件园—狮子座位于浙江省杭州市余杭区联胜路2－1。

五常街道西溪软件园—狮子座部分企业一览表

表4－3－7

园区企业名称	注册资金（万元）	注册时间	经营范围
杭州丰雷汽车服务有限公司	30	2016－04－21	服务：机动车维修（汽车快修），洗车；销售：汽车配件
杭州创威安防科技有限公司	200	2017－08－18	网络技术服务；计算机软硬件及配件技术服务，电子产品技术开发；网上销售：计算机及配件，电子产品及配件
杭州知点人力资源有限公司	500	2019－02－28	服务：开展收集、整理、储存和发布人才供求信息，职业介绍和人才信息咨询，企业管理咨询，经济信息咨询
杭州莫愁国艺文化传播有限公司	100	2019－08－29	服务：广播电视节目制作，商务信息咨询，文化交流活动，经济信息咨询，教育信息咨询；销售：画材、工艺美术品
杭州帛岚裙淑贸易有限公司	100	2019－11－27	网上销售：家具，服装服饰，数码产品，实验室器材，电子产品；服务：计算机软硬件的技术开发，技术咨询及成果转让
杭州公晋贸易有限公司	400	2020－01－14	一般项目：服装服饰零售，鞋帽零售，化妆品零售，厨具卫具零售，钟表零售
杭州余杭揽下服装零售工作室	10	2021－04－30	一般项目：服装服饰批发，母婴用品销售，美发饰品销售，日用杂品销售，劳动保护用品销售，互联网销售
杭州余杭区五常街道燕伟园艺经营部	6	2019－12－25	许可项目：林木种子生产经营，一般项目：花卉种植，礼品花卉销售，互联网销售，农副产品销售
杭州迈祺科技有限公司	500	2016－07－20	电子产品，计算机软硬件，仪器仪表的技术开发，技术咨询，技术服务，成果转让；安防工程，工业自动化工程的设计
杭州逸莓服装有限公司	160	2020－01－15	网上销售：服装，文化用品，服装面料及辅料，针纺织品，床上用品，纺织原料，工艺品；货物及技术进出口
杭州舒风贸易有限公司	200	2020－01－14	一般项目：服装服饰零售，鞋帽零售，化妆品零售，厨具卫具零售，日用品零售；钟表零售；箱包零售；乐器零售
杭州俱新汽车零部件有限公司	100	2016－08－23	批发、零售：汽车用品，汽车配件，家具，装饰材料，家用电器，汽车零部件；市场调研服务，商品信息咨询服务
杭州嘉迪名贸易有限公司	130	2019－12－20	网上销售：家具，家纺产品，家用电器，家居用品，服装服饰，鞋帽，箱包，数码产品，实验室器材
杭州微奢服饰有限公司	140	2020－01－07	一般项目：服装服饰零售，鞋帽零售，日用品零售，箱包零售，玩具、动漫及游艺用品零售，家具零售

四、五常西溪软件园—处女座

位于浙江省杭州市余杭区五常街道五常大道 168 号。空间总建筑面积 2. 28 万平方米，有餐饮、咖啡吧、健身房、图文店、篮球场等配套设施 2000 平方米，致力于中小微创意科技型企业孵化。主导产业为创意设计、文化艺术、电子商务；重点文创企业为图讯科技、学海教育、易阁科技、阔达科技等。该园区旨在通过“文创 + 生活”拓展生活新体验。

五、五常西溪软件园—水瓶座

“水瓶座软件园”位于五常联胜路 10 号，地处五常大道与联胜路交叉口，是科技型中小微企业的孵化器，也是华立集团打造的“产业生态圈”布局的重要组成部分，是杭州市科学技术委员会 2015 年认定的 15 家杭州市级科技企业孵化器之一。在“互联网 + ”的时代浪潮下，华立集团意识到互联网时代对传统制造业的冲击作用，互联网虽然不可能完全替代制造业，但是其渗透作用已经深入传统制造的各个环节。因此，华立集团重点布局了以大健康产业生态圈为核心，以能源物联网、智能家居、互联网电动物流车、跨境电商等小生态圈为协同，以创业生态孵化圈为支撑的产业生态。华立充分整合利用集团现有资源，积极承接外部资源，为创业企业提供全方位的服务和支持。水瓶座软件园获评市级科技企业孵化器，是五常打造以“创客星系”为代表的产业集群的新亮点，“星”罗棋布的信息经济产业园给五常带来了新的变化。

六、五常西溪软件园—天秤座

位于杭州市余杭区五常街道五常大道（西溪印象城旁）；距市中心仅 13 公里，有着得天独厚的地理优势和方便快捷的交通条件，02 省道、绕城公路及文一、文二路延伸工程环绕四周。园区打造一流的会展会议中心、创业咖啡吧、创意书屋、企业孵化器、创业导师团等软硬件服务配套，为企业成长提供支持。产业园在建立自身的孵化基金，在吸引外部资金方面起到媒介的作用同时，园区整合大学、科研机构、顾问咨询机构、投资机构，打造高端产业集群中心，构建科创企业成长生态圈。园区通过注入一批生物识别技术、网络金融服务、高新产业孵化器等方面为主的先进企业，构建科技创新创业产业公共服务平台及研发、孵化中心、形成集科技创新、创投、研发的生态产业链集群。

七、知名企业

浙江图讯科技有限公司 创立于 2000 年，是一家专业从事电子政务建设及安全生产信息化产品研发的高科技企业。2011 年，“浙江图讯计算机系统有限公司”正式更名为“浙江图讯科技有限公司”并入驻“西溪软件园”。图讯科技主要为政府、安监、档案等行业提供系统集成、行业软件开发、网络建设及服务的综合解决方案。用户覆盖各级政府及大、中型企业。作为浙江省最大的电子政务服务及设备供应商之一，图讯科技拥有一批高素质的企业管理人才和以董事谭建荣院士为首的高级科研人才。公司由中国工程院院士、浙江大学资深教授、IT 领域技术专家、资深职业经理人共同筹资组建。具备丰富的管理经验，稳健发展的经营理念，行业一流的技术能力，能为客户提供持续高水平的综合服务。除了自身的力量外，还与浙江大学建立了密切的技术协作关系，在技术上形成了可持续的竞争力。图讯科技先后承担国家、省、市各级科研项目9项，拥有软件产品证书、产品著作权及专利20余项。图讯科技是国家级高新技术企业、双软认证企业，并通过了ISO 9000质量体系认证。

图讯科技公司办公楼（2015）

图讯科技是专业的电子政务信息系统集成解决方案提供商。提供专业的电子政务信息化建设整体解决方案、配套的软硬件平台建设、系统集成、系统运维等服务。针对不同的用户需求、不同的业务特性、不同的网络环境、不同的安全等级要求（等级保护、分级保护），分别就可用性、可靠性、安全性提供从硬件到软件的整体解决策略。通过先进的信息化手段为政府行业客户提供信息化改造方案，协助政府部门提高依法行政的水平。协助政府行业客户实现办公自动化、管理信息化、决策科学化，实现政府部门与用户（企业和公众）通过网络信息平台充分进行信息共享与服务、加强群众监督、提高办事效率及促进政务公开等。图讯科技是专业的安全生产信息化服务提供商，一直致力于利用互联网技术、物联网技术以及信息化技术等实现安全生产领域的预防、监测、监控及管理的探索和研究。图讯利用业内领先的技术手段为政府提供安全生产监管服务（安全生产监管监察、生产安全事故应急救援、重大危险源监控等），为企业提供安全生产综合咨询管理服务（基于物联网的企业安全生产监测监控服务、基于互联网的安全生产教育培训服务以及企业级安全生产信息管理应用），为中介机构（安全评价机构、检测检验机构、教育培训机构等）提供专业的评价、鉴定及辅助咨询工具，实现行政有工具、执法有标准、流程有规范、管理有监督、办事有提醒、追溯有依据、信息有互动、安全有保障的安全生产综合监管目标。

浙江达峰科技有限公司　成立于1997年，坐落于杭州西溪湿地旁的五常工业园区五常大道158号，从事微电脑控制器及智能网络家电的集研发、生产、销售、服务于一体的高新技术企业，是国内较早从事家用电器控制器开发、生产的国家高新技术企业。

公司拥有卓越的研发能力。2010年成立省级研发中心，2013年获准成立以54所孙玉院士为首的智能技术院士工作站，2014年成立浙江省智能技术企业研究院，拥有本科及以上研发人员100余人，其中高级工程师3人、硕士20多人。每年可完成新项目160多项，投产120多个，产品以设计新颖、安全可靠、抗干扰能力强、稳定性好而著称。公司重点研究智能网络家电的解决方案（包括智能网络家电控制器、App、云平台），获得浙江智慧社区产业联盟理事长、中国智能家居产业联盟理事单位荣誉称号。2016年达峰研究院被评为省级重点研究院。产品开发人员具有丰富的开发经验，开发速度快，每年可完成新开发项目200余个，投产项目120个以上。产品设计以稳定、抗干扰性强而深受客户信赖，公司产品均通过国家3C认证。主要为三星、LG、松下、三洋、海尔、远大、特灵、皇明、樱花、新飞、阿里斯顿、大东傲胜、A·O·史密斯、南汽、西门子、桑乐、太阳雨、九阳、惠而浦、康佳、美大、SEB、林内、耐普罗等国内外知名企业配套生产并获得一致好评。达峰公司经过10余年的艰苦创业，已经发展成为一家拥有员工700余人，下属2个子公司，经营规模超过3亿元的专业微电脑控制器生产企业。生产的控制器产品涵盖了白色家电控制器、厨卫、汽车电子、太阳能仪表、光伏、风电、发光二极管（LED）灯控制器等领域；年生产能力达1000万套，自公司创建以来，公司营业额以每年超过30%的速度增长。先进的生产检测设备（松下全自动插件机9台、雅马哈全自动贴片机12台、ROHS测试设备1台、波峰焊机8台、回流焊机4台、在线测试仪10台、自动光学检测仪1台、浪涌测试仪等）。先进的设备加上科学的检测工艺和严格的品质控制，实现了从原材料投入到产品的现代化生产流程。公司产品覆盖空调、冰箱、洗衣机、太阳能、热水器、汽车电子、电动车、消毒柜等多个系列产品。

浙江时空能源技术有限公司 浙江时空能源技术有限公司于2014年4月由时空电动汽车股份有限公司投资设立，是时空集团电动汽车产业链：整车、电池、充换电设施和电动车运营四大板块中的核心业务板块。公司位于浙江省杭州市，拥有杭州五常和湖州德清两大生产基地，总厂房面积3万平方米，其中，位于五常街道的公司地址为杭州余杭区五常西溪软件园·金牛座，面积近1万平方米。东临杭州西溪国家湿地公园，北靠杭州未来科技城核心区域，距离杭徽高速杭州绕城高速入口3公里，交通便利，地理位置得天独厚。

公司是专业从事以锂离子电池为主的新能源产品研发、生产的高科技企业，拥有电动汽车锂离子电池产品的众多项专利技术和自主知识产权。公司通过TSO/TS 16949、ISO 9001、ISO 9001、ISO 14000、OHSAS 18001等管理体系认证。公司生产的电动汽车动力电池已运用到东风御风A08、东风俊风SKKD、东风ER30、东风E17、时空海豚8849/8849S、郑州日产帅客、众泰E20、康迪K10/K11等众多车型上。凭借技术和品质优势，实现了批量生产，并在上海、深圳、南京等地设立了营销机构，产品市场覆盖面广。公司拥有强大并且独立的研发中心，研发团队在电池配组优化、电路智能管理、电源可靠性和安全性设计方面也有丰富的经验，并和浙江大学等高校建立了紧密的产学研合作关系。主营业务：电动汽车动力电池成组解决方案、技术研发、制造与销售。核心产品：高能量密度、高安全性标准模块化锂离子电池系统。

依靠强大的研发团队，将自有电池技术以最高效率地应用于汽车上，并以此成功切入电动汽车全产业链，产品涵盖乘用车、商用车、物流车等多个领域。与东风、金龙、南汽、大运等多家知名车企存在合作伙伴关系。公司高度重视技术研发和知识产权保护，截至2016年12月底，已经取得1项发明专利、54项外观专利和38项实用新型专利等众多动力电池组的核心知识产权。公司产品均通过了高速撞击、高空坠落、高温燃烧、短路、水密性能等极限测试，各项技术指标均处于行业领先水平，特别是在能量密度比和安全性能上，表现更是突出，测试结果得到了众多新能源汽车厂商的认可。

杭州非奇科技有限公司 位于杭州余杭区五常街道五常大道168号A座，成立于2010年，是一家创业型手机游戏研发公司，主要做安卓手机游戏的研发及运营。注册地位于杭州余杭区五常街道五常大道168号A座，法定代表人为潘练武。经营范围包括技术研发、技术咨询、技术成果转让：计算机信息技术、游戏技术；经营性互联网文化服务；计算机软件开发；计算机系统集成；计算机设备设计，安装及维护；销售：通信设备、电子产品（除电子出版物）、计算机及配件；第二类增值电信业务中的信息服务业务（仅限互联网信息服务）；发布广告；货物及技术进出口（法律、行政法规禁止经营的项目除外，法律、行政法规限制经营的项目取得许可证后方可经营）。杭州非奇科技股份有限公司对外投资2家公司，具有1处分支机构。公司技术团队90%来自浙江大学，美术团队主要由中国美院毕业生组成，从最早的三个合伙人到已有60多个员工。非奇已经开发了40多款产品，涵盖了各种类型：跑酷类、射击类、塔防类、棋牌类、赛车类、模拟经营类等。公司核心开发团队由国内第一批Android开发者构成，已经开发出许多创新有竞争力的产品，国内外超过一亿次下载，在Google Play多次进入美国区（全球榜）前10名。

杭州非奇科技有限公司logo

浙江学海教育科技有限公司 浙江学海教育科技有限公司位于杭州余杭区凯诚金座余杭区五常大道133号凯诚金座2幢6楼，是一家致力于将科技与教育深度融合，用最新科技服务教育的国家级高新技术企业，有员工1000余人。自1999年开始，学海教育便开始了将移动互联网+、大数据、人工智能、云计算等先进技术应用于学校日常教学与管理中。旗下的“智通云”“联云课”等教学云平台，服务于全国名省中小学校和教育局，已实现浙江省地市全覆盖，并辐射山东、江苏、四川、重庆、广东、海南、河北等多个省外地区。学海教育秉承“教育即服务”的理念，深耕K12教育。服务于教师、学生和家长，通过个性、分层、“微学情分析”等手段变革教育教学，汇集人才大数据。2020年，为响应国家“停课不停学”的号召，学海教育联合浙江出版联合集团正式推出了“浙江数字教材智慧服务平台”走在了教育数字化的前列。学海教育同时为各级教育行政部门和学校提供“双减”服务。在浙江省教育厅的领导下，以数字化改革为契机，搭建了新型“教育共同体智慧服务系统”，携手省内各地市教育局和学校共同探索浙江省教育共同富裕的新途径。

浙江学海教育科技有限公司内部（2018年）

截至2021年，浙江学海教育科技有限公司获得的成果与荣誉有：2015年杭州市海创园重点企业、杭州市余杭区文化创意产业协会会员单位；2017年浙江省最具成长性科技型百强企业、浙江省省级高新技术企业研究开发中心、杭州市最具成长型中小型企业、五常街道文化与科技创意十佳企业“最佳科技创意奖”；2018—2020年国家高新技术企业；2018年浙江省智慧联盟成员单位、入选杭州未来科技城“鲲鹏计划”、浙江省第四批大数据应用示范企业、浙江省成长型文化企业、《中小学数字化教学》理事会首届常务理事单位；2019年学海与人教数学教材深度研究联合组正式成立。

汽车新零售平台“大搜车” 汽车产业互联网平台“大搜车”由姚军红于2012年12月创立，先后获得阿里巴巴集团、蚂蚁金服、晨兴资本、华平投资、春华资本等机构超过12亿美元融资。2017年12月，大搜车进入由硅谷全球数据研究机构PitchBook评选的“2017年全球新晋独角兽”名单。2020年8月，大搜车以200亿元市值位“苏州高新区·2020胡润全球独角兽榜”第108位。汽车产业互联网平台“大搜车”总部地点位于浙江省杭州市余杭区五常大道175号。

汽车产业互联网平台“大搜车”外部（2018年）

大搜车以推动汽车产业数字文明为使命，将“以奋斗者为本”，以及“利他”“协作”“创新”，作为企业核心价值观。自创立以来，大搜车始终致力于推动汽车产业数字文明进程，通过链接、赋能和服务产业链上下游，全力打造汽车交易及流通生态，携手产业各方共同为消费者提供买车、卖车、用车服务。大搜车已经搭建起比较完整的汽车产业互联网协同生态。在这一生态中，不仅涵盖了大搜车已经数字化的二手车商、4S店和新车二网，还包括大搜车旗下车易拍、车行168、运车管家、布雷克索等产业链服务能力的品牌。新车二网SaaS产品“卖车管家”，汽车经销商企业资源计划（ERP）系统提供商“布雷克索”“金蝶汽车网络”以及汽车供应链仓储物流综合服务商“运车管家”等。大搜车推出了“大风车业务管理系统”、“车牛二手车经营”App、“弹个车”、“车行168”等产品，为汽车经销商提供软件、金融、交易及营销等服务。

大搜车的底层商业逻辑是利用互联网技术全面数字化汽车交易场景，对汽车交易场景相关的各类资产（人、货、钱、场）进行在线智能配置。截至2018年8月，大搜车已经数字化了全国90%以上的中大型二手车商，以及9000多家4S店和7万多家新车二网，组建起了为车商提供SaaS、金融、营销、交易及物流一站式服务的生态平台给前端车商赋能，一起为消费者提供服务。基于数据，大搜车充分了解车商的经营状况与需求，开始进入交易层。大搜车推出一成首付先租后买汽车融资租赁服务品牌弹个车；为了完善汽车新零售生态，大搜车还并购了“车行168”“车易拍”，介入新车B2B与二手车B2B在线交易，赋能车商合理配置资源。为了b端和c端的金融需求，大搜车推出了一系列金融产品，例如秒贷、供应链金融、保险、车抵贷等金融服务。

同盾科技有限公司 同盾科技是中国智能分析和决策领域领军企业，以人工智能、云计算、大数据三大核心技术体系为基础，基于对数据的探索洞察和深刻理解，将深度学习、联邦学习等技术与业务场景深度融合，为金融、保险、互联网、政务、零售、物流等行业提供智能分析与决策服务，赋能并激发客户，帮助客户做出更佳决策。

浙江联池水务设备股份有限公司 浙江联池水务设备股份有限公司，成立于2007年。总部位于杭州市海外高层次人才创新园，生产基地位于湖州长兴及杭州临安。公司致力于水处理设备集成系统及水处理配套设备的研发、生产与销售，为水处理需求客户提供“一站式”整体解决方案，包括方案设计、研发制造、安装调试、培训及售后服务等，业务范围涵盖给水排水、环境水、海水淡化等领域。

公司是国家高新技术企业，并建有省级研发中心、市级企业技术中心、市级院士工作站、市级专利示范企业等科研创新载体；承担多个国家及省市级重点研发项目，与中科院、上海同济大学、浙江工业大学等建立长期产学研合作关系，拥有核心专利及自有技术百余项，主编及参编多项行业及团体标准；是中国水协常务理事单位、中国水协设备材料委副主任单位，浙江省环保产业协会副会长单位等。

杭州思看科技有限公司 杭州思看科技有限公司的研发团队由美国海归博士领衔，开发出一系列具有自主知识产权、国内外领先的3D数字化设备。PRINCE双色激光手持式三维扫描仪，同时具备高效和高细节度3D测量的能力，其高精度的红蓝激光双模工作模式兼顾了手持式三维扫描仪的灵活高效以及拍照式三维扫描仪的高细节度；KSCAN复合式三维扫描仪，融合了思看科技红蓝双色激光和全局式三维测量两项专利技术，不仅具有远超其他激光三维扫描仪的细节捕捉能力，同时内置的摄影测量系统模块扩展了仪器所支持的扫描尺寸和扫描精度，是一款应用广泛的专业级3D扫描仪；TrackScan跟踪式三维扫描系统，无须贴点即可进行高精度三维扫描，结合了红蓝双色激光扫描技术和灵活高效的接触式光笔测量功能，可快速、准确地采集物体整体尺寸和关键部位的高精度三维数据；iReal彩色三维扫描仪，可不贴点进行扫描，同时可获取高清细腻的色彩纹理，可满足用户对中大型物品及人体部位的扫描需求。

第四章　财税　金融

自古以来，财政收入都以田赋征额为主，而所征商税、酒税、茶税及明清后新增的黄烧纸税，其数额亦相当可观。以解省、部为主，财政支出中，地方留存为数不多。民国初期，当时收入都归中央，所有地方经费，都从中央赋税中拨留一部分使用，不足再由上级补助。财政支出以行政经费为主，少数用于经济建设、教育卫生等。中华人民共和国成立初期，财政收入仍以农业税为主。1953 年开始进行经济建设，工商税收入逐年增加。80 年代企业利改税后，工商税收入占财政收入的 85% 以上。1994 年分税制改革后，中央税和地方税收入大幅度增加。财政支出也逐步由“吃饭财政”转向“建设财政”，21 世纪后又向“民生财政”转轨，财政支出更趋合理。

1978 年以前，不设乡镇一级财政，乡镇为县财政的报账单位，收入全部上缴，支出定期报销。改革开放初期，曾实行收支分线，目标考核，但仍然属于统收统支。

1986 年全面建立乡镇一级财政，核定收支，独立核算。从 1990 年起，据县政府决定，五常乡财政体制由原来的“划分收支，核定基数，收支挂钩，增收分成”，改为“划分收支，核定基数、总额递增，收支挂钩，增收分成”。至 1994 年实行分税制前，余杭县已实施三轮乡镇包干财政体制。

1994—1997 年，县对乡镇实行分税制财政管理体制。主要内容是“划分范围、核定基数、收支挂钩、超收分成、超支不补、节余留用、一定三年”。

1998—2000 年，实行第二轮乡镇分制财政体制，在原有体制基础上，进行适度调整。并实行“两保两联”，即确保完成乡镇财政收入任务，确保实现当年财政收支平衡，县对乡镇财政补助和奖励同其财政收入联系挂钩。

2001 年实施第三轮乡镇分税制财政体制。进一步明确住房公积金、养老保险金、教师失业保险金、居委会和下放的环卫所支出为乡镇财政支出范围，并改进收入基数和分成办法。2002—2005 年实行新一轮乡镇财政体制，以适应撤市设区、撤并乡镇及经济大环境变化。

第一节　税　　务

自 1949 年 10 月中华人民共和国成立后，田赋及公粮合并，统为农业税，实行评产计征。同时，开征农林特产农业税、契税，征收范围和税率时有变动。1978 年改革开放后，城乡出现多种经济成分和多种经营方式，市场繁荣，税种又有增加。20 世纪 90 年代初，境内农业有 4 税，工商税计 22 种。1994 年进行税制改革，合并税种，简化税制，并实行国家和地方分税制，初步实现“统一税法、公平税负、简化税制、合理分权”目标。余杭社会经济发展较快，工商税收增多，农业税收比例逐年下降。至21世纪初，其所占比重已微不足道。2003年起，停止征收农业特产税、屠宰税。2004年1月起，余杭在全省第一批免征农业税和农林特产税，实现农业零税赋。

一、体制

中华人民共和国成立后，余杭税收征管工作随经济社会发展和税源结构调整有过几次较大变革。税收管理体制，从中华人民共和国成立8初高度集中管理，到60年代适当分权及逐年调整税收管理权限，再到1978年恢复整顿，实行分级审批；90年代始进一步扩大减免审批权，运用税收优惠政策，扶持壮大企业，促进余杭经济发展。征管模式从一员到户、各税统管，集征管查一身专管员模式，过渡到征管查“三分离”，进而实行网络操作，实施科学高效现代化征管。围绕税收征管工作，余杭税务部门还先后建立起一整套税务登记制度、纳税申报制度、发票管理制度等，为依法纳税，将应税款项及时足额入库提供保证。为提高公民纳税意识，余杭税务部门采取多种形式开展税收宣传和税收政策培训，实行政务公开接受群众监督，评选纳税信誉大户等，为促进余杭财政收入不断增长发挥重要作用。

中华人民共和国成立初期，农村税收采取“划片包干”“巡回稽征”方法，加大税收宣传，依靠群众做好农村税收征管。20世纪60年代初，农村主要税源是屠宰税、家酿酒税、接销售的应税农村农畜产品。由于面广、户多、税源分散，征收管理着重是发动群众协税扣税，抓好“三网四工”，即代征网、护税网、密报网和屠、酒、烟、窑工。基本上做到社社有护税组织，队队有代征员。“文化大革命”时期，税收征管秩序受到干扰，税务机构撤并，管理工作影响较大，税收征管被斥为“管、卡、压”而处于混乱状态。中共十一届三中全会以后，逐步整顿税收征管工作。1978年起，实行“一员进场，各税统管”，集征收、管理、检查于一体的税务专管员制度，1985年，县政府批转县财税局《关于加强对农村集贸、个体户税收管理和改进应税农产品征税办法的报告》的通知，由五常乡人民政府委托乡经营管理服务公司对农村集贸、个体户税收实行“代征税款、代开发票、代为管理”征管形式。3月，乡成立“税务征收管理组”，业务工作受财税所领导。1986年，全面整顿乡税收征收组，列为乡财政税收征管组织。1988年4月，开始推行税收征收管理和检查相分离“双轨制”改革，改变“一员进厂，各税统管”和集征、管、查于专管员一身的传统做法。建立对内相互制约，对外加强征管，促产增收新征管制度。1990年5月，以乡为单位设置乡税收征收管理组，协助财税部门代征税款、代填发票、代为管理。1991年，为扩大流通，支持搞活经济，停止批发代扣税制度，取消部分税务检查站。同时，各财税所建立管理小组，加强对乡镇“征管组”、协税员管理。1992年，进一步深化“双轨制”征管模式，征管、稽查完全分离，各司其职。1993年，成立余杭县税务稽查分局，实行“征管在所，稽查在局，管查分离，共同征收”分层次征管模式。同时开展税务代理服务，全面推广“办税员”制度。1996年，以全面推行纳税人自觉申报纳税为核心，改革税务机关机构设置，取消专管员制度，税收工作向基层、向征管转移。1999年1月，实行两级审理制度和三级选案制度。9月，建立以ZT97网络为依托的“集中征收”新模式，改变以前按地区征管传统管理，实行以市（余杭市）为单位集中征收。成立征管分局，建立“大厅集中征收、信用社代征、乡镇征收组协助征收”个体税收征管模式，对定期定额个体户、个人承包企业和私营企业实行信用卡缴纳税收。2000年8月，推行“银税一体化”，工商银行、农业银行及信用联社被确定为国库经收处，个体、企事业单位均实行“税款预储账户”缴税办法。

二、四税

农业税、农业（农林）特产税、契税和耕地占用税四类税种，均由财政部门征收管理。

田赋 是中国旧时历代政府对拥有土地的人所课征的土地税。

据《重修浙江通志稿》记载，清光绪三十三年（1907），包括五常在内的余杭县税收漕粮折色和地丁各款为：征额4698.905石，蠲辖1190.489石，减缓94.677石，实征2637.646石，带征1233.528石，折银3.303两，未完624.110石。钱塘县税收漕粮折色和地丁各款为：征额9270.197石，蠲辖1865.777石，减缓570.820石，实征5124.327石，带征4719.327石，折银6.526两，未完2257.072石。虽为两县税收漕粮折色和地丁各款，也可看出农民在田赋的实际负担。

辛亥革命后，又将漕粮、户课和各种官田租课统称四赋。到国民党政府统治时期才将按土地所征的各种税收统称四赋。田赋虽然以土地为课税对象，但封建地主所缴纳的是从农民身上榨取得来的地租，属于农民剩余劳动或必要劳动产品的转化形式，农民是田赋的实际负担者。民国元年（1912），农业税赋按清代额征银米合并正杂项目，折征银圆，漕粮改称抵补金，连同地丁、屯粮、租课一概按银折征。民国6年（1918），田赋改为地丁、抵补金两项。地丁按清末原额银两，折征银圆。民国21年（1932）起，农业税赋正式称“田赋”，分上、下两期收，上期即原地丁，下期即原抵补金。民国30年（1941），田赋收归中央。废除银圆，改征实物及米折办法。民国34年（1945），当年田赋、公粮全部豁免。民国35年（1946），域内田赋始征实，按原征正附税额5成征收，每元折征稻谷3市斗。民国16年（1927）以后，附加逐年增加，至民国末期，省附加有地丁项下的粮捐、水利费、军事善后特捐、建设附捐、保安附捐、省绥靖经费等；在抵补金项下有省税、军事善后特捐、建设附捐、建设特捐等。县附加的有特捐、附加捐、教育一成捐、建设一成捐、新附加捐、自治附捐、建设特捐、治虫费、水利费、地方特别附加、救济院经费、征收经费、区公所经费、农民飞机捐、农业服务基金及公益捐、保安捐、户捐、壮丁训练费、区自治捐、义务教育附加捐、粪捐、镇自治及教育经费捐等。

农业税 中华人民共和国成立后，根据合理负担原则，将原公粮、田赋、公柴及乡村经费等各项附加合并，称为农业税。1949年11月，浙江省人民政府公布《征收农业税暂行办法》和《征收农业税暂行简易办法》。暂行办法规定：“农业税之征收，以农业生产之土地为依据，以其收益者为对象，凡有农业收益之土地，不问其为自耕、出租、佃人，其收益人均须按办法规定交纳农业税”；“为求负担之相对公平，按土地质量之优劣，产量之多寡，分为甲、乙、丙、丁4等和16个级。每亩田全年产量在500斤以上者，为甲等田，在400斤以上不足500斤者为乙等田，300斤以上不足400斤者为丙等田，不足300斤者为丁等田。土地等级之确定，原则上以区为单位，由县以上政府估定之”。1950年9月，依据中央人民政府发布《新解放区农业税暂行条例》，境内以土地常年产量为计税标准，以征收实物为主。农业税实行40级全额累进税制，规定人均粮食75.5公斤为起征点，税率最低3%，最高42%。地方附加按正税15%计算，并串征收。1953年，改行24级全额累进税制，规定人均粮食75.5公斤为起征点。税率最低7%，最高30%。1953年，实行“稳定负担，增产不增税收”政策。1954年起，农林特产税实行随售随征的办法，税率8%～14%。1955年，为适当解决地方建设事业需要，按农业人口计算，对每人全年平均常年应产量在225公斤以上的农户，依其应纳税额带征，农业税地方附加5%，分别计算，随同正税合并征收。对常年产量225公斤以下的免征附加。1958年6月，改累进税制为比例税制，境内平均税率确定为常年产量的17.54吨，地方附加为12%。1959年起，农业税以生产队为单位，实行定产定率包干征收。社员自留地免征农业税。1961年，平均税率下降为8.89%，地方附加下降为1%。1964年起，地方附加调整为15%。因灾减免和优待是农业税的重要政策之一。境内凡水、旱灾害均有减免税收。

1949年5月后以现粮为主。分早稻、晚稻两季征收，全年统一结算。农业合作化时期，早稻预征逐步增多，纳粮也由农户转变为社队集体。20世纪80年代，境内有部分村集体全额上缴农业税。1983年，推行家庭联产承包责任制后，由农户直接缴纳。1992年，在逐年放开粮食购销与价格的同时，农业税仍实行粮食实物征收，确定为早晚稻各半比例征收。1994年，由粮站和镇人民政府组织征收。征实物的由粮食部门统一代征，并执行“先征后购”的原则。征代金的，由镇政府负责包干征收。2001年，国家取消粮食定购任务，农业税全面实行代金征收，计税价格为每50公斤稻谷46元。2002年7月，余杭区进行农村税费改革，主要内容为“减调改稳、合理负担、转移支付、配套进行”，即取消乡统筹费、农村教育集资等专门面向农民征收的政府性收费和集资，取消屠宰税，取消农村劳动积累工和义务工，调整农业特产税，稳定农业税，改革和规范村提留。2004年1月1日起，为减轻农民负担，按照对农民“多予、少取、放活”政策导向及农村产业结构调整，余杭区在全省首批免征农业税。2005年1月1日起，余杭全面取消农业税。

农业（农林）特产税 是农业税的组成部分，是对一些多年生农林特产品，如竹、木、茶叶、水果、水产等按比例税率征收的一种农业税收。1950年，余杭县对种植农林特产品土地，按平均收入折合主粮以1%税率计征农业税。1954年，开始对林木、毛竹等农林特产品，采取随售随征农业税，为农林特产品单独征收农业税之开端。1955年，对茶叶等采取随售随征农业税，茶叶7%。1956年，余杭县开征蚕茧副业税。1957年1月，林木税由10%调整为15%，茶叶按售价征收7%。1962年7月，根据省市有关规定，县财政局、税务局对农林特产税品种、税率做调整：竹、木按售价8%征收；竹木加工制品按售价适当扣除加工费用后，以8%税率征收；茶叶油菜籽按售价7%征收。1973年，余杭县将农林特产农业税正税和附税合并简化为一个税率。调整后正附税率分别是：茶叶、桐子、油菜籽为8%；原竹、原木为9%。1984年3月，为鼓励茶农向国家多售优质春茶，适当控制夏秋茶生产，对5月底前出售给国家的春茶税率从8%改为6%征收；夏秋茶改按10%征收。1989年4月，余杭全面开征农林特产税，其征收范围9类67个品种，税率从5%到15%不等。境内新开征产品主要有桃、梨、枣、枇杷、杨梅、葡萄、板栗、杂竹、毛料、鲜笋、笋干、食用菌类、林产品。实行“随购代征”和“源头控制征收”两种征收办法。1993年1月，茶叶实行“源头征收”。征收标准，每亩定额以不低于粮田的农业税负担为原则。1994年，部分应税农产品征收的产品税与农林特产税合并，统一征收农业特产税。2000年5月1日，财政部、国家税务总局对农业特产税税收调整征收环节。毛茶、水产品、原木、原竹、生漆、牲畜产品、食用菌、贵重食品只在生产环节征收农业特产税，收购环节不再征收农业特产税。调整农业特产税税率。毛茶、水果税率调整为8% ~13%；原木、原竹、水产品、生漆、天然树脂、食用菌、花卉税率调整为8% ~10%。2000年，在农业税计税土地上生产的农业特产品不再征收农业特产税，只保留对非计税土地上生产的农业特产品征收农业特产税。2003年4月1日起，余杭区全面停征农业特产税。

契税 1998年7月，余杭市人民政府《关于对契税具体政策规定的通知》明确规定：市境内出让、转让、买卖、赠与、交换等方式取得土地、房屋权属单位和个人应依法缴纳契税。契税计税依据按如下办法核定：国有土地使用权出让、土地使用权出售、房屋买卖，以其实际成交价格核定；土地使用权赠与、房屋赠与，由征收机关参照当时土地使用权出售、房屋买卖市场价格核定（市场价格分别由房产、地产评估事务所核定）；土地使用权交换、房屋交换，以其所交换土地使用权、房屋价格差额核定；以划拨方式取得土地使用权的，经批准转让房地产时，由房地产转让者补缴契税，其计税依据为补缴土地使用权出让费用或土地收益。契税税率为3%。以土地、房屋权属作价投资、入股、抵债及以无形资产、奖励方式或以预购方式和预付“集资”建房款方式承受土地、房屋权属的，也应缴纳契税。契税减征、免征：国家机关、事业单位、社会团体、军事单位承受土地、房屋用于办公、教学、医疗、科研等和军事设施免征契税；经市政府批准，在国家规定房改标准面积内购买公有住房免征契税；城镇职工购买公有住房享受免征契税；由于自然灾害、战争等不能预见，不可抗力而灭失住房，重新购买住房酌情减征、免征契税；土地、房屋被县级以上人民政府征用、占用后，重新承受土地、房屋权属，免征契税。

进入21世纪后，随着城乡房屋买卖活跃，契税额有较大幅度增长。2000年7月1日，个人购买自用普通住宅（包括房屋交换、赠与、私房交易、单位集资房、联建房，以及按房改98价换购的和超面积以市场价或商品价购买部分）按1.5%征收契税。个人购买经济适用房在规定面积内契税免征，超面积部分按1.5%征收契税。2003年，随着拆迁补偿和安置的方式方法变化，对城市房屋拆迁，无论其拆迁补偿方式实行产权调换还是货币补偿，均按3%税率征收契税。2004年8月，根据浙江省财政厅印发《关于契税征管若干政策的通知》，土地、房屋因拆迁后重新承受土地、房屋权属，其成交价格（面积）没有超出土地、房屋补偿和安置费的免征契税；超出土地、房屋补偿和安置补助费（或安置面积标准）的部分按1.5%税率征收契税。尚未办理纳税申报手续且分属不同时期契税税率的应税未税项目统一为土地3%，房屋3%（其中普通住宅1.5%）征收契税。2005年8月，区财政局《关于明确契税有关政策问题的通知》规定：购买安居房、经济适用住房者照章缴纳契税。银行系统和其他非银行金融机构为处置不良资产而承受土地、房屋权属的应照章缴纳契税。企业合并、兼并、并购行为的契税政策：凡被合并、兼并、并购企业债权债务由合并、兼并和并购方承继的，所涉房地产权属转移，经财政部门审核确认后，2005年12月31日前免征契税，其余按规定征收契税。2006年，契税征收数据并入金财工程统一管理，通过局域网与各征收点计算机联网，实现各征收点契税数据共享。2008年10月，随着全球金融风暴波及，根据财政部出台房地产暖市政策，从11月1日起，余杭区对首次购买90平方米及以下普通住房契税税率暂下调到10%。此后，普通住房契税税率又有三次调整。2010年3月，根据财政部国家税务总局《关于调整房地产交易环节税收政策的通知》中首次购买普通住房契税优惠政策问题明确规定对两个或两个以上个人共同购买90平方米及以下普通住房，其中一人或多人已有购房记录的，该套房产的共同购买人均不适用首次购买普通住房的契税优惠政策。2010年，为进一步提高减免税审批效率，根据国家税务总局《耕地占用税契税减免管理办法》，浙江省地方税务局经研究决定，从2010年3月1日开始，调整浙江省契税减免审批权限。契税计税金额在1万元（含1万元）以上的减免，由房屋、土地所在地的市、县（市）地方税务局审核后，直接上报省地方税务局审批。契税计税金额在1万元以下的减免，不再实行分级审批，由市、县（市）地方税务局审批（浙江省地方税务局公告2013年第12号规定该通知从2013年10月1日起废止。）2012年2月1日起，根据《浙江省实施〈中华人民共和国契税暂行条例〉办法》有关规定的契税限缴期限，在浙江省行政区域内承受房屋、土地权属的单位和个人，应向房屋、土地所在地地方税务局契税征收机构办理纳税申报，契税税款缴纳期限为办理房屋、土地权属变更登记手续之前。2016年根据财政部《关于调整房地产交易环节契税、营业税优惠政策的通知》，余杭地区2月22日起执行契税新政，个人购买家庭唯一住房（家庭成员范围包括购房人、配偶以及未成年子女），面积为90平方米及以下的，减按1%的税率征收契税；面积为90平方米以上的，减按1.5%的税率征收契税。对个人购买家庭第二套改善性住房，面积为90平方米及以下的，减按1%的税率征收契税；面积为90平方米以上的，减按2%的税率征收契税。

耕地占用税　自1987年4月1日起，境内开征耕地占用税。征税范围：凡是占用国家和集体所有的耕地，均须征收耕地占用税。耕地是指种植农作物或其他经济林木的土地和鱼塘。占用荒山、宅基地不属耕地占用税范围。农民自留地、承包地等均属集体所有，其占用耕地按征收标准纳税。征收标准：瓶窑等14个建制镇境内（包括省、市属企事业单位）征用每亩耕地按5000元计征；属于上述14个建制镇城镇规划范围外及其余各乡境内企事业单位征用或建用按每亩4000元计征；农业户口农民在农村建造自用住宅按每亩4000元标准减半计征。非农业户口城镇居民不论在城镇或农村建房，按所在地乡镇征收标准全额计征（14个建制镇境内按5000元，其余各乡按4000元）。

1987年，建立“农业发展专项基金”，并纳入国家财政预算，由财政部门管理，用于扩大耕地面积、改良土壤、改善水设施、发展粮食生产。1988年起，上缴中央和浙江省的耕地占用税款实行包干办法，超收留余杭县，不足由县财政补足。1989年1月，调整耕地占用税分成比例：中央30%、省10%、县60%。1992年，省财政厅调整耕地占用税征收标准。余杭县属二类地区，7月1日起，征收标准为每亩6000元，农村居民占用耕地建房按6000元标准减半计征，即每亩3000元，公路和航道建设占用耕地每亩征收1333元，即每平方米2元征收。1993年1月，改进耕地占用税征收办法，耕地占用税按照“谁征地，谁纳税”和“先纳税，后用地”原则实行预征。1994年1月，浙江省将耕地占用税收入全部下划给余杭县，中央和省不再参与分成。2008年1月1日起施行重新修订《中华人民共和国耕地占用税暂行条例》。新条例提高税额标准，比原规定税额标准提高4倍左右，为保护基本农田，还在适用税额基础上再提50%；统一内、外资企业税负，即将外商投资企业和外国企业也纳入征收范围；从严规定减免税项目，取消铁路线路、飞机场跑道、停机坪等占地免税规定。2008年1月，对境域内占用耕地（含园地）税额标准每平方米调整为50元；对占用其他农用地（指林地、牧草地、农用水利用地、养殖水面及渔业水域滩涂等）税额每平方米同为50元；对占用基本农田税额每平方米为75元。1987年9月，农村居民占用耕地新建住宅，耕地占用税按规定税额减半征收。此外，享受减税的有：农村革命烈士家属、革命残废军人、鳏寡孤独及边远贫困山区生活困难农户，军队离休退休干部；民政部门办福利工厂属安置残疾人就业按残疾人占工厂比例，给予减税照顾；综合性枢纽工程按其为农业服务直接效益占工程总效益比重，给予减免照顾。2007年，新制定《中华人民共和国耕地占用税暂行条例》对耕地占用税的减免作规定：军事设施占用耕地和学校、幼儿园、养老院、医院占用耕地可免征。铁路线路、公路线路、飞机场跑道、停机坪、港口、航道占用耕地，减按每平方米2元税额征收耕地占用税。农村居民占用耕地新建住宅，按当地适用税额减半征收。农村烈士家属、残疾军人、鳏寡孤独及革命老根据地、少数民族聚居区和边远贫困山区生活困难农户，经所在地乡镇人民政府审核，报县级人民政府批准，可免征或减征耕地占用税。条例自2008年1月1日起施行，并对1987年4月1日发布的条例同时废止。

三、工商税

工商税是指对一切从事工商业经营的单位和个人，就其销售收入和经营业务收入征收的一种流转税。划分为增值税、产品税、营业税三种税。对一切从事工商业经营的单位和个人，就其销售收入和经营业务收入征收的一种流转税。

税制、税种 民国初期，赋税沿袭清末旧制，各县税制不统一。民国16年（1927）后，划分国家与地方税收标准，陆续开征新税，初成工商税制。但税种既繁又杂，除国税、省税、县税外，县、区、乡均可设各种名目附捐、带征和筹集。各级政府可根据各自财政需要，开征各种杂捐，各级议会都有通过决议，发布规定的权力。所定捐率也经常“加码”。据《浙江省政府公报》刊载，民国30年（1941），杭县地方捐税多达35种，实际征收项目远非此数，故有“苛捐杂税多如牛毛”之说。

中华人民共和国成立后，工商税收制度随着各个历史时期政治经济形势发展，经历多次变革，1949—1994年，大体可分六个阶段：1950年，新税制初建，杭县、余杭县开征工商税种8个。1953年，税制修正后，工商税种增至10个。1956年，简化税制，工商税种仅存5个。1978年，税制改革，工商税种恢复到9个。1984年，税制再次改革，建立多税种、多环节调节生产的税收体系，到1993年底，工商税种增至22个。1994年，税制全面改革，工商税制按“统一税法、公平税负、简化税制、合理分权”原则，国家和地方实行分税制，改革原有税种，为中华人民共和国成立后规模最大、范围最广、内容最多的一次改革。是年，余杭开征工商税种减少到14个。1994年，余杭国、地税分别设局。实行分税制后，税源集中、收入多、涉及面广，且需全国统一管理的税种，划为中央税，由国税局征收；同地方联系密切，税源比较零星分散，且需因地制宜处理的税种划为地方税，由地税局征收；既需兼顾中央和地方利益，又有利于调动中央、地方两个积极性的税种，划为中央和地方分享税，由国地税局分别征收。2008年，余杭区初步建立一套适应社会主义市场经济发展要求的以流转税和所得税为主体，其他税种和各类规费辅助配合，多税种、多层次、多环节的复合税制体系。工商税中，增值税、企业所得税、外商投资企业所得税和个人所得税等4个税种为中央和地方分享税。其中，增值税自1994年起，按3∶1的比例进行分成，75%入中央国库，25%入地方国库。2002年起企业所得税、外商投资企业所得税、个人所得税，中央和地方各得50%。2003年起，调整为60%入中央国库，40%入地方国库。时年，余杭区国家税务局征收的工商税种有4个，即增值税、消费税、企业所得税、车辆购置税。余杭地方税务局征收的工商税种有10个，即营业税、企业所得税、个人所得税、资源税、城市维护建设税、房产税、印花税、城镇土地使用税、车船税、土地增值税。规费基金类有教育费附加、地方教育附加、文化事业建费、水利建设专项资金、基本养老保险费、基本医疗保险费、失业保险费、工伤保险费、生育保险费、残疾人就业保障金等。另外，国家为发展经济、平衡扶持不同行业需要和保障人民切身利益，陆续开征过各项基金和规费。自1982年以来，余杭县（市、区）税务部门先后承担国家能源交通重点建设基金、国家预算调节基金、教育费附加、农村教育事业费附加、文化事业建设费、粮食补偿金、水利建设专项资金、基本养老保险费、基本医疗保险费、失业保险费、工伤保险费、生育保险费、残疾人就业保障金、排污费等多项基金和规费征收管理工作。

纳税申报制度 纳税人对本单位经营项目、产品销售、经营利润、收入或财产数额、应纳各税的品目或数额、申报计税金额、适用税率、应纳税款、已纳税款、实纳税款等向税务机关申报。税务机关接到纳税人的纳税申报后，进行审查，核实后，按应税数额填开缴款书或完税证。1984年2月，规定所有交纳工商所得税的单位，按季度如实填报“工商所得税纳税申报表”送当地税务机关；反之酌情处以100元以下罚金。1992年，规定企业的纳税申报及税收缴纳时间，以次月7日前申报并交纳。逾期每日加收千分之十至千分之五的滞纳金。确有困难，可申请税款延期，最长不得超过1个月。1998年11月起，境内纳税人可采用上门申报、邮寄申报、电子申报、电话申报、委托申报等五种办法办理纳税申报。2003年8月1日起，境内全面实施增值税一般纳税人新申请办法即一个窗口办理认证、报税、申报业务。2004年6月，推进实行“银税联网、实时扣缴”征税办法，纳税人纳入“网络申报系统”，实现税款（费、基准）申报缴库网络化。2007年3月，地税局制定年所得12万元以上纳税人自行纳税申报工作，下半年，推广应用《个人所得税全员管理系统》。2008年，根据《国家税务总局关于印发的通知》和国家税务总局关于《中华人民共和国企业所得税年度纳税申报表》的补充通知的有关规定，浙江省局经研究并结合实际后，作了适当补充和完善，印发新的《中华人民共和国企业所得税年度纳税申报表》从2008年企业所得税汇算清缴起，全省必须统一使用新申报表。原企业所得税年度纳税申报表同时停止使用。为配合新申报表的使用，省局将及时更新企业所得税纳税申报软件，确保新申报表按期实施。2016年根据《财政部国家税务总局关于全面推开营业税改征增值税试点的通知》和《国家税务总局关于全面推开营业税改征增值税试点后增值税纳税申报有关事项的公告》等有关文件精神，浙江省为营改增试点，小规模纳税人、银行、财务公司、信托投资公司、信用社除特殊情况外，均应实行按季增值税纳税申报，其首次纳税申报期为2016年7月1日起，同时实行电子信息采集，上述试点纳税人需要选择按月增值税纳税申报的，应书面告知主管税务机关。自2016年5月1日税款所属期（纳税申报期为2016年6月1日）起，我省增值税纳税人（按季申报除外）均应按照本公告的规定进行增值税纳税申报，并实行电子信息采集。

发票管理制度 1992年1月1日起，境内开始使用套印全国统一“发票监制章”的新版发票。开展票管人员业务培训，强化承印管理，确定境内的人民印刷厂为全县发票承印单位。2011 年，浙江省地方税务局关于贯彻发票管理办法及其实施细则若干意见的公告中规定，临时在本省以内跨县市从事经营活动的，可以凭外出经营活动税收管理证明向经营地税务机关申请领购发票，地税机关不得收取发票保证金。发票只限于领购单位和个人在本市、县范围内开具使用。《浙江省地方税务局通用机打发票（其他服务业）》可供银行、邮政等纳税人在代收通信费、有线电视收视费、上网费等费用时开具使用。开具内容应包括委托单位、代收费单位、开票日期、付款人、收费金额大写、小写、收款人等。2016 年 7 月，浙江省国家税务局关于规范增值税电子普通发票管理的公告浙江省内（不含宁波）有意愿使用增值税电子普通发票系统开具增值税电子普通发票（以下简称电子发票）的增值税纳税人，都可以向主管税务机关申领使用电子发票。增值税电子普通发票系统（企业端）主要包括税控开票系统和生成电子发票版式文件的电子发票服务平台。纳税人凭税务登记证件、经办人身份证明和发票领购簿向主管税务机关申请使用电子发票，使用金税盘（或税控盘）申领电子发票号段。电子发票的开票方和受票方需要纸质发票的，可以自行打印电子发票的版式文件（彩色或黑白均可），其法律效力、基本用途、基本使用规定等与税务机关监制的增值税普通发票相同。受票方可以通过开票方使用的电子发票服务平台查询、下载电子发票的版式文件，或通过邮件、微信等其他途径获取电子发票版式文件。受票方可以登录浙江省税务局发票查验系统或全国增值税发票查验平台进行电子发票信息一致性查询。

纳税人按主管地税机关要求的期限缴销发票的，应及时退还发票保证金；纳税人未按主管地税机关要求的期限缴销发票的，由保证人或以发票保证金承担法律责任。纳税人未按期缴销发票，以发票保证金承担法律责任的，按“税务部门其他罚没收入”科目缴入国库。

税务违章处理制度 税务违章包括违反税法、直接逃避纳税义务和违反税务管理规定的行为，包括漏税、欠税、偷税、逃税、抗税等。中华人民共和国成立初期，境内政府指派干部组成催税小组，进行欠税催缴。建立清理欠税委员会，设委员若干人，由县财税局与政府及工商联合会地方民主人士共同担任。并设立“会员纳税督促小组”，办理督促催缴税款等任务。农民、小商小贩及手工业者合作化前的欠税处理本着“从宽了结”的原则不予追缴，生活困难无力缴纳的，报请上级注销。1979 年 8 月，对拖欠、逾期不交的加收滞纳金，经多次催收无效由县财税局签发扣款通知书，银行、信用社据以从其存款中扣除。对偷漏税者，视情节轻重处以罚款。个别欠款单位因意外事故或企业停业、撤销等，确实无能力交纳的，经报上级批准，方可给予减免。1986 年 10 月，《浙江省税收征收管理实施办法》出台，对纳税人因违反税法规定，被税务机关查处的罚款、滞纳金，一律不得列入成本、费用或营业外支出。1992 年，浙江省税务局提出依法对欠税加收滞纳金，对缓交税款进行严格控制，对遭受特大自然灾害或意外事故，企业损失较大，无力缴纳欠税；企业已倒闭一年以上，并具资产已作处理的或根据法院的财产处理意见，确实无法返回欠税；企业亏损较大或已被兼并、资不抵债、欠税三年以上且确实无力缴清欠税的，可给予减免欠税照顾。

此外，税务机关根据税收法律、行政法规规定，在纳税人依法履行纳税义务和行使权利过程中，为纳税人提供各项服务措施，方便纳税人纳税。纳税服务始于 1993 年。2001 年，修订后的《中华人民共和国税收征收管理法》首次在法律层面上将为纳税人服务、保护纳税人合法权益确定为税务机关和税务人员的法定义务和职责。历年来，财税部门重视纳税服务工作，并把落实各项优惠政策、开展多样税收宣传、组织税收政策培训辅导、优化办税服务大厅建设、开展政务公开、评选纳税信誉大户活动等贯穿于纳税服务工作始终。同时，将税收宣传作为各级税务部门一项重要工作，宣传内容主要包括：税收的重要意义和性质；现行政策和相关法律法规；培养依法诚信纳税意识；各时期财税热点及相关办事流程等。

第二节　财政管理

乡镇街道财政是地区政府履行各项职能的财力基础，也是上级财政收支重要组成部分。乡镇及街道财政基本任务是依据国家相关法律法规安排乡镇街道财政收支，实现资源的有效配置；对街道管辖范围内的行政、事业和企业单位实施财政管理和财政监督，为发展经济和社会事业服务，为基层政权建设服务。

一、体制

民国元年（1912）1 月 22 日，仁和县与钱塘县合并为杭县。民国 16 年（1927），又将杭县划分为杭州市和杭县。其中，杭县划分为 6 个区，今境域属杭县瓶调区。民国 30 年（1941），乡镇自治经费有乡镇依法征收的赋课收入、乡镇公有财产收入（庙会、桥会、路会、堰会）、乡镇公有营业收入和临时收入。此项收入归县级地方财政收入。民国 31 年（1942），县和乡镇财政收入划入自治财政系统，以自给自足为原则，财政部提出自治财政筹补办法，大多以增加正税正赋附加解决自治经费来源。民国 36 年（1947），浙江省财政厅提出乡镇经费“筹措原则”，县预算不敷负担部分，可提经会通过，报省核准后，在田赋和其他正课中统一另据酌征。是年，浙江省财政厅核准杭县征收乡镇自治教育经费：比照田赋赋额每元收稻谷一市斗，比照营业资本额征收 5%；核准余杭县比照田赋每元收稻谷 1 斗 5 升，比照营业税征收 20%。上述乡镇自治教育经费，分别由县田粮处和县税捐处代征。征起经费 60% 作乡镇自治经费，40% 作教育经费由县专款存储，用于乡镇中心学校、保国民学校及乡镇社会教育经费。民国 37 年（1948），因营业税调高，为减轻商民负担并利于新税率推行，停止征收比照营业税征收的乡镇自治经费。

中华人民共和国成立初期，1949 年 5 月至 1950 年 5 月，时五常（五常、蒋邱乡）属三墩区人民政府管辖。1950 年 5 月，时五常（五常、邱桥、荆山乡）为留下区辖。区设财政干事、粮政干事（1953 年合并为财粮干事），负责征收农业税（俗称公粮），管理公产租金。1958 年 10 月，为留下人民公社之下五常、邱桥大队（后为管理区），实现人民公社化。1959 年 3 月，属杭州市拱墅联社。4 月，拱墅联社根据省委《关于整顿人民公社的十项规定（草案）》，改财政收支“定额包干”办法为“税收照征、利润分成，支出包干，按月下拨”过渡办法，待上级正式规定下达后，实行结算退补。人民公社财政收入范围：各项税收及附加（工商统一税、农业税、盐税等）征收后全部上缴国家。地方国营、公私合营企业按实现利润减除股息后的 85% 上缴国家，15% 留给公社与企业。公社与企业分成比例，由公社视各企业不同情况分别确定，公社留成平均不得低于 10%。社办工业实现利润按 30% 征收所得税，全部上缴国家。公社、供销社、公私合营商业按实行利润的 90% 上缴国家，10% 留给公社统一安排。剧院、电影队、新华书店等文教卫企业单位利润，暂不上缴，全部留给公社。公社其他收入（规费、罚没收入、公产收入等）扣除公社支付的工本费、应提奖金和房屋修理费外，全部上缴国家。人民公社支出范围：原由国家开支的行政党团人员工资、公用经费和事业补助费按国家下放公社前的实有人数与1958年第四季包干支出情况由联社拨付。公社化前已转为民办小学和公社化后新增、扩大的文教卫事业及非由国家开支的行政人员所需经费，由公社自行解决。当时，公社未编制过公社财政年度预决算，公社不属于真正的一级财政。为加强对人民公社财政及财务的管理，是年11月，余杭县财税局制订《余杭县农村人民公社企业财务管理办法（修订）》，对社队企业的财务计划、财产物资、资金和成本费用的管理作出明确规定，并调整充实基层税务（或财政）所（组），专管国家财政收入，包括工商税、农业税、企业收入和其他收入。1960年，半山、拱墅两联社合并为钱塘联社，又属钱塘联社。1961年4月，钱塘联社改建为余杭县，从留下人民公社分出建立五常人民公社。9月建立三墩区公所，五常人民公社属之。1965年3月区公社撤销后，公社政权组织隶属县人民委员会。1978年以前，不设乡镇一级财政，乡镇为县财政的报账单位。收入全部上缴，支出定期报销。改革开放初期，曾实行收支分线，目标考核，但仍属于统收统支。

中共十一届三中全会以后，农村开始进行全面经济体制改革。根据省、市人民政府关于加强对人民公社财务管理的规定，1983年4月，余杭县人民政府要求各公社建立公社财务管理小组，管理小组由1名公社领导任组长，公社文书、信用社主任、工办主任、会计、农业会计辅导员和财政员任组员，负责公社清账理财和健全财务制度的工作。10月，县政府印发《关于在政社分设中建立乡镇财政的通知》，要求各公社管委会（乡、镇人民政府）在政社分设过程中，抓住时机把财务整顿好，把乡财政建立好。是年，境内各乡先后建立了乡人民政府财政管理小组（组长由乡长兼任）和乡经联委财务管理小组。业务上，乡财政管理小组受县财税部门指导。乡财政管理小组的职责：为支持（协助）财税干部做好农业税及其他各项工商税征管；管好乡范围内各项资金，编造乡政府财政预决算，并向乡人民代表大会提出报告；指导、监督乡经联委及所属企事业单位财务管理。乡人民政府财政管理小组和乡经联委财务管理小组分别建立财务和财务会计制度。是年，乡财政可用资金：一是财政拨款；二是乡办企业上缴利润中15%～20%，给乡政府用于社会福利、公益事业的资金。其余乡办企业上缴利润的50%留给企业作为扩大再生产资金，另外30%～35%由乡经联委留作扶助企业扩大再生产和其他有关支出。上述措施的执行，改变了“政社合一时期，社队企业的利润往往由党政领导支配”和“另立名目向经济组织摊派款项”的现象。1984年4月，确定财政管理体制暂定为“定收定支，收入上缴，支出下拨，结余留用”办法。乡财政预算编制应本着“统筹兼顾，全面安排，突出重点，照顾一般，积极可靠，量入为出，不留缺口，留有后备”的原则，以保证年度收支预算实现。乡财政年度收支预算应报经乡人民代表大会审查批准，作为县财政预算中的一个基层单位报送县财税局备案。1985年，为适应县乡级政权建设和农村经济体制改革需要，县财税局组织各乡财务管理小组进行清账理财，摸清乡国拨资金和乡有资金来源、金额、收支和管理情况及乡有固定资产原值、净值和管理使用情况，并修订完善乡一级财务制度。是年，各乡开展“三代”（对农村集贸、个体户税收实行代征税款、代开发票、代为管理）工作。乡经营管理服务公司及下设服务站共同开展征管，弥补财税部门征管力量的不足，方便群众缴税，又实现群众护税，减少税源流失，为建立乡财政打下基础。1986 年 2 月，建立五常乡镇一级财政，核定收支，独立核算。1986 年全面实行乡镇财政，乡镇财政成为余杭区（县、市）级财政的重要组成部分。但与县财政不同的是乡不设金库。此后，各乡镇财政经三轮包干财政体制和八轮分税制包干体制。

乡镇包干财政体制　第一轮乡镇包干财政体制（1986—1987）。1986 年，建五常乡财政，实行“划分收支，核定基数，收支挂钩，增收分成”的财政体制，1986 年 1 月 1 日起，一定两年不变，此为第一轮乡镇财政包干。乡财政收入包括乡村企业、基层供销社（分社）、合作商店、家庭工业、联合体、个体工商业和集市贸易和乡村的农、林、牧、水产业的税收及乡级其他收入。乡财政收入划分为两块：一是上述单位和个人在当地交纳的工商三税，即产品税、增值税、营业税；二是上述单位和个人在当地交纳的所得税（含附加）、屠宰税、农业税（含附加）、农林特产农业税、城市维护建设税和乡级其他收入，统称为“固定收入”。乡财政支出包括乡级正常开支的文化、教育、卫生、计划生育、广播、抚恤与社会救助事业和各项农业事业费、行政管理费等。属于县财政支出一次性补助和上级专项拨款有自然灾害救济费、防汛抗旱和小型水利补助费、基本建设投资和房屋维修费。乡财政收支基数：乡财政固定收入以 1984 年和 1985 年两年平均数为基数，正常支出以 1985 年为基数。乡财政分成比例：工商三税用“环比”方法，比上年增长部分，乡财政分成 5%，其中：集市贸易、家庭工业、联合体、个体户按全额分成 15%，仍可并入总额计算增长分成数；固定收入大于支出基数的乡，超基数部分乡财政分成分别为 15%、20%、25%、30%，由县财政局平衡核定；固定收入小于支出基数的乡，超基数部分乡财政分成 40%；固定收入小于支出基数的差额，由县财政定额补助。执行结果完不成固定收入基数的乡，其少于基数部分按增长分成比例扣减，相应减少乡支出数或定额补助。

第二轮乡镇包干财政体制（1988—1989）。1988—1989 年，五常乡继续实行上一轮财政体制。乡镇财政固定收入以 1986 年和 1987 年两年的平均固定收入为基数。1988 年新开征的粮食附加税、能源交通基金不作为乡财政收入。乡镇财政正常支出的基数以 1985 年支出数，加 1986 年、1987 年两年教育系统按国家政策规定增加的三项支出（即民转公、落实政策、班主任津贴）和 1986 年、1987 年两年全县乡镇财政体制执行结果收支比例可增加的支出数为核定的支出基数。乡镇财政体制分成比例仍按原规定执行。1988 年新开征的房产税、车船税作为乡镇财政固定收入。耕地占用税属于农民建房征收部分由县财政返还给乡财政 40%，1988 年新开征的 5 种农林特产税由县财政局返还给乡财政 50%。对于乡镇企业建房征收的造地费，70% 返还乡财政（以上 3 项资金返还部分均作为乡镇财政农业发展基金）。

第三轮乡镇包干财政体制（1990—1993）。1990 年，县政府印发《关于调整乡镇财政体制的通知》，决定从 1990 年 1 月 1 日起，对乡镇财政体制作适当调整，改为实行“划分收支，核定基数，总额递增，收支挂钩，增收分成”财政体制，一定三年不变，为第三轮乡镇财政包干。其收支范围与原体制同。乡镇财政体制的收入基数是以 1988 年和 1989 年两年平均数为基数，支出基数以 1989 年可使用数为基数。乡镇财政体制结算收入每年递增 3% 后计算增收分成，增收分成比例为 20%、25%、30%、40%。同时，适当照顾革命老区，收入全部留乡财政，用于各乡镇集镇建设。农林特产税以 1986 年收入为基数，增收部分乡镇财政分成 40%。

1991 年，为鼓励乡镇村兴办外商投资企业，对外商投资企业缴纳的税收（包括工商统一税、企业所得税、个人收入调节税、城建税和外商投资企业代征代扣的税款），均纳入乡镇财政体制包干结算范围。1993 年，根据余杭撤区、扩镇、并乡和乡镇经济发展的实际，在省财政对县财政预算管理体制未正式实行“分税制”情况下，1993 年 1 月 1 日起，县对乡镇继续实行“划分收支，核定基数，总额递增，收支挂钩，增收分成”财政包干体制，包干期限 3 年。

乡镇分税制财政体制 第一轮乡镇分税财政体制（1994—1997）。1994 年余杭区撤县设市。余杭市对乡镇实施第一轮分税制财政管理体制，实施期限三年。其主要内容是：乡镇财政收入的范围为乡镇、村、街道办企业及乡镇以下的“三资”企业、私营企业、个体工商户和农户在当地交纳的增值税（25% 部分）、营业税、个人所得税、城市维护建设税、中外合资企业和外国企业所得税、屠宰税、工商税收滞纳金、农业税、农业特产税、集体和私营企业所得税。乡镇财政支出范围包括乡镇正常开支的各项农林水事业费和文化、教育、卫生、计划生育、公费医疗（超支部分）、抚恤与社救事业费、其他文教事业费、行政管理费、城市维护费和乡镇其他支出。超收分成：乡镇固定收入按基数每年递增 50%，超过递增后的收入部分，分别按 35%、40%、50% 计算分成，减收部分按 20% 比例相应扣减乡镇财政支出基数。

第二轮乡镇分税制财政体制（1998—2000）。1998 年，适度调整已连续实行 4 年分税制收支范围、基数、分成比例及有关配套政策。实行第二轮分税制体制，1998 年 1 月 1 日起，三年不变。乡镇财政收入基数及分成：农业税以财政局每年下达任务为基数，超收留给乡镇，短收由乡镇赔补；农业税特产税以 1996—1997 年两年平均收入为基数，超收留给乡镇，短收由乡镇赔补；地方税收入以 1995—1997 年三年收入平均数为基数，第二年起，每年增长 3%；地方税收入增收分成比例为 50%，地方税比基数增收部分，乡镇分成 50%；完不成基数，短收部分由乡镇赔补 10%。

第三轮乡镇分税制财政体制（2001）。2001 年 2 月，余杭市人民政府决定对各乡镇继续实行期限为三年的第三轮分税制财政管理体制（实际实行 1）。适当调整乡镇财政的收支范围。首次将城镇土地使用税、房产税列入。2001 年 8 月，撤销五常乡建制，其行政区域并入闲林镇（同时设立五常经济管委会），顾家桥、文一、五常、荆丰、友谊、横板桥、荆山 7 个村仍由五常经济管委会管理。

第四轮乡镇分税制财政体制（2002—2004）。2002 年起，由于所得税征管体制的改革（原定中央与地方 5∶5 分成，2003 年调整为 6∶4 分成）、撤市设区、撤乡并镇和机构改革的深入以及经济大环境的变化，原定计划执行 3 年的 2001 年乡镇财政体制已无法继续执行，乡镇分税制财政管理体制再作适当调整：乡镇行政区域内各类企业（除省、市属企业，保险、银行、信用社、烟草、电力、邮政、电信企业、部分区属、开发区及延伸区块企业外）和个体工商户缴纳的增值税、营业税、城建税、所得税（2002 年为 50%）、个人所得税（2002 年为 50%）、房产税、城镇土地使用税和农业税列入收入范围；支出范围中，进一步强调住房公积金、社会保障和福利支出、城市维护费、下放的环卫所及社区支出列入乡镇财政支出。在保证 2001 年乡镇财政体制可用资金前提下，按事业人员按行政编制 1∶1∶1 确定，每人每年 1.5 万元补助，每个行政缺编数按 1 万元和每个教师缺编数按 0.6 万元列入支出基数，人员经费不足的乡镇，补足实际人员正常经费，对新增支出继续参照上轮体制。

第五轮乡镇分税制财政体制（2005—2007）。2005 年，区人民政府按照建设公共财政的要求和规范、稳定、公正、简明的原则，继续深化分税制财政体制改革，加大对西部困难乡镇的财政转移支付力度；对乡镇财政的收支范围、收支基数和分成办法作适当调整。实行新一轮（第五轮）乡镇分税制财政体制，实行期限三年。收入范围及划分与上一轮相同，增加涉外企业所得税 40% 部分。支出范围：进一步明确公费医疗经费（超支部分）、抚恤与社救事业费、住房公积金、养老保险等社会保障和福利支出、社区经费、城市维护费及下放的环卫所经费等，列入乡镇财政支出范围。支出基数：主要包括行政及全额事业编制人员基本工资及奖金、按规定缴纳的各项保险；民政抚恤支出、低保经费；精简人员及遗属补助；基本工作经费等。其中行政人员及在编教师经费按实核定，按行政编制 1∶1.1 的比例和每人每年 3.5 万元核定，行政缺编和教师缺编仍按每人每年 1 万元和每人每年 0.6 万元纳入支出基数；基本工作经费按各乡镇行政编制数每人 1 万元核定；社区经费按每百户居民 8400 元核定；根据上一轮体制实施情况，2005 年支出基数低于 2004 年体制结算可用资金的乡镇，按核定支出基数在 20% 以内给予考虑，以确保乡镇财政既得利益。收入基数：以 2004 年核定的各乡镇财政收入实绩为基数体制增收分成办法：增值税（实际入库数）实行超收奖励。增值税出口退税基数部分由区本级承担。所得税实行分类确定基数递增率和增收分成比例，按 50% 比例实行增收分成，完不成基数的短收部分乡镇赔补 10%。地方税收入确定 4 档基数递增实行增收分成，完不成基数的短收部分乡镇赔补 10%。地方税增收分成比例 40%。各乡镇 2005 年收入基数以核定数为准，2006 年起按核定的基数递增率递增。2006 年 9 月，全面完成村级股份制经济改革工作，实现由村民向股民的转变，并挂牌成立了沿山河社区。

第六轮乡镇分税制财政体制（2008—2010）。2008 年，区政府对乡镇财政体制作适当调整，实行新一轮分税制乡镇财政体制。实行期限三年。收入范围与上一轮相同。支出范围：进一步强调确保乡镇正常运行的各项支出，包括一般公共服务、教育、科学、文化体育和传媒、社会保障、医疗卫生、环境保护、城乡社会事务、农林水事务、工业商业等事务及其他支出，均列入乡镇财政支出范围。收入基数：以 2007 年核定的各乡镇地方财政收入实绩的 90% 为基数。支出基数主要包括：行政及全额事业编制人员基本工资及奖金、按规定缴纳的社会保障支出；民政抚恤、低保、城乡居民合作医疗保险、老年人生活补助；精简人员、遗属补助；学校生均公用经费及义务教育改革经费和乡镇基本工作经费。2009 年，五常街道收入基数中增值税 25% 为 1451.12 万元，所得税 40% 为 2733.32 万元，地方各税完成 16749.77 万元；增收分成比例中 25% 增值税超收分成 91.35 万元，40% 所得税超收分成 377.21 万元，地方各税超收分成 1534.11 万元，支出基数 1800.61 万元。

第七轮乡镇分税制财政体制（2012—2014）区人民政府决定从 2012 年起对乡镇财政体制作适当调整，收入范围：镇政府行政区域内的各类企业（不包括部分省、市属企业、保险公司、各类银行、烟草、电力、邮政、电信企业、部分政策兑现金额较大的企业）及个体工商户在当地缴纳的增值税（25% 部分）、营业税、城建税、所得税（包括企业所得税和个人所得税的 40% 部分，但不包括房地产企业所得税）、房产税、城镇土地使用税纳入范围。支出范围，确保镇政府正常运行的支出，包括行政区域范围内的基础设施建设和一般公共服务、教育、科学、文化体育和传媒、社会保障、医疗卫生、环境保护、城乡社区事务、农林水事务、工业商业等事务及其他支出，均列入财政支出范围。

第八轮乡镇分税制财政体制（2015—2017），区政府从2015年起对乡镇财政体制作适当调整，收入范围，镇政府行政区域内的各类企业（不包括部分省、市属企业，保险公司，各类银行，烟草，电力，邮政，电信企业，部分政策兑现金额较大的企业，杭州余杭经济技术开发区，杭州农副产品物流中心区块企业）及个体工商户在当地缴纳的增值税（25%部分）、改征增值税、营业税、城建税、所得税（包括企业所得税和个人所得税的40%部分，但不包括房地产企业所得税）、房产税、城镇土地使用税、印花税纳入范围。支出范围，镇街支出范围：确保镇政府或街道办事处正常运行的支出，包括行政区域范围内一般公共服务、教育、科学、文化体育和传媒、社会保障、医疗卫生、环境保护、城乡社区事务、农林水事务、工业商业等事务及其他支出和部分基础设施建设，均列入财政支出范围。2016年，五常街道收入基数确定增值税（50%）1.94亿元，所得税（40%）0.59亿元，其他税收1.43亿元，增收分成比例中40%所得税超收分成7566.45万元，地方各税超收分成7178.6万元，支出基数7905.5万元。

二、收支情况

民国期间，乡主要是征收赋课收入，乡公有财产收入（庙会、桥会、路会），乡临时收入。支出则以行政、警察经费为主，少数是财务费、教育费和实业费。中华人民共和国成立后，财政收支分预算内和预算外两部分。境内预算内收入主要是农业税。1953年后，工商各税收入逐步增加。预算内支出，1952年前主要是行政经费，1952年行政经费支出占总数的80%，文教卫生支出占16%。1953年后，文教卫生、工农业建设投资逐步增长，行政经费支出比例相对下降。预算外收支：60年代以前为数甚少，嗣后，预算外收支渠道比较固定，并逐年有所增加。预算外收入主要是农业税附加、工商税附加、城市公用事业附加等。预算外支出以基本建设投资、工业、商业、交通、邮电支出、农业、林业、水利支出、文教、科学、卫生支出、行政管理费支出、市政建设支出等。1986年，建立乡镇一级财政后，明晰了县（市、区）与乡镇间的财政事权、财权责。1986年，建立乡镇一级财政后，明晰了县（市、区）与乡镇间的事权、财权和责权分配，逐步理顺财政分配关系，调动了乡镇政府当家理财积极性，使乡镇政府更加关心、支持乡镇财政工作，促进乡镇财政收入增长。

1979年，五常人民公社社办企业国家税金5.25万元，队办企业国家税金17.2万元。1979年，五常人民公社社办企业总收入170.02万元，费用支出91.27万元，工资支出34.68万元，当年利润38.82万元，上年利润累计结余81.16万元，当年使用利润总计87.56万元，年末利润结余32.42万元，当年底止固定资产原值116.19万元，年末固定资产净值101.06万元，年末占用流动资金0.76万元，银行贷款8万元。1979年度五常人民公社队办企业总收入352万元，费用支出230.4万元，工资支出32万元，当年利润82.4万元，当年底止固定资产原值136.6万元，年末固定资产净值120.4万元，年末占用流动资金10万元。

1980 年与 1981 年职工、利润、人均贡献三个对比数例一览表

表 4-4-1

厂名	职工			利润			人均利润贡献		
	1981 年（人）	1980 年（人）	+ -（人）	1981 年（万元）	1980 年（万元）	+ -（万元）	1981 年（元）	1980 年（元）	+ -（元）
水泥厂	291	274	+16	36.54	39.39	-2.85	1255.67	1437.59	-181.92
农机厂	165	140.5	+24.5	24.24	18.9	+5.34	1469.09	1345.19	+123.90
建筑队	203	247	-44	5.67	8.28	-2.61	279.31	335.22	-55.91
绸厂	42	22	+20	6.31	1.36	+4.95	1502.38	323.80	+1178.58
酒厂	30.9	28	+2.9	1.17	3.78	-2.61	378.64	1223.30	-844.66
元件厂	56	—	56	4.93	—	+4.93	380.35	—	—
经理部	9.6	—	6.6	0.47	—	—	489.58	—	—
合计	797.5	714.5	83	79.33	71.71	+7.62	994.73	1008.63	-8.90

1981 年，五常人民公社农机固定资产总值 68 万元，油料费 24659.48 元，修理费 27592.6 元，管理费 6885.34 元。1982 年，五常人民公社农机固定资产总值 75.8 万元，油料费 23024.35 元，修理费 28058.81 元，管理费 7436.84 元。1983 年，五常人民公社油料费 26638 元，修理费 22167 元，共 48805 元。春季拖拉机作业收入 45697 元，支出 44376 元；夏季拖拉机作业收入 33857 元，支出 27092 元。1987 年，五常乡工办，销售收入 4802.19 万元，销售利润 329.63 万元，利润总额 368.12 万元。年底固定资产原值 1382.51 万元，固定资产净值 1073.012 万元。工资支出 218.31 万元。1990 年，五常乡办企业，销售收入 2378.74 万元，销售利润 34.64 万元，利润总额 29.48 万元。1992 年，五常乡工办，销售收入 3276.38 万元，销售利润 129.4 万元，利润总额 134.96 万元。企业总产值 3690.33 万元，企业总收入 3599.95 万元，国家税金 242.68 万元。

1993—1994 五常乡年度财政支出情况表

表 4-4-2 单位：元

项目	1993 年支出金额	1994 年支出金额
支援农村生产类支出	6000	—
农林水利气象等部门的事业费类	28600	44600
文教卫生类事业费	484092	760073
其他部门的事业费类	13500	16000
抚恤和社会福利救济费类	25785	39150
行政管理费类	18594	224499
价格补贴类	4678	—
其他类支出	26113	20000
合计	774708	1104322

1994 年，五常乡财政收入本年征收累计 4887446 元，其中信用社 70418 元，乡村办企业 3537192 元，个体户 1123540 元。财政预算内支出 1104322 元，其中农林水利气象等部门的事业费类 44600 元，文教卫生事业费类 760073 元，其他部门的事业费类 16000 元，抚恤和社会福利救济费类 39150 元，行政管理费类 224499 元，其他类支出 20000 元。

1996 年，五常乡财政收入本年征收累计 5911305 元，其中，乡村办企业 4118651 元，个体户 1792654 元。乡办，工办企业主营业务收入 8209 万元，主营业务利润 774 万元，固定资产 6196 万元，乡镇预算收入合计 10665453 元，其中，一般预算 5769901 元，预算外收入 4895552 元；支出合计 6980790 元，其中，一般预算支出 2029757 元，预算外支出 4951033 元。

1997 年，五常乡财政收入本年征收累计 5911305 元，其中，乡镇街道企业 2446304 元，个体户 2197043 元。乡镇预算收入合计 8322540 元，其中，一般预算收入 4600525 元，基金预算收入 490800 元，预算外收入 3231251 元；支出合计 5631123 元，其中，一般预算支出 1918262 元，基金预算支出 362080 元，预算外支出 3350781 元。2004 年五常经济开发区基本实现养老保险覆盖全区所有企业和职工。

2003 年度五常管理委员会预算外收入一览表

表 4 –4 –3 单位：万元

项　　目	金额
土地转让收入	3276. 52
社会性事业费	17. 05
各部门上缴	164. 51
其他收入	80. 72
合计	3539. 10

2003 年，五常管理委员会财政总收入完成 3515. 87 万元，比上年增长 198. 95%，绝对额增加 2339. 79 万元，完成预算计划的 234. 39%，其中 25% 增值税完成 428. 65 万元，完成年初预算 89. 3%。营业税完成 2571. 27 万元，完成年初预算 338. 33%。按照财政分成体制规定，2003 年财政分成收入为 1915. 35 万元，完成年初预算的 224. 65%，政府性基金收入（教育附加返回）75. 30 万元，完成年初预算 133. 33%。专用基金收入 79. 11 万元，完成年初预算 116. 33%。预算外收入 3539. 1 万元，完成年初预算 737. 31%。2003 年，财政总支出 3459. 48 万元，完成年初预算 213. 4%。

2003 年度五常管理委员会财政支出情况表

表 4 –4 –4 单位：万元

项　　目	金额
支援农业生产支出	46. 46
企业挖潜改造	5. 13

续表 4－4－4

项　　目	金额
科技三项经费	10.00
文、体、广事业费	38.93
教育事业费支出	670.55
卫生事业费	23.63
其他部门事业费	41.20
抚恤及社会福利救济费	34.60
城市维护费及道路等基本建设支出	1920
行政管理费支出	529.38
其他支出	81.55

至 2004 年 5 月末，五常财政收入达 4671.19 万元，已完成全年目标任务，同比增长 124%。各项税收已完成 6444.22 万元，同比增长 224%。财政收入是地方经济发展的“温度表”，五常财政收入的大幅增加，表明了该地经济的健康、快速、持续发展。五常管委会认为宏观经济调控不是放松工业经济发展，而是要抓好产业、产品结构调整，开拓国内国际两大市场。

2005 年上半年，五常管委会工业经济实现产值、投入双过半。财政收入完成 9600 万元，同比增长 91%，已完成全年任务。项目推进顺利，南部工业区引入的 35 个大小项目，均已开工投产。北部工业区推进正逐步深入，有八大项目已初步落实意向，包括华立总部及研发中心项目、凰顺总部项目、八方电信项目、盛奥节能材料项目、曾氏科技项目、金玛瑙香水项目、豪波印务项目等重点投资项目。

2006 年第一季度财政收入情况：至 3 月末，完成财政收入 3864.95 万元，占全年目标任务的 55.21%；上缴国家税收 7354.75 万元。五常管委会 2006 年第一季度财政收入就超过全年目标任务的一半，标志着五常经济发展已步入“快车道”。2006 年第一季度，五常工业经济持续、快速发展，完成现价产值 6.5 亿元，同比增长 98.17%。高幅增长的工业经济，为财政收入增加提供了税源。工业经济对财政收入的贡献率，同比增长 15%。

2006 年 6 月末，五常已缴纳税收 1.25 亿元，半年时间完成 2006 年全年税收目标任务。尽管房地产业处于低迷状态，但是五常工业企业优化产业结构获得良好发展，所得税、增值税大幅上升，又注重培育建筑税等新的税源；同时加大了征管力度，做到应收尽收，确保了五常上半年税收平稳、健康运行。2006 年 9 月五常管委会下辖的 7 个村都成立了股份经济合作社，五常农村股份合作制改革全部完成。

2006 年五常管委会的多个村扶持范围为全区大中型水库农村移民。其中 2006 年 6 月 30 日前搬迁的水库移民为现状人口；2006 年 7 月 1 日后搬迁的水库移民为原迁人口。扶持标准为纳入扶持范围的移民每人每年补助 600 元，扶持期限为 20 年。其中，2006 年 6 月 30 日前搬迁并纳入扶持范围的移民，自 2006 年 7 月 1 日起再扶持 20 年；2006 年 7 月 1 日以后搬迁并纳入扶持范围的移民，从其完成搬迁之日起扶持 20 年。余杭区采取后期扶持资金直补到人的扶持方式，资金由中央解决。

2007 年度五常街道预算外收入一览表

表 4-4-5 单位：万元

项　　目	金额
土地出让级差地租返回收入	3137.77
各部门上缴收入	58.11
其他收入	978.27
上级补助收入	164.51
上年结余	3033.26
合计	4174.15

2007 年度五常街道财政支出情况表

表 4-4-6 单位：万元

项　　目	金额
一般公共服务支出	1239.8
教育支出	2793.4
科学技术支出	98.04
文化体育与传媒支出	82.16
社会保障和就业支出	171.62
医疗卫生支出	107.78
环境保护支出	58.5
城乡社区管理及公共设施	4742.45
农林水事务支出	222.5
其他支出	97.18

2007 年度，在五常街道财政总收入（全额税收）21732.86 万元，体制结算收入达到 11853.65 万元，完成调整预算的 108%，比上年下降 10.73%。其中，25% 增值税 1358.61 万元，完成调整预算的 123.51%，比上年下降 5.2%，40% 所得税 3868.92 万元，完成调整预算的 99.2%，比上年递增 25%，地方各税完成 6626.13 万元。按照财政体制分成政策，2007 年财政可用资金为 12121.91 万元，其中预算内可用资金为 4576.94 万元，完成调整预算的 104.92%，其中 25% 增值税超收分成 264.5 万元；40% 所得税超收分成 1510.24 万元；房产营业税分成 588.11 万元；地方各税超收分成 1230.18 万元；支出基数为 1004.58 万元。政府性基金收入为 119.76 万元，完成调整预算的 79.84%。专用基金收入为 53.29 万元，完成调整预算的 106.58%。预算外收入为 4174.15 万元，完成调整预算的 74.74%。2007 年财政总支出为 9613.43 万元，完成调整预算的 92.83%。一般公共服务支出 1239.8 万元。教育

支出2793.4万元。

科学技术支出98.04万元，文化体育与传媒支出82.16万元。社会保障和就业支出171.62万元。医疗卫生支出107.78万元。环境保护支出58.5万元。城乡社区事务支出4742.45万元。农林水事务支出222.5万元。其他支出97.18万元。

2009年，五常街道完成税收收入3.83亿元（含阿里巴巴淘宝城），同比增长17.85%，财政体制收入2.09亿元（按财政局要求扣除淘宝城项目），同比增长3.6%。其中，营业税（体制收入）1.45亿元（房产营业税9425万元）；所得税（40%部分）2733万元（房产所得税1178万元）；增值税25%部分1451万元；城建税1387万元；其他税收888万元。按体制分成政策，全年支出基数1800万元；房产营业税、所得税分成3181万元；增值税分成91万元；其他地方税税收分成1911万元，体制结算调整133万元，全年预算内可用资金7117万元，完成年初预算4776万元的149%，完成调整预算6047.65万元的117.68%。上级补助收入409万元；专用基金收入202万元；完成年初预算70万元288.57%。基金预算收入220万元；完成年初预算180万元的122.53%。预算外收入13514万元，完成年初预算的5140万元的262%；合计全年可用资金21462万元，完成年初预算12410万元的173%。支出情况：支出总计17306万元；完成年初预算11510万元的150.35%。全年预算内支出6190万元。其中，一般公共服务2930.46万元、教育2259.65万元；科学技术101.89万元；文化支出219.26万元；社会保障支出217.44万元；医疗卫生支出310.32万元；环境保护195.99万元；城乡社区事务590.08万元；农林水事务217.76万元；其他支出147.53万元。预算外支出11116万元（包括专用基金支出），其中城乡社区支出10740万元；学校支出344.18万元；联防费26.6万元；其他支出5万元。累计结余6400万元。

2010年，五常街道完成税收总收入8.25亿元，一般财政性收入6.09亿元，其中增值税0.86亿元，所得税3.36亿元，营业税3.79亿元，城建税0.2亿元，房产税0.02亿元，城镇土地使用税0.02亿元。

2011年，五常街道财政总收入117973万元，同比增长43%；地方财政收入92823万元，同比增长66%；按照财政体制分成政策，2011年财政可用资金为77939万元，其中预算内可用资金为10826万元，完成调整预算的95%，25%增值税超收分成263万元；40%所得税超收分成1031万元；政府性基金收入为903.9万元，完成调整预算的100%。预算外收入为53062万元，完成调整预算的100%。2011年财政总支出为65088万元，完成调整预算的102.95%。

2011年度五常街道财政支出情况表

表4－4－7　　单位：万元

项　目	金额
一般公共服务支出	3930
教育支出	3560
科学技术支出	508
文化体育与传媒支出	711

续表4-4-7

项　　目	金额
社会保障和就业支出	411
医疗卫生支出	1779
城乡社区事务支出	53774
农林水支出	279
其他支出	136. 33
总合计支出	65088

2012年财政总收入实现5. 15亿元，同比增长21%，完成年度目标的105%；地方财政收入实现3. 23亿元，同比增长15. 72%，规上工业产值实现82. 8亿元，完成目标的95. 28%，街道全年人均收入达27436元。

2013年，五常街道完成税收总收入6. 58亿元，一般财政性收入4. 51亿元，其中增值税0. 48亿元，所得税0. 42亿元，营业税3. 06亿元，城建税0. 35亿元，房产税0. 11亿元，城镇土地使用税0. 09亿元。

2014年，五常街道完成税收总收入8. 52亿元，地方财政收入6. 38亿元，经常性财政收入3. 86亿元，其中增值税1. 02亿元，所得税0. 51亿元，营业税4. 09亿元，城建税0. 48亿元，房产税0. 17亿元，城镇土地使用税0. 09亿元。

2015年，街道完成财政总收入12. 84亿元，同比增长47. 01%，完成全年预算的133. 52%。完成地方财政收入9. 04亿元，同比增长38. 25%，完成全年预算的125. 21%，其中25%增值税13603. 99万元（其中营改增7364. 12万元），40%所得税12886. 13万元，营业税50676. 15万元（其中房地产营业税29795. 02万元），城市维护建设税5979. 54万元，房产税2755. 67万元，城镇土地使用税1101. 08万元，印花税3399. 52万元。全年完成经常性地方财政体制收入60607. 07万元，同比增长50. 88%，全年增幅列全区第二。

2016年度，五常街道财政总收入16. 71亿元，为调整预算的110. 9%，同比增长45. 4%。完成经常性地方体制收入5. 95亿元，为调整预算的111. 14%，同比增长29. 46%。完成地方财政收入9. 8亿元，为调整预算的108. 9%，同比增长25. 69%，其中50%增值税3. 21亿元（营改增增值税2. 34亿元，其中房产增值税1. 45亿元）；40%所得税1. 76亿元，营业税3. 4亿元，其中房地产营业税为2. 4亿元，其他税收1. 43亿元。

按照财政体制分成政策，2016年财政可用资金为56884. 53万元，为调整预算的103. 6%。其中：预算内可用资金为34331. 45万元（未剔除未来科技城体制结算数），为调整预算的106. 47%，其中50%增值税超收分成0万元；40%所得税超收分成7566. 45万元；房产增值税分成11566. 18万元；地方各税超收分成7178. 6万元；支出基数为7905. 5万元；2016年全年财政一般预算总支出20817. 1万元，为调整预算的103. 18%。其主要支出项目为：一般公共服务支出7710. 68万元，为调整预算的104. 06%。其中，人大事务支出53. 19万元，为调整预算的96. 69%；政府办公室及相关机构事务支出7134. 32万元，为调整预算的104. 47%（超调整预算主因G20峰会专项增加经费）；统计信息事务支出18. 71万元，为调整预算的98. 47%；财政事务支出29. 27万元，为调整预算的97. 57%；发展和改革事务支出16.05万元，为调整预算的100.31%；其他共产党事务支出84万元，为调整预算的100.01%；群众团体事务支出46.14万元，为调整预算的98.17%；商贸事务支出329万元，为调整预算的99.70%；教育支出6741.05万元，为调整预算的105.51%；科学技术支出528.44万元，为调整预算的86.63%；文化体育与传媒支出266.58万元，为调整预算的100.97%；社会保障和就业支出674.18万元，为调整预算的95.22%；医疗卫生与计划生育支出2127.77万元，为调整预算的98.51%，其中人口与计划生育事务支出为70.70万元。节能环保支出213.87万元，为调整预算的106.94%；城乡社区事务支出2421.01万元，为调整预算的105.35%；农林水支出100.59万元，为调整预算的87.47%；其他支出32.93万元，为调整预算的156.81%。2016年一般预算累计结余36067.43万元（未剔除未来科技城体制结算数）。

2018年度五常街道财政支出情况表

表4-4-3　　单位：万元

项　　目	金额
一般公共服务支出	9653.08
教育支出	9346.62
科学技术支出	501.90
文化体育与传媒支出	585.50
社会保障和就业支出	751.69
医疗卫生与计划生育支出	1456.37
节能环保支出	815.23
城乡社区事务支出	2849.03
农林水支出	44.23
其他支出	21.74

2018年度，五常街道完成财政总收入242080.75万元，为调整预算的91.01%，同比增长11.51%。2018年1—12月完成经常性地方体制收入87635.43万元，为调整预算的96.83%，同比增长20.79%。2018年1—12月完成地方财政收入121801.54万元，为调整预算的92.62%，同比增长11.02%，其中完成50%增值税59880.51万元，营改增增值税40851.11万元（其中房产增值税18905.36万元）；完成40%所得税40294.60万元（其中房地产企业所得税15303.96万元，非房地产企业所得税6976.77万元，个人所得税18013.86万元）；完成城市维护建设税8813.95万元，房产税7893.50万元，城镇土地使用税1937.02万元，印花税3025.18万元。按照财政体制分成政策，2018年财政一般预算可用资金为55726.84万元，为调整预算的90.54%，其中预算内可用资金为20704.77万元，为调整预算的77.83%。其中，50%增值税超收分成为3770.18万元；40%所得税超收分成-196.30万元；其他地方税超收分成-87.66万元；房产增值税、房产企业所得税分成分别为5124.92万元；支出基数14647.98万元；体制结算收入-2554.34万元（其中与未来科技城结算

－2291.98 万元）。上级补助收入 978.35 万元，其中地方教育费附加 928.37 万元。上年结余 34043.72 万元。2018 年 1—12 月财政一般预算总支出 26025.39 万元，为调整预算的 94.53%。其主要支出项目为：一般公共服务支出 9653.08 万元，为调整预算的 97.17%，其中人大事务支出 12.73 万元，政府办公室及相关机构事务支出 9060.79 万元，发展与改革事务支出 56.74 万元，财政统计事务支出 91.57 万元，商贸事务支出 28 万元，其他共产党事务支出 394.89 万元，群众团体事务支出 8.36 万元。教育支出 9346.62 万元，为调整预算的 93.76%。科学技术支出 501.90 万元，为调整预算的 98.41%。文化体育与传媒支出 585.50 万元，为调整预算的 89.21%。社会保障和就业支出 751.69 万元，为调整预算的 90.71%。医疗卫生与计划生育支出 1456.37 万元，为调整预算的 91.88%。节能环保支出 815.23 万元，为调整预算的 101.90%。城乡社区事务支出 2849.03 万元，为调整预算的 89.61%。农林水支出 44.23 万元，为调整预算的 96.61%。其他支出 21.74 万元，为调整预算的 94.52%。2018 年支大于收，动用上年结余 4342.27 万元。2018 年一般预算累计结余 29701.45 万元。2018 年财政基金预算支大于收，动用上年结余 8329.28 万元。2018 年财政基金收支累计结余 3833.84 万元。

五常街道 2019 年上半年实现财政总收入 25.97 亿元。2020 年 1— 6 月，五常街道实现财政总收入 25.97 亿元，同比上年增长 70.22%，其中经常性收入 5.93 亿元，同比上年增长 19.56%；固定投资累计 62.74 亿元，规模工业销售产值累计约 30.99 亿元，外贸出口累计 22255.4 万美元，服务业增加值累计 509.94 亿元，社会消费品零售总额累计 37.37 亿元，主要经济指标总量和增速继续保持全区前列。2020 年以来，街道重大项目有序推进，24 个责任项目 1— 6 月累计投资 13.66 亿元，完成年度任务的 71.15%。

三、监管

机构 1956 年 5 月前，乡镇不设财政机构，有关财政事务由县区干事管理，后始建乡一级财政。1959 年 3 月 30 日，原杭县辖境建立半山、拱墅两联社。留下人民公社五常、邱桥大队属拱墅联社管辖。1961 年 4 月 9 日，撤销拱墅联社，恢复县建置，以余杭为县名，五常随之。1977 年五常人民公社始设专职财务机构，负责公社财务收支。1984 年 10 月，五常乡全面开展对原大队、生产队两级财务整顿。1986 年 2 月，建立乡镇一级财政，核定收支，独立核算。1990 年 3 月 6 日，据县政府决定，从 1990 年起，五常乡财政体制由原来的“划分收支，核定基数，收支挂钩，增收分成”，改为“划分收支，核定基数、总额递增，收支挂钩，增收分成”。1999 年 9 月，余杭市编制委员会印发通知，明确乡镇财政统计办公室增挂镇（乡）财政所牌子、实行两块牌子、一套班子，明确乡镇长不得兼任镇（乡）财政统计办公室主任（财政所所长）。明确乡镇统计办公室主任（财政所长）、总会计必须由国家公务员担任并不得兼任；乡镇财政统计办公室主任（财政所长）、总会计任免、调动应事先征求市财政局意见。镇财政办公室改为财政统计办公室。镇财政审计统计办公室贯彻执行国家有关财税法规和方针政策；负责抓好财源建设，编制本镇行政、事业单位财政预（决）算草案，管理本镇预算内外资金；负责管理本镇机关、事业单位的资产和财务活动，依法做好统计、审计和各类大型普查工作；协助做好农村股份制改革工作等。2007 年 12 月 20 日，经省政府同意，余杭区第十三届人大常委会第六次会议审议通过区政府《关于闲林镇、仓前镇行政区划调整和设立五常街道方案的报告》，新成立五常街道，设街道办事处，负责管理街道财政、平衡收支预算，负责管理和监督村级财务，指导和监督社区的经济工作。2008年1月2日，撤销余杭区五常管理委员会，设立余杭区五常街道。街道内设机构有财政统计审计科，财统审计办公室，主要承担公共财政预算编制和执行、税收征管、经济统计和财政审计等工作职能。贯彻执行财政、财务法律法规和方针政策；负责抓好财源建设，协助有关部门组织税收收入；编制本街道财政年度预（决）算草案，管理预算内外资金；落实各项惠农强农政策、发放各种财政补助资金；建立健全辖区内项目管理监督机制，对各级财政资金的使用实行全面监管；管理本街道机关、事业单位的国有资产和财务活动，强化债务管理，防范和控制债务风险；负责街道所属学校、社区的会计核算管理；负责各类票据管理工作；承担统计、内审和各类大型普查工作。负责农经统计和农村集体资产、资金、资源管理，以及村级财务审计、监督、管理等工作；承担村级财务代理核算、审核工作。

管理　1986年2月，乡镇财政建立伊始，五常乡建立乡财政组（基层财税人员不参加），建立预（决）算制度和定期向乡人民代表大会报告制度。此后，乡镇级财政作为国家财政的组成部分，在业务上受县财政税务部门指导和监督。随着乡镇经济和各项事业发展，乡政府根据国家有关法规、规章，由所属各单位（工办、农办、三电办、土管办、电管站、林政站、文化站、广播站、联防队、司法办、成教办、计生办等）收取或提留的各项资金逐渐增加，形成乡财政的预算外资金和自筹资金。当时，乡财政预算外和自筹资金收入范围：乡村企业上缴税前列支的10%社会性支出，教育事业费附加，乡办企业上缴税后利润分成，乡办事业（农、林、水、农机、文化、广播电视）按规定上缴的收入，税收代征手续费，电费差价收入、土地管理费收入、法律咨询服务收入、三扶基金收入、兵役统筹收入、联防消防统筹收入、老龄基金、乡规民约罚没收入及其他自筹资金。乡镇财政预算外资金和自筹资金支出的范围：乡支援农村合作组织生产（含扶持乡企业发展），农业发展专项基金，农、林、水、文教、卫生、广播、交通等事业费，抚恤和社会福利救济及行政管理、公共设施维护等项支出。1989年底，由于收入减少，支出增加，造成预算内收支不平衡，县财政在4年中，帮助平衡收支。从1990年起，五常乡财政体制由原来的“划分收支，核定基数，收支挂钩，增收分成”，改为“划分收支，核定基数，总额递增，收支挂钩，增收分成”。乡镇财政工作统一由乡镇长直接管理，由乡镇长一支笔审批财政预算支出。县财税局调整乡财政预算内、预算外和乡镇自筹三部分资金账户。是年，逐地开展村级财务清理整顿。辅导和监督所属各行政事业单位预算内外的会计核算。1993年，进一步规范乡镇财政预算内、外和自筹资金收支管理。实行分税制后，1994年10月，纠正了部分乱支财政资金、滥发奖金补贴、将全民所有制资金转为集体，或将预算内资金转为预算外资金及私设“小金库”等违反财经纪律的现象。1997年9月，规定乡镇预算外资金、自筹资金（包括乡镇办企业上缴利润、事业单位上缴的管理费）、镇统筹资金（包括镇、村两级办学、计划生育、优抚、民兵训练、修建镇村道路等民办公助事业而向个人筹集的资金）均须实行“收支两条线”财政专户储存办法管理。规定只能在一家银行开设收入和支出两个账户，且开户前须经财政部门审批。“收入专户”，只进不出；“支出专户”只出不进。1999年9月，镇财政所所长和总会计人选在征得市财政局书面意见后，由镇政府发文任命。同时，市财政局制定并印发乡镇财政所工作考核办法。为了加强乡财政管理，2001年余杭区五常乡人民政府印发

《五常乡财政管理办法》等制度。2002年，余杭五常经济开发区管理委员会印发的《五常经济开发区财政管理办法》规定各项财务管理制度。为了进一步加强管委会财政财务的管理，规范各项财务操作，充分发挥财政财务管理职能，2004年，杭州市余杭区五常管理委员会印发《五常管委会财政财务管理办法》，根据上级要求，结合五常实际，经党工委、管委会研究，制定了《五常管委会财政财务管理办法》主要包含：(1) 财政管理办法；(2) 财务管理制度；(3) 账户设置及管理办法；(4) 财务审批制度；(5) 预算外资金管理制度；(6) 票据管理办法；(7) 固定资产管理制度；(8) 部门经费包干管理的若干规定；(9) 费用开支标准；(10) 基本医疗保险办法。2006年，根据上级有关财政财务制度的要求，结合五常实际，经党工委、管委会研究，重新制定《五常管委会财政财务管理制度》。2011年，杭州市余杭区人民政府五常街道办事处印发2011年度《五常街道财政财务管理制度》。收入管理制度规定根据余杭区财政局关于实行收支两条线管理的要求，机关内各科办、中心、学校（不包括工会、食堂）取得的收入一律纳入财政收入管理。对各项上级专项补助资金，都必须统一纳入财政专户进行收支核算，并按资金来源性质做到专款专用。上级各类创建、考核、评比活动以奖励资金下拨的经费，按上级文件规定执行。2013年，为进一步加强财政、财务监督管理，完善和健全各项财务管理制度，规范财务操作和资金使用行为，有效促进廉政建设，推动五常经济社会发展。根据“八项新规”和五常实际，经党工委、街道办事处对机关内部财务管理制度作出调整，五常街道办事处印发2013年度《五常街道财政财务管理制度》。

监管制度 财政预（决）算编制。预算编制。严格执行《中华人民共和国预算法》，预算编制实行“一个盘子”管理，按照“量入为出、收支平衡”的原则编制年度预算，同时将“预算草案”报街道人大工委初审后并入区级预算，报区级人民代表大会批准。不经法定程序，不得随意变更。

预算执行。预算经人大工委批准后，应严格按照批准的内容执行，不得办理无预算、无用款计划的拨款，不得在预算执行过程中随意扩大支出。预算调整。在预算执行中因特殊情况需要增加或减少收、支的，使原批准预算发生收支变化的，应及时进行预算调整，并将预算调整方案提请人大工委初审后并入区级调整预算，报区级人代会批准。未经批准的，不得擅自调整预算。

预算收支管理 收入管理制度。根据财务收支两条线管理规定，机关各科办、中心、下属各部门、学校、社区卫生服务中心（除工会、食堂外）取得的收入统一纳入财政收入“一个笼子”管理。对上级各项专项补助资金，统一纳入财政专户进行收支核算，按资金来源性质专款专用。支出管理制度。办事处所及下属各部门（含平安巡防队、城管执法中队、经济发展有限公司）所有支出都实行“一个口子”管理。所有人员的工资、福利待遇根据有关规定及党工委、街道办事处班子集体研究决定，由党务群团科抄告财统审计科统一制表发放；学校、社区卫生服务中心（含自聘人员）按上级主管部门统一规定，上报街道相关部门批准，自行制表发放；机关及下属部门自聘人员工资待遇标准统一（加班、值班费除外），考核办法由各部门自定。支出凭据必须合法有效，严禁白条支出，否则，财务人员有权拒绝支付。

机关人员出差或特殊情况需暂领款的，必须由经办人出具暂领条，注明暂领款原因，报街道主任审批同意后，财务方可安排领款。暂领款必须及时结账，无特殊情况，不得超过一个月。

按照有关法律、法规管理财政预算资金收入。职能部门按规定足额征收，全额上缴，支出由财政安排，实行收支两条线。预算支出管理镇各部门认真执行国家财政财务制度和财经纪律，按国家统一规定的开支范围和标准，控制、压缩人员经费开支，少花钱，多办事，办好事，提高资金使用效益。各项支出按预算指标履行，不随意扩大支出范围。镇机关人员的工资、福利、奖金等，按规定发放。招待费包干到办（所），超不补，结余下年使用。

账务管理　街道办事处财政按国家统一的会计制度，设置使用会计科目，并根据实际情况自行增设、减设或合并某些会计科目所属的明细科目。按会计法规，制定会计凭证的填制、审核、传递，记账核算，报表填制，会计资料归档管理等账户管理以及资产登记管理等。街道办事处财政所指定专人负责票据的购印、发放、核销、检查工作。街道办事处所属各部门使用的票据必须向办事处财政所申请领用，社区和集体经济组织使用的票据视需要向街道财政所申请领用。各执收单位使用后的票据存根必须向街道办事处财政所办理交验核销工作，并按规定进行妥善保管。

审批制度　街道办事处所属各部门支出实行办事处主任一支笔审批，学校及幼儿园由各校校长、园长审批，社区卫生服务中心由卫生服务中心主任审批，平安巡防大队及经济发展有限公司由分管领导审批。财政资金的拨付。由经办人填写好拨款凭证（非经营性收据或统一收款收据），经财统审计科审核，报街道主任审批后由财政总会计拨付。上级专项补助资金拨付。由各县提出使用方案，经分管领导审核、财统审计科核实该专款到位签字后，报街道主任审批方可支出。政府资金支出执行领导报告制度。事前应征得主要领导同意，事后由经办人填好“政府资金支出审批单”由分管领导签字，经财统审计科科长对原始发票审核后，街道主任审批方可支出。包干经费报销。凡列入经费包干的科办、中心、下属部门的经费支出，由经办人填好“包干经费支出审批单”，交各科办、中心主任签字，财统审计科前置审核后，由街道主任授权分管领导审批报销，调研员使用经费由街道主任审批。基建项目经费拨付。由项目经办人填好“政府基建项目支出审批单”，交该项目财务主办会计进行核实后，由实施该项目的科办、中心主任和分管领导根据该项目的进度情况进行核定签字，经街道财统审计科审核，报街道主任审批后方可安排资金拨付。建管中心项目经费拨付。由项目经办人（或施工方）填好“五常街道农居多（高）层公寓建设管理中心建设资金支付申报审批会签表”，按会签表所列权限，履行审批手续。严格账户开设。未经街道财政所和上级财政部门批准，各部门不得擅自开设银行账户和开设临时性辅助账户，一经查实，将视私设“小金库”处理。重点检查财经纪律、财务制度执行情况，违反财政纪律的人和事，给予督促、纠正、拒绝报销，情节严重的向领导汇报并追究责任。

第三节　金融　保险

五常的金融业已有百年的历史，由于五常一带的农民与商人具有不同层次的资金需求，近代五常出现了为农业生产、商业经营等不同的借贷需要提供资金的当铺、钱庄、信用合作社以及银行。除了这些不同的金融机构之外，五常的诸多商行也参与借贷活动，它们也是金融业务的构成部分。有关金融机构的最早记载始于近代，有关当铺、钱庄的最早记载均始于19世纪后半期。20世纪前半期，五常引入了信用合作社。直到20世纪中期，五常出现具有现代金融企业性质的银行。20世纪80年代以后，金融机构数量迅速增加。商业银行纷纷在五常设立分支机构，对五常的社会经济发展起到积极的推动作用。

到2012年底，五常街道金融机构共有各项存款余额26.02亿元，基本与上年持平，各项贷款余额13.97亿元，比上年增长29%。到2013年底，五常街道金融机构共有各项存款余额30.1亿元，比上年增长15.5%，各项贷款余额18.63亿元，比上年增长33.3%。到2014年底，五常街道金融机构共有各项存款余额31.93亿元，比上年增长6.08%，各项贷款余额21.11亿元，比上年增长13.31%。是年，五常街道辖区内金融机构网点10个，金融机构共有各项存款余额34.48亿元，比上年增长7.98%，各项贷款余额23.69亿元，比上年增长12.22%。到2016年底，五常街道辖区内金融机构网点10个，金融机构共有各项存款余额35.49亿元，比上年增长2.93%，各项贷款余额24.03亿元，比上年增长1.43%。

一、货币流通

在五常流通之货币，清代乾嘉以前，以银两和铜钱为主，大宗交易用银，小宗买卖用钱。但银与钱的成色庞杂，相互兑换须经专事鉴别的钱铺，携带又十分笨重。鸦片战争前后，外国侵略者向中国输入银圆，成色统一，简便易携，民间普遍使用，俗称“洋钱”。市场上最常见者有“鹰洋”“人洋”等。至清光绪十三年（1887）以后，始有“龙洋”出现。光绪二十九年（1903）以后，开始流通大清铜币，俗称“铜板”。绝大部分为“当十”铜圆，“当二十”铜圆在镇上极少见。民国元年（1912）以后，又有“孙洋”“袁洋”和“旗帜铜板”的出现。清末银两、铜钱、银圆、铜圆并用于市，兑换率涨落不定，当时由商会根据沪杭行情随时公告。

民国以后，田赋关税实行“废两改元”，但民间仍以银两、银圆并用，铜钱则渐趋绝迹。据《交通银行分支行所在地金融物产调查录·杭县［民国22年（1933）9月5日］》记载，其时流通的货币有“（甲）硬币，市面通用者，有袁币、孙币、清铸各省银币及墨西哥银币（鹰洋）等，沪厂新铸币，尚不多见，清北洋及造币厂铸银币为数较少。（乙）纸币，中央、中国、交通、兴业、中国实业、四明（浙江储蓄代兑）、垦业（唯康庄代兑）、通商、中国农工、中南等银行，均有钞券发行，唯浙江地方银行，现在尚未发行耳”。民国22年（1933），民国政府在全国实行“废两改元”，之后，银两在市面上不再以货币面貌出现。民国24年（1935），实行法币政策，黄金、白银收归国有，从此硬币仅铜圆仍在市上流通。沦陷后，于民国29年（1940）前后，日军在市面上大量高价搜集铜圆外运，充作战略物资。市上铜圆日趋匮乏。商业大户竟相以粗劣之铜圆券从中牟利。不久，铜圆渐为纸辅币和镣铝辅币取代，此后市上即以纸币为唯一主币。抗战八年中，法币和伪储备券均大量贬值。抗战胜利后，国民政府所发行之金圆券亦遭同样下场，恶性通货膨胀使市上商贾交易均以米价折算。

中华人民共和国成立后，以金圆券13500元兑换人民币1元的比价进行了收兑。从此，人民币开始流通使用。1950年1月杭县人民银行成立后，对旧法币以及原游击区发行的浙东币、浙南币、江淮币等均进行收兑。1950 年 3 月起，确立以人民币为市场唯一流通货币。1955 年 3 月 1 日起，发行新人民币。五常投放市场的主币分为一元、二元、三元、五元。进入 20 世纪 80 年代以后，流通的人民币主币有一元、二元、五元、十元、五十元、百元共 6 种面额。中国人民银行除发行人民币外，还对现金收付、工资基金、金银购销等根据国家有关规定进行严格的管理，这些职能是与旧金融业区别的重要标志。

二、金融机构

传统金融机构有当铺、钱庄等，近代新兴的金融机构有信用合作社、银行等。此外，还有广泛存在的民间金融借贷活动。

当铺　清末之前，五常地区的金融业仅有以质押放款为主要业务的典当。所谓典当，就是以物品作为抵押，贷给款项的金融机构。大抵开设于通都大邑者，资本较为雄厚，乡僻之处，则资本较少。典当是占有人口多数的农民融通资金的金融机构，也是市镇居民周转资金的主要依赖。居民的零星借款大部分依赖典当业。凡衣饰、器皿、珠宝、金属制品以及农副产品，均可抵押给典当行，以获得借款。镇上贫民的零星借款大部有赖于此，凡衣饰、器皿、珠宝、金属制品及整批农副产品均可抵押。一般以金银 8 折、丝绸 6 折、被帐 5 折、钟表 4 折、衣服 3 折为度。期限为 12 个月，由当铺收取长年 20% 利息。如逾期不赎，由当铺变卖处理。

钱庄　钱庄业起初的业务限于异地兑换银两。其后，业务由兑换逐步扩展至存款、放款、贴现、汇兑等。民国初，钱庄一度繁荣，但因银行制度逐渐推行，钱庄的业务与组织均不能适应时代，大半停业或改组为银行。20 世纪 20 年代末，政府已将钱庄列为银行之一种，许多钱庄只要符合银行法的规定，就可改称银行，就是名称不同，实际业务的管理，多已银行化。

民国 16 年（1927），（杭州）市（杭）县分治后，原设于杭县之金融机构多划归杭州市辖，属于杭县县辖范围的近代金融机构仅有庆元和开泰两家钱庄。这两家钱庄均设于临平，专营存款、押款及信用放款。其中，庆元钱庄，有资金 1 万银圆。开泰钱庄，开业于民国 17 年（1928），有资金 9600 银圆。根据浙江省财政厅在 20 世纪 30 年代初所做的调查，浙江全省有钱庄 632 户，资本总额 8567400 元，营业总额 53157400 元，但受农村衰落影响，各县钱庄时有倒闭。平均计算，浙江全省钱庄每家的资本额为 13556 元，余杭的两家钱庄的资本额均未达到浙江省平均水平，应属规模较小之钱庄。其后，源泰钱庄于民国 35 年（1946）开业，资金法币 500 万元。

钱庄业务主要为存款、放款、汇兑 3 种。其中，有长存长放（相当于现在之定期）、浮存浮放（相当于现在之活期）、同业拆放、往来透支等项。通汇地点一般为杭州、嘉兴、硬石及宁波、绍兴、上海等地。汇款以票汇为主，往来钱庄互留印鉴，验对付款，汇兑资金往来视同同业拆放。民国 35 年（1946）时，汇水最低为每千元 5 元，最高每千元 40 元。同业日拆利息为每千元 3. 5 元。放款日拆每千元 5. 5 元。

信用合作社　早期的信用合作社大多为借款机构，几乎没有内部经营。尽管各个信用合作社机构尚称健全，每个信用合作社都设有理事主席、理事、监事等职位，但其内部组织与管理却较为松散与混乱。一方面，信用合作社的财务账簿等并不健全，一些记载的账务则混乱不堪，或者残缺不全。另一方面，已有的记账不甚清楚，有些账簿将社员名册、借款、放款、签到等录为一簿，登记的社员信息缺乏更新。这些信用合作社借款的目的多用于归还债务，或者用于购买生活必需品，或者用于支付紧急支出，较少用于农业生产或者商业经营。只有个别用于购买肥料等。信用合作社经营的成败得失，主要依赖理事主席的组织能力。

中华人民共和国成立后，1952 年春，在建立农业生产互助组的同时，开始试办信用互助组。信用互助组一般只介绍和保证借贷，并不经营存放款，也不收股金，主要是开展资金、粮食等互助互济，以解决贫困农民生产、生活迫切需要。1954 年，在开展农业生产合作、供销合作的同时，开展信用合作。至 1955 年 5 月，实现乡乡都有信用社，并开展存放款业务，形成农村集体所有制合作金融组织，通过组织农村闲散资金，发挥民间借贷作用，解放农民多种资金需要。1956 年，调整行政区划，小乡合并为大乡，信用社随之合并。1958—1959 年，将信用社从人民公社信用部分出来，设立信用分部，下放给人民公社的管理区或生产大队管理。1961 年，恢复农村信用合作社，健全信用社的民主管理。全国的改革于 1962 年开始，重新明确了农村信用社组织的独立性，重新赋予信用社在业务方面的自主权。1969 年，信用社由贫下中农掌管，信用社职工走“亦工亦农”道路。导致此后的几年里，信用社业务停顿，亏损严重。1978 年改革开放后，中国人民银行总行明确信用社的集体金融组织和国家银行的基层机构性质，国家银行的农业贷款绝大部分委托信用社办理。明确信用社是国家银行在农村的基层组织。1979 年，中国农业银行浙江省分行恢复成立，崇化、长命、北湖、彭公 4 个信用社由人民银行管理转归农业银行管理。信用社逐步办成由农民、农村商户和各类经济组织入股，为农民、农业和农村经济发展服务的地方金融机构。1982 年，中国农业银行确定农信社改革主要内容：独立经营，独立核算，自主经营业务，逐步做到自负盈亏；农信社以支持农业生产为主，支持双包户、专业户为主，解决流动资金需要为主，主要任务是为农村多层次的经济组织服务；信用社的贷款在用途、利率和做法上，可以与银行不同，用途可以比银行广泛，方式和手续可以比银行灵活。1983 年，改革信用社体制，使之在国家银行领导下，独立经营，独立核算，自负盈亏，业务由农业银行领导。1984 年，乡镇建制恢复后，按乡镇设立信用社，开展农村储蓄，办理乡镇企业存贷款业务，业务范围扩展。1988 年 10 月，五常乡信用社总部搬迁至荆山岭，辖总部、顾家桥、邱桥和荆山分社 4 个营业网点。1996 年，信用社与农业银行脱离行政隶属关系，由人民银行直接监管。2000 年，信用社受余杭市信用合作社联合社领导。2004 年 12 月，通过体制改革，成为浙江杭州余杭农村合作银行的分支机构。

早期的信用社阶段，主要业务就是吸收储蓄存款，发放低息贷款，为农村生产服务，扶持农业、手工业生产互助合作的发展，与高利贷做斗争。后不断改革创新业务种类及范围。2006 年开通“96596”电话银行服务，2007 年全国支票影像系统上线，2007 年“信付通”POS 机为个体工商户提供货款结算新渠道，同年，“短信通”正式投入使用，首款人民币理财产品“丰收 1 号”发行成立，2008 年开通“农信银”全国通存通兑业务，华东三省一市汇票业务上线，2009 年丰收小额贷款卡发行，2010 年正式开办个人外汇业务，2011 年起全面代理余杭区市民卡业务，等。

银行　中共十一届三中全会以后，银行体制改革，中国人民银行专司中央银行职能。先后于 1979 年成立中国人民建设银行余杭县支行，1980 年成立中国农业银行余杭县支行，

1984年成立中国工商银行余杭县支行等专业银行。

至2020年，五常街道设有中国建设银行股份有限公司杭州西溪支行、中国邮政储蓄银行股份有限公司杭州市五常营业所、中国建设银行股份有限公司杭州城西科创支行、中国农业银行股份有限公司杭州联创支行、中国银行股份有限公司杭州城西科创支行、中国邮政储蓄银行股份有限公司杭州市海创园支行、中国农业银行股份有限公司杭州翡翠城支行等多家银行的分理处和浙江杭州余杭农村商业银行股份有限公司等金融机构，服务网络齐全。

五常街道辖区金融机构一览表

表4－4－9

企业名称	成立日期	企业地址	企业性质
中国建设银行股份有限公司杭州西溪支行	2013年1月31日	杭州余杭区五常街道五常大道163号	金融机构
中国邮政储蓄银行股份有限公司杭州市五常营业所	2010年12月31日	浙江省杭州市余杭区五常街道西溪北苑74－7/8一至二层	金融机构
中国建设银行股份有限公司杭州城西科创支行	2016年1月6日	浙江省杭州市余杭区五常街道文一西路998号5幢103室	金融机构
中国农业银行股份有限公司杭州联创支行	2020年10月9日	浙江省杭州市余杭区五常街道联创街133号1幢一楼	金融机构
中国银行股份有限公司杭州城西科创支行	2012年2月14日	浙江省杭州市余杭区五常街道文一西路998号4幢101－1室	金融机构
中国邮政储蓄银行股份有限公司杭州市海创园支行	2010年12月31日	浙江省杭州市余杭区五常街道文一西路1199号1幢1单元101室（中新大厦1楼）	金融机构
浙江杭州余杭农村商业银行股份有限公司五常支行邱桥分理处	2005年11月18日	浙江省杭州市余杭区五常街道文一社区西溪北苑北区73－3	金融机构
浙江杭州余杭农村商业银行股份有限公司西溪科技支行	2011年10月17日	杭州市余杭区五常街道文一西路998号海创园4号楼	金融机构
浙江余杭德商村镇银行股份有限公司五常支行	2017年11月16日	浙江省杭州市余杭区五常大道158号达峰科创园1号楼105室	金融机构

中国邮政储蓄银行股份有限公司杭州市海创园支行 成立于2010年12月31日，负责人为顾成凯，企业地址位于浙江省杭州市余杭区五常街道文一西路1001号衢海大厦4幢101室，中国邮政储蓄银行股份有限公司杭州市海创园支行业务种类齐全，基本的国内结算业务全覆盖，其中信贷业务有企业流动资金贷款、项目贷款、小企业贷款、个人经营性贷款、个人消费贷款，同时向客户提供银行承兑汇票、国内保理等国内外贸易和票据融资业务，储蓄业务为定期、活期存款、汇款等。为了便利客户的结算需求，中国邮政储蓄银行股份有限公司杭州市海创园支行开通企业个人网上银行、手机银行、电话银行、ATM取款、POS信用卡联机等，为客户提供快捷方便、安全的计划与结算平台。

浙江余杭德商村镇银行股份有限公司五常支行　余杭德商村镇银行股份有限公司五常支行，于2017年11月16日成立，企业地址位于浙江省杭州市余杭区五常大道158号达峰科创园1号楼105室，五常支行以“支农支小”为宗旨，服务中小微科技型企业的发展壮大，缓解“三农”经济和小微企业融资难问题，解决当地现有中小微科技型企业银行业金融机构覆盖率相对较低、金融有效供给相对不足、金融竞争相对不充分、金融服务相对缺位等问题。五常支行提供种类多样、覆盖全面、治理灵活、服务高效的金融服务。

三、保险业

中国人民财产保险股份有限公司杭州市分公司五常开发区营销服务部　2006年，中国人民财产保险股份有限公司杭州市分公司在五常经济开发区设营销服务部，位于荆长路16号，是专为五常当地服务的机构。承保有企业财产保险、家庭财产保险、机动车辆保险、船舶保险、货物运输保险、建筑安装工程保险、出口信用保险、各种责任保险、意外险等几十个险种。

中国平安人寿保险股份有限公司浙江分公司西溪营销服务部　2018年，中国平安人寿保险股份有限公司浙江分公司在五常街道设营销服务部，位于浙江省杭州市余杭区五常街道五常大道165号。

卷　五

政　　治

第一章　中共地方组织
第二章　地方政权组织
第三章　施政成绩述略
第四章　群众团体
第五章　政　法
第六章　军　事

五九批示纪念馆

第一章 中共地方组织

1950年5月，境内建有五常乡党支部、邱桥乡党支部、荆山乡党支部；1956年4月，五常、荆山、邱桥3个乡合并为五常乡，同时建立乡党总支部。在县委领导下，组织带领人民群众开展剿匪反霸、镇压反革命、土地改革，社会秩序得到稳定，使五常乡较快进入恢复经济的轨道，有步骤地实现从新民主主义革命到社会主义建设的转变，迅速恢复经济并有计划地进行政治、经济、文化和社会建设。与此同时，全面开展中共基层组织建设、宣传教育、纪律检查和统一战线等各项工作。境内中共党的组织日益健全，党员队伍逐步扩大，党的战斗力不断增强。其间，由于“左”倾错误思想指导，工作中出现失误，党内民主生活遭到严重损害，群众积极性受到挫伤。尤其在“文化大革命”期间，党的组织一度被迫停止活动。1978年中共十一届三中全会后，中共五常乡委员会及各基层委员会加强政治、思想和组织建设，认真贯彻中共十一届三中全会后的路线、方针、政策，坚持以经济建设为中心，坚持改革开放，推动科学发展，推进中国特色社会主义建设，正确处理改革、发展、稳定的关系，推进经济和政治体制改革，扩大社会主义民主，健全社会主义法制，为五常发展创造良好的社会环境，在加快社会主义现代化建设、全面建设小康社会等方面成就卓著。

2001年8月，余杭区乡镇行政区划调整后，五常乡建制并入闲林镇，针对五常特定的地理位置，为加快五常经济发展，区委决定成立五常经济开发区，设立五常经济开发区党工委、五常经济开发区管委会。2007年7月，区委决定建立中共杭州市余杭区五常管理委员会工作委员会、中共杭州市余杭区五常管理委员会纪律检查工作委员会。是年12月29日，区委决定撤销中共杭州市余杭区五常管理委员会工作委员会、中共杭州市余杭区五常管理委员会纪律检查工作委员会。2007年12月29日，区委决定建立中共杭州市余杭区五常街道工作委员会、中共杭州市余杭区五常街道纪律检查工作委员会。

进入新时代，中共五常乡委员会按照区委坚持统筹推进“五位一体”总体布局、协调推进“四个全面”战略布局，坚持稳中求进工作总基调，着力增强改革系统性、整体性、协同性，着力抓好重大制度创新，着力提升人民群众获得感、幸福感、安全感。

第一节 乡（公社）党组织

1950年5月，境内建有五常乡党支部、邱桥乡党支部、荆山乡党支部；1956年4月，五常、荆山、邱桥3个乡合并为五常乡，建立五常乡党总支部，由中共杭县留下区委员会领导。1958年5月，建立中共杭州市三墩区委员会，五常乡党总支部属之。1958年10月建立中共留下人民公社委员会，五常大队党总支部属之。1959年3月，五常管理区党总支部由中共杭州市拱墅联社委员会三墩人民公社党委领导；1960年1月，由中共杭州市钱塘联社委员会三墩人民公社党委领导；1961 年 4 月，钱塘联社改作余杭县时，五常人民公社党委建立。1984 年 1 月 24 日，改称五常乡党委。

一、留下区委所属乡党组织

1950 年 5 月，建立中共留下区委员会，先后下辖 12 个乡镇党支部。1958 年，留下区归杭州市西湖区。其中，五常、荆山、邱桥、蒋村 4 个乡和 1956 年 4 月后的五常乡的辖区，仍属余杭区管辖。

五常乡党支部

书　记　沈阿年（1953 年 3 月至 1956 年 4 月）

荆山乡党支部

书　记　姚雪荣（1953 年 6 月至 11 月）

　　　　张桂根（1953 年 11 月至 1956 年 4 月）

邱桥乡党支部

书　记　钱松根（1953 年 11 月至 1954 年 9 月）

副书记　沈凤仙（女，1954 年 7 月至 1956 年 4 月）

五常乡党总支部

1956 年 4 月，五常、荆山、邱桥 3 个乡合并为五常乡，同时建立乡党总支部。

第一书记　郑志德（1957 年 1 月至 11 月）

书　　记　张桂根（1956 年 4 月至 1958 年 4 月）

副 书 记　沈阿年（1956 年 4 月至 1958 年 4 月）

1958 年 5 月建立中共杭州市三墩区委员会，下辖三墩、良渚、安溪、肇和、双桥、七贤、五常、闲林、留下、祥符、东岳 11 个乡镇党总支部。（其中留下、祥符、东岳 3 个乡党总支部的辖区，现属杭州市西湖区管辖。）

五常乡党总支部

书　记　黄锦章（1958 年 5 月至 10 月）

副书记　张桂根（1958 年 5 月至 10 月）

二、留下人民公社党委所属大队党组织

1958 年 10 月建立中共留下人民公社委员会，下辖闲林、新桥、五常、邱桥、蒋村、留下、古荡、东岳 8 个大队党总支部。留下人民公社党委驻地和留下、古荡、东岳 3 个大队党总支部的辖区，现属杭州市西湖区管辖。五常、邱桥、蒋村时属余杭。

五常大队党总支部

书　记　张桂根（1958 年 10 月至 1959 年 3 月）

副书记　沈阿三（1958 年 10 月至 1959 年 3 月）

三、中共杭州市拱墅联社委员会所属公社

1959 年 3 月，中共杭州市拱墅联社委员会所属东塘、三墩、良渚、留下、上泗 5 个人民公社党委、39 个管理区党总支部。其中上泗人民公社党委及所属龙坞、留下、古荡、东岳

等11个管理区党总支部的辖区，现属杭州市西湖区管辖。留下人民公社党委先后下辖闲林镇党委和闲林、新桥、五常、邱桥、蒋村等8个管理区党总支部。

五常管理区党总支部

书 记 张桂根（1959年3月至1960年1月）

副书记 沈阿三（1959年3月至1960年1月）

洪水根（1959年10月至1960年1月）

邱桥管理区党总支部（1959年10月撤销）

书 记 沈阿年（1959年3月至10月）

四、中共杭州市钱塘联社委员会所属公社（管理区）

1960年1月，经中共浙江省委批准，杭州市半山联社和拱墅联社合并，建立中共杭州市钱塘联社委员会，下辖临平、九堡、亭趾、塘栖、四维、东塘、良渚、三墩、留下、上泗等管理区党总支部、镇党委。留下人民公社党委下辖闲林镇党委和闲林、五常、留下、古荡、东岳等5个管理区党总支部。其中闲林、五常仍在余杭境内。

五常管理区党总支部

书 记 洪水根（1960年1月至1961年4月）

五、中共余杭县委所属公社（乡）党组织

1961年4月，钱塘联社改作余杭县时，建立中共临平、塘栖、三墩、余杭、瓶窑5个区委。其中中共三墩区委员会，先后下辖三墩、西行、勾庄、肇河、良渚、安溪、双桥、大陆、五常、蒋村等10个人民公社（镇）党委。

五常人民公社党委

书 记 沈阿年（1961年4月至1966年6月）

王学海（1966年6月至1968年4月）

副书记 沈阿三（1961年4月至1965年3月）

邬潮福（1965年3月至1968年4月）

洪水根（1966年6月至1968年4月）

“文化大革命”开始后，区、公社（镇）的党组织受到冲击，被迫停止活动。1967年11月以后，全县46个人民公社、5个镇先后建立革命委员会。1969年2月，三墩区先后建立革命领导小组，对全区各公社（镇）实行党政“一元化”领导。同年12月，各公社（镇）开始逐步建立党的核心小组。1970年4月，三墩区建立党的核心小组。同年5月至8月，各公社（镇）党的核心小组先后恢复为党委。

1970年2月2日，五常人民公社建立党的核心小组，组长先后为王学海、黄玉高，副组长沈阿年。1970年4月29日，五常人民公社恢复党委。

书 记 黄玉高（1970年4月至1972年3月）

浦阿年（1972年3月至1976年10月）

沈阿年（1976年10月至1979年2月）

山锡森（1979年4月至1982年12月）

洪水根（1983年2月至1984年1月）

副书记　沈阿年（1970年4月至1972年3月）

王学海（1970年4月至1971年4月）

山锡森（1971年4月至1976年10月）

周金柏（1972年4月至1977年11月）

金志顺（1973年1月至1977年8月）

山锡森（1976年10月至1979年4月）

金德根（1977年7月至1980年8月）

金文校（1977年7月至1983年2月）

邬潮福（1980年8月至1981年11月）

唐锦昌（1981年11月至1984年1月）

1980年1月，全县51个公社、镇党委先后召开党代会，进行换届选举。1982年4月至1984年2月，全县各公社先后实行了政社分设，恢复乡建制，公社党委随之改建为乡党委。三墩区委先后下辖三墩、良渚、西行、勾庄、肇和、运河、安溪、双桥、大陆、五常、蒋村等11个乡（公社、镇）党委。

中共五常乡委员会

1984年1月24日改建为乡党委。

书　记　洪水根（1984年1月至1985年10月）

杨炳荣（1985年10月至1987年12月）

副书记　唐锦昌（1984年1月至1985年4月）

周金柏（1985年10月至1987年1月）

姚建华（1987年1月至12月）

1985年，五常乡党委下辖荆山、横板桥、油车圩、西坝、天竺桥、顾家桥、友谊、白庙、源谊、断桥、邱桥、金家塘、横家桥、木桥、南河头、范家村支部，乡机关、工办、农办、教卫支部，水泥总厂、水泥二厂、仪表五金厂、铝材厂、宾馆、纸制品厂、印刷厂、塑料编织厂、经理部、建筑队、石料厂支部。党员516名。

1992年5月，根据省委、省政府关于撤区扩镇并乡工作的指示，全县各乡镇规模作较大的调整，撤销了5个区委、纪委及23个乡镇党委，扩大了10个镇党委，新建了3个乡镇党委。撤区扩镇并乡后，实行县委直接领导乡镇党委的体制。6月，根据中纪委、省纪委的有关文件精神，各乡镇建立纪律检查委员会。1989年9月至1993年1月，各乡镇分别召开2次党的代表大会，选举产生2届党的委员会。时三墩区委下辖三墩、良渚、勾庄、肇和、运河、安溪、双桥、大陆、五常、蒋村等10个乡镇党委。

1989年11月，召开五常乡第六次党的代表大会，选举产生了中共五常乡第六届委员会。

书　记　杨炳荣（1988年1月至1992年5月）

副书记　姚建华（1988年1月至1989年8月）

王桂根（1989年8月至1992年5月）

薄阿锡（1989年10月至1992年5月）

1992 年 12 月，召开中共五常乡第七次代表大会，选举产生中共五常乡第七届委员会和纪律检查委员会，至 1995 年 12 月届满。1994 年 5 月，余杭撤县设市，全称为中共余杭市五常乡委员会。1995 年 10 月，中共余杭市委员会对五常乡党委班子作了调整。

书　　记　杨炳荣（1994 年 1 月至 1995 年 12 月）

副 书 记　王桂根（1994 年 1 月至 1995 年 12 月）

　　　　　薄阿锡（1994 年 1 月至 1995 年 12 月）

委　　员　冯国能　姚高永　钱雪海　杨顺明　章洪根　胡荣法

纪委书记　薄阿锡（1994 年 1 月至 1995 年 12 月）

1995 年 12 月 18 日至 19 日，召开中共五常乡第八次代表大会，选举产生中共五常乡第八届委员会委员 7 人和纪律检查委员会。市委于 1996 年 8 月、1997 年 2 月、1998 年 4 月和 8 月，对乡党委班子作了调整和充实。1998 年 8 月，纪委书记也作了调整。

书　　记　杨炳荣（1995 年 12 月至 1998 年 4 月）

　　　　　孙志文（1996 年 8 月至 1998 年 4 月，副书记；

　　　　　1998 年 4 月至 10 月，书记）

副 书 记　王桂根（1995 年 12 月至 1997 年 2 月）

　　　　　薄阿锡（1995 年 12 月至 1998 年 8 月）

　　　　　熊小民（1998 年 4 月至 10 月）

　　　　　施金珠（女，1998 年 8 月至 10 月）

委　　员　姚高永　冯国能　胡荣法　章志洪　滕建女（女）　徐荣德

纪委书记　薄阿锡（1995 年 12 月至 1998 年 8 月）

　　　　　施金珠（女，1998 年 8 月至 10 月）

1998 年 10 月 29 日，召开中共五常乡第九次代表大会，选举产生中共五常乡第九届委员会委员 7 人和纪律检查委员会组成人员。2001 年 8 月 8 日，区划调整，撤销五常乡党委、纪委。

书　　记　孙志文（1998 年 10 月至 2001 年 8 月）

副 书 记　熊小民（1998 年 10 月至 2001 年 8 月）

　　　　　施金珠（女，1998 年 10 月至 2001 年 8 月）

委　　员　姚高永　胡荣法　滕建女（女）　徐荣德

纪委书记　施金珠（女，1998 年 10 月至 2001 年 8 月）

第二节　管委会党组织

一、五常经济开发区

2001 年 8 月，余杭区乡镇行政区划调整后，五常乡建制并入闲林镇，针对五常特定的地理位置，为加快五常经济发展，区委决定成立五常经济开发区，设立五常经济开发区党工委。

二、五常管理委员会

2004 年 1 月，区委决定建立中共杭州市余杭区五常管理委员会工作委员会、中共杭州市余杭区五常管理委员会纪律检查工作委员会。

马伟忠任党工委书记，姚高永、曾宏任党工委副书记，委员胡荣法、俞国平、胡立有、陶豫、胡国祥，纪工委书记为胡荣法。是年 12 月 29 日，区委决定撤销中共杭州市余杭区五常管理委员会工作委员会、中共杭州市余杭区五常管理委员会纪律检查工作委员会，其组成成员职务自然免去。

第三节　街道党组织

2007 年 12 月，调整乡镇行政体制，撤销中共杭州市余杭区五常管理委员会工作委员会、中共杭州市余杭区五常管理委员会纪律检查工作委员会，建立中共杭州市余杭区五常街道工作委员会、纪律检查工作委员会。

一、街道党工委主要职责

街道党工委是区委的派出机构，实施对街道各项工作的领导，在街道各级党组织、各行政和事业组织、经济组织、群团组织中起领导核心作用。

1. 认真贯彻落实党和国家的路线方针政策、法律法规，解放思想，开拓创新，积极组织实施上级党组织的决定、决议，讨论和决定街道党的建设、经济建设、社会事业发展等重大问题。

2. 加强对基层党组织的领导，充分发挥基层党组织的战斗堡垒作用和共产党员先锋模范作用；领导街道人民武装、统战工作，充分发挥工会、共青团、妇联等群众组织作用；坚持党管干部、党管人才原则，做好干部和人才的培养、选拔、使用和管理工作；加强街道党工委、办事处、人大工委领导班子的自身建设，教育党员和干部勤政廉洁、遵守党纪国法，同一切违法违纪行为做坚决斗争。

3. 坚持科学发展，转变发展方式，加强对街道科技和经济发展的领导，负责街道重大项目的决策、协调和督促推进工作，促进经济持续健康稳步发展。统筹城乡区域协调发展，加快推进城市化进程，加强对“三农”工作的领导。

4. 坚持执政为民，加强对街道办事处、人大工委工作的领导，积极支持街道办事处、人大工委依法行使职能，保证政令畅通，促进街道经济和各项社会事业的科学发展。支持人大代表和政协委员工作，重视辖区内各级各单位共建工作，关心社会各界，密切党群关系，促进和谐发展。

5. 领导街道的思想政治和精神文明建设工作，坚持社会主义核心价值体系，组织开展形势、政策、法制等宣传教育及其他精神文明活动，加强公民思想道德建设，提高广大干部、党员、群众的思想政治觉悟和科学文化素质。

6. 加强和创新社会管理，加强平安余杭、法治余杭建设，领导开展城乡社区建设，强化社会治安综合治理，有效化解社会矛盾，维护社会和谐稳定。

7. 加强街道的生态文明与环境保护工作，强化节能减排和洁化、美化、绿化工作，注重节约集约利用土地资源，努力改善城乡面貌，打造宜居环境。

8. 承办区委交办的其他事项。

二、中共五常街道工作委员会、纪律检查工作委员会

2007 年 12 月，建立中共五常街道工作委员会、纪律检查工作委员会。此后，区委对街道党工委班子成员和纪工委书记作了调整和充实。

党工委

书　记　马伟忠（2007 年 12 月至 2008 年 12 月）
　　　　曾　宏（2008 年 12 月至 2012 年 3 月）
　　　　陆建友（2012 年 3 月至 2013 年 4 月）
　　　　徐荣德（2013 年 4 月至 2016 年 4 月）
　　　　沈建立（2016 年 5 月至 2017 年 8 月）
　　　　金根火（2017 年 8 月至 2019 年 8 月）
　　　　斯建刚（2019 年 8 月至 2021 年 4 月）
　　　　沈　清（2021 年 4 月起）

副书记　曾　宏（2007 年 12 月至 2008 年 12 月）
　　　　姚高永（2007 年 12 月至 2008 年 1 月）
　　　　周顺根（2008 年 1 月至 2014 年 11 月）
　　　　徐荣德（2010 年 1 月至 2013 年 4 月）
　　　　方忠明（2011 年 9 月至 2013 年 4 月）
　　　　谢德庆（2013 年 4 月至 2015 年 12 月）
　　　　穆建忠（2013 年 4 月至 2014 年 6 月）
　　　　姚志华（2014 年 6 月至 2017 年 1 月）
　　　　洪建良（2015 年 12 月至 2017 年 2 月）
　　　　骆苏英（女，2016 年 12 月起，挂职）
　　　　周旻翔（2017 年 1 月至 2021 年 1 月）
　　　　陈小平（2017 年 8 月至 2019 年 12 月）
　　　　沈　清（2019 年 12 月至 2021 年 4 月）

委　员　胡荣法（2007 年 12 月至 2010 年 1 月，2006 年 12 月至 2007 年 12 月任闲林镇人大副主席）
　　　　俞国平（2007 年 12 月至 2010 年 10 月）
　　　　胡立有（2007 年 12 月至 2010 年 1 月）
　　　　陶　豫（2007 年 12 月至 2011 年 9 月）
　　　　胡国祥（2007 年 12 月至 2011 年 9 月）
　　　　姚志华（2010 年 1 月至 2014 年 6 月）
　　　　董永良（2010 年 10 月至 2014 年 12 月）

陈建忠（2011 年 9 月至 2013 年 5 月）
魏元法（2011 年 9 月至 2015 年 12 月）
周黎明（2014 年 12 月起）
郭连娣（2015 年 5 月至 2020 年 9 月）
高金平（2017 年 10 月起）
沈　涌（2018 年 10 月起）
冯　刚（2019 年 7 月起）
胡　平（2017 年 10 月起）
周　骐（2020 年 9 月起）
纪工委书记　胡荣法（2006 年 9 月至 2010 年 1 月）
周顺根（2010 年 1 月至 2014 年 11 月）

五常街道基层党组织

党旗飘在战“疫”一线（2020）

2012 年 12 月 31 日，中共五常街道工作委员会所属党组织共有 33 个，中共党员 1773 人。所辖党组织有文一社区党委、荆丰社区党委、友谊社区党委、五常社区党委、永福社区党委、沿山河社区党总支部、横板桥社区党总支部、顾家桥社区党总支部、荆山社区党总支部、五常街道机关党委、五常中心学校党总支部、五常社区卫生服务中心党支部、五常供电营业所党支部、五常派出所党支部、合作银行五常支行党支部、杭州华宏压铸公司党支部、杭州西子混凝土公司党支部、杭州春风机械厂党支部、杭州荆岭通信设备有限公司党支部、杭州荆岭冲压件厂党支部、杭州神驰工贸有限公司党支部、杭州华丰通信器材公司党支部、杭州华剑五金工具有限公司党支部、浙江达峰科技有限公司党支部、浙江文达电脑学校党支部、杭州海外海五金电器有限公司党支部、富春制衣（杭州）有限公司党支部、杭州新丝璐服饰有限公司党支部、杭州国立包装有限公司党支部、杭州建益实业有限公司党支部、杭州赛明照明电器有限公司党支部、杭州三狮水泥有限公司党支部、杭州华磊建设有限公司党支部。

第二章　地方政权组织

1950 年 5 月，今境内含五常、荆山、邱桥 3 个乡人民政府。1956 年 4 月，五常、荆山、邱桥 3 个乡合并为五常乡。1958 年 10 月，建立留下人民公社，五常、邱桥大队为其所辖。1983 年，根据中央关于农村人民公社实行政社分设的指示，实行政社分设，境内为五常乡。2001 年 8 月，余杭区乡镇行政区划调整后，五常乡建制并入闲林镇，同时成立五常经济开发区，设立管委会。2007 年 7 月，区委决定建立杭州市余杭区五常管理委员会。是年 12 月，设立余杭区人大常委会五常街道工作委员会，为区人大常委会派驻五常街道的工作机构，依法管理本辖区的行政工作；设立余杭区五常街道办事处，为区政府派驻五常街道的工作机构。五常街道（公社、乡）人民代表大会由民主选举产生，对人民负责，受人民监督。街道（公社、乡）政府由同级人民代表大会选举产生。人民代表大会（人大工作委员会）在保证宪法和法律在本行政区域内的贯彻实施、决定本行政区域内的重大事项、选举乡、街道人民代表大会主席、副主席，乡长、副乡长，主任、副主任及监督本级人民政府（街道办事处）的工作等方面发挥了作用。嗣后，区人大常委会、区人民政府分别对街道人大工委、街道办事处领导成员进行多次调整。

在中共五常党组织领导下，乡镇政府、街道办事处在认真履行社会管理、发展经济、公共服务职能的同时，抓好农村村委会（社区）班子建设及农村思想建设，转变职能强化服务功能，健全服务机制，创新服务手段，增强服务意识，提升服务效能，进一步推进治理体系和治理能力现代化。

第一节　乡（公社）组织

中华人民共和国成立初，杭县建立 5 个区人民政府、2 个县属镇、47 个乡镇公所。今境内含五常、荆山、邱桥 3 个乡人民政府。1956 年 4 月，五常、荆山、邱桥 3 个乡合并为五常乡。为适应土地改革、农业合作化发展的需要，区、乡建制均进行多次调整变动。

1958 年 10 月，实现人民公社化，1959 年 1 月区建制撤销，原 4 个区境内的乡镇和由杭州市笕桥区划入的九堡乡改建为临平等 10 个人民公社管理委员会，下辖 87 个大队管委会。其中留下人民公社下辖闲林、新桥、五常、邱桥、蒋村、留下、古荡、东岳等 8 个大队，五常、邱桥大队为今境内。后又先后为杭州市拱墅联社、钱塘联社所辖。

1961 年 4 月，钱塘联社改为余杭县后，对原有公社规模进行了调整，建立 5 个镇人委、46 个人民公社管委会，9 月建立 5 个区公所，后经局部调整，至 1965 年，全县设 3 个区公所、5 个镇人委、46 个人民公社管委会。今境为五常人民公社。

一、杭县人民政府（人民委员会）所属

1949年5月至1950年5月，杭县区、乡镇的行政建制设有临乔、五西、三墩、瓶窑、上泗5个区，临平、塘栖2个县属镇和47个乡镇，建立区、县属镇人民政府和乡镇公所，五常乡属三墩区管辖。1950年5月，建留下区公所，五常乡属留下区管辖。

1949年5月，五常乡属三墩区管辖，五常乡公所乡长宋竹友（1949年10月至1950年5月）。1950年5月，建留下区公所，今境内五常、荆山、邱桥乡人民政府属之。

五常乡人民政府

乡　长　邵斌杰（1950年5月至1951年1月）
　　　　蒋长喜（1951年5月至1952年4月）
　　　　浦福芝（女，1953年6月至1954年3月）
　　　　沈阿年（1954年3月至1955年8月）
副乡长　沈阿年（1953年3月至1954年3月）
　　　　吴承堂（1954年3月至1955年9月）
　　　　仲金宝（1954年3月至1956年4月）

荆山乡人民政府

1951年6月，从五常乡分出建立。

乡　长　钟桂法（1951年6月至1953年6月）
　　　　张桂根（1953年6月至1955年7月）
　　　　山锡森（1955年2月至8月）
副乡长　张永根（1951年6月至12月）
　　　　张炳生（1951年6月至1952年12月）
　　　　姚锡荣（1953年6月至1956年4月）
　　　　冯大浩（1954年3月至1955年8月）
　　　　宋阿才（1955年7月至1956年4月）

邱桥乡人民政府

1950年5月，从蒋邱乡、五常乡分出建立。

乡　长　吴夷武（1950年5月至1951年12月）
　　　　杨锡根（1951年12月至1954年3月）
　　　　杨泉宝（1954年3月至1956年4月）
副乡长　杨泉宝（1950年6月至1951年5月）
　　　　周阿三（1953年12月至1954年3月）
　　　　沈凤仙（女，1954年3月至1956年4月）
　　　　杨锡根（1954年3月至1956年4月）

五常乡人民委员会

1956年4月，五常、荆山、邱桥3个乡合并为五常乡，同时建立乡人民委员会。

乡　长　沈凤仙（女，1956年4月至12月）
　　　　沈阿伟（1956年12月至1958年4月）

副乡长 仲金宝（1956 年 4 月至 1958 年 4 月）
姚锡荣（1956 年 4 月至 1958 年 4 月）
周阿三（1956 年 7 月至 1958 年 4 月）
沈凤仙（女，1956 年 12 月至 1958 年 4 月）

二、杭州市拱墅联社所属

留下人民公社五常大队

1958 年 10 月，建立留下人民公社，下辖闲林、新桥、五常、邱桥、蒋村、留下、古荡、东岳等 8 个大队。五常、邱桥大队在今境内。五常大队大队长沈凤仙（女，1958 年 10 月至 12 月）、仲金宝（1959 年 1 月至 3 月），副大队长张阿泉（1958 年 10 月至 12 月）。邱桥大队副大队长周阿三（1958 年 10 月至 1959 年 3 月）、曹长兴（1958 年 10 月至 1959 年 3 月）、金洪富（1958 年 12 月至 1959 年 1 月）。

五常管理区管委会

1959 年 3 月，根据中共中央第二次郑州会议精神，调整人民公社管理体制，各公社政权组织改称公社管理委员会，下辖的大队改称管理区管委会，行政领导由社长、副社长改称主任、副主任。杭州市拱墅联社管理委员会所属东塘、三墩、良渚、留下、上泗 5 个人民公社和 39 个管理区的管委会，1960 年 1 月隶属杭州市钱塘联社管理委员会。

留下人民公社管理委员会及所属管理区（镇）政权组织留下人民公社管理委员会，先后下辖闲林镇人民委员会和闲林、新桥、五常、邱桥、蒋村、留下、古荡、东岳等 8 个管理区管委会。五常、邱桥在今境内。

五常管理区管委会

主 任 仲金宝（1959 年 3 月至 10 月）
周阿三（1959 年 10 月至 1960 年 1 月）
副主任 曹长兴（1959 年 3 月至 1960 年 1 月）
沈凤仙（女，1959 年 10 月至 12 月）
仲金宝（1959 年 10 月至 1960 年 1 月）

邱桥管理区管委会，1959 年 10 月撤销。

主 任 周阿三（1959 年 3 月至 10 月）

三、杭州市钱塘联社所属

1960 年 1 月，经中共浙江省委批准，杭州市半山联社和拱墅联社合并，建立杭州市钱塘联社管理委员会，下辖临平、九堡、亭趾、塘栖、四维、东塘、三墩、良渚、留下、上泗 10 个人民公社和 66 个管理区管委会、4 个镇人民委员会。留下人民公社管理委员会，下辖闲林镇人民委员会和闲林、五常、留下、古荡、东岳等 5 个管理区委员会。五常管理区在今境内。

五常管理区管委会主任唐阿毛（1960 年 1 月至 12 月），副主任仲金宝（1960 年 1 月至 1961 年 4 月）。

四、余杭县（市、区）所属

1961年4月，撤销钱塘联社，改为县建制，定名余杭县，根据中共中央《关于农村人民公社条例（草案）》精神，全县划为临平、塘栖、三墩、余杭、瓶窑5个区，1961年9月建立区公所。是年5月，留下人民公社划归杭州，9月建立三墩区公所。五常人民公社改属三墩区管辖。

1961年10月、1963年8月、1966年3月，五常人民公社先后召开第四、第五、第六届社员（人民）代表大会，选举产生公社管理委员会和镇人民委员会。选举前，公社建立工作组代行管理委员会职权（名录中工作组正、副组长和管理委员会正、副主任不再分别编写）。

五常人民公社管理委员会

主　任　洪水根（1961年4月至1968年4月）

副主任　洪大根（1961年4月至1966年6月）

　　　　洪阿毛（女，1961年4月至1968年4月）

　　　　周光荣（1966年6月至1968年4月）

“文化大革命”初期，全县46个人民公社、5个镇先后建立革命员会。1968年4月23日，五常人民公社革命委员会建立。

主　任　王学海（1968年4月至1970年4月）

　　　　黄玉高（1970年4月至1972年3月）

　　　　沈阿年（1972年3月至1976年10月）

副主任　朱金焕（1968年4月至1971年4月）

　　　　沈阿年（1969年12月至1972年3月）

　　　　王学海（1970年4月至1971年4月）

　　　　山锡森（1971年4月至1976年10月）

　　　　金志顺（1972年4月至1976年10月）

1980年11月，五常人民公社革命委员会（以下简称革委会）召开第七届人民（社员）代表大会，选举产生人民公社管理委员会（以下简称管委会）。

（一）五常乡历次代表大会

1984年1月，根据中央关于农村人民公社实行政社分设的指示，实行政社分设，五常人民公社管委会改建为乡人民政府。

1984年7月、1987年4月，五常乡先后召开第八、第九届人民代表大会，选举产生正、副乡镇长。1989年12月后，全县各乡镇在第九届和第十届人民代表大会时始，相继建立乡镇人民代表大会主席团，设常务主席，主持人大日常工作。在此期间，全县各乡镇分别召开2届人民代表大会，会议选举产生乡镇人大主席团常务主席和乡镇人民政府乡镇长、副乡镇长。

1990年3月8日，召开五常乡第九届人民代表大会，选举产生乡人民代表大会主席团常务主席、乡人民政府乡长、副乡长。1993年3月10日至11日，召开五常乡第十届人民代表大会，进行换届选举。1993年3月，召开五常乡第十届人民代表大会第一次会议。会议进行换届选举。1995 年 10 月，五常乡第十届人大依法同意辞去乡人大主席 1 人、副乡长 1 人。1996 年 3 月 4 日至 5 日，召开五常乡第十一届人民代表大会第一次会议。会议选举产生乡人民代表大会主席 1 人、副主席 1 人，乡人民政府乡长 1 人、副乡长 3 人。1997 年 2 月 22 日，五常乡第十一届人大二次会议同意辞去和补选乡长各 1 人。1998 年 4 月 24 日，五常乡第十一届人大四次会议同意辞去和补选乡长各 1 人。同年 8 月 25 日，五常乡第十一届人大五次会议同意辞去乡人大副主席 1 人、副乡长 2 人。1999 年 1 月 13 日至 14 日，召开五常乡第十二届人民代表大会第一次会议。会议选举产生乡人民代表大会主席 1 人、副主席 2 人，乡人民政府乡长 1 人、副乡长 3 人。

2001 年 8 月，余杭区乡镇行政区划调整后，五常乡建制并入闲林镇。

（二）班子成员

五常乡人民政府

1980 年 12 月 14 日前为公社革委会。

主　任　沈阿年（1976 年 10 月至 1979 年 2 月）
　　　　山锡森（1979 年 4 月至 12 月）
　　　　金文校（1979 年 12 月至 1980 年 12 月）
副主任　山锡森（1976 年 10 月至 1979 年 4 月）
　　　　金志顺（1976 年 10 月至 1977 年 8 月）
　　　　金德根（1977 年 7 月至 1980 年 8 月）
　　　　金文校（1977 年 7 月至 1979 年 12 月）

1980 年 12 月 14 日，恢复公社管委会。

主　任　金文校（1980 年 12 月至 1983 年 2 月）
副主任　朱金荣（1980 年 12 月至 1984 年 1 月）
　　　　王雪珍（女，1980 年 12 月至 1984 年 1 月）
　　　　寿荣富（1980 年 12 月至 1984 年 1 月）

1984 年 1 月 18 日，改建为乡人民政府。

乡　长　杨炳荣（1984 年 1 月至 1985 年 10 月）
　　　　周金柏（1985 年 10 月至 1987 年 1 月）
　　　　姚建华（1987 年 3 月至 1989 年 8 月）
　　　　王桂根（1989 年 8 月至 1997 年 2 月）
　　　　孙志文（1997 年 2 月至 1998 年 4 月）
　　　　熊小民（1998 年 4 月至 2001 年 8 月）
副乡长　王桂根（1984 年 1 月至 1988 年 6 月）
　　　　杨全英（女，1984 年 1 月至 1995 年 10 月）
　　　　周全法（1986 年 2 月至 1992 年 12 月）
　　　　朱金荣（1990 年 3 月至 1993 年 3 月）
　　　　姚高永（1993 年 3 月至 1999 年 1 月）
　　　　钱雪海（1993 年 3 月至 1998 年 8 月）
　　　　何建娣（女，1996 年 3 月至 1998 年 8 月）

滕建女（女，1999 年 1 月至 2001 年 8 月）
李广华（1999 年 1 月至 2001 年 8 月）

五常乡人民代表大会主席团

常务主席　杨炳荣（1990 年 3 月至 1993 年 3 月）
金德根（1993 年 3 月至 1995 年 10 月）
杨炳荣（1996 年 3 月至 1999 年 1 月）
孙志文（1999 年 1 月至 2001 年 8 月）

副 主 席　洪志生（1996 年 3 月至 1998 年 8 月）
杨炳荣（1996 年 3 月至 1999 年 1 月）
钱雪海（1999 年 1 月至 2001 年 8 月）

2007 年 7 月，区委决定建立杭州市余杭区五常管理委员会。是年 12 月，撤销杭州市余杭区五常管理委员会，设立余杭区人大常委会五常街道工作委员会。五常管理委员会主任曾宏，副主任姚高永、胡立有、陶豫、姜锦秀。

第二节　街道组织

2007 年 12 月 29 日，区委决定设立余杭区五常街道办事处，为区政府派驻五常街道的工作机构。并对街道人大工作委员会、街道办事处职能配置、内设机构和人员编制作出规定。

一、街道人大工委主要职责

街道人大工作委员会是区人大常委会派出机构，对区人大常委会负责并报告工作，同时接受街道党工委的领导。

1. 宣传贯彻宪法、法律、法规和上级人民代表大会及其常委会的决议、决定，宣传人民代表大会制度，推进基层民主法制建设。

2. 根据区人大常委会的工作计划和部署，结合街道工作实际，制订街道人大工作委员会工作计划，组织辖区内区人大代表开展学习、视察、检查、评议和走访选民活动，发挥人大代表作用。

3. 联系辖区内的区人大代表和上级人大代表，接待代表和人民群众的来信来访，反映代表和人民群众的意见、要求，督促街道办事处及有关单位认真办理代表提出的建议、批评和意见。

4. 听取街道办事处政务工作、预算安排和执行情况等重要工作报告，听取街道办事处和上一级国家机关派驻街道工作机构的专项工作报告，提出意见和建议；必要时，可向区人大常委会作专题报告。

5. 对辖区内经济建设、社会治安、社会保障及与人民群众关心的问题进行调查研究，向区人大常委会和有关部门反映情况，提出建议和意见。

6. 指导社区居民委员会或村民委员会依照《中华人民共和国城市居民委员会组织法》《中华人民共和国村民委员会组织法》及相关法律法规开展自治活动。

7. 在区人大常委会和选举委员会的领导下，承办本辖区内区人民代表大会代表选举的有关工作。

8. 办理区人大常委会及其主任会议交办的其他工作。

二、街道办事处主要职责

1. 认真贯彻落实党和国家的路线方针政策、法律法规，坚持以人为本，以民为先的方针，解放思想，求真务实，严格执行上级党委、政府及街道党工委的决定、决议。

2. 坚持科学发展，负责制订街道现代经济发展的总体规划和实施计划，积极推进经济发展方式转变和经济结构调整，负责组织实施各项经济活动。负责管理街道财政、平衡收支预算，负责管理和监督村级财务，指导和监督社区的经济工作。

3. 负责组织辖区内基础设施和各项公益事业建设，推进城乡区域统筹协调发展，促进经济增长方式转变，加快现代产业发展，发展壮大集体经济。组织引导辖区内富余劳动力转移，充分创造就业，促进居民增收。做好“三农”工作，加快发展现代农业。

4. 加强社会主义精神文明建设，开展创建“文明单位”“示范社区”等各项活动；积极开展军警民共建、辖区单位联片共建活动；开展群众性文化、体育、科技普及活动，实施卫生保健、爱国卫生、精神卫生、人口计生、绿化和市容环境卫生等工作。

5. 加强和创新社会管理，积极开展社区建设工作，强化社区管理服务功能；指导社区居民委员会工作，促进社区基层组织建设，提高居民委员会自治能力，向上级政府反映群众意见和要求，处理群众来信来访，维护群众合法权益。

6. 抓好街道社会治安综合治理，强化信访和矛盾纠纷调解、法制宣传、治安保卫工作，化解社会矛盾；协助做好对违法青少年的帮教转化及社区矫正工作；保护老人、妇女、儿童的合法权益；加强流动人口管理，创新管理模式，优化服务措施，切实解决流动人口的劳动保障、就业、就医、就学等问题，维护社会和谐稳定。

7. 加强城建城管工作，主动参与城市规划、建设、管理和服务工作，积极推进城市更新、征地拆迁和安置房建设工作，加强对居民住宅小区的管理，切实加强农民安置房建设和管理，改善群众生活环境。

8. 负责或协助抓好社会救济、社区服务、拥军优属、殡葬改革等民政事务及科学技术、人事、财政统计审计、义务教育工作，组织实施街道的成人教育。

9. 配合有关职能部门做好市政建设管理、工商、物价、税收、征兵、环境保护、安全生产、食品安全、防空、防火、防台、防汛、防震、抢险救灾等工作。

10. 协助有关职能部门做好劳动就业、就业培训、社会保障、劳动关系协调、离退休人员管理、社区教育、老龄和残联等工作。

11. 认真听取人大工委的建议和意见，及时办理人大代表议案。

12. 承办区政府交办的其他事项。

三、内设机构

2007 年 12 月，撤销余杭区五常管理委员会，设立余杭区五常街道。街道内设机构有党政办公室（挂党务群团科牌子）、人大办公室、经济发展和安全生产科、劳动保障和民政科、教育卫生科（人口计生科与其合署办公）、城建城管和环境保护科、综合治理科（增挂信访科牌子）、财政统计审计科、农业科，文体服务中心、计划生育服务中心、城管服务中心、农居多（高）层公寓建设管理中心。核定行政编制25名，事业编制28名。后又作调整。

党政综合办公室　主要承担党工委、办事处日常机关党务，行政事务管理等工作职能。具体负责街道机关日常事务，负责文书收发、机要、保密、督查、考评、信息、档案、资产管理、政务公开等工作；负责组织人大议案、建议、批评、意见及政协提案的办理和答复；负责人大工委交办的具体工作；负责机关后勤保障、安全工作，搞好重大活动的组织安排。

综合信息指挥室（公共管理办公室）　主要承担统筹协调指挥“基层治理四平台”及区域内各条块的管理服务力量，实施辖区内人口管理、社会管理等综合管理职能；承担基层治理综合信息平台运行的管理保障、平台接收事项的交办跟踪和督办、行政执法统筹协调指挥日常事务以及各类应急管理等工作职能。具体负责统筹协调街道党工委、办事处指挥“基层治理四平台”及区域内各条块社会治理和服务管理力量，承担信息收集汇总、综合分析研判、事件流转交办、绩效评估考核等工作职能，形成网格事项及事件的受理、分析、流转、处置、督办、反馈、考核的闭环管理机制；加强外来人口管理，协助有关部门开展行政执法工作；统筹协调推进综合行政执法工作。

党建工作办公室（群团工作办公室）　主要承担党的政治建设、组织建设、宣传、统战、党风廉政建设和反腐败、党建带群团建设等工作职能。负责党的建设，党员干部教育、培训、考核和监督工作；负责组织、人才、人事、机构编制、老干部等工作，牵头负责权责清单和公共服务事项梳理；负责村（居）民委员会组织建设；负责党的宣传思想工作和精神文明建设；协助党工委，抓好工会、妇联、共青团等群团工作和统战、民族宗教、关心下一代等工作。

区域发展办公室　主要承担统筹推进区域经济发展、农业农村发展等工作职能。具体负责贯彻执行有关经济发展、食品安全、商贸旅游、金融保险、招商引资等方面的法律法规和方针政策；指导企业的生产经营、节能降耗等工作，为企业技术改造与发展等提供服务；负责质量技术监督和生产、流通领域的食品安全工作；负责企业人才引进、职工教育；承担辖区内农业、新农村建设、农业技术、农业资源管理、农业生态环境和农田水利建设等方面的工作；协助气象灾害防御等工作。

财统审计办公室　主要承担公共财政预算编制和执行、税收征管、经济统计和财政审计等工作职能。贯彻执行财政、财务法律法规和方针政策；负责抓好财源建设，协助有关部门组织税收收入；编制本街道财政年度预（决）算草案，管理预算内外资金；落实各项惠农强农政策、发放各种财政补助资金；建立健全辖区内项目管理监督机制，对各级财政资金的使用实行全面监管；管理本街道机关、事业单位的国有资产和财务活动，强化债务管理，防范和控制债务风险；负责街道所属学校、社区的会计核算管理；负责各类票据管理工作；承担统计、内审和各类大型普查工作。负责农经统计和农村集体资产、资金、资源管理，以及村级财务审计、监督、管理等工作；承担村级财务代理核算、审核工作。

公共服务办公室　主要承担社会事务和公共服务等工作职能。具体负责贯彻执行有关教育、文化、体育、医疗保障、广播电视、卫生计生、人力资源和社会保障等方面的法律法规和方针政策；负责学前教育、未成年人教育工作，协助做好义务教育；负责文化、体育和广播电视事业的建设、发展与管理；负责城乡居民最低生活保障、救灾救济和救助、慈善、社会捐赠、殡葬、社团和民间组织管理等民政事务工作；负责村（社）建设等相关工作；负责残疾人管理与服务工作；负责教育、文化体育卫生等场所的安全工作；负责卫生管理，做好公共卫生、妇幼保健、爱国卫生、老龄等工作；负责计划生育和计划生育技术服务工作，实施计划生育全程优质服务；负责就业再就业和劳资纠纷、劳动争议调解工作；负责高校毕业生就业指导服务、农村劳动力转移培训、失业人员再就业培训、劳动力资源开发利用及退休职工管理等工作；配合有关部门做好职工养老、医疗、工伤、失业、生育保险和征地农转非人员社会保障、农村养老等社会保险的基础管理和服务工作。

城建管理办公室　主要承担辖区内城镇建设、城市有机更新、城市管理、生态环境保护等工作职能。具体负责贯彻执行有关城乡规划、镇村建设、城市管理、房产管理、土地管理、道路交通管理、生态环境保护等方面的法律法规和方针政策；组织并参与村镇规划的编制和实施管理，配合有关部门做好建设工程项目申报、建设工程实施与管理、建筑市场管理和房地产管理；协助有关部门做好土地管理、征地拆迁工作，承担农居多（高）层公寓建设管理工作；统筹做好排水、燃气、园林绿化、环卫设施等公用设施的建设和管理；负责农村生活污水治理等工作；负责生态环保目标任务的分解落实和管理、日常环境保护的监管、生态街道创建和有关信访投诉的处理，协助做好辖区内环境质量指标、污染事故处理等工作；组织或配合查处、拆除各类违法建筑；负责各类渣土处置；负责生活垃圾分类工作；指导小区成立业主委员会，监督做好住宅区物业管理工作。

平安建设办公室　主要承担平安建设、综合治理、维护稳定，以及来信来访、调处纠纷等工作职能。具体负责综合治理信息和矛盾纠纷信息的收集和调处工作；负责指导村（社）做好治保调解工作，检查、督促、考核各单位社会管理综合治理目标管理责任制落实情况；负责依法行政相关工作，审核机关规范性文件和其他重要文书，承办行政复议和行政应诉；广泛开展群防群治工作，及时处理各类民间纠纷；统筹做好司法工作；开展企业内保工作、归正人员的安置、帮教和社区矫正工作，为人民群众和企事业单位提供法律咨询服务；综合负责信访接待工作，监督、检查有关部门的信访处理事项；参与各类矛盾纠纷的和解、调解和化解。

党群服务中心　承担服务党组织和党员群众工作，建设区域党建群建的开放式、集约化、共享性服务平台。指导推进街道、村（社）两级党群服务中心阵地空间和联盟体系建设；承担区域化党建的日常管理和服务工作；承担党群志愿者队伍建设和组织开展志愿服务活动；承担文化、宣传、体育、广播电视等具体事务性工作。

公共服务中心　承担公共服务事务性工作，建设政务综合服务管理的具体事务性工作平台。推进街道、村（社）服务窗口建设，承担行政审批服务窗口具体事务性工作；承接政府部门为群众和单位提供各类服务和有关公共服务工作；承担各项救助、就业、社会保障和离退休人员社会化管理服务等便民服务事项的受理和办理工作；承担小额公共资源交易管理具体事务性工作。

区域发展与治理中心（社会治安综合治理中心）　承担区域发展与基层社会治理的事务性工作，建设统筹区域发展、服务两新组织、指导物业公司和业委会建设、推进基层自治的平台。服务辖区企业，承担创业创新人才服务招引和项目落地的具体事务性工作；配合做好社区物业、准物业和业委会相关具体协调工作。

纪工委 主要承担党风廉政建设和反腐败等工作职能。

人武部 传达贯彻上级指示精神，负责抓好民兵工作“三落实”，完成民兵军事训练，征集兵员，战时动员，预备役登记统计工作任务。负责搞好民董事会预备役政治教育，做好民政部门退伍军人的安置和烈军属的优抚工作。指导管委会人武部、民政办开展调查研究，提出工作建议，为党工委、管委会决策提供依据。

工会 负责工会相关工作。

妇联 负责妇联相关工作。

团工委 负责共青团相关工作。

四、政权组织班子

五常街道办事处 2008 年 1 月 2 日，设立余杭区五常街道办事处，办事处主任、副主任由区人民政府任免。2008 年 1 月，余杭区人民政府任命五常街道办事处主任 1 名、副主任 4 名。2010 年 1 月，任免主任各 1 名、免去副主任 1 名。2011 年 9 月，免去副主任 3 名、任命副主任 4 名。

主　任　曾　宏（2008 年 1 月至 2010 年 1 月）
　　　　徐荣德（2010 年 1 月至 2013 年 4 月）
　　　　谢德庆（2013 年 4 月至 2015 年 12 月）
　　　　洪建良（2015 年 12 月至 2017 年 2 月）
　　　　陈小平（2017 年 8 月至 2019 年 12 月）
　　　　沈　清（2019 年 12 月起）
副主任　胡立有（2008 年 1 月至 2010 年 1 月）
　　　　陶　豫（2008 年 1 月至 2011 年 9 月）
　　　　吴永平（2008 年 1 月至 2011 年 9 月）
　　　　姜锦秀（女，2008 年 1 月至 2011 年 9 月）
　　　　姚志华（2011 年 9 月至 2014 年 6 月）
　　　　王洪坤（2011 年 9 月至 2014 年 2 月）
　　　　田　峰（2011 年 9 月至 2016 年 10 月）
　　　　郭连娣（女，2011 年 9 月至 2020 年 9 月）
　　　　傅　蓉（女，2013 年 1 月至 2017 年 4 月）
　　　　马峻峰（2016 年 5 月至 2017 年 9 月）
　　　　周　骐（2016 年 7 月起）
　　　　郎情樱（女，2017 年 4 月起）
　　　　董　峰（2017 年 10 月至 2019 年 12 月）
　　　　徐连华（2019 年 12 月起）
　　　　邢　斌（2018 年 12 月起）
　　　　陆佳婧（2020 年 9 月起）

五常街道人大工委

2008 年 1 月 2 日，撤销余杭区五常管理委员会，建立余杭区五常街道。设立余杭区人大常委会五常街道工作委员会，为区人大常委会派驻五常街道的工作机构，人大工委主任、副主任由区人大常委会任免。2008 年 1 月，区人大常委会任命五常街道人大工委主任 1 名。2010 年 11 月任免人大工委主任各 1 名，任命副主任 1 名。2011 年 9 月，任免副主任各 1 名。

主　任　姚高永（2008 年 1 月至 2010 年 11 月）
　　　　俞卫强（2010 年 11 月至 2013 年 8 月）
　　　　余洪兴（2013 年 8 月至 2016 年 10 月）
　　　　马　峰（2016 年 10 月起）
副主任　俞国平（2010 年 11 月至 2011 年 9 月）
　　　　孙建华（2011 年 9 月至 2015 年 9 月）
　　　　姚军红（2013 年 4 月至 2018 年 6 月）
　　　　殷国忠（2019 年 7 月起）

第三章　施政成绩述略

中华人民共和国成立，尤其是改革开放以来，五常乡（街道）在上级党委的领导下，始终坚持发挥中国共产党的领导作用，始终坚持发挥政府在社会治理中的主导作用，始终坚持“以人民为中心”的社会治理理念，以多元主体治理结构推动社会治理创新，以服务型政府建设增强社会治理功能。以市场体系完善推进社会治理创新，以健全民生保障社会政策作为社会治理创新的着力点。极大地推进五常的社会进程，从根本上改变了五常的社会面貌，从传统农业社会向现代工业社会转型，由计划经济体制向社会主义市场经济体制转轨。在劳动就业、教育公平、医疗卫生、社会保障、安全生产、社会治安、环境保护、征地拆迁等领域也取得了成绩。

第一节　经济建设

中华人民共和国成立后，中共五常地方组织和人民政府有效开展工作，五常广大工农以翻身作主人的崭新面貌，投入社会主义革命和建设中去。改革开放以来，五常乡经济建设和社会发展取得重大成就。据1985年统计：全乡粮食总产量6724.1吨，产油菜籽28.795万千克，蚕茧5.31万千克，柿子45885万千克，竹笋54.74万千克，鲜鱼起水量153.78万千克，养猪10776头，羊4179只。乡村企业有水泥厂、电子元件厂、五金仪表备件厂、建筑队等53家、职工3806人。1985年，全乡总产值2446万元，其中乡村企业总产值1875万元，人均收入706元。有中学1所，学生517人；小学10所，学生1064人。乡设卫生院、电影放映队文化站、广播站各一个，各村均有医疗卫生室。

到20世纪90年代，五常发展更是进入了“快车道”。

一、产业发展

1992年，全乡农业投入48.02万元，用于水利设施建设，石砌河道1300余米，新建排涝机埠5座，浇注三面光渠道4500米，泵站改造10余座，全乡旱涝保收面积997公顷。全年粮食复种面积1403公顷，总产量73725吨，比上年下降7.44%；淡水鱼起水量2321.6吨，比上年增长6.1%，农业总产值1788万元，比上年下降4.59%。全乡乡村两级企业71家，职工4749人，拥有固定资产3407万元，其中乡办15家，1862人，固定资产2386万元。工业投入703.76万元，主要用于散装水泥、仪表配件、印刷、喷泉设备等行业。全年工业总产值9058万元，比上年增长24.73%，其中第三产业产值300万元，创利257.17万元，比上年增长104.7%，上缴国家税金474.09万元，比上年增长39.75%。全乡工农业总产值1.08亿元，比上年增长19.4%。其中，农业总产值占全乡工农业总产值的16.49%，工业总产值占全乡工农业总产值的83.51%。1993年，工农业总产值1.74亿元，比上年增长60.9%；财政收入637万元，比上年增长45%。同年粮食总产量6305.1吨，比上年下降13.89%；淡水鱼起水量2389.5吨，比上年增长4.96%。农业总产值2134万元，比上年增长14.8%。同年用于农业的投入20.5万元，主要用于水利设施建设，共改造闸门3座，新建排涝机埠1座，余杭塘河砌石200米，浇筑“三面光”渠道1800米，修机耕路1020米，加固堤塘开挖土方6000余立方米。全乡有乡、村办企业75家，职工4795人；拥有固定资产4646.08万元（其中乡办企业3414.4万元，职工1803人）。同年工业投入1454.49万元，主要用于散装水泥、仪表配件、电器等行业。全乡工业产值首次突破亿元大关，达到1.52亿元，比上年增加6187万元，增长68.31%。创利润691.83万元，比上年增加434.66万元，增长160.02%；实现销售税金675.44万元，比上年增长60.4%。1993年，在原工业区的基础上，经过论证、规划，建立工贸新区，面积1.2平方千米，区内设立商业一条街、工业区、外商工业区、文教卫生区、私营工业区等区块。首期工业区块已开始启动，当年有数家联营企业投入资金1290万元。其中，投资160万元的振华仪表配件厂已投产；投资750万元的西子混凝土公司和投资260万元的杭州乘风电扇厂五常分厂已动工兴建，翌年6月均可投产。1994年，工农业总产值2.91亿元，比上年增长67.2%。财政收入929.23万元，增长45.88%。人均收入2218元，比上年增加487元。当年投入农业的资金25万元，完成水利工程14处，投工2.5万工，清理河渠10万米，浇灌三面光渠道3000米，新增加机埠12座，斗门5座。全乡粮食总产量6410.6吨，比上年增加104.9吨；淡水鱼起水量2522.4吨，比上年增加132.9吨。特种水产养殖迅速发展，全乡养鳖户已达15家，年产商品鳖2万只以上，其中乡水产良种场年产万只商品鳖。全乡养殖牛蛙、养鸡、种植等各类专业户300余户。全乡农业总产值达到2886.2万元，比上年增长35.2%。全乡有乡村企业71家，固定资产6878万元，比上年增加2231.92万元，已形成仪表配件、建筑材料等企业群体。占地2.16平方千米的工业开发区已起步，6家企业进入开发区，部分已投产。全年用于工业投入1942万元。当年工业产值2.62亿元，比上年增长71.78%；创利税1627.5万元，比上年增长42.7%。1995年，全乡有鱼塘4243亩，全年鲜鱼起水量2525.5吨。其中特种水产养殖发展迅速，有4家集体企业、24家个体养殖户开始工厂化养鳖，做到培育饲养一条龙。全年出售商品鳖12吨，特种水产的养殖收入达到380万元。全乡水产业收入占农业总收入的50%以上。1996年，农业投入86万元，新建排涝机埠6座，改造启闭闸1座，新砌石堤塘1200米，使农业设施更加完善。全年粮食产量6076吨，淡水鱼起水量2625.6吨。甲鱼养殖迅速发展，全乡有集体个人养鳖温室11座，面积3275平方米，放

五常乡农村经济工作暨先进表彰大会（1994年）

养稚鳖6.99万只，到年底存栏商品鳖1.6万只，全年向市场提供商品鳖16吨。农业总产值3788万元，比上年减少11万元。全乡有乡村企业73家，职工4795人。固定资产8908万元，比上年增加848万元；全年工业投入8000万元。年产25万吨高标号水泥的西子水泥总厂扩建工程，当年已投入资金7000万元，上半年土建工程结束，完成总工程量的60%。全乡工业产值4.2亿元，与上年持平；上缴国家税收1007万元，外贸出口交货值2043万元。全乡有个体私营企业67家，年产值1.98亿元。当年乡财政收入576.99万元，比上年减少2.5%；人均收入3588元，比上年增加525元。1997年，全乡有耕地8956亩，当年农业投入80万元，新建排涝机埠1座，改造起闭闸4座，堤塘砌石650米，开挖加深河道3000米，加固堤塘2公里，粮食产量6000吨，鲜鱼起水量2615吨，特种水产养殖得到发展，水产养殖的收入达到2230万元，占农业总收入的53%。全乡农业总产值4175万元，比上年增加388万元。全年完成工业产值3.08亿元，比上年下降1.12亿元，当年工业投入6164万元，上缴国家税收934.49万元，私营企业全年产值1.59亿元，创利158万元。财政总收入460.05万元，比上年减少116.94万元，人均收入3945元，比上年增加359元。1998年，工农业产值35983万元，比上年增长2.9%；乡财政总收入560.71万元，比上年增长21.9%；农民人均收入4256元，比上年增加305元；人口自然增长率-0.36‰。当年被杭州市人民政府命名为教育强乡。全乡有乡村企业78家，至12月底已有56家转为个私企业和股份制企业。全乡有个私企业82家，年末有职工2785人。转制后，乡村有固定资产7596万元，当年工业产值31563万元，利润151.30万元，上缴国家税收1175.36万元，比上年增长25.8%。完成工业投入2200万元。全乡工业以建材业为主，仪表五金加工、印刷为辅。私营企业规模扩大，春风机械、健康印务、家豪五金、余杭飞碟等企业被评为十佳私营企业。第三产业蓬勃发展，进城经商开店营业的经营户已上百家，从事第三产业的人员2000余人。全乡有耕地600公顷，主要作物有粮食、淡水鱼、柿子、竹笋、油菜籽等。全年粮食总产5878吨，比上年减产122吨；淡水鱼起水量2851.31吨，比上年增加236吨，渔业收入占农业总产值的62%；当年养鳖户有51家，年产商品鳖35吨，比上年增加9吨。全乡农业总产值4420万元，比上年增长5.9%。当年农业投入100万元，新建施家桥排涝机埠1座，五常港、运河砌石850米，浇注三面光渠道1500米，修建新建机耕路3000米，投入劳动积累工14.25万工。1999年，工农业总产值4.05亿元，比上年增长12.5%；财政收入487.51万元，比上年减少12.9%；农村经济总收入3.5亿元，比上年增长9.3%；农民人均收入4885元，比上年净增629元，增长率为14.78%。粮食总产量5558吨，比上年减少320吨；农业总产值4751万元，比上年增长7.5%，其中渔业特种水产养殖收入2936.12万元，占农业总产值的61.8%。全乡有股份合作制、个体私营企业103家，其中有4家从外地引进，总资产4500万元。共有职工3546人。拥有固定资产1.10亿元，当年技改投入资金4395万元，比上年增长99.8%。全年工业总产值3.58亿元，比上年增长13.6%；销售收入2.28亿元，比上年增长44.8%；外贸出口交货值619万元，创利189万元，比上年增长13.6%；完成税收1146.25万元，比上年下降2.4%。同时，抓住依托杭州城郊的有利条件，第三产业逐年发展，年末有个体工商户185家，3000多人。1999年，根据五常水塘多的特点，大力推广生态甲鱼的养殖。当年养殖户51家，年产商品生态甲鱼50吨，比上年增加15吨，产值达350万元，市场供不应求。为加快水产品结构调整，适应市场需求变化，组织从丽水引进瓯江彩鲤苗养殖。经过一年试养，养殖户掌握了养殖和繁育技术，培育新品种命名为龙门鲤鱼，市场前景看好。

2000年，全乡工农业总产值4.75亿元，比上年增长17.2%，财政总收入550万元，比上年增长12.9%，农村经济总收入4.99亿元，比上年增长29.8%，农民人均收入5095元，比上年增加210元。当年农业产值4453万元，比上年减少6%，年起水鲜鱼2926吨，商品鳖65吨，水产产值占农业总收入的68%，注册龙门红鲤商标，实施品牌战略，作为市级农业重点项目，占地33公顷的五常三高渔业示范园区开始启动。全乡有股份制企业18家，个私企业160家，拥有固定资产4.8亿元，当年投入技改资金3703万元，比上年减少692万元，引进企业13家，引进资金4500万元。当年工业产值4.3亿元，比上年增长20.1%，销售收入2.67亿元，比上年增长16.2%，利润551万元，比上年增长134.4%，完成税收1216万元，比上年增长6.08%，出口交货值1378万元，完成年计划的105.8%。年末有个体工商户256户，第三产业逐年发展，已形成汽车制造、锯片五金、印刷工业群体。2001年8月，余杭区乡镇行政区划调整后，五常乡建制并入闲林镇，针对五常特定的地理位置，为加快五常经济发展，区委决定成立五常经济开发区，设立五常经济开发区党工委、五常经济开发区管委会。是年，五常经济开发区工农业总产值6.52亿元，比上年增长37.2%；财政总收入771万元，比上年增长40.2%。农业总产值4905万元，比上年增长10.2%。农村经济总收入5.53亿元，比上年增长10.8%。农民人均收入5704元，比上年增长609元。耕地600公顷，粮食产量与上年持平；淡水鱼起水量2948.5吨，比上年增加22.5吨。商品鳖102吨，比上年增加37吨。工业总产值6.03亿元，比上年增长25.6%；利润1358万元，比上年增长146.5%；销售收入4.17亿元，比上年增长78.7%。完成税收1650.2万元，比上年增长35.7%；工业投入4597万元，比上年增长24%，出口交货值2877万元，比上年增长108.8%。工业区块基础设施更趋完善，道路交通更加便捷，工业园区一期工程28.67公顷土地的征用工作完成，已进驻生产企业3家，基础动工企业2家，报批企业9家，总投入1.29亿元。二期46.67公顷规划已制订并通过论证，完成杭州大华房产聚鱼滩土地征用56.67公顷，五常高新科技园区土地征用年底开始实施，开发区企业全部完成转制，调整工业产业结构，全年关停水泥厂2家，石矿4家，截至2001年年底，开发区矿山、小水泥企业全部关闭。新兴产业兴起，汽车制造、锯片五金、服饰等企业成为开发区的重点产业，农业以生态效益型农业为龙头，以西坝村为主的休闲生态农业一期垂钓休闲区完成。6月，开发区在杭州世贸中心举行第三届招商会，参加招商会的企业有20余家，其中8家开发商与开发区签订合作、合资、独资开发意向，签约资金8亿元，当年有5家企业进驻开发区，引进资金1.29亿元。2001年，为提高渔业产量，开发区管委会决定建立“三高”（高产、高效、高档水产品）渔业示范园区，对顾家桥村、西坝村部分鱼塘进行改造。首期改造于1月18日动工，改造标准鱼塘11.4公顷，总投资100.7万元，并通过区有关部门的验收。在鱼塘“三高”建设的同时，西坝村充分发挥和利用本村的地理优势，开辟西坝生态村建设。一期工程计划13.33公顷，主要为杭城居民提供休闲场所，6.67公顷鱼塘为垂钓区，6.67公顷为休闲区。在休闲区内设立以水为主的休闲活动。总投资100万元，2002年春节对游人开放。2002年，工农业总产值8.17亿元，比上年增长25.2%。其中，工业产值7.75亿元，比上年增长28.5%。农业产值4167万元，比上年下降15%。财政总收入1176万元，比上年增长 52.5%。农村经济总收入 7.43 亿元，比上年增长 34.5%。完成国家税收 2697.9 万元，比上年增长 63.5%。农民人均收入 6410 元，比上年增长 12%。是年，开发区管委会坚持围绕“创区域特色，强工业经济，建五常新区，融入大都市”的战略进程，加快工业经济发展步伐，全年工业投入 7275 万元，比上年增加 2653 万元；销售收入 6.07 亿元，比上年增长 27.3%；实现利润 2057 万元，比上年增长 51.5%；完成工业增加值 1.29 亿元，比上年增长 52.2%；出口交货值 1538 万元，比上年减少 1339 万元。开发区共有个私企业 207 家，其中产值超过 500 万元的有 14 家，销售收入超过 500 万元的企业 13 家，通过 ISO 9000 质量管理体系认证的企业 14 家，其中飞碟汽车制造有限公司销售收入突破亿元，杭州三狮水泥有限公司获得区“三废”资源综合利用先进单位荣誉称号，杭州天一化工公司自行研制的除草剂获国家专利 1 个、省级专利 4 个，获省级新产品 1 个。工业区建设步伐进一步加快，工业园区总净用地面积 37.7 公顷，2002 年引进企业 8 家，其中中外合资企业 4 家，协议引进资金 9584 万元，美金 650 万元。白庙村个私经济服务区 4.03 万平方米标准厂房建成，引进项目 7 个、资金 2500 万元。先期进入的浙江省赞成发展有限公司余杭房地产分公司的“荆山翠谷”300 余套商品房建成并销售一空。华隆房产的“江南水乡”，大华房产的“西溪风情”已进入基础工程。华夏、华苑等房产开发准备就绪。由于经济开发的力度加大，当年减少耕地 31.2 公顷。粮食产量 3194 吨，与上年持平，鲜鱼起水量 2901 吨，比上年减产 47 吨。甲鱼 127 吨，比上年增加 25 吨。2003 年，完成工农业总产值 11.42 亿元，增长 39.8%，其中，工业产值 10.94 亿元，增长 41%；农业产值 4767 万元，增长 13.5%。财政总收入 3516 万元，增长 199%；完成各项税收 5183 万元，增长 92%。农村经济总收入 10.79 亿元，增长 45.2%；农民人均收入 7392 元，增长 15%。实现工业现价产值 10.94 亿元，增长 41%，增幅列全区第三；销售收入 9.35 亿元，增长 54%，产销率高达 99.56%；利润 3012 万元，增长 46%；工业投入 1.23 亿元，增长 70%；外贸出口 2322 万元，增长 51%；工业增加值 2.089 亿元，增长 62%。引进外资 190 万美元。年销售 500 万元以上企业已达 19 家。杭州三狮水泥、飞碟客车、西子混凝土等 3 家区百强企业继续发挥主力军作用，友谊村的白庙个私服务区已成为第二个新的经济亮点。2003 年，园区内共引进基建项目 35 个，总投资 11 亿元，其中外资项目 4 个，已建成投产项目 9 个，在建项目 7 个，供地项目 13 个，用地报批项目 6 个。全年农业投入 200 余万元，主要用于水利建设，完成堤塘加高加固 3600 米，其中余杭塘河加高加固 2500 米，天竺港 1100 米；完成河道砌石 2500 米，其中区级河道 1000 米，管委会属河道 1500 米；改建斗门 1 座。荆丰村加大对西坝农业生态园的投资，建成小型会议场所和部分娱乐配套设施，并与浙江大学、浙江新世纪教育科技发展中心达成开发合作意向。友谊村筹建“杭州友谊农业观光园”（投资 500 万元，占地 33.33 公顷），该项目已作为“农业园区”获区农业局批准，当年减少耕地 1 公顷。全年粮食产量 3021 吨，减少 173 吨，鲜鱼起水量 3035 吨，增加 134 吨，商品甲鱼上市 185 吨，增加 58 吨。2003 年，华立仪表仪器制造基地落户五常。该基地位于五常工业园区西南侧，主要分布于横板桥、西坝、白庙、源谊和油车圩等村（村规模调整前），占地 40.73 公顷，总投资 7.7 亿元，2004 年投入生产。是年，管委会被余杭区委、区政府评为现价产值、投入两项争取目标先进单位和现价产值追加目标先进单位。

2004 年 1 月 19 日，为规范开发区建设，合理利用土地资源，余杭区委、区政府根据中央有关精神，撤销了五常经济开发区管理委员会和中共余杭五常工作委员会，建立了中共余杭五常管理委员会工作委员会和五常管理委员会，其管理范围、职级职责和工资待遇等保持不变。管委会紧紧围绕年初制定的“实现两大转变、完善三大规划、做好八篇文章，完成十件实事”的发展思路和工业经济“两年翻番”的目标，克服缺电、缺地、缺资金等不利因素，创新工作，取得了可喜的成绩。全年辖区实现农村经济总收入15.6亿元，增长44%；实现工农业总产值16.5亿元，增长44%，其中，农业产值6767万元，增长42%，工业总产值15.82亿元、增长45%；财政总收入6920万元，增长96.85%；完成税收9156万元，增长76.7%；农民人均收入9753元，增长32%。是年，管委会对辖区企业加以有效引导、积极扶持，着力培育规模、龙头企业，使工业经济保持稳步增长，实现两年翻番的目标。全年实现工业（现价）产值15.82亿元，增长44.6%；销售收入13.97亿元，增长49.4%；实现利润6124万元，增长103%；完成外贸出口交货值1.35亿元，增长482%；工业投入2.32亿元，增长88%；工业增加值3.35亿元，增长60.3%。规模企业从上年的14家增加到27家，其中4家被列入区百强。规模企业经济比重占整个工业经济的61.4%。是年，五常管委会获评“余杭区2004年度提前实现‘翻番’目标先进单位”称号。2005年，实现工农业总产值25.43亿元，增长54.2%。其中，农业总产值6623万元；工业总产值24.77亿元，增长56.57%；三产增加值1.33亿元，增长64.19%；财政总收入1.21亿元，增长75%；实现税收1.58亿元，增长72.45%；农民人均收入11024元，增长13%。工业经济通过抓大扶优、盘活存量、拓展空间等举措，全年实现销售收入20亿元，增长43%；实现利润1.1亿元，增长79.6%；实现出口交货值2.2亿元，增长63%；完成工业投入5.02亿元，增长116%；实现工业增加值3.9亿元，增长17%。规模企业由上年的35家增加到43家，华立科技园有限公司、杭州三狮水泥有限公司、杭州建益实业有限公司和西子混凝土有限公司等4家企业年销售收入超亿元。

2006年，实现工农业总产值30.58亿元，增长20.25%。其中，工业总产值30.05亿元，增长21%；三产增加值2.3亿元，增长77%；财政总收入1.33亿元，增长10%；税收2.20亿元，增长45.7%；农民人均收入13874元，增长25.8%。全年实现销售收入28.59亿元，增长44%；完成工业投入3.4亿元，利润4626万元；实现出口交货值2.73亿元，增长24.1%；实现工业增加值5.1亿元。新增加规模企业9家，累计52家，规模企业销售收入21亿元，增长68%。

2007年12月，余杭区政府决定设立五常街道办事处。全年实现工农业总产值31.7亿元，其中工业总产值31.19亿元，农业总产值5095万元；第三产业增加值突破3.5亿元，增长52.17%；一般预算财政总收入2.17亿元；全社会消费品零售总额0.73亿元，增长20.5%；农民人均收入16155元，增长16.4%；村级集体可支配资金2396万元，增长47.08%；农村经济总收入31.77亿元，增长27.08%。规模工业企业产值24.72亿元，增长64.69%，占全部工业产值的79.26%；规模工业增加值4.82亿元，增长65.07%；实现自营出口3146万美元，增长115.63%。新增规模企业3家，累计57家。2008年，实现工农业总产值57.98亿元，增长82.9%，其中工业总产值57.51亿元、农业总产值0.47亿元；第三产业增加值3.89亿元，增长11%；财政总收入3.25亿元，增长17.4%；社会消费品零售总额1.2亿元，增长33.3%；农民人均收入18892元，增长16.94%；村级集体可支配资金

2818 万元，增长 17.56%；农村经济总收入 64 亿元，增长 101.45%。新增规模企业 20 家，累计 77 家。规模以上工业企业产值 49.43 亿元，增长 7.8%，占全部工业产值的 85.95%；实现自营出口 17472 万美元，增长 8.7%。2009 年，实现工农业总产值 94.98 亿元，其中工业总产值 94.33 亿元，农业总产值 0.65 亿元；第三产业增加值 10.45 亿元，增长 168.6%；财政总收入 2.94 亿元，下降 9.7%；社会消费品零售总额 1.43 亿元，增长 19.1%；农民人均收入 19980 元，增长 7.0%；村级集体经济可支配资金 3455 万元，增长 22.6%；农村经济总收入 85.47 亿元，增长 33.5%。规模企业 73 家，规模以上企业工业产值 85.66 亿元，增长 12.3%，占全部工业产值的 90.8%。自营出口 10178 万美元，下降 36.6%。协议利用外资 1071 万美元，实际利用外资 500 万美元。

2010 年，实现生产总值（GDP）33.86 亿元，增长 3.4%；工农业总产值 101.26 亿元，其中工业总产值 100.67 亿元，增长 6.3%；农业总产值 0.59 亿元，下降 9.0%；第三产业增加值 15.15 亿元，增长 45%；财政总收入 8.25 亿元，增长 115%；社会消费品零售额 1.69 亿元，增长 19.52%；全年人均收入 21794 元，增长 10%；村级集体经济可支配资金 4599 万元，增长 33.15%，经营性收入 2566 万元，增长 45.05%；农村经济总收入 95.9 亿元，增长 12.2%。规模企业 78 家，新增 15 家，规模以上企业总产值 88.71 亿元，增长 9.2%，占全部工业产值 88.1%；实现自营出口 13774 万美元，增长 35.3%。是年，五常街道被确立为余杭区服务外包先导区，研究制定相关配套政策，引进杭州九诺科技有限公司、浙江千里马人力资源开发有限公司、杭州卓锐信息技术有限公司等服务外包企业 7 家。设立创意产业园，多渠道对外招商，引入西泠印社数字传媒有限公司（网上艺术品交易鉴赏平台）、杭州锦秀工坊工艺品有限公司等文化创意企业 6 家。加快南部工业区块“退二进三”，其中杭州华丰通信器材有限公司、杭州天源钢构制造有限公司等 9 家企业分别与余杭组团签订原工业用地回收协议。华立西溪汇、杭州华剑五金工具有限公司等企业按照现有政策实现产业的转移，新的以现代服务业为主的产业正加速集聚。2011 年，实现地区生产总值超 40 亿元，增长 18.13%；工农业总产值超 110 亿元，其中工业总产值 110.02 亿元，增长 9.29%；第三产业增加值 25.06 亿元，增长 65.41%；财政总收入 11.8 亿元，增长 43%；全年人均收入 24200 元，增长 11%；村级集体经济可支配资金 4534 万元，下降 1.4%，经营性收入 3146 万元，增长 22.6%；农村经济总收入 103.33 亿元，增长 7.7%。规模企业 29 家，新增 5 家，规模以上企业总产值 81.83 亿元，增长 23.4%，占全部工业产值 74.4%；实现自营出口 26220 万美元，增长 88.5%。2012 年，财政总收入 5.03 亿元，增长 19%；地方财政收入 3.23 亿元，增长 15.72%。规模以上工业产值 82.89 亿元，增长 10.5%；限上产业项目投入实现 34.39 亿元，增长 87.5%。全年人均收入 27436 元，增长 13%。合同外资 2515 万美元，到账外资 1815 万美元，完成年度任务 121%。2013 年，财政总收入 6.58 亿元，完成年度任务的 114.32%，增长（同比，下同）27.65%；经常性财政收入实现 3.16 亿元，完成年度任务的 116.47%，增长 31.02%。规模以上工业总产值实现 84.3 亿元，完成年度任务的 93.7%，增长 1.7%；固定资产投入实现 47.49 亿元，完成年度任务的 116.8%，增长 38.1%。引进科技型中小微企业 81 家，创建科技创业园 1 个。完成合同外资 29095.5 万美元，到账外资 17465 万美元，超额完成计划任务。2014 年，街道财政总收入 8.52 亿元，完成年度任务的 124%；经常性财政收入 3.86 亿元，完成年度任务的 122%。规模以上工业增加值7.01亿元，万元增加值能耗同比下降11.91%；固定资产投资61.41亿元；到账外资24277万美元。全年开工建设旧厂区提升改造项目9个，实现改造面积10.3025万平方米，完成（进度）年度任务的114.5%，排名全区第四。浙江达峰科技有限公司、华立仪表集团股份有限公司等11家企业开展“机器换人”项目，完成投资3834万元。完成杭州三禾粉体涂料有限公司等两家落后产能企业的搬迁，引进二手车交易服务提供商——北京搜车网科技有限公司。按照“523”计划目标任务，成功招引110家科技型中小微企业。新增可供招商楼宇空间6万平方米，完成任务量的100%和200%；完成西溪软件园·西溪汇和金牛座两个区级科创园认定；西溪软件园·金牛座完成除3000平方米孵化器外的全部招商，43家科技型企业入驻。

2020年数字经济与健康医疗前沿技术专题论坛

2015年，街道财政总收入12.85亿元，完成年度任务的135.12%；经常性财政收入实现6.06亿元，完成年度任务的126.78%；规模以上工业增加值7.25亿元；固定资产投资实现67.99亿元。到账外资23015万美元，市外内资4.85亿元。是年，完成诚坤房地产开发有限公司、富力地产地块的属地注册，浙江中博光电科技有限公司、杭州晟元芯片技术有限公司等企业的注册变更，实现税源回归1.422亿元。实施“两化”深度融合示范区建设重点项目6个，信息经济行动计划重点项目5个；完成规模企业专利零突破2家；排摸出三年内计划上市企业13家，其中浙江森井防爆电气股份有限公司于10月挂牌上市。完成顾家桥、横板桥、荆山社区与未来科技城、邦帮实业投资（杭州）有限公司的4个村级留用地合作开发项目，面积5.67公顷。西溪金牛座园区实缴税收4803万元；华立西溪汇科创园（水瓶座）获评杭州市级科技企业孵化器；文创园新入驻企业15家，其中文博会分会场“From余杭”融设计图书馆于2015年开业，杭州振摄文化创意有限公司原创动画《小猪歪歪》在浙江少儿频道和北美ICN国际卫视相继播出。9月28日，全国首个第五代孵化器O2O众创空间——润湾创客中心启动大会在五常街道华立创客社区举行。该创客中心是国内首个产业互联网双生态孵化器，依托华立集团股份有限公司的技术、设计、制造和产业链配套优势，整合工业创新全要素，实现“互联网+开放创新+研发协同+智能制造”的跨界融合，为创业者提供低成本、便利化、全要素、全流程的服务生态圈，以及助力创客平稳“落地”的产业生态圈。挂牌仪式后，该创客中心同杭州锣卜科技有限公司、杭州厚达自动化系统有限公司、杭州云骐科技有限公司、智能家居、华方护理机器人等首批入孵项目代表进行签约仪式。在10月31日至11月1日举行的首届全球创客大会——2015星耀南湖精英峰会·光荣浙商2015年会上，五常街道浙江润湾投资咨询有限公司入选“十大创客平台”。该平台由华立集团股份有限公司和上海灵众投资咨询有限公司联手打造，探索创新传统企业资源和创业团队的对接模式、解放人积极性的管理2.0模式、全员智慧资本化的智慧众筹模式、全球视野的开放式创新平台模式和全程深度孵化的创业教练模式，目标打造大健康、社区商业、创业孵化三大产业生态圈。2016年，街道经常性财政收入5.95亿元，增长（同比，下同）24.8%。规模工业增加值7.59亿元；固定资产投资107.60亿元；第三产业增加值434.10亿元。到账外资11496万美元。实施信息经济重点项目4个，其中工厂物联网项目2个、智能制造项目2个。完成新三板挂牌上市企业1家，创新板挂牌企业2家，新迁入上市企业1家；华立创客社区被科技部认定为国家级众创空间；浙江图讯科技有限公司、浙江厚达智能科技有限公司、浙江达峰科技有限公司3家企业入选2016年、2017年省级重点企业研究院。2017年，完成地区生产总值601.66亿元，增长（同比，下同）25.5%，其中，第三产业增加值578.53亿元，增长25.2%。经常性财政收入8.10亿元，增长41.9%。规模工业产值59.83亿元，增长34.8%；规模工业增加值12.54亿元，增长38.0%。固定资产投资126.32亿元，增长17.4%。社会消费品零售总额40.83亿元，增长21.8%。到账外资20757万美元；自营出口3.92亿美元，增长18.6%。9月1日，在以“汇智·重构·跨越”为主题的第34届全国医药工业信息年会上，华立医药集团（含昆明制药集团股份有限公司和武汉健民药业集团股份有限公司）入选2016年度中国医药工业百强企业榜单，位居第53位。2018年，街道共实施产业项目21个，至10月已实际完成投资19.31亿元，已完成年度计划的154.85%。省、市、区级重点项目9个，至10月实际完成投资11.07亿元，已完成年度任务的147.6%。超艺精密项目至10月已完成投资3714万元，完成年度任务的206.33%，2018年12月通过验收，2019年1月投入使用；继续推进鸿雁工贸等厂区改造提升工作，看家科技等竣工验收及招商工作。利用闲置工厂、村级集体土地，完善楼宇业态，优化空间布局，打造楼宇经济，发展特色产业集群。认定为区重点商务楼宇39幢，商务办公面积40.10万平方米，认定重点商务楼宇22幢，重点工业楼宇1幢。新申报科技型中小微企业73家；新申报国家重点支持领域高新技术企业71家，复评27家；申报省科技型中小企业32家；专利申请和授权分别完成164.91%和128.71%。区域场外市场挂牌企业58家。截至2018年9月，大搜车先后获得超过12亿美元融资；图讯科技成功评为省“隐形冠军”企业；达峰科技成功评为省工业互联网平台企业。2018年，辖区内新引进企业1800余家，其中，电子商务类企业450余家，文创类企业140余家，高新技术类企业160余家。2018年，完成经常性财政收入8.76亿元；农业增加值0.07亿元，同比下降0.3%；规模工业增加值15.93亿元，同比增长24.5%；第三产业增加值1065.54亿元，同比增长18.9%；社会消费品零售总额42.76亿元，同比增长20.5%；自营出口28.96亿元，同比增长6.7%。2019年，实现经常性财政收入8.53亿元。农业增加值0.05亿元，同比下降30.9%；规模工业增加值13.26亿元，同比下降7.8%；第三产业增加值1319.71亿元，同比增长13.4%。社会消费品零售总额同比增长21.0%。自营出口35.79亿元，同比增长23.7%。

在建产业项目15个，完成投资20.86亿元，其中上海泰腾、宝嘉乐项目竣工。开展亩产效益综合评价，淘汰落后产能，开展“低散乱”企业（作坊）淘汰整治，取缔企业5家，整改提升7家，淘汰落后产能企业（生产线）3家，查处“企改租”21家，注销“僵尸企业”93家，推进威仑（杭州）实业有限公司厂区改造项目，全年完成旧厂房改造1.5万余

打造五常创意空间（2020）

平方米，新增可利用产业空间10万平方米。全年新增国家高新技术企业112家，省科技型中小企业申报104家，省级研发中心申报26家；完成专利申请1541件，上市培育企业1家，上市公司股权分置改革1家。2020年1—11月，街道完成财政总收入33.14亿元，同比下降0.71%；完成经常性收入10.98亿元，同比上升50.16%；规模工业销售产值累计26.68亿元，同比增长-12.7%；固定投资累计119.02亿元，同比增长-2.2%；工业投资累计2.2亿元，同比增长-35.29%；1—10月规模工业增加值累计4.65亿元，同比增长-6.9%；服务业增加值累计1255.83亿元，同比增长-3.76%；高新技术产业产值累计18.25亿元，同比增长-22.66%，高新技术产业增加值总量3.42亿元，同比增长-10.6%。是年，围绕主导产业定位，与未来科技城进行产业协同，成功招引蜜芽、绿城发展、健海科技、申能环境、横店电子医疗、领挚科技等优质企业项目落户五常创智中心八方城；借助运营商和企业资源，与转程网络、分众科技等合作发挥楼宇招商优势，成功招引懿德文化等入驻五常创意空间，实现税收2530万元。阿里全球总部、衢海大厦二期、万科地铁上盖物业余政储出〔2018〕19号、余政储出〔2018〕20号地块等重大项目有序推进。积极创建市级“污水临执牌”项目横板桥工业园区，区级创建项目企业33家。完成专利申请2450件，授权1433件。其中发明专利申请997件，授权234件，实用新型专利申请1163件，授权量851件，外观设计专利申请290件，授权343件。新增市级及以上研发机构建设8家，申报产学研合作项目5项。推动创新驱动发展战略实施，五常街道联合北航VR/AR创新研究院，杭州中科杭医研究院，开展2020数字经济与健康医疗前沿技术专题论坛。

二、基础设施建设

1994年，年用于道路建设投资85万元，浇筑荆大公路5.5米宽水泥路2000米，加宽1240千米。全乡交通条件得到改善。9月，投资580万元的2000门程控电话开通，改善了通信条件。杭州市外环线绕城快速公路是省重点工程，穿越全乡6.8千米，涉及8个村，土地征用涉及农户1000余户。乡党委、政府成立专门工作小组以配合重点工程的顺利实施。从4月至11月，共征用土地966亩，并在当年交付使用。拆迁农户于年底基本安置完毕。02省道改造也是一项重点工程，从荆山岭至荆山村涉及7个建制村，共1800米，需征用土地115亩，动迁五常信用社、荆山水泥厂、通信配件厂、五常中学印刷厂、水产良种场，乡党委、政府都给予极大支持，通信配件厂在年底前搬迁完成，信用社搬迁选址也在年底前完成。1996年，经过乡境内6.8公里的绕城公路建成通车，天目山路延伸接轨五常，全乡交通更加便捷。1998年，绕城公路工程全部完工，已形成了南北双纵（荆大公路、辅道公路）

东西三横的交通网络，全乡交通更加便捷。1998年，投入道路建设资金40万元，其中对荆长公路进行拓宽，拓宽后全长1500米，宽12米，拆迁厂、民房1681平方米。沿山河二期水利工程全长1500米，经过2000多名军民的劳动，清理河床淤泥4000立方米，沿山河整修加固堤塘1700米，使沿山河水利建设顺利完成。1999年，农业投入150万元，其中水利投资114.78万元，新建排涝机埠1座，堤塘砌石1485米，加固加高堤塘15.2千米，投工13.11万个，新建机耕路、浇筑三面光渠道2900米，百亩鱼塘连片改造一期工程完成，整治鲤花圩土地8公顷。1999年，为接轨杭州开发五常，在原1.2平方千米开发区的基础上，对开发区进行重新规划与论证，扩大面积3.8平方千米，并加快开发步伐，完成全长1.2千米、宽38米，双向四车道的区内大道。荆长公路拓宽工程五常大街道路基础工程结束，东与杭州天目山路连接。当年用于开发区的资金300余万元。

2000年，农业投入200万元，其中水利投入142万元，维修起闭闸5座，砌石1441米，清理河道7300米，加固加高堤塘11485米，达到市级标准6535米，投工14.25万工，完成土石方12.8万平方米。2000年，为迎接杭州西湖博览会的召开，杭州市政府决定对杭州市西大门进行环境整治，处在02省道的五常乡，根据杭州市政府和余杭市政府的要求，在规定的时间内完成了拆迁交地的任务，此次整治，五常乡共涉及企业6家，拆迁房屋12814平方米，商业户4家，营业面积200平方米，个体工商户60余家，摊位60多个，拆迁居民住宅5户，为杭城西大门环境整治交付土地4.01公顷。2000年，五常东圩位于五常乡东侧，由于受杭州午潮山等山区的洪水冲击，使处在五常港的五常乡、东塘镇遭到了极大威胁，1996年“6·30”洪水使该圩出现了多次塌方，2000年作为五常乡水利重点整治圩。全年投入资金50余万元，内外砌石1000余米，对四座排涝机埠进行了一次全面的保养，年底，通过市有关部门的水利建设标准验收，工程受益面积207.6公顷。2001年，农业投入90余万元，主要用于水利建设，完成内河砌石1500米，标准堤塘5256米，河道清淤5.4千米，浇注三面光渠道6千米，新建水闸1座，维修机埠2座。五常大街一期工程全长1.2千米，宽38米，东与杭州天目山路连接，西与荆长公路相通，总投资500万元。经过施工单位的努力，10月全部浇注完成。二期工程于10月4日正式动工，全长1千米，总投资770万元，东起荆长公路，西至联胜路。2002年，工业区块基础设施更趋完善，投入1300余万元，全长0.93千米的五常大道二期工程基本完工，连接02省道的联胜路开工，电信电力等基础设施更加完善，五常大道一期的绿化工程先后投入40万元，亮灯工程、水泵房工程分别投入了35万元和30万元，同时协调完成了杭州余杭闲林供水工程，使五常供水接轨杭州。全年农业投入180万元，主要用于农业基础建设，完成河道砌石1862米，完成方家河险堤抢险310米，五常港疏浚3600米，改造加固建设标准堤塘2600米，改造大型双港机埠1座，完成天竺桥、仲家桥、南海湾、油车圩等机埠的改造。修建三面光渠道6000米。2003年，省、市重点工程02省道拓宽和文一路延伸工程，涉及荆山、横板桥、白庙、邱桥、金家塘、横家桥等6个村（村规模调整前）。02省道拓宽需征用土地2.18公顷，涉及7家单位，其中整厂拆迁1家，共拆除面积1896.4平方米；文一路延伸过境2.3千米，需征用土地12.68公顷，房屋拆迁63户，1.86万平方米。经过近3个月的努力，12月底，所征土地全部交付使用。2004年，完成康庄道路2条，水利、广电、网络等基础设施进一步完善，完成五常港砌石500米、余杭塘河砌石300米，投资70万元新建机埠1个，对邱桥圩、红旗圩实施回填

2000余立方米。同时积极推进城乡一体化建设，完成五常总体规划的编制，并在此基础上确定7个村的农居点定位，做好村庄布局规划，横板桥村的村庄改建（一期）工程完工，省级示范村——文一村首期135户村庄整治已开始，拆除违章建筑2000平方米。2004年，完成文一路延伸及02省道拓宽工程的供地以及天目山路整治工程的推进，特别是天目山路整治工程，仅用1个月时间，完成82个点、4万平方米房屋的拆迁协议签订，确保了工程按时推进，多次获得上级有关部门的肯定。新纪元材料市场及西溪湿地综合保护工程也已启动。

2005年，荆长公路拓宽工程（九胜桥—荆源路口）、辅道改建工程和联胜路一期工程已竣工通车，荆长公路整治工程（荆山岭—五常大道）、联胜路延伸工程、杭徽高速公路余杭段建设工程、文一路224米工程和02省道管线上改下工程正在施工中，同时完成五常主要道路亮灯工程的95%。友谊村天目山路农居点和五常村、文一村农居点动工兴建。投资400余万元，完成区重点水利工程——沿山河一期（全长950米）河道综合整治，修建护岸砌石1900米。投入1000余万元，新建学校安居房72套，面积9800平方米，缓解了五常教师的住房矛盾。投入155余万元，建造敬老院，建筑面积1100平方米，可容标准床位150个。投入10余万元，对五常村太平桥、余田里小桥和文一村唐家小桥等3座危桥进行改、修建。调整自来水管网，接通西溪供水，缓解了五常辖区供水紧张状况。投入3500万元，完成110千伏变电所主楼建设。

2005年12月29日，天畅科技大厦奠基，北部产业功能区建设启动。该项目征地拆迁涉及土地近46公顷、200多户农居、8个小企业和1个生态园的安置。至2006年，引进科技型、总部型较大项目9个，包括华立集团总部、杭州天畅网络科技有限公司、浙江省茶叶进出口有限公司、浙江八方安迪电信设备有限公司和杭州华盛达科技有限公司等5家企业，其中杭州天畅网络科技有限公司项目用地1.67公顷，总投资3亿元，2007年建成大厦。12月13日，杭州宏丰家居城举行开工典礼。杭州宏丰家居城集购物、休闲、餐饮、居住为一体，是“余杭组团”乃至杭州城西最大的商业配套项目，由杭州宏丰家居材料城有限公司开发建设，用地17.47公顷，计划总投资11亿元，总建筑面积46万平方米，其中包括26层高的大厦、18万平方米的家居商场和300米长的商业街。2006年，征地和拆迁有实质性进展的重点项目20个，其中区级及以上重点项目15个，包括工业项目5个、三产项目3个、道路项目3个、教育项目1个、基础设施项目3个。用地186.27公顷，投资74.68亿元，涉及拆迁安置590户。杭徽高速公路工程以及杭徽高速公路五常连接线，共征地18.73公顷，搬迁53户农户、企业和商铺。文一路西延工程五常段，长3.6千米，征地13.33公顷。荆长公路（邱桥段）路面大修工程全长482米，路宽6.5米，已于10月底竣工通车。五常大道天目山路交叉口工程、五常大道慢车道工程均已完工。沿02省道接轨闲林的污水管道完成设计和招投标工作，杭州市重点天然气项目沿绕城公路经五常部分进入施工阶段，五常中心广场完成征地拆迁，五常中心小学、外来人口公寓等项目开工建设。西溪湿地三期项目启动。该项目占地面积3.34平方千米，投资16.86亿元，总建筑面积12.45万平方米。2007年，落实包括“六大联动项目”和区领导联系项目在内的区级及以上项目17个，本级重点项目22个，其他实事工程项目4个，房产等项目8个。项目征地近600公顷，涉及农户拆迁安置约2000户。其中，西溪三期、多层公寓、宏丰家居城、中心小学、沃尔玛山姆会员店、华立科技园、荆岭通信、02省道绿化、02省道环境整治、天然气管线、地勘局职工专用房、组团污水工程、高教路一期二期、文二西路延伸工程、和睦路工程、五常人民广场等工程如期推进，北部功能区块也已基本完成征地拆迁计划。2008 年 7 月，宏丰家居城综合体一期主体工程完工，并通过验收。该工程位于杭州主城西大门，紧邻02 省道和杭徽高速公路高架，占地 20 公顷，建筑面积 50 万平方米，总投资 11 亿元。项目为创新型专业卖场、特色商业街、生活超市、商务办公、配套公寓等多元复合的现代物流综合体。2009 年，街道辖区内有区级和本级项目 59 个，其中区级 19 个，包括主体项目 9 个、配合项目 5 个、纯做地项目 4 个、党政类项目 1 个；街道本级项目 40 个。天畅网络科技大厦项目 7 月完成交地，12 月动工；杭州西溪深国投商业中心项目，涉及土地 0.75 公顷，8 月上旬完成净地交地；美国新能基五星级酒店项目，完成交地和土方平整；阿里巴巴淘宝城项目，完成净地交地；宏丰家居城项目一期开张营业。同时完成杭州师范大学新校区、高教路二期、海曙路及南部区块的省海洋渔业局育种中心、西溪花城区块等项目的征地拆迁交地工作。全年完成征地 333.33 公顷。至年底，街道规划中的 7 个点，已开工面积 82.22 万平方米，累计完成投资 8.18 亿元。分别是文一社区的“西溪人家”开工 25.22 万平方米；五常社区“西溪水岸”已启动一期 3.98 万平方米、二期 8.7 万平方米；友谊社区“西溪雅苑”已开工 17.38 万平方米，“西溪佳苑”已开工 13.64 万平方米。荆山社区“西溪庭苑”已开工建设 10.99 万平方米；荆丰社区“西溪花城”开工建设 7.9 万平方米；永福社区“福鼎家园”，12 月底开工建设。街道用于建设农居多（高）层公寓的总用地面积 120.8 公顷，总建筑面积 243.5 万平方米，总投资 38.4 亿元，总安置套数 16118 套。

2010 年，按照“扩大规模，完善设施，提升品位，改变形象”的建设思路，加大基础设施投入。南北三纵（荆长路、高教路、联胜路）城市主干道建设和农居多（高）层公寓配套道路文昌路竣工通车；创新基地配套道路常二路、海曙路、良睦路以及农居多（高）层公寓配套道路访溪南路在建。是年，五常街道共有各类项目 74 个，其中区以上考核及重点以上项目有 29 个（责任项目 21 个，2010 年计划总投入 13.35 亿元；配合项目 8 个），区级考核的非建设类项目 1 个，区级考核要求前期土地开发整理地块 14 宗计 50.8 公顷，要求交地地块 11 宗计 46.87 公顷，要求土地收储 7 宗计 25.53 公顷，总计土地开发整理项目 32 个，面积为 123.2 公顷，主要集中在创新基地核心区块和西溪湿地配套区块。所有 21 个区级考核责任主体项目实际投资达到 16.7 亿元，完成全年计划任务的 128%。实施的 7 个农居多层公寓项目，总用地面积 120.8 公顷，总建筑面积 243.5 万平方米，已开工面积达 210 万平方米，竣工面积 43 万平方米，当年完成投资 10.53 亿元，完成全年计划的 125%。开工以来累计完成投资 20.258 亿元，占总投资的 41.7%。2011 年，被列入全区项目建设任务书的项目共计 42 个（列入区“六大战略”项

中电海康集团海创园区 H 号楼、G 号楼（2019）

目27个）。至12月底完成实际投入26.72亿元，完成年度投资计划24.07亿元的111%。重点做好创新基地区块（海创园）动迁和湿地三期平衡区动迁扫尾工作，未来科技城二期、杭州师范大学二期、荆长大道北段等相关征地拆迁工作基本完成。共征收集体土地约160.43公顷，拆迁房屋231户，拆迁户已签协议213户，已腾房屋204户，签约率92.2%，腾房率95.8%。完成南部区块一期道路工程，即宋家湾路一期和丰岭路一期建设；完成农居安置西溪花城与西溪景苑配套的南部区块道路二期、三期，即宋家湾路二期、丰岭路二期，西坝路、常睦路中段、郭家斗路的部分手续；完成五常老年过渡房工程、文一社区临时农贸市场工程招标工作，并开工建设；完成区政府下达的截污纳管和企事业单位内部雨污分流改造工程。完成荆长公路顾家桥段、荆长公路北段路面改造及绿化工程，完成宋家湾路连接线建设工程。2012年，南部区块配套道路一期已完成；二期部分已施工；三期部分已进场。老02省道改造工程已基本完成南半幅道路雨水管线埋设以及路基回填工作。开通785公交区间车。文一社区农贸市场完工。完成31家单位雨污分流改造工作，纳管水量已超300吨/天。2012年列入街道重点项目共52个，含责任项目42个，总投资137.05亿元。2012年计划投入34.31亿元，实际投入35.47亿元，为计划投入的103.4%；配合项目10个，总投资131.43亿元，2012年计划投入20.83亿元。湿地平衡区块共交地4宗，计21.2公顷；省民康中心78户农户已完成征地签约77户，签约率98.7%，杭州未来科技城共交地近133.33公顷，完成杭州未来科技城核心区块66户中47户的签约工作。五常街道编制的《五常都市产业园区规划方案》通过区政府批准。截至2012年12月，华立科创园一期桩基已入场，开工面积2公顷，建筑5.8万平方米，投资估算1.7亿元；达峰科技科研孵化楼（暂名）占地2公顷，计划投资8000万元。2013年，产业项目方面：31个产业项目投入32.74亿元，完成全年任务的106.9%。其中，淘宝二期、赛银科技、省福彩中心等10个新建项目已开工5个；21个续建项目中，5月，西溪印象城开业，8月，阿里巴巴淘宝城一期入驻，其余项目均在建设中。基础项目方面：2013年街道涉及基础设施在建项目10个，总投资8500万元。截至12月底，老02省道和丰岭路二期工程道路水稳正在施工；西坝路、常睦路、郭家斗路等道路建设和危旧房、庭院改善等8个项目的正在建设中。2014年，重点完成3项市级重点工程，完成上埠河综合整治、五常大道绕城下积水点排水设施改造和沿山河拓宽项目征迁及招投标工作。2015年，涉及全街道建设类项目47个。其中，备选项目4个，被列入“411重大项目”和省重点、市重点、区重点项目共18个。总投资100.41亿元，全年完成投资18.84亿元，为年度任务的136.4%。2015年，完成西溪北苑北区竣工备案；完成西区三期一、二标土建及室外景观，西区三期三标土建施工进入工程施工收尾阶段；福鼎家园ABC区块施工完成，通过竣工备案具备交付条件；D区块土建工程完成单体竣工，室外工程进入施工收尾阶段；E区块内部装饰装修施工完成40%；G区块地下室主体施工完成90%，部分楼幢主体开始施工。完成五常、文一、荆丰和顾家桥社区回迁安置1328户，为全年计划的102.47%。2017年，全街道建设类项目26个，总投资132.55亿元，其中区级及以上重点项目11个；全年完成有效投资14.31亿元，为年度计划的156.71%。贝达药业股份有限公司项目、北大资源集团投资有限公司等项目尾阶段，浙江三维通信移动互联有限公司无线通信与物联网科技园竣工验收，进入招商入驻阶段。杭州胜狮链条有限公司、浙江达峰科技有限公司等6家企业盘活存量工业用地3.89公顷，增加工业楼宇17.86万平方米。杭州鸿雁电器有限公司五常生产基地拆除重建。新增双子座和双鱼座2个园区，基本完成招商。2018年，街道涉及在建产业项目21个，其中，竣工北大资源集团等项目4个，同花顺二期等5个项目正处于主体施工阶段。盘活低效用地，以“三合一”“四无”企业为重点，取缔“低散乱”企业203家，整改提升26家，淘汰落后产能企业（生产线）7家，查处“企改租”2家，注销“僵尸企业”40家，推进杭州超艺精密五金制品有限公司等厂区改造项目2个，完成旧厂房改造1.8万余平方米，新增可利用产业空间5.3万平方米。浙江华立集团入选2018年浙江本土民营企业跨国经营30强。浙江华立集团旗下昆药集团参与的“中药大品种三七综合开发的关键技术创建与产业化应用”项目获国家科学技术进步二等奖。浙江图讯科技股份有限公司的“面向安全生产的事故自动监测与预警关键技术研究与应用”获“省优秀新产品一等奖”。浙江达峰科技有限公司的“面向电子制造全生命周期管理与服务优化的行业级工业互联网平台”入选省级工业互联网平台创建名单。杭州知识产权运营公共服务平台揭牌暨杭州市知识产权创新产业园启用。2019年，在建15个产业项目，全年完成投资17.6亿元，其中衢海大厦项目土方开挖及基础施工；宏丰汇项目地下室工程桩及维护桩施工；同花顺、体育用品生产项目主体结顶，进入幕墙施工；中电海康、鸿程、致用印务装修施工；中国移动内部安装；中国电信、淘宝四期、永鑫幕墙室外施工；C+广场、康誉各项验收阶段；上海泰腾、宝嘉乐已竣工。开展亩产效益综合评价，淘汰落后产能，开展“低散乱”企业（作坊）淘汰整治，以“三合一”“四无”企业为重点，取缔“低散乱”企业5家，整改提升7家，淘汰落后产能企业（生产线）3家，查处“企改租”21家，注销“僵尸企业”93家，推进威仑实业1个厂区改造项目，全年完成旧厂房改造1.5万余平方米，新增可利用产业空间10万平方米。健全长效管控机制，开展整治工作“回头看”，优化整治后空间再利用，制止反弹回潮，落实产业准入办法，对工业用地出让严格把关。同时，围绕“三轴三片、南北双擎”的产业布局，通过资金扶持、项目补助、要素配置、公共服务等精准对接，加速创新主体孵化成长，打造科创、文创、大健康、新制造业为主导的产业高地。建立政银企常态化对接机制，共有15家银行和53家企业纳入银企对话圈，全年落实5亿元金融帮扶资金。深入实施科技型企业“双倍增”计划和规上工业企业科技研发“全覆盖”活动，全年与未来科技城共同完成新增国家高新技术企业112家、省科技型中小企业已申报104家，省级研发中心申报26家；完成专利申请1541件，上市培育企业1家，股改1家；完成机器换人项目3个，工厂物联网项目1家，小升规2家。持续推进产业转型升级，申报重点商务和工业楼宇21幢，招引文创、科创类企业828家。营商环境持续优化。大力推进楼宇工作站筹建前期准备，建立健全“亲企办”工作机制，全年服务企业100余家，代办相关业务120余件。加大政策宣传，举办“全域创新66条”政策宣讲活动，加强企业对全域创新下新一轮产业扶持政策体系的知晓率，加快政策落地。对外贸企业开展政策、融资、推广等方面帮扶，助力企业应对中美贸易摩擦。优化招商机制，积极引导企业申报创新性项目，创新型项目12个，孵化项目2个。重视企业人才服务，积极做好高层次人才认定申报，全年申报E类人才27人、F类人才121人，申报人才住房补贴717人；建立领导干部联系企业机制，助推企业发展。2019年，街道根据“公正公平是前提、走访摸底是关键、动迁评估是基础、政策把握是重点、征迁清零是目标、和谐征迁是结果”的原则实施阳光征迁工作，做到“真公正、真公开”。开展留下插花地块18户拆迁户征迁工作。通过民主协商，于

10月完成对波顿塑业的拆迁工作。绕城留下互通、绿汀路（良睦路—荆长大道）项目、未来科技城基础设施项目、机场快线阿里巴巴站、五常街道留下单元拆迁项目、西溪家园相关拆迁问题等逐步破解，各个项目征迁任务有序推进。

西溪软件园·金牛座1幢（2020）

2020年，“智慧五常”系统由街道主要领导亲自挂帅，协调党建、平安、经济等各部门成立工作小组，以阿里云为技术总架构，引入筑家易、码全、经纬、润湾等技术公司，开展政企合作实体化运作，通过借助区级数字资源整合共享优势，实现数据使用上下贯通、应用组件快速迭代、硬件资源集约共享，以服务实战为出发点，遵循“急用先建、分步实施”的原则分阶段完成各项应用场景建设，重点聚焦小区、园区和校区加强系统开发应用。“智慧五常”系统项目接入静态和动态两类数据。静态数据方面一是接入统一地址库、基层治理系统、区多元化市场主体平台、同花顺企业数据等系统数据148项1500万余条。通过终端采集园区空间信息、企业入驻等信息168项数据接口、12.8万条数据信息，初步建成一人一档、一房一档、一企一档；动态数据方面，实时接入240路智慧安防小区、643路亮灯工程、99路电子周界等视频监控和53套微型消防车、执法记录仪等设备数据，从而打通互联网、政务网和视频专网。实现“智慧五常”和前端数据的实时互通。利用区城市大脑“一心一脑”资源，配置54台超级云计算服务器搭建“智慧五常”通用计算平台，构建标准地址、视频计算、人工智能、物联网、时空平台等五大支撑能力，利用大数据、云计算、人工智能等技术，对在线视频、物联感知设备数据，各应用场景汇聚的事件数据等信息进行结构化处理并叠加智能算法，推出“欠薪预警”“家暴预警”园区“人员骤增骤减”“用电告警”等预警功能。

第二节　社会发展

一、公共事业

1992年，公共事业得到加强，乡村道路建设投入资金120余万元，乡道荆长公路全长10千米，南接杭徽公路、北与三墩镇交接，经过3年的分步投入，已浇筑5.5米宽的水泥路面4.53千米，处在鱼塘河港交叉水网地带的各村，也增加了道路建设投入，年末，有15个村可以通行3吨以内汽车，友谊村投入9万元，浇注4米宽，连接杭徽公路的1030米村级道路，交通条件的改善，加快了经济的发展，全乡有500多名农民常年从事鲜鱼、柿子、竹笋、四季时鲜贩运。教育、卫生事业蓬勃发展，用于教育事业的资金100余万元，原址天竺桥村的五常中学，因交通环境差，搬迁到了地处杭徽公路北、荆长公路旁的黄河里，新的五常中学办起教学实验室。全乡 3 所小学无危房。九年制义务教育得到贯彻，村村办起幼儿班，成人教育也得到加强。卫生事业得到改善，乡卫生院经过新建，各项医疗设备增加，各科室更加齐全，为解决邱桥片 5 个村 4000 多人看病难的问题，在横家桥设立邱桥卫生分院，全乡各村有组织地参加了合作医疗，医疗初级卫生保健达标活动开展经常，有 8 个村饮用自来水。人民生活水平不断提高，人均收入 1329 元，比上年增加 217 元，新建住房 60072 平方米，拥有个人存款 1730 万元，人均存款 886 元，摩托车、小轿车已进入农家。电视机普及率 100%，高档耐用消费品购买超过任何一年。1993 年，全年用于教育的投入 80 余万元，占乡财政支出的 42%。其中，新建 9 套教师宿舍，更新教师办公桌、学生课桌椅，实现中小学无危房。各村均办起幼儿班，成人教育也得到加强。全年投入 120 万元，用于公共事业建设。其中，投资 36 万元，浇筑环山公路 1040 米的水泥路面；投资 28 万元，新建 3350 平方米的五常农贸市场；投资 6 万元，加固、维修后山桥、大寨桥、前进桥，并新建化隆桥；投资 45 万元，新建乡政府办公楼，还新建了邱桥卫生院病房。人民生活水平逐步提高，同年人均收入 1737 元，比上年增加 402 元；年末存款余额 2764 万元，人均存款 1862 元；全乡新建住房 92 户；农户新增 5 吨以上自卸车 35 辆。1994 年，用于教育投入 196 万元，占乡财政支出的 45.3%。其中，投资 150 万元，在开发区文教区块新建五常中心小学，全乡中小学校无危房。成人教育开办了企业管理培训班，共培训各类人员 975 名。各村均办起学前班，以提高幼教质量。人民生活水平逐年提高。当年新建住宅 137 户，新建面积 11573 平方米。各村均办起老年活动室，有 6 个村发放养老金。1995 年，年用于教育的投资达 210 万元。新建的五常乡中心小学于 10 月交付使用，占地 12698 平方米，教学楼 2000 平方米，设施完善，可容纳 530 名学生。邱桥小学、五常中学缺少活动场地，乡政府经多方协调、努力，为邱桥小学开辟操场 2550 平方米，为五常中学新建 200 米环形跑道，改善了教学条件。1996 年，全乡用于公共社会事业的投入加大，共投入 386 万元。新建的五常中心小学 2 月份新学期交付使用。全乡 7 个行政村已成为电话村，全乡装机容量已达 800 门。投资 30 万元的有线电视工程实施，当年发展有线电视用户 600 余户。新建的五常卫生院年底投入使用。为改善全乡人民的饮水条件，乡党委政府经过多次上下讨论，决定投资兴建自来水工程。工程从三墩经济开发区水厂供水，沿途经过三墩镇和蒋村办事处境内进入五常乡，第一期工程三墩镇境内 2.2 千米的管道埋设已于年底完成，整个工程预计投入 1200 万元，1997 年部分村的农户可以饮上自来水。全乡 16 个村，由于受杭州市绕城公路、02 省道建设等因素的影响，有 10 个村的有线广播处于瘫痪状态。乡政府把恢复有线广播列为精神文明建设的一项重要内容，乡投入 10 万元，16 个村投入 6 万元，对全乡 10 条乡至村的电线杆全部进行重新架设，新立电杆 205 根；新架铝包钢线 18 千米。到年底，11 个村的广播通响；荆山村 232 户农户全部装上音箱喇叭。1997 年 8 月，全乡拥有电话装机 1441 部，其中个人住宅电话 1360 部，达到了每百户 36.6 部，每百人有电话 9.15 部，成为全市首家电话乡。1998 年，投入 10 万元成立乡中心幼儿园。村村办起老龄协会。全乡电话装机用户已超过 2000 户，比上年增加 600 余部。总投资 720 万元，经过近 3 年施工，全乡饮水工程顺利完成。至年底，全乡 16 个建制村已全部通上自来水，农户安装率 90% 以上。1999 年，用于教育投入 126.91 万元，新建五常中学教育楼，中学软硬件设施在全市乡镇中学中名列前茅；3 所完全小学的教学设施不断更新；医疗保障统筹制度不断完善；殡葬改革进一步深化，荆山公墓建成使用；有线电视普及10个村，电话装机入户率63.8%。1999年，被杭州市政府命名为杭州市新农村乡镇称号。2000年，当年用于公共事业的资金300万元，其中教育投入128万元，新建横家桥村的前进桥，源谊村的荆源大桥，完成荆长公路扩建工程。有线电视全乡普及。文化站增添了摄影、摄像设备。农村电网改造完成6个村，五常路口新建了停车场、候车亭。首次成立五常无偿献血库，当年献血123人，献血量24600毫升。社会风气良好，当年新创市级示范安全村1个，治安安全村15个，安全单位7家。妇女开展“双学双比”活动，“徐明仙水产实验场”“周雪珍养鱼场”被杭州市和余杭市命名为妇字号示范基地。2001年，公共事业得到发展，全开发区投入资金200万元，硬化村级道路10.2千米，其中油车㙍村投入95万元浇注了3千米的水泥道路，使全村村级道路全部硬化。有线电视实现全区普及。五常大道绿化亮灯工程全面实施。绕城公路绿化6.8千米，39.16公顷，创建文化示范村1个，“五个一工程”2个。2002年，公共事业投入加大，精神文明建设进一步加强。全年用于公共事业的投入300万元，横板桥、顾家桥等村浇筑水泥道路4.5万平方米，顾家桥村安装了路灯，计家湾道路拓宽完工，大华房产400米入口道路浇筑完成，完成荆长公路入口处环境整治。投入10万元为学校整修教学楼，更新学校课桌椅250套。建立扶贫帮困基金和最低生活保障制度，全年补助贫困户23户，发放补助款7万元，拨出专项资金12万元，为4户困难户改造危房。新创建文明村1个，文明单位1个。友谊村、白庙村改建厕所115座。2003年，公共事业投入不断加大，全年用于公共事业投入2500万元。投资900万元的五常大道（长900米、宽46米）二期工程9月建成投入使用；投资600万元的联胜路（长1003米、宽24米）拓宽工程8月动工；投资1000万元的荆长公路（长2000米）拓宽工程10月启动，其中西接绕城高速、东连蒋村的计家湾路段已完成浇筑。同时新建成新开河桥，完成五常大桥和邱家桥的改建；五常等村浇筑水泥路面10.6千米，安装路灯100盏。全年补助贫困户资金15万元，新型农民合作医疗参保率92%。新组建了城管中队和环境卫生管理站，道路绿化、环境洁化及日常管理工作进一步加强。2003年，有8家房产商在五常开发，其中由浙江赞成发展有限公司余杭房地产分公司开发的“荆山翠谷”373套约9万平方米住房，于12月25日交付使用；杭州大华房产的“西溪风情”一期、华隆房产的“江南水乡”一期均已销售一空，实施二期建设，人和、华夏、南方置业等房产项目进入土建工程。2004年，加大辖区环境保护力度，历时4个月，完成辖区生猪禁养工作，清除生猪近1.32万头。2004年，全年投入教育资金100余万元；全年共设20个培训班，吸纳学员600余人次，其中对400余名失地农民进行了家政、电脑等方面的素质培训；建立扶贫助学基金，深化教育帮扶。组建、完善计划生育工作网络，探索流动人口综合管理新模式。坚持“执政为民”，关心弱势群体，做好民政扶贫救困工作。辖区内有低保户77户，全年发放救济、救助、慰问款50万元，对11位五保老人实施了集中供养，完成危房改造、置换8户。以创建区级卫生地区为载体，深入开展“双整治”工作，有5个村已达标；投资160余万元，建造垃圾中转站，添置新型洒水车1辆，增设垃圾箱（桶）20只、广告牌46块。开展新型农民合作医疗保险工作，参保率91.7%，报销800余人，报销金额70.8万元。全面完成五常卫生院的转制工作及4个社区卫生服务站建设。组织开展“庆祝元宵”和“首届五常龙舟节”等大型群众性文化体育活动，其间引进协议投资7.5亿元，“杭州西溪（五常）民间武术队”还在省第二届国际民间武术大赛和2004年西湖博览会娃哈哈狂欢节上亮相。5月，管委会按照市、区政府有关生猪禁养和限养的文件精神和要求，结合五常实际，启动辖区生猪禁养工作。至年底，辖区168户养猪户的1.32万余头生猪全部迁移或屠宰，实现全面禁养。2004年，管委会把创建区级卫生地区作为重点工作目标之一。一方面加大环境整治力度，完善相关基础设施，增设公益广告牌和垃圾桶（箱），投资160余万元建立垃圾中转站，实行垃圾无公害化处理。另一方面与沿街195家单位签订“门前三包”责任书，强化保洁意识；同时试行环卫保洁体制改革，加强长效管理。经过为期3个月的努力，在各村、各单位及各部门的支持和配合下，12月27日，顺利通过区环境卫生考核小组的验收。

2005年，投入100余万元，用于完善教育设施。成功创建顾家桥村、荆丰村等2个市级卫生村和横板桥村、友谊村等2个区级卫生村；新型农民合作医疗参保14873人，参保率100%；成立了扶贫帮困基金会，并设立专户规范管理；全年发放救助款55万余元，受助613人次。关心下一代工作委员会通过扶贫助学基金，募集资金10.81万元，帮助困难学生135人。区内五保集中供养率100%，被区民政局评为先进集体。荆丰村被评为市级文明村，顾家桥村被评为区级文明村，另有13家企业被评为区级文明企业。2005年，全年推荐介绍就业岗位110个，实现失业人员再就业100人；举办失地、失业人员职业技能培训班10期，培训1000余人次，增加就业岗位500个；城镇登记失业人员从2003年的286人降到55人。12月17日，五常敬老院一期工程竣工并通过验收。敬老院位于五常友谊村双莫漾敬老院旧址，占地0.24公顷。2006年，全年投入公共卫生事业经费313万元，比上年增长56%；新型农民合作医疗参保100%，累计报销1680人次、金额85.27万元。12月初，完成健康体检8398人，体检建档率100%。创省级卫生村1个、市级卫生村1个、区级卫生村3个。全年投入资金100余万元，用于完善各项教学设施；投入4500余万元，建设五常中心小学。2006年，完成城镇失业人员、失地农民安置就业380人，并举办五常首届外来民工生产技能培训班。开展帮扶结对等活动，对86户困难家庭实行最低生活保障，其中农村低保家庭79户、188人，城镇低保家庭7户、13人；全年发放低保金21.97万元。完善敬老院设施，实现五保集中供养率100%。2007年，全年安置失地农民就业204人、城镇失业人员88人；推荐吸收外来务工人员就业750人，录用备案1042人。举办失地农民、企业劳动保障干部和外来创业民工技能培训班6期，受训434人，其中365人获得各类培训证书。全年累计补助低保户87户、202人，低保金26.8万元，物价补助2.42万元；给1530名老人发放补助金83.15万元；临时救济、医疗救助等30多人次，累计发放救助金35万元；春节走访困难群众306户，发放慰问金21.73万元；中共党员干部开展帮扶结对42人次，与残疾困难家庭助学结对6人次。有12人实施白内障复明手术、受助轮椅2只、安装假肢1例，完成2户危房改造，五保集中供养率100%。对53名水库移民，发放直补资金3.18万元。协助西溪三期工程迁坟1500座。新建健身点4处。2007年，投入公共卫生事业经费583万元。有15822人参加新型合作医疗，参保率99.91%，累计报销1720人次，报销金额87万元。体检发现高血压、糖尿病、胆结石等患者3020人，体检建档率85%以上。中小学健康教育开课率100%。“清洁余杭”行动中，无害化处理垃圾1万吨，全年新增卫生厕所83座、公厕6座。2007年，11月6日，多（高）层公寓——西溪人家动工建设。多（高）层公寓对节约土地、提高人民生活水平、改变农民生活方式以及为西溪三期配套等方面都具有重要的现实意义。2007年，五常成立多（高）层公寓建设管理领导小组，建立多（高）层公寓建设管理中心，并制定下发实施意见，明确5月1日后征地拆迁农户全部安置进多层公寓。同时，组建具有独立法人资格的实体公司。经过政策宣传和深入、细致的思想工作，农户普遍接受多（高）层公寓的安置方式。计划建设6处安置点，已规划西溪人家、西溪水岸、西溪雅苑、西溪花城和西溪庭院等5处，占地113.87公顷，建筑面积179万平方米，建成后可安置19571人。西溪雅苑和西溪水岸，已在11月28日和12月28日开工建设。2008年，举办失地农民、企业劳动保障干部和外来创业民工技能培训班3期，受训456人。补助110户低保家庭低保金39.38万元，开展节日慰问走访活动，发放慰问金33万余元。开展困难家庭和残疾学生助学活动，发放助学金5万元；实施“助明”“助行”“助听”工程，为6名老人实施白内障复明手术，赠送残疾人轮椅5辆、安装助听器11个。完成永福村2户危房改造，建立五常街道避灾中心和永福村、友谊社区2个避灾点。五保集中供养率100%，新建5处老年活动中心。配合西溪国家湿地公园三期（西区）工程搬迁坟墓4531座、余杭创新基地搬迁坟墓303座。全年完成健康体检18789人，计划生育率99.2%。垃圾无害化处理2.45万吨，创建卫生村省级1个、市级2个、区级1个。新增卫生厕所105座、三格式厕所500座、公厕22座。是年，新建五常中心幼儿园，同时完成原中心幼儿园、邱桥幼儿园和永福村幼儿园的改造。新建五常中心小学，9月投入使用。8月，“三中心一园一广场”正式挂牌启用。该项目包括业余党校、成人文化技术学校、老年活动中心、文体中心、中心幼儿园和五常人民广场，位于五常辖区的中心位置。街道投资400余万元，同时让出办事处原办公楼，为项目提供场地。主体建筑包括3幢大楼，室内活动面积超过4000平方米，内设书画室、器乐培训室、民间艺术陈列室、电子阅览室、万册图书室、排练室、教室、计算机房、球类室、棋牌室、健身房、多功能室和大会议室等，广场面积1公顷。中心幼儿园按照区级标准建设，可容纳8个班级。6月，五常龙舟胜会作为民俗类入选第一批国家级非物质文化遗产扩展项目名录。五常龙舟胜会既有悠久的历史，又具有鲜明的特色，五常街道家家户户都参与其中。辖区内六大农居多层公寓小区中，已有4个开工建设，分别是西溪人家、西溪雅苑、西溪水岸和西溪庭院。西溪人家2007年11月6日动工建设，建筑面积23122平方米，5幢11层的小高层公寓，主体已全部结顶。西溪雅苑2007年11月28日动工建设，建筑面积近3.4万平方米，8幢5层至6层公寓正在抓紧施工。西溪水岸2007年12月28日动工建设，建筑面积3.5万平方米，5幢9层至11层小高层公寓已完成桩基工程。西溪庭院（一期A区块），建筑面积2.56万平方米，7幢6层多层公寓，2008年12月31日正式动工。2009年，全年安置城镇失业人员615名、其中困难人员390人、农村劳动力126人，同时推荐吸收外来务工人员就业156人，共录用备案897人。开设外来创业民工技能培训班2期，培训150人，获得证书150人。走访困难户、低保户、困难党员、困难学生、拆迁户、残疾人等群体367户，发放慰问物资和慰问金40余万元。城乡居民基本合作医疗参保16274人，参保率99.9%。新建1个避灾中心，2个避灾点。2009年，根据市、区生态建设的总体要求，五常街道从实际出发，制定生态建设规划和实施方案。各社区工作站也成立创建“绿色社区”领寻小组，开展绿色社区创建工作，辖区内已创建沿山河、顾家桥、横板桥3个绿色社区。新铺设污水管3条、改造2条，建有污水处理池5处，其中3处已投入使用。全面完成废弃矿山综合整治，横板桥石矿、水利石矿、凤凰山石矿、五常联办石矿实施全面覆绿。

完成河道清淤 26.7 千米，新建闸站 3 座，新开河道 700 米。新增绿化 10 余万平方米，通过创建考核组的验收。

2010 年，全年完成再就业任务 910 人，其中困难人员 843 人，录用外来务工人员 404 人。开设外来创业民工技能培训班 2 期，培训 210 人。处理劳资纠纷投诉举报案件 109 起，涉及劳动者 760 人，涉及金额 780 万元左右。劳动保障监察中队监察用人单位 212 家，涉及劳动者 6695 人，完成 301 家企事业单位的书面审查工作。走访困难户、低保户、困难党员、困难学生、拆迁户、残疾人等群体 835 户，发放慰问物资和慰问金 67.88 万元。城乡居民基本合作医疗参保 14682 人，参保率 100%。2010 年，共拆除违法建筑 135 处，拆除面积共约 37274 平方米，有效遏制违建势头。新建垃圾中转站投入使用。做好儿童计划免疫的“五苗”（乙肝疫苗、卡介苗、麻疹、百白破、糖丸）接种，接种率 98% 以上，卡症符合率 100%，新生儿乙肝疫苗接种率 95%。加强食品安全管理，积极开展食品安全整治活动。2011 年，全年完成再就业任务 583 人，走访困难户、低保户等 330 余户，发放慰问金 52.98 万元。城乡居民基本合作医疗参保 14158 人，参保率 99.9%。完成农民素质教育培训 786 人。2011 年，五常十八般武艺入选国务院公布的第三批国家级非物质文化遗产名录；街道成功创建杭州市卫生街道和杭州市食品安全示范街道，被评为杭州市文明街道和杭州市级发展文化创意产业先进街道；五常文化创意产业园被认定为区级文化创意产业园区；五常中心小学荣获浙江省基础教育质量监测与评估项目最佳集体奖及“杭州市平安示范校园”称号。西溪北苑小高层公寓回迁安置涉及文一社区 630 户农户，2958 人。从 6 月 2 日起，经过研究、出台政策；召开各层面会议解读政策、听取群众意见；回迁户看房、选房；领钥匙、入住 4 个阶段，截至 12 月 31 日，已有 601 户农户选房回迁，回迁率 95.4%。3 月，启动“杭州市卫生街道”创建工作，从组织管理、健康教育、市容环境卫生、环境保护、改水改厕、除四害、食品与公共场所卫生、传染病防治、社区单位卫生、城乡接合部卫生 10 个方面进行整治和改善。经过 9 个多月的努力，12 月 9 日，杭州市考核组一行对五常街道创建市级卫生街道进行最终审定，在对五常市容、环卫、公共卫生、食品安全等进行实地检查和民意调查后，一致同意五常街道通过创建“杭州市卫生街道”考核验收。2012 年，完善社区便民服务中心建设，新设立办事大厅 300 平方米，服务窗口增加至 8 个。全年完成再就业任务 417 人。慰问走访 588 户家庭，共发放慰问金 60.32 万元。城乡居民基本医疗保险参保 12590 人，参保率 99.9%。失地农民养老保险参保 20512 人，参保率 96.4%。西溪庭院多（高）层农居公寓回迁安置涉及宏丰家居城、盛世嘉园、西溪庭院项目共 3 批 87 户拆迁户，通过成立分房监督小组、安置网格小组，开展人口登记、信息核查，召开各层面工作会议，研究部署分房方案，下发宣传资料，上门政策解释，情况反馈，确保回迁户顺利看房、选房、领钥匙、入住，回迁率 100%。6 月 23 日，五常街道首届人民运动会暨五常龙舟胜会开幕式在五常街道中心小学举行。来自五常街道机关、社区、企事业单位的 29 支运动队 770 余名运动员参加龙舟、中国象棋、拔河、女子定点投篮、三人制篮球、羽毛球、田径、舞龙、游泳 9 个成人组大项及老年中国象棋、太极拳、老年定点投篮、乒乓球、飞镖 5 个老年组大项比赛，活动持续至 8 月 2 日结束。五常街道新社区卫生服务中心（同德医院五常分院）于 12 月 28 日投入使用。2013 年，完成再就业 484 人，连续 4 年完成 9 个社区和街道的充分就业社区和充分就业街道的创建。城乡居民基本医疗保险参保 9889 人，参保率 99.93%，连续两年获得区级先进单位称号。全年慰问走访465户家庭，共发放慰问资金54.18万元。补助低保、残保、基础养老金、优抚对象359人，共发放资金195.92万元。2013年，街道从7月正式启动征迁任务以来，实施“一口价”和“先签约、先腾房、先选房”政策，完成涉及未来科技城、海创园（二期）征迁的永福、文一区块共381户的签约工作，签约率100%，实际征地233.33公顷。同时，从12月起集中开展未来科技城20户拆迁扫尾工作，截至2013年年底已完成19户农户拆迁工作，并完成文一西路南永福社区混水斗区块和蔡婆墩区块约51.93公顷交地工作。2013年，区政府下达安置任务614户，其中荆山社区64户，友谊社区550户。街道专门成立回迁安置网格化小组，实行“包干到户”。荆山社区完成西溪庭院96户安置户的安置，选房率100%；完成365套房源的交付，交房率94.56%。友谊社区完成西溪雅苑、西溪景苑553户的选房工作，签约率99.1%；2477套房源，实际选房2463套，选房率99.43%。完成西溪庭院、西溪雅苑和西溪花城幼儿园的方案设计以及五常中学前期11项审批工作；荆山社区西溪庭院和友谊社区西溪雅苑社区卫生服务站点建成并启用。街道创建成为杭州市药品安全示范街道。7月16日，余杭区人民政府、杭州师范大学深化教育合作签约仪式暨杭州师范大学附属学校揭牌授牌仪式在五常街道举行，五常小学和五常中学正式挂牌杭州师范大学附属学校。2014年，投入5000万元，按省一类小学标准新建的五常中心小学投入使用。9月24日，规划开设54个班级，容纳2500名学生的五常中学迁建项目开工建设，计划总投资2.76亿元，建筑面积68303.78平方米。街道与杭州健康社区服务中心、浙江雨花斋素食文化推广中心等社会组织合作，免费向雨花斋提供场地，帮助开展宣传，协助募集义工，提供部分经费。9月20日，老年人免费素食餐厅雨花斋在五常街道开张。雨花斋在为老年人提供免费素食的同时，也提供上门送餐服务，还借助餐厅场地协助社区开展科普和文化活动，如提供图书报刊阅览，开展养生和心理健康讲座，组织开展社区儿童品德教育等，为社区老人和孩子提供交流学习的平台。截至年底，累计接待社区老年人5000余人次。全年完成再就业693人，城乡居民基本医疗保险参保9713人，参保率99.95%；补助低保、残保、基础养老金、优抚对象231人，共发放资金170.1万元。2015年，五常中学项目完成投资额9400万元，为全年计划的134%；西溪雅苑幼儿园于9月1日投入使用；西溪庭院幼儿园进场施工，完成总工程量的50%；西溪花城幼儿园完成招标，消防工作进场施工；西溪北苑幼儿园设计施工图；西溪水岸、福鼎家园幼儿园进行装修方案设计。完成智慧社区管理规划，完成11个社区的居家养老服务，测评满意率100%。6月12日，位于五常街道文创园区的“From余杭”设计图书馆开馆。该图书馆建筑面积800余平方米，向读者展出世界各国大师级设计师的新作品和设计大师推荐的各类书籍。加强现有6个回迁安置小区的物业管理，全年共接到16439起报修，其中维修15716起，维修率95.6%。新建全球眼监控36个，标清改高清36个。推进出租房屋管理“三个专项整治”工作，新安装智能门禁603套。做好杭州市“国家卫生城市”复评和街道“省卫生镇”创建工作，两项工作均通过省级验收。

2016年，全省首家省级康复医院浙江民政康复中心开工建设，总用地面积64004平方米，总投资5.95亿元。五常中学迁建项目完成主体工程的95%，获得杭州市建设工程“西湖杯”结构优质奖，西溪庭院小区、西溪花城幼儿园开园；健康“驿+e”项目入选全国2015—2016年流动人口社会融合典型实践案例；新居民计划生育服务管理中心被评为省级流动人口计划生育规范化服务中心。向223名低保户发放低保金135.03万元，为100余家企业提供用工需求，全年共受理化解欠薪投诉案件520起。1月18日，全省民政系统投入最大的单个民生工程项目浙江民政康复中心（浙江康复医院）异地扩建工程在五常街道开工建设。项目总用地面积64004平方米，投资5.95亿元，以三级康复医院标准进行建设，设置床位1100张。7月，街道在试点开展健康“驿+e”社区卫生服务站项目的基础上，针对高新技术创业者引入“云诊疗”概念，与华方医院合作开发“华方e护”App，并投入使用，该App主要涵盖远程医疗诊室、智慧药房、智能检测等内容，并以医护上门为特色，为高新技术创业者家庭提供一站式服务。2017年，完成总投资520万元的联胜路、荆长大道南段、五常大道东段范围内景观绿化、交通序化、市政设施提升改造；完成总投资600万元的郭家斗支路改造工程形象进度的70%；完成公厕整治、交通智能设施整治项目。完成顾家桥、友谊社区小城镇综合环境整治。完成未来科技城8号A、B地块，未来科技城20号A地块，友谊社区综合服务用房地块征迁清零工作。地铁5号线五常车辆段综合体项目地块完成征收，交付未来科技城管委会，完成地块内杭州春风机械有限公司建筑整体拆除。城中村改造和小城镇综合整治区块征收土地206.03公顷，拆除企业171家，签约农户805户，其中，已腾空801户、拆除319户。2017年，投资2.76亿元，建筑面积近7万平方米的五常中学新校区建成并投入使用；五常中心小学扩建项目开工。基本完成福鼎家园农民高层公寓安置房G区块室外市政景观绿化工程施工。完成永福社区农户回迁安置296户；10月，交房295户、574套。提前安置新征迁区块荆丰、友谊、顾家桥3个社区农户301户。完成荆丰社区、西溪风情社区的2家居家养老照料中心建设，分别与浙江元墅养老服务有限公司、杭州福星养老服务有限公司签订社会化运营协议；完成云创社区、洪园社区的办公场所选址工作。2018年，在建民生项目115个，完成投资1.5亿元，五常中心小学扩建工程完成4层以下主体结构施工，文福幼儿园建成投入使用。完成永福社区回迁安置139户，分配房源193套。7个农居多（高）层公寓安置房小区实现物业管理规范化运作；完成永福社区和沿山河社区示范型居家养老服务照料中心建设。全年发放各类救助金33.85万元，救助193人次。登记注册类社会组织14家、备案类社会组织218家。五常中学中考省一级重点高中上线19人，2人成绩位列区前15名。社会卫生服务中心家庭医生签约服务常住人口覆盖率34%。是年，五常街道通过提供志愿陪同便民服务，建立危急情况报告制度，开通绿色就医通道等措施开展人性化服务，依托家庭医生团队，定制专属健康档案，成立慢病俱乐部，实行精细化管理。完成老年人体检4537人，体检率78.78%，同比增长14.19%；老年人管理率91.01%，位列全区第一。2018年12月，五常街道社区卫生服务中心创新聘请13位社区卫生联络员为家庭医生签约服务监督员。街道与省立同德医院合作，建立危急情况报告制度，由专业医生将体检结果异常者反馈给家庭医生，由家庭医生通知患者或家属并提出复查、治疗、随访等医学建议。开通绿色就医通道，对白内障筛查异常人员，由家庭医生直接联系，转诊至区级医院进行免费手术治疗。2019年，杭师大优质项目有效助推教育质量提升，五常中学首次中考考点保障工作圆满完成；五常小学放学后托管成为杭州样板示范学校；五常街道中心幼儿园西溪雅苑园区被评为省一级幼儿园；招生工作提前筹谋、平稳有序。加强公共卫生管理建设，登革热疫情“零发生”，重症精神病患者管控实现“零事件”，计生服务“零次跑”；余杭二院医共体五常分院正式成立；开展重点心理人员服务评估；完成余杭区第36位造血干细胞捐献。建成6个社区文化家园、乐天城五常文化展示馆及八方城公共图书馆，1个健身苑、6个健身点、2个灯光篮球场，景盛社区西溪郡健身苑、荆山社区荆山翠谷健身点、灯光篮球场已完成建设并投入使用。文化活动丰富多样，结合元旦、春节、元宵、端午、中华人民共和国成立70周年等重大节日，开展春送对联、元宵嬉闹、端午龙舟百舸竞技、夏日跳蚤市场、相约周末、国庆红歌奏唱等一系列活动。五常中心小学扩建项目、耦园幼儿园投入使用。西溪水岸“五九主题公园”、西溪北苑农贸市场、五常街道智慧停车项目等民生项目完工。2020年，辖区内4所小区配套幼儿园（人和家园幼儿园、国泰盛世嘉园幼儿园、启蒙铭苑幼儿园、大华西溪风情幼儿园）加快转变为普惠性幼儿园。开展各校园设施设备采购、维修改造等项目18个，投资约2000万元。主要包括五常中学图书馆装修、五常小学教学楼改造提升、五常小学绿化工程、庭院幼儿园、福鼎幼儿园、西溪北苑幼儿园扩班工程、水岸幼儿园室外场地提升工程等。五常街道社区服务中心实现诊疗221484人次。做好妇幼儿童保健、慢性病管理、城乡居民建档等14项工作。开展60周岁以上老年人健康体检工作，已完成4823人，体检率75%，达到年度目标；实施妇女健康促进工程，完成妇女“两癌”筛查3794人，完成率42.88%；推进家庭医生签约工作，完成签约17866人，重点人群签约覆盖率83.24%。

二、环境整治

“三改一拆”工作（详见卷三 城乡建设　第二章 市镇管理　第二节 环境整治）

“五水共治”工作（详见卷三 城乡建设　第二章 市镇管理　第二节 环境整治）

全域美丽建设　2017年，街道发动清洁家园专项行动31659人次，清理垃圾29634.85吨，清洁绿化带286585平方米，整治乱堆乱放25416处，清除牛皮癣27751处；完成美丽公路问题点位整改9批、21处；清理田间地头建筑垃圾、生活垃圾26吨，清运长期无人使用车辆119辆。完成白庙港河道整治，木桥港拓宽整治工程量的85%，宏丰河整治工程的河道清淤、筑坝、配水泵房建设。沿山港闸站开工建设，截至年底，完成工程总量的97%。完成企业雨污分流改造72家；大华中心湖清淤工程完工。旧厂区改造完成57357平方米，为年度任务的143.39%；旧住宅区改造完成3.97万平方米，占年度任务的100%；违法建筑拆除108338平方米，为年度任务的108.4%，其中区领导重点包案违法建筑拆除34宗、面积5.98万平方米，完成专项任务的100%；拆除影响消防安全的违法建筑123宗，面积4.07万平方米。西溪水岸、西溪花城等5个住宅小区的虎哥回收服务站投入运营，服务居民6496户。

2018年，开通“垃圾不落地音乐线”3条，通过虎哥回收餐厨垃圾统收统运等方式实现垃圾处置生活垃圾2.9万吨；清理暴露垃圾1035吨，整治清理乱堆乱放、乱贴乱挂3700余处。辖区内垃圾分类小区覆盖率100%。全年整治道路14条，清理各类占道行为3280次，拆除不规范标志标牌122块，新建停车场3处、泊位620余个，新增道路标线1万余平方米、标识标牌32块、隔离护栏1800米，查处违规电动车5950辆，机动车违规停放拍摄1.6万余辆，取缔“摊乱摆”问题多发点位12处。完成“小城镇整治”规划编制，推进立面整治、道路更新、厕所革命、交通设施、背街小巷、沿街绿化等项目22个，投资5400余万元。完成高标准公厕2座，建设提升标准公厕6座，开放附设公厕25座，实现1千米“如厕圈”目标。弱电新建线路管道2.4千米，新增“上改下”线缆3千米，入户线整治3000余户，新装线槽5.2千米、线缆5.5千米。完成区级道路整治点位任务30处，完成景观提升1千米，路侧绿化2.5万平方米，有机更新道路600米，改造钱潮花园、机关宿舍、地质一大队、石油小区老旧小区，面积66350平方米。完成荆余线24322平方米的道路两侧绿化整治任务。全年完成4批30个点位的“美丽公路”整改任务。2018年，五常街道改建原先破旧、简陋、管理不到位的脏、臭公共厕所，延长厕所开放时间至24小时，增设残疾人厕位和母婴室，增加纸膜扫码取纸、烘手机、洗手液、除臭机等设备，添置绿化盆景、装饰画等软装。截至9月，街道新建城市公厕3座，改建公厕5座，其中高标准型公厕2座，投入使用6座。对外开放附设公厕累计25座。2019年，“垃圾分类”初见成效。五常街道74个城市小区全面铺开垃圾分类工作，已有53个小区实行“定时定点”分类投放，达到辖区内小区总数的72%。1—10月生活垃圾量23658吨，低于控量指标5%，垃圾分类工作取得了阶段性成效。大华西溪风情“恒温房”集置点，360°实时监控投放点、十余种垃圾桶细致分类走在垃圾分类前列。健全三色预警、重大项目社会稳定风险评估等维稳体系，落实应急值班值守制度。打掉各类犯罪团伙2个，涉案39人，抓获涉毒人员15人。健全完善“四个平台”联席会议制度，初步形成“小事不出村（社区）、大事不出街道”的治理体系。健全基层治理数据库，普查核实标准地址127056条；开展企业“一企一档”建设工作，核查企业14912家。2020年，在荆山公墓区块建设一座规模处置能力50吨/日的易腐垃圾处置站，同时预留30吨/日的规模空间。该项目建筑面积1226平方米，总投资3479万元。街道辖区内共产生35486.1吨生活垃圾，对应考核指标超量7.04%。城管中队处置垃圾分类一般程序案件18个，其中小区物业未监督生活垃圾分类投放10个；简易程序案件101个，小区垃圾分类模式基本成形。

第三节　民主法治建设

一、社会综合治理

1999年，五常乡党委从普法教育入手，以法治乡为起点，加强社会综合治理，争创安全村达到100%，其中有11个村达到甲级安全村，横板桥村被余杭市评为社会治安先进集体，4人被评为余杭市治安先进个人。五常派出所被杭州市公安局评为“人民满意派出所”。友谊村、白庙村分别被杭州市评为社会治安和“三五”普法先进单位，全乡的社会治安综合治理迈入了先进行列，被评为余杭市社会治安工作先进乡镇。是年，根据五常地理环境特点，坚持打防结合，以防为主。投入12万元新建邱桥警务室，组建17人的联防队伍，加强对7000多名外来务工人员的管理。全年新创“安全示范村”4个，创“治安安全单位”7家，创安覆盖率达到100%。2002年，被评为区级“社会治安综合治理优秀达标”乡镇。2004年，在单独设立综治办公室的同时，及时了解社会动态，与群众实现良性互动，以创建“平安五常”为载体，建立和完善群防群治机制，有效遏制了各类案件的发生。全年发生治安案件148起，调处127起；发生刑事案件115起，发案率低于全区平均水平，破案42

起，破案率36.5%。同时，通过采用"联防包村制"，对辖区856户2260间出租房的外来人员进行有效管理；投资12余万元，建设办证大厅，提升对外来人口的"三化"管理水平，全年登记外来人口13959人次，发放暂住证12981人，办证率93%。全年调解纠纷201起，调解成功率97%。是年，五常管委会获得"杭州市2004年度社会治安综合治理先进单位""归正人员安置帮教工作先进集体""2004年度'平安乡镇'"等多项荣誉。

2005年，投入14万元建立2个警务室，投入9万元用于完善交通安全标志标识，投入5万元建立了基层综治工作室、工作站；受理群众来信来访来电201件次，其中上级转交办170件（人）次。调解劳动争议113起，涉及1200人。2006年5月，建立街道综治工作中心和五常平安巡防大队，村（社区）建立专职巡逻队，企业组建综治工作室。各类刑事案件发案率比上年下降14.84%。全年受理群众上访205起，比上年同期下降25.7%；调解各类纠纷98起，成功率100%。信访调处工作实行领导干部下访、约访制，并在全区率先实行假日接访、约访制。10月，在5‰人口抽样调查中，五常群众对社会治安的安全感和满意率均达到100%。2006年，全年处理协调各类劳动争议案件84起，结案率100%；为企业职工、工地民工讨回欠薪785.93万元。2007年，各类刑事案件立案数较上年减少2.38%，破案数较上年增长47.06%。全年受理区长公开电话交办事项198件，增长83.3%；受理信访交办单38件，增长80.9%；接待群众来访58批170人次；完成司法调解120起，成功调解117起。处理协调各类劳动争议案件87起，结案87起，结案率100%；为企业职工、建筑工地民工讨回工资273.23万元；监察督促企业签订劳动合同4802人，涉及企业178家，劳动合同签订率94.3%。2008年，全年受理区长公开电话交办事项235件，受理信访交办单32件，接待群众来访45批208人次，司法调解109起，成功调解105起。安置就业人员354人、城镇失业人员65人，推荐吸收外来务工人员就业753人。劳动保障监察中队处理协调各类劳动争议案件143起，涉及劳动者1004人，涉及金额281.12万元。2009年，处理劳资纠纷投诉举报案件88起，涉及劳动者347人，涉及金额1240437元。劳动保障监察中队监察用人单位320余家，涉及劳动者8000余人，完成321家企事业单位的书面审查工作。

2010年，建立《五常重大项目社会稳定风险评估工作机制》，投入资金用于综治、巡防队伍建设和监控设施添置。2012年，共处理各类违法建设信访66件。投资100多万元建成街道社会服务管理中心和社区社会服务管理分中心，将整个街道划分成9个网格、32个片格、108个组格，配备基础网格力量、专职管理力量、社会服务力量7支专职服务团队共1152人，覆盖5957户居民户，基本实现对五常人口、单位的全覆盖。2014年，依托"两网合一"平台，铺开信息收集网络。各社区全年受理各类问题327起，网格内化解253起，街道化解31起；街道社区共受理并成功调解矛盾纠纷123起；通过集中走访、签约，西溪北苑三期三标房屋质量问题的信访积案得到初步化解。查处一般程序案件130起、简易程序案件208起，对重点区域进行专项整治120余次。开展渣土管理，其中消纳场地审批6件、渣土处置审批8件、准运审批59件。运用"数字城管"平台，全年采集城市管理问题6462件，解决率100%。是年1月，街道在辖区内盛世嘉园小区推广移动社区应用，该款应用为社区居委会设立管理后台和专有版面，实现社区工作者与居民之间的信息实时送达。居民可以通过该应用预约社区服务，社区居民之间可以"朋友圈"的形式开展线上互动。2015年，加强社会治安立体防控体系建设；推进出租房屋管理"三个专项整治"工作，新安装智能门禁603套；建立健全矛盾纠纷排查调处机制和重大矛盾纠纷领导包案化解机制，西溪北苑质量房问题、豪立西溪派、永福社区幼升小等不稳定因素得到有效化解或缓解；以网格管理为基础，结合五常实际在多（高）层公寓和未拆迁区域分别试点组建西溪北苑综合管理中队和顾家桥综合管理中队，探索基层社会治理新模式。2016年，依托社会服务管理中心建立综合指挥平台，完成视频会议系统建设并与区大联动中心成功对接，对大联动指挥中心进行改造升级，并于8月底投入使用；成立南、北、中三个综合管理中队，完善以城管序化、防违控违、流动人口协管、交通协管、安监生产等人员为主要力量的结构体系，有效促进问题在网格内化解。同时，全员发动，筑牢峰会“第一外围”安全防线。峰会期间，街道采取联动作战方式，将组团联社指导力量全部深入下沉，扎实开展基层基础大排查、维稳安保十大专项、综合环境整治等各项工作。特别在维稳安保工作中，通过落实“讲、查、望、清”四项措施，筑牢“两牢”安全网、织密大布防工作网，并被评为省级G20峰会维稳安保工作先进集体。嗣后，通过发扬党员志愿者的模范带头作用，辖区内11个社区均成立平安义务巡逻队，有序开展治安巡逻、出租房检查、电动车私拉乱接充电整治等工作，辖区内平安氛围渐趋浓厚。

2018年，推广出租房“旅馆式+星级化”管理模式，实施旅馆总台建设，投资185万元，建成一级总台7个、二级总台6个，辖区有出租房17560户，通过联审13553户，准入率75.6%。建成社区微型消防站13个，开展高层建筑消防安全建设，组建130人的高层建筑消防安全楼长队伍。完成农居点“一户一停放点、一车一充电位”改造，新增非机动车充电停放点位486处，

构建智慧五常系统，实现“一屏观五常”（2020）

全年检查企业183家次，排查隐患385条，其中消防隐患168条，开具责令整改指令书36份，关停安全隐患企业10家，完成6家“易燃类”企业的“十个一”[①] 专项整治。2020年，通过正面思想引领、民主协商支撑、依法打击处理，强势树立“有理不用上访、无理上访没用、恶意上访打击”的正确导向。实现了全国“两会”和“国庆双节”期间的稳控目标。开展信访积案阳光清零行动，成立领导小组，下设1个信访积案阳光化解攻坚小组和16个包案化解专项小组，围绕“一把钥匙开一把锁”，实行“一案一策”。

---

① “十个一”指召开一次消防安全会议，开展一次消防设施器材自查，设立一个微型消防站，开展一次违章建筑自查，开展一次电气安全检测，开展一次专门培训，开展一次动火审批制度落实情况巡查，开展一次危险化学品使用情况自查，开展一次“三合一”情况自查，设立一处电动自行车集中停放点。

二、社区建设

完善社区治理为重点的城乡社区建设。2005 年，五常管委会下辖的 7 个村和 10 家规模企业分别建立高标准的信访接待室。2009 年，8 个社区建立新居民服务管理工作站，开展新居民服务工作。2018 年，以社区党组织建设和网格党建提升党组织的组织力，依托固定主题党日“五个一”制度，将社会治理内容融入网格支部经常性工作。网格支部组织开展经常性社会治理专题活动，引导党员、群众共同参与治理。同时，深化“组团联社”工作，加强党员先锋模范作用发挥，搭建党员先锋岗等平台，优化先锋指数考核，激励党员参与治理。

将完善基层民主制度，发展社区服务，增强城乡社区自治和服务功能作为社区重要工作，并使之制度化。多次修订城市居委会组织法，完善村委会选举规程，探索外来常住人口参加居住地选举的方式，依法开展村（居）委员会换届选举，重点加强“农转居”村、村民居民混居村、流动人口聚居地等村（居）委会建设，抓好“难点村”后续治理等工作。

2020 年，五常街道召开小区共同治理工作推进会暨疫情防控优秀物业、业委会表彰会议

2020 年 5 月，街道成立小区共同治理办公室和小区共同治理社区分中心，凝聚党员、业委会、物业、网格员、楼道长、志愿者等多方力量，共同承担小区事务处理、指导监督职责，在基层设立矛盾预防首站。同时，通过制定物业、业委会、楼道长等多方协同考核激励机制，激发小区治理主体的责任意识，督促各方不断提高服务水平。物业经理积分制，是街道推出的一项创新举措。这项制度是物业经理的绩效考核。根据物业经理管理的项目在常规服务、优质服务的得分情况，小区共治办和社区分中心按不同比例打分，分月度、季度考核。根据考核细则，年终排名前三的物业经理将获得“金牌物业经理”奖章，并给予奖励。针对小区矛盾处置效率低、隐患发现难、管理效果不佳等问题，五常街道利用云计算、大数据、物联网等技术，打造智慧社区共治平台，实现上下联动、多方协同，构建事件感知、隐患识别、联动处置、在线反馈的闭环系统，助力街道和社区加强对物业公司、业委会的党建统领和监管考评。五常街道还积极推动小区组建业委会和物业公司功能性党支部，做优做强业委会互助合作联盟及物业红色联盟，增强小区各群体间的黏合度，实施业委会、物业重大事项提前报备和党组织先议制度，通过民主协商议事将矛盾消除在萌芽。至 10 月，五常街道共计协调处理涉及物业、业委会矛盾纠纷 487 件，接待来电来访 258 人次，现场处置各类纠纷 69 起，解决问题 653 个。

此外，促进基层群众自治组织更好地行使自治职能，开展基层民主协商，规范村（居）民议事活动，提高基层民主决策和民主管理水平。

第四章　群众团体

20 世纪 20 年代后，境内相继建立农民协会、青年团和妇女协会等群众团体，各政党为壮大自身力量，发展民众运动，支持各群众团体开展活动。如民国 19 年（1930）五常附近的西镇的农民暴动，震撼了杭州城乡，展示了广大共产党人和人民群众顽强不息的斗争精神。1949 年 5 月杭县解放后，在中国共产党领导下，境内工会、共青团、妇女联合会等群众团体和其他社会团体相继成立。群众团体根据中国共产党在不同时期的中心任务，发动、组织、教育群众，投入社会主义革命和建设事业，发挥党和政府与群众联系的纽带和桥梁作用。“文化大革命”期间，各团体被迫停止活动。

中共十一届三中全会后，各团体以经济建设为中心，结合当地实际及各自特点，团结群众开展各项工作，为社会主义三个文明建设做贡献。工会组织服从服务于改革、发展、稳定大局，维护职工合法权益，建立帮困保障机制，依法协调劳动关系，创建职工之家。共青团组织以塑造“有理想、有道德、有文化、有纪律”的“四有”新人为目标，以服务党的中心工作、有利于青年成长和时代发展需求为出发点，开展“学雷锋、树新风”、争做“新长征突击手”、岗位实践和社会实践教育活动，引导青少年树立正确的人生观和价值观。妇女组织开展“双学双比”（学文化、学技术、比成绩、比贡献）及“巾帼建功”等活动，提高妇女综合素质，努力培养跨世纪女性人才，发挥妇女民主参与和民主监督作用，维护妇女儿童合法权益。

第一节　工　　会

自 1994 年五常乡建立工会工作委员会起，工会紧紧围绕经济建设中心，切实履行“维护、建设、参与、教育”四项社会职能，在改革、发展、稳定的大局中充分发挥工人阶级主力军作用。新时期的工会以马克思列宁主义、毛泽东思想、邓小平理论、“三个代表”重要思想、科学发展观、习近平新时代中国特色社会主义思想为指导，坚持走中国特色社会主义工会发展道路，围绕中心，切实履职，积极发挥工会组织职工、引导职工、服务职工、维护职工合法权益的重要作用。依托市、区、乡镇（街道）和企业工会“四级联动”的竞赛方式，不断完善“培训、竞赛、帮带、晋级、激励”五位一体的职工技能素质提升机制和“四力合一”的职工素质培训工作机制。以开展和谐劳动关系创建活动为载体，以提升工资集体协商实效为重点，发挥维护职能；深化企业民主管理，强化劳动保护监督，积极参与社会管理和创新。不断创新活动方式，健全帮扶制度，完善服务平台，提升服务职工水平。以职工文化阵地建设、“五进企业”和“职工大舞台”为主要内容，丰富职工精神文化生活。以创建“三型”（学习型、服务型、创新型）工会活动、开展工会规范化建设为载体，切实加强工会自身建设。

一、组织

街道工会工作委员会　1994年8月，五常乡建立工会工作委员会，薄阿锡任主任；1998年9月，施金珠继任。2001年12月19日，建立五常经济开发区工会工作委员会。2002年4月，根据省总工会关于基层工会组织建设规范化活动的要求，推行“镇级工会创星级活动”。五常工会结合自身实际情况，制订创星级工会活动工作目标计划，分阶段实施。首先抓好“六个有”工作，即有班子、有牌子、有台账、有印章、有活动、有经费，达到星级工会基础条件。然后，针对薄弱环节补短板。重点落实在建立和完善“乡（街道）—村（社区）—企业工会组织”的3级组织网络上，辖区内建会率98%，入会率95%以上；落实在建立以集体合同（包括工资协商）制度为主的维权机制上，集体合同签订率98%以上，工资集体协商制度签订率90%以上。

2004年1月，撤销五常经济开发区管理委员会，建立五常管理委员会。工会组织随之更名为五常管委会工会工作委员会。2005年有基层工会19个，职工2894人。2005年9月，余杭区委下发《关于进一步加强乡镇（街道）工会工作的意见》。在乡镇（街道）实行工会代表大会常任制，建立乡镇（街道）工会委员会，每年召开一次工会代表大会，并实行工会正副主席及委员均由代表大会直接选举产生。12月，为了进一步扩大工会基层民主，健全工会内部选举制度，尊重和体现选举人的意志，充分调动会员代表和工会干部的积极性，努力推进工会自身的改革与发展，切实履行工会的各项职能，进一步提高工会在企业中的地位，为构建和谐社会发挥积极作用。2006年，由工会工作委员会改为工会委员会建制，同时建立工会代表大会代表常任制。

2007年12月，五常管委会工会工作委员会变更为五常街道总工会委员会，刘芳（女）任五常街道总工会委员会主席。2011年，建立街道办事处与街道工会联席会议制度。街道办事处方面由联系工会的副主任、党政办公室主任、有关科室（部门）负责人参加；工会方面由主席、副主席、常委（委员）以及相关基层工会负责参加。会议主要内容为街道办事处通报重要工作部署、与职工和工会相关的政策措施；工会汇报围绕中心、服务大局所做工作的开展情况。工会对涉及职工切身利益的政策、法规和措施提出意见和建议。对联席会议研究决定的事项，由街道办事处形成会议纪要，经审签后印发。各科室（部门）、街道总工会及有关直属单位、基层工会对决定事项必须认真落实。3月起，街道总工会按《余杭区乡镇（街道）工会会员代表大会提案工作实施细则（试行）》的通知，建工会会员代表提案工作委员会，负责代表提案的督办工作。

2012年5月30日，五常街道总工会召开代表大会，选举产生新一届五常街道总工会委员会，刘芳（女）任五常街道总工会委员会主席。2013年2月起，街道总工会委员会由工会代表大会采用“公推直选”的方式产生。总工会委员会委员（常委）候选人采取个人自荐、会员联名推荐和组织推荐相结合的方式，经直选工作领导小组资格审查后，确定候选人预备名单。经街道党工委、区委组织部和区总工会审核批准，提交由所属基层工会主席和上届工会委员、部分会员代表组成的街道工会代表会议推选。推选后的候选人建议名单交由街道工会代表大会，直接选举产生主席、副主席、委员（常委）。工会代表大会同时选举产生经费审查委员会委员；并召开工会代表大会中女代表会议，选举产生女职工委员会委员。总工会委员会每届任期 5 年。是年 11 月，余杭区委区政府下发《关于进一步加强以镇（街）工会为龙头的基层工会建设的意见》的通知。遵照“通知”精神，街道总工会健全组织网络，按照“5 + X”组建模式，加大对职工群众的组织力度，扩大基层工会组织的覆盖面和影响力，扩大党的群众基础。不断探索工会组建、职工入会的新形式、新途径，确保新建基层工会数和职工入会数逐年增长。按照创建“创新型、服务型、实力型”工会的要求，不断提升基层工会班子的工作执行力和创新力。加快建立以职工代表大会为基本形式的企事业单位民主管理制度、厂（事）务公开制度、平等协商和集体合同制度、困难职工帮扶制度、劳动保护监督机制、劳动争议调解制度等，进一步提升制度的执行能力，督促各项劳动保护法律法规的落实，切实维护职工合法权益。街道总工会着力健全和规范各项组织制度和工作制度，建立规范工会干部培训、经费使用和审查制度。同时，推行民主办会，组织职工开展平等协商，签订集体合同；开展劳动竞赛和技能培训；开展劳动保护工作；调解劳动争议；开展困难帮扶工作；建设先进企业职工文化；管理工会经费与工会资产。职工 200 人以上的企事业（新社会组织）单位工会，分设专职工会主席和副主席，并按照有关法律法规的规定落实相应待遇。非公有制企业（新社会组织）工会主席是党员的，进入党组织领导班子，实行交叉任职。实施企业兼职工会干部补贴制度。职工 200 人以上的社区配备专（兼）职工会工作者。每 100 家基层工会（不足 100 家按 100 家计）配备一名专职工会工作者，超过 100 家基层工会的，每增加 50 家增配一名专职工会工作者。

2017 年 8 月 25 日，余杭区五常街道总工会第二次代表大会召开，根据《中国工会章程》《关于地方工会召开代表大会及组成工会委员会、经费审查委员会的若干规定》，选举产生五常街道总工会第三届委员会、经费审查委员会。

至 2020 年 12 月，辖区内有基层工会 52 家，其中单建工会 40 家，联合工会 12 家，涵盖 431 家单位。职工 11339 人，其中农民工 7426 人；工会会员 11339 人，其中农民工会员 7426 人。

基层联合工会委员会　工会基层组织，是指工厂、商店、农场、机关、学校和其他基层单位工会委员会。基层工会委员会由会员或会员代表大会选举产生。工会委员会的主席、副主席，可以由会员大会或会员代表大会直接选举产生，也可以由基层工会委员会选举产生。基层工会委员会职责：执行会员代表大会的决议和上级工会的决定，主持基层工会的日常工作；代表和组织职工依照法律规定，通过职工代表大会和其他形式，参与本单民主管理和民主监督。企（事）业单位工会委员会作为职工代表大会的工作机构，负责职工代表大会的主持，督促大会决议的执行；参与协调劳动关系和调解劳动争议，与企（事）业单位行政方面建立平等协商制度，协商解决涉及职工切身利益的重点问题，帮助和指导职工与企业（事）业单位行政方面签订劳动合同；代表职工与企业单位行政方面签订集体合同或其他协议并监督执行；组织职工开展劳动、合理化建议、技术革新和技术协作等活动；做好先进生产（工作）者和劳动模范的评选表和管理工作；搞好职工思想政治教育和支持职工学习科技文化知识，开展健康的文化体育活动；监督有关法规的贯彻，协助和监督行政方面做好劳动保险、劳动保护工作，改善职工的生产生活条件；维护女职工的合法权益和特利；搞好工会组织建设，健全民主制度和民主生活等。2014 年，共新组建企业工会 5 家，新发展会员

222名。街道工会共有基层工会60家，其中社区工会联合会9家，企事业工会3家，行业工会1家。至2020年，街道有基层联合工会委员会65家。

2020年，余杭区五常街道快递行业联合工会成立大会举行

（街道总工会提供）

社区联合工会委员会 社区联合工会委员会一般由3人组成，设主席1名。工会主席、委员均由社区联合工会代表大会直接选举产生，任期与社区党组织一致。社区联合工会委员会的主要职责：执行会员代表大会的决议和上级工会的决定；指导辖区涵盖企业及职工签订劳动合同。就劳动报酬、工作时间、劳动定额、休息休假、劳动安全卫生、保险福利等与企业平等协商、签订集体合同，并监督集体合同的履行，调解劳动争议；组织职工开展劳动竞赛、合理化建议、技术革新、技术攻关、技术协作、发明创造、岗位练兵、技术比赛等群众性经济技术创新活动。对职工进行思想政治教育，组织职工学习科学文化和业务知识，开展健康的文体活动，提高职工综合素质。督促企业做好劳动报酬、劳动安全卫生和保险福利等方面的工作，监督有关法律法规的贯彻执行。参与劳动安全卫生事故的调查处理。协助企业办好职工集体福利事业，做好困难职工帮扶救助工作，为职工办实事、做好事、解难事。组织职工群众依法通过职工代表大会和其他形式，参加辖区涵盖企事业单位民主管理和民主监督，检查督促职工代表大会决议的执行。加强组织建设，健全民主生活，做好会员会籍管理工作。此外，收好、管好、用好工会经费，管理好工会财产。关心、爱护女职工，协助维护女职工的特殊利益。协助做好劳动模范的日常服务管理工作。至2015年，街道下属社区均建立社区联合工会委员会，有13个社区联合工会委员会。

二、活动

1978年中共十一届三中全会后，工会以经济建设为中心，结合当地实际及各自特点，团结群众开展各项工作，为社会主义三个文明建设做贡献。工会组织服从服务于改革、发展、稳定大局，维护职工合法权益，建立帮困保障机制，依法协调劳动关系，创建职工之家。会员和全体职工积极开展多做贡献和“争当先进生产（工作）者，创文明班组”竞赛活动，提高企业管理水平和经济效益。

2001年8月以后，工会组织围绕经济转型升级，做好服务大局工作。抓住撤市设区有利时机，团结依靠广大职工坚持“依法维权，依法治会”工作方针，在突出维护职能中推进工会工作。

维护职工基本权益 2007年底，为加快推进五常城市化步伐、实现与杭州主城无缝衔接，从而推动余杭组团的整体发展，经区十三届人大常委会第六次会议审议通过，成立五常街道。2008 年 2 月，建立五常街道工会。是年，街道单建工会的企业集体合同和工资协议的签订率和续签率都达到了 100%，工会与经发办、劳保科还组成联合检查小组，于 10 月 16—18 日对企业履约情况进行了检查。新建的 9 家基层工会，有 8 家已全部签订集体合同、工资协议和女职工保护专项协议。对三家联合工会的区域性集体合同、工资协议和女职工保护专项协议进行了续签，续签率达到 100%。单建工会与联合工会全部建立劳动争议调解组织，所属基层工会建立劳动法律监督组织也达 100%，这些组织的建立对于职工合法权益的维护无疑不是强有力的保障。10 月 16 日，党工委副书记姚高永、街道副主任胡立有等和工会主任刘芳、商会会长朱国炎召开了三方协商联席会议。会议就安全生产及劳动保障等方面达成了一致意见，对所属企业和谐劳动关系示范创建工作做了详细的布置，开展创建面达 100%。6 月 14 日，工会与经发办、劳保科联合举办“五五”普法安全生产、劳动法规知识讲座，共有 53 家规模以上企业、8 个村（社区）120 余人参加讲座，发放安全生产牌 360 余块，致广大工友公开信 4000 余份。是年，切实推行厂务公开制度和职工民主管理制度。街道单建工会的非公有制企业推行厂务公开制度 34 家，其中规模以上企业 26 家。开展单建工会的企业单位职工民主管理三级达标活动，又新增了 A 级 3 家、B 级 7 家、C 级 3 家。同时，街道工会重视企业安全生产，开展“安康杯”知识竞赛，共有 7 家单位 286 人参加。杭州建益实业有限公司对各个部门开展消防安全知识的培训；杭州成洲锯业有限公司以年度为周期在生产部 4 个车间进行安全车间竞赛活动，对全年无事故的车间在年终予以奖励。此外，工会共参与调解 8 起纠纷，并都自愿达成调解协议，辖区内未有职工越级上访。充分发挥三项制度作用，维护职工合法权益。2008 年，开展企事业单位民主管理规范化建设，维护职工民主政治权利。街道工会积极推动完善以职代会为基本形式的企事业单位民主管理制度，积极开展所属企业民主管理规范化建设。街道所属企业中有 38 家建立职代会制度，10 家建立职工大会制度，48 家实现了厂务公开，1 家社区联合工会工作委员会辖区内无企业，无法建立职代会制度和职工大会制度，也无法实现厂务公开。在开展民主管理规范化建设的同时，努力探索工会参与社会管理的途径，并制定《五常街道工会参与社会管理方案》。2009 年，开展工资协商集体合同规范化建设，建立工资集体协商指导小组。开展工资协商集体合同规范化建设，督促企业严格执行《余杭区企业与职工签订集体合同的规范运作程序》；6 月，街道办事处还建立职工工资集体协商领导小组。街道工会还积极参与重大事故的调查和处理，做好职业病防治工作，并制定职业病防治工作实施方案。街道工会主动参与并及时调处各类劳资纠纷，共参与调处劳资纠纷 3 起，并建立五常街道劳动关系协调委员会；所属企业劳动争议调解组织完善率 100%；完成 37 家基层工会法人资格登记，完成率达到 88%。是年，集体合同和工资协议到期单位全部进行了续签，新建的 9 家基层工会有 8 家全部签订集体合同和工资协议，续签和新签单位均签订了女职工保护协议，13 家企业参加了女职工安康保险。进一步推动“一法一条例”的落实，充分发挥三方协商机制作用。街道工会积极争取街道人大支持，与街道人大、劳动保障科联合对所属企业开展《中华人民共和国劳动合同法》及《中华人民共和国劳动合同法实施条例》执法检查；并建立清理拖欠民工工资工作领导小组，召开关于劳动工资等社会矛盾排查的联席会议。同时，开展有关职工收入分配的调研活动；举办职工学法普法培训，参加培训达到 187 人。指导基层工会建立劳动法律监督组织，建立率达到100%；街道工会还组织基层工会法律监督员对所属企业开展2次法律监督检查活动，通过检查督促企业认真贯彻执行“一法一条例”。2010年，在街道工会建会企业中，参与创建劳动关系和谐企业37家，达到建会企业的88%；创建先进企业的有21家，达到参与创建企业的55%；创建示范企业的有4家，达到创建先进企业的21%。继续做好集体合同和工资协议签订和续签工作，续签集体合同13家，续签工资协议10家。还积极开展区域性、行业性工资集体协商，指导顾家桥、荆丰社区工会联合委员会签订区域性职工工资集体协议，增加补充条款。辖区26家单建工会企业建立了规范有序的工资正常增长机制。

2011年，依法推动企业开展工资集体协商，建立职工工资正常增长共决机制。宣传《浙江省企业民主管理条例》。积极开展辖区内企业民主管理规范化建设。实行厂务公开，以杭州家豪五金工具有限公司为试点单位。2012年，57家企事业工会都建立女职委，组建率100%。2013年，继续认真贯彻落实省总工会提出的“依法推动企业普遍建立工会组织、普遍开展工资集体协商”工作。在“两个普遍”的工作上，更加注重组建质量，以新建企业工会组建为重点，以农民工为主要对象，做好外来人员源头入会试点工作。2014年，进一步推进企业社会责任意识，促进企业建立规范有序、公正合理、互利共赢、和谐稳定的新型社会主义劳动关系。开展“小三级”和谐劳动关系创建活动，共有198家小企业参与创建，158家小企业达标，达标企业达到80%以上。9家社区联合工会参与和谐劳动关系创建，5家社区工会达标。街道总工会组织会员代表对部分企业开展走访活动，督促指导企业规范操作。确定表彰浙江达峰科技有限公司工会委员会等15家社区、企业工会为2013年度工会标准化建设达标单位。依法推动企业普遍建立工资集体协商制度。开展“集中要约”行动。结合街道实际情况，制定《关于开展2014年度工资集体协商“集中要约行动”的通知》。全年完成单建工会新签、续签43家；8个社区联合工会涵盖企业新签、续签129家，覆盖职工3万余人。2013年，进一步推进企业社会责任意识，促进企业建立规范有序、公正合理、互利共赢、和谐稳定的新型社会主义劳动关系。街道总工会制定《关于继续开展2013年“小三级”和谐劳动关系创建活动的意见》。共有198家小企业参与创建，158家小企业达标，达标企业达到80%以上。9家社区联合工会参与和谐劳动关系创建，5家社区工会达标。街道总工会组织会员代表对部分企业开展走访活动，督促指导企业规范操作。同时，拓展和深化企业社会责任建设，街道总工会对在和谐劳动关系创建活动中达标的企业中，推荐浙江达峰科技有限公司、杭州中艺实业有限公司、杭州西子混凝土有限公司等11家单位参与企业社会责任建设创建评选活动。街道总工会抓住收入分配这个职工劳动经济权益的核心，充分发挥协调劳动关系三方机制的作用，依法推动企业普遍建立工资集体协商制度。全年完成单建工会新签、续签42家；9个社区联合工会涵盖企业新签、续签200家。覆盖职工3万余人。为推动工资集体协商制度的贯彻执行，街道总工会选派基层工会参加区总工资集体协商操作规程培训，同时培育推荐荆丰社区联合工会为区域性工资集体协商工作示范点，并加大指导监督力度。

2015年，做好劳动关系和谐指数评价工作，配合区总工会和劳动监察大队完成杭州青海印务有限公司的劳动关系和谐指数评价工作。全年完成单建工会新签、续签44家。8个社区联合工会涵盖企业新签、续签142家，覆盖职工1万余人，完成单建工会、联合工会

“两个100%”的目标任务。健全完善劳动争议预警报机制，推进企业欠薪报告制度，预防劳资矛盾激化，切实维护企业职工合法权利，促进企业和谐健康发展。2016年，对符合条件的产值2000万元以上且职工在50人以上的规模以上企业中，发动企业积极申报和谐劳动关系创建活动，通过前期的培训，2016年浙江中博光电有限公司通过验收A级，2家单位通过B级。全年完成单建工会新签、续签44家。8个社区联合工会涵盖企业新签、续签141家，覆盖职工1万余人，完成单建工会、联合工会“两个100%”的目标任务。2017年，全年完成单建工会新签、续签43家。8个社区联合工会涵盖新签、续签114家企业，覆盖职工1万余名，完成单建工会、联合工会“三个100%”的目标任务。中博光电公司、宏丰家居公司、华安医疗公司等3家单位评上2017年工资协商提质增效示范单位。开展会员代表劳动保护监督活动。组织企业工会主席、会员代表视察杭州华宏压铸工具有限公司、浙江宏丰立新控股有限公司等单位，督查企业的安全生产保障、后勤生活保障情况；集体合同、工资协议、女职工专项协议签订及履行情况；职代会制度和厂务公开制度履行情况；职工劳动合同签订及履行情况，提出整改意见和建议。

2018年，完善工会维权机制。强化源头参与机制，进一步完善定期向党工委汇报制度，工会与人大联系制度，提升源头参与效果。主动参与劳资纠纷调处，联合劳保科就富春制衣（杭州）有限公司搬迁及合同解除事件进行多次调解和协商；与劳保科、综治科、建管中心等科室召开欠薪工作会议，布置落实重点企业、建筑工地排查行动，提前做好防范处置企业工资拖欠工作。是年，召开企业工会工作会议，发动企业开展工资集体协商集中要约“行动月”活动。做好新建和到期工会的集体合同协议、工资集体协商协议、劳动安全卫生协议、女职工专项集体协议的四项制度协议签订工作，使各项协议签订率100%。其中杭州国立工贸集团有限公司等2家单位被评为工资集体协商提升增效示范单位。

服务中心工作　2009年，组织动员职工建功立业，充分发挥创新精神，开展社会主义劳动竞赛活动。承办区级二类服装技能大赛1场，本级比赛2场：“富春杯”服装技能竞赛和“华剑杯”锯片包装套管竞赛；发动基层工会开展技术比武，如杭州赛明照明电器有限公司开展灯具焊接组装包装技术的比武，杭州华丰通信器材有限公司开展电焊工、冲床工、磨光工的技术比武，杭州泛帛服饰有限公司开展了缝制户外运动服的技术比武，超额完成区总下达的基层竞赛任务数；组队参加余杭区“中强轧辊杯”行车工技能大赛和余杭区“自强链杯”数控车工技能大赛。内容结合了街道开展的重点建设项目。街道工会在基层工会中广泛开展“我为企业发展献一计”的合理化建议活动，基层工会职工集思广益，群策群力，街道工会将在年终对上报的17条合理化建议进行评比表彰。2019年，围绕提高自主创新能力，积极开展经济技术创新活动。积极发动职工开展“五小”竞赛活动，通过“五小”竞赛促进新技术、新工艺和新材料的推广；大力推广以职工名字命名的先进操作法，并推选杭州华宏压铸有限公司职工章华根的采用电动螺丝刀改进手动螺纹孔口倒角参加杭州市“先进操作法”评选；同时发动基层工会所属企业开展“创新能手”“创新示范岗”“创新型班组”等评选活动。发动所属基层工会以“全区职工大行动、跨越发展立新功”为主题，广泛开展群众性技术创新、工艺创新、操作创新和管理创新。2014年，街道总工会以“发展创新型经济、发挥主力军作用”活动为载体，结合街道实际，各基层工会结合自身实际认真组织开展创业创新活动。富春制衣（杭州）有限公司举办区二类服装缝纫技能大赛，3家企业37名职工参加比赛。组队参加计算机、叉车工、服装缝纫等4场区级一类大赛。90%的基层工会开展符合企业特色的技术比武（达峰科技组织制定实施意见开展电焊比赛，沃尔玛举办营业员收银比赛、叉车工比赛等）。共收到优秀合理化建议25条，如杭州达声电器有限公司提出“基于无线传输的新型汽车功放”。各基层工会开展合理化意见“诺贝尔”创建活动，杭州达声电器有限公司、浙江达峰科技有限公司、浙江中博光电科技有限公司等5家企业为职工合理化建议“诺贝尔”模式典型企业。深入开展“五小”竞赛活动，推荐杭州达声电器有限公司制造部参加区“五小”竞赛活动创新型班组评选；选树浙江中博光电有限公司技能带头人邵万里的工作室为高技能人才创新工作室为培育典型。2016年，五常街道总工会以服务G20峰会为圆心，积极参与社会治理。从4月街道开展拆违等环境大整治开始，主动做好企业职工的宣传工作，发出《环境整治大会战 共建美丽新五常》——致广大职工的一封信，要求职工从7个公共安全领域出发，以身作则，从小事做起，从身边做起，自觉投身治水、治气、治乱、治堵、治稳等专项整治行动中；发出《助力蓝天、低碳出行》倡议书，倡导低碳文明出行；同时积极招募职工平安志愿者，引导企业职工加入平安巡查活动：建立“护河巡河”职工志愿先锋队，开展日常护河巡河活动；组织职工志愿者对企业重点领域、重点企业进行安全、卫生督查；在决战阶段，街道总工会牵头联合经发科、团工委，组织辖区企业近200名职工平安巡防志愿者参加“护航G20，职工在行动”企业安全抄底大清查启动仪式，建立以企业工会主席为分队长的志愿者小分队，采用周循环为周期的巡查活动，取得很好成效。2017年，街道总工会在参与五水共治及顾家桥、荆丰拆违专项整治活动中，主动做好企业职工的宣传工作，发出致广大职工的一封信，建立“护河巡河”职工志愿先锋队，开展日常护河巡河活动；定期清除河面漂浮物和道路垃圾并向职工、居民宣传“五水共治”的意义，分发改变乱倒污水不良习惯的倡议书，劝导职工改变乱排污水、乱扔垃圾的陋习。同时各社区工会认领辖区内的主要河道一条，各社区工会的负责人作为第一责任人，对社区工会认领河道每周进行一次巡查；组织职工志愿者开展美丽工厂等立功劳动竞赛评比活动；组织职工志愿者对企业重点领域、重点企业进行安全、卫生督查；建立以社区、企业工会主席为分队长的志愿者小分队，采用周循环为周期的巡查活动。2018年，发动基层工会开展的劳动竞赛和技术比武。以“追求高质量，争当排头兵”为载体，发动基层工会开展内容多样的劳动竞赛和技术比武，参加区级数控大赛和网格员技能比武大赛；沃尔玛（浙江）百货有限公司杭州山姆会员商店举办收银员、叉车工技能大赛以及浙江中博光电科技有限公司举办路灯插件技能大赛；以中博光电、达峰科技开展技能带头人帮带活动，开展技能交流、技术服务和技术讲座活动。组织各基层工会积极开展合理化建议创建活动，活动以浙江达峰科技有限公司、浙江中博光电科技有限公司为职工合理化建议典型企业，浙江达峰科技有限公司连续两年获得杭州市“五小”竞赛成果优秀奖。浙江中博光电科技有限公司的洪建被评为第二届“余杭工匠”。开展工会职工志愿者服务活动。带领社区和企业职工对辖区内的工业园区、河边、绿化带等开展“全民清洁日活动”，助力美丽余杭建设；积极开展“垃圾分类，美丽园区”活动，开展“倡导垃圾分类，建设美丽工厂”的竞赛评比活动。

服务职工 2007年，继续深入开展“五进企业”活动，9月，百场电影进企业，为杭州新丝璐服饰有限公司、杭州建益实业有限公司和杭州家豪五金工具有限公司放映了3个场次的露天电影。10 月，健康讲座进企业，街道工会将“健康讲座”安排在了 2 个新建工会企业——富春制衣（杭州）有限公司和杭州新丝璐服饰有限公司。5 月，女性健康知识讲座，杭州家豪五金工具有限公司工会举办了主题为“关爱女性健康、构建和谐家庭”的女性健康知识讲座，全公司 80 多名女职工参与了讲座。是年，街道工会依法办理工会法人资格登记。建立比较系统的困难职工档案，对符合帮扶政策的落实帮扶举措。次年，百场电影进企业，街道工会在新丝璐服饰、建益实业、家豪五金安排放映了 3 个场次的电影；健康讲座安排在富春制衣和新丝璐服饰公司。2009 年，继续以“五进”企业活动为内容，提升服务职工能力水平。承办文艺进企业 1 场，承办职业道德讲座进企业 3 场，承办百场电影进企业 6 场，承办心理健康进企业 2 场。开展送温暖帮扶工作。建立应急救助金制度，并向区困难职工帮扶中心上缴了应急救助统筹金；做好困难职工的调查、核实和建档工作，在档困难职工 7 人；做好外来务工人员应急救助申报工作，为杭州三禾粉体涂料有限公司职工王宗领申请了应急救助金；开展“金秋助学”活动，共帮助 5 个社区的 20 名学生，助学金额合计 19800 元。街道工会进一步深入开展职工生活后勤保障推进活动，参加活动企业 22 家，参与面达 58%。丰富外来务工人员业余文化活动。杭州华宏压铸有限公司还参加了创建“新杭州人文化家园”活动。2010 年，为了丰富外来务工人员业余文化活动，开展“新杭州人文化家园”创建活动，推荐上报杭州华宏压铸有限公司为“新杭州人文化家园”示范单位。2011 年，与妇联、团工委联合举办“三八”节演讲比赛。动员企业员工参加“推进城市化，幸福五常人”演讲比赛。以“职工大舞台”为平台，丰富职工文化生活。开展“区总工会文艺节目进企业活动”，为浙江达峰科技有限公司 500 余名员工送上一台节目。利用应急救助专项资金，慰问富春制衣（杭州）有限公司的困难职工身患尿毒症的胡飞云。2013 年，推动创业带动就业，联合劳保科共同举办用工招聘会 2 场。招聘会有 50 余家规模性企业参加，提供 600 余个岗位，涉及车工、缝纫工、服装 CAD 放码、服装样衣工、电焊工、钣金工、普工、插件操作工、检验员等 20 余个工种。对街道区域内的所有企业通过会议、培训等形式进行了宣传发动，共有 20 家企业、1188 名职工参加了医疗互助保障。2014 年，切实履行好工会在困难帮扶中第一知情人、第一报告人、第一责任人的职责。街道总工会根据《关于进一步加强职工维权帮扶机构规范化建设的实施意见》要求，健全街道、社区、基层工会三级帮扶联动网络，建立各级帮扶网络人员的名单。扎实开展“春送岗位、夏送清凉、秋送助学、冬送温暖”及“平安返乡”系列活动帮助职工解决实际困难。年内，对 10 名困难职工进行走访、慰问；对杭州华剑五金有限公司、杭州西子混凝土有限公司等 12 家企业的 623 名高温一线作业的职工进行防暑降温慰问活动；帮助 10 名外来务工人员的子女入学等。积极推动创业带动就业，提高就业率。开展余杭区在职职工医疗互助保障工作，共有 2377 名职工参加了职工医疗互助，比 2013 年增长了 60%。

2015 年，街道总工会建立健全街道、社区、基层工会三级帮扶联动网络，建立各级帮扶网络人员的名单，过调查摸底，建立困难职工档案，做好困难帮扶工作。是年，对 24 名困难职工进行走访、慰问；对杭州西子混凝土有限公司、富春制衣（杭州）有限公司等 20 家单位的 1523 名高温一线作业的职工进行防暑降温慰问活动；帮助 6 名外来务工人员的子女入学；组织实施第二期医疗互助保障工作，积极落实第三期企业在职职工医疗互助保障工作，共有 2972 名职工参加了职工医疗互助；街道总工会联合文体中心在浙江宏丰立新控股有限公司、工人文化宫、荆山社区等10个地方举办2015“相约周末”文化夜市活动，举办相亲会及“相聚五常”轰趴活动；为营造健康生活、快乐工作的氛围，街道总工会在西溪软件园举办了瑜伽、太极拳培训班，工人文化宫举办了健身操培训班。2016年，对20名困难职工进行走访、慰问；扎实开展“春送岗位、夏送清凉、秋送助学、冬送温暖”“平安返乡”系列活动帮助职工解决实际困难，为了确保高温期间一线职工的身体健康和生产安全开展以“送清凉、保安全”为主题的高温慰问活动，对杭州西子混凝土有限公司、杭州富居数码科技有限公司等20家单位的500余名高温一线作业的职工进行了防暑降温慰问活动，送上了饮料、毛巾等防暑降温用品，让他们感受夏季的一丝清凉；帮助6名外来务工人员的子女入学；对外来务工人员发生突发性重大事故的及时给予临时救助；认真贯彻实施工会会员意外伤害及家财损失保障办法；组织实施第三期医疗互助保障工作，截至2016年10月共有25名职二获得医疗补助。积极落实2017年第四期企业在职职工医疗互助保障工作，召开班子会议，分工落实；街道总工会主席刘芳对职工医疗互助保障参加对象、资金来源、缴费周期、缴费标准、参加形式、参加程序等进行讲解和培训，明确任务，并明确街道总工会补助每个职工5元。2017年，全年走访、慰问15名困难职工。开展以“送清凉、保安全”为主题的高温慰问活动，要求企业和工地做好防暑降温工作，确保车间一线职工和外来务工人员的身体健康和生产安全，街道本级慰问福鼎家园G区块、富春制衣、华安医疗等10家单位的1000余名高温一线作业职工，送上毛巾、肥皂、沐浴露、饮料等防暑降温用品；帮助3名外来务工人员子女入学；组织实施第三期医疗互助保障工作，落实2018年第四期企业在职职工医疗互助保障工作，比2017年参加医疗互助的职工增加了1000余名（主要参加重大疾病和女职工特殊疾病）；做好劳模创新工作室的培育工作，培育以胡平、朱丰林为典型的劳模工作室。

2018年，建立各级帮扶网络人员的名单，通过调查摸底，建立困难职工档案，做好困难帮扶工作。确定困难职工的三个标准（重大疾病、家庭总收入、意外伤害），2018年春节慰问22名困难职工，慰问金额18800元。为146名职工申请职工医疗互助，申领互助保障金11.5万元。完成2019年的职工医疗互助参保工作，45家单位6801名职工参加2019年的职工医疗互助保障（任务数4702名）。以“四送四助”为载体，联合街道劳动保障科举办招聘会2场，开展以“送清凉、保安全”为主题的高温慰问活动。慰问达峰科技、重点工程项目等10家单位的800余名高温一线作业职工，各社区联合工会也在各辖区小微企业开展高温作业活动。完成优秀外来职工免费游余杭活动，举办“小候鸟”暑期培训班2期。

提升职工素质　2007年，充分调动职工积极性和创造性，积极组织职工技术比武和职工技能竞赛。本级工会组织企业职工开展了“家豪杯”锯片包装技能竞赛。所属基层工会也开展了多次技能比武，如杭州建益实业有限公司工会在切割车间、加工车间、缝纫车间和装配车间分别开展了主题为“质量优胜”劳动竞赛月活动。杭州华丰通信器材有限公司开展组装M3HZ机箱竞赛、攻丝竞赛。街道工会还组队参加“博卡杯”区级服装技能竞赛。还组织杭州家豪五金工具有限公司和杭州华丰通信器材有限公司的职工进行职工技能培训，参加培训职工183人，通过培训获得各类五级职业资格证书的职工为110人，获得各类四级职业资格证书的职工为18人，获得三级职业资格证书的为25人。在“创争”主题教育活动中，街道工会共上报学习型组织9个，学习型班组15个，职工学校2个，工人俱乐部1个，知识型职工29名。西子混凝土余慧敏、华丰通信张建方被评为余杭区劳动模范。

2007年1月，工会与文体服务中心承办了“湿地明珠，和谐五常”迎春美术、书法大赛，各基层工会、各村（社区）共16支队伍100余人参加了此次比赛。3月8日，工会与妇联一起组织了迎“三八”女子竞技赛，女职工250余人参加。4月25日，工会与文体服务中心承办了外来务工者“十佳歌手”大赛，余杭电视台也专程对比赛进行了采访。所属企业工会除积极参加街道工会组织的文体活动外，也积极自行组织各类文体活动，杭州宏丰家居材料城有限公司组织了庆中秋联欢晚会，杭州建益实业有限公司举办了迎“十一”登山活动，杭州赛明照明电器有限公司举办了“迎新春、贺新年”职工文体系列活动。2009年，在企业中积极开展职工思想教育工作。通过开展形式多样的职工思想教育，宣传社会主义核心价值和职业道德，并承办区总“职业道德讲座”3场。在职工中倡导爱岗敬业、与企业同呼吸共患难的奉献精神，开展爱岗敬业评选推优活动，推荐杭州华宏压铸有限公司职工方胜参加余杭区“奉献之星”评选。充分发挥已建的职工学校和工人俱乐部作用，积极开展规范化建设。其中，杭州家豪五金工具有限公司职工学校申报创建区级示范职工学校，杭州华丰通信器材有限公司职工俱乐部申报创建区级示范职工俱乐部。是年，以开展创建“工人先锋号”为抓手，推动职工岗位学习、岗位创新、岗位成才和岗位奉献。街道工会积极培育、挖掘和指导所属企业开展“工人先锋号”创建，年初推选的杭州赛明照明电器有限公司技术部一班已被评为余杭区“工人先锋号”。对浙江达峰科技有限公司电子仪器仪表装配工工种进行免费培训，共晋级22人，超额完成了区总下达的免费培训任务；通过对职工进行职业技能培训，职工技能晋级174人，其中初级工172人、中级工2个，积极开展涉及心理健康、女性健康、职业道德、安全生产知识及其他法律法规方面的培训，参加各类知识培训职工达1639人；深化“名师带高徒”活动，做好区级技能带头人续聘工作，章华根、魏广明、郑晓被聘为余杭区第二批职业技能带头人。2009年3月，杭州赛明照明有限公司技术部一班被区总评为余杭区“工人先锋号”。

2010年，举办余杭区“富春杯”区级二类服装技能大赛，3家服装企业共32名选手参加了比赛。发动基层工会开展技术比武：如杭州赛明照明电器有限公司举办灯具焊接组装包装技术的比武，杭州华丰通信器材有限公司举办电焊工、磨光工的技术比武，富春制衣（杭州）有限公司举办服装缝纫比赛，通过基层工会技术比武的活动，增强职工在工作中“比、学、赶、帮、超”的争创意识，激发职工争先创优热情。结合了街道开展的重点建设项目，动员广大职工在项目［如西溪水岸（二期）A区块项目、西溪雅苑（独圩区块）二标段项目和西溪庭院建设］开展立功竞赛活动。是年，共收到优秀合理化建议33条，已实施的建议为企业产生经济效益约15万元。如杭州达峰科技有限公司提出锡渣的再次利用，为企业每年节省7.5万元。以创建“工人先锋号”为抓手，推动职工岗位学习、岗位创新、岗位成才和岗位奉献。街道工会积极培育、挖掘和指导企业开展“工人先锋号”创建，动员组织基层工会广泛开展争创“工人先锋号”活动，有力地促进了经济社会发展和提高职工队伍的素质，发挥工会在共建共享和谐社会中的作用。有2家企业职工俱乐部（杭州达峰科技有限公司和杭州华宏压铸有限公司）达到规范化标准。共创建学习型组织2家（浙江华宏压铸有限公司、富春制衣有限公司），创建学习型班组1个（杭州达峰科技有限公司），争做知识型职工4人（张冬梅、许熊飞、焦永璠、高薇薇），创建1家区级示范学习型组织（杭州达峰科技有限公司），创建1个区级示范学习型班组（杭州达峰科技有限公司研发中心）。配合做好“职工学历提升工程”的宣传、启动工作。杭州达峰科技的12名职工参加“职工学历提升工程”的报名。杭州华宏压铸有限公司“职工书屋”经区总工会验收达标。

工会干部走访调研“和润之家”（2020）　（街道总工会提供）

2011年，两家企业工会（华宏压铸、达峰科技）申报余杭区“五一文化奖”。达峰科技获余杭区“五一文化奖”。发动所属企业员工参加“党在我心中”演讲比赛。代表五常街道参加选手演讲的《我的党员爷爷》进入决赛。动员企业工会的职工参加区级一类服装制造、电焊工技能大赛。在服装制作比赛3名选手成绩优秀获得高级证书。2011年，动员相关企业工会做好第三批区级百名技能带头人申报工作。浙江达峰科技有限公司的焦永番、刘伟和杭州赛明照明有限公司的郑晓3名职工申报第三批区级百名技能带头人。2012年，举办余杭区“富春杯”区级二类服装技能大赛，通过竞赛活动调动了企业职工赶先进、创一流的积极性，提升了企业管理水平，增加了效益。积极组队参加区级服装制作、电焊、计算机操作员技能大赛等一类大赛。积极开展合理化建议活动，共收到优秀合理化建议25条。如杭州达峰科技有限公司提出“焊工艺技术革新”，为企业每年节省120万元，为社会的低碳生活创造社会效益。有26名一线职工参加“职工学历提升工程”成人大专班报名。通过对职工进行职业技能培训，职工技能晋级198人，参加各类知识培训职工达1325人。2013年，街道总工会以“发展创新型经济、发挥主力军作用”活动为载体，结合街道实际，制定《关于开展2013年度职工创业创新活动的实施意见》，要求各基层工会结合自身实际认真组织开展创业创新活动。在富春制衣（杭州）有限公司举办区二类服装缝纫技能大赛，3家企业37名职工参加比赛。通过比赛张永花和鲍银红荣获高级工职业资格证书。积极组队参加了电焊工、维修电工、叉车工、服装缝纫等4场区级一类大赛。发动所属基层工会开展了内容多样的劳动竞赛或技术比武90%的基层工会开展了符合企业特色的技术比武（达峰科技组织制定实施意见开展电焊比赛，华丰通信进行冲床工、磨光工比赛等）。共收到优秀合理化建议25条。如杭州达峰科技有限公司提出“灌胶后检测效率和降低检验员作业强度”，为企业每年节省120万元。85%以上的基层工会开展了创建活动，杭州中艺实业有限公司、浙江达峰科技有限公司、浙江中博光电科技有限公司等3家企业成为职工合理化建议“诺贝尔”模式典型企业。深入开展“五小”竞赛活动，推荐达峰科技有限公司海信空调智能测试平台开发小组参加区“五小”竞赛活动创新型班组评选；吉品岚的回流焊温度故障报警联动装置以及刘伟的飞利浦无线机推荐参加区“五小”竞赛活动创新能手评选。选树浙江达峰科技有限公司焦永璠高技能人才创新工作室为培育典型。推荐焦永璠的电子放大镜参评区“十大职工先进操作法”。浙江达峰科技有限公司的焦永璠被授予“余杭区2013年劳动模范”称号；浙江达峰科技有限公司的研发中心被授予“杭州市2013年模范集体”称号。2014年，深入实施职工素质提升工程，街道总工会积极承办“十八大精神宣讲”“社会主义核心价值体系宣讲”等活动。制定“职工读书月”活动方案，并开展活动，共有12名一线职工参加“职工学历提升工程”成人大专班报名。以企业为主体，开辟技能人才培养的多种途径，通过对职工进行职业技能培训，职工技能晋级148人，主要包括物业管理、电工及中式面点师。开展涉及心理健康、女性健康、职业道德、安全生产知识及其他法律法规方面的培训，参加各类知识培训职工达1176人。

2015年，以“中国梦·劳动美”为主题，开展社会主义价值观宣讲、职工钓鱼比赛，职工定点投篮比赛等活动，在西溪软件园金牛座、中博光电、明华物业开展法律知识3场培训；以“创业创新、岗位建功”活动为载体，在富春制衣（杭州）有限公司举办区二类服装缝纫技能大赛，组队参加了维修电工、电焊工等区级一类大赛；发动所属基层工会开展了内容多样的劳动竞赛或技术比武，沃尔玛（浙江）百货有限公司杭州山姆会员商店举办了三类叉车工技能大赛；召开职工创业创新动员大会，对2014年度的合理化建议、班组、“五小”活动先进单位和个人等进行了表彰。通过对职工进行职业技能培训，职工技能晋级340人。2017年，街道总工会以“践行新理念，建功十三五”为载体，发动基层工会开展内容多样的劳动竞赛和技术比武，举办“富春杯”二类服装缝纫技能大赛，2家企业32名职工参加比赛。职工晋级150名，其中高级工10名。2018年，由中博光电科技技能工作大师室牵头，举办一期维修电工的高级工培训班，通过“培训+竞赛”的方式推进职工技能晋级工作，有25名职工取得高级证书，并获得杭州市的高技能人才奖励。开展“职工书屋”“职工学校”和职工俱乐部创建工作，丰富职工业余文化生活；搭建职工文化提升的平台，结合“最美职工”“余杭工匠”等活动，发掘优秀职工。

强化队伍自身建设 2007年，完成区总工会的9家建会任务，工会会员达3793人，职工入会率90%以上，其中农民工入会率80%以上。职工200人以上的企业全部配备了专职工会干部。参加区总工会举办的工会主席规范化岗位培训，培训面达50%以上。街道工会也举办工会干部培训2期。此外，督促单建基层工会按时足额拨缴工会经费，2007年上解工会经费263996.10元，督促联合工会按时足额拨缴工会经费，上解工会经费35140.97元。街道工会和基层工会建账立制率达到100%。举办工会财务知识培训，并进行了财务互助组的互查交流。所属基层工会100%建立工会档案。街道、企业、工会三方还就村、社区建立工会组织问题和要求解决工人文化宫场所问题召开了联席会议。2009年，开展创争活动。共创建学习型组织3家（浙江达峰科技有限公司、杭州泛帛服饰有限公司、杭州三禾粉体涂料有限公司），创建学习型班组4个（杭州华丰通信器材有限公司一车间、浙江达峰科技有限公司品质部外检科、浙江达峰科技有限公司研发中心、杭州三禾粉体涂料有限公司质检组），争做知识型职工17人，创建1家区级示范学习型组织（杭州华丰通信器材有限公司），创建1个区级示范学习型班组（杭州华宏压铸有限公司车间），并推荐杭州华宏压铸有限公司职工丁连根参加2007—2008年度知识型职工评选。2009年，开展深化工会工作创新年活动。新组建单建工会4家（包括1家日资企业）；新建社区联合工会6家，新建1家服务性企业工会——杭州伊甸园园林绿化有限公司工会，新建1家行业工会——五常街道锯片行业联合工会。职工25人以上建会率100%，规模企业和外资企业建会率100%，会员数比去年增加16.7%，职工入会率达到98.9%，农民工入会率达到99.1%。同时，开展工会规范化建设。街道工会召开会员代表大会例会，并建立向党委汇报制度；动员基层工会开展AAA级创建，创建AAA级基层工会4家，创建面达10%；基层工会直选率100%；所属基层工会满意率85%以上，基层工会领导干部民主评议率75%以上。职工200人以上建会企业2家，均已配备专职干部；新任工会主席参加规范化培训率100%（和山科技、达峰科技），并获得培训证书；社区工会主席参加区总培训率100%。建立五常街道工会经审工作制度，工会领导每年听取、研究经审工作达4次以上，对所属基层工会进行工会审计面达43%。做好基层工会考核评价工作。制定《五常街道工会重点工作目标责任制考核办法》和《五常街道基层工会评价制度》。2010年，新组建工会5家（包括1家服务行业），建会率100%。在街道领导的支持下落实了工人文化宫的人员及卫生绿化问题。创建社区AAA级2家（顾家桥、荆丰），AAA级企业工会5家（杭州西子混凝土有限公司、杭州宏丰家居材料城有限公司、杭州鸿鸣电器有限公司、杭州建益实业有限公司、杭州和山科技有限公司），创建面达到31.25%；积极组织基层工会领导干部民主评议，53家单位进行基层工会领导干部民主评议。

2011年，推动企业依法普遍建立工会组织，有5家单位建立工会（卫生院服务中心、杭州达然节能厂、杭州法亚工艺品有限公司、杭州华安医疗保健用品有限公司、杭州卡丽科技有限公司）。做好新建和到期工会的集体合同协议、工资集体协商协议、劳动安全卫生协议、女职工专项集体协议的四项制度协议签订工作，使各项协议签订率100%。到6月为止，新签集体合同5家，续签12家。顺利完成社区工会换届选举工作，2个社区在上年已经进行换届选举，该次换届选举的是7个社区。2012年，共新组建企业工会4家，新发展会员1100名，街道总工会共有基层工会57家，其中企业工会45家，社区联合会工会9家，事业单位工会3家，行业工会1家，拥有工会会员7910名。2012年，探索工作新方法。成立工会志愿者服务队，建立红蓝黄预警机制，为加强经审工作，建立了基层工会经费审查交叉审计制度，47家基层工会分成3个审计组，各组设正副组长，由组长牵头组织交叉互审及交流探讨。以深化创先争优为动力，推进工会自身建设再上新台阶。创建AAA级社区3家，AAA企业工会5家。2014年，共新组建企业工会5家，新发展会员222名。街道工会共有基层工会60家，其中社区工会联合会9家，企事业工会3家，行业工会1家。实时更新企业相关信息，及时掌握本街道非公企业的最新动态，实行组建和职工入会率100%。对所属基层工会经费60%划拨入工会账户进行催拨工作，同时对基层工会经费合理使用进行审计。是年，切实加强工会干部队伍建设，不断提高工会干部服务科学发展、服务职工群众的能力水平。为提升工会干部法律法规知识，街道总工会举办培训班，街道总工会全体班子成员及所属企业工会主席参加培训班。为提高工会财务干部业务能力，推动基层工会财务规范化建设，街道总工会举办工会财务培训班，来自9个社区工会财务人员及基层工会财务互助组的60余家工会财务干部参加培训。深入开展党的群众路线教育实践活动，制定街道总工会“五联系”工作制度，开展“三个转变”大讨论活动。同时，结合街道实际，设置创建工作载体，按照“创新型、服务型、实力型”工会建设标准，开展本级及区级创建活动。

2015年，依法推动工会组建和会员发展，共新组建企业工会5家，新发展会员721名，

五常街道总工会"三八"节女职工观影活动（2020）
（街道总工会提供）

街道总工会共有基层工会58家，其中企业工会45家，社区工会联合会9家，事业工会3家，行业工会1家；认真做好楼宇工会建会工作。街道总工会强化民主管理4+X制度，在浙江达峰科技有限公司等10家单位设立"总经理信箱"。2016年，共新组建企业工会2家，新发展会员100名。至此，街道总工会共有基层工会57家，其中企业工会44家，社区工会联合会9家，事业工会3家，行业工会1家。是年，为提升工会干部法律法规知识，街道总工会举办培训班，街道总工会全体班子成员及所属企业工会主席参加培训班；强化民主管理4+X制度，在浙江达峰科技有限公司等10家单位设立"总经理信箱"；为推动基层工会财务规范化建设，街道总工会举办工会财务培训班，9个社区工会财务人员及基层工会财务互助组的57家工会财务干部参加培训。2017年，建会企业56家，其中企业工会40家，社区工会联合会11家，事业工会4家，行业工会1家。完成五常街道工会第二次代表大会换届选举工作会议。2018年，针对五常蓬勃发展的新经济组织，街道总工会积极探索党工共建模式，如浙江学海教育、大搜车等重点企业纷纷建会，新组建企业工会4家，新增会员820人。做好实名证会员登记工作，有实名证会员6555人。努力推行杭工e家App，有717人完成App下载。

第二节　共青团

20世纪50年代初，各乡陆续开始建立新民主主义青年团乡支部委员会。1956年，建立新民主主义青年团五常乡总支部委员会。1957年5月，新民主主义青年团改名为共产主义青年团，乡团组织随之改名。稍后，改称共产主义青年团五常人民公社委员会。"文化大革命"初期，公社团组织均受到冲击，被迫停止活动。1970年后，恢复建立了公社团委，基层团组织也作了相应的变动。

2001年8月，余杭区乡镇行政区划调整后，五常乡建制并入闲林镇，乡团委随之撤销。2007年12月，建立余杭区五常街道，街道共青团组织相应建立。

境内共青团组织自建立时起就在中国共产党领导下，团结带领广大团员和青年参加社会主义革命和建设，开展适合青年特点和富有时代特征的活动，成为中国共产党的得力助手。

一、组织

1994年1月，共青团五常乡第十二次代表大会召开，选举产生新一届乡共产主义青年团委员会，书记姚国良。1996年4月，共青团五常乡第十三次代表大会召开，选举产生新一届乡共产主义青年团委员会，书记何维国。

1999年5月18日，共青团五常乡第十四次代表大会召开，选出乡第十四届团委。2001年8月，五常乡撤销，10月乡团委终止。2007年12月，五常管委会团工委变更为五常街道团工委，沈延峰任书记。2012年5月28日，召开五常街道团代会，选举产生五常街道新一届团工委，尤李杨（女）任书记。2017年，召开五常街道团代会，选举产生五常街道新一届团工委，钱哈诺任书记。

二、主要活动

中华人民共和国成立初，境内各乡青年组织动员青年参军参干，参加土改、镇压反革命、“三反”、“五反”和社会主义改造运动及兴办冬学、民校，开展农村文化活动，团员积极带头，成为青年的榜样。此后，团组织根据各个时期形势和任务，组织团员、青年学习马克思列宁主义、毛泽东思想，进行爱国主义、社会主义、集体主义和共产主义理想、道德、纪律、法制等教育。20世纪60年代，投入学雷锋、做好事，开展“比、学、赶、帮”竞赛活动。70年代后期，开展“争做新长征突击手”活动。1978年中共十一届三中全会以后，团组织适时引导青年参与全党的工作重点转移到社会主义现代化建设上来。1981年，团组织开展讲文明、讲礼貌、讲卫生、讲秩序、讲道德，心灵美、语言美、行为美、环境美，热爱祖国、热爱社会主义、热爱中国共产党的“五讲四美三热爱”活动，共青团员上门为老弱病残者服务，为困难家庭排忧解难，弘扬见义勇为、助人为乐风气。“五讲四美三热爱”活动中涌现一批先进人物。1989年，团县委、县科学技术委员会、县乡镇企业管理局联合组织开展“青年星火带头人”活动，培养一批适应现代化农业所需的科技和发展农村规模经济的带头人。1993年12月底，青年志愿者上街为群众服务，拉开“青年志愿者行动”序幕。随后乡团组织组建青年志愿者服务队，使该活动经常化。1994年，“青年星火带头人”活动立足农业基地，有百余名农村团员、青年接受实用技术培训。1995年，共青团余杭市委印发《余杭市农村青年奔小康活动实施意见》，在各村中开展奔小康达标竞赛，并与林业水利局联合开展营建“青字号”水利工程活动。嗣后，五常乡团组织围绕中心工作，教育引导全乡团员青年树立正确择业观念，积极投身社会主义市场经济建设，组织开展争创“青年文明号”和争当“青年岗位能手”活动，提高青年职工科技创新能力，为企业创效作贡献。指导全乡农村团组织开展基层团建示范创建活动，提高农村青年科学文化素质。研究、指导全镇中小学共青团、少先队工作在全面推进素质教育中发挥作用，精心实施爱心助学等，并在工作中不断提升自身素质。

2007年，五常街道团工委建立后，各项工作步入规范、常态，且有所创新。

服务中心工作　2007年，中共余杭区委和区政府成立湿地指挥部，并派遣50多名干部帮助开展工作。五常管委会安排5名班子成员和30多名工作人员参加指挥部工作，其中均为青年干部，他们积极参与评估、签约、腾房等动迁工作，使工程很快进入建设阶段。2009年，五常街道从实际出发，制定生态建设规划和实施方案。街道团工委开展绿色创建工作，奋战在新铺设污水管、建设污水处理池及全面完成废弃矿山综合整治、石矿实施全面覆绿一线活动中。2010年，团员青年在创建“平安街道”，构建“打、防、控、疏”一体化机制中发挥作用，有效预防和化解社会各类矛盾。2013年，团员青年参与全区美丽乡村建设，整治村容村貌，推进“三改一拆”“清水治污”等相关工作。共青团组织作为参与社会治理、“平安余杭”“法治余杭”创建的最大优势和载体。并加强专业志愿者队伍建设，深化一社区一特色志愿服务品牌，实现志愿服务常态化。同时，抓住政府职能转变、政府购买服务等机遇，积极建立社会组织。嗣后，街道志愿者工委不断强化自身建设，重点突出指导功能，引导、帮助社区志愿服务站和志愿服务队因地制宜，以项目化运作方式开展志愿服务活动。充分发挥社区团组织负责人的“领头羊”作用，创新设立并积极推广社工志愿服务站点。着力完善志愿服务回馈机制，有效增强居民群众对社区志愿服务的参与度。2014 年，组织青年志愿者开展“学雷锋”服务、广场志愿服务、植树节活动、端午节志愿活动、慰问独居（空巢）老人等活动。1 月，街道团工委组织团员志愿者 20 余人开展“五水共治”河道清理活动；3 月 5 日，街道团工委组织社区志愿者开展志愿服务活动，提供理发、量血压、金融业务知识宣传、电信业务办理等便民服务。是年，街道团工委以服务青年就业创业为宗旨，整合社会资源，采取多种形式服务青年就业创业，通过培训、交流等方式，努力使青年获得较多的就业创业机会。积极动员企事业单位团体争创各级“青字号”品牌。2017 年，推动志愿服务规范化，以志愿者服务管理平台为基础，在街道内推广志愿汇 App 使用。通过“一划三定”（科学合理划网格、规范管理定时间、提高认识定着装、确保落实定职责）、“一考三培”（多种渠道考核激励、专兼结合培植队伍、思想引导培养意识、多种形式培训提升）、“一扩三优”（扩大基层治理队伍、优化问题处置机制、优化督查反馈机制、优化民主协商机制），推动 11 个社区党员平安志愿巡逻队规范运作、提质促效。组织各基层团组织重点围绕“美丽余杭”建设、城中村改造等中心工作开展志愿服务。牵头各社区团支部组建 11 支 370 名志愿者的社区文明劝导队；落实 10 名团支书认领 11 条劣Ⅴ类河道，带领“河小二”青年志愿者开展治水志愿服务 20 余次；荆山社区团支部、西溪风情团支部联合西湖环保志愿者每周末开展垃圾分类志愿服务活动，累计各达 200、100 余期，积极助力“美丽五常”。推进青年文明号、青年安全示范岗等青字号品牌评比，争创区级青年文明号各 1 家、青年安全示范岗 1 家。推动志愿服务常态化，在“3 · 5”学雷锋日、“五四”青年节、“12 · 4”法制宣传日等主题日开展综合志愿服务。扎实做好十九大、互联网大会、文明创建、“一节一会”等重大活动和重点工作的服务保障工作。做好志愿者培训、管理等工作，推进余杭农商行五常支行、五常街道卫生服务中心、五常小学等志愿服务点的规范有效运行。

2018 年，五常街道团工委围绕区委“干好一三五，争当排头兵”工作要求，探索推行“青 +”计划，紧密联系团结广大团员青年，为打造建设“湿地明智，创智五常”贡献青春智慧和力量。推行“青 · 团”计划，聚焦政治引领在线，组织下属团组织负责人开展团的十八大会议精神学习会、观看改革开放 40 周年直播等活动，并通过 QQ、微信等载体实时推送学习资料，做到集中学和分散学、线下学和线上学相结合。协助做好杭州市、余杭区青联委员候选人提名考察工作，扎实开展新兴青年群体摸底调查工作，排摸新经济、新社会组织等从业人员代表 13 人，组织开展新青年活动 2 次，辐射 600 余人。推行“青 · 创”计划，聚焦联系服务在线。结合“五四”青年节，街道团工委在华立创客社区开展题为“不负青春、为梦而创”的创意集市暨志愿服务嘉年华活动。辖区 20 家青创企业参加，也有人才新政、法律咨询、手机贴膜、衣物缝补等政策宣讲和志愿服务，为园区青年、人才搭建了一个互动交流展示的平台。依托西溪软件园青年之家开展舞蹈创作、瑜伽、手机摄影、插花技能等培训活动10余次，辐射园区青年300余人。积极参与“青春阅读·爱心接力”活动，推荐申报“悦读益站”5家；推荐农商行五常支行营业部争创“青·助跑”主题活动“示范集体”、任丽霞申报最美“跑小青”；在中博光电推进青年安全示范岗创建和青工技能比武。联合社会事务管理科和杭州支点公益通过公益创投项目培训会、评审会等形式，协同推进青年社会组织培育，2018年新培育青年社会组织3家，其中众心社会工作服务中心参加余杭区公益小匠创新创业争霸赛获得创益奖，获得公益创业咨询、4万元大赛奖金、为期1年的后续服务等。推荐和合社会工作服务中心和众心社会工作服务承接，“平安余杭我参与”主题月中对辖区48个园区、商业综合体、重点企业等的平安宣传、志愿者招募和活动组织等。项目金额10万元。2018年，抽调机关、社区11名年轻干部到“美丽余杭”建设暨全域基础环境整治工作领导小组办公室挂职，一线参与，助力美丽。落实10名团支书认领辖区11条河道，带领“河小二”青年志愿者开展治水志愿服务20余次。通过垃圾分类宣讲、演示、绘图等形式，以“大手牵小手”、环保小卫士等载体，致力垃圾分类宣传、引导常态化。荆山、西溪风情等团支部联合西湖环保志愿者每周末开展垃圾分类志愿服务活动，累计500余期。是年，积极参与“平安余杭我参与”主题月活动。第一时间对网格长、全科网格员、社区团支部书记进行志愿汇安装、活动创建等业务培训，指导网格长、专职网格员完成志愿汇组织版账号注册，落实技术支持。按每个网格每周不少于两次、每次不少于20人且人员不重复原则对辖区55个网格志愿者数进行每日通报，并对活动开展情况进行督查。活跃平安志愿者14278人，占当地常住人口总数的9.5%。8月，完成文一社区西溪北苑、五常社区西溪水岸两个“微星苑”建设（志愿服务固定点提升，实施五个微核心，落实五个常态化），引入杭州支点公益协助站点运营，开展活动50余场，服务群众千余人。并指导西溪风情、云创等社区探索将每月第一个周六的“全民清洁日”提升为“全民公益日”，丰富主题日活动，推动志愿服务常态化。2019年，五常街道团工委围绕“三个全域”和“五个五常”建设，坚持“党建带团建，团建促党建”，以服务街道中心工作、凝聚青年、服务青年成长成才为方针，不断提高团组织的服务能力、凝聚能力、学习能力、合作能力。是年，助力“中心点”，推进青年建设社会。开展平安巡查活动，对辖区店面、出租房进行消防安全隐患排查，发放平安余杭、禁毒、防范非法集资宣传资料，确保“双创周”期间安全稳定，共发动志愿者200余人次。组织青少年开展垃圾分类督查、宣讲等工作，营造垃圾分类人人参与的良好氛围；展开形式多样的垃圾分类科普课程，如“环保酵素制作”课、垃圾分类编程公益课等，共吸引百余

“新时代创客说”宣讲会（2020） （街道党群服务中心提供）

人次参与。围绕青少年在学习、生活、成长中团结互助、爱心帮困等优良品质的培养，组织青年参加各大招聘会，组织待业青年参加成校技能培训，帮助青年掌握就业技能，引导青年转变就业、创业观念。

青少年心理讲座（2019）（街道团委提供）

服务青少年 2013 年，继续做好青少年服务管理和预防工作，强化五类（有不良行为或严重不良行为的青少年、闲散青少年、农村留守儿童、流浪乞讨青少年和服刑在教人员未成年子女群体）重点青少年群体服务管理和预防犯罪工作，推动青少年维权的制度化发展。以法治宣传、法治教育为重点领域，推动青少年学法、懂法，运用法律武器保护自身权益，推动青少年维权的法治化发展。以“人大代表、政协委员与青少年面对面”“关爱小候鸟”“青少年维权岗”等为重点载体，建立倾听青少年呼声、反映青少年诉求的工作机制，推动青少年维权的常态化发展。2014 年，为遏制和减少未成年人违法犯罪，对学校、村（社区）的未成年人进行摸底，特别是单亲、特困、留守、服刑人员子女等重点特殊人员通过平台进行系统录入。开展关爱、帮教。组织志愿者队伍会同老师、家长、社区干部等“多对一”经常性开展心理辅导、学习帮助、生活帮扶等帮教工作。在五常中学举办“预防未成人犯罪——平安校园法制行”宣传教育系列活动。2016 年，结合“六一”儿童节，组织团工委班子成员分别对辖区内的结对困难儿童进行走访、慰问，并了解他们的学习生活，发放手拉手助学金。2017 年，街道团工委联合关工委继续深化与马蹄莲教育和杭师大教育学院团委合作，吸收辖区外来务工家庭子女、“留守少年儿童”等青少年群体 240 余名，开办 3 期“暑期小候鸟夏令营”，在课程设计中注重突出爱国主义、传统文化和时政热点的结合，开展“我的梦、中国梦”、小小河小二等主题教育、实践活动，并通过“创智五常”公众号开展“最美河小二”线上评选活动，收到良好的教育和宣传效果。与此同时，街道团工委、司法所和浙江工业大学之江学院三方共建在五常小学成立“大手拉小手”漫画社团，吸收喜爱漫画的学生 40 余名，每周四下午之江学院老师在社团开课，听故事、讲案例、学技艺，将原本枯燥的法律知识与活泼的动漫有机结合，学生们乐于参与、受益匪浅。12 月 7 日浙江卫视对此活动进行采访报道，《浙江法制报》也刊出报道《画笔“描”法》。团工委还与工会、妇联、经发等协同做好人才服务工作。完成 E、F 类高层次人才认定 36 人，完成人才购（租）房补贴、新引进应届高学历毕业生生活补贴申请、高层次人才“旅游券”发放等工作。通过“创智五常　星动未来”十二星座园区群英会、创业创新大赛、企业课堂等活动载体，辐射十二园区，会聚创业青年人才。2018 年，由街道团工委、关工委、总工会联合发起，由马蹄莲教育具体实施的马蹄莲快乐假日学校从 7 月 3 日开营至 23 日结营，覆盖“小候鸟”100 余名，在课程设计上涵盖书法、国学经典、绘画、军事拓展、感恩课程、安全教育等，师资上引入杭师大和浙工大教育师范系专业志愿者42名。按照三年建设计划，有序推进西溪风情、文一等5家青少年俱乐部创建，开拓假日学校、暑期第二课堂、公益课堂等载体平台，丰富资源，完成活动50余场次，辐射青少年700余人。在核清底数的基础上，落实团支部书记、网格员等力量精准帮扶。认真组织安排好“余高三走进”、大学生暑期实践等活动，主动与杭师大马克思主义学院、文创学院等对接，吸收学生到党群、宣传、美丽办等科办暑期实践，共计14人次。2019年，为纪念五四运动100周年，街道团工委联合城管服务中心和支点公益开展环保嘉年华活动，共有38名志愿者参加该活动，吸纳市民参与1400余名；“3·5”学雷锋日，各基层团组织开展关爱老年人免费理发健康义诊、爱心助学、贫困帮扶等形式多样的学雷锋志愿者活动；“五九”精神主题月，开展“我心中的‘五九’精神”座谈会，讨论怎样传承“五九”精神，增强当代青年的责任和使命感；结合世界地球日，联合浙江测绘与地理信息科技博物馆开展宣传主题为“守护自然资源，科学认识地球”科普活动。针对流动人口集聚区域，外来务工家庭子女和留守儿童基数较大这一现状，街道团工委联合关工委与教育机构、杭师大教育学院团委合作，吸收辖区外来务工家庭子女、“留守少年儿童”等青少年群体百余名；做好“余高三走进”、大学生暑期实践、杭师大实训基地等活动，共吸纳来自余杭高级中学、省委党校等17名学生于街道、社区展开挂职工作。拓展青少年俱乐部建设，按要求建立青少年活动阵地、培养青少年活动人员，共新申请建立社区青少年俱乐部4家；要求已建立青少年俱乐部社区建立活动安排表，按需开展青少年活动，上半年6家青少年俱乐部及其他社区共举办暑期乐读活动、暑期第二课堂、篮球嘉年华、假日小队、垃圾分类亲自作画等系列活动50余场，共吸纳青少年参与1000余人次。

自身建设 2007年，积极办理各村、社区优秀青年入团工作，“五四”青年节期间发展新团员。2008年，完成街道、村社区团组织换届选举，对社区团支部负责人进行调整。2012年，加大团干部的培训力度，针对新任团支部书记实施区、街道两轮培训。按照习近平对团干部提出的“忠诚、敏锐、活泼、实干”要求，结合“三改一拆”“四边三化”“五水共治”等重点工作，践行党的群众路线，深入青年学习和生活的环境中去，在面对面交流、心贴心服务中密切联系青年，做青年友，不做青年“官”。2012年，以落实“服务创新创业青年”为己任，搭建青年创新创业平台。2013年，针对辖区内非公企业的规模比较小，劳资关系对共青团组织接纳度小，建团条件不成熟，建团数量不多，团组织活动资源和场所受限制较多的情况，做好“联”字文章：依靠工会的触角将团工作深入企业、行业中，开展行业活动，和工会组织在经费上相互支持，活动上联合开展。2014年，认真贯彻团建工作责任制、例会制度，定期召开工作例会部署任务，研究讨论重点工作。结合团区委志愿者平台管理工作要求，进一步完善志愿者信息。在团工委所属

五常街道“青春赛党史 越野知识竞赛”活动（2020）

（街道团委提供）

各团支部均建立信息员，并开通微博，结合线上各类活动开展网上宣传。同时把信息工作纳入团的目标考核工作中，坚持奖惩并用，充分调动信息员工作的积极性。积极摸底调查辖区内各类非公企业，通过调查摸底，在非公企业中新建5家团支部。2016年，以“五四”青年节为契机，通过举办“圆桌畅聊会”“学习会”“读书会”三会打造沟通型团干部、学习型团干部、智慧型团干部。组织各村（社区）、事业单位的基层团干部开展“知团史、学团章、守团规”主题教育活动。结合“3·5”学雷锋纪念日、“五四”青年节、青年护河在行动、服务保障G20峰会、阳光助残、垃圾分类等在街道机关、各社区、银行、卫生院、学校设立志愿汇服务基点，上千人参与到志愿汇中来。是年，将工会、妇联、司法所、城管中队、巡防队、非公企业的各类群众力量有机整合、搭配提升，增加群团组织的活动影响力，夯实护河人员力量，街道层面每周开展三次巡河，及时将巡查情况通报河长及责任单位。2017年，根据街道整体换届工作安排，团组织换届工作通过“三个在前”，即人员排摸在前、谈心谈话在前、组织培训在前，顺利有序推进，完成9个社区团支部换届、两个社区团支部新建，选举产生团支部书记11名，委员8人，平均年龄27周岁，团支部书记学历均为大专及以上，党员比例73%，社区两委班子成员比例73%，换届后团干队伍素质更高、活力更强，为未来三年社区团工作奠定了扎实的组织基础。按照上级团委要求顺利完成下属12家非公有制企业团组织的换届工作，非公团组织进一步健全，团干队伍进一步优化。坚持党建带团建、党群共建，有效扩大团组织覆盖，重点加强互联网行业、科创园区等新兴领域的有效覆盖，新建西溪软件园、杭州网络安全研究所、边锋网络一园两企业团组织。从严把好“入口关”，坚持政治标准放在首位，严格入团程序，注重日常教育、培养考察，从源头保障团员质量，并稳步做好团员总量调控，全年发展团员31名，团学比例符合要求。5月4日，在五常中学开展“不忘初心跟党走”新团员集中入团仪式，各基层团组织负责人参与，集中观看《入团第一课》教育视频，进行“齐唱团歌、佩戴团徽、庄严宣誓、代表发言”等集中入团仪式议程，并邀请省团校刘东海老师作专题授课，对优秀团员青年、优秀团干部和先进基层团组织进行了集中表彰。是年，扎实推进“一学一做”活动。一方面街道团工委要求各级团组织动员广大团员青年关注“共青团中央”微信公众号，点读“一学一做”平台，开展自学；另一方面团工委通过QQ、微信、钉钉等平台的“团团群”及时推送学习资料、任务要求，下属团组织也结合实际用好微信、钉钉等组织内的线上交流群，营造浓郁、活泼的自学氛围；各团支部书记围绕“怎样做一名合格团员”上一堂主题团课；围绕“我的青春我的梦——学习总书记讲话　做合格共青团员　争当青年铁军先锋”主题，在下属团组织特别

小小亚运青年志愿者领袖活动（2020）　　（街道团委提供）

是五常中学团支部开展征文活动。2018 年，结合社区组织换届“回头看”推选社区正职后备干部 20 名，副职后备干部 38 名，赴嘉兴开展后备干部研修班。11 月至 12 月，组织街道 7 名社工参加余杭区“远航计划”班暨“青蓝学院”第二期学员招录工作，其中 6 人参加面试。从严把好“入口关”，坚持政治标准放在首位，严格入团程序，注重日常教育、培养考察，从源头保障团员质量，并稳步做好团员总量调控，全年发展团员 28 名。2019 年，抓规范建设。推进学校和社区团组织在严控团员发展、团员档案规范化、组织生活常态化等方面的组织整顿工作，完成五常中学团委换届等工作；建立智慧团建系统组织架构，完成毕业生团组织关系审核 2000 余次，完成本地发展团员录入 100 余人。抓阵地队伍建设。完成余杭农村商业银行五常支行会计综合部青年文明号创建申请工作；完成新一届团工委委员人选选拔推荐工作，完成述职评议会筹备工作。抓青年大学习。引导团员青年主动学习理论知识，不断拓展学习的广度，组织下属团组织负责人开展习近平总书记在纪念“五四”运动 100 周年大会上的讲话精神学习等活动，并通过 QQ、微信等载体实时推送团务知识学习资料，发动团员青年展开在线大学习活动。

第三节　妇女联合会

中华人民共和国成立初，杭县民主妇女联合会（以下简称妇联）发动妇女参加民主改革各项社会活动。1950 年“三八”妇女节前后，县妇联宣传生产度荒。1951 年，在乡、村两级妇联会组织领导下，妇女走出家务圈子，参加到各种社会活动中来。1954 年以后，随着互助合作化运动的开展，妇女彻底从家务中解放出来，成为与男子一样的劳动力，从家庭走向田野，与男子同工同酬，种田、养蚕，妇女组织成为互助合作运动中的生产生力军，进入妇女解放的一个新阶段。《中华人民共和国婚姻法》公布后，乡、村两级妇女组织积极响应，立即掀起宣传热潮，在组织全体妇女揭露封建婚姻罪恶，废除童养媳、寡妇不能改嫁等恶习的同时，提倡婚姻自主。

1957 年 11 月，民主妇女联合会改名为妇女联合会，乡妇女组织随之改名。在“农业学大寨”运动中，各级妇女组织带领妇女们组织“妇女突击队”“突击小组”等，参加农、渔业生产，兴修水利。1961 年后，五常人民公社召开妇女代表大会，选举产生公社妇女联合会。1966 年“文化大革命”开始，妇女组织被迫停止活动。

中共十一届三中全会后，农村妇女开始从单一田间生产转向以家庭种植业、养殖业、加工业、服务业为主的多种经营。1984 年 1 月，政社分设，恢复五常乡，选举产生乡妇女联合会，妇联工作趋于正常。1987 年，在妇女中进行“四自”（自尊、自信、自立、自强）和“四有”（有理想、有道德、有文化、有纪律）新女性教育。1989 年后，各级妇联发动妇女开展学文化、学技术、比成绩、比贡献的“双学双比”活动。2001 年 8 月并入闲林镇，10 月，乡妇联活动终止。2007 年底，为加快推进五常城市化步伐、实现与杭州主城无缝衔接，成立五常街道，街道妇联组织规模进一步壮大，工作成效增多。进入新时期，按照《中共中央关于认真学习宣传贯彻党的十九大精神的决定》提出的“工会、共青团、妇联等人民团体要充分发挥自身优势，开展各具特色的学习教育活动”的要求，在广大妇女中开展学习教育活动，进而引导妇女进一步坚定理想信念，更加坚定高举旗帜、紧跟核心、坚定不移跟党走的信念和信心，与新时代同行，为新目标奋斗，在新征程建功。妇联组织坚持落实新发展理念，组织动员妇女为家乡全面振兴发展贡献力量；坚持中国特色社会主义政治发展道路，组织引导妇女在民主法治建设中有序参与；坚持以人民为中心的思想，在维护妇女权益和服务妇女儿童民生中履职尽责；坚持培育和践行社会主义核心价值观，组织动员妇女在建设先进文化中发挥优势；坚持人与自然和谐共生基本方略，组织动员妇女在建设生态文明中展现作为；全面深化妇联改革，切实保持和增强政治性先进性群众性；推进全面从严治党，为服务大局、服务妇女提供坚强保障。

一、组织

乡、街道妇女联合会 中华人民共和国成立后，在建立乡政府的同时，境内各乡分别成立妇联。1950 年后，境内各乡陆续成立乡妇联，经培养考察，各乡均在翻身贫雇农中选配一名妇女干部任乡妇联主任，各村选配一名妇女主任，协助农会主任开展各项工作。1957 年 11 月，民主妇联改称妇女联合会。自建立乡妇联组织至 1956 年，各召开代表大会 3 次。人民公社化后，五常人民公社妇联带领广大妇女积极参与各项活动，尤在“农业学大寨”中表现突出。1984 年 1 月，政社分设，恢复五常乡。

自设立妇联以来，多次召开妇女代表大会，选举产生五常乡妇联执委会。历任主任（席）邵玉子、洪阿毛、王雪珍、殷桂娥、蒋阿娟。

2000 年 10 月 13 日，五常乡第十次妇女代表大会召开，选举产生五常乡新一届妇联执委会，主席蒋阿娟。2001 年 8 月，并入闲林镇。是年 10 月，乡妇联终止。2007 年 12 月，五常管理委员会妇女工作委员会变更为五常街道妇联，尤李杨任副主任，主持工作。2008 年 1 月，郭艳任主任。2012 年 5 月 29 日，召开五常街道妇女代表大会，选举产生五常街道新一届妇联执委会，郭艳任主任。2017 年，召开五常街道第三次妇女代表大会，按照区妇联相关文件要求，选举产生五常街道第三届妇联执委会。按照区妇联《村社区妇女组织换届实施意见》精神，制定街道村（社区）妇联换届实施意见，开展换届业务培训、对候选人进行联审，指导换届工作，完成村（社区）妇联换届选举工作。11 个社区妇联主席 100% 进村（社区）两委班子，其中进党组织 9 人，进村（居）委 16 人。举办培训，提高履职能力。举办村（社区）妇联执委在内的群团干部培训，通过志愿服务、清洁家园、妇女组织、美丽庭院创建等内容培训，提高新妇联执委班子对妇联工作、对自身使命的认识和担当。在村（社区）开展示范网格妇女小组创建活动，体现组织活力凝聚力。

村（社区）妇代会 村（社区）妇女代表大会，规模一般控制在 30 人左右，具体人数由各村（社区）视实际情况稍做调整。村妇代会（村、社区妇联）班子职数为 3 人，设主任（主席）1 名，委员 2 名。委员任职条件：年龄在 18 周岁以上的女性公民；政治上坚持邓小平理论、“三个代表”重要思想和科学发展观，自觉贯彻执行党的路线、方针、政策，遵纪守法，具有开拓创新、与时俱进的精神；工作上热爱妇女事业，责任心强，具有较强的表达能力和组织协调能力；作风上能密切联系群众，办事公正，有实干精神，在妇女群众中有较高的威信；年龄和文化程度具体参照村（社区）“两委”班子的要求；村妇代会主任（村、社区妇联主席）应是村（社区）党组织或村（居）委会班子成员。2013 年 12 月，各社区妇联新一届村妇代会委员召开第一次全体会议。按照有关规定，街道党工委和街道妇联确定的正式候选人提交妇女代表大会酝酿，然后以差额选举的方式选出新一届村妇代会（村、社区妇联）委员。通过无记名投票（或民主协商）办法，等额选举产生村妇代会主任（村、社区妇联主席）各1名。选举结束后，将选举结果报街道妇联，社区党组织签署意见，由街道党工委发文公布。至2020年，五常街道共有社区18个。按社区规模大小，荆山、顾家桥、横板桥、沿山河、景盛、西溪风情6个妇联班子职数由7人组成，五常、友谊、荆丰、永福、文一5个社区由9人组成，执委平均年龄为41岁。

二、主要活动

中华人民共和国成立初，杭县民主妇联发动妇女参加民主改革各项社会活动。1950年“三八”妇女节前后，县妇联宣传生产度荒。1951年，在乡、村两级妇联组织领导下，妇女走出家务圈子，参加到各种社会活动中来：组织秧歌队等宣传党和人民政府的政策方针，组织青年妇女参加民兵组织；配合农会斗地主，搞土改，分田地；在剿匪、肃反中，于每个路口站岗放哨。1950年“三八”妇女节前后，县妇联宣传生产度荒。20世纪50年代末起，妇联在城乡开展家庭文明创建活动，初期活动的主要围绕“两勤”方针：勤俭建国、勤俭持家。随着活动的深入和拓展，内容逐步丰富，形成在全社会倡导“尊老爱幼、男女平等、夫妻和睦、勤俭持家、邻里团结”的文明风气。1961年后，五常人民公社均召开妇女代表大会，选举产生公社妇女联合会，1966年起，“文化大革命”中，妇女组织被迫停止活动。

中共十一届三中全会后，妇女组织以经济建设为中心，结合实际及各自特点，团结群众开展各项工作，为社会主义“三个文明”建设做贡献。农村妇女开始从单一田间生产转向以家庭种植业、养殖业、加工业、服务业为主的多种经营。1989年起，组织开展“双学双比”。主要是在农村妇女中开展“学文化、学技术、比成绩、比贡献”竞赛活动。当时五常乡妇联积极引导各村妇代会参与活动，主要从三个方面进行开展：立足于科技兴农，对妇女进行文化科技培训；围绕提高农业综合生产能力，发展高产、优质、高效农业，组织开展适合妇女特点的生产竞赛；面向市场，推动改革，为参赛妇女提供社会化服务。同时，“巾帼扶贫行动”“三八绿色工程”活动作为“双学双比”活动的重要内容贯穿始终，一年突出一个重点，不断赋予活动新的内容。在机关、企事业单位的窗口行业推出了“巾帼建功”文明示范岗创建等活动。“巾帼建功”活动主要围绕三个重点开展工作：以提高城镇妇女素质、促进城市文明建设为重点，广泛开展妇女教育培训，激励广大妇女争先创优、岗位建功、岗位成才；以帮助下岗失业妇女创业与再就业，推动城市社区建设为重点，相继开展“巾帼助困行动”“巾帼创业行动”和“巾帼社区服务工程”等多项活动，有效促进了妇女创业就业；以树立行业新风，促进行业文明为重点，开展“巾帼文明岗”创建活动，不断丰富活动内容，拓展活动领域，促进“巾帼文明岗”进行业、进村（社），在构建社会主义和谐社会中发挥积极性的作用。在整个活动过程中，妇联在构建和谐社会中发挥了“半边天”和生力军作用，以代表妇女利益、促进男女平等为己任，一手抓发展，一手抓维权，切实履行妇联代表、参与、教育、服务和联谊的社会职能，探索奋进。围绕经济建设中心，服务大局，动员组织广大妇女积极参与经济发展，促进物质文明建设，投身“融入大都市、建设新余杭”率先基本实现现代化的建设中。结合社会主义市场经济体制和妇女工作的特点，在城乡妇女中广泛开展了“双学双比”“巾帼建功”“创建五好文明家庭”“双合格”等系列活动，全乡广大妇女积极投身于各项活动中，以立足岗位建功立业为主题，在提高妇女素质、激发妇女活力、凝聚妇女力量、推动妇女发展方面取得了显著成效。自1991年开展“巾帼建功”活动以来，乡妇联组织围绕工作大局，以提高城镇妇女素质为目标，以岗位建功、岗位创优为重点，以“巾帼社区服务工程”和“巾帼文明示范岗”创建活动为主题，动员城镇各行业、各界妇女参与创造新岗位、创造新业绩、创造新生活的巾帼建功活动，促进妇女岗位建功，岗位成才，进一步关心关注下岗失业妇女及城市贫困妇女，发扬“四自”精神，在推动经济社会发展和“三个文明”建设，充分发挥了妇女组织的作用。涌现出一批又一批体现高度职业文明、经济效益，在本地区、本行业，具有先进示范性的女性为主的集体、岗位和个人。

新时期的“五好家庭”活动，经历70年代末的恢复试点，80年代的巩固充实，90年代的深化提高，已经成为一项内容特定，形式新颖、影响广泛和效果扎实的群众精神文明建设活动。随着改革开放和现代化建设进程，2000年后，妇联开始实施“家庭文明工程”，围绕绿化美化生活环境、活跃家庭文体生活、普及科学法律知识、破除封建迷信和落后习俗、和睦家庭邻里关系五方面内容，开展了家庭读书、家庭教育、家庭文化、家庭健身、家庭环保等活动，在城乡家庭中影响广泛。

自2008年8月五常街道妇联建立以后，教育引导广大妇女树立正确的世界观、人生观、价值观，弘扬“自尊、自信、自立、自强”的精神，以提高妇女素质为己任，服务中心工作，维护妇女儿童合法权益，加强自身建设。

服务中心 2009年，围绕“清洁绿化健康文明”行动的总体部署，全面实施庭院整治工程。全面完成第一批、第二批、第三批8个重点推进社区近5000户农户的庭院整治工作。结合“一绕三线”整治工作、“清洁周”及“小手牵大手共建美好家园”等活动，全面深入开展庭院整治工作。是年，共发放倡议书5000余份、制作永久性宣传牌10块以及利用张贴标语、悬挂横幅、在村务公开栏中开辟专栏、设置墙体画等方式进行广泛宣传。举办一村一课培训班11期，将清洁庭院意识深入每家每户。开展庭院清洁户、示范户评选活动，并在公开栏予以公示。全街道清洁户达到80%，示范户达到5%。为进一步建立健全庭院整治长效管理制度，制定并印发《庭院整治“一村一课”培训制度》《庭院整治“信息卡”管理制度》《庭院整治工作月会制度》《庭院整治义务监督员督查制度》《庭院整治评选制度》等五个长效制度。2014年，五常街道庭院整治工

2020年，五常街道妇联婚姻家庭调解培训会召开 （沈伊能 摄）

作以“长效化宣教、拉网式监督、申报式考评、破解庭院整治工作难题”为工作重点，开展整治活动，发放庭院整治宣传手册2000余份，广告牌，横幅，LED屏等加大了对庭院整治工作的宣传力度，同时签订“门前三包责任书”1161份，签订率100%，清洁示范户申报率达到100%。举办“一村一课”培训7期，共培训妇女1550人次，其中老年人840人次、外来务工人员560人次；播放“美丽洲大讲堂”7场，参与1000余人；每月组织开展“清洁周”活动，利用五水共治、三改一拆、四边三化等工作做好宣传和整治活动，参与学生200余人次，妇女1500余人次，共发放宣传资料14500余份。与街道“五水共治”中心工作相结合召开了两次“美丽庭院”现场交流会，使街道的庭院整治工作得到了不断巩固和提升。横板桥社区、友谊社区、荆丰社区、荆山社区、顾家桥社区、永福社区6个社区、1161户家庭开展“美丽庭院”创建工作。其中，有800户家庭申报美丽庭院户，占家庭总户数的71%，有575户家庭被评为美丽庭院，占已开展美丽庭院创建工作家庭总数的51%。街道妇联定期召开庭院整治工作例会，听取各社区汇报情况，分析查找问题，督促并加以整改。年底，99%以上的庭院达到庭院整治合格标准，42%的庭院达到美丽庭院标准。

“五常洪嫂”发放平安家庭倡议书（2020） （街道妇联提供）

2015年，立足“家庭、维权、创业、能力”四大工作重点，围绕“联系和服务妇女”总体思路，有效引领妇联工作新常态。结合五水共治、垃圾分类、省卫创建等重点工作，进一步推进美丽庭院创建活动。全年共举办“一村一课”培训9期，培训妇女1250余人，庭院整治检查走访150余次，检查指导农户2000余户；发动1500余人次参与“清洁周”活动。共签订“门前三包责任书”1150份、发放公开信1800余份；2015年，全街道6个社区申报庭院整治示范社区，共有1150户申报创建美丽庭院户。同时，通过各社区妇女姐妹的自主报名，共招募到17名妇女组建成一支巾帼护河志愿者队伍。2016年，五常街道妇工委结合“组团联社”，街道、社区妇女干部、女党员、女组长、家庭志愿者等走村入户，并发放《致全区妇女姐妹的一封信》《携手服务G20共建平安大家庭——致全区广大家庭的一封倡议书》等共计1.5万余份，向广大居民宣传此次大会战整治、平安保障G20相关内容，引导她们积极配合、理解和支持大会战。组织巾帼帮劝队、巾帼护河队、家庭志愿者等各种形式巾帼志愿服务队伍，有100余人名，在大会战期间，严格按照此次专项整治工作的时间节点，充分发挥白+黑不怕苦不怕累的工作干劲，在拆违工作中，上门做好群众思想工作，违章建筑的排查摸底、评估工作，实现劝导帮扶、河道巡查、基层大排查等各类志愿服务150余次。4月底，五常街道妇联在荆丰社区举办围绕“五常街道综合环境专项整治行动”为主题的“圆桌畅聊会”，女组长、女代表和最美家庭代表等12人参加。会议通过传达大会战工作精神、六项重点领域专项整治情况、就在这次整治中如何发挥女性巾帼风采、引导周边群众做好思想工作配合政府做好整治工作、土地拆后利用、美丽庭院整治等工作进行讨论、提出意见建议。2016年，为引导全社会家庭进一步树立和传承良好家风，掀起“当好东道主，办好G20”的宣传教育热潮。五常街道开展“传承好家风 喜迎G20”家庭（family）志愿者行动，面向全社会招募家庭（family）志愿者队伍，营造全社会凝心聚力服务G20峰会的良好氛围，根据招募条件，共招募到50余名家庭志愿者，并已全部完成网上志愿者注册登记工作。表彰2015年度五常街道“美丽庭院”户、“美丽庭院”样板户、五好文明家庭、平安家庭、幸福家庭、绿色家庭、优秀巾帼志愿者、“五水共治”优秀护河志愿者等123户先进家庭和个人。

2017年，五常街道妇联组织围绕“扁平化服务、社会化运作、专业化队伍、项目化管理”的妇联工作新路子，继续开展美丽庭院示范带创建工作。在友谊、荆山、横板桥社区创建完成的基础上，完成永福社区2号24户农户的美丽示范带申报工作。结合“美丽余杭”建设，开展“美丽庭院”创建专项整治行动，全面动员开展“人人动手清洁家园大扫除”，组织党员、女户主等定期到公共区域进行义务劳动，各社区以网格小组为单位进行全面大整治。同时，开展“剿灭劣V类水”巾帼志愿者河道认领活动，来自11个社区的25名巾帼志愿者认领了五常辖区内的12条河道，做到每一条劣V类河道都有巾帼志愿者认领，每月两次开展护河巡查、积极参与护河宣传等工作，当好环境卫生监督员、河道保洁巡查员、政策知识宣传员，开展护河巡查活动130余次。并联合城管组织开展通俗易懂的垃圾“三化四分”知识讲解、“垃圾分类进学校”等宣传教育活动，提升家庭成员的环境环保意识、培养文明生活习惯。

维权服务 2009年，街道妇工委努力寻求妇女工作与街道城市化建设工作的结合点，拓展原有工作领域，引领妇女协调发展。结合实际，开展农村妇女综合素质培训、农村富余女劳动力转移培训和就业技能培训。如举办保洁员、花卉种植、家政服务的等适合妇女特色的培训。是年共开展妇女绿色证书培训220人，农民转移就业技能培训共300人，其中富余劳动力培训216人，失地妇女培训84人，转移就业173人，就业率50%以上。拓展“巾帼建功”活动领域。以“巾帼文明岗”创建活动为抓手，帮助和激励妇女岗位建功、岗位成才。扩大就业与再就业。3月7日，五常街道举办“促就业、谋发展”就业招聘会，共达成协议的共100多人，其中女性近70余人，切实为妇女提供了就业机会。拓展“巾帼文明岗”创建领域。努力引导“巾帼文明岗”逐步向新经济组织、新社会组织拓展，创区级“巾帼文明岗”1个（达峰科技有限公司综合办）。2009年，开展维权进村进社区活动，做到每个社区有场所、有牌子，有班子、有制度。重视日常维权。进一步完善维权信访制度，严格规范信访流程管理、来信处理回复等制度。全年各妇联组织共受理信访近百件，最大限度地进行解决。继续紧抓普法教育的重点对象，实行分层施教，以点带面，有针对性地开展法制宣传教育工作，广泛宣传《中华人民共和国妇女权益保障法》等法律法规，使之家喻户晓，营造共同维护妇女儿童的合法权益良好的氛围。采取现场咨询、发放资料、张贴标语等形式宣传男女平等、妇女维权等方面的内容。据统计，街道共发放各类法律读本500余册，悬挂横幅5条，解答法律咨询60余人。继续开展“千名妇女献爱心”帮扶活动。全年共新（续）结对25对，其中15对为低保家庭儿童。资助总额达3万元。3月至12月，对所辖的9个村（社区）的妇女进行免费妇女病普查，共有2500多名妇女得到免费检查。2010年，开展“三八”妇女节庆祝系列活动，在活动期间大力宣传男女平等基本国策和《中华人民共和国妇女权益保障法》，大力宣传妇女工作成效，展示妇女发展成就，扩大妇女工作影响。召开“三八”节表彰会、座谈，慰问妇女老干部等活动。做好全年妇女来信来访工作，凡有妇女来访必须认真接待，及时化解矛盾纠纷，全心全意为妇女群众服务。在做好日常来信来访的接待和调处工作的基础上，在机制上、政策上、源头上，畅通妇女申述渠道，维护妇女儿童合法权益。开展“关爱”行动。关心关爱妇女的身心健康，为农村广大妇女群众提供卫生保健知识宣传服务，与计生办联合开展对各村（社区）妇女开展一次农村妇女病普查，为妇女排除更多的健康隐患。

2016年，深入推进农村妇女素质培训工程，举办西式面点师、花艺培训、中式面点师、母婴护理员等实践操作培训班，共培训妇女203人。开展“春风行动”，促进妇女就业创业。五常街道举办2016年度春季人力资源招聘会，共提供岗位300余个，人才需求达到1800多人，400余人与招聘单位达成初步意向，其中女性150余人。随着西溪软件园金牛座“粉领驿站”的建立，街道资源整合，坚持“党建带妇建，妇建服务党建”的原则，充实、完善五常街道西溪软件园金牛座“粉领驿站”的活动建设，以“妇委会+群团+驿站”的模式，制定计划、整合资源、创新载体。年初，召开金牛座妇委会执委会议，收集意见建议。以妇联、党组织、团组织、工会等群团组织为带动，开展了健身操、瑜伽、摄影比赛、读书会等活动。结合2016年的服务保障G20峰会、综合环境整治大会战、“两学一做”等重点工作要求，组织金牛座妇女职工开展系列专题学习、培训，更好地发动广大妇女职工参与到街道重点工作中，使“粉领驿站”真正建成深受园区广大女职工依赖的温暖驿站。结合妇女节、儿童节等节日节点，开展“妇女维权周”法制宣传、妇女维权服务活动等宣教活动共4场，受益500余人次，发放妇女维权、法制宣传、《中华人民共和国未成年人保护法》等手册1000余份。是年，根据《余杭区选任镇（街道）妇联兼职副主席实施方案》要求，结合街道基层妇联干部队伍现状，按照“党建带妇建”的原则，通过前期宣传动员、摸底推荐、审查考察等实施步骤，在5月底，街道妇联召开第十届六次妇女代表大会，按照兼职妇联副主席选举的有关规定，采用举手表决的方法，等额选举产生两名兼职妇联副主席。2016年，五常街道妇联联合司法所、教育卫生计生科、五常卫生院等部门和单位在友谊社区西溪雅苑开展“家

妇联举办亲子编织课程（2020） （街道妇联提供）

庭（family）志愿服务暨‘三八’节维权咨询周”活动。活动通过悬挂宣传横幅、设立咨询服务台、摆设宣传展板、向群众发放宣传资料等形式，广泛开展《中华人民共和国妇女权益保障法》《中华人民共和国婚姻法》《中华人民共和国禁毒法》《艾滋病防治条例》，反家庭暴力、妇女维权等方面的宣传咨询，活动现场共摆放宣传板10块，发放宣传单、宣传手册、各类宣传品500余份，现场解答群众咨询50余人次，提供法律帮助6人，免费健康义诊50余人。

2017年，五常街道妇联联合综治司法所、工会、文体服务中心、城管等在西溪水岸广场开展“建设法治五常·巾帼在行动”——2017年“三八”妇女维权周活动以及“幸福女人节”文艺演出。活动现场共发放宣传册300余份，宣传品250余份。同时，开展庆“三八”法制教育讲座，横板桥社区联合浙江海高律师事务所举办庆“三八”妇女维权专题讲座，参加讲座的有妇女代表、计生协会成员、妇女同胞等80余人。

提升自身素质 2009年，街道妇工委加大妇女群众思想道德建设，不断营造健康、积极、和谐的社会氛围。制定并印发了家庭教育指导工作管理办法、合格家长学校评估标准等六项制度。继续开展家庭教育讲座进村进社区活动，全年共开展6场，直接受益2000多人。树立典型榜样。评选出38名“优秀家长”和19名“优秀家庭教育工作者”。在家庭建设上创特色。以和谐家庭创建为目标，拓展家庭建设的外延，不断提升家庭成员的文明意识、道德意识、环境意识。积极开展各级“五好文明家庭”、绿色家庭、平安家庭、节约型家庭、廉洁家庭等各类家庭创建活动，共评选出区级“五好文明家庭”1100户，乡镇级“五好文明家庭”4702户、绿色家庭1020户、“平安家庭”示范村（社区）3个、“平安家庭”4977户，其中省级绿色家庭1户。开展“尊老倡孝”活动。在街道范围内开展了具有各自特色的“尊老倡孝”活动，开展“敬老好家庭”的评选活动，共评选出“敬老好家庭”42户，进一步倡导尊老爱幼、夫妻和睦、勤俭持家、邻里团结的家庭美德。成立新居民妇女组织。在街道党工委、办事处的高度重视下，根据妇联组织全覆盖的要求，在经过充分的调查摸底的情况下，在广泛征求新居民妇女的意见下，12月14日，五常街道横板桥社区成立了第一届新居民妇代会。开展妇女双推优工作全年共发展女党员14名，占街道发展党员总数的36.8%，比上年提高了1个百分点。2010年，提升妇女素质，不断提升五常妇女的文明程度。根据五常实际情况，举办五常妇女就业培训班，通过培训，帮助农村妇女进一步解放思想，更新观念，提高创业创新能力，成为有文化、懂技术、会经营的新型女农民，使妇女就业率50%以上。

五常街道“最美系列”评比活动（2020） （陆文韬提供）

2015年，联合举办第三届家庭文化节。联合文体等部门举办第三届家庭文化节，包括寻找“最美家庭”及“传承好家风、培育好家庭”“清河治水、美丽人居”“美丽庭院、洁美家园”“分类你我他、共爱一个家”等主题活动。活动期间，全街道共有9个社区、5000余户家庭参与，受益2万余人次。共开展最美家庭评议会1次，收到好家规家训46条，好家风故事114个，好家教案例6个；评选出区平安家庭、五好文明家庭、绿色家庭、幸福家庭各5户、2对十佳好婆媳。全面推进家庭教育工作“十二五”规划实施，开展家庭教育讲座活动。全年组织各级“智慧姐姐”开展“给孩子一个健康的童年”“谈谈隔代教育”等家教讲座进社区、进学校、进企业活动共12场，受益1000余人次，开展亲子活动共20余次，受益1000余人。11月，街道邀请海创园浙江归创医疗有限公司总经理赵中博士为居民开展家庭教育讲座，帮助家长树立起正确的家庭教育观，参加250余人次。进一步发挥家庭在廉政文化建设中的独特作用，由“一把手”、妇联干部就“树立廉洁家风、构建和谐家庭”开展干部家属走访大活动，与每一位社区干部家属进行畅谈，强调干部家属树立孝亲和谐的家庭观、俭朴健康的生活观，当好贤内助。2015年，深入推进农村妇女素质培训工程，举办物业管理员、中式面点师、母婴护理员等实践操作培训班。共培训妇女250人，并顺利结业。开设妇联公益课程，全年共开展活动50余次，园区女职工参与共计800余人。2016年，联合文体等部门举办第三届家庭文化节，开展“传承好家风、培育好家庭”、家庭志愿者助力大会战、垃圾分类等活动内容。活动期间，通过引导学校、家庭和社区注重家风的传承，教育儿童传承和弘扬尊老爱幼、勤俭节约、明事知礼等中华民族传统美德。节日期间，共开展宣传活动5次，受益4500余人，共发放宣传资料4500余份。为进一步推进我街道党风廉政建设，深化“廉政文化进家庭”活动，积极倡导妇女姐妹当好“贤内助”和“廉内助”，做“共创共享幸福五常”的支持者、参与者，努力营造风清气正、崇廉尚实、干事创业、遵纪守法的良好氛围。1月初，街道妇联组织街道中层干部、社区班子成员家属、事业单位中层、党代表、人大代表、政协委员等80余名干部家属开展了一次干部家属助廉教育培训班。讲座邀请浙江大学CCE中心顾问、杭州市师范大学客座教授、浙江省企业发展研究会秘书长赵晓瑛主讲。7月19日，组织妇联班子成员、兼职妇联副主席、9个社区妇联主席赴良渚港南村、百丈仙岩村参观美丽庭院创建现场，详细了解示范点创建情况。2017年，根据区妇联统一部署，5月底前全面完成街道11个社区妇联组织换届选举工作。结合此次换届，所有社区增设妇联执委职数，每个社区均设主席1名，副主席2名，由差额选举产生社区妇联执委。按社区规模大小，荆山、顾家桥、横板桥、沿山河、景盛、西溪风情6个妇联班子职数由7人组成，五常、友谊、荆丰、永福、文一5个社区由9人组成，执委平均年龄为41岁。按照“党建带妇建”原则，在已建立的46个网格妇女小组的基础上，通过场所共享、资源共用、活动共办等方式，联合有关部

五常街道洪嫂先锋代表颁奖仪式（2020）　（街道妇联提供）

门，结合“清洁家园 美丽余杭”“饭后一小时 上门讲文明”、剿灭劣Ⅴ类河道、平安家庭宣讲等妇联服务融入网格中。发挥功能性新型妇女小组作用，定期把活动送到家庭和妇女群众中，功能性新型妇女小组已开展活动200余次。是年，街道妇联分批组织街道机关妇女干部、社区妇女干部开展烘焙培训，共100余人参加；开展弘扬“洪氏”文化知识专题讲座，社区妇女干部、妇女小组长、妇女代表等70余人参加；举办“魅力巾帼巧手展才艺”插花培训，70余名妇女同胞参加培训；开展一系列传承好家风好家训，展示“家庭美”活动。同时，通过“圆桌畅聊会”形式，每季度评选出“最美家庭”“最美巾帼志愿”“最美邻居”各1户。根据区妇联要求，推出“三个注重”社区宣传活动，五常街道荆山社区、横板桥社区、友谊社区、顾家桥社区、文一社区根据时间节点完成“一日播一村（社区）”宣传工作。

第五章　政　法

中华人民共和国成立初，杭县公安机关开展人口清查和户籍登记，配合人民解放军和区、乡政府开展剿匪反霸斗争，清查反动党、团、特人员，取缔反动会道门组织，搜捕刑事犯罪分子；开展刑事、经济、法规案件检察，依法惩治反革命分子、恶霸和贪污分子、破坏统购统销分子和其他刑事犯罪分子。通过专政职能，维护社会秩序、巩固新生政权，保障当地土地改革、抗美援朝、统购统销、合作化等运动顺利进行。社会主义革命和社会主义建设时期，公安、司法机关与日益突出的刑事犯罪作斗争，开展侦查监督，查处经济犯罪，维护政治和经济秩序。

中共十一届三中全会后，民主法制和社会秩序得到恢复，法制建设渐臻完善，司法行政日趋规范。公安机关在惩治刑事犯罪，实施治安、户政、消防和道路交通管理，加强重点单位与农村治安，开展社会治安综合治理等工作中发挥重要的职能作用。司法行政机关在普及法律常识、指导和管理人民调解、提供法律服务、参与社会治安综合治理和推进民主法制建设及“平安余杭”建设中发挥重要作用。

第一节　公　安

清光绪三十二年（1906）六月初，钱塘县开办巡警，设瓶窑、三墩镇埠巡警公所。清宣统元年（1910）三月，增设钱塘县良渚、三墩、留下、安溪 8 个乡镇。民国 2 年（1913）3 月，杭县警察署于郊外四乡设留下、瓶窑、西镇等 7 个警察分署。民国 18 年（1929）2 月，改建为瓶窑、留下、西镇、三墩等 11 个公安分局。民国 35 年（1946），设塘栖、临平、瓶窑、凌家桥警察所，留下警察分驻所扩充为留下警察所，增设三墩、丁桥两个警察分驻所和小河派出所。民国 37 年（1948），杭县警察局设临平、塘栖、瓶窑、留下、凌家桥 5 个警察所和东塘、沾驾桥、乔司、博陆、良渚、安溪、三墩、袁家浦、周家浦 9 个警察分驻所。今五常一带治安由三墩、留下警察所管辖。

中华人民共和国成立后，1950 年 1 月设置三墩镇派出所，是年 2 月撤，改设区公安员。1958 年 11 月，杭州市郊区三墩区公安分局以三墩公社设所，管公社所属 8 个管理区和三墩镇。1961 年 4 月，余杭县公安局以区设所，三墩派出所管三墩区 8 个公社和三墩镇。1973 年 3 月，以三墩区设所，管三墩全区；1982 年起，管区内双桥、西行、五常、蒋村乡和三墩镇。

2001 年 8 月，始设五常乡派出所。2007 年，五常乡派出所改称五常街道派出所。五常街道派出所担任辖区违法犯罪打处和群众服务等主要工作职责。各村、社区设警务室。

五常派出所设立以来，在公安分局党委和五常街道党委、政府的领导下，以扫黑除恶、打击黄赌毒违法犯罪、重大活动保卫为工作中心，强化队伍作风建设，从严治理、从严治警，深入推进基层基础建设，严厉打击各类违法犯罪活动，有力净化了社会环境和维护了辖区社会面治安的持续稳定。

一、机构

2020 年，杭州市公安局余杭分局五常派出所有民警 23 名，辅警及后勤人员 167 名，管辖面积 24.88 平方公里，下辖 18 个社区。常住人口 4 万人，流动人员登记在册 13.5 万人；各类中小企业 100 余家，特业场所 111 余家。派出所位于五常街道联胜路 39 号。

派出所主要职能：收集、掌握、报告影响社会政治稳定和治安稳定的情报信息；管理辖区内的实有人口；管理辖区内的重点行业、公共娱乐场所和枪支、弹药、爆炸、剧毒等危险物品；指导、监督辖区内的机关、团体、企业、事业单位的内部治安保卫工作；宣传、发动、组织、指导群众开展安全防范工作；办理辖区内发生的因果关系明显、案情简单、一般无须专业侦查手段和跨县、市进行侦查的刑事案件，并协助侦查部门侦破其他案件；办理治安案件，调解治安纠纷；参与火灾、交通、爆炸、中毒等治安灾害事故的预防工作；接受群众报警、求助，为群众提供服务。

五常派出所历任所长赵林康、钟水泉、谢德庆、胡国祥、魏元法、周立峰、沈涌。

此外，20 世纪 50 年代起，境内各乡（公社）均建有治保组织，“文化大革命”前期，治保组织停止活动。1972 年恢复，并经整顿和充实。1975 年，成立治安联防委员会。1982 年 8 月 20 日，县政府要求各公社、镇组建治安联防队。9 月，五常人民公社建立公社治安联防队，有队员 10 名。1984 年，联防与乡综合治理办公室合署。乡（公社）治保组织在维护社会稳定中均发挥作用。

二、历次运动

剿匪反霸 民国时，杭县作为杭州市重要的外围和门户，国民党统治时期，其党政军警宪特等各类组织遍布城乡，社会基础较深，是国民党的“模范县”。因地理位置重要，中华人民共和国成立前夕，又布置大量的匪特以各种方式潜伏下来。1949 年 5 月杭县解放之初，由国民党残余势力组成的武装匪特，以一部分偏僻的农村和山区为依托，以其原有组织和地主恶霸、地痞流氓、惯匪和封建会道门等为社会基础，网罗积聚力量，打出各种旗号，伺机而动，进行猖狂的反革命破坏与反扑。一时间两县匪特为患，对新生人民政权构成了重大威胁。以何卓权为首的国防部江南剿匪指挥部，是杭县及杭州市郊人数最多、分布最广、危害最大的一股武装匪特。而活动在五常及附近一带的有以吴小水（化名吴国振）为首的浙江省保安司令部突击支队第七大队，共有 3 个中队 146 人；以赵元冲（化名阿培）为首的国防部青年救国团浙东服务总队第三支队，共 54 人；以袁建城为首共 18 人的国防部青年救国团太湖义勇总队第二支队。是年 5 月初至 6 月上半月，慑于解放军大军压境威力，各武装股匪未敢妄动。6 月下旬起，随着解放军大部队陆续离境南进，各地正忙于接管国民党政权机构和为大军征借军粮，驻军下农村工作队尚在组建之际，武装匪特以蒋介石集团提出的“三争四反”（争地盘、争群众、争力量，反参军、反清算、反征粮、反变革）为纲领，以颠覆新生人民政权为根本目的，从政治上、经济上、军事上进行了一系列有计划的破坏活动。起初，匪特一方面到处制造和散布谣言恫吓威胁群众，阻挠、破坏征借军粮工作的开展，组织一系列抗粮抗税的暴乱事件。另一方面，在他们盘踞的地区，公然派粮派款，敲诈勒索，并采用昼伏夜出、分散活动的方式，抢掠财物，骚扰百姓。1949 年 9 月 17 日，省委和省军区联合发出《关于彻底完成浙江地区剿匪任务的指示》，要求一年左右基本肃清全省境内有组织的武装匪特。7 月 18 日，杭县成立剿匪武工队，与杭州市警备部队配合，进剿匪特。7 月底至 8 月初，随着华东军区剿匪工作会议确定的“军事扑灭、政治攻势和发动群众三者密切联系”的剿匪方针的贯彻，以及浙江军区及时调整剿匪计划，剿匪斗争得到有力推动。杭县由浙江军区调入一个营组建中国人民解放军杭县支队，解放军 105 师支援一个侦察连。县委建立由县长王德生、县支队队长负责的剿匪指挥机构。8 月中下旬，杭县从运河以西匪特盘踞的崇福寺、范家洋、东村坝、西村坝和运河以北与德清县交界地区以及运河以东的超山、南山一带，相继发起围剿，给匪特以摧毁性打击。至 12 月。以发动群众武装自卫为主的剿匪方针，实施分区包干清剿与联合清剿相结合的办法，加大政治攻势，加紧剿歼、搜捕，迫降一批小股、溃散匪特，迫使活动在德清、崇德、杭县之间的京沪杭警备司令部反共救国军第三总队的第二大队长赵定德和特务大队长刘明，以及约百人的东南人民反共救国军第七支队分别在杭县境内缴械。

至 1951 年初，剿匪斗争基本结束。还配合区、乡政府，开展反霸斗争。1949 年 8 月初，中共杭县县委派出由南下干部、解放军及市青干校、浙江干校学员等 20 余人组成的工作队，进驻临乔区各乡，配合乡政府组织斗争罪恶昭著的恶霸地主。9—10 月，杭县组织斗争蒋邱乡恶霸地主蒋公望，影响和带动了附近各乡的反霸斗争。

镇压反革命　杭县镇压反革命运动自 1950 年 11 月开始，到 1953 年底结束，历时 3 年。镇压反革命运动坚持“坦白从宽，抗拒从严，立功折罪，立大功受奖”政策。对匪首、恶霸地主、反动党团骨干、反动会道门骨干分子中罪大恶极、拒不悔改，不杀不足以平民愤的反革命分子予以公开镇压。运动中，各区、乡都召开斗争会、控诉会、公审会等。1950 年 10 月 10 日，贯彻党的“宽大与镇压相结合”的政策，发动群众，开展大规模的镇压反革命运动，对罪大恶极而又抗拒交代的反革命分子坚决进行镇压。开控诉斗争会是运动中最普遍、最广泛的发动形式，五常召开控诉大会 4 次，被斗争对象 10 余人，参加控诉的群众上千人次；在镇反运动开展过程中，县公安机关抓住时机，发挥职能作用，积极开展侦察破案。同时，清除在乡村基层政权和农会组织中的反革命分子和其他坏人，建立和健全基层治安保卫组织和民兵组织，保卫土地改革和征粮运动。大规模镇反运动后，公安部门又陆续侦破捕获一批漏网、潜伏、潜逃、派遣和新生的反革命分子，交由司法机关依法惩处。对地主、富农分别按政策予以戴帽、管制等处理。

1952 年 6 月，根据省委、地委指示精神，杭县继续开展中期镇反，坚持不懈地把镇反工作中 20% 左右不彻底的地区和取缔反动会道门及打击水上反革命作为这一阶段镇反的两个重点。中华人民共和国成立初，反动会道门以迷信为掩护，欺骗、愚弄群众，诈取人民钱财，造谣惑众，破坏秋征、土改，扰乱社会秩序，严重危害了社会治安。各地发生的骚乱或暴动事件，大多与反动会道门的蛊惑、煽动有关。1949 年 5 月起，杭县各地一些地主恶霸暗中通匪资匪，成为武装匪特赖以生存的主要社会基础。杭县公安机关查获诸如肇和乡庄桥头童阿相、蒋邱乡副乡长蒋公望等 58 名地主恶霸积极为何卓权各股匪派米、送枪、送情报及充任匪职等情况。是年8月起，中共两县县委、县人民政府为彻底肃清匪特，减租减息，发动群众，以刚组建的农民协会为基础，开展民主反霸斗争。

1950年10月起，杭县结合镇压反革命开始全面取缔反动会道门工作。教育动员雇贫农出身的小道首现身说法，揭露内幕。1951年1月，杭县人民政府号召人民群众群策群力，检举揭发。1953年初，杭县公安机关调查发现反动会道门活动情况仍很严重。中共杭县县委又采取分区分阶段进行的方法，在包括五常在内的各乡开展取缔补课工作，强调各级党委统一领导，坚持教育争取广大被骗道众，孤立道首，打击少数操纵反动会道门的首恶分子，最终达到从政治上、思想上、组织上彻底摧毁反动会道门的目的。

三、主要活动

打击刑事犯罪 1951年，境内五常、邱桥、荆山乡建立治保委员会，协助当地公安机关肃反、防奸、防谍，维护社会治安。1955年起，贯彻中央公安部和省公安厅有关刑事侦察统计报告制度的通知，凡是有组织的刑事犯罪集团案件、重大预谋犯罪案件和嫌疑分子，以及已发生的案情复杂、政治影响坏、损失大而必须采取侦察手段的凶杀、纵火、抢劫、破坏交通、破坏生产、盗窃、诈骗、贩毒等重大案件，均经县公安局长批准列为专案，组织专人办理，并专题报告省公安厅备案。1956年起，执行公安部《关于刑事案件统计登记报告制度的几项规定》，其中重大案件以150元为起点。盗窃、诈骗粮票500斤、布票500尺的列为刑事案件。“文化大革命”前期，五常人民公社治保组织被迫停止活动，1972年恢复，并经整顿和充实。1970年2月起，开展打击现行反革命和反对贪污盗窃、反对投机倒把、反对铺张浪费的“一打三反”运动。1978年，在全面恢复和整顿加强治安工作中，公安机关开展多项旨在减少刑事犯罪、维护治安秩序的防范与管理工作。普遍组织退休工人、治安积极分子加强公共复杂场所和车船管理。1975年，成立治安联防委员会。1983年，五常乡抽调人员，配合公安部门严厉打击刑事犯罪活动。

1985年起，综合治理办公室划出，联防委员会专事治安保卫工作。配合公安机关，在治安巡逻、维护社会秩序、预防和制止犯罪活动方面发挥重要作用。1983—1987年，共查破盗窃、扒窃、赌博、流氓、窃车等案件百余起。自1989年7月起，根据中央关于全面开展“扫黄”斗争的指示精神，公安机关开展以查禁取缔贩卖、复制、传播淫秽录像为重点的专项治理。1988—1989年，结合“刹三风”（赌博、封建迷信、婚丧喜事大操大办）活动，开展禁赌专项斗争，对赌头、赌棍和嗜赌分子按法律规定予以惩处。1997年4月，全面开展以禁赌为重点的“双禁”（禁赌、禁毒）斗争，成立“双禁”领导小组，对数名触犯刑法构成犯罪的人员依法追究刑事责任。

1999年，通过抓好侦察和防范工作的有机结合，正确处理打防关系，较好地解决了刑事案件的“一升一降”（破案上升发案下降）问题。是年，发案34起，比上年同期的99起下降了45.45%。积极做好了帮教工作和民间纠纷的调解工作，把矛盾解决在萌芽状态，全年未发生民转刑案件，真正做到了小事不出村，形成了综合治理、齐抓共管的良好局面。充实加强了联防巡逻队伍，建立专职夜间巡逻队，坚持民警带班和每天巡逻制度，制定联防巡逻队伍考核奖惩办法，调动了工作积极性和触动性，提高了工作实效。通过巡逻设卡抓现行破刑事案件，全年抓违法犯罪人员30余名，打击处理10名，侦破刑事案件44起，占年破案总数62起的70.97%。是年，组织联片护村队针对性地开展巡逻设卡工作。

2001年，刑事案件高发势头得到有效遏制，大要案得到及时侦破。全年共立刑事案件60起，与上年88起相比，下降31.8%。精心组织力量开展“打黑除恶”“治爆缉枪”等专项斗争，打掉流氓恶势力团伙1个，人员3人。通过9个月的严打整治，社会治安有明显好转。在治爆缉枪战役中，认真开展对涉爆进行排摸，排查出涉爆人员161人、烟花爆竹销售单位32家、涉爆的代销店91家，并与之签订责任状。同时，对原三墩开发区石矿、华丰石矿剩余的2000发电雷管、9公斤炸药、375米导火索逐一登记并上缴治安大队。为了进一步深化治爆缉枪斗争，又以抓现行、清查为突破口，于3月24日与11月24日，分别抓获现行张某荣、王某虎等人非法销售烟花爆竹，没收烟花爆竹523箱。在追逃破案战役中，在五常抓获网上逃犯3名。“5·30”抢劫强奸案件、“9·22”凶杀案件均在短期内得以侦破，案犯被及时打击。社会政治治安稳定，未发生影响大局的治安事件，不安定因素和群体性事件苗头得到有效化解和妥善处置。全年受理各类报警案件168起，立治安案件89起，查处81起。打击处理违法犯罪人员168人，刑拘25人，治安拘留23人，罚款94人，警告9人。其中因卖淫妇教2人，取缔卖淫窝点3家，查处非法印刷业10家，治安罚款112854元。2003年，五常派出所紧紧围绕“实现社会治安新的明显进步”这一工作目标，继续深化“达、防、控”一体化工作体系。全年共受理各类报警案件88起，立行政治安案件92起，查处77起，劳教1人，妇教1人，行政治安拘留35人，没收罚款115941万元，警告2人。

2005年，以案件防控为主要抓手，确保“一升一降”的工作目标。辖区共立刑事案件128起，比上年同期的142起下降9.82%，完成分局指导数的80%；立治安行政案件332起，比上年同期189起上升43.1%；查处207起，比上年同期144起上升30.4%；派出所直接破案12起，完成指导数的150%；移诉11人，完成指导数的275%；抓获网上逃犯4名，完成指导数的200%；现行抓获各类违法犯罪人员88人，其中刑拘26人、治安拘留65人。是年，把防控工作始终作为工作的重中之重来抓，拨出专项资金为社区联防队新添置4辆侧三轮摩托车，并实施了相应的警务模式。是年，突出重点严厉打击“两抢一盗”为主要内容的刑事犯罪活动，共发“双抢”案件11起，破7起，破案率63.7%；摩托车发案12起，破6起，破案率50%。共抓获各类违法犯罪嫌疑人88人，其中刑拘26人，破刑事案件17起。1月11日晚上12时左右，民警带领夜巡队员在天目山路与五常大道巡逻时，发现4名男子形迹可疑，上前盘问时，4人仓皇逃窜，抓获其中一名（支某玲，男，22岁，河南人），从其身上搜出马刀一把。经审查，其交代了另外3人在五常大道上采用持刀的方法抢劫作案三起的犯罪事实。4月26日晚上11时许，民警带领夜巡队员在绕城辅道留下出口处巡逻时，听到绕城高速留下立交桥下面的绿化带内有女人喊“救命”的声音。民警马上组织人员开展搜索，发现一名可疑人员王某全（男，34岁，安徽人），经审查其交代了对一名女子实施强奸（未遂）的犯罪事实。

2012年，街道通过公安及辅助力量的作用，开展各类专项整治行动，严厉打击涉黑、涉恶、涉赌、抢夺、抢劫等违法犯罪。2014年，共受理各类报案件5135起，比上年的4295起上升20%。其中，件刑事案件受理537起，比上年的495起上升8%。破获刑事案件150起，比上年的122起上升23%；受理治安案件105起，查处745起，比上年受理的928起、查处的676起，分别上升14%和10%。侵财案件受理747起，比上年的716起，上升

4.3%。抓获各类违法犯罪嫌疑人838人，比上年的600人上升39%，其中造反6人（1人系加纳籍），刑事拘留95人，行政拘留269人，行政罚款303人。通过现行抓各类法犯罪嫌疑人40人，其中刑事拘留17人，行政拘留23人。

2015年以后，开展“扫黑除恶专项斗争”，始终坚持对黑恶违法犯罪的高压态势，集中梳理了一批接处警警情，积极排查上报涉黑涉恶线索。以打击黄赌毒违法犯罪为重点，以量化指标为目标。2017年，紧密围绕中共十九大安保中心任务，以重点人事物管控、面上治安清平、消防隐患整改为三大抓手，实现辖区社会面大局平稳、治安环境安全有序、安全隐患大量消除、队伍建设提质增效。是年，接处有效警情8975起，其中刑事警情812起，治安警情2209起，火灾警情38起。受理刑事案件783起，破获105起；受理行政案件761起，查处761起；受理治安案件1792起，查处1105起。共抓获各类违法犯罪人员1771人，其中刑事拘留107人，取保候审40人（直接取保候审6人），逃犯17人（其中外单位11人），移送起诉61人（原属于刑侦部门管辖的22人）；治安拘留155人，行政罚款1338人，法院临控51人。2017年，五常派出所民警、辅警累计出差14批52人次，开展调查取证和落地抓捕工作，成功抓获各类犯罪嫌疑人18人。是年，受理侵财案件1001起，查破65起。如2017年10月11日凌晨，五常西溪雅苑北门发生一起夺包抢劫案，即快速反应、靠前指挥、协同作战，网上网下同步追踪，内部封控与外围排查同步上案，不到1个小时便火速破案，犯罪嫌疑人刘某（男，28岁，河北唐山人）捉拿归案。全年侵财类刑事拘留32人，完成四类侵财案件移诉22人，治安拘留42人。6月，五常派出所专门会同街道、工商、市监、卫计等职能部门对永福2号农居点涉黄足浴店开展集中清查整治，联合取缔无证足浴店9家。6月至9月，连续抓获涉嫌卖淫嫖娼人员16人，刑事拘留2人，治安拘留7人。同时查处赌博案件14起，刑事拘留17人，治安拘留30人。全年查处黄赌案件25起，刑事拘留20人，移诉20人，治安拘留46人。9月中旬，据前期线索经营，在西溪水岸、人才公寓等地连续抓获8名涉毒人员，刑事拘留2人，治安拘留6人。全年查处吸毒案件26起，刑事拘留5人，治安拘留26人。2018年，五常派出所积极应对新形势和新问题，不断提升警务实战水平，在社会面维稳、基础管控、除恶攻坚和队伍建设等方面展现新作为。是年，有效总警情11446起，其中刑事警情931起，治安警情3313起，火灾警情93起。受理刑事案件817起，破获146起；受理行政案件1482起，查处1482起；受理治安案件1213起，查处295起。共抓获各类违法犯罪人员1751人，其中刑事拘留110人，逃犯35人，取保候审57人，移送起诉98人，逮捕61人。治安拘留153人，行政罚款1257人，行政警告67人，法院临控71人。禁毒打处刑事拘留8人，逮捕6人，移诉7人，取保候审2人；行政拘留32人，社区戒毒14人，社区康复2人，强制戒毒10人。涉黄打处刑事拘留1人，取保候审1人，治安拘留27人。涉赌打处刑事拘留32人，逮捕19人，移诉13人，取保候审13人，治安拘留35人。2019年，五常派出所共接有效报警16426起，同比上升43%，接警量居第一序列第5。其中刑事警情913起，同比下降2.14%，治安警情3583起，同比上升7.79%。共受立案件4393起，同比上升25.1%，其中刑事案件1245起，同比上升52.4%，行政治安案件3148起，同比上升16.8%。2020年，五常派出所聚焦重点民生案件，成立传统侵财、新型侵财和黄赌、食药打处三个战队，构建五常打处路线图和作战图。累计破获刑事案件139起，同比上升98.57%；查处行政治安案件1101起，同比上升60.3%；刑事拘留139人，治安拘留

127 人，其中侵财类采取强制措施 66 人，移诉 46 人；黄赌类采取强制措施 95 人，移诉 25 人，均超额完成指标任务。精准打击下，黄赌警情同比下降 45%。

公共秩序和稳控工作 1951 年，杭县人民政府禁止任何形式赌博活动。特种行业、摊贩和公共场所不得从事以营利为目的的赌博或变相赌博，违者按违禁条例处罚，重则追究刑事责任。1953 年 1 月，杭县人民政府发布《关于召开群众大会几项规定》的通知，要求各地在召开全区、全乡性群众大会或演戏、放映电影时，对会场选择、时间安排、进出通道和次序，以及会场纠察等，均应从维护公共秩序，保证群众安全着想，严密安全措施，严防发生意外伤亡事故和坏人捣乱。是年，按通知精神，杭县公安局派出干警分别对五常乡集会、物资交流大会进行预先检查，落实措施，确保会场秩序和公众安全。

1978 年 11 月，采取突击整顿和经常性管理相结合的方法，加强集贸市场、影剧院等公共场所的整顿与管理，组织退休工人和治安积极分子维护和管理公共秩序。实行自行车集中寄存，机动车定点过夜，水上船只按划定地段停泊过夜，公共场所刑事案件发案率明显下降。

1987 年 3 月，对境内饭店、茶馆等公共场所进行治安整顿。从增强从业、管理人员治安意识，完善安全设施，修订《旅客须知》《游客须知》《观众须知》规章等方面完善管理制度，提高管理水平。1988 年 2 月，针对文化市场出现的利用台球、电子游戏机进行赌博、变相赌博及影响交通等治安问题，检查整顿台球、电子游戏机市场治安秩序，责令营业单位制定治安措施，落实治理人员，制止赌博及其他影响治安的问题，审查合格的发给治安许可证。1995 年，五常乡定期分析情况，研究制定维护稳定对策措施，协调相互行动。确定农业尤其是粮食和蔬菜生产、外来人口管理、防火和安全生产、困难企业职工等影响稳定的突出问题，采取措施，把问题解决在萌芽状态和基层，维护社会稳定。

1998 年底，根据辖区治保队伍年龄结构老化，文化素质低现状，向乡党委、政府提出建议，通过村级班子换届对全乡 6 个村的治保干部进行调整。使一批年轻、文化高、政治素质好的党员、退伍军人等人员走上治保岗位。并通过市综治委组织的集中培训和派出所以会代训，提高了他们的业务素质和工作技能。1999 年，五常派出所围绕“发案少、秩序好、群众满意”这一根本目标，立足本职岗位，认真做好不安定因素的排查化解工作，深入辖区村、企事业单位调查了解。辖区有 2 家企业因企业资金周转不灵、企业破产等原因拖欠职工工资等，涉及职工 100 余人。及时将此情况汇报市局，同时积极协助乡政府和企业筹措资金，及时将这 2 家企业的隐患解决在萌芽状态。切实做好重点信访老户工作，确保国庆 50 周年无上访事件。如针对信访老户金家塘村吴玉英，采取所领导和责任区民警负责制，边做思想工作边控制，使其不再上访。全力抓好群众性事件的预防、制止、化解工作，针对前几年五常乡和闲林镇群众小年划龙船引起的群体性斗殴事件，协助政府做好疏导化解工作，注重做好划龙船活动前的群众教育工作，落实村干部带队划龙船的方法，有效地制止了此类事件发生。是年，在巩固前二年创建的 11 个安全村、4 家安全单位、1 家安全旅馆的基础上，新创建安全村 5 个，安全单位 3 家。在刑事案件的侦破工作上，抓住派出所工作的重心和特点，着力从巡逻设卡，抓现行基础排查工作，隐蔽力量建设方面开展破案工作，积极配合中心所刑侦中队，使破案工作取得了明显实效，全部案件破案率 61.11%。大案破案率 57.14%。协助外地破案 29 起。基础排查破案 9 起、耳目破案 3 起。1999 年，共立治安案件

65 起，查处 50 起，查处率 76.92%，其中治安处罚 23 起，治安拘留 2 名，治安罚款 48 名，警告并处罚款 6 名，治安警告 3 名，妇教 1 名，行政处罚 5 起，处罚 8 人。同时，加强对牧业场所和爆炸物品使用单位的检查管理工作，健全制度，规范经营活动。全年查处违法犯罪场所 1 家，占场所牧业总数 58 家的 1.72%。吊销许可证 1 家、处理取缔无证经营 2 家。全所民警建治安耳目 9 名（人均 3 名），提供线索 19 条，破获刑事案件 3 起，其中大案 2 起，查破治安行政案件 7 起。通过基层排查破获刑事案件 9 起，占破案总数 61 起的 14.75%。

进入 21 世纪，五常乡（街道）把维护稳定纳入经济和社会发展的总体规划。党政领导亲自抓，一级抓一级，一级对一级负责。综合治理（维护稳定）部门以“预防为主、教育疏导、依法处理、防止激化”为原则，在开展矛盾纠纷排查、调处和处置各类不稳定因素中，着力构筑纵向到底、横向到边的排查调处网络，建立“领导走在群众前、问题想在工作前、防范做在发生前、教育走在治理前”的“四前”工作机制，提高处理人民内部矛盾的水平和实效，增强社会治安防控能力。由于责任落实，尽管随着改革的深入和利益格局的调整，群体性事件逐年增加，但街道社会政治总体保持稳定、和谐。

2001 年，随着五常城市化进程的加快，因涉及土地征用、环境污染等人民内部矛盾引发的不安定因素大量增加，针对辖区社情动态，五常派出所强化情报信息工作，认真排摸各种不安定因素，对各种不安定因素，立足抓早、抓小、抓苗头，努力做到早发现、早报告、早控制，采取各种有效措施，会同有关部门做好工作，将矛盾化解在基层，积极当好党和政府的参谋。全年通过排摸，上报社情信息 6 条，发现群体性上访、闹事事件苗头 4 起。对可能危及社会稳定的群体性事件，与五常经济开发区领导一起做好“一人一事”的工作。如 2001 年 1 月 4 日通过对不安定因素的排摸，发现五常顾家桥村村民认为五常家具厂、华丰通信设备厂征地费用太低，准备上访杭州市政府。五常派出所立即向上级公安机关和当时的五常乡党委政府汇报，同乡、村干部深入群众，做好教育工作，使事后的调处工作顺利进行。又如 2001 年 4 月 8 日，南河头村滕某南开摩托车与油车圩村山某元拖拉机相撞后死亡，滕某南亲戚及朋友到山某元家进行打砸，公安机关迅速对为首的 3 名人员进行治安拘留，其余参与的 10 名人员作罚款处理，有效地防止类似事件的发生。是年，强化群防群治队伍建设，五常专职夜间巡逻队现行抓获有作案工具或携带可疑物品的人员 103 人，破获刑事案件 12 起。由于辖区紧临杭州留下、蒋村、三墩，治安形势复杂。尤其是友道村，外来人口有 1000 余人，出租私房 103 家，治安一直较为复杂。为此，派出所与友谊村村委商量由村里每年出资 3 万元，在 2001 年 5 月建立一支村级夜巡队，友谊村的治安状况有了明显好转，全年只发生夜盗事件 1 起。与此同时，大力开展创安工作，全年开展安全检查 12 次，发现隐患 29 处，发整改通知书 18 张。如五常小学财务室发生保险箱被撬盗后，要求立即整改，并联系购海宝服务公司安装红外线报警器。2002 年，五常派出所不断加大打击力度和整治力度，着力在规范和创新上下功夫，拓宽防范渠道，增强防范措施，社会治安取得明显成效。刑事案件发案得到有效遏制，全年共立刑事案件 55 起，与上年相比，下降 9 个百分点，未发生恶性案件。全年共受理各类报警案件 384 起，立行政治安案件 92 起，查处 77 起。打击违法犯罪人员 23 人，其中刑拘 21 人，劳教 1 人，妇教 1 人，行政治安拘留 31 人，没收罚款 105 人次，警告 1 人。3 月 20 日，通过基层基础大排查，得悉邱桥村邵家斗组 40 余户村民，准备阻止大华房产开发一事。经了解，系村民认为房产开发填埋邵家斗（沙道名称）会影响整个自然村的风水。随即向开发区主要领导汇报，并加大法制宣传力度，走村入户，挨家挨户上门做工作，宣传科学，对部分群众提出的无理要求进行有理有节的驳斥，对无理阻挠施工的依法进行处理，使民生工程得以进展。又如三狮水泥厂装载水泥车车辆多，载重大且车速快对道路损坏相当严重，金家塘村、木桥村群众意见很大，并有人扬言要堵路。本着“抓早、抓小、抓苗头”的原则，派出所及时向开发区进行专题汇报，并与金家塘村、木桥村、三狮水泥厂进行协调，三狮水泥厂同意对道路进行路面整修，要求车辆低速行驶。村委也对村民进行说服劝导，事态得以平息。是年，根据五常的特殊地理位置，全所民警积极探索农村城乡接合部的治安网络建设。逐步构建了一个以派出所为核心，辐射全辖区多个自然村的布局合理、信息灵敏、反应快速的治安防范网络。年初，五常派出所成立了社区联防队，有专职夜间巡逻队 5 个小组 15 人，义务巡逻队 16 支 81 人；各地段设立治安亭，增强了北面的防范力量，与闲林派出所合作设立联片巡逻，又与留下派出所合作协作，增加防范力度；投资 12 万元，建立邱桥警务室，下结 7 个村，常住人口 1454 户、582 人。2002 年，实行“联防包村制”，即每一个联防队员蹲点一个村，随时把派出所的近期工作安排、工作布置及时传达到村，又可以把村里有关信息及时传送到管区民警。并积极探讨信息员网络建设，全所共建外口信息员、联络员 159 名，政保类信息员、联络员 7 名，常住人口信息员 18 名。是年，夜巡队查获各类嫌疑人 37 名，刑拘 9 人。如 10 月 14 日，夜巡队本着“三问、四看、八对照”的原则，从嫌疑人陈如勋的香烟盒里查获雷管 4 枚。此外，1988 年 7 月，闲林派出所检查 13 家公路边个体饭店，其中有 9 家有卖淫嫖娼活动，涉案人员 129 人。县公安局根据公安部《情况反映》上批示精神，加大对镇内路边个体饮食店的查处力度，依法处理 92 名卖淫嫖娼及其他流氓分子，对参与卖淫嫖娼的 22 名企事业干部职工分别交由所在单位严肃处理。2002 年，死灰复燃，群众举报、匿名信增多。通过整治，劳教 1 人、妇教 1 人、治安拘留 3 人、治安罚款 3 人。2003 年，随着五常城市化进程的加快，因涉及土地征用、环境污染等人民内部矛盾引发的不安定因素大量增加。针对辖区社情动态，五常派出所强化情报信息工作，认真排摸各种不安定因素，采取各种有效措施将矛盾化解在基层。通过排摸上报不安定因素 4 条，其中有闹事苗头的 4 条，对可能危及社会稳定的群体性事件做到“一人一事”的工作原则。2003 年，在辖区内的 4 家房地产开发工地组建警务室，招收管理人员 16 名，并明确队员的工作职责，主要是对外来人员的管理以及日常的治安巡逻检查工作，防止打架、盗窃等治安、刑事案件的发生，同时要收集工地施工过程中可能出现的各种不安定因素和情况，争取将矛盾消除在萌芽状态，防止事态进一步扩大。2004 年，共排查出此类不安定因素 14 条，涉及的政策性、法律性强，造成处置难度加大。为此，牢牢把握处置原则，讲究工作方式，妥善应对。同时，调整了警力的安排，把 3/4 的警力作为责任区基础民警，来进一步加大基层基础工作。尤其加强公共场所、特种行业的管理，做到底数清，情况明。如对辖区内的 5 家旅馆全部安装了联网电脑，对旅馆的登记人员进行培训，与各家旅馆签订治安责任书。对辖区 124 家公共场所加强监管，组建一支专业管理队伍。加强、落实登记制度。如年初对辖区内的 18 家机动车维修店逐家进行登记管理，要求店主对前来修理摩托车的车主、发动机号、车架号、调换的零部件进行如实登记并定期上报派出所备案。6 月初，五常辖区内的一家摩托车修理店人员来所报告情况，通过民警的布控，在荆山村一间出租房查获一名重大盗窃摩托车嫌疑人王某胜（河南邓州人），缴获摩托车 10

余辆。

2005 年，根据往年街面诈骗、“双抢”案件多发的情况，在主要道路、外来人员聚集地等悬挂各类安全防范横幅 50 条。同时在进入五常几个主要路口竖了 10 块“警方提醒”警示牌，全年印发《致广大群众的一封公开信》和《致广大摩托（助动）车主的一封公开信》6000 份，对公路沿线的 200 余家便利店、修理店、美容美发店每月上门发放各类警情通报，提高广大公众的自我防范意识。一年来各类路边店未发生一起刑事案件。在日常的管理中，很重视网上比对查询系统的利用。4 月 11 日上午，民警带领外口办人员在友谊村对流动人口进行检查中，发现两名贵州籍的男子自称没有身份证，且说话前后矛盾，马上引起现场检查民警的警觉，经网上比对两人是上网逃犯陇某合（男，25 岁，贵州市威宁县人）和陈某亮（男，35 岁，贵州市威宁县人）。两人于 2005 年 3 月 27 日在 326 国道贵州省赫章县妈姑镇路段实施拦路抢劫，劫得手机 1 部，现金 1100 元。

2014 年，完成各类警卫安保任务达 71 次。其中，阿里巴巴警卫任务 17 次，未来科技城（海创园）警卫任务 22 次，累计出动警力达 2000 余人次。此外，充分发挥监控在侦查破案中的作用，由派出所牵头、社区出资、街道补贴，在整个辖区新装全球眼 35 个，华数鹰眼 69 个，社会监控 1647 个。通过视频监控破获案件 18 起，其中刑事案件 9 起、治安案件 9 起，抓获各类违法犯罪嫌疑人 18 人，其中逃犯 1 人、刑事拘留 4 人、行政拘留 13 人。是年 10 月 7 日下午，永福社区 2 号农居点 8 幢西 4 楼卫生间内发生一起强奸幼女案。派出所视频监控组快速反应，调取了案发现场投射范内的 3 个主要点位的监控录像。经过监控倒查，锁定嫌疑人李某（20 岁），并推测出李某的大致暂住地点，随后调取了李某大致暂住地点周边场所的监控，最后在永福 2 号农居点 9 幢楼旁边的缘和网吧监控内发现嫌疑人的上网登记信息和上网记录。10 月 8 日晚，在李某位于水福社区 2 号农居点内出租房将其抓获。2016 年，五常派出所打破常规工作模式和状态，查问题、清隐患、堵漏洞，严防死守，确保 G20 杭州峰会平安。在此过程中有过低谷，“居低不上”，凭借对外口管理三大抓手（房东、单位、社区）、治安管理三大阵地（出租私房、用人单位、场所特业）及重点管控领域的严防死守成功逆袭。

2016 年，以专项行动为契机，夯实流动人口基础。上半年，主要依托社会大联动平台，抓“双牛鼻”牵引，以落实新规为中心拓展网格化基础大排查和“5330”行动计划。五常辖区流动人口基数庞大，流动人口总量已达到 115014 人，新增 90644 人，注销 78294 人。租赁房屋总量 11078 户，新增 5093 户，注销 434 户。五常派出所通过高密度、多频率的网格化基础大排查，累计排查出租房屋 19546 户次，清查流动人口 9. 8 万余人，开具责改通知书 1 万余份。开展夏季社会面治安整治时，联合消

平安守护者（2016）（王洪坤　摄）

防、工商、城管、卫生、市监、街道志愿者和兄弟派出所等多方支援，累计开展六次大规模清查整治，累计检查出租房屋12814间，核查流动人口29005人，盘查车辆1887辆，核查过往人员4692人。陆续开展了群租房整治、电动自行车违规停放与充电整治、沿街店铺“扫街”行动、建筑工地“一日一查”等专项行动50余次，整改各类安全隐患6000余处，处罚房东322人，单位82家。此外，实行易制毒易制爆化学品、危化品、低慢小飞行器、管制枪支刀具等敏感物品由防区民警认领管控，寄递物流行业落实专人专职管理，旅馆、网吧、歌舞娱乐、洗浴等场所特业由治安民警牵头、全体民警（包括所领导）分摊包干的管理方式，定人定责。切实做到易制毒易制爆化学品通过专业公司全部收缴销毁处理：涉及使用单位12家，销毁处理硫酸1.47升，盐酸10.9升，丙酮12升，丁酮330千克，高锰酸钾1千克，乙醚4升；在册低慢小飞行器持有者信息全部核实，飞行器全部封存到所，涉及持有人53个，累计封存低慢小297架，签订承诺书201份；超市、杂货铺等商店低慢小、刀具、火柴等物品全部下架；寄递物流行业全部落实“三个100%”；31家旅馆自行停业52家次，11家网吧自行停业23家次，20家洗浴场所自行停业31家次。五常大道检查站自实体化运作以来，累计检查车辆25236辆次，核查人员8.7万余人次，其中拦截类车辆36辆次，人员80余人次，查获各类违法犯罪嫌疑人100余人，疑似枪支1把，管制刀具20余件，抓获法院临控人员5人，涉嫌吸毒人员3人，现场查处交通违法行为40余起。2017年，累计收到行政诉讼21件，行政复议6件。接收各类信访456件，同比上年上升150.55%，其中区长公开电话329件，政务平台52件，涉法涉诉36件，“110”监督投诉单16件，“12389”举报15件，其他8件。经调查核实，皆已联系回访。其中，回访满意件451件，满意率98.9%。是年，警卫任务完成21次，其中一级3次，二级8次；完成各类安全保卫与安全监管任务90余次。2018年，累计投入警力4884人次。警卫任务完成41次（其中一级7次，二级2次，三级6次，照顾21次，无级别5次），涉及警力1322人次。完成各类活动安全保卫任务26次，涉及警力1548人次；配合街道工作248次，涉及警力2014人次。2019年，五常派出所依托有利区位优势，引入大数据技术和信息化手段，深化主动斗争，率先试水境外人员涉毒打处，实现全年黄毒警情“双降”目标。利用五常730余名在册底数的有利资源，落实“逢人必检”机制，成功查破涉毒案件9起，刑事拘留3人，行政拘留9人。2019年以来报警量达1621起，占比10%。五常辖区有网约房单位30余家1600余间，体量庞大且背后隐患堪忧，人员信息掌握不及时，存在消防等安全问题，而传统的治理方式方法根本无法适应新型的“清网”整治目标。2020年，建立岗位风险排查及干预预防机制，按照层级管理常态化落实谈心谈话和家访活动，把教育工作做在前、隐患苗头消灭在前、错误行为制止在前。全年累计开展谈心谈话326人次，其中民警、协辅警层面146人次，巡防层面180人次；开展家访活动127人次，其中民警协辅警层面35人次，巡防层面92人次。实行接处警、执法办案和纪律作风“三通报”制度。截至11月，民警层面累计局规记分76人次76分，警辅层面累计所规记分281人次288分，开具提醒告知单50余份，调整岗位12人，劝退4人。围绕“一社区一警一辅多义警”的勤务模式，主动融入“四平台”和“六和塔”工作体系，培育9200余名义警。截至11月，共接矛盾纠纷警情5418起，从上年占比总警情的32%下降到占比29%，同比下降3%左右，协同治理效果初显。

消防安全管理 旧时，五常建筑陈旧，店铺民房均土木结构，低矮且挤窄一起，炊事用柴草，照明为油盏土烛，稍一不慎，即酿成火灾。

中华人民共和国成立之初，消防人员均属业余义务组织，设施简陋。同时，由家庭妇女组成居民防火检查小组，每天傍晚挨户宣传防火，检查灶间等易燃处。1981 年起，在防火重点单位实行三级防火责任制，建立防火档案，防范加强，火灾减少。2001 年以后，加强监督检查，落实消防安全责任。为切实抓好消防安全工作，并层层落实安全生产责任制，年初与产值较高企业签订年度安全生产目标管理责任书，层层落实安全生产责任制。同时，开展消防安全大检查大整治和专项整治工作，在消防车道消防安全专项整治、重点领域“五查两加强”专项行动和整治火灾隐患百日大会战等行动中，发现隐患即要求整改。督促重点单位落实户籍化工作档案，对辖区各重点单位落实户籍化管理。

2002 年，五常落实消防管理措施，杜绝治安灾害事故的发生。由于历来管理较散乱，许多印刷厂内职工使用明火、吸烟等现象较为突出。在整顿中，共处理违章企业 4 家，使这些企业排除了隐患。此后，消防管理措施一以贯之。

2015 年，街道签订消防安全责任状，健全网格化管理机制，落实消防“大、中、小”三级网格员职责，在全辖区范围内开展“电瓶车充电专项治理”“三合一场所专项治理”“劳动密集型企业专项治理”“木质结构房屋基础隐患排查治理”“出租房屋三个专项整治工作”及配合各科办（中心）开展相关专项整治工作 10 余次。此外，街道专门落实驻点监管责任人，实施“点对点”监管，督促企业严格落实 24 小时值班制度，落实公司领导带班和专职安保值班，强化每日安全检查。同时，依托社区和网格力量，明确每个社区成立一支消防安全巡逻小分队，负责消防安全巡逻，同时成立消防安全巡逻队，并利用城管执法中队、派出所巡逻车辆开展消防安全巡逻，进一步管牢消防安全监管面。

2017 年，新建 24 处约 500 个电动自行车集中充电桩，保有量约 130 处 1700 个集中充电桩；新安装智能门禁系统 1081 套。新配备消防四件套 1 万余套，烟感报警器 350 余个。在中共十九大安保决战阶段，每日安排 30 名警力会同社区护村队、志愿者开展夜间巡查和“拔插头”行动，重点针对人员密集部位电动自行车违规停放与充电的隐患，累计清理整治违规电动车 1500 余辆次，确保了立查立改。同时，以防区为单位落实专人每天对辖区易制爆使用单位、加油站及学校实验室等重点单位开展滚动排查，严格规范、梯次趋紧落实管控措施。全年累计开展集中清查 75 次，出动警力 5200 余人次，其中联合整治 8 次，街道、社区、党员叠加力量 380 余人次，新登记流动人口 3100 余人，排查发现并整改安全隐患 1. 1 万余处；处罚房东 540 起，行政拘留 11 人；处罚单位 214 起；查处电动自行车案件 416 起。2018 年，开展消防安全专项整治活动。在对消防列管单位流动排查整治的基础上，对易燃易爆类企业开展专项整治，全街道已重新排查出易燃易爆类企业 70 家，按对照区安委会“十个一”的工作内容开展整治。并对高层建筑开展综合整治，进一步排摸辖区内高层建筑消防安全情况，对消防隐患分类处置，全面落实高层建筑消防安全经理人和“楼长”制度。2018 年，建成社区微型消防站 13 个，开展高层建筑消防安全建设，组建 130 人的高层建筑消防安全楼长队伍。完成农居点“一户一停放点、一车一充电位”改造，新增非机动车充电停放点位 486 处，全年检查企业 183 家次，排查隐患 385 条，其中消防隐患 168 条，开具责令整改指令书 36 份，关停安全隐患企业 10 家，完成 6 家“易燃类”企业的“十个一”（召开一次消防安全会议，开展一次消防设施器材自查，设立一个微型消防站，开展一次违章建筑自查，开展一次电气安全检测，开展一次专门培训，开展一次动火审批制度落实情况巡查，开展一次危险化学品使用情况自查，开展一次“三合一”情况自查，设立一处电动自行车集中停放点）专项整治。全年共出动人员1524人次，排查场所企业3000余家，查出隐患1756处，查处隐患1358处。2020年，先后开展了护航复工复产安全生产攻坚行动、中秋国庆期间安全生产大检查等专项整治行动。共检查单位逾5000家次，发现安全隐患逾7000处，整改逾6500处，整改率约93%，发放整改指令书370余份。推行“图码指数”精密智控机制。深入排查辖区内企业类型、底数，并已将240家生产型企业纳入智慧安监系统管理。根据智慧安监平台“一必须、五到位”主体责任清单要求辨识，其中，A级15家6.3%、B级168家70.0%、C级50家20.8%、D级7家2.9%；对240家企业开展排查，在排查基础上对43家企业，68名特种作业人员进行安全码推广。共组织辖区内微型消防站、小区、商场市场、公共娱乐场所、学校、企业等开展消防演练383场次，约12万人参加；对五常街道521幢高层建筑信息录入竟火云App，完善基础信息，对179位楼道长人员信息动态更新；并按要求开展高层建筑消防检查每月不少于2次；按照微型消防站建设标准，建立微型消防站13个，建设微型消防站装备站点62处。是年，街道发生火灾11起，同比下降35%。发生火警29起，同比下降50%。

户籍管理　民国初期，沿袭清代保甲制，以乡、镇为基础，按户数编保甲，以保甲长为主清查、管理户口。民国17年（1928），实行村里制（乡村以村、集镇以里为单位，10户为邻，5邻为闾），开展户口调查，编制邻闾清册，选出村长、里长。其时，全面实行保甲制，加强户籍管理。民国初期，境内沿袭清代保甲制，以保甲长为主清查、管理户口。民国35年（1946）4月1日，杭县曾开展户口总编查，全面实施国民政府公布的新《户籍法》，按省定4月1日为户口调查标准日，杭县政府召开全县户政会议，布置户口调查，指派各督导员下乡，督导各乡镇实施，指定各保保长或干事为调查保内户口的负责人。各乡、镇设立户籍管理机构，乡镇长兼任户籍主任，专设户籍干事。县政府在民政科设置第二股（户政股），掌管全县户政。36年，召开户口总校正会议，回顾编查户口实施情况，精确各项统计数字，为核发国民身份证做准备。

1949年下半年，废除保甲制度，公安机关开始清理民国政府所留户口资料。1951年2月，执行省公安厅《关于办理乡村户口异动手续办法》和户口迁移证制度，公安机关开始进行户口登记，派出所配备户籍警，进行户口登记，逐户普查，核对人口、成分、职业，填发户口簿。1952年，农村开始建立简易户口登记簿。1957年规定，农村户口不得迁入城镇。1958年1月，建立统一的户口管理制度。1960年，建立公社、大队两级户口册，确定公社文书、大队会计为户口员。1962年12月，各公社和派出所普遍进行户口整顿，确定专人加强管理，发现和纠正出生漏登、死亡未销等差错10余人。

1970年6月，开展户口清查活动，严格限制农村户口迁往城镇或由生产队分配口粮改为国家供应商品粮。1978年始，每年按非农业人口的1.5%比例控制农业户口转非农业户口（以下简称农转非）人数。1982年，结合人口普查整顿户口，农村户口管理工作日趋完善，乡、村两级登记户数、人数准确，变更登记及时，登记差错基本消灭。1984年8月起，允许农民自理口粮到城镇落户，开始办理农村人口自带口粮进城落户。1986年3月，始发中华人民共和国居民身份证，发放的居民身份证有10年期（16～25周岁），20年期（26～45周岁）和长期（45周岁以上）3种。至1987年底，发证占应发人数的95%。1998年，开始农村户口城市化管理工作，次年年底结束。农村户口人员领到全国统一发放的中华人民共和国居民户口簿，结束农民无户口簿的历史。1999年6月，户口统一登记为城镇常住户口和农村常住户口，并统一核发户口簿。2001年起，坚持“管理与服务并重”原则，肯定外来人口是余杭区劳动大军重要组成部分，一视同仁，积极鼓励、支持外来人口在余杭建功立业，为他们排忧解难。将解决拖欠农民工工资问题列入政府工作议事日程。2002年起，全区实行由公安局负责的农村户籍管理体制。

随着经济的发展，流动人口的增加，从2005年开始，根据余杭综合治理委员会《关于进一步加强全区流动人口管理服务工作的实施意见》精神，配备专门的流动人口管理员，对流动人口进行登记和发放暂住证。其间，还专门配备了外来人口计划生育专管员，做卫生、生育知识的宣传和管理工作。

1999年，登记外来人口1318名，发证1307名；登记出租房106户，发证106户，发证率100%。是年，居民身份证当年发证率98.77%（应发证155名、已发证153名）。百城联网照片扫描输入达98.08%，农村户口城市化管理工作基本完成。2001年，人口流动量大，出租私房、暂住人口分别由上年的124户、1736人增至254户、3400人。五常派出所针对这些情况，成立外来人口办公室，加强对出租私房、建筑单位的日常检查与突击清查，将暂住人口100%纳入管理。在突击清查中，查获犯罪嫌疑人破获案件14起。同时，对1997年以来的档案进行整理，撤管重点人口18名，新建18名，共有重点人口50名，五种监改对象14名，使档案符合实际状况。2002年3月，五常派出所向辖区的外来人口发放公开信，要求所有外来人口到派出所办证，同时加大了查处力度。如4月15日，鸿雁电器建筑工地因雇用无暂住证人员，被依法处行政罚款2万元。又如5月27日，仲某建无出租私房许可证擅自出租私房，被行政罚款2000元。至11月30日，外来人口办证7288人，出租私房528户1316人。外来人口、出租私房的管理得以规范。2003年，开创管理新模式，加强对外来人员的管理。坚持“谁用工，谁负责”的原则，采用服务、教育、处罚三结合的方式，对外来人口进行登记、办证管理。派出所在工作中搞好服务，上门进行宣传、登记、办证。是年，共登记外来人员12300人，办证12165人。在日常管理工作中，主要采用上门说服教育，经说服教育仍未改正的，严格按照外来人口管理办法的规定予以行政处罚23人次，罚款金额20800元。坚持“来人登记，人走注销”的原则。对于出租私房，在友谊村进行委托代管的新模式，由出租房主出资，组建专业队伍，人员由派出所管理。登记备案的出租私房2305间。2005年6月，开始发放第二代中华人民共和国居民身份证，经过两年时间，完成了一代身份证向二代身份证的过渡。2013年9月，开始办理指纹身份证。2015年1月1日开始户籍管理划入杭州市主城区，统一使用杭州市的户口迁移政策。

2017年，出租房屋有效底数13783户（46100间），同比上年有效底数的11506户（42826间），上升19.79%。新申报4128户（13127间），同比上年的5544户（15471间），下降25.54%。

流动人口有效底数118803人，同比上年的108004人，上升10%；新登记194172人次，同比上年的141923人次，上升36.82%；变更46966人，同比上年的55380人，下降15.19%；注销183230人，同比上年的110932人，上升65.17%。共办理居住证5152张。

全年辖区境外人员在册底数416人，同比上年的306人，上升35.95%；新登记853人次，同比上年的635人次，上升34.33%；核销769人次，同比上年的329人次，上升133.74%；受理涉外案件46起（取保候审1人，行政拘留1人，遣送回国1人），同比上年的44起，上升4.55%。2018年，新申报4189户（14809间），有效底数17108户（59993间）。新登记流动人口174834人次，变更48349人，注销176767人，有效底数117258人；共办理居住证19962张，网上预约15992件。完成居住证办理25113张，网上预约16973件。境外人员新登记1195人次，核销1031人次，境外人员在册底数592人；受理涉外案件57起（行政拘留2人，行政警告55人），同比上年的46起，上升23.9%。2018年，通过依托"护航""飓风""雷霆"等系列行动，针对出租房和流动人口开展集中清查整治46次，其中以"大联动"借势借力的工作抓手从未松懈，累计联合街道社区、城管、交警及网格员、志愿者等集团作战33次，累计纠集人员4100余人次，其中支援力量2900余人次。

道路交通管理　2001年以来，抓源头治理，排除交通安全隐患。认真开展道路交通安全日常检查，深化专项整治，学生上放学时段的路检路查工作，巩固和完善道路交通安全社会化管理长效机制。

2009年，进一步加强道路交通安全管理，加大投入，完善道路交通设施，改善道路交通安全状况。同时加大交通安全宣传教育，提高人们的安全意识和自我保护能力，加大管理力度，整治"双无"现象，减少交通事故发生，实现主要指标零增长，死亡事故较上年明显下降。2013年，在货运车辆中开展"大教育、大排查、大整治"。2014年，抓交通安全，巩固重大事故低发良好态势。从加强主要道路日常交通秩序管理、道路交通安全设施建设维护、加大交通安全知识与法律法规宣传、重视交通事故发生后的纠纷调处等方面着手，保持了重大交通事故低发良好态势。2015年，加强主要道路日常交通秩序管理、道路交通安全设施建设维护、加大交通安全知识与法律法规宣传、重视交通事故发生后的纠纷调处等方面着手，发生死亡事故3起、死3人，2016年发生死亡事故3起、死3人，保持了重大交通事故低发良好态势。嗣后，继续强化交通安全，巩固重大事故低发良好态势。加强主要道路日常交通秩序管理、道路交通安全设施建设维护、加大交通安全知识与法律法规宣传、重视交通事故发生后的纠纷调处等方面着手，使街道在交通安全形势日益复杂的情况下，2018年，发生路外死亡事故3起、死3人，保持重大交通事故低发良好态势。2019年，死亡事故10起、死10人，2020年死亡事故1起、死1人。

第二节　司法行政

民国时期，境内未设司法行政机构。中华人民共和国成立后，由县人民法院兼管司法行政工作。1981年6月成立余杭县司法局，全面行使司法行政职能。2001年8月，五常乡建司法所，2007年，改称五常街道司法所。为街道办事处的直属科级机构，人员经费被列入街道财政预算。司法所实行区司法行政机关和街道人民政府双重领导。主要职责为管理公证、律师事务，开展法制宣传和调解活动，为经济建设和社会发展提供法律服务，保护公民合法权益。五常司法所在区司法局以及街道党工委、办事处的领导下，按照上级司法行政工作的会议要求，紧紧围绕服务保障中心工作，有效履行司法行政职能，积极开展人民调解、两正人员管控、法治宣传、法律服务、法律保障等五大职能。社会治安秩序明显好转，人民群众安全感满意度逐年提高；基层民主法治建设不断深入。全街道村、社区依法治理水平进一步提升，基本实现区域法治化目标。

一、街道司法所

机构设置 2001 年 8 月，五常乡建司法所，2007 年，撤销五常乡，建立五常街道，改称五常街道司法所。所内工作人员 5 人，历任所长章忠喜、钟建涛、华遇春。

五常街道司法所，作为基层政法组织机构之一，与公安派出所、法院派出法庭、检察院派驻检察室共同构成街道一级的政法体系，司法所是司法行政系统参与基层综合治理工作的重要成员单位，处在化解人民内部矛盾、预防和减少犯罪的第一线。指导管理人民调解工作，参与调解疑难、复杂民间纠纷；负责社区矫正工作，组织开展对社区矫正人员的监督管理、教育矫正和社会适应性帮扶；协调有关部门和单位开展对刑释人员的安置帮教工作；指导管理基层法律服务工作；组织开展法治宣传教育工作；协助基层政府处理社会矛盾纠纷和参与社会治安综合治理工作。

2015 年，积极开展浙江省“四星级”规范化司法所创建，通过加强司法所组织队伍建设、基础设施建设、业务工作和制度建设，全面提高司法行政基层工作水平。按照浙江省司法所建筑外观与形象标识规范制作室外门头、灯箱、引导牌，更新办公室去向牌、桌牌、工作人员胸牌等，作为独立的社区矫正宣告室、谈话教育室，“四室一库”齐备，业务用房面积达 200 平方米，硬件设施水平整体提升，外观形象更加规范。与此同时，指导、培育村（社区）开展民主法治村创建工作。

2018 年，五常街道共有各类调委会 19 个，调解员 95 名。另建立基层公共法律服务站 1 个，公共法律服务点 19 个，配备专业法律顾问，落实律师坐班制度，提供法律服务。

工作机制 自 2001 年起，建立健全涉诉矛盾纠纷综合化解工作新体系，形成“党工委领导、办事处支持、综治牵头、法院主导、多方参与”的工作新格局。涉诉矛盾纠纷综合化解工作体系涵盖诉前、诉中、诉后全过程，具体由源头预防机制、矛盾排查机制、诉调衔接机制、宣传指导机制、法律救助机制和考核保障机制组成。

源头预防机制。党工委、办事处在作出重大决策前要做好社会稳定风险评估工作，注重源头治理，采取公开听证、公示公告等方式，充分听取群众意见，防止和减少因决策失误引发矛盾纠纷。对于征地拆迁、社会保险、劳动用工等领域，定期分析研究工作中遇到的新情况、新问题。建立和完善未成年人违法犯罪预防控体系，加强对“两正”人员帮扶工作。由法院派驻法官对接参与街道的涉诉矛盾纠纷化解工作，做好前期法律指导，必要时商请法官参与规范性文件草案的论证等工作。对于案件审理执行过程中发现的可能引发群体性事件和影响社会稳定的普遍性、苗头性问题，采取司法建议等形式向相关单位提出，被建议单位应及时整改落实并反馈结果。

矛盾排查机制。利用街道“两网合一”工作网格，开展矛盾纠纷排查化解工作。加强网格内人员对矛盾纠纷的排查，完善日常排查、专项排查和重点排查相结合的工作机制，通过深入调查研究、网络舆情、来电来信等渠道，全面掌握网格内存在的各种矛盾纠纷和不稳定因素，建立健全台账，并优先运用调解方法妥善处理，必要时征询区法院意见，努力把矛盾纠纷化解在基层、消灭在萌芽。加强信息交流与共享，及时将自己掌握的矛盾纠纷起因、动向、涉诉、信访等基本信息向对方提供；重大矛盾纠纷的信息要及时报送到党工委、办事处和综治科；采取召开联席会议等方式，相互通报工作情况，分析矛盾纠纷态势，研讨解决实际困难。

诉调衔接机制。进一步发挥司法调解、人民调解和其他矛盾纠纷解决方式的优势，通过委托调解、协助调解、司法确认等方式探索完善各种调解方式相互衔接的新途径、新方法。加强基层源头调解工作，积极发挥各群团组织以及人民调解委员会、“和事佬”协会等社会组织的优先调解作用，促成当事人在平等协商基础上自愿达成协议；加强人民调解与司法调解的衔接，明确人民调解协议司法确认的具体操作办法；加强街道和法院的良性互动，探索社区法律顾问主动配合人民法庭开展调解息诉工作的有效措施；合理拓展诉调衔接的范围，深化执行联动机制，综治科、司法所及各社区积极协助区法院做好送达、保全、执行工作。

宣传指导机制。加强对人民调解等非诉调解工作的法律指导，加大对涉诉矛盾纠纷综合化解工作的宣传力度，不断提高涉诉矛盾纠纷综合化解工作的规范化水平和社会影响力。区法院通过推行法官联系社区制度、加强非诉调解工作指导员队伍，并会同司法所等单位采取法律讲座、专题培训、庭审观摩、法律咨询等形式，加强对非诉调解工作人员的理论业务培训，不断提高其业务水平和法律素质。开展形式多样的宣传活动，提高涉诉矛盾纠纷综合化解工作的社会知晓率，引导当事人尽可能选择非诉调解方式解决矛盾纠纷。

法律救助机制。进一步加大司法救助的力度，加强刑事被害人和申请执行人困难救济。进一步实现法律援助与司法救助的衔接，通过街道社会服务管理中心法律援助窗口，简化法律援助手续，提供诉讼咨询引导，进一步畅通困难救助的渠道，积极落实各项救助帮扶政策，依法解决纠纷当事人的生活困难或其他特殊困难，大力给予人文关怀和精神关怀，有效开展心理疏导和心理矫正，为涉诉矛盾纠纷的预防和化解奠定基础。

考核保障机制。落实人民调解“以奖代补”制度，并继续开展“星级人民调解员”评定活动，进一步提高人民调解员的工作积极性。在去年开展“星级人民调解员”考核评定活动的基础上，巩固活动成果，以“星级人民调解员”为标杆，及时总结提炼，大力培养树立人民调解工作典型案例，不断提高人民调解工作质量，提升人民调解工作声誉和影响力。建立涉诉矛盾纠纷综合化解工作考核制度，对成绩突出的集体和个人，给予表彰与奖励，全方位保障涉诉矛盾综合化解工作的推进。落实涉诉矛盾纠纷综合化解工作专项资金，作为业务经费和奖励资金，加强使用监管。

二、宣传教育

1950 年起，县政法机关和基层政权机关结合各个时期中心工作，宣传有关法律法规。20 世纪 50 年代，主要宣传《中国土地法大纲》《中央人民政府惩治反革命条例》《中华人民共和国婚姻法》《中华人民共和国兵役法》等，举办“反革命罪状展览”和“反革命与刑事犯罪展览”。1952 年 10 月至 1953 年 1 月，结合司法改革，再次全面深入宣传“婚姻法”，农村受教育面 89% 以上。1960 年，开展宣传贯彻“婚姻法”活动，境内成年男女均受到教育。1981 年县司法局成立后，加强法制宣传。次年，开展“法制宣传日”“法制宣传周”等活动，宣传《中华人民共和国宪法》《中华人民共和国刑法》和《关于严惩严重危害社会治安犯罪分子决定》，配合分发资料万余份。1984年下半年，着手准备公民基本普及法律常识教育（以下简称普法教育），选派人员参加县司法局举办培训班，培训“普法教育”师资骨干及宣讲员。1985年起，开展普及法律常识教育。1986年，组织实施《余杭县普及法律常识五年规划》，开展第一个五年普法教育。临培训普法师资百余名，组织征订和编写普法读本万余册，以干部和青少年为重点，以点带面开展普及《中华人民共和国宪法》《中华人民共和国刑法》《中华人民共和国婚姻法》《中华人民共和国继承法》《中华人民共和国民法通则》《中华人民共和国刑事诉讼法》《中华人民共和国兵役法》《中华人民共和国经济合同法》和《中华人民共和国治安管理处罚条例》等法律常识教育，上万人接受普法面授教育，占应普法人数的80%。机关干部、城镇职工、乡镇企业职工及居民、农民绝大部分参加普法学习、考试。初中学生普法教育被列入学校教学大纲，并为中小学生开设法制课。1991年起，实施第二个五年普法教育规划，开展以《中华人民共和国宪法》为核心、专业法为重点的30多个法律、法规宣传教育。村干部参加面授及考试占普法对象的90%；乡企业骨干参加面授及考试占普法对象的80%。初中学生、小学高年级学生的普法教育均列入教学大纲。1996年起，第三个五年普法教育与依法治理相结合。1997年，把推进法治与“村务公开、民主管理”“创建安全文明社区”等活动有机结合起来，各村普遍进行清账理财，建立村民会议制度和监督小组，设置永久性公开栏公开村级财务、村民建房审批、村干部报酬和村级非生产性开支。利用广播、黑板报向村民宣传法律知识。2001年起，实施第四个五年普法教育规划，制定领导干部学法制度和资格认证制度。街道班子成员坚持以《中华人民共和国宪法》为核心、基本法为重点学习法律知识，确定每月18日为干部学法日。同时，采取行政诉讼庭审旁听、案例分析点评、法庭建立法制教育基地等形式，有针对性地开展法制教育。2002年，建立乡人民调解中心，同时以社区重组为契机，加强社区人民调解组织建设。2003年起，开展民主法治村（社区）创建活动。2004年9月至10月，开展流动人口法制宣传教育。中小学普遍推行聘任法制副校长制度，定期不定期为学生上法制课。利用社会资源，创新法制宣传形式。

2010年后，围绕平安创建目标，结合“3·15”国际消费者权益保护日、“6·26”禁毒日、“12·4”全国法制宣传日等，开展系列普法宣传。构建“打、防、控、疏”一体化机制，有效预防和化解社会各类矛盾。创新普法形式，开展法治文化专栏建设。围绕“五水共治”、“三改一拆”“无违建”创建等重点工作开展法律法规学习活动。司法行政工作紧扣“环境立区”战略主题，努力打造最优的“平安法治环境”。结合街道实际，在人民调解、法律援助、矫正帮教三方面实现新的突破，做好司法行政、社会维稳、法律服务、法治建设四个方面工作。此后，按“四五”“五五”“六五”“七五”普法规划要求，开展普法教育工作，增强人民法律意识，提高人民学法、懂法、守法、用法能力。累计开展各类形式法治宣传500余场次，发放宣传资料5万余册（件）。

2013年，创新载体，丰富内容，普法依法治理持续开展。街道与各科室、社区及责任单位签订《法治余杭建设责任书》，确保法建、依普各项工作落实到位。并以“六进两延伸”活动为载体，加强法治宣传教育，深化“法律六进两延伸”活动，切实加强领导干部、青少年、外来务工人员等重点对象的普法教育工作，利用各类主题日、宣传日、纪念日等开展富有针对性、实效性、多样性的主题宣传活动20场次，宣传面5000余人。深化五常街道与浙江工业大学之江学院的法制教育基地共建工程，在法制宣传牌项目的基础上向法治宣传作品创作延伸，合作动漫作品《孙小猴买房记》参加全国法治动漫大赛，并向区依普办选送20余幅漫画作品参加法治漫画大赛（其中司法所选送的“三改一拆”主题漫画获二等奖）；联合纪工委、党群科组织机关领导干部和社区两委会成员听取“增强法治意识，树立清正之风”预防职务犯罪讲座。是年，举办“三八”国际妇女节广场咨询服务、“五四”青年节进理工大学宣传服务、“安全生产月”企事业单位宣传、“6·26”观看禁毒影片《爱在人间》、10月13日重阳节广场法律咨询，营造浓郁法治氛围。实施“关注心理，关爱明天”预防青少年犯罪的“心防”工程，充分利用辖区内的高校师生资源，由五常街道综治科、团工委、司法所、五常中小学校与浙江理工大学科艺学院团委、学工部、心理健康协会联动共推，通过青少年心理健康教育为突破口落实青少年犯罪预防和不良行为。2014年，开展形式多样的普法活动21场次，宣传面达5500人，继续加强五常街道与浙江工业大学之江学院的法制教育基地共建工程建设，在法制宣传牌项目上，确定了由浙工大之江学院提供设计更新维护服务的方式，保证了法制宣传牌的专业和品质。联合街道办事处劳动保障和民政科、经济发展科等部门在街道办事处大会议室举办劳动保障法律法规知识讲座，邀请区人力社保局劳动监察大队党支部书记陈思先进行授课，辖区内的企业家和企业人力资源从业者共计86人参加。开展元宵节法制宣传、“三八”国际妇女节维权法制宣传、春季人力资源招聘会法制宣传、“5·29”计生协会纪念日法制宣传等形式活泼载体丰富的活动。完成辖区40块法制宣传牌的制作，2014年明确一季度一更新、街道拟定主题、学院提供3套设计方案选择确定后制作的机制。上年联合选送的作品《车》和《旧》获第九届全国法制动漫作品征集活动漫画类三等奖和优胜奖，法制动画短片《孙小猴卖房记》于2014年在第十届全国法制漫画动画微电影作品征集活动中荣获动画类“优秀奖”。

2015年是“六五”普法的收官之年，开展形式多样的普法活动28场次，宣传面达7600人次，继续加强与浙江工业大学之江学院的法制教育基地共建工程建设，完成辖区40块法制宣传牌的更新。联合街道劳动保障科、计生科、妇联等部门带着宣传物品，走进辖区内杭州普特房地产开发有限公司项目工地开展法制宣传进工地活动。共接受现场法律咨询68人次，派发“法制大礼包”362份。和街道文体中心联合开展法制宣传，在街道出版的杂志《五尚书》开辟法制专栏，选取身边一些生动形象的普法案例，讲解分析，普及法律常识。2015年3月，在第十一届全国法制动漫微电影作品大赛中，经余杭区依普办选送，五常街道的作品《三改一拆在行动》在全国5800多件作品中脱颖而出，获漫画类三等奖。11月，在五常小学开设法治动漫教育课，邀请浙江工业大学之江学院的动漫老师前来上课，使小学生们在一笔一画的描绘中了解交通安全这样性命攸关的法规，加深了交通安全意识，真正做到了知法守法从娃娃抓起。2016年，司法所开展形式多样的普法活动33场次，宣传面达8600人。继续深化“法律六进两延伸”工作，把法治宣传与服务峰会与后峰会、综合环境专项整治大会战、“五水共治”、“三改一拆”、两美建设、平安建设等中心工作紧密结合，利用“大联动”平台，运用“互联网+”模式，依托社会服务管理中心，做好政策法规宣传、解读和依法维权引导等工作，点、线、面结合，布好法治“防护网”。结合新法颁布日、实施日、纪念日等重要时间节点，加强宪法和专业法律法规学习宣传，会同街道其他科室组织开展食品安全法、反家暴法、依法信访等专项法治宣传活动。制定街道“十三五”法治余杭（依法治理普法教育）规划，切实推进“一镇一品”法治建设，大胆尝试、勇于创新，培育具有地方特色的区域法治品牌。在加强传统媒体普法的基础上，深化电视、网络法治栏目建设，扩大新媒体普法覆盖面。司法所在浙江法制报上发表文章4篇。2017年，开展形式多样的普法活动31场次，宣传面达9800人，充分利用辖区内的电子屏、宣传栏、文化大讲堂等资源，调动社区法律顾问的积极性，针对五常普遍存在的安置房（无产权证）买卖纠纷、赌博高利贷纠纷等社会问题开展法制宣传。五常街道办事处、浙工大之江学院、五常小学三方合作共建法制动漫基地；联合妇联、教育卫生科、计生科、经发科、财统科等科办开展了多项法制宣传活动，如元宵节法制宣传、“三八”国际妇女节维权法制宣传、防诈骗宣传、春季人力资源招聘会法治宣传、中共十九大期间法治宣传、拆迁安置政策宣传等。2018年，街道开展形式多样的普法活动32场次，宣传面达9500人次，并确定了“法律进学校”“法律进企业”“法律进工地”为街道“六进两延伸”工作重点推进方向。五常辖区内安置房买卖纠纷频发，为了预防和化解这一类型的纠纷，10月31日，邀请区法院民一庭副庭长冯妍为街道、社区两级干部授课，课题为“安置房的相关法律问题解析”，收到了良好的效果。2019年，开展形式多样的普法活动24场次，宣传面达1.5万人次，围绕政府重点工作，着重开展了宪法宣传，平安三率宣讲，针对五常普遍存在的租赁纠纷、安置房（无产权证）买卖纠纷、赌博高利贷纠纷、防范金融诈骗等社会问题开展法治宣传，同时延续往年的利用微信公众号开展普法工作，将典型调解案例和相关法律知识一起加以宣传推送，起到了很好的效果。

三、调解

中华人民共和国成立后，实行人民调解制度。1950年，建立民政调解委员会。1951年春土地改革完成后，民政调解委员会逐步改建为调解委员会，至1954年，调解委员会最终改为人民调解委员会。1951年，贯彻《浙江省区乡调解民刑事案件暂行办法》，建立乡人民调解委员会，协助司法机关调解民间纠纷。1953—1960年，调解处理民事纠纷和轻微刑事案件上百件，主要调处有关房产、婚姻、债务等纠纷。“文化大革命”期间，人民调解组织瘫痪。1973年，基层调解组织逐步恢复。1981年县司法局成立后，人民调解工作由司法局负责管理和指导，逐步建成乡法律服务所、村（大队）调解委员会、乡村（企业）调解信息员的三级网络。1982年10月，五常人民公社友谊大队调解委员会王杏云被评为省人民调解工作先进工作者。

2003年5月，完成乡调解委员会组建工作，选聘调委会人员，并开展“四有五无”（有组织调解、有人调解、有经费调解、有场所调解；无因民间纠纷引起群众集体性上访、无因民间纠纷引起群体性械斗、无因民间纠纷引起刑事案件、无因民间纠纷引起非正常死亡、无归正人员重新犯罪）创建活动。2004年，完善村、社区调解组织网络建设、规范调解工作规程，以村、社区调委会组织建设和调解业务规范化建设为重点，开展“四有五无”活动。形成了比较完整的调解网络，从制度上保证了小事不出村、社区的要求。村、社区矛盾纠纷排查达到“四早、四先”，即二预警在先、苗头问题早消化；教育在先，重点对象早转化；控制在先，敏感时期早防范；调解在先，矛盾纠纷早处理。

2005年10月，各村调委会单独建立规范化调解室。是年，扎实开展星级民主法制村、社区创建活动，提高市民法治意识和法律观念。在创建民主法治村、社区活动中，逐项落实村、社区的自查评议和完善改进工作。按照考核评比标准，以落实这项工作为契机，加强对市民的民主法治宣传教育，提高市民民主法治意识和法律观念。

2007年，街道司法所建立后，将人民调解作为一个主要工作，以国家的法律、法规、规章、政策和社会公德为依据，对民间纠纷当事人进行说服教育，规劝疏导，促使纠纷各方当事人互量互让，平等协商，自愿达成协议，消除纷争。次年，结合村级班子调整，将文化素质较高的年轻干部充实到村（社区）调解委员会。按照“小纠纷不出组、中纠纷不出村（社区）”要求，分类落实到各级调解组织。同时，坚持每月一次排查，对具有群体性倾向的纠纷，如企业欠薪纠纷，及时与企业沟通协调。对特殊纠纷，如突发性意外事故，立即主动介入，2009年，组织中、小学生举办“关爱生命，防止不法侵害和遵纪守法、预防青少年违法犯罪”法制宣传教育活动。街道和社区两级人民调解委员会，社区和事佬协会，在处置纠纷，化解矛盾，维护社会稳定，促进社会和谐中发挥了重要的作用。自实施矛盾纠纷调处“以奖代补”政策后，对在重要时期、对重点人员有效稳控的先进单位和先进个人均进行专项奖励。

2013年，五常街道人民调解工作以贯彻落实《中华人民共和国人民调解法》为准绳，积极开展矛盾纠纷排查化解工作。辖区各级人民调解委员会共受理纠纷130起，街道调委会受理74起，其他调委会受理56起，其中非正常死亡纠纷6起（其中3起交通死亡赔偿纠纷）。按类型分别为：婚姻家庭邻里纠纷22起，医疗纠纷2起，道路交通事故纠纷7起，劳动争议纠纷10起，合同纠纷5起，邻里纠纷4起，征地拆迁纠纷4起，物业管理纠纷1起，生产经营纠纷4起，损害赔偿纠纷42起，其他29起。调解成功130起，成功率100%。此外，针对辖区社区调委会调解规范性较为薄弱的实际，强化了调解组织人员的业务培训，并做好信息排摸工作。2014年，五常街道人民调解工作以贯彻落实《中华人民共和国人民调解法》为准绳，积极开展矛盾纠纷排查化解工作。是年，辖区各级人民调解委员会共受理纠纷118起，其中街道调委会受理60起（非正常死亡6起），其他调委会受理58起。按类型可分为：损害赔偿纠纷36起，婚姻家庭邻里纠纷22起，劳动争议纠纷12起，征地拆迁纠纷8起，邻里纠纷7起，道路交通事故纠纷6起，合同纠纷6起，物业管理纠纷5起，生产经营纠纷4起，医疗纠纷1起，其他11起。调解成功118起，成功率100%。同时，对纠纷登记本记录及案卷制作再次强化培训，网格、例会双管齐下做好信息排摸工作。2015年，辖区各级人民调解委员会共受理纠纷199起，其中街道调委会受理72起，其他调委会受理127起。按类型分，婚姻家庭邻里纠纷62起，损害赔偿纠纷45起，劳动争议纠纷36起，交通事故赔偿纠纷18起，征地拆迁纠纷9起，环境污染纠纷7起，其他22起。调解成功199起，成功率100%。尤其是7起死亡事故的成功化解，维护了辖区的稳定。例如8月17日，河南籍儿童李某某私自进入西溪湿地某酒店的游泳池内游泳导致溺亡事故，李某某的父母纠集了数十名老乡意图通过闹事来获得高额赔偿，司法所闻讯后第一时间派人赶往现场稳定事态，并启动联合调解机制，和民警合作，将不愿意登记身份信息的社会闲散人员驱逐出调解会议室，保障了调解秩序。经过一天一夜的努力，顺利化解了该起矛盾纠纷。事后酒店方向司法所送来锦旗表示感谢。

2015 年，五常街道办事处相关涉诉案件已经达到 88 起，绝大多数案件和拆迁安置有关，其中行政诉讼 51 起，行政复议 23 起，民事诉讼 14 起。重点上诉对象有张某某等 5 人，仅张某某一人的相关案件就有 24 起。张因为对拆迁安置补偿价格不满，四处上诉，以满足其个人利益需求。例如，2015 年 1 月 6 日，张某某向五常街道办事处提出申请，要求返还“1996 年签订的《集体土地承包合同》”，后因此事向余杭区人民政府提起行政复议，继而向区法院、市中院提起诉讼。仅此一案，司法所派人先后至五常社区、文一社区、永福社区、农业局等单位取证 8 次，撰写五常街道办事处历史沿革、五常社区历史沿革等情况说明 4 份，召开案情研讨会 4 次，先后历时近 10 个月，案卷材料 20 多页，最终才取得了二审胜诉的成果。2016 年，以 G20 峰会安保为重点，坚持思路创新、方法创新，结合街道“党建 + 治理”大联动工作，积极开展矛盾纠纷排查化解和防范“因民间纠纷调处不当”引发的“民转刑”案件两大专项行动，指导各网格长、网格协管员、网格专管员深入扎实地进行拉网式排查，做到早发现、早报告、早控制。司法所每月召开维稳例会，全面排查不稳定因素，在节假日等讨薪高峰期和 G20 峰会、互联网大会等重大会议期间，重点做好矛盾纠纷排查调处工作。辖区各级人民调解委员会共受理纠纷 287 起，其中街道调委会受理 122 起，其他调委会受理 165 起，调解成功率 100%，确保了辖区的安全稳定；由于外来务工人员人数众多，矛盾纠纷类型以合同纠纷、劳资纠纷、人身损害赔偿纠纷为主。发生 8 起非正常死亡事故，均得到了及时有效的化解，有力维护了辖区内的稳定和谐。2016 年，司法所协助街道处理涉诉案件 104 起，其中行政诉讼 85 起，行政复议 6 起，民事诉讼 13 起，累计开庭 142 次。案件类型主要为拆迁安置相关案件，涉及许多历史遗留问题，案情复杂，调查取证难。司法所规范办案流程和出庭应诉机制，最大限度降低行政败诉的风险。招聘 2 名法律专业人才，协助司法所开展工作。2017 年，辖区各级人民调解委员会共受理纠纷 1057 起，其中街道调委会受理 195 起，各社区调委会受理 155 起，劳动调解委员会受理 707 起。婚姻家庭邻里纠纷 199 起，工伤赔偿纠纷 39 起，交通损害赔偿纠纷 9 起，补偿纠纷 68 起，劳动纠纷 707 起，其他 35 起。调解成功 1057 起，成功率 100%。尤其是 7 起死亡事故的及时化解，有效维护了辖区的稳定。是年，街道新增了 3 名调解员，其中 2 名是法律专业毕业的兼职调解员，1 名是具有一定威望的老党员（专职调解员），街道调委会调解员达 6 人。与此同时，组织街道和社区调解员参加合同法、经济纠纷法律知识、损害赔偿法律汇编等法律知识学习讨论，经典调解案例、调解心理学等调解技能学习讨论，有效提升调解技能；街道调委会调解员工作时间一律身穿制服。从着装、语言、硬件等各方面规范化、统一化。司法所围绕围绕辖区内 11 个社区换届选举以及荆丰、顾家桥、友谊 3 个社区（801 户）拆迁工作，网格、例会双管齐下做好信息排摸工作，先后 20 次开展矛盾纠纷排查化解以及防范“民转刑”纠纷工作，为拆迁区块居民拟定分家析产型协议书 109 份，解答法律咨询 162 起，有效推动了拆迁工作的顺利开展，荆丰、顾家桥、友谊 3 个社区 801 户居民已经签约，签约率 100%。调解工作多次获得群众好评，司法所收到当事人送来的锦旗 7 面。2017 年，五常司法所积极协助街道各科室处理各类民事纠纷，合计 50 余起。如物管科和西溪北苑小区高盛物业因解约发生纠纷，司法所工作人员先后 7 次参与协调会，草拟法律文书 3 份，历时 4 个月，最终顺利解决该起纠纷。是年，五常辖区内陆续有 15 户居民在未向街道办事处缴清购房款的情况下，采用换锁的方式，强行侵占未交付的安置房，在辖区内造成了很坏的影响。司法所牵头组织社区干部、物业公司上门，晓之以法，劝之以礼，要求有非法侵占行为的居民腾空房屋、交出钥匙，到街道安置部门结清房款、办理相关手续后方可入住；对于劝解无效的居民，司法所联合法律顾问单位发放律师函，要求居民限期搬出；司法所还牵头召开各部门协调会，收集各项证据材料，联系法律顾问单位，对拒不停止侵占行为的居民提起诉讼；联合主审法官，开展诉讼调解，做通居民的思想工作，达成诉讼和解。经过努力，安置房侵占问题基本得到解决，有6户居民到街道安置部门缴纳了剩余购房款，有7户居民腾空房屋。2018年，辖区各级人民调解委员会共受理纠纷668起，调解成功668起，成功率100%，有效维护了辖区的稳定。按类型分，劳动纠纷506起，婚姻家庭邻里纠纷65起，合同经济纠纷47起，人身损害赔偿纠纷32起，意外死亡事故纠纷10起，其他9起。司法所协同值班律师解答来访群众咨询的法律问题614起，涉及婚姻家庭、劳动保障、工伤赔偿、经济合同等各个方面，在此过程中，积极引导弱势群体走法律途径理性维权，起到了很好的效果；在第四届世界互联网大会（乌镇峰会）期间、省市“两会”期间、全国“两会”期间，司法所组织开展重大疑难纠纷及易引发“民转刑”案件、三年积案纠纷排查调处等各项活动40次，共发现矛盾纠纷14起，化解14起，化解率100%。在重要节日期间，安排部署值班工作，保证司法所1/2以上力量值班值守。同时，积极推进访调对接调解室建设，建立并落实访调对接各项工作制度，化解了7起矛盾纠纷，包括“8·12”杭州绕城重大交通事故纠纷、富春制衣公司群体性欠薪纠纷（涉及135名员工）等，取得了良好效果。涉及外来人员的纠纷90%以上，调解工作难度不断提高。坚持解决问题、教育群众相结合的思路，取得了不错的效果，街道调委会收到群众送来的锦旗5面。2018年，五常街道办事处相关涉诉案件共66起，其中行政诉讼有37起，民事诉讼有24起，行政复议有4起。街道收到法院判决58起，其中胜诉46起，败诉12起（民事败诉8起，行政败诉2起，行政复议纠错2起），有18起案件在审理过程中。司法所积极联系各级法制部门依法应诉，先后38次召开诉讼案件协调会，累计办理各项法律手续586起，协同法律顾问调查取证348人次，组织诉讼调解12次，有效降低了行政败诉风险。2019年，扎实开展人民调解工作，夯实平安稳定第一防线。共调处纠纷994起，其中群体性欠薪纠纷14起，死亡事故纠纷11起，均调解成功，有效维护了辖区稳定，收到群众送来的锦旗4面。充分发挥乡贤力量。邀请两位退休老干部每日坐班，协助处理各类纠纷，取得良好效果。尤其是退休法官祝彩红，法律功底深厚，司法经验丰富，态度耐心细致，受到辖区群众好评。2019年，司法所牵头处理街道办事处相关涉诉案件共45起，绝大多数案件和拆迁安置有关，其中行政诉讼有9起，民事诉讼有26起，行政复议有10起。收到法院判决30起，行政败诉1起，行政复议纠错0起。行政案件开庭4次，街道领导出庭4次，行政负责人出庭率100%。先后23次召开诉讼案件协调会，累计办理各项法律手续276起，协同法律顾问调查取证151人次，参与诉讼调解11次，起草各类报告文书45份。2020年，五常街道各级调委会共调处纠纷1650起，其中欠薪纠纷887起，因中介跑路引发的租赁纠纷612起，死亡事故纠纷7起，均调解成功，解答群众法律、政策咨询1031人次，有效维护了辖区稳定，收到群众送来的锦旗4面。受疫情和中介跑路影响，租赁纠纷多发，在矛盾纠纷调处工作骤增的巨大压力下，坚持“解决问题、教育群众相结合”的工作思路，采取“动之以情、明之以理、晓之以法”的调解方针，调解工作取得成效。

四、法律服务

2008 年，做好“12348”法律咨询、法律援助，对困难人群及时提供服务。嗣后，积极推进“惠企便民”法律服务活动，开展法律体检、企业大走访、企业风险防范巡回讲堂等活动，帮助企业有效防范法律风险。充分发挥村社区法律顾问的作用，组织村社区法律顾问参加村（社区）组织换届选举工作，开展法治宣传、参与矛盾纠纷调处等其他日常工作。2013 年，推进律师进网格项目，优化社区法律顾问资源。开展“百名律师进百企”活动，搭建起律师与辖区企业的互动平台，旨在实现共赢。经前期与经发及企业对接已落实 4 家规上企业和 15 家文创企业参与到律师进企业的活动中来。强化社区服务管理中心法律咨询援助窗口的建设，落实专员接待群众、办理相关业务。街道聘请金宏律师事务所主任金涛为街道法律顾问，提供代理案件、提供咨询、合同审查等服务。司法所承担街道办事处行政诉讼、复议案件主要工作，及其他诉讼案件的辅助工作。上半年主要围绕永福社区杨某海户司法强制执行先予执行案件做了大量前期工作，并于 6 月 24 日顺利执行。随着“三改一拆”“五水共治”“回迁安置”等街道中心工作的大力推进，以及法治镇街建设的深入进行，五常居民运用法律手段解决矛盾纠纷的意识越来越强，五常街道办事处涉诉案件呈现快速增长的趋势。2014 年，新发生的五常街道办事处相关涉诉案件共计 50 起，是上年（20 起）的 2.5 倍，绝大多数案件和拆迁安置有关，其中行政复议有 10 起，行政诉讼有 30 起，民事诉讼有 10 起。各类案件中，街道已经败诉的有 7 起，其中 4 起和信息公开中华人民共和国农村土地承包经营权证有关。尚有 18 起案件在审理过程中，其中 3 起案件败诉的可能性比较大，主要原因是强拆程序违法。许多案件属于历史遗留问题，案情异常复杂，涉及面广。例如文一社区土地权证一案，涉及 2004 年以来文一社区多次土地征迁以及居民承包地的屡次征用，从社区组长、会计到街道相关科室当事人已经多次更迭，调查取证困难重重。面对案件频发的现状，司法所积极联系街道计生办、征地拆迁办、安置办、建管中心等内部科室，以及国土局、西溪湿地管理委员会、城建局等外部单位，花费大量的精力收集并甄别各类证据资料、撰写情况说明，同时联系法律顾问一同协调处理各类案件。司法所还承担了政府信息公开审核等相关工作。针对上访户严某良的信息公开（公开其拆迁安置协议书）要求，拟订了 2 种方案，分析利弊得失，提出意见建议；针对严某良要求撤销街道拆违办 8 月 8 日作出的限期拆除通知的行政复议，建议街道各科室日后向上访对象发放法律文书的时候，先经司法所把关。这两条法律意见均被街道党委采纳。5 月 10 日中泰街道垃圾焚烧厂事件发生后，司法所坚决贯彻落实区委区政府的要求，在人手非常紧张的情况下，抽调工作人员加入九峰能源项目工作组，开展“走村入户”“结亲包干”活动，宣传区委区政府的政策以及法制知识，倾听群众心声，做到“上情下达，下情上达”，有效的稳定了当地群众的情绪。司法所还全面承担了街道办事处政府信息公开工作，这在余杭区范围内尚属首例。受历史遗留问题等多种因素影响，部分上访户通过大量的信息公开来寻找政府工作漏洞，借此提起行政复议和行政诉讼，向政府施压，以达到个人目的。五常的信息公开工作情况复杂，难度很大。司法所认真学习《中华人民共和国政府信息公开条例》《浙江省政府信息公开暂行办法》等相关法律法规。针对重点上访户的信息公开申请，提前就答复意见和区法制办、法院负责人协商，听取他们的意见，争取他们的支持。遇到复杂情况，多次请教省社科院相关专家。严格把握信息公开的时间节点和答复程序，力求程序规范，答复及时。

2015 年，司法所共收到信息公开申请 64 起，引发的复议诉讼案件达到 20 起。2016 年，共收到依申请信息公开 25 起，内容涉及征地拆迁、回迁安置、村级留用地开发、安置小区竣工验收等各个方面，由此引发行政复议 1 起，行政诉讼 2 起。群策群力，较好地解决了一些信息公开方面的前沿性难题。例如，通过省高院的判例，确定镇街由于“三资”代理保存的信息不属于镇街信息公开的范畴，这在全国范围内尚属首次。司法所共收到信息公开申请 32 起，其中涉及拆迁安置的 23 起，涉及社区事务的 4 起，涉及拆违的 3 起，其他 2 起。由信息公开引发的复议诉讼案件 9 起。2017 年，五常街道办事处相关涉诉案件已经达到 71 起，绝大多数案件仍和拆迁安置有关，其中行政诉讼 47 起，行政复议 9 起，民事诉讼 15 起。司法所联系街道计生办、征地拆迁办、安置办、建管中心等内部科室，以及国土局、西溪湿地管理委员会、城建局、民政局、农业局等外部单位，15 次召开诉讼案件协调会，研究处理各项案件，累计办理各项法律手续 356 起，调查取证 143 人次，先后 12 次代表街道办事处参与人民法院主持的诉讼调解，有效避免了行政、民事败诉。2019 年，加强公共法律服务站、点建设。辖区现有公共法律服务点 13 个，建成率 100%。公共法律服务站配备两个法律顾问团队，工作日都有律师轮流坐班，累计为上门群众提供免费的法律咨询 668 人次。为 3 起群体性欠薪纠纷的当事人（共 57 人）提供法律援助，有效维护了劳动者的合法权益。结合“三服务”活动，走访企业 58 家，走访社区 13 次，走访群众 32 户，及时解决走访中发现的 8 个问题。2020 年，处理街道办事处相关涉诉案件共 23 起，绝大多数案件和拆迁安置有关，其中行政诉讼有 8 起，民事诉讼有 10 起，行政复议有 3 起。行政诉讼案件开 9 庭次，街道领导出庭 9 次，行政负责人出庭率 100%。司法所先后 48 次组织召开诉讼案件协调会，累计办理各项法律手续 257 起，协同法律顾问调查取证 98 人次，参与诉前调解 45 次，起草各类报告文书 26 份，有效降低了行政败诉风险。

五、社区矫正工作

司法所自开展社区矫正工作以来，累计接收社区矫正对象 298 人，解除社区矫正对象 255 人，撤销缓刑 4 人，对暂予监外执行罪犯收监执行 0 人。

自 1996 年起，五常探索刑释解教人员帮教工作新方式，成立刑释解教人员帮教小组。2005 年，乡、社区（村）二级社区矫正组织形成，形成横向到边、纵向到底的工作组织网络体系。

2007 年以后，五常司法所矫正工作更趋规范化、制度化。2013 年，规范社区矫正执法，提升矫正质量。街道在矫社区矫正人员 16 人，缓刑 9 人，假释 6 人，暂予监外执行 1 人。是年，依法接收社区矫正人员 15 人，实施审前社会调查 20 例，实施社区矫正人员离开居住地 7 日内的审批 4 件，实施社区矫正人员离开居住地超过 7 日的初审 1 件，协助调查警告处罚 5 人次；实施解除社区矫正的合议审查和宣告 19 人次。共开展集中教育 160 人次，公益劳动 262 人次，个别谈话 158 人次。为加强对社区矫正人员的法制警示教育，丰富教育矫正的内容和形式，充分运用监狱资源和典型案例等载体加强对社区矫正人员警示教育，提高社区矫正质量，2013 年 5 月 29 日，五常司法所共有 11 名社区矫正人员前往杭州西郊监狱参加了余杭区司法所组织的法制警示教育。“6·26”国际禁毒日，联合五常街道禁毒办组织辖区社区矫正人员观看禁毒献礼片《爱在人间》。10 月 24 日，矫正人员参与了反邪教知识测试，11 月 8 日司法所工作人员带领辖区矫正人员前往中泰街道参加由省四监教育改造科的领导主持的心理教育课。辖区 9 个社区基层帮教工作站运行有序，制度上墙、周报告、学习教育及公益劳动都能规范落实，对辖区内的在矫人员信息掌握及时。2014 年，街道在矫社区矫正人员 20 人，其中缓刑 12 人，假释 6 人，暂予监外执行 1 人，管制 1 人。全年累计接收矫正人员 15 人，累计解除矫正 13 人，其中期满 11 人，迁居 2 人。实施审前社会调查 12 例，实施社区矫正人员离开居住地 7 日内的审批件 5 件，实施社区矫正人员离开居住地超过 7 日的初审 1 件，治安管理处罚 1 人次。共开展集中教育 202 人次，公益劳动 330 人次，个别谈话 168 人次。社区矫正人员王某私自外出数次，且有在外住宿记录，经查证核实后，司法所将问题上报司法局，最终公安机关对王某处以行政拘留七日并罚款 200 元的处罚。针对涉及社区矫正工作相关法律法规的大量出台完善、社区矫正工作人员及相关人员理论基础薄弱的现状，积极组织领导小组成员、工作人员、社区帮教工作站副站长、志愿者等队伍开展社区矫正法律法规的学习，系统学习了《中华人民共和国社区矫正法实施办法》《浙江省社区矫正实施细则（试行）》《浙江省社区矫正人员奖惩考核办法（试行）》《浙江省社区矫正审前社会调查实施办法》等新法新规。次年 3 月 28 日，五常司法所组织 14 名社区矫正人员在西溪印象城南面河道两侧开展垃圾捡拾、清扫整理工作，以实际行动为“五水共治”做出积极的贡献。

2015 年，五常司法所累计接收社区服刑人员 29 人，累计解除社区矫正 23 人次。开展审前调查 17 人次，均按规定进行合议后上报司法局。街道有在册社区服刑人员 25 名，1 人为女性，其余均为男性，其中假释 7 名，暂予监外执行 1 名，缓刑 17 名。严管期社区服刑人员 3 人，普管期社区服刑人员 22 人。外省籍社区服刑人员 6 人，省内社区服刑人员 19 人。司法所共组织集中教育学习 184 人次，个别谈话 168 人次，社区服务 330 人次。按照《社区矫正人员考核奖惩办法（试行）》依法给予两名社区服刑人员警告处分。同时，利用街道招聘的 11 名网格专管员，建立一支人员稳定、指挥方便的社区矫正志愿者队伍，并通过明确工作职责、开展业务知识培训等方法，逐步提高了社区矫正志愿者的素质，进一步规范了社区矫正志愿者队伍建设。该队伍在日常社区矫正工作中发挥了良好的作用。例如，五常社区矫正志愿者王某不定期对重点人员周某开展日常走访，掌握他的心理和动态，帮助他解决问题。在王某的细心劝解下，周某的矫正态度有了一定的好转，最终在 11 月 3 日顺利解矫。次年，司法所累计接收社区服刑人员 45 人，累计解除社区矫正 25 人次。开展审前调查 26 人次，均按规定进行合议后上报司法局。街道在册社区服刑人员 43 名，7 名为女性；其中假释 5 名，暂予监外执行 1 名，缓刑 37 名。严管期社区服刑人员 7 人，普管期社区服刑人员 36 人。外省籍社区服刑人员 9 人，省内社区服刑人员 34 人。司法所共开展社区服刑人员集中教育 541 人次，社区服务 697 人次，个别谈话 381 人次，走访教育 104 人次，警告处罚 3 人次，撤销缓刑、收监执行 2 人次；另有一名社区服刑人员郑某某已经被逮捕，尚未判决。社区矫正工作顺利开展，未出现脱管、漏管及再犯罪现象。6 月，组织辖区内社区服刑人员及其家属开展“争做遵纪守法好公民”主题教育学习会和“我为社会和谐做贡献”法制宣传会，包括社区服刑人员及其家属、保证人在内共 76 人参加了活动，发放学习宣传资料 254 份，组织社区服刑人员签订“争做遵纪守法好公民”承诺书 31 份。G20 峰会期间，聘用2名大学生暑期工，协助开展两正人员管控工作；组织开展社区服刑人员集中学习教育，开展时间最早，持续时间最长（8月28日至9月6日，共10天）。2017年，五常司法所接收社区服刑人员39人，累计期满解除社区服刑人员52人。在册社区服刑人员共计31名，其中缓刑27人，假释3人，暂予监外执行1人，严管级社区服刑人员12名，所有社区服刑人员配有实时定位手机。司法所走访社区矫正帮教工作站20次，去派出所进行信息核查核对18次，走访社区服刑人员35人次，组织集中教育学习365人次。五常司法所配合美丽余杭创建工作，将社区服刑人员的社区服务和剿灭劣V类水工作相结合，组织全体社区服刑人员参与“五水共治”活动两次。2018年，五常司法所累计接收社区服刑人员共计30人，累计期满解除社区服刑人员25人，开展审前调查23人次。在册社区服刑人员36人，其中缓刑33人，假释2人，暂予监外执行1人，严管级社区服刑人员6名。外省籍16人，省内外地数5人。男性社区服刑人员29人，女性社区服刑人员7人。其中，36名社区服刑人员配有实时定位手机，司法所组织社区服刑人员集中教育740人次，社区服务746人次，个别谈话393人次，走访教育121人次，社区矫正工作顺利开展，未出现脱管、漏管及再犯罪现象。6月，作为“全民禁毒宣传月”，司法所联合街道综治部门和各社区矫正帮教工作站，将社区服刑人员作为志愿者参与到各社区的禁毒宣传工作中去，提升社区服刑人员的社会责任感。同时，与余杭区志愿者讲师团联系，组织社区服刑人员进行教育学习。2019年，累计接收社区服刑人员共计17人，累计期满解除社区服刑人员22人，开展审前调查16人次。在册社区服刑人员31人。司法所组织社区服刑人员集中教育726人次，社区服务710人次，个别谈话361人次，走访教育159人次，社区矫正工作顺利开展，未出现脱管、漏管及再犯罪现象。庆祝“中华人民共和国成立70周年”期间，司法所组织社区服刑人员参观“杭州革命烈士纪念馆”爱国主义教育基地以及观看阅兵仪式，弘扬爱国主义，激发爱国热情。强化了社区服刑人员的身份意识，使社区矫正工作落到实处。依托余杭区志愿者讲师团、余杭区民生公益组织，组织社区服刑人员参加集中教育学习，丰富学习内容，注重教育成果，加强思想转变。同时将社区服务与时事热点相结合，组织全体社区服刑人员多次参与“平安三率”“法治宣传”“扫黑除恶宣传”“垃圾分类宣传”等活动。2020年，在册社区矫正对象38人。司法所组织社区矫正对象集中教育474人次，社区服务472人次，个别谈话308人次，走访教育99人次。受疫情影响，活动组织人数有所下降，但司法所创新教育方式方法，通过易帮矫教育平台完成对社区矫正对象关于法治视频的教育要求。通过微信视频通话、电话联系、智汇矫等网络多媒体及时掌握社区矫正对象的实时动态，继续保持特殊时期对社区矫正的管控要求。《中华人民共和国社区矫正法》正式实施后，司法所工作人员通过集中培训，所里组织专题研讨会等形式，在社区矫正工作实务中遵循社区矫正法的要求，对原本思想观念进行转变，对原先的管理方式进行改变，运用新的理念完成社区矫正工作。

六、司法案例选

人身损害赔偿纠纷案　2014年9月29日，司机王某在五常街道西子混凝土搅拌站洗车时，不慎从车上摔下，后立即送往骨伤科医院治疗，经诊断为右股骨粉碎性骨折，花去医药费5万余元，医药费已由车主金某垫付。事故发生后王某多次找金某协商后期赔偿问题，但均无结果。2015年2月中旬，王某找到五常街道调解委员会，希望能帮助调解。五常街道调解人员了解情况后立即派人与金某沟通，召集双方一起调解。调解初期，金某认为是王某自己在洗车时操作不当才导致摔伤，自己并不负有责任，更何况他与王某没有签订劳动协议，就算赔偿也是出于人道主义。针对金某的观点，调委会对症下药，详细解释《中华人民共和国劳动法》《中华人民共和国侵权责任法》的有关规定。说明法规中明确了王某与金某之间是存在雇佣关系，而且此次事故也让王某失去了一定的劳动能力。在调解员的多次说服劝导下，金某同意支付王某包括医疗费、误工费、护理费等法律规定内的费用数万元，双方均对街道调委会的调解工作表示了感谢。至此，一场持续数月的人身损害赔偿纠纷得到圆满解决。

补偿数额调解案 2015 年 4 月 5 日，五常街道某餐饮店员工罗某在用餐时突然晕倒，经杭州西溪医院抢救无效并于当天 16 点 27 分确认死亡。3 个多月后，杭州市公安局余杭区分局出具结论：罗某某死亡原因系心源性猝死，排除他杀。调解现场，死者家属认为，罗某生前在店里都是做晚班工作，且经常加班，导致其压力过大，是造成其心源性猝死的主要原因，因此强烈要求按照工伤死亡标准予以赔付。用人单位则认为罗某是在休息时间和朋友聚餐时突发疾病导致意外死亡，无法认定是工伤行为，只同意对死者家属作适当人道主义补偿，调解一度陷入僵局。调解员果断将双方分开，采用“背靠背”方式做工作，分析归纳出问题关键，第一是责任划分问题，第二是赔偿标准。经过多次的深入沟通，双方气氛有所缓和。调解人员要求双方当事人换位思考，诚意对待，及早达成协议。最终，双方当事人对补偿数额达成一致协议并签订人民调解协议书。

人身损害赔偿纠纷案 2015 年 8 月 6 日上午，王某驾驶小型汽车经过五常街道某菜场时，不慎与驾驶电动车的林某发生碰撞，造成林某受伤。经医院治疗，林某的伤情基本得到康复，但也留下了轻微后遗症。林某曾多次寻找王某商谈赔偿事宜，王某对此事消极对待，双方始终无法达成一致，于是一起来五常调委会请求调解。在接到调解申请后，调解员立刻着手准备调解工作。在调解进行过程中林某按捺不住自己的情绪，一度与王某发生了口角上的冲突。反观王某，对调解工作一直不予积极配合，这使得调解工作一度陷入僵局。为了能够打破僵局，顺利开展工作，调解员一边安抚林某的情绪，一边做王某的思想工作，希望其能够积极配合调解工作，承担起自己应负的责任，尽快地化解纠纷。同时，调解员向双方阐明《中华人民共和国道路交通安全法》《中华人民共和国侵权责任法》等相关法律的规定，明确虽然此次交通事故是由王某不谨慎驾车所引起的，其应承担主要责任，但是林某未按规定驾驶电动车，也应承担一定的责任，让王某承担全部的责任是不合理的。在调解员耐心的调解下，经过三个小时，终于化解了此次纠纷，王某同意支付医疗费、误工费等一切费用若干元，在协议签订后的五天内付清。这是一个由交通事故引发的人身损害赔偿纠纷，法理关系较为明确，但是在一方情绪较为激动而另一方不愿积极配合的情况下，除了要向双方阐明相关的法律规定，努力做通双方的思想工作才是关键。同时，涉及人身损害的侵权案件，必须要明确双方各自的过错，确定双方应承担的责任。

死亡事故纠纷案 2016 年 1 月 25 日，五常司法所工作人员陪同某小区火灾死亡事故中的受害者家属来到农村信用社，将房东方先行支付的赔偿款和街道办事处给予的政府困难救济金一并打入受害者家属指定的账户。受害者家属对司法所的工作表示谢意。至此，经过 40 天的连续奋战，五常辖区内 2015 年接连发生的 3 起死亡事故纠纷得到了妥善的化解。

2015年12月15日，五常街道某小区卢某家出租房内发生一起电瓶车充电起火事故，造成安徽籍外来务工人员刘某、朱某（系刘某亲戚）因窒息抢救无效后死亡。事故发生后，司法所主动介入，牵头联系派出所、消防部门及五常社区开展了相关善后工作。由于房东卢某患癌症基本靠药物治疗，其妻得糖尿病严重，其子欠银行债务200余万元，家庭经济十分困难，调解工作困难重重。正当司法所千方百计处理该起事故之时，12月30日，五常辖区内两处工地接连发生两起意外死亡事故，1名河南籍务工人员和1名湖北籍务工人员相继死亡。3起事故合计死亡4人，这导致100多名安徽、河南、湖北籍的受害者家属、老乡纷纷涌入五常街道办事处，要求讨回公道，并和工地方代表发生了肢体冲突，形势一度剑拔弩张。司法所迅速组织精兵强将，分成3个调解工作组，放弃元旦休假，加班加点，做好3起意外死亡事故纠纷的化解工作。

调解工作艰难，以河南籍务工人员在工地坠亡一案为例，受害者家属方受所谓的“谈判专家”挑拨，更倾向于用闹事的方式来获取高额赔偿。调解员和派出所紧密配合，一方面召集双方当事人代表就相关事宜进行座谈调解。调解员对双方进行了长达8个小时法律宣讲，并要求工地一方务必体谅家属方的精神上的伤痛和生活上的难处，尽可能地满足家属的各项合理要求。另一方面用诸多事例来告知家属行为过激的后果，告知他们要相信政府，相信法治，用合法的方式来维护自己的利益。经过多番心理攻势，家属方终于慢慢冷静下来，放弃了许多不切合实际的想法。鉴于火灾事故责任方较多，化解难度非常大，司法所最终决定集中优势力量，争取在最短时间内化解2起工地死亡事故纠纷。司法所与有关部门紧密配合、相互协作，运用多种手段开展工作，防止矛盾纠纷激化。耐心细致地做疏导工作，动之以情，晓之以理，明之以法，使双方当事人明大义，识大体，消除隔阂。2016年1月6日、8日，2起工地死亡事故的双方当事人分别签署了《人民调解协议书》，纠纷得以妥善化解。火灾死亡事故受害者家属向律师咨询后，认为房东、电瓶车主、电瓶车厂家均应对本起火灾事故承担责任，而政府也应该对火灾事故承担监管责任。由于房东缺乏赔偿能力，电瓶车主和厂家难以确定，受害者家属转而把矛头指向政府，要求政府代为赔偿，在要求得不到满足后多次到区、市两级部门上访。司法所采取3项措施来化解纠纷，一是联合社区等部门做房东及其哥哥姐姐的工作，希望房东有经济能力的哥哥姐姐顾全大局，顾念手足情谊，出钱帮助房东一方渡过难关；二是鉴于受害者家属方家庭经济非常困难，司法所帮助他们向街道办事处申请政府困难救济金；三是多部门联动，和区政法委、司法局、信访局组成的联合工作组一起，告诉家属方一定要通过司法诉讼来解决问题，并针对家属方对诉讼的疑虑一一作了解答。最终，受害者家属方在获得房东方先行支付的赔偿款和街道办事处给予的政府困难救济金后，签署了相应的承诺书，该起纠纷圆满化解。

第三节　社会治安综合治理

自1979年起，五常人民公社建立治安联防队，作为一种群众性的自防、自治组织，预防、制止打击犯罪活动，维护社会治安秩序，受公社行政领导和公安机关业务指导。1982年8月，据中共中央批转全国政法工作会议纪要精神，加强社会治安综合治理力度，采取各种综合治理的手段。运用专政手段，依法严惩严重刑事犯罪分子，同时，再辅之以其他手段，以达到综合治理的目的。1985 年，招聘乡镇民警，设立民警值班室。1986 年开始，实行治安承包责任制，并设立法律服务所负责司法、调解工作。1996 年，根据中共中央、国务院《关于加强社会治安综合治理的决定》精神，余杭在各级党委和政府的统一领导下，各部门协调一致，齐抓共管，依靠广大人民群众，运用政治的、经济的、行政的、法律的、文化的、教育的等多种手段，整治社会治安，打击犯罪和预防犯罪，保障社会稳定，为社会主义现代化建设和改革开放创造良好的社会环境。1999 年，乡党委从普法教育入手，以法治乡为起点，加强社会综合治理，争创安全村达到 100%，其中有 11 个村达到甲级安全村，横板桥村被余杭市评为社会治安先进集体，4 人被评为余杭市治安先进个人。五常派出所被杭州市公安局评为“人民满意派出所”。友谊村、白庙村分别被杭州市评为社会治安和“三五”普法先进单位，使全乡的社会治安综合治理迈入了先进行列，被评为余杭市社会治安工作先进乡镇。2002 年，被评为区级“社会治安综合治理优秀达标”乡镇。2004 年，五常管委会获“杭州市 2004 年度社会治安综合治理先进单位”称号。

2007 年起，五常街道党工委从战略的高度充分认识平安综治工作的重要性，把平安综治工作列入年度重要工作议事日程，形成“主管领导亲自抓、分管领导具体抓、其他领导配合抓”的齐抓共管工作格局。定期研究涉及辖区平安综治工作的重大问题，研究部署平安综治工作具体事项，落实政府保障功能，确保辖区社会平安、稳定。嗣后，社会治安综合治理坚持打击和防范并举，治标和治本兼顾，重在治本的方针。一方面打击各种危害社会的违法犯罪活动，依法严惩严重危害社会治安的刑事犯罪分子，采取各种措施，严密管理制度，加强治安防范工作，压缩违法犯罪活动的空间。另一方面从解决根本问题入手，加强对群众特别是青少年的思想政治教育和法制教育，提高文化、道德素质，增强法治观念，鼓励群众自觉维护社会秩序，同违法犯罪行为做斗争；积极调解、疏导民间纠纷，缓解社会矛盾，消除不安定因素；加强对违法犯罪人员的教育、挽救、改造工作，妥善安置刑满释放和解除劳教人员，减少重新违法犯罪。

一、工作机制

领导责任制 五常乡党委、政府（街道党工委、办事处）历来重视社会治安综合治理，坚持主要领导亲自抓，分管领导具体抓，落实日常工作责任人；把社会管理综合治理及平安创建工作纳入工作议程，做到年初有计划安排，半年有工作检查，年底有考评总结。

进入 21 世纪，主要领导特别是“一把手”，自觉地承担起维护辖区、单位内部稳定的硬任务和第一责任，充分发挥维护社会稳定的主导作用，维护稳定的责任细化分解，确保每项工作都有人抓、有人管、有人负责。街道党委经常召开书记办公会议和班子成员会议，研究部署综合治理和平安创建工作。全年研究社会管理综合治理及平安创建工作不少于 4 次，解决社会管理综合治理工作有关问题。按照“谁主管、谁负责”的原则和“一岗双责”的要求，主要领导与各村、社区及有关企业负责人签订社会管理综合治理责任书，认真落实社会管理综合治理目标责任制和综治平安“一票否决”制。2006 年初，对重大矛盾纠纷、重点信访事项化解实行化解责任制，对排查出的重大或较重大矛盾纠纷分类处置，并明确一案一领导负责，一个化解小组具体落实，一抓到底解决。2011 年，街道建立涉诉矛盾纠纷综合化解工作领导小组，负责领导小组日常工作，由综治科科长任办公室主任，司法所所长任副组长。领导小组办公室负责执行领导小组的决定，监督、检查本街道涉诉矛盾纠纷综合化解工作开展情况，协调各部门之间关系，协商解决实施过程中出现的问题等。

2017年，根据市、区的统一部署，加强领导，健全机构，严格责任，认真落实平安创建和综治、维稳各项工作。成立街道平安建设领导小组，由街道党工委书记任组长。认真落实“党政同责、一岗双责、齐抓共管”的要求，充分运用大联动、大督查机制，“一把手”组织分析辖区安全突出问题和薄弱环节，部署平安建设工作。尤其是在中共十九大、第四届互联网大会等重要会议、活动维稳安保期间，街道主要领导每日召开情报会商，并落实有关工作。同时，确保责任到位。以责任制为抓手，指导各村社、单位的平安创建和综合、维稳工作。

健全责任体系。街道层层落实维稳工作责任制。街道与社区、社区与居民小组、厂（矿）与车间、车间与班组、学校与班级等都要层层签订维护稳定工作目标责任状。形成党政主要领导亲自抓、负总责，分管领导具体抓，其他领导干部落实“一岗双责”协同抓，一级抓一级，全民参与，层层抓落实的维稳工作格局。2011年，街道党工委、办事处将“法治余杭”工作列入街道的重要议事日程，街道建立了以党工委书记为组长，街道办事处主任、党工委副书记为副组长，各相关部门负责人为成员的依法治街、“六五”普法工作领导小组，下设办公室，负责落实“法治余杭”建设、“六五”普法各项工作，同时，各村（社区）及相关单位均建立相应机构，并落实专人负责，并与各村（社区）和单位签订了“法治五常”建设目标责任书。同时，以开展创建民主法治村（社区）为载体，加强基层民主法治建设，稳步推进社会主义新农村建设。2012年，街道民主法治村创建率100%。2013年，进一步明确社区、单位和职能科（办）在平安创建，维护社会稳定，落实信访维稳工作中的责任。是年，重大矛盾纠纷调处成功率100%。街道办事处组织检查、督查组，排查出隐患，落实整改，限期整改；各社区自查，排查出隐患30余处，已全面落实整改。各社区都设立新居民事务服务管理站，街道有一支专管员队伍，采取以分片包干，责任到人、到组的方式，对专管员队伍实行专门的考核。完善外来人口、出租私房信息“一户一档”制度。2014年，与各村（社区）、辖区内主要单位签订了包括综治、信访、安全生产、计划生育工作在内的综合管理责任状，重点突出化解重大纠纷、控制群体性上访、安全生产、控违拆违等责任考核内容，制定考核奖惩措施，确保条条有压力，块块有责任，上下有决心。坚持每季召开专题班子会议，听取专门工作汇报，研究平安建设和综治维稳工作。以街道平安建设领导小组名义发文，以任务书的形式进一步明确了街道各科室及所属部门在平安建设中的任务和责任，以责任制为抓手，指导各单位的平安创建和综合治理工作。从“稳定压倒一切”的认识出发，在经费紧张的情况下，确保平安建设经费投入。2017年初，与各社区、辖区内单位签订包括综治、信访、安全生产在内的综合管理责任状，重点突出化解重大纠纷、控制群体性上访、安全生产、控违拆违等内容，制定考核奖惩措施，确保条条有压力，块块有责任，上下有决心。并采取“捆绑考核”的模式，将平安建设纳入各社区年度综合考评。2019年12月，五常街道成立小区共同治理工作领导小组，并在街道设立小区共同治理办公室，在各社区建立小区共同治理分中心。2020年，综治中心共接受预约事项237件次，115名群众体验到“跑腿变张嘴”的信访代办服务，不出家门便能“化烦为解”。同时，街道还推出线上 App，实现治理不打烊，解决线下工作时间“众口难调”的难题。综治中心整合“一中心五平台”，集成法律咨询、人民调解、劳动监察、综合接待等8个接待窗口，并设有联合接待室、领导接待（视频接访）室、共商共议区、互动体验区及多元共调区等，社区层面则均实现按需建设全覆盖，做强基层治理第一道防线。同时，综治中心为残障人士开通绿色通道，同时设置无障碍接待专席并落实专人提供全程代办服务。2020年，多维探索社会治理。依托“10+2”模块为内容的“智慧五常”系统工程，推出“综治中心小助手”平台，利用信息平台和手机终端系统，实现街道、社区两级中心的线上联通，通过将矛盾纠纷、人员信息纳入大数据终端，对各类矛盾进行动态跟踪，并综合相关信息进行预警研判，推进矛盾纠纷智慧治理，提升基层治理工作的精准性和智能化水平。通过建立“半月信访联席会议制度”，对各清单事件进行分析研判，实施动态预警机制，实现重点风险有效管理。比如，针对华夏四季购房者因建医院而产生的邻避效应，及时进行风险评估，动态更新预警等级，最大限度防范集体上访事件发生。《五常街道建立矛盾源头全链式预防化解体系实现“预防跑在矛盾前”》被余杭政务信息专报2020年第21期录用，并获区长陈如根批示，在区信访局信访简报第4期（访源治理大比拼专刊）刊发。此外，五常综治中心“两预”机制、信访代办、“楼道长小助手”程序、“园区疫情防控快速通行管理平台”、精密智控工作、预防电信网络诈骗宣传等多条创新类工作信息报道被中央及省市区各级媒体报道，永福社区、西溪风情社区等相关社区的基层治理类工作法获多个主流媒体点赞推广。

加强督查和问责。2008年，继续坚持街道和村、社区不稳定因素每月一排查、重大不稳定因素每季度包案化解制，严格执行维稳情报信息收集、研判、报送制，坚持领导下访约访制，进一步落实人民调解“以奖代补”政策，实施人民调解与行政调解、司法调解的有机衔接，努力形成大调解格局。进一步完善矛盾纠纷化解保障激励机制、问责制等工作机制，切实把矛盾纠纷化解在基层和萌芽状态，确保辖区社会政治稳定、经济社会持续健康发展。嗣后，落实《余杭区预防处置群体性事件领导责任制及责任追究制实施办法》，确保年度稳定工作责任落到实处；落实《余杭区重大事项社会稳定风险评估实施意见（试行）》，做到科学、民主、依法决策，从根本上减少和预防矛盾纠纷，通过完善落实社会稳定风险评估机制、突发事件应急处置机制和责任追究机制，强化不稳定因素的源头预防和有效处置，形成从矛盾预防到矛盾化解“全程化”制度控制。实行以各职能科办负责人为主责、以工作职责为界限的社会治安防控、化解责任制。实行实施人为主责、实施单位为主体的重点事项社会治安与社会稳定全程风险评估、化解的防控制度。

合力机制 全面推进立体防控机制、矛盾排查化解机制、网格化管理机制、信访维稳包案机制等体系建设。完善、创新平安建设公众参与机制，鼓励群众和吸纳志愿者参与平安建设各项活动，减少公共行政成本。抓好企、事业单位保安队伍管理，对保安队伍进行必要的业务培训和法律教育，提高企、事业单位自我防范能力。发挥“社区平安议事会”“社区和事佬协会”“社区平安建设志愿者”等群防群治队伍的作用，积极发动社区群众力量，共同参与社区平安建设。2002年，根据五常地理环境特点，坚持打防结合，以防为主。投入12万元新建了邱桥警务室，组建了17人的联防队伍，加强对7000多名外来务工人员的管理。全年新创“安全示范村”4个，创“治安安全单位”7家，创安覆盖率达到100%。2004年，五常管委会先后获“杭州市2004年度社会治安综合治理先进单位”“归正人员安置帮教工作先进集体”“2004年度‘平安乡镇’”等多项荣誉。2005年5月，建立街道综治工作中心和五常平安巡防大队，村（社区）建立专职巡逻队，企业组建综治工作室。各类刑事案件发案率比上年下降14.84%。全年受理群众上访205起，比上年同期下降25.7%；调解各类纠纷98起，成功率100%。信访调处工作实行领导干部下访、约访制，并在全区率先实行假日接访、约访制。管委会下辖的7个村和10家规模企业分别建立了高标准的信访接待室。10月，在5‰人口抽样调查中，五常群众对社会治安的安全感和满意率均达到100%。在单独设立综治办公室的同时，加大宣传力度，编制综治简报，及时了解社会动态，与群众实现良性互动，以创建“平安五常”为载体，建立和完善群防群治机制，有效遏制了各类案件的发生。全年发生治安案件148起，调处127起；发生刑事案件115起，发案率低于全区平均水平，破案42起，破案率36.5%。同时，通过采用“联防包村制”，对辖区856户2260间出租房的外来人员进行有效管理；投资12余万元，建设办证大厅，提升对外来人口的“三化”管理水平，全年登记外来人口13959人次，发放暂住证12981人，办证率93%。全年调解纠纷201起，调解成功率97%。是年，五常管委会获得“杭州市2004年度社会治安综合治理先进单位”“归正人员安置帮教工作先进集体”“2004年度‘平安乡镇’”等多项荣誉。

2010年，建立五常重大项目社会稳定风险评估工作机制。2015年12月，街道试点基层治理大联动机制，通过“四个一”（一张网格、一支队伍、一组平台、一套系统），打造大联动治理格局，发动党员、组长等参与网格的服务。设立综合执法办公室，成立指挥中心，组建街道社会治理联动大队。通过效能问责、综合考核等确保社区、街道、区三级贯通和“1515”机制顺畅运行做通竖线。嗣后，街道以“5+1”机制，即通过党政共抓、决策共商、民生共计、美丽共创、成果共享等举措，打造“余杭农村幸福社区样本”，实现“融合共治”的目标。在推进基层治理水平提升方面，坚持村官村民选、村情村民知、村策村民定、村事村民议、村务村民理的村民自治机制新路径，坚持组团联村、共商共建、广泛参与。

2017年，管理机制不断创新，完成综合指挥平台、派出所勤务指挥室、街道视频监控平台“三合一”项目建设，搭建协调平顺高效的“一室四平台”运行体系。完成全科网格员的招录和培训工作，出台管理考核等一系列工作制度，建立相关职能部门事件处置机制，形成网格化事件处置的工作闭环。推广重大事项社会稳定风险评估，引入法律工作者“第三方”工作机制，推行重大涉稳事项集体会商制度。针对小区治理过程中多头管理、责任不清的问题，2020年6月，五常街道建立社会矛盾纠纷“五进三融”的治理工作体系，即对“一中心、四平台、专职网格员、专业网格员、社会力量”五大类力量先统后分，组队进网格开展矛盾纠纷排查和化解，深入推进诉源、访源、警源“三源融合”治理工作的网格化治理工作体系。街道通过该体系后，靠前处理各类矛盾纠纷共计103个。是年，实现软硬件“双提档”的余杭区五常街道社会治理综合服务中心近期正式投入运作，不仅规模上有所提升，还开设“五进三融”办公室、无障碍接待专席等区域。同时，成立五常街道综治中心社会力量共治平台，对进驻中心的社会力量精细化管理。以街道、社区两级综治中心建设为抓手，压实各级领导工作责任，推动街道领导下访约访接待、社区信访工作“固定接访日”活动等机制常态化。同时，结合班子成员“日值班”、分管领导“周会商”、主要领导“月联席”制度，构建矛盾化解责任链。2020 年 5 月，在社区层面成立小区共治社区分中心（以下简称社区分中心），对辖区内的小区共治工作进行领导、指导和监督。社区分中心由党组织书记担任主任，同时吸纳业委会主任、物业经理、网格员、楼道长、志愿者等多方力量，形成治理联动合力，在源头上控制矛盾升级，在基层神经末梢建立矛盾预防首站。按照党建统领要求，完成了小区共治景盛社区分中心、党建驿站等，为小区业主、物业、业委会提供小区议事落脚点。是年，依托智慧五常系统，整体谋划，分步实施，打造“小区共治平台”，着力实现小区智治。构建移动端、钉钉端、PC（个人计算机）端“三端融合”线上平台，开发“你提我办、考评管理、社区活动、民意征询、队伍协同”等功能模块，实现将居委会、业委会、物业公司、开发商、业主五方主体进行线上协同，重点解决小区治理过程中存在的居民反映渠道不通畅、关键小事响应慢、矛盾化解时效低、居民群众参与度低等难题，使业主在家即可报事报修、一键解忧。该系统已在景盛社区怡景花城、盛世嘉园小区进行试点，通过社区、物业、业委会及社会组织的宣传发动，有近千户业主注册使用，共提交问题 300 余个，已处理 300 余个。

二、社会治安综合治理

在党工委和办事处的统一领导下，五常街道以政法机关为骨干，依靠人民群众和社会各方面的力量，分工合作，综合运用法律、政治、经济、行政、教育、文化等各种手段，惩罚犯罪，改造罪犯，教育挽救失足者，预防犯罪，达到维护社会治安，保障人民幸福生活，保障社会主义现代化建设顺利进行的目的。

打击与专项整治 打击是社会治安综合治理的首要环节和前提条件。街道坚持经常性打击和集中打击相结合、集中打击与专项整治相结合的方针，深入持久地开展依法从重从快严厉打击严重危害社会治安的刑事犯罪活动。

1979 年，五常人民公社建立治安联防队，受公社行政领导和公安机关业务指导。1982 年 8 月，据中共中央批转全国政法工作会议纪要精神，加强社会治安综合治理力度，采取各种综合治理的手段。运用专政手段，依法严惩严重刑事犯罪分子，同时，再辅之以其他手段，以达到综合治理的目的。1985 年 10 月，根据中共中央关于进一步加强青少年教育、预防违法犯罪的通知精神，明确将关心和教育青少年、预防青少年违法犯罪作为一项综合治理的系统工程。是年，招聘乡镇民警，设立民警值班室；1986 年开始，实行治安承包责任制，并设立法律服务所负责司法、调解工作。

1993 年 5 月起，在境内集中开展以打击团伙犯罪为重点的“三打一禁”（打击团伙犯罪、拐卖妇女儿童、车匪路霸，查禁卖淫嫖娼）斗争。1994 年，据市中级人民法院、市人民检察院、市公安局、市司法局联合发布《关于在押人员和服刑犯人限期坦白检举的通告》，开展强大的政治攻势，敦促在押人员坦白检举，获取和深挖犯罪线索 10 余条。同年，先后开展反窃车、打击流氓恶势力、集中整治外来人口和集中整治农村社会治安等专项斗争。1996 年 4 月下旬，中共中央做出在全国范围内开展以破大案、追逃犯、打团伙为主要内容的“严打”斗争的重大决策后，召开两次动员大会，主要领导亲自动员、亲临第一线坐镇指挥。4 月、5 月、6 月、9 月、11 月、12 月，分别组织 6 次“严打”集中统一行动。

1997 年，开展“双禁”（禁毒禁赌）专项斗争。“双禁”斗争被纳入综治目标管理，列入综治年度考核。当年，还先后开展春季严打整治行动和以“打流窜、反盗抢、破大案”为主要内容的冬季破案战役。1998年夏季，开展“攻大案、反盗抢、禁黄毒、强防范”为主要内容的严打整治行动。9月，组织开展反窃车专项斗争集中行动。1999—2000年，按照全国、全省统一部署，先后开展邮电治安秩序专项整治行动；生产销售假冒伪劣商品犯罪专项整治行动；废旧金属收购专项整治行动；以“扫黄、扫娼”为主要内容的专项整治行动；以清理外来“三无”人员、出租私房、整治公共场所治安秩序为重点的专项整治行动；制贩假币犯罪专项整治行动；“反扒”“禁毒”“打黑除恶”及“打拐”（打击拐卖妇女儿童犯罪）专项行动等。2004年上半年，开展为期两个多月的“打恶除丑”专项整治行动，查破涉及“黄赌毒恶”刑事案件、治安案件多起；整治娱乐服务、市场、出租房、中小旅馆等复杂场所百余处。2005年，开展集中打击赌博违法犯罪专项行动，全年共查处赌博违法犯罪案件多起，抓获违法犯罪人员多人。嗣后，社会治安综合治理坚持打击和防范并举，治标和治本兼顾，重在治本的方针。一方面打击各种危害社会的违法犯罪活动，依法严惩严重危害社会治安的刑事犯罪分子，采取各种措施，严密管理制度，加强治安防范工作，压缩违法犯罪活动的空间。另一方面从解决根本问题入手，加强对群众特别是青少年的思想政治教育和法治教育，提高文化、道德素质，增强法治观念，鼓励群众自觉维护社会秩序，同违法犯罪行为作斗争；积极调解、疏导民间纠纷，缓解社会矛盾，消除不安定因素；加强对违法犯罪人员的教育、挽救、改造工作，妥善安置刑满释放和解除劳教人员，减少重新违法犯罪。

专项整治学校及校园周边治安秩序整治。1996年后，以集中整治学校及周边地区治安秩序、创建安全文明校园为抓手，全面加强预防青少年违法犯罪工作。1999年，创建“安全文明校园”，全面开展学校治安综合治理工作。5—10月，开展集中整治学校校园及周边地区治安秩序和创建安全文明校园活动。2002年，开展学校周边地区治安专项整治。

2019年，推进食品药品安全百日攻坚专项整治，共出动食品检查人员2156余人次，开展17所学校（幼儿园）食堂进行食品安全专项检查，共排摸食品生产经营单位748家，检查发现问题118家，均已整改完成。开展安全生产大检查和高危行业领域专项整治行动，共检查企业361家，整改安全隐患936条。关停存在安全隐患且环境恶劣、存在职业危害的企业2家，挂牌督办企业5家，完成整改5家。

平安建设 2001年起，五常经济开发区成立伊始，便从战略的高度充分认识平安综治工作的重要性，把平安综治工作列入年度重要工作议事日程，形成“主管领导亲自抓、分管领导具体抓、其他领导配合抓”的齐抓共管工作格局。定期研究涉及辖区平安综治工作的重大问题，研究部署平安综治工作具体事项，落实政府保障功能，确保辖区社会平安、稳定。与此同时，开展多种形式的基层平安单位创建活动，以社会主义精神文明建设促进社会治安综合治理，以社会治安综合治理推动社会主义精神文明建设。基层创安遵循“属地管理”原则、“打防并举、标本兼治、重在治本”原则、专门机关与群众路线相结合原则、落实责任原则。是年，针对区规划调整的实际，加强对境内“创安”工作的指导和考核力度；开展创建“安全社区”活动，为深化基层创安进行有益探索。2005年，相继推出“平安企业”“平安校园”“平安饭店（宾馆）”“平安商场（市场）”等评比活动。是年，投入14万元，建立2个警务室；投入9万元，用于完善交通安全标志标识；投入5万元，建立基层综治工作室、工作站；受理群众来信来访来电201件次，其中上级转交办170件（人）次。调解劳动争议 113 起，涉及 1200 人。2006 年 5 月，建立街道综治工作中心和五常平安巡防大队，村（社区）建立专职巡逻队，企业组建综治工作室。各类刑事案件发案率比上年下降 14.84%。全年受理群众上访 205 起，比上年同期下降 25.7%；调解各类纠纷 98 起，成功率 100%。信访调处工作实行领导干部下访、约访制，并在全区率先实行假日接访、约访制。管委会下辖的 7 个村和 10 家规模企业分别建立了高标准的信访接待室。10 月，在 5‰人口抽样调查中，五常群众对社会治安的安全感和满意率均达到 100%。全年处理协调各类劳动争议案件 84 起，结案率 100%；为企业职工、工地民工讨回欠薪 785.93 万元。2007 年，各类刑事案件立案数较上年减少 2.38%，破案数较上年增加 47.06%。全年受理区长公开电话交办事项 198 件，增长 83.3%；受理信访交办单 38 件，增长 80.9%；接待群众来访 58 批 170 人次；完成司法调解 120 起，成功调解 117 起。处理协调各类劳动争议案件 87 起，结案 87 起，结案率 100%；为企业职工、建筑工地民工讨回工资 273.23 万元；监察督促企业签订劳动合同 4802 人，涉及企业 178 家，劳动合同签订率 94.3%。2008 年，全年受理区长公开电话交办事项 235 件，受理信访交办单 32 件，接待群众来访 45 批 208 人次，司法调解 109 起，成功调解 105 起。安置就业人员 354 人、城镇失业人员 65 人，推荐吸收外来务工人员就业 753 人。劳动保障监察中队处理协调各类劳动争议案件 143 起，涉及劳动者 1004 人，涉及金额 281.12 万元。2009 年，累计投入 300 余万元，用于综治、巡防队伍建设和监控设施添置，新增 17 个全球眼治安监控点，累计 44 个。8 个社区建立新居民服务管理工作站，开展新居民服务工作。

2010 年，建立五常重大项目社会稳定风险评估工作机制，全年累计投入 600 余万元，用于综治、巡防队伍建设和监控设施添置，新增 23 个全球眼治安监控点，累计 52 个。2011 年，新招城市管理序化员 20 名。全年共取缔店外占道 230 余起，无证摊位 190 余起，查处沿街洒漏污染路面违章行为 71 起。全面启动和开展垃圾分类直运工作，每天有 8 吨左右垃圾实现直运。投资近 150 余万元的数字城管大厅调试运行。新招巡防队员 63 名，投入资金 60 余万元，用于新型社区的围墙封闭式改造；加大治安监控，新增全球眼治安监控点。拆除违法建筑 174 起，拆除面积约 29240 平方米。2012 年，新增巡查队员 4 名，增配 10 辆电瓶车。全年共处理各类违法建设信访 66 件，发现各类违法建设 176 起，拆除面积 15415 平方米。完成余杭区违法建设三年行动计划中涉及的 111 处老违建的整改工作，拆除面积 31119 平方米。投资 100 多万元建成街道社会服务管理中心和社区社会服务管理分中心，将整个街道划分成 9 个网格、32 个片格、108 个组格，配备基础网格力量、专职管理力量、社会服务力量 7 支专职服务团队共 1152 人，覆盖 5957 户居民，基本实现对五常人口、单位的全覆盖。

2014 年，依托“两网合一”平台，铺开信息收集网络。各社区全年受理各类问题 327 起，网格内化解 253 起，街道化解 31 起；街道社区共受理并成功调解矛盾纠纷 123 起；通过集中走访、签约，西溪北苑三期三标房屋质量问题的信访积案得到初步化解。全年完成再就业 693 人，城乡居民基本医疗保险参保 9713 人，参保率 99.95%；补助低保、残保、基础养老金、优抚对象 231 人，共发放资金 170.1 万元。查处一般程序案件 130 起、简易程序案件 208 起，对重点区域进行专项整治 120 余次。开展渣土管理，其中消纳场地审批 6 件、渣土处置审批 8 件、准运审批 59 件。运用“数字城管”平台，全年采集城市管理问题 6462

件，解决率100%。是年1月，街道在辖区内盛世嘉园小区推广移动社区应用，该款应用为社区居委会设立管理后台和专有版面，实现社区工作者与居民之间的信息实时送达。居民可以通过该应用预约社区服务，社区居民之间可以“朋友圈”的形式开展线上互动。2015年，加强社会治安立体防控体系建设，新建全球眼监控，并将标清改高清；推进出租房屋管理“三个专项整治”工作，新安装智能门禁603套；建立健全矛盾纠纷排查调处机制和重大矛盾纠纷领导包案化解机制，西溪北苑质量房问题、豪立西溪派、永福社区幼升小等重大不稳定因素得到有效化解或缓解；积极探索社会治理大联动工作，以网格管理为基础，结合五常实际在多（高）层公寓和未拆迁区域分别试点组建西溪北苑综合管理中队和顾家桥综合管理中队，探索基层社会治理新模式。2016年，依托社会服务管理中心建立综合指挥平台，完成视频会议系统建设并与区大联动中心成功对接，对大联动指挥中心进行改造升级，并于8月底投入使用；成立南、北、中三个综合管理中队，完善以城管序化、防违控违、流动人口协管、交通协管、安监生产等人员为主要力量的结构体系，有效促进问题在网格内化解。同时，全员发动，筑牢峰会“第一外围”安全防线。峰会期间，街道采取联动作战方式，将组团联社指导力量全部深入下沉，扎实开展基层基础大排查、维稳安保十大专项、综合环境整治等各项工作。特别在维稳安保工作中，通过落实“讲、查、望、清”四项措施，筑牢“两牢”安全网、织密大布防工作网，为峰会顺利召开提供了坚实的力量支撑，最终未发生滋事、闹事行为，并被评为省级G20峰会维稳安保工作先进集体。嗣后，通过发扬党员志愿者的模范带头作用，辖区内11个社区均成立平安义务巡逻队，有序开展治安巡逻、出租房检查、电动车私拉乱接充电整治等工作，辖区内平安氛围渐趋浓厚。2017年7月15日，在国家卫生计生委开展的流动人口社会融合示范社区创建活动中，五常街道文一社区凭借“为外来高新技术创业家庭提供按需服务，以其反哺社区提升居民整体健康素养”的健康“驿+e”项目，成为全区唯一入选的2017年全国流动人口社会融合示范社区。

2018年，推广出租房“旅馆式+星级化”管理模式，实施旅馆总台建设，投资185万元，建成一级总台7个、二级总台6个，辖区有出租房17560户，通过联审13553户，准入率75.6%。建成社区微型消防站13个，开展高层建筑消防安全建设，组建130人的高层建筑消防安全楼长队伍。完成农居点“一户一停放点、一车一充电位”改造，新增非机动车充电停放点位486处，全年检查企业183家次，排查隐患385条，其中消防隐患168条，开具责令整改指令书36份，关停安全隐患企业10家，完成6家“易燃类”企业的“十个一”专项整治。

2020年，五常街道持续推进辖区流动人口出租房安全管理工作，积极探索管理新模式，首创实施的五色预警系统。通过大数据实时呈现，切实提升基层治理水平。在五常街道综合信息指挥室的大屏幕上出现了一张以13个社区为单位生成的平安租房“五色图”。街道的每个社区都对应着红、橙、黄、蓝、绿不同颜色，通过大数据实时呈现，切实提升基层治理水平。五常街道地处未来科技城核心区块，街道常住人口5万多人，而流动人口已超13万人。随着创业人才云集、创新技术企业相继入驻，商业小区不断崛起，产业经济快速发展的同时也对社会治理提出了严峻挑战。出租房作为流动人口的主要落脚点，由于其数量庞大、入住人员流动性大等原因，给管理带来较大难度。通过数据分析集成显示而成的平安租房“五色图”，除了社区对应颜色外还实时统计出五常街道各类租房人数图表，形成“一图总览、数表结合、实时监测”的整体架构，构建出社区平安租房等级“画像”。9 月，五常街道发布首张平安租房“五色图”，对文一社区和云创社区 2 个高风险（红色）社区作出风险预警。五常街道准备进一步扩展“五色图”维度，后续会将消防和治安等层面的元素也纳入五色预警中，整个系统会加载更多的社会治理信息。街道将根据五色图呈现的情况，适时约谈连续数月高风险的社区领导干部，并将年度排名赋色情况作为社区平安建设评优评先依据，纳入社区的年终考核中。通过不断完善五色图，继续深化基层治理，努力打造平安家园，推进社会综治取得更好效果。

信访工作　中华人民共和国成立以来，信访体制逐步建立，上到中央下到基层乡镇（公社）稳步推进，人民群众来信来访，由乡镇（公社）机关文书受理后转交相关部门办理。中共十一届三中全会后，根据《县政府关于归口接待处理群众来信来访试行办法》，五常人民公社开始确定专职信访工作人员。1976 年以来，来信来访归类处理，涉及党内干部问题，交付党委纪委部门处理。1995 年国务院出台《信访条例》，将信访制度上升到行政法规的高度进行规范，经过多次修改，信访制度逐步完善。

2002 年开始，设立经济开发区主任公开电话，落实机关干部每天轮流值班，接听群众来电，接待群众来访，并每天记录在案，针对突出问题，及时汇报领导，及时处理，做到事事有回音，件件有着落。2005 年，五常管委会信访围绕改革、发展、稳定和创建“平安”余杭及管委会的中心工作。及时稳妥地处理群众的来信、来访、来电等信访案件，有效地遏制了群众性越级上访。加强信访网络体系的建设，各村、社区均建立以信访、纪检为一体的领导小组，建立和完善信访接待室，建立健全台账，规范信访工作档案。2007 年，全年受理区长公开电话交办事项 198 件，增长 83.3%；受理信访交办单 38 件，增长 80.9%；接待群众来访 58 批 170 人次；完成司法调解 120 起，成功调解 117 起。全年安置失地农民就业 204 人、城镇失业人员 88 人；推荐吸收外来务工人员就业 750 人，录用备案 1042 人。处理协调各类劳动争议案件 87 起，结案 87 起，结案率 100%；为企业职工、建筑工地民工讨回工资 273.23 万元；监察督促企业签订劳动合同 4802 人，涉及企业 178 家，劳动合同签订率 94.3%。举办失地农民、企业劳动保障干部和外来创业民工技能培训班 6 期，受训 434 人，其中 365 人获得各类培训证书。2008 年，五常街道与各村、社区签订信访工作目标管理责任书，并把信访工作落实到基层和列入年终考核。突出问题主要有土地征用拆迁和一些基础设施的建设以及违章建筑等。是年，受理区长公开电话交办事项 235 件，受理信访交办单 32 件，接待群众来访 45 批 208 人次，司法调解 109 起，成功调解 105 起。安置就业人员 354 人、城镇失业人员 65 人，推荐吸收外来务工人员就业 753 人。劳动保障监察中队处理协调各类劳动争议案件 143 起，涉及劳动者 1004 人，涉及金额 281.12 万元。2009 年，处理劳资纠纷投诉举报案件 88 起，涉及劳动者 347 人，涉及金额 1240437 元。劳动保障监察中队监察用人单位 320 余家，涉及劳动者 8000 余人，完成 321 家企事业单位的书面审查工作。2010 年以后，在“三改一拆”、“五水共治”、大联动、大会战等重点工作中，一方面提前介入，积极落实预防措施，加大排查力度，及时发现隐患和苗头，及时处理。另一方面，积极配合各牵头部门做好政策解释、思想劝导和动态关注等工作，确保各项重点工作的顺利推进。2015 年，“出实招、解难题、保稳定”，不断强化信访办理工作，着力解决群众关心的热点、难点问题。2017 年，制订《信访突出问题排查化解专项行动实施方案》，由组团联社团长牵头，组织街社干部深入网格，全面排摸并努力化解历史积压及当前存在的各类信访问题。截至年底，952 件信访突出问题已成功化解 825 件，化解率 86.7%。

值守制度，圆满完成中华人民共和国成立 70 周年、“双创周”、“两会”等重大活动期间维稳安保任务，社会大局保持和谐稳定。广泛发动“平安创建”宣传，营造良好氛围。加大犯罪打击力度，强力推进打黑除恶、禁毒等专项活动，打掉各类犯罪团伙 2 个涉案 39 人，抓获涉毒人员 15 人。积极开展创新反恐体系建设，西溪印象城省级“四联三防”示范点正积极筹建中。深化互联网金融风险等重点领域防控，社会治安立体防控体系有效提升。提高流动人口精细化管理水平，深化出租房管理工作的规范化、标准化。加强安全生产事故防控体系建设，积极推进“无欠薪”街道建设，加大食品安全排查整治，使平安建设迈上更高水平。同时，深耕基层“四个平台”和全科网格，建设“城市大脑”。健全完善“四平台”联席会议制度，强化部门间沟通协调，解决 348 件执法难题。进一步健全基层治理数据库，普查核实标准地址 66929 条；开展企业“一企一档”建设工作，核查企业 13063 家。支持社会组织创新发展，持续推进社区治理创新、服务创新。构建多元参与社会治理新模式，建立健全五常街道矛盾纠纷多元化解中心，开展信访超市、基层社情民意联络站建设，理顺矛盾纠纷化解机制，通过整合线上线下各类资源，依靠社区治保主任、专职网格员、志愿者等多方力量，初步形成“小事不出村社、大事不出街道”的治理体系。2019 年起，五常街道推进初信初访制度建设，在街道及辖区所有社区全面铺开，建立完善街道、社区二级信访代办制度，分层设立信访代办服务中心、信访代办点。对于涉法涉诉信访案件，给予上访人救济途径，耐心讲解，帮上访人厘清信访途径与其他法定途径的界限，把上访人的投诉请求导入相应途径解决。各基层单位主要领导亲自接访，把信访积案化解纳入年度信访工作目标管理。从制度机制上推动形成办事依法、遇事找法、解决问题用法、化解矛盾靠法的信访工作环境。同时，走访化解矛盾。2020 年，完善街道、社区视频联通接访模式，探索以“中心预告、群众预约”为内容的“两预”机制，进一步深化“最多跑一次”改革在社会治理领域的有效尝试。“两预”机制实施以来，街道综治中心共计接受预约事项 120 余件次，问题涉及 200 余人。街道、社区两级中心共计接待各类群众 691 批 2207 人次，办理、调处各类问题 658 个，矛盾纠纷化解率 83.6%。

流动人口管理（详见本章　第一节 公安）

第六章 军 事

县境解放初期，民兵协助驻县人民解放军开展大规模剿匪反霸斗争，巩固新生的人民政权。嗣后，在土地改革、合作化等运动和发展生产中起了带头作用。

1981 年，民兵组织调整，并开始实施民兵制度与预备役制度。1988 年，普遍建立民兵应急小分队。此后，民兵预备役部队经整顿，整体素质不断提高，更加适应经济建设和国防建设需要。军民共建、民兵工作调整改革、人民武装部正规化建设、预备役部队建设、征兵工作等取得丰硕成果。进入 21 世纪，五常人民武装工作在区人武部领导下和乡（街道）党（工）委的重视下，认真贯彻“听党指挥、能打胜仗、作风优良”的强军目标，以应急动员任务为牵引，以质量建设为核心，以正规化建设为抓手，脚踏实地，突出重点，整体推进。

第一节 机 构

1951 年 5 月，建立中国人民解放军县人民武装部。1984 年 10 月后，实行义务兵役制为主体的义务兵与志愿兵相结合、民兵与预备役相结合的兵役制度。区（县、市）人民武装科（部）为县人民政府的兵役机关。1962 年 2 月，五常人民公社选配 1 名专职武装干部。1983 年 4 月，五常人民公社人武部改称乡人武部。2001 年 8 月，撤销五常乡并入闲林镇，五常乡人武部随之撤销。2007 年 12 月，建立五常街道时，建五常街道人武部。

一、兵役机构

民国时期，军阀混战，征兵制度难以实行，直至抗日战争爆发前仍依靠募兵补充兵员。民国 25 年（1936）3 月，国民政府正式实行征兵制。嗣后，采用部队自行招募及征集壮丁服役。中华人民共和国成立初期，继续实行志愿兵役制。1949 年 5 月，杭县人民政府设武装科。1951 年 5 月，建立中国人民解放军县人民武装部。1952 年 12 月，按照中共中央《关于建立各级人民武装委员会的决定》，建立县、区、乡三级人民武装委员会，由同级党委书记兼任主任，县、区人武部主要领导兼任副主任，乡由党支书兼任主任，民兵队长任副主任，委员会成员由同级党委的组织委员、青年团、妇联等有关部门的领导参加。1954 年 8 月，县人武部改组为县兵役局，实行两块牌子 1 套班子，征兵时以兵役局名义，民兵工作以人武部名义，杭县兵役局下设动员科、征集科、统计科、预备役军官科、民兵科 5 科，以适应实行义务兵役制的需要。1958 年，恢复为县人武部。1955 年，开始实行义务兵役制。1978 年，改行义务兵和志愿兵相结合的兵役制。1984 年 10 月后，实行义务兵役制为主体的义务兵与志愿兵相结合、民兵与预备役相结合的兵役制度。区（县、市）人民武装科（部）为县人民政府的兵役机关。1954 年 11 月，各乡镇建立由 9 ~ 11 人组成的武装兵役委员会。

1960年1月，半山联社、拱墅联社人民武装部（以下简称人武部）随联社合并，组成杭州市钱塘联社人武部。钱塘联社下辖的九堡、临平、塘栖、亭趾、东塘、三墩、良渚等10个公社分别成立人武部，五常属三墩管辖。1961年4月，恢复县建制后，人武部也随建制变更称为余杭县人武部。次年2月，五常人民公社选配1名专职武装干部。1983年4月，五常人民公社人武部改称乡人武部。1993年7月后，对部分乡镇人武部领导作了调整和充实。1995年9月和1998年8月，乡人武部领导分别作较大调整。

二、五常街道人武部

2001年8月，根据省、市人民政府关于乡镇区划调整的批复精神，区委、区政府、区人武部决定，撤销五常乡并入闲林镇，五常乡人武部随之撤销。至2007年12月，建立五常街道时，建五常街道人武部。

街道人武部职责　负责区域的民兵组织建设，政治教育、军事训练、武器装备管理；组织带领民兵完成战备执勤任务，配合公安部门维护社会治安；发动和组织民兵参加“三个文明”建设，开展以劳养武活动，完成急、难、险、重任务；战时组织带领民兵参军参战支援前线；负责区域的征兵工作和预备役军官、预备士兵登记统计工作；会同有关部门进行战争潜力调查，做好相关的动员准备工作；协助预备役部（分）队落实参训人员，做好兵员管理等工作；协助有关部门开展国防教育，做好退伍军人的安置和烈军属的优抚工作；协助军队做好本区域的军事设施保护工作；完成地方党委、人民政府和上级军事机关交给的其他工作任务。

2007年8月，设五常人武部。

征兵工作　五常街道成立后，街道人武部认真做好区域内的征兵工作，及时进行规划，做到早计划、早宣传、早发动。如2014年，为征兵工作调整改革后的第二年，时间紧，任务重。为了搞好预征对象确定工作，街道人武部和村民兵连长到各村对高考生一一作了深入的思想教育工作，对外出打工的高学历青年做到早通知，对身体学历严格把关，积极组织18～24周岁符合条件的适龄青年上站参加体检，重点抓好高学历青年，应届高考生、在校大学生和高校毕业生全部参加目测初检。同时，街道人武部配合相关部门切实维护退伍军人和军烈属切身利益，保证现役军人安心服役及征兵工作的顺利进行。积极与民政部门协调，对接义务兵优抚金发放、烈属抚恤金发放、“八一”建军节慰问等工作。

2016年，街道人武部结合全国征兵网上的各类政策、文件，对参军入伍进行宣传，鼓励适龄青年、广泛动员高学历青年参军，在征兵过程中做到依法廉洁征兵。2019年，研究新形势下征兵工作特点，根据五常的乡情、民情，在辖区范围内特别是高校认真搞好兵役登记和国防潜力调查统计，切实抓好兵员质量关。

第二节　民兵　预备役军人

杭县解放后，境内开始建立民兵组织，完成剿匪、反霸、减租、征粮、生产和组织群众六大任务。之后，民兵组织建设逐步加强。为落实新时期军事战略方针，民兵工作又进行一系列的调整改革，民兵组织也由单一步兵向多兵种发展。

一、民兵组织

杭县解放初期，为消灭国民党残余势力，建立和巩固人民政权，大力发展民兵组织。1949 年底，今境内各乡建有自卫队 3 个乡队、9 个村队。农村自卫队自 1950 年改称民兵。随着形势发展，逐步建立健全民兵组织领导体制，实行普遍民兵制。1950 年 11 月，根据中央军委总政治部《关于民兵政治工作的指示》，加强党对民兵工作的领导，县委书记兼任县人武部政委，区委书记、区青委（共青团）书记分别兼任区人武部正副教导员，村党支部书记、青年团书记分别兼任村民兵正副政治指导员。1951 年 1 月，华东军区发出加强人民武装建设的通知。5 月 16 日，明确民兵领导体制。为加强党管武装，由县委书记兼任县人民武装部政治委员，区委书记兼任区人民武装部政治教导员，村支书兼任村民兵队政治指导员。次年，杭县进行民兵普训，试行普遍民兵制。1953 年，中央人民革命军事委员会、中央人民政府政务院联合颁发《中华人民共和国民兵组织暂行条例》，即实行普遍民兵制，健全民兵组织，加强民兵活动。女青年不再参加民兵组织。

老兵应急志愿队参观余杭抗日战争纪念馆（2019）
（街道人武部供稿）

1954 年开始，每年冬季至翌年春季，利用农闲季节，按照“出队入队，整顿组织，总结工作，改选干部，制定制度”五句话进行组织整顿。

1978 年，贯彻执行中央有关恢复民兵工作的重大措施，对民兵组织进行整顿。1981 年，通过调整，简化民兵组织层次，只在公社和厂矿等企事业单位建立民兵组织。1984 年底至 1985 年初，民兵组织再次进行调整，分基干民兵、普通民兵。1988 年，五常乡建立民兵应急小分队，增强应对突发事件的能力。

1995 年，围绕基层达标质量，从提高民兵素质入手，合理调整基干民兵布局。1997 年，开展基层单位“达标创先”活动。1999 年，再次有效压缩民兵数量，提高专业队伍比例。

2005 年，为加强和改进民兵组织建设，整合后备力量作战资源，提高应急作战力量队伍整体素质，整组工作于 7 月 6 日至 27 日进行。整组工作按优先预备役部队、保证重点队伍、落实一般，理顺民兵组织领导关系，按规范要求，落实集中点验。

2006 年 9 月 18 日至 19 日，与第六次民兵代表大会相隔 13 年后，余杭区第七次民兵预备役代表大会在临平召开。五常代表参加该次在余杭国防后备力量建设史上具有重大意义的“民兵预备役群英会”。2013 年是全国民兵工作调整改革的第一年，打好基础是关键。4 月，坚持按照“四个阶段”“十三项工作程序”要求，严密组织实施，重点抓好业务培训、调查摸底、集结点验、检查验收等关键环节。调整改革后，全区基干民兵规模压缩，人员结构素质得到提升。

2013 年 7 月，对基层武装部的“两室一库”（办公室、资料室、器材库）进行全面规范，做到“三个统一”，即统一建设标准、统一硬件设施、统一登记统计。12 月，结合街道年度武装工作综合考评标准，对全区基层人武部进行检查、考评，五常街道人武部达到基层建设目标要求。是年，街道基干民兵按要求分类全部输入专用电脑。2014 年，根据上级军事机关的工作要求，进一步完善街道的战备规范化建设，严格落实应急民兵分队的三分四定，配齐训练装备和器材，进一步加强对武装工作资料的整理和归档，完善各类应急行动方案。对民兵预备役组织，按照作战资源整合的要求，对一些重要分队和技术分队进行全面调整，编入一批军政素质较高的退伍军人。抓好基层民兵连部正规化建设标准。街道武装部以民兵担负作战任务为牵引，围绕战场及经济建设需要，本着“有利于领导、有利于提高质量、有利于开展活动、有利于执行任务、有利于平衡负担”的原则，优化结构、合理编组。在 2 月底至 4 月初，分别进行年度民兵分队整组和预备役分队整组工作。2015 年 3 月，按照上级军事机关关于加强民兵预备役组织建设的指示精神，科学调整了民兵组织布局。

2016 年，结合实际情况，做好本级武装工作、民兵外出请销假登记等的记录工作，及时记载民兵政治教育、双拥参建等活动。街道人武部对装备室的应急装备进行完善与充实，配备了一批迷彩服、雨衣、手电筒等应急装备，为应急准备打下基础。同时，按照基层正规化建设的要求，进一步完善村（社区）的民兵连办公室、活动室和资料柜，配备各类装备器材，制定各项规章制度，对各项资料进行分类管理并统一编写好台账，并将基层民兵连部正规化建设纳入各村（社区）的年终考核机制中。2016 年，街道人武部以区人武部各项工作指示为依据，组织基干民兵参加区人武部组织的军事训练，在训练中，充分发挥五常民兵纪律严明的优势及吃苦精神，使军事素质得到了很大的提高。完成区人武部组织的部分专武部长（干部）和民兵营连长集训任务。5 月，组织应急分队人员和预备役士兵分别到余杭区训练基地和余杭街道办事处参加全区性的点验活动。2017 年，按照上级军事机关以及区人武部要求，加强基层民兵营（连）规范化建设，按照标准要求，创建达标基层规范化建设示范。继续抓好人武部正规化建设，强化命令意识和组织观念，确保军令、政令畅通。2017 年 3 月，按照上级军事机关关于加强基干民兵组织建设的指示精神，紧紧围绕应急作战准备的任务，对街道民兵队伍进行科学调整。2018 年 1 月起，对民兵队伍进行调整改革，年底完成民兵数量压减、结构调整，到 2020 年全面完成民兵体制改革任务。3 月，围绕支援保障作战有保证、应急维稳救灾有能力、服务经济社会发展有作为、建设发展可持续的力量体系为目标，对街道民兵队伍进行科学调整，并对重点分队进行点验。2019 年，根据区人武部的要求，建立健全各种工作岗位责任制，完善整理好各种档案资料，使档案管理工作提高到一个新水平。严格按照“两室一库”的标准做好基层人武部规范化建设。按照全省民兵工作调整改革管理条例的要求，落实横板桥社区为基层民兵连规范化建设试点单位，同时大力抓好民兵基层组织建设，认真抓好基础设施建设，坚持“巩固、规范、上档”的要求，争创工作一流水平。是年，按照上级军事机关关于加强民兵预备役组织建设的指示精神，紧紧围绕应急作战准备的任务和服务保障大型活动，对街道民兵队伍进行了科学调整，并对重点分队进行点验。

二、政治教育

教育内容 中华人民共和国成立后，民兵政治教育作为民兵工作的一项重要任务，主要是紧紧围绕党、国家和军队各个时期的中心任务，以及民兵的思想实际进行。解放初期，围绕土地改革、剿匪反霸、镇压反革命运动，对广大民兵进行阶级教育、爱国主义和革命英雄主义教育，提高民兵的阶级觉悟和保卫胜利果实的自觉性。在抗美援朝运动中，各地加强对民兵保家卫国教育，组织民兵参加各种活动，揭露帝国主义侵略罪行，激发民兵爱国主义和参加志愿军的热情。1952 年，民兵政治教育的主要内容是学习贯彻党在过渡时期的总路线，通过教育，使民兵成为贯彻执行总路线、带头参加互助组和合作社的模范。1953 年实行普遍民兵制，组织民兵学习《中华人民共和国民兵组织暂行条例》，以提高加强对人民武装建设意义的认识。除此之外，每年整组时，学习《民兵入队誓词》；学习政府政策法令及服从领导听指挥、团结互助、积极生产，提高政治警惕性，爱护武器，作风正派、尊重妇女，不打人骂人、不仗势欺人，不作坏事、不包庇坏人，不骄傲、不自满、虚心接受批评“八项守则”。

1958 年，在“大办民兵师”热潮中，在民兵中广泛进行人民战争的思想教育，教育民兵树立和平建设时期作好战争准备，居安思危。1962 年，按照中央有关紧急备战的指示精神，在民兵中进行深入的备战教育，学习材料有中共浙江省委宣传部《宣传教育要点》和新华社发表的揭露国民党阴谋的《新闻公报》等材料。1962 年至“文化大革命”开始之前，民兵政治教育主要围绕民兵工作“三落实”、进行“三大任务十项守则”教育，并广泛开展学习毛泽东著作和学雷锋、学南京路上好八连等活动，各地民兵积极开展争创先进单位和争当雷锋式好民兵活动，取得较好成效。

1977 年，拨正民兵建设方向，民兵工作的优良传统得以恢复和发扬。1978 年 12 月，中共十一届三中全会重新确立“解放思想，实事求是”的思想路线，作出改革开放的重大决策，党和国家的工作重点转移到社会主义现代化建设上来，民兵的政治教育内容有了全新的变化。

活动形式 民兵政治教育的丰富内容寓于多样有效的形式和活动中。“争先创优”（争创民兵工作“三落实”先进单位和优秀民兵）和结合形势而展开的各项活动，是民兵政治工作的重要形式，也是对民兵进行政治教育的有效方法和主要活动内容。政治夜校、民兵青年之家、广播电视和各种民兵报刊等，是对民兵进行政治教育的基本场所和阵地。中华人民共和国成立初期，一般结合当地实际以及民兵担负的任务，采取小型、分散、串联发动的形式，执行什么任务，就进行什么教育。杭县民兵在土地改革、镇压反革命和剿匪反霸斗争中，就结合斗争大力开展立功创模运动。1952 年，杭县民兵代表屠云海赴京参加阅兵式训练后又参加国庆阅兵式，其事迹被传颂一时，学习英雄就成为活动形式。

1958 年 7 月，浙江军区政治部发出开展“五好民兵”活动的指示，民兵广泛开展政治思想好、生产劳动好、国防观念好、工作学习好、爱护武器公物好的“五好民兵”活动。各地据此加强了对民兵的政治教育，并建立评比制度，通过评比奖励先进，让民兵学有榜样。20 世纪 60 年代后，民兵中广泛开展“比、学、赶、帮”劳动竞赛活动和评选学习毛泽东著作积极分子以及创造民兵工作“三落实”先进单位活动，在活动中涌现不少先进单位和先进个人。“文化大革命”中，余杭县民兵建设受到严重冲击，政治教育削弱，并出现一些极“左”的做法和形式主义偏向。1977 年，民兵工作“三落实”先进单位评比竞赛活动再度恢复。其时，民兵政治教育的基本形式是上政治课。

2008 年起，街道党工委高度重视武装工作，年初专门召开党工委会研究探讨武装工作的新思路、新方法，布置武装工作任务，制定并修改武装工作各种方案预案，明确了基层民兵连部建设标准，并纳入年终考核机制中，使街道的党管武装工作走上了制度化、规范化的轨道。在实际工作中，街道党工委书记亲自过问工作中的重点、难点问题，研究解决办法，真正体现了党管武装的原则。2015 年春节过后，在民兵外出务工前，除了集中学习外，还利用会议、训练、民兵活动的契机，抓好民兵政治教育。对国际形势及人武工作的业务知识进行全面宣教，使广大民兵预备役人员充分认清当前形势，明确职责和自身所肩负的使命。以群众路线教育为契机，努力搞好专武干部和民兵队伍的学习教育，不断提高干部和民兵的素质，保证领导得力。针对民兵人员分散、流动量大、流向多、不脱离生产岗位的特点，街道开展形式多样的民兵政治教育。街道人武部、各基层民兵连年初都按上级要求订阅《中国民兵》《解放军报》《中国国防报》等报刊，做到学习有资料。同时，根据民兵的实际情况，结合民兵集结点验组织集中学习，对外出务工基干民兵采取函授的方法，分片学习由各片长负责，使民兵政治教育得到了很好的落实。2018 年，努力搞好专武干部和民兵队伍的学习教育，不断提高专武干部和民兵干部的素质，保证领导得力。针对民兵人员分散、流动量大、流向多、不脱离生产岗位的特点，街道抓好形式多样的政治教育。同时，根据民兵实际情况，结合民兵集结点验组织集中学习，对外出务工民兵采取函授的方法，分片学习由各民兵连长负责，使民兵政治教育得到了很好的落实。2020 年，针对民兵人员分散、流动量大、流向多、不脱离生产岗位的特点，街道采取形式多样的民兵政治教育。街道人武部、各基层民兵连订阅《中国民兵》《解放军报》《中国国防报》等报刊。同时，根据民兵的实际情况，结合民兵集结点验组织集中学习，对外出务工民兵采取函授的方法，分片学习由各民兵连长负责，使民兵政治教育得到了很好的落实。

三、军事训练

群众性练武活动　1950 年起，民兵利用农闲季节、生产空隙和业余时间，采取就地、分散、小型的方法，开展群众性练武活动。1951 年，对民兵进行较正规的军事训练。训练一般安排在冬季，以乡为单位，早出晚归，进行集中军事训练。县人武部专门安排民兵干部训练班培养骨干，以骨干带动一般。1953 年起，各区集中民兵中队长和每村民兵骨干，进行脱产训练。1957 年起，民兵军事训练仍以不脱产为原则，接受正规训练。

1958 年，“大办民兵师”后，民兵训练由农村发展到城镇，掀起第一次群众性练武高潮。民兵训练中不切实际，甚至弄虚作假、形式主义偏向也一度出现。1960 年，实行劳武结合以劳为主的民兵军政训练。1961 年，民兵训练因地制宜进行，训练内容少而精，方法以小型、就地、分散为主。

1964 年，在民兵中推广郭兴福教学法，全县掀起大练兵活动。民兵干部除分批分期集训共同科目外，还对民兵担负的具体任务开展不同的训练内容。

有计划重点训练　“文化大革命”期间，民兵军事训练一度中止。1971 年，进行组织调整，贯彻劳武结合的原则，组织民兵开展军事训练，取得一定实效。

1973 年，民兵开始有计划地实行重点训练。1979 年，五常人民公社武装基干民兵参加周期训练，经县人武部考核，成绩良好。

1981 年起，对民兵实行周期训练。训练达到规定时间并取得及格以上成绩者，发训练合格证书。据 1981 年、1982 年两年一个周期的训练统计，基干民兵合格率为 91.6%。从 1985 年起，民兵军事训练恢复年度训练。

训练调整和改革　中共十一届三中全会后，民兵军事训练进行调整和改革。相对减少组训点，由县、各区或乡镇集中训练。训练周期先改为两年后改为年度，精简训练内容，严格训练对象，并普遍实行考核、登记、发证制度，实行“一考”（考勤）、“二定”（定标准、定措施）、“三包”（包教、包学、包质量）。1984 年后，实行规范化训练，坚持民兵训练基地集中施训，确保民兵训练效果。

1994 年，包括五常等在内的民兵和预备役人员参加军事训练，参训合格率 100%，各课目均在良好以上。1996 年，按规范化训练要求，根据不同专业特点，分批实施军事训练。此后，加强适用性科目的训练，增设水上抢险救护等，并多次进行民兵应急分队抗洪抢险演练。1999 年，民兵军事训练实行基地化、规范化，统一领导编组、统一训练内容、统一教学施训、统一管理教育、统一考核验收。训练期间严格执行有关规定，建立一日生活制度，保持良好的训练、学习、生活秩序。

2001 年起，认真贯彻“听党指挥、能打胜仗、作风优良”的强军目标，以应急动员任务为牵引，以质量建设为核心，以正规化建设为抓手，脚踏实地，突出重点，整体推进。结合实际情况，对基层人武部规范化建设的基本队伍、基本制度、基本工作、基本设施等方面进行完善与改进。通过整组，所编民兵思想稳定，队伍纯洁，结构合理。

2002 年，民兵训练依据规范化、基地化要求，提升训练内容。同时，改进组训办法，实行统一计划，分类集中，按专业组训。2005 年，贯彻上级指示，以反“台独”应急作战准备为主线，积极探索新形势下国防后备力量建设的特点规律，坚持“深化细化、到点到位、实际实效”的工作标准，落实民兵预备役部队的军事训练。2008 年 5 月，进行为期半个月的集中强化训练。

2009 年 5 月 21 日至 27 日，乡镇（街道）武装部部长、专武干部参区人民武装部组织的全区业务集训。集训主要从业务基础和业务技能两方面入手，围绕强化业务素质、提高任职能力、适应任务要求、促进工作落实的主题，紧贴岗位任职与任务实际，科学设置教学内容，多方组织教学资源。次年 3 月，街道武装部长、专武干部和民兵连长进行业务集训。2011 年 5 月，区人民武装部组织民兵参加跨区联训；6 月，组织民兵水上救援分队进行抗洪抢险演练。

2013 年 5 月 16 日，根据区人武部指示，街道组织区属应急连参加余杭区 2013 年民兵整组点验大会。参加点验的民兵严守纪律，自觉维护集体荣誉，充分展示了新形势下基干民兵的良好风貌。2014 年，人武部按照训练大纲要求和上级下达的训练任务，突出重点，组织训练。2015 年，街道人武部以区人武部各项工作指示为依据，组织基干民兵参加区人武部组织的军事训练，在训练中突出智能、技能和体能训练，心理和一专多能的训练，完成区人武部组织的部分专武部长（干部）和民兵营连长集训任务。2016 年，人武部按照训练大纲要求和上级下达的训练任务，突出重点，组织训练。2017年，按照上级军事计划要求，完成了区人武部组织的部分专武部长（干部）训练任务，完成民兵应急分队点验和预备役士兵点验。2018年，街道人武部以民兵训练大纲和区人武部各项工作指示为依据，组织民兵分队参加了区级各项军事训练。突出心理、技能、体能训练和一专多能训练，充分发挥五常民兵纪律严明的优势及吃苦精神，使民兵军事素质得到了很大的提高。2018年，组织民兵应急分队做好平时服务、急时应急、战时应战能力的准备工作。根据区人武部统一部署，受领紧急抗洪抢险救灾和维稳任务，民兵应急队伍能够做到有令则行，有禁则止，确保完成上级赋予的任务。强化民兵参建应急分队作用，街道人武部组织民兵开展重大活动期间巡逻，如完成“清明”祭扫防火任务，在端午节期间，组织民兵水上分队保障五常龙舟胜会水上救援和安全工作等。2020年，街道人武部以民兵训练大纲和上级军事机关各项工作指示为依据，组织民兵分队参加区级各项军事训练。突出心理、技能和体能训练和一专多能训练，充分发挥五常民兵纪律严明的优势及吃苦精神，使军事素质得到很大提高。

8月，参加浙江省民兵岗位练兵大比武，街道民兵通过层层选拔，有一人遴选为参赛对象，代表余杭区人武部取得集体第二名。

四、参与地方工作

参战支前 中华人民共和国成立后，杭县民兵积极投入剿匪、反霸、减租征粮、组织群众和带头生产等中心工作，积极参加镇压反革命、土地改革和抗美援朝三大运动。为乘胜消灭浙江境内的国民党残余势力，人民解放军第七兵团实行战略追击，迅速向浙东、浙南进军，过境部队所需的粮草，均由境内供给。人民政府为保证部队给养，采取向富裕人家征集粮草的办法，发动民兵参与催缴和运输粮草。同时，民兵还在减租减息中带头与地主斗争，迫使地主实行减租减息。

中华人民共和国成立初，国民党残余势力不甘灭亡，纠集社会渣滓，组织反革命武装。尤其1949年下半年，一时土匪四起，抢劫民财，杀害干部，严重威胁人民的生命财产安全。为此，杭县建立剿匪委员会或剿匪指挥部，广泛发动民兵和群众，配合部队掀起大规模的清剿匪特的斗争。在大规模军事清剿和政治瓦解匪特的同时，1949年9月至10月，杭县普遍开展民主反霸斗争，民兵深入群众、发动群众，揭发、控诉恶霸地主。

1950年6月，朝鲜战争爆发，美国飞机多次侵入中国领空，轰炸丹东地区。民兵积极投入“抗美援朝，保家卫国”运动。广大民兵自觉接受反侵略正义战争教育，踊跃报名参加中国人民志愿军。除踊跃参军、捐资外，广大民兵还做好拥军优属工作。民兵和妇女组织一起，发动妇女做军鞋。8月，杭县进行土地改革试点，然后由点到面逐步展开。民兵在土改的各个阶段发挥骨干作用，成为土地改革的主力军和保卫者。12月开始，杭县开展镇压反革命运动，民兵协助公安部门逮捕反革命分子归案，并担负押送犯人等任务。

战备执勤 1949年5月，国民党残余势力组成的武装匪特，以一部分农村和山区为依托，以原有组织和地主恶霸等为社会基础，网罗集聚力量，对新生的人民政权进行猖狂反扑，威胁人民的生命安全和财产安全。临平地区组建民兵组织，配合解放军驻军，开始实行军民联防。守卫重要目标和担任站岗放哨是民兵的重要任务。中华人民共和国成立初期，境内一些较大活动均由民兵维护治安，广大民兵始终站在斗争第一线，在公审恶霸大会上，担负着看押罪犯、维持秩序、上台诉苦等任务。

20 世纪 80 年代，民兵多次配合公安部门对刑事犯罪活动进行一定规模的集中打击。1983 年，五常人民公社民兵配合公安部门参与打击刑事犯罪分子活动，3 名民兵立功受奖。1990 年，民兵配合公安部门开展“严打”斗争，在交通要道和不稳定地段设卡，协助破案。

1995 年，组建民兵治安巡逻队，配合公安部门破案，抓获各类违法犯罪分子多人。次年，成建制组织民兵配合公安部门开展夜间治安巡逻。嗣后，为树立新时期民兵队伍良好形象，每逢元旦、春节等重要节日期间，民兵均协助公安部门上街值勤巡逻，维护社会治安，确保一方平安。每逢暑期，民兵应急分队与公安、联防队一起，参与夏季百日整治活动，处置辖区突发事件。

2016 年，组织民兵、预备役人积极参加 G20 峰会维稳安保工作以及后峰会期间安保执勤工作。开展台风防范工作，在做好防台宣传动员、堤塘巡查等工作外，民兵应急分队保持 24 小时值班待命，随时完成防台应急任务。根据区人武部统一部署，街道分别组织部分民兵应急分队参加区平安志愿者启动仪式、杭州市 G20 峰会安保誓师大会，五常 6 个公交车站一个月的安保执勤任务等。民兵应急队伍能够做到有令则行，有禁则止，确保完成上级赋予的任务。

抢险救灾 1956 年 8 月 1 日，杭县紧急动员民兵参加抗洪抗台斗争。灾后，又组织以民兵为主的民工修复西险大塘。

1988 年 8 月 8 日，余杭遭受台风袭击，造成灾害。出动民兵，成立 10 个突击小分队投入抢险救灾。2007 年 9 月，13 号台风来袭，组织民兵应急分队投入抗洪抢险准备工作中；10 月，16 号台风带来洪涝灾害，紧急出动民兵组成的应急分队全力投入抗洪抢险。2008 年初，余杭遭受一场历史罕见的雪灾，区人武部紧急动员后备力量，组织民兵连续奋战 42 小时，在主要道路路口和省道交界处清扫积雪、破冰除险，两次抽调包括五常在内多名民兵赴杭州火车站维护春运秩序，被杭州市评为“抗雪救灾”先进单位。是年，连续遭受两次特大暴雨袭击。乡人武部组织动员民兵应急分队若干人次参加抗洪抢险。

参加地方建设 民兵除参战支前、战备执勤和抢险救灾外，还参加地方经济建设和政治文明、精神文明建设。

1997 年 3 月，民兵开展“学雷锋，树新风”活动，参加冬修水利劳动，清挖水渠。1998 年，民兵组织较大规模的“参建”活动。义务为民修理家用电器、自行车等，清运垃圾；在创建国家卫生城市活动中，参与城市清扫和整顿。

2001 年，除继续持久开展“学雷锋，树新风”、为民服务和参加农田水利建设外，在节假日组织民兵上街值勤巡逻，处置突发事件，稳定社会秩序。自 2000 年开始的“创建工程、平安工程、治水工程、扶贫工程、绿色工程”为载体的新一轮创建活动中，民兵根据实际，出动上千人次，投入运河治理、平原绿化、捐款扶贫等工作。2007 年，共组织上百人次分 4 次参加“清洁余杭”行动。广泛开展拥政爱民活动，武装系统与烈军属、困难户长年结对帮扶。2008 年，先后出动民兵开展植树活动，发动民兵预备役人员捐款，建造“爱民林”。在抗震救灾中，组织武装系统开展“我为灾区献爱心”活动，为灾区捐款。2014 年以后，专武干部、民兵预备役人员开展“五水共治”行动 5 次。2015 年，根据区人武部统一部署，街道分别组织部分民兵应急分队于 7 月在街道集中组织备勤防“灿鸿”台风。在备勤期间，民兵应急人员能够做到有令则行，有禁则止，确保了人员自身安全，确保完成上级赋予的任务。

街道人武部组织民兵开展义务植树活动、“清明”祭扫防火活动以及端午节期间“五常龙舟节”活动现场的社会维稳和服务保障工作等。

2016 年，组织民兵参加维稳安保工作，组织各村社落实民兵参与辖区内的巡逻、公共汽车站执勤、跨区边界卡口检查、消防安全检查等维稳安全工作，组织民兵利用民兵整组点验契机进行政治理论学习教育。2017 年，组织民兵积极响应“美丽余杭，民兵先行”活动，在木桥港附近清理卫生死角 5 处，民兵在活动现场当起义务宣传员，对村民和出租户进行“美丽余杭”建设和“五水共治”工作宣传，提高村民自觉维护环境卫生的意识。2020 年，街道人武部组织民兵开展新冠肺炎疫情期间巡逻，协助公安联防排查、测温等工作。此外，组织民兵水上分队保障街道“五水共治”办公室的巡河和河道保洁工作。

卷 六

文教体卫

第一章 文　　化

第二章 教　　育

第三章 体　　育

第四章 卫　　生

五常龙舟胜会

第一章　文　　化

五常自古兴教崇文，历史文化底蕴深厚。从地域上看，五常是西溪的重要组成部分，因而也是历史上西溪文化的发祥地之一。在这片神奇、美丽的土地上，不仅有着曲水环绕、花木扶疏、鸟鸣鱼跃的自然景观，也有着传奇的人物、悠久的民俗和动人的传说。这一带是历代文化名人“诗意地栖居”之所、理想的精神家园，并沉淀了大量的文化印记，凝结成为源远流长、璀璨夺目的西溪文化。可以说，历史上五常的文学艺术是与西溪文化如影相随、同步发展的。境内文学和艺术创作自南宋后，获得快速发展，至明清时出现了鼎盛期，涌现众多文人群体，留下大量的诗词、散文作品，其中蕉园诗社是清代女性文学发展的代表。洪氏家族对西溪文化的发展做出贡献，洪昇的《长生殿》是中国戏曲史上的集大成之作。吴越国时期杭州西溪法昌院刊刻的《佛说观世音经》等经卷，是浙江发现的最早的雕版印刷品。

五常地区群众文化活动历来活跃。旧时，有农历正月十五闹元宵，有舞龙、舞狮、滚灯、拳灯等到各村巡回进行表演，还有端午节的龙舟竞渡是当地的特色娱乐活动，这些民间文艺活动五彩缤纷，代代相传，丰富了群众生活。

中华人民共和国成立以后，特别是改革开放以来，五常文化事业获得全面发展，文学艺术作品创作层出不穷，政府倡导的各种文化活动蓬勃开展，群众文化机构相继建立。群众文艺的内容以配合政治的宣传活动为主。乡文化站建立后，成为群众文艺活动的组织部门，开展形式多样的群众文艺活动，其主要表现形式有文艺会演、文化联谊、文化下乡等活动，受到群众的广泛欢迎。20 世纪 80 年代末，群众文化生活更加丰富，文化活动更加频繁，乡文化站成为群众文化活动的重要阵地。农村文化、社区文化、校园文化、企业文化的开展，使群众文化活动骨干队伍日益壮大。2007 年，杭州市首次命名“民族民间艺术之乡”，五常管委会（五常龙舟胜会）榜上有名。2009 年，五常街道被列为第四批浙江省民族民间艺术之乡。是年，西溪湿地龙舟文化节——首届中国杭州五常龙舟胜会被授予第十一届西湖博览会观光活动项目铜奖。2011 年，五常街道顾家桥社区创建成为杭州市文化示范村（社区），五常文化创意产业园被认定为区级文化创意产业园区。2012 年，五常街道文一社区创建成为杭州市文化示范村（社区）。2013 年，街道文化站创建成为杭州市示范乡镇（街道）综合文化站。2014 年，五常街道获得“2013 年度杭州十大美丽家园”称号，成为余杭区首个获此称号的镇（街道）。2015 年以后，文化场馆建设取得新成就，村村建有文化礼堂和文化休闲场所，拥有区级文体团队 6 支，社区文体团队近 30 支，挖掘本土文艺人才，培养青少年文艺团队（如少儿十八般武艺、少儿拉丁等），通过以老带新、专业培训、积极上台，实现现有文艺团队的本土化、专业化。社区文化、校园文化、企业文化蓬勃开展。

非物质文化遗产是人类历史文明的宝贵记忆，也是人民群众非凡创造力的重要结晶。经过千百年来的历史积淀和发展传承，五常先民创造性地结合了当地的文化特色和生活实践需要，诞生并发展成具有鲜明地域文化特色和传统民俗、体育项目，即五常龙舟胜会和五常十八般武艺，成为国家级非物质文化遗产。历年来，五常政府在保护和传承非物质文化遗产上做了大量卓有成效的工作。从2004年起，连续举办一年一度的五常龙舟节，积极组织龙舟和五常十八般武艺参加各类展示和演出活动，通过政府保护、民间保护、文献保护、基地保护等方式，传承非物质文化。

在物质文化遗产保护方面，五常政府通过收集整理洪氏文化来推动文化遗产的科学保护，截至2020年，有市文物保护单位1处，市文物保护点2处。

第一节　文化艺术

五常是西溪的重要组成部分，这一带可谓是历代文化名人“诗意地栖居”之所、理想的精神家园，又因为有了这些或栖居、或游历的名士、雅士、高士而沉淀了大量文化印记，凝结成为源远流长、璀璨夺目的西溪文化板块。

五常的文学艺术与西溪如影相随、同步发展。境内文学创作自晚唐始，经两宋特别是南宋后，获得快速发展。明清时期，是五常一带文学艺术发展的鼎盛时期，出现众多文人群体，留下大量的诗词、散文作品，其中蕉园诗社是清代女性文学发展的代表。洪氏家族对西溪文化的发展做出贡献，洪昇的《长生殿》是中国戏曲史上的集大成之作。中华人民共和国成立以后，特别是改革开放以来，五常文化事业获得全面发展，文学艺术作品创作层出不穷，政府倡导的各种文化活动蓬勃开展。

一、文学艺术

五常是西溪文化的发祥地之一，这片土地上有着传奇的人物、悠久的民俗和动人的传说，还有曲水环绕、花木扶疏、鸟鸣鱼跃的自然景观，历朝历代的文人墨客都视之为人间净土、世外桃源，当作休闲、养生、赏景、栖居和吟诗作画的理想佳境。他们在西溪或卜筑寓居，或流连赏玩，或赋诗作文，留下大批诗文辞章。

诗词　杭州西湖历来是一个诗词的渊薮，与之相邻的西溪，诗词自晚唐才见滥觞，明末开始繁荣，而在清代则达到极盛，涌现出许多大型组诗或专书、专集、专卷等。整个清代西溪诗词的作家有数百人。其作品总数，更加无法估算。

北宋诗人杨蟠任杭州通判时，曾与苏东坡共事，并互有诗歌唱和。他游西溪后赋诗一首，这是第一首写西溪的诗：“为爱西溪好，长忧溪水穷。山源春更落，散入野田中。”

南宋末年，汪元量以黄冠道人的身份，辗转从大都回到故乡杭州，曾隐居西溪。著有《湖山类稿》《水云集》，创作了大量抒发亡国之痛的爱国诗篇。闲居西溪时，汪元量自称“野水闲云一钓蓑”，出没无定，行踪无迹，杭人称他为“仙人”。

明清时期，西溪的隐居者渐多，特别是明清易代之际，很多文人不愿在清朝做官，就到这里来寻求精神庇护。其中不乏思想、学术和文艺界的大家，留下了大量的诗文。清代的西溪诗词达到鼎盛。整个清代西溪诗词的作家有数百人。明清时期，出现了一大批有影响的代表性人物，如冯梦祯、吴本泰、厉鹗、许承祖、陈文述等。

冯梦祯（1548—1605），是明代万历年间进士，官至南京国子监祭酒，秀水（今嘉兴）人。他一生好学不倦，广涉经史，博学多才，著作宏富，主要有《快雪堂集》《快雪堂漫录》等。冯氏晚年居孤山，因家藏《快雪时晴帖》，别墅就取名“快雪堂”。他曾多次游览西溪，描述西溪，因深受西溪“冷、野、淡、雅”的气质吸引，故在安乐山永兴寺边上建西溪草堂，其中的正房即快雪堂。他为西溪寺庵与山水写了不少诗文，对西溪赞誉有加。冯梦祯去世后，安葬于西溪安乐山永兴寺侧。

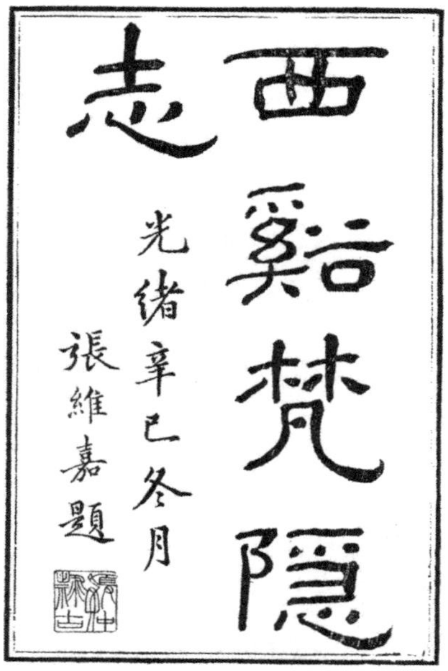

《西溪梵隐志》扉页

吴本泰（1573—?），字梅里，号药师、梅里居士，原籍海宁，长期生活在杭州。他于明代崇祯年间中进士，时已61岁，曾任吏部郎中等官职。清灭明后，具有强烈民族情怀的他遁入西溪河渚隐居，朝夕与西溪相处，深爱其地，撰写关于西溪名胜的诗词有数十首。他晚年写成的《西溪梵隐志》，除了介绍西溪的庵寺、名胜、风俗以外，还创作了大量赞美西溪的诗歌。《西溪梵隐志》全书凡四卷，依次为《纪胜》《纪刹》《纪诗》《纪文》。其中，《纪诗》卷载“汇采诸咏，代无问古今，人无问显晦，为游览、为赠送、为唱酬、为感慨，一属西溪”，收录作家六七十人、诗词上百篇，因此相当于一种历代西溪诗词的总集。

清代先后有两位皇帝到过西溪，写下诗歌，并有大臣赋和。康熙二十八年（1689），康熙皇帝第二次南巡，曾临幸詹事府少詹事高士奇在西溪的别墅，写有《西溪》《题西溪山庄，以“竹窗”二字书赐高士奇》以及《过桃花［源］岭，至玉泉寺》三首诗歌。《西溪》这一首特别为人传诵。高士奇同时也赋有《扈从由昭庆寺乘马至木桥头，泛小舟赐幸西溪山庄（敬用沈约宿东园韵）》《圣驾临幸西溪山庄，赐五言诗，并御书“竹窗”二字，恭纪》二首等题，收入其《随辇续集》。继康熙皇帝之后，乾隆皇帝六次南巡，其中乾隆十六年（1751）第一次南巡杭州时也曾到过西溪，并同样写有《西溪》一诗。当时的礼部尚书、格调诗派领袖沈德潜也有一首和作，收在《西湖志纂》卷10《西溪胜迹》开头的“西溪”条。皇帝、大臣的临幸、赋诗，也极大地提升了西溪的知名度。

清初浙西词派代表人物厉鹗，性喜娴静，钟情山水，最爱西溪风光，留有咏西溪的诗词上百首。厉鹗（1692—1752），字太鸿，号樊榭，钱塘（今杭州）人。乾隆元年（1736）由浙江巡抚程元章推荐，参加博学鸿儒科的考试，却因误把《论》置于《诗》前，次序摆错，而名落孙山。从此，他就终身不仕，从事学术研究，潜心写作。厉鹗是清代狭义浙派诗和中期浙西词派的领袖人物。其诗词在题材上以描写山水见长，而写得最多的，除西湖之外就是西溪，现存其《樊榭山房集》。

厉鹗诗歌风格幽复清冷，在西溪山水诗中尤其典型。如《雨宿永兴寺》用寒灯、清响、暗云等意象营造出一种清冷深幽的意境，与其整个诗歌风格相一致。作为浙西词派的作家，他的词也以清空见长。厉鹗虽然不是西溪本地人，但他生前曾自号西溪渔者，卒后又葬在花坞，牌位供奉在交芦庵。后人在交芦庵的东面，特地建造了一座“厉杭二公祠”，祭祀厉鹗以及与之同一诗派的杭世骏。民国初周庆云在西溪创建“历代两浙词人祠堂”。其缘起也与厉鹗有关。厉鹗的西溪诗词，不但在他本人的山水诗词中占有重要的地位，而且作为其整个山水诗词的一个重要组成部分，在中国历代山水诗词中也具有突出的特色。

清乾隆年间，浙江海宁人许承祖“广索旧文，博搜逸事”，撰成《西湖渔唱》一书。全书凡7卷，作品都是七言绝句，总计365首。其最末第7卷及卷4中的一部分作品约50首的诗歌，都可以归入写西溪的范围，其诗广泛涉及西溪的诸多景点，相当于半部明释大善的《西溪百咏》。因此，该书虽然以“西湖”命名，但西溪在其中显然占有重要的地位，并且可以相对独立。

生活于清代乾隆、嘉庆、道光年间的诗人陈文述，十分热爱西溪，还在秋雪庵附近建有别墅“秋雪渔庄”。《西溪杂咏》是他专门题咏西溪景点的大型组诗，凡一卷，包括50首作品。其《秋雪渔庄》诗中写道：“我爱渔庄好，相依秋雪庵。”其诗歌总体风格以辞采华丽见长。陈文述（1771—1843），字退庵，号云伯，钱塘人。《清史·列传》中有他的传记。他好交友，工诗词，著述较多。其中，《西溪杂咏》一书，集中记述西溪的名胜古迹达50处，每个景点写五言诗六句一首，前列小序说明。

清乾隆至咸丰年间（1821—1850）的杭州人章黼，一心向往西溪，他在那里构筑茅屋数间，命名为“梅竹山庄”。清道光年间，章黼将友人们对梅竹山庄的题诗汇编在一起，撰成《西溪梅竹山庄图题咏》一集。此集所收作品，计有诗63首、词19首以及文6篇。这些作品称颂主人的清高品格，描绘西溪的清幽景色，尤其突出梅、竹两样事物。

清人吴祖枚、陈如松两人编有《西溪联吟》，是一部有关西溪诗歌的合集，与陈文述《西溪杂咏》一样刚好也是一卷50首，但每首标题之下并无小序，体裁为七言律诗。两人之作不以人各自分编，而是按内容穿插排列。清光绪年间，丁丙曾将其刻入《武林掌故丛编》第25集。

钱塘丁氏家族在其编撰的作品中，也保留了大量西溪诗词。丁申之子丁立诚汇编为《风木盒图题咏》一集，刻入《武林掌故丛编》第24集。光绪年间，丁丙之子丁立中撰《西溪棹歌》，收入《武林丁氏家集》丛书。《西溪棹歌》系七言绝句，总共100首。整组诗歌，专门吟咏西溪的有关风物和人物，同时每首都加有相关的自注。又由于组诗采用“棹歌”的形式，属于通常所说的“竹枝词”一类，因此在一定程度上具有民歌的风味。丁立中对西溪洪氏多有吟咏，如他在《西溪怀古诗》中有《西溪怀洪美荫》《西溪怀洪诒孙》等诗，盛赞洪氏后人对西溪文化的贡献。

清代，涉及西溪的词也非常多。仅以王昶辑《国朝词综》、丁绍仪辑《国朝词综补》、黄燮清辑《国朝词综续编》这三种选本性质的清词总集而论，所收西溪有关的词作就有很多。例如《国朝词综》初集卷11汪文柏《一枝春·西溪探梅》、卷23金焜《摸鱼儿·题厉樊榭丈西溪卜居图，即次原韵》；《国朝词综补》卷23袁通《齐天乐·小谢以失怙丧偶，灰心世事，作西溪禅隐图，索题》；《国朝词综续编》卷7何其章《菩萨蛮·题西溪渔隐图》等。

民国11年（1922），康有为到杭州，受友人邀请游览西溪。康有为做诗《壬戌九秋，夏映庵、陶叔惠、陈哲侯三厅长招同喻澹宁编修、王省三交涉、杨见心中书、门人徐勉甫游西溪，饮秋雪庵，观芦花联句》，今碑刻尚存。在康有为“遗稿”《万木草堂诗集》中，也保存了《十月初四日，陈哲侯、陶叔惠、夏剑丞三厅长招游西溪，饮秋雪轩。芦花满洲如雪，光景佳绝。宴后移舟交芦庵题诗》等写西溪诗凡二首。

近代著名诗人徐志摩也写过西溪的诗。徐志摩少年时曾就读于今杭州高级中学，在外地工作时，曾与胡适一起多次游览过西湖及西溪。《志摩日记》中的《西湖记》对西溪的芦苇与花坞尤为称赞，说在白天的日光中看芦花，不如月光下与夕阳晚风中，能看到芦苇的“灵魂秘密”。他还深情地写了《西伯利亚道中忆西湖秋雪庵芦色作歌》的新诗，写道：“我试一试芦笛的新声，在月下的秋雪庵前。”

西溪女子“蕉园诗社” 有清一代，诗社遍立，吟风鼎盛，女性也多参与到组织诗社的热潮中来，为闺阁增添乐趣。清朝初期，女性诗社中最著名的是“蕉园诗社”。

“蕉园诗社”由著名的闺阁诗人顾之琼发起。顾之琼，字玉蕊，钱塘（杭州）人，翰林钱绳庵之妻，进士钱元修、肇修之母。她工诗文骈体，闻名于大江南北，是清代初期十分有影响的闺阁诗人，著有《亦政堂集》。她召集其女儿、儿媳、侄妇等女子成立了“蕉园诗社”，并发表《蕉园诗社启》，使“蕉园诗社”成为中国历史上第一个有启事、有组织、具有文学流派性质的女性文学团体。有关作家尽管不一定都是西溪本地人，但她们的活动地点主要在西溪。

蕉园诗社图 （西溪湿地公园供稿）

“蕉园诗社”成员，首事者以“蕉园七子”（称为“前七子”）著称，即顾姒、柴静仪、林以宁、钱凤婉、冯娴、张昊、毛媞七位女子，后期则有徐灿、林以宁、朱柔则、柴静仪、钱凤纶五人以其卓荦的才华号称“蕉园五子”。除徐灿外，“蕉园五子”基本上都联络有亲，或母女或婆媳或姐妹或妯娌或姑嫂。钱凤婉、钱凤纶是顾之琼的女儿，才华横溢的诗人。钱凤婉，字淑仪，是钱开宗和顾玉蕊夫妇的长女。钱凤纶，字云仪，为钱凤婉之妹。林以宁，字亚清，是顾之琼的儿媳，她不仅工诗词，善绘画，还精通戏曲传奇的创作。柴静仪是顾之琼的闺中密友，朱柔则是柴静仪的儿媳。徐灿则因其丈夫与顾玉蕊的丈夫钱开宗有通家之好，所以她受到顾玉蕊的邀请，参加了她们亲族组成的女性诗社。徐灿，字湘苹，江苏吴县人，是明朝光禄丞徐子懋的次女，海宁人陈之遴的继室，有《拙政园诗余》留世。徐灿和丈夫都是当时著名的诗人，在家中夫唱妇和，夫妻感情甚笃。徐灿一生诗词兼擅，在中国文学史上，“闺秀工为词者，前则李易安，后则徐湘苹”。

钱家遭逢破家之难后，“蕉园诗社”随之解散，一直到钱家被放还后，诗社才由林以宁再次发起，又联合同里顾启姬、柴季娴、冯又令、钱云仪、张槎云、毛安芳等，重组蕉园七子诗社（称“后七子”）。林以宁成为诗社后期的核心人物。

其实“蕉园七子”只不过是一时之称，实际参加者远不止七人，如姚令则、李端明、顾长任、钱静仪、柴贞仪、冯娴、黄蕙，等等。其中，黄蕙是康熙朝太平宰相黄机之孙女，戏剧作家洪昇的妻子，属于蕉园后七子之列，入社时间较晚。蕉园诗社成立于清顺治初，直到康熙三十年（1691）还未停止活动，存在时间长达40年。

"诗社"每月都要召开诗词创作与讨论会，每次都要拈韵选题各自创作，然后相互切磋，吟咏直到黄昏才归家。每到春秋佳日，诗社都雇船在西湖或西溪中"练裙椎髻，授管分笺"，唱和酬答；每有长辈寿庆，必相携吟诵诗词以庆贺。她们不仅写诗，还画画，焚香操琴，有谁创作了佳图，必在画上相互题诗吟诵。在诗社活动期间，姐妹们都给自己取了个雅致的别号，林以宁称"凤潇楼"，钱凤婉称"天香楼"，钱凤纶称"古香楼"，冯又令称"湘灵楼"，她们以雅号为名把自己的诗歌结集成《天香楼集》《古香楼集》《凤箫楼集》《湘灵集》等诗集。

西溪是蕉园诗社活动的主要根据地之一，她们在西溪结社，彼此以文会友，诗词唱和，一时间蜚声西湖之滨，艺林传为美谈。"蕉园诗社"从顺治到康熙历时40余年"为东南妇女之冠"。蕉园诗社的风雅开启了女性文学创作的世界，她们的欢歌笑语、浅斟低唱为以男性为主的西溪文化增添了女性的色彩。

"蕉园诗社"成员的诗歌，由于各家著作散佚严重，现今可以见到的非常有限。但尽管如此，从后世某些相关的记载中，还是能够发现一些直接描写西溪的作品线索。例如，道光年间陈文述撰《西泠闺咏》卷10《亦政堂咏顾玉蕊》一首题咏顾之琼（玉蕊其字）。尾联誉为"留得蕉园遗社在，只今风雅重钱塘"。而小传就提到她曾有"《西溪》……《河渚》《花坞》……诸诗。"

蕉园诗社的出现，是清代女性文学日渐成熟、走向自觉的标志，在中国妇女文学史上占有相当重要的一席之地；同时也为杭州西湖和西溪构筑了一道光彩夺目的人文景观。

散文（游记）在散文方面，由于古文运动的发展，创造出许多游记、传记、杂说等新型短篇散文。因此在清代以前的文体论著中，游记均归入"散文"或"杂记"之列。

游记，是历来深受广大文化爱好者青睐的一种文学体裁。作为一种文化艺术创造，游记文学在中国文化发展史上源远流长，久传不衰，并且占有重要地位。游记往往以轻快的笔调、生动的描述，记述旅途中的见闻，某地的政治生活、社会生活、风土人情和山川景物、名胜古迹等，并表达作者的思想感情。五常湿地历史悠久，山水秀美，文化沉淀非常丰富。千百年来，文人雅士，不仅在此留下足迹，也留下众多的诗文佳作。

南宋时期，西溪游记开始出现。明代文人吴本泰在他的《西溪梵隐志》中记载了南宋范师孟的西溪游记作品。吴本泰本人也是一位杰出的游记作者，他晚年写成的《西溪梵隐志》，保存了明清之际的庵寺、名胜、风俗、诗文的最珍贵史料，应该是西溪专著中最早也是最有价值的一本。他所著的《秋雪庵碑记》《秋雪庵记》《大苏林碑记》等对西溪的人文地理与自然地理及文化做了详细叙述，为研究西溪的重要参考文献。

明代，出现了众多的写西溪的散文和游记作品。明嘉靖、万历年间的文学家田艺蘅，世居钱塘方山（今属西湖区三墩镇），年轻时在寡山（今属余杭区仓前镇）建寡山别业，在此读书和写作，田艺蘅喜游历，西溪也是他常去之地，他的著作《香芋集》和《留青日札》有不少写西溪的内容。如《香芋集》中的《游北高峰记》就是一篇文笔优美的游记。万历年间的冯梦桢曾在西溪筑西溪草堂别业，终老于此，留下许多写西溪的优美散文，如《法华山看梅遂至西溪记》《快雪堂集·日记》等。明末的张岱、江元祚也留下西溪游记。

清代也是西溪游记文学的发展时期。当时杭州西溪一带出现一些文人群体，如西泠十子，位于西泠十子之首的陆圻就居住在西溪。他们在吟诗作词的同时，也留下有关西溪的文字。康熙、乾隆时期的仁和人孙晴川在他的《南漳子》一书中对西溪丰富的物产茶、竹、梅、栗等均有描绘。著名翻译家林纾游览西溪，写下《游西溪记》《忆花坞》等散文。

“五四”新文化运动以后，开始盛行白话文写作，以白话为语体的游记，脱离了古典游记的束缚，在写景抒情方面更灵巧生动，优美篇章，层出不穷。就西溪游记言，达到最辉煌的鼎盛时期，有许多非常成功的上乘佳作，在整个西溪文化中占有重要的地位和无可估量的价值，其中影响最大的是郁达夫。

郁达夫，富阳人，现代著名小说家，散文家。20 世纪 30 年代，他开始移居杭州大学路场官弄新居，自称“风雨茅庐”。在游览西湖之余，也多次游览过西溪，到过花坞、龙门山、古荡、东岳庙、交芦庵、秋雪庵、风木庵、法华寺与蒹葭深处等地。著有《西溪的晴雨》《花坞》《龙门山路》等，描述了西溪山水风景以及他对西溪的观感，尤其赞赏西溪的“野趣”。徐志摩在他的日记中也留下游览西溪的文字，记述西溪芦苇和花坞柱子的与众不同。

民间故事　五常有着深厚的文化底蕴，宋元以来，屡有文人隐居，特别是明清时期，随着水域的进一步减少，一些浅水湾、芦花荡变为平陆，人口也逐渐增多。民间文学由此滋生，传说和故事资源非常丰富。特别是民间故事历经口耳相传，延续了几百年，成为一笔非常宝贵的非物质文化遗产。

20 世纪 80 年代，余杭县开展民间文学普查，五常的民间文学爱好者走村串户，收集流传在民间的一些传说和故事。五常的民间故事究其内容来看，大致可以分为以下几类：一是与当地的名人或是传说人物相关。比如跟洪钟相关的有传奇故事，还有一些是传说中的当地人物如费八千、胡聋子、仲阁老、邵娘娘、陆石匠等人的故事。二是与当地的风俗相关。比如跟端午节划龙舟、五常十八般武艺相关的民间故事。三是与当地文化古迹或是地名相关。比如五常乡的来历、友谊村的来历、荆山庙的传说、慈胜庙的传说，等等。

进入 21 世纪，一些民间文学爱好者搜集整理五常一带的民间故事。如曹云、葛树法编撰的《西溪洪氏文化探源与五常拾遗》一书中汇编了五常民间故事 16 个。五常民间故事作家张小毛创作了多个民间故事。张小毛是五常街道横板桥社区人，五常中学退休教师，杭州西溪民俗文艺家协会会员，一直热衷于五常本土文化挖掘和文学创作。张小毛自幼听祖辈们讲五常当地民间故事，通过几十年的积累和后期不断研究，搜集整理了 20 余个五常本土口头文学故事，并将它们编撰成文。其主要作品包括《洪钟传奇》《胡聋子传奇》《费八千的传说》《五常陆石匠传奇》《梓树封王和五方庙的由来》等，并有多篇发表于报刊。

洪氏文化　洪氏家族以诗礼传家，又多高官显宦，其对西溪文化的影响非常大。

洪楩在其祖父洪钟“两峰书院”的基础上，购书藏书，扩大规模，在西溪建立了藏书楼，以先祖书斋“三瑞堂”为名。他在杭州城南的仁孝坊（俗称清平巷）构筑了“清平山堂”刻书坊，其校刊大多为宋元古籍，“既精且多”，成为明朝嘉靖年间杭州著名的书坊。

洪楩所刻的书，所知最著名的是《清平山堂话本》，其中收宋、元、明话本小说共60 篇（故又称《六十家小说》）。宋、元话本到了明中叶，多数已经散佚，洪楩的《清平山堂话本》是现在所知保存宋、元话本最多的一部合集。其中有许多话本成为后世创作的蓝本，如《董永遇仙记》是《天仙配》的原型，《西湖三塔记》与后世流传的白娘子的故事互有补充。在《陈巡检梅岭失妻记》中，首先出现齐天大圣的猴精形象，这对明代吴承恩创作《西游记》有极大影响。这些书也都收入自家藏书楼。“三瑞堂”藏书数量非常大，以至于有“书海”之誉。

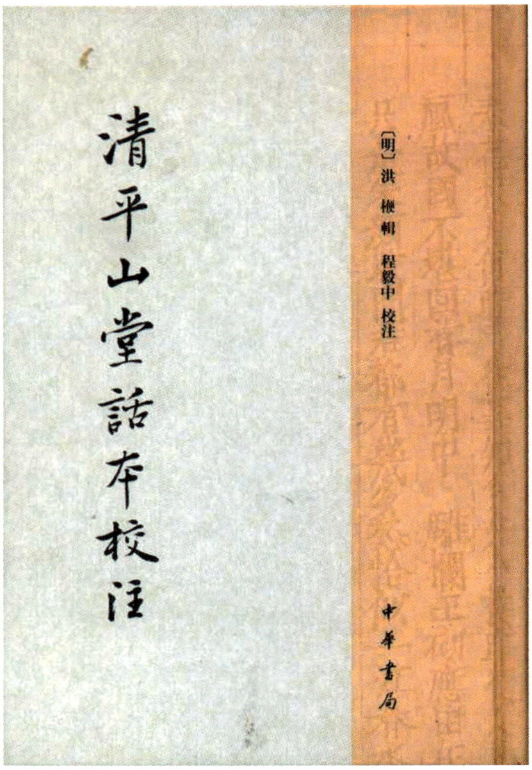

《清平山堂话本校注》封面

洪瞻祖在居家的40年中，曾多次倡导和资助西溪湿地的文化建设，如重修法华寺、浩然院（永乐庵）等，并写了许多有关西溪的诗文，尤其是洪瞻祖的《西溪旧志》，对西溪的历史典故多有记述。《西溪旧志》是有关西溪的第一本史志，其中对西溪和西湖并称，有“表里溪湖”之说，西溪的名声也逐渐和西湖相提并论了。2007年，西溪洪氏家族后裔71世洪大根家庭获评余杭区首批100户文化示范户。洪大根组建洪氏家族文化研究会，牵头整理30余万字的《三瑞堂洪氏宗谱》，收集各类西溪文物30余件。2017年，洪大根家庭获余杭区“十佳书香型家庭”称号。

地方文艺刊物 2011年6月，《五尚书》杂志创刊，至2018年已出版15期。《五尚书》杂志由五常街道主办，杭州西溪民俗文化家协会协办。《五尚书》以五常文化为背景，以西溪湿地为载体，以五常动态为素材，讲述五常的大事小事、热点时事，介绍五常的历史传说、风土人情。2014年，在余杭区“中国梦·群文美”第六届群众文艺刊物评比中，《五尚书》杂志获得“最佳群众文艺刊物”称号。

地方文艺协会 杭州西溪民俗文艺家协会成立于2011年7月，200余名会员来自杭州地区。洪氏后裔洪明宝先生担任会长，徐楚浩女士担任协会常务理事长。聘请杭州市委原书记王国平、杭州市社会科学院副院长周膺、杭州画院副院长张子翔为名誉会长。协会立足于杭州西溪国家湿地公园洪园，以西溪国家湿地公园为作品创作平台。创作内容健康、积极向上的以西溪湿地为主创源头的相关作品，形成以反映西溪水乡湿地文化，洪氏文化为主体的西溪文化主流派。2020年，西溪民俗文艺家协会获区十佳优秀书画社团称号。

戏曲 西溪五常一带，民间戏曲创作颇有渊源。其中成就和影响最大的是清初洪昇的戏曲创作。

洪昇是五常洪氏家族洪钟的六世孙，为清代著名的戏曲家和诗人。洪昇以《长生殿》在中国文学史、戏曲史上留下盛名。在当时与《桃花扇》的作者孔尚任并称“南洪北孔”。洪昇“少负英绝之才”，但一生遭际坎坷，长期流寓他乡，寄人篱下。洪昇一生的主要成就在于戏曲创作，共有四十多部戏曲作品，有曲目可考的大约有十部，《长生殿》是其代表作。洪昇费十年之功，写成宏大传奇剧本《长生殿》，以唐玄宗与杨贵妃的爱情故事为主线，写兴亡之叹，一时传唱甚盛，苏杭等地相继演出。《长生殿》是中国戏曲史上的集大成之作，因为“爱文者喜其词，知音者赏其律”，三百余年来，一代代的学者相继不断地对其进行赏析、探讨。

晚清民国时期，越剧在西溪一带颇为流行，民间戏班子不断涌现。自1906年起，嵊县北派越剧艺人马潮水及其戏班子就把西溪作为自己越剧表演的主要区域。受其影响，这一带的老百姓迷上传统越剧，每逢节日或重大的庆典活动，都要请戏班子唱上一两出戏。久而久之，当地百姓边看边学，爱上越剧这一剧种，并有不少人掌握了一些越剧表演的基本技巧，自拉自唱，一板一眼，空余时间自娱自乐。

由于旧时专业的戏班子少，加上请专业的戏班子要花不少钱，平时老百姓很难看到戏文演出。为了满足当地群众欣赏戏曲的需求，同时也为了提高自己的技艺，那些戏迷们开始在自娱自乐的基础上自发组织起了业余戏班子。

自民国后期开始，五常地方曾经出现过7个民间戏班子，分别是荆丰村的红星越剧团、顾家桥村的杭县荆山乡农民越剧团、横板桥社区的南草堂剧团、文一村的邱桥乡一村越剧团、五常村的沉谊剧团、荆山村的荆山村越剧团、友谊村的沈家村剧团。最早的成立于20世纪40年代初，最迟的成立于50年代初。大部分都是由当地农民中的戏迷自发组织起来的。演出时间都为农闲时或农忙的晚上，演出地点基本都在本乡本土，偶尔受邀请也去余杭其他的乡镇和杭州郊区范围演出。剧团演出的服装、道具、头饰等都是演员自己购置，也有一些是根据剧情需要从杭州租用来的，有些小件的道具、帽子等往往自己动手制作。

荆丰村的红星越剧团是五常地区最早成立的一个群众业余剧团。始建于1943年，主要在吴山高公庙、舟枕姚村庙一带演出。演员全都是半路出家，没有一个拜过师，演出不收费不卖票，邀请去演出的东家负责供饭。全团有30余人，乐队另请了一帮吹打班的朋友，服装自购。团长是陆贵法，主要演员有陆兴潮、陆阿蚕、万宝珠、朱百珍、陆金南等人。主要演出剧目有《狸猫换太子》《秦香莲》《血手印》《卖花娘子》等。20世纪50年代初，为配合当时的征兵工作，剧团成员陆金南曾根据舟枕乡发生的一件真实事例，自编现代戏《参军》，这个剧目经红星越剧团演出后，深受群众欢迎，对当时动员适龄青年参军起到了积极的作用。

顾家桥村的杭县荆山乡农民越剧团，前身是建立于1944年春的顾家桥越剧班子，当时分南班和北班两个班，南班和北班在当时均系独立的剧团，各演各的戏。中华人民共和国成立后，这两个班合并为一个剧团，叫“杭县荆山乡农民越剧团”。合并之后，该团的演出主要系宣传性质，剧团演员最多时有80多人，主任为王胜炎，导演冯玉林、张阿寿，主要演员有张小宝、蒋美玉、张爱珠、张阿仙、蒋玉连、张棒庸、张雪良、张洪潮等人，曾到白龙潭、双桥、泰山、良渚、仓前、留下部队、闲林、翁家凉亭、龙坞、大陆（杜甫桥）、蒋村等地演出。演出剧目有《龙凤锁》《水浒传》《香蝴蝶》《蜜蜂记》《三看御妹》《蛟龙扇》《双狮图》《武松杀嫂》《王大娘补缸》《倪凤烧茶》等，这个剧团在1955年时最为兴旺，在当地的影响力最大。

横板桥社区的南草堂剧团，成立于1953年，均由业余戏迷组成，人数最多时达20多人，乐队是外请的，一般就在附近的白庙、顾家桥等村演出，演出都是免费不卖票，剧团负责人马卯庭、喻阿毛，主要演员有寿云仙、钟根子、周来芝、孙玲玉等人。演出剧目有《碧玉带》《孟丽君》《百花台》《盘夫索夫》《三看御妹》等，还演出现代戏《刘胡兰》，并且是常演剧目。

文一村的邱桥乡一村越剧团，成立于1953年，业余性质，剧团人数最多时有70多人，其中乐队6~7人，团长蒋雪根，导演李德根兼编剧、谱曲。剧团的主要演员有杨丽娟、李雪珍、杨洪炳、李泉寿、杨顺发、李阿二、蒋顺芝、邵阿玉等。演出就在当地农闲时进行，常演剧目有《双狮图》《狸猫换太子》《情义冤仇》《秦香莲》《百鸟凤凰图》《天仙配》等。

五常村沉谊剧团，成立于1956年左右，业余性质，演员共十来个，演出一般都是免费不卖票，只有一次演出了3~4天时间，每天两场，卖每场2角的票。大部分戏在本村演，也有到杭州上长河附近地区演出，有自己的乐队。剧团负责人仲阿云兼任导演，剧团的主要演员有沈爱娥、沈妹娥、张阿康、张金虎、王金荣等人。演出剧目有《文必正卖身》《碧玉带》《盘夫索夫》《双金花》《大堂会》等。

荆山村越剧团，成立于1958年，共十几个演员，业余性质，经常在余杭仓前、和睦、孙家角等地演出。孙祖鹤、应忠耿、赵松云是剧团的负责人，孙根法为指导老师。主要演员有赵松云、金焕芝、陈阿芝、孙明子等人。演出剧目有《蛟龙扇》《双狮图》《包公铡杨义》《狸猫换太子》等戏。

友谊村的沈家村剧团，业余性质，演员未拜过师，演出不收费，全团10多个人，主要在塘栖、留下公社、仓前等地演出。演出的戏服、道具等是租的，后来演员们用划龙船挣的钱购买，到1958年解散。负责人姚元贵，从16岁就开始演戏。剧团演过三四十场戏，主要演出剧目有《狸猫换太子》《包公打銮驾》《方玉娘》《闻紫剑》等。

五常的这些业余剧团大都始于民国，止于“文化大革命”。这些剧团的演员基本上均为戏迷，自学上台，从未拜过师，乐队大多为当地佛（道）教吹唱班人员，偶尔也有外请乐队。由于剧团是业余的，演员也是业余的，故在演出时灵活性很大，往往没有固定的唱词，根据剧情自由发挥。

旧时，群众文娱活动不多，每逢庙会、演戏则是百姓最开心的日子。五常的戏班子，对活跃当地的群众文化生活起到了极大的作用。改革开放以来，由于文化生活方式的巨变，民间剧团虽不复呈现，但戏曲表演仍受到了当地群众的欢迎。

2013年6月，中国戏剧家协会戏曲“名人名家”余杭巡演的首场表演在五常精彩上演，来自中国戏剧家协会的8名戏剧梅花奖、6名戏剧奖及红梅奖得主在杭州西溪国家湿地公园洪园龙舌嘴登台亮相。此次活动由中国戏剧家协会、余杭区文广新局主办，五常、仓前、仁和、中泰4个街道以及杭州西溪国家湿地公园洪园和临平剧院承办，区文化馆、区戏剧曲艺家协会协办。名角们陆续为观众送上《梁山伯与祝英台》选段《回十八》，《红楼梦》选段《葬花》，《九斤姑娘》等脍炙人口的佳作。此次演出阵容空前强大，均为国家一、二级演员，剧种涵盖越剧、京剧、豫剧、评剧、黄梅戏、淮海戏、传统小戏等剧种。

2014年，五常街道元为庆祝元旦，于元旦当日精心布置一台丰富的“戏曲盛宴”，在五常人民广场为当地群众送上精彩的戏剧文艺演出，包括《祥林嫂》选段，《梁祝》里面的《十八相送》《楼台会》，《红楼梦》里的《葬花》《哭灵》等多个名家戏目。此台戏曲表演在元旦之后还陆续送到五常各个社区巡演。

2019年4月，五常街道永福社区居委会和社区老年协会共同组织专场越剧演出。活动请来了杭州君玉越剧团，为永福社区的居民们表演《包公斩杨义》《丞相试母》《血手印》等。

绘画　宋代以来，士子赴杭州赶考常于西溪寄居，带来浓厚的文化氛围。元明清至民国，文人们将西溪择为隐居之地，赵孟頫、蓝瑛、王翚、华嵒、奚冈、金农、戴熙、黄宾虹等一些绘画大师与西溪结缘，他们或为友人留翰，或自隐而绘，把历代西溪的风物景观留到了今天。据历史记载，最早关于西溪的画卷是载于清初卞永誉《式古堂书画汇考》的《西溪图》，原画现已失传，系元代书画大家赵孟頫为友人鲜于枢所作。元代的杭州是江南地区重要的文化中心，游仕于钱塘山水者，不乏翰墨名家，如当时名重一时的赵孟頫、鲜于枢、高克恭、李衎、李有等，皆钟情于钱塘山水。

《西溪读书图》（陆恢）

隐居西溪的元代名士，最著名的当属著名书画家鲜于枢。鲜曾任浙江都事，常住杭州，因不满官场腐败便辞官隐居于西溪，日日高朋满座，谈诗论画。赵孟頫自京中寄诗给他称："脱身轩冕场，筑屋西湖滨。开轩弄玉琴，临池书练裙。雷文粲周鼎，鹿鸣娱嘉宾。"羡慕之情溢于言表。后来，鲜于枢又建霜鹤堂，当时游仕于湖上的名流墨客于此雅集。卜筑西溪时，鲜于枢创作了不少有关西溪题材的画卷，赵孟頫还专门为他其中一画题了诗《题西溪图》，诗云："西溪先生奇崛士，正可着之岩石里。数间茅屋破不修，中有神光发奇字。"鲜于枢最后安葬于西溪。诗中称鲜于枢为西溪先生，故可见鲜于氏正是晚年隐于西溪。

西溪的绘画自赵孟頫的《西溪图》滥觞。距赵孟頫近四百年之后的1680年，清初山水大家王翚于友人处得见此卷，并于次年通临一过。1909年初，海派画家陆恢又作《西溪一角》，题"赵元敏西溪一角。图为鲜于伯机作，此节取。廉夫陆恢。宣统元年己酉冬十月十日陆恢复识"。于《西溪读书图》则题"赵魏公西溪图卷，为鲜于伯机作也，其用色之妙，不可思议，盖赵画笔甚浑厚多墨，姚云东、刘完庵皆得其胎息。此图却是青绿，浓者只一两处，余俱浅色，特彼绢本，兹易以纸本，着意师之，终不能到，奈何。吴郡陆恢仿文敏青绿法即识"。《西溪图》的最后一次出现是在张大千1947年的《山水四屏》中的《松雪斋西溪图》，跋云："此图子昂赠鲜于伯机者，全师荆浩，盖佝知之作也。丁亥秋孟，成都昭觉寺临并记，大千居士爰。"

在明代，吴门四家之一的唐寅所绘的《西溪图》，亦如同赵孟頫的《西溪图》一样成为悬案不可寻，同样唐寅的《西溪图》在清初王翚《西溪待渡图》与清末吴谷祥的《山水四屏》中重现其境。

明末清初，西溪别业、寺庵大兴，赏梅圣地确立，一时之文人墨客相继而来。华亭董其昌题"茭芦庵"，同郡陈继儒至资寿庵以唐人"秋雪朦钓船"之句题曰"秋雪庵"，始名。张岱西溪探梅至秋雪庵见"一片芦花，明月映之，白如积雪"，叹为奇景。作为当时武林派领军的蓝瑛更是寄居西溪，从他的大量作品中的诸如"画于西溪草堂""画于西溪山庄"

“画于西溪之凝紫山庄”“西溪之香圃”“西溪之方山草堂”等署款中可得到证明。

清代康乾时期，西溪人文更为鼎盛。当时的山水大家王翚、恽南田皆为西溪写照。清康熙二十八年（1689）康熙帝南巡临幸高士奇西溪别业并赐题“竹窗”。随后的西溪更是被有清一代的丹青墨客尽情发挥。尤其是康乾时代的钱塘名士厉鹗、杭世骏等筑居西溪，加之厉、杭二人与“扬州八家”中的金农、华嵒友善，诗画唱和，有金农反复抒写的《西溪梅花》、华嵒《西溪筑居图》可为证。同时作为“西泠八家”之一的奚冈留下《西溪泛雨图》这样的名迹，还有《西溪梅竹山庄图册》，汇集了奚冈、戴熙等一时名手的作品，其中戴熙的《茭芦庵图卷》与钱杜的《西溪田居图卷》都堪称古代西溪绘画中的精品。

至清末民国初，西溪日渐衰败。民国9年（1920）沪上巨贾“南浔四象”之一的周梦坡出资将历代两浙词人祠堂建在了秋雪庵侧，同为“南浔四象”的刘承干、庞莱臣亦因周梦坡的鼓动出资修缮西溪人文旧观与文人雅集。周梦坡曾请庞莱臣写《西溪会琴图》手卷，后由其门客吴琴木执笔，庞莱臣题记云：“西溪会琴图，梦坡先生耽诗嗜琴，处嚣而思寂，往岁于西溪拓地辟墅，春秋佳日辄徜徉其间，与二三素心会琴于此，致足乐也！曩余拟为之图，卒以尘俗未果，乃倩吴君琴木绘此以供雅赏，时壬戌天中节虚斋庞元济识。”庞莱臣（虚斋）是民国时期上海滩的书画大藏家。近现代中国画大家黄宾虹曾在其《西溪草堂图》中题跋：“群峰环绕，茭芦柽柳，夹岸通舟，散碧连翠。为访遗址，因写此图。”

改革开放以来，随着西溪湿地的不断开发，西溪的艺术创作也恢复了生机，各类创作、展出活动层出不穷。2006年，在第三届五常龙舟节期间，余杭区美术家协会组织50余名书画家现场采风，举办“感受五常”书画大赛，制作画册《感受五常》《腾飞中的五常》。2007年，五常经济开发区管委会就举办“湿地明珠，和谐五常”美术书法大赛。2011年，西溪民俗文艺家协会成立，协会下设书画部等分部，会员热心创作，作品多次刊登和展出。

2012年4月，《西溪长卷图》启动仪式在西溪国家湿地公园清平山堂举行。《西溪长卷图》由杭州西溪民俗文艺家协会牵头发起，《钱江晚报》《杭州日报》《江南游报》及浙江卫视新闻中心、杭州明珠电视台等多家新闻媒体参加《西溪长卷图》启动仪式。《西溪长卷图》以西溪湿地国家公园为创作平台，突出西溪湿地自然景色和人文景观、民俗文化等西溪文化内涵，协会中一批高水平的书画家在启动仪式上挥毫创作，他们是叶妙荣、王克文、叶剑波、黄淑君、孙树人、王群、董玉林、徐玉武、严明华、钱双武等。画家中有国家级会员7名，省级会员3名。12月，中国国画院杭州分院在杭州西溪国家湿地公园洪园揭牌，以中国国画院副院长、著名画家张万琪为“领头羊”的画师团队落户杭州西溪国家湿地公园洪园，并将西溪作为书画创作基地，进行写生采风，培养书画艺术人才。

2013年6月，“最美洪园，创智五常”书画展在杭州西溪国家湿地公园洪园清平山堂展出，甄选来自西溪民俗文艺家协会和余杭组团书画爱好者倾情描绘五常西溪人文气息、自然风光、风土人情及城市新貌的新作力作80余幅。2014年10月，本土画家李宗峣所作的《五常十八般武艺》收录于区委宣传部（外宣办）制作的《诗画余杭》画册笔记，通过传神的兵器操练，惟妙惟肖地展示了五常的这项国家级非物质文化遗产。2016年12月，随着2016杭州西溪国家湿地公园洪园干塘节的开幕，一场具有本地乡土文化气息的书画展——五常文化礼堂首届书画展，在杭州西溪国家湿地公园洪园内的洪府展出。这是五常街道与西溪湿地办共同举办的遗产书画展览，以庆祝中国共产党成立95周年、红军长征胜利80周年。西溪民俗文艺家协会从会员中征集遴选出118幅代表作进行展出。

结合优美环境的创建，五常街道在中小学生中开展创意绘画主题活动。2016年6月始，五常街道辖区内商场、景区、街心刮起了一股童趣潮。童心看世界，童心看未来，美丽的家园通过孩子稚嫩的手描绘出来。首届五常娃娃创意绘画、手抄报作品展示分别在西溪印象城、友谊荆丰等居民小区、西溪景区巡回展出。来自五常中学、五常中心小学（杭州师范大学附属学校小学部）、五常街道中心幼儿园、杭州未来科技城双语幼儿园、国泰盛世嘉园幼儿园、启蒙铭苑幼儿园、大华西溪风情幼儿园的153幅作品充分展现了孩子眼中“五水共治”和“综合环境专项整治”下五常的环境变化和风土人情。

儿童集体创作“爱在春天、妙趣洪园”主题画作（2016）

2020年1月，五常街道举办的“我爱五常”书画展在五九批示纪念馆开幕。书画展共征集到书画作品100余件，作品围绕“我爱五常”这一主题，利用身边的现实题材和五常特有的文化底蕴，展现以“五九”精神为引领的五常干部、群众的精神风貌及五常街道特有的优秀家风。来自全国各地的80余位书画家现场泼墨挥毫。同年，五常街道还举办“逆行最美”抗疫漫画展、百米长卷共绘五常家风主题活动、区“活力余杭”书画大赛作品展暨“我爱五常·我与五常共同走过”书画图文展等展示活动。

音乐　五常民间音乐与龙舟文化密切相关，其民间音乐内容丰富，追溯源头，可能与道教音乐和演唱戏剧的“丝弦班”都有密切关系。

道教音乐来源于远古巫祝祭仪中的歌舞娱神，应用于各类法事以及时令节日、神仙生辰的酬神活动。道教斋醮活动种种程序，都要以鸣鼓、奏乐、唱礼等音乐来展开，音乐是道教活动的重要组成部分。

道教在西溪周边历史久远、烟香氤氲。西溪西南不远的大涤山早在汉武帝元封三年（前108）就设立宫坛，唐弘道元年（683）奉敕建天柱观，后称洞霄宫，为道教圣地。许多名道曾在天柱观（洞霄宫）弘道，其中唐代的司马承祯是道教上清派茅山宗第十二代宗师，也是著名的道教音乐家。

道教各种仪式中的音乐，以击打乐器主导。道教色彩的斋醮，五常一带至今还能见到，但已非宗教意义上的法事。虽然民间对从事者仍以道士称之，但他们未必谙熟道教经典，实际上是以音乐为载体的民间追荐仪式操办者。法事开始前常有一段“闹龙舟对口白”，先是二人对语，内容吉利讨彩，语言诙谐，继后是以击打器乐主导的合奏。永福村的童家荡里，从事此类法事的人至少可追溯到清代中叶，大体为家族延续，即所称的“祖传”。已知有焕、有、贵、明、昌、惠六代，绵延160余年。

童家荡里“道士”使用的乐器有击打乐器和管弦乐器。击打乐器又称“响器”、锣就有抬锣、叫锣、兜锣、小锣等；鼓有同鼓（又称堂鼓）、报鼓（又称清鼓、小鼓）、手鼓等；钹有大钹、小钹。此外还有大小木鱼。吹奏乐器统称笙箫管笛，包括锁呐、“音喇叭”；弦鸣乐器有板胡、二胡、三弦等。

旧时农村每逢比较隆重的节日、庙会以及大户人家吉庆，都有演戏的习俗，演出中操奏乐器的称“丝弦班”。永福村茶师庵前徐氏是相传已几代的民间乐器演奏者，顾家桥也有此类艺人。五常道仁庙会上民间乐队吹拉弹奏一应俱全，至今老辈们仍有深刻印象。

道士班和丝弦班对五常龙舟胜会中的音乐都有一定影响，这些人在民间的社庆及红白喜事中是不可缺少的鼓乐手，以前也常是龙舟活动操作乐器的主角。龙舟中主要使用锣、鼓、钹，因此五常一带将划龙舟所配的音乐通称“龙舟锣鼓”。龙舟锣鼓最精彩的要数满天幛龙舟的音乐，满天幛龙舟的锣鼓音乐套路繁多、婉转悦耳，还有专门的乐谱《龙舟谱》。杭州人将戏曲称作“戏文”，龙舟谱也称“龙船文”。

和睦桥云凤湾龙舟锣鼓在西溪一带最为著名，其满天幛龙舟的“龙船文”长达九段，每段有十多个至二十多个音节。据云凤湾老者相传，“龙船文”最初来自五常永福村童家塘里的道士，称为“道士文”。前几辈童家塘里道士中声名卓著者，曾屡屡应邀指导彩龙舟中的器乐演奏。满天幛龙船用作号角的“音喇叭”也是童家塘里道士常用的管乐器之一。“音喇叭”正式名称为“招军”，又称“号子”，是古代部队集结、开拔用以发信号的器具，其声音高亢嘹亮，十分雄壮，使满天幛龙船龙舟增添水师的气势。

龙舟锣鼓是龙舟文化的一个组成部分，也是五常民间音乐最具特色的部分。自 2004 年以来，随着龙舟赛的举行，龙舟锣鼓重新得到挖掘。

2007 年，五常管委会举办首届外来创业者十佳歌手大赛。2010 年 11 月，五常街道主办了“余杭组团机关卡拉 OK 赛”，来自五常街道、余杭镇、仓前镇、中泰乡的 30 余名干部、职工以歌会友。比赛歌曲涵盖民族、美声、通俗三大类，五常街道文体服务中心改编的歌曲“相约五常”参加演出。2015 年，五常街道承办余杭区“村歌大赛”。7 月 31 日，“家乡的声音”2015 余杭区村歌大赛在浙江省委党校报告厅隆重举行。经过激烈的角逐，五常街道《五常之歌》《西溪五常我的家》分别荣获本次大赛创作一等奖、表演一等奖和创作二等奖、表演三等奖。《西溪五常我的家》是五常中心小学音乐老师严建女作词作曲，歌曲充分展示了西溪五常的风貌，歌词朗朗上口易于传唱，并纳入小学自选课本，广为传唱。演唱者中，除了专业歌手，也不乏老师、学生、普通村民，动听的村歌，唱响的不仅是旋律，更是浓浓的乡情。2016 年 9 月，五常街道成功举办“余杭好声音”西部海选——五常站活动。

学校是音乐教育的主阵地之一。2017 年 1 月，五常中心小学举办“小蝌蚪”管乐团音乐会。音乐会上，既有《长船》《美国乡村舞曲》等著名管乐曲目，也有《天空之城》《精灵之舞》《月亮河》《小步舞曲》等独奏或重奏曲目。

舞蹈 境内舞蹈以民间为主，旧时在五常龙舟胜会、民间祭祀、庙会及传统节日中常见锣鼓、拳灯等民间音乐舞蹈表现形式。舞龙、锣鼓、拳灯等民间舞蹈以运用道具、阵形变化为主，道具取材以当地特产为主，如竹、草、布等，并和当地的民间传统节日庆典相结合，为群众所喜闻乐见。

中华人民共和国成立后，北方秧歌、腰鼓传入。1951 年，仅杭县就有秧歌队 583 个、腰鼓队 60 个，数千人参与。20 世纪 70 年代末，以健身、社交、娱乐为目的的交谊舞又在学校、工厂、机关开展。文化馆、文化宫等纷纷举办舞蹈培训班。80 年代，舞厅和卡拉 OK 厅相继开业，迪斯科一度在年轻人中流行并登上舞台。

舞蹈《江南伞舞》（2017）

进入 21 世纪以来，民间舞蹈项目不断恢复。结合元宵节庆祝活动，举行舞龙比赛。2007 年元宵节，五常管委会举行第三届元宵舞龙比赛。2010 年 6 月，由良渚教育辅导站组织的良渚片幼儿教师舞蹈大赛在良渚云幼举行。五常中心幼儿园的集体舞《窗前明月光》获得一等奖。2016 年 4 月，开展为期三个月的瑜伽、肚皮舞培训班开班。2018 年，在杭州西溪国家湿地公园洪园干塘捕鱼、鱼汤盛宴民俗活动中，邀请区文广新局文化馆在五常就地取材，创编舞台舞蹈《嬉・干塘》，6 月，以五常街道名义报名参加全省舞台舞比赛，获省级优胜奖。

摄影　西溪湿地绝美的风景吸引了众多的摄影家和爱好者前来进行摄影创作活动，同时五常本地也涌现出一批摄影爱好者，地方政府也通过举办摄影活动来宣传和展现魅力五常。

五常摄影班现场教学（2018）　（成泽民　摄）

2004 年 11 月，由杭州市人民政府等单位主办的“德国摄影家看杭州”大型摄影活动，进入五常拍摄“五常十八般武艺”表演。2005 年 5 月，由华立仪表生产制造基地有限公司赞助，与杭州市文联、杭州市摄影家协会合作的“华立杯”摄影大赛在五常举行，此次摄影大赛共吸引了来自各地的摄影家 50 多人，分别从五常的经济社会发展、风土人情、自然风景等角度，通过摄影家的镜头，以独特的视角展现了五常的方方面面。摄影大赛共收到参赛作品千余件，共评选出 100 幅获奖作品，并将这些作品制作成精美的展板，在杭州吴山广场展示 4 天，让更多的人了解、关注五常，据不完全统计，前来参观的人超过 2000 人次，五常的知名度大大提高。经评选将其中的 100 多幅佳作编入《聚焦五常》——摄影大赛优秀作品选，该作品选还获得全区优秀外宣品评选三等奖。

2011 年，西溪民俗文艺家协会成立时，下设摄影部等分部，成员热心创作，作品多次获奖和展出。11 月，西溪（五常）民俗文艺家协会与五常街道共同组织、请来杭州市各大院校教师到五常街道为五常各社区青少年文艺爱好者授课。杭州财经学院摄影系主任、博士生导师朱清宇等免费为五常各社区青少年文艺爱好者摄影理论知识，传授摄影基本技法、色彩运用、美学构图、后期制作等，提升大家对艺术品的欣赏以及鉴别能力。

2014 年，在余杭区开展的“中国梦·群文美”群众文化活动中，五常街道积极参与其中，多幅摄影作品获奖。2017 年 12 月，五常街道在非遗展示月活动中，在杭州西溪国家湿地公园洪园举办“醉美余杭”摄影大赛获奖作品展。五常小学的同学们用一段精彩的“少儿十八般武艺”演出，拉开活动序幕。活动现场举行醉美余杭摄影大赛，为“美丽五常·我们的十年”美文、美图获奖作品颁奖。区文化广电新闻出版局、五常街道主办 2017 年“醉美余杭”四季文化赛事活动摄影比赛，共收到来自全区 20 个镇街的 100 余名作者的 390 余幅（组）照片，其中 42 幅照片分获一、二、三等奖和优秀奖。主办方精选其中的获奖作品，通过本土摄影家们独到的镜头和视野，定格记录了“醉美余杭”四季文化赛事 20 余项活动的精彩瞬间。五常街道沈根松凭借《E 频道开播啦》获得比赛一等奖。2018 年 12 月，五常街道举办手机摄影培训班。培训班在西溪软件园金牛座企业俱乐部开班。五常辖内企业职工 35 人参加了培训。活动邀请了中国摄影家协会会员、杭州市摄影家协会副秘书长、西湖区摄影家协会副主席兼秘书长韩毓华老师为大家授课。

雕版印刷 吴越国时期杭州西溪法昌院刊刻的《佛说观世音经》等经卷，是浙江发现的最早的雕版印刷品。法昌院始建于唐咸通三年（862），为吴越国王钱镠之孙钱宏仪病退归里后献地筹资所建，南宋孝宗帝时重修并赐名改“法昌院”为“法昌寺”。自唐末至南宋，法昌院作为佛经刻印处曾大量刻印佛经，对研究杭州佛教史和雕版印刷有重要的历史价值。浙江博物馆收藏有《五代吴越国佛说观世音经》，卷首刻讲经扉画一页，卷尾有长方形木记“杭州法昌院造”壬寅六月。附刻政和六年（1116）杭州钱塘县张衍施经原文一篇。

法昌院印造（模拟图）（2019） （陈杰 摄）

二、文化遗产保护

五常历史悠久，文化底蕴深厚，有代代相传的水乡民俗，有渊远流长的洪氏家学，还有五常龙舟胜会和五常十八般武艺两项国家级非物质文化遗产。历年来，地方政府重视文化遗产保护工作，收集整理洪氏文化，推动文化遗产科学保护，积极申报非物质文化遗产，传承、保护五常区域的历史文化遗产，取得了显著成绩。

自 21 世纪初开始，与洪氏家族相关的文化遗产被不断挖掘，余杭《城乡导报》曾经连续报道洪氏祠堂、洪钟墓、正史中载洪钟事迹等，2004 年起，五常管委会连续举办每年一次的龙舟节活动。五常中心小学以西溪文化为背景整理编制了校本课程——《西溪风情》，五常十八般武艺成为独立的一章走进学生课堂。2005年8月1日，余杭区五常洪氏文化研究办公室成立，9月3日，经过修整的洪家祠堂遗址挂牌。收集整理的《洪氏宗谱实录》已经完成。该宗谱收集了自唐昭宗光化元年（898）至2005年42世洪氏主要族人的生平简历。《洪氏文化名人遗像集》也已装订成册，共收集了唐、宋、元、明、清的名人遗像13幅。同时，收集当地关于洪氏文化的传说5篇，编成《洪氏小传五篇》。收集到洪氏家族410万字的材料，并收集现存的洪钟墓地的一些遗物，办起简单的洪氏文化展览室。另周膺主编的《洪氏家族与西溪湿地》一书正式出版。9月，在崇贤镇举行的"第三届余杭艺术节民间艺术展演暨余杭区崇贤镇首届文化艺术节"开幕式上，五常管委会送评的《五常十八般武艺》获一等奖。11月16日，经过区民族民间艺术保护工程专家小组严格评审，区民族民间艺术保护工程领导小组审核，余杭区政府公布第一批余杭区非物质文化遗产代表作名录，五常拳灯和五常龙舟胜会列入名录。

2006年5月31日，积淀800年历史的"五常龙舟胜会"和余杭区首个"非物质文化遗产保护月"活动在五常管委会五常村拉开帷幕。105条龙舟奋发竞渡，浜口两岸2.5万人观看。文化部和省市领导应邀出席启动仪式并观看"五常龙舟胜会"。区委书记何关新宣布余杭区首个"非物质文化遗产保护月"启动仪式暨第三届五常龙舟节开幕。12月，五常十八般武艺、龙舟竞渡被列入杭州市首批非物质文化遗产名录。"五常十八般武艺"被列入杂技与竞技类，"龙舟竞渡（五常）"被列入民俗类。五常还因"五常龙舟胜会"被列入第一批杭州市民族民间艺术之乡。

2007年5月，省文化厅确定余杭区为浙江省非物质文化遗产保护综合试点单位，余杭区选定五常管委会作为非物质文化遗产普查试点单位。自6月23日至7月20日，结合西溪国家湿地公园三期工程，区文化广电新闻出版局派员对五常管委会下辖的6个村、2个社区18.2平方公里范围的地上、地下文物开展为期一个月的全面普查。普查发现清代至民国年间的古建筑64处，其中古民居58处、古桥梁4处、古亭2处。还普查出民间文学、民间音乐、传统手工技艺、生产商贸习俗、岁时节令、传统医药、人生礼仪等18个大类的非物质文化遗产481项，记录文字资料18余万字，录音90小时，摄像36小时，拍摄照片800余张，整理撰写出15份重点项目专题报告和5份调查报告。五常普查试点工作为全区开展非物质文化遗产普查工作打下基础，普查试点经验为全省开展非物质文化遗产普查提供借鉴。6月，五常十八般武艺等8个项目被列入浙江省第二批非物质文化遗产名录。五常管委会五常村（五常十八般武艺）、五常管委会（五常龙舟胜会）被命名余杭区首批10个非物质文化遗产传承基地。国庆期间，以捕鱼为生的余杭区五常管委会五常村农民诸建法在杭州市非物质文化遗产展览展演活动中演示传统结网手艺。11月23日，余杭文化工作者对五常村农民晾晒和储藏稻谷、锄头除草、挖泥搬调等生产劳作方式，采用文字、摄影、摄像等形式进行记录。12月25日，杭州西溪国家湿地公园三期工程建设指挥部和余杭区文物普查办在五常发现多处清末民国初的木构乡土建筑，其中一间民居上雕刻着栩栩如生的三国人物。这间木构民居位于五常街道邱桥。中国著名古建筑保护专家、浙江省文物考古研究所研究员张书恒在实地查看后说，这些木构建筑距今80～100年，具有一定的文物价值。

2008年6月，"五常龙舟胜会"入选第一批国家级非物质文化遗产扩展项目名录，继2007年"五常十八般武艺"入选省级非物质文化遗产名录后，五常街道的"非遗"再次出彩。两项“非遗”为西溪国家湿地公园注入浓郁的文化魅力。

2009年2月，杭州市文广新局公布首批市非物质文化遗产项目代表性传承人，五常十八般武艺传承人胡天喜和胡乔泉名列其中。五常街道（五常十八般武艺·传统体育）列入非遗传承基地。4月，余杭区公布20名首批余杭区非物质文化遗产代表性传承人。5月22日，首届中国杭州龙舟胜会系列活动在西溪国家湿地公园洪氏宗祠前广场拉开帷幕，这次五常龙舟胜会是在2008年五常龙舟胜会入选第一批国家级非物质文化遗产扩展项目名录后的第一次亮相，也是首次引入经过两年多建设开放的西溪国家湿地公园（西区）的第一次亮相，更是被列入2009杭州西博会节庆活动子项目的第一次亮相。开幕式当天，举行一场别开生面的祈福献爱心活动——通过龙王祈福的仪式，表达对四川灾区同胞的祝福。活动期间，开展端午节文化壁绘、“请龙王”、寿堤健康竞走、爱心包粽、美食展、“跃龙门”亲子体验及“赛龙舟”活动，尤其是端午节举行的首届中国杭州五常龙舟胜会掀起了活动高潮，6.5万多名中外游客齐聚西溪。在赛龙舟之前，举行传统的喝龙船酒、“请龙王”仪式，两届皮划艇奥运会冠军、浙江籍选手孟关良亲手为龙头“披红”。来自五常街道的100多条赤膊龙船、满天幛、半满天幛龙舟在水中表现着“原生态”的龙舟竞渡。10月，非物质文化遗产项目五常十八般武艺传承人胡乔泉等9人被命名为第三批浙江省非物质文化遗产代表性传承人。11月，五常街道被命名为第四批浙江省民间文化艺术之乡。

宣传推广非物质文化遗产。2010年6月，在省级刊物《文化月刊·世博专刊》上，“五常龙舟胜会”“五常十八般武艺”等五大项目图文并茂地展现区内非物质文化遗产保护成果。11月，五常街道与杭州青少年活动中心、西溪湿地联办“龙腾武跃”非物质文化遗产探踪活动。探遗活动日当天，五常十八般武艺嫡系传承人及五常十八般武艺武术队的老拳师向参与活动的40名青少年学员讲解大劈锁、蔡阳刀、玉手等特色兵器的起源及用途，并进行了演示。

2010年，五常“五常十八般武艺”入选第三批国家级非物质文化遗产名录公示名单。2011年6月正式入选。五常十八般武艺源于明朝，“十八般兵器”全为木制。五常十八般武艺是将原五常十八般木制兵器的操练法进行挖掘、整理再编排教习后得以定名，木制兵器定名为龙刀、凤刀、尚阳刀、方天戟、兄弟刀（一对）、三尖两刃刀、玉手笔艺抓、五常棍、大劈锁、金刚伞、金瓜锤、文耙、武耙、阴镗、阳镗、李公拐、枣逆锤、龙鱼斧。

2011年初，区文广新局提出实施名录项目“七个一”保护措施，重点抓好五常十八般武艺等7个项目的保护，要求每个项目要有一个保护方案、一个专家指导组、一个工作班子、一个传承基地、一个展示平台、一册普及读本、一项配套政策。先后召开专题会议、推进会等，确定五常街道为试点，先行实施五常十八般武艺的“七个一”保护措施。6月，“我们的节日·端午——首届杭州中国名校龙舟竞渡暨2011杭州西溪龙舟文化节暨五常创意文化节”在杭州西溪国家湿地公园洪园景区拉开帷幕，区长姜军主持开幕式。150多艘五常龙舟胜会在西溪水里闹腾，来自6所高校的学子也在西溪一竞高下。10月，五常新建的五常十八般武艺教学传承展示馆列入省级“八个一”（对项目量身定做一个保护方案、一个专家指导组、一个工作班子、一个传承基地、一个展示平台、一套完备档案、一册普及读本、一项配套政策）非遗保护申报试点。展示馆占地面积300余平方米、总投入20余万元，位于五常中心小学内，展馆分为实物展示、文字图片展示以及多媒体演示三部分。所涉及的内容为五常十八般武艺的来历、功用介绍、各种竞赛的荣誉介绍、各种兵器套路招式的电视展示以及西溪五常传统老物件陈列等。五常小学作为五常十八般武艺传承基地，开展五常十八般武艺传承教学工作，针对五常十八般武艺传承的特殊性，以社团活动的形式，在学生自愿报名的前提下，建立一支由80名学生组成的五常十八般武艺社团。学校根据不同兵器聘请以省级五常十八般武艺代表性传承人胡乔泉为首的18位教员，组建成一个以民间老艺人为主的“独特的教师团体”。学校还建成五常十八般武艺展示馆，帮助学生全面解了五常十八般武艺。12月，区国家非物质文化遗产、省非物质文化遗产重点项目保护工作推进会在五常召开。五常十八般武艺的传承与保护在会上作了典型介绍。区文广新局会同区教育局开展非物质文化遗产传承教学基地申报评定工作，先后在良渚勾庄中心小学和五常中心小学召开创建工作现场会，命名五常中心小学等10所学校为余杭区非物质文化遗产传承教学基地。同年，《余杭非遗集萃》个性化邮票正式发行，精选余杭区部分优秀非物质文化遗产项目，由12枚个性化版式的邮票组成，主票图案为余杭滚灯进北京奥运会鸟巢演出图片，其他副票图案为五常龙舟胜会、五常十八般武艺等项目图片，设计精美简洁，每张邮票票面价值80分。

2012年4月，省文化厅“国遗”项目核查组检查，对五常街道“五常龙舟胜会”及“五常十八般武艺”两项非物质文化遗产项目予以高度评价，认为五常“国遗”的保护、传承工作在全省都名列前茅。6月，余杭区十佳民间手艺达人公布，五常街道“龙头雕刻”艺人周荣雪名列其中。11月，省非遗传承教学基地考察评估组实地检查评估五常中心小学省非遗传承教学基地创建工作。通过实地观摩、听取汇报、查阅台账，考察组一行对五常中心小学开展五常十八般武艺传承教学工作予以了充分肯定，认为传承基地真正做到了独特的村校结合办学模式、教学与展览馆的结合、普及与提高的结合、活动与展示的结合，使五常十八般武艺在校园中得到有效传承和普及。12月，浙江省非物质文化遗产代表作丛书之《五常龙舟胜会》由浙江摄影出版社出版发行。该书约6万字、近百幅图片，分5个章节，从概述、内容、特色、制作、传承五个方面向读者详细介绍这一沿袭数百年的端午节民俗活动。

2013年1月，在省文化厅和教育厅联合组织开展的第二批浙江省非物质文化遗产传承教学基地申报与评审工作中，五常中心小学顺利入选，成为继中泰武术学校之后余杭第二家省级非遗传承教学基地。6月12日，杭州西溪龙舟文化节“海创园杯”第三届杭州中国名校龙舟竞渡暨第五届五常龙舟胜会在杭州西溪国家湿地公园洪园拉开序幕，活动期间，举办五常龙舟胜会、“最美龙舟”评选、高校及名校名企龙舟竞渡、龙舟宝贝大赛、千人粽子宴、洪园集市——美食季等活动。名校龙舟竞渡继前两年的C9联盟和在杭高校（浙江传媒学院、浙江财经大学、浙江外国语学院、浙江农林大学、杭州师范大学、中国美术学院、浙江树人大学）龙舟竞渡外，又新增名校名企龙舟友谊赛，来自杭州未来科技城（海创园）、华立集团、杭州鸿雁电器、理想国际控股集团、西溪印象城、宝鼎重工等名企与高校学子们进行别样的交流合作，通过龙舟赛进行校企对接，延展龙舟文化传承。

2013年，五常街道俞金连凭借其五常端午习俗、龙舟（满天幛）雕刻及十八般兵器的雕刻的技艺，被认定为第三批余杭区非物质文化遗产代表性传承人。俞金连五常原住村民，24岁便师从沈福全学习五常十八般武艺。他本身为木匠出身，对龙舟雕刻与十八般兵器的雕刻有浓厚的兴趣，后专程赴东阳学习木雕技艺。学成后，长期投身于龙舟与兵器的雕刻。

12月，传统婚礼（水乡婚礼）传承人朱兆源被省文化厅命名为第四批浙江省非物质文化遗产项目代表性传承人。朱兆源出生于水乡五常，10多岁向同村村民学做司工，跟随老司工做厨师，并学习掌握了水乡婚礼这一独特民俗中的“婚礼夯歌”（类似于水乡的婚歌，由司工来演唱，婚礼过程包含数十首婚歌，司工在婚礼中起到主持人的作用，是整个水乡婚礼习俗中的核心人物）。他常应乡间婚礼邀请，担任司工，演唱婚礼夯歌。

杭州西溪国家湿地公园洪园景区自创建以来，把五常龙舟胜会作为一项旅游品牌，连年举办西溪龙舟文化节，并组织开展一系列活动。2014年6月1日，来自北京大学、清华大学、复旦大学、中国科技大学、西安交通大学、哈尔滨工业大学、上海交通大学和浙江大学等国内C9联盟和中国美术学院、杭州师范大学、浙江外国语学院、浙江农林大学、浙江树人大学、浙江财经大学等在杭高校派出的14支大学生龙舟队，以及当地名企派出的2支职工龙舟队，汇聚在杭州西溪国家湿地公园洪园五常港，举行“海创园杯”第四届杭州中国名校龙舟竞渡昼第三届在杭高校龙舟赛。经过激烈的角逐，中国科技大学、浙江大学、清华大学夺得C9高校比赛一等奖，杭州师范大学、浙江外国语学院获得在杭高校比赛一等奖。同时，在杭的5所高校各派啦啦队进行“龙舟宝贝”大赛。6月2日，农历五月初五端午节，有着数百年历史传承的五常龙舟胜会在杭州西溪国家湿地公园洪园如期上演，数万名游客争睹五常龙舟胜会竞渡盛况，五常街道9个社区168艘龙舟在水中穿梭，场面十分壮观。河面上锣鼓声、呐喊声和岸上的喝彩声、欢笑声此起彼伏，把五常龙舟胜会的气氛推向了高潮。开展精彩主题活动的同时，杭州西溪国家湿地公园洪园还趁机推出印象摇橹船、龙舟之旅、赏花骑游、渔夫之旅等丰富多彩的旅游产品，游客可水上观光、岸上赏花，还可以体验端午的传统文化，活动从5月31日开始一直持续到6月下旬结束。

2015年6月，在西湖区首届非物质文化遗产节开幕式暨西湖区非遗展演团成立仪式上，五常街道的五常十八般武艺传承人胡金火师傅的徒弟们献上精彩的五常十八般武艺表演，为西湖区非物质文化遗产节助阵。12月，由五常街道文体中心编撰的浙江省非遗代表作丛书之《五常十八般武艺》由浙江摄影出版社出版发行，这是余杭区编辑出版的第四项国家级非物质文化遗产名录项目专著。同年，五常街道中心小学成为“浙江省非物质文化遗产传承教学基地”。12月13日，在余杭区武术协会的努力下，余杭区首届“五常杯”传统武术大赛拉开帷幕，经过几次的排练和演习，五常十八般武艺采用老少结合方式在开幕式上登台亮相，并参加武术比赛。

2016年6月，第七届“五常龙舟胜会”在杭州西溪国家湿地公园洪园景区举行。是年11月19日，由五常街道主办的“非遗走亲、文化家园”2016五常西溪民俗手作展暨五常文化礼堂首届书画展在杭州西溪国家湿地公园洪园举行。来自五常及周边的各色“非遗”项目炫彩呈现，集中展示雕龙头、五常十八般武艺雕刻、水乡婚礼西子女红、虎头鞋、竹器编工、西溪小花篮、青陶制模等多项民间手艺。同时，活动还将舞狮、舞龙、滚灯操、五常十八般武艺、婚庆旗袍秀、羊锅舞等多个民俗节目带到现场。西溪小花篮自清末流传至今，已有150多年历史。编篮材料是苦竹，工序也极其复杂：选材、撕篾、上色、搭底、编织、别口、收边、插篾。花篮是西溪当地的“土特产”，当地农户自建房上梁时，便在新房前放上两根竹子，竹梢上挂上两只花篮，寓意“节节高升”。

2017年5月29日，杭州西溪龙舟文化节——“梦想小镇杯”第六届杭州中国名校龙舟竞渡暨在杭高校龙舟赛在五常港激情开场。活动以“龙腾西溪·荷韵洪园”为主题，11支来自全国各大名校的龙舟队、7支在杭高校的龙舟队以及4支梦想小镇的企业龙舟队，上演了一场龙舟竞渡的速度与激情。8月，杭州市园林文物局调整公布新一批杭州市市级文物保护点的名单。其中，余杭区调整新增市级文物保护点13处，五常街道余杭县留下蚕种场旧址是其中之一。同年，五常十八般武艺项目传承人胡乔泉获余杭区“十佳非遗传承人”称号。

西溪小花篮

2018年初，五常街道与属地文保单位（点）所在行政社区、使用单位签订文物保护责任书，做到对每个文保点年度检查4次。5月，五常十八般武艺入围“非遗薪传”——浙江传统体育展演展评活动项目。五常十八般武艺在杭州西溪国家湿地公园洪园参与余杭区非遗纪录片拍摄。在五常社区文化礼堂举办五常十八般武艺开班仪式，吸纳20名新学员，组建一支五常十八般武艺新队伍。6月11日至13日，参加在磐安县举办的“非遗薪传”——浙江传统体育展演展评活动。6月18日，五常龙舟胜会在西溪湿地举行，全国各大媒体进行了报道。165艘龙舟齐聚湿地欢腾盛度五常龙舟胜会，“五常龙舟胜会”成为洪园夏季旅游的一块金字招牌。6月19日，荆山社区举办了第一届“邻里节”暨庆祝端午节活动，活动由居民交流座谈会、“全域基础环境全民参与”签字仪式、庆祝端午包粽子等三大部分组成，共吸引了社区上百名居民参加。9月30日，街道在五常社区文化家园开展丰富多彩的非遗展示、展演活动，并邀请周边镇街的活态非遗项目一同参与，为社区居民带去精彩非遗节目演出、活态非遗展示。10月，“杭州全书”之《西溪民间武术》出版，主要记录以五常十八般武艺为主西溪民间武术的发扬与传承。是月底，非遗工作者参与非遗记录成果梳理与遴选培训班，提高了非遗保护工作队伍的专业水平与业务素质。11月，完成民俗类国家级非遗代表性项目的数据填报工作，为珍贵的非遗资料做了可靠的备份。12月21日，随着“风味五常文化展示馆”在五常街道商业综合体乐天城的开展，满天幛、五常十八般武艺兵器、千步、岙斗、月提、蓑衣等带着五常文化气息的老物件配合壁画、纪录片、活态展为来到五常的人民群众展开了一幅栩栩如生的文化长卷。

此外，街道注重传承基地建设与拓展。除了民间传承训练基地以外，街道积极拓展平台，逐渐发展五常中心小学、海曙中心小学、五常成校、中泰武校、万象科技学院、留下中心小学、滨江丹枫小学传承教育基地，坚持开展非遗进校园活动。街道将五常十八般武艺编入校本教材，融入校园文化长廊，进一步提升学生对五常十八般武艺的认识，改善学生习武氛围；坚持老传承人带新传承人的模式，将老传承人的一身武艺面对面教授给未来的接班人；通过对体育老师的培训指导，将五常十八般武艺融入课间操、第二课堂等。

2019年6月7日，五常龙舟胜会在西溪湿地盛大举行，新华社、腾讯网、凤凰网、搜狐网、网易网、浙江卫视、杭州市电视台、《都市快报》、《杭州日报》、《钱江晚报》、余杭电视台等全国各大媒体进行报道。至2019年，五常龙舟胜会已举办十届。6月，五常街道龙舟技艺传承人培训班在五常社区文化家园开班。五常各社区共计93名龙舟技艺爱好者参加了此次培训。此次培训邀请非物质文化遗产传承人通过“理论+实践”的方法，线上学习五常龙舟胜会的概况、特色、龙舟制作、五常龙舟技艺的保护和传承，线下开展实操训练，学习划龙舟的技巧，倡导团队精神。9月，五常十八般武艺参加钱塘江流域文化庙会活动，在杭州城市阳台做活态展示表演。10月25日至27日参加在天台县举办的“诗路传薪——2019年浙江传统体育类非物质文化遗产大会”。全年五常街道开展非遗活动70余场，其中进社区40场、传习培训进校园11所、进文化礼堂10场、培训讲座15场，新建1个非遗展示馆。

2020年6月，以“龙腾盛夏·荷映洪园”为主题的杭州西溪国家湿地公园洪园夏季活动开幕，因疫情防控需要，杭州西溪国家湿地公园洪园取消了端午节五常龙舟胜会民俗活动，但夏季活动的龙舟文化元素仍以其他形式体现。端午节当天，洪园在微信端开播“云上龙舟”，让游客在线上感受龙舟竞渡的激情澎湃。在五常龙舟胜会展馆，洪园特邀五常龙舟制作老艺人现场雕刻，让游客欣赏已有几百年历史的龙头制作工艺；在洪氏宗祠，洪园为游客带来经典民乐，让游客在欣赏洪园美景的同时聆听琵琶、竹笛、古筝合奏，感知民乐的魅力；洪园还特别推出“龙舟之旅”套餐，游客在教练的指导下学习龙舟竞渡的技巧，在观赏民俗龙舟之余，体验一次酣畅的龙舟之旅。

2020年五常街道各级文物保护单位一览表

表6-1-1

类型	名称	时代	地址	类别	公布时间	公布文号
市文物保护单位	思母亭遗迹	明	五常街道西溪国家湿地公园三期五常港西侧	古遗址	2009年	杭政函〔2009〕72号
市文物保护点	保宁桥	清宣统二年（1910）	五常街道友谊村7-8组，五常杭州绕城公路以西	古建筑	2015年	杭园文〔2015〕45号
	余杭县留下蚕种场旧址	20世纪50年代	五常街道西溪国家湿地公园西区	近现代重要史迹及代表性建筑	2017年	杭园文〔2017〕56号

2020年五常街道被列入各级非物质文化遗产名录项目一览表

表6－1－2

类型	公布编号	门类	项目名称	申报单位或保护责任地	公布时间、文号
国家级	Ⅹ－3	民俗	端午节 （五常龙舟胜会）	五常街道 闲林镇 仓前镇	第一批国家级非物质文化遗产扩展项目名录（国务院2008年6月国发〔2008〕9号公布，共147项）
	Ⅵ－62	传统体育、游艺与杂技	五常十八般武艺	五常街道	第三批国家级非物质文化遗产保护名录（国务院2011年5月国发〔2011〕14号）
省级	195	民俗	五常龙舟胜会	五常街道 闲林镇 仓前镇	第二批浙江省非物质文化遗产名录（浙江省政府2007年6月〔2007〕33号公布，共225项）
市级	52	杂技与竞技	五常十八般武艺	五常街道	第一批杭州市非物质文化遗产名录（杭州市政府2006年12月杭政办函〔2006〕301号公布，共99项，余杭13项）
	97	民俗	龙舟竞渡（五常）	五常街道	
区级	2	民间表演艺术	五常拳灯	五常街道	第一批余杭区非物质文化遗产保护名录（13项）余杭区政府2005年11月9日余政发〔2005〕162号公布
	9	民俗	五常龙舟胜会	五常街道	
	90	民俗	鱼汤饭习俗	闲林镇 五常街道	第四批余杭区非物质文化遗产名录（2011年6月17日余杭区政府余政发〔2011〕82号公布，共12项）

第二节　群众文化

境内群众文化活动历来比较活跃，旧时多以庙会形式进行。中华人民共和国成立后，群众文化机构相继建立，群众文艺的内容以配合政治宣传活动为主。乡文化站建立后，成为群众文艺活动的组织部门，开展形式多样的群众文艺活动，其主要表现形式有文艺会演、文化联谊、文化下乡等活动，受到群众的广泛欢迎。20世纪80年代末，群众文化生活更加丰富，文化活动更加频繁，乡文化站成为群众文化活动的重要阵地。农村文化、社区文化、校园文化、企业文化的开展，使群众文化活动骨干队伍日益壮大。2015年以后，文化场馆建设取得新成就，村村建有文化礼堂和文化休闲场所。广播、电影、电视亦成为群众文化活动开展的重要媒体。

一、文化场馆

文化站（文体中心）是群众文化开展的重要阵地。五常境内文化站始建于1974年6月。建立之初，文化站主要开展书刊阅览、文艺宣传、宣传窗等方面的工作，同时要指导各大队文艺宣传队等工作。1978年，五常人民公社文化站为宣传新时期总任务，举办一次近一个月的文艺骨干学习班，有30余人参加，通过文艺骨干组建文宣队，到各大队巡回演出。1979年，《浙江省公社文化站建设工作条例》颁布后，公社文化站发展为集文化、广播、教育、科普于一体的农村文化中心。1987年，余杭县在全省率先开展文化站考评定级活动，评定分三级。1999年，五常文化站从三级站升为二级站。2003年，乡镇区划再次调整时，文化站与广播电视站合并，改称文化广电中心或文化广电体育中心。2006年，余杭区乡镇机构改革，进一步明确乡镇（街道）文化站单独设置，统称文化体育中心。2007年，镇（街道）文体中心改称“文体服务中心”。

五常街道文体中心室内球场（2018）

文体中心是群众性的体育文化公共设施。2008年8月30日，五常街道“三中心一园一广场”正式挂牌启用。该项目包括业余党校、成人文化技术学校、老年活动中心、文体中心、中心幼儿园和五常人民广场，位于五常辖区的中心位置。街道投资400余万元，同时让出办事处原办公楼，为项目提供场地。主体建筑包括3幢大楼，室内活动面积超过4000平方米，内设书画室、器乐培训室、民间艺术陈列室、电子阅览室、万册图书室、排练室、教室、计算机房、球类室、棋牌室、健身房、多功能室和大会议室等，广场面积1公顷。

五常街道为了满足社区居民的文体需求和创造一个优良的活动环境，采取“上级援助一点、自己筹措一点”的办法，改善街道社区的室内外活动场所、文体设施等基础性建设。2009年，五常街道所辖9个社区均已成立文体活动室，并均达到“文化氛围浓厚、服务功能齐全、站舍清新整洁、环境幽雅和谐”的要求。同年，五常街道综合文化站被评为浙江省一级综合文化站。

随着经济快速发展，五常街道不断提高公共文化服务体系建设，大力推进文化惠民工程，加快城乡文化一体化发展，保障群众文化权益，提升百姓生活品质。街道文化站综合功能完善，设施设备齐全，活动丰富多彩，注重文化遗产保护，文体队伍稳定活跃，管理科学规范。2013年，五常街道文化站顺利通过杭州市级检查验收，创建为杭州市示范综合文化站。同年，在第五次全省乡镇综合文化站评估定级中，五常街道综合文化站又被评为省一级文化站。

2015年，五常街道文化站建筑面积1500平方米，工作人员6人。五常文体中心图书馆扩容，藏书量达1.2万册。街道综合文化站的文体设施，室内包括综合多功能活动厅、图书报刊阅览室（图书室、电子阅览室）、非遗展厅、多功能教室、健身房、舞蹈室、乒乓球室、台球室、共享工程基层服务室；室外的包括篮球场、门球场、健身苑、露台舞台和文化小广场。新增图书馆专职管理人员1人，维持每周50小时以上的开放时间。同时，在金牛座增设漂流书屋，投资2万余元购买图书，为软件园创智人才服务。

五常文化广场（2017）　（沈松根　摄）

2018年，五常街道文体服务中心迁址五常大道166号五楼，进一步完善了设施设备，增加了多功能阶梯教室，扩大图书馆面积，以更好满足群众的文化服务需求。对社区文体服务中心、社区图书室进行考核检查，提升社区文化服务能力。2020年，12个社区开通智慧文化免费WiFi服务。

影剧院　20世纪60年代末开始，各人民公社陆续建大会堂，兼作演出场所。进入21世纪后，影剧院以私人经营为主，并走向小型和专业化。2020年，境内影剧院有中影国际影城（西溪印象城店），位于五常大道1号杭州西溪印象城三楼；东影时代IMAX影城西溪店，位于五常大道421号欢乐城5楼；杭州上岸影城（乐天城店），位于五常大道153号乐天城5号楼4楼。

中影西溪印象城店是中影首次携中国巨幕在杭州投资兴建的五星级多功能影城，影城按照国际五星级影院最高标准设计、建造，共有6个标准国际豪华影厅，1个中国巨幕影厅，1个VIP厅，可供1300余人同时观影。这家影院的“中国巨幕”放映系统，采用双机放映，包含数字电影母版的再处理、优化校正画面，还有银幕的设计、音响布控和放映环境设计等新技术的运用。

社区文化家园　20世纪50年代，余杭以兴办俱乐部形式推动村级文化工作。1958年，农村普遍建立俱乐部。1963年11月，五常人民公社在全省俱乐部工作会议上做经验介绍，其工作经验在文化部《农村文化通讯》上刊登。次年，全省俱乐部工作现场会在五常人民公社召开。

1978年后，村级文化有较大发展。2000年，首次开展“文化村”创建和评定活动。2003年因村规模调整，停止评选“文化村”。2004年，恢复考评验收，评定“文化村”和“文化示范村”。2011年，五常街道顾家桥社区被命名为杭州市文化示范社区。2013—2015年，五常街道沿山河社区被命名为杭州市文化示范社区。

文化礼堂和社区文化家园作为美丽乡村建设的一部分。2017年，余杭区开始建设农村文化礼堂，于2018年5月公布了第一批合格农村文化礼堂，其中五常街道五常社区通过验收。社区文化家园集思想引领、道德滋养、文明倡导、文化熏陶、科学普及功能于一体，是文化设施完善、文化阵地多样、文化活动丰富、文化队伍健全的社区文化综合体。五常社区文化家园总面积逾4000平方米，建有市民文化讲堂、五九精神纪念馆、乡愁馆等群众文化阵地。一楼设可容纳260余名观众的主礼堂、放映厅、阅览室、老年活动室等功能活动馆。二楼设理论宣讲基地、书画活动室、春泥活动室等文化活动馆。礼堂内部还设有两条室内文化长廊，展示五常概况、五常产业经济、洪氏家训、五九精神、五常之歌、五常龙舟胜会等内容。在2018年度杭州市社区文化家园星级评定中，五常街道五常社区文化家园获评市四星级文化家园。2019年12月五常街道荆丰社区被评定为余杭区2019年度优秀社区文化家园，友谊社区被评定为余杭区2019年度良好社区文化家园，荆山社区、西溪风情社区、洪园社区及文一社区被评定为余杭区2019年度合格社区文化家园，2020年11月云创社区被评定为余杭区2020年度优秀社区文化家园，永福社区被评定为余杭区2020年度良好社区文化家园。

五常社区文化家园（2018） （沈松根 摄）

“From 余杭”设计图书馆 2015年6月12日，位于五常街道文创园区的“From 余杭”设计图书馆开馆。该图书馆建筑面积800余平方米，向读者展出世界各国大师级设计师的新作品和设计大师推荐的各类书籍。

西溪跨境书院 2016年12月14日，位于五常街道的西溪跨境书院启动仪式举行。该书院以“传播理念，助推产业”为宗旨，推出集理念、B2B、B2C、政府政策、海外知识、企业管理等模块的“跨境课程100”项目，向制造型、工贸结合、出口贸易等企业提供跨境电商相关的课程，并提供互动交流、资源嫁接的平台，帮助跨境电商企业提升业务水平。

乐天城五常文化展示馆 乐天城是海创园区集购物、娱乐、休闲、商务、住宿于一体的时尚生活中心，2019年，中心内建立五常文化展示馆。

八方城公共图书馆 即杭州图书馆运动分馆，位于杭州市文一西路荆长路西溪八方城内，是一个集阅读、体验、交流、互动于一体的现代概念图书馆，是市民体验现代运动项目、交流运动健身经验、了解健康科学生活方式的学习基地、体验基地和交流基地。2015年9月19日正式对外开放。馆内有阅读区、阶梯阅览室、专题阅览室、开架阅览室，还具备大型咖啡馆、高尔夫体验区、室内射箭体验区、室内瑜伽体验区等运动形式的区域。

企业文化俱乐部 2019年2月，华立集团文化俱乐部被评定为余杭区2018年度优秀企业文化俱乐部，金牛座文化俱乐部被评定为余杭区2018年度良好企业文化俱乐部。2019年

12 月，乐天城文化俱乐部、八方城文化俱乐部被评定为余杭区 2019 年度优秀企业文化俱乐部。

二、文化节庆

进入 20 世纪 80 年代，群众文化生活日趋多样，文化活动门类多、规模大。各种文艺活动和演出层出不穷。节日庆祝活动及其演出是开展群众文化的主要形式之一，街道结合元旦、春节、元宵、劳动节、端午节、国庆节等重大节日，开展丰富多彩的文艺活动。其中，元宵和端午是五常最为热闹的两大节日。

元宵灯会　每年的元宵节，五常街道都要举行“闹元宵”活动。街道组织村民和相关单位制作花灯装点街景，在五常大道、荆长公路等重点道路和地段悬挂，同时，组织舞龙、舞狮、滚灯、拳灯等到各村巡回进行表演。

2005 年元宵节，来自五常荆山、顾家桥、五常、荆丰、友谊、文一等村的 8 支舞龙队，以舞龙比赛的形式，欢度元宵佳节，近 5000 名观众观看。荆山村女子舞龙队的表演是现场最大亮点。2009 年的元宵节，街道 8 个社区和 1 个村组织起 16 支文艺表演队，参加表演人员有 400 人。16 支队伍排成 800 米长的队伍，沿着五常大道联胜路口到五常人民广场，边走边表演。2010 年元宵节，五常街道主办的“第四届元宵舞龙比赛”在五常中学举行。来自社区的 8 支舞龙队分别上场比试，腰鼓队和武术队也亮相表演。在队员们娴熟的配合下，祥龙飞舞，时而“虎踞龙盘”，时而“鲤鱼跃龙门”，忽左忽右、忽高忽低，时而腾跃、时而翻滚，造型各异，随乐起舞。2012 年，五常街道举办 2012 年龙腾盛世五常大型元宵灯会。五常人民广场上造型各异的 12 台大型灯座陆续光彩闪亮，夺人眼球。此次元宵灯会是规模较大的一次，总投入 50 万元，由辖区企事业单位和各社区共同参与，在策划设计上突出不同特色、民间风味，让百姓体味到浓浓的乡情。正对大门楼的是长 26 米、高 6 米的“双龙戏珠”，大红、金黄两条动态大龙摇首摆尾，不时吞云吐雾。在中心舞台上亮相的是文一社区的“常回家看看”组灯，这里有三代同堂的回迁户和他们新入住的多（高）层公寓、五常的桥与柿子树，配以《五常之歌》的动人旋律。此外，勇立潮头的“五常龙舟胜会”破浪向前、栩栩如生，还有五常社区的“五常十八般武艺”、沿山河的“五尚书”走马灯。

元宵节期间，五常街道还结合五常文化特点，突出当地人文风俗，组织元宵水乡婚礼专场演出及戏剧表演。如 2014 年元宵节演出，以五常艺术团（水乡婚礼表演队）为主力军，以水乡婚礼热闹开场烘热气氛，配以五常街道戏曲协会、余杭街道戏曲协会的戏曲表演，突出以情、爱为主题的欢乐吉祥气氛，共贺马年新春。2016 年元宵节，庆祝活动从正月十三就开始。荆丰社区的老人在西溪花城小区欣赏一场越剧表演，五常戏曲协会的演员送来元宵祝福。正月十四，主场又移至西溪风情社区，除赏灯外，猜灯谜、写福字、亲子手工课堂等活动都吸引居民前来参与。正月十五，欢聚在荆丰社区。

端午节　2004 年起，在每年的端午节期间，五常人都将举办一次的龙舟节活动，龙舟竞渡成为端午节期间的主要节庆活动。每当端午当天，100 多条各色龙舟奋发竞渡，两岸观看群众人山人海。活动期间，还开展形式多样的庆祝活动，如名校名企龙舟友谊赛、粽子宴、美食节、非遗项目展示、木塑仪式展示表演等，活动还将舞狮、舞龙、滚灯操、五常十八般武艺、婚庆旗袍秀、羊锅舞等多个民俗节目带到现场。端午节节庆活动还结合文化遗产宣传月、创意文化节等活动进行。如 2011 年端午节期间，举行首届五常创意文化节活动，历时近 1 个月。围绕“传承文脉，创意五常”主题，结合传统节日端午闹龙舟，举办“玉郎动漫”设计创作大赛、“创意妙语”征集、西溪印象展、黄玉郎作品展、五常文创产业发展咨询会等活动。每年的端午节期间，是五常民间最热闹的时节。

其他　在每年元旦、春节、“五一”、国庆节期间，五常街道都开展形式多样、各具特色和重点的节庆活动。

1999 年国庆节，五常乡组织了舞龙等民间文艺队伍进行了踩街表演。

2007 年春节，五常管委会精心安排和准备，举行新春专场文艺演出，精彩的节目给数百名群众送上了一顿文化大餐，相继开展了首届“宏丰杯”环五常越野接力赛，“秀美五常、和谐五常”书法评奖大赛等活动。

2007 年“五一”劳动节期间，管委会组织在五常打工的 50 名外来务工人员，参加五常外来创业者的首届“十佳歌手”大赛。大赛组委会聘请区文化馆声乐老师作为专业评委，并从观众中推荐，共同组成评委会。经过角逐，最终决出“十佳歌手”10 名以及最佳表演奖、最佳台风奖、最佳人气奖、最佳组织奖等。

2013 年新春期间，五常街道西溪民俗文艺家协会组织书画名家进入五常中心小学，举办了一场“迎新年、送春联、赠送书画”活动。五常中心小学老师、家长、学生近百人参加了本次活动。1 月 29 日，在该校的体育馆的一角，书画者挂起了新春对联，长长的桌子一字儿排开，协会的书画家张永军、钱玉林、叶妙荣、黄淑君、周勇强、包玲亚、叶剑波、王惠祥依次站在桌边挥毫泼墨。

2014 年元旦佳节，五常街道文体服务中心精心布置了一台丰富的“戏曲盛宴”，此次演出的演员均来自五常戏曲协会，这是一个由五常当地票友自发组织成立的业余文艺团队。演出戏曲串烧以及多出折子戏，包括《祥林嫂》选段，《梁祝》里面的《十八相送》《楼台会》，《红楼梦》里的《葬花》《哭灵》等多个名家戏目。与此同时，五常街道举办的“美丽洪园，创智五常”摄影大赛获奖作品也在元旦之际在五常街道办事处展出。4 月 30 日晚，五常街道在五常人民广场举办“中国梦劳动美”庆“五一”文艺晚会。整台晚会的演员都来自五常街道辖区内各企业和社区。2015 年春节期间，文体中心精心编排，将五常十八般武艺与水乡婚礼送到湿地，精彩的表演在庆祝传统佳节的同时，向游客展示五常文化。

我们的村晚（2018）　（沈松根　摄）

2018 年 2 月 3 日晚，在五常社区文化礼堂举办“我们的春晚”“五常之春”文艺联欢会。联欢会在开场舞《欢聚一堂》中拉开序幕，越剧《西厢记》选段、武术《24 式花样太极拳》、爵士舞《舞动青春》、诗朗诵《我爱你五常》、书法太极《剑墨情缘》等 21 个充满民间艺术感的节目一一登场。2019 年，文化活动丰富多样，结合元旦、春节、元宵、端午、中华人民共和国成立 70 周年等重大节日，开展春送对联、元宵嬉闹、端午龙舟百舸竞技、夏日跳蚤市场、相约周末、国庆红歌奏唱等一系列活动。

三、文艺会演

文艺会演也是五常群众文化活动的主要形式之一。“文化大革命”期间，各村有样板戏、快板、舞蹈等文艺形式串村演出。进入新时期以来，文艺演出往往与文化下乡、文化走亲、文化联谊等活动结合在一起。

1999 年 6 月 4 日晚，由余杭市文化局组织的文化下乡演出给五常的父老乡亲带来新的生活色彩。演出在舞蹈《欢歌笑语下乡来》中拉开序幕。许晓明、裘洁英等表演小品《豆腐夫妻》，费彬彬等演出《何文秀》选段。

2005 年 6 月 13 日，作为五常第二届龙舟节的“压轴戏”——“西溪风情”文艺晚会在文一路延伸线五常段举行。晚会共 17 个节目，大多由市歌舞团、市滑稽艺术剧院、浙江艺术职业学院、市越剧团小百花等单位的演员演出。国家一级演员周志华、翁仁康等参加，当晚观众在 1.5 万人以上。这台晚会主要服务对象是外来务工者。晚会由五常管委会主办，杭州市文联承办，浙江大华房产地开发有限公司赞助。

2011 年 8 月 29 日，五常街道文体中心与五常民俗文艺家协会共同组织了一场“文化夜市”活动。当晚，协会培训班师生齐上阵，为周边百姓展示了一场书画、舞蹈、器乐的综合性文化会演。

2013 年 10 月 12 日晚的区人民广场，五常专场演出闪亮美丽洲大舞台。当天，美丽洲大舞台——五常专场走进全区的展示平台。此台文艺演出由五常街道文体服务中心承办。

2014 年 6 月 13 日由五常街道办事处主办、文体服务中心和总工会承办的 2014 “相约周末”文化夜市活动启动仪式在五常荆山社区西溪庭院小区举行。西溪庭院小区为五常农居多（高）层公寓项目之一，自 2013 年安置分房以来，已有约 300 户居民入住。此次“相约周末”文化夜市活动启动仪式设在这里，就是为了给新居民送去文化大餐。整台晚会的节目都是由街道文艺骨干和文艺爱好者自行创作、排练。10 月 22 日，五常专场演出继续在一年一度的“美丽洲大舞台”上演，晚会融合了舞蹈、歌曲、小品、绝技、乐器等各个方面元素。

美丽洲大舞台——五常专场（2013）　（沈松根　摄）

2015 年 6 月，五常街道举办相约周末文艺演出，吸引了上千人次参与。6 月 26 日当晚，来自基层的“草根艺术家”在西溪花城献上精彩多样的表演内容。7 月 3 日晚，

“美丽洲”大舞台五常专场继续在临平人民广场上演，演出的节目形式多样。“草根艺人”们通过自己的出色表现，向广大群众展示了五常的魅力。2015年，街道文体中心还邀请余杭小百花为社区送戏4场，从1月开始，文体中心组织五常街道戏曲协会为每个社区送上精彩的戏曲表演，除新成立的大华西溪风情社区、景盛社区外，其他9个社区都已经欣赏到戏曲协会本地戏曲爱好者的演出。

开展“文化走亲”交流活动。2016年，街道以充分体现五常特色的动态类（文艺演出）、静态类（书法、美术、摄影交流和展览、非物质文化遗产展示）等为主要走亲形式，多层面组团式进行“文化走亲”，率街道、各社区文体队伍先后与闲林、余杭、中泰、仓前等单位开展了“文化走亲”互动交流展演10次。2017年1月17日，由五常街道办事处主办，五常街道文体服务中心、五常街道总工会、五常街道招商服务中心、杭州华立创客社区管理有限公司协办的“创智五常　星动未来”——五常街道十二星座园区群英会在华立创客社区举行。晚会内容包括舞蹈、独唱、器乐表演等。2018年，共计开展文化走亲活动13场，公益展览12场，公益讲座12场，电影放映138场，文艺活动73场。

2019年6月24日，美丽洲大舞台五常街道专场演出在临平人民广场热闹开演，精彩纷呈的表演吸引了近千名观众驻足观看。为庆祝中华人民共和国成立70周年，丰富人民群众文化生活，五常街道文艺骨干创编了《美丽中国》《映山红》《文峰青狮》等形式多样、内容精彩的节目。此台文艺演出是来自街道各个社区的业余团队呈现的。

2020年，发掘、培育乐洋洋艺术团等优秀基层文化团队33支，各社区举办国庆、重阳、中秋文艺会演活动共30余场，相约周末、文化进万家、书画展、毅行等文化交流活动200余场，开展文化走亲活动3场。

四、文化市场管理

随着五常城市化的推进，与杭州的距离越来越近，五常的文化事业蓬勃发展，也使得五常的文化市场变得越来越复杂，五常切实做好辖区内的文化市场的监督管理工作。

对印刷企业、音像制品和棋牌娱乐业的监督和管理。2004年，五常管委会内有大小印刷企业28家、打字复印经营单位3家、音像制品经营单位2家、棋牌娱乐经营单位14家。管委会用文件形式，下发至各印刷企业和文化市场经营户，要求规范经营行为，抓好印刷企业的换证验证和培训工作及对有关企业行为的平时监督。对音像制品和棋牌娱乐业进行整顿，在整顿期间，管理人员事先上门自检，向业主说明整顿要求和条件等事项，避免发生改而再改的现象，改后及时与上级部门联系检查，这在一定程度上既缩短了整顿时间，又使整顿成果实现最大化。对文化市场管理做到平时经常检查，一经发现，通过说服教育，及时处理，避免了无证经营和违规操作现象。在日常管理中，要求各类文化经营户按规定在经营场所悬挂许可证正本、监督举报告示牌以及经营制度等，2005年，文化经营项目领证率100%。

对无证网吧、无证游戏机房的管理。为了有效杜绝无证网吧、无证游戏机房的产生，街道召集了有关职能部门和各社区文化管理员，开展无证网吧、无证游戏机房专项整治活动，2005年取缔无证网吧12家，无证游戏机房30余家。文化市场的管理检查，采取定期与突击相结合的方式，同时，严格执行审批制度，严厉打击非法文化经营、非法演出活动，使全街道的文化市场管理有序，依法经营，安全生产，健康发展。

文体经营市场安全大检查。街道除积极主动加强日常的公共场所巡查外，在重要的节假日到来之际，还会同街道相关部门开展安全生产和消防安全检查。开展文化市场“扫黄打非”安全检查，确保文化市场“内容安全、消防安全”。开展人员密集场所（网吧、KTV、电影院）安全检查，每家每季不少于1次。为了落实区文广新局关于创建无非法卫星电视接收设施街道的要求，2009年专门成立了无非法卫星电视接收设施街道创建领导小组，对辖区各社区、商住区的非法卫星电视接收设施进行排查，并多次组织力量进行拆除。2013年7月，五常街道文体服务中心联合余杭区文化市场执法中队对辖区内的网吧、娱乐场所、游泳池等文体经营市场开展执法大检查。针对各文化娱乐场所的安全疏散通道、消防设施、是否存在未成年人上网等多项内容进行了仔细检查，个别网吧存在消防通道占用等状况，检查人员现场提出了整改意见，并要求其限期整改到位。2018年，共计纠察处理非法演出2起，文化市场检查101家，发现问题10家，整改10家。2020年，检查文化场所190余家，对地面卫星整治，采取空中加地面检查行动，最大力度整治非法卫星电视接收设施，取缔非法卫星150余个。

五、广播影视

广播　中华人民共和国成立前，境内无广播电视事业。1950年，杭县建广播收音站。1953年，开始安装有线广播。1955年，杭县、余杭县农村广播站建成并播音。此后，广播事业逐步发展壮大。

1963年8月，筹建五常人民公社广播站。1964年5月1日，五常人民公社广播站正式成立并转播县广播站信号，配备线务员、播音员各1名。建站时有300瓦扩大器1台，话筒1只，全公社15个行政村村村通广播，广播线长20余千米。水泥小方杆200余支，其他以毛竹、木杆作电杆，14号铁线作线路，安装舌簧喇叭300余只。一次普及到位，投入资金5000余元。1968年，电杆全部换成5米水泥方杆，使有线广播杆线传输质量得到保障，喇叭增至1000余只。15个村都建起村广播室，配备扩大器、话筒。到1970年，全公社喇叭增至1500余只，均为舌簧喇叭，站内扩大机输出功率为350瓦，1天3次播放，转播县站节目。1976年以后，根据发展要求，每年有少量舌簧喇叭改为动圈喇叭。1977年11月，配备专职报道员1名。

五常地方政府重视广播事业的发展。1980年7月，五常人民公社革命委员会发布《关于扩大公社广播事业、加强杆、线、喇叭管理的规定》的文件，规定：（1）从现在起，有计划分批扩大喇叭，普及户户标准化（有三用开关、有插头、有插座，喇叭有木壳、有地线、有避雷器等）。（2）广播杆线，分级管理，现有通往大队、生产队范围内的广播支干线产权归公社，维修、使用、管理归大队负责，公社广播站负责通往大队的总杆线，其余支杆线，均由大队线务员负责维修，物质由公社广播站供应，经济由大队负担。未经公社广播站批准，任何单位和个人，不得移动广播杆线，不得安装电灯线。（3）要配备落实广播线务员，人员落实之后，不要轻易变动，有利于加强责任制，公社广播站发给大队线务员每两年一双电工球鞋，五年一双电工套鞋，平时协助公社修理总杆线，发给手套。对至今尚未落实广播线务的大队，要抓紧配备落实人员，以利线务及时畅通，大队范围内的广播喇叭，要登记造册，上报公社。(4) 为了不断扩大办好广播事业，原定每户全年收费五角，仍然不变。(5) 广播杆线喇叭，是党的喉舌和重要的宣传工具，保护广播杆线，人人有责，发现有人损毁、破坏，要及时追究责任，分情况，严重处理。

20 世纪 80 年代，五常广播进入平稳期。1984 年，更名五常乡广播站。1988 年 4 月，更名为五常乡广播电视站。1989 年，全乡喇叭有 2938 只，入户率 82%，村广播室 13 个，线路长达 41.1 千米，水泥方杆 632 支，达到县广播电视局要求。90 年代，经济快速发展和电视逐步普及后，农村新建住宅有线广播受到冲击。1996 年前，五常全乡 16 个行政村，由于受杭州市绕城公路、02 省道建设等因素的影响，有 10 个行政村的有线广播处于瘫痪状态。1996 年，五常乡政府把恢复有线广播列为精神文明建设的一项重要内容，乡投入 10 万元，16 个行政村投入 6 万元，对全乡 10 条乡至村的杆线全部重新架设，新立电杆 205 根；新架铝包钢线 18 公里。到年底，11 个行政村的广播通响；荆山村 232 户农户全部装上了音响喇叭，多年听不到的广播喇叭声又在农家响起。

1997 年，五常乡投资 22.5 万元（其中村投入 10.5 万元），对全乡 16 个行政村有线广播进行了全面整改，全乡新增音箱广播 2050 只，拥有喇叭总数达到了 3434 只，广播喇叭入户率达到了 94%，通响率在 96% 以上。1997 年 7 月 18 日，成为市首批验收合格乡镇。

1997 年，五常乡刚刚恢复的有线广播在 7 月的抗洪抢险战斗中，成了乡政府和村委会的得力指挥工具。7 月 10 日五常乡多处发生险情，抗洪进入临战状态。乡党委政府第一次通过有线广播召开全乡抗洪抢险动员会。11 日凌晨 2 时，洪水横穿 02 省道留下至荆山岭段近 1 公里处，直泄五常乡。洪水上涨每小时超过 1 米，情况十分危急。乡长孙志文、副乡长钱王海再次走进广播室，打开设备，作紧急动员，使全乡作好应急准备。白庙村古荡畈处在 02 省道北，凶猛的洪水使堤塘决口。在现场的村委主任及时向村救援。村党支书马上打开扩音机，通过有线广播及时动员全村党团员、村民上塘抢险，为堵住决口赢得了时间。

1998 年 10 月，五常乡人民政府下发《关于重申有线广播管理的有关规定》，指出“农村有线广播是乡党委、乡政府的喉舌，是传达政令、指导工作、组织生产、普及科技、实现科技兴农的有效工具，也是社会主义精神文明建设的重要宣传工具”，再次重申了如下规定：(1) 有线广播的管理，实行统一领导，分级管理的原则，即乡管到村，村管到户，做到村村线路通，户户喇叭响。(2) 乡负责乡至村的路线投入及维护费用，村以下广播线路维护由村负担，各村对广播维护费做到统筹安排、负责到位。(3) 为保证有线广播正常畅通，各村应建立村广播管理领导小组，组长一般由书记或村长担任，负责对全乡村有线广播的全面管理。(4) 各村挑选一名思想好、肯负责、能吃苦、懂技术的人负责担任广播线务员，做到报酬落实，制度落实。(5) 乡广播电视站除不可以抗拒的自然灾害外，应保持乡至村线路畅通，如遇故障，接到报告后，24 小时内修复，村也建立制度，及时修复。(6) 乡广播电视站负责材料供应，做好服务，各村对所有材料实行先付款，后发料，严格财务管理。(7) 实行建房恢复制度，凡新建住户移地建造的每户收取恢复费有喇叭 50 元，没有喇叭 80 元，原地翻建，有喇叭 30 元，没有喇叭的 50 元，专款专用，由乡广播电视站负责实施。(8) 无故损坏广播设施的，将按有关广电视保护条例严肃处理，同时各广播室应有专人管理，严防政治事故发生。

2000 年，随着有线电视普及，广播喇叭逐年减少，到 2003 年底农户家中的喇叭已经基本不存在了。2004年后，五常通过有线电视电缆在各村安装25只调频广播喇叭，以转播区广播电台节目。2009年，五常街道与辖区一家专业单位杭州西溪水电安装公司签订了有线广播维护协议，确保有线广播通响率在98%以上，同时在征地拆迁项目推进当中，充分利用有线广播作为宣传手段，取得了非常不错的效果。在每个社区设立了广播室，派专人进行管理，确保有线广播的畅通。智能手机普及以后，广播逐渐退出了市场。

电视　中共十一届三中全会后，电视机从城镇进入农村，至1982年年末，余杭城乡有电视机1.2万余台，电视转播始于20世纪80年代。1983年2月，县广播电视局在临平建电视转播台，1984年筹建余杭电视台，次年7月1日建成开播。80年代中期来，电视机慢慢进入家庭。1993年12月，余杭有线电视台开播。是年起，以临平为中心，有线电视逐步向周边乡镇发展，传输网络由电缆改为光缆。1995年7月，余杭第一条有线电视光缆干线开通。11月，五常乡政府专门成立领导小组，请省广播电视工程公司设计施工，当时采用意大利进口设备，东芝卫星接收器，有线电视工程总投资近30万元，至12月底设备安装调试完成。1996年1月，乡政府所在地顾家桥村开通有线电视。春节前有103户农户看上有线电视，能接收节目16套。1996年，荆山、横板桥、西坝3个村，用户发展到300余户。1997年，友谊、白庙、天竺桥、油车兜4个村开通有线电视。1998年、1999年两年又开通断桥、源谊2个村，用户增至1500余户。2000年投入40余万元，对最后5个村实施光缆到村。经过一年紧张工作，达到“村村通有线电视”目标，并与区广播电视台联网，节目增至22套。至2004年节目增加到33套，有线电视用户2700余户。

电影　20世纪50—60年代，境内电影多为在各村露天放映，由县电影队送电影下乡。1971年，乡文化站成立电影放映队，到各村巡回放映电影，并添置8.75毫米电影放映机，1978年后改用16毫米放映机。电影放映场地大多在室外，一般在各自然村小学操场和晒谷场放映，有时候还跑片轮番放映。20世纪90年代，农村文化市场兴起，电视在农村普及，电影放映收费困难，农村电影放映锐减。一般由县（区）文化局统一组织开展文化下乡活动，每年送电影下乡放映。同时结合相关纪念活动进行，组织村民观看，成为宣传教育的渠道。进入21世纪后，电影院以私人经营为主，并走向小型和专业化。

第三节　非物质文化遗产

非物质文化遗产是人类历史文明的宝贵记忆，是民族精神文化的显著标识，也是人民群众非凡创造力的重要结晶。在五常这块不到25平方公里的水乡平原上，经过千百年来的历史积淀和发展传承，五常先民创造性地结合了当地的文化特色和生活实践需要，诞生并发展成具有鲜明地域文化特色和传统民俗、体育项目，即五常龙舟胜会和五常十八般武艺，成为国家级非物质文化遗产。

一、五常龙舟胜会

缘起　五常龙舟胜会是指在五常地区流行的端午节划龙舟系列民间民俗活动，也包括仓前、闲林和睦桥等地的端午节划龙舟活动，通称“五常龙舟胜会”。

五常龙舟胜会（2019）　　　　（陆文韬提供）

五常龙舟胜会是五常地区最为热闹的传统节日之一。每年农历五月初五，五常、蒋村、仓前、闲林和睦桥等地区的龙舟都会沿着西溪湿地的港汊汇聚到五常浜口桥附近的河道里参加五常龙舟胜会活动。每年的五月十三日，参加过五常龙舟胜会的龙舟大部分又会汇聚到位于闲林水乡的和睦桥水域，参加位于和睦桥下的五常龙舟胜会。自五常龙舟胜会这项活动问世以来，当地的人们就为它设计了一套仪式化的程序，并赋予其丰富的文化内涵。现今的发展往往是以划龙舟为中心，结合其他的民俗活动、商业活动，形成具有现代特色的五常龙舟胜会。五常龙舟胜会除了龙舟竞渡，还有端午节习俗的融合插入、逛庙会、听戏曲等助兴，是五常及西溪一带地区最热闹的节日。当地人相信，每年举行和参加五常龙舟胜会活动就能在这过程中祈社福、祝丰年。

龙舟竞渡是一项积淀着深厚传统文化底蕴的竞技民俗。一般认为它是由古老的祭祀习俗逐渐演变而来的。一般则说成是纪念爱国诗人屈原。

五常龙舟胜会的形成根植于西溪以水为主的独特的地理环境，西溪市镇的繁盛与丰富多彩的民俗文化推动了五常龙舟胜会的形成与发展，各类的庙会、淳朴的民风为民俗文化的传播提供了广阔的文化空间，洪氏家族也起了推动作用，从而形成了独具特色的五常龙舟胜会。

启动龙船会。五常龙舟胜会由各村的龙船会组织，龙船会是由各村按自然村冠名的“五常龙舟胜会”组织名称。一般以一个自然村组成一条龙舟，如果自然村规模较小，则以几个自然村为一个单位组成一条龙舟；如果自然村规模较大，则会分置数条龙舟。相应的负责五常龙舟胜会事宜的组织称为龙船会。龙船会是一个临时组织，一般一个自然村一个，五常龙舟胜会结束以后，龙船会的使命也就完成，也就自行解散了。龙船会以“村名＋龙船会”命名。龙船会决定着请龙王的日期、龙王巡游的路线、谢龙王的日期、五常龙舟胜会期间的开支管理等事宜，有时候还会商议是否添置新的龙舟及物件。各村的龙船会之间没有纵向的隶属关系，横向的联系也不多。20 世纪 50 年代以前，龙船会一般都由村里德高望重的长辈或乡绅主持，称为龙船头。以后每年的龙船头由群众推举信赖的村民负责。20 世纪 80 年代，有的村开始以几户农户为一个单位联合负责一条龙舟主事，按抓阄的顺序每年轮值。但这种方式产生的主事者是不被称为龙船头的。每年五常龙舟胜会结束谢龙王仪式开始之前，龙船头都会将本次划龙舟活动的所有收支，包括收赏所获之物向大家口述说明。大部分村庄还会列出明细账目张榜公布，称为“明心榜”。做明心榜，一是为了表明主事者手脚干净、无愧神明，二是为了表达对龙的虔诚。所有仪式结束后，如果还有余款，则会将款项用于购置、修理划龙舟的相应用具上，或存为下年的经费。也有部分地区会将余款趁机用于村内公益事业，如修桥、铺路等。

扎龙船。扎龙船即为装饰龙船。每年临近端午的时候，只要在村内敲响锣鼓，村民就会主动前来参与扎龙船。在西溪地区的所有龙舟中，最容易装饰的是赤膊龙船，最难装饰的就是全彩船。装饰赤膊龙船主要是安放龙颈、防浪设施，其中最难的是防浪设施的安置。各村习俗不同，有的地方的防浪设施直接用一块大小相当的木板契合龙颈钉上就可以，如余杭龙船；有的地方则要挖取河道里深层的黏土，经过踩踏、甩、揉后，将其糊在龙颈底部。在完成请龙王仪式将龙头安扎在龙船上的时候，会在龙头的下颚处挂一个秤砣或差不多重量的器物，在划龙舟的过程中随着船体一颠一簸，龙口就会一张一合，同时也能使水从龙口中喷涌而出。彩龙船的装饰过程比较复杂，一般需要一两天时间。

内容和过程　五常龙舟胜会仪式的主要内容有胜会前的请龙王和龙王巡游，胜会中的龙舟技艺展示及胜会后的谢龙王和龙王散福。

请龙王。胜会前的请龙王和龙王巡游，主要包括请龙王祭龙仪式、龙披红、搡漾、龙王巡游四个过程。在祭龙仪式以前，最先需要做的一件事就是扎龙船。除满天幛和半天幛龙船外，其他的龙船基本来源于当地居民日常生产生活用的农船。扎龙船的最后阶段是请“龙王”上船，即在船头安装龙头，这是最重要、最隆重的程序，也称“请龙王”。

请龙王（2015）　　（王洪坤　摄）

请龙王要举行祭龙仪式。这个仪式，一般在端午节之前一周到十天，个别也有在农历四月廿四这天举行（当地人讥讽地称为“食唠龙船廿四划”）。请龙王时，龙船会的主事者带领一班人，敲锣打鼓，拿出绣有祥云、龙的旗帜，穿到旗杆上分立在门口两侧，然后架起梯子，从家堂上或者所“隶属”的祠庙中取下龙头。龙头必须朝南安放在堂前置有各式供品的八仙桌上。整个过程众人必须毕恭毕敬地立于供桌前，桌的两旁竖立起头档划桨，然后燃起香烛，众人依次双手持香于胸前，虔诚地弯腰拜三拜，拜完后将香插在香炉中，称为“敬香”。敬香完毕，还需要跪在八仙桌前置于地面装有砻糠的袋子上叩拜。

因为划龙舟是在端午节进行，所以祭祀用品除主要的“猪头三牲”外（由于五常自然地理环境的特殊性，该地的牛羊是不能轻易宰杀的，故三牲用猪头、鲤鱼和鸡冠透红的雄鸡，且雄鸡的尾部必须保留有三根最长的羽毛），粽子当然是少不了的。此外还有千张、豆干等菜肴以及糕点、果品、酒。旧时祭品都是盛放在“桶盘”里。祭祀用的酒最好为糯米酿制的甜酒（现在基本用黄酒代替），粽子必须得是四角的，祭祀龙王的时候要用六串粽子，而且是取四、六、二十四等成双的吉祥数字。四只一串的粽子竖放，尖头朝天。焚香点烛、持香跪拜是余杭人祭祀祖宗的大礼，用祭拜祖宗的大礼来祭拜龙王，可见当地人对龙王的尊敬。从中也能看出，当地人有这样一种信仰：“龙即祖先，祖先即龙。”祭祀仪式中的祭品，又称“福供”，据说能够祈来福气，人们分食的时候能够沾上“龙福”。

敬香完毕，从八仙桌上将龙头请下，用双手将龙头捧在胸口，龙头朝前，在锣鼓声中由云、龙二旗在前开道，直达河埠头。然后是“龙披红”，即在组装好的龙船上装上龙头，插上龙角后，在龙角上缠上染红的丝绵，以此象征吉祥如意。披红被视为一种荣誉，村民们往往将早就将准备好的丝绵兜在锣鼓声中争先恐后地将丝绵兜缠在龙头上。披红结束，在一阵阵的鞭炮声中，人们在龙船的船头燃起一对小红烛，再由乡绅或是权威人士持毛笔蘸上清水，在两只龙眼上点一下，叫作“点睛”，象征着龙睁开了眼睛。

搡漾。请龙王仪式结束，紧接着进行的就是搡漾。搡漾就是将龙舟划到村前的河道或是附近的一个漾面进行一个试划。这实际上是划龙舟活动的热身活动，随着锣鼓声响，龙舟上的人依次上船，各司其职，在开划的锣鼓声中龙舟向漾潭进发，演练一系列动作。搡漾其实是一个熟悉水性、检验龙舟性能的过程，经过检验没有问题，接下来就可以到各村庄进行巡游。

龙王巡游。巡游按固定的路线划遍各个村庄，这个过程标志着端午节的龙舟活动开始，人们开始营造五常龙舟胜会的社会气氛。对于村民来讲，龙舟巡游如果能够来到自家村庄，那龙神就会保佑他们在这一年中平安祥瑞、风调雨顺、水稻丰收、蚕花茂盛。所以，在听到锣鼓声而来的男女老少很早就会在各自的河埠上迎龙舟，龙舟进入村庄后，必须从村头到村尾来回划三趟，再靠拢各家的埠头。这时候，早有准备的埠头主人就会把准备好的礼物犒赏给龙舟，称为收赏。基于村民们对龙都特别虔诚，期盼着能够有犒赏龙舟的机会，所以村民对此的积极性是非常高的。如若有龙舟到来时有的人家因事在外，回家后一般都会主动去补送犒赏物。对于接受犒赏的城规称呼是“收赏”。犒赏物主要是大米、也有大豆和小麦，现在还有烟酒之类的。收下犒赏后，船上人员会将其交给龙舟的随从避艄船，收下犒赏后，船上的人必须在桶盘中放上一份上面印有“五常龙舟胜会”的大红谢帖。收受赏米的时候必须以拇指按住几粒米，在桶盘中留下一些表示吉祥的“蚕花米”回馈给主人，祝福主人蚕茧丰收。盘中赏米不能取得一粒不剩，以免犯了“完”“光”等禁忌。犒赏和收赏之间的这个互动总的称为“赏龙船”，“赏龙船”所得是五常龙舟胜会活动重要的物质基础。在赏龙舟的过程中，如果埠头人家有尚未见到过龙舟的男童，主人会将小孩抱出，然后献上红丝绵为龙头披红，并将男童交给龙舟左舷的第一划手，依次向后传递至舟尾踩艄者后，再转向右舷向前，最后由右舷第一划手交还给主人，整个过程中锣鼓声伴奏。这一仪式称为“认龙祖”。“认龙祖”之后，孩子就是龙子龙孙了，龙王爷将会保佑孩子平安、健康成长。

犒赏龙舟后，河埠人家往往会拿起事先备好的木桶交给龙舟划手讨取“龙舟水”，龙首划手舀取舟内的“龙舟水”递给村民，村民带回家用其清洗自家门槛和大门，据说因为有龙王保佑，各种毒虫和瘟疫都不敢进门入户，可以消灾避祸。至此，在五常龙舟胜会前所有的仪式结束。

大小端午的竞渡盛况。农历五月初五端午这天，龙船集中在蒋村深潭口和五常村浜口进行竞渡，而五月十三“小端午”则集中在和睦桥进行。两处规模大致相似。

胜会当天，来自周围各村的龙舟齐聚五常浜口桥河段进行划龙舟活动。龙舟汇聚后，会自发划至距离桥约100米处依次调头排队，然后逐一向前开始划动。胜会当天，两岸常是人山人海，汇聚了来自周边、杭州及外地慕名而来的游人。参赛龙船不限于本村，邀请来的龙船只凑热闹，不计名次。其时，家家都要端出米酒、粽子，备下丰盛饭菜，邀请亲朋好友参加五常龙舟胜会。观者熙熙攘攘、人山人海；附近人家宾客盈门，热热闹闹。

在河道里，龙船们你拥我挤，赛的不是速度，而是比技巧和龙船装扮巡游展示。每当这时，叫好声、喝彩声、欢笑声此起彼伏，热闹非凡。当龙舟划至距离桥面约50米的地方，船上的划手开始一鼓作气，加大划船的力度，龙头左右摇摆环顾，让本就栩栩如生的龙船更加逼真，俨然像是一条条真龙在水里迅速游过，引得岸上的人连连拍手叫好，这即是武划中的“水发高”表演。当船到达桥下的时候，是整个队伍干劲最足的时候，也是最精彩的时候。

划龙船是个力气活，以前划龙船接连好多天，非常吃力，故有在划龙船前吃些桂圆荔枝补身体的习俗。自然挑选最强健的汉子，竞渡时锣鼓喧天，彩旗猎猎，吞云吐雾，浪花飞溅，加之观者喝彩声、鼓掌声此起彼伏，气势磅礴，蔚为壮观。每条龙船上十余人，10名桨手执桨分坐两侧，前一人立船头执旗催艄（指挥），后一人于船尾执桨避艄（撑舵），有的以4人敲打锣鼓钗钹，划手们就随着指挥，合着鼓点一俯一仰，起落有力而整齐划一，把舵人踏着鼓点，身腿上下伸缩，船头就一高一低破浪前行。众多龙船互相穿梭，你追我赶，意气风发，一决雌雄。由南向北，再从北往南，如穿梭水中的条条蛟龙，显示出力争上游的气势和团结一致的美德。正如唐代诗人张建封《竞渡歌》中所云：“棹影斡波飞万剑，鼓声劈浪鸣千雷。”

“五常龙舟胜会”上各条龙舟分别展示实力，比赛水上功夫。浜口、石塘角、仓前塘河汇聚的龙舟，一般各有七八十艘至上百艘。随着中午临近，龙舟越聚越多，两岸观赏人群越来越密。龙舟上的鼓点也越来越紧，开始出现你追我赶、展示各种技巧的场面，称为“憋标”。“憋”是五常一带的方言，意为追赶、比赛。划完一趟，又缓缓划至起点重新划来，途中不时还会有岸上人家把刚出生的婴儿带上船进行“认龙祖”活动。这样来来回回划了十几个回合后，在下午逐渐散去。

2006年后，五月初五端午节五常的龙舟聚集地稍有改变。是年，五常港以东的西湖区蒋村乡境内开始实施西溪国家湿地公园一、二期工程建设，该区域以西五常、闲林、仓前的龙船很少前往蒋村深潭口。以后五常浜口河道拓宽，已能容纳更多的龙舟，五常浜口成五常港以西镇村参加五常龙舟胜会龙舟最集中的地方。

农历五月十三这天，再次出现五常龙舟胜会的高潮。各地龙舟从四面八方赶到闲林镇的和睦桥，在和睦桥又一次举行龙舟汇聚竞技，盛况不亚于五月初五。而五常、蒋村、仓前则不再举行。农历五月有“大端午”“小端午”，分别进行两次龙舟会聚献技，是五常一带特有的习俗。

谢龙王和龙船酒。胜会后，要举行谢龙王仪式，这个仪式一般会选择在胜会结束后的一两天内进行，但如果还要参加和睦桥的小端午五常龙舟胜会，则仪式就在小端午五常龙舟胜会后的一两日内进行。现今，谢龙王仪式一般都在五常龙舟胜会举行完的当天下午或晚上进行。谢龙王的第一步，是要将龙头从龙舟上请下。准备开始请离的时候，岸上对应的负责人会依次组织燃放鞭炮，然后敲响龙船上的锣鼓，同时将龙头恭恭敬敬地请下船，缠上红丝绵请回家。在回家的路上，抬龙头的人走在最前，龙头向前，所有人在后，龙头会被带至承办人的家中已摆好的八仙桌上摆供起来，摆放时龙头面向南方。八仙桌上供奉着猪头、鱼、鸡三牲和果品、糕点、粽子、米酒等。摆放好龙头后，抬龙头的人会燃起香烛，焚化锡箔折成的银锭，然后手持三炷清香跪拜龙王，感谢龙王保护村庄。而后众人依次敬香跪拜。

吃龙船酒是举村庆祝五常龙舟胜会圆满结束的盛宴。迎回龙王后，龙船会的人会组织摆酒席欢宴，吃龙船酒。龙船酒主要以季节时蔬、五黄、水乡特产等为主，非常丰盛。参加吃龙船酒的人，除了本村所有的人员外，还会邀请外村犒赏特别丰厚的人参加。旧时，只有男性才有资格吃龙船酒，吃龙船酒的时候，额头上还会用雄黄调酒写上“王”字。现今，女性也进入了这个场内，额头上也不会再有人用雄黄调酒写“王”字。

吃完龙船酒，接下来就举行“龙王散福”仪式，也叫“散龙王”。散龙王的时候，人们会在龙船会的组织下，依次排队到龙角上扯下一小条红丝绵，同时将从自家带来的红丝绵换到龙角上。扯下来的红丝绵会被带回家中珍藏起来，等到秋天天气变凉给家中小孩做好或购置棉衣时，将红丝绵取出翻入棉衣中心窝口的位置，据说穿着这样的衣服可托龙王之福，健康成长。

龙王散福后，龙船会的人会一起将龙头及其他物件收藏好，以待来年用到之时再次取出。当然，如果是轮流执事主持龙舟活动的，在龙王散福后还需要敲锣打鼓将龙头及其他物件送到下一年主事的人家里去，到达该户人家的时候，户主要举行隆重的接受仪式，仪式的内容和请龙王相似。特别贵重、体积庞大的满天幛龙船，则有专门的存放地点，且每逢农历初一、十五或是村内大事的时候，都会派人来供奉香烛。

五常龙舟胜会的特色

种类。竞渡的龙船一般有两种，一种是帅船，大型，但不作竞渡用；另一种是竞渡用的普通平底小船，船头插龙头。龙头通常用水柳木雕成，上面装一对长约一米的龙角，均精雕细刻，栩栩如生，上着彩绘油漆。因龙头着色的不同，分为青龙、黄龙、赤龙。船头上插“五谷丰登”“风调雨顺”“国泰民安”等旗子。每条船配八人至十二人，多的有二三十人。身着青色、黄色、赤色双对襟短衣，头上裹彩色头巾，衣服、头巾的颜色与龙船的颜色相配，腰系绣花带，手握五尺木桨，坐于龙船的两侧。船头由一名少年和一位德高望重的鼓师压阵。比赛时，有节奏地击鼓，指挥龙舟前进。两岸观众还不断为表演的健儿们欢呼喝彩，人声鼎沸，热闹异常。

龙船依地域有钱塘、余杭之分，依装饰有满天幛（全彩）、半天幛（半彩）和赤膊龙船3种。满天幛也叫作彩龙船，其船身长有8米之多，每条龙舟上都要配备划桨、避艄桨，前后分别置以龙头龙尾，龙头之上再置放一只金鸡，在尾上挂条蜈蚣。船舱为龙身，上面插39面彩旗，有帅旗、虎头旗、龙旗及三角形旗。船舷上另配以24块彩色画板。还要有打击乐器，鼓、锣、钹，其中，满天幛龙舟所需的乐器更多，需要苏锣、虎锣、小锣、狗叫锣、小大钹、中鼓、豹鼓、海锣各一只，其曲乐还需乐师专门谱曲。“半天幛”也插有帅旗、凉伞及三角形小旗，但船的长度及船上配置自然不能和“满天幛”相比。至于“赤膊龙船”，就像光着上身的人一样，简单的木雕龙头，中间插两面龙旗，若干小旗，没有其他装饰。船上有划手10人，加上敲钹手、小锣手、锣手、鼓手，避艄、踩艄各1人，共计16人。其中，最为核心的是龙舟船尾站的一人，谓之“压艄人”，也称“踩艄龙头”。“赤膊龙船”正名叫浪湖龙舟，貌不惊人，却以险、奇、快取胜。

还有一种乌头龙船，即用黑布裹住龙头，待胜会结束便用火烧掉，名为“斋龙王”。除船头置龙头外，船尾有一黄色蜈蚣，用以镇龙。

五常还制作一种新龙舟，新龙舟是标准化的龙舟，长约30米，不需要踩艄人蹬脚，全凭选手整齐划一的动作，推动龙舟破浪前进。据说，这种新龙舟是按正规比赛设计制作的。

活动规则。五常一带的五常龙舟胜会，在悠久的历史中形成了一系列活动规则，约定俗成，为大家所自觉遵循。龙舟往往要挂靠某一个庙，所谓挂靠犹如户口注册，没有实质上的隶属关系。五常这样的庙有十余座，在五常龙舟胜会时，各路龙舟要先去自己所属的庙报到。有些龙舟龙头平日存奉在庙内，“请龙王”仪式也须在庙内举行。仓前的龙舟大多去南庙漾前转个圈，和睦桥的龙舟大多去李王庙，五常的龙舟大多要在石塘角的庙前到过，然后才能参与五常龙舟胜会。

端午节前巡游过村庄、收取过村民们犒赏的龙舟，端午节时就必须参加在仓前或蒋村以及五常浜口等地分别举行的龙舟聚会。同样，在端午节后的五月十三日前巡游过村庄、收取过村民们犒赏的龙舟，也必须参加“小端午”时在和睦桥举行的龙舟聚会。

水上行舟犹如陆路行车，有一定的通行规则。由于是在并不宽阔、也不很长的特定河段中混划，各式龙舟来来往往，都要遵照“摇船靠扳艄”的航行规则。水乡平时摇船用橹，人站在船尾，左手抓橹把索，右手握橹向外推出去叫推艄，往里扳叫扳艄。当橹的上部扳进来时，支点下部的橹板就反推划水向外，船尾受其作用力向左，船头转向右方。反之，则船头向左偏移。“摇船靠扳艄”指的就像陆路交通的右行规则。彩龙船因为华贵，自然享有特殊待遇，划时往往占据中间河道，划速不快，以往两旁还各有一艘护航船为其保驾。彩龙船造价昂贵，气势雍容，其他龙舟都为其让行，形成了等级分明的一条不成文规定。

划龙舟是百舸争流的竞技活动，船与船之间难免发生碰撞，遇到这种情况时双方不能争吵，更不能斗殴，而要互相致歉，甚至将自己的划桨赠送给受损的一方，使对方能继续活动。

划至特定的河段需要掉头，也有共同遵守的规则。五常顾家桥一带的龙舟，还有一条规则：巡游时进入水路不通的兜浜，只能船头朝向浜兜慢慢出来，不能掉头，以免财富外流。只要前面的水路可通，就只能转弯而不能倒退。

武划和文划。余杭龙船与钱塘龙船，其式样及划法虽不尽相同，但划起来都非常勇猛、粗犷，这类具有强烈竞技性质的龙船为“武划”类。彩龙船主要用于展示和观赏，行进缓慢文雅，音乐悠扬，属于“文划”类。半天障彩龙船划法大体与满天幛相似，但在刚开划时，或在全场高潮时也加以提速，出现一些武划动作，不过大体还是文划。龙舟，除钱塘龙船有时出现你追我赶的场面，一般不竞速，竞的是各种技巧。

武划类的龙舟，乘员有划手、踩艄、避艄以及操持打击乐器者。踩艄者是全船的总指挥，挺立在具有一定坡度、尺半见方的舟尾板上，以足蹬为号，指挥全舟划手。锣、鼓、钹也按照踩艄者所发的信号调整敲打的节奏。在震耳欲聋的锣鼓声、划手的号子声、岸上的欢呼声里，口述号令是根本听不清楚的。凭借踩艄者的足蹬，全舟人都可清晰地感受到震动信号，从而做到动作整齐划一，龙舟前进、掉头自如。

踩艄者另一主要任务是在船尾板上配合船头有节奏地猛起猛蹲，甚至跃离船尾板，利用冲击增加力度，使船头上下起伏，促使水浪高溅，水花飞舞，指挥整条龙舟做出各种高难度动作。当头档划手猛扑时，踩艄者双脚一前一后做爬坡状，称为“上山步”，或双脚横跨，称为“骑马步”。踩艄者站立在狭小的船尾板上，按照划桨的频率适时前倾、后仰，双手持长长的踩艄桨，利用划桨动作保持身体平衡，进行剧烈的蹲踞运动。踩艄者体能消耗不亚于头档划手，往往一天下来，双腿会酸痛数日。余杭龙船的挡水板较高，底较平，踩艄很不容易。龙舟划至激奋时刻，避艄者在控制好方向的前提下，也协助踩艄者同时踩艄，两人的桨还同步在空中旋转，划出两个大小不等的漂亮圆弧，称为“龙舞”。

余杭龙船与钱塘龙船均有五档划手，分别称为扑头档、保二档、戽三档、管四档及刹末档。五档划手都明确分工，有口诀可以概括：“头档护龙头、二档保船头、三档离进水、四档管船身、末档刹进退。”

扑头档者由体力强壮者担任，这个“扑”字，形象地说明了头档划手的勇猛特征。头档的左右划手手持短柄划桨，身体外倾，再扑身上前，奋力将桨向内斜插于舟首水中，增加动力，减少阻力。龙舟扑头档时，划手头部几乎贴着水面，扑起的水花飞溅在龙头两边，甚至遮住头档划手大半面部。“护龙头”是拨开河边的树枝，保护龙头。二档划手除划桨外，主要任务是维护船头上龙颈的稳固，基底所糊泥巴被冲刷则适时补充，故称“保船头”。三档划手除了划桨，还要注意前舱，涌入的水达到一定数量时，及时用盆、勺等容器戽出。四档划手主要负责戽除溅入中舱的水，不使龙舟过侧。末档划手除了维护舟身平稳，还要配合协调龙舟进退掉头。

武划比的是水发高、舟行稳、划桨齐、锣鼓好、转弯掉头妙等技巧。

龙舟音乐。龙舟相伴的音乐大致源自两个方面。一是道教音乐。五常龙舟胜会中的音乐、器具与道教斋醮、祭祀活动中某些吹奏、打击器乐相同，声调有许多近似之处。道士中有用于法事之前的节目“龙舟锣鼓”，称为“闹龙舟对口白”，先是二人对语，内容多为吉利讨彩的诙谐语言，继以打击器乐合奏。五常一带将乐谱称为“文”，据和睦桥云凤湾的老者相传，“龙船文”最初来自五常童家荡的道士，称为“道士文”。五常永福村的童家荡自然村，有专门从事此类法事的人，其历史至少可追溯到清代中叶，至今已知的传承谱系有焕、有、贵、明、昌、惠六代，绵延一百六十余年。前几辈中声名卓著者，曾被邀请指导彩龙舟中的器乐演奏。

五常龙舟胜会中乐器操作的另一来源是民间音乐。五常及邻近地区自古有节日、庙会时演唱戏曲的习俗，其中操奏乐器为主的称为“清吹班”。影响最大的是闲林水乡民丰村的庆云坊清吹班，影响遍及余杭、仓前、闲林等地。五常永福社区的茶师庵前徐氏、仓前镇葛巷村的东葛巷葛氏、施姚里顾氏、北陆家桥孙氏都是经几代人传承至今的民间乐器演奏者。五常道社庙会上民间乐队吹拉弹奏一应俱全。五常的顾家桥，也有此类艺人。这些人往往也是龙舟活动中操作乐器的主角。

五常龙舟胜会的音乐伴奏，竞技型龙舟采用的都是打击乐器，其中最重要的是鼓，鼓声指挥其他乐器的节奏，因此整个器乐演奏又称“点鼓”。观赏型龙舟还增添一些吹奏乐器，五常龙舟胜会中的半天障彩龙船、满天幛彩龙船、余杭龙船及钱塘龙船，式样不同，伴奏器乐亦各有不同。半天障彩龙船的打击乐器与钱塘龙船相同，由锣、鼓、钹、铴锣组成，但打击出的音调节奏则与钱塘龙船有所差异，其乐声缓慢、舒畅。满天幛彩龙船的乐器最多，有锣、鼓、钹、京锣和报鼓等打击乐器以及吹奏乐器招军，伴奏音乐舒缓而流畅。余杭龙船的乐器最少，只有锣、鼓、钹三件。余杭龙船与钱塘龙船的锣鼓声在巡游、收赏、踩艄、掉头时各有一套打击法，巡游时经过某段河道时称为“划白水”，划白水时比较轻松，只要不是经过村落、民居、桥梁、庙宇时，锣鼓可以不敲，船上的人也可以交流划龙舟的经验甚至闲谈。但经过桥梁、庙宇、民居时，即使只有一户人家，也必须敲锣打鼓。

半天障彩龙舟除打击乐器外，还吹响海螺。司海螺者站立船头，龙舟将行或转入汊港时吹出深沉的“嘟——嘟嘟——嘟嘟嘟——”的声音，以引起人们和其他船只的注意。满天幛彩龙舟以“招军”代替海螺。招军又称“号子”，俗称“音喇叭”，是铜制细长管状乐器，分为两节，可上下收缩。招军发音洪亮，相传古时用作召集军队时发信号。五常龙舟胜会达到高潮时，海螺、招军齐吹，成为全场的最强音。

保护和传承　五常龙舟胜会作为一项传统民俗活动，一直以来以民间保护和传承为主。近些年来，随着非物质文化遗产保护工程的不断推进，政府在保护五常龙舟胜会上起到了至关重要的作用。

20 世纪 70 年代末，五常及相邻其他乡村的五常龙舟胜会陆续恢复，并引起政府的重视。

20 世纪 90 年代起，五常等地的政府部门加强对五常龙舟胜会的引导，主要是挖掘龙舟活动文化内涵，组织龙舟风采展示，落实龙舟活动的安全保障措施，为五常龙舟胜会提供服务，但不干预划龙舟的具体程式。龙舟队伍纯由民间组成，从而保持着传统五常龙舟胜会的原汁原味。

进入 21 世纪，五常一带的五常龙舟胜会影响越来越大，五常、仓前、闲林等地每年端午（包括小端午）均由政府举办龙舟节，政府按照民间习惯对参加胜会的龙舟一一犒赏。

2004 年端午节，五常管委会举行首届五常五常龙舟胜会。此后，每年的端午节前后举办五常龙舟胜会成为五常地方政府的保留节目。2005 年，五常、闲林、仓前一带的五常龙舟胜会被列为余杭区非物质文化遗产名录。2007 年，五常因五常龙舟胜会被浙江省文化厅确定为浙江省民族传统节日保护基地，五常龙舟胜会被列入浙江省第二批非物质文化遗产保护名录。2008 年 6 月，五常龙舟胜会被国务院列为国家级非物质文化遗产。

五常街道每年端午节均成立五常龙舟胜会组委会，政府领导及相关部门负责人、村社区负责人均为成员，保证了五常龙舟胜会协调有序、安全地进行。政府部门对五常龙舟胜会拨出活动经费，对龙舟传承队伍给予一定的资助，评上等级或获得奖项的龙舟团队，还能得到相应的奖励。五常龙舟胜会源于水乡生活，活动需在野外水面展开，其生存状况必然因自然环境、生活模式变化而受到影响。20 世纪 70 年代后，陆路交通快速发展，五常一带水乡农村生产运输中，车辆逐渐取代传统木船。这无疑是生产力的进步，但也给五常龙舟胜会这一延续几百年的民俗生存带来了新的问题。五常、仓前、闲林有不少村庄之间的河道因废而淤，甚至因淤而塞，每逢五常龙舟胜会，有些地方的龙舟需要人力扛抬或车辆运送，翻越阻塞的河段，群众称为“拔龙船”。还有一些村庄，龙王巡游等习俗已很难有河道进行。

20 世纪 90 年代末开始，五常开展村庄环境整治，政府投入大量资金疏浚农村河道，修建沿河设施。这些举措加强了抗洪、抗旱能力，保护了环境，提升了群众生活质量，同时也为五常龙舟胜会的存续提供了有利条件。

2007年，五常东部区域进行杭州西溪国家湿地公园西区建设，建设中拓宽了五常港，大大增加了浜口附近的船只可容纳数量。浜口稍南的观胜桥建立了五常龙舟胜会观景台，使得浜口的五月初五大端午五常龙舟胜会可以办得更加盛大。

五常一带划龙船的活动源于生产和生活，历史悠久。自明代五常洪家埭的致仕大臣洪钟倡行端午节闹龙舟，更是成为周边乡村最大的传统节日盛事。数百年来相沿成俗，植根于民众。虽然在抗日战争时期杭州沦陷和“文化大革命”时期，五常龙舟胜会曾被迫停止，但端午节、划龙船、五常龙舟胜会在老百姓的心中是无法磨灭的，环境转好后即恢复。

农历四月底龙舟开划，五月初五在蒋村、五常、仓前举行大端午五常龙舟胜会，五月十三到闲林和睦桥举行小端午五常龙舟胜会，时间、地点长期以来成为惯例，虽无成文的规定，但这一带人人知晓，村村遵循。从开划前“请龙王”到五常龙舟胜会结束的“谢龙王”，所有程序约定俗成，代代相传。

龙舟上各种岗位的传承大多是自然过渡。初涉龙舟的少年多从敲锣使钹开始。少年们耳濡目染，逐渐熟悉划手等岗位，为接班打下基础。扑头档、踩艄等凭借体力，年轻力壮又有划船经验者多会自告奋勇。由于运动剧烈需轮番担任，因此提供了博采众长、共同提高的机会。避艄体能消耗虽不大，但要有丰富的经验和快速反应能力，多由从头档划手、踩艄岗位退下来的老将担任，并对其他划手进行指导。整条龙舟中年、青年、少年结合，一家几代同划一舟颇为多见。五常街道永福社区章家村的沈中林家庭，参与划龙舟不下四五代，现在沈中林担任避艄，儿子扑头档，孙子敲铴锣，祖孙三代合力拼搏，其乐融融。这样的例子，在五常一带并不少见。

乐器传承大多是聘请比较专业的人员教练，或是父子相传，同伴互学。

船只制作传承大多父子相传，也有拜师学艺的。五常邬家湾张氏制作农船最为著名，可考的传承谱系已历三代，其中张明泉祖、父两代都是五常一带的知名船匠，张明泉十八岁跟随堂伯张茂根学习造船技艺，在五常有较大影响。

龙头制作传承以五常最为集中，几十年前几乎每个生产大队均有人会雕。满天幛彩龙舟的龙头以竹篾编成，编织手艺最初来自仓前葛巷村捻竿埭，村内人通过观摩掌握。五常街道的周荣雪是雕龙头行家，是余杭区十佳民间手艺达人，他被当地人亲切地称为“龙头大哥”。他出身木工世家，家中五兄弟都是木工。他和木头打了一辈子的交道，雕龙头只不过是他众多手艺中的一种。

二、五常十八般武艺

五常十八般武艺是流行在杭州市余杭区五常街道及毗邻地区的民间传统体育活动。相传明朝大臣洪钟告老还乡退居故里五常后，将兵器与生产、生活工具结合，创编武术套路教乡民演练，用以强身健体、改良民风。后来这一带武术活动形成气候，成为百姓喜闻乐见的节目，被称为“五常拳灯”，后改名为“五常十八般武艺”。

产生 五常街道所在的西溪，地处杭州城的西大门，地理位置十分重要。西溪南傍丘陵，山虽不高，在冷兵器时代却是杭城西部的天然屏障。沿山及岭间山径往南至富阳，抵富春江畔，联系浙江腹地；北面的余杭塘河，是控扼杭城西部的重要水道。沿塘河为旧余杭县城的东驿道，经县城西北可抵瓶窑、德清，通往浙北、苏南。隋开皇十一年（591），杨素将钱唐县城从灵隐一带迁至西湖以南的凤凰山下；唐末黄巢军一部从江西饶州、信州攻浙西，杭州一带地方势力抗击黄巢军，建立杭州八都兵，其中清平都驻扎余杭境内，即今五常街道。上述地理特点，使这一带成为古时兵家必争之地。五代时吴越国王钱镠在杭州城南建腰鼓城作为王宫，宋高宗放弃在西溪建都城，另选杭州城南凤凰山为址，这些举措虽有多方面的原因，但从军事和安全角度来看，实在是颇具战略眼光的。

南宋初，完颜兀术率金兵自建康（今南京）经广德、安吉，陷独松关攻临安（今杭州）；南宋末年元兵攻杭，其右军由阿喇罕率领，也是从建康出广德、泗安，经独松关进逼南宋都城临安。地处杭城西郊的西溪，是这条路线的必经之地，至今民间还流传着种种乡民、村姑冒着生命危险搭救康王（即宋高宗赵构）的故事。

《大清一统志》载："余杭县东南十八里有闲林塘……明初邓愈略临安，破张士诚兵于闲林寨，即此。"邓愈是朱元璋麾下最年轻的骁将，闲林寨在今之闲林街道，五常西面不过五六里路。

清朝同治初，清军和太平军在杭州周围展开攻防拉锯战，西溪是主战场之一。清同治二年（1863）八月，太平军"自仓前、长桥、女儿桥、老人铺、西溪……横至古荡，连营四十里"，以拒清军。五常附近和睦桥、梧桐村、蒋村、护国桥、西葛巷等地皆为两军犬齿交错争锋之地，双方都有重要将领战死或重伤，清军浙江战场统帅左宗棠曾数度亲往西溪一带督战。据光绪《余杭县志稿》记载，章太炎之父章浚，那时候曾在西溪的闲林埠向左宗棠献上地图。

1927年2月，孙传芳部一个营被北伐军击败，从富阳溃退至余杭。1937年7月，日本发动全面侵华战争，12月23日西溪沦陷。日本侵略军沿杭徽公路在留下、荆山岭、闲林埠建岗楼，经常下乡"扫荡"，大肆烧杀淫掠。据不完全统计，仅五常各村被日本侵略军残杀的百姓就达51人。

中国古代历史上经年战乱，太平盛世无多。征伐混战后，胜者索物数日，败者抢掠而逃的情况并不少见。异族入侵时，百姓遭受的苦难更是惨烈。五常一带因其地理位置，天然屏障和乡富民殷而常受战乱之祸，使得百姓乡民不得不为安全考虑。在历史的大环境下，客观上催生尚武保乡的需要，经过一代代的努力，五常逐渐创立并形成了独特地域内的民间武术，为五常十八般武艺的创建提供了保障和条件。

相传五常十八般武艺为明代大臣洪钟所创。宋、明、清，特别是明朝时期，钱塘洪氏对杭州文化发展有重大而深刻的影响。洪氏家族是钱塘望族，源起于江西鄱阳洪家。先祖洪皓生于北宋元祐三年（1088），系北宋政和五年（1115）进士，南宋建炎三年（1129）以权礼部尚书出使金国，被扣押十五年，后放逐于冷山，洪皓坚贞不屈，终被放回，朝野誉为"宋之苏武"。归国后官至徽猷阁直学士，封鄱阳郡开国侯，又加封为魏国公。南宋绍兴二十五年（1155）洪皓去世，谥忠宣。宋高宗曾赐洪皓宅第于西湖葛岭，与五常仅一山之隔，并在西溪钦贤乡（今五常、蒋村、留下一带）赐御田三顷，至今五常仍有"御田里"地名，即当年赐田所在处。洪皓为洪氏迁杭的第一代，其三子先后均成进士。

洪氏家族子孙一部分人在元朝初期避居上虞，明朝初期子孙洪有恒返回钱塘，定居之处就是今天的五常洪家埭。明代洪氏家业至洪有恒之孙洪钟达到顶峰。洪钟字宣之，自号两峰居士。生于明正统八年（1443），明成化十一年（1475）考中进士。明弘治二年（1489）开始，先后任江西按察副使、四川按察使职务。弘治九年后洪钟任江西左布政使、都察院右副都御史、顺天巡抚等职，并受命整饬蓟州诸边备。明正德二年（1507），洪钟升南京刑部尚书。正德四年改任北京工部尚书，又改刑部尚书，兼都察院左都御史。正德五年负责川、陕、湖、河四省军务，先后计擒邱仁、杨清、蓝五、杨友、杨爱等“流寇”。朝廷七降敕奖励，赐白金麒麟服，进太子太保。但洪钟七度上奏推辞，请求归家养老。

洪钟两榜出身，进士及第。虽是文官，未必有万夫不当之勇，但历任官职与司法、军事密切相关，是下马管民、上马管军的角色，多次经历边备、征讨，做官时“擅习武，精阵法”。洪钟一生清白，不事聚敛，平生好积书、重教化，文武兼备。《钱塘志补》称洪钟刻苦读书，文章楷法俱超逸绝伦，而性恬淡，不乐仕进，归隐西溪以图书消岁月，或栽花莳竹以自娱。时与农夫邻老课晴问雨，究桑麻之事。

晚年的洪钟在改良民风、强民体质方面作了不少努力。相传洪钟退居故里后，发现不少乡民在忙完农活后，无事可做，游手好闲，常有打架滋事者。基于此洪钟萌生奇想，将在朝带兵征战中使用的兵器与生产劳作和生活工具相结合，最终改制出一些独特的操练兵器，并在兵操的基础上创编武术操练套路108法，教授乡民演练，以达到强身健体、保乡御敌，同时改善民风的目的。随后逐渐演变成了“五常拳灯”，也就是今天的“五常十八般武艺”。

洪钟后裔继承了洪氏家族诗礼传家的传统，文韬武略也多有建树。洪钟曾孙洪瞻祖，字诒孙、号清远山人，明万历二十六年（1598）考中进士，被选为翰林院庶吉士。后拜官兵科给事中、南京都察院右都御史。卒后赠太子少保、兵部尚书，葬于焦山（今之五常街道荆山岭）。

五常之所以产生五常十八般武艺，除了洪钟这位文武兼综的乡贤，西溪一带很早就有尚武的历史文化氛围也是一个重要因素。五代吴越国第二代国主钱元瓘，在西溪东北钟乳泉旁建将台，在此操练水军。

洪钟之后五常十八般武艺能在五常一带延续和发展，五百余年间长盛不衰，这一带与武相关的丰厚的历史人文基础是重要原因之一。不少与兵事、武术相关的人士曾活动在五常一带，他们的事迹载之史册、在民间流传广泛，对五常的武术发展起着很大的推动作用。明嘉靖年间，定居钱塘的鄞县人万表以及钱塘本地文人田艺蘅都在西溪一带兴兵抗倭。明代中期，五常东面的余杭芝山（今属闲林街道）还有一位武术造诣颇深的陈元赟。他后来客寓日本半个世纪，创编柔道，被日本人奉为柔道鼻祖。

演变 最早关于“五常十八般武艺”的说法见诸南宋华岳编撰的兵书《翠微北征录》一书。到了明代，明人谢肇淛在《五杂俎》一书中曾对“五常十八般武艺”的具体内容作了如下详细记述：“一弓、二弩、三枪、四刀、五剑、六矛、七盾、八斧、九钺、十戟、十一鞭、十二锏、十三挝、十四殳、十五叉、十六耙、十七绵绳套索、十八白打。”据谢肇淛介绍，这五常十八般武艺的前十七种指的都是兵器，而第十八种名曰“白打”，指的却是一种武艺，就是“徒手拳术”。在西溪湿地的五常一带，也活跃着一种名曰“十八种武艺”的传统武术活动。但五常十八般武艺所用的兵器大都是独创的，它最初是洪钟带领道社庙附近（人称“庙前”）村民习武，以武为乐的强身健体活动。后来逐渐扩展到唐家里、旗竿村、白庙后河东、白庙后河西等村庄。五常社区保存着一把祖先传下的“阳文镂空花纹”木质大刀，上面刻着“道社庙众安坊，汉帅寿亭侯关”字样，道社庙为洪钟所建，众安坊就是现在的五常社区。相传洪钟去世后，村民将他传教过的十八般武器供奉在道社庙中，另外依样复制了一套，由村里长辈轮流保管。以后这一带的武术活动形成气候，在元宵灯会、庙会上展示，各显其能，成为百姓喜闻乐见的节目。由于表演主要内容是武术，主要展示平台是灯会、庙会，因而被称为“拳灯”，其组织称“拳灯会”表演团队称为“拳灯班”。散见的史料记载及老辈人口口相传，大约在清中叶，拳灯及其主要表演项目五常十八般武艺遍布五常及相邻乡村。

五常十八般武艺发展中也吸收了外地的武术营养。清末浙北石门县（今属桐乡市）有沈阿三、沈阿四弟兄，每年深秋来五常收摘桑叶作为湖羊冬饲料，落脚在白庙河西（今属友谊社区）胡友宝家。沈氏弟兄早年曾跟太湖著名拳师“金钩绺胡子”学过武，看到白庙庆春坊村民练武难免技痒，露出身手打了一套四门拳。村民十分敬佩，请他俩传授了大洪拳、小洪拳、杨家拳、四门拳等。第二年沈氏兄弟从家乡特制了一套铁制器械，五常除原有的十八种木制兵器之外，增加了三节棍、短刀（马刀）、铜棍等。

清末民国初传统武术被尊为国术，五常一些村庄的习武者也采用国术之名。以白庙前（今属友谊社区）胡兆型（小名胡友宝）为首，成立白庙前庆春坊国术团，参加村民有150余人。民国早期，胡友宝在白庙一带很有名，拳法方圆数十里地没有对手。有次打擂台时，他竟打塌了擂台。以后胡友宝将武术传给侄子胡顺理（小名胡友根），并将侄子培养成自己的助手。1929年11月，杭州举行浙江国术比试游艺大会，武林高手云集。据胡友根后人回忆，五常白庙的庆春坊国术团参加了这次国术比试游艺大会，胡友宝、胡友根二人还得过奖牌。

1937年12月，日本侵略军侵占杭州、余杭，拳灯活动陷入低迷期，直至抗战胜利才恢复。抗战胜利后，五常蒋家埭以蒋茂华为首组建众安坊武术队，不久与杭州国术馆挂上了钩，更名为“五常国术研究团”。白庙唐金泉组建“白庙拳灯队”，自任队长。五常西坝里、横板桥、蒋家埭、洪家埭等地也恢复了武术团队，均沿用拳灯班名称。

20世纪50年代起拳灯渐趋式微。1953年，白庙成立“民丰业余京剧团”，约50人。当时白庙村里的大部分青壮年都参加了这个剧团，主要成员有何桂祥、费寿法、何桂春、蔡长根等。民丰京剧团以武打戏见长，演员个个都有武术功夫，富阳的祝家村、闲林埠，古荡、周家村都去演出过。客观上说，民丰业余京剧团在当时环境下顺应时势，起着传承五常十八般武艺的作用。

“文化大革命”中破“四旧”，练武活动受到禁止，“十八般兵器”被抄，差点付之一炬。“文化大革命”结束后五常群众开始冲破“左”的束缚。1978年，五常村民冒着风险藏匿的古代木制兵器重见天日。当时年纪大一点的人都忙于生产队农活，只有那些好奇好动的年轻人将那些古老兵器搬出来玩耍，可是没有师傅，没个章法。听说蒋村有个蒋金云，原是五常村人，当年年过六十还会武功。洪明宝、蒋志财、胡乔泉等划了一条小船到蒋村将他接过来，蒋金云成了“文化大革命”后五常村习武者的第一位教练。村里晒谷场上敲起锣鼓，摆开阵势。练武的人逐渐多了起来，冬闲时有七八十人。

1994年，五常村建立村老年协会文娱组，将村内习武活动纳入其中，有了初步的组织，还找来从新疆回来的老拳师蒋茂华教练。1999年，洪水根、洪大根等人开始整理洪氏文化资料，挖掘出五常龙舟胜会和传统武术等内容。2002年，五常街道白庙村（现属友谊社区）

建立白庙武术组。2003 年 3 月，五常村委会向上级呈送报告，要求建立民俗文化村，包括在洪家埭创办武术馆。2004 年，白庙武术组改为白庙武术队，约有 20 人。这支武术队最初由白庙从香火钱中拿出一点补助武术队开支。不久得到西溪文化研究会的支持，安排到蒋村深潭口表演。白庙村与友谊村合并后，白庙武术队更名为“友谊村武术队”，村改社区后改为“五常街道友谊社区武术团”，俞金连任团长。2004 年友谊村武术队参加浙江省全国民间武术邀请赛，2005 年海王星晨杯武术比赛，友谊村武术队的五常十八般武艺获得优胜奖。此后又参加了第四、第五、第六届全国民间武术邀请赛，取得优秀成绩。

五常十八般武艺老拳师（2015）　　（沈根松提供）

武术界人士慧眼识珠给五常武术焕发青春带来意想不到的机遇。2003 年端午节前，时任杭州市武术协会常务副理事长的赵荣福先生，获悉五常有一种据说是从明朝传承下来的“拳灯”，村民至今仍风行练武。赵荣福和他的武术老师孙士爱、师兄章建华，以及杭州师范大学体育系教授周伟良、太极拳专家朱廉方一起到五常。看了村民的表演，他们认定这是一种乡村民间武术、戏台艺术、民间敲打乐融为一体的乡土武术文化。他们让章建华留下来，帮五常村整理所流传的民间武术。有着几十年业余武术生涯的章建华，在五常村委会和一些老艺人配合下，对“五常拳灯”相关武术进行挖掘、研究，梳理出各种操练套路，定名为“五常十八般武艺”。2004 年，在五常街道、五常村委会的重视下，章建华帮助五常恢复正式的武术团队，取名“杭州西溪（五常）民间武术队”，胡乔泉任队长，洪明宝、沈洪元具体负责。聘章建华为总教练。全队 100 余人，年龄最大的 90 岁，最小的 6 岁。

2004 年 8 月，101 名农民组成杭州西溪（五常）民间武术队参加在杭州黄龙体育中心举行的第二届浙江国际传统武术大会，取得 5 个第一名、2 个第二名、3 个第三名，共计获 34 块金牌、10 块银牌、15 块铜牌，在世界 11 个国家和中国 9 个省市参赛队中，所获奖牌数量居于前列。开幕式上表演的“五常古兵器大操练”获特别表演奖。这次国际传统武术大会将摆阵、击鼓也列入比赛项目，西溪（五常）民间武术队摆出的威武阵及威武锣鼓均获金牌。中央电视台专程赶赴现场拍摄（2005 年元宵节期间在央视七套播出），并入选浙江长城影视公司、纪实半月社合拍的百集电视片《中华武术》。

2004 年 10 月举办第六届西湖博览会，西溪（五常）民间武术队的五常十八般武艺在狂欢节上亮相。身着功夫衫的队员提着十八般古兵器，威武凛凛，表演各种武术。2004 年西湖博览会狂欢节上，五常十八般武艺获“最佳表演奖”。

2007 年 6 月，西溪（五常）民间武术队作为浙江省农民武术队的重要组成，参加首届全国农民武术大赛暨中国天水伏羲武术大赛，夺得 2 块金牌、1 块银牌、7 块铜牌。新闻刊载于全国多家媒体，许多人知道了杭州近郊有一个名叫“五常”的村庄，自古至今那里流传着一种民间武术，延续着优秀民族文化传承脉络。

2008 年 8 月，杭州西溪（五常）武术队作为中国群众文化学会派出的中国民间艺术团前往巴西，参加第十届国际民间艺术节。中国民间艺术团一行 21 人，其中表演者 16 名，最长者 72 岁，最年轻的 21 岁。表演内容除了五常十八般武艺，还有余杭滚灯和舞龙等项目。艺术节上有单人表演、分组表演、集体比武大操练，还在进行踩街活动。踩街中队员们扛着上书“中国杭州西溪（五常）武术队”的大旗，虽然排在整支队伍的中段，但引起了巴西人的特别关注。五常武术队带去的不仅有十八般兵器表演，还有传统民间艺术舞龙灯，等等。帕素芬市民第一次近距离地领略到东方民间文化艺术的魅力和中华武术的别样风貌。

五常十八般武艺（2015）　　（沈根松提供）

2009 年在第六届浙江国际传统武术比赛中，武术队获得集体第一名。2010 年，武术队在第六届全国传统武术邀请赛中获男子组集体五常十八般武艺、集体蔡阳刀、凳花第一名；2011 第八届浙江国际传统武术比赛暨首届国际东岳太极拳比赛集体五常十八般武艺银牌。2015 年参加第十届浙江省国际传统武术比赛中获得集体第一名，参加杭州市第十一届传统武术比赛获得多个项目的冠军。

基本套路　“五常十八般武艺”是使用武术器械的功夫，始见于南宋华岳编的《翠微北征录》。后来又出现“九长九短”“六短十二长”，以及“大十八般”“小十八般”等多种说法。即使兵器相同，“运用之妙存乎一心”，各家还有自己的风格和套路。

龙刀：操练动作主要有请手、磨刀、看刀、上马刀、刺喉刀、削脚、下刀、挺刀、铡刀、拖刀、挑刀、刺刀、插香刀、扳刀、下马刀、收刀，等等。

凤刀：与龙刀相配。操练动作主要有请手、磨刀、下刀、上马刀、看刀、挑刀、勾刀、斩刀、挡刀、沉刀、再挑刀、再下刀、顺刀、扫腿、削脚、收刀，等等。

尚阳刀：操练动作主要有请手、磨刀、擦刀、看刀、上马刀、下刀、刺喉刀、削脚、挺刀、铡刀、拖刀、守腰、再挺刀、跳刀、收刀，等等。

兄弟刀：因二人对练，又称“对刀”。操练动作主要有请手、马步、下刀、削刀、顺刀、转身下刀、追刀、刺刀、再顺刀、再下刀、插香刀、削脚、收刀，等等。

三尖二刃刀：操练动作主要有请手、下刀、削刀、顺刀、看刀、铡刀、刺喉刀、再下刀、刺刀、收刀，等等。

龙鱼斧：操练动作主要有请手、磨斧、看斧、顺斧、下斧、上马斧、削斧、顺斧、再下斧、挺斧、斩斧、刺斧、再下斧、下马斧、收斧，等等。

方天戟：操练动作主要有请手、下戟、顺戟、转身、刺喉戟、收戟，等等。

大劈锁：操练动作主要有请手、挺锁、下锁、顺锁、躲锁、再挺锁、插锁、拐锁、再挺锁、再顺锁、扫腿锁、盘头锁、进锁、大盘头、收锁，等等。

金瓜锤：操练动作主要有请手、亮锤、挺锤、左扫、右扫、盘顶、压顶、刺锤、斜削、收锤，等等。

枣逆槌：操练动作主要有请手、敲槌、躲槌、挺槌、挑槌、沉槌、架槌、捅槌、再敲槌、再挑槌、左捅、右捅、踢槌，等等。

金刚伞：操练动作主要有请手、戳、拐、顶、回顶、敲、躲、架、扫腿、收伞，等等。

李公拐：操练动作主要有请手、躲闪、腾跳、翻跟头、下拐、拉起、左右开弓、下拐、打拐、盘头、打拐、左右开弓、插中拐、后插拐、盘头、挺拐、收拐，等等。最精彩的动作是一手持拐，另一手握住杖下方突出的拐把，形成一个狭小的圆圈，头和躯体依次向后钻过圆圈，称为“金蝉脱壳”。钻的过程不但要保持身体平衡，还要做出多个连贯自然、呵成一气的攻、防动作。

五常棍：没有刃部之类的杆状木棍，如果是两根，又称对棍。操练动作主要有请手、劈、盖、点刺、撩、刺喉、斜劈、扎刺、收棍，等等，其间还有仙人指路、二郎担水、拨草惊蛇等名称。

文耙：操练动作主要有请手、下耙、削脚、顺耙、再下耙、躲耙、铡耙、挺耙、刺耙、架耙、再顺耙、又下耙、刺喉耙、再下耙、削脚、收耙，等等。

武耙：操练动作主要有请手、顺耙、上耙、刺喉耙、挺耙、躲耙、侧耙、跳耙、踢耙、挺耙、再躲耙、收耙，等等。

阳锐：以向上劈击为主要动作，有请手、下锐、扫腿、盘头、顺锐、再下锐、撩锐、前刺、后戳、沉锐、挺锐、挡锐、再顺锐、又下锐、躲锐、缠腰、收锐，等等。

阴锐：以向下刺击为主要动作，有请手、下锐、削脚、顺锐、盘头、又下锐、回头插喉、刺锐、再下锐、收锐等。

笔艺抓：操练主要动作有请手、出抓、盘头、上马、回头插喉、转身挺抓、跳马抓、前刺抓、脱营、收抓，等等。最后动作是“金鸡独立”，表演者由激烈动作骤然而止，双手持爪单腿站立，保持平稳而且转换自然，难度不小。笔是用来写字画押的，以往“金鸡独立”之前还有“书法”动

习练笔艺爪的洪明宝（五常十八般武艺传承人、西溪民俗文艺家协会会长）（2017）

作：爪尖直指前方，如钻头状猛力旋转爪柄，使笔尖画出一个草书的“忠”字；五常社区蒋茂华整理的《笔艺抓谱》则为每门一个字，合为“中华武术”，当是后来的进化。笔艺抓写字的招式不仅点出笔的功能，更重要的是展现力量、表达尚武爱国之情。这一招式如为真兵器实战，钢尖刺入敌躯再猛力旋转，杀伤力之大可想而知。

金刚鞭：按蒋茂华整理其叔祖所传《金刚鞭谱》，操练动作分为正、左、右、里四门，共36个招式，称为“三十六鞭”。有的还赋以灵官驱邪、观音拜佛、门神镇宅、推窗望月、金鸡独立、倒丁竖鞭、驱鞭赶月、连三鞭等艺术化名称。

金装锏：也是短兵器，以实木雕出长方形块状结节，小说、戏剧中隋唐英雄秦琼用的就是这种兵器。使用套路与金刚鞭相似。

不用任何器械的拳术也是五常十八般武艺的表演项目。主要有侗关拳、四门拳、武松打虎拳等。

五常社区的练武者最喜爱打侗关拳，相传这种拳法系北宋周侗所创而名。侗关拳属少林外家拳，又融入南拳风格，下步扎实，发力勇猛。套路变化灵活多端，每一招有五六种用法。基本步势有钉步、马步、弓步、中拳、伸掌等；有挺手、扫腿、抱营尖、连环踢、鹞鹰扑天、金龙探爪、双掌削腹、压膝兜肚等招式。

侗关拳两人对练时称“侗关拆手拳”，又称“兄弟拳”，这种表演最讲究步法稳、拳法准而巧妙，快捷尚在其次。对打时退中有进，防守中隐藏“杀机”，斗勇斗智兼备。主要招式有三请手、三扫腿，等。五常社区的蒋志财、胡林松是同一师傅传教的师兄弟，对练时旗鼓相当，配合默契，非常精彩。

五常十八般武艺器械　五常十八般武艺的器械兵器以木制作，供练习和表演、娱乐之用，实际上是兵器模型。最基本的有18种、19件，绝大多数为长杆器械兵器。大体可分以砍刺为主的带刃器械兵器，大多带刃；以击打为主的兵器，大多带槌；砍、击结合的其他兵器，刃槌兼备。它们的名称与上述各说有所不同，许多还有当地的特有称呼。

五常十八般武艺器具

砍刺兵器　砍刺兵器带刃，以刃部杀伤为主要功能，大体是军中制式武器，主要有龙刀、凤刀、尚阳刀、兄弟刀、三尖两刃刀、龙鱼斧、方天戟等，只有大劈锁不常见。

击打兵器　击打兵器没有刃部。以敲击制敌为主要功能，战斗部件一般呈圆锤形；敲戳兼用的为杆状。主要有金瓜锤、枣逆椎、金刚伞、李公拐、五常棍等。

砍、击结合兵器　此类兵器锤刃结合，砍、刺、击功能兼备。通常见于小说、戏剧，不是制式武器。主要有文耙、武耙、阳镋、阴镋、笔艺爪等。

以前五常十八般武艺中的兵器还有许多。上述十八件兵器多有长柄，五常称为“长十八”；柄较短的刀、剑、鞭、锏等，称为“短十八”；三节棍、流星、索套之类以绳、链联系的，称为“软十八”；岁月久远，有许多不但实物无存，连正式名称都已失传。金刚鞭、金刚锏、木铐等现在尚存但已不常用。五常十八般武艺的“十八般”是泛指，言其所用兵器种类之多。以前五常的武术表演，还使有三节棍、铜棍、钢叉、长枪，等。甚至家用条凳也是兵器，表演套路与李公拐有些相似，称为“凳花”。

鼓乐 古代征战必有击鼓鸣金，五常十八般武艺演练同样不能缺少鼓乐伴奏。五常十八般武艺中的锣鼓演奏，以往称为“拳灯鼓”，又称“长拳鼓”，起着指挥表演、衬托威势、营造氛围的作用。乐器为锣、鼓、钹，鼓声为指挥信号，司鼓者以槌把猛击鼓身三下表演开始，燃放爆竹，表演者在锣鼓声、爆竹声中登场。登场开始时节奏较慢，演练者步态庄重，持兵器向观众拱手致意。武术套路一一展开，锣鼓节奏逐渐变快，名曰“转板”，又称“转会”。转板有“直角”“细马”“跳马”“四边净”“急急风”等，其中的“急急风”由较慢转至最快又分头急风、二急风、三急风。表演达到高潮时颇有密锣紧鼓之势，司鼓者一声重锤，锣鼓声戛然而止，表示收兵，表演者抱拳再次向观众致意后退场。

演练一般是中间两只鼓，两旁分别是操使锣、钹者。排练阵容较大的如“威武阵”之类，正中还要加上一只比其他两只大三分之一的大鼓，两旁增设小锣（又称钖锣）、小钹，场面十分壮观。熟悉五常十八般武艺成套锣鼓敲奏的，只剩下五常社区年过耄耋的洪志豪。洪志豪年轻时打下音乐基础，对五常十八般武艺、五常龙舟胜会等表演的锣鼓敲奏研究多年，整理出较完整的乐谱。乐谱又称《长拳鼓谱》。

道具服饰 五常十八般武艺演练所用的兵器均为木质，五常现存的十八般木制兵器有新、老两种。五常社区所存一套古代木制兵器已有约二百年历史，有些兵器表面有精美细致的浮雕、镂空雕纹，雕工精致。不过镂空雕刻坚固程度不够，显然是用于展示观赏的特制精品。现代的木制兵器均为色彩古朴、图案优美的彩绘或浮雕，没有镂空雕刻。兵器上雕以龙、凤等各式图案，活灵活现，都是现代的村民亲手雕绘而成，并且大小迥异，随演练人的年龄特点而特殊定制，极具民间艺术特色。因其材料经过特殊选材，所以经久耐用，既可观赏亦可用于武艺切磋。其制作大体有备料、描图、雕刻、上漆、装配等环节。

备料：选用的木料有硬木、樟木、杉木。硬木用于制作棍类，选择青冈、白栎之类坚实而不易开裂的木材，小叶青冈最佳。如用白栎，选择夏季杨梅成熟时节砍取。樟木用于制作需雕图刻纹的兵器主要部件。樟木牢固，又有一定的韧性，而且防蛀，可以较长久保存。杉木牢固而有韧性，不易变形，用作兵器柄杆。通常选择整株小杉树刨制，现也有用适宜的塑料钢管。选好的木料需搁于通风处半年至一年，待其充分干燥方可使用。

取型：木料取成板材，用纸板剪成兵器轮廓作为模板，在板材上画出图形，锯成毛坯。为耐用和便于保存，现在也有人以较薄的三夹板代替纸板。

描图：在取好的板坯两面描上所需图案。先用纸绘出母本，再用复写纸复于板坯上。现在已运用电脑复印技术绘制母本，既精确又方便。

雕刻：将复于板坯的图案刻成图形。一般为浮雕，五常社区所保存的古代兵器中也有镂空雕制，可能是作为仪仗的精品，实用时恐欠牢固。刀类兵器都有雕花，刀面整体均以平板为主，较为常见的雕纹主要有“龙吟九霄”“丹凤朝阳”“如意祥云”“龙首鱼身”“莲花宝拖”等，构成饱满、花纹以对称居多。

打磨：兵器大体制成后用砂纸打磨，使之光洁。

上漆：雕刻后的部件打磨光洁，按内容上油漆。为使木制兵器具有金属感，通常在兵器表面绘以黑、金、银色作为外观装饰，金粉一般用于龙、凤之类神圣之物。刀面、手柄等有雕花的细节处，再以彩漆绘上花纹。

古时制作木质兵器，最后还要上一层柿油漆，这样制成的兵器，即使雨淋水浸也不会腐朽。五常社区所存的古兵器历时200年，“文化大革命”时期甚至沉入塘中经年，依然保持完好，仰仗的就是这层柿漆。

装配：将主要部件装上同样油漆过的柄杆。柄杆与主要部件可以拆卸，以便必要时更换。

木质兵器用专门的兵器架安放，兵器架中间装有两根钻有一排圆孔的衔条，下面两条凿出相对应的凹陷，兵器插于其间整齐而稳固。兵器架的后侧是一块木板，中央是一个醒目的“武”字，周围绘以祥云仙草。演练开始，依次从架上取下兵器时都要面对架子郑重行礼。

五常及毗邻乡村木质兵器制作艺人多为当地的木作工匠，如五常街道友谊社区的俞金连、胡金火，仓前街道葛巷村的葛三毛，都是知名木匠或船匠。这些艺人无一例外又都是五常十八般武艺的演练者，因而制作心领神会，使用得心应手。

五常十八般武艺是较为庄重的活动，不仅节日表演中，即便是比较正式的排练，都要亮出旗帜，穿上统一的服装。

旗帜：是武术团队的标识，上下较长、左右稍窄，呈长方形，四周镶着锯齿状边。旗面两旁一龙一凤，几乎延伸到上下两端。中央为一个较大的正体“武”字，十分醒目。“武”字下方竖排“五常十八般武艺”大字；上方一排较小的字，写着该团队名称，如“杭州西溪（五常）武术队”，该队赴巴西表演后，“杭州”之前又加冠“中国”二字。

服装：上衣为传统式样的对襟衫，颜色统一，称为武士服，葡萄状的结扣称为“英雄结”；裤筒略为宽大，裤脚镶以宽紧带，演练时飘逸潇洒又不致钩拉而影响动作。整套穿着富有股英武阳刚之气。有些团队演练时，包括敲锣击鼓者均系红绸腰带。

生活特色 五常十八武艺般兵器器材通常有19件，不少源于生活中的器具，或与劳作农具相似，充分体现了五常十八般武艺来源于生活来源于生存需要，与生产生活紧密相连的特色。如文耙几乎就是晒谷用的木齿耙，先前曾有人使用文耙进行翻晒谷物。武耙与当地的鱼叉相似，是从抓鱼的生存需求出发而创造的兵器，也映射出了全民皆兵、随时候战的思想理念及战事的特殊需要。笔艺爪源于文房用品，显示了先辈先贤对武学的挚爱，文武结合并举的初衷。金刚伞以生活中的雨伞改制，李公拐与装于支架的划桨相似，同样都彰显出了五常十八般武艺来源于生产生活的鲜明特色。

另一些刀类，虽是古代军中制式兵器，却与五常水乡船上的桨极似。五常龙舟胜会中全彩龙舟的避艄桨，形状就是绘龙画凤的两把大刀。

五常十八般武艺贴近农村生产、生活和文化活动，使人有一种自然的亲切感。以往在五常，常可见到年轻人劳作小憩，兴致一来就挥起谷耙扁担舞弄一番，甚至稚气十足的男孩也会舞弄树枝竹梢，学着大人比试比试，这种氛围对五常十八般武艺代代相传起着无可替代的作用。

健身娱乐特色 五常十八般武艺同一般武术套路一样，动作复杂、多变，强调手、眼、身、法、步、精、神、气、力、功的协调配合，同时，在器械练习中还要求身械的协调，只有在心身调整好的状态下，以意导气，气归丹田，以达固本培元。长时间练习可使自己的元气增强，气血旺盛，心态平和，头脑清醒，思维敏捷。由于武术套路的特性，对身体各项技机能水平的要求较高，所以在促进神经系统活动的均衡发展以及心血管系统、呼吸系统、身体各项素质的全面发展上均有很好功能。所以，五常十八般武艺集健身、防身、竞技和观赏于一体，与格斗武术或旧时街头卖艺的武术表演都有本质的不同。用来格斗的武术目的是制服对手，是“玩命的武术”。旧时街头卖艺的武术表演是一种谋生手段，对于表演者并无娱乐可言。而五常十八般武艺对于当地的民众可谓是强身健体，保家护院的一项必备技艺。从创立之初，洪钟的初衷就是如此。由于洪钟一心爱民，功成还乡后想造福乡邻，所以想传授村民以兵器操练之法，当时没有兵器的律法规定又不可私自打造兵器，所以洪钟才另辟蹊径，打造出了由生活用具改良后的特殊器械用以操练健身，延年益寿，造福一方。

民俗活动特色 五常十八般武艺，主要活动平台是节庆和庙会，民俗活动也就顺理成章成为其重要体现和传承纽带。

元宵节是春节后第一个节日，意味着春节结束，节后百业恢复常态，因此历来极为隆重。西溪虽在郊外水烟深处，但元宵灯会也十分热闹。西溪元宵灯会上有滚灯、龙灯、狮子灯、马灯、花灯、拳灯，称为“六灯”。五常拳灯是五常十八般武艺的前称。闹元宵时五常一带村民拿着木制兵器上街表演武术，被称为拳灯，是六灯中最精彩的节目，也是外地少见的节目。踩街是灯会的开幕式，踩街队伍由五常十八般武艺表演打头，流星开路。

端午节五常龙舟胜会是西溪闻名遐迩的民俗盛事，也可以说是迎奉龙王的水上庙会。参加五常龙舟胜会的龙舟多种多样，最吸引人的是满天幛龙舟，又称全彩龙舟。这种龙舟两舷插着木制的“十八般兵器”，式样与五常十八般武艺的兵器几乎一模一样，只是尺寸较小，以与龙舟相适应。

旧时民间最隆重的莫过于迎神赛会。迎神赛会又称庙会，一般在该神生日或别的相关纪念日举行，热闹非常。庙会上最威严的是簇拥着神像的仪仗，五常先民对皇家仪仗有深刻印象。南宋朝廷崇尚道教，皇室贵族频繁出入的道教圣地洞霄官就在五常西南10公里处。水陆两路，五常都是必经之地。在民国时期，五常一带不少祠庙都配备迎神赛会用的全套仪仗，百姓称为“銮驾”。五常十八般武艺中的“金瓜钺斧”，也是象征威权的仪仗器具。

五常十八般武艺参加庙会活动除灯会中的踩街展示外，还有固定场地表演。巡游、踩街时，人手一器，边走边舞。固定场地表演有单人出场，也有分组对打。据洪氏后人回忆，五常十八般武艺曾在蚕王庙会、龙王塘庙会、蒋相公庙会、兴福庙会、圣庙、白庙包公庙会、南河庙会以及长桥方山庙会、蒋村三方庙庙会、仓前张老相公庙会、良渚东岳庙会上都表演过，这也使得五常十八般武艺的各类表演成为区域内外民俗盛会的代表，形成民俗活动的特色所在。

艺术特色 中国武术文化博大精深，蕴涵中国传统的哲学、艺术、伦理、文学、美学、民俗等诸多内容，是中国传统文化的全息影像。武术是公认的具有代表性的中国符号，有着重要的软实力价值。五常十八般武艺沿承500多年，经历了中国武术历史发展中最重要的明清阶段。传承至今，更加注重武德的培养和修身齐家，已经形成了具有独特地域特色的武术文化。

从创立至今，经过多年的沉淀累积，五常十八般武艺具有很强的民族传统性和民间艺术型。其兵器制作精致、形状独特、雕刻优美、工艺精湛，经过备料、取型、描图、雕刻、上漆、装配等环节形成，成品上做工细致的浮雕、镂空雕纹甚是精美，极富民间工艺文化特色。为了便于传授技艺，五常十八般武艺的古人先辈们精心编制了类似诗歌的武术谱诀，读起来朗朗上口，易学易练，其武术谱诀多采用七言律诗格式，有长有短，也是民间诗歌文化的另一种延伸和传承。另外五常十八般武艺的乐谱与服饰等也都具有很强的传统音乐文化和服装文化特色。

五常十八般武艺的保护　2005 年 8 月 1 日，余杭区人民政府在五常村建立洪氏文化研究办公室，洪大根担任顾问。在上级部门的支持下，系统地整理研究五常传统的十八武艺与五常龙舟胜会等民俗活动。并开始对五常十八般武艺进行深入挖掘，在共同努力下不断完善其体系，联合街道政府积极申报。终于在 2005 年 11 月，“五常十八般武艺”被列入第一批余杭区非物质文化遗产名录。持续努力之下，2006 年，被列入第一批杭州市非物质文化遗产名录。2007 年，又被列入第二批浙江省非物质文化遗产名录。2011 年，五常十八般武艺被列入了第三批国家级非物质文化遗产保护名录。

五常十八般武艺被列入非物质文化遗产名录后，各级政府相关部门进行代表性传承人的认定工作。胡天喜、胡乔泉被政府认定为五常十八般武艺代表性传承人，并给予了适当的财政补助。支持民间武术团参加了多次大型武术赛事，将五常十八般武艺推向了更高的舞台。

洪钟所传的兵器原供奉于五常村的道社庙，流传多年，后因战乱流失。现存的一套木制古兵器从其祖上保存已历 200 年，世代奉为至宝。“文化大革命”破“四旧”中，“十八般兵器”被人抄去，差点付之一炬。村民蒋正明、洪文根、蒋金贵、蒋国民 4 人冒险乘夜将其取回，存藏在柴垛之中。后又怕不保险，绑上大石，沉入自家门前水塘，上覆水草遮盖，风声过后再转移到成分好的村民家中藏匿。这套木质兵器才得以保全。

2003—2004 年杭州西溪国家湿地公园开发，五常老干部洪大根等认为可以挖掘五常村（今五常社区）的洪氏先祖事迹、洪氏文化遗产，形成旅游景点，向上级有关部门提出介绍五常龙舟胜会和五常十八般武艺的建议，从从小随祖父习武的五常村民蒋茂华那里了解到钦贤乡、御田里等地名来历，以及五常群众自古酷爱练武等往事。洪大根为余杭区政协、史志办提供了相关资料。2005 年有关部门编写西溪史料，将五常十八般武艺写入了洪氏文化内容。

2004 年 2 月，五常拳灯队老队员蒋茂华将叔祖 70 年前所传刀法整理成《青龙偃月刀刀谱》，作为内部资料使用。全文分前四门、中四门、后四门，每门 36 刀，共 108 条刀法。是年 6 月及 2005 年 2 月，蒋茂华又整理出《笔艺爪谱》《龙鱼斧谱》《金刚鞭谱》。为五常十八般武艺的传承作出了重要贡献。友谊社区胡金火将祖父所述的《少林十八棍》棍谱及《四门拳》《杨家拳》《武松打虎拳》回忆整理，形成文字。这些都是村民自发保护和传承非遗项目的重要做法，在此基础上，五常十八般武艺才逐渐完善。

文献保护　1990 年出版中华人民共和国成立后的首部《余杭县志》，记载拳灯及十八般古代兵器。2005 年，杭州市余杭区政协文史委员会、杭州市余杭区风景旅游局编撰《天堂绿洲》，介绍五常（时属闲林镇）一带风土人情，其中五常十八般武艺为重要内容之一。

2006 年，杭州市余杭区开始编撰余杭区非物质文化遗产丛书，《余杭民间艺术大观》为该丛书的第一部。其中“五常拳灯”即五常十八般武艺为该书的重要内容之一，该书 2007 年 7 月由浙江人民出版社出版。2008 年，余杭区文广新局将当时列入浙江省非物质文化遗产名录的 8 个项目（其中“余杭滚灯”为国家级），编纂成“余杭非物质文化遗产代表作连环画丛书”，以推动余杭区优秀非物质文化遗产的保护和传承，其中一册为《五常十八般武艺》，2008 年 6 月由西泠印社出版社出版。2015 年 12 月，徐楚浩、叶华醒编著的《五常十八般武艺》入选浙江省非物质文化遗产代表作丛书，由浙江摄影出版社出版。近几年，关于五常十八般武艺的文献研究也渐渐增多，相关教材、著作时有出版，越来越多的学者开始关注五常十八般武艺，加强了其文献保护。

2010 年，经过多方努力，在五常中心小学建立了五常十八般武艺教学传承基地，在学生中开展武德教育，普及五常十八般武艺知识，定期开办教学活动培训班，并组建了 70 多人的学生社团，多次参加展演，大大丰富了学生们的课余生活，增进了同学之间的交流。留下中心小学、杭州万向职业技术学院都开始聘请五常武师前去传授五常十八般武艺，并在学校建立专门的传承基地和训练场地，使更多学校的学生了解五常的传统文化，习练特色地域武术。2011 年，在五常中心小学建立了五常十八般武艺教学传承展示馆，面积 300 多平方米。此馆后被列为省级“八个一”非遗保护试点项目基地。五常中心小学被评定为浙江省非物质文化传承学校、余杭区首批非物质文化遗产传承教学基地。杭州西溪国家湿地公园洪园“五常人家”展示馆前设立展示传承基地，2011 年，五常社区建立五常十八般武艺传承基地，社区居委会主任亲自担任主任，负责五常十八般武艺传承队伍的组织训练工作，还聘请国内知名武术教练担任指导老师。传承基地经常组织五常十八般武艺传承队伍进行表演，让广大村民更加了解和热爱当地的传统文化。

五常十八般武艺的传承　五常悠久的尚武历史，因家庭气氛熏陶，形成不少武艺代代相传的武术家族，至今谱系较清楚的有蒋、胡二氏。

蒋氏武术传人主要分布于五常社区，现能追溯到最早的是生活于清光绪至民国中期的蒋胜泉、蒋胜友，五常十八般武艺样样精通，后将武术传教侄孙蒋茂华。蒋茂华七八岁时就跟着叔祖公蒋胜泉、蒋胜友习武，是民国时期五常西半部练武的主要组织者。其武术传人众多，其中亲属中有儿子蒋正友、孙子蒋法泉、曾孙蒋超威、曾侄孙蒋超杰等。

胡氏武术传人主要分布于友谊社区。胡氏是五常东半部白庙（今友谊村）一带数代相沿的武术家庭。能追溯到的胡氏武术传人，最早为胡兆型（又名胡友宝），生于清光绪早期，清末民国初在西溪一带以武术出名。其侄胡顺理（胡友根），生于清光绪二十八年（1902），自幼随叔习武，精三节棍。胡顺理传其子胡连宝、孙胡金火等。通过这种家族的代代传承，再向外普及传授，使得五常十八般武艺得以长久流传。

五常十八般武艺的传承是在团队的环境中逐渐发展的。当时洪钟带领乡民子弟学武之处称作“众安坊”，众安坊的武术团队因年代久远，具体名称已难查考。以后五常十八般武艺表演逐渐成为元宵灯会、庙会的重头戏，武术团队俗称“拳灯班”。清末民国初五常白庙前（今属友谊社区）成立庆春坊国术团，民国时蒋家埭（今属五常社区）村民组建众安坊国术团；1953 年，五常白庙成立练武演戏合一的“民丰业余京剧团”；改革开放后五常街道先后建立杭州西溪（五常）武术队、友谊社区武术团。在春节、劳动节、端午节、等节日时结合西溪湿地的旅游特色进行娱乐表演，这些团队也是五常十八般武艺的传承纽带，团队成员自愿参加，在活动中切磋练习，虽有前辈后辈的延续，但很少有师徒名分。

五常十八般武艺女子表演（2020）　　（沈根松　提供）

2011 年，杭州市非遗保护中心实施“非物质文化遗产项目保护师徒传承工程”。五常十八般武艺作为民间的传统武术项目，实行传统的拜师仪式对于其传承和发展有着特殊的感召力量和内心强化作用。各级传承人在政府部门的支持下对于有基础、有热情、有良好品行的习练者进行重点培养，经过正式的传统的拜师仪式后，发放师徒认证证书。然后，在非遗专家的指导下针对徒弟的实际情况，制订其发展学习计划，提供相应的社会实践机会，每年进行考核，两年不合格者可申请取消学徒资格。学徒应进行专项专职的学习，虚心请教，不骄不躁地顺利完成各项师傅交给的学习和实践任务，并遵守相应的保密制度，依法使用和维护非物质文化遗产知识产权。

胡天喜（1915—2008），出生于五常，从小在父亲带领下习武，岳父也是五常的拳师。胡天喜精通各种兵器的使用，特别擅长武耙。2004 年，五常村恢复民间武术队，已 89 岁高龄的胡天喜积极帮助五常村恢复民间武术队，并传授武艺于年轻一代，为五常村培养了如胡乔泉等众多习武骨干。同年，在第二届浙江国际传统武术大会上，90 岁的胡天喜被誉为高龄武术家，获“武术事业特殊贡献奖”。2004 年，被认定为五常十八般武艺市级代表性传承人。

胡乔泉，男，1956 年出生于五常村，8 岁开始习武，掌握刀法、棍法等多种套路及阵法。后在同村的胡天喜、蒋茂华传授下，各种兵器都精通。20 世纪 80 年代，胡乔泉习武的同时开始传授五常十八般武艺，仅五常村就有 100 余人受过他训练。2004 年五常村恢复民间武术团队，胡乔泉担任队长，负责组织训练，培养了胡吉云、蒋国民等一大批习武骨干。经评审被认定为五常十八般武艺杭州市级代表性传承人，2009 年，又被认定为五常十八般武艺省级代表性传承人。

蒋茂华（1916—2007），出生五常，儿时就跟着长辈在家门口使枪弄棒，七八岁时就跟着叔祖公蒋胜泉、蒋胜友学习武术。成年后，对于五常拳灯的五常十八般武艺样样精通，擅长玉手笔艺爪和青龙偃月刀。蒋茂华是民国时期五常西半部练武的主要组织者，1997 年起是五常村练武主要指导者，是五常十八般武艺主要传承人。其武术传人众多，其中亲属中已传给儿子、孙子及曾孙辈。蒋茂华因长期不懈地操练五常十八般武艺而长寿，2000 年被评为“余杭市健康老人”；2001 年被评为“杭州市健康老人”。2004 年 12 月，浙江省武术协会鉴于蒋茂华对五常十八般武艺的挖掘和传承所做出的努力和贡献，对他进行表彰并为他颁发了“武术事业特殊贡献奖”。

俞金连，男，友谊社区人，1938 年 10 月出生。自幼爱好乡风民俗，24 岁师从沈福全学习五常十八般武艺，精通各种兵器。他本身为木匠，对龙舟雕刻与十八般兵器的雕刻有浓厚的兴趣，长期投身于龙舟与兵器的雕刻。2010 年以来在省内外多次武术比赛上获得第一名。任五常街道友谊社区武术团团长。友谊社区武术团骨干中有一半受过他的带教，制作多种兵器表演录像供训练参考。

胡金火，男，友谊社区人，生于 1953 年。6 岁开始跟祖父胡友根习武，青年时擅空手拳，后又精通蔡阳刀、笔艺爪等兵器。“文化大革命”时期他仍以农具为兵器，偷偷坚持练武。胡金火在多次省内外武术比赛中获金牌或第一名，现任西溪文化研究会武术分会会长、友谊社区武术团副团长，并将祖父所遗、叔父胡阿正口述的三套拳法整理成文。2011 年，胡金火受西溪文化研究会的委托及西湖区留下中心小学邀请担任学校教练，教授小学生五常十八般武艺套路；2013 年获得浙江省千名群众文艺骨干、杭州市优秀少先队辅导员荣誉称号。2013 年开始又到杭州万向职业技术学院对大学生进行五常十八般武艺的传授和交流。

第二章　教　　育

历史上五常虽地近杭城，但仍属农村水乡。明清时代，西溪大族多重文化教育，虽有私学（私塾）迭现，但多数民众仍得不到受教育的机会。清代出现邬家湾义塾，其时官学、私学并存。创建于1912年的邬家湾小学是五常最早的近代学校。1915年，顾家桥小学创办，1940年，荆山湾初级小学创办。这三所学校成为民国时期五常境内主要的国民小学。

中华人民共和国成立后，教育事业迅猛发展。20世纪50年代，大办民办小学、冬学民校，村村有小学。60年代，村村办完小，大力开展普及小学教育和扫除青壮年文盲工作。1966年至1976年的“文化大革命”给教育事业造成严重损失，教育质量严重下降。1968年，开始办初中，境内出现最早的中等教育。1976年9月，办起了首届高中班，1979年下半年起，停止高中招生，各农业生产大队初中班全部停办，所有初中班全部并入五常中学。

改革开放以来，教育放在了优先发展的地位，幼儿教育、基础教育、成人教育协调发展。1982年，五常乡被评为杭州市普及小学教育先进单位，1983年被评为杭州市基础教育先进乡镇。1984年3月，余杭县普及初等教育验收时，五常乡学龄儿童入学率99.5%，在校学生年巩固率99.2%，毕业班学生毕业率97%，12～15周岁初等教育普及率98.4%。1984年6月，五常乡被评为浙江省普及初等教育先进乡，五常乡邱桥小学被评为省级先进学校。

1993年，五常乡全年用于教育的投入80余万元，占乡财政支出的42%。新建教师宿舍，实现中小学无危房。各村均办起幼儿班，成人教育也得到加强。1994年，当年教育投入196万元，占乡财政支出的45.3%。1995年，用于教育的投资达210万元。1997年乡财政支出中教育经费所占比例达到65.1%，1998年达到68.7%。1999年，建造了建筑面积为2100平方米的中学综合大楼。

20世纪90年代后期，五常乡积极投入争创省教育强乡工作，大力做好招流生工作，确保每位少年儿童能接受九年制义务教育，正常儿童少年的入学率100%，残疾儿童少年的入学率100%，辍学率为0。重视全乡幼儿教育，1997年新建了乡中心幼儿园，1998年经杭州市教委考评验收，被确定为杭州市农村示范幼儿园。3～5周岁幼儿入园率达到94.1%。1999年，五常乡被确认为杭州市教育强镇。

五常乡从1991年开始对中小学布局进行调整，从原来的村村有小学，小学校均服务人口为1000人，校均学生102人，到1995年全乡只留下一所初级中学，一所中心小学，二所完小，校均服务人口达到5000人，校均学生431人。调整布局后，大大节省了教育资源，同时更好地促进了学校的管理，提高了办学效益。

进入21世纪后，五常经济开发区、五常管委会、五常街道和各级学校积极推进素质教育，不断提高中小学的办学水平和教育质量。镇内中小学、幼儿园布局调整力度加大，办学条件得到大幅改善。2005年，投入1000余万元，新建学校安居房72套，面积9800平方米，缓解了五常教师的住房矛盾。2006 年，投入 5000 余万元，建设五常中心小学。2008 年 9 月投入使用。2008 年，新建五常中心幼儿园，同时完成原中心幼儿园、邱桥幼儿园和永福村幼儿园的改造。2017 年，投资 2.76 亿元，建筑面积近 7 万平方米的五常中学新校区建成并投入使用。2019 年 9 月新学年，五常中心小学拓建项目正式投入使用。

建立健全各种规章制度，实行规范化、制度化和现代化管理，依法规范办学行为，均衡教育资源配置，教育实施水平和教育质量进一步提高。2014 年，与杭师大签订合作协议，借助杭师大优质资源，全面提升教学质量。街道制定《教育教学工作奖励办法》，加大教育资金投入，优化奖励机制。在争创示范学校的热潮中，一些学校先后跻身于省、市示范学校的行列。如五常中心幼儿园被评为杭州市示范幼儿园、浙江省二级幼儿园，五常中心小学获得全国青少年校园足球特色学校、全国数学文化实验学校、浙江省健康促进学校银牌单位、杭州市示范学校称号。五常中学被认定为浙江省第一批义务教育标准化学校、杭州市示范学校等。

2020 年年底，五常街道有各级各类学校 20 所，包括杭州师范大学、浙江省委党校高等院校 2 所，成人文化技术学校 1 所，公办幼儿园 1 所 5 个园区、民办幼儿园 7 所、公办小学 2 所、公办初中 1 所、九年义务制学校 2 所。

第一节 旧时教育

一、私塾

五常地处水乡，民风淳朴，乡民历来重视耕读。旧时官学多在县城，乡间以蒙馆与私塾教育为主，一般规模较小，只有少数富裕之家的子女才能进私塾，大多农家子弟无法接受教育。私塾并无固定的学习年限，课程也无统一规定，初入学一般先读《百家姓》《三字经》《千字文》等识字课本，进而读《千家诗》《幼学琼林》及四书五经。私塾采用个别教学形式，不分班级，也没有固定的上、下课。其教学方法主要是“读与练”。清末境内有邬家湾义塾。义塾也称义学，旧时主要靠官款、地方公款或地租设立的蒙学，招生对象多为贫寒子弟，免费上学。

二、新式小学

清末新政，清政府实施新式教育体制并废止科举制度，新式小学堂开始出现。民国建立后，新式小学学堂相继出现，与私塾同存，后学堂改称学校。但当时的学校教育还较为落后，学校大多设在庙庵和私宅，学生人数也较少。据档案记载，五常的小学教育始于民国元年（1912），地方士绅张新吾鉴于本乡民智困闭，教育落后，以私宅部分捐助，创办了邬家湾小学，这是五常境内第一所近代小学。

民国时期，虽然初等教育在境内获得了一定的发展，但是，学龄儿童的失学率还是很高。民国 18 年（1929）浙江省教育厅编纂的《教育概况》记载：余杭县失学儿童达 80%。据浙江省教育厅实施义务教育报告中指出：民国 21 年（1932）余杭县失学儿童 9581 人，占学龄儿童的 71.4%。这是当时初等教育的常态。境内小学以初小为主，其课程有国语、算术、体育、唱歌、图画、周会、纪念周等。当时学校办学经费来自于政府拨款的很少，主要靠地方集资和学生学费来解决。学生学费基本上都以学米为折算标准的，一般分高、中、低三档，高年级每学期学米为一斗，中年级七升，低年级五升。

三、国民小学

概况　抗日战争后，杭城沦陷。张新吾为避战乱，转入内地，邬家湾小学停办。抗战期间，国民教育仍在艰难中实施，1940 年，杭县、余杭县开始实施国民教育，将“中心小学”一律改为“中心国民学校”。要求每乡设 1 所中心国民学校，1～2 个保设 1 所保国民学校。抗日战争胜利后，继续推进国民教育制度。1946 年 8 月，杭县县政府将邬家湾小学改为五常乡中心国民学校，县府委命陆玉章为校长。但因农户居住分散，道路破败，农民极端贫困，多数儿童需参加家庭劳动，因而学龄儿童入学率极低，学校学级不够，无法达到中心国民学校标准，因而于 1947 年上半年又改为五常乡第七、第八、第九、第十、第十一五保联立学校。从民国 36 年（1947）开始，又改为五常乡代用中心国民学校，所为“代用”，是指暂时还没有达到中心国民学校标准而临时代替。县府委命陈时启为校长。当时，邬家湾本部设一学级，油车兜分部设一学级。1948 年 9 月，任筱根为校长，分部改设白庙。

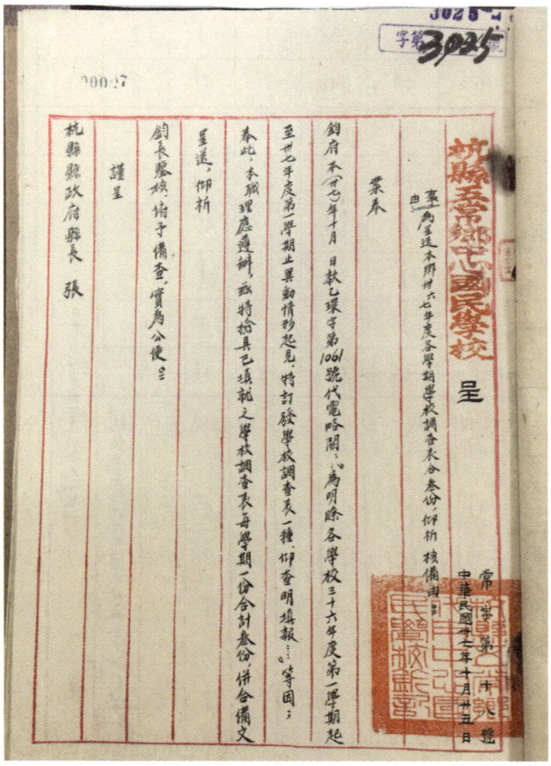
杭縣五常鄉中心國民學校　呈
事由：為呈送本鄉卅六七年度各學期學校調查表合叁份，仰祈核備由。
案奉
鈞府本(卅七)年十月　日教乙環字第1061號代電略開："為明瞭各學校三十六年度第一學期起至卅七年度第一學期止異動情形起見，特訂發學校調查表一種，仰查明填報……"等因；
奉此，本職理應遵辦，茲特檢具已填就之學校調查表每學期一份合計叁份，併合備文
呈送，仰祈
鈞長鑒核，俯予備查，實為公便。
謹呈
杭縣縣政府縣長　張
常字第十八號
中華民國卅七年十月廿五日

民国时期五常小学档案

民国 36 年（1947）第一学期五常国民学校情况表

表 6－2－1

校　名	校长	实有学级（个）	实有教职员（人）	学生数（人）	说　明
杭县五常乡代用中心国民学校	陈时启	2	3	145（男 114 人、女 31 人）	其时总部邬家湾，分部油车兜，教师陈时启、郑英杰、吴问梅 3 人，工役 1 人
杭县五常乡沈家村国民学校	沈谒锦	1	1	不详	校长由保长兼任，专任教师沈丹 1 人。民国 37 年（1948）2 月停办
杭县五常乡顾家桥国民学校	冯大礼	1	1	45	校长由本乡县参议员兼任，专任教师陈士英 1 人
杭县五常乡荆山湾国民学校	张士铭	1	1	41（男 24 人、女 17 人）	校长由保长兼任，专任教师夏起春 1 人

说明：根据余杭区档案馆藏民国杭县旧档制作

杭县五常乡代用中心学校民国36年（1947）第二学期情况表

表6－2－2 单位：人

年级	人数	性别		家长职业		年龄										
		男	女	农	商	6	7	8	9	10	11	12	13	14	15	16
一上	6	5	1	4	2	—	2	1	2	1	—	—	—	—	—	
一下	43	36	7	41	2	1	1	5	10	4	6	4	2	5	3	2
二上	6	6	—	6	—	—	—	—	—	3	1	1	—	1	—	
二下	14	12	2	14	—	—	—	—	—	8	1	2	1	2	—	
三下	4	2	2	4	—	—	—	—	—	—	—	1	1	1	—	1
四上	1	1	—	1	—	—	—	—	—	—	1	—	—	—	—	
五上	1	1	—	1	—	—	—	—	—	—	—	—	—	1	—	
合计	75	63	12	71	4	1	3	6	12	16	9	8	4	10	3	3

说明：根据余杭区档案馆藏民国杭县旧档制作

从上表可以看出，1948年2月，五常乡中心国民学校有学生75人，其中一年级下学生43人中，其中有油车兜分部学生38人。实际上五常中心国民学校只有学生37人，共两学级，七班次，而油车兜分部学生只有一年级一个年级，学生年龄从6岁到16周岁。中心国民学校共有三位教师，其中男2人，女1人，高中毕业2人，简师毕业1人，教师膳食须自行解决。当时学校校产，计有教室2间，办公室1间，教师寝室3间，厨房1间，操场3亩，校园3亩，课桌75把，课椅75张，黑板大三小二，办公桌5张，风琴1架，茶几3张，椅子8把。可见简陋之极。

民国37年（1948）杭县五常乡第一学期学校情况表

表6－2－3

校　名	校长	实有学级（个）	实有教职员（人）	实有工役（人）	学生数（人）	说　明
杭县五常乡代用中心国民学校	任筱根	2	3	1	81	其时总部邬家湾，分部白庙，教师任筱根，郑纪棠、徐昌义3人，工役1人
杭县五常乡油车兜国民学校	金有宝	1	1	0	38	校长由保长兼任，专任教师黄金花1人
杭县五常乡顾家桥国民学校	冯大礼	1	1	0	42	校长由本乡县参议员兼任，专任教师陈士英1人
杭县五常乡荆山湾国民学校	张士铭	1	1	0	36	校长由保长张士铭兼任，专任教师黄碧韵1人

说明：根据余杭区档案馆藏民国杭县旧档制作

1948年，五常乡有代用中心国民学校1所，分校1所，保国民小学2所。中心学校有2个学级（初级、高级），教师3人，保国民学校只有1个学级和1位教师。学校规模很小。

民国后期，由于社会极度贫困，政府无力投资于教育，许多村校往往由社会热心人士创办。如顾家桥国民学校创设于民国4年（1915），校长冯春霆。其实校长教员均为冯春霆独力担当，冯去世后，由钦履乡乡议会乡董冯世敬为校长，初名为钦履乡第四小学（当时全乡共有学校六所），后易名为顾家桥小学，至民国27年（1938）春，因战变停顿，至民国30年（1941）秋又复开办，正名为杭县五常乡顾家桥国民学校。杭县荆山湾国民学校，校址唐家兜，于民国29年（1940）由地方热心教育人士张士铭先生发起纠合教育同人创设启明初级小学，是年八月呈请县府备案准予设立，定名为五常乡荆山湾初级小学，至民国35年（1946）奉令改设为杭县五常乡荆山湾国民学校。教员夏起春毕业于浙江省立湘湖师范学校简师部。民国36年（1947）第二学期，学校有春二、秋二、春四、秋三4个级任，共有学生41人，其中男24人，女17人。荆山湾国民学校没有适当校址，故而校舍每一学期迁移，同时因该保村子漫散，求学儿童行走十分不便，为了平均每村儿童求学起见，把校舍每一学期迁一村。

民国38年（1949年9月30日止）杭县五常乡代用中心国民学校有学生75人，其中男生56人，女生19人，2个班级，教工3人，受辅导学校3所（村校），教员3人，一般保校只有1个复式班，1名教师（兼校长）。

学校组织系统 民国时期，学校行政组织一般在校长以下设总务、教导、社会三股，另设财务稽核委员会，隶于校务会议之下。有的中心小学设民教部。而当时（1947）五常中心小学民教部“正在筹备开学，唯因农忙时节，学生来源困难”，可见民教班在五常并未开办起来，盖因当时五常农村贫困落后所致。

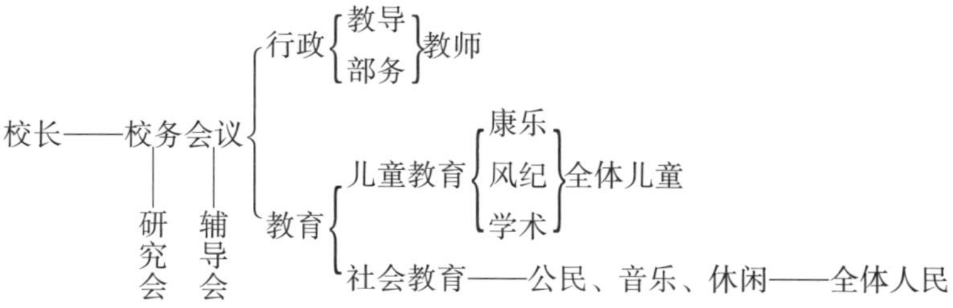

图6－2－1 民国时期中心国民学校组织系统图

注：此图根据民国后期五常代用中心国民学校及相关保校组织系统综合制作。

一般保校（村校），组织机构比较简单，分设总务、教导两部分各负责，总务掌理文书、校具、庶务、会计、环境布置、社会服务等事宜；教导掌理教材、教具、成绩试验、学生监护、自治指导等事宜。研究会和辅导会基本上形同虚设。

训导、教学及教师进修 民国时期，社教概况：推行家庭教育，发动妇女识字运动，办理成人班，肃清文盲，定期举行小先生运动，挨户指导识字宣传。

教导概况：采用普通教学法。编排学级、编排日课表，制定监护导师值日轮流表，校务日记，三项活动查记簿，朝夕会记录，各科成绩记载簿，中心训练条目及有关教导方面应用之表册，排行事历，主持中心训练计划，编制学籍，如期举行各种测验。

成绩考核及记分：平时成绩由每学月终了举行学月测验评定。期中测验于每学期终了时行之。记分方法：知能科用百分法。技能科用常态分配法。

教材选择：选用教育部审定之修订本。知识科方面：如国语、算术、历史、地理、公民、自然、国常等均采用教育部审定本，技术科方面除采用有出版之书籍外，以自编为原则。

教学方法：采用启发式自学辅导。依据教育部颁布之小学课程标准为宗旨并视实际情形分团体训练和个别训练两种。

训育情况：根据部颁小学课程标准之规定，并以青年守则为宗旨，分团体和个别两种训练，分别在每天朝会或夕会、周会及其他集会时举行，并由教师或儿童考查，加以记录。

成绩考查：举行学月及学期测验；平时由教师随时记载。

实施方法：每周举行中心训练；组织学生自治会；拟订各项规约举行三项活动比赛。

考查方法：教师考查，平日随时记载并听取儿童间之辩论，询问家长意见，儿童互相批评自我批评。考查方法分平时、月终、期中测验三种，记分以常态分配记分法，而训练成绩考查注重平日儿童之生活行为并由导师随时加以记录。

活动事项：组织童子军及学生自治会；举行各种集会及各种学术竞赛。

活动方式：分组活动由教师督促之；分期举行各种集会、每学期学术竞赛等。

指导方法：由教师分别直接、随时指导与更正。

教师进修：参加校内外各种有关教育之研究会；举行各种假期讲习会；参观优良之学校。

以上许多规定，见之于上呈的各式表册和文件中，或者说是上级行政部门对下属学校提出的一些要求，在各个学校的具体实施中，可能会大打折扣。

第二节　幼儿教育

中华人民共和国成立前，境内没有出现过学前教育。1958 年“大跃进”年代，境内各村大部分办过幼儿班。1959—1961 年国家三年困难时期，幼儿教育先后停办。改革开放后，学前教育开始正常发展起来。20 世纪 70 年代末，各大队（村）均办有幼儿班。1997 年，建立乡中心幼儿园。村级幼儿园逐步撤销。2008 年，街道中心幼儿园被评为杭州市示范幼儿园。2020 年，境内已有 4 所公办幼儿园和 7 所民办幼儿园。

一、幼儿教育

1978 年，五常人民公社 15 个建制村（大队）都办起了幼儿班，幼儿免费入园。当时幼儿班多附设在村小学内，有的幼儿班没有专职幼儿教师，由小学教师兼任。经费由村（大队）负责，日常管理也不规范，幼儿也没有全部入园。1980 年，五常人民公社党委作出《关于发展农村教育事业的几项规定》，对幼儿教育作出如下规定：1. 农村幼儿教育是社会办的，经济应由大队负责全包下来（经济由大队自理），各大队党支部应加强对幼儿教育的领导，办起办好幼儿班，配好教养员。2. 各学校也应重视对幼教的业务指导。3. 4 ~ 6 周岁的幼儿应由大队动员幼儿家长送幼儿入园。

从80年代开始，五常幼儿教育开始发展起来。1987年全乡有19个幼儿班，20名幼儿专职教师。1993年，各村均办起幼儿班。1997年9月建立中心幼儿园，投资19万元在原中心小学基础上修建园舍，中心幼儿园占地850平方米，建筑面积350平方米，设4个班，幼儿150名，有11位教职工。1998年，中心幼儿园被评为“杭州市农村示范幼儿园”。2002年中心幼儿园有6个班，幼儿210人，教职工14人。同时对各村幼儿园的布局进行有计划的调整。五常南片10个建制村划归中心幼儿园，北片5个建制村划归邱桥完小。

2002年五常幼儿园基本情况表

表6-2-4

园名	班级（个）	幼儿人数（人）	教师专业状况（人）				
			人数	大专及以上	中专职高	初中以下	其中进修大专
中心	6	210	11	2	9	—	5
邱桥	2	70	3	—	3	—	1
源谊	1	25	2	—	1	1	—

2005年，五常中心幼儿园有班级9个，幼儿255人，教职工22人，其中专任教师15人。2008年，新建五常中心幼儿园，同时完成原中心幼儿园、邱桥幼儿园和永福村幼儿园的改造。五常中心幼儿园被评为杭州市示范幼儿园。2009年进行无证幼儿园整治，街道与区教育部门、学校、中心幼儿园以及派出所、城管执法中队、交警中队等多个单位组成专项组，联合对辖区内非法开办的7家非法无证幼儿园进行取缔，并落实了五常中心幼儿园西溪分园、荆丰分园作为外来务工者子女的入园安置点。五常街道学前教育环境逐步提高。2010年，五常境内有各级各类幼儿园8所，在园幼儿1600多人，其中公办幼儿园1所5个分园，教职工近百人，36个班的规模。民办幼儿园3所，14个班的规模。良好的教学、生活环境为广大五常居民和外来新居民提供了更多优质学前教育资源。辖区内3~5周岁幼儿户籍663人，入园率100%。此外还有大量外来务工人员的子女，占幼儿总数的60%，为了帮助外来务工家长们解决暑期“管孩子”的难题，五常街道中心幼儿园在2010年暑期开放9个托管班，解决家长困难。五常街道学前教育形成了公办与民办相辅相成，本地与外来共同受益的良好局面。当年，余杭区学前教育工作会议在五常街道中心幼儿园召开。五常的学前教育走在了全区乡镇幼儿园的前列。

2011年，五常街道中心幼儿园有教职工107人，其中园长1人、专任教师71人、保健员5人、其他30人。全园专任教师中，大专及以上学历51人（含本科18人），幼儿园高级教师9人，幼儿园一级教师15人，区基础级岗位能手3人，区教坛新秀3人，区骨干教师1人，年龄在35周岁以下的专任教师占86%。

作为国家级湿地公园旁的幼儿园，五常街道中心幼儿园拥有得天独厚的自然资源，幼儿园一直以湿地文化传承为己任，充分挖掘西溪湿地的教育资源，多渠道地增进幼儿对西溪民间文化的了解与热爱，开展民间体育游戏、民间童谣等系列湿地文化主题活动的研究，积累了丰富的教研成果，如：立项课题《让西溪风情融入幼儿心灵——利用西溪湿地资源开展幼儿园乡土文化主题教育活动的实践》成功结题，并获得杭州市课改论文三等奖、区成果论文二等奖；《传承西溪文化，发扬湿地文明——西溪民俗特色游戏融入幼儿体育活动的实践研究》获区成果论文三等奖、区年会论文三等奖；《悠悠乐音传乡情——西溪乡土童谣教学的实践研究》结题报告获区专题论文一等奖。

2014 年，五常街道投资 212 万元，对五常幼儿园进行改造、修缮。2015 年西溪雅苑幼儿园于 9 月 1 日投入使用，2015 年西溪庭院幼儿园进场施工，完成总工程量的 50%，西溪花城幼儿园完成招标，西溪北苑幼儿园完成设计。

五常街道中心幼儿园西溪雅苑园区（2020）

2015 年，杭州市教育局公布 22 所新一批浙江省二级幼儿园名单，五常中心幼儿园名列其中。当年，五常街道中心幼儿园有 14 个班（其中小班 5 个、中班 4 个、大班 5 个），在园幼儿 420 名。全园教职工共 42 名，其中园长 1 名，专任教师 29 名（含副园长 1 名），持资格证率 100%；专任教师大专及以上学历达 100%，其中学前教育专业达 83%；幼教高级教师占专任教师的 17%。6 月，西溪分园被评估为余杭区乙级幼儿园，12 月被评估为浙江省二级幼儿园。

2016 年西溪庭院、西溪花城幼儿园开园；2017 年，投入资金各 550 万元对西溪水岸幼儿园和福鼎家园幼儿园进行装修；投入资金约 45 万元改建西溪分园幼儿园消防工程，投入 10 万元改建西溪雅苑幼儿园教工之家。

2017 年，五常中心幼儿园结合湿地特色，将“六一”活动分为风景篇、风俗篇、风味篇、风情篇四大板块，分别创设美美花朝节、香香龙舟节、红红火柿节、满满干塘节四大节日，并另设一个展现幼儿风采的风尚篇，称为棒棒洪氏节。每个节日活动分为孕育期、体验期和回味期，让幼儿在一个自然、宽松、愉快的情境中表达和创造，通过快快乐乐的体验，开开心心地过好每一个节日。11 月，区教育局开展第三届余杭区幼儿园品牌项目评选展示活动。经申报论证、交流汇报、评选展示，采取项目整合、专家介入、诊断指导等措施，五常街道中心幼儿园“西溪风韵”等 7 个项目被评为余杭区幼儿园第三届特色品牌项目。

2018 年 8 月，五常中心幼儿园教科室在区教育局组织开展的“余杭教育铁军先锋号”竞赛活动中脱颖而出，被命名为“余杭教育铁军先锋号”，《余杭晨报》作了专门报道。该团队致力于“西溪风韵”特色品牌的培育，利用得天独厚的西溪乡土资源，将自然、本土、生活化的节日情境与日常教育相融，构建“五常”4 + 1 节日课程，让生在西溪湿地、长在西溪湿地的孩子们回归真实的快乐环境中学习，以自己的方式去体验西溪之美，从而获得成长。是年，五常街道幼儿园优质覆盖率 87.5%，西溪北苑幼儿园 9 月顺利开园，雅苑园区接受省一级幼儿园验收，西溪水岸园区、福鼎家园园区被评为余杭区乙级幼儿园。

2019 年 9 月，耦园幼儿园投入使用。2019 年，五常街道中心幼儿园西溪雅苑园区被评为省一级幼儿园、杭州市示范级家长学校、余杭区第二批教师培训实践基地学校；五常文福幼儿园新增集体荣誉4项，市级荣誉7人次、区级荣誉24人次；大华西溪风情幼儿园被认定为省一级幼儿园。

2020年，五常街道中心幼儿园新增集体荣誉5项，区级荣誉39人次；五常文福幼儿园新增集体性荣誉3项，新增区级荣誉5项。

二、部分幼儿园简介

五常街道中心幼儿园　杭州市余杭区五常街道中心幼儿园于1997年9月单独建制，园址位于西坝村白荡滩68号。2007年9月，文一幼儿园被纳入中心幼儿园管理，被命名为“文一分园”。2008年8月，建“永福分园”，并设顾家桥园区为总园。2015年8月起，小区配套幼儿园西溪雅苑园区、西溪花城园区、西溪庭院园区、西溪水岸园区、福鼎家园园区相继开园。现为“五个园区”的集团化办园格局。其中，西溪雅苑园区、西溪庭院园区、西溪花城园区、西溪耦园园区4个园区为小区配套幼儿园，硬件设施均已达到了浙江省一级幼儿园标准；西溪分园硬件设施达到浙江省二级幼儿园标准。总园地址设在西溪雅园15－1。4个园区总占地面积16723平方米，其中绿化面积3379平方米，运动场地面积7766平方米，总建筑面积10002平方米。

2018年，设37个教学班，986名幼儿。教职工157人，专任教师88人。2020年，幼儿园有45个班，在园幼儿1252人，生源涉及8个社区。有专任教师104名，100%的教师具有大专及以上学历，其中本科以上学历71.2%；教师资格证持有率100%；高级职称教师2名；一级教师16名；杭州市先进教育工作者2人、杭州市教坛新秀2人、余杭区骨干教师5人、余杭区教坛新秀7人，余杭区青年教师岗位能手4名。幼儿园以“西溪风韵”为办园特色，努力打造一所高品质、具有特色的优质幼儿园。幼儿园立足园本，倡导研训结合，确立了基于“西溪风韵”品牌的研修项目，同时组建了青蓝工作室＋“溪望”工作室这一金字塔式的研训互助队伍，培养出了一大批市区级名优教师。学校先后获得了30多项区级及以上各类荣誉，如浙江省一级幼儿园、杭州市示范幼儿园、杭州市示范家长学校、杭州市卫生先进单位、杭州市先进职工小家、余杭区文明单位、余杭区AAAAA级平安校园等称号。

大华西溪风情幼儿园　杭州市余杭区大华西溪风情幼儿园创建于2011年9月，是由浙江大华房地产开发有限公司建造、浙江大学幼儿园全程管理合作办学的模式，是一所公办化管理、民办化运营的民办幼儿园。幼儿园位于五常街道文二西路大华西溪风情小区，占地面积4003.67平方米、建筑面积3648.29平方米。2020年，设有小、中、大班共11个班级，可容纳270名幼儿。教职员工51名，其中专任教师23人，本科学历21人，占教师总数的91%；有市教坛新秀1名，区教坛新秀2名。教师结构有老、中、青三个层次，成熟型教师占比65%，整个师资队伍稳定扎实、师资配置梯度组合、教育框架结构饱满。2015年，被认定为浙江省二级幼儿园；2019年，被认定为浙江省一级幼儿园；在余杭教育局民办幼儿园考核中，多次被评为优秀单位。

五常文福幼儿园　杭州市余杭区五常文福幼儿园于2018年8月单独建制，是一所由余杭区教育局主管的镇街公益二类学校。2019学年，幼儿园有西溪北苑、西溪水岸、福鼎家园3个园区，并先后被评为浙江省二级幼儿园。总占地面积13682平方米，建筑面积10570

平方米，绿化面积2514.69平方米。有小中大班级34个，975名幼儿，128名教职工，其中专任教师77人，高级教师1人、一级教师14人，市教坛新秀3人，区骨干教师5人，区教坛新秀10人，青年教师岗位能手9人，获区级以上名优教师荣誉称号共48人次。2019学年3个园区先后被评为浙江省二级幼儿园、区语言文字规范化学校，并连续2年荣获区AAAAA级平安校园称号。

未来科技城海曙幼儿园 余杭区未来科技城海曙幼儿园于2018年9月投入使用，是由未来科技城管委会出资筹建、余杭区教育局直属的一所公办性质的幼儿园，也是未来科技城区块第一所公办性质的幼儿园。整个幼儿园由4幢色彩鲜明的尖顶建筑围合成“U”字形，独特的外形设计使整个幼儿园非常具有现代气息，与未来科技城整个区块规划理念紧密融合。幼儿园共设12个教学班，占地面积6027.17平方米，建筑面积8223.77平方米。幼儿活动室面积近140平方米，带热水供应系统的独立盥洗室、幼儿衣帽间、恒温直饮水设备，多媒体智能教学设备，还配有多个幼儿专用活动室（曙乐堂、曙阅堂、曙悦堂、曙绘堂、曙学堂、曙宝科技馆）等。2020年，幼儿园共设12个教学班，有300多名幼儿，45名教职工，其中专任教师26名，专科及以上学历达100%，教师资格证持证率达到100%。有高级职称教师有1人，一级教师4人，杭州市教坛新秀2名，余杭区教坛新秀3名，余杭区兼职教科员1名、余杭区大组成员1名，余杭区骨干教师2名、区优秀班主任5名，区优秀教师3名，区级青年教师岗位能手3名。配有保健医生1名，保健员1名，保育员12名，炊事员4名，保洁人员3名，学历全部达标，100%持证上岗。幼儿园先后被评为余杭区甲级幼儿园、浙江省二级幼儿园、余杭区AAAAA级平安校园、杭州市合格教科室、余杭区语言文字规范学校、余杭区校本考核优秀级、垃圾分类示范学校等。

未来科技城海创幼儿园 杭州市余杭区未来科技城海创幼儿园是区教育局直属公办幼儿园，由未来科技城投资建造，地处五常街道贺翠路3号，占地面积9106平方米，办园规模18个班。园所建筑大气简约、环境优美、设施齐全崭新，设有6个专用活动室和多个户外游戏区。全园共有28名教师，有杭州市教坛新秀1人、杭州市优秀教师1人，区学科带头人1人，区骨干教师3人，区教坛新秀4人。幼儿园重视儿童全面而有个性的发展，以培养乐观勇敢、自信善言、悦纳分享、睿智创造的儿童为育人目标。在教师队伍建设上，幼儿园开展师德师风定制式的培训活动。如：新手期教师“一对一跟岗诊断活动”，成长期教师的“选树典型系列活动”等；打造7个“个性空间站”助力教师个性成长。将教师所长和创游的课程主题结合，教师不仅可以在空间站发展自己的爱好，提升个性的专业素养，还可以“专业”地做好课程实施。自2019年9月开园以来，海创幼儿园获余杭区绿色学校、余杭区课程改革试点单位、余杭区垃圾分类教案优秀组织奖、余杭区幼儿园校本研修优秀级、余杭区幼儿园教师专业理论测评学校组织优秀奖等荣誉称号。有17个教育研究课题在省、市、区级立项，其中有1个省级课题、3个市级课题、13个区级课题立项，1项科研成果获省一等奖。

未来科技城维翰幼儿园 杭州市余杭区未来科技城维翰幼儿园于2015年10月正式开园，是一所IB PYP（国际文凭小学项目）世界学校。幼儿园地处人才核心区——杭州未来科技城，毗邻阿里巴巴西溪园区。占地1万平方米，整体建筑符合国家建筑业最高水平绿色认证（三星级绿色建筑设计）。幼儿园配备地源热泵空调、新风处理系统以及雨水回收系统，保证幼儿园室内环境的恒温、恒湿和恒氧。2020 年，维翰幼儿园共开设 18 个班级，均采用中外教协同包班。幼儿园开展特色教育，中外教师共同为幼儿营造浸入式的英语学习环境，让孩子的英语学习与各领域的教育互相渗透，启蒙幼儿对多元文化的理解。开展自主式多元阅读、体验式国学教育、项目式节日活动和互动式乐园游戏等特色教育。

杭州明路蔚蓝幼儿园 杭州明路蔚蓝幼儿园创建于 2019 年 9 月，是一所专业的蒙台梭利学校。幼儿园东临创新地标海创园，南依风景秀丽的西溪湿地，西至欧美金融城，北接著名学府杭州师范大学，总占地面积 4700 余平方米。2020 年，园区设有 9 个班，可容纳 270 名幼儿，每班均配有一名外教和两名中教。外教均来自于英语母语国家，拥有多年的学前从教经验，接受蒙台梭利专业培训，且有本科及硕士以上学历。来自浙大、剑桥等国际著名学府强有力的师资力量加入教师团队。主教老师均持有 AMI 国际蒙台梭利主教资质，同时持有中国教师资格证。中教均具有本科、研究生学历，英语能力六级以上，2/3 教师拥有海外留学背景。采用混龄编班，孩子有机会和不同年龄、不同能力的其他孩子一起生活工作，并为孩子的成长发展提供了专业的一对一服务。幼儿园致力于为孩子提供一个平和多元的现代蒙台梭利双语成长环境，辅以 STEM 创新课程，协助孩子自发学习，自我成长。

杭州科德未来幼儿园 杭州科德未来幼儿园创建于 2019 年，是杭州科德教育联手英国百年名校阿德科特学校（Adcote School），与阿德科特中国校区（Adcote Shanghai）、英国 Great Ballard 国际学校合作打造的一所专业的、全日制、高品质国际化幼儿园，满足家长不出国门就能享受世界一流品质的双语教育需求。园区位于未来科技城中心区块，建筑总面积 7700 平方米，2020 年，学校有教学班 5 个，教职工 42 人，其中教师 18 人。幼儿园建筑主体具有国际化、现代化、科技化等特点，配备了多达 15 个专业课程空间，独立教室与午睡室，得天独厚的户外空间、草地和专业软地结合的操场，以及占地 1.33 公顷的户外森林课堂基地等。校园由知名的欧洲专业设计团队按照学校独特的教育使命精心打造，旨在为更多孩子创造集合教育、科技、艺术、互动于一体的多感知成长环境，同时使之成为一所专注于 IB 课程探究式教学的教育中心。

杭州科德未来幼儿园（2019）

启蒙铭苑幼儿园 杭州市余杭区启蒙铭苑幼儿园地处五常板畈桥碧水铭苑，是以美术艺术为特色的高标准、高质量、高起点的幼儿园。幼儿园整体呈现的是江南徽派建筑风格。幼儿园是浙江省二级幼儿园、区语言文字规范化学校、AAAA 级平安校园、爱国卫生先进单位等。园舍占地面积 3820 平方米，建筑面积 1670 平方米，绿化面积 1100 平方米。2020 年，有小中大 6 个班级，178 名幼儿，25 名教职工，其中专任教师 14 人、一级教师 2 人、二级教师 3 人；同时，每班配备钢琴、多媒体、消毒柜等先进保教设施。建有大型、小型游戏设施及阅读室、美工室等，充分满足幼儿多方面发展的需求。

人和幼儿园　杭州市余杭区人和幼儿园创建于 2006 年，位于余杭区五常街道人和家园小区内，2015 年被评为省三级幼儿园。校园占地面积 1700 平方米，校舍建筑面积 1450 平方米，绿化面积 1300 平方米。2020 年，有班级 4 个，学生 94 人，教职工 16 人，其中专任教师 8 人。开展家长课堂是幼儿园的一大特色，在日常教学中，进行礼仪教育、中国传统文化教育。通过感觉统合课程，以运动为主体，以游戏为方法，培养幼儿身心健康全能发展的基础能力，提升自身的感觉统合能力，使孩子在触觉、视觉、听觉、平衡感、团结精神等综合素质得以全面发展。

国泰盛世嘉园幼儿园　杭州市余杭区国泰盛世嘉园幼儿园创建于 2008 年 2 月，幼儿园占地面积 2700 平方米，园舍面积 3200 平方米，绿地面积 400 平方米，2020 年，全园有教学班 7 个，幼儿 156 人，教职工 24 人，专职教师 16 人。幼儿园先后被评为“浙江省二级幼儿园”“杭州市合格教研室”“杭州市标准化建设达标幼儿园”“余杭区绿色学校”“余杭区无烟单位”“余杭区语言规范学校”等。

第三节　小学教育

境内的小学教育始于 20 世纪 30 年代，1949 年 5 月，杭县人民政府接管了境内的所有小学。五常乡建立起中心小学，60 年代开办耕读小学。1986 年开始小学撤并工作，村校逐步减少，中心小学、完小规模扩大。至 2002 年，境内小学由 1985 年的 10 所减少到 2 所。随着城市化进程的推进，五常外来人口大幅增加，学校数量、规模出现了飞跃式的发展。至 2020 年，境内有 3 所公办小学和 2 所九年制义务学校。

一、发展概况

1950 年 5 月五常建乡，原五常中心国民学校改名为杭县五常中心小学。1952 年 10 月建教室 4 间，办公室 1 间，约 150 平方米。1954 年 2 月，中心小学由邬家湾迁到唐家斗门，3 月，建顾家桥小学。1955 年 5 月，建天竺桥小学。1956 年，原荆山乡、邱桥乡、五常乡合并建五常乡，原五常乡中心小学为乡中心小学。荆山（现顾家桥）和邱桥 2 所乡小改为完小，下设 8 所村校，包括草塘、荆山、白庙、洪家塘、邱桥、沈家塘、木桥、华藏桥（现南河头）。1958 年 4 月，五常乡划归杭州市钱塘联社，成为留下人民公社一个管理区，校名改为杭州市留下人民公社五常中心小学。

1961 年 5 月，钱塘联社被撤销，再度划归余杭县管辖，建立五常人民公社，学校易名为余杭县五常人民公社中心小学。1962 年 3 月，教育部小教司一位司长两次到荆山小学考察“两条腿走路和业余教育”。1963 年 4 月，舟山、嘉善、宁波等地教育局领导带领一批校长到荆山小学参观。1964 年学校规模稳定在 6 个班，学生约 270 人，同时办耕读小学共 18 个班，有学生 350 多人。1965 年 4 月，三墩区召开耕读小学评比大会，五常荣获“耕读小学万岁”大锦旗一面。

1966年“文化大革命”开始，学校曾易名为余杭县五常人民公社源谊小学，贫宣队进驻学校。1978年1月，又易名为五常人民公社中心小学。1979年9月1日，中心小学迁至顾家桥当时的公社福利厂内。当时，普及小学五年教育仍是主要任务，还存在着学龄儿童还没有全部上学的情况，有出现新文盲的可能。为此，五常人民公社党委于1980年7月作出《关于发展农村教育事业的几项规定》，要求小学普及五年教育：凡7~12周岁的学龄儿童必须全部入学；学龄儿童在校学习未读完小学五年教育的，生产队坚持不派工。参加劳动不记工分。持有小学毕业证书才可以参加有报酬的劳动；加强大队党支部对学校的领导，把普及小学五年教育列入党支部的议事日程，少年儿童入学是否读完五年教育作为子女家长评比先进生产者的条件之一，也作为生产队评比大队的先进集体条件之一；公社评比大队先进集体也将此作为条件之一。

1980年，五常人民公社有民办教师76名，其中有民办教师编制47名，无民办教师编制的29名。1980年下半年有小学生1512人，按上级教育行政部门1:32.9的师生比例，只需教师46名，当时有公办小学教师12名，小学实际需要民办教师34名，中学需要3名，合计全公社需要民办教师37名。根据省市县教育局文件指示精神，1979年以后一律不再吸收民办教师，因而在1980年的整顿中，辞退了29名无编代课民办教师和在编的10名民办教师，无编制的民办代课教师自谋生路，有编制的民办教师，根据政策安排到相应的社队企业工作。从1980年9月起，民办教师实行工资制，各大队根据每一个班级上缴民办教师工资25元的政策，由中心学校统一调配使用。

1980年10月，投资5万余元，在西坝宋家湾新建五常中心小学校舍，征用白庙、西坝、顾家桥村土地共计0.2公顷。1981年5月8日新校舍启用。1985年，五常乡中心小学校址在西坝村，建筑面积830平方米，有班级8个，学生337人，教工19人，受辅导小学9所，班级22个，教工27人，学生727人。

1985年9月五常乡完小、初小情况表

表6-2-5

校名	班级数（个）		学生数（人）	教工数（人）	撤并情况
	计	其中复式数			
源谊完小	5	—	182	8	2001年撤并
邱桥完小	7	—	291	10	
荆山小学	2	2	42	2	1995年撤并
油车圩小学	1	1	28	1	1993年撤并
天竺桥小学	2	1	57	2	1986年撤并
白庙小学	1	1	28	1	1986年撤并
友谊小学	2	1	57	2	1995年撤并
断桥小学	1	1	20	1	1995年撤并
南河头小学	1	1	26	1	1992年撤并

1990年9月，全乡有小学7所，班级31个，学生1452名，学龄儿童入学率98.8%。其中，适龄残疾儿童少年18人，入学率95%，小学辍学率为0。小学专任教师36人，1992年至1994年，撤草塘、洪家塘、白庙、沈家塘、木桥、南河头、荆山等村小。全乡保留邱桥、源谊完小和中心小学3所。

1994年，投资150万元在开发区文教区块新建五常中心小学，全乡中小学校无危房。1995年9月，投资90余万元迁建中心小学新校舍。同年，乡政府经多方协调、努力，为邱桥小学开辟操场2550平方米。1996年2月，新建的五常中心小学于新学期交付使用。五常乡中心小学新校舍位于五常中学旁，占地2200平方米，建筑面积共1937平方米，总投资200多万元，建有教学楼和宿舍楼，12间教室宽敞明亮。五常乡中心小学的建成，得到社会各界大力支持，其中荆山水泥厂捐赠3.8万元钱物，西子水泥厂捐赠了价值8000元的一架钢琴等。

1995—1997年，五常中心小学连续3年被评为余杭市先进学校，1997年还被评为余杭市行为规范达标学校、余杭市绿化达标单位、杭州市农村示范小学。沈超琴、王晓青同学获2000年余杭市“崇尚科学挑战未来”读书征文一、二等奖，程杏芳获浙江省优秀教师辅导奖，李士云被评为杭州市教坛新秀，蒋文仙被评为杭州市优秀教师，冯建芬、严建女被评为余杭市骨干教师，王建文被评为余杭市教坛新秀。

2000年，撤源谊完小，并入中心小学。

2002年五常小学基本情况表

表6-2-6

校名	创办时间	班级（个）	学生数（人）	教师数（人）
中心小学	1934年	16	795	40
邱桥完小	1956年	7	260	13
合计	—	23	1055	53

2005年，五常中心小学获“人民满意学校”称号。是年，学校有班级16个，学生723人，教工39人，其中专任教师38人。校园占地面积6095平方米，生均8.4平方米，校舍建筑面积3314平方米，生均4.6平方米。2005年，五常乡邱桥小学校址在五常管委会邱桥村，有班级6个，学生257人，教工13人，其中专任教师13人。

2006年，投资5000余万元建设五常中心小学。2008年9月投入使用。校区位于五常辖区中部，杭州西溪国家湿地公园旁。占地4公顷，可容纳48个班级。当年有普通教学班28个，学生1100人，教职员工80人，其中专任教师60人。学校拥有一流的设施和环境，各类专用教室及教学辅助用房配备齐全，体育活动场地充裕，还设有微机房、语音室、图书室、阅览室、自然实验室、舞蹈房、乒乓馆等专用教室。是年，五常小学被评为杭州市人民满意学校。五常小学教师朱翔的课件《走进蝴蝶世界》获得全国第十一届教师自制多媒体课件评比优秀奖。2009年，五常中心小学成为全区第五批小班化教育试点学校。

2010年，五常中心小学创建的资源教室通过杭州市合格评估。资源教室是借助一定的康复器材、设施为特殊需要儿童提供个别化教育的专用教室。五常中心小学落实场地和人员，积极筹建资源教室，为余杭特殊教育做出了贡献。五常中心小学还创建多个学校社团：一是科技类社团，有航模队、车模队和智能机器人队，以培养学生热爱科学的求实精神和实践能力为宗旨。二是艺术类社团，有合唱队、舞蹈队、“七彩”书画社。三是体育类社团，有足球队、田径队、五常十八般武艺队。这些社团的建立旨在丰富学生的课外生活和学习生活，陶冶艺术修养；培养学生的刻苦耐劳精神，增强学生体能素质。四是生活劳动类社团，建立多个“开心农场”社团。结合五常中心小学实际，以学校实践基地为主要活动场地，旨在培养学生热爱劳动和社会实践能力。车模队还在2010年余杭区第三届假日杯小学生车模竞赛中一举夺得小学组四个单项比赛中的三个第一名，拿下总分第一名的好成绩。在区艺术节中，舞蹈队、合唱队也取得了二等奖；田径队高亚楠同学在区小学运动会上以5.11米的成绩创下了区小学跳远纪录。

2011年，五常中心小学荣获浙江省基础教育质量监测与评估项目最佳集体奖及“杭州市平安示范校园”称号。2013年10月起，五常中心小学在区教育局的统一部署下，开展“爱心家长志愿者护学岗”活动，学校上下学时段的交通秩序、治安情况大有改观，被评为杭州市经济文化保卫工作先进单位。

2014年，投入5000万元，按省一类小学标准新建的五常中心小学投入使用。学校发展到38个教学班，学生1600余人。7月，五常小学正式挂牌杭州师范大学附属学校，开展与杭州师范大学教育合作。2015年，由浙江大学出版社编印的《一校一品——“十二五”浙江省特色学校风采展示》一书正式出版发行。五常中心小学等9所特色学校入选。

2016年6月，由余杭科技馆、杭州华数、余杭电视台共同举办的“探索科学——我是科学创作小达人科技创作赛”决赛在余杭电视台演播厅举行。通过初选、复选，进入决赛的小选手向评委们充分阐述作品科学原理和制作方案，经过激烈角逐，五常中心小学周妍霏的“缓冲电梯”获个人组一等奖。

2016年以来，五常中心小学构建了基于核心素养发展的课程框架，以“溪望课程群”架构国家课程的校本化实施，开设了国学经典诵读、足球微课堂、剑桥英语、西溪风情等校本课程，同时重点推进拓展性课程的特色化建设，在阅读与人文课程、体育与健康课程、信息与科技课程、艺术与审美课程、生活与技能课程以及跨文化理解课程六大课程板块，共开设了60多门课程，学生100%参与。过程中，统整各类资源，统筹规划实施少先队活动、社会实践、心理健康、生命教育、安全教育等专项主题教育，更多地让学生接触自然、接触社会，贴近生活，贴近实际，使之成为孩子们最喜爱的课程。

五常中心小学（2019）

2017年，五常中心小学扩建项目开工。2018年，杭州市市长徐立毅调研放学后托管工作，到五常中心小学实地走访。五常小学放学后托管成为杭州样板示范学校。同年，五常中心小学获评国家级数学文化实验学校、省级创客教育示范学校。

2019年9月，五常中心小学扩建项目正式投入使用。扩建项目位于五常街道天竺桥路北侧、阮家路西侧。总建筑面积10025平方米，其中，地上总建筑面积6387平方米，地下总建筑面积3637平方米。该项目建成后，新增教室24个，专用教室4个，办公用房12间，可容纳380个座位的报告厅1个，新增地下机动车停车位65个。该项目的建成破解了辖区内义务段适龄儿童入学难问题，最大限度地缓解了学校教学用房的紧缺现状，解决了原本学校内部停车难的问题；翻新扩大了运动场、塑胶跑道，拓展了学生的活动空间；同时新增智慧开放的阅览区域，完善学生摄取课外知识的天地；新增创客空间，为实施STEAM课程提供了物理条件，为提供学校的社团活动质量奠定基础。

与杭州师范大学的合作取得了实质性的效果。2019学年，五常小学在杭师大专家引领下，针对不同学科开展探究实践活动，并特别对教龄在0～3年的青年教师进行加强培训，教师教学科研能力得到逐步提升。

二、办学特色

创建实践基地 2008年10月起，五常小学结合课程改革的实践，依托湿地文化，创建实践基地，开发综合实践课程。教育实践基地设在校内，由学校自主支配，师生可以随时使用实践基地。根据课程和学生需要，可以随时调整种植计划、种植结构。每年的阳春三月，五常小学让各班进行实践活动。以班级为单位确定一块实践小基地，根据需要由班级购买或学生捐赠种子或植物，然后种植、养护。在劳动过程中，学生把种植的花卉、水果和农作物作为观察对象，并对其进行管理，从中学到了一些简单的植物种植技术，而且通过实践体会到劳动的艰辛、收获的快乐。实践基地为语文、数学、科学等学科老师提供了教学资源，不少老师都把课堂搬到基地中来。实践基地的投入使用发挥了多重课程功能，让学生的观察能力、写作能力、动手能力、语言表达能力、探究能力等都得到了提高。

开展非遗传承 五常十八般武艺是国家级非物质文化遗产项目，它的传承保护向来是五常街道的重点工作之一，五常小学作为传承基地，也已将五常十八般武艺作为一项特色课程。五常中心小学积极开展五常十八般武艺传承教学活动，建立了村校合一的教学模式激发了师生关注、热爱和参与非物质文化遗产保护的热情。

五常小学生表演《少年五常十八般武艺》（2017）

2010年，学校就将五常十八般武艺编入校本教材；2011年，街道与学校投入20余万元建设了300平方米的传承展示馆；2015年，五常中心小学选送的《传承非遗文化，弘扬武术精魂——五常十八般武艺传承教学案例》在浙江省非遗传承教学优秀案例评选中，成功入选，成为杭州地区入选的3个优秀案例之一。2016年4月起，五常中心小学在每周三下午的社团活动时间开设五常十八般武艺教学，学生进行每周两个课时的学习。第一批24名学员，由体育老师根据学生个人条件，参考家长意见后，从二年级的九个班级中挑选而出，此后每一年都会吸收新学员。学校特聘五常街道十八般武艺的“非遗”传承人胡金火教学生练习拳术，传授五常十八般武艺的各种兵器套路。2016年，学校又建设了五常十八般武艺非遗文化长廊，陈列展示五常十八般武艺的传承历史、特色兵器等。非遗教学与文化长廊的“静动结合”，将使五常学生的本土文化追寻更加丰满，也为这一非遗项目的传承不断注入新力量。

创建足球特色学校　五常小学积极探索校园足球教学模式，大胆进行课堂教学改革和创新，开展“足球进课堂”活动，将足球教学纳入体育课程。在2016年的余杭区“区长杯青少年足球赛”中，五常中心小学男女足球队荣获第二、第三名的好成绩，学校也被浙江省教育厅认定为浙江省青少年校园足球特色学校。2017年，教育部公布了2017年全国青少年校园足球特色学校和试点县（区）名单，浙江有300所学校入选全国青少年校园足球特色学校，在众多参评学校中，五常小学凭借坚实的足球训练基础、优秀的师资水平成功入选。这是余杭区唯一一所入选的全国校园足球特色学校。学校成立男子足球队、女子足球队，有60多人。

三、部分小学简介

五常中心小学　杭州市余杭区五常中心小学创建于1912年，原为邬家湾小学，1946年改为五常乡中心国民学校。2008年8月迁址余杭区五常街道荆长路荆源路口（现五常街道天竺路8号），2020年，学校有五常、西溪两个校区，一个海曙教学点。采用“一体多翼”学部式教学管理。占地4.7万平方米，建筑面积约2万平方米，学校绿化面积1.3万平方米。有教学班82个，学生3345人。有教职工265人，其中专任教师216人，全国模范教师1人，浙江省“春蚕奖”1人，区名师名校长1人，高级教师9人，市教坛新秀11人，区教坛新秀29人，区学科带头人5人，市骨干教师1人，区骨干教师15人，获区级以上名优教师荣誉称号共70余人次。

2014年7月，学校与杭州师范大学签署教育合作协议，五常中心小学正式挂牌成为杭州师范大学附属学校。2016年，杭师大教授、全国著名特级教师王崧舟工作室落户于学校。

五常中心小学以尚礼、博学为校训，形成了纯真、朴实、勤学、善思的学风，以爱育爱、以智育智的教风，宁静、致远、本真、灵性的校风。学校以“立德树人”为宗旨，创设特色的序列化德育课程，从新生入学礼、入队礼到国防教育的成长礼再到毕业班的毕业礼，不断丰富孩子们的校园生活，有条不紊地推进育人工作，让孩子成为更好的自己。学校社团和“放学后托管”工作，成为一大亮点。校园六大文化节活动精彩纷呈，校园文化浸润人心。学校获得的荣誉有：全国青少年校园足球特色学校、全国数学文化实验学校、浙江省健康促进学校银牌单位、杭州市示范学校、杭州市人民满意学校、杭州市示范家长学校、余杭区教科研先进集体、余杭区课程改革试点学校、余杭区绿色学校等。

未来科技城海创小学　杭州市余杭区未来科技城海创小学创建于2018年9月，是杭州市余杭区教育局直属学校。学校占地面积35641平方米，设计规模为30个班级。2020年，有教学班15个，学生504人，教职工34人，其中专任教师29人，特级教师1人、高级教师7人，多人次获区级以上名优教师、优秀班主任荣誉称号。

杭州未来科技城海创小学（2019）

2018年建校以来，学校顺应社会发展的现实需要，遵循儿童生命发展的基本规律，结合未来科技城海创小学优越的办学条件实施“无边界教育”。围绕“天空在我脚下”构建课程体系，打造校园文化空间，举办丰富多彩的校园活动。

学校先后被评为浙江省义务教育标准化学校、AAAAA级平安校园、余杭区劳动实践教育项目试点学校，获批第五批杭州市合格教科室等。学校的《“天空在我脚下”——杭州市余杭区未来科技城海创小学课程实施方案》被评为余杭区优秀课程方案。在余杭区2018学年、2019学年“五个一”工程之小学英语、语文教师“课标”与“建议”知识测评中，连续两年获得“学校组织优秀奖”。

杭州市余杭区维翰学校 杭州市余杭区维翰学校创建于2017年8月，2020年8月获得联合国文凭组织IBPYP项目认证，被认定为IB世界学校。学校占地1.2万平方米，建筑面积1.6万平方米，绿地面积3610平方米。2020年，有学生513人，教职工101人，其中专任教师80人。

学校实施小班化教育，每班24～26人，每周英文6～8节。学校采用特色化的英语浸入式教学模式，由中教与外教协助完成。小学开设的用英文教学的课程，课程的科目之间具有良好的衔接性和融合性。学校的每一项教学主题活动设计，都是中、英文双语教师共同携手制定实施的，致力于创造更多的机会让每一位孩子熟知中文、热爱英文。

学校在IBPYP项目教育理念的指导下，开发与IBPYP六大探究主题相融合的校本课程。以激发学生学习内驱力为主旨，运用探究循环等教学方法，培养孩子发现问题，解决问题的能力。扎实推进国家义务教育课程，丰富拓展探究课程，促进孩子全面发展。

办学三年来，学校取得的教学成果有：2020年西湖民办教育论坛十大卓越创新力学校；全国美术考级指定考试点；澳大利亚袋鼠数学比赛杭州考点；BLAST Games中国区机器人比赛小学组二等奖；浙江省奇迹创意比赛团体一等奖；2020年CCTV希望之星少儿英语风采大赛进入全国总决赛。

第四节　中学教育

一、发展概况

五常中学建于1968年9月，校址设在阮家桥（现天竺桥村），原名余杭县五九中学，是以毛泽东主席“五九批示”命名的，条件简陋，初办时全校只有初一两个班级、学生97名，生源来自全乡16个大队，文化基础差，程度参差不一。学校设备奇缺，教室借用公社食堂的砻糠仓库，没有课桌凳，向各大队小学抽调借用，没有黑板，以蚕匾代用。当时有教师3名。老师没有办公室和住处，平时与公社干部拼用房间办公和住宿。

1970年上半学期，学生增加到2个年级、3个班级，学校由公社砻糠仓库迁到东风大队（现天竺桥村）阮家桥，用原计划办农机厂的6间平房作3个教室，学生150多名，教师增加到5名。1971年，改为春季招生，学制为2年，教职工增加到6名，招收学生80名，设2个教学班。

1974年学校恢复秋季招生，招收新生102人，为2个教学班。后来学生增加到6个班级，290人，其中初一5个班242人，初二1个班48人，但教室不够，只好租用当地村民的房屋，分别在顾家桥、天竺桥设教室。课桌椅是向各大队小学抽调，大多是些破旧的课桌椅。由于学生增加，师资力量也要增加，但教育局分配来的很少，大多是五常人民公社高中毕业回家的高中生，先代课后转民办，教师增加到14名。学校负责人张小毛。

1975年，征地0.1公顷，对原校舍进行全面改造，新建1200平方米的教学大楼。当时有5所小学设了初中班，初中在校学生达到627人。1976年9月，办起了首届高中班，学生62人，学制2年。初一停止招生，小学毕业生升初中全部放在大队小学设戴帽初中班，共5个点，每点1个班，学生311人。1977年继续招收2个高中班，学生114人。原初一升初二收5个班224人，初一仍在大队小学戴帽班，设7个点，学生322人。1978年，原“五九”中学改名为余杭县五常中学。由于原有的校舍已不适应，因此，在原地又建造了9间3层的教学楼。吴桂生任中学校长。学校设初中一、二、三年级10个班级，高中二年级2个班级，全校学生755人，教师29名。1979年8月，各农业生产大队初中班全部停办，所有初中班全部并入五常中学。在校学生达到630人，教职工31人。

1980年，鉴于中学教育中途流生之多，教师的主要精力集中在动员流生上学问题上，影响了教学质量的提高，为此，五常人民公社党委制定《关于发展农村教育事业的几项规定》，指出“中学教育使青少年能获得更多的科学文化知识，是培养科学技术人才的必要条件，也是为高一级学校输送合格人才的基础”，特作出以下规定：“1. 凡被录取初中学习的青少年，必须读完初中三年教育，持初中毕业证书才可参加劳动。2. 持有初中毕业证书的学生参加劳动的底分应与参加三年劳动的青少年底分相同或略高（但略高者必须是学校三好生）。3. 大队培养农技员必须优先考虑初中毕业生。4. 公社、企事业招工用人由中学负责考核推荐，再由公社党委审批录用。5. 凡被录取初中学习的学生必须读完三年，不准中途退学，三年学费十八元一次付清（如有困难分期缴清），书费按学期上缴。”是年，学校布局也作了调整，撤去了先锋点分校，全乡中学生都集中在一起学习。

1968—1985 年余杭县五常中学情况表

表 6 -2 -7

年度	初一招生		初二		初三		初中毕业生数（人）	升高中人数（人）	高一		高二		高中毕业生数（人）	教师	
	班数（个）	生数（人）	班数（个）	生数（人）	班数（个）	生数（人）			班数（个）	生数（人）	班数（个）	生数（人）		公办（人）	民办（人）
1968	2	97	—	—	—	—	—	—	—	—	—	—	—	2	1
1971	2	70	1	39	—	—	11	—	—	—	—	—	—	4	3
1972	2	55	1	40	—	—	40	—	—	—	—	—	—	5	3
1973	2	60	1	40	—	—	40	—	—	—	—	—	—	5	3
1974	5	242	1	48	—	—	48	—	—	—	—	—	—	8	6
1975	2	101	4	200	—	—	200	—	—	—	—	—	—	8	7
1976	—	—	5	250	—	—	250	—	1	62	—	—	—	8	7
1977	—	—	3	128	—	—	128	—	2	114	1	62	62	9	7
1978	4	247	4	272	2	122	340①	—	—	—	2	114	114	14	15
1979	4	210	4	219	1	54	54	54②	—	—	—	—	—	18	11
1980	3	199	4	214	3	210	210	21	—	—	—	—	—	22	4
1981	4	222	3	192	2	112	112	15	—	—	—	—	—	22	4
1982	3	180	3	192	2	108	108	28	—	—	—	—	—	22	2
1983	2	113	3	161	2	108	108	22	—	—	—	—	—	20	1
1984	3	159	2	120	3	145	145	37	—	—	—	—	—	19	1
1985	3	162	4	239	2	116	116	18	—	—	—	—	—	21	1 代 2

注：①二年制三年制同时毕业。

②部分初二升高中。

1985 年，五常乡中学在校学生共 9 班，517 人，教职工 24 人，建筑面积 1672 平方米。

1989 年，五常实施义务教育，全乡所有的小学毕业生全部升入初中。学校迁址西坝村横河斗，占地面积 1.5 万平方米，建筑面积 2400 平方米，基本满足了教育、教学的要求。

1992 年，教育、卫生事业蓬勃发展，用于教育事业的资金 100 余万元，原址天竺桥村的五常中学，因交通环境差，搬迁到了地处杭徽公路北、荆长公路边的黄河斗，新的五常中学办起教学实验室。五常中学 40 名学生参加中专考试，有 34 名录取；有 38 名升入高中，考生入学率在全县乡镇中学名列第二位。

1993 年，投资 23 万元建造了教工宿舍 570 平方米，解决 9 户教师的住房问题。1995 年，通过浙江省人民政府对五常乡的“两基”验收，各项指标均达到和超过“两基”的标准。

1995 年，五常中学缺少活动场地，乡政府经多方协调、努力，为五常中学新建 200 米环形操场，改善了教学条件。

1998年，五常中学开展了争创杭州市示范初中的活动，投资250万元新建综合楼2100平方米，师生食堂400平方米及其他建筑设施，并添置电教设施和音、体、美、劳及图书等，使各项硬件指标均达到杭州市示范学校的标准。在此基础上，学校进一步加强内部管理，顺利通过了杭州市示范学校的评估验收。

2004年的中考升学率98%以上，各项指标均超全区平均水平，五常中学的罗辰杰还获得余杭区中考“状元”。在12月1日召开的国家课程改革余杭实验区第三次课改工作会议上，五常中学被评为“余杭实验区校本课程基地学校”。

2005年，五常乡中学有在校学生14班，556人，教职工47人，其中专任教师44人。校园占地面积15884平方米，生均28.6平方米，校舍建筑面积5979平方米，生均10.8平方米。学校被认定为余杭区第四批“绿色学校”“杭州市人民满意学校”。

由于五常外来人口逐年增加，五常中学的学生来自各地，整体的生源质量不是很高，无论是行为习惯，还是学业情况都存在很大的差异性。为此，五常中学制定了比较全面的学校教育教学管理制度和实施细则，以丰富的德育主题活动和多彩的兴趣活动为载体，在规范学生日常行为的同时，做到环境育人、活动育人、兴趣育人，关注每一个学生的发展。同时，学校以科研为引领，先后研究并实施了《农村初中德育导师制的实践研究》和《小班化状态下班级自主管理模式的实践研究》，并取得了较为显著的研究成果。2009—2010学年，学校共有杭州市级课题1项，区级课题5项，校级课题6项；教师在各级各类论文评比中获奖达到33人次，在各类刊物发表论文20余篇，且获奖和发表论文的层次逐年提升。

2011年，五常中学有专任教师46人，学历达标率100%，具有中学高级职称的专任教师14人，占全体教师数的30.3%，中学中级职称的专任教师21人，占全体教师数的45.7%，获区级及以上荣誉的教师29人，占全体教师数的63%。由于城乡一体化建设的推进，加上五常地处杭州城西独特的地理环境，广大家长对教育发展的期望值越来越高，杭州主城区和本区的民办中学通过各种途径从五常中学义务教育区块招揽了大量的优质生源，导致学校生源质量的急剧下降，在一定程度上影响了学校的进一步发展。同时，五常的开发和建设，带动了地方经济的发展，也带来了大量的外来务工者，学校在想尽办法为外来务工者子女解决就学问题的情况下，不得不面对招收的生源质量低下这一现实。因此，在改善办学条件的同时，学校想方设法提升学校办学的软实力，坚持走内涵发展之路，先后被评为省Ⅱ类标准化建设学校、省导读工作先进单位、杭州市人民满意学校、杭州市语言文字规范化学校、区新课程改革骨干学校、区校本课程开发基地学校、区小班化教育试点学校、区绿色学校、区书法教育实验学校、区规范办学行为达标学校、区健康单位等。

2014年，五常中学克服了旧校园硬件设施落后的现状，在基础比较薄弱的情况下顺利地被认定为浙江省2014年第一批义务教育标准化学校。当年暑假，五常街道投资约382万元，对五常的中小学、幼儿园进行了8个分项的修建工程。其中，五常中学改造修缮包含4个分项工程，分别是教学楼铝合金窗更换及原卫生服务中心改建中学宿舍工程，教学楼办公室装修工程，公共厕所改建工程，室外篮球场工程，总投资约121万元，校舍修葺一新。9月，规划开设54个班级，容纳2500名学生的五常中学迁建项目开工建设，计划总投资2.76亿元，总用地102.67亩，建筑面积68303.78平方米。学校建设规模为54班全日制初级中学，项目总建设周期计划为30个月。

2015年，五常中学项目完成投资额9400万元，为全年计划的134%，获评“2015年度区级绿色工地”；2016年五常中学迁建项目完成主体工程的95%，获杭州市建设工程“西湖杯”结构优质奖。2017年，五常中学新校区建成并投入使用。

漂亮新中学（2017） （王洪坤 摄）

2018年，学校设21个教学班，636名学生；教职工65人，其中杭州市学科带头人1人、教坛新秀6人；余杭区学科带头人3人、骨干教师14人、教坛新秀6人。当年，五常中学中考取得重大突破，省一级重点高中上线19人，2人成绩位列区前十五名；2017学年余杭区公办初中教育教学质量排名第17名，比上一学年提升了3名，其中学科教学质量排名第11名。2020年中考，五常中学初三毕业班成绩再创历史性突破，余杭高级中学及以上录取10人，录取人数比前一年增长67%，录取率、增长率均位列区前茅，余杭第二高级中学高等一级重点高中录取25人，一级重高共录取35人，录取人数较前一年增长119%，省重高上线82人，第一批上线119人（2020届参加中考204人），普高上线率58%。

二、办学特色

校办工厂 为克服办学经费困难，学校开展勤工俭学活动。1975年11月，学校办起五常中学印刷厂，由张小毛任负责人。购买了圆盘机1台，有工人1名。课余时间，师生轮流参加劳动。1977年，厂房迁到荆山岭原公社建路队的简易房。1978年新建135平方米砖墙平房作厂房，购买四开机1台，切纸机1台。1978年冬，增置圆盘机2台，工人增加到7人。1980年开始上缴学校利润。20世纪80年代初，校办厂不断更新设备，规模扩大，到1985年，全厂已有设备总额10万余元，工人发展为24名，1985年全年总产值为100020元，净利润22189元，上缴利润也稳步增长。1984年，校办厂被评为县勤工俭学先进集体。

五常中学积极推进小班化教育，这是加强农村基础教育、扩大优质教育资源、推进素质教育和课程改革、促进每一个学生可持续发展的一项重要措施。2007年余杭区第三批小班化教育试点学校公布，五常中学名列其中。2011年1月，余杭区教育局在五常中学召开2010年全区中小学小班化教育研讨会，五常的小班化教育得到了上级领导和兄弟学校的高度评价。五常中学还开展小班化课题研究，如《小班化环境下学校德育工作创新研究》和《小班化环境下学校教学管理创新模式研究》，争取小班化教育从形式上向本质上的根本转变。

与杭州师范大学开展教育合作 2014年7月16日，余杭区人民政府、杭州师范大学深化教育合作签约仪式暨杭州师范大学附属学校揭牌授牌仪式在五常街道举行，五常小学和五常中学正式挂牌杭州师范大学附属学校。杭师大与五常中小学合力打造区域教育特色品牌。杭师大通过统一教育教学管理，加强师资配置，努力提高区域内现有的教学质量。杭师大指派资深专家担任“杭师大—余杭区”教育合作理事长，选派学校管理和教育教学专家组成指导团队。指导团队指导双方合作学校分阶段质量目标发展规划的制定和实施；开展双方合作学校及余杭区整体教师的培训工作，提升教师教育教学实践能力；充分利用各项资源，拓展双方合作学校与国内外优秀学校的交流与合作；推荐符合条件的优秀毕业生报考合作学校的教师岗位。杭师大与五常中学合作以来，根据五常中学所处地理位置和历史底蕴，提出了“守常致新”的校园文化理念，并依托杭师大经亨颐教师教育学院平台，新锐教师教学能力通过“结对子”“打擂台”等方式，五常中学办学水平和教育教学质量显著提升。

学生竞赛获奖　五常中学常年开展艺术、体育、研究性学习、科技、文学等兴趣小组和活动社团活动，学生参与率65%以上。2010学年，五常中学在省中小学研究性学习成果评比中获省三等奖1项，在区研究性学习评比中获区一等奖1项，二等奖2项，三等奖2项；在区第40届中小学生田径运动会上获得初中乙组第6名的好成绩并晋升甲组行列；学校的科技活动小组在区无线电测向比赛中荣获区团体二等奖、在海模比赛中获团体三等奖；在区“假日杯”写字团体赛中获团体三等奖。在各类区级及以上比赛中学生个人获奖接近60人次，占学生总人数的19%。

学校科技、艺术、体育、文学社近十个学生社团在区中小学学生艺术节、研究性学习成果评比、科技比赛等活动中崭露头角。2012—2014年获得省一等奖2项（2013年、2014年模拟机器人），三等奖3项，市级获奖5项，区团体一、二等奖9项，学生个人获奖90余人次。

2017年，王德梁老师指导的九年级周文彬同学喜获第27届全国初中应用物理竞赛（浙江赛区）一等奖。这是本届全国初中应用物理竞赛余杭区唯一一所获一等奖的公办学校。

2019年在余杭区奇迹创意比赛中，五常中学获得综合团体二等奖；余杭区智能寻轨器团体赛中获二等奖；余杭区无线电测向比赛中获综合团体赛二等奖。在余杭区初中生排球赛中，学校女队过关斩将，荣获亚军。

三、中学简介

五常中学　杭州市余杭区五常中学创办于1968年2月，学校原名余杭县五常人民公社五九中学，校址位于五常人民公社东风大队，1984年学校更名为余杭县五常乡中学，1990年搬迁至五常街道荆长路39号，1993年和2001年因余杭区划调整先后更名为余杭市五常中学和杭州市余杭区五常中学，2015年与杭州师范大学合作办学，学校更名为杭州师范大学附属五常中学，2017年学校整体搬迁至荆长大道520号。

学校地处杭州未来科技城核心区块，和西溪国家湿地公园一路之隔，毗邻阿里巴巴总部和海创园。校区占地面积68449平方米，其中绿化面积23962平方米，运动场馆面积13796平方米；总建筑面积68304平方米。校园布局合理，教学设施、设备先进，设计规模54班，可容纳学生2500余名。2020年，学校有教职工80余人，本科及以上学历达100%，其中研究生学历11人，高级教师37人，区、市级以上教坛新秀、骨干教师和名师共计30余人次。

有“浙派语文新星”陈治勇老师、“全国优质课大赛二等奖”获得者朱丽婷老师、“杭州市班主任工作室领衔人”杨建成老师、余杭区名教师徐罗燕老师、浙江省篮球优秀教练员章圣爱老师、“浙江省信息优质课大赛一等奖”获得者叶瑜老师等一大批名师。学校也获得了诸多荣誉，先后被评为余杭市首批学生行为规范达标学校、余杭市二级管理学校、余杭市绿化达标单位、余杭市文明单位、余杭市先进党组织、余杭市先进学校等。

余杭蔚澜学校（杭州文澜未来科技城学校） 蔚澜学校（杭州文澜未来科技城学校）建于2015年6月29日，位于未来科技城核心区块，为九年一贯制学校。学校由杭州市文澜中学托管，按民办学校机制运作。校区占地面积38683平方米，其中绿化面积12907平方米，运动场地面积8835平方米；总建筑面积33971平方米。2018年，设小学部14个教学班、初中部6个教学班，共514名学生；教职工66人，专任教师27人，其中省教坛新秀、省春蚕奖3人，市教坛新秀9人，区教坛新秀19人。学校被命名为“浙江省义务教育标准化学校”“杭州市第四批教育国际化示范校创建学校”等。

蔚澜学校（2015） （王洪坤 摄）

第五节 成人教育

农民业余文化教育，是中华人民共和国成立后才作为整个教育事业的组成部分的。清末曾有识字教育，民国虽有民众教育，不过空谈而已，两县农民文盲半文盲占95%以上。中华人民共和国成立后，在党的领导下，依靠群众，先是开展冬学、民校运动，扫除文盲，进而开展农民技术教育，创办了乡镇成人教育中心学校，坚持以“服务三农”为宗旨，以农业增产、农民增收为目标，在农民转移就业技能培训、务工农民岗位培训和农业专业技能培训等方面创出自身的培训特色，为当地经济发展和劳动力转移及农民致富发挥实效。

一、扫盲和民校工作

民国17年（1928），杭县几个较大的乡镇相继在小学内开设民众夜校。11月，杭县经省教育厅批准成立实验民众学校，开设两班，吸收12周岁以上的失学民众入学，课程有国语、常识、算术、党义、音乐和体育等。民国19年（1930），民众学校都改由小学附设。民国25年（1936），浙江省因实施民众教育极为困难，采取强迫教育的办法，对各县、市失学民众实施补习教育，其规定是：“以失学男子为对象与壮丁训练衔接进行，即在壮丁训练结束后，给予一个月识字教育，强迫入学。”民国29年（1940）7月，杭、余两县开展普设战时民校工作，杭县设有民校13所，余杭县设有民校23所。民国33—35年（1944—1946），余杭县、杭县先后实施强迫成人教育，规定乡、镇中心小学和国民学校设置民教部，开办民众学校，标准是：中心国民学校至少办成人班（男女合班）、妇女班各1班，国民学校择办成人班或妇女班1班。民国37年（1948），在开展肃清文盲工作中，杭县规定：课本、办公费、灯油费由县发给，各学校都须办肃清文盲班，并派视导员严厉考核办理情形等。但由于当时政府腐败，经济萧条，物价飞涨，民生凋敝，人民生活温饱尚不可得，纵有这样的规定，也无济于事。五常地处水乡，社会落后，农民贫困，初等教育实施尚有诸多困难，更不用说实施民众教育。从民国后期学校档案来看，当时五常区域的民校基本没有开设。如五常乡国民学校呈报的学校概况表中，虽有设立民教部的数字，但皆强调“农务繁忙，拟秋后开设”，实际上并未建立起来。

中华人民共和国成立后，党和政府十分重视农民的文化教育工作。1949—1950年，两县先后成立县、区冬学委员会，确定冬学必须以政治为主，文化为辅，采取办农村干部训练班的形式，重点是识字扫盲工作。当时的成教干部以夜校的形式，分别对各村的青壮年开展教学，重点放在识字和简单的算术上。20世纪70年代末80年代初，学校重点工作放在企业的职工教育上，五常荆山水泥厂、农机厂、冲压件厂等企业成立了职工教育机构，组建企业职工初小文化速成班，速成班开设语文和算术两门课，教室设在企业，学员上班前、下班后随时进班学习，属于宽松型学习形态。学员学习的积极性非常高，出现夫妻同学、同事赛学的场面。70年代末，五常人民公社无青少年文盲大队，办夜校也多是短期行为，不能坚持。为此，五常人民公社党委在1980年《关于发展农村教育事业的几项规定》中，要求各大队必须重视业余教育，加强党的领导，建立好业教领导班子，配好民师，立即办起夜校。要坚决完成上级规定的扫盲指标，力争一年内扫除青少年文盲。为使青少年能在夜校认真学习，各大队应有强有力的奖罚措施。比如将青少年积极认真参加夜校学习作为评比先进个人的条件之一，对民师要落实经济报酬，以调动民师积极性，等。

据余杭县1984年扫盲验收基本情况统计，五常乡农业人口14058人，12~40周岁少青壮年7671人，其中文盲、半文盲776人，脱盲181人，小学4299人，初中2047人，高中368人，非文盲率89.90%，当时全县平均非文盲率为86.68%。五常扫盲工作成效显著。1992年，15~45周岁非文盲率达到99.9%，非文盲率95%以上的建制村达到100%。

二、农民技术教育

1980年4月，五常人民公社办起全县第一所公社业余农业技术学校，开设水稻栽培、植保、蚕桑、渔业、畜牧、农机等6个班级，主要吸收生产队中以上的各类技术人员参加学习，有学员623人，学校分专业学习技术知识外，还开设文化课，办学近6个月，授课18次，初见成效。省、市《工农教育简报》都对此作了专题介绍，学校被评为市业余教育先进集体。

从20世纪80年代末开始，五常各级政府对成人教育工作给予了高度关注，将成校工作列入了三校一园协调发展的日程，因此成人学校面临着一次良好的发展机遇。这一时期的工作开始围绕为农民服务来开展。

1990年6月，县燎原广播电视学校成立后，五常乡也建立了教学点，举办实用技术培训，深受农民欢迎。1992年，五常成人教育中心更名为五常乡成人文化技术学校，开展职业技术教育和农民实用技术的培训。本着“实际、实效、实用”的原则，每年举办各类培训班30期以上，受训人数占劳动力总数的30%以上。

五常是水乡，池塘星罗棋布，大小河道很多，水系十分发达，因此水产养殖业非常发达，素有“鱼米之乡”的美誉。四大家鱼的养殖成了当地主要的经济来源。成校配合乡农办每年都要举办水产养殖技术培训班，分别从农大、省农科院请来专家为水产养殖户从鱼苗的选择、放养的密度、病害防治等方面给予指导。这一系列的培训，使养殖户从传统养殖迈上了科学养殖、科学管理的台阶，提高了经济效益。成校在该时期重点协助做好“引进新品种、推广新技术”的工作，如在五常鱼种场开展温室养殖甲鱼的试点工作，全程参与了温室的建造、苗种的选购、聘请专业人士传授养殖技术，在各方齐心协力下，试点工作取得了极大成功，从此甲鱼养殖开始为当地所接受，从起始几家发展到了几十家，温室越建越大。根据这一现象，成校协助乡农办组织广大甲鱼养殖户成立了五常乡特种水产养殖技术协会，做好技术服务工作。1994年，五常成人教育开办了企业管理培训班，共培训各类人员975名。

1998年，五常乡成人文化技术学校被评为浙江省二级成校。2000年后，是五常成校快速发展的时期，学校搬迁，单门独院，师资配备基本达标，办学经费充分保障。学校重点工作是紧紧配合当地政府，为广大失地农民和富余劳动力举办各类技能、实用技术培训班，先后举办了网络营销、物业管理、花卉园艺、计算机操作、西式面点师、中式面点师、育婴师等160余个培训班，为居民二次就业提供了有力帮助。还开办高考复习班、大专辅导班等，得到社会各界好评。

2004年，全年共设20个培训班，吸纳学员600余人次，其中对400余名失地农民进行了家政、电脑等方面的素质培训。2008年，举办失地农民、企业劳动保障干部和外来创业民工技能培训班3期，受训456人。

按照《余杭区农民素质教育工程考核办法》，五常成校根据各乡镇及地理位置的特点，结合产业优势、区位优势，有的放矢地开展培训。2009年，五常以杭州西溪国家湿地公园开园为契机，开展了休闲观光车驾驶员、游船驾驶员、保洁员等工种的培训。为培养文化传承人，把五常龙舟技艺发扬光大，2010年，余杭区实用技术学校与五常成校联合招收当地青年农民202人，由老一辈划龙舟师傅指导，带领青年农民在五常河道里训练。是年底，五常成校获“2010年度杭州市农民素质培训先进基地”的称号。2011年，完成对786位农民素质教育培训任务。

随着城市化进程的不断推进，五常成人教育的工作重点转向社区教育，为了丰富域内居民精神文化生活，学校开设五常十八般武艺、瑜伽、舞蹈、摄影、葫芦丝等培训班，聘请专业老师，长期举办学习培训。与各社区紧密联系合作，参与“相约周末”“我们的村晚”等大型活动。2012年，五常成校被评为杭州市示范社区学校。2013年5月，五常街道与五常成校联合举办为期3天的摄影艺术培训班，街道人口计生科全体人员和各社区计划生育服务员参加培训。暑期开展双证制学习，五常成校专门开会讨论，设法为学员创设更好的学习环境。学校将上课时间作了调整，晚上上课时间延迟半小时，周日提前半小时下课，尽量避开高温。9月，对教师开展现场救护知识普及性培训。

2015 年 3 月，余杭区成立省内首个职业教育与成人教育联盟，联盟由闲林职高牵头，五常成校等 5 所成校加入。联盟以服务区域社会经济文化为宗旨，实行 6 校合作互助办学机制，充分实现资源共享和优势互补，以增强办学活力，提高办学效益。7 月，街道举办免费成人“双证制”学习班，188 名学员报名参加学习。10 月，五常街道残联与五常成校联合举办残疾人十字绣培训，辖区内 20 余名残疾人参加培训。

2016 年，五常街道社区学校从实际出发，为社区居民搭建“人人皆学，时时可学，处处能学”的学习平台。针对老年人，失业人员、青少年等不同对象，有计划地开展不同内容的教育活动，如中式面点师培训、瑜伽培训、母婴护理培训等，每次活动，虽然形式各异，都力求主题鲜明，为五常打造“宜居、宜业、宜学、宜游”的城西和谐示范区典范助上一臂之力。

2017 年 10 月，五常街道开展新农村小区居民管理员培训。随着社会经济的快速发展，五常街道外来人口呈现急速增长态势，租住五常的外来人口已超过本地居民，给当地居民带来可观经济效益的同时，也给小区管理带来一定的难度。为适应时代的要求，小区管理员的整体素质亟须提高。五常成校把各社区的小区管理员组织起来，开展为期三天的小区居民管理员培训班，8 个社区共有近 40 名小区管理员参训。

五常成校举办物业管理培训（2018）　（沈连娥　摄）

2018 年，五常成校开展月嫂培训。二胎政策实行后，准妈妈数量增加，好的月嫂供不应求，月嫂的收入也随之水涨船高，月嫂行业前景广阔。陆陆续续有 40 多人自发到学校报名参加母婴护理员培训。培训内容主要有产妇护理、新生儿护理、喂养与早教、疾病、意外事故预防与护理等，理论与实践操作讲解相结合，传授科学育儿知识。2020 年，五常成校开展茶艺知识、卫生防疫知识、花卉园艺、五常十八般武艺等培训项目，累计培训人员 406 人。

自 2012 年以来，五常成校成功培育了杭州市社区示范性学习型社团 3 个，余杭区社区示范性学习型社团 7 个；浙江省学习之星 1 人，余杭区学习之星 6 人及一批区级优秀志愿者。杭州市社区教育进文化家园特色学习课程 2 门，杭州市社区教育进文化家园特色微课课程 2 门；区级社区教育品牌项目 3 个：“西溪摄影俱乐部”（2018）、“西溪女子武术教学”（2019）、“西溪舞蹈艺术培训”（2020）。

三、成校简介

五常成人文化技术学校　五常成人文化技术学校的前身为五常乡成人教育中心学校，建于1988年5月。建校初期，配合乡农办举办水产养殖技术培训班。从农大、省农科院请来专家，对水产养殖户进行指导、培训，使养殖户从传统养殖转向科技养殖。1992年9月，更名为五常乡成人文化技术学校。2001年8月，定现名。历年来，成校为失地农民举办网络营销、物业管理、中西式面点师、育婴师等150多个培训班，培训学员11496名。2018年，校址为五常街道顾家桥社区河西南127号，占地面积4925平方米，建筑面积1229平方米；教职工6人。2019年5月搬迁至五常街道五常大道166号五楼，2020年8月与五常中心学校进行机构合并后更名为杭州市余杭区五常街道教育指导和社区教育中心学校。由于办学场地限制，不能进行统一办学。现办学形式为一中心一基地。现五常大道166号五楼为社区教育教学基地，基地建筑面积1800平方米，有专用教室4个，其中多媒体教室1个，大图书室1个，设施较为齐全，能够满足各类教育和培训需求。基地现有教职工8人，其中高级职称3人，中级职称3人，同时常年聘请由专家、技师组成的兼职教师20余名，师资力量雄厚，为学校开展各类培训提供了有力保障。

学校取得了不少荣誉，获评杭州市示范性成校、杭州市示范社区学校、浙江省标准化成校、余杭区爱国卫生先进单位等。

第六节　高等教育

境内高等教育始于21世纪，主要院校有省、市政府在境内创办的中共浙江省委党校和杭州师范大学等。

一、建校概况

2005年12月，中共浙江省委党校（省行政学院、省社会主义学院）选址境内建设新校园，“一校两院”新校园位于仓前高教功能区南侧，系省重点工程。一期建设用地270亩（二期规划用地80亩），总建设面积11.72万平方米，项目总投资4.51亿元。28日，项目由时任省委书记、省人大常委会主任习近平亲自奠基，正式开工建设。2008年8月正式启用。新校园项目由办公楼、图书信息中心、教学楼、学员楼、餐饮中心、文体中心及社会主义学院用房等组成。建筑风格汲取了江南建筑的精髓，以园林式、庭院式为主，成为“布局合理、功能齐全、环境优美、设施现代化”的一流校园。

杭州师范大学仓前校区位于余杭区仓前、五常街道境内。建设总投资（包括土地成本）94亿元左右。校区设计做足水文章，以“湿地书院，水韵书香”为核心理念。校区建设分三期进行，规划成A、B、C、D四个区块，由西至东、由南至北逐步伸展。杭师大仓前主校区一期工程，于2009年开工建设。仓前校区占地面积216.7公顷，建筑面积220万平方米，2013年9月，杭师大仓前校区正式启用。2015年，杭州市委、市政府对杭师大仓前校区二期建设作出了重大调整，同时明确了要加快推进杭师大仓前二期建设。二期工程位于一期工程以东、余杭塘河以北片区，共分A、B1、B2、C、D1、D2、D3、D4和D5等9个区块实施建设，占地共计172.54公顷。二期工程中的D2区块建设内容主要有艺术学院的美术学院、音乐学院、动漫学院等。2018年建成并交付使用。

二、学校简介

中共浙江省委党校（浙江行政学院）　中共浙江省委党校（浙江行政学院）是省委培训领导干部和优秀中青年干部的学校，是党的思想理论建设的重要阵地，是省委、省政府的哲学社会科学研究机构和重要智库，为中共浙江省委直属事业单位。中共浙江省委党校（浙江行政学院）实行一个机构两块牌子。

中共浙江省委党校（2008）　（王洪坤　摄）

中共浙江省委党校创建于1949年9月，新校区于2005年12月由时任省委书记习近平亲自奠基，2008年8月正式启用。学校有公开发行刊物《中共浙江省委党校学报》和内刊《当代社科视野》《干部教育研究》。2020年，学校有马克思主义理论等5个一级学科硕士学位点、2个专业学位授权点、3个省级一流学科，居全国省级党校第一。学校内设28个机构和机关党委，学校有教职工380余人，其中专业技术人员160人，高级职称108人，二级教授6人，博士97人；国家和省级各类人才53人，其中中宣部“宣传思想文化青年英才”1人，享受国务院政府特殊津贴人员10人，省“151”人才32人，省“五个一批”人才12人。学校年均培训学员2.5万余人。

杭州师范大学　杭州师范大学是浙江省重点建设高校，是一所以师范教育为传统、文理并重、人文社会科学与自然科学协调发展的综合性大学。学校前身可追溯至创建于1908年的全国六大高等师范学堂之一的浙江官立两级师范学堂，1978年建立杭州师范学院，2000年前后杭州教育学院等五校相继并入，2007年更名为杭州师范大学。

2021年，学校有仓前、玉皇山、下沙三个校区，分别位于杭州未来科技城、西湖之滨和钱塘江畔，占地面积179.3万平方米。学校下设23个学院（部）、1个直属附属医院（杭州市第二人民医院），有全日制在校生25209人（不含独立学院），其中全日制硕士生4229人、博士生68人，学历国际学生327人。有教职工2457人，其中专任教师1760人（高级职称占比近57%），全职院士、共享院士、教育部长江学者、国家杰出青年科学基金获得者等国家和省级高层次人才80余人，全国优秀教师3人，学校入选首批省海外高层次人才创新创业基地。学校有一级学科博士学位授权点1个，专业学位博士授权点1个，服务国家特殊需求博士人才培养项目1个；一级学科硕士学位授权点25个，专业学位硕士授权点18个，获得优秀应届本科毕业生推荐免试攻读研究生普通高等学校资格。化学、临床医学、植物学与动物学、神经与行为科学、工程学、材料科学、环境与生态学等7个学科进入ESI全球前1%，ESI综合排名连续多年进入全国百强，有省一流学科13个（A类7个、B类6个）。学校现有本科专业75个，其中国家级一流专业19个、教育部专业综合改革试点1个、省级一流专业15个。学校本科教学质量居浙江省高校前列，是教育部卓越教师培养计划改革项目实施单位、首批国家级大学生创新创业训练计划地方实施高校、首批全国创新创业典型经验高校。学校有非独立法人资格中外合作办学机构杭师大哈尔科夫学院，先后与美国、英国、日本、澳大利亚等国家和地区 30 多所高校建立了校际合作交流关系，拥有来华留学生招生与培养资格，是全国首批来华留学质量认证试点工作院校。

历年五常中小学、幼儿园教师获区级以上奖励情况表

表 6 –2 –8

年度	姓名	所在学校	荣誉称号
1977	鲁明德	五常中学	余杭县先进工作者
1978	范平强、陈耀伦、陈水源	五常中学	余杭县先进工作者
1979	张子安、陈耀伦、张昌禄、濮根深、周国建	五常中学	余杭县先进工作者
1980	张昌录、濮根深、张小毛、吴桂生	五常中学	余杭县先进工作者
1981	杜月园	五常中学	杭州市为人师表先进个人
1982	杜月园	五常乡中心小学	省“五讲四美”为人师表优秀教师
1982	张昌录	五常中学	余杭县先进工作者
1983	张昌录、濮根深	五常中学	余杭县先进工作者
1984	濮根深	五常中学	余杭县先进工作者
1993	郑德法	五常中学	余杭县优秀共产党员
1995	杜月园	—	余杭区红烛奖
1996	杜月园	—	省春蚕奖
1998	郑德法	五常中学	余杭县优秀共产党员
1999	郑德法	五常乡初级中学	余杭市优秀校长
1999	蒋文仙	五常乡中心小学	杭州市优秀教师
2000	徐国荣	五常乡初级中学	杭州市优秀教师
2000	冯元美	五常乡荆山小学	杭市第六届红烛奖
2002	沈根松	五常邱桥完小	余杭区第八届红烛奖
2002	郑德法	五常中学	浙江省第 15 届春蚕奖
2003	邵永建	五常小学	杭州市优秀教育工作者
2004	林永金	五常中学	余杭区优秀教师
2005	徐　燕	五常中学	余杭区优秀班主任
2009	王田春	五常中心小学	余杭区优秀班主任
2009	徐罗燕	五常中学	杭州市教坛新秀
2011	张　萍	五常中心小学	余杭区优秀教师
2011	周海燕	五常中学	余杭区优秀班主任
2011	杨利娟	五常中心幼儿园	余杭区师德优秀教师
2011	郑德利	五常中心幼儿园	余杭区“学生最喜爱的老师”
2012	杨丽琴	五常中学	余杭区优秀班主任
2012	严建女	五常中心小学	余杭区师德优秀教师

续表 6－2－8

年度	姓名	所在学校	荣誉称号
2012	盛燕飞	五常中心幼儿园	余杭区“学生最喜爱的老师”
2013	杨建浩	五常中学	余杭区师德优秀教师
2013	王建文	五常中心小学	余杭区师德优秀教师
2013	许世俊	五常成校	余杭区师德优秀教师
2013	童渭良、姚　巍	五常中学	余杭区优秀班主任
2013	孙明芳、闻雪娟、王迎春、卢月琴	五常中心小学	余杭区优秀班主任
2013	赵丽霞、沈红燕、沈美娣	五常中心幼儿园	余杭区优秀班主任
2013	朱　娟	五常中心幼儿园	余杭区红烛奖
2014	顾红霞	五常中学	余杭区优秀教师
2014	蒋文仙	五常中心小学	余杭区优秀教师
2014	金晓华	五常中心幼儿园	余杭区优秀教师
2014	杨明娟	五常中心学校	杭区优秀教育工作者
2014	张　佳、於顺明	五常中学	余杭区师德优秀教师
2014	徐国英	五常中心小学	余杭区师德优秀教师
2014	程云花	五常中心幼儿园	余杭区师德优秀教师
2014	郑爱平、杨建成	五常中学	余杭区优秀班主任
2014	汤丽娟、姚慧琴、赵国萍	五常中心小学	余杭区优秀班主任
2014	徐章霞、张　燕、朱春莉、朱卫女	五常中心幼儿园	余杭区优秀班主任
2015	王德梁	五常中学	余杭区优秀教师
2015	朱艳芳	五常中心小学	余杭区优秀教师
2015	孟继霞	五常中心幼儿园	余杭区优秀教师
2015	滕建芬	五常街道中心学校	余杭区师德优秀教师
2015	张海荣	五常中学	余杭区师德优秀教师
2015	高黎强	五常中心小学	余杭区师德优秀教师
2015	姚月琴、余　盈	五常中心幼儿园	余杭区师德优秀教师
2015	蒋　华、钟　琴、陆忠琴、仇晓梅、高燕飞、唐振亚、周学泳	五常街道中心学校	余杭区优秀班主任
2016	周海燕	五常中学	余杭区优秀教师
2016	张文芳	五常中心小学	余杭区优秀教师
2016	胡晓敏	五常中心幼儿园	余杭区优秀教师
2016	童渭良	五常中学	余杭区师德优秀教师
2016	王建文、胡耀华	五常中心小学	余杭区师德优秀教师
2016	姚兴祥	五常成人文化技术学校	余杭区“红烛奖”
2016	於顺明	五常中学	余杭区优秀班主任

续表 6－2－8

年度	姓名	所在学校	荣誉称号
2016	姚国姣、华　英、吴永梅、王田春、费柳青	五常中心小学	余杭区优秀班主任
2016	孙燕飞、叶　微、黄淑慧、陈文雯、徐　峰、郑德利	五常中心幼儿园	余杭区优秀班主任
2016	鄢明珠	国泰盛世嘉园幼儿园	余杭区优秀班主任
2016	曾海燕	人和幼儿园	余杭区优秀班主任
2016	范春玲	启蒙铭苑幼儿园	余杭区优秀班主任
2016	石　英	大华西溪风情幼儿园	余杭区优秀班主任
2017	赵玉明	五常中学	余杭区优秀教师
2017	项聪英	五常中心小学	余杭区优秀教师
2017	桑华英	五常中心幼儿园	余杭区优秀教师
2017	杨建成	五常中学	余杭区师德优秀教师
2017	雷巍巍	五常中心小学	余杭区师德优秀教师
2017	盛燕飞、杨利娟	五常中心幼儿园	余杭区师德优秀教师
2017	沈学权	五常中学	余杭区优秀班主任
2017	陈　晨、皇甫莉、闻雪娟、朱士琴、王　琴	五常中心小学	余杭区优秀班主任
2017	华云珠、张阿莲、陈　娇、宋菲菲、周爱平、童　蕊	五常中心幼儿园	余杭区优秀班主任
2017	陈明	五常中学	杭州市优秀教师
2018	陈明	五常中学	浙江省“春蚕奖”
2018	徐罗燕	五常中学	余杭区第九批名教师
2018	谢海虹	五常中学	余杭区优秀教师
2018	王德鑫	五常中心小学	余杭区优秀教师
2018	程云花	五常中心幼儿园	余杭区优秀教师
2018	王德梁	五常中学	余杭区师德优秀教师
2018	沈建玲、方家慧	五常中心小学	余杭区师德优秀教师
2018	朱春莉	五常中心幼儿园	余杭区师德优秀教师
2018	徐　燕、李灵巧	五常中学	余杭区优秀班主任
2018	劳芳佳、王　丹、夏泽颖、朱利琴、吴勤峰、卢月琴	五常中心小学	余杭区优秀班主任
2018	方　舒、陈　菲、施丽芳、赵熙琳、钱海燕、徐章霞	五常街道中心幼儿园	余杭区优秀班主任
2019	徐玲娟	五常文福幼儿园	余杭区优秀教师
2019	费柳青	五常中心小学	余杭区优秀教师
2019	郑凌佳	五常中学	余杭区优秀教师

续表 6－2－8

年度	姓名	所在学校	荣誉称号
2019	滕建芬	五常中心学校	余杭区优秀教师
2019	赵丽霞	五常街道中心幼儿园	余杭区优秀教育工作者
2019	夏云君	五常街道中心幼儿园	余杭区师德优秀教师
2019	钱丽娜	五常文福幼儿园	余杭区师德优秀教师
2019	张忠琴、姚清平	五常中心小学	余杭区师德优秀教师
2019	周海燕	五常中学	余杭区师德优秀教师
2019	朱丽丽、洪安琪	五常中学	余杭区优秀班主任
2019	杨燕杰、罗　茜、蒋文意、童春苗、贾忠敏	五常中心小学	余杭区优秀班主任
2019	陆燕芳、徐建芳、杨倩茹	五常街道中心幼儿园	余杭区优秀班主任
2019	罗玲玲、姚月琴、严燕萍	五常文福幼儿园	余杭区优秀班主任

第三章 体 育

中华人民共和国成立以前，境内体育运动以民间活动为主，且以民间文艺、民俗相结合，常见的有划龙舟、舞龙、舞灯等。民国年间建立的国民小学，虽开设体育课，但体育活动场地和设备极度匮乏，体育活动基本无法开展。

中华人民共和国成立以后，学校体育渐兴，农民体育开始兴起。历届五常党委、政府十分重视群众性文体活动，将群众文化体育工作纳入了国民经济建设和社会发展的计划。传统竞技项目长盛不衰，群众体育活动比较活跃。自 2002 年开始，五常经济开发区和管委会每年举办一次龙舟节活动。自 2009 年开始，首届“中国杭州五常龙舟胜会”举行，以后每年举行一次。自 2011 年起，中国名校龙舟竞渡活动落户五常，2012 年起，在杭高校也加入了龙舟竞渡的行列。2004 年元宵节，五常十八般武艺搬上了元宵节文艺活动的舞台，此后多次参加国际传统武术大会和西博会等表演，受到广泛赞誉，参加农民武术大会，取得良好成绩。龙舟竞渡和五常十八般武艺表演这两项群众性体育活动的影响力也越来越大。

20 世纪 90 年代以后，政府在倡导、发展和组织传统竞技体育工作上发挥了越来越重要的作用。出台鼓励政策，鼓励各村、社区开展丰富多彩的群众性文体活动，街道制定《五常街道宣传文化体育事业发展专项资金管理试行办法》，规范资金使用管理，提高资金使用效率，对开展体育活动和取得优异成绩的单位和个人进行奖励。将全民健身工程列入年度建设计划，对符合用地规划，新建并通过验收合格的全民健身工程，街道在区级补助的基础上实行 1∶1 配套补助；对撤村建居健身苑、点设施维修或更新的费用按区级补助标准 1∶1 进行补助。

大型运动场地陆续建起，体育设施不断改善。五常中心小学和五常中学均建有体育馆，五常中学拥有 400 米标准跑道的田径运动场。每年除举办运动会，平时还开展单项体育比赛活动，企事业单位有条件的都建有篮球场、乒乓室，丰富职工业余文体生活。镇文化站组织各类体育活动，培养体育骨干，建立体育队伍，体育活动全面开展。健身苑、健身点遍布各居民区。村民锻炼身体、增强体质意识增强，体育活动成为人们日常生活的组成部分。体育社会化、产业化逐步发展并取得成效。各类体育创建工作更上台阶。2000 年，杭州市体委、农经委对余杭申报第四批杭州市级体育先进乡镇进行考评验收，认为五常等 4 个乡镇各项体育设施健全，基本达到杭州市级体育先进乡镇评比标准。2011 年，五常街道沿山河社区被授予浙江省城市体育先进社区称号，并受到浙江省体育局的表彰。

竞技体育发展较快，自 2012 年到 2017 年，五常街道共举办人民运动会 2 届，参加区人民运动会也取得良好的成绩。

第一节　体育设施

民国时期，境内并无体育设施。20世纪50年代到80年代，仅有学校尚有简易的操场，场地狭小，设施简陋。90年代后，学校体育设施大有改善，各村、社区也建起了健身苑、球场等体育设施。

一、街道文体中心

2009年，街道文体活动中心的室内活动场所1000余平方米，配有图书室、电子阅览室、器乐培训室、棋牌活动室、书画社等，占地近1.33公顷的五常人民广场可供千余人同时活动。

2011年，文体服务中心大楼三楼排练厅旁新建公共健身室，拥有十余种健身设施，平时晚间与双休日免费开放。同时，街道还投入维修及管理费用20余万元，并依托社区资源规划再投资30余万元建设社区体育活动中心，中心包括室内灯光羽毛球场、乒乓球场等。

二、五常人民广场

五常人民广场位于五常顾家桥社区内，拥有健身苑一处、各类健身器材40余件、灯光篮球场及网球场各1个。2011年，为创建杭州市公共城乡体育设施提升工程，街道进一步完善功能配套，实施提升工程，并于10月底全面竣工。整个广场提升工程包括土建、设施增设、绿化修复等，共计投入资金30万余元（不含设计费用）。广场网球场东侧新建一个374平方米的老年门球场及占地127平方米的室外乒乓球场；对原有网球场、篮球场进行塑胶地面铺设，并进行了加设围网等修缮工作。

三、村、社区、学校体育设施

境内原有体育设施大多在学校，仅有简易操场和篮球场。进入20世纪90年代后，境内体育硬件设施不断得到加强，1996年底，乡财政拨款平整体育运动场，修建两个篮球场。1997年，按每人0.3元的体育经费投入列入乡财政预算。全乡有200米田径场1个，7人制足球场的草坪1个，水泥柱架篮球场2个，水泥乒乓球场4张，并有运动室、棋牌室和图书室。随着新农村建设和社区建设的推进，健身苑和健身点建设起步并发展较快，新建学校的体育设施都比较完善。

2005年，五常街道制订了健身点的实施计划，确定友谊村老年协会大院内和荆丰村九胜桥荆丰村委门口二处建立健身点，并于当年完成运动器械的安装和验收。2007年，新建健身点4处，位于横板桥社区1处，荆丰社区1处，顾家桥社区2处。2009年，辖区内共建有健身苑2处，健身点17处，篮球场2处，网球场1处。

2009年，五常中心小学学校有300米环形跑道的田径运动场1个，5000多平方米的足球场1个，标准篮球场2个，排球场3个，各类体育器械活动场地200平方米。另外还有一座1000平方米的室内体育馆，内设标准篮球场1个，羽毛球场2个。

2015年，街道对各社区健身苑点进行摸查，对社区健身苑点整修提升和新建进行前期实地勘察和布点工作。当年，全街道拥有21个器材完备、管理有序的体育健身苑点。西溪花城和西溪景苑的健身器材布点完成场地选址。2016年，新增1个健身苑，2个健身点。对于各社区的健身器材，及时接管、检查，对破损和年久失修的器材及时更换。

五常中心小学运动场（2019）　（王洪坤　摄）

2017年，新建成的五常中学拥有400米标准跑道，室外排球场3个、篮球场4个、标准人工草坪足球场1个，室内篮球场2个。足球场约7200平方米，室外排球场地约600平方米，室外篮球场约2500平方米。室内篮球场约2000平方米。2018年，辖区新增7个健身点，1个篮球场。同时为辖区各健身苑点购买全民健身工程安全责任险，做好设施维修、更新等管理工作。2019年，建成1个健身苑、6个健身点、2个灯光篮球场，景盛社区西溪郡健身苑、荆山社区荆山翠谷健身点、灯光篮球场已完成建设并投入使用。2020年新增健身苑点5个，及时接管、检查、更换社区的健身器材。推动全民健身，11月开展国民体质监测活动，参加200余人。

第二节　体育活动

境内大型体育运动会肇始于2012年街道首届人民运动会，每四年举行一次，至2017年已进行2次。此外，其他群众性体育活动也经常开展，主要有每年一次的龙舟竞渡以及五常十八般武艺表演等。

一、街道人民运动会

2012年6月23日，五常街道首届人民运动会开幕式暨2012五常龙舟胜会在五常中心小学隆重举行。来自五常街道机关、社区、企事业单位的29支运动队770余名运动员参加开幕式。五常街道党工委书记陆建友致开幕词，副区长许玲娣讲话，区委常委、杭州未来科技城（海创园）党工委副书记、管委会副主任沈文南宣布开幕。首届人民运动会设置龙舟、中国象棋、拔河、女子定点投篮、三人制篮球、羽毛球、田径、舞龙、游泳9个成人组大项及老年中国象棋、太极拳、老年定点投篮、乒乓球、飞镖5个老年组大项，辖区9个社区均组团参加。同时，五常街道机关、合作银行五常支行、五常中小学、五常供电所4家事业单位及华立集团、鸿雁电器为代表的辖区内16家企业均组队参加。11月2日，五常街道首届人民运动会闭幕，领导给最佳组织奖、道德风尚奖等获奖单位和个人颁奖。

2017 年 11 月 23 日，五常街道“湿地明珠·创智五常”第二届创意文化节、人民运动会开幕式暨五常中学落成仪式在五常中学新校区举行，来自五常街道下辖社区、企事业单位共 1300 余人参加。从 11 月 18 日至 12 月 3 日，五常街道第二届人民运动会各项比赛陆陆续续举行，本次运动会分为个人赛和团体赛，设置了象棋、拔河、登山、跳长绳、排舞、定点投篮、趣味运动会 7 个大项，全体运动员坚持友谊第一、比赛第二、公平竞争的原则，遵守赛场纪律、遵守比赛规则，顽强拼搏、勇于争先、赛出风格、赛出水平。本次运动会与第二届创意文化节同时举行，其间进行龙舟赛和舞龙表演。街道社区、企事业团体共 33 支队伍参加盛会。2018 年 2 月 7 日，五常街道第二届创意文化节、人民运动会闭幕。本届五常创意文化节、人民运动会注重“理念、高效、节俭”，并为老年朋友设置了趣味体育比赛，极力扩大群众参与的广泛性和普遍性。在创意文化节期间，街道组织开展了洪氏家风朗诵比赛、非遗展示月等主题鲜明的文化艺术活动。闭幕式上，街道对机关企事业组团体奖前六名、社区组团体奖前六名进行颁奖。

二、群众体育活动

五常龙舟胜会　端午节（农历五月初五）和小端午节（农历五月十三）龙舟竞渡活动，在五常已有一千余年历史。进入 20 世纪 90 年代，五常民间开始自发恢复和组织龙舟竞渡活动，后来也纳入政府体育工作。1996 年，五常全乡参加龙舟竞渡的有 12 个村的 50 余条龙舟，不但各行政村有龙舟，而且各厂矿、企业单位也组成龙舟队参加五月十三的小端午五常龙舟胜会。2000 年端午节，五常乡及四邻农民 4000 余人会聚在五常港源谊村段的两岸，观看一年一度的龙舟竞渡。参加龙舟竞渡的 50 条龙舟，全部来自五常乡各村、组。

2002 年“小端午节”，五常经济开发区举办首届龙舟节。开发区 16 个行政村 50 条龙舟共 1020 名村民参加活动，来自临平城区、径山、余杭、闲林等地群众共 3 万人观看了龙舟竞渡。五常经济开发区从 2002 年开始每年举办一次龙舟节。为举办本次龙舟节，邱桥、金家塘 2 个村投入 20 万元，对因受上年“6·28”洪水冲击严重毁坏的 310 米长的塌方堤塘进行修复。

2004 年，五常管委会隆重举办龙舟节活动，龙舟竞渡是龙舟节的重头戏，有 78 条龙舟参加，规模空前，秩序井然，气氛热烈。2005 年的第二届“五常龙舟节”，有 94 条龙舟参加比赛，2 万余人到现场观看。2006 年第三届龙舟节，龙舟竞渡活动在五常村浜口举行，有百余条龙舟参加，观众 2 万余人。当年国庆期间，为庆贺祖国华诞，五常管委会五常村的 165 名村民将 11 条龙舟划进大运河，进行龙舟表演，以传统的方式庆祝中华人民共和国成立 57 周年。2007 年和 2008 年“小端午”期间，五常龙舟划进闲林镇和睦桥，与来自闲林、仓前等地近百条龙舟，竞渡庆祝小端午。

2009 年，由余杭区人民政府主办，余杭区风景旅游局、杭州西溪国家湿地公园（西区）管委会办公室、五常街道共同承办的首届“中国杭州五常龙舟胜会”于 5 月 22 日在西溪国家湿地公园（西区）拉开帷幕，5 月 28 日将举行传统的“赛龙舟”大会，整个活动历时 2 周，一直持续到 6 月 2 日。数十家国内外媒体争相报道，特别是中央电视台一套节目也于端午节当天的晚间新闻里面报道了“五常龙舟胜会”的盛况，吸引了 6.5 万余人前来观看。“龙舟竞渡”（赛龙舟）大会是五常龙舟胜会的主体部分，在五常街道和各个社区、村的有序组织下，来自街道各社区、村的 110 条龙舟参与此次“龙舟竞渡”，掀起了“首届中国杭州五常龙舟胜会”活动的高潮。五常街道开展“首届五常龙舟胜会”组织奖评比活动，友谊、五常、文一 3 个社区获得优秀组织奖，荆丰社区、横板桥社区、顾家桥社区、永福村获得组织奖。

一年一度的端午节，龙舟竞渡成为五常街道群众体育运动的保留节目。每年街道都精心筹划龙舟竞渡活动，结合文化创意等一系列精彩纷呈的活动，将龙舟竞渡打造成五常的“金名片”。从 2011 年起，C9 联盟将每年的固定节目龙舟竞渡安排在杭州西溪国家湿地公园洪园举行，给传统的龙舟文化注入了新的元素。2012 年起，在杭高校也加入竞渡的行列。C9 名校大学生龙舟赛和在杭高校大学生龙舟赛成为西溪龙舟文化活动的一大特色项目。到 2019 年，五常龙舟胜会已进行了 10 届。2020 年，因受新冠肺炎疫情影响，龙舟竞渡活动暂停。

中国名校龙舟竞渡活动落户五常 为宣传和扩大传统的五常龙舟文化的影响，为使龙舟民俗文化增添时代气息，余杭区从 2011 年起，引进中国名校龙舟竞渡活动。2011 年杭州西溪龙舟文化节期间，首届杭州中国名校龙舟竞渡活动在杭州西溪国家湿地公园洪园精彩亮相，来自浙江大学、北京大学、清华大学、复旦大学、上海交通大学、南京大学 6 所国内一流名校的学子在西溪的水中开展一场真正意义上的“竞渡”。2012 年端午节，海创园杯第二届杭州中国名校龙舟竞渡 · 第四届五常龙舟胜会活动继续在杭州西溪国家湿地公园洪园鸣锣开桨。7 所 C9 名校的学子再较高下。应广大在杭高校的强烈要求，还增加了在杭高校的龙舟竞渡，中国计量学院、浙江农林大学、浙江财经学院、中国美术学院、浙江外国语学院、浙江树人大学、杭州师范大学、浙江传媒学院 8 所在杭州的高校也加入竞渡的行列。最终，名校龙舟竞渡中，中科大和浙大获得 C9 高校一等奖，浙江外国语学院、杭州师范大学、杭州农林大学获得在杭高校一等奖。根据杭州市与浙江大学签订的市校战略合作协议，“中国名校龙舟竞渡活动”决定永久落户余杭。每年的端午节，各大名校学子将相聚在杭州西溪国家湿地公园洪园，一起划桨比拼，传承和发扬中华民族的龙舟精神。

名校龙舟竞渡（2015）

2015 年，来自国内 C9 顶尖名校的 9 支大学生龙舟队伍，首次全齐聚，与 7 支在杭高校大学生龙舟队伍比拼，最终中国科技大学、复旦大学、浙江大学 3 支龙舟队获 C9 名校比赛一等奖。2018 年，“第七届杭州中国名校龙舟竞渡暨在杭高校龙舟赛”邀请了包括 2 所香港名校在内的 11 所中国名校、6 所在杭州高校及梦想小镇和阿里巴巴的龙舟队参与到本次比赛中。最终，浙江大学、华中科技大学、香港大学、香港中文大学、中国科技大学、复旦大学获得名校组第一名。浙江大学、浙江科技学院、杭州师范大学获得在杭高校组的第一名。2019年，还特别邀请了香港中文大学龙舟队与澳门大学龙舟队参赛，也是港澳队伍在杭州西溪国家湿地公园洪园龙舟赛上的首次同时亮相。到2019年，中国C9名校龙舟赛已成功举办了8届，在杭州高校大学生龙舟比赛举办了7届。

五常十八般武艺表演　“五常十八般武艺”在五常有悠久的历史。早在明正德年间，历任刑部、工部等尚书的洪钟将带兵征战时使用的常规兵器结合五常乡村中的农器具、日用工具组合成型了独特的十八般兵器，创编了一套五常十八般兵器操练法，教习乡民。后人将兵器演变为用硬木制作，世代相传。然而，随着科技化的发展，城市化的脚步，习武之人逐渐减少，五常十八般武艺也逐渐变成了一项表演活动和强身健体的体育活动。

五常十八般武艺表演，又称五常拳灯，一度尘封一百多年。直到2004年的元宵节，五常十八般武艺搬上了元宵节文艺活动的舞台，引起了省、市有关方面的重视，《今日余杭》以及杭州的新闻媒体先后报道了五常十八般武艺搬上元宵节舞台的情况，引起了余杭区及杭州市有关部门的关注。2004年“五一”前夕，省武术协会通知五常管委会，五常村的拳灯已经入选浙江省第二届国际传统武术大会，将在开幕式中作精彩表演。6月，经余杭区体育总会批准，成立“杭州西溪（五常）民间武术队”，有队员近百人，最大的89岁，最小的11岁。在省、市武术协会的大力支持下，聘请多位省、市武术界资深教练到五常执教，完善套路。8月12日至14日，五常民间武术队参加浙江省第二届国际传统武术大会。在由世界11个国家和国内9个省市选拔出来的2000余名武林高手面前不甘示弱，获得了5金1银3铜的成绩。同时，在开幕式上表演的“五常古兵器大操练”获得特别表演奖。10月23日，“五常十八般武艺”再次亮相杭州，一辆展示200多年前西溪文化的木制古兵器的彩车和一支86人的狂欢队伍在“西博会”狂欢节上作精彩表演，并获得特别表演奖（金奖）和彩车奖（银奖）。12月9日至13日，杭州西溪（五常）民间武术队承办了由浙江省武术协会、浙江省武术科学学会、浙江对外体育交流中心主办的“浙江传统武术教练员培训班暨浙江国际传统武术大会科研论文报告会”。由村一级承办省级培训班为全省首创。

2007年，组织“五常十八般武艺”参加首届全国农民武术大会，并获得了2金1银7铜的好成绩。2011年，五常中心小学将五常十八般武艺作为体育活动的形式引入教学，学校在每周三下午开设五常十八般武艺专题课程，作为综合实践课程之一。教学班课程安排为每周2次，由五常十八般武艺代表性传承人胡乔泉、胡吉云及老拳师入校讲课，并手把手指导。2012年，在“梦幻西溪创意五常”闭幕式晚会上，五常十八般武艺少年武术队的首次公开亮相，也是老拳师和他们的徒子徒孙们的首次同台演出。

2014年4月26日，余杭武术协会五常武术辅导站在五常街道正式授牌成立，为活跃在五常的武术爱好者提供了学习、交流的平台，更为五常群众体育开展、非遗文化传承拓宽了渠道。同年，五常成校组织五常十八般武艺培训，吸引力11位“女汉子”参加，五常十八般武艺有了女传人。

2015年，街道成立五常十八般武艺表演队伍，除了在学校吸收人才组队以外，在中泰武术学校由专业武术人才组成新的表演队伍，用他们的专业武术素养诠释传统的五常十八般武艺，丰富文体表演形式的同时让非遗文化传承后继有人。2018年，五常十八般武艺参加“非遗薪传”——浙江传统体育展演展评活动，获最佳表演奖。2020年6月，五常成校继续举办的“薪火相传，自强不息”五常十八般武艺培训班，吸引了社区的武术爱好者和老拳师共70余人参加。

舞龙表演 舞龙也是五常民间传统的体育项目，古时历来有之。进入20世纪90年代后，舞龙表演逐步发展起来。

1996年，五常乡组织新春舞龙表演赛，当年有7个村的老年协会成立了老年舞龙队。2005年，五常管委会举办了2005年元宵舞龙比赛。通过报名，共有8支队伍参加了比赛。同时，还邀请了荆山村腰鼓队和顾家桥村腰鼓队到现场表演。2007年元宵节，举行第三届元宵舞龙比赛。荆山女子舞龙队还参加中泰乡第二届人民运动会开幕式表演。

五常女子舞龙再创佳绩（2015）

2009年，五常街道承办余杭区舞龙比赛，来自全区13个乡镇、街道的代表队参加此次角逐。南苑街道代表队和余杭镇代表队分别摘得男、女组桂冠。2013年，余杭区舞龙展演及比赛在余杭区人民广场举行，五常荆丰女子舞龙队代表五常街道参加了此比赛。五常街道荆丰社区女子舞龙队由14名女队员组成。最终获得2013年余杭区舞龙比赛女子组三等奖。2015年，五常女子舞龙再创佳绩，经过竞速、演示两个比赛项目的角逐，获总分第七名。2016年11月，五常女子舞龙队应邀参加了“非遗走亲·文化家园”2016年五常西溪民俗手作文化展演。

2017年9月，“龙腾盛世·喜迎十九大”余杭区舞龙展演在五常中学体育馆举行，15个镇街的15支代表队共500余人轮番登场，献上了一场精彩的舞龙展演，五常街道获得巾帼风采奖。

三、其他赛事

1996年，五常乡举办机关部门中国象棋邀请赛、96足球友谊赛等体育赛事。1999年国庆期间，五常乡举行“迎国庆、迎回归”足球友谊赛。2004年“五一”节前，举办迎“五一”乒乓球比赛，9月还举行射击比赛，同时开展一些针对妇女和家庭的文体活动，如健身秧歌比赛和家庭跳绳比赛等。2009年，为庆祝“三八”妇女节，街道文体中心组织辖区各企事业单位的200多位妇女参加登山比赛。

2009年6月，五常街道计生协联合妇工委、工会、文体中心等部门积极倡导并组织各基层计生协会广泛开展了这场以“共建和谐计生，共享品质生活”为主题的健美操比赛。来自街道机关、社区（村）近百名育龄妇女组成的11支队伍参加了比赛，300多名社区居民代表观看了比赛。经过激烈角逐，友谊社区代表队摘取桂冠，沿山河、荆山社区获得二等奖，文一、横板桥和五常社区获得三等奖，永福村、顾家桥社区、荆丰社区及街道机关代表队获得特色奖。

2014年4月，五常首届“顾家桥杯”门球邀请赛开赛，这也是街道举办的首届门球邀请赛。门球运动是一项寓体、寓智、寓乐、注重个人竞技发挥，融艺术、趣味、观赏性为一体的休闲运动项目，受到老年朋友的普遍欢迎。五常街道老年门球协会作为街道文体队伍重要组成部分，为街道老年健身工作做出了重要贡献。本次“顾家桥杯”门球邀请赛，邀请了区门球协会31支老年门球队伍参加，促进老年门球爱好者间的交流。31支队伍实行分组循环比赛，赛事共计4天，总参与300余人。

2015年6月，五常街道举行太极拳免费培训活动，街道还举办机关、企业的排舞、瑜伽培训班，各项培训活动吸引了100余名学员，并形成辐射作用，带动全民健身运动的开展。12月，首届“五常杯”传统武术比赛在区体育馆举行。来自全区各镇、街道的19支代表队，共260余名武术爱好者参加比赛。比赛以各镇街武术辅导站为单位组队参赛，分单练项目与集体项目。比赛内容包括太极拳、太极剑以及其他传统项目。经过角逐，塘栖、南苑、乔司、五常4个武术辅导站代表队获得第一名。2016年5月，五常街道组织开展2016年余杭区百村（社区）千场乒乓球大赛五常街道选拔赛。经过一番激烈的角逐，冠亚季军分别为沿山河社区队、永福社区队、友谊社区队。是年，街道挖掘、整合社区文体资源，组建了街道腰鼓队、排舞队、五常十八般武艺队、太极队、老年秧歌队、乒乓球队、门球队、瑜伽舞队、葫芦丝队、中老年健身操队，广泛开展全民健身运动，增强了居民的文体认同感，满足了居民群众对文化生活多元化的需求。

2018年，开展全民健身活动，组织开展瑜伽、工间操、篮球、广场舞、羽毛球、登山等培训比赛百余场次。2020年，街道新增业余文体团队12支。开展羽毛球、网球、乒乓球、舞蹈、摄影、太极拳、登山等9类培训班。

四、外出参赛

2005年，组团参加余杭区第八届人民运动会。五常作为一个人口规模较少的单位，第一次参加了区级运动会所有项目的比赛，并取得了团体总分第十二名的历史最好成绩。运动会乡镇组的比赛自2005年8月底开始至11月初结束，为期两个多月，五常代表团共选派106人，参加所有13个项目的比赛，本次比赛共有32人次进入前八名，五常体育代表团被组委会授予“体育道德风尚奖”。同年，还组队参加余杭区第三届老年运动会。五常的十八般武艺在开幕式演出。

2007年，组队参加仓前镇组织的余杭组团乒乓球比赛；组织横板桥社区女子健身队参加区第三套健身秧歌比赛。2013年，五常团队在余杭区首届体育健身舞蹈展示大会上，荣获了集体奖第三名、单项奖第一名的好成绩。2015年11月，五常街道代表队的20名队员参加由余杭区文化广电新闻出版局、余杭区闲林街道办事处主办，余杭区文化馆、余杭区闲林街道文体服务中心承办的余杭区“中国梦·群文美”镇、街道滚灯操大赛，取得铜奖。2016年6月，在衢州江山举行的2015—2016年全国啦啦操联赛上，杭师大附属五常中学啦啦操队凭借出色发挥，获得“中学甲组集体街舞自选动作”和“中学甲组街舞课间啦啦操自选动作”双料第一。10月，街道组织参加百村（社区）千场乒乓球大赛；组织滚灯操队参加区滚灯操邀请赛荣获金奖。

2017年11月，在余杭区首届全民健身舞蹈大赛总决赛中，全区22支队伍参赛，10支队伍进入总决赛。五常街道获二等奖。2018年，街道积极参加余杭区第十一届人民运动会，共计获得4金1银1铜，区镇街排名第14名。10月，五常中学在余杭区第四十八届中小学生运动会上，获初中乙组团体总分第一名。在屯溪新安江滨水旅游景区照壁怀古广场举行的第九届中国·黄山新安江国际龙舟公开赛上，五常街道荆丰社区获融杭·国际组第五，并获得优秀组织奖。

第四章　卫　　生

五常医药历史悠久。元明之际有钱塘西溪人刘均美，在家乡悬壶济世，因为医术高超，求医者络绎不绝。明末“西泠十子”之陆圻，入清后弃举业，以医为业，成为一代名医。民国初期有中医吴衢山、源大礼在家乡行医，有一定的知名度。

中华人民共和国成立后，境内卫生事业发展迅速。20 世纪 50 年代，五常建起卫生诊所，最初有从医人员 4 名，后来发展成为乡卫生院。“文化大革命”期间，卫生事业停滞。1978 年中共十一届三中全会后，加强医疗工作队伍建设，巩固和发展乡卫生院，各村办起卫生室，三级医疗卫生网络逐步形成，群众缺医少药情况得到改变，严重危害人民健康的传染病、地方病得到控制。2005 年后，五常卫生院转型为社区卫生服务中心。2012 年，五常社区卫生服务中心新址落成，医疗设施配套齐全，逐步形成一中心四站点布局，并与省同德医院、余杭二院合作办医，医疗水平不断提高，就诊量逐年增加。截至 2020 年底，境内有五常街道社区卫生服务中心（省立同德医院五常分院）以及荆山、友谊、五常、文福等社区服务站等医疗机构，形成街道、社区医疗卫生保健网。省康复医院及其他民营医院也进驻境内。

以创建卫生城市为目标的农村爱国卫生活动广泛开展。20 世纪 90 年代以来深入开展创建卫生乡（街道）、生态乡（街道）活动，把创建卫生乡镇作为政府重点工作目标之一，通过村容村貌及社区环境整治、污水治理、饮用水工程、生活垃圾治理、公厕改造、食品安全等系列治理，成效显著。街道投入公共卫生事业经费历年增长。2009 年，五常街道通过市级生态街道验收。横板桥社区获“浙江省卫生社区”称号，友谊社区被确认为省级卫生先进单位。2011 年，五常街道创建成为市级卫生街道。2013 年五常街道创建成为杭州市药品安全示范街道。2015 年创建成为省级卫生街道。

卫生防疫和妇幼保健工作成效显著。20 世纪 70 年代，开展大规模群众性的血吸虫病防治工作，使血吸虫病的感染率快速下降。历年开展查螺工作，血吸虫病基本得到控制。由于预防接种工作到位，其他传染病如流脑、乙脑、麻疹、百日咳、脊髓灰质炎等也大幅度下降。麻风病、疟疾、地方性甲腺肿大等疾病已消灭，白喉、脊髓灰质炎多年没有发生。进入 21 世纪以来，街道组织开展“非典”防治、甲型 N1H1 流感和手足口病防治、新冠肺炎疫情防控等，都取得了显著成效。妇幼保健工作落实到位，开展孕产妇系统管理和儿童系统管理工作，开展妇女、儿童常见病的防治及农村妇女病普查和儿童健康体检工作，建立健康档案，实施家庭医生签约服务，开展婚前保健、孕期保健指导及产前检查工作，公共卫生事业得到了前所未有的发展。

第一节　医疗机构

旧时医疗机构主要以民间郎中开设的诊所或中药店为主。民国初期，白庙吴衢山自学成才，办起吴衢山诊所，其后顾家桥源大礼在家悬壶，主要从事中医内科、外科和小儿科，中医内科当时在余杭有一定的知名度。20 世纪 50 年代，五常出现卫生诊所，在此基础上发展成为乡卫生院，2005 年后转型为社区卫生服务中心。进入 21 世纪以来，境内医疗卫生事业得到快速发展，硬件设施得到极大改善。截至 2020 年底，境内有五常街道社区卫生服务中心（省立同德医院五常分院）以及荆山、友谊、五常、文福等社区服务站等医疗机构，形成街道、社区医疗卫生保健网。省康复医院及其他民营医院也进驻境内。

一、五常乡（街道）卫生院

五常乡镇卫生院的前身是乡镇联合诊所，为 20 世纪 50 年代初个体中、西医组织而成。1956 年五常和留下镇几名中医药人员组成留下联合诊所五常分诊所，隶属于杭州市西湖区留下镇，院址在断桥村，仅有平房 2 间，从医人员 4 名。1958 年更名为留下卫生院五常卫生所，卫生所迁址到白庙，有平房 5 间，约 100 平方米，医务人员 6 人，医疗设施简陋。陈达鑫是五常第一位西医师。1962 年五常划入余杭县，卫生所更名为五常乡卫生院。20 世纪 60 年代末，16 个大队均有一位“赤脚医生”。1992 年，撤区扩镇并乡划调整，乡镇卫生院按新建制进行调整。五常乡卫生院经过新建，各项医疗设备增加，各科室更加齐全，为方便邱桥片 5 个村 4000 多人看病，在横家桥设立邱桥卫生分院，全乡各村有组织地参加了合作医疗，医疗初级卫生保健达标活动开展经常，8 个村有饮用自来水。1993 年，新建了邱桥卫生分院病房。

2001 年，五常卫生院坐落于五常大街北侧，占地 3800 平方米，门诊大楼建筑面积 1800 平方米。卫生院下辖邱桥、白庙 2 个门诊部，有医务人员 26 名，其中中级职称 3 名。投资 15 万余元用于扩建了 X 光机房，增添了 200 毫安 X 光机，台式 B 超和科室的改造，规范化计免接种室通过了杭州市的验收，全年门诊共诊疗 22038 人次，业务收入 1863640. 21 元，收支节余 150366. 65 元，实现收支平衡，略有节余。当时卫生院肩负着五常 1. 5 万人的医疗保健业务，初步形成了以防治农村常见病、多发病为主，预防保健为核心，以中医内科、骨伤科、西医肠科和中西医结合疗法为特色的医疗防保新格局。同时努力培养全科医疗人才，拓展社区卫生服务领域，加强初级卫生保健，健全农村卫生组织一体化管理网络。五常卫生院曾多次受到市表彰。2000 年被授予余杭市治安安全单位、余杭市爱国卫生先进单位和余杭市文明单位荣誉称号。

2004 年，五常卫生院完成转制工作及 4 个社区卫生服务站建设。2006 年，五常管委会下拨财政资金 35 万元，卫生院筹资 38 万元，添置技术先进的彩色 B 超、200 毫安 X 光机、生化仪、全自动尿分析仪、心电图等医疗设备各 1 台。

2009 年，启动社区卫生服务中心“收支两条线”综合改革，出台《关于推进五常公共卫生建设的若干意见》，对体制改革的目标及中心卫生院（包括服务站）的建设要求（时间、面积）进行了明确。2010年，根据区委、区政府《关于印发余杭区乡镇卫生院资产收购办法的通知》和《关于下发完善余杭区乡镇卫生院资产收购的补充意见的通知》文件精神，五常街道出台《五常卫生院资产收购方案》文件，成立收购组织，本着进出自愿、合理收购的原则，对卫生院进行全资、一次性整体收购。2010年6月底，以975万元的收购资金完成全部收购工作，7月开始实行收支两条线管理。转制工作的完成，进一步理顺体制机制，突出社区卫生服务中心预防、保健、康复、健康教育、计划生育、基本医疗等“六位一体”的职能。

2010年9月30日，五常社区卫生服务中心开工建设。总投资3030万元，总用地面积10617平方米，总建筑面积7984平方米，服务中心包括医疗康复区、预防保健区等多个不同功能定位的区块。2012年11月6日，新落成的五常街道卫生服务中心与浙江省立同德医院正式完成合作签约，新社区卫生服务中心将增挂省立同德医院五常分院的名称，省立同德医院五常分院则在保证原有社区卫生服务中心基本医疗和公共卫生服务功能的基础上，逐步开设内、外、妇、儿等多个医学专科，由省立同德医院专家亲自坐诊，与医院总部实现信息联网，做到医疗资源共享，真正将省城三级甲等医院的高质量医疗服务送到家门口。2013年1月23日，五常街道卫生服务中心暨省立同德医院五常分院正式揭牌启用。五常社区卫生服务中心坐落于五常顾家桥区块，包括医疗保健楼、康复楼、后勤楼，主要康复病房共设有32张床位，医疗设施配套齐全。与省立同德医院合作办医后，工作日每天保证有1~2名的同德专家来中心坐诊，其中针灸推拿科有排队等候就诊现象，深受广大患者欢迎。2014年开始，社区卫生服务中心优化工作流程，实行中心咨询、指导、挂号一站式服务，导医台还配备有耳温枪及全自动血压计。服务中心还开通了官方微信公共平台服务账号。

2016年3月27日，五常街道社区卫生服务中心举行“护航G20五常我先行”大型专家义诊活动，邀请到了省立同德医院专家团队和余杭区级名医的心血管内科、内分泌科、呼吸内科、消化科、儿科、妇产科等科室的30名专家。同时开展免费测血压、测血糖服务，另有红十字救护培训、《亲子护理与预防接种》健康讲座、婴幼儿保健咨询、妇女保健咨询、计划免疫咨询服务。同年，五常街道社区卫生服务中心争创“敬老文明号”，围绕“关爱老人，构建和谐”这一中心，推出了一系列服务措施。7月，街道在试点开展健康“驿+e”社区卫生服务站项目的基础上，针对高新技术创业者引入“云诊疗”概念，与华方医院合作开发“华方e护”App，并投入使用，该App主要涵盖远程医疗诊室、智慧药房、智能检测等内容，并以医护上门为特色。

2017年，社区卫生服务形成“一中心、四站点”布局，全年就诊量达到25万人次，增速全区第一名，家庭医生签约率38.7%，超过区下达指标任务1.7个百分点。

2019年3月，余杭区第二人民医院医共体正式成立，五常分院正式授牌，余杭二院专家长期坐诊和授课，做到医疗资源共享。五常分院选派6名医生进行一对一跟师实践，提高临床实践技能和规范化诊疗水平。2020年1—10月，五常街道社区卫生服务中心医疗总收入37548366元，就诊221484人次。

五常街道社区卫生服务中心（省立同德医院五常分院）位于五常街道荆长路198号，核定床位36张，设置预防保健科、全科医疗科、内科、外科、妇产科、妇女保健科、儿科、儿童保健科、眼科、耳鼻咽喉科、口腔科、急诊科、检验科、影像科（X线诊断专业、超声诊断专业、心电诊断专业）、中医科（内科专业、外科专业、骨伤科专业、针灸科专业）、中西医结合科等科室；拥有全自动化学发光分析仪、全自动生化仪、血球仪、尿分仪、进口彩色B超机、心电图机、心电监护仪、24小时动态心电图、24小时动态血压、DR拍片机、口腔全境拍片机、牙科综合治疗机等较先进的医疗设备。中心占地1公顷，建筑面积7984平方米，分医疗区、公共卫生区、住院区、后勤区等，硬件设施齐全，中心下设文福、五常、友谊、荆山4个社区卫生服务站，是一家集预防、医疗、保健、康复、健康教育、计划生育技术指导等“六位一体”的社区卫生服务中心，承担五常辖区内近10万人口的医疗、预防、保健、康复、健康教育计划生育技术服务的“六位一体”任务。2020年，中心有职工135人，其中在编93人，副主任医师3人、中级职称员工27人。“厚德仁和、务实为民”是卫生服务中心的院训，中心先后被授予“浙江省规范化社区卫生服务中心”“浙江省五星级预防接种门诊”“五星级儿童保健门诊”“五星级孕产妇保健门诊”“市敬老文明号”“市爱国卫生先进单位”“市无烟单位”“区绿色医院”“区健康单位”“市绿色医院”等荣誉称号。

五常街道社区卫生服务中心（2016）（五常街道公共服务办提供）

二、社区卫生服务站

2004年，五常卫生院开始下属4个社区卫生服务站建设。为加快社区卫生服务站标准站建设，2010年通过政府招投标形式，对邱桥卫生服务站和永福卫生服务站进行了新建和改建，按照标准服务站建设要求进行设计，同时在农居多（高）层公寓的公建配套设施中合理设置了卫生服务站，按要求每个服务站面积不少于150平方米。同时，规范社区卫生服务建设，建立、健全基础资料，出台社区诊断报告、处方、病历书写管理办法、慢性病管理、服务项目、服务站管理制度等一系列服务规划措施。根据制定的考核机制，对9个社区卫生服务站的运行情况及责任医生的工作情况及时进行督促检查和考核。2012年，五常街道社区卫生服务中心下设荆山、顾家桥、文一、永福4个社区卫生服务站。2013年，荆山社区西溪庭院和友谊社区西溪雅苑社区卫生服务站点建成并启用。2016年1月，五常街道五常社区卫生服务站正式启用，2016年7月，五常街道文福社区卫生服务站启用。2017年9月，友谊社区邀请杭州市西溪医院在社区广场开展大型义诊活动，来自西溪医院的内科、外科、中医科等科室专家，对友谊社区居民提供常见病、多发病的初步诊疗及病症咨询服务。2019年，荆山服务站提升改造工程，投资82240元，完成设施设备、标识、标牌改造。

荆山社区卫生服务站 位于荆山湾路西溪庭院，面积230平方米，2009年启用，服务近

10余个小区和村组，服务站背靠大陈山脉，环境温馨舒适，服务体验良好。服务站配备了血压仪、雾化仪若干台，并打通了同医共体间的信息化渠道，受到社区居民的肯定。

友谊社区卫生服务站 位于友谊社区西溪雅苑小区内，面积180平方米，2014年8月启用。友谊社区卫生服务站以中医特色为主，可开展针灸、拔罐、艾灸、刮痧、穴位敷帖等中医理疗项目，为了更好地服务居民，友谊服务站还推出了多项便民措施，提供免费测量血压、测体温、免费健康咨询、健康指导。

五常社区卫生服务站 位于五常社区西溪水岸小区，面积200平方米，2016年1月启用，承担包括五常社区1000余户居民和流动人口在内的8000余人的基本医疗和卫生保健服务。设有全科门诊室、中医理疗室、宣教室、治疗室、药房，同时设有健康小屋、雾化治疗区、文化走廊等。二院中医内科专家每周二下午长期坐诊，服务站主要开展常见病和多发病的诊疗服务，提供免费测量血压、测体温、健康咨询、健康指导等服务，实现了小病不出社区。

文福社区卫生服务站 位于西溪北苑北区，总面积1376平方米，周边有文一社区和永福社区的回迁安置房万余套，预计服务人口达5万人。2016年7月正式启用。文福社区卫生服务站以打造一流的社区卫生服务站为目标，吸纳了周边优质服务站建设及社区卫生服务理念，设有全科、中医科、专家门诊、检验科、放射科、药房、输液室、雾化室、康复室等，省立同德医院精神科专家王萍医师周四上午坐诊。开通叫号系统，设立了健康小屋、阅览室、健康宣教室等区域。以医生团队和全科签约为模式，为社区居民提供疾病诊治、中医理疗、预防保健、慢病随访、健康教育等多项服务。

三、其他医疗机构

浙江康复医院（浙江省中医院西溪院区） 2016年1月在五常街道荆山社区开工建设。项目总占地面积64004平方米，总建筑面积91952平方米，总投资6.7亿元，是浙江省民政系统最大的单个民生工程项目，被列入浙江省“十三五”重大项目、浙江民政“十三五”重点民生工程，全省康复医院建设示范项目。2020年12月，浙江康复医院（浙江省中医院西溪院区）正式启用，主院位于五常街道高教路1号，总建筑面积91952.17平方米，规划床位1100张，其中医疗床位300张，老年人养护服务床位800张。全院首期开放7个病区333张床位，设置24个临床门诊科室、15个康复门诊科室、12个护理单元。浙江康复医院（浙江省中医院西溪院区）还是浙江省内唯一一

浙江康复医院（2020）

家中西兼具的康复医学规范化培训基地，涵盖残疾儿童医疗康复、失能失智失依老人健康护养、优抚对象慢性病康复和社会福利科研示教等四大领域。

华方医院 位于五常街道联胜路10号，毗邻杭州西溪湿地景区，建筑面积6000平方米，设置病床位100张，是一所集医、养、康、护于一体的二级综合医院。2017年9月建成开业。华方医院旨在打造新型智慧医疗综合医院，以慢病康复、健康体检、医学美容、母婴保健等项目为特色，主要服务对象为慢病人群、术后患者、母婴、失能失智人群、亚健康人群。医院设立医疗康复中心、医疗美容中心、健康体检中心三大医疗中心，院内设有内科、外科、妇产科、儿科、中医内科、眼科、耳鼻喉科、口腔科、康复医学科、麻醉科、药剂科、手术室、预防保健科等14个临床科室，同时开设医学影像、医学检验、心电图超声诊断等辅检科室，其中以内科慢病诊疗、妇科健疗、儿童保健、康复、健康体检为业务主要方向。

杭州怡宁医院 系营利性民营二级精神病医院，院址为余杭区五常街道辅助南路38号，2017年12月6日开业。该院核定床位70张，设置预防保健科、内科、精神科（精神病专业、精神卫生专业、精神康复专业、临床心理专业）、检验科、影像科、中医内科。杭州怡宁医院隶属于温州医科大学附属康宁医院，是一家以心理健康服务为主线条，老年内科为基础，临床心理科为特色的医疗机构。

第二节　公共卫生

中华人民共和国成立以前，境内环境卫生差，传染病、地方病等各种疫病时有流行，亦无常设的卫生防疫机构和设施。中华人民共和国成立后，爱国卫生运动成为一场全国性的群众性卫生运动。主要内容是卫生大扫除、清除垃圾，新建、改建厕所，除“四害”，“门前三包”、推进农村自来水工程等。20世纪90年代以来深入开展创建卫生镇、生态镇活动，通过村容村貌整治、污水治理、生活垃圾治理、美丽乡村建设及疾病防治、健康教育等活动，预防保健工作成效显著，人均期望寿命大幅提高。2011年，五常街道创建为市级卫生街道。2015年创建为省级卫生街道。

一、爱国卫生

爱国卫生运动是中国特有的一种公共卫生工作方式，包括组织管理、健康教育、市容环境卫生、环境保护、公共场所、生活饮用水卫生、食品安全、传染病防治等内容。

旧时，五常水乡农民缺乏卫生意识和习惯，地方政府亦无公共卫生设施。20世纪50年代初，境内开展爱国卫生运动，发动群众开展除“四害”、讲卫生运动。1958年，大规模开展除“四害”、讲卫生运动。“文化大革命”期间，爱国卫生运动无人负责。1979年，聘请兼职卫生宣传员，加强卫生宣传。20世纪80年代，五常乡政府设立环卫管理部门，对集镇街路进行清扫，粪便集中处理，实行门前“三包”（包卫生、绿化、秩序）责任制。乡级政府建立爱卫会组织，配备专职人员，爱国卫生运动实现经常化。从21世纪开始，把创建卫生乡镇作为政府重点工作目标之一。

创建卫生街道、卫生村（社区）　1995年后，五常乡开展创建卫生城镇活动，以整治脏乱差为突破口，对环境卫生进行督查，推行垃圾袋装化，增设垃圾箱，与单位签订“门前三包”责任书等。

2004年，管委会把创建区级卫生单位作为重点工作目标之一。一方面加大环境整治力度，完善相关基础设施，增设公益广告牌和垃圾桶（箱），投资160余万元建立垃圾中转站，实行垃圾无公害化处理。另一方面与沿街195家单位签订“门前三包”责任书，强化保洁意识；同时试行环卫保洁体制改革，加强长效管理。12月，顺利通过区环境卫生考核小组的验收。

2006年初，五常管委会制定《关于五常创建杭州市卫生镇的实施意见》，全年投入资金180多万元，用于增加环卫设备、环卫保洁、改水改厕、灭鼠等各个方面。开展卫生村创建活动，创省级卫生村1个、市级卫生村1个、区级卫生村3个。2007年，创建省级卫生村1个，市级卫生村2个，区级卫生村3个。2008年，创建省级卫生村1个、市级2个、区级1个。2008年，五常街道横板桥社区、荆丰村通过区农村清洁办考核验收，被命名为余杭区“清洁余杭”行动示范村，荆山村被命名为合格村。

2009年，五常街道成立创市级卫生街道工作领导小组，由街道主任亲自挂帅，由各相关分管领导主任任副组长，各职能部门负责人为成员的创卫领导小组，并下设由12人组成的办公室。成立创卫监督领导小组，负责日常监督。同时，各社区（村）与企（事）业单位都建立了相应创卫领导小组，构建了横向到边，纵向到底的创建网络。积极引进市场化运作机制，辖区所属各社区（村）分别由物业公司承包，实行动态保洁，提高保洁质量。同时，完善各类监督和考核制度，由街道爱卫办牵头，做好日常的考核和管理，保证保洁质量。并在原有的基础上，根据实际需要，配备足够保洁力量，加大保洁力度，延长保洁时间，采取突击与长效相结合的管理办法，使街道环境卫生明显改善。同年，五常街道通过市级生态街道验收。横板桥社区获“浙江省卫生社区”称号，友谊社区被确认为省级卫生先进单位，五常社区、“鸿雁电器”及五常中心幼儿园被确认为区级卫生先进单位。至2009年底，五常已经成功创建4个省级卫生先进社区，3个市级卫生先进社区，2个区级卫生先进社区和2家区级卫生先进单位。

2011年3月，启动“杭州市卫生街道”创建工作，从组织管理、健康教育、市容环境卫生、环境保护、改水改厕、除四害、食品与公共场所卫生、传染病防治、社区单位卫生、城乡接合部卫生10个方面进行整治和改善。经过9个多月的努力，2011年12月9日，杭州市考核组一行对五常街道创建市级卫生街道进行最终审定，在对五常市容、环卫、公共卫生、食品安全等进行实地检查和民意调查后，一致同意五常街道通过创建“杭州市卫生街道”考核验收，五常街道创建成为“杭州市卫生街道”。

2015年2月，五常街道召开“杭州市卫生街道”复评和省卫创建暨迎接杭州市国家卫生城市复评动员会，全面动员和部署爱国卫生工作。针对“杭州市卫生街道”复评和省卫创建，街道严格按照考核标准落实各项工作，开展专项整治工作。各社区会同相关部门在辖区范围内进行一次全面摸底调查，重点调查城郊接合部（城中村）、各类市场、建筑工地（含拆迁工地）、河道、社区和主要单位的卫生问题，小餐饮店、小食品店、小旅馆、小美容店、小网吧等“八小”行业无证照经营问题，公共场所（含窗口单位）吸烟问题、健康教育宣传氛围不足等问题；加大整治督查工作力度，开展市容环境、环境保护、食品安全、公共场所卫生四个专项整治活动。同时，细化责任，确保考核各项指标任务落实到位，通过建立整改清单，强化过程管控，确保时效落实，责任明确到人，确保第一时间、第一标准落实到位，实现辖区全覆盖无死角管理。通过了市级考核验收和省级暗访，五常街道成功创建为省级卫生街道。此后，五常街道不断巩固和深化创卫成果，通过了此后历次省级卫生街道的复评。

环境卫生 20 世纪 80 年代，五常乡政府设立环卫管理部门，对集镇街路进行清扫，粪便集中处理。1995 年后，在创建卫生城镇活动中，环境卫生的治理和督查形成制度化。

2003 年，新组建了城管中队和环境卫生管理站，道路绿化、环境洁化及日常管理工作进一步加强。为打好抗击“非典”攻坚战，五常经济开发区从 5 月 23 日至 29 日集中时间、集中精力，开展了“清洁五常、抗击非典”集中教育整治活动。各村、单位组织 1600 人以清理开发区、村单位中心地段和主要干道两侧的卫生死角、河道漂浮物为重点对五常大道、荆长公路、农贸市场进行清理。这次整治活动共投入资金 24.33 万元，清理生活垃圾 352 吨，建筑垃圾 73.2 吨，消灭蚊蝇滋生地 25 处，露天粪坑 144 只，清理河道 4900 米。7 月，新建垃圾箱 353 只，清理河道漂浮物 500 余吨。是年，实行了路段卫生包干奖惩制度。同时开发区管委会与荆长路一带的企业、单位、个体工商户签订门前“三包”（包卫生、包次序、包绿化）责任书。投入资金，在五常卫生院对面建造了近 1600 米的临时垃圾转运站。2004 年，五常管委会以创建区级卫生地区为载体，开展“双整治”工作，有 5 个村达标。制定一系列卫生保洁制度，环卫部门添置新型洒水车 1 辆、新建垃圾中转站 1 座，增设垃圾箱 20 只，实行垃圾无公害处理。2005 年 2 月，投入 40 万元购买一辆道路清扫车，于当年 2 月 25 日投入使用。2006 年，五常管委会开展了清洁五常专项整治活动，共出动人员 2500 人次，车辆 16 辆，打捞船 25 艘，清理卫生死角垃圾 560 余吨。加强环卫保洁工作，对五常境内的主要道路进行全天保洁，垃圾做到日产日清，定时对主要道路进行洒水，保证主要道路无垃圾、无牛皮癣、无抛洒物，垃圾中转站全年处理垃圾 7420 吨。加强对保洁公司日常保洁质量的督查和管理，发现问题及时处理和整改。4 月和 10 月，开展春、秋两季灭鼠活动，共购买鼠药 400 公斤，举办灭鼠培训班 4 次，接受培训人员 130 余人次。

2007 年 8 月，五常管委会辖区顾家桥社区实施长效保洁新机制，成立保洁专管队伍，由村民小组长担任保洁队长，老党员、老干部担任义务监督员。全村人人参与“清洁余杭”大行动，同时本地企业也出资参与清洁活动。2008 年，开展“清洁余杭”活动，清除存量垃圾 500 余吨。2009 年，五常街道开展绿色社区创建工作，辖区内已创建沿山河、顾家桥、横板桥 3 个绿色社区。新铺设污水管 3 条、改造 2 条，建有污水处理池 5 处，其中 3 处已投入使用。全面完成废弃矿山综合整治，横板桥石矿、水利石矿、凤凰山石矿、五常联办石矿实施全面覆绿。完成河道清淤 26.7 公里，新建闸站 3 座，新开河道 700 米。新增绿化 10 余万平方米，通过市级生态街道创设的验收。各社区（村）都实行了一户一桶，物业公司统一上门收集，集中进行垃圾无害化处理，处理率 100%。“清洁余杭”第三批推进村五常社区、文一社区、友谊社区分别开展了庭院、棚厕、废品收购点、开水炉、乱挂乱贴、食品安全等多项环境整治，共清除存量垃圾 2675 吨，取缔开水炉 42 家，拆除不良建筑 1100 多平方米，新增绿化 2.4 万平方米，完成庭院整治 2721 户，全面完成了各项推进工作，友谊社区成功创建了示范社区，五常社区和文一社区也都通过合格验收。建立长效保洁机制，制定出台长效管理政策文件，从2009年开始，五常街道对社区“清洁余杭”长效保洁管理工作实行考核，每月进行实地检查、评分，达到区级“清洁绿化余杭”达标社区考核要求的社区，按照区级财政每人每年20元补助1:1配套补助。各社区都由保洁公司负责辖区内长效保洁工作，共有保洁员110人。

2010年，新建垃圾中转站投入使用。在整个春秋季灭鼠活动中，共发放宣传资料3000余份，持续工作6天，投药范围包括9个社区、街道办事处、卫生院、农贸市场、五常中小学幼儿园4所学校、超市5家、宾馆5家，投放药物230公斤。同时要求不适合投放鼠药的特殊行业自行购置捕鼠器械，并严格按照要求，对鼠密度进行监测，室内布粉560块。11月，顺利通过区级灭鼠先进单位的复评工作。2011年，全面启动和开展垃圾分类直运工作，每天有80吨左右垃圾实现直运。2013年，五常街道推出机关干部利用休息日整治街容环境的工作机制，助推街道“四边三化”各沿线的社区洁化工作。由街道联系社区的领导干部组成各9个工作组，负责对责任社区的督查、整改等工作。通过清除背街小巷、庭院、路边乱堆乱放的生活垃圾、建筑垃圾，种植各类绿色植物，提升各社区环境的美化程度，使沿线社区的环境面貌得到了明显的改观和提升。同时，作为河网密布的水乡，五常街道着重对辖区内河道保洁工作进行了大检查。针对水草、水葫芦、浮萍丛生的状况及居民随意向河道乱扔垃圾等现象，及时向保洁公司和社区作出反馈，将检查过程中发现的问题进行一一梳理解决。街道组织各社区分管领导会议下发保洁方案，明确责任；每条河设立河长，以社区为单位，河道边设立工作责任牌，分解任务，强化责任，包干到人；加强日常检查督促工作，把每周一次的定期检查与突击性不定期检查相结合。此外，街道还采取奖惩措施，在社区管辖内，区检查发现一次问题处罚2000元，两次重复发现问题处罚5000元；保洁公司负责的区块，发现一次问题处罚200元，两次重复发现问题处罚500元。得到上级部门通报表扬的，街道给予一定奖励。

2016年，五常街道聘请消杀公司对全街道范围内容易滋生蚊蝇的地点进行了重点消杀，街道社区卫生服务中心病媒监测人员对消杀效果进行监测，把病媒生物传播风险降到最低，避免和减少因“四害”泛滥而引发传染性疾病的发生。2017年以来，五常街道以“美丽余杭”“爱国卫生月”等行动为载体，全面深化爱国卫生运动，巩固“省级卫生街道”创建成果。一是组织开展环境卫生集中整治活动。如2017年发动清洁家园专项行动31659人次，清理垃圾29634.85吨，清洁绿化带286585平方米，整治乱堆乱放25416处，清除牛皮癣27751处；完成美丽公路问题点位整改9批、21处；清理田间地头建筑垃圾、生活垃圾26吨，清运长期无人使用车辆119辆。完成白庙港河道整治，木桥港拓宽整治工程量的85%，宏丰河整治工程的河道清淤、筑坝、配水泵房建设。二是积极创建各类卫生先进。完成各类卫生创建申报及培训工作。如2020年申报创建3个市级健康社区，3个市级健康企业，1个区级健康社区，2家市级无烟单位，6家区级无烟单位。三是加强“省卫”长效管理工作。通过健全爱卫组织、完善工作制度、制定考核细则等方式推动落实长效管理。四是开展以预防登革热为重点的除“四害”工作。如2019年开展春秋季灭鼠灭蟑、夏季灭蚊灭蝇等活动，共用灭鼠毒饵200公斤，灭前密度16%，灭后密度2%。对辖区内蚊媒滋生地进行排查和清理工作，开展集中整治50余次，清理积水点上千处，开展联合督查22次，组织全面消杀30

余次，社区自行消杀 100 余次。

健康教育 健康教育是公共卫生工作的重要内容之一，服务的对象是辖区内所有居民，核心是教育人们树立健康意识、养成良好的行为生活方式，以降低或消除影响健康的危险因素。进入 21 世纪以来，五常街道逐步加大了健康教育的力度。制订健教计划，开展形式多样的健康教育活动，完善宣传网络，各级健教宣传网点都做到了“有计划、有资料、有阵地、有记录、有总结”的要求，并抓住参合农民健康体检的契机，重点做好结核病、世界无烟日、高血压病、糖尿病、世界艾滋病宣传日、肠道传染病、呼吸道传染病的专题健康教育宣传活动，让群众听在耳里，记在心里，真正提高健康知识知晓率。并且通过多次的义诊活动，广泛分发宣传资料，做到每户有一份健康资料，中小学的健康教育开课率达到 100%。通过多种形式的宣传使全民健康知识知晓率和居民健康行为形成率都达到 95% 以上。

推进健康促进行动。2009 年，街道申报创建横板桥社区和五常中心小学健康促进社区和健康促进学校。制订了健康促进行动计划，创建单位开展了无烟学校、无烟社区等一系列促进活动。并在全街道范围内积极开展了形式多样的健康教育活动，如各社区、学校的健康讲座、红十字周广场义诊、结核病、世界无烟日、高血压病、糖尿病、世界艾滋病宣传日、肠道传染病、呼吸道传染病的专题图板巡展。通过多次活动的开展，发放宣传资料达到 1500 多份，定期更换 9 块健康教育宣传窗的内容，开展健康教育讲座 9 场，健康促进图片展 16 场，受教育近万人次。2010 年，顾家桥社区申报市区连创健康促进单位，社区制订健康促进行动计划，并根据创建内容认真实施开展创建工作。全年共安排了 12 场健康促进讲座，并开展了法制宣传广场发放资料、结核病、世界无烟日、高血压病、糖尿病、世界艾滋病宣传日、肠道传染病、呼吸道传染病的专题图板巡展。通过多次活动的开展，发放宣传资料 2000 多份，健康促进图片展 9 场，受教育近万人次。2017 年，开展预防接种、肿瘤预防、急救知识活动 20 场，讲课 26 次、受益 2800 余人次；2018 年，开展宣传活动 50 次，宣传受教育 1.5 万余人次，印发宣传资料 2 万余份，举办健康知识讲座 25 场，健康宣传栏 10 期。2019 年，申报市级健康社区 2 个（大华西溪风情、云创），区级健康社区 5 个（文一、横板桥、荆山、景盛、沿山河），市级健康企业 1 家，区级健康社区 4 家，开展大型室外主题健康宣教活动 10 次，受益达 5000 余人次，开展健康讲座 15 场，受益 3000 余人次。2020 年，申报创建 3 个市级健康社区，3 个市级健康企业，1 个区级健康社区，2 家市级无烟单位，6 家区级无烟单位。健康教育宣讲 36 场、受益 1349 人次；宣传活动 10 场，受益 1940 人次。

开展青春健康家长大讲堂活动。2014 年 10 月，五常街道计生协会组织实施的“浙江省生育关怀——青春健康家长大讲堂”项目首期讲座在五常中学开讲，100 余名家长参加了此次活动。本期讲座的主题为“青少年生理心理道德”，邀请了五常街道社区卫生服务中心的青春健康讲师张柯医师为青少年家长授课。张医师结合典型案例生动讲解了青少年的生理变化和心理特点、家庭教育对青少年成长的影响，以及良好的沟通方式对塑造青少年健康心理的重要性，并向家长们发放青春期健康知识宣传册。

开展“健康余杭”主题活动。2018 年 11 月，五常街道在西溪水岸文化家园开展以“健康你我他，幸福进万家”为主题的一系列活动。本次活动分为内外场进行，内场开展了五常十八般武艺、健身排舞、“健康余杭”知识竞答、幸福家庭和健康达人表彰等活动。活动中，五常街道健康余杭“一镇一品”五常十八般武艺作为品牌创建的重点项目推广，首当其冲作为亮点成果展示。外场活动邀请了和合社会工作服务中心的志愿者们及怡宁医院的专家团队，开展健康体检、健康咨询、退休人员体检报告解读、心理健康咨询等活动，全面提升全民健康意识。同时在辖区内开展巡回义诊和健康宣传活动。2020 年，探索打造新时代健康五常新模式，围绕健康余杭行动，结合《2020 年度“健康余杭”建设考核评分细则》，与区域发展办、城建办、五水办、公共服务中心等共同推进，明确各自行动任务、方法步骤、责任分工和保障举措，通过健康服务优化、健康人群培育、健康环境改善、健康社会构建、健康文化营造等工作，确保“健康余杭”工作各项任务逐级落到实处。

食品安全　2009 年，五常街道将建设荆长路食品安全示范一条街作为“百日治百难”活动的重点项目之一，开展一系列整治活动，规范“食品安全示范一条街”的食品广告；要求食品经营单位无假冒伪劣商品，无过期、“三无”、霉变、无 QS 标志等不合格食品；签订门前三包责任书，要求食品经营户店铺卫生清洁，食品与其他商品分类摆放，远离污染源；加强食品安全监管力度，进一步提高示范街食品安全保障水平，保障人民群众食品安全。2010 年，五常街道中心小学被评为“浙江省食品安全 A 级单位”。学校对食堂从业人员定期体检，定期培训，要求持证上岗；严格检查餐具、用具的清洗消毒保洁情况；加大投入，不断完善食堂基础设施，并科学使用和维护；从食品进校开始把好采购关和制作关。2011 年，五常街道还成功创建杭州市食品安全示范街道。

2016 年开始，五常街道开展基层食安办规范化建设工作，并积极采取措施，稳步推进基层食安办规范化建设。出台《五常街道食安办规范化建设实施方案》，同时围绕基层食安办的组织建设、制度建设、硬件建设 3 个方面 18 项具体指标进行了细化要求，进一步明确创建内容、工作步骤、时间节点，通过达标创建，对街道食安办工作进行整体规范。组织食安办工作人员赴良渚街道食安办规范化建设现场会进行参观。在工作制度、人员培训、硬件设施等方面与当地食品安全工作人员进行学习交流，为实际推进五常街道食安办规范化工作明确了方向和目标。召开食安办规范化建设暨社区食品药品安全科普宣传站建设工作布置会议，对此项工作进行全面部署，明确分工，要求按照“有工作机构、有专职人员、有工作职责、有执法协调、有考核培训和有经费保障”等“六有”工作要求，全面推进街道食安办规范化建设，年内通过考核验收。四是加强属地管理，提升社区食品安全治理能力，提高公众食品安全科普素质，辖区内 11 个社区均已建立社区食品安全工作站和食品安全科普宣传站，将宣传触角延伸至基层，为群众建立“零距离”的食品安全科普交流平台，把社区食品安全工作站打造成基层食品安全工作的“前沿哨所”。2017 年 3 月，五常街道食安办经过市食安委考评验收，成为杭州市第一批规范化乡镇（街道）食安办。

饮用水工程　1996 年，为改善全乡人民的饮水条件，乡党委政府经过多次上下讨论，决定投资兴建自来水工程。工程从三墩经济开发区水厂供水，沿途经过三墩镇和蒋村办事处境内进入五常乡。1998 年，总投资 720 万元，经过近 3 年施工，全乡饮水工程顺利完成。至年底，全乡 16 个建制村已全部通上自来水，农户安装率 90% 以上。1999 年春节前夕，五常乡的 16 个行政村全都通上了自来水，安装自来水农户在 90% 以上，结束该乡饮用河水的历史。2005 年，五常管委会与杭州西溪自来水厂联手，从该水厂接输水管至五常每户村民家中，缓解了五常辖区供水紧张状况。

垃圾分类　随着城市化建设的推进，垃圾分类工作逐步提上了议事日程。2011 年，街道垃圾分类普及工作开始启动，“垃圾分类处理进家庭提示卡”“生活垃圾分类指导手册”等通俗易懂的宣传培训资料已经下发到各个社区，引导群众将日常垃圾以可回收垃圾、厨余垃圾、有害垃圾和其他垃圾分类处理。此后，垃圾分类的宣传工作成为重点，2017 年，五常成校联合景盛社区、村口环保公司开展了垃圾分类宣传进社区活动。活动现场拉起了“垃圾分类人人做，做好分类为人人”的横幅，并展出了生活垃圾分类物流图解的展板，同时向居民发放了《致居民的一封信》。活动现场就如何进行垃圾分类以及怎么分类，分类后如何处理等相关问题和前来咨询的居民一一讲解，同时利用投影仪播放垃圾分类宣传片，还向社区居民发放了生活垃圾智能分类操作手册和环保购物袋。2019 年，五常街道 74 个城市小区全面铺开垃圾分类工作，有 53 个小区实行“定时定点”分类投放，达到辖区内小区总数的 72%。1—10 月生活垃圾量 23658 吨，低于控量指标 5%，垃圾分类工作取得了阶段性成效。大华西溪风情“恒温房”集置点，360°实时监控投放点、10 余种垃圾桶细致分类更是走在了垃圾分类前列。西溪北苑东区、周家斗农居点获评 2019 年余杭区生活垃圾分类示范单位。

五常街道永福社区利用远程监控和语音互动方式提醒居民按时投放垃圾（2019）

街道各社区强力推进垃圾分类工作。2020 年，景盛社区通过“查、话、会”三种方式助推垃圾分类：“查”垃圾分类登记簿。为全面准确地掌握社区居民垃圾分类的参与率和准确率，景盛社区制作了一张居民户的登记表。表上留有垃圾点位对应的居民户的楼幢信息，督导员在居民扔垃圾的时候，会登记居民所在楼栋、垃圾分类情况两个信息。通过登记，有效掌握居民垃圾分类的参与情况，并提供后续的处理方案。“话”垃圾分类劝导贴心语。为让居民养成垃圾分类的习惯，在居民扔垃圾时，督导员们会送上温馨提醒。靠着这些贴心话，景盛社区三个小区的垃圾分类参与率和正确率有了显著提升。“会”垃圾分类队伍，畅聊会常态化。为更好发挥群众智慧，社区每月召开一次垃圾分类圆桌畅聊会。每月 10 日，各小区居民代表带着意见、做法来畅聊会上各抒己见，通过把问题摆台面上、把做法推行到全社区的基层民主议事方式，画出垃圾分类工作的“同心圆”，找出靠谱的方式方法。永福社区开展垃圾分类督查自纠工作，召开物业督导员会议，部署垃圾分类工作，发现问题及时整改。同时，社区工作人员走进“虎哥”回收网点，探讨可回收物宣传事宜。五常街道 74 个城市小区中已有 61 个小区实行定时定点分类投放，达到辖区内小区总数的 82%。

公厕改造 公厕改造的主要工作是对露天粪坑棚厕的专项治理及改造。2002 年，友谊村、白庙村改建厕所115座。2003年，五常经济开发区内已拆除露天粪坑156座。为加快对露天粪坑的改造力度，管委会出台奖励政策，鼓励农民进行改厕。对农民自建三格式无害化卫厕补助100元/座，预置三格式补贴200元/座，粪坑清理挖除的补贴100元/座。2006年共清理露天棚厕13座，露天粪坑29座。新增卫生厕所108座，新增三格式厕所516座，其中预置三格式厕所100座，比较好地完成了区下达各项指标。2007年，新增卫生厕所83座、公厕6座。2008年，新增卫生厕所105座、三格式厕所500座、公厕22座。2009年上半年社区新建6座公厕投入使用，各社区拆除露天粪坑270座，积极开展三格式卫生厕所改造，共完成预置三格式厕所改造300座。2010年，顾家桥社区、永福社区各新增2座公厕并已投入使用，各社区共完成预置三格式厕所改造177座，超额完成区爱卫办下达的任务。

“小厕所，大民生”，自“厕所革命”开展以来，五常街道大力新建改建了一大批高标准公厕。2018年，五常街道对荆长路五常中学高标准公厕、荆长路顾家桥标准公厕、西溪雅苑标准公厕、联胜路横板桥标准公厕4座公厕改造的项目内容、质量、启用情况等进行验收。五常城市标准公厕改造让原本破旧、简陋，管理不到位的公共厕所焕然一新，厕所开放时间调至24小时，增设了男女卫生间的残疾人厕位和母婴室，增加纸膜扫码取纸、电扇、空调、烘手机、洗手液、除臭机等设备，公厕内所有冲洗设备更换成自动感应冲洗，还添置了绿化盆景、装饰画等软装。2019年，卫生厕所和无害化厕所普及率均达到100%，共开展“清露拆棚”行动3次，拆除棚厕5座，清理露天粪坑1座，做到发现一处拆除一处。

二、疾病防控

旧时的五常河汊纵横，水网密布，村民常年赤脚在水里劳作。再加上没有掘井的习惯，居民饮用水都直接取自河塘，极容易患上血吸虫病、疟疾、血蝗虫病等病。加上境内医务力量薄弱，多数为个体开业中医，西医则寥若晨星。由于缺医少药，境内血吸虫病严重流行，霍乱、天花、白喉、流脑等传染病连年不断，死亡枕藉。中华人民共和国成立后，卫生防疫工作发展较快，短期内消灭了霍乱、天花等烈性传染病；其他传染病如流脑、乙脑、麻疹、百日咳、脊髓灰质炎等也大幅度下降。麻风病、疟疾、地方性甲腺肿大等疾病已消灭，白喉、脊髓灰质炎多年没有发生。但二十世纪五六十年代，血吸虫病的发病率仍较高，经过大张旗鼓的防治，这种情况才得以扭转。

预防接种　预防接种是传染病预防、管理工作中的一个重要环节。中华人民共和国成立初期，以种牛痘防天花为主。1952年开始，开展爱国卫生运动，接种疫苗逐渐增多，有牛痘苗、卡介苗、鼠疫苗、霍乱、伤寒副伤寒甲乙三联苗、破伤风菌苗、白喉类毒素等疫苗。50年代开始接种百日咳菌苗、流脑菌苗、乙脑疫苗、开始组织儿童服脊髓灰质炎减毒活疫苗。1978年，卫生部颁发《关于加强计划免疫工作的通知》后，预防接种工作推向有计划免疫，至1990年乡镇儿童基础免疫卡介苗、脊灰糖丸、百白破疫苗、麻疹疫苗接种率95%以上。从1992年开始，针对易感人群推广乙肝、甲肝、风疹疫苗，1997年将乙肝、风疹纳入计划免疫管理。2001年，乙肝疫苗实施无偿接种。同时推广接种的还有水痘、麻腮风、流感、伤寒、肺炎、狂犬等疫苗。预防接种工作有效地控制了相关疾病的暴发和流行。

五常街道在做好本地儿童计划免疫工作的同时，还强化流动儿童的计免管理，2009年儿童计免的“五苗”（乙肝疫苗、卡介苗、麻疹、百白破、糖丸）接种率98%以上，新生儿乙肝疫苗接种率95%。2010年，儿童计划免疫的“五苗”接种率98%以上，卡症符合率100%，新生儿乙肝疫苗接种率95%。

街道还积极做好手足口病、麻疹等传染病的防控，启动新一轮预防接种门诊创建。2011年，甲流、麻疹、脊灰、乙肝疫苗接种率、补种率均达98%。

2020年，适龄儿童建证建卡率达到100%；入托、入学查验接种证，查验率和补证率达到100%，脊灰灭活疫苗补种率95.3%，各类常规疫苗接种率均达90%以上。

地方病防治 境内地方病以血吸虫病为最。除血吸虫病以外，丝虫病、钩虫病、地方性甲状腺肿、地氟病、布氏病等在境内亦有流行。

境内血吸虫病危害甚烈。1972年，《中共五常公社委员会关于二年来血防工作情况汇报》中统计：“本公社2652户，13385人，16个大队，70个生产队，地处水网，以水稻、蚕桑、渔业为主，历年来检查，16个大队都有血吸虫病人，14个大队有钉螺分布，是一个血吸虫病流行区，据初步调查，解放前本公社因患晚期血吸虫病死亡的有100多人，中华人民共和国成立后，患晚期血吸虫病死亡的有14人。”

20世纪60年代初，毛泽东发出“一定要消灭血吸虫病”的号召，全国上下掀起大规模的灭钉螺运动，1970年中共中央下达〔1970〕2号、49号文件后，全国出现第三次防治血吸虫病高潮。防治措施主要采取查螺灭螺（每年春秋两次开展查灭螺突击活动）、查病治病、粪管、安全用水和个人防护等。1971年，五常人民公社血防工作的重点是查螺、灭螺，查病治病，共查出钉螺面积27050平方米，灭螺12875平方米（其中无螺当作有螺灭10170平方米），查出新螺点7个，稻田灭螺62公顷，共查出患者125名，治疗173人（包括历年遗留下来未治疗在内），晚期血吸虫病切脾9人。1972年的重点是粪便管理和查治病及查灭钉螺：检查出血吸虫患者93人，加上外地查出共113人，已治疗99人。全公社普遍开展粪管工作，有24个小队做到“四落实”，其中8个生产队基本做到“四落实”无害化。

1972年，五常卫生所抽出了50%~70%的卫生人员投入血防工作。公社党委两次组织大队书记及兼管血防的支委和血防干部去大陆和星桥取经和参观学习，掀起了两次粪管运动新高潮，到12月底统计，有4个生产队真正做到“四落实”，全公社造好无害化厕所11座，无害化粪池18座，取消露天茅坑1552座，挖井6口，查灭螺两次，查出螺点5个及520平方米。全年分两批进行查病工作，共完成23700人次（上半年6350人次），占应检70%，其中三便三检4412人，占36.56%，二送二检1526人，占12.6%，共查出患者80人，治疗84人（包括外地查出），查出钩虫病2823人，治疗632人。20世纪70年代的血防工作成效显著，感染率快速下降。

进入20世纪90年代，随着社会经济的发展和农村产业结构的调整，血防工作迈入了“综合治理、传播控制阶段”，重在“科学指导、分类治理、查螺灭螺、查病治病”，查螺工作仍在强化和进行中。2006年4月，五常管委会共投入292工，查螺面积97个条块、27930平方米，其中4个村对环境复杂地段进行复查4000平方米，查螺3544框。2009年春季的查螺工作，参加58人，投入116工，对22327平方米有螺区进行了地毯式灭螺，累计1686框，有效加强了对地慢病的防治工作。2010年春季查螺，对各社区及西溪湿地进行了抽点检查，对历史流行区进行了全面细查，包括监测点累计查18825平方米，累计1420框，参加69人次，总投工220个，没有发现钉螺。2014年的春季查螺活动中，五常街道组织了8名专业查螺人员，沿着河道一侧的河滩、河岸进行地毯式查螺，总投工 40 工，查螺总面积达到 2 万平方米。

传染病防治　中华人民共和国成立后，地方政府加强传染病管理，建立传染病报告制度，实施全面防治和预防接种。1972 年，五常人民公社共完成了八种疫苗注射任务，其中小儿麻痹彩丸 1558 人次，牛痘 317 人次，乙脑 3200 人次（其中加强 2407 人次），钩端螺旋体 367 人次，伤寒三联 9 人次，百白破 1627 人次，破伤风 9855 人次（其中加强 1026 人次），卡介苗 1973 人次。

2001 年，全年共发生各类传染病 12 例，发病率为 7. 152/十万，比上年同期下降 5. 468/十万，未发生传染病暴发流行，实现上级下达的控制目标。计划免疫工作得到了进一步巩固，儿童保偿率、“四苗”接种建卡率、“四苗”接种合格率均达到 100%。

加强对结核病人的早期发现和转诊工作，并加强随诊。2009 年，结核患者的服药率和随诊率达到 100%。

落实传染病防控和突发公共卫生事件报告处理工作。2017 年，开展手足口病和禽流感知识讲课，全面落实登革热应急防控工作要求，9 月底荆丰西溪花城确诊了 1 例登革热传染病，通过一系列防控工作，后续未发生本地疫情。2017 年上半年传染病疫情报告率 100%。

有效防控登革热。2018 年，全面落实登革热应急防控工作要求，防控宣传、环境大整治、PCO 消杀三项工作同时开展，确保各社区布雷图指数在可控范围。累计清除蚊虫滋生地数千宗，清除积水上万处，清除积水上万处，派发宣传单 3 万份，出动消杀人员 800 余人次，使用消杀药物 3000 公斤。

2020 年，对重点人群进行流感疫苗免费接种。完成辖区内 70 周岁以上户籍老年人流感疫苗免费接种，任务数 590 人，共接种 592 人，完成率 100. 34%。

“非典”防治。2003 年，“非典”肆虐。五常经济开发区召开两次防治“非典”会议，布置和强调“五一”期间严防“非典”要求，确保本单位本部门的安全。随着节日的到来，根据五常流动人口多，外来务工人员多的实际，扎实做好节日期间的防治“非典”工作，加强值班制度，做到人员到位，措施不变，特别是在节日期间从外地疫区返乡的人员，在节前做好调查，并落实好预防措施，严格按规定办事。各企事业单位还将利用放假时间对工作场所进行一次全面消毒。五常商会要求所有商会会员企业对职工进行一次排查摸底，对参加广交会、外出考察、联系业务等人员进行一次清查；关心职工的身体健康，一旦发现身体发热等症状，立即到医院就诊；针对五常外来人口较多的情况，积极配合公安机关排查，确保预防“非典”工作不留死角。

甲型 N1H1 流感和手足口病防治。2009 年以来，针对甲型 N1H1 流感病毒的流行和手足口病在五常辖区范围内的传播，街道及时建立防控工作领导小组，并 4 次召集公共卫生联络员召开防控会议并积极采取措施，全力做好预防工作，分别对幼儿园家长和高发病的文一社区儿童家长开设了预防手足口病知识讲座 3 场，将 5500 余份宣传资料下发到培训人员手中，有效地增强了孩子和家长的防范意识。对五常 0 ~ 7 周岁儿童（包括流动儿童）进行了摸底，及时掌握儿童发病信息。组织人员进行了消毒、和灭蝇消杀工作，共发放消毒水 105 瓶，消杀面积达 2 万平方米。后期手足口病能够得到有效的控制，无一死亡，也延缓了甲型 N1H1 流感的大流行。

2013年4月，自杭州发现H7N9禽流感病例后，五常街道便成立联动机制，多种举措确保堵截疫源流入和传播。第一时间要求街道各社区、部门、企事业单位负责人认真落实有关宣传教育，从源头上严格防控H7N9禽流感。通过出台发布紧急通知文件，成立专项防控工作领导小组，并切实举办有关预防的健康知识培训，使人人知晓防御的重要性。该街道组织每日一次的农贸市场检查消毒工作；对食品加工企业进行检查备案；五常卫生服务中心还专门进行了疾控工作的紧急演练。

2016年1月，五常成立以街道主要领导为组长的H7N9禽流感防控小组，及时加强工作领导，并组织街道、社区相关人员参加防控工作会议，传达上级防控H7N9禽流感会议精神。同时，街道印制和下发防控H7N9禽流感常识宣传册，加强对农贸市场经营户、消费者的宣传，增强禽肉经营户、消费者对禽流感的认知度和防范意识，引导经营户转变消费观念，科学消费。街道还安排工作人员每日巡查，关注疫情动态，做到一日一报，一事一报，特事特报，并将信息汇总后定期报送至余杭区H7N9联防联控机制办公室。

抗击疫情党员先行（2020） （文一社区提供）

新冠肺炎疫情防控。新型冠状病毒肺炎是由于感染了新型冠状病毒而导致的一种急性呼吸道疾病。2020年新型冠状病毒肺炎的防控成为疫情防控的重中之重。五常街道建立疫情防控领导小组，出台防控工作预案机制，众志成城，联防联控，疫情防控工作实现确诊病例隔离就诊，全部治愈出院；实现密接管控334人，重点人员管控6556人；入境返浙集中隔离361人；发热人员管理600余人；三个集中隔离点共集中观察700余人，核酸检测900余人；卫生中心开展居家隔离随访共3000余人，指导1000余家企业复工复产；联合市场监管、消防、社区卫生服务中心等相关科办（单位）对辖区12家托育机构进行现场核验，符合要求的托育机构于6月开始陆续复托，并于9月陆续开始在余杭区进行备案申请。

校园返校复课有序稳定。按照统一安排，中学于4月13日起、小学于4月18日起、幼儿园于5月18日起有序复学，辖区内17家公民办校（园）教育教学秩序和日常工作安全稳定。（1）建立返校复学专班。迅速成立以街道书记、主任为双组长的专项工作组，建立《五常街道各校园新型冠状病毒感染的肺炎疫情应对处置方案》使学校防控工作层层有人抓、事事有人管。（2）实施“1+1+1”校园联系。即一名街道班子成员、一名中层干部，定点联系一家学校，实施“点对点”精准服务，发放口罩2.6万只、酒精166桶、额温枪28把等防疫物资。（3）科技赋能，筑起安全防护墙。与杭州魔点科技合作，在辖区五常中学、五常小学、五常街道中心幼儿园、文福幼儿园等学校安装魔点D2T智能人脸测温仪及相关智能测温设备，实现智能化测温防控。五常中学安装了D2T测温仪29台、五常中心小学42台，五常街道中心幼儿园配备47把额温枪、文福幼儿园40把。4月28日，公共服务办联合区教育局、五常中心学校、社区卫生服务中心等部门对辖区14家校外文化课培训机构进行现场核验，按照“杭州市校外培训机构复课（复训）自查核验表”47条逐条核验，符合要求的14家校外文化课培训机构于5月18日开始有序复课。

三、妇幼保健

乡镇妇幼保健工作主要开展孕产妇系统管理和儿童系统管理工作，组织开展妇女、儿童常见病的防治，农村妇女病普查及儿童健康体检工作，开展婚前保健、孕期保健指导，产前检查工作，等。2015年10月，五常街道妇幼保健计划生育服务站在街道社区服务中心举行揭牌仪式。由教育卫生、计生、综治、社区卫生服务中心等构成的卫计服务体系，以横向的职责分工和纵向的区域划分细分职能，形成服务网格，提供“一站式”的优质服务。

孕产妇和儿童系统管理　2001年，五常经济开发区687名0～6岁儿童，有675名进行了系统管理，管理率98.25%，全年未发生新生儿死亡。开办育儿学校二期，家长受教育面达100%，托幼机构管理工作不断加强，幼儿教师和保育员及托幼儿童体检率100%。孕产妇系统管理率97.8%，住院分娩率100%，高危孕产妇住院监护分娩率100%。全年共开办新婚学校12期，242名培训对象全部参加、受教育面达100%，开办孕妇学校四期，受教育面达97.27%，实现了上级下达的妇幼保健管理和控制目标。2006年，五常0～6岁儿童系管率90%。婴幼儿死亡率为0、育儿学校家长受训率92%；孕产妇系管率99.5%，高危孕产妇住院监护分娩率为100%，全年开办新婚学校12期，受教面达到100%。2009年，孕产妇系统管理率98.95%，产后访视375人，防视率为98.68%；儿童系统管理覆盖率100%，管理率98%以上，确诊体弱儿管理率95%以上；入托体检1009人。2010年，孕产妇系统管理率99%，产后访视396人，防视率为100%；儿童系统管理覆盖率100%，管理率98%以上，确诊体弱儿管理率95%以上；入托体检685人。2011年孕产妇系统管理率99%，产后访视率100%。儿童系统管理26162人，覆盖率100%，管理率98.2%以上。2017年，孕产妇系统管理708人，系统管理率99.16%，7岁以下儿童建证率98.82%。2020年，新生儿访视率100%，儿童健康管理率99.91%，系统管理率99.69%，早孕建册率99.01%，孕产妇健康系统管理率98.76%，产后访视率100%。

以“关爱女性健康”为主题的妇女病普查（2017）

妇女病普查和儿童计划免疫及体检　2010年，完成妇女病普查2784人，检查率45.3%。儿童计免的“五苗”接种率98%以上，卡症符合率

100%，新生儿乙肝疫苗接种率95%。2011年，妇女病健康体检率为83.22%。2017年，完成了辖区内托幼机构共2594名儿童的“六一”体检工作，体检率100%。2019年，完成了辖区内幼儿园3338名儿童的“六一”体检工作，体检率100%。2020年，实施妇女健康促进工程，完成妇女“两癌”筛查3794人，完成率42.88%；母子手册签约绑定率94.83%、互动率33.88%，辖区内托幼机构“六一”体检率99.88%，三季度儿童发育筛查率82.45%。

家庭医生签约 五常街道依托家庭医生团队，定制专属健康档案、成立慢病俱乐部，实行精细化管理。同时针对一些路途遥远、行动不便的签约居民，社区卫生服务中心还统一安排时间，组织医护人员开展上门体检、上门随访等服务，把家庭医生签约服务落到实处。2017年，五常街道组建20支医术好、口碑好的临床医生为团队长的签约团队，完成责任医生签约11907人，重点人群签约7006人；2018年，签约14338人，有效签约率80%。2019年，家庭医生签约服务进一步扩面，完成8180人，有效签约率80%。2020年，完成签约17866人，重点人群签约覆盖率83.24%，2021年签约任务人数18052人，已签约18146人，完成率100.53%，重点人群签约服务覆盖率81%，有效签约率81%。公共卫生服务进一步得到优化。

健康体检及建档 2006年，管委会下拨财政资金35万元，卫生院筹资38万元，添置技术先进的彩色B超、200毫安X光机、生化仪、全自动尿分析仪、心电图等医疗设备各一台，从卫生院抽调工作人员，对五常居民展开健康体检工作。12月初已完成健康体检8398人（五常50%体检任务是7763人），完成率108.18%。体检查出疾病2437人，其中发现癌症患者3人，糖尿病患者48人，高血压患者984人，肾功能不全5人，都得到了及时的治疗。辖区内人群体检建档率100%，60岁以上老年人建档率100%，并多次开展义诊和宣传活动。2007年，体检发现高血压、糖尿病、胆结石等患者3020人，体检建档率85%以上。2009年共检查居民4153人，第二轮合计体检11168人，健康体检率68.84%，妇女病普查2558人，检查率85.3%。2010年，完成城乡居民健康体检5662人，健康体检率38.5%。2011年，城乡居民健康档案建档率90%，电子建档率37%；高血压管理糖尿病管理率均在60%以上；弱势人群服务约100人，服务率60%以上；残疾人服务约150人，服务率60%以上。2017年，为65岁以上3883名老年人建立了健康档案。2018年，体检60岁及以上户籍人口4537人，体检率78.78%。2019年，对60周岁以上老年人健康体检工作，完成4249人，体检率64.7%。2020年，开展60周岁以上老年人健康体检工作，完成4823人，体检率75%。

五常街道举办老年人健康知识讲座（2020） （徐天娟 摄）

四、红十字会工作

2014年7月，五常街道红十字会举办“幼儿教师红十字救护员培训班”，邀请余杭区卫校的老师，对五常街道幼儿园110余名教职员工进行创伤救护和徒手心肺复苏的专题培训。通过理论、实践两轮考核，并获得由区红十字会统一发放的救护员证书。街道从2013年开始开办教师队伍救护培训，五常小学、中学、幼儿园全体200多名教师均获得救护员合格证书。

2015年，五常街道举行“春季无偿献血和造血干细胞志愿者招募”活动，共有300多名志愿者报名，其中121人献血，献血量合计30900毫升；有12名造血干细胞志愿者登记入库。2016年继续举办“春季无偿献血和造血干细胞志愿者招募”活动，有162人献血，献血量合计40200毫升，另有17名造血干细胞志愿者登记入库。2017年，继续组织开展无偿献血和干细胞捐献工作。全街道共有300多名志愿者报名，其中182人献血，献血量合计47200毫升，造血干细胞志愿者登记入库8人，超额完成全年指标任务；器官和眼角膜捐献登记1例。同时组织开展救护员培训和基础救护培训。普及性培训7场，共培训630余人，完成救护员培训60人，超额完成区目标任务数。2018年，无偿献血109人，献血量27200毫升。开展了普及性培训8场，共培训600余人，完成救护员培训40人。2019年，五常街道184人献血，献血量合计45160毫升，造血干细胞志愿者登记入库5人，提前完成全年指标任务。慰问困难家庭26户，发放救助资金24000元，医疗保健券2000元。普及性救护培训10场，共培训804人。推动云创社区创建红十字服务站，景盛社区创建红十字服务示范站。2020年，170人献血，献血量合计44400毫升，造血干细胞志愿者登记入库5人，开展普及性救护培训，完成了培训目标任务1000人，救护员培训任务120名，提高了群众自救互救和应急避险能力。推动友谊社区创建红十字服务站，云创社区创建红十字服务示范站工作。

卷　七

社　　会

第一章　民　　政

第二章　社会生活

第三章　风俗　方言

第四章　宗　　教

五常龙舟胜会

第一章　民　　政

历代王朝重视民政，地方长官中也不乏关注民生者，如救灾赈济即是民生之一种。唐代有“安民立攻”之说，北宋有“修治民政”之论，“民政”一词逐步在官方和民间广泛使用。南宋时期，“民政”泛指各种民众事务的行政管理到特定的部分行政管理工作。清代以前仍未设专门管理机构，“民政”局限于“蠲缓赋税”“发廪赈饥”或善捐之类。民国时期，县、乡镇一级没有专门民政部门，民政工作由乡长、保长统管。1949 年 5 月，余杭县、杭县新政权诞生，各区、乡镇都设有民政司法助理员一名。此后司法、民政分离，设民政助理员。“文化大革命”期间，民政工作数度中断。1978 年中共十一届三中全会后，民政工作诸如优抚安置、拥军优属、救灾救济、社会福利、地名管理、老龄事业、殡葬改革、宗教事务等，走上正轨。同时，按居民居住地设立居民委员会或村民委员会。

1983 年 10 月，在政社分设中，各区、乡镇、村都有一名领导分管民政工作，后逐步配备专职或兼职民政助理员。1989 年 6 月以后，五常乡建立起民政办公室，后称劳动保障和民政办公室，研究辖区内的民政大事，贯彻上级民政工作方针政策等。

第一节　基层自治组织

古代县下设乡、里等基层组织，负责管理户口、宣传教化、征收税费和负责地方治安等，但历朝设置有所不同。中华人民共和国成立后，县下辖乡、镇。基层组织在城镇为居民委员会，在农村为村民委员会。居民区和村下设若干居民小组、村民小组，居委会和村委会为群众自治组织。1958—1985 年人民公社化期间，乡镇改为人民公社，村为大队，村民小组为生产队。2001 年，城镇改设社区居民委员会。

一、居（村）民委员会

1949 年 5 月 2 日、3 日，余杭县、杭县相继解放，并于是月 22 日、23 日成立县人民政府。余杭县建立 21 个乡、镇，杭县建立 51 个乡、镇。1950 年 4 月，余杭县建有 43 个乡、1 个镇人民政府；10 月，杭县建有 75 个乡、6 个镇人民政府。五常乡隶属于杭县。

乡级政权建立后，即派干部赴各村发动群众，开展剿匪反霸减租减息，废除保甲制度，建立行政村。1950 年 2 月，建立村民委员会，设村长、副村长，治保、财粮、生产、优抚等委员。村级组织为村长、农会主任、民兵队长（兼治保委员）、妇女主任 4 人，分工负责各项工作。1955 年冬，农业合作化后，管理职能由农业社取代。1956 年冬，建立高级农业生产合作社，职能由高级社取代。统一管理社内行政、生产、财务、分配等工作。

1958 年 10 月，人民公社建立后，实行“政社合一”，人民公社是农村基层政权组织，村级组织按军事化称为“连”。1959年，村改为大队，设大队管理委员会。大队下设生产小队，是农村最小的生产单位。1961年4月从留下人民公社分出建立五常人民公社，公社下设大队。20世纪70年代，五常人民公社有顾家桥、南河头、西坝、友谊、荆山等16个大队。

1984年2月，政社分设，取消人民公社建制，乡、镇人民政府为基层行政组织，五常乡下设16个行政村。1989年，贯彻实施《中华人民共和国村民委员会组织法》《中华人民共和国居民委员会组织法》，村（居）委组成人员由村（居）民直接选举产生，每届任期3年，可连选连任。1998年3月，开展村务公开、民主管理工作。1999年5月，实施村民委员会换届选举，并实行村务公开制度，设立公开栏、意见箱，建立村务公开民主管理领导小组、村务监督小组。

2001年8月，五常乡行政区域并入闲林镇，设立闲林镇五常办事处，辖荆丰村、荆山村、横板桥村、顾家桥村、友谊村、五常村、文一村。闲林镇五常办事处受闲林镇人民政府委托，负责五常经济开发区的行政管理，五常开发区党工委和开发区管理委员会领导班子成员由区委直接任命。开发区管委会和办事处实行两块牌子、一副班子，班子成员交叉兼职。其人员和编制，原则上按原五常乡配置核定和调配。2007年1月，五常管委会横板桥社区居委会成立，是余杭区确定的撤村建居3个试点村之一。年底，横板桥村被评为“魅力新农村”十佳村庄。2007年12月，余杭区政府决定设立五常街道办事处。五常管委会改称五常街道。由闲林镇的沿山河、横板桥、顾家桥、荆丰、荆山、文一6个社区，友谊、五常2个村和仓前镇永福村，合并组成五常街道。2008年1月8日，五常街道挂牌成立，永福村顺利融入五常街道，街道建制达到8个社区、1个村，常住人口21359人，城市化率90%以上。

二、村（居）自治

依照《中华人民共和国村民委员会组织法》《中华人民共和国居民委员会组织法》，除被剥夺政治权利的人外，凡年满18周岁的村（居）民，不分民族、种族、性别、职业、家庭出身、宗教信仰、文化程度、财产状况、居住期限，都有选举权和被选举权。村（居）委会除设各委员会外，根据村（居）民多少，设若干个村（居）民小组，小组长由村（居）民小组会议推选。

20世纪90年代起，五常乡积极参与并开展村民自治示范活动。为了健全村委会的自我管理、自我教育、自我服务三大职能，民政办对村民自治工作进行检查、督办，严格按上级有关要求执行。2001年，五常开发区16个行政村硬件除木桥、范家村无法上墙外，其余14村全部上墙。软件建设除一个村没有台账外，其余15个村建立的台账已通过上级验收，并被评为首批杭州市村民自治示范乡。

推进村民自治进程，完善村民自治的各项民主管理制度，实行村务公开、民主理财和长效管理。2002年以来，根据区委、区政府的统一部署，搞好村规模调整后村换届选举工作。2004年，组织村长参加区民政局举办的村民自治、政策法规、业务等知识培训，开展村民自治知识竞赛。统一制作村民自治制度，规范上墙。进一步增强村务工作的透明度，让村民有更多的知情权、参与权和监督权。

加强新型社区服务管理。2012年，投资100多万元建成街道社会服务管理中心和社区社会服务管理分中心，将整个街道划分成9个网格、32个片格、108个组格，配备基础网格力量、专职管理力量、社会服务力量7支专职服务团队共1152人，覆盖5957居民户，基本实现对五常人口、单位的全覆盖。

指导街道辖区内的房产小区业委会成立工作。2016年，有18个项目筹备推进，完成盛世嘉园、西溪铭苑和怡景花城小区的业委会成立和换届工作。

五常街道第二届居民议事会第一次会议　（陆文韬　摄）

推进社区自治工作。规范基层民主建设，稳步开展社区换届选举。公共服务中心每季度开展居务公开自查，指导社区每季度至少开展一次居民代表会议，规范基层民主建设；按照区统一部署和工作要求，早部署、早谋划、早准备，稳步推进换届选举。推进民主议事协商，强化村社自治，创新推进社区微治理。2020年，坚持“换届与发展相结合，选人与干事相挂钩”，围绕“干中换、换中干”原则，明确“团长抓、抓团长”责任制，高质量完成18个社区换届工作，选出社区党组织班子84人，居委会班子90人，一次选举率和组织意图当选率均达100%。做好换届后社区干部队伍建设的同时，开展“开门一件事”领办活动，推动社区班子快速形成战斗力。是年，根据《关于推进城乡社区“微自治”助推基层民主协商的实施方案》制订实施计划，西溪风情社区成功申报“微自治”试点工作。

第二节　社会保障

五常的各项社会保障制度，随经济建设不断发展和经济实力逐年增长而逐步提高完善。20世纪60年代，以农村人民公社为单位开展农村合作医疗。1984年，实行劳动合同职工养老保险。1986年，建立和实施职工失业保险制度。1987年，境内全民、集体和事业单位（包括国家机关、社会团体、学校）固定工、合同制职工、离退休人员、退职人员中实行离退休基金统筹。1996年，开展农村社会养老保险工作。1998年，改革职工劳动保险和医疗制度，实行“社会统筹、互助共济、合理负担”。2005年，各项社会保险基本建立。至此，失业、养老、生育、工伤、医疗保险及相关的社会保障制度相继建立并逐步完善，民生得以更好体现。

一、养老保险

1984年起，境内集体企业合同制职工开始实行养老保险制度，1993年起，余杭农村亦开始实行养老保险制度。自此，养老保险制度逐步实施并完善，老有所养有了保证。

企业基本养老保险 1984 年，境内国营和城镇集体企业合同制职工开始实行养老保险制度，企业按人均每月 12.5 元标准向县劳动保险机构缴纳养老费，实行退休基金统筹。1987 年 7 月起，境内全民所有制企业、县以上集体所有制企业和事业单位固定工、合同制职工、退（离）休职工、退职职工、退职保养人员，全民所有制企业中非独立核算的混岗集体职工，国家机关、团体、学校、全民事业单位的劳动合同制工人均参与离退休基金统筹，统筹项目包括按规定计发的离休金、退休金、退职生活费和保养费，丧葬费、抚恤金和供养直系亲属生活补助费，按规定发放的生活补贴和物价补贴，合同制职工的退休养老金和医疗金。养老保险基金筹集坚持“以支定筹、略有节余”原则，按照各单位职工工资总额与离退休列入统筹项目费用之和，分别按 18%、22%、25%、30% 档次征集。合同制职工个人按其标准工资 2% 缴纳。

1992 年 1 月 1 日起，固定职工与合同制职工养老保险基金分别征集，职工按月标准工资 3% 缴纳。1994 年 8 月，企业职工基本养老金实行与社会平均工资挂钩，与职工缴纳养老保险费缴费年限挂钩，与职工生活费价格指数挂钩。1998 年 1 月，原固定工缴纳的统筹基金和合同制职工缴纳的养老基金合并，统称职工养老保险基金，统一按在职职工缴费工资基数的 21%、离退休统筹支付的 18% 缴纳基本养老保险费。职工个人缴纳部分，按本人缴费工资 4% 缴纳。对 1998 年 1 月 1 日以后参加工作的职工，达到法定退休年龄、缴纳养老保险费满 15 年的，退休后按月发给养老金。基本养老金月标准为职工退休时上一年全省社会平均工资的 20%，加上个人账户储存额的 1/120。1997 年 12 月 31 日以前参加工作、1998 年以后退休的职工，达到法定退休年龄、缴费满 10 年，退休后按月发给养老金。1997 年 12 月 31 日以前已经退休人员，仍按原办法计发养老金。建立退休人员基本养老金最低生活保障制度，职工最低基本养老金标准按上年余杭社会月平均工资的 40% 确定。

基本养老金由基础养老金、个人账户养老金和过渡性养老金组成。2000 年 4 月，扩大社会保险覆盖面，社会保险参保对象扩大到各类企业及其职工，包括个体工商户及雇工、城镇自由职业者。

2002 年 3 月，对 2000 年 1 月后符合规定新参保企业及城镇自由职业者、个体工商户及其雇工，可申请参加“低门槛准入，低标准享受”的参保办法。2003 年，职工在办理退休后，其管理服务工作与原企业脱离，养老金实行社会化发放，人员移交乡镇（街道）和社区实行属地管理，由社区服务组织提供相应的管理服务。2005 年 1 月 1 日起，企业职工养老保险费一律按企业职工工资总额征收。

农村社会养老保险 1991 年 11 月，民政部致函浙江省人民政府，决定浙江省 55 个县（市、区）开展建立农村社会养老保险制度的试点。余杭县为农村社会养老保险试点之一。1992 年，据省、市政府《关于在部分地区进行农村社会养老保险制度改革试点的通知》，设立农村社会养老保险办公室，负责实施农村社会养老保险工作。1993 年，在总结试点经验基础上，推行农村养老保险制度。1996 年 8 月，对农村各业人员实行农村社会养老保险，参保对象为乡镇企业职工、村干部、义务兵、个体户、独生子女及其父母等。农村社会养老保险制度以“自我保障为主、自助与互济相结合、权利与义务相统一”为原则，采取储蓄积累式、个人账户结算办法。

农村社会养老保险费征集以个人缴纳为主，集体补助为辅，国家政策予以扶持。个人缴纳和集体补助养老保险费全部计入个人账户。养老保险费采取一次性投保或年缴、月缴等方式，按月缴纳标准分为10元、12元、14元、16元、18元和20元；按年缴纳于当年投保时缴清。集体补助比例由各地视情况而定，各类人员平等享受。乡镇各类企业职工和个体企业人员最高不超过投保额的40%，个人缴纳不少于60%。1982年后出生的纯农独女户，享受财政一次性补贴；村干部养老保险缴费乡镇负担30%、个人负担40%。参保人员男年满60周岁、女年满55周岁后，根据其缴费积累总额确定领取标准，按月或按季领取养老保险金。领取养老保险金保证期为10年。2002年8月，符合年龄条件村党支部、村委会、村经济合作社在职成员，均参加城镇职工基本养老保险，缴费资金实行区财政、乡镇（街道）和村及个人共同负担办法。区财政按城镇职工养老保险正常缴费标准的单位缴纳部分为基数，每人每年补助30%。2005年底，村干部均参加城镇职工基本养老保险。

撤村建居以来，五常街道做好失地农民养老保险参保工作，以社区为平台，广泛宣传，简化程序，方便百姓，使居民应保尽保。2015年，五常街道失地农民适龄劳动力人口共有24147人，其中23343人已经参加各类社会养老保险，占劳动力总人口的96.67%。

二、医疗保险

五常职工医疗保险制度始于20世纪50年代初，其时分企业职工劳保医疗保险和机关、事业单位工作人员公费医疗保险。公费医疗保险制度实施范围为国家机关和事业单位全体工作人员，退休人员及学校教师和复员、退伍、返乡军人及二等乙级以上伤残军人。公费医疗经费由国家财政全额承担。职工医疗保险制度实施范围为国有企业和部分集体所有制企业职工及其家属，以及企业退休人员。经费来源于企业职工福利基金并计入企业成本。1991年，改革公费医疗制度，实行定额包干，超支补助；1993年后，数次调整定额基数和报销比例。

城镇职工基本医疗保险　2002年1月1日起，五常实行新的城镇职工基本医疗保险制度。基本医疗保险基金采用社会统筹和个人账户相结合办法，由用人单位和个人按规定缴纳，政府适当补贴。企业和民办非企业单位以本年度单位职工总数与上年全省社会平均工资乘积的7%缴纳，其中5%由单位按月向区医保机构缴纳，用于建立基本医疗保险统筹基金，2%由用人单位从职工工资中代扣，全部计入个人账户；国家机关、事业单位和社会团体以本年度本单位职工总数与上年度全省社会平均工资乘积的8%，按月向区医保经办机构缴纳，其中6%用于建立统筹基金，2%划入职工个人账户；城镇个体经济组织业主及其从业人员、自由职业者按上年度全省社会平均工资的5%缴纳，按本年度应参保人员总人数与上年度全省职工平均工资乘积的0.5%予以补贴。

参保人员个人账户资金用于支付基本医疗保险开支范围为普通门（急）诊和住院、规定病种门诊中按规定应由个人负担的部分医疗费。参保人员在定点医疗机构中发生的住院医疗费，在起付标准以上、最高支付限额以下部分医疗费由统筹基金与个人分别负担。起付标准：区外杭州市医院、三级及相应医疗机构为2000元，二级及相应医疗机构为1500元，其他医疗机构为1000元。起付标准以下部分医疗费由个人或用人单位和个人共同负担。年度内参保人员医疗费最高支付限额4万元/人。中华人民共和国成立前参加革命工作的老工人，个人负担比例按照退休、退职人员减半执行。2005年1月1日起，住院医疗费统筹基金起付标准调整为区外杭州市医院、三级及相应医疗机构为800元，二级及相应医疗机构为600元，一级及相应医疗机构为400元。统筹基金起付标准以上至最高支付限额以下部分医疗费个人负担比例调整为：起付标准至2万元不变；2万元以上至3万元调整为至4万元；3万元以上至4万元调整为4万元以上至8万元，个人负担比例与原比例不变。提高统筹基金支付限额，从原来4万元调整为8万元。公务员当年医疗费自负从2500元调整为2200元，取消住院、规定病种门诊统筹基金起付标准以下部分使用个人账户资金的规定。

2003年5月，建立重大疾病救助基金，基金由个人缴纳和政府补助两部分组成，个人缴纳部分每人每年36元，政府补助在按每年度参保职工总数与上年度全省职工平均工资乘积的0.5%的补贴中提取一部分。支付比例和范围：住院4万元以上部分，个人支付10%，基金支付90%。2004年1月1日起，实行企业退休人员门诊医疗费统筹。缴费以参保人数与上年省职工月平均工资的乘积为基数，统一以0.5%按月缴纳。参加企业退休门诊医疗统筹人员退休后，由区社险办按上年全省职工平均工资的4.2%为退休人员建立基本医疗保险个人账户，用于门诊；个人账户用完、门诊医药费超过2000元后，由社险办报销50%，支付限额为5000元。2005年后，调整为个人账户用完且门诊医药费超过1000元的，社险办报销50%，支付限额为10000元，同时取消住院起付线以下报销40%的办法。2004年1月起，参加本区城镇职工基本医疗保险人员，因病情特殊必须使用没有列入基本医疗保险范围药品或进行特殊治疗、救治而发生的大额医疗费用，实行特殊医疗救助政策。救助对象为参加城镇职工基本医疗保险、家庭人均收入在最低基本生活保障线以下或领有特困证的人员，年度内特殊医疗费超过2000元以上的；公务员年度内特殊医疗费超过1万元以上的；其他参保人员年度内特殊医疗费超过5000元以上的。救助标准为：特殊医疗费达到超过规定至3万元由救助资金救助40%；特殊医疗费3万元以上至4万元救助50%；特殊医疗费4万元以上救助60%；特殊医疗费救助实行分段计算，最高救助限额为5万元。

2009年，五常街道共有15136人参加城乡居民基本医疗保险，其中低保户207人，残疾人81人，优抚29人，放弃二胎的有2340人，正常参保人员有12479人，参保率达到100%。2010年城乡居民基本合作医疗参保14682人，参保率100%。2014年城乡居民基本医疗保险参保9713人，参保率99.95%。2015年，五常街道的城乡居民基本医疗保险应参保9142人，实际参保人员达到9013人，参保率98.59%。2016年，街道城乡居民基本医疗保险参保率99.8%，街道获评区城乡居民基本医疗保险考核工作优秀。2019年，参加基本医疗9015人，医保报销153人。

农村合作医疗保险 五常的农民合作医疗始于20世纪60年代，时以人民公社为单位组织实施。据1971年《五常公社两年来办合作医疗的情况》统计：一级核算的1970年，参加12426人，每人上缴公社2元。社队合办二级核算的1971年，参加12762人，每人上缴公社30%（0.60元）。1970年全年转院60%现金报销6208.38元，各门诊60%报销12128.76元，两项共报销18337.34元，按参加人数每人负担1.48元。1971年全年转院60%现金报销2625.22元，按参加人数每人负担0.206元。1972年，五常人民公社管委会总人口13385人，每人应交30%（0.60元）合计8031.00元。

1997年起，试行农民合作医疗保险，并逐步完善。1999年3月，五常乡人民政府制定并下发了《关于实施〈五常乡农民合作医疗保险制度实行办法〉的通知》，指出“农民合作医疗保险是社会保障体系的一部分，也是现阶段农村医疗制度的新发展，应坚持政府领导、集体扶持、多方筹资、科学管理、民主监督、服务农民的原则，实行四级筹资（市、乡、村、户）、两级管理（市、乡）的形式，按照以收定支，量入为出、分段核算、定额补偿的办法管理基金。”五常乡设立农民合作医疗保险管理委员会，由乡长、分管乡长、卫生院、财办、民政办等有关部门的领导组成。下设办公室，设在乡卫生院，负责处理日常工作。规定本乡农村在册人口，以户为单位参加，并按照规定缴纳基金者，方可享受本制度的各项补偿，中途不得办理补、退手续，要求全乡农民全部参加。乡政府按1998年年末农业人口补助每人每年2元（其中1元上缴市合作医疗保险办，用于大额住院医药费用的市级报销）。村集体按1998年年末农业人口每人每年补助2元，3月底之前一次性缴入乡农民合作医疗保险专户，无论参加与否必须足额上缴。农户个人缴纳基金标准，根据上一年农民收入比例，为每人每年20元。合作医疗保险基金每年收一次，由乡、村两级负责宣传发动，各行政村负责收缴，五保户、特困户由村集体代缴。该项基金纳入预算外资金管理，其收支情况定期向同级或上级合作医疗保险管理委员会作出报告。一年期结清基金收支账目并进行公布。基金结存或超支转入下一年度使用和结算，严禁任何单位或个人借支挪用，同时接受财政、审计等有关部门审计监督。费用超支由乡政府、卫生院、村委员会三方按参加比例进行承担，具体以村为单位，参加比例达80%以上，超支由卫生院承担，参加比例在70%～79%，超支由卫生院和村委会各承担50%，参加比例在60%～69%，超出由乡政府承担10%，卫生院承担3%，村委会承担60%，参加比例在59%以下，超支乡政府承担20%，卫生院承担10%，村委会承担70%。报销具体标准为：（1）本院门诊病人医药费报20%。直接报销，收费时直接免除。（2）凡参加合作医疗保险的农民，本年度在本乡卫生院住院治疗的病人，中、西药费、住院手术费报销40%，直接报销，收费时直接免除。（3）危重病人经乡卫生院诊治而需转上级医院治疗的报销标准为：1000元以下报20%；1001～3000元报30%；3001～5000元报40%。累计总额超过5000元以上部分可享受市级基金补偿。市级基金补偿比例为5001～10000元部分补偿30%；10001～15000元部分补偿40%；15001～20000元部分补偿50%；20001元以上部分补偿60%，市级基金最高补偿封顶额为10000元。为鼓励参加合作医疗保险的农民患病就地医治，凡转本市及杭州市市级以上医疗单位住院者，在乡级基金报销中按上述标准下降10%，定点医院具体包括余杭二院，杭州市各市级医院，省级医院及医大附属医院，不包括区级医院，部队医院，各部门医院及私立医院。

2001年，余杭区制定新的农民合作医疗保险实施办法，扶持资金由原来区、乡镇两级财政分别按农村人口每人每年拨款1元增加到1.5元。区财政安排合作医疗专项资金由65万元增加到95万元。同时，建立两次补偿机制，患大病农民可在区级资金享受最高限额2万元的两次补偿金。五常乡在2000年的基础上，加大了宣传力度，出动宣传车13辆次，发放宣传单2万余张，印发了《给全乡广大农户的一封信》并由村干部亲自送到农户手中，同时利用有线广播反复宣传，在资金筹集上采取主要领导包片，驻村干部包村、村干部包组，党员组长包干到户的方法，层层落实责任制，使合作医疗保险工作得到了进一步加强，所辖16个行政村有10个行政村开展了合作医疗保险，行政村覆盖面达62.5%，共有7811人参加了合作医疗保险，参保率52.79%，比上一年提高了23.69%，共筹集资金66099元，基本实现了区合作医疗办公室下达的任务指标。

2003 年，开展新型农民合作医疗保险制度试点，五常农民合作医疗参保率 92%。2004 年，按“统一管理机制，统一起始时间，统一筹资标准，统一报销方案”，完善新型农民合作医疗保险制度。五常管委会 15013 名应保农民已全部参加了新型农民医保，参保率 100%；对 165 名低保户和 3800 余名放弃二胎者，由管委会出资承担了他们的参保费用。

2005 年，实行个人缴费、集体扶持、政府资助相结合的筹资机制，区、乡镇两级财政每人每年各补助 10 元，个人每人每年缴费标准为 20 元。2006 年，五常管委会拿出 20 万资金额外补贴新型农村合作医疗参保农民，也就是在区财政规定每人 20 元的基础上，管委会再每人补贴 20 元，用于参保农民体检、防病。是年底，参保农民达 15526 人，参保率为 100%。累计报销 1680 人次，报销金额达 852672.37 元，大病二次补偿 7550 元，对困难户医药费补助 9800 元。2007 年，余杭区改革新型农民合作医疗的体制机制，将其更名为城乡居民合作医疗保险，由区劳动保障部门统一管理。五常管委会继续额外补贴新农合参保农民 20 万元，当年有 15822 人参加新型合作医疗，参保率 99.91%，累计报销 1680 人次，报销金额 85.27 万元。

2009 年，城乡居民合作医疗保险又改称城乡居民基本医疗保险（以下简称居民医疗保险），并进一步调整、完善有关政策。调整后，年人均筹资标准从 200 元提高到 360 元。统一建立个人账户，按参保个人缴费的 40% 划入医保卡，报销比例、报销封顶额有所提高，报销范围有所扩大。此后，医疗保险政策逐年调整和完善。

三、生活保障

优待抚恤 历代征兵有民军制、募兵制、世兵制、征兵制等。明代法律规定军人的抚恤。清末，开始有明确对军人实行抚恤的条款。民国期间，先后颁布《中华民国浙军赏恤暂行章程》《人民守士伤亡抚恤实施暂行办法》。

中华人民共和国成立后，对伤残军人、复员军人、退伍军人和革命烈士，还有因公牺牲的军人、病故军人、失踪军人及现役军人家属，依照宪法和有关条例实施优待和抚恤，并广泛开展群众性、经常性拥军优属活动。同时在城乡实行国家抚恤、补助和群众优待相结合的办法保障优抚对象生活。1978 年以后，五常优抚安置工作进一步发展。

国家规定对烈属（包括因公牺牲、病故、失踪军人家属）、现役军人、家属、革命伤残军人和带病回乡的复员、退伍军人实行群众优待。其优待方法是：1949 年 5 月全乡解放至 1950 年底，由国家发放优抚粮、以补助粮为主，以群众捐款和义务劳动为辅。1951—1955 年，以代耕（帮工）为主。代耕制分工票制代耕，固定制代耕及临时拨工代耕。公民年满 17～55 岁的都有代耕义务。1955 年，军队和地方干部实行工薪制，缩小优待范围，优待对象为农村中的烈属、义务兵家属和部分在乡残疾军人及带病回乡的复退军人，优待的原则是“困难大多优待，困难小少优待，不困难不优待”。1956 年后，农村对烈军属采取优待劳动日的办法，烈军属如不能达到社员年平均劳动日的，由农业社优待补足，自报公议，民主评定，经上级批准，春评、夏查、秋兑现。

1981 年后，农村义务兵家属实行现金优待。1986 年，城镇义务兵家属实行群众优待。1989 年，开展农村义务兵养老保险工作。1992 年，实施县政府制定《余杭县实施军人优待抚恤条例若干规定》《余杭县在乡部分优抚对象医疗减免办法（试行）》。1995 年，城镇入伍户均优待金从607.55元提高到1791.21元。1996年4月，建立优抚事业费自然增长机制，对优抚对象的抚恤、补助、优待实行动态管理，优抚对象生活保障水平随着国民经济的发展而相应提高。1998年9月，根据余杭市政府制定《余杭市兵役义务费和优待金社会统筹实施办法》，五常乡人民政府制定《关于落实九八年义务兵优待统筹工作的通知》，对退伍军人实行货币安置，并将安置费纳入统筹范围，并做出了具体规定：统筹范围及标准，全乡18~35周岁的男女公民，由村委按每人14元标准收取；安置费使用范围主要用于义务兵家属优待金每户3200元（其中赴西藏军人优待金6400元加家属生活补助费1200元），农村义务兵家属和伤、残、烈军属家财保险，建立优待金抚恤基金对生活困难的烈军属、伤、残军人及部分复退军人的照顾以及当年退伍军人货币安置工作（每人一次性付给安置费计2000元）等。

2000年，五常乡制定抚恤、定补标准，烈士家属每月250元，复员军人每月178元，退伍军人每月135元，伤残军人根据伤残等级发放年抚恤费780~900元不等、生活补助65~135元不等。2001年，做好全开发区现役军人、老复员军人、三属军人的优待金测算和各村优待金收缴工作。确保义务兵家属和重点优抚对象的优待兑付工作，基本解决老复员军人的生活、医疗等问题。同时完成了开发区优抚对象的普查工作，逐个上门面对面核查对老复员军人和三属军人困难家属，采取临时救济，帮助他们解决实际问题。

2002年7月，余杭区取消优抚安置费乡镇统筹，改由区和乡镇两级财政负担，并制定《余杭区重点优抚对象医疗补助试行意见》及实施细则。2003年，五常开发区落实优抚对象医疗费补助政策，补助医疗费。确定重点优抚对象，发放优抚对象生活困难补助和优待金。做好现役军人义务兵优待金发放工作。2004年，重点优抚对象参加新型农民合作医疗保险和二等乙级以上革命伤残军人医疗报销实施优惠医疗政策。

安置接收　1949年中华人民共和国成立后，政府对复员退伍军人实施安置。1954年，对复员转业军人的安置，原籍农村的回农村务农，城镇的介绍到全民或集体所有制事业单位和企业工作，也有少量自谋职业。1955年，“有农业生产能力的继续务农，无农业生产能力，而有条件做其他工作的给予适当介绍工作”。1956年鉴于当时安置工作的难度，实行“归口包干安置”的政策。1958年贯彻“从哪里来回到哪里去”的归口包干安置的政策。在职入伍的退伍军人（不包括临时工、试用工、学徒工、练习工、半脱产乡干部等）回原单位复职、复工、复学。上述安置政策一直沿用到1979年。

1980年，根据省政府的指示和原安置政策，余杭县人民政府对退伍安置作出规定：原系城镇待业青年（含在农村吃商品粮的）、原系下乡知识青年并有余杭县知青办发给光荣证的、原系四场（农牧场、渔场、农场、林场）人员、入伍前是在职固定工（含1970年9月20日之前的临时工）、残废军人、国家三年困难时期下粮不下人的戤社户（指拥有居民户口的一方与拥有农业户口一方结婚后把农业户口的一方及其子女划成戤社户），上述6种退伍军人，由县政府分配适当工作。原农村“赤脚医生”“赤脚教师”入伍的退伍军人，回农村后按“赤脚人员”安排工作，其余从农村入伍的退伍战士，仍按“从哪里来，回哪里去”的政策，回农村安置。1983年，随着军队大力培养军地两用人才工作的开展，大部分退伍兵均掌握一两门地方所需专业技术，安置中做到“妥善安置、各得其所”。1985年后，对农村入伍荣立二等功以上、参战荣立三等功以上的退伍军人均由县安置办公室安排到全民企业、事业单位工作。1989年，县人民政府制定《余杭县退伍义务兵安置工作实施办法》，退伍工作走上法制化。

1992年，实施余杭县人民政府《余杭县实施〈军人抚恤优待条例〉若干规定》和《余杭县部分在乡优扶对象医疗费减免办法》做好退伍军人的安置工作。1994年，根据《余杭市贯彻〈退伍义务兵安置条例〉实施办法》，初步形成国家与地方相互配套的优抚法规体系和国家、社会、个人相结合的优待抚恤制度，采取“双向选择，供需见面，政府包底，按需分配”的方法，将城镇退伍兵、转业志愿兵分配在单位，农村退伍义务兵均由镇政府妥善安排。

2001年后，退伍军人安置以自谋职业为主，对自谋职业的给予一次性补助：10年转业士官补助3.5万元，每超一年增补2000元；2年退役义务兵补助2万元，每超1年增补2000元。援藏驻港军人，志愿兵退伍的由区民政局安置工作。2001年对开发区义务兵退伍军人按货币安置政策进行落实，解决他们的后顾之忧。2013年，五常街道接收退役士兵，引导其积极参加职业技能培训，报名参加职业技能培训。街道还会同组织、综治、公安、城管做好组织关系、户口转接工作，并在招聘治安巡逻、城管人员中放宽条件，实行优先录用。2018年开展退役士兵服务站建设，采集退役军人及其他优抚对象信息。2019年，开展“迎八一、守初心、铸军魂”老兵故事会，组织在街道就职的退役军人参加“戎装心向党，建功新时代”专题党课学习，组建老兵应急救援志愿队。依托退役军人身份优势，2019年还成立全区首个老兵调解工作室，首创“石头、剪刀、布”基层治理工作模式，实现“小事不出社区，大事不出街道”。对此，《杭州日报》刊发文章，称工作室“为基层社会治理创新提供了可借鉴、复制的工作模式”。调解各类矛盾纠纷26起，解答法律政策咨询60余人次。2020年，接收退役士兵，创建“新时代枫桥式退役军人服务站”，建立以街道党工委书记为组长的党委退役军人事务工作领导小组，明确分工、落实责任，采取有力措施，精心组织实施，确保创建工作落实落细，富有成效。

三峡库区移民安置 2000年，因三峡水库建设，下达余杭市安置三峡水库库区移民600名。余杭市委、市政府按照上级“统一领导，明确任务，责任到县，经费包干，乡镇实施”要求，将移民相对集中安置到条件较好的23个乡镇、39个村。2001年8月，重庆市奉节县4个乡镇141户611人，分两批在45个安置点落户。五常开发区把三峡移民4户16人安置在木桥村四组。建房工作是安置工作中的重头戏，在建房过程中，共向木桥村征地2.0446亩，拆迁厂房589.8平方米，其他还有变压器房、电线杆等。8月底把移民安全接到并安排好他们的生活。9月，民政办牵头召集卫生、机关干部包户帮扶工作，村委开展一对一帮扶工作。除按规定资金结算发放到户外，还为他们寻找就业门路，到2003年，落户的4户三峡移民安居乐业，在村干部帮助引导下，1户已在余杭镇经营小吃生意，1户在木桥村开出了副食品店，2户已在个体企业打工。2007年对53名水库移民，发放直补资金3.18万元。

四、社会救济

中国历代政府都有赈灾救济，常以减免赋税田租，放粮平粜赈济，但杯水车薪，效果有限。中华人民共和国成立后，人民政府重视救济扶贫工作，采取治标与治本相结合的方针，投入大量人力、物力、财力，大规模兴建农田水利，加强灾情预报。灾后，努力开展救灾工作，通过政府救济和扶持，帮助灾民抗灾救灾。发展社会保险、社会救济等事业，并由民政部门具体办理救济扶贫事宜。

扶贫救济　每遇较大自然灾害，人民政府均及时对受灾民众给予救济。春夏赈荒，冬令补助，医疗救济均成为经常性制度。农村贫困救济分春夏令救济和冬夏令救济。前者是对生产歉收、生活低于一般水平的贫困户进行救济，主要是补助粮食。后者是救济夏令和冬令日常生活困难户，主要是发放蚊帐、棉被、冬衣等物资。

2002 年，五常开发区建立扶贫帮困基金和最低生活保障制度，全年补助贫困户 23 户，发放补助款 7 万元，拨出专项资金 12 万元，为 4 户困难户改造危房。2003 年，全年补助贫困户资金 15 万元。2003 年 12 月，五常开发区开展了“献爱心、送温暖”捐赠活动，共收到个人捐款个人和华立房产捐款共计 77600 元，用于春节前慰问弱势群体。2004 年，辖区内有低保户 77 户，全年发放救济、救助、慰问款 50 万元。对突发事件和大病、重病及临时困难实行救助，其中火灾 1 户，救济补助 3000 元；医疗困难 4 户，补助 7000 元；临时救济 3 户，补助 2000 元。开展困难学生助学的帮扶结对工作。经过认真地调查，仔细的筛选，对辖区内 46 名上学有困难需要帮助的学生给予募集资金和帮扶结对工作，共有 14 家单位和个人与 23 名困难学生结对，结对金额 3. 68 万元；18 家单位捐款 5. 3 万元。对 29 户农村低保户、16 个优抚对象和 1330 户纯农独女户给予新型农民合作医疗投保，共计保费为 85440 元。农村实行新型合作医疗制度，各种疾病专项贫困救济逐步减少。2006 年上半年，辖区共有 96 户困难家庭实行最低生活保障，其中农村低保家庭 79 户 188 人，城镇低保家庭 7 户 13 人，1—6 月合计发放低保金 104880 元。2007 年全年累计补助低保户 87 户、202 人，低保金 26. 8 万元，物价补助 2. 42 万元；给 1530 名老人发放补助金 83. 15 万元；临时救济、医疗救助等 30 多人次，累计发放救助金 35 万元。2008 年，补助 110 户低保家庭低保金 39. 38 万元，开展节日慰问走访活动，发放慰问金 33 万余元。开展困难家庭和残疾学生助学活动，发放助学金 5 万元；2010 年走访困难户、低保户、困难党员、困难学生、拆迁户、残疾人等群体 835 户，发放慰问物资和慰问金 67. 88 万元。

扶贫爱心单位授牌　　（陆文韬　摄）

2011 年，街道组织开展扶贫问暖的“春风行动”。对辖区内 9 个社区开展春节慰问走访活动，慰问对象包括城镇低保家庭、城镇困难家庭、残疾人、困难党员、计生困难家庭、五保户、烈军属、退休干部等。截至 12 月底，五常街道共统计有低保家庭 73 户、残疾人家庭 63 户、困难党员 45 名。街道累计慰问 380 人次，发放资金 45 万元，发放物资 142 份。除了上门慰问外，各社区对因经济困难、重大疾病等造成的困难家庭开展临时救助，共计发放临时救助金

16.19万元，98户困难家庭受助；同时五常社会各界亦纷纷伸出援助之手，广福禅寺、五常商会和五常街道“双千”活动分别与困难群众结对帮扶，共发放资金3万余元，30户困难家庭受助。2013年，五常社区开展关爱帮扶困难户活动。通过排摸，五常社区共有计生困难家庭12户，其中重点困难家庭2户，一户为“失独”家庭，另一户为双残独女户家庭。社区通过班子人员定向捐款，为一户家庭送去了慰问金；通过区残联助学行动，为另一户家庭申请了助学金。同时还为这两户家庭申请了2014年度余杭区城镇低保，为他们今后的生活提供保障。2014年补助低保、残保、基础养老金、优抚对象231人，共发放资金170.1万元。2016年，开展街道级救助8人次，发放临时救助款5.6万元，申请区级救助15人次，救助款4.96万元，合计10.56万元。开展慈善救助，固定节日救助24人次，救助金额2.4万元；开展社区、分会慈善救助，救助12人次，救助金额4.8万元。2018年，累计发放各类救助金额33万余元，救助193人次。2019年，五常街道共有3户低保户、1户低边户、20名困境儿童，每月发放补助金1.3万余元。对辖区内各类困难家庭共计82户相关情况进行排查，并按照标准发放慰问金。全年累计发放各类救助金额8.5万元，救助27人次。2020年，全年共发放各类救助金、补助金285.81万元。推进稳岗援企、就业帮困工作，共有1106人申领各类就业补贴。

鳏寡老人供养 1956年，对生活没有依靠的老、弱、孤、寡、残疾社员，县人民政府实行以保吃、保住、保烧、保教（孤儿保教）、保葬为内容的五保供养政策，后改为保吃、保穿、保住、保医、保葬。1978年后，五保供养工作发展较快，绝大多数孤寡老人基本生活得到保障。1983年，对全县五保户重作普查，评定发证，由集体供养。

2003年，五常有14户孤寡老人，年终对他们进行慰问，共送去慰问金4200元。2004年，对11名五保老人实施了集中供养，完成危房改造、置换8户。2005年，五常管委会重建五常敬老院，2006年正式启用，用地面积5余亩，总建筑面积1100平方米，当年入住五保老人8名，后增加到12名，五保集中供养率100%。2007年，完成2户危房改造，五保集中供养率100%。2008年，五保集中供养率100%，新建5处老年活动中心。2011年，由于五常敬老院原有居住的五保老人，因自然死亡、土地参保等原因，暂无人居住，再加上敬老院位于西溪国家湿地公园三期建设配套平衡区块，列入征迁范围，故申请注销，区民政局批复同意。敬老院功能逐步被居家养老照料中心所取代。

扶残助残 慈善助残，向来为中华民族的传统美德。中华人民共和国成立后，主要由人民政府负责，辅之以社会捐助，为残疾人员提供生活保障和其他服务。政府还筹办福利企业，安置残疾人就业，开展康复治疗、特殊教育、文体活动等，为残疾人提高福利待遇。

2003年，五常开发区开展持证残疾人调查统计工作，全开发区共有残疾人270名，其中持证的有92人，未领证的有178人，全部输入电脑，纳入全省残疾人网络系统。2004年，以“第十个全国助残日”为契机，在做好残疾人确认、就业安置、职业技能培训、康复等工作的同时，开展“情系我的兄弟姐妹，扶贫帮困活动”和以“光明行动”为主题的赠送“白内障复明卡”优惠扶助活动，共为残疾家庭帮扶结对21人。赠送“白内障复明卡”4人，残疾人确认16人，安置就业3人，技能培训（盲人按摩）1人。选拔残疾人运动员8名参加余杭区第四届残运会，在游泳、田径、象棋、乒乓球四个项目中取得三枚铜牌、一个第四名、一个第五名的好成绩。当年，五常管委会获评“残疾人扶贫工作先进单位”。2007

年，有12人实施白内障复明手术、受助轮椅2辆、安装假肢1例。2008年，实施“助明”“助行”“助听”工程，为6名老人实施白内障复明手术，赠送残疾人轮椅5辆、安装助听器11个。

2016年，五常街道共有90名残疾人享受基本生活保障工程，每月发放资金7.2891万元。有重度残疾人126人，其中20名残疾人享受居家安养工程，每季度发放资金1.8万元。有17户残疾人家庭享受一户多残补助、16名残疾人享受无固定收入，每季度发放补助金1.8万元。开展残疾学生和残疾家庭子女助学调查，街道有1名残疾家庭子女接受教育，发放助学金0.5万元。做好残疾人养老医疗补贴发放工作，街道共有146人享受残疾人养老保险补贴，发放补助金23.5858万元，42人享受残疾人医疗保险补贴，发放补助金10.6922万元。进行白内障筛查，有4名白内障患者进行了手术。为贫困家庭肢体残疾人免费安装假肢2条，为2名残疾人免费安装助听器。开展残疾人帮扶就业工作，对残疾人进行就业培训。五常残联在成校举办养老护理培训班，共有30名残疾人参加了培训。组织残疾人参加区残疾人游泳比赛，在比赛中徐金美获得50米蛙泳第二名的好成绩，同时街道残联取得了体育道德风尚奖的称号。申报残疾人爱心家庭，荆丰社区仲校明在第二十六届助残日活动上获得爱心家庭的提名。

2019年，五常街道共有50户持残保证家庭、845人次享受残联相关政策。为29名残疾人完成手术、免费安装假肢及助听器；为7户困难残疾人家庭进行无障碍改造。2020年，有12人次享受到慈善分会和社区工作室救助，发放补助金4.1万元。有46名残疾人享受困难生活补贴，每月发放补助金1.65万元；267名残疾人享受重度护理补贴，每月发放补助金5.94万元；584名残疾人享受津贴，每月发放补助金2.92万元；1户残疾人家庭享受一户多残补助，每季度发放资金0.09万元。有183名残疾人享受养老保险补贴，175人享受医疗保险补贴，发放补助金68.19万元。55名残疾人享受程序居民医疗保险补贴，发放补助金2.82万元。为4户困难残疾人家庭进行无障碍改造，为13名残疾人免费安装助听器，为3名残疾人免费安装假肢。申报最美残疾人志愿者，五常街道荆山社区汤建林获得余杭区最美残疾人志愿者称号；参加区残联组织的残疾人工作业务大比拼活动，街道残联组织4名队员参加比赛，获得优胜奖；友谊社区朱建明参加2020年杭州市残疾人中国象棋网络赛中获得一等奖。8月14日，街道残疾人之家开始运营，主要面向本街道劳动年龄段内的智力、精神和重度残疾人，兼顾其他有需求的残疾人，提供生活照料、技能培训、康复训练、文体活动、辅助性就业、心理疏导和社会适应能力训练等服务，让残疾人能够参与社会、融入社会、回归社会。2020年，五常街道残疾人之家有12名庇护人员，其中精神、智力残疾7人，重度肢体、听力残疾3人，肢体其他残疾2人；管理人员4人，兼职精防医生1人。

五、城乡居民最低生活保障

余杭城乡居民最低生活保障（以下简称低保）源于城乡社会救济。20世纪50年代初，贯彻“在自力更生的原则下，动员与组织人民实行劳动互助，实行自救、自助、助人”的方针。1954年以后，在相当长时间内，贯彻“生产自救、群众互助，辅之以政府必要的救济”的方针。1979年后，实行“依靠基层，生产自救，群众互助，辅之以国家必要的救济”。1983年后，实行“依靠群众，依靠集体，生产自救，互助互济，辅之以国家必要的救济和扶持”。

随着社会主义市场经济体制不断完善，市场化用工制度、人事制度、福利制度、分配制度的确立与推行，计划经济下建立起来的社会救济制度已不能适应形势。1996年9月，建立余杭市城乡居民最低生活（保障）工作领导小组，制定《余杭市城乡居民最低生活保障暂行办法》。确定城镇居民最低生活线人均每月为130元，农村村民人均每月为80元。不足上述标准的“低保”对象，采取定额补足予以救助。其基本生活保障救助资金，农村的由市财政负担30%、乡镇负担70%；城镇的由市财政全额负担。1997年，城乡居民最低生活保障制度正式实施。是年，核定最低生活保障标准农村为960元/年·人；城镇为1560元/年·人。

1999年7月，余杭市调整城镇居民最低生活保障标准，每月为169元/人。是年，城镇居民享受最低生活保障的人员按3:3:4的比例筹资（市30%、乡镇30%、村级40%），并从7月1日起调整农村最低保障标准为96元/月·人。10月，五常乡人民政府下发《关于落实九九年全乡最低生活保障救济金的通知》，按农村人均收入保障基数不低于960元/人标准，全乡17户困难家庭得到补助。

2000年，城镇居民享受“低保”金人员，每人每月按170元标准补足差额；农村居民“低保”对象，每人每月按96元标准补足差额。2001年4月，再次调整“低保”金标准，农村为106元/月·人；城镇为196元/月·人。为了做好最低生活保障工作，五常开发区对16个行政村低保对象进行调查摸底工作，健全保障对象档案，确定了全开发区23户最低生活保障对象，发放金额30646元。平时对低保对象进行走访，对一些特困家属就医难等问题采取临时救济，分片对开发区的困难户、五保户、重点优抚对象、老党员、老干部进行了慰问，共发放米、油、味精等慰问品40余份，慰问金35000余元。为白庙低保户宋阿毛解决住宿问题筹集资金1万元。

2002年，城镇“低保”调整为250元/月·人，农村“低保”调整为120元/月·人。2003年，启用余杭区困难家庭救助证，救助证分为农村和城镇两种。五常开发区对新增的29户低保户、177人逐户上门核查，掌握情况，确定低保户救济工作，共发放低保救济金77600余元。

2004年9月，区、乡镇（街道）、村建立三级帮扶救助机构，各乡镇、街道民政办公室增挂劳动保障和社会帮扶救助所的牌子，配备专职的社会帮扶救助工作人员。五常管委会实行最低生活保障的困难家庭由2003年的34户增加到2004年初的77户。其中农村低保72户，城镇居民最低保障5户。按时足额发放救济金，1～3季度共发放最低生活保障金114661.40元。

2005年1月，再次提高“低保”标准：农村“低保”标准为150元/月·人；城镇“低保”标准为260元/月·人。2006年7月，建立城乡居民最低生活保障标准自然增长机制。城镇居民最低生活保障标准按本地上年城镇职工最低工资标准的40%确定，农村“低保”标准按城镇低保标准的60%确定。是年，城镇居民生活费最低标准为260元/月·人，农村为156元/月·人。是年12月，继续提高城乡居民最低生活保障的标准。2015年，城乡居民生活最低标准为744元/月·人。

社会保障制度不断健全，对各类帮扶和救助对象实行动态化管理，切实做到应保尽保应退尽退，对低保户及时发放低保金。2016 年，五常街道有低保户 223 人；困境儿童 18 名。向 223 名低保户发放低保金 135.03 万元。2020 年，五常街道共有 1 户家庭享受低保、46 名残疾人享受残保、1 户家庭享受支出型家庭、1 户家庭享受低保，每月发放救助金 5.28 万元；20 名儿童享受困境儿童补助，每月发放补助金 1.31 万元；14 户家庭享受街道级临时救助，发放补助金 5.14 万元。

第三节　社区建设

2001 年 10 月，余杭区制定《关于推进社区建设的试行意见》，要求在 2001 年底前，基本实施余杭区社区划定、规模调整等工作。五常开发区根据区委、区政府的部署，有计划地进行撤居建社区的工作。

2003 年 11 月，成立五常管理委员会，同年完成村规模调整工作，辖区村的数量为 7 个。2006 年 9 月，五常全面完成村级股份制经济改革工作，实现由村民向股民的转变。沿山河社区成为挂牌成立的第一个社区。2007 年底，成立五常街道。由沿山河、横板桥、顾家桥、荆丰、荆山、文一、友谊、五常 8 个社区和永福村，合并组成五常街道，常住人口 21359 人，区域面积 22.71 平方公里。

一、城市街区建设

2008 年 6 月 28 日，友谊社区、五常社区挂牌成立。友谊、五常 2 个村位于五常街道辖区东部，地处西溪国家湿地公园三期（西区）工程的核心区块。随着西溪国家湿地公园三期（西区）工程的开发建设，友谊、五常的大量土地被征用，农房被拆迁。根据国家有关政策规定，友谊、五常两村已符合撤村建居条件。社区成立后，友谊、五常 7809 名农民变成居民。2009 年 8 月，永福村正式撤村建居，五常街道全面完成村级单位改建成社区，成为全区纯社区的街道之一，实现了快速推进城市化步伐与杭州主城无缝衔接的目标。2009 年底，五常沿山河社区成功创建区“五星级服务社区”。

随着西溪湿地、创新基地项目的开发建设，征地拆迁大规模推进，五常街道优化“网组片”工作，通过“一联、两包、三定”，即由一名街道领导负责联系一个社区，驻村干部和社区干部全面负责，确定工作目标、确定工作责任、确定奖惩措施；“知民情、除民困、顺民心”，即定期走访知民情，重点走访除民困，组织座谈顺民心；“细心、热心、

拆迁安置（2014）　　（王洪坤　摄）

诚心”，即细心倾听民生、热心帮扶、诚心服务，及时了解社情民意，更好地照顾重点人群，有效地推进了回迁工作。2011 年 7 月，五常街道“西溪北苑”首批回迁安置 630 户、3300 余人。“西溪北苑”农居多（高）层公寓回迁安置的成功，为五常乃至全区回迁安置工作积累了新的经验。同时，依托阿里巴巴淘宝城、省海洋渔业局水产育种中心、沃尔玛、天畅网络科技大厦等重点项目推进建设，推进城市街区建设。2011 年，实施杭州市城乡公共体育提升工程，创建沿山河社区省级体育先进，2011 年获评杭州市文化示范社区。

二、创新管理体制

在社会转型阶段中，农民转变成为城镇居民，新型社区形成，新格局展现勃勃生机的同时，各式各样的新问题也随之而来。五常街道结合五常实际情况创新社区管理服务体制，在推进社区和谐发展工作中进行一系列有效探索。一是创新服务管理手段。2012 年，五常街道针对住户失去原有地域分界情况，着力优化文一社区服务管理，按单元按楼宇重新建立住户信息库；整合多个部门业务，向广大居民群众提供就业援助、医疗救助、地名管理、社会帮扶、税收、计生服务及其他便民服务，方便居民办事。在构建“街道—社区—小区—楼宇—居民”五级自主管理网格体系，设立“楼道长”，发动群众参与小区群防群治，调解邻里纠纷的同时，以网格化为平台，鼓励小区内志愿者加入，建立巡逻、消防、卫生等 7 支义务服务队伍，参与社区管理与督察。二是完善服务体系。五常街道一方面采取以物业公司为主体，融商业性服务、福利性服务、家政服务和社会公益性为一体的管理服务办法，把管物和服务群众有机结合起来，小区内底商基本已全部入住，为居民日常生活提供便利。另一方面为增强居民自主意识，完善居民表达机制，使居民共同参与社区物业服务建设，街道组织社区选举产生成立临时业主委员会，该委员会主要由党员、社区干部、村民代表、小组长组成，政府出钱聘请，合力对小区进行管理，为构建和谐社区奠定了良好的基础。三是继续加强监管督察。五常街道物管办出台《五常街道物业管理中心对物业管理公司的考评细则》，与社区居委会配合对物业一个月进行 3 次考核，帮助督促物业尽快适应农转非安置社区的特点，做好针对性的服务转变，满足居民的日常需求。同时加强对物业管理项目的日常巡查、监管工作，及时发现问题、解决问题，督促物业管理公司履行合同约定，增强企业的诚信意识和主动为业主服务意识，对发现违规的行为要及时纠正、限期整改。

2012 年 10 月，五常街道斥资 100 余万元建设的街道社会服务管理中心已经全面建成运行，全新的管理中心整合了社区服务中心、党员服务中心、计生服务中心、便民服务中心、妇女维权中心、综治工作中心等中心功能，同时各社区服务管理分中心也已全部投入使用，社区服务“两网合一”的整合使用，标志着五常的城市化“新居民”服务更上了一个台阶。为了保障社会管理工作落到实处，五常根据各社区实际情况，以社区属地管理为原则划分成 9 个网格，又根据已拆迁、拆迁中和未拆迁三种农居区域［多（高）层安置区域、工业区域、房产小区区域］等特点划分了 32 个片格，106 个组格，共覆盖 5957 户居民，基本实现对五常人口、单的全面覆盖。

2015 年完成智慧社区管理规划，完成 11 个社区的居家养老服务，测评满意率 100%。加强现有 6 个回迁安置小区的物业管理，2015 年全年共接到 16439 起报修，其中维修 15716 起，维修率 95.6%。新建全球眼监控 36 个，标清改高清 36 个。推进出租房屋管理“三个专项整治”工作，新安装智能门禁603套。

2015年，完成五常、文一、荆丰和顾家桥社区回迁安置1328户，占全年计划的102.47%。2016年，回迁安置有序推进，完成永福社区4个拆迁项目425户的回迁安置工作。加大对社工持证要求，提高持证率，当年持证率达到50%。推进新城市社区建设，合理布点，完善服务功能，提升服务水平。2017年，基本完成福鼎家园农民高层公寓安置房G区块室外市政景观绿化工程施工。完成永福社区农户回迁安置296户；1—12月累计完成回迁安置597户，其中永福社区296户，交房574套；荆丰、友谊、顾家桥三个社区新拆迁区块提前安置301户，交付房源301套。完成荆丰社区、西溪风情社区的2家居家养老照料中心建设，分别与浙江元墅养老服务有限公司、杭州福星养老服务有限公司签订社会化运营协议。文一社区获评国家卫生计生委办公室公布的流动人口社会融合示范社区，成为余杭区唯一一个上榜的社区。

2019年，融合公共服务、城市管理、区域发展等多线方案，选址富力西溪悦城近1000平方米社区用房，筹建全区首个“市民客厅+楼宇工作站”。通过建设功能相对完善、服务多元化、居民积极参与的社会化运营综合体，以大众需求为导向，按照专业化的要求，做到多类服务在一个物理空间内的合理嵌入和高密度聚集，实现需求与供给有效统一。对荆丰社区居家养老服务中心的全面提升改造，使之成为五常街道示范型居家养老服务中心，同时，也获评杭州市五星级居家养老服务中心。居家养老服务中心设老年人活动室、阅览室、康复训练室、心理疏导室、休息室、老年食堂等完善的硬件设施，为居家养老的老年人提供日托照料、护理陪伴、代购代买、配餐送餐等服务。同时也提供法律维权、文化教育、体育健身、精神慰藉、医疗保健等专项服务，为社区老年人提供集居家、养老、娱乐、保健、健身、养生于一体的综合性养老场所。

加强社区规划建设，优化社区规模，提升社区服务管理水平。2020年，完成五常街道社区规划编制，新建5个城市社区，创建杭州市国际化社区、未来社区等。规范完善社区办公用房配套建设和管理；新增街道级市民客厅1家，文一社区居民驿站1家，改造4个社区服务中心。

第四节 老龄工作

尊敬老者，是中华民族的美德，中国历代都有尊老之风。20世纪80年代初期，余杭开始进入人口老龄化阶段，老年人的各类问题日益突出。经过几十年的努力，各级老龄工作机构日趋完善，老年活动场所不断增加，“老有所养、老有所医、老有所教、老有所学、老有所为、老有所乐”得以逐步实现。

一、设施建设

1992年，全乡用于老龄事业的资金6万元，乡成立老龄协会，各村成立分会，全乡1820名老人活动都有场所。1994年，各村均办起老年活动室，有6个村发放养老金。1996年，五常乡共有60岁以上老年人1825人，为了使这些老年人晚年生活愉快，全乡16个行政村都根据各自条件办起老年活动室。全乡已有 45 间 967 平方米的活动场所。顾家桥村、友谊村、横板桥村为使老年活动场地宽敞、环境优美，都拿出专款，新建老年活动室。内设茶室、棋类活动场地、电视室等，使越来越多的老年人乐意去老年活动室消闲。2000 年，五常乡 16 个村，村村建起老年协会。15 个村有老年活动室，有活动场地 2520 平方米，横板桥、天竺桥等 7 个村为使老年活动室办得更好，分别建起了新的老年活动室，活动室里安装电扇、电视，购买了报纸、棋牌，并供应茶水，为老人“老有所乐”创造条件。

老年活动室（2006）

2005 年，五常管委会投入 155 余万元，建造敬老院，建筑面积 1100 平方米，可容标准床位 150 个。12 月 17 日，五常敬老院一期工程竣工并通过验收。敬老院位于五常友谊村双莫漾敬老院旧址，占地 0.24 公顷。2006 年 6 月，开展村老年活动室创星级活动。对文一村、五常村、荆山村、横板桥村老年活动室，提出了整改要求，加大了投入。增加了室外和室内的装修，增添了活动设施，做到了具备“四室一场”，即电教室、棋牌室、茶室、图书室、活动场地，重新按二星级进行装修。2007 年，五常管委会横板桥社区和沿山河社区创建为老龄工作“3587 工程”规范化建设省级达标社区。2008 年，五常街道顾家桥社区老年人协会、永福社区老年人协会、荆丰社区老年人协会创建为杭州市规范化老年人协会。随着五常城市化步伐的不断加快，五常人民的生活方式也逐渐向城市居民转变，征地后不少家庭的生活模式从以前“一人在家务农，一人外出工作”向“双职工”模式发展，这些家庭的“空巢老人”一时无法得到亲人很好的照顾，也没有熟悉的邻居、朋友可以聊天解闷，久而久之容易出现生理、心理问题。老年公寓的应时建立，不但为那些“空巢老人”提供了专业的医疗和护理，提供一日三餐的日常便捷，让他们的晚年生活得到保障和丰富。2010 年，五常友谊社区专门租建了一桩公寓为老年公寓，共 4 层，设有床位 60 余张，食堂、活动室、医务室一应俱全，每个房间都配备了电视机、卫生间等设备设施，在 2 名专职聘用人员的打理下，显得整洁而温馨。为了让老人过得舒心，每年社区投入达 35 万元。社区还在老年人口中全面普及养老保险及医疗保险，新增白庙后河东和盼月圩农居点两处老年健身点。五常街道辖区内 9 个社区都全面推进居家养老服务站建设，集老人日托、生活照料、家政服务、康复护理、精神慰藉、紧急救助、文化娱乐于一体，并整合现有的老年活动室、社区公共食堂等，多种模式启动居家养老，筑造没有围墙的养老院，五常老人生活有保障，让老人子女没有后顾之忧。

2017 年，荆丰社区、西溪风情社区居家养老照料中心建设完成，由社会化服务机构托管运营。2018 年，完成永福社区和沿山河社区示范型居家养老服务照料中心建设，逐步实现居家养老社区全覆盖。2019年，五常街道居家养老服务中心完成提升改造投入运营，文一社区、云创社区居家养老服务照料中心投入使用。文一社区居家养老服务照料中心面积约1600平方米，其采用了玻璃代替砖墙的设计，室内空间通透、敞亮。中心内设老年食堂、心理疏导室、医疗保健室、康复训练室、洗衣间、休息室、网络阅览室等，其中老年食堂最受老人们欢迎，1167位老人家门口享优质服务。2020年，友谊社区居家养老服务照料中心建设已基本完成，11月底进行试运营。五常社区居家养老服务照料中心开始施工建设，总面积800平方米，12月底前完成建设。截至2020年底，街道已有1家街道级居家养老服务中心、8家社区级居家养老服务照料中心。

二、养老服务

1998年，五常乡村村办起老龄协会。协会每年组织老年人欢度三个节日，即元宵节、端午节和重阳节。2000年，乡老龄会把过好三个节日作为工作的重头戏。元宵节，老年协会有13条龙灯、1只狮子灯到处舞动；端午节有4条“千岁”龙舟竞渡；重阳节对90岁以上老人、五保户进行一次走访、慰问。为让老人搞好活动，过好节日，各村根据自己的特点给予经济支持。6个村办起老年服务部，4个村有鱼塘，所卖鱼钱归老年协会用。全乡各村老年人活动经费比较充裕。

2006年初，根据省、市、区统一布置对老年卡的换卡工作，调查登记造册，计有2528人调换和发新卡。老年节期间，管委会和各村开展多种形式的敬老爱老活动。一是开展宣传活动。宣传老年人权益保障法，张贴标语、悬挂横幅，形成敬老爱老的社会风气。二是开展了金婚庆典活动。管委会老龄协会对280对金婚夫妇举办了金婚庆典，其中年龄最大的94岁，婚龄最长的72年。管委会领导为老人们颁发了金婚纪念证书和纪念品，区文化馆小百花戏剧团精心编排的文艺节目，更是把庆典活动推向高潮。三是开展慰问活动。对25名90周岁以上的老年人每人发200元的慰问金，对4名特困人员上门慰问。各村都开展了上门慰问，开展座谈会、发纪念品、发礼金、联欢会餐，部分村还组织60周岁以上老年人到杭州参观杭州新变化，根据统计，老年节期间投入资金203530元。

2012年10月21日，五常街道有关领导及社区工作人员来到街道老年公寓，看望慰问了“三无”老人、贫困老党员代表及90岁以上老人，向他们和辖区内的老年朋友致以节日的问候，并祝愿他们健康长寿、快乐幸福。此次，五常街道共走访了辖区内特困老人31人，90岁以上老人65人，并通过各社区向辖区内4518名60岁以上老人送去了慰问金与慰问品。2013年，五常街道

五常街道居家养老服务中心 （陆文韬提供）

开展系列庆重阳活动，活动当天，五常街道党工委、办事处两套班子领导对辖区内9个社区90岁以上的老人和特困老人进行走访慰问，共发放慰问金53000元。同时，各社区领导也对60岁以上老人进行走访慰问，其中8个社区共发放慰问金485200元。此外，五常还开展“老年法”培训、隔代教育讲座、文艺会演等活动，吸引了数百位老年人参与。2014年，街道与杭州健康社区服务中心和浙江雨花斋素食文化推广中心合作，累计接待社区老年人5000余人次。

推进离退休人员社会化管理进程，准确掌握退休人员信息，确保对退休人员进行动态管理。2015年，接收和管理退休人员档案共6551份，完成退休职工体检5190人次。2016年，五常街道共有退休人员6917人，对651位退休人员在住院期间进行了探望，为150位死亡的退休人员送去了花圈。为符合条件的老年人提供居家养老服务，共有326人享受服务。2020年，享受居家养老服务的老人700余人。是年，街道共有退休人员8800余人，截至10月底共探望住院患者896人。下半年开展退休人员高龄、困难人员慰问和红袖章骨干退休人员疗养等活动。

开展惠老服务系列活动。每年端午节组织开展与老年人做香囊、包粽子等相关活动，中秋节组织开展与老年人一起做手工月饼等相关活动。2017年重阳节，各社区开展爱老敬老活动，给老人们免费理发、送上戏剧表演，荆丰社区举办百桌宴，让老人们欢聚一堂。2018年“余杭百姓日”期间，组织10个社区5379名老人参加了集中用餐活动，发放“敬老幸福礼包”889个，开展金婚摄影506对，投入资金共计26.54万元。并对五常街道户籍的60周岁以上老年人启动免费体检工作，体检标准由原来的60元每人提高到了300元每人，增加了白内障筛查、肿瘤标记物检测等多项检查，为五常辖区6000余名老年人带来了健康福利。

实现老年人助餐服务全覆盖。2020年，街道打造了多种助餐方式：为集中配（送）餐中心，在文一社区老年食堂的基础上按照集中配（送）餐中心标准及功能要求改建升级；为老年食堂，永福社区、荆丰社区老年食堂建成运营，五常社区和友谊社区老年食堂年底前投入使用；为助餐点，分别设置在沿山河社区、荆山社区、洪园社区、云创社区、西溪风情社区，根据建设要求完成场地改造和设备采购；为送餐入户服务，有送餐入户需求的老年人，街道将通过集中配（送）餐中心、老年食堂、助餐服务点派专人将配餐送至老年人家中。

三、老年文体活动

街道组织丰富多彩的老年文体活动。1996年12月3日，五常乡老年学校开学，50余名学员参加了开学典礼。为了实现老年人老有所学的愿望，乡老龄协会在乡党委、政府的支持下，把三楼会议室改为老年学校教室，并在市老龄会的支持下，聘请教师。老年学校每月授课一次，主要课程有法律知识、社会主义精神文明建设等方面的内容。2006年，开展老年电视大学教育，全管委会设友谊、荆山、五常、文一村4个教育点，共有学员110人，按教材规定基本正常开展教育活动。

2014年重阳节活动期间，五常街道举行共贺重阳文艺演出戏曲、综艺专场在永福社区农居点热闹开演。与此同时，永福社区老年活动中心也在节前落成，面积达2000平方米。2016年，组织参加区退管中心举办的“美味余杭”余杭区企业退休人员厨艺比赛，及参加第三届企退人员大型的文艺会演活动，并取得舞蹈类三等奖及综艺类优胜奖的好成绩。2018年，开展第一届“余杭百姓日”敬老幸福餐、金婚摄影、“美丽五常”摄影比赛等多场主题活动。

第五节　殡葬改革

境内丧葬习俗，自古以来均以棺木土葬为主，延续数千年。如死者三朝入葬，亲人披麻戴孝，扬幡招魂，焚烧纸人纸钱纸马等。送葬后还守丧、做七、供饭等，49天断“七”，须供羹饭祭拜，至此葬礼告一段落。

中华人民共和国成立后，进行丧葬改革。20世纪50年代及“文化大革命”期间曾几次清理过厝柩和坟墓。70年代末，提倡遗体火化，但实施者很少。1982年3月，根据《余杭县殡葬管理试行办法》，经多层次宣传教育，火葬逐步代替土葬。

全乡自1999年12月1日起，亡故人员的骨灰一律安葬于乡公墓，按市民政局对公益性公墓收费标准的规定，每具收费500~2000元（自选），殡葬车实行有偿服务，每例收交通运输费100元。五常乡加大宣传力度，发出通告100份，致村民公开信450份，广播车上街到村宣传15天，还张贴标语，悬挂横幅。是年，投资40余万元的荆山公墓建成使用，地址位于荆山村喜家山。12月，五常乡人民政府下发《关于加强五常乡荆山岭公墓管理的意见》，对有关公墓收费标准和管理工作做出统一的规定。2001年，死亡人员火化率100%，骨灰全部放入荆山岭公墓。但因02省道拓宽和原规划上的缺陷，逐渐不适合环境和发展的需要。

五常街道印发宣传资料，干部挨家挨户上门做工作，利用报纸、电视等媒体，刊登或播放迁坟公告，做到家喻户晓。清明节前后，五常街道群众搬迁坟墓全部完成。

2016年，完成5个相关社区集中埋葬点的老坟新修整治工作，进一步规范了日常殡葬管理工作。2020年，完成荆山公墓审计工作，做好荆山公墓的日常管理，以及清明、冬至的宣传、管理工作。开展殡葬相关工作日常巡查，下发整改通知，处理信访投诉。

第二章 社会生活

旧时，百姓安居乐业，只是休养生息、天下升平时的短暂现象。一遇苛政暴敛或战乱灾荒，便食不果腹，衣不蔽体。民国时期战事频繁，物资匮乏，通货膨胀，除地主、官僚等上等户之外，劳动人民生活艰辛。中华人民共和国成立后，随着国民经济恢复和发展，人民生活有所改善。民国23年（1934）《杭县县情报告》叙述的农村经济情况是："农村状况日趋贫困，据平时考察所得，10户农家殆有9户负债"，"整个农村社会之经济现状，顿成拮据混乱的现象。"1959—1961年，国家三年困难时期，职工精简，农业歉收，人民生活困难。"文化大革命"期间，生产遭受破坏，市场商品紧缺，影响人民生活水平提高。中共十一届三中全会后，实行改革开放，国民经济快速发展，各项社会福利、劳动保障制度逐步建立，城乡居民经济收入大幅度增长，市场商品丰富，人民的物质与文化生活均有显著提高，家庭积累亦逐年增加。1995年，基本实现小康。嗣后，经济体制改革，经济总量快速增长，人民生活富足殷实，居民消费结构也发生较大变化，消费水平和质量逐年提高。

社会保障亦进展较快，由个别行业单一享有的病残保险发展至企业职工基本养老保险、机关事业单位职工基本养老保险、农村社会基本养老保险和基本医疗保险、失业保险、工伤保险、生育保险等，涵盖全社会。社会保障体系不断完善，特别是解决社会弱势群体生产生活困难，成为劳动保障改革的重要环节和政府主要工作的出发点和归宿。

除物质文明外，五常历来重视精神文明建设。特别是中共十一届三中全会以来，精神文明建设被导入社会主义建设的轨道。

第一节 劳动就业

保障民生是政府所有工作的出发点和归宿。五常地方政府按主要工作围绕民生、政府各项实事体现民生的要求，将民生保障落到实处。除建立并实施失业、养老、生育、工伤、医疗等社会保障制度外，又对征地"农转非"人员和生活困难居民以及外来劳动力就业管理予以关注，并制定相关保障制度。

一、征地"农转非"人员生活及安置

1987—1992年，国家建设征用耕地后剩余劳动力由所在镇、乡和村安置，从事农业、工副业生产；安置不完的剩余劳动力，经劳动部门批准，用招工办法安置，主要安排在独立核算、自负盈亏的城镇集体所有制企事业单位。1993年5月，规定国家建设征用耕地后造成的农村剩余劳动力原则上就地"农转非"（农业户口转为非农业户口）。"农转非"手续按被征耕地面积与全组（村）劳力人均耕地之比核定人数，报人口控制办公室审批后，办理

“农转非”户粮关系手续。1998年，鼓励征地“农转非”人员自谋职业，在办理自谋职业时，可领取50%征地劳力安置补助费，发给待业卡，参加社会招工。次年，调整土地征用补偿和安置补助费标准。

2002年，安置政策作出新的规定：征用土地涉及的农业人口，必须就地“农转非”；征地“农转非”安置人员，一律采用货币形式安置。鼓励自谋职业，对男性16～55周岁，女性16～45周岁自谋职业者，再增发5000元自谋职业费，并对男年满55周岁、女年满45周岁以上的，在安置补助费的基础上每人发给3000元的一次性补贴。2003年，实施征地“农转非”人员就业援助，在就业、培训、再就业政策享受城镇人员同等待遇。调整养老生活保障政策：养老保险参保范围扩大到全区，年龄放宽到年满16周岁及以上人员；采取四种形式的保障方式，即征地“农转非”人员可选择参加正常缴费或“双低”缴费的城镇职工基本养老保险、基本养老保险或养老基本生活保障等，并对参加基本养老保险或养老基本生活保障人员给予适当参保补助。是年12月，执行区政府《关于实施征地区片综合补偿标准和实行征地“农转非”人员基本生活保障办法》，从2004年1月1日起，征地农业人口必须就地“农转非”和实行养老基本生活保障。具体安置办法为：未满16周岁的征地“农转非”人员，采取一次性支付1.50万元安置补助费；年满16周岁及以上至未满65周岁征地“农转非”人员，实行养老基本生活保障安置；年满65周岁及以上“农转非”人员，可自行选择养老基本生活保障安置或一次性领取1.50万元安置补助费；已享受基本养老保险待遇的征地“农转非”人员，不再实行养老基本生活保障安置，在征地安置时一次性支付1.50万元安置补助费。养老基本生活保障安置人员男年满60周岁、女年满50周岁时，按当年城镇居民最低生活保障金的105%发给养老待遇（2004年每月为263元），并随城镇居民最低生活保障金调整而调整。

2004年，五常境内征地拆迁数量骤增，如“三口五路”工程建设拆迁43户，华立基地拆迁78户，当年约有200户农户900余人拆迁。管委会除了做好农居点安置外，积极引导农民走出田野办厂务工经商，针对农民缺乏技术的实际，举办了失地农民技能培训班，经过电工、电焊、家政等技能的培训，许多农民在企业找到工作。至2004年12月末，五常已有3584位农民进企业就业。

2007年，由于杭州西溪国家湿地公园等项目的开发和建设给当地群众的生活带来了翻天覆地的变化，大量的征地拆迁，五常经历了农村变城市、农民变居民、村民变股民的三个转变。五常全年安置失地农民就业204人、城镇失业人员88人；推荐吸收外来务工人员就业750人，录用备案1042人。处理协调各类劳动争议案件87起，结案87起，结案率100%；为企业职工、建筑工地民工讨回工资273.23万元；监察督促企业签订劳动合同4802人，涉及企业178家，劳动合同签订率94.3%。举办失地农民、企业劳动保障干部和外来创业民工技能培训班6期，受训434人，其中365人获得各类培训证书。

由于征迁进程加快，辖区内居民的就业状况不容乐观。2008年，五常街道有失地农民1.8万多人，其中，失地又失业的达2000多人。在劳动部门和街道的共同努力下，历时两个多月的筹备，10月16日，五常街道人力资源服务中心暨五常街道职业介绍所成立。该中心隶属五常街道劳动保障与民政科，主要负责五常地区城镇失业居民的再就业服务工作以及向企业推荐合格技能人才。当日召开的劳动力招聘会有32家企业参加，提供岗位460余个，签订劳动就业意向书182人。五常成校组织本地失地农民开展为期7天的景区休闲观光车驾驶员培训，40名培训学员培训结束后经考试合格可获得就业资格证书和园区就业资格。同时，120余名保洁员培训和20名游船驾驶员培训、休闲观光车驾驶员培训也将相继展开。2008年，全年安置就业人员354人、城镇失业人员65人。同时，全面推行失地农民养老保险，做到100%进社保。

五常街道的就业再就业工作，以帮扶四类群体就业为重点，通过完善政策体系、夯实基层服务平台、实施创业带动就业计划、完善职业培训制度，全街道的创业就业环境日益改善，统筹城乡就业稳步推进。2014年全年完成再就业693人。2015年1月至8月，为84名失业登记人员及时办理就业失业登记证，并录入区就业管理系统。发放就业援助证255本，为366名持就业援助证的就业困难人员办理招工录用手续，其中为282名灵活就业人员办理了社保补贴申领手续。街道搭建“招聘会和劳务对接会”相结合的招工平台，2015年举办的各次招聘会，有150余家单位参展，推出行政、管理、设计、淘宝营销、操作工、保安、家政服务等350余个工种2700余个岗位。招聘会累计有2000余人前来应聘，其中400余人与招聘单位达成就业意向。五常成校及时制定切实可行的技能培训项目，6月，举办母婴培训班。母婴培训班不收取培训费用，面向五常的准妈妈、准奶奶和有意加入家政队伍的女性。经过严格的口试与实操考试，最终有36名学员通过考核，她们将有资格获得由区职业技术中心颁发的母婴护理员高级证书，成为一名合格的月嫂。7月，举办物业管理培训。随着城市化进程的加快，入驻五常的高科技园区、高档住宅小区、街道各社区的安置小区鳞次栉比，物业管理岗位缺口很大，五常成校举办物业管理员培训，组织学员系统地学习了物业管理专业知识。培训有50余人参加，最终有45人经过考核，并将获得区职业技术培训中心颁发的物业管理员证书。五常街道众核、屋宇、高盛、广夏、振杰等五家物业管理公司向这些物业管理员们伸出了橄榄枝。2016年3月，举办“春风送岗位行动”暨五常街道2016年春季人力资源市场招聘会，为来自本街道及周边镇街的100余家用人单位提供服务，推出岗位2000余个。招聘会共有1000余名求职者前来洽谈应聘，其中与相关招聘单位达成初步意向的就有280余人。开展职业技能培训，与杭州富春制衣有限公司合作开展车工普工培训，共计培训128人。是年，辖区居民劳动年龄段共有14729人，有劳动能力和就业愿望者12599人，实际失业175人，就业率达到98.61%，辖区内失业708人，实现就业537人，其中实际失业175人，失业人员就业率为75.85%。就业困难人员347人，实现就业324人，困难人员就业率达到93.37%。

2020年，组织辖区企业参加2020届高校毕业生全国网络联合招聘暨“杭向未来”大学生云聘会、余杭区名校行招才引智云招聘活动及“杭向未来”长三角人才云聘会等多场线上招聘会，满足企业人才招聘需求。9月27日举办五常街道秋季人力资源招聘会，共有58家企业携1000余个岗位参展。截至10月底，办理失业登记人员512人（其中领取失业金人员381人）；就业困难人员认定105人；企业就业困难用工补贴申领633人（其中小微企业补贴申领196人）；高校毕业生就业补贴申领98人；就业困难创业补贴25人；灵活就业补贴申领256人；一次性创业补贴申领63人；公益性岗位补贴申领31人。

二、外来劳动力就业管理

随着五常经济的快速发展，越来越多的外来务工人员到五常创业。据统计，截至2006

年 11 月底，五常外来人口已逾 2.8 万人，在企业务工的外来人员就有 6000 余人。但是，不少外来人员没有技术，只凭体力干活，月收入在 1000 元以下，只能维持生计。而有一技之长的外来人员在五常企业里干活月收入都在 1500 元以上，月收入多的有 2000 多元。一方面是五常工业企业发展急需一批技术工人，另一方面外来务工人员中会技术的人又偏少。于是，五常境内的“家豪五金”“华丰通信”等工业企业为外来民工举办技能培训，有 200 余名外来民工参加学习。不但教技能，还适当教些理论，为五常的工业企业培训了一批车工、电工、电焊工、钣金工等技工。

2008 年，推荐吸收外来务工人员就业 753 人。劳动保障监察中队处理协调各类劳动争议案件 143 起，涉及劳动者 1004 人，涉及金额 281.12 万元。随着五常城市化的快速发展，外来务工人员大量涌入，并已超过本地人口，成为建设新五常的一支不可或缺的劳动大军，并已逐渐融入五常成为五常街道的新居民，为让他们“安居乐业”，建造外来人口公寓既是五常推进城市化的必然，2009 年，五常街道在文一社区专门为外来务工人员建造了外来人口公寓，该公寓占地 2.3 公顷，共计 12 幢，421 套，每套面积在 90 平方米左右，可解决近 421 户人家的住房问题，不仅让一千余名外来务工人员或企业技术人员扎根五常创业，还可作为拆迁户过渡房使用。8 月，五常为外来务工人员进行了一次职业技能培训。2010 年，全年完成再就业任务 910 人，其中困难人员 843 人，录用外来务工人员 404 人。开设外来创业民工技能培训班 2 期，培训 210 人。处理劳资纠纷投诉举报案件 109 起，涉及劳动者 760 人，涉及金额 780 万元左右。劳动保障监察中队监察用人单位 212 家，涉及劳动者 6695 人，完成 301 家企事业单位的书面审查工作。2015 年，培训外来务工人员 130 人，高技能人才 13 人。

2020 年，五常街道运用“四个平台”工作机制，通过统一调配力量、定期通报情况、召开辖区内工地企业负责人会议、集中走访清查、上门排查清理等举措，妥善处理各项欠薪事件。全年共处理劳资纠纷 986 起，涉及金额 9860 万元，涉及工人 7832 人。

第二节　人口与计划生育

民国时期，五常乡有人口 5000 人左右。20 世纪 50 年代后，人口繁衍增速。70 年代，始制订人口控制规划，1980 年，五常乡有人口 14324 人。80 年代，提倡一对夫妇只生育一个孩子。90 年代，计划生育进入法治管理阶段，向晚生、少生、优生转化。2015 年后，实施全面二孩政策。2017 年，五常街道本地户籍人口 34454 人，在册流动人口 116107 人。2020 年年末，五常街道总共 14509 户，52680 人。

一、人口

人口总量　据民国 36 年（1947）1 月杭县各保甲户口统计，五常乡共 11 保，125 甲，1413 户，计人口 5323 人，其中男 2816 人，女 2507 人，壮丁 1203 人。

1980 年，五常乡总共 3048 户，14324 人。

1980年五常乡人口及其变动情况表

表7-2-1

地区	年末数				1月1日至12月31日人口变动	
	总户数（户）	总人口（人）			出生（人）	死亡（人）
		合计	男	女		
总计	3048	14324	7262	7062	109	94
荆山	169	715	390	325	5	5
联胜	110	556	281	275	6	3
红星	182	887	443	444	8	8
西坝	176	785	414	371	4	3
东风	138	651	320	331	1	11
东方红	163	763	390	373	9	4
友谊	227	1243	643	600	14	1
民丰	265	1226	619	607	9	10
源谊	400	1855	951	904	15	9
红卫	221	1050	501	548	5	5
胜利	147	706	345	361	6	4
红旗	203	971	477	494	7	7
前进	193	891	448	443	4	6
先锋	147	683	336	347	6	12
跃进	199	905	471	434	4	4
水产队	46	187	104	83	6	2
集镇	62	250	128	122	—	—

说明：此表数据来源于杭州市余杭区档案馆

1993年，五常乡全年出生159人，人口自然增长率3.5‰，计划内生育率98.73%。

1990年和2000年，分别进行过两次较大规模的人口普查。据1990年人口普查统计，五常乡有3866户，其中家庭户3845户，集体户21户，全乡15897人，其中男8148人，女7749人，性别比105.15，其中家庭户15432人（男7759人、女7673人），集体户465人（男389人、女76人）家庭户平均每户4.01人。据2000年人口普查统计，五常乡有4435户，其中家庭户4241户，集体户194户，全乡17541人，其中男8943人、女8598人，性别比104.1，其中家庭户16410人（男8202人、女8208人），集体户1131人（男741人、女390人）家庭户平均每户3.87人。

进入21世纪以来，五常乡外来人口逐年增多。2000年，五常乡外来人口2349人，男1379人、女970人。其中来自省外1365人，男771人、女594人。

五常乡（开发区）“二五”至“三五”期间出生率、自然增长率情况表

表7－2－2

单位:‰

年份	1961	1962	1963	1964	1965	1966	1967	1968
出生率	19.30	42.86	45.65	34.28	33.67	19.49	17.28	29.99
自增率	10.67	36.00	31.95	20.48	26.82	14.66	11.87	20.55
年份	1969	1970	1971	1972	1973	1974	1975	
出生率	21.75	26.67	22.46	15.54	17.14	18.93	16.80	
自增率	16.48	20.02	16.51	11.06	11.40	13.08	12.10	

五常乡（开发区）“四五”至“十五”期间出生率、自然增长率、计划生育率情况表

表7－2－3

单位:‰

年份	1976	1977	1978	1979	1980	1981	1982	1983	1984	1985
出生率	16.96	13.30	8.60	10.37	7.41	20.85	19.91	12.00	6.41	11.07
自增率	10.68	7.51	2.34	4.17	1.47	15.98	13.55	4.32	0.55	3.46
计划生育率	85.60	89.64	100	100	80.19	75.00	97.79	96.57	100	99.38
年份	1986	1987	1988	1989	1990	1991	1992	1993	1994	1995
出生率	22.02	18.00	12.73	12.64	11.39	10.09	11.82	9.64	10.59	9.05
自增率	14.13	10.88	4.00	6.35	4.25	3.08	5.36	3.29	3.75	1.21
计划生育率	99.69	99.25	99.48	100	100	100	98.90	98.73	100	99.33
年份	1996	1997	1998	1999	2000	2001	2002	2003	—	—
出生率	9.53	7.95	6.76	6.54	8.44	—	—	8.05	—	
自增率	3.08	1.99	-0.36	1.92	1.72	—	—	0.58	—	
计划生育率	100	99.24	99.11	100	100	—	—	100	—	

由于计划生育管理工作的加强，人口出生率和自然增长率维持在一个较低的比例。2004年，五常全年出生171人，人口出生率和自然增长率分别为9.9‰和4.9‰。2006年年末，五常总人口为17522人，1—11月共出生176人，死亡81人，全年共出生194人，净增人数90人，人口自然增长率为5.13‰，性别比为100。2007年11月底，总人口为18533人，已婚育龄妇女4608人，1—11月共出生201人，死亡80人。2009年1—11月，共出生343人（其中一孩264人，二孩108人），出生率和自然增长率分别为14.39‰和8.59‰（余杭区出生率和自然增长率分别为9‰和2.57‰），出生率和自然增长率排列其他乡镇、街道前列。

五常街道各村（社区）2009 年 1—11 月出生情况表

表 7 -2 -4 单位：人

社区（村）	预计年底出生	期末总人数	出生总数			一孩	二孩	净增数
			人数	女	计划外			
五常街道	372	25842	343	172	1	243	97	238
荆山	28	1185	29	16	—	22	7	23
横板桥	9	718	9	5	—	4	5	3
荆丰	28	2789	26	17	—	19	7	10
顾家桥	17	916	17	7	—	14	3	11
友谊	47	3170	48	24	—	34	14	32
五常	70	4610	69	34	—	48	20	53
文一	60	4119	62	41	—	42	19	47
沿山河	13	2263	14	3	—	13	1	14
永福	67	6072	69	25	1	47	21	45

2010 年 8 月，五常街道辖区内共有 9 个社区，总人口 26419 人，外来流动人口 12500 人。2017 年，五常街道本地户籍人口 34454 人，在册流动人口 116107 人，已婚育龄妇女 14447 人。1—10 月，共上报出生 567 人，符合政策生育率 99.12%，出生当年上报率 97.71%，2018 年 1—11 月，五常街道出生人口 552 人，不符合政策生育 5 人，符合政策生育率 99.10%，出生人口性别比 107.06。2020 年，五常街道下辖 18 个社区。年末共 14509 户，52680 人，出生人口 940 人，人口出生率 17.8‰。

人口构成 民国年间，杭县政府曾对境内人口做过调查，除人口数量外，还包括性别、年龄、文化程度、职业等。

民国 36 年（1947）五常乡人口婚姻情况表

表 7 -2 -5 单位：人

	性别	共计	未婚	有配偶	丧偶	离婚
五常乡	男	1937	400	1238	292	7
	女	1805	102	1268	435	0

说明：数据来源于杭州市余杭区档案馆

民国 36 年（1947）五常乡人口户籍情况表

表 7 -2 -6 单位：人

	性别	共计	本籍	本省他县	外省
五常乡	男	2887	2852	34	1
	女	2577	2567	9	0

说明：数据来源于杭州市余杭区档案馆

民国36年（1947）五常乡人口年龄情况表

表7－2－7　　单位：人

性别	共计	未满1岁	1～5岁	5～6岁	6～10岁	10～12岁	12～15岁	15～18岁	18～20岁	20～25岁
男	2887	134	219	43	222	132	200	148	119	304
女	2557	118	194	41	161	110	148	136	97	244
性别	25～30岁	30～35岁	35～40岁	40～45岁	45～50岁	50～55岁	55～60岁	60～65岁	65～70岁	70岁及以上
男	254	212	180	209	195	118	99	56	26	17
女	242	171	173	176	154	130	101	68	57	56

说明：数据来源于杭州市余杭区档案馆

民国36年（1947）年终五常乡人口职业分配情况表

表7－2－8　　单位：人

区域	性别	共计	农业	工业	商业	交通运输业	公务	自由职业	人事服务	无业
五常乡	男	2137	1971	104	18	3	13	16	4	8
	女	1953	—	7	—	—	1	4	—	1941

说明：数据来源于杭州市余杭区档案馆

民国36年（1947）年终五常乡人口教育程度情况表

表7－2－9　　单位：人

区域	性别	共计	受高等教育者		受中等教育者				受初等教育者				私塾	不识字者
					高中		初中		高小		初小			
			毕业	肄业	毕业	肄业	毕业	肄业	毕业	肄业	毕业	肄业		
五常	男	2491	—	—	2	—	3	2	5	1	2	167	109	2200
	女	2224	—	—	—	—	2	4	1	—	1	46	3	2167

说明：数据来源于杭州市余杭区档案馆

中华人民共和国成立后，对人口进行过几次普查，普查项目更加完备，内容更为具体。

1990年、2000年五常乡按农业户口和非农业户口分的人口数、各民族人口数一览表

表7－2－10　　单位：人

年份	地区	合计			农业户口			非农业户口			汉族	回族	苗族	布依族	满族	侗族	畲族	蒙古族	彝族	土家族
		合计	男	女	合计			合计												
					合计	男	女	合计	男	女										
1990	五常乡	15897	8148	7749	14965	7566	7399	—	—	—	15874	12	5	1	1	2	2	—	—	
2000	五常乡	17485	8915	8570	16003	8039	7964	1482	876	606	17428	11	61	13	—	18	3	2	2	3

1990 年五常乡人口年龄情况表

表 7 -2 -11　　单位：人

年龄 性别	—	0 ~4 岁	5 ~9 岁	10 ~ 14 岁	15 ~ 19 岁	20 ~ 24 岁	25 ~ 29 岁	30 ~ 34 岁	35 ~ 39 岁	40 ~ 44 岁	45 ~ 49 岁
合计	15897	1195	951	920	1364	1591	1866	1548	1416	1094	721
男	8147	579	489	491	722	819	951	817	721	547	368
女	7749	616	462	429	642	772	915	731	695	547	353

年龄 性别	50 ~ 54 岁	55 ~ 59 岁	60 ~ 64 岁	65 ~ 69 岁	70 ~ 74 岁	75 ~ 79 岁	80 ~ 84 岁	85 ~ 89 岁	90 ~ 94 岁	95 ~ 99 岁
合计	728	732	631	555	275	177	92	37	4	
男	391	395	347	266	133	69	32	9	2	
女	337	337	284	289	142	108	60	28	2	

2000 年，五常乡总人口达 17541 人，其中 0 ~14 岁 2713 人，15 ~59 岁 12479 人，60 ~94 岁 2349 人。2020 年，五常街道总人口达 139801 人，其中 0 ~14 岁 15902 人，15 ~59 岁 112312 人，60 ~99 岁 11587 人。

2020 年，五常街道总共 77086 户，其中家庭户 73141 户，集体户 3945 户。常住人口 139801 人，其中男 75408 人，女 64393 人，其中居住在本街道，户口在本街道 39235 人，居住在本街道，户口登记地在外乡（镇、街道），离开户口登记地半年以上 100192 人，居住在本街道，户口待定 278 人，原住在本乡镇街道，现在港澳台或国外工作学习 96 人。平均家庭户规模 1. 8 人/户。

2020 年五常街道 15 岁以上分性别、受教育程度人口情况表

表 7 -2 -12　　单位：人

五常街道	15 岁及以上人口			未上过学			学前教育			小学		
	合计	男	女	小计	男	女	小计	男	女	小计	男	女
总计	123899	67023	56876	1691	459	1232	135	89	46	11768	5508	6260

五常街道	初中			高中			大学专科			大学本科		
	小计	男	女	小计	男	女	小计	男	女	小计	男	女
总计	21324	12120	9204	16653	9533	7120	23637	12733	10904	38993	21005	17988

五常街道	硕士研究生			博士研究生			平均受教育年限		
	小计	男	女	小计	男	女	小计	男	女
总计	8906	5015	3891	792	561	231	13. 07	13. 21	12. 91

二、计划生育

历史上，有“多子多福”的旧传统观念，但战乱、瘟疫、灾害及重男轻女思想等，造成出生率高、生存率低，人口自然增长缓慢。1957年，开展节育宣传。1971年，全面开展计划生育工作，1972年，五常乡全年共出生新生儿259人，出生率19‰，比1971年下降了4‰。1979年以后，提倡“一对夫妻只生育一个孩子”。经过相关政策出台和实施，20世纪80年代计划生育全面落实。90年代，计划生育进入法治管理阶段，向晚生、少生、优生转化。2008年，计划生育率99.2%。2011年，实施双独二孩政策，当年计划生育率98.83%。2013年，实施单独二孩政策；2015年10月，中国共产党第十八届中央委员会第五次全体会议公报指出，坚持计划生育基本国策，积极开展应对人口老龄化行动，实施全面二孩政策。五常街道人口出生总数控制在计划指标以内，出生婴儿性别比保持正常，意外妊娠率逐年下降，群众的优生优育意识得到增强，婚育观念进一步转变，生殖健康水平得到进一步提高。2019年1—9月，出生申报537人，符合政策生育率99.63%。

深化宣传教育 计划生育宣传工作是一项经常性工作，除了做好日常的宣传工作以外，重点开展以下工作。

组织做好重大节日的宣传活动。如在每年的春节、“五一”、“5·29”协会活动日、“7·11”世界人口日、“10·28”男性健康日等，在这些活动中组织人员进企业、上街道开展健康义诊服务咨询，发放宣传资料等活动。如2009年，在五常人民广场举行“实施优生两免政策，努力提高出生人口素质”暨“7·11”世界人口日专家义诊活动。整个活动现场共发放《优生两免政策》《准妈妈胎教手册》《健康防治指南》《产前保健手册》等宣传资料300余份，解答咨询200余人次。2012年，为结合世界人口日的宣传活动主题——“让家庭健康、和谐”，五常街道开展了庆祝“7·11”世界人口日活动，开展了计生宣传品评比和业绩评比演讲、模范引领的“街道级幸福家庭”和“优秀网络员”表彰等活动。2017年，在第二十八个世界人口日之际，举办“7·11”世界人口日主题活动暨身边的美丽五常人演讲比赛。

做好计生主题教育活动。2009年投资8万多元在五常人民广场建造了生育文化园。2012年10月，在文一社区举办了0～3周岁幼儿家长培训班，邀请了五常中心幼儿园的老师和杭州天目山医院副院长，向到场家长讲解了0～3周岁幼儿良好行为习惯培养的重要性，从孩子的日常生活、兴趣培养、调动孩子的积极性、主动性以及如何与家庭形成合力，为孩子架起成功桥梁进行了认真讲解。2013年，开展生育关怀行动，真情关心育龄人群生殖健康。通过多种形式有针对性地向育龄群众提供他们所需要的生殖保健知识和咨询服务。2018年8月9日，成功举办杭州市计生维权项目现场会。五常街道作为杭州市计生维权服务工作唯一的镇街级试点，通过建好“一张网”，打好“组合拳”，当好“代言人”三大举措，获得省市区计生协会领导的高度肯定。

组织系列培训活动。2005年制定培训制度，每季末18日为一孩家长培训日，每月15日为新婚夫妇培训日，每半年末28日为更年期妇女培训日。3月18日、6月18日、9月18日在五常卫生院分别举办一孩家长培训班，共参加培训人员121人，通过看录像、听课、做试题等形式进行面对面的计划生育政策法规、避孕节育、优生优育、计划生育利益导向等方面的宣传，上半年计生办人员分别给7个村计生小组长以上干部全部进行培训，内容丰富多彩，既有老师上课，又有问题答辩，通过分析近年来的计生现状，面临的新形势新问题，对计生干部提出了新的要求。2009年，以人口学校为阵地举办培训班、知识讲座，开展“五期”教育和计生政策法规知识培训，街道计生科、社区共举办新婚培训6期83对。在下社区开展孕环检期间，举办育龄妇女知识培训9期，参加2907人次，发放宣传资料4708份（包括外来人员），赠送计生礼品3000余份。2010年5月27日，邀请了杭州市医院的妇产科主任及骨干医务人员到五常广场开设培训课并进行健康义诊，参加2000多人。街道计生科还结合“三优”（优生、优育、优教）科普知识宣传，开展内容丰富的教育培训与亲子活动，专门请了区计生指导站老师现场讲演、解答提问，让受众更了解孕前、产前检查的重要性，并免费抽取血样进行优生检测。2012年，街道人口计生科举办了以“优生黄金法则，孕期科学养护”为主题的“优生优育优教”春季准妈妈健康培训讲座，来自各社区的150余名孕妇到场参加了培训。培训班邀请了杭州天目山医院的专家讲课，针对孕期出现的种种问题，就孕妇所关心的合理膳食、营养搭配、孕期保健、注意事项等方面内容进行了详细的讲解。在活动现场，学教互动，气氛融洽，专家根据大家的提问现场释疑并相互沟通，收效良好。2017年，开展怀孕夫妇和0～3岁儿童抚养人培训各10场，组织0～3岁儿童及抚养人亲子活动6场。2019年，开展怀孕夫妇和0～3岁儿童抚养人培训各3场，组织0～3岁儿童及抚养人亲子活动3场。

落实规章制度 严格把关抓目标责任制落实，规范运作建立健全各项制度。与各企业签订流动人口计划生育管理责任书。2006年，出台《五常管委会对各村各单位的目标考核细则》《村计生服务员岗位考核细则》《关于进一步完善计划生育工作若干规定的通知》《五常管委会2006年计划生育工作目标》《关于进一步完善计划生育工作的通知》等一系列规章制度，进一步明确了对计生目标管理责任制的考核评估、管委会、计生办、村相关人员的工作职责。实施“四项”制度，即培训教育制度、分片负责制度、随访抽查制度、例会分析制度。做到每月以会代训，对办公室人员、各村、社区计划生育服务员进行流动人口、政策法规、技术服务、协会、宣传、统计等知识培训。办公室人员实行联村包干负责制。各村每月对重点对象育龄妇女随访工作情况进行上报。每周一召开办公室人员工作例会，等等。2007年，五常管委会专门召开工作会议，与各村、社区有关职能部门签订目标管理责任书，并层层分解落实工作任务。

2009年，街道党工委、办事处把人口和计划生育工作摆到可持续发展的首要位置。年初专门召开计生工作会议，对签订责任单位年终进行考核。街道办事处出台《二〇〇九年人口和计划生育目标管理责任制考核评估实施意见》《计生服务员岗位责任制考核办法》《五常街道办事处各部门计划生育工作职责》等，进一步增强了社区、村、部门计生干部的责任感与使命感。加大资金投入，对社区、村进行计划生育专项经费给予补助。2010年，全面落实计生利导机制。在借鉴“乔司经验”的基础上，结合五常特色，明确规定：凡独生子女家庭在多（高）层公寓安置分配时，独生子女居住面积一人按两人计算；拆迁户在外过渡满合同期的，过渡费一人按两人计算；大部分社区现已全面实行年满60周岁以上独生子女父母每年给予500元、300元不等的养老补助。2012年，制定了《五常街道人口和计划生育三年行动计划》，做到近三年五常街道人口计生工作的具体目标为2015年期末全街道人口总量控制在3.6万人左右（户籍人口），年均出生率和自然增长率控制在14‰和9.5‰左右，计划生育率99%以上。

实行计生工作网格化管理。2012年，五常街道结合街道工作实际，成立了人口计生网络化建设领导小组，研究制定出台《2012年五常街道关于“创新服务管理新模式，构建和谐幸福新五常”工作实施方案》，建立起“领导重视、责任清晰、全力指导、狠抓落实”的工作机制，进一步明确工作责任，强化工作措施，为网络化建设提供强有力的组织保障。街道以社区为单位划分网络，按照“区域完整、属地管理、方便服务、界定清晰”的原则，将街道、社区、企业分成100余个网络，街道联系社区和企业为一级网络，社区干部联系各组组长及志愿者队伍为二级网络，组长、志愿者联系家庭为三级网络（社区以楼道为单位）。确保网络管理“网点，形式多样；网络，服务周到；网线，指导到位”、管理服务“居不漏片、片不漏栋、栋不漏户、户不漏人”，初步实现了人口计生工作层次分明、层层管理、层层监督的良好格局。2016年10月，《中国人口报》刊文对五常街道疏通“网格”提升计生工作水平的有关经验进行报道。街道建立网格化服务体系，完善由11个大网格、28个中网格、105个小网格和2625名会员组成的计生协会组织网络，开展计生宣传服务。

开展计生服务　强化服务意识，抓好育龄妇女孕情监测。2005年开展两次孕情监测，应监人员3945人，实际监测人员2387人，随访人员1183人，监测率90%。2006年第一季度初和第二季度，在辖区内开展孕情监测，实际监测率75%以上。2007年3月、9月，两次下村、下企业开展查孕和妇女病等普查工作。两次受检率均达到75%。同时对未来受检的人员也都进行上门随访，共随访育龄妇女2200人次。同时，为返乡妇女开展上门计生服务。上门为这些妇女开展政策法规、避孕节育、优生优育、生殖健康等方面的咨询和服务。同时，还免费提供避孕工具（药具）以及进行B超检查等。

做好国家免费孕前优生检测项目。2017年1—10月，国免检测527人，国免率105.4%，二孩国免参检率83.49%（区考核要求不低于60%）。2019年1—8月，国免检测72人，一孩国免率107.4%，二孩国免参检率40.4%。做好国免早孕、妊娠结局、普通高危人群、“四项手术”、新婚、产后等重点人群随访工作，2017年第一季度区卫计局抽查随访率100%，满意率100%。2019年第二季度区卫计局抽查随访率100%，满意率100%。

实施奖励扶植　为抓好计划生育家庭奖励扶助政策，2006年，邀请区计生局领导对如何开展《农村部分计划生育家庭实行奖扶制度》进行专题培训，会后进行多层次广泛的宣传，把奖扶政策的内容、条件、标准，印成宣传小册子，发放到每家每户，通过广泛宣传，调查摸底，确认符合奖扶条件对象的50户家庭72人，8月底进行首发仪式，使这些家庭领到第一批第一次的每人每月60元的奖扶金。2007年，共有15人符合奖扶条件，加上上年的75人，共有90人已享受到计划生育每人每年720元的奖扶政策。为进一步完善计划生育利益导向机制，管委会出台了《关于贯彻执行〈中共中央国务院关于全面加强人口和计划生育工作统筹解决人口问题的决定〉的实施意见》，进一步明确领导职责、目标考核制度、队伍建设、利益导向政策等制度。各村根据实际重新修订计划生育村民自治章程。2007年春节期间，区计生局和管委会对计生困难户、低保户、老计生干部困难户、特殊困难户都进行慰问与走访，共送去慰问金3万元。

坚持依法行政，实行奖扶政策。严格按照《浙江省人口和计划生育条例》的规定，实行依法管理，严格执法程序，在发放一孩生殖健康服务证，审批二孩准生证、独生子女父母光荣证时严格把关。2009 年 1—11 月共发放一孩生殖健康服务证 227 本，二孩审批 125 对，发放独生子女父母光荣证 198 本，发放独生子女父母失业费 5000 元。2009 年申报独生子女残疾特扶对象 6 人，每人每月享受计划生育特扶金 200 元，共申报 60 周岁以上的计划生育独生子女家庭 43 人，享受每人每月 60 元，参加农村独生子女养老保险 18 人，每人每年补助 1000 元。开展奖扶、特扶申报、城乡居民基本医疗保险补贴上报、独生子女父母奖励费发放等工作。2017 年，奖扶 1 人、特扶 21 人（新增 4 人、退出 1 人）、城乡居民基本医疗保险补贴审核上报 2538 人，独生子女父母奖励费发放落实到位。2019 年奖扶 1 人（无新增）、特扶 23 人（新增 2 人）、失独家庭 8 户，共 13 人每人补贴 1400 元分四次慰问，城乡居民基本医疗保险补贴审核上报 1578 人，共计 255600 元，独生子女父母奖励费审核上报 1770 人，发放 88500 元。2020 年 1—8 月，完成奖扶 1 人、特扶 23 人、失独家庭 9 户 14 人，城乡居民基本医疗保险补贴审核上报 1380 人，共计 223175 元；生育补助核对 593 人，发放金额 711600 元。

加强流动人口管理 进入 21 世纪以来，五常处于大开发、大建设时期，流动人口出入频繁，大部外来人员分散居住在农户家中，对流动人口管理有效模式尚未真正形成，现有计生小组长队伍未充分发挥作用。为此，五常管委会大力加强流动人口的计划生育管理。据统计，2005 年五常共有外来人口 15000 人左右，其中育龄妇女 8480 人，已婚育龄妇女 2566 人。在综治部门的配合下进行了专项整治活动，对全部的已婚育龄妇女进行免费查孕查环活动，查验率 100%，查验流动人口证明 4531 人，查验临时婚育证明 1420 人，签订房屋出租合同 780 户，签订率 100%，签订单位责任书 98 家。2006 年，五常外来人口中在册育龄妇女 6362 人，其中已婚 4601 人，查孕查环 4340 人，查验率 94. 32%。查验婚育证明 6362 人，女性中持有流动人口婚育证明 3515 人，持证率 55. 24%。房屋出租户合同应签 812 份，签订率为 100%。单位流动人口计生管理责任书应签 86 份，签订率为 100%。2007 年，由于五常经济的飞速发展，西溪湿地三期工程启动，流动人口越来越多。据统计至 11 月底共有外来育龄妇女 7177 人，其中省外育龄妇女 6546 人。年初与厂、企业、在建工程和工地签订流动人口计划生育管理责任书 85 份，由各单位法人代表作为第一责任人。与各房东签订管理合同 1000 户，采用一户一册制，做到来登去销。管委会计生科每月下村下企业开展查孕查环活动。荆山村、荆丰村、顾家桥村增设了外来人口办证点 3 个，既方便了外来人口的办证验证又提高的办证率。截至 11 月底，共查孕查环 4911 人，下企业开展宣传咨询活动 4 次，发放宣传资料 2000 份，宣传计生挂历 1000 份，开展联合稽查 5 次。

2009 年 11 月底，五常在册育龄妇女 8006 人，其中已婚 5685 人，查孕查环 4370 人，查验率 76. 86%。房屋出租户合同应签 1239 户，签订率为 100%，用工单位管理责任书应签 78 家，签订率为 100%，与有关部门单位签订管理责任书 4 家，签订率为 100%。2010 年 8 月，五常在册流动人口约 1. 5 万人，其中育龄妇女 8006 人，本地育龄妇女 6765 人，外来育龄妇女已明显多于本地育龄妇女。面对如此复杂的人口环境，五常街道改变传统工作作风，变被动接受信息为主动了解掌握。街道加强部门间协作，建立以流入地服务管理为主的计生管理新机制；与用工单位、房东签订目标管理责任书，基本实现了外来人员与本地户籍人口的“同宣传、同服务、同管理、同考核、同投入”。采用免费、有奖检查的方式吸引更多外来育龄妇女参加检测，让更多的外来育龄妇女得到优质的计生服务，并做到了全员信息管理。

2013 年，五常街道以“流动服务流动情，优质服务贴民心”为主题，为辖区内的流动人口开展了为期一周的宣传服务活动。此次活动共发放宣传资料 2000 余份，零距离的优质服务获得了流动育龄人群的一致好评。以友谊社区为试点，积极推行“网格化管理、信息化支撑、均等化服务、立体化治理”的流动人口计生服务管理长效机制。五常街道流动人口共计 46642 人，其中已婚育龄妇女 10157 人，共计提供技术服务 6157 次，签订租房合同 1181 份，签订单位责任书 89 份，签订率均达到 100%。

2014 年 8 月，五常街道针对夏季外来人口流动性较大的特点，开展了为期一周的流动人口稽查工作。进一步完善了流动人口信息化管理，切实推进流动人口计划生育基本公共服务均等化全覆盖，为街道建立健全“属地化管理、市民化服务”的工作机制打下了坚实的基础。2016 年，五常街道健康“驿 + e”项目入选全国 2015—2016 年流动人口社会融合典型实践案例；新居民计划生育服务管理中心被评为省级流动人口计划生育规范化服务中心。2017 年 7 月 15 日，在国家卫生计生委开展的流动人口社会融合示范社区创建活动中，五常街道文一社区凭借“为外来高新技术创业家庭提供按需服务，以其反哺社区提升居民整体健康素养”的健康“驿 + e”项目，成为全区唯一入选的 2017 年全国流动人口社会融合示范社区。2018 年，流动人口生育登记服务 70 例。2019 年，开展了各类主题的送服务“进社区，进企业”活动，为育龄人群发放宣传资料并进行咨询服务。

发挥计生协会作用　计生协会工作是计划生育实行“自我管理、自我教育、自我服务”的重要途径。首先组建企业计生协会。2006 年，共有企业计生协会 9 家，其中新建企业协会 5 家。2007 年有百人以上企业 14 家，在企业中组建协会达 11 家。2009 年新建企业协会 4 家。已建好的协会组织都制定了员工自治章程，定期进行换届选举工作，并将一些热爱计划生育工作、能够为协会发展提供支持和服务的企业家、生产能人、致富带头人以及有知识、有文化、有技术的年轻人特别是青年妇女吸收到协会中来。

深入开展协会活动，弘扬新型生育文化。计生协会坚持多形式、多渠道加大宣传工作的力度，积极动员各方力量，大力宣传中央决定精神，同时将“关爱女孩和生育关怀行动”与开展“婚育新风进万家活动”、加强公民思想道德建设、计划生育“三级联创”和建设社会主义新农村有机结合。每年，各级计生协会均开展丰富多彩的活动。如 2009 年，五常街道计生协会先后组织或协同有关部门开展以“提高出生人口素质，促进家庭健康幸福”为主题的人口出生缺陷社会化干预工程宣传活动、以“生育关怀在行动”为主题的现场义诊和妇女病普查活动、“送医下乡，义诊咨询”活动、协会会员技能培训，举办“共建和谐计生，共享品质生活”健美操比赛、以“夏季青少年的健康与卫生”为主题的健康促进讲座及“青春期”“新婚期”“怀孕期”“育儿期”“更年期”培训班共 18 期。2019 年，开展计划生育系列保险投保工作。共投保本地户籍独生子女家庭 2229 户、失独和独生子女伤残家庭 14 户，街道共补助 55725 元，实现零误差。在“5·29”协会活动日期间，分别在横板桥社区、荆山社区、五常社区开展了各类宣传服务活动。

第三节 居民收入和消费

五常自然资源丰富，自古以来，百姓以农桑为业。民国时期，土地大部分为地主、富农占有，粮食亩产仅200公斤，贫、雇农收入微薄。中华人民共和国成立后，经过第一个五年计划建设，国民经济有所发展，城乡居民生活水平有所好转。在“大跃进”和“文化大革命”期间，生产遭受破坏，农民收入徘徊不前。实行改革开放政策后，农村发生一系列变化：家庭联产承包，乡镇企业崛起，取消农副产品统购统销，农业产业结构调整，农民家庭经营第二、第三产业，农村居民收入来源多元化且大幅度增长。进入21世纪以来，五常境内征地拆迁大规模进行，农民得到国家赔偿，收入大幅度增加。农民转化为城市居民后，其消费能力、消费结构发生翻天覆地的变化，突出体现在居住条件上。

一、居民收入

旧时，五常农民收入大部分来自于种田、养蚕和养殖业。除了地主、富农占有大片土地外，一般农户年人均收入不足50元（旧币）。缺地少劳力的农户不足维持日常生活，常常靠借债度日。

1950年进行土地改革，农民分到了土地，生活有了改善，但经济仍然落后，人均年收入未超过100元。1953年，组织互助组和初级社，粮食产量逐年提高，农民生活渐有起色。1956年走社会主义高级农业社道路，进行集体劳动生产，改变耕作制度，各尽所能，按劳取酬，以工分为单位进行分配。人民公社化后，耕作制度由单熟改为一熟、三熟制，农活增多，妇女也参加生产劳动，粮食产量有所提高。年终经济分配多年维持在每10分工一元左右。20世纪80年代前，农村居民收入主要来自家庭经营农副业。中共十一届三中全会后，农民收入结构有较大变化，其收入来源由集体统一分派为主向家庭经营收入为主转换。1982年后乡镇企业发展，有大量农民在乡镇企业从业，农民收入增长较快。1990年后，随着农村经济体制改革和农村产业结构调整，都市型优高农业凸显，个体私营企业快速发展，非农产业收入急剧上升，人民生活水平逐步提高。

1992年，五常乡人均收入1329元，比上年增加217元，新建住房60072平方米，拥有个人存款1730万元，人均存款886元，摩托车、小轿车已进入农家。电视机普及率100%，高档耐用消费品购买超过以往任何1年。1993年，年人均收入1737元，比上年增加402元；年末存款余额2764万元，人均存款1862元；农户新增5吨以上自卸车35辆。

1997年，五常乡财政总收入460.05万元，比上年减少116.94万元，人均收入3945元，比上年增加359元。1998年，乡财政总收入560.71万元，比上年增长21.9%；农民人均收入4256元，比上年增加305元。1999年，农村经济总收入3.5亿元，比上年增长9.3%；农民人均收入4885元，比上年净增629元，增长率为14.78%。

2000年后，农村推行股份合作制改革，农民从第一产业延伸到经营第二、第三产业，人均纯收入不断提高。当年农村经济总收入4.99亿元，比上年增长29.8%，农民人均收入5095元，比上年增加210元。2001年，五常经济开发区农业产值4123万元，工业产值

60353万元，农村经济总收入55268万元，农民人均收入5704元，比上年增长609元。2002年，五常经济开发区工农业总产值8.17亿元，比上年增长25.2%。其中工业产值7.75亿元，比上年增长28.5%。农业产值4167万元。比上年下降15%。财政总收入1176万元，比上年增长52.5%。农村经济总收入7.43亿元，比上年增长34.5%。完成国家税收2697.9万元，比上年增长63.5%。农民人均收入6410元，比上年增长12%。2003年，五常管理委员会完成工农业总产值11.42亿元，增长39.8%，其中工业产值10.94亿元，增长41%；农业产值4767万元，增长13.5%。财政总收入3516万元，增长199%；完成各项税收5183万元，增长92%。农村经济总收入10.79亿元，增长45.2%；农民人均收入7392元，增长15%。

2004年，五常1.7万余名农民人均收入达9508元，比2003年增加2108元，为历史收入最高的一年。当年，有3580人务工赚钱，这些农民年务工收入均在1万元。有416位农民或利用家里的场地或租用标准厂房自办企业，有的办起了锯片加工厂，有的办起了印刷厂。荆丰村农民仲金泉发现杭州规模较大的印刷厂很少印各类簿册，就购买了设备为有关单位印制簿册，在市场竞争中站住了脚跟。经过一年的磨炼，这些农民收入颇丰，年收入大多在10万~30万元，有的还买了汽车。顾家桥头是五常淡水鱼等农产品的集散地，每天早上都是做生意的农民，他们大多与杭州宾馆酒店挂钩。他们把当地的鲜肉、活鱼、鸡鸭收购起来送到杭州，每天一趟都能赚上300~500元钱。

2005年，农民人均收入11024元，增长13%。2006年，农民人均收入13874元，增长25.8%。2007年，农民人均收入16155元，增长16.4%。2008年，农民人均收入18892元，增长16.94%。2009年，农民人均收入19980元，增长7.0%。2010年，全年人均收入21794元，增长10%。

2011年，全年人均收入24200元，较上年增长11%。2014年，农民人均收入34766元，年末居民储蓄22.28亿元，比上年增长11.4%。2015年，农民人均收入38560元，年末居民储蓄22.69亿元，比上年增长1.84%。2016年，五常居民人均收入42062元，年末居民储蓄24.88亿元，比上年增长9.65%。2020年，农村常住居民人均可支配收入44117元，增长6.7%。

二、居民消费

居民消费跟经济发展水平和居民收入相关联。旧时，生产力低下，占农村居民80%以上的贫苦农民收入微薄，生活非常困苦，糠菜半年粮。手工业作坊雇工和搬运工人及小商贩生活水平甚低。抗日战争胜利后，国民政府滥发纸币，物价一日数涨，米珠薪桂，城乡居民生活贫困。农村居民生活消费支出以食品为主，然后用于住宅、衣着、用品等，生活消费结构变化很小。绝大多数城乡居民生活贫困，唯求温饱，消费习惯注重节俭和积累。衣着固守“新三年，旧三年，缝缝补补又三年”节约理念。

境内居民消费水平和消费观念是在不断变化的，其趋势大致可以分为两个阶段。20世纪80年代以前是解决温饱问题，表现在对基本生存消费的需求量上，生存消费支出多，而享受和发展方面的消费甚少。按社会商品零售额计算，1952年人均消费品支出为60元，生活消费水平仍然很低。1959—1962年，农民收入下降，生活艰难；城镇居民收入大部分用于食品，少量用于衣着及日常必需品。1962 年 9 月起，为解决市场商品供需矛盾，政府对城乡居民日常生活必需商品采取凭票、凭卡、凭券等 7 种形式供应，城乡居民基本保持吃饱穿暖水平。“文化大革命”期间，居民消费水平提高缓慢，除用于食品、衣着方面的支出略有提高外，住房、用品、燃料、文化生活等方面支出有所减少。1978 年，国民经济得到恢复和发展，城乡居民人均生活消费品支出增至 123 元，1979 年增至 143 元；1985 年更增至 456.89 元，城乡居民消费结构也发生变化。

改革开放后，随着生产的发展，商品不断丰富并逐步取消票证限制，城乡居民广开就业门路，经济收入增长，消费总量持续增加，消费规模不断扩大，消费水平和消费质量逐年提高，消费结构由增长型向追求质量型和营养型转变，消费比重向精神文化生活和信息消费倾斜，逐步实现消费结构的优化和完善。由于温饱问题得到解决，居民消费由数量扩张向质量提高转变，享受和发展方面的消费比重不断提高，该两方面支出增长亦较快。食品消费由温饱逐步转向讲究营养，主食消费量减少，副食和其他食品消费量增加。衣着由单一、低档转向多样、时尚，服装面料由传统的棉布转向化纤、呢绒、丝绸、皮革，且讲究款式、色调、花样。日用品由不敷应用转向追求排场，住房由挡风雨的简易房，大多变为砖混结构的楼房，人均居住面积增加，配套房结构，注重装潢。燃料由传统柴草转为煤、液化气、电力、沼气，城镇居民以石油液化气为主要燃料。文化娱乐用品类比重也不断增加。据中国人民银行余杭县支行对城镇百户居民抽样调查，1985 年人均购买消费品支出 677 元，比 1978 年增长 2.15 倍，其中用于食品的消费比重下降较大，穿着消费有所上升，日用消费及其他（房租、医药费等）消费亦有上升。县统计局对农村百户抽样调查，1985 年人均购买消费品支出为 597 元，其中食品占 51.6%，穿着占 7.4%，日用品占 14.5%，燃料占 3.4%，修建房屋占 23.1%。非商品性支出如水、电、看电影等支出，城镇居民人均 33.74 元，农村居民人均 20.79 元，均比 1979 年增长 2 倍多。1987 年以来，城乡居民生活消费水平不断提升，消费结构日益优化。是年，余杭县农村居民家庭人均生活消费 656 元。其中，食品支出 351 元，占人均消费 53.5%。食品支出的主要品种和消费量为：人均消费粮食 291.5 公斤、食油 6.5 公斤、肉类及制品 15.1 公斤、蛋类及制品 2.9 公斤、食糖 2.4 公斤、香烟 51 包、酒类 23.3 公斤、蔬菜 84.6 公斤、水产品 7.4 公斤；衣着支出 41 元；居住支出 154 元；其他支出（含用和行，下同）53.5 元。衣食住行排位为：食第一，住排第二，其他支出排第三，衣排第四。是年，恩格尔系数为 53.51%。此种消费结构一直维持到 1992 年。1993 年，随着农村经济发展，农民家庭人均生活消费相应增加。是年人均消费支出 1526.40 元。其中，食品支出 689.90 元，占人均消费总额的 45.20%；衣着支出 117.50 元，占人均消费总额的 7.70%；居住支出 368.40 元，占人均消费总额的 24.10%；其他支出 350.60 元，占人均消费总额的 23%。其他支出首次接近居住消费支出，食品支出和衣着支出排位未变，此种消费结构大体维持到 2000 年。是年，恩格尔系数为 45.20%，比 1993 年下降 8.3%。

20 世纪 80 年代中后期，城乡居民消费方向集中在家用电器等商品，出现消费势头，因物资匮乏，抢购商品之风时有发生，电冰箱、彩色电视机、录音机销售量激增。1990 年，农民人均生活消费支出 1066 元，其中食品消费支出 611 元，占生活消费支出的 57.32%；城镇居民人均生活消费支出 1520 元，其中食品消费支出 838 元，占生活消费支出的 55.13%。

20 世纪 90 年代中后期，生活消费品日益丰富。这一时期，超前消费有两大热点，一是城乡居民“建房热”，至2005年，城镇居民人均住房面积29.9平方米；二是城乡居民“购车热”，20世纪90年代中期，城乡居民掀起摩托车购买热。嗣后个体私营企业主开始购买小汽车，至2005年，居民购买私家汽车。

进入21世纪，农业实施产业化经营，使农民收入大幅度增加，农民人均消费支出也大幅度增加。2000年，农民人均生活消费支出4533.65元，其中食品消费1895.33元，占生活消费支出的41.81%；城镇居民人均生活消费支出6528元，其中食品消费支出2818元，占生活消费支出的43.16%。按照国际通用的衡量标准，恩格尔系数在40%~49%，属于小康水平。

2005年，农村居民家庭人均生活消费支出7243元，比2000年增长59.80%，年均增长9.8%。其中，食品支出2562.70元，占人均消费总额的35.40%；衣着支出395.40元，占人均消费总额的5.50%；居住支出1614.60元，占人均消费总额的22.30%；其他支出2706.30元，占人均消费总额的37.40%。衣食住行的消费结构是其他支出排第一，食品排第二，住排第三，穿着排第四。食品支出与其他支出所占比重基本持平。是年，恩格尔系数为35.38%，比2000年下降6.43%。同年，农民家庭人均主要消费品的消费量发生明显变化。其中，粮食消费176.80公斤，比2000年减少56.70公斤；食油消费7.70公斤，比2000年增加2.70公斤；肉类及制品消费16.70公斤，比2000年减少5.60公斤；蛋类及制品消费3.70公斤，比2000年减少1公斤；食糖消费1.10公斤，比2000年减少0.70公斤；香烟消费44.50包，比2000年减少2.30包；酒类消费26.80公斤，比2000年增加6.20公斤；水产品消费12.70公斤，与2000年持平。副食品消费量的增加替代部分主食的消费量。以文化消费和服务性消费为主要内容的精神生活消费逐年增加。1987年，城乡居民人均文化和生活服务性消费分别为64元、5元。随着经济发展，城乡居民文化消费和生活服务性消费随之增加。2000年，城乡居民文化消费和生活服务性人均消费分别为817元、361元，增长12.77倍和72.20倍。

随着经济快速发展，精神生活消费增幅持续上升。2005年，城乡居民人均文化和生活服务性消费分别为1689元和817元，分别比2000年增长1.07倍和1.26倍。以休闲、娱乐为时尚内容的精神生活消费日益丰富。

2011年，城镇居民生活消费支出21962元，比2010年的19928元增长10.2%；农村居民人均生活消费支出14995元，比2010年的12423元增长20.7%。

三、居住条件

旧时五常住宅中心为顾家桥集镇，居民房屋大多低矮，结构简陋。地面潮湿，光线阴暗，有三代同室拥挤不堪者。普通农家多数是木结构平瓦房，也有不少竹结构草房。城镇居民绝大多数租屋居住，住自有房者仅十之一二。中华人民共和国成立后，农村土地改革，没收地主多余房屋分配给无房贫苦农民，草房、棚屋逐步翻建为平房瓦屋，部分农民新建和翻建楼房，土木结构向钢筋混凝土结构转化。

20世纪70年代前，集镇建设缓慢。改革开放后，荆山岭成为集镇中心，农户掀起建房热潮。80年代，建房趋向美观，普遍采用钢筋混凝土结构，以三层为主，附建阳台、平台，但因条件局限，缺少独户卫生设施和自来水设施。90年代，新建住房多数是混凝土结构，建筑层高以 3 层居多。室内装潢讲究，设施配套齐全。进入 90 年代后，城镇居民居住条件大为改善，居住面积和成套率增加，客厅、饭厅、卧室、厨房、卫生间、阳台等设施配套齐全，多数居民安装铁制防盗门、窗，室内装饰档次越来越高。1992 年，五常全乡新建住房面积 60072 平方米；1994 年，新建住宅 137 户，建筑面积 11573 平方米。

进入 21 世纪，房地产业开展迅速，至 2002 年，境内已有华立江南水乡、清水湾房产、大华聚鱼滩休闲度假区房产、通策高新科技园房产、荆山翠谷房产、钱潮花园房产等 7 家落户五常开发，其中荆山翠谷花苑，372 套住房已建成，面积 8.4 万平方米；西溪风情花园建成，占地 58 万平方米，建筑面积 50 万平方米；2003 年，天利人和家园建成，占地 7.04 万平方米，建筑面积 10.77 万平方米；怡景花城，占地 13.54 万平方米，建筑面积 9.46 万平方米，盛世嘉园，占地 20 万平方米，建筑面积 30 万平方米；2004 年，有 7 大房产项目全面启动，建成面积 55 万平方米，其中栖溪名园，占地 5.38 万平方米，建筑面积 3.5 万平方米。2005 年，五常、文一村和友谊村天目山路农居点动工建设。

五常是余杭区农村居民多（高）层公寓推行的试点。五常紧贴杭州主城区，是余杭城市化推进的前沿阵地，外来人口多，重点项目多，拆迁工作多。随着杭州旅游西进以及西溪湿地国家公园的建设，五常城市化进程一日千里，大量土地和农民房屋被征迁，不可避免地面临着土地稀缺的难题。通过实施农村居民多（高）层公寓建设，既可节约集约利用土地，提高土地利用率，又能改善农村居住环境，提高生活品质。为此，五常街道将农居多（高）层公寓安置工作放在了首位。2007 年，五常成立多（高）层公寓建设管理领导小组，建立多（高）层公寓建设管理中心，并制定下发实施意见，明确 5 月 1 日后征地拆迁农户全部安置进多层公寓。同时，组建具有独立法人资格的实体公司。经过政策宣传和深入、细致的思想工作，农户普遍接受多（高）层公寓的安置方式。是年底，开工建设的有西溪人家、西溪雅苑、西溪水岸 3 个区块一期面积 10 万多平方米；2008 年，又有西溪花城、西溪庭院等 4 个多（高）层公寓动工。至 2009 年底，五常街道规划中的 7 个点，已开工面积 82.22 万平方米，累计完成投资 8.18 亿元。街道用于建设农居多（高）层公寓的总用地面积 120.8 公顷，总建筑面积 243.5 万平方米，总投资 38.4 亿元，总安置 16118 套。五常街道农居多（高）层公寓建设被区委、区政府树立为成功案例。

2011 年 6 月，西溪北苑小高层公寓回迁安置涉及文一社区 630 户农户，2958 人。截至 12 月 31 日，已有 601 户农户选房回迁，回迁率 95.4%。2012 年，农居多（高）层公寓开工面积增至 225 万平方米，已竣工面积 191 万平方米，共 13394 套。西溪庭院多（高）层农居公寓回迁安置顺利进行，87 户拆迁户回迁率 100%。2013 年辖区 7 个农居多（高）层公寓项目，累计开工面积 225.77 万平方米、15277 套；已竣工面积 192.64 万平方米、13771 套；完成投资 6.71 亿元。是年，五常街道获“2013 年度杭州十大美丽家园”称号。2014 年 9 月，西溪花城回迁安置选房活动在省委党校举行，共有 307 户安置户到场选房，选房率 99.68%。2015 年 1 月，五常社区回迁安置顺利分房到户，共有 1013 户安置户到场选房，选房率达到 99.41%。这次五常社区安置分房涉及包括西溪国家湿地公园三期工程配套发展区块、南部区块、北部产业功能区等项目中符合安置条件的 1005 户（分包型后为 1019 户）拆迁居民，是一次性安置户数最多的一次。10 月，五常街道在西溪北苑北区进行安置分批次交房领钥匙，519 户回迁居民顺利拿到新家钥匙，完成 842 套安置房交付手续。2016 年安置房建设按计划实施，完成永福社区4个拆迁项目425户的回迁安置工作。

失地农民的幸福家园（2015）（王洪坤　摄）

2017年，完成永福社区农户回迁安置296户；10月，交房295户、574套。提前安置新征迁区块荆丰、友谊、顾家桥3个社区农户301户。2018年，完成永福社区回迁安置139户，分配房源193套。7个多（高）层公寓安置房小区实现物业管理规范化运作。2020年4月，街道成立搬迁工作指挥部，抽调机关和社区精干力量99人，以个人包干、小组协同相结合的方式逐户上门，通过100%深入走访，采取“全透明”信息公示机制，下发专门编制的《五常街道搬迁安置政策汇编》，汇聚各方力量，做好搬迁宣传、政策解释答疑、家庭信息核实等工作。精心布置、合理安排、分步实施、统筹推进，9月荆山区块居民完成搬迁签约，五常街道全域城市化建设有了里程碑式的突破。拆迁安置以后，五常农户平均每户安置房约3.5套，除自住外，其余均用作出租。居住条件发生了翻天覆地的变化。

据第七次全国人口普查统计，2020年，五常街道常住人口共有家庭户71565户，129387人，住房面积合计4367058平方米，人均住房建筑面积33.75平方米。住房间数合计128465间，平均每户住房1.8间。

第三章 风俗 方言

五常地处江南水乡，其风俗和语言深受吴越文化的影响。五常风俗与江南水乡风俗大致相同，但仍保留特有的民俗风情。千百年来，由于社会的不断变革，一些风俗礼仪和民间语言相应有了变化甚至消失，但由于传承性的特点，不少习俗和方言仍延续传承至今，体现了几千年来的深厚文化积淀。

第一节 习 俗

民间习俗是随着当地经济及自然条件变化发展，不断丰富而逐步衍变成的。这些习俗寄托着淳朴的百姓追求祥和、幸福的美好愿景，体现着邻里团结互助精神，有助于建立融洽和谐的社会关系。例如，端午划龙舟、腊月打年糕，都是合村共举。冬天干荡吃鱼汤饭，年底杀猪、操办红白喜事，一声招呼左邻右舍都会前来帮忙。即使有过矛盾或口角，招呼而不去或当事人不招呼，都会被村人非议为不通道理。许多风俗习惯实际上已成为人们的道德规范、行为准则。随着时代变更，社会的进步，古时候的一些风俗习惯已经消失了不少，但还有许多流传下来。还有一些风俗相互渗透、相互影响，形成与时俱进的新时尚习俗。

一、生产习俗

五常土地肥沃，气候温和，水网密布。根据考古发现，早在四五千年前的良渚文化时期，居住在五常一带的先民就已经种植水稻。东汉熹平年间，余杭县令陈浑筑南湖，建横塘，上游治水奏效，南漳河（今西溪一带）受水亦益少，土渐出，出现许多滩涂，形成港汊纵横、洲渚相接的湿地，百姓乃得以居住，稻作农业和蚕桑业成为百姓的主业。唐开元年间，钱塘一带缫丝等家庭手工业兴起。南宋淳熙年间，西溪一带便大量种植柿树、桑树，形成“柿基鱼塘”“桑基鱼塘”的特色，由此产生了一系列生产习俗。

稻作

烧田角 旧时习俗，元宵上灯后要搬两三捆稻草，选一块准备种稻的田，在田角摆上供品，焚香点烛祭土地神。祭后顺风焚烧稻草，称为“烧田角”，又称“打烟墩”。意在借烟火驱赶稻瘟，实际上也是为迎接新的一年农活作准备。20 世纪 50 年代农村合作化后，此俗逐渐消失，“打烟墩”纯属春季铲草皮泥焚烧积肥的举措。

晒稻种 稻种催芽前一周，抓住晴好之日将稻种晒一天太阳。据称经“太阳菩萨”晒过的稻种发芽率高、病虫害少、产量高。20 世纪 50 年代后也晒稻种，但只是一种农业生产经验，不会再与“太阳菩萨”联系。

祭田公田母 水稻播种之日，先要去田塍地埂点燃三支香，烧一点纸元宝，称为“祭田公田母”。小孩不能在田头讲不吉利的话。20世纪50年代后已无此俗。

下谷种　每年清明时分是落种的时候，有农谚“清明落种，不用问爹娘”为证。落种前，选择优良稻种是“下谷种”的第一关。选好了谷种，接下去才是“做秧田”。秧田一般均做成长条形，中间留有水沟，做好秧田上好肥料就等着“下谷种”了。按过去的旧俗，下谷种一般全都放在下午进行，据说是上午下的谷子会浮起来，出的秧容易出毛病，所以大家都喜欢在下半日“下谷种”。“下谷种”的人必须自己先饱饱地吃上一顿。乡间有种说法，认为“只有肚皮吃得饱，才能谷子下得匀”。谷种下好之后，由于谷种平撒在秧畈的土面上，在前几天谷种尚未发芽时，麻雀看见后会来吃。为了不让麻雀吃谷种，乡民们在秧田四周赶麻雀，或者在秧田的四周插上几个“稻草人”，用来惊吓麻雀。

开秧门　拔秧插种第一天，备供品至田头燃香设供，祈求风调雨顺，称为“开秧门”。“开秧门”在过去是件大事情，必须事先拣好日子。旧时有“二八不开秧门”之说，也就是农历逢二逢八的日子不能去开秧门。由于旧时水稻种植是单季稻，“开秧门”大多在立夏日。立夏之外则选择逢三、逢六、逢九吉日。“开秧门”那天，早上主人先得在灶神前上香，请灶神保佑今年五谷丰登；还要点上一对蜡烛，到秧田的四周烧一烧，拜两下，叩求田公田母保佑，拔秧前在秧田四角插上桃条，说是秧苗移栽后会少病虫害，开拔时还要将秧沟里的水泼到秧苗上，意思是秧苗长青旺盛。农村合作化后实行集体劳动，“开秧门”习俗淡化乃至消失。

关秧门　结束栽种称为“关秧门”。关秧门之日要准备丰盛的菜肴，请帮助种田的人吃晚饭，称“关秧门酒”。“关秧门”常常是多人一齐插秧，速度有别。大家有个默契：不能将插到最后的那人团团围住，否则被围者因不吉利而懊恼。插秧结束这天，种田人要将剩下来的秧苗带七八把回家，再用力将那些秧苗甩到自家的屋顶上，意思是告诉天上菩萨，我们的田已种好，祈求他保佑风调雨顺，五谷丰登。

吃新米饭　旧时种的是单季稻，等到新谷进仓，一年的农活基本完成。为了庆贺丰收，种田的人家全都要吃“新米饭”。过去，吃“新米饭”是种田人家的头一件大事情，和逢年过节一样考究。新谷进仓那天，主人家就扳着指头提早定好了今年吃新米饭的日子。到了“吃新米饭”的那一天，家中的男主人一大早就将新谷挑出去舂成新米，而女主人就去街上买些大鱼大肉和其他好菜，家里像逢年过节一样热闹。吃“新米饭”前，家家户户都还有一个简单的“谢神”仪式，即先敬天地和灶神。这个仪式一般均由女主人主持。主妇盛出第一碗饭，放在一只米筛上，端到大门口，配以好酒和好菜。然后男主人焚香点烛，朝天作揖，叩首拜神，感谢上苍恩德，使之五谷丰登；感谢土地菩萨的保佑，祈拜来年继续赐予丰收。接着，主妇再盛出第二碗饭，放到自家灶头上，用来祭拜灶神。就这样，让天地和灶君先尝了新米后，这“新米饭”方可开桌。旧时吃新米饭，一家老小都要到齐。这一天，已经有了婚约的“毛脚女婿”和“毛脚媳妇”，也全都要叫来，还有的人家把出嫁的女儿和女婿也一起叫来吃新米饭。

养蚕

五常蚕区的传统，一年中以饲养一期春蚕为主，秋蚕为辅。在育蚕的生产实践中，蚕农们积累了不少经验，也形成了各种禁忌。这些知识与经验言传身授，代代相传，贯穿于育蚕的各个环节。

留种　养蚕的第一步是留种。旧时蚕农多采用土法育种。所谓的土法育种指使用上年自家所收的蚕子孵化蚕种，俗称“秋子春焐”。蚕农挑选整齐强健的蚕茧，作为种茧收藏起来。待茧子中的蚕蛹变为蛾子，破茧而出，使其雌雄交配。而后，雌蛾产卵时，用桑皮纸承接蚕卵，即为“蚕种纸”，又称为“蚕连”。蚕农将蚕种纸妥为收藏，待到下一年春天蚕事开始，再行孵化。这种传统在民国年间被蚕种场大规模的蚕纸留种方法所代替，但程序一样，现在已改为由蚕种场用科学方法制种育种。

浴种暖种　土法育种孵化时，一般要先“浴种”，将蚕种纸在盐水中浸泡一下，随即揩干，包在绵纸里。由蚕娘焐在胸口，用体温帮助蚕种孵化，当地老人戏称为“大嫂焐种”，也有焐在被窝里的。历史上浴种的方法甚多，现在也已被废止。

补三春、补三潮　“补三春”即为蚕室增温。蚕在一眠、二眠阶段，蚕室温度一般都应维持在26.7℃左右。二十世纪五六十年代集体养蚕时期，一般在共育室中铺设“地火龙”。分蚕到户以后，蚕农一般采取电灯照明和煤饼炉加温的方式。蚕农在蚕室内设一煤饼炉，上置一壶水。煤饼炉上通一导管，将燃煤产生的烟导出室外。同时，开水沸腾后产生的水蒸气，进一步被利用增加蚕室内的湿度。这种土法水蒸气又被称为“补三潮”。通过增温、增湿等措施使得蚕室内的温度、湿度保持在一个有利于幼蚕生长的标准上。当地有俗话称“十日三眠”，也就是说比较理想的生长状态是，经过十天左右的饲养，蚕能够进入三眠期，那么将来结茧会比较顺利，蚕茧质量也比较好。

捉眠头　蚕二眠起之后，再过三四天（称为三龄期），又一次进入休眠，此时蚕体渐大，有“捉眠头”的习俗。将眠头捉出来称一称，分别放入大蚕匾。每只大蚕匾一般放4斤（1斤=0.5公斤）眠头。如果此时1斤出火眠头将来能平均收8斤茧子的话，称为“蚕花八分”。这是当地正常年景蚕茧收成的标准。如果产10斤茧子，就是大丰收了，俗称“蚕花十分”。此外，蚕户之间还有“蚕花廿四分”的祝福语，就是希望1斤出火眠头平均能收24斤茧子，则是蚕农们美好的愿望和祝福。

落地铺　蚕三眠开桑之后，蚕农就撤去抬架、煤饼炉等，将蚕匾直接置于地上，称为“落地铺”；同时打开蚕室的窗户，称“大蚕开光”。依照当地“小蚕靠火，大蚕靠风”的俗语说法，保持蚕室内通风有利于蚕的生长。此时，喂蚕要十分当心，不能踩进地上的蚕铺中，喂养时只在中间开出一条窄窄的道路以便行走。即便有物件落在了里边，如果用手够不着也不能进去捡。按照当地人的解释“脚心是热的”，将人的热气带入蚕铺中会诱发蚕病。

上蔟　俗称“上山”，即将熟蚕捉到蚕蔟上去，让它吐丝结茧。当地习俗，一定要见了熟蚕，方可动手搭山棚。如果蚕未熟就预先搭好山棚等着上山，就会被称为“搭空山头”“扎空禾帚把”。吴语“搭空山头”就是从这儿来的。传统还要求搭山棚的人决不能赤膊、赤脚。以为赤膊茧是低产的，赤脚就是“无收成”，都不吉利，为蚕农心理上所无法接受。搭山棚、插禾帚把的人是不可轻易下凳休息的，要一口气上好，称为“压山”。上蔟，意味着蚕农一个多月的辛苦就要看到收获了，并且直接关系到蚕宝宝结茧，是蚕桑生产中的一件大事，由此也产生了许多习俗。比如捉熟蚕之前，大家都要吃饱饭，俗信以为吃饱了饭，老鼠才不会咬茧子。盛熟蚕的器皿里要预先放入用红纸包裹的一件银器，比如手镯、耳环之类。俗信以为银器预示着结茧银白、茧价高昂。为了能够获得质量最好的束腰形茧子，上熟蚕的人都必须在腰间绑上一根稻草绳。蚕上山之后，必须保持安静，不能动山棚，多动会扰乱蚕宝宝结茧。如果遇到打雷，则要用已经孵化过的蚕种纸（俗称“蚕蜕”）盖在山棚上。据说这张蚕蜕是它们的母亲，有母亲保护在身旁，蚕宝宝就不害怕了。

加山火　上山后，在山棚底下架炭火盆，适当加温，加速结茧，俗称“擦火”“灼火”。一般经过两昼夜以后，看不见蚕体了，蚕农就可以撤去炭盆。民间传说，这时有一种小鸟，不断呼叫“灼山看火”，似乎在提醒蚕农注意火种，防止酿成事故。

敬蚕神　由于蚕宝宝十分难养，古时科学落后，要养好蚕更不容易。西溪一带的蚕农，旧时全都信奉蚕神，称蚕神为“蚕花娘娘”，认为要养好蚕首先得供奉“蚕花娘娘”，每年蚕收之丰歉均是由蚕王菩萨在主持。所以，从前的五常，还有个“蚕王庙”，供奉着“蚕王菩萨”，蚕农们纷纷去叩拜，以保佑“蚕花廿四分”。在养蚕人家，“蚕花廿四分”是一句独特的祝福语，乡间通常认为农作物的收成总共为十二分，而“廿四分”则为其两倍，故取双倍丰收之意。腊月十二，旧时称为“蚕花生日”，据说这一天蚕花娘娘要给大家安排来年的蚕花。所以到了这一天，为了求得来年有个好收成，蚕农们纷纷在各自的家中供奉起“蚕花娘娘”的塑像或“马张”，即一种印有马头娘的水印木刻像；然后焚香点烛，备上大鱼大肉及各色供品。供品中有样东西是必不可少的，那就是茧圆。茧圆是一种用米粉做的小圆子，人们把它做成各种各样的形状，有一个个的茧子，有一绞绞的丝束，还有桑叶、蚕宝宝等。在做茧圆时，还在米粉中掺入南瓜叶、红南瓜，使之做出红红绿绿的色彩。茧圆除了供奉“蚕花娘娘”外，还要在灶神面前供一些。旧时，每户人家都这样做。放好供品后，家中的蚕妇先行祭祀，口中还念念有词，祈求“蚕花娘娘”保佑来年“蚕花廿四分”。蚕妇拜过之后，一家老小从大到小轮流着祭拜。一些条件好一点的蚕农，此日还放炮仗，并请些民间艺人来家里演皮影戏等，颇为热闹。

轧蚕花　西溪一带旧时有三月初三“轧蚕花”的习俗。这一天，青年男女纷纷赶往“蚕王庙”去烧香敬拜蚕神。去烧香拜神的人不论男女老幼，都得在头上戴上一朵用彩纸或绢制作的小花，名为“蚕花”。女的将那蚕花插在鬓边或头发上，男的则将蚕花插在自己的帽檐上。远远望去，成群结队的蚕农头上都是一片五颜六色的蚕花，挤来轧去，热闹非凡，俗称“轧蚕花”。“轧蚕花”类似于一种庙会活动，有纸扎的蚕花神置于高台，四周插有彩旗，现场锣鼓喧天，十分热闹。据说，“轧蚕花”时，心诚则会带来这年的蚕花丰收。故蚕妇蚕姑在这一天均梳洗得干干净净，穿红着绿，头戴蚕花，年纪稍大一点的还背有一只黄色的蚕种包。中华人民共和国成立后，蚕王庙改作他用。

谢蚕花　蚕期各户不相走动，称为“关蚕门”，非饲蚕者忌进蚕房。农历三月为蚕期，蚕户门首多粘以红纸，上书“蚕月免进”，虽亲友亦不通问，直至落茧后，蚕户才开门迎客，称为“开蚕门”。“开蚕门”时互赠茶点，也有人家办酒席相庆。20世纪50年代农业合作化后，依然不允许无关人员进入蚕室。端午前后正是春蚕收获不久，蚕农取出“马鸣王菩萨”的神位，焚香点烛上供，称为谢蚕花；谢蚕花后置酒备菜邀集邻居共庆，称为“吃蚕花酒”。这些习俗都是庆贺蚕茧丰收。

请蚕花娘子　农历三月初三晚上，五常蚕农还流行一种“请蚕花娘子”的习俗。据说“蚕花娘娘”在这天晚上会给大家预示今年的蚕花收成，所以大家都纷纷去请蚕花娘娘。蚕花娘娘这一天会在屋边的茅坑旁边等，故要到茅坑旁边去请蚕花娘娘，请的时候必须要两个人，一般均是家中的男女主人，拿一只新的簸箕，在簸箕边上插一根旧时女人用来梳妆挑头发用的角针，并倒过来插，针尖露出外面一厘米至两厘米。两人抬着这只插上角针的簸箕到了外面，口中念念有词，诸如“请蚕花娘娘回家”之类，说好后，其中一人将事先准备好的一只尖头绣花鞋放入簸箕中，代表蚕花娘娘已请到，然后两人就抬着簸箕进屋。此时屋内放好一张八仙桌，上面平铺了一层白米，两个接蚕花娘娘的人到了桌边，将簸箕翻转，两人各用一只手抬住簸箕，让那根插在簸箕上的针尖接触到桌上的白米，此时针尖会在白米上移动，抬簸箕的人让针尖在白米上划出种种花纹。结束后，移开簸箕，白米上会有一大堆花纹呈现，据说这些花纹就是蚕花娘娘对大家的预言。一时间大家看着那些花纹，都凭自己的感觉去猜测，当然都往好的方面去猜测，去联想。当年请蚕花娘娘，是养蚕人家极为重视的一个活动，场面十分热闹。

关蚕花　农历正月初一，旧时五常一带有“关蚕花”习俗。据说如果这一天能把蚕花娘娘关在自己的家里，那么当年的蚕茧一定会丰收。于是，当地百姓在大年初一不开门窗、不扫地、不倒垃圾，甚至还不出去做客，全家人都待在家里。老百姓采用土办法：“我连门窗都不开，你蚕神娘娘总走不出去了吧。”

点蚕花灯　大年三十，吃过年夜饭，女主人须在家里的神龛中点上一盏油灯，有的人家则是点上一支红蜡烛，俗称“点蚕花火”。

蚕病防治　蚕极易生病，为防治蚕病，蚕区也形成了一系列与之相关的习俗。蚊蝇鼠害都是蚕的天敌。蚕室的门窗一般都用帘子遮密，进出注意，以防蝇虫。为防蚊子，蚕区有在蚕室内点线香的习惯。蚕农们非常注意堵塞老鼠洞，也有的在蚕室内养猫。此外还有用“蚕猫”辟鼠的习俗。蚕农见了蜈蚣、蛇一类的动物，都不能擅加捕杀，只能小心翼翼送出。同时还流传着一些治蚕病的土方子。比如发现白肚病（俗称“淡娘”）就泡些盐汤泼在桑叶上让病蚕吃，据说这是用盐水来“冲淡”。此外，还有用喷烧酒或甘草水来治蚕病的。

养蚕　（曹建南　摄）

蚕事禁忌　蚕农中还形成了一系列行为以及语言上的禁忌，以此保护幼蚕的顺利成长。在具体的生产过程中，蚕乡人们总是把自己的生产、生活经验不自觉地补充到禁忌的具体内容中去，使之带上某种神秘色彩以强制人们遵循。如习俗规定蚕室内不允许吃饭，养蚕者必须衣着整洁，不可涂脂抹粉，不可吃大蒜等辛辣食物，不能饮酒。以防有不洁的东西或者气味影响幼蚕生长。此外，蚕农们若是发现僵蚕不能声张，以为越说僵蚕会越多。蚕农会悄悄将僵蚕处理掉，俗称“落花眠”，以为这样就可以破解僵蚕。现代科学则认为，僵蚕初期还不会传染，及时处理掉，倒也不失为一种控制其蔓延的隔离措施。

还有一类蚕禁忌表现在语言上。蚕农们在日常生活中常常忌讳说某些字，而改用另外一个字来表达，相沿成习，成为当地人的俗语或习惯用语。如：

忌“亮”。因为亮蚕是蚕病，所以“天亮了”要说成“天开眼了”。

忌“僵”。因僵蚕也是一种蚕病，所以“姜”要说成“辣烘”，“僵蚕”要说成“冷蚕”，“酱油”要说成“颜色”“罐头”“鲜猛猛”“咸酸”等（吴语中，“僵”“姜”“酱”同音）。

忌“伸”。因蚕只有死了才伸直，故“笋”要说成“萝卜”或“钻天”。

忌“虾”。吴语中“虾”与“浮肿”同义，即蚕的白肚病，也属忌讳之列。“虾”要说成“弯转”。

忌“爬”“逃”“游”。蚕到处乱爬，不吃食，俗称“游蚕”，就说明蚕有病了，因此要忌讳。“爬”要说成“行”，“油”要说成“湿漉漉”“下水过”（“游”“油”同音），用作辟邪的桃枝要说成“掌头”“涨头”（“桃”“逃”同音）。

忌“葱”。“葱”与“冲撞”的“冲”同音，要说成“香头”“香火”。

忌“拣”。“拣”音同“减少”的“减”，从蚕匾里拣出几条蚕来，要说成是“认”。

忌四”。“四”“死”同音，所以蚕的“四眠”都要说成“大眠”。

语言的禁忌是原始信仰在后世的残存。原始人相信语言的魔力，所以忌讳着不说出那些对自己不利的语言来。随着时代的发展，蚕乡这些语言禁忌大多已逐渐失去了它的原始意义，当地人只是相沿成习，将其作为一种语言习惯保留至今。20 世纪 90 年代后养蚕几近消失，这些禁忌逐渐成为历史，了解的人越来越少。

缫土丝　缫制土丝也就是一个家庭作坊，一般由两人共同操作。在乡间，缫丝者大都为一对夫妇或姑嫂两人。缫丝时，大都将鲜苗直接投入高温的汤锅中，边煮边缫。女主人负责准备蚕茧、烧火加水、添茧入锅等辅助工作；男主人负责缫丝，手持两根长长的竹筷子，从滚水锅中捞起茧子上的丝头，穿过丝眼绕在轴头上，脚踏传动板带动丝车旋转。缫丝时手不停，脚不停，是个体力活，在西溪，过去大多是由男人操作，只有缫丝人感到累了需要调班休息一下时才会由女人接替上去。有些人家缺少男劳力，那么女主人自然也就充当缫丝的主力了。

旧时的缫丝车有两绪和三绪之分，两绪缫制的是粗丝，三绪缫制的是细丝。西溪一带，以两绪车为多。过去的土丝，丝的重量是以“两”为单位来进行计算的，一般十两为一车，四车为一把，出售时以“把”计算。缫粗丝时，往往一天就能够缫出一车，而细丝则一天半或两天才能缫成一车。

缫制土丝时，对水的要求很高，民间认为“水重则丝韧”。在缫丝时，缫工们还十分讲究“出水干”，即要求刚缫出的丝见光后就能迅速干燥。于是，操作时往往会在丝车底下放上一盆炭火，靠掌握炭火的火候及脚踏丝车的速度来达到“出水干”。要缫出好丝，对烧柴也很讲究，据志书记载：“栗柴最佳，桑柴次之，切不可烧香樟。”

缫丝时间的长短往往视各家蚕茧的收成情况而定，大约要忙上半个月到一个月。等到新丝缫完，接下去就是处理在缫丝过程中淘汰下来的那些次品茧了。

制丝绵　缫丝过程中淘汰下来的那些污烂茧、穿孔茧、乌头茧、搭壳苗、双宫茧等次品茧也是个宝贝，这些东西可以拿来做丝绵。老百姓习惯将做丝绵叫作“扯绵兜”。“扯绵兜”

时，先用粗布小口袋装上茧子，每袋约装半公斤，放入大锅中去煮，加水至与茧面齐平，另放老碱二两和香油二汤匙。煮茧时采用旺火，约煮一个时辰，此时茧子的丝胶基本溶解了，茧层也开始放松了，然后起锅，起锅后的茧子连袋拿去河边冲洗。冲洗是个力气活，一般都是壮年汉子干的，他们脚踏手搓，将茧子中的碱水和蛹油统统挤出洗净，然后再将茧子倒出，放入清水中漂洗，漂过后的茧子便可动手“扯绵兜”了。“扯绵兜”是个技术活，大都是由妇女来做，将冲洗干净的茧子倒入木盆或水缸中，在盆上或缸上置一块木板，加上清洁的溪水，几个妇女围在盆边或缸边，开始动手剥茧。大家分头将茧子一颗颗从水中捞出来，捞出一颗剥开一颗，剥开后将茧子扯大，扯大后套在自己的手上，一般套上三到四颗茧子，就除下来，此时称作“小兜”，做好后就放在木板上。接下去再在盆上或缸上按上一个用竹片制成的半圆形的框子，称作“绵扩”（一种“扯绵兜”的专用工具），下面挂一坠子，让绵扩浮于水中，然后拿起刚做好的“小兜”，一个个分别绷到那个绵扩上去。小兜绷上绵扩后，便依次扯开扯匀，扯薄边沿，敲掉生块，捡净附着的垃圾，让它撑成一个厚薄均匀、毫无杂质的“大兜”。“大兜”做好后，接下来便可脱下竹框，用手绞干，甩松，再一帖帖串在竹竿上晒干，晒干后便成为可以用的丝绵了。

渔业

干荡　五常一带，处处水网，池塘星罗棋布。“靠水吃水”，养鱼就成了当地农民的一项主要副业。池塘养鱼，一般两到三年，池塘要干一次，即采取把池塘中的水抽光的办法来捕鱼，十分彻底。冬季是鱼类起水的最佳时节，故“干荡”大都放在腊月里进行。老底子，“干荡”都采用木质龙骨水车来车水，干一口荡得四五个人忙上几天，现在则一律采用电动水泵来抽水，轻松多了。“干荡”时，荡主往往在前一日便将荡水打干一半，到了约定“干荡”那天，一大早主人便开始将剩余的塘水打干。在“干荡”时，池塘边上全都站满了人，有的是荡主请来帮忙的，有的是准备参与“清荡”的。塘水打干后，先由荡主带人下塘捕鱼，等他们将家鱼和主要野鱼全部抓完后，便允许早已候在一边准备清荡的人们下去“清荡”了。清荡者以小孩子居多，一时间，清荡者个个腰间挂个竹篓，浩浩荡荡地冲下池塘，眼明手快地去抓那些剩落来的野鱼，谁抓到就归谁，场面颇为热闹。干过的鱼荡在来年养鱼前要“做荡”。由于鱼荡两到三年未干，荡底积了大量的淤泥。这些淤泥会使水质变化而造成鱼类缺氧，所以，每逢干荡时必须“做荡”。“做荡”其实就是清除淤泥，清除的淤泥正好放在旱竹地上做肥料，一举两得。

吃鱼汤饭　旧时干荡，均系人工车水，荡主必须请许多亲戚或邻居来帮忙。干荡那天，荡主一家像过节一样热闹。“干荡”完毕，荡主将分别给亲朋好友和邻舍隔壁送鱼，还得摆一桌鱼汤饭，招待帮忙者。“鱼汤饭”，顾名思义这桌饭以鱼为主。餐桌上，当天干荡时抓到的鱼唱起了主角，所有的菜肴几乎都是鱼，鱼的品种有鲢鱼、包头鱼、鳜鱼、白条鱼、黑鱼、草鱼、鳊鱼，烧法有红烧、清蒸、糖醋，花样百出。吃鱼汤饭时，有的荡主因荡大，帮忙的人多，要摆上六七桌，最少的也有三四桌。鱼汤饭一般不请厨师，而由荡主的女主人烧，再叫上几个邻居帮忙。偶尔也有考究的荡主叫上专业的厨师来烧。吃鱼汤饭时，众人围在一起，大碗喝酒，大块吃鱼，一边吃，一边庆贺荡主今年渔业丰收，其乐融融。

趁塘　家鱼捕捞完毕，鲫鱼、黑鱼等野鱼允许他人捉取，称为“趁塘”。“趁塘”必须待塘主高声宣布捕鱼结束才能下水，如果发现剩余的家鱼要归还塘主。运气好的捉到价值高的甲鱼、河鳗之类，均可由趁塘者带回家中，塘主不会索回。

腌鱼干　“干鱼塘”之后，各家各户的鲜鱼多，一时吃不完，容易变质。于是，每到冬至后，村民就有了腌鱼干的习惯，并成了当地的一个传统风俗。在五常，只要上了年纪的村民，个个都是腌制鱼干的好手，腌晒后的鱼干，或自家食用，或出售，或用来赠送亲友。五常鱼干制作方法与众不同，村民多选取养到5公斤以上的大青鱼、草鱼。腌制时，活鱼不去鳞，直接从背部剖开，取出内脏，无须冲洗。再在鱼身抹上食盐，一般来说，鱼、盐比例为10:1，多采用粗盐腌制。此举既可在腌制过程中防止鱼肉出现异味及发软，也保证了肉质富于弹性，软硬适度。擦盐后，在鱼身上压重物，从而加强鱼肉的紧实感。腌制24个小时后，再将鱼干放在阳光下晒数日，直至手感较硬，也就成为鱼干了。这种制作方式，可以保证鱼肉鲜香味醇。村民如果要将鱼干保存得更长久，须在下午两点左右取下鱼干，切成小块，喷上黄酒；沥干后，放入袋子。假如存放冰箱中，五常产鱼干可放置一年多而不变质。在杭州市场上，五常产鱼干一向闻名遐迩，享有味鲜、肉香，有嚼劲，且易存放等特点，广受食客欢迎。

西溪水上人家习俗

西溪位于杭州城区西部，以蒋村漳湖为中心，包括古荡、留下、蒋村、五常等街道、乡镇所辖的地域，面积10余平方公里。这里河道纵横，水塘沼泽密布，潭池、滩涂、水堤、土墩随处可见，呈现出典型的钱塘江下游水村生态景观。大约在唐代初期，有渔民由太湖流域南下，经运河进入西溪，便在这里定居下来。他们以捕鱼为生，并开垦荒地，繁衍生息，形成了一个特殊的群体——水上渔民。他们以西溪为家，世代生活、劳作在水上，传承着一套独特的生活、生产习俗。

西溪渔民以船为家，旧时渔民的船一般有四层高，五六吨重，每层约10平方米。底层通常作为储藏室，用来存放捕来的鱼、虾。二层前舱供奉家常菩萨，后艄做饭，中间船舱作为卧室。天气炎热时，渔民会搬到三层、四层，等天气凉爽后，再搬回第二层。每层只有半人高，只能爬着进入船舱。

渔民日常工作有着严密的分工，分为扳网帮、搡网帮、螺蛳帮、钓子帮、小网帮五个工种，除螺蛳帮外，其他工种如今都已消失。渔民一年四季捕鱼的地点和种类也不同，正月里以捕鲫鱼、鳊鱼为主，清明时节主要捕鲤鱼和鲫花鱼，六月则进入捕鱼淡季，修补渔网和船只，下半年主要是推网。渔民们在水上漂泊，日出而作日落而息，每天到下午3点左右就收网，将捕到的鱼拿到集市上卖，卖完鱼，一天的工作也就结束了。

渔民捕鱼的工具有70多种，作用各不相同，其中最重要的就是渔网。西溪一带，渔民往往亲手制作渔网，有潮网、牵网、虾笼、推网、搅草网、丝网等。这些网各有用途，潮网适合在水槽底下捕鱼，虾笼一般用于捉虾、甲鱼和黄鳝，搅草网可用于捕捉黄鳝、泥鳅等。

制作渔网有选材、打网片、成型三个步骤。先说选材，不同的渔网需要不同材质的网线。旧时渔民贫穷，只能用价格低廉的棉线做渔网，如今一般用尼龙线，而做推网则要选真尼龙线，后者更加耐用，不易发霉，暴晒后也不易软化。结网时起头非常重要，一般用两根线起头。做潮网时，最好用三根线起头。因为尼龙线很滑，起头时要打“扭箍结”。打完结后，将三根线分开。中间一根最长，贯穿整个网，最少要3米，被称为潮网的“茎”。做推网用一根线起头，这根线就是网口，一般要10米。如果这根线不够长，中间又有结头，那么下水后，结头部分就会隆起，不利于捕获鱼虾。

再说打网片。打网片需要两样工具，一是自制的梭子，一是板子，渔民需要根据所要制作的网的类型，选择相应宽度的板子，板子的宽度决定了网眼的大小。不管几根线起头，打网片的手法都是一样的，利用梭子在板子与网线之间穿梭，每做好一排网格，要多放一个格子出来。比如做潮网时，起头后打两个网格，接着编成4个，再由4个编成6个，以此类推，不断增加网格，这样所编的网面积也不断扩大。打网片是一个先放后收的过程，先每排放格子，扩大网面，到一定面积后，就开始收了。再比如潮网，编到茎的中间部分时，就可以开始收了，也就是每排收一个格子，这样编出来的网才对称。

最后是成型。网片打好后，网就基本成型了，最后一步就是根据网的类型，进一步完善功能。比如牵网，打好网片后，还要在网上结浮子。旧时浮子多用杉木削成，如今多是塑料片。还要在网的底端，每隔1米半装一块石块或鑔片，这样才能使牵网上浮下沉。而潮网，则要在两端绑好两根竹竿，竹竿之间横架一根横档，这样可以方便捕鱼时提网。潮网底部无须装石块。制作其他网时也不需要浮子和石块。

旧时，棉线编织的网极易发霉，经不起日晒，渔民会用猪血加工棉线。将买回来的猪血按1∶1的比例和水混合，接着连同棉线网放入锅内蒸煮，半小时后出锅沥干。经过这样处理的棉线网硬度增加，撒网时也撒得更开了。

一旦渔网破损，就要及时修补，西溪渔民也有一套自己的修补技艺。修补前，要把破口周围一圈网格剪掉，保证修补时破口周围都有网结，这样，补好的渔网才会平整。

柿子生产习俗

五常是杭州地区柿子的主要产地，其主要品种有火柿、盆柿、方柿，还有少量油柿。火柿：柿形较圆，果形较小，每个二两左右，味甜；盆柿：又称扁柿，果形扁圆形，重量在三两半左右，肉质柔软，汁多味甜；方柿：果形方圆形，重量四两左右，果肉呈黄色，质地较粗，味甜。

新鲜柿子采摘后，由于比较涩口，故一般不能直接拿来食用，需要加工去涩后才能食用和销售。五常的柿农对柿子去涩全都采用自行加工的办法，经过多少年来的实践，柿农掌握了加工柿子的要领。柿子去涩主要有两种加工方法，一种是烘柿，另一种是炝柿。烘柿：采用苦楝树的树叶用木炭烘至柿子红了为止，一般火柿和盆柿都采用此法来进行加工。炝柿：在一只水缸里，按水50公斤、生石灰5公斤的比例配成石灰水，然后在石灰水温和的时候放入柿子，以水将柿子全部淹没为度，再进行密闭，经三到四天即可，一般方柿采用

五常柿子（2016） （陈杰 摄）

此法加工的较多。

五常的柿子一直名声在外，除了在当地销售，过去还销往苏州、上海及杭嘉湖地区。

旧时，苏州的水果市场是江南柿子的集散地，各地柿子先要运到苏州，再由苏州的柿行中转销往上海、南京等地。五常的柿子也都运到苏州去出售。旧时都是走水路，柿子用篾编的方箩筐盛装，放在由两条船捆绑在一起的船上，体积大了，抗风浪系数也高。由于西溪、五常一带的柿子名气实在是大，苏州的柿子行在柿子上市时一般要等到五常的柿子到了才能开行。故留下了一句俗语："五常柿子不到场，苏州柿场不开行。"

二、生活习俗

饮食

五常盛产稻米，人们的主食以米饭为主，一日三餐，即早粥、中午与晚上为米饭，农忙季节，下午加餐称为"点心"。还种植小麦、蚕豆、黄豆、玉米、番薯、芋艿、南瓜、马铃薯等作为辅食。五常人以米饭为主食，不善加工面食，调节口味吃面条、麦饼。传统早饭多用隔夜剩饭加水煮成泡饭，称泡饭粥。城镇一日三餐，两干一稀；农村农忙时早餐也吃干饭，并在早中和中晚两餐之间添上点心，为面、饼等麦食和番薯、玉米、芋艿等杂粮。

米饭　分煮饭、离汤饭、蒸谷米饭、川蒸饭、蒸饭等。煮饭一般放米加入3倍水煮成；离汤饭也叫捞饭，煮沸后兜起米汤，加水再煮成饭；蒸谷米饭是稻谷半干时装在囤里，盖紧发热（蒸），再晒干轧米烧的饭；川蒸饭，将米浸透后置蒸桶淋水后蒸，打年糕也用这种蒸桶蒸粉；蒸饭始于学校、单位等集体食堂和饭店，碗里放米加水后上竹（木）制蒸笼蒸熟，后又换用铁皮制的蒸架。为多出饭，煮饭时加入少许剩饭当"饭娘"。平时，城乡居民也偶尔吃菜米饭、菜泡饭、泡饭、油炒饭、蛋炒饭的。

麦疙瘩　又叫麦田鸡，面粉加水搅和，用汤匙舀入沸水中，"夹头"有青菜、咸菜、笋干或南瓜片等，熟后加盐、油少许即食。

年糕　多为春节前制作，取年年高升之意。糯米中掺少量粳米淘净后磨成粉，蒸熟后倒入石臼舂，再摊在板上压扁，凉后切成条或块状。可做炒年糕、汤年糕，作早餐或点心。民间浸年糕水用冬水（立春前的水），能放置数月。

汤圆　糯米粉做的圆子，有肉心、细沙心、麻心等，蒸、煮均可。还有一种实心无馅，比珍珠略大的称小圆子，加糖、桂花、红枣、莲子和水一起煮。

饭圆（万圆）　取成事圆满之意，用于结婚、上梁、做寿等喜庆活动。饭圆系用粳米粉揉成的实心半球形团子，小的如乒乓，称子孙饭圆，中档有如大碗大小，最大的用8斤米的粉做成，一只木制盒子（旧时盛物器具，有盖）只能盛一个。饭圆无馅，只在表面上缀上几颗枣子、蜜饯和红丝绿丝。大饭圆不可能一次蒸熟，需要切开蒸熟后食用。

菜肴　水乡人称菜肴为肴馔，菜肴一般三四样，荤素搭配，荤以猪肉为主，次为鱼、蛋，禽类逢年过节或有客人时食用。家常荤菜多以素菜为辅料，如茭白炒肉丝、韭菜炒蛋、肉末豆腐等。民间有腌瓜菜习惯，酱瓜、冬腌菜作日常菜肴。农村有制作腌肉、火腿、毛腌鸡、鱼干等习惯。20世纪90年代起，鸡鸭鱼肉作家常菜。菜肴口味清淡，轻油、轻酱，讲究刀工、火候，色、香、味俱佳，与杭帮菜系风格相近。

鱼肴　五常人制作的鱼肴主要有鱼干和鱼圆。

鱼干的烹制方法不同寻常，他们以清蒸鱼干、鱼干炖肉二菜最著名。凡有客人到访五常，村民餐桌上的这两款鱼肴是少不了的。清蒸鱼干，烹调方便，只需将鱼干洗净，切成大块；烹上黄酒，鱼身上摆放姜葱；入笼，蒸十余分钟，即成。鱼干炖肉的做法是先将鱼干洗净，鱼干、猪肉切成方块，猪肉以挑选肥瘦得当的五花肉为宜，放入葱姜、老酒等；入锅，文火慢炖十五分钟，即成。五常产的鱼干存放时间较长，因而，不论什么季节都可以享用。因而，用鱼干烧制的菜肴名目特别多，还有醉鱼干、鱼干炒毛豆、鱼干炒咸菜、鱼干臭豆腐等，这些均是村民的家常小菜。

如果到五常人家做客，另一款名肴就是鱼圆了。五常鱼圆的制作方法很有讲究，须用文火煮成，以细腻、白净，不含鱼刺为上乘，已成为一款老幼皆宜的美味。在烹煮过程中，还要加入精盐、料酒、味精，配以香油。此菜上桌，观之，纯洁如玉，光鲜剔透；品之，滑溜适口，美味异常；闻之，清香怡人，令人垂涎欲滴。旧时多数村民忙于农活，只有逢年过节或大喜之日才做鱼圆。五常鱼圆的另一个特色是选料与众不同：一般挑选新鲜的白鲢、花鲢和白条鱼，尤以白条鱼为上。五常人吃鱼圆的方法多种多样，村民制作鱼圆多采取“一鱼二吃”，也就是取一条大个包头鱼，鱼头做成“鱼头豆腐羹”，此肴汤白似浆，鲜美无比；至于鱼身子，将鱼肉刮下，做成鱼圆，鱼圆鲜嫩可口，令人垂涎欲滴。

五常人制作鱼圆的方法不同于别处，方法较为复杂，先去鱼鳞、内脏、鱼头；而后，对半剖开，洗净，剔去脊骨；用钉子钉住鱼尾，固定在砧板上，再用刀刮取鱼肉；刮时，刀子不能直立，向内倾斜，由外向里刮取。厨师说，只有这样，刮下的鱼肉口感才细腻；再将刮下的鱼肉盛在钵内，用三四双筷子进行搅拌，约搅拌 20 分钟，至鱼肉凝成糊状，加入盐、料酒、味精、色拉油等调味；锅中放进冷水，左手执小汤匙取鱼茸，右手稍加挤捏，便成为一个个小球形，徐徐滑入冷水中；待水微开时，把鱼圆翻身，诀窍是文火慢煮，不可性急。

五常人吃鱼圆很有讲究，吃小儿剃头酒时，餐桌上摆鱼圆，寓意孩子将来身体健康，白白胖胖；姑娘多吃鱼圆，有皮肤粉粉嫩嫩之意；过年食鱼圆，表示年年有余，幸福长久；结婚吃鱼圆，则团团圆圆、夫妻恩爱。

饮水、饮料　旧时，家家户户都备有七石缸、青果缸、腰子缸等盛屋檐水（俗称“天落水”）。烧饭炒菜用天落水或井水，洗衣洗菜用河水、井水。河水浑浊时，多用明矾沉淀。

饮料以茶为主，尤喜绿茶。另有姜片茶、橘皮茶、金银花茶等。20 世纪 60 年代，汽水、棒冰等畅销。80 年代，各种汽水、冷饮、牛奶、麦乳精、橙汁等成普通饮料。年轻人一度崇尚咖啡。农村饮酒多自制，称米酒，居家待客多饮白酒、黄酒。80 年代起，啤酒、葡萄酒及白酒消费大增。

居住

住宅是生活必备的条件，附属设施还有存放物品、农具，圈养牲畜、贮存柴火等功能。建造住宅是农户的大事、喜事，从而产生以礼仪为核心的种种习俗。

五常的民居，在建造时大都选择坐北朝南，民间认为朝南阳光充足，富有生命力。但这个朝南却不能朝正南，而要稍微有点偏斜。这是因为乡间认为寺庙和宫殿均朝正南的，若民居也朝正南则会有不敬之嫌，会遭受灭顶之灾。

民间造房有很多讲究，伴随着造房也产生了很多习俗，其中最主要的习俗有选地、选材、选日、立柱、上梁、落成、庆贺，等等。

择基　建房必先择基，旧时选黄道吉日请风水先生看风水。请风水先生必须由这家人家的当家人去请。风水好是谓“青龙茂盛，白虎空旷”。即房子的东面最好有高房子及大树，房子的西面必须开阔，无房无树。宅基地对山坳或门前“有溪水东来向西南者”为最佳。大部分的房子偏向东南，谓之“紫气东来”，能带来好运和福气。

破土　正式开工前先要“破土”，即敬请“山神和土地”，求他们保佑“建房平安、住房赐福”。破土的日子也要请风水先生先选定。敬供仪式在建房基地上举行，用大小桶盘盛上鱼、肉、鸡、蛋、素三牲（用米粉做成）、土果（用米粉做成山核桃大小的圆子）加上镢头一把。焚香点烛，燃放炮仗，用镢头在房基地四周掘一圈，凌晨即开始，最迟不能超过上午八时。

放样　即泥水师傅按设计图纸和东家的意图，用弦线绷出屋子轮廓，在房子四角敲好木桩，撒上石灰线，以便开挖墙沟埋墙脚。放样后就挖土埋墙基。屋基四角钉上标志界线的小木桩，五常一带习俗，木桩顶部要缠上一绺象征吉庆染红的丝绵。放样结束后，东家要将土果分发全村各户，意为避邪，各户将土果放入水缸内。

上梁　待屋架、屋墙全部完工后，就准备上梁。上梁是建屋过程最重要的节点，相当于现代建筑的结顶仪式。上梁日期和时辰郑重选定，并发出请帖邀请亲友参加。上梁之日东家须办“上梁酒”。上梁时，那根用作栋梁的木头早已由木匠师傅准备好了，并由主人夫妇或主人父子两人抬进屋里，悬空挂在那里，然后主人在梁的正中挂上红布一幅，红布上事先嵌有皇帝年号的铜钱五个或七个，这些铜钱最好是清代“顺治”年号的，称作“定风钿”。挂好“定风钿”后，就等候上梁的正式开始。正式上梁时，堂前供起三牲福礼、馒头果品，主人抓起一只早已备好的大公鸡，在颈上割一刀，将鸡血滴在栋梁的榫头上和新屋的柱脚上，然后，泥水匠和木匠各站在屋顶一边，一人一头将栋梁徐徐往上吊。此时，鞭炮齐放，匠人们将馒头、糖果、糕饼、铜钱，大把大把地往四面八方撒去，一边撒一边还反复高喊“丁财两旺，子孙满堂”！此时，主人在屋内扯一条被面，和女主人或儿子一起，接那些匠人抛下来的果品，将接来果品供在桌上。那些抛出外面的果品，则任由众人争抢，俗语叫“抢上梁馒头”。梁上毕，招待亲戚、邻居以及前来帮忙的人吃“上梁酒”。“上梁酒”菜肴十分丰盛，一般均请专业厨师来掌勺，可与婚宴相媲美。

砌灶　新屋落成后，挑选黄道吉日在厨间砌灶。一般选取农历十二月十二日，即蚕花生日。相传此日砌灶会使蚕花茂盛，财丁兴旺。新灶砌好，先请灶君入座（在烟柜上砌有神龛，称东厨司命），然后烧吃糖圆子，以示团团圆圆。上香点烛祭拜灶神，祈求“日日平安，年年如意”。旧时，灶头打好后，打灶师傅还会在灶上各个部位分别用五彩颜料描上“五谷丰登”“火烛小心”等字样，考究的还会描龙画凤，绘出各种图案，形成一种别致的“祭灶文化”。

入屋　新屋落成后待装修全部完工后，家人便要搬入居住，举办“入屋酒”。入屋之前，妻子娘家须置办菜肴，挑到婿家“烧纸”。由东家主持，在堂前敬供，鸣放鞭炮。“入屋酒”应邀者为至亲宗族。

服饰

服式　民国时服式大致分短衫和长衫，大多数工人农民穿短衫，“贵贱之别，望而知之”。年轻人穿的布衫、罩衫为对襟，葡萄扣在中间。老年人穿的是大襟，扣在右边，多为士林蓝、玄色（黑色）。裤子一般以中式大裆裤（俗称折叠裤）为主，裤腰大、镶白色腰布，便于系捆。老年人喜穿土布（俗称杜布）做的作裙（又叫长裙、百褶裙），缀腰，腰带宽厚牢固，下摆宽大，长达脚背。穿长衫是斯文人的象征，以生意人、公教人员为多，有的外加一件马褂。长衫也叫袍子，有单袍、夹袍、棉袍和皮袍之分。妇女夏天以白色为主，平时喜士林蓝，考究者在袖口、裤腿口、裙沿镶边。20世纪30年代，花色多样的旗袍多为城镇妇女穿用。婴儿穿的毛衫为明代传下来的服饰，上衣大襟无扣，边沿不缝针线，后领口缝一"聪明角"。未上学儿童，多穿开裆裤。民国后流行中山装，50年代初流行列宁装、人民装和连衫裙，短衫、叠裤仅有老年人穿用，旗袍少见。"文化大革命"期间，军装、军便服流行，青年人以穿黄军装、扎皮带、挎黄军包为时髦，其余服装款式不多，大多为蓝、灰色。后出现学生装、青年装、两用衫、夹克衫等服式。80年代后，广州、深圳等地服装进入，服饰样式众多、质料新颖、色彩丰富。男女青年喜穿喇叭裤、牛仔衫裤，男子有西装、夹克衫、航空衫、滑雪衣等，女子时装每年翻新，出现宽松衫、蝙蝠衫、健美裤等，夏天穿裙，有喇叭裙、一步裙、超短裙等款式。此后，又出现皮装、羽绒服、羊毛衫裤等。衣服档次、式样呈多样化，中老年人着装趋向年轻化。

饰物　20世纪20年代起，城镇妇女流行佩戴发带、围巾、项链、耳环等。80年代起，饰物有男子领带、金项链、金戒指等，女子还有发夹、金项链、金手链、玉镯及背包等。首饰主要是女性佩戴。有头饰、耳饰、项饰和手饰之分。旧时，妇女发髻上使用的簪子质料有金、铜、银、玉等不一，也有插角梳或绢花的。少女喜欢穿耳洞，即用针在耳垂上扎孔，以备成人后戴耳饰用。民间有用茶梗插入孔中的做法。戒指质料多为黄金，也有银、铂、玉石、翡翠、钻石。手镯多为老妇戴用，有玉质和银质。小孩出生时亲朋送银手镯、脚镯，上有铃。儿童戴的还有长命锁、项圈，均为银质。首饰品质、档次不同，价值亦相差甚远，数百元至万元不等。男女结婚仍流行戴戒指、耳环、项链，质料首选铂金，镶有钻石、翡翠等。时兴颈部挂用红绳串起的玉石吉祥物，大多为生肖雕件。

床上用品　晚清、民国直至中华人民共和国成立后的20世纪60年代，境内百姓床铺中一般只有帐子，没有褥子。帐子都用自织稀老布做成，帐门染成青色为多，财主人家或集镇中产商人等家考究的用夏布做成，帐门以青浇花大蝴蝶纹为主。不用褥子原因是生活贫穷，贫苦人家缺衣少被是常事，有的连蓑衣都当被盖。只有少数大财主家有时会买一张毡毯，冬季铺用。一般农家床上垫的是宁席（即草席），冬天在宁席下铺稻草保暖，从开始的薄层逐步按天气转冷铺成厚层，天热后逐步去掉稻草。夏天境内居民一般均睡篾席。床中所盖被子传统为两种，一种以土棉花弹成花胎翻成被子称"行花被"，另一种是用桑蚕丝绵翻成，称为"丝绵被"，一般家庭均以"行花被"铺盖。

改革开放后，开始在冬季垫棉花胎上加褥子，一般为自织土布和市场上购买床单两种。夏天为宁席与篾席兼有。20世纪90年代后，床上用品不断丰富与改善，农村里亦开始用"席梦思"，床单、褥子花色品种不断增加，物品渐趋精美，同时市场上出现了毛巾毯、羊毛毯，适宜夏季使用，后又出现了弹力絮被、羽绒被、空调被、绵羊毛被等现代化床上用品，这些用品均进入境内居民之家，篾席也创新成各式各样的新式制品，除竹编传统型之外，有折叠型、串竹型等多种。如今境内家庭的床垫在冬天已全部铺上棉花胎，再也没有用稻草铺床的了。

出行

旧时，历来短途大多步行，平原地区亦用轿、独轮车，水乡则以船为主。

舟船　舟船是平原水网地带主要交通和运输工具。旧时舟船大都为木质船，由杉木劈锯成长方料拼接而成。辅料为桐灰、麻丝和铁钉（分拼钉、扒头钉、插钉3种）。船只种类很多，有客船、货船、农船、渔船等。除轮船外，都靠人力驱动，主要工具有桨、橹、篙、背纤（纤杆、纤绳、纤板）。借风力行驶的船，由桅杆、桅灯、扒杆、风篷、桅绳、转向绳等部件组成，借着风力内河行驶船速每小时可达七八公里。

旧时五常一带出行大多靠船，行船有许多约定俗成的规矩，犹如现在的道路交通规则，目的也是为航行安全。船只出入河汊，转弯时要高声呼叫，作为警示；用橹摇的船呼叫“扳艄”表示我在向右转，“推艄”表示“我在向左转”。用桨划的船呼叫“快扒”，表示“我在向右转”；“快撬”表示“我在向左转”。将要过桥洞，不管有否来船，都要呼喊“松摇!”表示要求减速。20世纪80年代，公路运输逐渐取代水运，这些习俗自然消失。

五常一带河道密如蛛网，行船中有时鱼受惊跃入船舱。民间有种说法：“前跳金，后跳银，中舱跳个白死人。”发生鱼跃中舱旧时被认为很不吉利，甚至会因此返航作罢。当然，这些只是习俗，并无科学依据。

独轮车　又叫羊角车，其轮子装在车架正中，木质，外有铁制轮箍，是老人、小孩出行乘坐的交通工具，亦可装货。推车人肩背着系在车把的绳子，双手握车把推动。后多改为胶皮独轮车，并装轴承。

双轮车　平原和半山区主要运载工具。早先用木轮，20世纪60年代初改为滚珠轴承胶轮，硬边阔胎，一辆车装货0.5~1吨，农户家几乎都有。青年人喜欢在自行车后架上绑住双轮车杠拖带，也能装上二三百公斤。

三轮车　主要运货物，车把与自行车相似。20世纪90年代初，人力三轮车从杭城流入境内，三轮二座，后渐成为居民代步工具。

自行车　20世纪50年代少见，60年代渐多，机关单位曾配备为公务用车。70年代，自行车普及，成为城镇主要交通工具之一。进入21世纪，自行车逐渐退而居其次，电瓶车、自驾汽车数量增加较快，农村青年则多使用摩托车。

民国12年（1923），杭州至余杭镇公路建成通车，为省内第一条公路，20世纪70年代后，公路建设加快，自行车成为城乡居民主要交通工具。至2020年，外出交通工具远途有飞机、火车、汽车，短途有摩托车、电瓶车、自行车、三轮车和船等，更普遍增加公交车、出租车及大量自驾车，百姓出行方便。但城区机动车激增，致使交通拥堵、大气污染。

三、礼仪习俗

婚嫁

婚姻是人生最重大的事件之一，由结婚而产生的婚俗，也自然而然地成了人生中一项极为主要的习俗。西溪旧时的婚礼也和其他地方相似，大约分为婚前礼、正婚礼、婚后礼三个阶段。所谓婚前礼，主要是指说合、下聘、定亲这些阶段。而正婚礼，场面更大，一是更多。婚礼结束后，还有回门、谢灶等仪式。

说媒　“说媒”是促成婚姻的最初环节，又称“说合”“穿婚”。旧时婚嫁均由媒人说合，做媒人的以女性为多，俗称媒婆。因为旧时说媒大都是男家往女方去提亲，女姓做媒，进出女家方便些。一般家中有儿的看上哪家的姑娘了，就委托媒婆前往议亲。也有儿子长成了，媒婆主动上门来介绍：某家有个姑娘，与你儿正好般配。如男方愿意，则正式请媒婆前往女家议婚。说媒初步成功，实地了解娶入方的家庭情况，俗称“看人家”。婚事成功，婚后三天男方要宴请媒人，称为“谢媒酒”。中华人民共和国成立后提倡自由恋爱，“说媒”之称显得不合时宜，农村也效仿城市称为“做介绍”“介绍人”。时至今日，即使通过相识相爱到了谈婚论嫁的深度，婚礼前大多仍要走一走牵线的程序，戏称“做现成介绍”。

缠红　说媒成功进入“缠红”程序。“缠红”又称“求亲”“定亲”“定盘”。男方备上彩礼，带上家长具名的求亲帖、礼单各一份。女家收礼表示应允婚事，回致写着女方生辰八字的红纸帖子。女方生辰八字的庚帖拿到后，接下去就进行“合帖”，民间称“合八字”，即把女方的生辰八字和男方的生辰八字合合看，确定是否能婚配。旧时庚帖都写在一张红纸上，字数忌单数，写上出生的年、月、日、时，这年、月、日、时与天干地支相配合，四项共得八字，这八字的每个字又分属金、木、水、火、土中之一项，故俗称“五行八字”。旧时合八字都会请算命先生去合，年龄和生肖是合八字的主要依据。旧时流行“相差三岁不配”“相差六岁不配”等说法，认为三、六、九会犯冲，于婚姻不利。在生肖上，认为“虎与蛇不配”，龙虎相斗，必有一伤；认为“鸡与狗不配”，鸡飞狗跳，夫妻不长。除此之外，还有“马与牛不配”“猴与马不配”等说法。在纳采问名时，男女双方都很保密，男的担心一旦女方不接受纳采，传出去有失脸面；女方则担心万一八字合不上，传开后对女儿婚姻有影响。至于媒人，在这方面也非常注意，万一不成功传开后影响自己的生意。所以，在这纳采问名阶段，三方都十分注重保密。

纳吉　八字对牢后接下去就是“纳吉”了，民间将“纳吉”称作“定亲”，“定亲”在民间是个很隆重的仪式，这一天要办“定亲酒”，男女双方各请至亲到自己家中吃酒，名为吃“定亲酒”。办“定亲酒”时娘舅姑夫全都要请到场，向诸位亲戚宣布自家儿子已经定亲，新娘是何家的女儿。办“定亲酒”还要放炮仗，很是闹猛。吃过“定亲酒”，这桩婚事就算正式定下来了，不能反悔。吃完了“定亲酒”，纳聘算全部结束，姑娘可算作是男方的人了。缠红后双方家长就成为准亲家，逢年过节男家要向女家送礼，称为“送节”。20 世纪 50 年代起婚姻普遍自主，但“传红”至今仍是必有程序。选定举办婚礼日期称为“择日”，择日后男女双方各发请帖向亲友通告婚礼日期，邀请亲友届时参加婚礼。农村习俗婚礼前一日，男家要设晚宴招待媒人，称为“起媒酒”。

开话　定过亲后，接下去就等着选择日子结婚了。旧时定过亲的人家有的当年结婚，有的要过几年后才结婚。不管当年结婚还是过几年结婚，凡是这一年冬天想结婚了，那么男家必须在当年的夏天通知女方。在五常，这一习俗称为“开话”。如果六月里不去“开话”，那么冬天是不能成亲的。民间有“六月勿开话，十二月甭得话”的俗语。

择吉　“开话”过后，征得女方同意，男方就得筹备婚礼了。办婚礼首先得选日子，这叫“择吉”，选择一个大吉大利的日子，五常民间称作“择日”。旧时婚礼的日子一般来说都要请算命先生去算，选一个黄道吉日，然后由男方去通知女方，此时又要办酒，称“择日酒”。择日的时间一般都比正式婚礼的时间要提前一个月以上，也就是说选择的日子要起码在一个月之后，这样做的目的主要是以便女方有时间来准备婚事。定好日子后，男女双方都各自发请帖通知自己的亲友届时参加婚礼。同时，姑娘还要去娘家亲戚家轮流做客，吃“预嫁酒”，告别娘家亲人。

水上婚礼

下盒　俗称“送聘礼”，男方选择好日子后，媒人将写有迎娶之日的红纸封套，连同各式果子和彩礼送达女方家中，定下迎娶的日子。彩礼主要是给新娘的衣裳及首饰和现金等。当年的一般人家，通常会送一百多枚银圆，再加两三件金银首饰、食品、花红，等。送去的银圆有让女方办嫁妆和回门酒的意思，俗称“拿回门洋钿”。女家收下之后，按照习俗又必须将其中的一百枚银圆整数退回。衣裳分春夏秋冬四时之衣，一般均在八套以上，首饰有耳环、戒指等，一般人家都是银首饰，一些条件好的人家才用金首饰。择日时送的彩礼，男家富裕与否差别很大。送去的现金含有请女方办嫁妆之意，尾数必须逢六。

迎亲　婚礼举行之日，男方敲锣打鼓前往女家迎接新娘，称为“迎亲”，俗称“接新娘子”（男方入赘则称“接新大爷”）。西溪是水乡湿地，故去娶亲时走的多是水路，往往要出动好几条船，有接新娘子的，有接丈人和舅佬的，还有接嫁妆的。摇船者一般均是新郎的叔伯兄弟中年长者，称为“摇船大伯”。接新娘子的轿子也都放在船中，一顶是花轿，准备接新娘的；两顶是黑轿，一顶媒人坐，一顶新郎坐。出发时鼓乐齐鸣，吹吹打打往女家而去。

按乡间旧俗，迎亲人到女方家门口，由媒人先递进开门包，如女方开门者要求加钱或加喜糖、喜烟，叫作添喜，必须满足了要求后才开门请迎娶者入内。然后女方上茶，摆开酒席招待娶亲人员，并由女方长辈落座陪同。此席不久便撤席，男方起身交付完带来的鸡鸭鱼肉（第二天办回门酒用的），然后便催促新娘动身上轿。

迎亲（2014）　（徐楚浩提供）

新娘此时正由舅母、姑母或小姐妹陪同，躺在被里不起床，乡间俗称“赖轿”。男方喜娘就拿着男方做的新衣鞋袜（上面缀有红线），协同女方舅母帮新娘起床更衣，然后由新娘的哥嫂陪着洗脸，由嫂嫂用纱线为新娘“开脸”，卷去脸上的绒毛，以示将由闺女变成少妇。

新娘上轿前，要抱住母亲哭上一阵，以示恋娘家，俗称“哭嫁”。然后由娘舅或抱或背，到堂前上轿，女家放四个炮仗，以送女儿出门。

花轿抬上娶亲船后，新娘的长辈均在河边留步，只由新娘的娘舅、姑夫、兄弟、姐妹等随船送亲。开船时，新娘的阿哥或兄弟，必须先在船头上重重地蹬上几脚，谓之“煞浪”，取煞住浪头，一路平安之意。嫁妆船的前舱放上几株桑秧、几张瓦片，是陪嫁的必有之物。所有嫁妆都要缠上象征喜庆的红丝绵。

接新娘的船开往夫家时，不能走回头路，要兜一个圈子，叫“喜成方”。新娘乘坐的船和轿，如在路上遇到同样迎亲的船和轿时，必须互抛糖果，以避喜气被冲。到了男家后，先发上嫁妆，由男方亲友搬运。

新娘的船到了夫家的河埠头后，夫家会派出队伍去河埠头迎接，迎接的队伍由“司工”“鼓手”“茶厢”组成。司工负责唱哼，鼓手负责奏乐，而茶厢则负责接待女方客人。鼓手和茶厢一般都配合司工，根据司工的指令来操作。

新娘上岸时必须由男方的娘舅或者姑夫抱着或背着进男家中堂坐下。从船上到男家的这段路，新娘的双脚不能落地，意思是“不是我自己送上门来的，而是你们隆重把我娶来的”。新娘如果是坐轿来的，则轿子直接抬入男家中堂。

拜堂　到了男家，由新郎的舅父将新娘抱至堂前行叩拜礼，称为“拜堂”。拜堂程序是一拜天地、二拜高堂，也就是叩拜父母。最后是新人对拜。仪式后，新郎用红绸将新娘牵入新房，在新郎新娘的脚下，有几个人用五只新麻袋交替铺垫，嘴里还不停地喊着“传代接代”“传代接代”，使新郎新娘脚不落地，一直铺到新床前，小两口坐在床沿上。有的男方在新床上面放一只大匾，意思是将新媳妇压得扁扁服服。也有的新娘坐下去时悄悄地将新郎的衣角压在自己身下，意思是将丈夫压服。

是日，男方舅母要负责铺新床，新床四角放上鸡、菜、糖包。枕芯要用茭白叶晒干后充塞，里边还要塞入毛笔、墨、状元糕、糖果。新床上撒红豆，家具上绑红丝绵，喻其多子多孙、吉祥如意、婚姻长久。新郎、新娘坐在床沿，男方舅母分别喂新人吃糖丸子，口念“团团圆圆，甜甜蜜蜜”。临近傍晚，男方摆酒招呼客人、新人入席吃喜酒。晚上为正酒，菜肴丰盛。来客要封礼金，礼金数目成双，讨个吉利。晚上 8 点左右，新人跪拜祖先，男方送一桌酒菜谢媒人。随后，来客看闹洞房，男方家分盐、饭给来客，寓意“结缘”。至此，婚礼完成。

20 世纪 80 年代后，传递麻袋为铺设红地毯取代，迎亲改用小轿车车队，车辆越来越豪华。近十几年流行新娘披婚纱、新郎行求婚礼、证婚人致证婚词等新俗，婚礼全程制作视频留作纪念，但嫁妆缠红丝绵、陪嫁桑秧、万年青、瓦片等习俗仍很普遍。

闹新房　婚礼后的程序是闹新房。旧时从婚礼完毕当晚开始，闹新房三天。新娘由两位未婚姑娘陪坐床沿，陪坐者称为“伴娘”。闹新房者唱着随口编的歌词，不时起哄讨瓜子（也称“讨喜糖”），顺带捉弄新娘。不过都是为营造热烈气氛，偶有恶作剧，只要不太出格，人们不会强行阻止。近二十年“闹新房”越来越简化，大多只是当晚参观一下新房。

回门　婚后数日，一般多在第二或第三天，新娘偕夫回娘家探望父母，称为“回门”。岳父母带上谢灶的粽子、团子、桂圆与新人一起坐船去夫家。船至夫家，上岸“坐茶”后，新郎拜谢岳母，岳母送红包。晚饭后，女方舅佬划船来接母亲回家。

谢媒酒 婚事办好第三天，要办“谢媒酒”。旧时媒事说合全靠媒人，媒人两头跑，俗称要“跑破三双鞋子”，故做喜事的人家要在第二天办酒感谢媒人。谢媒酒除了招待媒人，附带招待“总理”“总管”等一帮帮忙人。故过去结婚帮忙有“起媒吃到谢媒”一说，是指一些好朋友帮忙，从起媒酒那天开始，一直要吃到谢媒酒那天结束，历时四天。

谢灶 女儿出嫁一周，娘家女眷前去探望、祭拜灶神，称为“谢灶”，其意思是祝福新的家庭主妇，祈求灶神保佑。“谢灶”要带上尖头粽，分给新郎家的左邻右舍。

赞节 新婚后第一个端午节，女方还要准备粽子、毛巾、扇子、衣服送给男方，俗称“赞节”。

民国初期，婚嫁习俗如前。“洋”习传人后稍有变革，开始文明婚礼。一般由家属长辈主婚，并设男女傧相、证婚人，男女双方交换信物后在结婚证书上盖印章。此礼始于乡绅富户人家，间有追逐时髦者纷纷仿效。至于传统婚礼的订亲、迎亲、回门、见礼诸节仍沿旧俗，不同之处是繁文缛节略减。

中华人民共和国成立后，男女双方到当地政府办理结婚登记手续，即为合法夫妻。届时办喜筵宴请亲朋挚友，婚礼从简。新郎新娘胸佩大红花，迎亲者手持彩旗，敲锣打鼓，女方嫁妆较为俭朴。此新风城镇实行者为多。新娘仍要娘舅抱上船或自行车，由兄弟或小姐妹护送，由别人摇着船或蹬着车送到夫家。20 世纪 80 年代以来，婚事操办铺张和攀比之风日盛。嫁妆从二十世纪六七十年代的手表、缝纫机、自行车“三大件”，逐步发展成彩电、冰箱、空调、电脑，甚至轿车等高档用品。90 年代后，婚房设施、嫁妆、婚宴等变化较大，许多青年结婚购置商品房，室内装饰豪华，电器家具等一应俱全。婚礼注重轻松、活泼、热闹，一般选在“五一”、国庆、元旦、春节等法定假日和传统节日举行。城镇青年婚礼酒席大都安排在宾馆饭店，有的旅行结婚。形式虽有变化，但女家陪嫁、亲友送礼、长辈送红包、办喜酒和回门酒等习俗仍存在，且标准越来越高。

生育

一个人，从小到大，从生到死，都会伴随着许许多多的民俗活动。在五常，其人生礼仪的民俗项目也十分丰富。虽然这些习俗大都与杭州境内的其他地方相似，但其个别习俗也很有特色。

催生 孕妇临近产期，母亲及女性亲戚前去探望，称为“催生”，又叫“催汤”，意思是盼望宝宝降生，祝愿产妇分娩顺利。催生要带催生礼，一般为六样东西，其中必须有一只鸡，其他的则是蛋、面及补品，近年来还加上现金。催过生后，如一个月之内小孩还没有出生，则流行再去催第二趟的习俗；第二趟去催生，还是要带上礼品，礼品的品种和第一次催生时一样。在五常的荆山村一带，是平阳移民的集居地，他们还带有一些平阳的习俗，比如催生礼要带面、糖、桂圆、筷子、蜡烛包和蛋。带去的“筷子”代表“快生快养”的意思。母亲走到女儿家时，如发现女儿挺着肚子站在那里，而且面孔也朝着自己，则会一阵欣喜，按当地说法，这样的话则快要生了；如母亲去时女儿坐在那里，则代表还要过段时间才会生产。

送汤 产妇生出孩子后，其娘家亲戚、夫家亲戚以及产妇的姐妹都要来送礼，俗称送“产妇汤”。“产妇汤”主要是一些补品及红糖、蛋、面之类，与催生礼差不多。近年送现金为主，但鸡蛋、红糖仍必不可缺。

三朝　新生儿出生第三日，须请“三朝菩萨”。家堂桌上供太君娘娘神马，供菜为鲫鱼、猪尾巴连肉，以及其他菜肴和水果糕点，主要是请上代祖宗保佑新生儿健康，产妇能通奶多乳。

满月　婴儿出生满一月设宴相庆，称为办“满月酒”。主人先给小孩剃满月头，剃满月头时通常要挑一个好日子，即要“水日”。剃满月头时，小孩要由娘舅抱着，在灶间里剃。剃好后，东家要封红包给剃头师傅，一般都是娘舅封的。旧时剃头师傅少，因为条件差，故很多人家都是娘舅自己动手剃的，弄把剪刀剪剪，再用把刮刀刮刮，一般均在脑门处留一绺胎发。在五常一带，剃好满月头后，小孩由娘舅抱着沿着墙壁出门，撑一把伞到外头转一圈，再从后门回到屋里，意谓能使新生儿开天门、扬威武、安全长大，日后能顶天立地。剃好头后满月酒才开宴。赴宴亲友给孩子红包，称为“长寿钱”，有的还会送银锁片之类。主人要做许多米粉团子或红鸡蛋，让客人带回分给左邻右舍。旧时满月酒生男才办，20 世纪 50 年代后摒弃重男轻女的旧思想，无论生男生女均会操办。

百日　即新生儿满一百天。是日开始坐座车，让他朝四面八方活动，请祖宗保佑，让小孩百无禁忌，聪明伶俐。奶奶用糯米粉印桃子饼供奉家堂与灶君，并替新生儿项上戴银锁，脚上戴脚镯。在荆山村的平阳移民居住地，他们的乡风与五常其他村坊不太相同。家中小孩满四个月后要给他坐座车了，此时有个仪式叫“开荤”。开荤时要买四样东西，分别是鸡头、猪尾巴、猪嘴巴和鲞。也有的人家买鳜鱼，说是吃了记性好。这些东西烧熟后每样给小孩尝尝，代表开荤。在五常的其他村落，小孩开荤不一定限于四个月，也并不是在自己家里开荤的，而是碰到隔壁人家办喜事时抱着小孩过去开荤，一般都讨只虾给小孩吃吃，说是小孩开荤吃了虾，大起来会像虾一样活跃；还有的给小孩讨个鸭舌头尝尝，说是大起来很会说话，舌头底下可以压煞人。

周岁　是人生第一个生日庆贺。婴儿满周岁，家长办周岁酒庆祝，邀请亲友赴宴。还要做“塌饼”分送亲友、邻里，周岁之庆又称“汤饼会”。赴宴亲友备上贺礼，婴儿外婆家送的是孩子衣衫、鞋帽，大小齐备，数量之多甚至可穿到上学。旧时大户人家，宴毕还会举行“抓周”（俗称“拿周儿”），桌上摆着笔、墨、砚、书、钱、食品、刀枪、弓箭等物，桌旁放三个凳子，一个是高凳，一个是方凳，一个是矮凳，让小孩先爬上矮凳，再爬上方凳，最后爬上高凳，趴在桌子上去抓桌上的东西。这个从矮凳爬到高凳的过程，为讨“步步高升”的彩头。小孩爬到高凳上，就开始让他抓桌子上的东西，从其所抓之物预测孩子前程。这种习俗据史料记载出自杭州旗营满族人。20 世纪 50 年代已消失，“拿周儿”成为纯粹的周岁生日庆贺。

上学　小孩要上学，书包必须要由娘舅送来。娘舅送的书包内有学习用品，并有一个竹管头，两头都是通的，拿几颗黄豆从竹管上面放进去，一直让它从下面漏出来，并大喊“通的，通的”，象征着孩子读书一读就通。娘舅送书包时，除了学习用品，还要送些雨伞、状元糕、粽子、衣裳和葱管糖等。据说吃了葱管糖会很聪明。这葱管糖和状元糕数量不少，要拿一部分去学堂，分给其他同学吃。在过去，小孩上学读书是件大事，家中要摆酒席，称作“读书酒”。读书酒上红烧肉、肉圆子、鳜鱼、虾等几样菜必不可少。红烧肉要烧得熟，据说这样读书读得熟；吃了鳜鱼是认为记性特别好；吃虾是说小孩今后会很活络。

开印　小孩 10 周岁了，开始做生日，要办酒。亲戚要送面和蜡烛，主人家要做塌饼，有专用的印板来做，故这人生的头一个生日又称“开印”。这些塌饼除了自家吃外，还要分赠亲戚和隔壁邻舍。接下去，16岁和20岁也要做生日，要做塌饼，办酒席。

寄拜　旧时孩子多，生活条件差，怕难养，故小孩出生后往往给他找个寄拜爹，说是多个爹好养。寄拜的干爹干娘，一般都找亲戚及好友，也有找菩萨及树神的，有的寄拜给菩萨，有的寄拜给樟树，更有趣的，还有寄拜给叫花子的。有叫花子上门讨饭时，用自家的饭换叫花子从别人那里讨来的饭，并把叫花子的饭给小孩吃。民间认为，叫花子讨的是百家饭，吃了百家饭，小孩长得快而且不会生病。做干爹的必须给寄拜的儿子或女儿取名字，名字写在一方红纸的正中，在红纸的四方写上“长命富贵”字样，这张写好名字的红纸连同给寄拜儿子或女儿买的新衣裳一起送过去，对方接到红纸后，便将干爹取的名字贴在柱子上。五常一带还有个习俗，就是同是一个小孩往往寄拜好几个干爹。乡间认为寄了两个就要寄三个，故有的小孩有三个干爹。

寿庆

做寿　成年人隆重的生日庆贺是“做寿”，从50岁开始，每十年一次。习俗“男做九，女做十”，如：男子49岁做五十大寿，59岁做六十大寿；女子则逢十做寿。做寿时亲朋好友带礼品祝贺，其中必有面条和糖，面条称为“长寿面”。如今大多以礼金代替礼物，但“长寿面”还是必不可少。50岁以下的成年人，每十年也会庆祝生日，但较为简单，而且只称“做生日”，不能称为“做寿”。五常一带还有一种比较特殊的生日庆祝：父母66岁时，已出嫁的女儿要送上一碗切成66小块的肉，这肉都用条肉，切成66小块，合起来正好是一碗。一般不管生日在前在后，这肉都是在冬天拿过去。

为长辈做寿时，均由子女出面，事先发出请帖，届时在家中布置寿堂。有钱人家的寿堂布置得相当考究，张挂寿幛、寿联，供奉寿桃、寿面、寿糕等物，还要点寿烛，以贺益寿延年。做寿时，做寿的老人身穿寿服坐在太师椅上，司仪在一旁指挥，先是儿子儿媳拜寿，再是女儿女婿，接下去是孙子外甥等小辈拜寿，然后是亲朋拜寿。拜寿完毕，举行寿宴，人席吃寿酒、寿面。一些较穷的人家，做寿时搞不起那排场，但寿面却是非吃不可的。吃寿面时还有种讲究，先用筷子将煮好的面条高高挑起，再说一声“这寿面真长”，以讨个好的彩头。

旧时做寿有一整套说法，五十岁为“起寿”，六十岁为“下寿”，七十、八十岁为“中寿”，百岁则称为“上寿”。

丧葬

境内在人过世后有诸多礼仪，世代沿袭传承至今。

陪夜　陪夜亦称“守气”，从患者医治无效，行将弥留之际开始，亲人小辈当日夜守候患者床旁。亲人时刻关注患者何时“断气”，都希望能在亲人断气时在场“送终”，千万不可让他自行“升天”。寿终正寝、儿孙送终是老年人一大心愿，亲人亦以未能“送终”为憾事。此俗至今城乡均普遍。

着衣　当视患者至弥留于世时，由材夫主持、亲丁（主要是子女）替亲人沐浴、梳头，将早已准备好的寿衣穿好。寿衣须成单数，一般有羊绒衫裤、棉袄裤、罩衫裤加袍子共七件，外加烧香袋，袋内置纸扇、佛经、纸钱灰、手巾、手帕、香烟、生前各地进香盖印之文牒。

送终　亲人围在患者床前，守住去世之人叹出最后一口气，称送终。必须全家老小，出嫁女儿及女婿等都及早通知守候在旁，每人手持一支香，意为焚香送亲人至西方极乐世界。至确定亲人已断气无疑时，大家持香送魂灵至大门外，将香抛于地，回屋至床前开始高声痛哭。

移灵　将遗体移到堂前灵床，称为“移灵”，俗称“转尸”。移灵由长子扛头，长媳或次子扛脚。移灵毕，逝者脸上复盖一层丝绵，遗体头部朝南，足后点油灯，称为“脚后灯”“长明灯”，此灯要适时添油，不可熄灭。灵床前搭灵堂、点香烛，供上酒菜、水果等物。此俗延续至今，城区有所淡化，农村仍普遍。灵堂内由家人轮流守灵，媳妇或女儿守于遗体脚后，多有灵床防止猫走鼠窜。守灵期间多由男性家属接受亲友吊唁。

报蚕花　丧户派人向亲友家讣报，俗称“报蚕花”。旧时报丧者无论晴雨都倒挟一把伞，抵达后伞柄朝下放在门外。报丧人到了亡者的亲戚家中，不能说什么人死了，只能说“某人没有了”，或者说“某人回去了”，也有人说“某人过辈了”。受报之家给报丧者吃碗糖氽蛋，或备点荤菜请其略饮，称为“开荤”。凡安排挑羹饭的亲戚都在出发前由东家安排名单作出交代，报蚕花者须说明是否需要挑羹饭。20 世纪 70 年代后，“报蚕花”之俗逐渐简化，只是请帮忙者去告知一下。90 年代后，大体以电话讣报，一般不专门去通告。

戴孝　老者去世后，小辈子女都要戴孝。儿子都穿麻衣、戴麻帽（麻帽上缀三个棉球，表示丧亲后哭得耳聋眼花），冒麻鞋（用麻布将前半只鞋面贴住，中间嵌一公分红布）。麻衣必须成单，媳妇必须全身白衣白裤，头上必须披麻，旧时女人梳头，将一条麻布在脑后发髻上打一个箍用簪别住，名为孝兜。往下垂 30 厘米左右，是谓做孝子。其余家人亲戚都着白衣，鞋子上贴一块小方白布，前面露出一厘米红布，曾孙一律披红布。

羹饭　亲戚（至亲）给死者送的菜饭叫羹饭。羹饭按挑者的门坊家财及去世者的身份辈分人丁而定，一般分官酒、桶盘羹饭、小羹饭三等。官酒是大家族或地方上有声望的长者享用，送者亦有身份地位及家财。用具是条箱一架（两人扛），内容是大八菜、十六碟（四海鲜、四糕点、四水果、四冷盘）、酒一坛、饭一碗、五虎将（关、张、赵、马、黄）神马，送树灯一个、香油一坛、香烛炮仗、纸锭、盖尸被一条，外加道场。桶盘羹饭又称大羹饭，用具是装在两只桶盘中用脚箩挑。内容有三牲（猪头、全鸡、全鱼）外加糕、粽、面、饭，灯油一壶、香烛、炮仗和纸锭。盖尸被一条。小羹饭用提篮挑，为八菜（四荤四素），两点心，羹饭一碗、灯油、纸锭，盖尸被一条。

吊丧　就是吊唁逝者。至亲好友除奠仪外，会带上香烛、纸钱、挽幛等致祭，嫁出之女还必须送被，这种被极薄，大小约为通常棉被之半。20 世纪 70 年代后，挽幛多为花圈取代。亲友吊丧致送奠仪，数目成单，另加上一个单数零头，寓意“出头”。

豆腐饭　丧家备酒菜招待吊唁者必用豆腐，俗称办“豆腐饭”。旧俗出殡前为素席，出殡后为荤席，近几十年来已无此讲究，但出殡后菜肴特别丰盛，以感谢前来吊唁的亲友以及帮助料理丧事者。高寿而善终者被人们视为福厚，吊唁者会带点饭回去，让家人沾点福气。

守灵　人去世后，一般在三朝出材落葬。夜晚由亲朋好友陪死者叫守灵，也叫倒转夜。夜晚一般请人念佛，有钱人家则请和尚诵经，道士拜忏。对高寿者去世，还要请鼓手，请人唱戏，由女婿出钱点送，主要还是以主人财力所及雇请。

拜忏　旧时家中死了人，在办理丧事期间要请和尚道士来拜忏，停尸的日子有长有短，一般三天，也有多达五天的。在停尸期间，道士要做道场，特别是一些年纪大的人死了，场面很隆重。拜忏有一整套仪式，道士一边念经，一边带着死者的家族（以户为单位人员）祭拜死者，重复多次。

落木 也称“入殓”“落材”。一般选在三朝的前半夜。落木前，堂前用八仙桌供好羹饭，上首供死者纸牌位，媳妇和女儿要跪在地上为死者洗脸、梳头，然后将木梳折断装进棺材。为死者包扎，防日后骨殖失散。大户人家为“扎绵罄”，即用新的丝绵将死者从头骨开始至脚全身扎裹，中户人家为“开面”，即用新丝绵将死者的头、手、脚分别扎裹；小户人家为“包嘴”，即用新丝绵将死者下巴骨到鼻梁间扎裹。死者胸前挂上烧香袋，再为死者戴好帽子和穿好披风，最后由材夫将尸体移入棺木。此时棺木底上已铺好毛灰和木炭，又用草纸覆盖严实，上铺垫褥。等尸体移入棺木，在脚后放一蒸架，在头部放入陪葬用品，由材夫盖棺，开始祭拜。祭拜由儿子开始，直至全体吊丧者行礼完毕。

出殡 又称“出丧”，时间多在清晨。一人“引路”，沿途散撒纸钱，遇到转弯或过桥，还得放大声音提醒。20 世纪 80 年代普遍实行火葬，使用殡葬车，已无“引路”之仪，但农村散撒纸钱之俗仍较普遍。农村大多逝者火化后直接营葬，成为出殡最后环节。出殡时子女媳婿头戴粗麻帽、颈系细麻索、身披白衣，其他亲属只系麻索、披白衣。90 岁以上老人正常原因寿终于家，被认为福气好，称为“喜丧”，孙辈缀红而不戴白，也不必哭丧。80 年代后，出殡时普通亲友戴黑色袖章或黑布臂章致哀。

服丧 死后第 7 天为“头七”，第 14 天为“二七”，以此类推，直至“七七”。逢七追荐称为“做七”，头七、五七特别隆重。近三四十年“做七”渐趋简化，大多“五七”后丧事结束，亲人除去孝服，但仍需鞋缀麻片、颈系麻索至百日、周年，甚至更长时间。

营葬 旧时农村土葬最普遍，随处可见的坟堆，占用了大量的土地。有些棺柩用稻草包裹置于空地，俗称“草包棺材”；还有在空地搭建小砖廓安放，俗称“栈舍儿”。20 世纪 60 年代末农村开展园田化和村貌环境建设，残存浮厝被彻底清除。20 世纪 80 年代殡葬改革，已无传统建墓土葬之俗，一律实行火葬，并在公墓购墓穴安放骨灰。

忌日 旧时人故去世时，每年到此日（一般以农历计）就祭奠一番，谓之“做忌日”。隆重者请人念佛，一般均烧化纸钱，凡农家将祖宗忌日牢记于心外，还用纸抄录，贴于房内衣橱门背面，以示子孙毋忘，祖宗忌日一般做至祖辈为止。

周年 做周年是子女亲人对死者纪念，一般分为一、三、五、八、十周年，十周年后以五年为间隔。做周年要通知至亲挑羹饭，形同去世时一样，东家念佛，做道场。三周年后，可给死者烧换衣（衣、裤、鞋、帽、袜整套），换衣由女儿做，没有女儿的由外甥女儿或儿子做。把换衣和念好的佛、诵好的经一起放在门前柴堆上或坟前烧化，鸣放爆竹。

四、岁时习俗

老一辈五常人中，不少人还记得传统的四时八节，但不同场合对四时八节的诠释有所差异。对时令节气而言，四时指春、夏、秋、冬四季，八节指立春、春分、立夏、夏至、立秋、秋分、立冬、冬至。从传统节习俗而言，春节、元宵、清明、立夏、端午、中元、中秋、冬至为八节，其中春节、元宵、清明、端午这四个节日最为热闹。

春节 俗称过年，实际上过年是围绕农历正月初一的一个时间段，而春节则是农历正月初一开始的新春佳节。春节是一年当中最重要的节日。那浓浓的年味、一家老小欢聚一堂的欢乐、走亲访友的热闹、平日难得一见的美食，既让人们回味这一年来艰辛又充实的日子，又预示着来年的美好收成与生生不息的希望。

从农历腊月开始，人们就开始办年货、做糯米白酒、打年糕、杀猪宰羊、晒鱼干、腌鸡腌鸭。白酒在北方是指度数较高的酒，也就是南方所称的烧酒。五常一带的白酒，指的是隆冬季节家酿的糯米酒。糯米酒堪称江南特色，五常农家自酿的糯米酒，与绍兴农村冬酿的土黄酒有点相似，但颜色不同。五常一带糯米酒微浑，色白稍带黄绿，醇香扑鼻，甘美而后劲十足，容易引人入醉。打年糕村庄各家合力进行。糕团摊开后切成糕块，边料称为“糕头”，分给在场的人共享，通常会先给小孩，即使驻足看热闹的路人往往也会得到一份。“糕头”乘热蘸上事先备好的白糖，又韧又香，还带有特别的鲜味。

腊月二十三，是中国人传统的小年夜。小年夜又叫祭灶节。传说，第二天，灶王爷回宫述职，向玉皇大帝面奏所管人家一年里的行事作为。玉帝就凭着灶王所述，降福降祸。为了使灶王爷上天言好事，祈求玉帝降福，腊月二十三，五常家家户户都要送灶神，将灶台擦洗干净，以水果、年糕、糖果、饼干等供奉。供祭礼时，因有“男不拜月，女不祭灶”的规定，故由家中男性沐手焚香点烛，行跪拜礼，祈祷灶神上天言好事。祭祀中，燃放爆竹。祭祀后，将旧灶神像、灶龛两侧的“上天言好事，下界保平安”的联语、“一家之主”或“吉”“喜”字的横批焚烧。有送灶，便有接灶，接灶一般在除夕，仪式比较简单，换上新灶神像，在灶龛前燃香。举行过灶祭后，便正式开始做迎接新年的准备。民谚称：腊月二十四，掸尘扫房子。打扫房屋，清洗器具，拆洗被褥窗帘，掸拂尘垢蛛网。因“尘”与“陈”谐音，新春扫尘有“除陈迎新”的含义，其用意是把一切“穷运”“晦气”统统扫出门。这一习俗寄托着人们破旧立新的愿望和祈求。

过年最讲究的两天是年三十和年初一。一个是过去的一年中的最后一天，一个是新的一年中的第一天。民间对这两天都极为重视，有“年三十的吃，年初一的穿”之说。意思是年三十可以大吃大喝，而年初一则讲究穿着一身新衣。

在西溪民间，吃年夜饭前家家人家先要请祖宗，让祖宗先过年，这叫作“新年飨”。“新年飨”的菜比平时“作飨”时要好，焚香点烛，在桌子四周放上小酒杯，分别倒上一点酒，然后由主人在门口喊几声，“阿太啦，进来分岁”，让祖宗们进来先分岁，然后全家人从大到小分别叩拜，并由主人不停地给酒杯中添些酒，还说些诸如“祖宗慢慢吃”之类的话。过了约一顿饭时间，女主人出面将事先准备好的锡箔烧掉，烧时还需说一些类似“阿太啦，拿去用”之类的话。烧好后，“新年飨”算是结束了。

做过“新年飨”后，全家人开始吃年夜饭了，吃年夜饭当地称“分岁”。五常一带年夜饭上必须有八宝饭和八宝菜，这也是有特殊含义的。八宝饭是将蒸熟的糯米饭拌上糖和猪油，放入莲子、红枣、金橘脯、桂圆肉、蜜樱桃、蜜冬瓜、薏仁、瓜子仁等果料，撒上红、绿梅丝。莲子象征婚姻和谐；桂圆代表团圆；金橘象征吉利；红枣象征早生贵子；蜜樱桃、蜜冬瓜象征甜蜜；薏仁传说是仙鹤转化而成，象征长寿、高雅、纯洁；瓜子仁是鼓板的变体，象征生活有规律，平安无灾祸；红梅丝与龙门同色，含有鼓励进取、祝福顺利的意思；绿梅丝代表松，象征长寿。八宝菜也是五常人一直保留至今的除夕必备菜肴，也叫“如意菜”，有如意、吉利、发财之意，主要材料有冬腌菜、黄花菜、芹菜、胡萝卜、豆芽、香菇、冬笋、荸荠。除夕这天，在外家人要在除夕前赶回团聚。饭后放鞭炮庆祝。长辈给小辈红包，成年晚辈向长辈奉上红包，都称为“压岁钱”。分过压岁钱后，家中的女主人会将新衣服拿出来，放在小孩的床头，让他们第二天早上一早起来可以穿新衣服，实现“年初一的穿”这句俗谚。有的人家还在小孩的枕边放上几颗糖，让小孩醒来后马上吃糖，寓意“一年甜到头”。

除夕夜家家红烛高烧，灯火通宵，称为“守岁”。晚上九点（进入亥时）后接回灶神，然后男女老少去庙里烧香礼佛。特别是烧头香，零点开始，直到正月初一上午烧香称为烧头香，据说是祈福最佳时机。

大年初一，开门头件事就是放炮仗，俗称开门炮。早上起来穿新衣说吉祥话，“死”之类的字眼是被禁止的，一旦不小心说出口就要用“糖茅纸”（裹着白糖的纸）擦嘴巴，表示这话不算数。初一当天还有一些禁忌，如不动刀（不杀生），不扫地（怕财气扫出门），不动针线（怕一年辛苦）。20 世纪 60 年代以来，许多禁忌趋于淡化，但吉祥、洁净仍是人们普遍遵守的不成文规则。喝一杯白糖或红糖水，寓意着新年甜甜蜜蜜、团团圆圆。吃过早饭，热热闹闹的拜年活动拉开了序幕。以前是正月初二开始出门拜年，先拜岳父、舅父、姑父。初六日开始去别的亲友家拜年。近些年也有正月初一就出门拜年，但首先向长辈拜年仍是惯例。旧时最常见的拜年礼物是酥糖。70 年代，经济略有余裕，洋气的蛋糕进入了村人的节日礼单里。90 年代以后，高档的烟、酒、营养品不再鲜见。

旧时春节，五常一带餐桌上最普遍的菜肴是炭火锅上自家刨制的粉丝或粉皮加上大白菜，掺上少许肉丝，所以新年亲友聚餐被戏称为“捞粉皮”。改革开放后随着生活水平不断提高，人们的生活和工作趋向快节奏，生活方式、聚居方式的改变对老派的年节习俗形成了较大的冲击。春节互送的礼物越来越重，给小辈的红包越来越厚，美食花样繁多，衣饰新潮入时，但是礼节不讲究了，亲情远了，关系变了，年味淡了。从前虽然屋宇破败，胜在大家无拘无束，相坐晏笑。进入小区生活的时代以后，串门、访客，得脱鞋上楼，人们深感不便。渐渐地，上门造访的时候少了，拜年时间大大缩短，礼仪求简求便。下厨为客人整出一桌菜，显得费时费力了，而小区里、家门口开设的各色餐饮店为聚餐提供了莫大的方便。因此，新年时改在饭馆酒店吃年夜饭或宴请亲友的家庭越来越多。

“过年”一般要热闹到正月十五才算结束。

元宵节 元宵指农历正月十五，又称“上元”，元宵节是围绕正月十五的传统节日，俗称“灯节”。张灯结彩是元宵节的特征，自正月十三上灯至十八落灯。上灯之日吃汤圆，落灯之日吃年糕，所以有“上灯圆子落灯糕”之说。

元宵节最盛大的活动是元宵灯会。旧时举行庙会、看社戏、观花灯、舞龙灯。龙是吉祥的化身，代表着风调雨顺的愿望，因此五常人用走街串巷舞龙灯的形式祈祷龙神的保佑。正月十五之夜，各村的文艺团队聚集表现，组成声势浩大的队伍，火流星开道，龙灯、滚灯、拳灯（武术表演）、狮子灯（舞狮表演）、马灯、高跷等等紧随其后，边行边演。皎月下火树银花，灯光璀璨，堪称狂欢之夜。元宵灯会习俗一直延续到 20 世纪 60 年代，“文化大革命”期间停止。

20 世纪 80 年代陆续恢复元宵节活动，90 年代后元宵节多为街道举办的踩街、看灯展、猜谜语、观演出等新内容。元宵吃汤圆、送汤圆习俗依旧普遍。

清明节　清明节核心内容是扫墓和祭奠先人，除了家中设祭，还要前往先人墓地致祭寄托思念，称为“上坟”。上坟中将坟墓四周杂草清除干净，在坟上培添新土，插上五彩纸幡。20 世纪 80 年代后实行公墓集中营建，不再培土，但整理墓穴环境、插幡、祭供仍被普遍用于表达对先人的追思。

旧时清明还要在田头地边插栽柳枝，此时的柳枝甚易成活，象征着吉利平安。清明食俗内容丰富。清明流行吃螺蛳，有民谚“清明螺，壮如鹅”，认为可补身体。吃后的螺蛳壳抛到屋顶，相传可以驱除瓦蛆。香椿芽拌豆腐也是清明美食，清香可口，还能清凉败毒。清明前摘取艾蒿嫩头，洗干净后用放有少许石灰末的水煮沸 10 分钟，捞出以清水浸泡一周，清洗切碎拌进糯米粉中做成团子，称为“清明馃”，食之满口清香。清明馃也是清明上坟必用的供品之一。

立夏节　立夏在五常农村也是很重要的传统节日。立夏是 24 农事节气之一，一般在 5 月 5 日、6 日或 7 日。立夏节习俗中，有关饮食的内容特别多。

吃乌米饭是立夏节民间最普遍的习俗。乌米饭的做法相当费工夫，用从山上摘来乌饭树（又名南烛）的叶，浸出乌汁，将汁水与糯米共煮成饭，颜色紫黑，味香可口，而且放上几日不会变馊。乌米饭源于战国时期，相传军事家孙膑因被庞涓妒忌遭陷害，将乌米饭冒充猪粪食用装疯，才躲过杀身大祸。后人为纪念孙膑，出现立夏吃乌米饭的习俗。五常民间说法，吃了乌米饭，可免“乌蚊虫”叮咬。

立夏节中午前，儿童随处摘豆折笋，向各家讨米野炊，称为“烧野米饭”，含意是自比乞丐，民间说法乞丐命贱，鬼神不屑一顾，因此容易长大。这和农村往往将孩子取名猫狗，意思是一样的。“烧野米饭”是农村儿童乐事。

立夏流行吃立夏饼，立夏饼是比月饼小一些的酥皮饼，饼馅常为豆沙或百果。立夏时节常用于馈赠亲友，表示祝福。据说吃了立夏饼可以避免疰夏。

立夏时用糯米、豌豆、咸肉一起煮成饭，辅以苋菜黄鱼羹，称为吃“立夏饭”。五常一带以前家家户户都要煮“立夏饭”，左邻右舍互相赠送。

春笋是农民重要的收入来源之一，笋权颇受尊重。不是自家竹地的笋不会随意掘取。但过了立夏便是残笋，偶有所见人人可取。往往特意多跑多找才能采到，称为吃“健脚笋”，据称吃了能补腿力。

以往还有立夏称体重的习俗，画灶头画也多选立夏日，都是祈求吉祥之意。

端午节　农历五月初五端午节，是民俗大节日。最多说法是为纪念古代爱国诗人屈原。南朝梁代吴均《续齐谐记》载：“楚大夫屈原遭谗不用，是月（五月初五）投汨罗江而死，楚人哀之，乃以舟楫拯救。端阳竞渡，乃遗俗也。”端午又称“端阳”，被认为是“恶月恶日”，各种习俗带有明显的辟邪色彩。进入农历五月，气温显著升高，空气湿度增加，进入疾病滋生之季，插菖蒲、挂艾蒿蒜头等“辟邪”举措，实际上也具有卫生防疫的意义。

端午节家家裹粽子、吃粽子。粽子分尖头粽、方头粽。除了端午，过年、清明以及吉庆事件也要裹粽子。用作喜庆馈赠或祭供必须是一角朝天的尖头粽。

端午流行吃“五黄”，“五黄”指的黄瓜、黄鱼、黄鳝、咸鸭蛋、雄黄酒或雄黄豆，白切肉也是端午食物。以前端午还要捉癞蛤蟆煮熟给小孩吃，据说可避免夏天生疮长疖。20 世纪 60 年代群众认识到雄黄、癞蛤蟆都有毒，不再食用雄黄豆、雄黄酒、癞蛤蟆。

划龙舟是西溪一带端午节的重头戏。赛龙舟是用划船装上龙首龙尾扮成龙样，由16～20人分坐于船的两舷，握桨划船。一般多船竞发，比谁得先（胜）。相传西溪划龙舟始于唐代，兴盛于南宋，集会于明代中期。五常的洪家埭是明代大臣洪钟家乡。洪钟归隐家乡时，将西溪流行的划龙舟赋予祈社福、祝丰年的主题，成为四乡云集的闹龙舟社庆。

端午赛龙舟在五常一带非常热闹，称为“五常龙舟胜会”，2008年被列入国家级非物质文化遗产名录。除了端午，五常等地龙舟还会在农历五月十三中午赶往西面不远的何母桥再次举行赛龙舟，称为“小端午”五常龙舟胜会。

七夕节　农历七月初七为“七夕节”，又称“乞巧节”。所谓乞巧，就是向织女祈求赐以一双巧手的意思。旧时习俗，这天晚上年轻女子要摆上瓜果，三五成群聚于星光下默诉心愿，有的穿针引线做些小物品展示女红技巧。

旧时，五常农户宅旁菜园大多种植槿树，横排的槿树丛可作为篱笆，因此俗称槿树条。槿树叶浸汁洗发，有保护头发的功效。七月初七，摘取槿树叶浸汁洗发，更是妇女必行之举。

20世纪60年代后，妇女洗发使用香皂，20世纪90年代又出现种种护发液，了解槿树叶作用和七月初七女子洗发习俗的人越来越少。

七月十五　又称“七月半”，即中元节，民间将清明、七月半、冬至称为“鬼节”。传说阴间于每年的七月十三将鬼魂放出，让其自由活动五天，到十八日夜间收回。因此，家家户户七月十五这天都要祭祖宗，俗称“祝飨”。“祝飨”时供奉美酒佳肴、时鲜果品，焚香点烛、焚烧锡箔，全家老小恭行叩拜礼。祭拜时，依照辈分和长幼次序，给每位先人磕头，默默祷告，向先人汇报并请先人审视自己这一年的言行，保佑自己平安幸福。送回时，烧纸钱。

七月三十点岁烛　农历七月三十是地藏王菩萨成道日，即地藏节。《地藏经》是佛门孝经，地藏菩萨是“孝”的代名词。一向以孝道作为做人根本的五常人特别重视这个节日。

七月三十这天，出嫁的女儿要拿月饼和岁烛回娘家，给健在的父母送礼盒，点岁烛。女儿万一有特殊情况七月三十无法来，也会提前几天送来，届时请人代点。“岁烛”包括香和蜡烛，以前的惯例，一岁一支，60岁60支，70岁70支。蜡烛是很小的红烛，香是短小的“棒头香”。七月三十这天夜晚，隔支蜡烛隔支香，从家中堂前点到当地土地庙里。有的还在自家门前的道地用旱竹梢插蜡烛，称为“竹顶灯”，十分壮观。

点岁烛必须七月三十晚举行，风雨无阻。如果当天下雨，便把所有蜡烛都点到庙里，谓之“满堂红”。此俗除了祈求父母健康长寿外还有一层意思：年老的父母百年之后能够一路光明。点岁烛的习俗延续至今，只是环节有所简化，蜡烛不再拘泥于每岁一支，而是论斤称上一斤或二斤。土地庙不复存在，香烛插到家门外一定距离就结束。点岁烛只是表示孝心，“点”到为止。

中秋节　农历八月十五为中秋节，俗称过“八月半”，因家人团聚赏月，又称“团圆节”。吃月饼和送月饼是中秋主要内容之一，明田汝成《西湖游览志余》中云：“八月十五为中秋，民间以月饼相送取团圆之意。”

每逢中秋节，女婿都携妻儿去岳家送礼，称为“望八月半”，岳家必定留他们团聚欢饮，花好月圆，其乐融融。五常有些人家也有提前在农历七月三十探望岳家，则称“望七月三十”，意义和程序与“望八月半”是一样的。“望八月半”“望七月三十”的习俗至今仍十分普遍。

中秋节流行祭月，俗称“供月亮娘娘”。八月十五晚饭后设香案、燃红烛，正对月亮方向放上月神像，家人依次拜祭，然后欣赏皎月之美。祭月供品有清茶、老酒、糕点、水果等，其中必须有月饼。水果多取圆形的柿子之类，象征团圆。水果不能用梨，以避免“别离”的忌讳。祭月的供品不用油柿，以避“油滑”之忌。五常一带多用大型的扁花柿，红柿圆月相映，别有风味。现中秋节祭月已不多见。

中秋节最普遍的是吃月饼。相传朱元璋兴兵反元，杭州百姓相约八月十五起事响应。人们制作月饼作为礼品四处投送，饼内夹带起事日期。据说杭式月饼背面粘上一方纸，就是来源于此。其实南宋已有中秋节送月饼、吃月饼的习俗，为反元起事吃月饼应是后人附会。中秋之夜，全家人聚在一起，一边品茶，一边吃月饼，同时欣赏那满满的银月，共享天伦之乐，倍感温馨。

重阳节 农历九月初九为重阳节，又称“重九”节，现在又称为“老人节”“敬老节”。

重阳节有吃栗糕的习俗，这种糕因此称“重阳糕”。重阳糕以糯米为料磨粉嵌上红枣、莲子，蒸成糕，为重阳糕，上撒白糖、桂花，冷却后切成菱形小块，还插上彩纸三角旗，众人分食，故又称“千人糕”，因色、香、味俱佳，人人爱吃。

西溪一带重阳节还要吃老菱，民间有“重阳不吃菱，老鼠拖油瓶”之说。一入九月，菱角枯谢，故有“九月重阳，菱头消漾”的说法。其时，任何人都可去采摘，俗称“放荡”。重阳日，栽菱人家就在家里用盘盛水红菱祭菱神，上香点烛膜拜一番，祈祝来年菱角丰收。此外，还有登高、插茱萸、饮菊花酒、赏菊等习俗。“文化大革命”以后，重阳节已逐渐势微，栽菱日渐趋少，“祭菱神”习俗已绝迹，重阳糕亦很少有人制作，两种习俗正趋于湮没。但重阳节也注入了新内涵，成为“老年节”，开展以老年人为主的各项活动，体现社会尊老爱幼之新风尚。

冬至节 冬至是一个祭奠先人之节，较为隆重，杭州有“冬至大如年”的说法。旧时冬至习俗的主要内容为念佛、祭祖、结骨殖、盖稻草做坟等。冬至日还要给亲人“送寒衣”，让九泉之下的人能暖和过冬。如果是尚在头三年的新穴，更应风雨无阻，前往扫墓。

五常一带冬至时要用糯米粉做团子，称为“冬至果”，也称“冬节果”，是祭祖必备的供品。“冬至果”的馅有咸、甜两种，咸的是鲜肉和咸菜、豆腐干，甜的是细沙或糖。冬至果除了祭祖、自食，还分赠亲友和左邻右舍。五常一带流行冬至进补，以往多为就地取材的食补，尤其是吃童子鸡。改革开放以来群众生活水平不断提高，人们普遍注重于购用珍贵滋补品。

腊八 农历十二月（又称腊月）初八，称为腊八，传统以此日熬“腊八粥”。因释迦牟尼的成道之日也在十二月初八，因此每年的这一天，五常信奉佛教的人都会相聚增福庙、三官堂庙礼佛。庙中熬好腊八粥，先敬神，之后赠送给大家，赐福平安。腊八粥以米、豆之类加红枣、桂圆、莲子、花生等用火熬成粥即成。

第二节　谚　　语

五常地区所流传的谚语是民间集体创造、广为流传、言简意赅的艺术语句，是民众丰富智慧和普遍经验的规律性总结。谚语所反映的内容涉及社会生活的方方面面，主要包括气象、生产、生活、卫生、时政、歇后语等。还有一些谚语用比喻的语言阐发道理，深入浅出，起着公德教化作用。

一、气候类

立冬晴，一冬晴。

黄梅天，十八变。

东鲎（虹）日头西鲎（虹）雨。

清明断雪，谷雨断霜。

六月盖被，有谷无米。

冬至前后，滴水不走。

春霜不露白，露白要赤脚；春霜三朝白，晴到收豆麦。

日晕三更雨，月晕午时风。

春东风，雨祖宗；夏东风，燥松松；秋东风，起凉风；冬东风，烂一冬。

小暑一声雷，十八日黄梅倒转来。

冷在三九，热在三伏。

雨夹雪，落不歇。

春雾雨，夏雾热；秋雾凉风，冬雾雪。

明星照烂地，天亮要落雨。

远山头戴帽，出门戴笠帽。

立春雨淋淋，阴阴湿湿到清明。

吃了龙船饭，好脱小布衫。

六月六，猫狗要汏浴。

九月九，蚊子叮石臼。

白露身不露，赤膊是猪猡。

不冷不热，五谷勿结。

扯起东南阵，落得没田塍。

重阳雾雨一冬晴。

春分前后晴，桑叶增一成。

春上冷，冻煞印（牛叫声，指牛）。

冬雪是宝，春雪是草。

黄昏落雨五更晴，气煞懒惰人。

黄鳝要乘凉，近日有雨降。

鲎高日头低，明朝落勿停。

鸡鸭出笼早，今晚雨就到。

开门落雨好晒被，黄昏落雨五更晴。

邋遢冬至干净年。

六月六打雷，七月廿五看大水。

蚂蚁过桥，泥鳅翻泡，有雨就到。

麻雀成群，大雪来临。

蚯蚓爬上地，今朝要落雨。

三月三赤脚，赤到茧头白。

十二月初三晴，年底落雨到清明。

水缸回潮，要雨明朝。

雾露醒，跳落井。

夏至西南（风）没（淹）小桥。

响雷雨点小，闷雷大雨到。

杨树叶儿红，大水没塘涌。

一阵秋风一阵凉，一场白雾一场霜。

一日黄沙三日雨，三日黄沙九日晴。

雨打秋头，晒煞鳝头。

月亮生毛，要雨明朝。

云幛推过东，晒煞老长工。云幛推过西，割草囡儿穿蓑衣。云幛推上南，外婆门好撑船。云幛推落北，道地上好晒谷。

涨水螺蛳退水蚌。

知了叫，高温到。

吃了端午粽，还要冻三冻；吃了端午粽，棉袄不可送。

六月不热，五谷不结。

立秋湿脚，秋雨呱呱。

重阳无雨望十三，十三无雨一冬干。

冬旱吃饱，春旱吃草。

干净冬至邋遢年，邋遢冬至晴过年。

落雨见星，难想天晴。

星星眨眼，离雨勿远。

满天星，明朝晴。

正月雾，日里无燥路；二月雾，水满山头多；五月雾，井里水勿多；六月雾，晒得塘水枯；七月雾，河港当大路；九月雾，沟里水勿多；十月雾，低田好摆渡。

早上有大雾，尽管晒衣裤。

夜雾阴，明朝晴。

霜夹雾，旱得井也枯。

久晴夜风雨，久雨夜风晴。

天上钩钩云，地上雨淋淋；天上鲤鱼斑，晒谷不用翻。
早上见红云，带上雨伞行；晚上见红云，出门方定心。
早上浮云走，下午晒煞狗。
雷轰天顶，有雨没劲；雷轰天边，大雨连天。
一日春雷十日雨。
午雷两头空。
未到惊蛰先打雷，七七四十九天雪花飞。
雷公先唱歌，有雨亦勿多；闪电不出声，雷雨不会来。
狗喝水，天要落；猫喝水，天要晴。
早蚯出太阳，晚蚯迎雨场。
鸡儿进棚早，明朝天气好；鸡儿进棚迟，明朝必有雨；鸡鸭出笼早，当天雨就到。
泥鳅跳水面，大雨即涟涟。
缸出汗，地还潮，咸菜缸滴水雨来到。
黄鳝纳夜凉，近日有雨降。
蚂蚁搬家要落雨。
盐缸滴卤，雨没大路；
雾里的日头，晚娘的拳头。
两冬夹一春，牛栏九个空；两春夹一冬，无被暖烘烘。
朝立秋，凉飕飕；夜立秋，热当头。
天起黄云，必有狂风。
乌云盖日头，当夜雨飕飕。

二、生产类

早稻不过立夏关，晚稻不过立秋关。
秋分种菜冬至腌。
种得一亩桑，可免一家荒。
种桑养蚕，一树桑叶一树钱。
种桑三年，采桑一世。
要吃饱，多种粮，要钞票，多种桑。
家有百株桑，一家吃勿光。
小蚕靠火养，大蚕靠风养。
小蚕吃好，大蚕吃饱。
种子年年选，产量节节高。
二八不开秧门。
多掼掼，割稻饭。多抖抖，割稻酒。
清明落种，不用问爹娘。
人要补桂圆荔枝，地要补河泥草籽。
百担河泥一担米。

长命柿子，短命栗子。
五常柿子不到场，苏州柿场不开行。
蚕豆好肥田，只能种一年。
处暑一滴雨，处处是白米。
处暑苗根白，粥汤没得喝。
稻熟要养，麦熟要抢。
稻倒一只角，麦倒一层壳。
冬至前后霜，石臼边上糠。
冬里施肥不用功，春花老来一根葱。
冬捻一寸泥，胜过盖条被（早竹）。
谷雨雨稠稠，桑叶喂老牛。
落籽三分熟。
静水鲤鱼流水鲶。
麦要敲，菜要浇。
忙忙碌碌一个月，光头滑面吃一年（养蚕）。
宁可蚕老叶不尽，莫叫叶尽老了蚕。
牛要不落膘，夜草不可少。
七月葡萄八月梨，九月柿子黄肚皮。
千浇万浇，不如寸麦一浇。
秋分不出头，割来喂老牛。
人冷盖被，麦冷盖泥。
人怕露筋，船怕露钉，桑怕露根。
人不吃油，面燥皮皱；茶不施肥，叶黄梗瘦。
人粪黄花草，桑地两个宝。
若要发，一行蚕豆一行麦。
若要桑地好，地上不见草。
下豆下在降（霜降）里，还是装在甏里。
四旁种桑，吃用不慌。
养猪无窍，栏干食饱。
养猪不赚钱，回头看看田。
芋艿要捂墩，稻苗要耘根。
种早稻分昼夜，种晚稻分时辰。
早稻靠发，晚稻靠插。
正月撬金沟，二月撬银沟，三月只撬淌水沟。
种豆要削，种麦靠压。
姑娘怕误女婿，庄稼怕误节气。
一脚勿去，一脚勿来。
只有懒人，没有懒田。

儿要亲生，田要冬耕。

苗多欺草，草多欺苗，地里有草难出苗。

寒冬施肥施根线，抵过春天施三遍。

大寒小寒施腊肥，油菜小麦过冬齐。

芒种芒种，样样要种；芒种勿种，再种落空。

秧好半年稻，叶好一半蚕。

麦头齐，谷落泥。

早稻不种六月田，晚稻不过立秋关；晚稻莫过秋，过秋就勿收。

有收无收靠灌水，多收少收靠施肥。

深耕加一寸，抵上一担粪。

稻要泡，麦要燥。

稻熟要养，麦熟要抢。

千浇万浇，不如寸麦（小麦）一浇。

小麦屁股痒，不踏不敲不肯长。

麦怕春风连夜雨，稻怕寒露一朝霜。

千浇万浇，不如撒花（油菜）一浇。

草子种三年，坏田变好田。

山怕无林地怕荒，人怕懒惰花怕霜。

三年护林人养树，五年成林树养人。

冬季捻河泥，桑果胀破皮。

有收无收在小蚕，多收少收在大蚕。

蚕老一刻，麦老一时。

春施催芽肥，夏施拔蘖肥，秋施嫩壮肥，冬施基础肥。

桑地冬耕有三好，保水灭虫又除草。

茶树绿丛丛，只怕拱拱虫（茶尺蠖）。

前三日早，正三日宝，后三日草。（采茶）

采得好，茶是宝；采不好，茶是草。

夏至杨梅满山红，小暑杨梅要出虫。

要吃梨，刮树皮。

清明下种，立夏分行，小暑齐叶，伏里起节，白露齐权，立冬倒蔗。

三日两头浇，廿日可动刀。（指种小白菜）

谷雨前后，种瓜种豆。

八月半，芋艿挖挖看；九月半，芋艿剩一半。

立夏种姜，夏至离娘。

秀才不离书，种田不离猪。

桃花含苞，鲤鱼扎草。

鲫鱼浮头，全池无救。

养鱼如绣花，一针不能差。

好儿要好娘，好稻要好秧。
人要壮，吃蹄膀；田要肥，草河泥。
春天的肥，冬天的米。
六月不用功，十二月叫命穷。
六月不晒背，十二月要懊悔。
霜降豆，立冬麦，小雪菜。
麦根痒，敲敲长，豆要灰，麦要粪。
清明见荚，立夏好吃。（指蚕豆）
蓬头束脑一个月，快快活活过一年。
二眠顶重要，宁可不困觉。
大眠眠出，状元考出。
蚕儿要好，叶要好，吃得饱。
小蚕火里养，大蚕火里长。
养好小蚕一半收。
天闷防病，天冷防僵。
旺食十分饱，起蚕八分饱。
田荒一年，地荒十年；兴桑十年，荒桑一年。
春除过冬草，夏除黄霉草，秋除结籽草。
年年冬耕，增产三成，三年不冬耕，桑树烂断根。
春肥长叶，夏肥长条，冬肥长根。
人怕心口痛，桑怕蛀心虫。
桑叶出梢养蚕快。
有叶没叶，清明廿日。
桑叶逢晚桑，愁煞养蚕娘。
桃三李四梨五年。
清明浸谷，谷雨插秧。
寒露到，割秋稻；霜降到，割糯稻。
红灯笼铁宝盖，十人见了九人爱。（指柿子）

三、生活类

晴天带伞，肚饱带饭。
邻舍好，三贯宝。
吃饭防噎，走路防跌。
七十勿留歇，八十勿留吃。
饭后百步走，活到九十九。
清明螺，抵只鹅。
斤鸡马蹄鳖。
六月勿开话，十二月勿得话。

廿三掸掸尘，廿四赶出门。
年三十的吃，年初一的穿。
小灾年年有，大灾三、六、九。
想得滚滚圆，得个箍噜圈。
脚踏西瓜皮，滑到哪里算哪里。
冷在风里，穷在债里。
只可赌力，不可赌吃。
金窝银窝，不如家里草窝。
新穿鞋子三日紧，新造茅坑三日香。
萝卜小菜，各人各爱。
亲兄弟，明算账。
冷言冷语难听，冷粥冷饭难吃。
闲时不可去赌钱，准备犁耙好种田。
讲过忘记，吃过肚饥。
日里讲到夜里，菩萨还勒（在）庙里。
出力不讨好，黄胖搡年糕。
学好三年，学坏三天。
外行人看热闹，内行人看门道。
三月桃花一时红，风吹雨打一场空。
若要富，先修路。
穿讲漂亮，用讲高档，吃讲营养，住讲宽敞。
有技术进工厂，有门路去经商，老实人做田庄。
拳头打出外，臂膀弯进里。
老虎追在屁股后头，还要回头看看是雌还是雄。
聪明脸孔笨肚肠。
卖相蛮好，一肚皮烂稻草。
孵生不如孵熟。
六月债，还得快。
债多不愁，虱多不痒。
又要马儿跑，又要马儿不吃草。
日里走四方，夜里点灯补裤裆。
活要活得歪（健康），死要死得快。
不看僧面看佛面。
不识洋钱叫人估，不识得人头一世苦。
蚕筷子对蜡烛签——尖对尖。
出门看天，入门看脸。
出工蛤蟆背纤，收工鲳鱼射箭。
大懒使小懒，小懒朝你白一眼。

打虎亲兄弟，上阵父子兵。

打落门牙往肚里吞。

豆腐刀儿两面光。

儿子像娘，银子打墙。

挂羊头卖狗肉。

狗咬吕洞宾——勿识好歹人。

狗眼看人低。

观音菩萨不贪财，纸马蜡烛哪里来。

好汉不撑（赚）六月钱。

和尚拜丈母——头一回。

黄连树下弹琵琶——苦中有乐。

皇帝不急太监急。

鸡蛋碰不过石头。

急惊风碰着个慢郎中。

捡了芝麻丢了西瓜。

脚板底上抹油——溜得快。

脚踏两头船。

僵死鬼搽粉——死要面子。

姜太公钓鱼——愿者上钩。

来是人情去是债。

弄堂里扛竹竿——直来直去。

麻子搽粉——折煞老本。

晾竿挑水后头长。

茅坑里的石头——又硬又臭。

南瓜生在乌甏里，丝瓜长在笔管里。

娘家的饭香，夫家的饭长。

墙头草——两边倒。

清水捉田螺——一眼就见。

日半世，夜半世。

人要衣妆，佛要金妆。

三个手指捏田螺——稳牢牢。

少来夫妻老来伴，露水夫妻不到头。

石板上甩乌龟——硬碰硬。

生煞数的性，钉煞数的秤。

天上玉皇大，地上娘舅大。

挖出萝卜带出泥。

歪木头，直木匠。

文官动动笔，武官杀脱力。

瞎子吃馄饨——肚里有数。
一颗老鼠屎，坏了一锅粥。
虾有虾路，蟹有蟹路。
灶肚里捅火叉——直来直去。
贼偷一半，火烧全完。
占着茅坑不拉屎。
站着说话不腰疼。
竹筒里倒豆子——爽快。
嘴上没毛，办事不牢。
嘴唇两张皮，翻来覆去都是理。

四、卫生类

有病不瞒医，瞒医害自己。
多困得毛病，多哭坏眼睛。
不染烟和酒，活到九十九。
桃子起病，李子送命。
若要小儿安，要带三分饥和寒。
一顿吃伤，十顿喝汤。
吃饭不言语，困觉不捂头。
眼睛不擦不瞎，耳朵不挖不聋。
早饭吃得好，中饭吃得饱，夜饭吃得少。
饭焐萝卜，人参之补。
三分吃药，七分调理。
单方一味，气煞名医。
少吃多滋味，多吃坏肚皮。
燥呛无痰，要好犯难。
杨柳青，百病生。
暴力伤人，暴食伤身。
冬吃萝卜夏吃姜，不用郎中开药方。
冬吃萝卜夏吃姜，郎中先生卖老娘（老婆）。
闭目养神，赛过吃参。
吃了苍蝇脚，肚子拉得眼翻白。
千金难买老来瘦。
穷人不生病，好比交大运。
小病不医成大病，大病不医要送命。
走走路，跑跑步，阎王忘记生死簿。

五、教化类

家和万事兴。

行得春风有夏雨。
好稻有好秧，好儿有好娘。
车到山前必有路，船到桥头自会直。
花花轿子人抬人。
八脚全通，饿煞祖宗。
一个篱笆三个桩，一个好汉三个帮。
前人种树，后人乘凉。
害人之心不可有，防人之心不可无。
棒头儿下出孝子，筷子头上出孽子。
老鹰着天飞，常常饿肚皮；土步（鱼）卧浅滩，照样吃饱饭。
满口饭好吃，满口话难说。
白天不做亏心事，半夜敲门不吃惊。
牛耕田，马吃谷，各人自有各人福。
枪打出头鸟。
人争一口气，佛争一炷香。
人有拐杖跌不倒，事有商量错不了。
送佛送到西天，帮人帮到底边。
无风不起浪，无火不成烟。
远亲不如近邻。
亲帮亲，邻帮邻，摇船老大帮客人。
打蛇要打七寸里，牵牛要牵牛鼻子。
萝卜不出芥菜种。
人正不怕影子歪。
人要脸面树要皮。
一日省一把，三年买匹马。
烧火要空心，做人要实心。
若要好，大做小。
有借有还，再借不难。
上天言好事，落地保平安。
敬老有福，敬土有谷。
一天省根线，百日把牛牵。
吃勿穷，着勿穷，不会打算一世穷。
补漏趁天晴，读书趁年轻。
前半夜想想自己，后半夜想想别人。
好话不可讲完，坏事不可做绝。
不听老人言，吃苦在眼前。
强中自有强中手，莫在人前自夸自。

第三节　俚　　语

俚语是指民间非正式、较口语的语句，是百姓在日常生活中总结出来的通俗易懂的具有地方色彩的词语或短句。流传于五常一带的俚语善用比喻，具有生动形象的鲜明地域特色。

倩：妇女忸怩作态，或叫倩煞煞。

犟：不听话，或叫犟头犟脑。

交关：形容词。很，十分。

倒灶：店铺闭歇，或做事失败。

发靥：可笑、可爱。

吃瘪：与人争执失败。

藤头：固执己见者。

毒头：不可理喻者。

坍台：失面子。出山：出人头地、事业有成。

小器：吝啬。

急棍：赶快。

白相、嬉：游玩、做客。

弄送、调爬：故意戏弄

落胃：完成，心中忧烦有了着落。

收桌：整理。

出山：事业有成、出人头地。

顺手：右手。

借手：左手。

老子、老娘：丈夫、妻子。

肴馔：小菜。

勿来头：办不到。

甩锣槌：为人做事，半途而废。

别苗头：争比高下。

没花头：平庸、无可取之处。

打圆场：调解。

老花头：旧样子。

三脚猫：技艺不精。

火逼鸡：仓促成事。

蛮胡佬：大大咧咧，不拘小节。

背木梢：甘愿代人办事或代担责任。

滥好人：待人一团和气，不讲是非原则的人。

搞罗皂：玩耍。

勿还债：不懂事给父母添乱。

撞木钟：短时间内连续访友或办事遇挫。

木佬佬：多。

起哄头：带头喧哗扰攘。

头大心晃：目中无人。

阴阳搭戳：办事、说话不爽快。

气鼓闹糟：不如意、闹情绪。

瞎七瞎八：不明事理。

夹七夹八：强欲参与，为人讨厌。

直角弄通：无所遮蔽。

搅七廿三：胡搅蛮缠，惹人厌烦。

钉头碰铁头：硬碰硬。

上轿穿耳朵：形容一些人或者事，平时没有准备，临时慌忙应付的行为，带有贬义。

老道儿失撇：形容经验丰富之人也有失着。

鸡毛当令箭：比喻把别人随便说的话当作重要依据，也有小题大做、轻事重报的意思。

脚踏两头船：比喻对事物的认识不清而拿不定主意，或为了投机取巧而跟不同的两个方面都保持关系。现一般形容玩弄他人感情的行为，含有贬义。

吃空心汤团：已诺之事，言而无信。

陈年挖臭屁：提以往丑事。

板板六十四：做事刻板。

吃隔夜螺蛳：讲话重复，纠缠不清。

出头椽子先烂：抛头露面先吃亏。

自道好，烂稻草：自我吹嘘，没有实际本领。

上门不见土地：访人不遇。

出丧忘记棺材：办事忘记主体。

污（屎）不出，屁先出：形容事情还没有做，早就把事情宣传出去。

矮子里挑长子：差中选好。

豆腐里寻骨头：比喻无事寻事，无中生有。

狗对茅坑罚愿：比喻恶习难改，不管说什么都难以使人相信。含轻蔑意。

蚂蚁拱鲞骨头：力小任重；齐心协力。

大家马儿大家骑：人人有份，大家都一样。

眼睛生在额角头：看不起人。

铜钿眼里翻跟头：死要钱。

骨头没有四两重：轻佻。

团子吃到豆沙边：形容做事已近尾声。

癞痢杀头没罩头：意思是事到尽头已经没有改变的可能了。内中包含着一丝冤枉的意味。

迟来和尚吃厚粥：形容到得迟而获益大，与“捷足先登”相反。

猫嘴巴里挖泥鳅：指事情很难办到。

螺蛳壳里做道场：形容在小空间里做场面较大之事，多用于自嘲或自谦。

冬瓜扯到豆棚里：乱扯一气。

锅里勿滚汤罐里滚：指当事人不急，旁人着急。

买只夜壶等勿到夜：指一个人爱显摆。

造房子寻着箍桶匠：比喻请了外行人。

跷子赶到，市面散掉：指来迟了一步，常讽刺那些做事拖拉、行动慢半拍的人。

老太婆坐花轿——浑沌沌：糊里糊涂，没搞清楚状况。

江西人补碗——吱咕吱（自顾自）：旧时从事补碗的多为江西人，操作时发出“吱咕吱”噪声，与“自顾自”声音相似。常用以讥讽只顾自己不顾他人的行为，含有责备的意味。

乌花脸教训十三点：形容某人自己有问题却指责别人，含有“彼此彼此”的讥讽意味。“乌花脸”意为不干净，“十三点”指精神不正常的人。

红萝卜记在蜡烛账上：搞错主体、算账算错人了。

麻子搽粉，蚀杀老本：投入太大，华而不实。

钱塘不管，仁和不收：形容办事互相推诿。

生煞的性，钉煞的秤：本性难改。

眼花落花，猫拖酱瓜：形容挑花了眼。

脸皮老老，肚皮饱饱：形容不讲脸面，只求好处。

半斤八两，黄鱼水鲞：以前计重为十六两制，半斤等于八两，腌制的黄鱼又称水鲞。喻对一事物叫法不同，本质相同。常带讽刺或调侃。

救急好救，救穷难救：意长久之事难做。

八脚全通，饿煞祖宗：学本领满足于皮毛，以致一事无成，连吃饭都成问题。

癞痢头儿子，自家的好：偏袒自己人。

荷叶包野菱——里戳出：变从内起。

扫地扫壁角，抹桌抹四角：办事认真周到。

若要俏，骨头冻得嘎嘎叫：求美观宁挨冻而少穿衣裤。

落水喊救命，上岸讨包裹：忘恩负义。

外婆做鞋子，年年老样子：指一成不变。

门角里撒污（拉屎）——不怕天亮？比喻人暗中做的坏事总会被发现，有“要想人不知，除非己莫为”之意。

外面敲镗锣，屋里喝盐卤：形容富裕程度名实不符。通常用以讥讽张扬夸富的人，有时也用以自谦。

吃苦勿记苦，到老呒结果：说明人生历程吸取挫折中教训的重要。

蟑螂灶壁鸡，一对好夫妻：指双方基本条件相当，很般配。语带贬义。

吃了五谷想六谷，做了皇帝想登仙：比喻某人贪得无厌、欲望无止境。

一个篱笆三个桩，一个好汉三个帮：比喻一个人本领再大，也有需要帮助的地方，与“独木不成林”的意思相近。

第四章 宗 教

五常宗教流传甚早，且与历史发展同步。新石器时代，五常一带也是良渚先民的活动区域，在对距今四五千年的良渚遗址考古发掘中，已发现先民各种祭祀和宗教活动痕迹，原始宗教开始出现。汉代以后，五常区域居住人口开始增多。由于洞霄宫兴起等原因的影响，五常一带受道教的影响较早。东晋初，佛教传入杭州。经五代吴越国和两宋，佛教成为五常民众信仰的主要宗教。约晚清或民国时期，基督教传入境内。民国期间，宗教活动未中断，但寺观建筑缺少维修而渐破落。中华人民共和国成立后，国家实行宗教信仰自由政策。20 世纪 60 年代，宗教一度销声匿迹。改革开放后，不少寺院、教堂经修缮、重建后开放。

第一节 佛 教

东晋咸和初，印度僧人慧理到钱唐结庵，兴建寺院，是为佛教传入杭州之始。差不多在同一时期，由昙翼法师开山，创建西溪法华寺，这是西溪一带最早的佛教寺院。南北朝时，门阀士族提倡佛教，杭州及其周边佛寺渐多。唐、五代至宋，历代帝王以朝廷名义支持佛教传播者较多，西湖周边及西溪一带为佛教圣地，一时梵刹林立、名僧辈出。宋代，五常佛教进入鼎盛期。明正德年间（1506—1521），洪钟辞官回乡，将五常村洪家埭的家庙道仁土地堂扩建为道社庙，一直是周边地区佛事活动中心。21 世纪初，在易地重建道社庙处建广福禅寺，成为五常规模最大的佛教场所。

五常街道还根据国家有关政策，加强对佛教场所规范管理。

一、概况

隆庆寺是五常最早的一座佛寺，后唐同光年间（923—926）创建，据说径山开山祖师法钦圆寂后曾葬于此。太平兴国三年（978），吴越国王钱镠之孙钱弘仪所建法昌院，曾名重一时。当年法昌院印制《佛说观世音经》等经卷，成为目前发现的浙江最早的雕版印刷品，其刻版印刷的时间要略早于原杭州雷峰塔所藏佛经刻印时间。

建于南宋乾道年间（1165—1173）的灵慈庙，当时有正、别两庙，正庙位于留下镇北，别庙就位于五常的白荡滩。庙里祭祀的是五常人戴隆，后人评价他："慷慨好施，乐善不倦。"相传南宋绍兴年间（1131—1162），地方天灾歉收，戴隆夫妇贵入贱出，以贵买贱卖的方法暗中助人，慈济一方。戴隆死后，乡邻为其建祠纪念，此祠就是灵慈庙。据传有一年西溪洪水泛滥，灵慈庙的戴隆夫妇神位被洪水冲到白荡北滩，当地百姓自发为其建造了一座"白荡北滩庙"，后被人称为白庙。南宋时期，白庙屡次重修扩建，盛极一时，成为五常最大的寺院。到了 1974 年，白庙才被完全拆毁，原址改为五常老人院、五常卫生院。但是，这块地方，在五常人的口中，仍称为“古大白庙”。一直到今天，白庙重修时，原址尚存老庙的石柱数根。

明正德年间（1506—1521），五常人洪钟辞官回乡，将五常村洪家埭的家庙道仁土地堂扩建为道社庙。清初，道社庙已达相当规模，占地1.33公顷，是五常及周边地区佛事活动中心。庙内建有戏台，每逢年过节，便有演出。届时，四方村民或徒步而往，或荡舟前去，热闹非凡。至民国后期，道社庙仍香火延续。20世纪50年代被改作他用，“文化大革命”中被毁。90年代中期，重建道社庙的活动在洪家埭、邱桥一带展开。而后又获宗教部门支持，道社庙易地重建，更名广福禅寺，规模相当大。邀浙江省佛教协会名誉会长、新昌大佛寺住持上悟下道为名誉方丈，九华山高僧释果文为住持。寺院占地近1.33公顷，建有三圣殿、观音殿、大雄宝殿等。大雄宝殿高甍飞宇、琉璃瓦顶、金碧辉煌，造价1000余万元，又花费近百万元从缅甸购得玉佛一尊。天王殿、地藏殿、伽蓝殿、藏经楼、钟鼓楼也陆续新建。90年代所建的道社庙改称五常老爷殿，在大雄宝殿右前方。该寺院目前占地面积2.8公顷，规划建设面积5.87公顷，其功能布局为一个中心，两大区块，三种形式，四项结构形态，即以佛教礼仪为中心；以地藏道场、观音化境为主题；以朝拜、念佛、法会为形式；集宗教、观光、休闲、购物为一体的新颖的佛教文化场所。

2014年，五常街道以“三改一拆”为契机，全力推进非法宗教场所和小庙小庵的整治工作，并加强对合法宗教场所的规范管理。4月24日，街道办事处向广福寺发出了《关于要求尽快消除安全隐患的整改通知》，督促广福寺停止在地藏殿、老爷殿二处建筑内开展一切活动，并在该隐患区域设立警示标志；5月8日，对五常基督教堂宗教标志进行了上改下、大改小整改；8月28日，街道和区民宗局一起召集派出所、综治和信访科、经发和安全科、文体中心等有关职能部门，与五常社区居委会及社庙负责人召开协调会，对广福寺内老爷殿（道社庙）神像开光事宜进行制止，并做好信众劝解引导工作。

街道按照“七个必拆”“两个暂缓”“一个严格控制”的方针，专门组建了领导小组，对辖区内的非法宗教场所和小庙小庵进行整治。5月底前，街道对位于文一社区南河头的横家桥庙、永福社区五组沈家桥北的瑶池庙进行了拆除；6月底前，对位于永福社区三组章家村的章家村庙进行了拆除。钱村庙、观音庵因地理位置仅一河之隔，周边共有小庙小庵6个，9月初按“三改一拆”标准完成评估工作，10月底完成全部拆除工作。此外，街道在严格落实区“三改一拆”任务书的同时，还自行排摸出辖区包括五常社区范村庙在内的其他5个违章小庙，合计面积1326.51平方米。其中灵源小庙已于9月15日完成拆除；钱村庙、观音庵和其余4处小庙小庵则于10月29日完成全部拆除工作，共拆除小庙小庵13处，面积8778.04平方米。

二、寺院简介

隆庆寺 隆庆寺位于五常街道西南荆山岭（旧称同光山）下，后唐同光年间（923—926）创建。据《西溪梵隐志》《西溪百咏》记载，隆庆寺由径山国一钦禅师中兴，禅师圆寂后，葬在寺右的钓台上。寺前有钵盂峰、狮踞石。北宋高僧黄牛惟政禅师也曾经在这里居住，禅师经常骑黄牛，人称“黄牛禅师”。元初毁于战火。

明万历年间（1573—1620），钱塘名士黄汝亨重新恢复隆庆寺，并请西溪龙归院的无用禅师主持。崇祯年间（1628—1644），无用禅师的徒弟忍先等人，继承禅师的衣钵，重兴旧业。

隆庆寺是五常最早的一座佛寺，自开山后，直到明末，代有高僧主持，至清末衰败。谷口不闻流叶语，源头谁问住山因？何年衣钵留峰顶，自此相传代有人。”

灵慈庙 灵慈庙为纪念钱塘人戴隆而建。戴隆，字灵慈，隐于西溪昭德里（今五常洪家埭）。戴隆乐善好施，“昔夫妇贵籴贱粜，慈济一方之饥。”（《西溪湿地》副集·《西溪词境》，当代中国出版社2005年版，第11页）。戴隆过世后，南宋孝宗乾道年间（1165—1173），有个姓李的人为戴隆夫妇在留下市修建了庙，百姓称为“西溪土神庙”，另外在白荡滩建了别庙，并称呼戴隆为“戴灵慈”，戴隆被封为土地菩萨。后来由于洪水泛滥，白荡滩灵慈庙的戴隆夫妇神位被洪水冲到白荡北滩，当地百姓自发为其建造了一座“白荡北滩庙”，因为白庙有了戴使府君菩萨的神位，故曰“正庙”。

明清以来，白荡滩的灵慈庙游人众多，香火更旺，俨然成了一方游览胜地。白荡滩有大小两滩，大滩居南，小滩居北，周围数里，鱼虾丰富，周围百姓多以捕鱼为业。水中芰荷，岸上枫杨；芦花蘋叶，宕碎波光。故居民香客常以画船载酒游乐其间。

道社庙 道社庙，又名白庙，原名道仁土地庙、老爷殿、包公殿，位于今五常街道中南部，距顾家桥0.4公里。北宋末期五常邱桥、洪家塘一带的百姓集资建造。道社庙建有大雄宝殿、观音大殿及其他众多的辅助建筑。当时的道社庙不仅是个宗教场所，还是个大众娱乐场所，庙前设有戏台，逢年过节都会举行盛大的演出活动和民间的武术比赛。中华人民共和国成立后，庙被拆毁，改为卫生院。五常曾发现了一柄刻有“道社庙众安坊汉帅寿亭侯”的尚阳大刀，反映五常十八般武艺所用的兵器在演化过程中与道社庙有着紧密的联系。

道社庙庙前有戏台，合抱粗的大柱子上雕龙刻凤。届时，四方村民或徒步而往，或荡舟前去，热闹非凡。至民国后期，道社庙仍香火延续。中华人民共和国成立后，道社庙先后成了五常人民公社的造船厂和稻谷加工厂。“文化大革命”中，道社庙被毁，20世纪90年代移建于绕城公路西侧，荆长路以东，占地1.3公顷，改名为广福禅寺。

道社庙又称白庙，原在白庙村，中华人民共和国成立后庙毁（原址改建为卫生院），当地百姓于邱桥附近重建，改名道仁庙和老爷殿。今天庙尚在，大殿三间，塑有许多佛道神像，已经与灵慈庙合而为一，只有仔细研究庙中塑像、壁画氛围和庙前广场一座铸有“道仁庙”字样的铁香炉，方才得以了解它的来历。

广福禅寺 五常广福禅寺，原名道社庙，位于五常街道中部，东邻西溪湿地，西近荆长公路，三面环水，是西溪国家湿地景区的佛教活动中心。

广福禅寺之名来源于原西溪湿地内蒋村乡的广福庙。丁丙《武林掌故丛编》第一集《唐垣九》中记载着该庙的由来。广福庙祭祀的是蒋村蒋氏三兄弟：蒋崇仁，排行第七，人称蒋七郎，八郎蒋崇义，九郎蒋崇信，北宋末，世居蒋村，种田致富。宋宣和二年（1120），方腊起义，攻陷杭州，蒋崇仁带领家人御灾捍患，散家财帮扶百姓。建炎初，高宗赵构迁都杭州，人口骤涨，粮食匮乏，蒋崇仁在每年的收获季节储备粮食，遇到粮食歉收的时候，就以贱价卖出，平抑粮价。凡求购者，任其自量，无人欺诈，故有“蒋自量”之称。蒋崇仁临终嘱咐两个弟弟，曰：“为人需存仁心，力行好事。”之后，弟承兄志，相继行善六十余年，百姓不忘其德，在其故居建祠庙祭之。南宋咸淳三年（1267）朝廷赐庙额，曰“广福”，并追封蒋崇仁为孚顺侯、蒋崇义为孚惠侯、蒋崇信孚佑侯。这便是广福庙的来历。自古有功德于民者，其生必胙之。无论是达官贵人洪钟，还是以力耕致富的蒋氏兄弟，都有功德于黎民百姓，会受到人民永远怀念。今五常新建寺庙取名广福，广纳福祉，自然也是对洪钟、对蒋氏兄弟的感激和怀念。

广福禅寺（2012）　（王洪坤　摄）

1994年4月，广福寺取得宗教活动场所登记证及组织机构代码证，成为余杭区合法佛教活动场所。1995年改造老爷殿，后再造观音殿、大雄宝殿。现在的广福禅寺，南向、东向两座大殿巍峨壮丽、金碧辉煌，远超过原有的规模。踏进庙门，迎面是高大的佛像，宝相庄严；大雄宝殿、观音殿、天王殿、玉佛殿依次排列，殿后有客房、僧舍、餐厅，电脑、电话、空调等已进入“空门”。广福禅寺东西两侧有杭州绕城公路和荆长公路，寺庙正前方是河流，交通便捷，视野开阔，它不仅是五常及周边的佛教中心，也逐渐成为五常水乡湿地一道新的人文景观。

自2010年以来，广福禅寺举办过多次禅事活动。2010年4月，广福禅寺举行了首届禅茶法会，是第九届中国茶圣节三大主题活动之一。活动通过礼佛、调息、煮水、候汤、洗杯、烫壶、赏茶、投茶、注水、开香、泡茶、分茶、敬茶、闻香、观色、品茶、回味、谢茶十八个步骤，来宾共同分享了“茶禅一味”“茶即禅”——品茶如参禅的意境。2011年3月，广福禅寺举办“行脚修善、植树种福”行脚活动。100余名广福寺僧人齐聚杭州西溪国家湿地公园洪园正门口，举行启行仪式。之后，僧团一分为二，一队进入洪园，和游客们一同栽下一排祈愿树，祈祷风调雨顺、国泰民安。另一队僧人在杭州市佛教协会副会长、上天竺天禧寺定本方丈带领下，从洪园出发，途经访溪路至广福寺，托钵行脚，历时1个多小时。每年腊八节，五常广福禅寺均向市民免费发放几千份“腊八粥”。

第二节　其他宗教

一、道教

境内自古有道教活动。西汉元封三年（前108）创宫坛于大涤洞前，为投龙祈福之所，是为洞霄宫之始。东汉末年，被后人尊为道教的创始人的张道陵（张天师），在余杭及天目山一带活动。东晋时期的葛洪、郭文和许迈等人，曾在大涤山、天柱山一带传教。自唐至北宋，洞霄宫得到了快速的发展，宋代洞霄宫成为全国道教中心，后被列为道教三十六小洞天、七十二福地之一。五常地处辇道，是南宋皇室和政府官员去洞霄宫的必经之地，受道教影响很大。

法华山下的东岳庙，始建于南宋乾道三年（1167），奉祀东岳大帝，杭州人称为“老东岳”。东岳庙在西溪，也是五常居民从事道教活动的场所。每年的农历三月二十八，相传为东岳大帝的诞辰，城中市民、远近四乡农民，成群结队而至，庙里庙外，人声鼎沸。而农历七月又有东岳“朝审”日，四周民众进香，盛况非凡。东岳庙一直到现在，都是道教活动点。

二、基督教

明末，基督教传入杭州。鸦片战争以后，基督教各派会的传教活动更为活跃，纷纷开设医院和学校，举办“慈善公益”事业，购地建堂，开展布道活动，教徒发展很快。晚清时期，五常即受基督教影响。境内出现教堂，约在民国时期，具体时间已不可考。中华人民共和国成立后，教堂一度关闭，停止活动。20 世纪 80 年代以后，重建和新建五常教堂及聚会活动点。

五常街道基督教活动现有 2 个教堂（点）。

五常基督教堂 20 世纪 80 年代后期，始有信徒开始在家里聚会。1990 年经政府批准，设立五常基督教聚会点。1992 年，信徒在邱桥村四组购买七间木结构旧房作聚会场所，二年后在原地重建，建筑面积 150 平方米。2008 年，五常基督教堂因西溪湿地三期工程整体被拆迁，2010 年 4 月重建，2011 年 11 月建成。五常基督教堂位于五常社区，占地面积 4.8 亩，主堂长 47 米，宽 18 米，建筑面积 2900 平方米，可供千余人聚会祈祷。配套楼建筑面积 800 平方米，功能设施齐全。2021 年，教堂有一名牧师、一名长老、一名专职神学生，约有信徒 800 人，聚会约 500 人，信徒本地与新余杭人各半，有义工 200 人左右。

荆山基督教堂 五常荆山基督教堂位于荆山社区，成立于 2003 年，是政府批准的合法宗教文化活动场所，原来借用荆山社区石矿的危旧房屋，后进行加固、改装，通过政府验收合格。2020 年约有信徒 300 人。

卷 八

人　　物

第一章　人 物 传

第二章　人物简介

洪氏人物像

第一章　人物传

杨存中

杨存中（1102—1166），本名杨沂中，字正甫，代州崞县（今山西原平）人，南宋名将。杨存中身材魁梧，性情沉鸷。少时机敏多力，娴习兵法，善于骑射。北宋末年，杨存中应募从军击贼，后成为张俊部将。南宋绍兴二年（1132），升任神武中军统制，开始掌管宿卫亲兵。其后于藕塘大破刘猊，名震北方。柘皋之战时，以长斧士大败金军"拐子马"。杨存中驭军宽而有纪，样貌威严却善于逢迎。出入宿卫四十年，少有过失，受两朝宠眷，宋孝宗常称他为"郡王"而不称其名。杨存中天资忠孝勇敢，历经大小二百余战，身受创伤五十余处。宿卫皇帝出入四十年，过错最少。杨存中驭军宽而有纪，选用人才专以才能勇敢为标准，不私用部曲故旧。李显忠曾因罪过被贬斥，杨存中奏请任他为统制官。后来，李显忠终成名将。杨存中曾经因为克敌弓虽强劲但难以蹶张，于是创制马皇弩，制工精巧，易发射远，人人佩服其精妙。

高宗依靠诸将，对杨存中眷顾尤其深厚。宋孝宗因为他是高宗旧臣，对他尤其礼遇，常常称其为郡王而不直呼他的名字。绍兴二十年（1150），封恭国公。绍兴三十一年（1161），罢为太傅、醴泉观使，进封同安郡王。金帝完颜亮南侵时，杨存中反对议和，并督军防守。乾道二年（1166），杨存中去世，年六十五。追封和王，谥号"武恭"。

明代的西溪诗僧释大善的《西溪怀古·杨圩》云："杨圩，宋功臣杨统制世居钱塘，功成名遂退林丘，贵仕三朝富一畴。南亩春耕兄乐业，西庄秋熟弟优游。阶生兰桂随时秀，堂奏篪埙逐口酬。兄爱弟恭妯娌睦，同源九世不分流。"杭州城中有多处杨存中的府第，他的庄田也遍布杭州、嘉兴、苏州、昆山等地。《径山志》记载：径山的了明和尚因径山寺无田产，粮食匮乏，于是赴杨和王府募田，杨和王就将苏州的庄田一万余亩施于径山寺。五常与杭州近在咫尺，土地肥沃，只不过荒滩不经改良无法种植，于是杨存中兄弟或出资购买或朝廷赐予，各置圩田一处，并大兴水利，遂使荒滩成良田。这项数千亩的筑圩围田工程，若非政府或富室巨户出资是很难完成的。杨氏兄弟是最早的一批对五常进行开发建设的功臣，人民自然不会忘记他们，于是百姓便把这两处庄圩称为杨圩或杨府埧。

洪　皓

洪皓（1088—1155），字光弼。官至徽猷阁直学士、提举万寿观兼权直学士院等，卒赐魏国忠宣公，赠太师。系钱塘洪氏家族。《宋史》卷三七三《洪皓列传》称其"少有奇节，慷慨有经略四方志"，洪适《盘洲集》卷七四《先君述》又称其"书无所不读，虽食不释卷"。北宋政和五年（1115）进士，曾任宁海（今浙江宁海）主簿、秀州（今浙江嘉兴）司录、知泗州（今江苏盱眙北）兼淮南、京东等路抚谕使等。后擢升为徽猷阁待制、假礼部尚书，出使金国。金国留不遣返十五年，先后流递云中（今山西大同）、冷山（今黑龙江五常境内的大青顶子山）、燕京（今北京）等地。金国数次胁迫其出任官职，均遭拒绝。他一面劝金国放弃战争，一面屡次派人向被囚禁在五国城（今黑龙江依兰）的徽、钦二帝和宋高宗秘密传递消息，报告金朝的内情。又将汉文化北传。直至南宋绍兴十三年（1143）归。由于在金期间威武不屈，宋高宗称赞他“忠贯日月”，也被时人誉为“宋之苏武”。后除徽猷阁直学士、提举万寿观兼权直学士院。因得罪秦桧被贬，客死异乡。著有《松漠纪闻》《鄱阳集》《帝王通要》《春秋纪咏》《猶轩唱和集》《姓氏指南》《金国文具录》等。

清梁章钜《楹联丛话》卷四《庙祀》下云：“西湖葛岭下有洪忠宣公皓祠。洪皓有八个儿子，即洪适、洪遵、洪迈、洪遂、洪逊、洪邈、洪邃、洪迅，另有四个女儿。洪汝奎《洪忠宣公年谱》谓有八女。洪适、洪遵、洪迈先后中博学鸿词科，均有很高的文化建树，官位又很高，时人有“三洪”之称。

洪有恒

洪有恒，号芸轩。原名武昌，曾因犯明洪武年号讳而被逮捕，明太祖询问其来由，答以“以武昌盛天下”。太祖为其改名“有恒”，并授国子监丞官职。但其坚辞，归隐西溪湿地，潜心理学。后因孙洪钟显贵追赠刑部尚书、太子太保。《西溪怀古诗》卷上《西溪怀洪有恒》诗云：“武昌豫兆大明兴，御笔亲题改有恒。归处西溪风度异，荣登北阙露光承。儒修自励贤人隐，官职坚辞国子丞。五子其昌鸣凤卜，功名显赫付孙曾。”洪有恒五子中有记载的三位：洪稷、洪薮、洪薪。

洪　薪

洪薪（1413—1463），字汝林，别号淡庵。赠承德郎、刑部江西清吏司主事、授徽州府街口批验所大使。明成化二十三年（1487）明宪宗制诰为奉直大夫、刑部福建清吏司员外郎，明弘治十三年（1500）明孝宗制诰特加赠通义大夫、南京都察院右副都御史，追封刑部尚书、太子太保。妻姚氏。葬西溪湿地祖茔。洪薪生三子三女。三子为洪钟、洪锡、洪镃。洪薪颇具才艺，能诗，善真草书。为人中怀坦夷、卓越豪迈，但不会经营，乡里人都称他为“落魄生”。曾任里正，一心奉公，办事尤谨慎。县尹陆枢十分欣赏器重他，常与他赓诗论文，情若师友。岁满赴京，在资授徽州府街口批验所大使。明天顺七年（1463）八月，因感风寒而卒。

洪　钟

洪钟（1443—1523），字宣之，钱塘人。成化十一年考中进士。任刑部主事，升迁为郎中，奉命安抚江西、福建流亡百姓。还朝后进言说福建武平、上杭，江西安远、龙南，广东程乡都是流亡迁徙的百姓错综杂居，习惯于争斗，容易作乱，应当在平时让主管部门设立乡社学校，用《诗》《书》的礼仪谦让来教育他们。弘治初年，又升迁为四川按察使。马湖的土官知府安鳌恣意荒淫残暴，土人恨之入骨，主管官吏受了他的贿赂，放过他不追究，拖延了二十年。佥事曲锐请求巡按御史张鸾查办他，洪钟参与决策，逮捕安鳌押送京城，处以极刑。安氏从唐朝以来世代占有马湖，到这时改由（朝廷派出）流官，这一地区才安定下来。弘治十一年提升为右副都御史，巡抚顺天。整顿蓟州边防，建议增筑边塞城墙。从山海关西北到密云古北口、黄花镇直达居庸关，绵延一千多里，修缮恢复城堡二百七十所，全部在沿边境各县修筑城堡，于是上奏请求削减防秋兵六千人，每年节省运输粮草犒劳赏赐的费用达到数万两。所统辖的潮河川距离京城二百里，处于两山之间，宽一百多丈，涨水时成为汪洋，水退后就成为平坦陆地，敌寇得以长驱直入。洪钟建议说："关以东三里左右，那座山外高内低，约二丈多高，可以开凿成两条渠，分减水势，而在关外斜筑石坝来约束水流。在石坝内设置关口，派一百人防守，让敌人不能突然袭击，可以免除京城北面的忧患，并且能够在河洼处屯田种地。"兵部尚书马文升等人请求听从他的建议。等到开工，开凿山头，山石崩塌，压死数百人。御史弋福等人弹劾洪钟，皇帝认为洪钟为国修治边境，不当治罪，停发俸禄三个月。正德元年，由贵州巡抚被召令监督漕运兼巡抚江北。改掌南京都察院，就地升任刑部尚书。正德四年冬，掌管都察院事务。正德五年春，湖广年成饥荒盗贼四起。皇帝命令洪钟以本官身份总领军务，陕西、河南、四川也隶属于他。沔阳贼杨清、丘仁等僭越自称天王、将军，在洞庭湖地区活动。包围岳州，攻陷临湘，官军屡次失利。洪钟传令都指挥潘勋、柴奎，布政使陈镐，副使蒋昇在麻穰滩打败敌军，活捉斩杀七百四十余人，盗贼于是平息。当初，洪钟掌管院都察院事务，刘瑾气焰正嚣张。等到刘瑾被杀，言官弹劾洪钟顺从刘瑾鞭打御史。朝臣讨论后认为洪钟讨伐盗贼有功，放过他不追究。嘉靖三年去世，谥号为襄惠。

洪　澄

洪澄，字静夫（一说子静），号西溪。洪钟的长子。明正德五年（1510）举人，后任内阁制敕中书舍人，翰林学士（一说翰林院待制），兼修玉牒。后因为孙洪瞻祖为高官，得赠南京都察院右都御史。他虽入仕为官，但性情和淡，尤其推崇林逋，于是晚年归乡后在西湖孤山之南筑西溪山庄，归隐其间。自此徜徉湖上，足迹不入城市。他擅诗文，有《梦中云亭望鹤诗》《吊和靖墓诗》等，后葬西溪阮家山。

洪　楩

洪楩，字子美，以其祖父洪钟曾官荫詹事府主簿。丁申称他"承先世之遗，缥缃积卷"，藏书颇丰。洪楩藏书主要得之于其祖父洪钟，他在洪钟"两峰书院"的基础上，收购书籍，扩大规模。

洪楩是藏书家，又是明代重要的出版家，清末藏书、刻书家丁申称其刻书"既精且多"。他的刻书活动主要在嘉靖年间（1522—1566），其家住杭州仁孝坊（俗称清平巷），所刊刻之书署清平山堂。

洪楩所刻书，首称《路史》（宋罗泌撰）。《天禄琳琅》称其"校印颇佳，深于嗜古"。所刻《六臣注文选》，"校雠精致，逾于他刻"。其刻书最大的贡献是刊刻了宋元话本。宋元话本作为一种新的文学体裁，在中国小说史上有重要地位，对明清小说乃至后来的小说、戏曲的发展起了重要作用，代表一个重要发展阶段。今存宋元话本主要保留在《京本通俗小说》《清平山堂话本》和冯梦龙的“三言”之中，所刻的《清平山堂话本》是其中最重要的一种。因而可以说，洪楩对宋元话本的保存和传播起着重要的作用。

洪楩所辑刊的宋元话本，如前述原名《六十家小说》，完整的原书已不可见，现存残本有两种：一种为日本内阁文库所藏残本，共3册《柳耆卿诗酒玩江楼记》《简贴和尚》《西湖三塔记》等15篇。另一种残本原藏宁波天一阁，后散出为收藏家马廉在宁波冷摊发现，即《雨窗集》和《欹枕集》共12篇。它们是研究中国小说史不可多得的第一手材料。所写内容多与杭州、西湖有关，具有浓郁的地域文化色彩。如宋人话本《西湖三塔记》就最早记载了宋代杭州的民间传说白娘子永镇雷峰塔的故事，后来对重要的白话小说如吴承恩的《西游记》、冯梦龙的《古今小说》《警世通言》、凌濛初的《初刻拍案惊奇》及元杂剧、明传奇都影响颇大。清平山堂刊书重视书籍刊刻的质量，精于校刊，注重内容与形式的完美统一。洪所刊的《路史》《文选》，由当时的文学家田汝成作序，田称其“得宋本重刊，校雠精致，逾于他刻，且文雅有足称者”，是世所公认的精刻本。

洪瞻祖

洪瞻祖，字诒孙，号清远山人，生卒年不详。洪椿次子。明万历二十六年（1598）戊戌科赵秉忠榜进士。选翰林院庶吉士。后官兵科给事中、南京都察院右都御史等，赠太子少保、兵部尚书。洪瞻祖颇具军事谋略，为人则平和谦淡，是个豁达智者。他入仕后为兵科给事中。万历二十九年（1601），王象乾总督四川、两湖和贵州军务，在四川播州与当地世袭土司争乌江边之地，其时，乌江系贵播之界，南岸则为乌江关。若沿江而下，北面属于播州（今遵义市一带），南面属于贵州，水西安氏略占有贵州界土。总督王象乾责令水西安氏退出所占之地，欲借此邀功。洪瞻祖以为：“安氏二百年来与流官无异，其兵则勇冠诸苗，其人则憨而恋主，其地则滇南门户。督臣何故争之？且沙溪撮土，所争几何？全播之间，得不偿失。智者不为也。”此议得到万历皇帝首肯。但后遭奸臣所劾而外贬。后补嘉庆县丞。历官至南京都察院右都御史，巡抚南赣。当时闽广有反兵藏于深山中，官军多征剿失利。洪瞻祖以诸郡兵分路合剿之，不顾身历蛮瘴，越赣度汀，冒矢石执桴鼓，带领军士杀敌1170余人，30余巢，缴获牛马、器械无数。众人为其请功，而洪瞻祖已无心于功名，请求还乡。同一年，朝廷命他为正使，出使琉球国，只是他正要渡海出发，母亲去世，回家丁忧3年，因而未成行。他又于天启年间（1621—1627）为南赣（今江西省南部）御史巡抚。当时闽、广两地有叛军藏在深山中，官军多次征压都以失利告终，洪瞻祖让各郡军队分路合剿之，得以杀死千多人。崇祯元年（1628）四月，南赣一地有农民起义军攻破安远县城，劫库放囚，巡抚洪瞻祖向朝廷报闻。等到明朝军队得胜，洪瞻祖已乞骸。洪瞻祖死后葬五常荆山（焦山）。后赠太子少保、兵部尚书。

洪瞻祖家居40年，游踪遍及西溪山水间，以诗文著述为娱。所著《西溪志》是最早的西溪乡土志。《西溪志》对西溪的自然和人文景观作了具体叙述，是介绍西溪富有创建性、表达层次较高的古代文献。其文优美而简明，其意开阔而深邃。该志具有较高的史识。洪瞻祖还与隐居其间的隐居文人、僧人交往，除了诗文，他也深通佛学，尤其是精研《金刚经》。他曾为西湖三台山高丽寺写楹联，为华严经阁写的是“浮生聚沫能仁破暗，世路迷云喜舍随缘”，为大雄宝殿写的是“白马腾空清源颇超三竺，金鸡斗井崇构实甲两峰”，都绳雅驯、有禅意。

洪瞻祖另著有《清远山人稿》《西溪集》等。他还多次倡导和资助西溪湿地的文化建设，如重修法华寺、浩然院（永乐庵）等。《西溪怀古诗》之《西溪怀洪诒孙》诗云："继绳祖泽嗣徽音，清远山人学古深。南赣立功宣政略，西溪纂志重文林。沙溪撮土乌江策，穷巷瞻云绿野吟。四十年来林下乐，家居还抱济时心。"洪瞻祖之子吉臣、吉晖、吉符，均以诗文闻名，时有"城西有三洪，英英文字雄"之誉。

洪　昇

洪昇（1645—1704），清代戏曲作家、诗人。字昉思，号稗畦，又号稗村、南屏樵者。钱塘（今杭州市）人。洪昇是洪遵后裔，洪昇生于书香门第，父起鲛，字卫武，承先世遗业，家富藏书，时有"学海"之称。入清以后，以例授官，但其不乐仕进。母黄氏，为康熙朝宰相（文华殿大学士）黄机之女。清康熙七年（1668）北京国子监肄业，二十年均科举不第，白衣终身。

洪昇于清顺治二年（1645）七月初一出生时，全家正在逃难之中，满月后才回到城里。洪姓是钱塘的望族，世代书香。其父之名不可考，好读书，喜谈论，出仕清朝。外祖父黄机，康熙朝官至刑部尚书和文华殿大学士兼吏部尚书。洪昇少年时期，曾受业于陆繁弨、毛先舒、朱之京等人。接受了正统的儒家教育，也受到他们遗民思想的熏染。他学习勤奋，很早就显露才华，15 岁时已闻名于作者之林。20 岁时已创作了许多诗文词曲，受到人们称赞。康熙三年（1664）七月，他与舅父之女黄兰次结婚。4 年后，赴北京国子监肄业。因未得官职，失望而归。为了衣食而到处奔波。27 岁前后，遭"天伦之变"的家难，为父母所不容，被迫离家别居，贫至断炊。康熙十二年（1673）冬，他再度前往北京谋生。两年以后，他的诗集《啸月楼集》编成，受到李天馥和王士祯诸名流的赏识和培养，诗名大起。卖文为活，而傲岸如故，"交游宴集，每白眼踞坐，指古摘今"（徐麟《长生殿序》），对现实颇为不满。徐嘉炎在《长歌行送洪昉思南归》中说他"好古每称癖，逢人不讳狂"。尤侗称他："洪子既归，放浪西湖之上，吴、越好事闻而慕之，重合伶伦，醵钱请观焉。洪子狂态复发，解衣箕踞，纵饮如故。"

康熙十八年（1679）冬，其父以事被诬遣戍，他奔走呼号，向王公大人求情，并且昼夜兼行，赶回杭州，侍奉父母北行，后来遇赦得免。为此他已形容枯槁，心力交瘁。他开始注意到了民间疾苦，写了《京东杂感》《衢州杂感十首》等诗，对人民历遭兵灾及水灾，倍加同情。他还写了《长安》诗，其中有"棋局长安事，傍观迥不迷。党人投远戍，故相换新颜"之句，深恶统治集团内部倾轧与朝政翻覆，对社会现实有了较深的认识。

康熙二十七年（1688），洪昇把旧作《舞霓裳》传奇戏曲改写为《长生殿》，传唱甚盛。次年八月间，招伶人演《长生殿》，一时名流多醵金往观。时值孝懿皇后佟氏于前一月病逝，犹未除服，给事中黄六鸿以国恤张乐为"大不敬之罪名"，上章弹劾。洪昇下刑部狱，被国子监除名。时人有"可怜一夜《长生殿》，断送功名到白头"之句。洪昇突遭此难，在京中备受白眼揶揄，不得已于康熙三十年（1691）返回故乡杭州。康熙三十四年（1695），《长生殿》付刻，洪昇的老友毛奇龄作序，序中说："予敢序哉？虽然，在圣明固宥之矣。"康熙三十六年（1697），江苏巡抚宋荦命人安排演出《长生殿》，观者如蚁，极一时之盛。

洪昇在宴席上“狂态复发，解衣箕踞，纵饮如故”（尤侗《长生殿序》）。自此之后，吴山、松江等地相继演出。康熙四十二年（1703）江宁织造曹寅集南北名流为盛会，独让洪昇居上座，观看全本《长生殿》，历三昼夜始毕。次年，自江宁返，行经乌镇，酒后登舟，坠水而死，时为六月初一。

王淦清

王淦清（1931—1990），原余杭县五常人民公社友谊大队党支部书记，曾任中共杭州市第四届市委委员、中共余杭县第四、第五届县委委员、余杭县第七、第八届人大常委会委员，是毛泽东主席批示的《浙江省七个关于干部参加劳动的好材料》中提到的劳动能手。数十年间，王淦清谦虚谨慎，勤勤恳恳，始终保持着普通劳动者的本色。中共十一届三中全会以后，他更是兢兢业业，团结一班人，严格按照党中央的指示办事，带领群众为建设社会主义物质文明和精神文明做出贡献。1978 年以后，王淦清组织支委一班人从本大队“三水三地四分田”的实际出发，认真落实生产责任制，在抓好粮食生产的同时，发展多种经营和队办企业，使农民在“劳动致富”的征途上，步子越走越大。1981 年，全农业生产大队农工副业经济总收入 103 万元，其中工副业收入占经济总收入的 53. 7%，社员人均分配 504. 9 元。年终分配时一次兑现 30 万元，其中分得现金千元以上的农户就有 120 户，2000 元以上的有 17 户，在当时余杭内外产生很大影响，友谊村从而成为一方名村。1982 年，被评为浙江省劳动模范。

第二章　人物简介

汪力成

汪力成，1960年出生，余杭镇人。高级经济师，华立集团董事局主席。1987年，汪力成受命担任余杭仪表厂（华立集团前身）厂长，针对企业产品单一、市场竞争力差的状况，立足市场，依靠科技，开发多种产品，不断优化结构，转换经营机制，组建企业集团。他依靠广大职工，实施了一系列深化企业改革的措施。经过艰苦创业，使企业从一个设备简陋、产品单一的手工作坊发展成为多行业经营、拥有数十亿元资产的现代化集团，走上了跨地区、集约化、外向型、多产业发展的道路。生产基地分布在余杭、重庆、昆明、广州、深圳、北京、沈阳、海南等地，在泰国、阿根廷、美国、加拿大设有制造工厂和研究机构。华立集团生产的“华立”电能表是中国名牌产品和“出口免验产品”，“华立”是中国驰名商标，华立集团是全球产能最大的电工仪表制造商。华立集团的综合经营指标连续10余年在全国同行业中排名第一。据国家统计局2005年9月29日举办的“第五届中国大企业集团信息发布会”上发布，华立集团在全国大型企业中排名第202位，汪力成为浙江省第十届人大代表、浙江大学MBA研究生特聘导师、浙江省工商联副会长、全国工商联第九届执行委员。曾获全国劳动模范、中国第二届创业企业家、优秀中国特色社会主义事业建设者等称号。2001年度，被海外评为“中国大陆商界风云人物”。

张忠才

张忠才，1963年10月出生，余杭区五常街道人，博士，高级研究员。1994年毕业于俄亥俄州莱特州立大学，取得应用经济学硕士学位；1998年毕业于俄亥俄州克里夫兰州立大学，取得博士学位（城市经济及金融）；1999年加入美国Am Trust Bank银行，担任市场营销决策分析部经理和助理副总裁。曾担任美国纽约州立大学（水牛城）的高级研究员，从事城市及地区经济发展方面的研究。2004年以来，一直担任商业资讯部门主任和副总裁，负责银行拓展、支行选址、存款利息定价、市场潜力、数据库营销等方面的决策分析；发表过10多篇研究文章和报告。

宋锡强

宋锡强，1973年8月出生，无党派人士。华立仪表集团股份有限公司研发部主任。宋锡强进入华立仪表集团后，研发完成无线网络自动抄表系统中表计及采集终端部分，获中国机械工业科学技术奖二等奖。《基于NET平台的电能综合业务系统》获科学技术部国家重点新产品奖。研发过程中，共获得“可用红外方式合闸的电子式载波电能表及其红外掌机”等专利32项。2011年，协同中国计量学院、浙江省计量科学研究院，承担国家质检总局公益项目《电子电器产品嵌入式软件质量评估方法研究》的立项与开发等。2012 年，他带领的团队获得“杭州市高技能人才创新工作室”称号；2013 年，获评浙江省高技能人才创新工作室。他先后被评为余杭区劳动模范、余杭区职业技能带头人、杭州市劳动模范、浙江省劳动模范。

丛　　录

一、诗文

二、五常民间传说

三、文件选

一、诗文

西溪

宋·叶绍翁

一条横水过前溪，村女齐登采叶梯。
独立衡门春雨细，白鸡飞上树梢啼。

选自叶绍翁《江湖小集》卷十《靖逸小集》。

西溪（二首）

宋·董嗣杲

在灵隐寺山背。居人能力其劳，渔樵耕牧各逐其业。杨蟠诗云："为爱西溪好，长忧溪水穷。山泉春更落，散入野田中。"

一

渔樵耕牧自成村，就屋编篱古意存。
出坞野云多曲折，过桥溪水半清浑。
一逢白壁书香社，几见朱阑障墓门。
地利最饶人事简，山家还有别乾坤。

二

西溪曲曲绕西村，民业农桑礼意存。
数朵闲云山入画，一番骤雨水流浑。
绿萝叶密遮茅屋，红杏花开映荜门。
不与桃花风景异，彼乾坤即此乾坤。

选自董嗣杲《西湖百咏》，丁丙《武林掌故丛编》（第五集），嘉惠堂丁氏清光绪九年（1883）刊本。

西溪曲

元·杨维桢

西溪溪口东风道，杨柳阴阴春欲老。
花间系马我曾来，红雨伤春迹如扫。
美人劝我金色浆，玉台赠以盘龙宝。
愿作西溪一水鱼，趁尔容颜为余好。
城南将军同醉倒，殡宫今已生春草。

命子作

明·洪　钟

汝父慕清白，遗无金满籯。
望汝成大贤，惟教以一经。
经书宜博学，无惮历艰辛。
才以博而坚，业由勤而精。

选自丁申《武林藏书录》，丁丙《武林掌故丛编》（第二十三集），嘉惠堂丁氏清光绪九年（1883）刊本。

自然室

明·释大善

在荆山湾内孤峭峰间。一隐者结茅于此。颜曰“自然室”，志高适也。

茅斋独倚冷孤岑，谢绝人间集语林。
铁壁山中眠傲骨，自然室内养虚心。
寒岩不许春光到，草榻惟容月色侵。
从与白云相识久，不知世上重黄金。

杨圩

明·释大善

杨统制，宋之功臣，世居钱塘。兄弟和睦，退归林下，各置一圩之产，在西溪北。

功成名遂退林丘，贵仕三朝富一畴。
南亩春耕兄乐业，西庄秋熟弟优游。
阶生兰桂随时秀，堂奏篪埙逐口酬。
兄爱弟恭妯娌睦，同源九世不分流。

凤嘴山

明·释大善

在西溪之西。乃荆山之麓，直饮于溪，如凤嘴之势，故以名之。今陈中丞墓于此。

荆山如凤隐天倪，饮啄沤花下碧溪。
照水似怜鸾镜舞，藏形疑喜竹梧栖。
松杉毛羽云霞布，泉籁笙箫风雨迷。
境胜峰奇知有地，中丞墓在翠林西。

雪山庵

明·释大善

在西溪之西，荆山岭左。淳祐间，有僧名熙春，号雪山，建庵修道。有乐静堂，遍植梅花。

雪山庵外雪成堆，乐静堂前几树开。
早蕊晚花春雾染，红英绿萼晓霜催。
月明借色疑天瑞，涧水流香引梦回。
铁骨只宜同冷意，山居都喜植寒梅。

白荡滩

明·释大善

在西溪西北。有大小滩，大滩居南，小滩居北，约数里。鱼虾至广，居民多以捕鱼为业。水惟芰荷，岸则枫柳，芦花蘋叶，宕碎波光，故溪民常以画船载酒二滩游乐。

南北分流共急湍，白蘋红蓼满汀寒。
渔舟载月横斜苇，酒舫寻春大小滩。
入夏荷花香拂水，经秋枫叶锦扬澜。
溪游村乐弹丸地，莫作西湖十里看。

春日西溪即事（二首）

明·释道衍

云断山峰远远，树回溪路斜斜。
酒旗风扬村店，牛衣日晒田家。
唤妇鸠藏密竹，引雏鸭聚圆沙。
人晚棹歌归去，争先去折汀花。

人家半依沙嘴，舟子长停岸足。
杨柳三枝五枝，桃花一簇二簇。
斜阳淡淡牵黄，远水盈盈涨绿。
老翁忘却投纶，因看晴鸥对浴。

西溪

明·王思任

一岭透无目，千溪叫雨头。
石云开绣壁，山骨洗寒流。

鸟道苔衣滑，人家竹语幽。
此行不作路，半武百年游。

选自张岱《陶庵梦忆·西湖梦寻》，1998 年版。

西溪晚步

明·张　璨

空阔川原入望平，晚来天色弄阴晴。
虹边残雨疏疏下，鸦背斜阳闪闪明。
浅渚微波群鹭浴，断堤高柳一蝉鸣。
行吟泽畔非憔悴，渔夫无劳咏濯缨。

清秋日新霁入河渚访偃亭大师不值

清·洪　昇

新晴鼓棹叩禅扉，秋水芦花失钓矶。
树动忽惊残雨落，峰阴转讶夕阳微。
谁能喻法青莲挣，我欲翻经贝叶稀。
锡杖凌空元不定，飘然一任白云飞。

选自刘辉校笺：《洪昇集》，1992 年版。

一半儿·西溪

清·朱彝尊

满林残雪碧山坳，入日春风金剪刀，孤棹野塘红板桥。玉梅梢，一半儿开迟一半儿早。

选自李卫、傅王露《西湖志》，清雍正十三年（1735）浙江盐驿道刊本。

西溪

清·爱新觉罗·玄烨

十里清溪曲，修篁入望森。
暖催梅信早，水落草痕侵。
俗籍渔为业，园饶笋柞林。
民风爱淳朴，不厌一登临。

荆山岭野梅

清·赵　昱

荆山岭半白云开，水面横斜尽野梅。
筑得团蕉香裹住，隔桥支杖一僧来。

题《西溪田居图》

清·程　鸣

小住西溪第几湾，蟹村渔舍鹭鹚滩。
扁舟他日还相访，一顷芦花作雪看。

游洪氏园

清·吴任臣

秋宪当年赋遂初，槿篱茅屋树扶疏。
一溪香雪长携屐，满院萝荫正读书。
乍可山如人影淡，无妨月照夜台虚。
荒烟此日迷花坞，十笏模糊指旧庐。

荆山

清·陈　时

高二百丈，周五里。内有七十二贤人峰。两溪夹山，汇于西溪。

荆山近西溪，山住水不住。
七十二贤峰，峰峰莽回互。
我来绿溪行，直向山巅去。

荆山题赵处士山居

清·顾豹文

似汝山居不寂寞，门对七十二贤峰。
床头《周易》不再读，舟尾吴歌时相逢。
老僧处处肯飞锡，古寺星星闻暮钟。
昨夜龙泓江两涨，同君高顶一扶筇。

同孙偃虹司李西溪观梅，和黄又谦韵

清·洪昇

皂盖行春谢永嘉，岭如斤竹翠交加。
年丰禾黍村村酿，风暖园林处处花。
残烧直穿麋鹿径，清溪环抱野人家。
悬知烛晃双旌上，不畏登攀日易斜。

春郊即目

清·洪昇

春草碧萋萋，春风试马蹄。
高低杨柳岸，远近菜花畦。
素李新多实，繁桃下有溪。
平畴晴雊雉，高树午鸣鸡。
飞雨奔腾至，浮云咫尺迷。
山晴开返照，天迥挂残霓。
攘攘蜂喧蜜，纷纷燕啄泥。
鸠鸣烟浦外，人话板桥西。
茅屋依花构，村田带水犁。
赏心添野兴，游牧忘羁栖。
好景从鞭坠，新诗信笔题。
惜无清酒在，空复听黄鹂。

荆山七十二贤峰

清·陈文述

荆山七十二贤人峰，峰峰排立，有如群贤。起自余杭，尽于荆山。

七十二贤峰，峰峰势卓立。
我行荆山麓，如经曲阜邑。
岱宗夫如何，万古苍茫色。

杨圩

清·许承祖

在西溪北。《百咏》序：杨统制，宋之功臣，世居钱塘，兄弟友爱，退归林下，各置一圩之田，因名。其南旧有沈氏居。《武林梵志》：高宗幸西溪，驻跸于沈氏。有沈诸者，进食献茶，高宗大悦。遂相传为驻马沈。

统制声华棣萼情，梦回沙漠气纵横。
英雄投老浑无事，部舍求田咏太平。

荆山

清·许承祖

《钱塘县志》：在县治西北四十五里。高二百丈，周五里。内有七十二贤人峰，圜秀如削，累累贯珠。下为荆山岭，西接余杭界。其麓曰凤嘴山，以形同鸟喙而称。春雪、自然、护荆诸庵在焉。两溪夹山行，汇西溪入于河。

连城楚产古无伦，灵气还开吴地春。
始信扶舆钟独秀，周遭峰尽作贤人。

西溪

清·吴　雯

西溪清浅流，洄洄杂菱荇。
白鸟忽飞来，萍开见山影。

西溪

民国·俞恪士

西溪瞑烟送归客，艇子落湖风猎猎。
芦花浅白夕阳紫，要从雁背分颜色。
颓云掠霞没山脚，一角秋光幻金碧。
欲瞑不瞑天从容，疑雨疑晴我萧瑟。
忆看君山元气中，沧波一逝各成翁。
请将今日西湖影，写入生平云梦胸。

选自黄濬《花随人圣庵摭忆》，1983 版。

西溪感兴示同游诸子

民国·马一浮

恭承昊天惠，及此泮奂游。
昭我以日月，怡我以林丘。
时物正蕃秀，草木何油油。
朋来成共济，驾言憩中州。

曲泓湛含晖，远山青入楼。
聊披万古心，一豁千里眸。
众鸟鸣相呼，和声若琳璆。
闲闲彼桑者，亦各有其谋。
默存皆道妙，万物同一流。
斯人信谁与，知命复何忧。
揆辟溯通川，逍遥陶嘉辰。
揽兹山水聚，叙我平生亲。
禹勤今乃粒，孔忧昔知津。
耕岩愧力孱，让限德未宾。
愍彼饮食讼，益叹礼乐神。
不因岁寒至，何由见阳春。
《剥》穷谅有终，《复》亨当反淳。
岂不同民惠，庶经安吾仁。
溪山夫何远，鸥鸟谁能驯。
归路踏明月，咏歌行采薪。

选自马一浮《马一浮集》，1996 年版。

浣溪沙·西溪

民国·夏承焘

八月芦花作雪飞，三月柳陌有莺啼。侬家门口是西溪。无梦攀天斟北斗，笑人结网罥西施。归途襟袖任风吹。

选自夏承焘《夏承焘集》，1996 年版。

咏西溪风光

黄炎培

杭州争说西湖好，谁说画溪静里妍？
云外千家山作槛，空间一线竹为天。
轻车抄取北山北，归路斜通西溪西，
绝此风姿应未嫁，高峰高北录双笄。

迈陂塘·西溪

郁震宏

倩兰舟，荡开烟水，芦花芦叶深处。苍茫秋水三十六，一片秋光无主？天欲雨，浑不管，且行入更深处去。渺渺愁予，看作雪花飞，眉语远山，忘了来时路。

浮生梦，不过世间逆旅。名山说甚遍睹。三千尘劫参难透，痛苦多少儿女。来今古，吾谁与，闲愁今日知最苦。儒冠总误，算词客有灵，如今也则，一陂陂黄土。

忆江南·西溪颂

朱海松

五常好，春色似香醇。诗画西溪传美名，尚书故里数家珍。佳客往来频。

忆江南·西溪品秀

王葆琛

烟雨秀，西子舒广袖。百里春雨烟一溪，一溪烟雨载春流。白鹭歌好逑。
水韵秀，清心赛啤酒。溪音随风传鸣鸟，洪园隐逸讴轻柳。盛暑劳乏休。
蒹葭秀，千顷十里遛。诗翁平平走仄仄，溪居怡月更怡秋。醉眼看龙虬。
柿林秀，绮红炫火球。芦花翻白燕归去，浓艳甘美怡故旧。风味冬藏久。

洪氏家风永传承（四首）

吴玉昌

幸福家庭规矩存，祖遗精粹不时温。
祠堂代代传耕读，立德怀仁举世尊。

美丽村庄孝义兴，祠堂续谱重传承。
当年祖牒焚场救，饮水思源百族凝。

家风家训美余杭，南有洪园北有章。
记住乡愁存梦想，根深土厚育津梁。

祠堂文化助东风，接轨全球步履融。
国际列车通闭塞，干戈击筑唱和同。

五常端午节龙舟竞渡

卓介庚

百翼龙舟渡，呼声万里闻。
飞涛云起落，健儿欲惊魂。

七绝三首

邵金娥

游西溪西区

火柿如灯映碧波，红枫绿柳两相和。
轻舟漾曳听花语，曲径闲游锤大锣。

谒洪氏宗祠

钱塘望族历三朝，积德功勋青史昭。
方正贤良绵子嗣，于今犹足五常骄。

蕉园琴韵

滴翠蕉园韵绕梁，江南女子爱诗章。
轻吟浅唱奇葩绽，横溢才华美誉扬。

蝶恋花·西溪采风有感

邵金娥

烟水西溪秋亦俏。一棹轻舟，随意追芳草。两岸蓬茸相映照，长生殿里丝弦闹。
探访洪园余韵绕。望族声威，御赐皇恩浩。沐雨经风仍显耀，福延子嗣千年笑。

西溪红柿

吴玉昌

西溪九月树吟秋，千柿红灯逗客游。
欲掉船头穿柳港，多情抛下一丹球。

洪园干塘节

吴玉昌

一

听说干塘脚底痒，争先卷裤脱鞋忙。
娃娃小舫泥中溜，父用绳拖母后帮。

二

大鱼小虾袋来装，露底泥池醉舞狂。
但见银刀飞满眼，哄然声里举鱼王。

五常西溪，翻动楼影情书

聂振声

虫鸣把古渡口挤进诗行
从水声里摸到栈道
打开虚掩的桨声
翻动楼影的情书

在城西科技大走廊
一只蝴蝶搁浅在我的童年
阿里巴巴
穿过梅香走进一抹烟雨

春天就在科技城花枝上
生发着幸福和智慧
湿地的腰束系载历史波光
蝶翅搭起梦乡

农民多高层公寓
一幢又一幢拔起
挨着几声蛙鸣
在秋芦鹭影之间
轻舟在乡愁上颠簸

谥襄惠两峰洪公墓志铭

明·王守仁

特进光禄大夫、柱国、太子太保、刑部尚书兼都察院左都御史致仕洪公，以嘉靖二年四月十九日薨，时年八十有一矣。讣闻，天子遣官九谕祭，锡谥“襄惠”，赐葬钱塘东穆坞之原。其嗣子澄将以明年乙酉月日举葬事，以币以状来请铭。

维洪氏世显于鄱阳。自宋太师忠宣公皓始赐第于钱塘西湖之葛岭，三子景伯、景严、景庐皆以名德相承，遂为钱塘望族。八世祖，讳其二，仕宋，为浙东安抚使。元兴，避地上虞。曾祖，讳荣甫。祖，讳有恒。追皇朝建国，乃复还家钱塘。有恒，初名洪武昌，忌者上书言其名犯年号。高皇帝亲录之，曰：“此朕兴之兆耳。”御书“有恒”易之。父，讳薪，徽州街口批验所大使。自曾祖以下皆以公贵，赠太子太保、刑部尚书，妣皆赠一品夫人。

公讳钟，字宣之。自幼歧嶷不凡。成化戊子，年二十六，以《易经》领乡荐。乙未举进士，授官刑部主事，谙习宪典。时相继为大司寇者皆耆德宿望，咸器重礼信之。委总诸司章奏，疑议大狱，取裁于公，声闻骤起。庚子，升员外郎，仍领诸司事。癸卯丁内艰。丙午起复，升郎中，寻虑囚山西。乙巳，江西、福建流贼甫定，公承命往审处之，归言：“福建之武平、上杭、清流、水定，江西之安远、龙南，广东之程乡，皆流移混杂，习于斗争，以武力相尚，是以易哄而乱。譬若群豺虎而激怒之，欲其无相攫噬，难矣。宜及其平时令有司多立社学，以训诲其子弟，销其兵器，易之以诗书礼让，庶几潜化其奸宄。”时以为知本之论。

弘治己酉，升江西按察副使。癸丑，升四川按察使。所在发奸擿伏，无所挠避；而听决如流，庭无宿讼。由是豪横屏息，自土官宣慰使，皆懔懔奉约束。安氏世有马湖，恃力骄僭，为地方患。公从容画策去之，请吏于朝，遂以帖定。丙辰入觐，升江西右布政使。丁巳，转福建左布政使。著绩两省。戊午，升都察院右副都御史，巡抚顺天等府，兼整饬蓟州诸边备。时朵颜虏势日猖獗，公以边备积弛，乃建议增筑边墙。自山海关界领口西北至密云古北口黄花镇，直抵居庸。延亘千余里，缮复城堡三百七十，悉城沿边诸县，官无浪费，而民不知劳。自是，缓急有赖。又奏减防秋官兵六千人，岁省挽输犒赏之费以数万。创建浮桥于通州，以利病涉。毁永平陶窑，以息军民横役之苦。夺民产及牧圉草场之入于权贵者，而悉还之。远近大悦，名称籍甚。然权贵人之扼势失利者数短公于上，遂改云南巡抚，再改贵州。顷之，召还督理漕运，兼巡抚凤阳诸处。正德丁卯，升右都御史，仍董漕政。戊辰，命掌南京都察院事，寻升南京刑部尚书。己巳，改北京工部，复改刑部，兼都察院左都御史，加太子少保，赐玉带。庚午，特命出总川、陕、湖、河四省军务。时沔阳洞庭水寇丘仁、杨清等攻掠城邑，其锋甚锐，官军屡失利。公至，以计擒灭之。蓝五起蜀，与鄢老人等聚众往来，寇暴川、陕间，远近骚动。公涉历险阻，深入贼巢，运谋设奇，躬冒矢石，前后斩获招降以十数万，擒其渠酋二十八人，露布以闻。土官杨友、杨爱相仇激为变，众至三万余，流劫重庆、保宁诸州县。公随调兵剿平之，复其故业。朝廷七降敕奖励，赐白金麒麟服，进太子太保。公辞不获，则引年恳疏乞归。章七上，始允之。圣谕优奖，赐驰驿还，仍进光禄大夫，录其孙一人入胄监。

公既归，筑两峰书院于西湖之上，自号两峰居士。日与朋旧徜徉，诗酒以为乐。如是者十有一年。嘉靖改元之壬午，朝廷念公寿耇，招进公阶，特进光禄大夫、柱国，赐玄纁羊酒，遣有司劳问。士夫之议者，咸以公先朝之老，抱负经济，年虽若迈，而精力未衰，优之廊庙，足倚以为重，思复起公于家，而公已不可作矣。

公元娶郑氏，累赠一品夫人。继周氏、徐氏。又继魏氏，南京部尚书文靖公之孙女，卒，赠一品夫人。二子魏出。长澄，乡进士，才识英敏，方向于用；次涛，荫授南京都察院都事，先卒。女二侧出，长适漕运参将张奎，次适国子生李綦。孙男四，梗、楠、桥、檀。女七。墓合魏夫人之兆。铭曰：

桓桓襄惠，嶷然人杰。自其始仕，声闻已揭。于臬于藩，益弘以骞。略于西陲，实屏实垣。既荒南服，圻漕是督。亟命于南，亟召于北。司空司寇，邦宪是肃。帝曰司寇，尔总予司。寇贼奸宄，维尔予治。既搜既遏，豕豗狐逸。暨其成功，卒以老乞。天子曰俞，可长尔勋。西湖之湄，徉徉于于。圣化维新，聿怀旧臣。公已不作，维时之屯。天子曰咨，谥锡有隮！哀荣终始，其畴则如。穆坞之原，有郁其阡。诗此贞石，垂千万年！

选自王守仁：《王阳明先生全集》卷二十五外集七，1997年版。

洪氏宗祠诰命书（三则之一）

皇帝敕曰：国家推恩臣下，必及其亲者，所以重本而劝孝也。岂以存没而有间哉尔！直隶徽州府街口北验茶引所大使洪薪乃刑部江西清吏司主事洪钟之父，历官有年，而乃早没。推原所自宜恤褒，兹特赠为承德郎、刑部江西清吏司主事。灵明不昧，尚克承之。

敕曰：母之慈，恒笃于训子；子之孝，必志于显亲。故朝廷于群臣能尽职务者必推恩，以彰夫训子之贤，而遂其显亲之愿焉。尔姚氏乃刑部江西清吏司主事洪钟之母，端庄淑慎，著于闺阁，有子能官，益彰慈训。揆厥源本，宜锡茂恩，兹特封为太安人，报此光荣，益绵寿祉。

敕命

成化十五年五月十八日

（见洪氏宗祠诰命碑）

《西溪梵隐志》（节选）

清·吴本泰

村带　神仙宫山　安前

水北有上、下唐村，蒋村、杨村，又有费家带、何家带、洪家带。带即村也。洪为宋太师忠宣公之系。太师初赐第于钱唐之葛岭，子孙家西溪，族指甚繁，代有名德。又神仙宫山，一名道院安前，有晋咸和僧慧理夕照庵。安前之名特与裴墩、董灶并著，厥义未详。《百咏》诗云：年来青鸟碧桃花，筑室安前即是家。玉貌星冠随绛节，双成不及魏无瑕。

白荡滩

在西溪西北。有大、小滩。大滩南，小滩北，可数里。颇饶鱼虾，居民皆业渔钓。水惟芰荷，岸则枫柳，芦花蘋叶，荡碎波光。游人尝棹船载酒，浮咏二滩。

杨圩

亦在溪北。宋功臣杨统制世居钱塘，兄弟友爱，退归林下，各置一圩之产。

荆山　焦山

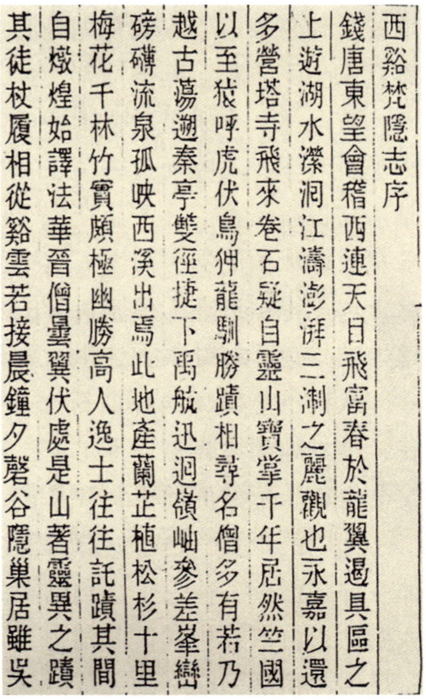
西谿梵隱志序
錢唐東望會稽西連天目飛富春於龍翼遏具區之
上遊湖水瀠洄江濤澎湃三浙之麗觀也永嘉以還
多營塔寺飛來卷石疑自靈山寶掌千年居然竺國
以至猿呼虎伏鳥狎龍馴勝蹟相尋名僧多有若乃
越古蕩遡秦亭雙徑捷下禹航迅迴嶺岫參差峯巒
磅礡流泉孤映西溪出焉此地產蘭芷植松杉十里
梅花千林竹實頗極幽勝高人逸士往往託蹟其間
自燉煌始譯法華晉僧曇翼伏處是山著靈異之蹟
其徒杖屨相從谿雲若接晨鐘夕磬谷隱巢居雖吴

《西溪梵隐志》序

别有余杭七十二贤峰，生出荆山，而尽于明陈中丞洪蒙墓，西值镇之背。本县龙门，生出焦山，而尽于宋赵太师西坞，南值镇之肘。皆形家所谓从龙也。若溪源，则自交富阳界分金、淡竹二岭。

凤嘴山

在荆山之麓，直饮于溪，如凤嘴然，故名。即陈中丞墓址。

护荆庵

在荆山岭上。庵三楹，旁有凉亭，憩行役而设茗浆焉。荆山桥有庙，亦可驻泊。春雪庵在荆山岭左。淳祐中，沙门熙春，号雪山，结庵静摄。有乐静堂，遍植梅花。

（武林丁氏八千卷楼清光绪七年刊本，虎林吴本泰药师辑）

西溪的晴雨

郁达夫

西北风未起，蟹也不曾肥，我原晓得芦花总还没有白，前两星期，源宁来看了西湖，说他倒觉得有点失望，因为湖光山色，太整齐，太小巧，不够味儿。他开来的一张节目上，原有西溪的一项；恰巧第二天又下了微雨，秋原和我就主张微雨里下西溪，好教源宁去尝一尝这西湖近旁的野趣。

天色是阴阴漠漠的一层，湿风吹来，有点儿冷，也有点儿香，香的是野草花的气息。车过方井旁边，自然又下车来，去看了一下那座天主圣教修士们的古墓。从墓门望进去，只是黑沉沉、冷冰冰的一个大洞，什么也看不见，鼻子里却闻吸到了一种霉灰的阴气。

把鼻子掀了两掀，耸了一耸肩膀，大家都说，可惜忘记了带电筒，但在下意识里，自然也有一种恐怖、不安和畏缩的心意，在那里作恶，直到了花坞的溪旁，走进窗明几净的静莲庵堂去坐下，喝了两碗清茶，这一些鬼胎，方才洗涤了个空空脱脱。

游西溪，本来是以松木场下船，带了酒盒行厨，慢慢儿地向西摇去为正宗。像我们那么高坐了汽车，飞鸣而过古荡、东岳，一个钟头要走百来里路的旅客，终于是难度的俗物。但是俗物也有俗益。你若坐在汽车座里，引颈而向西向北一望，直到湖州，只见一派空明，遥盖在淡绿成荫的斜平海上；这中间不见水，不见山，当然也不见人，只是渺渺茫茫，青青绿绿，远无岸，近亦无田园村落的一个大斜坡，过秦亭山后，一直到留下为止的那一条沿山大道上的景色，好处就在这里，尤其是当微雨朦胧，江南草长的春或秋的半中间。

从留下上船，回环曲折，一路向西向北，只在芦花浅水里打圈圈；圆桥茅舍，桑树蓼花，是本地的风光，还不足道；最古怪的，是剩在背后的一带湖上的青山，不知不觉，忽而又会得移上你的面前来，和你点一点头，又匆匆地别了。

摇船的少女，也总好算是西溪的一景；一个站在船尾把摇橹，一个坐在船头上使桨，身体一伸一俯，一往一来，和橹声的咿呀、水波的起落，凑合成一大又圆又曲的进行软调；游人到此，自然会想起瘦西湖边，竹西歌吹的闲情，而源宁昨天在漪园月下老人祠里求得的那支灵签，仿佛是完全的应了，签诗的语文，是《庸风·桑中》章末后的三句，叫做“期我乎桑中，要我乎上宫，送我乎淇之上矣”。

此后便到了交芦庵，上了弹指楼，因为是在雨里，带水拖泥，终于也感不到什么的大趣，但这一天向晚回来，在湖滨酒楼上放谈之下，源宁却一本正经地说：“今天的西溪，却比昨日的西湖，要好三倍。”

前天星期假日，日暖风和，并且在报上也曾看到了芦花怒放的消息；午后日斜，老龙夫妇，又来约去西溪，去的时候，太晚了一点，所以只在秋雪庵的弹指楼上，消磨了半日之半。一片斜阳，反照在芦花浅渚的高头，花也并未怒放，树叶也不曾凋落，原不见秋，更不见雪，只是一味的晴明浩荡，飘飘然，浑浑然，洞贯了我们的肠腑。老僧无相，烧了面，泡了茶，更送来了酒，末后还拿出了纸和墨，我们看看日影下的北高峰，看看庵旁边的芦花荡，就问无相，花要几时才能全白？老僧操着缓慢的楚国口音，微笑着说："总要到阴历十月的中间；若有月亮，更为出色。"说后，还提出了一个交换的条件，要我们到那时候，再去一玩，他当预备些精馔相待，聊当作润笔，可是今天的字，却非写不可。老龙写了"一剑横飞破六合，万家憔悴哭三吴"的十四个字，我也附和着抄了一副不知在哪里见过的联语："春梦有时来枕畔，夕阳依旧上帘钩。"

喝得酒醉醺醺，走下楼来，小河里起了晚烟，船中间满载了黑暗，龙妇又逸兴遄飞，不知上那里去摸出了一支洞箫来吹着。"其声呜呜然，如怨如慕，如泣如诉，余音袅袅，不绝如缕"，倒真有点像是七月既望，和东坡在赤壁的夜游。

一九三五年十月二十二日

我心中的老五常

朱志尧

五常，是一个地名。偌大的中国，叫作五常的地方何止一两个。东北有个叫五常的县，它以盛产"五常大米"闻名全国。杭州也有一个五常，它是市辖余杭区一个街道的名称。论规模，杭州的五常要比东北的五常小得多，然而，它在我心中的地位却很重。我要说的就是这个杭州五常的事儿。不过，事情并不发生在当下，而是发生在半个多世纪之前。那时的五常还不称街道，称作五常人民公社，所以，我把它称作老五常。

老五常是个人杰地灵的好地方。相传这里在历史上曾出过 3 名宰相和 5 名尚书，五常就因出过 5 名尚书而得名。我对五常的历史了解甚少，又未作过考证，不敢对此多说什么。但在合作化之后，我曾多次到过五常，觉得这里浓缩了水乡江南的美景，秀丽而富庶。

1963 年春，我再一次来到五常。或许是这一次待的时间长一点，我发现这里不仅秀丽，而且民风纯朴，尤其是这里的一大批普普通通的干部，在带领广大社员从事生产劳动中，所表现出来的那种勤劳、善良和无私的奉献精神，着实让我深受教育，令我敬佩和感动。这里我就想说说那次去五常的一些感受。

1963 年的春天，不论是对五常，还是对全国来说，都是一个很不平凡的春天。在此之前的 3 年间，国家处于三年困难时期。号称"人间天堂"的杭州，当时百姓的生活也普遍到了苦不堪言的地步。为坚决纠正当时普遍存在于干部中的"五风"错误，党中央和毛主席连下三道金牌，继全面宣传贯彻"党内通信"（六条）和中央紧急指示信"十二条"之后，又于 1962 年出台了一个纲领性的文件——"六十条"。由于这一系列果断措施的采取，终于在 1963 年迎来了一个大有希望的春天。

为适应这一新时期的到来，我们余杭县从本县的实际出发，建立了一个新的工作部门——县委农工部，以更好地指导和服务农村的各项工作。我就是那时被抽调到农工部工作的。新的农工部刚刚建立，我们就收到中央下发的又一个新的文件。中央在文件中全面介绍了山西昔阳四级干部参加生产劳动的模范事例，又在批语中再次号召全国干部，学习昔阳经验，进一步转变工作作风，把各项工作真正落到实处。于是，我们根据中央文件的精神和县委领导的意见，首先就干部参加劳动的问题进行了调查。但开始时，我们的想法非常简单，以为中央在“六十条”中已对干部参加劳动的问题，提出过非常明确和具体的要求，我们只须按照中央提出的杠杠摸一下底，从中找出几个好一点的典型，总结推广一下就行了。可没想到的是，粗粗地跑了一圈，竟然没有发现一个大队能够达到中央要求的。于是，部领导又提出让我去五常摸摸情况。当时我心想，别处都不行，五常也不会好到哪里去。但是上面已经发话了，我总得奉命行事吧，就这样，我来到了五常。

当年去五常，交通挺不方便。从临平出发，要换乘公共汽车 3 次，先到留下，再在小路上步行好几里路，才能到达公社所在地顾家桥。平时空着双手，问题当然不大。但背着个背包上车下车，再走好几里路，就觉得有些不自在了。

到达公社后，我先去友谊和西坝两个大队摸了一下底，情况挺好。接着，我便在多位公社同志的配合下，对全公社所有的大队进行了调查。结果更是令我喜出望外。按照中央“六十条”的规定，大队一级干部全年参加劳动的时间应不少于 120 天；大队和生产队两级干部因公误工，所补贴的工分，应不超出本大队总工分的 2%。五常调查的结果是：全公社 37 名支书和大队长，除一人外，全年实际参加劳动的时间都超过 120 天，其中参加劳动在 200 天以上的，有 33 人之多。19 名大队会计中，也有 14 人全年参加劳动超过 200 天。全公社大队和生产队两级干部因公误工所补贴的工分，只占到了全公社总工分的 1.56%。

一年参加劳动超过 200 天，这是个什么概念呢？在我们杭州一带，一年中常年的下雨天大约在 140 天，而当时的农业劳动，基本上就是面朝泥土背朝天的田间劳动。也就是说，五常各大队的这些干部，在天晴的日子，几乎天天都和社员在一起，在田头参加劳动。你说，像这样天天和社员在一起的干部，还能摆什么官架子，还会脱离群众吗？

当然，劳动好的干部，不一定工作也好。但是，我在五常的调查中，许多人却是这样对我说的：“劳动好不等于工作就好；但要想工作好，就必须劳动好。只有劳动好了，社员才和你贴心，你讲话才有人听，你做事才有人帮。”这是多么实在的话啊！

那么，他们又是怎样做到劳动和工作两不误的呢？在五常，从公社党委到各大队支部，都非常自觉地执行着一条不成文的规定：上级布置的任务，一定要保证又快又好地完成，但要尽可能地用“走下去”来代替“请上来”，力争不开会或少开会。对于必须开的会，则要严格控制开会时间和参会人数，而且要尽可能地放到晚上或雨天进行。大队一级干部在晚上或雨天办公事，则一般都是尽义务而不记误工的。这样既减轻了社员负担又不影响工作的开展。这些话说起来非常简单，但没有一定的思想觉悟是做不到的。西坝大队有个会计叫钟庆德，他原本完全可以以会计工作的特殊性为由，名正言顺坐在大队工作，稳稳当当地拿误工补贴。但他却把工作大多放到晚上或雨天去做，白天则和社员一样参加劳动，一年中实做了 2819 个工分，全年基本上没拿集体补贴。

还有一件我目睹的事，有一天傍晚，县里来了紧急通知，说青山水库当晚要泄洪，要求沿河各地立即采取应急措施。那时大队没有电话，我和公社的一位同志就负责分工去友谊大队贯彻。我们路过友谊机埠时，发现里面亮着灯，进去一看，原来支部书记王淦清为防止洪水浸没机器，早已将机器撬起，放在高处。大队的其他干部，则早已碰过头，按分工到各生产队去防洪了。上面还没布置，他们却提前做好了。这事看似小事一桩，却也不难看出他们的工作是多么得自觉而有序！

在五常的那些日子里，我还发现了这样一种非常普遍的情况：社员到公社或大队去办事，见了干部大多直呼其名，如阿年、阿三、水根、大根，等，很少听到以书记、主任等职务相称的。这也从另一个侧面，看出了五常的干群关系是多么的融洽。

历史上，县官属七品，被戏称为七品芝麻官。那大队一级的干部，又该被比作什么官呢？然而，官小并不等于觉悟也低。我没来五常之前，总觉得自己，说起来算是县里的一个机关干部，可一年到头老是背着背包跑基层，实在是太累太吃亏。如今和这些常年埋头苦干，却从未拿过薪俸的干部一比较，才发现自己是多么渺小！

恩格斯这位洋伟人曾经说过，一步实际行动，比一打纲领更重要。五常的这些干部，虽然大多出身农民，过去读书不多，不一定学过伟人的这一教导，但是他们却懂得身教重于言教的道理，以最朴实的情感和真情的无私奉献，诠释着伟人的理论，教育着农民，也教育着他们自己。因而，他们也自然而然地获得了群众的信任和爱戴。他们开展工作时，也就往往能够获得一呼百应和事半功倍的效果。

写材料，是我原先最感头痛的一件事。这次或许是受到了一种精神力量的鼓舞吧，我忽然产生了一种冲动，觉得自己有责任，把在五常的所见所闻写下来。说来也奇怪，我似乎并没花很多的力气，却鬼使神差般地把材料写成了。更让我不可思议的是，材料上报后，好像只有十来天的工夫，居然传来了一个特大喜讯：毛主席为材料作批示了。那天，我正在乡下，浙报和新华社分社的两位领导找到了我，一见面，他们就热情地握住我的手，祝贺我写的材料受到了毛主席的表扬。当时我真是丈二和尚摸不着头，搞不清是怎么一回事。随后，我跟他们一起来到新华社分社，第一次看到了毛主席所作批示的全文，并得知了我写的这份材料，是怎样如此之快就从基层传到了毛主席手中的大体经过。

原来，毛主席为了解当时正在全国开展的社教运动的情况，从劳动节开始一直在杭州，待了十多天。其间，毛主席召开了一次有各大区书记和部分省委书记参加的座谈会。我省江华书记在参加这次会议之前，也开了一次有部分县委书记参加的座谈会。我们县孔书记去参会时，便把我写的那份材料带去了。省委就是从这次会上选了7份材料，呈送给毛主席的。因为材料写得还可以，又比较符合当时中央的意图，所以毛主席看后，便欣然写下了一篇振聋发聩的长篇批示。因为批示写于1963年5月9日，便被简称为“五九批示”了。

我一个小小的干部，写了一份普普通通的工作材料，居然被我们党和国家的最高领导人看到了，还被表扬了，怎能让我不为之高兴和激动！

弹指一挥间，50多年过去。毛主席离开我们也近40年了。为适应杭州战略性的大发展，老五常的大片土地，早已成为杭州西溪国家湿地公园的一部分。老五常的模样，除了尚有部分老人留有一些模糊的记忆外，再也无处寻觅了。曾经那样生龙活虎的一大批五常干部，如今大多同我一样，步入了人生的暮年期，有的还早早过世了。回顾往事，令我感慨万千。但我庆幸自己，在这个老五常，懂得了很多做人的道理，并做了一件令我一生都感到无比幸福的事。

（原载《余杭晨报》）

“五九批示”好干部——沈阿年生命最后一刻的坚持

日前，五常街道友谊社区收到了一只装有1000元现金的信封，它来自该社区的八旬老党员沈阿年。老人在弥留之际交代家人把街道和社区的工作人员请到家中，并亲手将信封交到工作人员手中。他说：“这是我的党费。”沈阿年在32年工作中，一直坚守党性原则，实实在在为老百姓谋福利，从未以公谋私，深受群众爱戴。

“五九批示”的好干部

沈阿年出生于1928年2月10日，是五常友谊社区龙舌嘴人，解放前家境贫寒，历尽苦难，他总说自己是共产党抚养长大的，所以一辈子都在恪守党的章程，履行入党时的誓言。1949年刚解放，20来岁的小伙子便参加了土地改革，投身革命，1953年加入中国共产党，这也是后来被他时常提到的往事。每次提到，他脸上总是洋溢着骄傲的神情。后来，沈阿年先后担任五常乡的乡长和公社党委书记，三墩区副区长、区党委委员，直到1982年退休。除了入党一事让沈大伯念念不忘外，有幸成为“五九批示”的好干部，也让他感到无限光荣。1963年5月9日，毛主席看到了《浙江省七个关于干部参加劳动的好材料》后，欣然作了表扬批示。他在批示中，语重心长地论述了干部参加劳动的极端重要性和必要性，高度赞扬了干部以普通劳动者身份积极参加劳动的精神。对材料中所介绍的确保干部工作劳动两不误的经验也作了充分的肯定。而沈阿年就是“五九批示”的好干部之一。哪怕在退休后，他也一直以一名优秀党员的标准要求自己，街道与社区的每项工作他积极配合，生活中严格奉公，老伴想借用他的医保卡配些药也被他严厉训斥制止。两年前，五常街道专题召开“五九”精神座谈会时，他说：“国家三年困难时期，当时老百姓的生活都很困难，我们五常有19个大队，大队书记和公社脱产干部全部都要参加劳动。深入基层，与群众打成一片，听到群众的心声，了解群众的疾苦。这样的干部才听得了真心话，能办得好事。”

工作很接地气

在村民眼中，沈阿年一直是个认认真真、很接地气的好干部。在多年的工作中，沈阿年都践行着踏实为老百姓干实事的务实作风。“五九批示”后，沈阿年对自己每年参加劳动作了规定，标准是60天，他不得少于120天。但实际上，他参加劳作的时间每年总占到一半，农忙季节干脆就到各大队蹲点，与老百姓同吃同住同劳动。“他和那些干部去群众家吃饭，每顿要付两角钱、半斤粮票，从来不多吃多占。”张小毛是沈阿年的侄子，他从小听了不少关于沈阿年的事迹，对沈大伯的那些光荣史了解得很。他说沈阿年每次忆起那段历史，脸上总流露激动的神情。“他当时是到西坝大队蹲点的，老百姓和他们那些干部都非常亲密，大家都叫他‘阿年书记’，争着拉着叫他去家里吃饭。”1956年强台风来袭，不少危房都被吹倒。沈阿年率领干部们坚守在第一线，冒着狂风，挨家挨户地通知者百姓转移到安全地带。1962年特大洪灾，房子被淹，桥被冲垮，情况危急，沈阿年奋不顾身地冲在最前面，带领老百姓们共同抗击洪灾。他回忆当时的情景说：“我们都是穷苦人出身，现在翻身当了主人，有了权不能忘了根本。干群关系好比鱼水关系，鱼离开水就不能活，干部离开了群众，就失了民心。”

做人不徇私情

沈阿年有五个儿子两个女儿，但他从没有利用自己的职权谋取一丝一毫的个人利益。沈阿年的女婿王桂法说："他在工作岗位的时候从来没有为自己的子女安排过工作，现在他的五个儿子都在务农，靠自己的劳动来养活自己。"从沈阿年走上革命道路到1982年离休，有35年的工作历程，他一直兢兢业业地为老百姓谋福利，一身清白，两袖清风。那时候，他只有微薄的工资待遇，还需养一家老小，其实也挺困难，但他分文不占。所以他在老百姓中的口碑一直很好，说起阿年书记，一些老人就会感叹："阿年书记认认真真工作，清清白白做人，不多占一件物，不多拿一分钱，是我们五常的好干部啊。"五常街道也将沈阿年作为反腐倡廉党风建设中学习的楷模。街道党工委书记徐荣德说："他无私奉献的思想、艰苦奋斗的精神、洁身自好的品质都是值得广大党员干部学习的，我们必须要弘扬'五九'精神，珍惜这宝贵的精神财富，继承和发扬老一代革命者的优良传统。立足五常，开拓前进，为建设新五常而努力奋斗。"

弥留之际不忘交党费

2009年，在一次街道组织的健康体检中，沈阿年被检查出前列腺癌。当时，家人都觉得这消息简直是晴天霹雳，但沈阿年本人却很乐观。他还是如同平日一样与老友下棋、聊天，并且积极配合治疗。他的乐观也感染了家人，因此一家人的生活并没有被阴霾笼罩。去年3月份，沈阿年体内的癌细胞转移到了大肠，于是进行了手术。今年5月，他连续发冷发热8天，送医后，医生诊断癌细胞转移到了肺部，沈阿年的病情不断恶化。5月31日，沈阿年出院回到家中。就在弥留之际，他将女婿王桂法叫到床前，嘱咐王桂法把街道工作人员请到家里来，还拿出了1000元钱，让王桂法帮他用信封装好。下午，王桂法照他的吩咐将街道和社区的工作人员都请到了家中。老人看到他们来了，拿出信封递到了工作人员身前，他说："我是共产党抚养长大的，这是我交给党组织的党费，希望你们收下。"他还交代："我的丧事要从简，不要铺张浪费。"此后，老人就陷入了昏迷，再也没有开口说过话。7月1日凌晨1点多，百姓们敬爱的阿年书记永远地离开了我们。

（原载《五尚书》第四期）

漫话五常印象

刘　威

（一）小雅

周末，当我与几个朋友，悠闲地坐在西溪印象城的露台上，俯视西溪全景，心旷神怡。不远处星湖罗布、溪影连云，林光罨画、鸥飞鹭起，时时微波濛起，一片祥和瑞丽之景象。

有朋友说起西溪不如西湖高贵，西溪虽多有文人诗词咏诵，但缺乏千古绝唱，所以西溪虽美，但在人文上的价值始终难以超越西湖。

这话有一定道理。历来景以文胜，自古便是如此。杭州是各朝才子诗意滥觞勃发之地，数以万计的名词佳句点缀在每一步的风景之中。其中，名列第一的是柳永《望海潮·东南形胜》，奠定了杭州与西湖的千年绝唱。后人评述说"荷花十里桂三秋，牵动长江万里愁"，就是指这首词让大金国主仰慕杭州的繁华昌盛，遂起投鞭渡江并吞南宋之志。

其次，诗词中的榜眼当属苏东坡描写西湖的那首绝世清唱：“水光潋滟晴方好，山色空蒙雨亦奇；欲把西湖比西子，浓妆淡抹总相宜。”论及诗词探花，非白居易的《忆江南》莫属。“江南好，风景旧曾谙。日出江花红胜火，春来江水绿如蓝。能不忆江南?”这首随笔小词将钱塘春潮描写得淋漓尽致。

然而，翻遍藏录西溪诗词的《西溪梵隐志》《西溪百咏》《西溪怀古诗》等，确实很难发现大家手笔。难道西溪之美，竟无风华绝代的传世之作可以形容?《诗经》中“蒹葭苍苍，白露为霜”是描写西溪风景中最常引用的一句，西溪名庵“秋雪庵”估计取意于此，秋雪意指秋霜，庵主吴本泰最喜应该是西溪的秋意吧。范仲淹《苏幕遮·怀旧》开篇“碧云天，黄叶地，秋色连波，波上寒烟翠”虽非专写西溪，但若描写西溪的秋之美，也是异常贴切。逍遥子的《虞美人》中“笛声依约芦花里，白鸟成行忽飞起”，与其忆西湖，不如忆西溪更为妥切。

所以，我半开玩笑地对朋友说：西湖，堪称大雅；西溪，堪称小雅。

西溪自南宋以来，多为文人聚集之地。然，文人聚集于此，多以两种方式：一是别业，二是藏书阁，正居的很少，就连最有名的洪园与高庄，最初也是洪家别业与高士奇别业。所谓别业，就是指古人的别墅，与现代人大不相同。古人造别业，多为读书或以文会友，相对比较简单，有些粗放有些精致，但不似现代别墅集显奢华尊贵之意。而西溪的别业群墅，也就是今日所见星罗密布的庵之类的建筑，大多是小资文人自发集聚地，打发着闲赋歌谣穷作诗的田园时光，而上层社会的名流贤达，活动范围仍以西湖为中心。所以，我们今天所读到的西溪诗词，多为小资文人所作，称之小雅，并不为过。

西溪的小雅，正是折射了离开权力中心的上层贵族、本土下层贵族与地位低微的知识分子内心最清纯的那份闲适，远离名利场，这里没有“宝马雕车香满路”，没有“千骑拥高牙”只有“泛泛蒹葭月，行行翠碧乘”。人在此，只能观庭前“一曲溪流一曲烟”，赏远处“荻花飞絮满汀洲”，清静之意，犹然自得。不半日，人人皆染王维、陶潜之风骨。这里的文人，不是终南山翘首功名的伪隐士，而是真正的风花雪月的雅士。大隐隐于朝，小隐隐于野，西溪是避世者自娱自乐的地方。

这里想到一件小小往事，西溪曾让我解燃眉之急。在南京，有次失言，须作诗解围，苦思冥想不入意境，突然想到西溪风情才酌字呵成。这是以同事姓名为首字的藏头诗，取名《春意》：“林花幽香径，燕轻惊细柳；君心似朝露，乐在碧草中。”每句首字合为“林燕君乐”，而林燕君正是其芳名，博众一笑，勉强过关。

从西湖到西溪，一路风景旖旎，但心情却在渐变。西湖之美，犹如工笔画巧密而精细，又如盛装佳丽，一粉一黛皆用心，一颦一笑有分寸，让人感其高贵，叹其精致，然而始终有梦境感与拘束感；西溪之美，恍如写意画挥洒而不拘小节，又如混搭出场，既有青波绿草，也有枯藤蔓草，既有园林曲府，也有草庐茅庵，既有蕉园诗话，也有渔舟唱晚，人在其中，可解衣纵酒，可浅酙低唱，可凭栏会意，可与野鸭秋雁为伍，可与红梅火柿为伴，让心灵最深处的闲情逸致放浪形骸之外。达，请到钱塘观潮，兼济天下；富，请到西湖醉生，笙箫歌舞；穷，请到西溪别业，独善其身。

于是，我说：小雅的生活，就是小资的生活，是真实的生活。在座的众友人都一致认可。

（二）宜居

沉醉在墨香书韵的小雅，并不能化解现实生活中衣食住行的担忧。当我回忆第一次踏上这片土地的情景，我觉得自己有点像当年美国西部的拓荒者。那是在2005年，当时五常街道还没有成立，只有一个过渡期的五常管委会，但行政上仍然隶属于闲林。用“荒凉”一词形容当时这片土地，似乎没有丝毫不妥之处。过了绕城，就不再有路网的概念，几条公路破旧但不纵横连贯，没有医院、没有学校、没有超市、没有菜市场，只在不远处有一些工厂、农居点大片在建的工地，西溪在那时还不能称为公园。当时我们结婚不久，妻子问我：这地方将来能住吗？

我也有些茫然，乐观而无奈地答道：会好起来的。

于是我们便购置了房产，准备成为这里的新居民。直到后来，我才知道，五常的很多小区内，杭州本地的居民比例并不是很高，大部分都是类似如我，刚从大学毕业参加工作3～5年，缺乏对杭州深度了解，事业虽在上升期，但手头积蓄不多，大都读过一点书、懂一点文化、玩一点小资、有一点压力但没有什么远大志向，于是无奈又充满希望地选择了这里落户。这也形成了五常居民的一个特点。在2004—2008年，陆续乔迁五常的第一批新居民，集体特征非常明显，可以统称为小资阶层，受过高等教育、多为职场白领、生活不算富裕但衣食无忧、祖籍非杭州、长辈多陪同随迁。来自全国四面八方的新青年白领，会聚于此，各种文化与生活方式不断融合，与当地原有土生土长的人们一起，共同对这片土地寄托了厚望。

2008年元旦，我们从市区举家迁来五常，没几天，发现位于五常大道与荆长路交会的一座五层浅灰色办公楼悄然挂上了五常街道办事处的牌子。作为五常的新居民，可能未必理解杭州市政府加快城乡一体化发展与余杭组团建设的决心。但当我们开始在各种表格或快递地址栏逐步习惯填写“五常”这个地名时，惊喜似乎也年复一年地随之而来。

从2008年到2013年，仅仅五年，五常的发展有目共睹、成就斐然。虽然这些年走南闯北，我也曾经感慨过深圳速度与浦东速度，但那毕竟是举全国之力建设一城一地，是担当民族经济振兴的先锋；而五常，连很多杭州本地人都不清楚的街道，能在五年之内建设成为风景优美、宜居宜住、安居乐业的地方，才是当地老百姓真正的福分。

我印象中最深的便是父母的变化。2006年，我带着年事已高的外公外婆来“参观”刚刚付了首付的房子。那时，五常的交通不好，正逢大雨刚过，车子到了留下便难以通行，大家在泥泞中艰难跋涉到工地，戴着安全帽找到我们的房体时，外公外婆面面相觑一言不发，母亲终于叹了口气：唉，读了这么多年的书，却从江苏的城里搬到浙江的乡下住了。那次对我的打击很大，使我犹豫了很久才从市区搬到五常。父母的态度，似乎在2010年后，有了突然的转变，并在饭桌上开始和妻子提及五常这里种种的好处了。由于我经常出差，对于五常周边的生活，并没有她们感触得那么深。听到父母妻子这么开心，我也开始为这里的发展感到由衷的高兴。

父亲说：快速公交比开车还快，以后往返老家不用你们开车送了，从这里做快速公交到武林广场，转地铁到东站，高铁从杭州直达江苏老家，总共就是三个小时，这在以前要折腾一整天。

母亲说：这里医院真是方便了，小毛病打个针什么的，到社区医务中心就看了，大的医院也不远；还能很方便地买到农家自种的蔬菜，野生的鱼和鸡。

妻子说：西溪印象城真是不错，买东西真当方便多了，餐饮档次也一下子提升了很多，带着儿子这样的小吃货也不用老是开车去市区了。

老百姓的生活就是这样的简单，安居的地方，一般都极容易产生浓厚的归属感与满足感。一个地方，无论怎样的政治清明、无论怎样的文化深厚、无论怎样的风景优美，若是不能宜居，人们便不能安居；如果不能安居，人们便很难乐业。五年前，我在五常一个高档科技园创设了一家 IT 公司，然而人才之难招出乎意料，从市区招来的开发人员，耐不住这里的荒凉，常常数月后便悄然离职，最后公司不得已惨淡撤出，移至他处。现在，每当看到五常西溪软件园的牌坊醒目竖立在西溪洪园入口处，印象城最灯火阑珊的地方，我便想起当年往事，不禁唏嘘不已。淘宝的迁入与海创园的昌盛，很快会让这块昔日以羊肉闻名的土地成为科技投资与人才的热土。

（三）忠孝

我对七岁的儿子说：一方水土养一方人，你从小生长在这个地方，便要继承这个地方的民脉与风骨。五常是否出过五个尚书三个宰相，这对我们新五常人并不重要，我们看重的是这里的忠孝之风。

西溪湿地的洪园部分，是西溪最有文化和故事的地方。宋高宗一句“西溪且留下”，结果皇族没有留下，而他的大臣洪皓在五常却留下了绵绵血脉，成就了三宰相五尚书的家族美誉。历史有时是非常有意思，当年洪皓在金国持节受难的流放地是黑龙江五常，而他子孙繁衍生息的地方也是同名杭州五常。洪氏家族历史上声望显赫，但放眼在数千年的文明史，这样的家族或许不足为奇。然而，洪氏家族的两位最代表人物的忠与孝，却在历史上难出其右。

五常洪氏始祖洪皓，是洪氏家族“父子公侯三宰相”的南宋名臣，也是伟大的忠义爱国者。苏武在匈奴牧羊 19 年，洪皓同样被金国扣押了 15 年。

儿子随我在洪园中散步，我和他讲着洪皓在金国被扣押的故事：那是一个遥远的战乱时代，一个和岳飞一样的大英雄，在被敌国扣留后凭其出众的才华，受到了大金国从贵族到平民的一致爱戴，是真正的“富贵不能淫、贫贱不能移、威武不能屈”的大丈夫，儿子似懂非懂，对他最感兴趣的永远是不肯放手的电玩与动画。然而，文化的传承就是在这样一遍又一遍的叙事中潜移默化地完成的。西溪的故事，洪氏的文化，在若干年后的某一天，或许在不经意地散步时，儿子又会讲给他的孩子听。文化就这样被传承。

洪皓之忠，与苏武不同。苏武是令人敬佩的硬汉，在西伯利亚的冰天雪地中牧羊，孑然一身，孤苦伶仃，然而不辱使命，令人敬仰。洪皓境遇大不同，据史书记载，洪皓博学多闻，精通经史诗词音律，在大金国除了受到短暂的委屈险些被杀之后，十多年的滞留生活却丰富多彩。大金国主三番五次地委以高官，洪浩不是拒任就是装病，大金国主也不翻脸；金国重臣完颜希尹视之为知己，后来洪皓建议完颜希尹与南宋议和，结果完颜希尹被杀，洪皓无事反被大赦。完颜希尹何许人也？大金国文武全才，武能定国、文能安邦，曾是灭辽主将，也是女真文字的创制者，在完颜希尹任金国宰相主政期间，亲自策划俘虏了北宋俩皇帝，汉史称“靖康耻”。完颜希尹将八个子女的教育托付给洪皓，于是洪皓做了大金国宰相的家庭教师。洪皓不仅在大金国贵族混得不错，在女真族平民中也口碑甚佳。洪皓教金国老百姓读书，没有纸，就用桦树叶写四书。后来洪皓每到一地，当地老百姓争相用酒食款待，让妻女跳着胡舞接待，邀请他主持婚礼、佛事等活动，是绝对的明星大腕，除了不能回国外，享受着跨国文化名人的待遇。

洪皓享受着当代中国跨国移民都无法企及的舒适生活，然而，他的心思始终在大宋，他通报敌情，写万言密信，想尽一切办法回国，终于在被扣押15年后，回到了日思夜想的祖国。这份忠义之心，千古一人。当然，由于对大金国朝野上下了如指掌，洪皓因祸得福，宋朝皇帝很快执国师之礼优待。洪皓终以公侯善终，于是洪氏由此发家晋升王公望族之列。

儿子听了洪皓的故事，还不太理解。我对他说：不管你将来遇到了什么困难，或者你的祖国遇到什么困难，你都不能抛弃你的祖国，来，我们拉个钩。儿子认真地点点头。

中国向来以慈孝治国，家族的兴旺离不开慈孝勤俭四个字。因孝而忠、因慈而仁、因勤而治、因俭而廉。五常洪氏的明朝重臣洪钟，又是孝的伟大践行者。洪钟是真孝道，不是欺世盗名。洪钟也无须欺世盗名，他的官衔之多，名望之重、贡献之大，在当时无人可比，从生前死后两件事就可以看出：一是生前，洪钟的父亲祖父高祖父都因洪钟被封为名誉部长之衔，母亲祖母被封为诰命夫人；二是死后，洪钟的墓铭墓表书写篆刻均由部长级文化泰斗亲自执笔，包括明朝大儒王阳明。明朝以慈孝立国，在孝子百出的时代，洪钟的孝顺仍然闻名朝野。在朝廷任职期间，每有闲暇，便陪在母亲身边；回到家乡隐居后，又修建思母桥与思母亭。洪钟不仅自己是慈孝表率，也对子女要求甚严，要求子孙后代“才以博而坚，业由勤而精”，同时推行孟子的“幼吾幼以及人之幼”理念，修复重建书院，传道授业。

古云：百善孝为先。为何？因为孝的本质是感恩。学会感恩，才会在社会中真正立足。现在商业竞争虽然错综复杂，但从来没有寡恩者可以基业长青。心存孝道，便是心中长留感恩之心。在我们居住的小区，长者与子孙同聚一堂者比比皆是。古人说：父母在，不远行。如今时代变了，子女要远行，但不要远离父母。小区中，年轻的白领匆匆上班，留下年迈的长辈三三两两地聚在一起唠嗑，然后，在夜幕降临灯火阑珊之时，各自回家，享受天伦之乐。这样的景象，虽在不经意处，却是父慈子孝的厚世之风。

（四）乐众

我刚来五常时，民间丰富的文化活动让我有点应接不暇，最出名的有龙舟赛，有武术表演，好像还有庙会。

我不知为何五常的武术被称为十八般武艺？十八般武艺好像是中国武术的民间称谓，而每路章法似乎自有宗师门派。五常的十八般武艺，无门无派，以我推算，估计始于洪钟归田后遣练乡团时期。明朝地方军设民兵制，洪钟带兵多年，将卫军兵械教授民兵练习，也实属正常。后经民间演练，逐步形成以各类兵器为主的实战格斗。不管怎么样，民间练武强体，自然是件好事。笛卡儿说：存在的就是合理的。我们应将尚武的民俗推广起来。五常的最大群众活动当属于龙舟赛，这也是近年来政府主推的文化项目。西溪河道逶迤，每年农历五月初五，有特制龙舟聚集于此，个个好汉摩拳擦掌，周边人声鼎沸，只待一声令下，乘风破浪，奋勇争先。这种热闹的民间赛事，在很多地方已经消失多年了，五常完整地保留了这份宝贵的文化遗产。

龙舟赛与武术，与前面提到的西溪文人的舞文弄墨，形成了五常文化的动与静。想象一下当时的文人，如同我们现在的宅男宅女们，平时躲在家中不出来，等到各种赛事组织好，到现场冒个泡，拍几下巴掌，然后回到家中继续宅上一年。但是，让居民喜闻乐见的文化项目，仍是五常的短板，仍有种种不足。五常是围绕杭州主城西边的狭长区域，随着第一批新五常人的涌入和生活环境的改善，其区域价值日显，高档住宅与别墅日益增多，五常呈现出本地文化、小资文化与中产阶层文化逐步交融的趋势。从目前来看，三类文化需求都很饥渴。

五常有座名寺叫广福寺，修得金碧辉煌。原本不叫此名，但这不重要，目前已有高僧主持，这也不重要。重要的是，没有人知道这个寺庙的福祉，是面向百姓弘扬佛法，力行善举？还是引导人们理禅修身，悟道做人？每当心累的时候，杭州的很多寺庙我都会去静坐几天，闻佛柔软音，深远甚微妙。唯有此庙，多次经过，不敢擅入。

洪氏家族是五常的骄傲，见诸报端者，似乎永远都是“三宰相五尚书”这些功名利禄之事。治国平天下毕竟是少数人的事情，修身齐家确实大多数老百姓所需要。洪氏杰出的朴训古风、励学敦行、忠孝廉洁，是中国几百年士大夫阶层最优秀的品质，其实正是新一代五常子弟应该铭记在心的，这才是洪氏文化之根基。可惜的是，洪家祠堂没有了，思母桥被做水闸了，思母亭毁了，洪昇的《长生殿》无人知晓。这些事迹，做成壁画，在各个社区宣扬一下，似乎也可以增长一下文化的氛围。

西溪别业的才子情怀与五常乡勇的崇武情结，本来可以与新迁入的外地移民更好地融合，创造出丰富多彩的五常文化。创智五常，是一个非常好的定位，只是百姓还很难感受到实质性的文化内涵。高中低不同层次的休闲与教育缺少，常常迫使多数新五常居民无所适从，只能驱车就远舍近。文化搭台，经济唱戏，看来这个台还要再搭得厚实一些。

“忠孝小雅、乐众直居”，是我在五常居住五年来的感受。自南宋以来，五常就是官宦士大夫文明，小知识分子文明与乡村文明的交汇碰撞之地，又加上水乡天成、人杰地灵，地缘经济发达，所以，五常是一个非常有潜力的地方。我们，包括我们的父母与妻儿，已经习惯了这里的生活、这里的传说，这里的一草一木。或许，有一天，当我们儿子离开这里外出读书的时候，他的眼中会饱含着泪水，因为这里是他的故乡。为此，我们都有责任将这里建设得更好，让我们的子孙不仅富裕，而且可以诗意地栖居。

与湿地为邻

钟　晨

十年前随职所迁址五常。荆山岭下，西溪地界，恰与湿地为邻。古人择邻而居，传为佳话，倏忽间我竟已傍上一位高邻。

眼下正值花红柳绿的时节，人间四月天，百般春意闹枝头。桃花梅花海棠花，花团锦簇。十年相识，十年厮守，日久生情。“春风发蒹葭，夏雨落朱华，秋水映芙蓉，冬雪伴芦花。”我把这四季的风华，尽都精缩在小句里。我的意境毕竟如此。如若“秋霜染火柿，冬雪映红梅”，也颇有一点诗意。

西溪之美，不必恭维。随意驻足窗前，凭栏远眺，你尽可以领略湿地风采。她的灵气、她的妩媚，隔着朦胧的氤氲，状如垂帘纱罩之后的佳人。东风徐来，空气里裹挟着水泽的湿润与草木的芳馨，直沁人心脾。此等好处实难多得。都市里人车嘈杂，废气、噪声，扰人无处安宁，连大气也不清新。工业改变了生活，城里人变得富足，但又何等贫穷，连吸口新鲜空气也是奢侈。白日里少了蓝天，夜空中隐了星斗，儿时记忆里的东西一样样消失。有人情愿积攒盘缠，投奔千里之外的终南山，只为寻一处僻静，过一段远离尘嚣，林掩竹映，泉幽鸟鸣的生活。

西溪神似终南。远古时候，这儿本是一片汪洋。汉代治水，北引西溪入太湖，才露出了部分地面，使后人得以种植和居住。而低洼处仍然是水，宽广的平原上河汊交错如网，池塘相挨如鳞，村庄零落，几处人家。兹于水泽，绝车马之尘埃，泛舟楫之涟漪。暮霭晨烟，岚气飘飘，宛若世外桃源、蓬莱仙岛一般。于是乎，令历朝高人隐士魂牵梦绕，不绝于途。

良禽择木而栖。古往今来，隐者自耕其食，自娱其乐。一时兴起，泼墨挥毫，作一首好诗，留一幅丹青。曾有著书的、习武的、师琴的、演艺的、讲佛的、论经的，在此演绎无数精彩的故事。佼佼然造诣无不精深，举止无不洒脱。何谓钟灵毓秀，人杰地灵，有如此地者，绝无妄言。

时至今日，湿地遭围垦已久，水域日减。是时，杭州市政府慧眼识俊，立马横刀，挽救了湿地蚕食殆尽的命运。不然这里早已凝固，满目水泥森林。如今，五常乡民迁出了祖辈安居的乐土，给后人让出了风水宝地。此行彰显功德于千秋，必为后世人所称道。

改造后的西溪定然不能回到从前的式样，但依然是一片精粹的国家湿地，风韵犹存。当你走近周边，漫步河堤的时候，可见那清澈的溪水自林阴深处缓缓而出，芦荻如拱，河道如巷，远望莽莽榛榛，花枝摇曳。这情景可比桃源入口、红杏出墙，你一定想探个究竟。

西溪之美在于僻静。梳理过的西溪，依然水体环绕，乘舟方得入内。只见依然水中泊庵，陆上草堂，依然柳暗花明，黛瓦白墙。任凭杭州城如何喧嚣，这里依旧草木葳蕤，景象幽丽。落花随流水，飞鸟降沙洲。悠闲自在，心无纤尘。

西溪之美又在于真朴。西湖堤岸早已收拾停当，堆砌齐整。西溪则是泥滩草甸，浑然天趣。一个浓妆艳抹，光彩照人；一个不施粉黛，丽质天生。一个胜似玲珑剔透的和氏璧，一个宛如深藏不露的荆山璞。看够了雕琢与粉饰，必移情于淳朴与原野。人类正在回归自然。

西溪之美还在景物。西溪的梅花，明清以来是最负盛名的。古时候从古荡到留下沿山一线，遍野梅花，花盛时期，“蔽云欺日，香雪万重”。人在其中“如坐银海”。如此盛景已然不再，但湿地公园中西溪梅墅、梅竹山庄、湿地植物园，仍然再造了万株梅景，泛舟曲水梅林之间，趣意无穷。更有那秋日里的火柿子，无比壮观，田坂上垂下的累累果实，原本青涩地躲在浓密的叶子后面，秋风吹过树叶掉去，一个个裸露着晒太阳，却把脸涨得通红。

西溪之美更在于人文。往事悠悠，曾有多少才高七斗、学富五车者，宁肯粗茶淡饭，流连于草堂别业。沾溪水之灵气，呈旷世之奇才，留下无数传世墨宝。洪昇创作《长生殿》，鲜于枢草书《石鼓歌》，皆为传世稀有之作。于今，湿地边再起小楼别院，称名人工作室，莫非也要效仿先人？

言归正传。时人邻居观念已淡，但偶有如此高邻者，岂不足幸？清晨速速而来，傍晚迟迟而归，南来北往足足绕湿地一周。白日里的景致已然熟了，可曾遐思过夜景？夕阳西下，飞鸟投林，夜色中的西溪定然越发静谧、幽美。倘若有朝一日迁居到此，我等将做成真正的邻居，如此甚好。纵有远亲如终南者，又怎比我拥有西溪近邻。

五常地名杂谈

叶华醒

五常是西溪湿地核心区域之一。距今两千年，这一带是苕溪之水潴积而成的一片大泽，古称南漳湖。东汉熹平元年陈浑任余杭县令，他在余杭县城筑溪南大塘，苕溪水折北流向太湖。陈浑又“开南上、下两湖以蓄泾潦，捍之以横塘，泄之以陡门。苕溪水势遂缓，南漳湖受水遂少。水渐杀，土渐出，伏而为滩，突而为洲，民得以定居”。

五常境内村庄之名，大部分与水相关。涉及水乡地貌的有滩、墩、兜、角、咀、湾、河、港、浜、荡、漾等。大泽成陆之初，地势较高处露出水面，称为“墩”；稍低处随水势时隐时现，称为“滩”；水道呈口袋状伸入陆地，称为“兜”；陆地伸向水面，则称为“角”“咀”。以后陆地越来越大并连接成片，低洼之处狭者形成河、港以及纵横交错的浜、汊，广者形成荡、漾。这些名称使人感受到大自然的造化和沧海桑田的变迁。

五常与水相关的另一些地名涉及和水乡交通设施，有埭、桥、埠、坝、渠、圩、塘、海（实为埠）、陡门、渡船，等，其中以“埭”“桥”命名的数量最多。埭、坝、陡门是阻拦水流、调节水量的建筑；圩、塘、埠都是河堤，是御水兼作通途的设施。透过这些名词，我们可以品尝五常农村临水而居的韵味，还可看到先民适应自然、改造环境的聪明才智。

古南漳湖成陆后，隋唐之际就有苏南渔民陆续移居。北宋时五常附近的西溪市为钱塘四镇之一，说明当时这一带的居民已达到一定规模。明初，钱塘望族洪氏的一支卜居今之五常，耕读传家，为五常乃至杭州的文化发展作出重要贡献。五常一带从荒僻之地发展为鱼米之乡、文化之乡，是历代来自各地的人们勤劳奋斗的结果。今之五常道境域，载于1987年版《余杭县地名志》的自然村140个，其中以姓氏为前缀的98个，包含着49个姓氏。如果将已改为“齐北弓桥”的毕家塘列入，刚好占了《百家姓》中的一半。这也说明，五常自古以来就是来自不同地方民众和谐相处的大家庭。

地名是一方标识，古老的地名承载着多种历史信息，是值得挖掘和整理、研究的文化财富。

（原载《五尚书》）

杨统制与杨圩

曹 云

杨圩（wéi），又称杨府圩，有东杨圩和西杨圩两处。东杨圩在今天的五常街道东北的南河头、邱桥、杨家墩的位置，面积约2000亩。西杨圩在五常西南的西坝村。西坝村因境内有一条河堤，俗称西坝而得名，村前有一片大田畈，名西杨圩，圩内有坝河、西河，包括白浪滩、仲家埭、姚家埭、里横头、车桥头等村，面积也有约2000亩。这两处地方，以前是河港、圩田交错，芦苇丛生，地势低洼，常遭水患。因当时的居民无力兴修水利，此两处遂成广阔荒芜的滩涂。

那么，这两片滩涂是谁开发的呢？明代的西溪诗僧释大善的《西溪怀古·杨圩》云："杨圩，宋功臣杨统制世居钱塘。""功成名遂退林丘，贵仕三朝富一畴。南亩春耕兄乐业，西庄秋熟弟优游。阶生兰桂随时秀，堂奏篪埙逐口酬。兄爱弟恭妯娌睦，同源九世不分流。"

五常杨圩的主人可能有二：其一是南宋初年的大将杨存中；其二是南宋抗金战死于小商河的勇将杨再兴。那么究竟是谁呢，我们来看下面的分析。

杨存中（1102—1166），宋代州县（今陕西代县）人，原名沂中，字正甫，绍兴十一年（1141），与张浚、刘锜合兵击败兀术（完颜宗弼），官至殿前都指挥使。宋金和议成，秦桧专权，罢四大将兵权（岳飞、韩世忠、张浚和杨存中），正甫首先交出兵权，高宗赏赐甚多。后为殿帅约三十年，封同安郡王。乾道二年（1166），追封"和王"。杨存中历仕三朝：徽宗、高宗、孝宗，高宗曾将他比作当朝"郭子仪"。

杭州城中有多处杨存中的府第，他的庄田也遍布杭州、嘉兴、苏州、昆山等地。《径山志》记载：径山的了明和尚因径山寺无田产，粮食匮乏，于是赴杨和王府募田，杨和王就将苏州的庄田一万余亩施于径山寺。五常与杭州近在咫尺，土地肥沃，只不过荒滩不经改良无法种植，于是杨统制兄弟（"统制"为官名）或出资购买或朝廷赐予，各置圩田一处，并大兴水利，遂使荒滩成良田。这项数千亩的筑圩围田工程，若非政府或富室巨户出资是很难完成的。杨氏兄弟是最早的一批对五常进行开发建设的功臣，人民自然不会忘记他们，于是百姓便把这两处庄圩称为杨圩或杨府埧。清代许承祖的《杨圩》云："统制声华棣萼情，梦回沙漠气纵横。英雄投老浑无事，部舍求田咏太平。"

至于同时期的杨再兴，是抗金英烈，宋相州汤阴人。绍兴初年，为岳飞的重要部将，力主恢复中原，屡与金人交战，杀敌无数，收复河南、陕西等地险要。绍兴十年（1140）随岳飞大举北伐，后以三百骑遭遇兀术兵十二万人于小商河，杀敌殉国。金人获其尸，焚之，得铁箭头百余枚。考其一生经历，杨再兴未曾居钱塘，而且绍兴十年已经战死，故不可能在五常置田产。

（原载《五尚书》）

龙舟胜会

王　庆

龙舟胜会历史悠久，是五常、蒋村、和睦一带水乡特有的民俗活动。传说很久以前，这里遭受旱灾，赤日炎炎似火烧，野田禾稻半枯焦。钱塘江上有条好心的龙王，不忍心看到百姓遭难，便请玉皇大帝降雨救灾，谁知玉皇大帝就是不允。龙王救人心切，就自作主张降下大雨，一场甘霖消除了大旱，河中清水又在畅流，田间庄稼又露出喜色，老百姓欢呼雀跃。但此事触怒了天庭，玉皇降旨斩杀龙王。五月初五正午，黑云压城城欲摧，随即血雨倾盆。

在血腥风雨中，只见一个硕大的龙头和一条龙尾从天而降。龙头掉在石塘角，骤然平地间形成一口深潭。八天后龙尾落在十里外的和睦桥。老百姓都为这条钱塘江龙王的不幸而痛苦不已。说也奇怪，自此这一带倒也风调雨顺，五谷丰登，老百姓生活过得越来越好。为了感谢龙王，五月初五端午这天，当地百姓便在深潭口划龙船以示纪念。因龙尾落在和睦桥，五月十三，百姓又在和睦桥举行龙舟胜会，并称此日为“小端午”。遍插彩旗的龙船，自由在河中畅游，表达了百姓希望龙王依然与百姓同在的美好愿望。

和睦桥的龙舟胜会还有一种说法。相传古代一位姓何的县官不但为官清廉，而且孝顺长辈。一次水灾冲走了他的母亲，后在此桥下打捞了上来。就将桥改名为何母桥，并以龙舟会来纪念他的母亲。何母桥以讹传讹成了“和睦桥”。

龙舟会兴起于唐朝，南宋较盛，清光绪《余杭县志》载：“端午，南渠及苕溪上下制龙舟为水嬉。”“划龙舟吉祥庆丰年，观龙舟吉利保平安。”明代尚书洪钟辞官回乡后，为水乡美景所陶醉，年长日久也觉得有点落寞，有次见水上来往船只穿梭甚繁，遂生龙舟竞渡之意。重视这项民间活动，推波助澜，使之更为盛大。其时，龙舟齐聚，热闹非凡，其乐融融。洪钟见状感叹道：“与民同乐，其乐无穷，乐已足矣！”

龙舟竞渡，无疑是积淀着深厚传统文化底蕴的竞技民俗。一般认为它是由古老的祭祀习俗逐渐演变而来的。有说它是越王勾践操练水军的遗风，如清顾禄《清嘉录》云：“五日竞渡，相传吊三闾大夫而作，本《荆楚岁时记》之说，但于吴地无涉。赵晔《吴越春秋》以为起于勾践，盖怜子香之忠而作。周栎园《因树屋书影》，以为习水报吴，托于嬉戏，宗懔引邯郸曹娥碑云，五月五日迎伍君逆涛而上，为水所淹，谓是东吴之俗，事在子胥，不关屈氏。然则荆楚自为灵均，吴越自为子胥耳。”不过更多则说成是纪念爱国诗人屈原。《隋书·地理志》云：“屈原以五月望日赴汨罗，土人追至洞庭不见，湖大船小，莫得济者，乃歌曰‘何由得渡湖’？因而鼓棹争归，竟会亭上习以相传为竞渡之戏。其迅楫齐驰，棹歌乱响，喧振水陆，观者如云。诸郡率然。”刘禹锡《竞渡曲》自注亦云：“竞渡始于武陵，及今举楫而相和之，其音咸呼云何在斯。”是盖为追念屈原而起。

宋人王谠《唐语林》，提到当年崔涓任杭州太守，于端午节列舟湖滨举行竞渡活动，可见那时便有这种习俗了。至于南宋，竞渡活动越发盛行。“龙舟十余，彩旗迭鼓，交舞曼衍，粲如织锦。内有曾经宣唤者，则锦衣花帽，以自别于众。京尹为立赏格，竞渡争标。内珰贵客，赏犒无算。都市人女，两堤并集，几无置足地。”这是周密在《武林旧事》提到的西湖里龙舟竞渡的热闹情景。西湖龙舟竞渡废止已久，而在西溪等地这种习俗却几乎没有中断，并颇有名气，当地称龙船摖漾。

端午前几天，各村百姓便开始为龙舟会作准备，精心制作龙船，一般将一个木制龙头配置在一条普通农船上。装饰龙舟的龙头是被珍藏着的。届时要举行虔诚的祭龙仪式。祭罢才将龙头置于龙舟，并在河道里巡回一圈。也有特制的，用5块樟木板制成，长5丈、宽4尺5寸、高1尺5寸，船身细长，有龙骨15根成直角排列，船身画上鳞甲。龙船有钱塘、余杭之分，有满天幛（全彩）、半天幛（半彩）和赤膊龙船3种。满天幛也叫作采龙船，其船身长有8米之多，前后分别置以龙头龙尾，龙头之上再置放一只金鸡，在尾上挂条蜈蚣。船舱为龙身，上面插39面彩旗，有帅旗、虎头旗、龙旗及三角形旗。再置13把凉伞、18件兵器，船舷上另配以24块彩色画板。船上如此众多配置，自然连天空也被遮挡了个大概。“半天幛”也插有帅旗、凉伞及三角形小旗，但船的长度及船上配置自然不能和“满天幛”相比。至于“赤膊龙船”，就像光着上身的人一样，简单的木雕龙头，中间插两面龙旗，若干小旗。“赤膊龙船”正名叫浪湖龙船，貌不惊人，却以险、奇、快取胜。

还有一种称为乌头龙船，即用黑布裹住龙头，待胜会结束便用火烧掉，名为“斋龙王”。除船头置龙头外，船尾有一黄色蜈蚣，用以镇龙。蜈蚣，古名蝍蛆。《庄子·齐物论》云：“蝍蛆甘带，鸦鸱耆鼠。”带是小蛇，蜈蚣以小蛇作为美味。两汉魏晋时期，蜈蚣能制蛇的传说就更多。《淮南子·说林训》载，腾蛇即蛇，传说中的一种能飞翔的近于龙类型动物，但一物能降一物，竟被小小的蜈蚣所制服了。晋葛洪《抱朴子·登涉》中就有蜈蚣制蛇的记述。类似传说后世也还流行，如宋人彭乘《墨客挥犀》说：“余伯祖尝于野外见一蜈蚣逐一大蛇甚急。蛇奔一溪，蜈蚣亦随之，蛇知力屈不免，乃回身张口向之，蜈蚣遽入其中，俄顷蛇死，乃穴其腹傍而出，拆蛇视之，已无肠矣。”这个故事屡被别的笔记小说所用，人们信之不疑。此类传说在叙述蜈蚣神奇之时，自然也夸大了它的形态。

五常还制作一种新龙舟，新龙舟是标准化的龙舟，长约 30 米，不需要踩艄人蹬脚，全凭选手整齐划一的动作，推动龙舟破浪前进。据说，这种新龙舟是按正规比赛设计制作的。

农历五月初五端午这天，龙船集中在深潭口进行竞渡，而五月十三“小端午”则集中在和睦桥进行。两处规模大致相似。近年，龙舟胜会在蒋村深潭口和五常村浜口举行，声势更大。届时百余艘龙船云集京杭运河源头和深潭、五常水域，赶来参加盛会。参赛龙船不限于本村，邀请来的龙船只凑热闹，不计名次。其时，家家都要端出米酒、粽子，备下丰盛饭菜，邀请亲朋好友参加龙舟胜会。观者熙熙攘攘，人山人海；附近人家宾客盈门，热热闹闹。明人张岱《陶庵梦忆》说：“以看竞渡之人胜。”是说也，竞渡人再多，不过数百人，而观看竞渡呐喊助威者，何止万人。

端午日划龙船习俗深入人心，凡外出人员在这一日都会不远千里赶着回乡。旧时，五常一带村村都有龙船，左邻右舍都参与，展现了一个村坊的精神面貌和团结精神。此外，划龙船也有祈福之意，旧时为的是求龙王保佑风调雨顺，庇佑家家户户人丁兴旺。

龙舟胜会这天的活动是十分隆重的，有“请龙王”“喝龙船酒”“谢龙王”等流程。龙舟竞渡之前举行“请龙王”仪式，摆上供桌、放上供品、点响鞭炮，把龙头请下来，点起香烛供拜，然后给龙头“披红”，用红丝绵兜在龙角上，象征吉祥。全村老少齐聚龙船头家，大碗喝酒，大块吃鱼吃肉，大摆宴席，这叫“吃龙船酒”。大约下午一、两点钟则开始赛龙舟活动，在河道里，龙船们你拥我挤，赛的不是速度，而是比技巧和龙船装扮巡游展示。每当这时，叫好声、喝彩声、欢笑声此起彼伏，热闹非凡。

划龙船是个力气活，以前划龙船接连好多天，非常吃力，故有在划龙船前吃些桂圆荔枝补身体的习俗。自然挑选最强健的汉子，竞渡时锣鼓喧天，彩旗猎猎，吞云吐雾，浪花飞溅，加之观者喝彩声、鼓掌声此起彼伏，气势磅礴，蔚为壮观。每条龙船上十余人，10 名桨手执桨分坐两侧，前一人立船头执旗催艄（指挥），后一人于船尾执桨避艄（撑舵），有的以 4 人敲打锣鼓钗钹，划手们就随着指挥，合着鼓点一俯一仰，起落有力而整齐划一，把舵人踏着鼓点，身子上下伸缩，船头就一高一低地破浪前行。众多龙船互相穿梭，你追我赶，意气风发，一决雌雄。由南向北，再从北往南，如穿梭水中的条条蛟龙，显示出力争上游的气势和团结一致的美德。正如唐代诗人张建封《竞渡歌》中所云：“棹影斡波飞万剑，鼓声劈浪鸣千雷。”

龙舟竞渡中还接受当地群众的“犒标”。“犒标”传起于清朝康熙年间。某年，康熙下江南到杭州，适逢“龙船胜会”，便丢下几分矜持，前往观看。当龙船互不相让、奋勇争先之时，皇帝老儿看到如此壮观场面兴奋不已，连声喝彩，还赠银两以示犒劳。从此，“犒标”在每年龙船胜会以后，都要用划龙船时各地亲友家送来的钱，买些酒菜，供划龙船的人吃喝，这就是龙船酒。农历五月初一开始，各村的龙船都出动去村里募捐，家家户户也都备好钱款、烟酒，视亲疏关系，给多给少。龙船在前敲锣打鼓，避艄船在后接钱接物。这钱物就是用在端午日操办龙船酒的，这叫“收饷”。“收饷”这一习俗在数年前渐渐被弃用。现今的方法是，在村里按所有人头计算，大人算一股，小孩算半股，均摊。划龙船除了体育锻炼、体现热闹气氛外，还体现一个村庄兴旺与团结的合作精神。一条龙船包括划手、敲锣打鼓的，最少也要十五六个男人，既要身强体壮，又要识水性。每个村为能出一条龙舟参加竞赛而感到自豪。

会后，还要举行“收龙船”的仪式。送水神，谢龙王，收船入库。待来年，又将迎来一年一度的龙舟胜会。

（原载《西溪丛语》，杭州出版社，2012. 12）

西溪武艺十八般

王　庆

2004 年第二届浙江省国际传统武术大会上，西溪（五常）民间武术队表演的十八般武艺，取得 5 个第一名，2 个第二名，3 个第三名的优秀成绩；在是年 10 月西湖博览会狂欢节上，十八般武艺的精彩表演，再次获得较好声誉；浙江长城影视公司、纪实半月社合拍百集《中华武术》，亦将西溪武艺十八般列其间。

西溪（五常）十八般武艺源自于中国传统的十八般武艺。何谓十八般武艺？且看《水浒传》第二回中这样一段话：“史进每日求王教头点拨十八般武艺，一一从头指教。那十八般武艺？

矛锤弓弩铳，鞭简剑链挝。

斧钺并戈戟，牌棒与枪叉。

十八般武艺对应十八件兵器，均是中国武术的传统术语，泛指多种兵器及其武术套路。十八般武艺的名称始见于元曲。《古今杂剧》中就有“他十八般武艺都学就，六韬书看得来滑熟”的唱词。明代谢肇淛《五杂俎》中如此解读十八般兵器：一弓，二弩，三枪，四刀，五剑，六矛，七盾，八斧，九钺，十戟，十一鞭，十二锏，十三槁，十四殳，十五叉，十六把头，十七绵绳套索，十八白打。“白打”即“手搏之戏，明乎其不持寸铁也”。十八般武艺原来全指兵器，这里又将“白打”包括进去。

清代以后，十八般武艺又有多种说法，其中最多的，取自戏曲，曰：刀、枪、剑、戟、斧、钺、钩、叉、鞭、锏、锤、抓、棍、槊、棒、拐、流星锤。

而五常的十八般武艺，据传系明代尚书洪钟归乡后，办起武艺队，称众安坊武艺队。将兵器与生产、生活工具结合，改制出一些兵器的另类。同时，编排武艺108法。其时，阳刀镂空花纹的刀柄上有“道社庙众安坊，汉帅寿亭侯关”字样。道社庙离洪家祠堂不远，有专设水角戏台。每逢庙会，四乡村民或舟载，或徒步前来观看十八般武艺及拳灯、狮灯等演出。清末民国初，有白庙前庆春坊国术团，以胡友宝为首，团员多时达150名。至解放前夕，尚有沈福泉、蒋长喜、唐金泉、胡友根等12名拳师分类教授。这些改制的兵器均为木质，便于就地取材，形式上与传统的18件兵器大相径庭。经西溪民间武术队教练章建华整理，其为龙刀、凤刀、三尖二刃刀、尚阳刀、兄弟刀（两件）、金刚伞、大劈锁、龙鱼斧、玉手笔艺抓、文耙、武耙、阳镗、阴镗、李公拐、方天戟、金瓜锤、枣逆锤。五常18件兵器中的文、武耙，枣逆锤及大劈锁由农具改制而成。大劈锁据说是根据方腊所使铡刀改进的兵器而成，龙鱼斧由程咬金的开山斧改制，阴镗、阳镗出自花和尚鲁智深的日月铲，李公拐自然源自八仙过海中铁拐李手中的家伙。五常村至今尚保留着200多年前前辈传下来的兵器，18件木质兵器，就陈列在蒋国民的老宅里。18件兵器并非一人所有，为村民共同拥有。村中年长的老人均说洪钟所传。一件兵器一件武艺，民风尚武的五常村人将它们世代相传。蒋茂华是18件兵器的嫡传之人。这位90岁的老人自15岁时就跟着叔公，手持兵器开练。他和另一位91岁的胡天喜被人誉为“老龄武术家”。

追忆兵器的过去，蒋国民颇为感慨，他说，18件兵器一直由蒋茂华的先祖保管，“文化大革命”中要“破四旧”，18件兵器被人抄去，差点付之一炬。一个月黑风高的夜里，洪文根等4个小伙子冒险将它们取回藏在柴垛中。后来为了更保险，又一一将它们绑在石块上，沉在蒋国民门前的一口池塘里。上面又以水草遮挡。10年后，18件兵器方重见天日。2004年6月，杭州西溪（五常）民间武术队成立。国家一级武术教练章建华系统地把18件兵器按阵法重新整合，汇编成谱。五常十八般武艺又开始在村中相传。

每到正月十五，十八般武艺一展风采。8个壮汉，前面4个抬着兵器架，后面4个敲锣打鼓，在田埂上和塘堤间穿行，引来众多村民。在洪家埭武术队专设戏台上，鞭炮声“劈啪”响起，便开始十八般武艺表演。各人手持不同兵器，招式和套路各不相同。有单练，有组合，讲阵法，比列队。阵法分明阵、五联阵、金刚伞、大劈锁、五常棍5套，而以五常棍见长。有年长手持龙刀的，有壮年紧握金刚伞的，亦有儿童舞动方天戟的，一来一往，一上一下。一来一往，有如深水戏珠龙；一上一下，却似半岩争食虎。舞动间，兵器呼呼生风，三尖两刃刀只往顶门飞，方天戟不离心坎刺，好手中间逞好手，心服应难以艺争。

（原载《西溪丛语》，杭州出版社，2012.12）

五常龙舟胜会好传承

王洪坤

五常龙舟胜会是盛行于五常街道和周边其他镇村的端午节民俗活动，五常街道地处西溪湿地核心区块，划龙舟源于水乡生活，在这里至少已有千余年历史。明代尚书洪钟归隐故里，将这里划龙舟演绎为闹龙舟，形成规模盛大的龙舟胜会，龙崇拜、祈社福、祝丰年是五常龙舟胜会非常鲜明主题。2008年6月，五常龙舟胜会被国务院列为国家非物质文化遗产。

农历端午节临近，游客又在期盼着一年一度的龙舟盛会。而划龙舟，首先要有一条龙船，船头装置龙头，还要配置木桨。但由于龙船等是采用木料制成的，年久使用后，很容易破损，需要重新制作。于是，每到端午节前夕，当地船匠师傅总要忙着打龙船、雕龙头、做木桨，待到端午节兴高采烈地划龙舟。

打龙船

居住在五常街道五常社区张明全，年已55岁，是当地船匠师傅之一。他出生于船匠世家，从祖父手里就开始做船匠了，一年四季打造木船，每到端午节就忙于打龙船。近段时间，张师傅要打龙船6艘，避艄船2艘。张师傅说，龙船船体都采用杉木制作，因为杉木板木质坚韧，具有一定的可弯曲性能，可按照制作需要形成曲度而不断裂。杉木质轻，使用杉木能使船载量较大，船速也快，而且杉木耐湿、耐腐蚀。打一条龙船，要备料、锯板、出线、创板、直线、打钉花、钻钉眼、拼底、上梁板、船头板、船尾板、上舷口、上筑档、上浪板、上船板、填麻丝、揩桐油石灰、凿缝、嵌钉疤，再抹桐油等多道工序。

一条龙船通常是长8米、宽1.4米，船头船艄面板呈燕尾，船头面板宽60多厘米，船艄面板宽50多厘米。打一条龙船要用杉木1个立方米，打船眼1400只，需要铁钉35斤，麻丝4斤，桐油15斤。

张师傅说，船匠打船，既需要技术窍门，又是一项体力活。在当地船匠中，除部分年纪大的，其他的手艺都与他差不多。目前，五常一带在打船的船匠师傅已为数不多，年轻人几乎都不想做船匠，打造木质龙舟技艺面临失传。

雕龙头

居住在五常街道五常社区木匠师傅周荣雪，也在打船工场里忙于刻龙头，为龙船做配套，今年要龙头6只。周师傅是雕刻花窗的细工木匠，几十年来一直在雕刻龙头，在周围有较大影响，被当地群众称为“雕刻大师”。周师傅说，龙船、龙船，就须在船头上装置一个龙头，这是必备的特征。龙头，包括龙颈，通常采用香木料，樟木易雕刻，气味芳香，不易被虫蛀，为最佳材料。龙头长约60厘米，直径约30厘米，雕龙头要经过锯、劈、凿、挖、刻、磨、漆等数道工艺。先锯削好龙头和龙颈的毛胚，依次雕刻龙鼻、龙眼、龙嘴、龙齿、龙舌，然后雕出龙耳、龙角，绘上相应图纹，涂以适当油彩。一个龙头精工细做，通常需要加工五日。装上龙角、胡须等一些饰件，形象才逼真。

周师傅是木匠之家，其周家五兄弟全是木匠，还有两个儿子，也是以做木匠搞家装为生，周师傅也是自幼学做木匠，16岁时拜父亲为师，造房子、做家具，他特别喜爱古建筑、老式家具，圆头、翘角。可是这些要做好难度很大，他就越加钻研，慢慢掌握技巧，逐渐形成自己的擅长，造古建筑，做老式家具。去年周师傅就在江苏和浙江洞头做了大半年，前段时间，刚从临安建亭台楼阁，雕梁画栋回来。

做木桨

木桨也是由周荣雪师傅做的，今年要做60把。周师傅说，木桨有划桨、避艄桨两类，由桨柄、桨杆、桨板三部分组成。桨柄、桨杆采用轻而韧的小杉木。桨板采用不易腐烂，具有一定硬度的楝树板。纵向取成桨板轮廓，刨平桨面，背水面板上方尾处保留一定厚度，然后刨薄四周成流线形，桨板与桨杆用铁箍和铁钉连接，桨杆和桨柄则先凭榫卯合为一体。桨板、桨杆需经过多道油漆，桨柄及桨板画上祥云图案。桨板的迎水面书上“龙舟胜会”四字，另一面则书写龙舟所属地。

周师傅说，划桨分 5 档，每只龙船 10 把。头档的划桨最小，桨杆最短，二档、三档、四档、末档的桨板依次渐大，桨柄也渐长。一般头档木桨长 120 厘米，末档木桨长 149 厘米。避艄桨起舵作用，每只龙船 2 把。一把避桨长 214 厘米，其中桨板长 45 厘米。另一把艄桨长 300 厘米，其中桨板长 42 厘米。做工、油漆与划桨基本相同，画的图案样，一面画上龙，另一面书写“龙飞”；艄桨一面画上凤，另一面书写“凤舞”。

划龙舟

五常一带端午节的龙舟胜会一年一度，但有两次龙舟汇聚献技的盛会高潮。农历五月初五，称为“大端午”，农历五月十三，称为“小端午”。大小端午分别有不同的龙舟集放地，大端午时龙舟汇于五常浜口、蒋村深潭口、仓前余杭塘河，小端午时只有闲林和睦桥一地。时间、地点约定俗成。西溪湿地三期建成后，五常浜口成为五常港以西镇街社区参加五常龙舟胜会最集中的地方，各地龙船汇聚，包含群龙相会的意思，故称“龙舟胜会”。每年都有七八十艘至上百艘龙舟汇聚于此，龙舟上锣鼓越敲越紧，各艘龙舟你追我赶，展示各种技巧和实力，比赛水上功夫。两岸观赏人群越来越密，成千上万，不时摇旗呐喊，欢呼雀跃。只是这几年来，五常与蒋村龙舟胜会分了大小年，今年五常是小年，蒋村是大年，明年五常是大年，蒋村是小年，以此类推。而农历五月十三这天，再次出现龙舟胜会高潮，只在闲林和睦桥一地。

在龙舟胜会中，还有“请龙王”“龙披红”“龙王散福”等一系列活动，实际上都是崇敬龙王的表达。龙舟胜会活动期间，还有许多其他习俗，如端午节时吃粽子，吃黄鱼、黄鳝、咸蛋黄、黄瓜、雄黄酒等“五黄”。

（原载《五尚书》）

二、五常民间传说

洪有恒与五常的来历

据说明朝之前，此地没有五常这个地名的，在南宋的时候叫钦贤乡招德里，为啥后来改为五常了，有人说因为洪家埭出了五个尚书，所以叫五常了，听起来好像有一定的道理。但是，洪家的五个尚书在明朝的多个年代，经历了多个皇帝，时间相隔近百年。因此，五尚书成为五常的地名有些牵强。可我说的故事，五常这个地名跟明朝的开国皇帝朱元璋有关，我说的是否有道理，且听我细细道来：

朱元璋的农民起义军推翻了元朝，建立了大明王朝，其时洪家早已不是官宦人家，跟老百姓一样是平常百姓家。明初的当朝宰相胡惟庸贪污成性，结党营私，野心勃勃，危及朝廷。草民皇帝朱元璋看到此情况，下决心铲除了这颗毒瘤。胡惟庸案成了明初的一大要案，端掉胡的党羽不计其数，受此案株连的人竟达三万人之众。因此，此牵连的不知有多少人，一时弄得谈胡色变。此案竟拖了十年之久，洪武十九年初夏，朱元璋也感到事态过于严重，一天，他来到了杭州，下旨浙江巡抚苏十朋，说是要亲自审理这个案子，当审到一个叫洪武昌的读书人时，问他哪里人氏，与胡惟庸案有无瓜葛？洪武昌，何许人也，他乃是南宋公侯洪皓的后人，浙江杭州人氏，他根本不认识胡惟庸，也不是亲戚关系，一点瓜葛也没有。洪武昌说：其先祖在五代宋初被封为敦煌郡公，后世住江西鄱阳，到了宋朝，洪氏是“父子公侯三宰相”，他家的先人洪皓于建炎初年出使金国，被囚北地历 15 年，他富贵不淫，威武不屈，全节而归，被称为第二个苏武。回来后，高宗皇帝于西湖边的葛岭赐建国公府。后人就地建祠，祠里有一副楹联这样表彰他：“身窜冷山，万死竟回苏武节；魂依葛岭，千秋长傍鄂王坟。”宋亡后，洪氏一门以气节为重，退隐田舍。至于这次吃官司，胡惟庸案发时，那天我在长街放声长叹：“胡惟庸不知进退，自取其祸耳!”因有小人密告，说我为胡惟庸叫屈，这岂不是奇天大冤乎？

洪武昌在大堂上不亢不卑，侃侃而谈，倒使朱元璋听得发生了兴趣，后问：“你这个名字是否犯了大忌？”洪武昌回答：“这是父母给取的名字，我不知罪”。皇帝说：“你的名字犯了大明年号，你不知道吗？”洪武昌答道：“皇帝以武功昌盛天下，百姓才得以安居乐业，我觉得武功昌盛并不错。”洪武皇帝听了，大喜，说：“武功昌盛，这话说得好，我已马上得天下，建立大明王朝，‘武昌’两字正是大明兴旺的好兆头啊。”他从洪武昌言辞问答中觉得这人耿直，有胆识，人品不错。故不但不开罪于他，反而要留他在京做官，说：“朕授予你国子监丞之职，你就留在京城，为朝廷做事吧”。洪武昌叩了三个头说：“谢皇上恩典，只是鄙人是一个粗汉莽夫，干不了官事，请皇上允许我回乡耕读，今后自己就在田庄里常读圣贤书、常思程朱理、常营陌上桑、常问西溪鱼、常行诸般善就是，只怕自己守不住这五常。”皇帝听了拍着桌子叫起好来，“好一个五常，希望你持之以恒，朕给你改名叫‘有恒’吧。”说着，提起朱砂笔在黄表纸上用御笔亲书“洪有恒”三个大字，递给他。洪有恒忙叩头谢恩。就这样洪武昌改为洪有恒了。洪有恒辞谢皇上，回归家乡钦贤乡。就在这西溪湿地的洪家埭隐居下来，潜心研究理学，卓有成就，成为杭州一邑的名儒。由于有洪有恒所说的五常，加上洪武皇帝口中的“好一个五常”，这样钦贤乡慢慢被叫成五常了。

清末民国初杭人丁立中《西溪怀古诗》之《西溪怀洪有恒》诗中赞曰：“武昌预兆大明兴，御笔亲题改有恒。归处西溪风度异，荣登北阙露光承。儒修自励贤人隐，官职坚辞国子丞。五子其昌鸣凤卜，功名显赫付孙曾。”

梓树封王和五方庙的由来

话说北宋末年，北方的金国入侵中原，虏走了徽钦二帝和朝中的大小官员，这就是历史上的靖康之难。徽宗的第九个儿子赵构，从金兵的军营中逃了出来，因御封为康王，年纪还小，所以叫他小康王。

1127年春，在夹江泥马渡康王后，一路南逃，来到江苏建康，在各路勤王的簇拥下，匆匆立都称帝，改为建炎元年，称为南宋，自命高宗。但立足未稳，金兵又大举进犯，金完颜宗弼带兵渡过长江，企图消灭南宋。宋高宗惊慌失措，放弃建康，连向安徽广德，浙江安吉往南朝临安（即杭州）方向逃来。而金兵紧追不舍，小康王经余杭潘坂、瓶窑，往和睦、五常方向而来。一路上心惊肉跳，饥寒交迫，又害怕暴露身份，故不敢去街坊饭店吃饭，因此，已好几天没吃上一顿饱饭了。这一天，小康王大路不敢走，只顾朝农村荒僻的水乡地带走去。这时他饿得眼冒金星，有气无力。正当他饥寒交迫之际，看见路边一片桑林，那树上长满红得发紫，水汪汪、亮晶晶的一些果子，垂涎欲滴，他饥不择食，就爬上树去摘了几个吃了起来，味道酸甜鲜美，越吃越有味道，就干脆饱餐了一顿。顿感精神焕发，气力大增，接着继续朝东南方向走去。这一天，来到留下以东的西溪林家蓬村时，看到有五位农民在毛竹园地里干活，小康王赵构说明来意，并很有礼貌地向他们问道：“临安往那里走?”年纪稍大的农民告诉他：“从这里往东，还有十七八里路程，就可到临安了。”康王告谢了五位农民就往东而去，快速逃进了赵山，隐蔽在山坳曲水间，避难于龙隐庵内。没过多久，一队金兵快马加鞭如狼似虎地赶到，问在干活的五位家民：“有个年轻人往哪里走了?”农民见这凶神恶煞的兵定不是好人，就故意朝北方向一指，这队金兵拍马北面蒋村方向追去。

小康王后在临安立都，是为宋高宗，当他记起当年逃难的情景，便率领岳飞等文官武将到西溪寻访，方知他们是林家五兄弟，当时为救他已遭金兵的毒手。于是，御封林家五兄弟为保佑地方年岁丰稔、安宁康乐的土地神五大明王，并立庙祀之，让他们享受民间香火。以长幼分：老大林庭雷为一方土谷神，建在古荡；老二林庭雪为二方土谷神，建在萧山义桥；老三林庭云庙在何家河头，即今在天目山花蒋路口；四弟林庭震，庙于留下金井村；五弟林庭霖土谷神，建于杨家牌楼。五位义士为五方土地神，俗称五方庙。当地的百姓每逢初一、十五都到庙内烧香拜祭。

宋高宗为报答桑果子的救命之恩，就要封这种树为树中之王。他左思右想，就是想不出这树的树名，就信口开河说：“浙江梓树尽封王。”金口一开，梓树成了树中之王。而桑树得不到封赏，便气坏了，变得弯弯绕绕。故而梓树有十五六米高，可作梁柱，而桑树木派不了用场，只可当柴火。民间传说这因为是小康主封错树王的缘故。

顾家桥之宋神

相传数百年前顾家桥是一片荒无人烟的土地，后来从外地搬来了几户姓顾的人家，他们决定生活在这一片土地上，他们开垦耕种在这里繁衍生息，人口逐渐增加了。由于当时交通不便，想要去集市十分困难，于是顾家人就自发建起了一座三洞石桥，此桥由南至北，水路，陆路直通集市（就是现在的留下方向）这座桥就是我们现在的“顾家桥”。

之后过了数十年又有宁波迁徙来的几户冯姓人家和河南迁来的凡户张姓人家在这块土地上落户，自然而然形成了一个小村庄，大家每天通过顾家桥去集市做买卖，村庄的名字就成了“顾家桥”。村庄人口逐渐多了起来，但是顾家桥附近经常有野兽出没，大闹村庄袭击老人和孩子，甚至糟蹋粮食，破坏农田，村民们都十分惧怕。一天，有一位老人去了北面采摘芦苇，突然看见了一个骷髅头，惊动了村里的全部村民，从此村民便称此地为“干里头”。不多久，村里村民开始人心惶惶，提心吊胆，传言四起。考虑到村庄时常有野兽出没，如今更是出现尸骨，众人献策，便去请“神”辟邪除妖，大家便来到富阳所属的一个叫宋殿的小村庄，请了一位“尊神”回村，并称其为宋神。只见宋神面白肤净，很是年轻，自移驾至顾家桥小村庄后，受人们敬仰，朝贡。

自从宋神来到顾家桥之后村里一直很平静，人们的胆子也逐渐大了起来，很多外来人口也开始在村里扎根，小村庄的人口越来越多，村庄也越来越繁荣，大家都在此安居乐业，村庄的名字也开始被外人知晓。有一天，村庄里的小孩一起玩耍，玩着玩着突然发现多了一个陌生的孩子，这孩子长得十分漂亮，孩子们却从未见过他。于是，孩子们就叫来了村里的长辈，村里的人得知后就想问个究竟，纷纷赶来，结果发现小孩突然不见了。众人四处寻找无果，却在路过宋神的神像时发现神像额有汗珠，嘴角粘有糖饼屑，瞬间明白了过来原来是宋神贪玩，混进孩童中，被发现后着急跑回神座，忘记擦拭嘴角。这个事情不多久就轰动了整个村子及邻村的村民，北到阮家桥（河南）；西至冯家坝、山家湾、西坝；南到白荡滩等村。

因为宋神外貌太过清秀，村民们觉得应该给他装上胡须，才更显威仪，并改封为沼泽王侯。定于每年九月初九（重阳节）为沼泽王侯的诞生与行会，沼泽王侯每年途径那些崇拜他的村庄，围绕整个杨府圩行会，行会的场面十分威武，有三班六房等为其抬轿；手持肃静、回避等四块硬牌；掌灯撑伞，鸣锣开道，还有专门的人负责递帖、管事、为其代言。行到各村庄，由各村负责人接驾至公馆，以茶点供奉。宋神所到之处每家每户都会朝贡立糕、水果等。

宋神封侯不久，姓顾的人家就逐渐隐居他地或是消失不明，只剩下姓冯的人家，姓张的人家和其他姓氏，他们请宋王爷出官行会巡查，村民深信经过宋王侯行会之后，定能保杨府圩一带平安无事，风调雨顺，五谷丰登。行会结束后，还有一场宋王侯的庆功宴，也有庆丰收之意。每年一次，酒菜丰满，都用大汤碗盛放，六菜，四碟，有鸡鸭鱼肉等六大荤菜。设宴费用由每桌六个人轮流支付，每年每桌替换一名新人。大家纷纷要求参加宴席，家里贫困之人也要求参加宴席。他借助王侯的神力，努力耕种，饲养家畜井井有条，各项产业有了奋斗目标，到年末家里田地丰收，家畜成群。所以大家对宋王侯越来越敬仰。到了立冬，还会请先生来唱“立冬文书”，丰富村民的文化生活，让大家过个安乐太平的丰收年。

胡聋子传奇

五常西坝里，大约在清朝后期的光绪年间，有位草民英雄，因他的耳朵有点背，故大家叫他胡聋子。确有其人，他的后代胡金海、胡金松兄弟俩还健在，不信你可去问他们。

说起胡聋子，他有一身的少林功夫：轻功、点穴功、水里的功夫和长拳短、打十八般兵器无所不会无所不晓。他有一副侠肝义胆的心肠，为此地老百姓做了不少好事，强盗、蟊贼被他打得闻风丧胆，吓得不敢前来寻衅闹事。下面，我先讲讲他孤身战清兵的故事。

杭州西湖边现在的湖滨路一带，当时满洲的八旗里有一个皇亲国戚，圈了这一带的地住在那里，故这地方叫“旗下”。有清兵把守，那些满洲人骄横跋扈、气势凌人，不把我们汉族人当人看。下了禁令，这一地段百姓不能游览，不可行走。如不明情况走过去，就要遭那些清兵的拳打脚踢，弄得杭州人民怨声载道。这件事叫胡聋子知道了，气得他七窍生烟，心想一定要为老百姓出这口气。一天，胡聋子一个人来到西湖边旗下，他艺高人胆大，大摇大摆地走了过去，把守的清兵把他拦住，胡聋子说：“西湖，是杭州人的西湖，为什么我们杭州人不能通行?”那清兵讲不出道理无话可答，但骄横惯了，冷不丁朝胡聋子前胸就是一拳打了过来，这一拳叫“黑虎掏心”，如击中就会致人死亡。胡子身子一偏，那一拳就落了空，接着第二拳又过来了，这拳名叫“白鹤亮翅”，拳拳都是毒辣的招式。胡聋子心想这清兵不是一个孬种，有点本事，举手投足都是套路，他身子一晃避过第二拳，便决定从气势上先发制人，拿出点真功夫来让清兵看看。说时迟那时快，一运功力伸手就是一指，点了那清兵身上的一大要穴，只见他站立当场，哑口无言。过了没多长时间，突然间血脉偾张，口喷鲜血而亡，这时围观的人群连声欢呼：“好！好!”这样一来，其他的清兵又惊又怒，手执兵器一拥而上，刀枪剑戟一齐朝他身上刺来，胡聋子见此情景，面不改色心不跳，虽手无寸铁，但也不慌不忙，他有一身的功夫，闪、展、腾、挪，似猛虎扑羊，气势汹汹，又像灵猴纵身，敏捷异常，一会儿如饿马人厩，举蹄跃登；一会儿又如巨鹰捉兔，临空而下，与清兵混战一场。他的点穴功夫非常厉害，有好几个清兵被他点着身亡，有的点住动弹不了，而清兵还无法伤他。后来，清兵越打越多，那围观的老百姓也看得胆战心惊，胡聋子心想一人难敌众手，三十六计走为上策，就边打边退，连滚带跳，退到西湖边上，猛然跳入湖中，一个猛子在深水中朝断桥方向游去，穿过断桥他就浮出水面，游到北山路岳坟附近上了岸，就回家来了。那些清兵瞧不见胡聋子的踪影，当他在西湖里死了，也就不加搜索，忙着清理战场去了。

事后，为首的清兵向那皇亲报告了这事，那皇亲也知理亏，第二天就取消了禁令，让老百姓随意通行，自由游，西湖边六公园这一带又回了老百姓的手里，杭州人拍手称快，众口称赞这个草民英雄，为老百姓做了一件大好事。

有人可能不信，胡聋子一个乡下人哪有这么大的本事，你是否在胡编乱造，不！下面我就讲讲胡聋子学本事的事。其实他从小是少林俗家弟子，他一去就是数年。在这数年中吃苦耐劳，勤学苦练，师父教他的少林长拳、八仙拳、洪拳、猴拳等，已练得滚瓜烂熟，轻功、点穴功也已学成，这时他已是一个气宇轩昂的小伙子了。

久别思亲人，一天清晨，他一个人提了一副水桶下山来了，来到湖边，看看四周无人，心想机会来了，就把水桶弄散，并把这些木板抛在水面上，胡聋子运起功，双脚踏在这些木板上，“啪、啪、啪”几窜，就跳到了对面。这时四周还是没人影，他就急匆匆朝回家的方向走去。他日行夜宿，到第三天的中午，口渴肚饥，就急忙来到一个小镇上，找了一家小饭店吃饭。当他正在吃饭的候，面前站立了五六个和尚，一看全都是他的师兄弟，为首的师兄也不搭话，抡起少林棍朝胡聋子的脑门上打来，这一棍叫“泰山压顶”，力量至少有三五百斤，如被击中，脑破人亡。岂料这时胡聋子不慌不忙，不避不让，拿起手中筷子朝上一点一撇，轻易地把这一棍化解了，这就是名副其实的“四两拨千斤”。那大师兄见胡聋子的功夫如此精湛，便说：“师弟，我也不难为你了，回家后你不可为非作歹，胡乱伤人，只可除暴安良，造福一方，好自为之，回去吧。”

胡聋子回到家以后，娶亲成家，自此安分守己，和当地人一样种田、种桑、养鱼养蚕。一到农闲，他就组织了本地的青壮年练习武功，成立了拳灯队，也就是五常的十八般武艺，由于他的训练和带队，西坝里的拳灯队在附近非常闻名。

有一次，在运河边的谢村板桥搞了一次拳灯比武大会。附近的拳灯船队云集而来，因胡聋子有事没参加，西坝的拳灯队员认为这样的机会难得还是去参加了。是日，只见拳船上旗幡招展，锣鼓喧天，十八般兵器林立。各参赛拳队，个个摩拳擦掌，人人斗志昂扬，前来观看的百姓可以说是人山人海，热闹非常。各路拳队通过两天的表演可谓是“八仙过海，各显神通”。通过比试初露端倪，德清那面的一个拳队和西坝的拳队技艺基本不相上下，但德清的那个拳队，凭着他们船多势众，硬把西坝这只拳船用铁链锁住，并用单人比武的方式要逼败西坝拳队。再说在外办事的胡聋子不放心这次出灯，办完事赶紧赶到板桥。这时西坝拳队一名队员即将败于对手。只见空中手撑油纸雨伞飘下一人，一个金鸡独立之势，稳稳当当立在船头之上，看这人三十开外年纪，六尺以上身材，蓝色长袍腰间紧束，相貌堂堂，英武之气逼人，这就是胡聋子。他纵身一跳就下到拳船上，只见他收住雨伞往船上一放，脱下长袍，双手抱拳朝四周散了一礼，说道：“我是五常人，有事迟来了两天，在此我表演一点拳法给大家看看，请各路好汉指点。”说完起势打了一套八仙拳：李纯阳拔剑把头低，洛阳桥来了汉钟离，韩湘子口中吹玉笛，张果老儿倒骑驴，曹国舅打动阴阳板，铁拐李使腿把神起。胡聋子一脚把连接两船的铁链条蹬断了。又揭一张芦苇编织的芦苇放在水面上，他纵身一跳，就站在那张芦苇上，打了一套猴拳，只见他窜跳腾挪，一会儿猴子捞月，一会儿捧仙桃，一会儿搔腮抓耳，一会儿倒翻虎跳，那套猴拳打得出神入化，看得人齐声叫好。胡聋子的表演可谓是技压群芳，威震当场，打出了五常人的威风和骄傲。德清方面的那支拳队也心服口服，从此西坝的拳船名声大振。

三、文件选

杭州市余杭区人民政府（通知）

余政发〔2001〕137号

关于乡镇行政区划调整的通知

各乡镇人民政府、区政府直属各单位：

根据《浙江省人民政府关于杭州市余杭区行政区划调整的批复》（浙政函〔2001〕145号）和《关于设立余杭区临平、南苑、东湖、星桥街道办事处的批复》杭政发〔2001〕169号《关于乡镇区划调整》的批复精神，撤销五常乡建制，将其行政区域并入闲林镇，调整后，闲林镇辖31个行政村，11个居民区，镇政府驻地不变。

二〇〇一年八月八日

关于杭州市余杭区五常街道等2个街道（镇）土地利用总体规划（2006—2020）（2014调整完善版）2019年度调节实施方案的公告

《余杭区五常街道等2个街道（镇）土地利用总体规划（2006—2020）（2014调整完善版）2019年度调节实施方案》已经浙江省人民政府批准同意。现根据有关规定，就上述方案的有关内容，公告如下：

（1）规划调整位置：余杭区五常街道和闲林街道2个街道（镇）。

（2）规划调整的必要性：五常水乡是较为罕见的城市次生湿地，随着城市的发展，历史的变迁，目前西湿地仅余西溪国家湿地公园、五常湿地与和睦湿地几个为数不多的残存湿地斑块，面积已大大减少目前五常水乡干地化、农田化严重，生态破坏比较严重，亟待保护与修复。

（3）规划调整内容：项目区用地总面积55.288公顷，其中农用地35.0632公顷（耕地16.155公顷）、建设用地19.7677公顷、未利用地0.4499公顷。该规划年度调节实施方案需调整规划面积10.0229公顷，其中一般农7.1324公顷，其他用地2.8905公顷。拟将余杭区五常街道、闲林街道允许建设区内4.6100公顷一般农田和1727公顷其他用地施为6.3827公顷规划新城用地，实施后建设用地管制分区保持不变；拟将闲林街道有条件建设区内2.5224公顷一般农田和1.1178公顷其他用地实施为3.6402公顷规划新增城镇用地，实施后纳入允许建设区。

（4）批准机关：浙江省人民政府

（5）批准文号：浙政土审规〔2019〕330110020号

（6）批准日期：2019年12月18日

杭州市余杭区人民政府办公室抄告单

二〇〇八年一月十四日

各有关单位：

1月12日上午，区委常委、常务副区长杨洪香召集区民政局、区财政局、区委农办（区农业局）和仓前镇党委、政府，五常街道党工委、办事处主要负责人，就仓前、五常行政区划调整后，原仓前镇永福村划归五常街道有关交接事项进行专题协调。现将有关意见抄告如下：

1. 进行行政区划调整是区委、区政府立足城市化工业化两轮驱动，为余杭掀起新一轮发展作出的重要战略举措，仓前镇党委、政府和五常街道党工委、办事处要紧紧抓住这次区划调整的机遇以及已有的硬件基础，尽快编制土地利用等规划，谋划新的又好又快发展。

2. 五常街道和仓前镇党政全体班子成员和各科室要进行一次全面的对接，原则上应在1月20日前全面完成永福村交接事宜。包括各类社会事务性工作、违章建筑控制、社会治安和流动人口管理、村级留用地开发、用电增量、嘉泰学院临时便道租金、1号农居点道路资金等。

3. 涉及永福村事宜，本着尊重历史，依法按规，平稳交接的原则，仓前镇原先已明确的政策应予延续，交接后应按五常街道政策统一处理。五常街道永福村1月15日挂牌成立，村级集体资产经区农业局审核后整体移交五常街道监管，并送仓前镇备案。

4. 关于五常街道永福村村民子女就学问题，对接后确定一个过渡期，过渡期内资金由仓前镇和五常街道结算。

5. 涉及区级机关有关统计、人口计生等各类政府管理考核指标，2007年度归口仓前镇政府，2008年度起归口五常街道。2008年度涉及区级经费全部划拨至五常街道。

6. 仓前镇和五常街道党委、政府在交接过程中要做到思想统一、工作不断、秩序不乱，确保平稳。

二〇〇八年一月十四日

抄送：区级机关各部门，仓前镇政府、五常街道办事处。

关于撤销杭州市余杭区五常管理委员会的通知

余编〔2008〕1号

各乡镇党委、政府，街道党工委、办事处，区级机关各部门：

根据省人民政府《关于杭州市余杭区部分行政区划调整的批复》（浙政函〔2007〕175号），同意闲林镇的3个社区和5个行政村、仓前的1个行政村改由余杭区直辖，在此区域内设立五常街道办事处。为理顺机构，明确职责，经区委、区政府研究，决定撤销杭州市余杭区五常管理委员会。该机构撤销后，其承担的职能、人员编制成建制划转给杭州市余杭区五常街道办事处。

特此通知。

杭州市余杭区机构编制委员会

二〇〇八年一月二日

关于同意五常街道部分道路、桥梁地名命名更名的批复

余民〔2009〕50 号

杭州市余杭区人民政府五常街道办事处：

你街道“地名命名更名申报表”第 16 号至第 59 号已收悉。根据《杭州市地名管理办法》的规定。经核准，同意你街道提出的拟名意见，现将有关道路、桥梁名称批复如下：

序号	标准名称	起止点	长宽度（米）	备注
1	春信路	南起寿堤，北至绕城辅道	330×4.5	
2	听溪路	杭州西溪国家湿地公园内（西区）	854×2.5	
3	问溪路	杭州西溪国家湿地公园内（西区）	633×6	
4	寿堤	南起五常大道，北至文二西路	5750×3	
5	访溪路	南起五常大道，北至文一西路	3100×10	更名（原国辅路）
6	思母亭桥	杭州西溪国家湿地公园内（西区）	10.15×3.5	
7	啸月桥	杭州西溪国家湿地公园内（西区）	11.48×6	
8	偃月桥	杭州西溪国家湿地公园内（西区姚家湾闸处）	10.15×10	
9	环龙桥	杭州西溪国家湿地公园内（西区方家滩水闸处）	15.7×13.3	
10	兆和桥	杭州西溪国家湿地公园内（西区）	29.8×2.4	
11	花儿桥	杭州西溪国家湿地公园内（西区）	29.7×4.8	
12	借竹桥	杭州西溪国家湿地公园内（西区）	30×2.4	
13	问云桥	访溪路上	64×17.4	
14	天竺桥	杭州西溪国家湿地公园内（西区）	20×15.4	
15	日栅桥	访溪路上	13×15.2	
16	泛月桥	杭州西溪国家湿地公园内（西区）	22×2.5	
17	天隐桥	杭州西溪国家湿地公园内（西区）	42.7×9.8	
18	临风桥	杭州西溪国家湿地公园内（西区）	39×16.8	
19	三瑞桥	杭州西溪国家湿地公园内（西区）	4.25×2.7	
20	五九桥	杭州西溪国家湿地公园内（西区）	24×4.5	
21	浜口桥	杭州西溪国家湿地公园内（西区）	36.6×5.5	
22	观胜桥	杭州西溪国家湿地公园内（西区）	17.3×2.4	
23	御田桥	杭州西溪国家湿地公园内（西区）	16×2.4	
24	龙隐桥	杭州西溪国家湿地公园内（西区）	61×5	
25	鹤浦桥	杭州西溪国家湿地公园内（西区）	35×3.6	
26	息心桥	杭州西溪国家湿地公园内（西区）	9.6×4.5	
27	集福桥	杭州西溪国家湿地公园内（西区）	9.6×3.9	

序号	标准名称	起止点	长宽度（米）	备注
28	溪影桥	杭州西溪国家湿地公园内（西区）	13. 3 ×5. 8	
29	呈庙桥	访溪路上	25 ×13	
30	昉思桥	杭州西溪国家湿地公园内（西区）	23. 8 ×2. 4	
31	流香桥	杭州西溪国家湿地公园内（西区）	12 ×3	
32	招隐桥	杭州西溪国家湿地公园内（西区）	16. 5 ×3. 6	
33	封相桥	杭州西溪国家湿地公园内（西区）	45. 7 ×2. 7	
34	得仙桥	杭州西溪国家湿地公园内（西区）	9. 6 ×4. 5	
35	焚香桥	杭州西溪国家湿地公园内（西区）	64 ×5. 3	
36	芦雪桥	访溪路上	13 ×15. 4	
37	祥矣桥	杭州西溪国家湿地公园内（西区）	21. 6 ×5	
38	宜月桥	杭州西溪国家湿地公园内（西区）	23. 5 ×2. 3	
39	志学桥	杭州西溪国家湿地公园内（西区）	24. 8 ×4. 7	
40	而立桥	杭州西溪国家湿地公园内（西区）	28 ×4. 5	
41	不惑桥	杭州西溪国家湿地公园内（西区）	27. 8 ×4. 7	
42	知天命桥	杭州西溪国家湿地公园内（西区）	27. 6 ×4. 7	
43	耳顺桥	杭州西溪国家湿地公园内（西区）	23. 6 ×4. 6	
44	从心桥	杭州西溪国家湿地公园内（西区）	9. 2 ×3. 6	

从发文之日起，使用命名、更名的标准名称。

杭州市余杭区民政局
二〇〇九年三月二十五日

关于同意运河街道等 14 个镇街新建社区和社区规模调整的批复

余政发〔2020〕14 号

各有关镇街：

关于你单位要求新建社区和社区规模调整的相关请示已收悉。为进一步加强基层群众性自治组织规范化建设，优化社区规模布局，提升社区治理水平，经区城乡和谐社区建设领导小组相关成员单位会议联审、区长办公会议研究同意，现就有关事项统一批复如下：

同意 14 个镇、街道提交的关于新建社区和社区规模调整事项的请示，共涉及规模调整社区 86 个，撤销村 3 个，合并社区 2 个，新建社区 31 个。新建社区和社区规模调整事项详见附件，请各镇街按有关规定抓好贯彻落实。

附件：

五常街道新建社区和社区规模调整事项

一、同意建立海汇社区、海曙社区、邱桥社区、海创社区和宏湾社区。

1. 同意建立海汇社区，社区范围为：东至聚橙路，南至新桥港及文一西路，西至闲林港及海创路（规划名），北至余杭塘路。

2. 同意建立海曙社区，社区范围为：东至荆长路以及永福路（规划名），南至新桥港，西至聚橙路，北至余杭塘河。

3. 同意建立邱桥社区，社区范围为：东至绕城高速，南至文一西路，西至荆长路，北至余杭塘路。

4. 同意建立海创社区，社区范围为：东至高教路，西至闲林港，南至永寿街及文二西路，北至文一西路。

5. 同意建立宏湾社区，社区范围为：东至绕城高速，南至五常街道行政界线，西至宏丰河，北至天目山路。

二、同意五常社区、荆丰社区、友谊社区、西溪风情社区、沿山河社区、荆山社区、景盛社区、顾家桥社区、文一社区、永福社区、洪园社区和云创社区规模调整。

1. 五常社区调整后四至范围为：东至五常街道行政边界，南至五常大道，西至绕城高速，北至五常街道行政边界。

2. 荆丰社区调整后四至范围为：东至荆长路，南至宋家湾路以及现状河流，西至五常街道行政边界，北至天竺桥港。

3. 友谊社区调整后四至范围为：东至五常街道行政边界，南至天目山路，西至荆长路，北至五常大道。

4. 西溪风情社区调整后四至范围为：东至荆长路，南至文二西路（规划名），西至聚橙路，北至文一西路。

5. 沿山河社区调整后四至范围为：东至荆长路，南至天目山路，西至联胜路，北至宋家湾路。

6. 荆山社区调整后四至范围为：东至宏丰河，南至五常行政边界，西至嘉园路（规划名）及五常行政界线，北至天目山路及荆山湾路。

7. 景盛社区调整后四至范围为：东至嘉园路（规划名），西至五常街道行政界线，南至荆山湾路，北至天目山路。

8. 顾家桥社区调整后四至范围为：东至绕城高速，南至五常大道，西至荆长路，北面至水乡北路（规划名）。

9. 文一社区调整后四至范围为：东至荆长路，南至文一西路，西至永福路（规划名），北至余杭塘路。

10. 永福社区调整后四至范围为：东至永福路（规划名），南至文一西路，西至聚橙路，北至新桥港。

11. 洪园社区调整后四至范围为：东至绕城高速，南至水乡北路（规划名），西至五常街道行政界线以及西溪风情社区界线，北侧至文二西路（规划名）。

12. 云创社区调整后四至范围为：东至聚橙路，南至文二西路（规划名），西至高教路，北至新桥港。

三、新建社区后，管辖街道要按有关法律、法规和政策要求，指导社区及时建立和完善组织管理体系、规章制度，落实社区服务中心场地和工作人员，确保社区各项工作正常开展。

四、区级有关部门要根据各自职责对社区工作给予支持，加强依法依规指导，提供基层需要的社区公共服务项目，共同推进我区社区建设健康发展。

关于推行《五常街道民生实事项目会商制实施办法》的通知

各社区、机关各科（办、中心），五常街道区党代表、区人大代表、区政协委员：

根据区委《关于全面推行区、镇（街道）两级政府（办事处）民生实事项目票决（会商）制工作的意见》，结合五常街道实际，经街道党工委会议讨论通过，现将《五常街道民生实事项目会商制实施办法》印发给你们，请认真贯彻执行。

中共杭州市余杭区五常街道工作委员会

2017 年 8 月 15 日

五常街道民生实事项目会商制实施办法

第一章　总　　则

第一条　为进一步加强和改进党的领导，践行以人民为中心的发展思想，促进基层民主政治建设，推动决策民主化、科学化、规范化，充分体现人民当家做主，根据有关法律法规和《中共中央办公厅印发〈关于健全人大讨论决定重大事项制度、各级政府重大决策出台前向本级人大报告的实施意见〉的通知》，以及区委《于全面推行区、镇（街道）两级政府（办事处）民生实事项目票决（会商）制工作的意见》，制定本办法。

第二条　民生实事项目会商制是指在广泛征求人大代表、党代表、政协委员和人民群众意见建议的基础上，提出民生实事候选项目，经民主协商议事代表集体商议，以投票表决的方式决定，由办事处组织实施，并接受代表监督评价的制度。

第三条　会商制以“坚持党的领导、密切联系实际、充分发扬民主，严格依法办事”为议事决策原则，坚持民主集中制。

第二章　会商组织

第四条　街道成立会商制工作领导小组，由街道党工委书记任组长，街道办事处主任、街道人大工委主任任副组长，其他班子人员为成员，主要负责会商的组织领导工作。

第五条　会商制工作领导小组下设办公室（设在街道党政办，下称“办公室”），由街道党政办主任兼任办公室主任，街道各职能科室为成员单位，主要负责会商的相关筹备工作及具体实施。

第六条　街道民主议事会大会期间，实行民生实事项目会商。

第三章　会商范围

第七条　民主议事会协商票决的范围为由街道安排并负责实施的民生实事项目。凡投资超过500万元工程类投资项目，投资超过100万元的非工程类项目，均以民主协商议事会议（以下简称“民主议事会”）的形式，集体商议决策。对于配合上级政府组织建设，由街道办事处实施续建以及配套主体项目辅助建设等项目，不列入会商议决策范围。

第八条　计划跨年度完成的项目，一次会商，直到项目竣工完成。对因规划调整等特殊原因当年度未开工的项目，列入下一年度进行重新会商。

第四章　会商程序

第九条　项目征集。每年8月1日至9月15日为民生办实事项目征集时间。民生实事项目征集的原则是：坚持突出重点，先急后缓；尊重民意，围绕民生；公益均等，普惠共享；量力而行，尽力而为。

（一）以“两代表一委员”为主要对象进行征集。

（二）街道机关各部门、各直属单位和基层组织定向征集。

（三）通过发放征集意见表（包括运用微信等现代传播媒介）、召开座谈会、组织调研等多种方法，向社会各界公开征集。

街道人大工委要依托代表联络站、“代表网上之家”等多种载体，组织人大代表听取人民群众意见，提出意见建议。

第十条　项目评审。每年11月1日至11月30日为项目评审时间，由办公室具体负责实施，并按照项目受理、初审、复审步骤，确定进入民主议事会票决项目。

（一）受理。办公室按照实事项目征集的原则和要求，结合街道实际，对受理的建议项目进行分类、整理和筛选，形成民生办实事初审项目。

如受理项目较多，当年度难以安排，办公室建立“民生实事项目库”，为受理的候选项目储存充足的备选资源，并列入次年项目评审。

（二）初审。初审项目由办公室牵头召开相关会议，广泛征求意见，并经有关单位进行完善论证后上会，经筛选形成民生实事复审项目，并按照项目性质，提交街道相关部门，制定《五常街道民生办实事项目实施计划书》。

（三）复审。复审项目由民主议事会领导班子提交党政班子会议研究讨论，形成会商项目。

第五章　会商项目票决

第十一条　会商项目票决前10日，将相关项目资料呈报给议事代表。

第十二条　制定街道民生实事项目投票办法（草案），并提请民主议事会全体会议审议，与会人员过半数以上同意始得通过。票决采取无记名投票方式，在全体会议上进行表决。根据每个项目的累计得票，按照得票高低和10%～20%之间的比例差额，最终确定民生实事项目。

如出现得票排序靠后的若干候选项目得票相同时，由街道会商制工作领导小组研究决定。

第十三条　票决确定的民生实事项目当场公布，并向社会公开。未经票决，不得增减民生实事项目。

第十四条　票决结束一个月内，由办公室按照项目征集来源，以书面形式进行反馈。对评审未通过或经会商落选的项目，简要说明原因。

第六章　项目监督评估

第十五条　民生实事项目监督、评估，主要由辖区内人大代表负责，接受人民群众及社会各界的监督。

第十六条　街道民主议事会议结束 10 个工作日内，办公室应形成项目推进计划书，书面报送街道党工委、办事处、人大工委。

第十七条　街道人大工委在接到项目建设计划书后 1 个月内，按照项目与代表生活或者工作地相邻相近和代表本职工作相关的原则，将代表分成若干个监督小组，实行代表联系项目监督评估责任制。

监督小组主要监督任务是：了解掌握民生实事项目进展情况、存在问题，了解人民群众对项目建设的反响和意见要求，协助有关部门做好政策解释说明等工作。

第十八条　民生实事项目完成后，监督小组以书面形式，向街道人大工委提交“五常街道民生实事项目评估报告”，主要评估的内容为项目按计划执行情况，以及意见建议。

第十九条　在民生实事项目实施过程中或项目完成后，街道人大工委可根据需要，组织代表对项目进展、资金使用、项目质量、项目绩效等情况进行监督检查。在监督检查中发现的问题，可以“抄告单”形式通报街道办事处。

第二十条　街道办事处应当在每年的民主议事会上，就上一年度民生实事项目完成情况形成专项报告，并书面印发全体参会人员。

民主议事会可根据需要，对上一年度的民生实事项目完成情况进行满意度测评，并报同级党委和组织部门，与年度综合考核相结合。

第二十一条　本实施办法由街道会商制工作领导小组负责解释。

第二十二条　本办法自发布之日起试行。

后　记

五常街道历史悠久，承载着丰富生动的传统文化和历史记忆，在经济、社会、文化发展进程中发挥着重要作用。中华人民共和国成立以后，尤其是改革开放以来，余杭区五常街道经济日益繁荣，发展日新月异。经济、社会得到长足发展。进入21世纪，经济建设和社会发展快速融入杭州大都市，使五常独特的区位优势、广阔的发展空间和良好的生态环境更为凸显，对外开放形象亦随之整体提升。五常有着“城西开发建设前沿”之称，更是余杭创新基地的核心区块。伴随城镇化建设步伐加快，一些重要历史文化信息、传统文化信息不断消亡，乡土文化和民俗文化不断流失。如何留住乡音、乡思、乡风，保留乡土文化记忆，继承传统文化精华，挖掘历史智慧，既让百姓望得见新城新貌，又记得住乡愁乡思，成为推进中国特色新型城镇化建设的重要内容。有鉴于此，2020年7月，街道党工委、办事处决定启动余杭区五常街道志编纂文化工程，随即成立编纂委员会，由街道党工委书记斯建刚、沈清先后任主任；街道二级调研员王洪坤任主审并具体负责该项工作；聘请区地方志办公室原主任、副研究员王庆为主编，区教育局教研室历史教研员、高级教师陈杰与浙江工商大学副教授费玉莲为编辑。

编纂《五常街道志》，对积累和保存五常街道历史和现状的资料，资政育人，赋能发展，助力振兴，推动街道经济社会可持续发展都具有重要的借鉴意义。我们能参与其中，深感责任重大而谨勤于业。力求修出一部切实反映运河街道历史沿革、变化规律的《五常街道志》。在五常街道志编纂委员会指导下，我们认真学习，广泛搜罗，手足胼胝，稿不吝涂。自2020年7月起，启动《五常街道志》编纂，组织召开有关会议，根据编目框架广泛收集资料，撰写资料长编。由编辑人员分编修订，编写各编初稿。在坚持志体的前提下，体裁运用、篇目设置、资料选择等作适当创新。以记载街道范围内的微观资料为主，详市县志之所略。根据不同类型的特点，有选择性地记述域内自然、政治、经济、文化、社会、生态的历史与现状，重在突出街道“名”与“特”的内涵，从而达到执简驭繁、文约事丰、易于阅读、利于传播的目的。2021年1月至2022年2月，对初稿进行精加工，对尚缺的资料进行收集、补充。2022年4月，形成《五常街道志（征求意见稿）》，发至有关部门单位和有关人员征求意见，广泛吸收、采纳各方面的意见、建议。随后，由主编进行认真细致的修改完善。6月，形成《五常街道志（送审稿）》，召开评审会，经编纂委员会审定后交方志出版社审核。2023年1月至8月，主编据出版社意见又作多次修改。在三年多时间内得以完稿，时间虽短，却也三易纲目，九改其稿，又经领导审阅，内行修正。《五常街道志》全志设舆地、西溪、城乡建设、经济、政治、文教体卫、社会、人物八卷，卷下设章，志首设概述、大事记，志末设丛录、后记，约120万字。方志出版社认为：“《五常街道志》以马克思列宁主义、毛泽东思想、邓小平理论、‘三个代表’重要思想、科学发展观、习近平新时代中国特色社会主义思想为指导，坚持辩证唯物主义和历史唯物主义的立场、观点和方法，全面反映五常街道自然和社会的历史与现状，展示地方特色，积累、传承地方文献，力求达到思想性、科学性和资料性的统一。全书资料翔实，纲目清晰，特色鲜明，为五常街道各级领导干部追思过去，展望未来，振兴五常街道提供借鉴，对促进五常街道经济、社会等各个领域发展都将发挥重要作用，是一部重要的工具书和资料库。”

在《五常街道志》付梓前，《五常街道志》顾问、余杭县委原书记刘永根，区地方志办公室主任徐娟妹及胡荣法、金文校、张小毛、洪大根诸先生给予指导帮助。在此，表示由衷感谢！限于学识、水平，缥帙不齐，采择不详以致传疑疏略，诚有不免，望读者指正。

编者

2023年1月